Fehlzeiten-Report 2014

T0255650

Bernhard Badura

Antje Ducki

Helmut Schröder

Joachim Klose

Markus Meyer (Hrsg.)

Fehlzeiten-Report 2014

**Erfolgreiche Unternehmen von morgen –
gesunde Zukunft heute gestalten**

Zahlen, Daten, Analysen aus allen Branchen der Wirtschaft

Mit 139 Abbildungen und 222 Tabellen

 Springer

Herausgeber

Prof. Dr. Bernhard Badura
Universität Bielefeld
Fakultät Gesundheitswissenschaften
Universitätsstr. 25, 33615 Bielefeld

Prof. Dr. Antje Ducki
Beuth Hochschule für Technik Berlin
Luxemburger Straße 10, 13353 Berlin

Helmut Schröder

Joachim Klose

Markus Meyer
Wissenschaftliches Institut der AOK (WIdO) Berlin
Rosenthaler Straße 31, 10178 Berlin

ISBN-13 978-3-662-43530-4   ISBN 978-3-662-43531-1 (eBook)
DOI 10.1007/ 978-3-662-43531-1

Die Deutsche Nationalbibliothek verzeichnet diese Publikation in der Deutschen Nationalbibliografie;
detaillierte bibliografische Daten sind im Internet über http://dnb.d-nb.de abrufbar.

Springer Medizin
© Springer-Verlag Berlin Heidelberg 2014

Dieses Werk ist urheberrechtlich geschützt. Die dadurch begründeten Rechte, insbesondere die der Übersetzung, des Nachdrucks, des Vortrags, der Entnahme von Abbildungen und Tabellen, der Funksendung,
der Mikroverfilmung oder der Vervielfältigung auf anderen Wegen und der Speicherung in Datenverarbeitungs-
anlagen, bleiben, auch bei nur auszugsweiser Verwertung, vorbehalten. Eine Vervielfältigung dieses Werkes
oder von Teilen dieses Werkes ist auch im Einzelfall nur in den Grenzen der gesetzlichen Bestimmungen des
Urheberrechtsgesetzes der Bundesrepublik Deutschland vom 9. September 1965 in der jeweils geltenden Fassung zulässig. Sie ist grundsätzlich vergütungspflichtig. Zuwiderhandlungen unterliegen den Strafbestim-
mungen des Urheberrechtsgesetzes.

Produkthaftung: Für Angaben über Dosierungsanweisungen und Applikationsformen kann vom Verlag keine
Gewähr übernommen werden. Derartige Angaben müssen vom jeweiligen Anwender im Einzelfall anhand
anderer Literaturstellen auf ihre Richtigkeit überprüft werden.

Die Wiedergabe von Gebrauchsnamen, Warenbezeichnungen usw. in diesem Werk berechtigt auch ohne
besondere Kennzeichnung nicht zu der Annahme, dass solche Namen im Sinne der Warenzeichen- und Marken-
schutzgesetzgebung als frei zu betrachten wären und daher von jedermann benutzt werden dürfen.

Planung: Dr. Fritz Kraemer, Heidelberg
Projektmanagement: Hiltrud Wilbertz, Heidelberg
Lektorat: Elke Fortkamp, Wiesenbach
Projektkoordination: Michael Barton, Heidelberg
Umschlaggestaltung: deblik Berlin
Fotonachweis Umschlag: © Fancy / Image Source
Satz und Zeichnungen: Fotosatz-Service Köhler GmbH – Reinhold Schöberl, Würzburg

Gedruckt auf säurefreiem und chlorfrei gebleichtem Papier

Springer Medizin ist Teil der Fachverlagsgruppe Springer Science+Business Media
www.springer.com

Vorwort

Die Arbeitswelt befindet sich im Wandel, der für die Unternehmen und die Beschäftigten zunehmend spürbarer wird. Den Folgen der demografischen Entwicklung, der Globalisierung sowie des technologischen Fortschritts kann sich niemand mehr entziehen – im Gegenteil, es bedarf passender Antworten der Unternehmen, wenn sie ihre Wettbewerbsfähigkeit zukünftig nicht gefährden wollen.

Die Herausforderungen sind vielfältig: Die Belegschaften werden im Durchschnitt älter, Arbeitnehmerinnen mit ihren spezifischen Bedürfnissen sowie multikulturelle Belegschaften werden zukünftig eine immer größere Bedeutung in der Arbeitswelt haben. Nicht zu vergessen ist der bereits heute in einigen Bereichen – man denke an die IT-Branche – zu beobachtende »War for Talents«, der Kampf um die besten Bewerber. Allein der prognostizierte Fachkräftemangel bei gleichzeitig steigender Nachfrage nach hochqualifizierten Fachkräften wird viele Unternehmen zum Umdenken zwingen. Schon heute fragen Jüngere in Bewerbungsgesprächen vermehrt danach, was ein Betrieb zum Wohl der Gesundheit bietet oder wie sich der Beruf mit Familie und Freizeit in Einklang bringen lässt. Die Work-Life-Balance wird insbesondere von der jüngeren Generation hoch geschätzt. Angesichts einer schrumpfenden Bevölkerung – also weniger Erwerbstätigen – und des späteren Rentenbezugs müssen die Erwerbstätigen möglichst lange für die Arbeitswelt körperlich und psychisch gesund gehalten werden. Zudem gilt es, gute Arbeitskräfte dauerhaft an das Unternehmen zu binden, statt sie an Mitbewerber der eigenen Branche oder an Unternehmen anderer Branchen zu verlieren. In die Gesundheit und Arbeitsfähigkeit der Mitarbeiter zu investieren ist insofern kein Luxus, sondern eine notwendige Investition in die Zukunft und Wettbewerbsfähigkeit eines Unternehmens. Ansätze, wie gesundheitsförderliche Maßnahmen, die beispielsweise auch mit Unterstützung der gesetzlichen Krankenkassen durchgeführt werden können, sind vorhanden, müssen jedoch kontinuierlich ausgebaut und evaluiert werden: Mit einem umfassenden qualitätsgesicherten betrieblichen Gesundheitsmanagement in gemeinsamer Partnerschaft von Unternehmen, Mitarbeitern und Krankenkassen können die zukünftigen Herausforderungen gemeistert werden.

Es braucht mehr denn je ein modernes Gesundheitsmanagement, das auf betrieblicher Ebene passgenaue Strategien zur Verfügung stellt. Von anderen Unternehmen Konzepte zu kopieren kann dabei keine Lösung sein, denn Unternehmen zeichnen sich durch eine große Heterogenität hinsichtlich Belegschaft, Betriebsklima und Führung aus. Auch wenn eine Vielzahl von insbesondere großen Unternehmen zwischenzeitlich den Auf- und Ausbau des Betrieblichen Gesundheitsmanagements betrieben haben, stehen insbesondere kleine und mittelständische Unternehmen vor der Herausforderung, wie sie – in der Regel ohne eigenes Fachpersonal – dies ebenfalls effizient realisieren können.

Der diesjährige Fehlzeiten-Report zeigt Möglichkeiten auf, wie eine betriebliche Personal- und Gesundheitspolitik aussehen kann, die es Unternehmen bereits heute ermöglicht, die Weichen in Richtung einer erfolgreichen Zukunft zu stellen. Denn um dauerhaft am Markt erfolgreich bestehen zu können, brauchen Unternehmen gesunde Beschäftigte, die nicht nur langfristig leistungs- und erwerbsfähig sind, sondern auch die dafür notwendige Motivation mitbringen.

Neben den Beiträgen zum Schwerpunktthema liefert der Fehlzeiten-Report wie in jedem Jahr aktuelle Daten und Analysen zu den krankheitsbedingten Fehlzeiten in der deutschen Wirtschaft. Er stellt detailliert die Entwicklung in den einzelnen Wirtschaftszweigen dar und bietet einen schnellen und umfassenden Überblick über das branchenspezifische Krankheitsgeschehen. Neben ausführlichen Beschreibungen der krankheitsbedingten Fehlzeiten der 11 Millionen AOK-versicherten Beschäftigten in rund 1,2 Millionen Betrieben im Jahr 2013 informiert er ausführlich über die Krankenstandsentwicklung aller gesetzlich krankenversicherten Arbeitnehmer wie auch der Bundesverwaltung.

Aus Gründen der besseren Lesbarkeit wird innerhalb der Beiträge in der Regel die männliche Schreibweise verwendet. Wir möchten deshalb darauf hinweisen, dass diese Verwendung der männlichen Form explizit als geschlechtsunabhängig verstanden werden soll.

Herzlich bedanken möchten wir uns bei allen, die zum Gelingen des Fehlzeiten-Reports 2014 beigetragen haben.

Zunächst gilt unser Dank natürlich den Autorinnen und Autoren, die trotz ihrer vielfältigen Verpflichtungen das Engagement und die Zeit gefunden haben, uns aktuelle und interessante Beiträge zur Verfügung zu stellen.

Danken möchten wir auch allen Kolleginnen und Kollegen im WIdO, die an der Buchproduktion beteiligt waren. Zu nennen sind hier vor allem Johanna Modde, Irina Glushanok und Miriam-M. Höltgen, die uns bei der Aufbereitung und Auswertung der Daten und bei der redaktionellen Arbeit exzellent unterstützt haben. Danken möchten wir auch Frau Susanne Sollmann für das ausgezeichnete Lektorat und Frau Paskalia Mpairaktari für ihre professionelle Unterstützung bei der Autorenrecherche und -akquise. Erstmals, seit der ersten Auflage des Fehlzeiten-Reports 1999, musste Frau Ulla Mielke pausieren, die uns hoffentlich im nächsten Jahr in bewährter professioneller Art und Weise unterstützen wird. Dafür ein herzliches Glück auf!

Unser Dank geht weiterhin an den Springer-Verlag für die gelungene Erstellung des Layouts und der Abbildungen sowie für seine gewohnt hervorragende verlegerische Betreuung.

Berlin und Bielefeld, im Mai 2014

Inhaltsverzeichnis

Rahmenbedingungen

Zukünftige Belegschaften/Arbeitswelten

Zukünftige Führungserfordernisse

Zukünftige Gestaltungsoptionen

Unternehmensbeispiele

Qualität und Nachhaltigkeit im Betrieblichen Gesundheitsmanagement

Daten und Analysen

Gesunde Zukunft heute gestalten – Gesundheitsmanagement 4.0

Antje Ducki

B. Badura et al. (Hrsg.) *Fehlzeiten-Report 2014*,
DOI 10.1007/978-3-662-43531-1_1, © Springer-Verlag Berlin Heidelberg 2014

Ziel des diesjährigen Fehlzeiten-Reports »Erfolgreiche Unternehmen von morgen – gesunde Zukunft heute gestalten« ist es, Perspektiven für eine zukunftsfähige betriebliche Personal- und Gesundheitspolitik aufzuzeigen. Zukunftsvorhersagen fußen auf der Annahme von relativer Kontinuität: Wir gehen davon aus, dass sich die augenblicklichen Tendenzen fortentwickeln, und dass sie somit in gewisser Weise berechenbar sind. Gleichzeitig ist aus der Statistik bekannt, dass jede Aussage über das zukünftige Eintreten von Ereignissen eine Wahrscheinlichkeitsaussage ist, die mit Unsicherheit und Fehlerrisiken behaftet ist. Fehler können sich z. B. aus der Messtechnik und -methodik oder aus falschen oder unvollständigen Vorannahmen ergeben. So zeigt die Geschichte, dass Prognosen häufig falsch waren, weil entweder nicht vorhersehbare Ereignisse eingetreten sind oder weil sich weder Menschen noch Technik kontinuierlich fortentwickelt haben. Es gibt Naturkatastrophen, Innovationssprünge und menschengemachte Ereignisse, die aufgrund ihrer komplexen Verflechtungen in ihren Wirkungen massiv unter- oder auch überschätzt wurden, wie die folgenden Beispiele zeigen:

- Der Reaktorunfall in Fukushima 2011 war die Folge einer Naturkatastrophe und der Verkettung von als höchst unwahrscheinlich eingestuften Ereignissen.
- 2007 hat keiner der Wirtschaftsweisen die Finanz- und Immobilienkrise, noch die weitreichenden Folgen für ganze Volkswirtschaften vorhergesagt.
- 1966 wurde in einer Medizin-Trend-Studie vorausgesagt, dass eine »allgemeine Immunisierung gegen Bakterien- und Virenerkrankungen« im Jahr 2000 ebenso möglich sein werde, wie die »Korrektur von Erbdefekten durch Eingriffe in die Molekularstruktur« (Dirscherl u. Fogarty 2014).
- 1943 prognostizierte ein IBM-Chairman, dass »es weltweit einen Markt für vielleicht fünf Computer gibt« (ebd.).

Aber es gab auch überraschend richtige Voraussagen: Schon im Jahr 1910 wurde unsere heutige digitale und mobile Realität erstaunlich präzise geschildert:

» Die Bürger der drahtlosen Zeit werden überall mit ihrem »Empfänger« herumgehen, der irgendwo, im Hut oder anderswo angebracht, auf eine der Myriaden von Vibrationen eingestellt sein wird. ... alle Kunstgenüsse und das Wissen der Erde werden drahtlos übertragen sein. ... Konzerte und Direktiven, ja Monarchen, Kanzler, Diplomaten, Bankiers, Beamte und Direktoren werden ihre Geschäfte erledigen und ihre Unterschriften geben können, wo immer sie sind, sie werden eine legale Versammlung abhalten, wenn der eine auf der Spitze des Himalaya, der andere an einem Badeorte ist. (Sloss 1910)

Das letzte Beispiel zeigt, dass die Richtigkeit von Vorhersagen häufig eher ein Zufallsprodukt ist und nicht das Resultat umfänglicher Forschung. Dass wir uns trotz häufiger Prognosefehler nicht davon abhalten lassen, Zukunft zu prognostizieren, liegt unter anderem an nachfolgend dargestellten psychologischen Sachverhalten.

1.1 Der psychologische Nutzen von Prognosen: Sicherheit, Legitimität und Sinn

Zukunftsvorhersagen dienen in erster Linie dazu, Unsicherheit zu vermeiden. Sie bedienen das grundlegende menschliche *Bedürfnis, Kontrolle über die Lebensbedingungen* zu erhalten. Wir denken präventiv und prospektiv, um Schaden in der Zukunft abzuwenden und um gute Entwicklungen zu verstärken und voranzutreiben. Vorausschauend zu handeln erhöht das Selbstwirksamkeitserleben und verschafft uns das Gefühl, dass die Welt verstehbar und beeinflussbar ist.

1

Prognosen haben darüber hinaus eine positive Funktion für das aktuelle Handeln. Entscheidungen und Handeln im Hier und Jetzt bedürfen – insbesondere, wenn sie zu Einschränkungen oder Erschwernissen führen – der rationalen Begründung. Prognosen können solche Begründungen liefern, wie das Beispiel in der Übersicht ► »Die Zukunft der Arbeitswelt – auf dem Weg ins Jahr 2030« veranschaulicht:

»Die Zukunft der Arbeitswelt – auf dem Weg ins Jahr 2030«

Die Kommission »Zukunft der Arbeitswelt« der Robert Bosch Stiftung hat im Jahr 2013 einen umfassenden Bericht vorgelegt, wie sich die Arbeitswelt bis zum Jahr 2030 entwickeln wird und welche Konsequenzen dies für das jetzige Handeln hat. Grundlage dafür sind verschiedene statistisch ermittelte Szenarien und Hochrechnungen. Vor dem Hintergrund der Megatrends Globalisierung der Arbeitsteilung, Digitalisierung aller Wirtschaftsprozesse, Wissensintensivierung aller Arbeitsprozesse, Ressourcenknappheit, Individualisierung und Feminisierung sowie Wertewandel, der die Grenzen des Wachstums anerkennt, werden für die Handlungsfelder Arbeitsmarkt, Unternehmenspolitik, Sozialpartnerschaft, Bildung und Qualifizierung, Arbeitsrecht und soziale Sicherung konkrete Reformempfehlungen abgeleitet. Diese sollten – so die Autoren – möglichst rasch umgesetzt werden, damit die Wertschöpfungsbasis Deutschlands durch ein ausreichendes und gut qualifiziertes Arbeitskräfteangebot und die Zukunft unserer Lebens- und Arbeitsbedingungen gesichert werden kann.
Ihre wichtigsten Handlungsempfehlungen sind: Die Arbeitszeiten pro Kopf, insbesondere die der Teilzeitbeschäftigten müssen erhöht, die Erwerbslosenquote durch konsequente Qualifizierung bildungsferner Schichten gesenkt, die Erwerbsbeteiligung von Frauen, Älteren und Migranten erhöht werden. Des Weiteren wird auf der betrieblichen Handlungsebene die besondere Bedeutung einer alters- und alternsgerechten Arbeitszeitgestaltung und der Betrieblichen Gesundheitsförderung, die Förderung der kontinuierlichen beruflichen Qualifizierung und Sicherung des Erfahrungs- und Wissenstransfers, die Nachwuchssicherung und die Förderung der Vereinbarkeit von Beruf und Familie betont. Dringend empfohlen wird die Neuorganisation des
▼

Gesundheitsschutzes, um »der drohenden Erosion, insbesondere des klassischen arbeitszeitrechtlichen Gesundheitsschutzes, in modernen, von zeitlichen und örtlichen Bindungen weitgehend befreiten Formen der Arbeitsorganisation entgegenzuwirken. Als erster wichtiger Schritt soll diese Problematik auf die Agenda der nationalen Arbeitsschutzkonferenz für die gemeinsame deutsche Arbeitsschutzstrategie aufgenommen werden«. (Walter et al. 2013)

Dieses Zukunftsszenario, das sowohl in seinen Prognosen als auch in den Handlungsempfehlungen große Übereinstimmungen mit denen der Autoren dieses Fehlzeiten-Reports hat, liefert Legitimation und Rechtfertigung für heutige politische Entscheidungen und für die Verteilung verfügbarer Ressourcen: Wohin soll Geld fließen, welche Maßnahmen sollen ausgebaut, welche sollen eingestellt werden? Prognosen sind damit Instrumente zur Verbesserung kollektiver Handlungsfähigkeit, die *Bedürfnisse nach Legitimität und nach Sinngebung* bedienen.

Fasst man diese verschiedenen Funktionen von Prognosen zusammen, ist ihr psychologischer Nutzen darin zu sehen, dass sie

- die Verstehbarkeit/Vorhersagbarkeit (comprehensibility),
- die Handhabbarkeit/Beeinflussbarkeit (manageability) und
- die Sinnhaftigkeit (meaningfullness)

des Hier und Jetzt positiv beeinflussen. Verstehbarkeit, Handhabbarkeit und Sinnhaftigkeit bilden zusammen das Kohärenzgefühl, das nach Antonovsky eine der wichtigsten internen Widerstandsquellen darstellt, die Menschen befähigen, auch unter starker Belastung gesund zu bleiben (Antonovsky 1987). Zahlreiche Studien haben nachgewiesen, dass Menschen mit einem ausgeprägten Kohärenzgefühl stressresistenter, optimistischer und seltener krank sind (Wydler et al. 2006). Prognosen und Zukunftsszenarien dienen damit nicht nur der Gestaltung der Zukunft, der Vermeidung von Unsicherheit sowie der Legitimation jetziger Entscheidungen, sondern auch wesentlich der Stabilisierung unserer psychischen Gesundheit. Damit hat dieser Fehlzeiten-Report für die Leserinnen und Leser nicht nur eine informative, sondern auch eine »gesundheitsförderliche« Funktion.

1.2 Die Beiträge in der Zusammenschau

Die Arbeitswelt der Zukunft wird von hoher Volatilität, Internationalisierung und Flexibilisierung, weiter wachsender Unsicherheit, atypischen Beschäftigungsformen sowie von älter und diverser werdenden Belegschaften geprägt sein. Sie wird eingebettet sein in eine wohlstandsgeprägte und leistungsorientierte Gesellschaft mit hohen Ansprüchen an Lebensbalancen sowie einer tiefgreifenden Verschmelzung digitaler und realer Lebens- und Arbeitsformen. Die einzelnen Beiträge fokussieren unterschiedliche Themenschwerpunkte und geben für diese konkrete Gestaltungsempfehlungen, jedoch lassen sich auch über alle Beiträge hinweg übergeordnete Gestaltungsaufgaben der Zukunft erkennen.

1.2.1 Zukunftsaufgabe Resilienzstärkung und sinnhaftes Wirtschaften

In mehreren Beiträgen wird betont, dass für die Bewältigung der Zukunftsaufgaben ein betrieblicher Fokus allein nicht ausreichen wird. Aufgrund der angenommenen hohen Volatilität der gesamten Entwicklungsprozesse wird die Beantwortung der Frage wichtig sein, wie gesamtgesellschaftlich, wirtschaftlich, betrieblich und individuell Widerstandskräfte (Resilienz) gestärkt werden können, um einen stabil-flexiblen Umgang von Menschen und Organisationen mit sich ändernden Bedingungen zu stärken und damit größtmögliche Krisenfestigkeit zu gewährleisten. Dabei wird eine zentrale Herausforderung sein, individuelle und strukturelle Aspekte der Resilienz aufeinander abzustimmen.

Bauer und Braun haben in diesem Band ein Gesamtmodell der *Resilienzstärkung* vorgestellt, das gesamtwirtschaftliche und betriebliche Strukturen mit sozialen und individuellen Faktoren verbindet. In diesem Modell sind Wirtschaftsprozesse auf sinnhafte Kundenbedarfe fokussiert, betriebliche und überbetriebliche Angebote der persönlichen Weiterentwicklung und Gesundheitsförderung sind vernetzt und werden digital unterstützt. Resiliente Unternehmen sind Orte des persönlichen Wachstums. Ein Resilienz stärkendes (betriebliches) Gesundheitsmanagement ist darauf ausgerichtet, der Individualisierung und Ökonomisierung des betrieblichen Alltags stabile und verlässliche Beziehungen entgegenzusetzen. Fairness, Transparenz und Familienfreundlichkeit prägen Betriebsgemeinschaften. Empathie und Achtsamkeit werden wichtige Einflussgrößen für die individuelle und die betriebliche Leistungsfähigkeit. Die Stärke dieses idealisierten Konzepts liegt darin, dass vernetzte Gestaltungsoptionen aufgezeigt werden.

Lebensqualität – so die Annahme mehrerer Autoren des Fehlzeiten-Reports – zeichnet sich zukünftig weniger durch Konsum und Ressourcenverzehr aus, sondern mehr durch maßvollen Ressourcenerhalt und eine hohe Bewusstheit für die Qualität der Dinge. Zukünftig wird es verstärkt um die Frage gehen, wie *Wirtschaftsprozesse insgesamt* einen sinnhaften Beitrag zur Steigerung von Lebensqualität jenseits von Konsumorientierung leisten können. Da der prognostizierte anhaltende Fachkräftemangel Arbeitnehmern mehr Einfluss auf die Gestaltung der Rahmenbedingungen verschafft, müssen Unternehmen sich verstärkt Gedanken darüber machen, wie Sinnstiftung im Arbeitskontext auf der Ebene der Aufgabengestaltung, der Ebene des sozialen Miteinanders und auf der Ebene gesamtgesellschaftlicher Verantwortung verbessert werden kann. Die Generation Y, und hier vor allem die sogenannten »LOHAS« (Lifestyles of Health and Sustainability), werden Antworten einfordern.

1.2.2 Verbundenheit neu denken

Die größten und nachhaltigsten Veränderungen werden sich durch die fortschreitende *Digitalisierung* ergeben: Sie schafft neue Lebens-, Produktions- und Arbeitsweisen (z. B. Co-Working Spaces, Online-Kollaboration), verändert nachhaltig menschliche Kommunikation und damit auch Kommunikationskulturen in Unternehmen und bringt neue Methoden der (betrieblichen) Gesundheitsförderung hervor.

Das Industrie-, das Dienstleistungs- und das Wissenszeitalter haben wir bereits hinter uns gelassen. Wir leben heute im Zeitalter der »Verbundenheit« (connected age), wobei sich der Begriff der Verbundenheit nicht auf menschliche, sondern auf die technologischen Formen der Verbundenheit bezieht. »Connected age« ist geprägt durch e-government, e-economy, e-health, social collaboration, clowd working, crowd sourcing, open innovation. Wir werden vernetzt bzw. sind umgeben von intelligenten, vernetzten Systemen. Wir werden zukünftig smart wohnen, uns smart fortbewegen, smart arbeiten und smart kommunizieren. »Smart« steht in diesem Fall dafür, dass uns intelligente Systeme das Leben erleichtern, unser Verhalten vorhersagen, uns praktische Lebenstipps geben und uns überwachen. Negative Entwicklungstendenzen werden zunehmend kritisch in der Öffentlichkeit diskutiert. Die zentralen Befürchtungen betreffen die völlige Überwachung menschlicher Aktivitäten und die totale Kontrolle. Kundenprofile, denkende Kameras, abhör-

1

bare Handys, vollständige Bewegungsprofile ermöglichen, dass der Einzelne, aber auch Gruppen in ihren gesamten Lebensäußerungen überwacht werden können. Dabei ist entscheidend, dass die unzähligen Einzeldaten eines Menschen oder einer Gruppe im Sinne der Big-Data-Analysen zusammengeführt und gemeinsam interpretiert werden (Kohlenberg et al. 2014). Daneben gibt es aber auch zahlreiche positive und sinnhafte Anwendungen, wie in der Übersicht ► Beispiele smarter »Lebenshilfe« dargestellt.

Beispiele smarter »Lebenshilfe«
- In einem BMBF-geförderten Projekt »SensPro-Cloth« arbeiten Hersteller und Forschungsinstitute an digitaler Schutzkleidung für Feuerwehrleute, die den Fitnesszustand jedes Retters drahtlos an die Einsatzleitung senden (Horter 2011).
- Forscher des Berliner Fraunhofer-Instituts IZM haben einen Babystrampler mit Sensoren entwickelt, der die Eltern alarmiert, falls das Kind nicht mehr atmet (Menn et al. 2013).
- Fraunhofer hat zusammen mit dem Zentrum für Integrative Neurowissenschaften (CIN) der Universität Tübingen einen Prototypen für einen mobilen Therapieroboter entworfen, mit dessen Unterstützung Patienten, zum Beispiel nach Schlaganfällen oder anderen Erkrankungen, das Laufen wieder erlernen können (Jacobs o. J.).
- Schon heute gibt es digitale Armreifen und Apps, die uns über unseren aktuellen Bewegungszustand, unsere Herzfrequenz oder unsere Schlafqualität informieren. Die AOK Nordost bietet beispielsweise auf ihrer Homepage eine innovative Gesundheits- und Fitnessplattform an, bei der mithilfe einer »Tracker-App« Aktivitäten aufgezeichnet und ausgewertet wird. Ein »Health Score« informiert über den aktuellen Gesundheitszustand und das Fitnessniveau (AOK o. J.).
- Auch für das Betriebliche Gesundheitsmanagement liegen mittlerweile App-gestützte Instrumente vor. Beschäftigte eines Unternehmens können Belastungen und Ressourcen am Arbeitsplatz und ihre eigene Gesundheit auf ihrem Handy beurteilen und erhalten sofort ihr eigenes Gesundheitsprofil sowie praxisnahe Infos rund um die Gesundheitsförderung. Das Unternehmen bekommt die anonymisierten Befragungsergebnisse und kann gezielt Maßnahmen zum Belastungsabbau ergreifen (AOK 2014).

Wie auch immer die neuen Möglichkeiten, Daten zu verbinden, genutzt werden, sicher ist, dass die Grenzen zwischen Menschen und intelligenten Systeme immer fließender werden und die »Kollaboration« zwischen Menschen und Maschinen zunimmt. Es wird wesentlich darauf ankommen, die Grenzen der Datenvernetzung zu präzisieren und zu bestimmen sowie die Schnittstellen zwischen digitaler und realer (Arbeits-) Welt zu gestalten.

1.2.3 Autonomiefördernde und sinnstiftende Nutzung vernetzter Systeme

Unter der Voraussetzung smarter Lebensformen werden Fragen nach Autonomie und Selbstbestimmtheit völlig neu zu stellen sein: Was macht den freien Willen des Menschen aus, wenn intelligente Systeme für uns vorausschauend denken und planen, Informationen vorsortieren, unsere Vorlieben und unsere Gesundheitsrisiken dauerhaft scannen? Welche Konsequenzen wird es für unser Bedürfnis nach Autonomie und Kontrolle und unser eigenes Kohärenzgefühl haben, wenn uns technische Systeme darauf aufmerksam machen werden, was gut für uns ist, welche Fortbildung sinnvoll wäre, welche Ernährung, wie viel Bewegung, welche sozialen Kontakte verstärkt, welche reduziert werden sollten?

Eine zentrale Zukunftsaufgabe wird darin bestehen, Kriterien für den sinnhaften Gebrauch digitaler Unterstützung zu definieren. Vor dem Hintergrund, dass es auch im Gesundheitswesen immer mehr Versuche gibt, Big Data für präzisere Vorhersagen zu nutzen, wird zu klären sein, wie die Rechte auf Privatsphäre gesichert und strikte Grenzen gegen Übergriffe bewahrt werden können. Es muss sichergestellt werden, dass die Instrumente und Möglichkeiten der Selbstüberwachung nicht zu reiner Leistungsoptimierung (»quantify yourself«) und Effizienzsteigerung genutzt werden, sondern einen ausgewogenen Beitrag liefern zur Verbesserung der Leistungsfähigkeit und des Wohlbefindens (»qualify yourself«).

Mit der Zunahme der Digitalisierung aller Lebens- und Arbeitsprozesse werden die grundlegenden Fragen nach der *Leiblichkeit* und dem *sinnlichen Erleben* als spezifisch menschliche Daseinsform wieder neu gestellt werden. Wie werden sich die Verbindungen Köper-Geist-Emotion in digitalisierten Umwelten ändern? Wie kann Leiblichkeit unter den Bedingungen der Digitalisierung erhalten und gefördert werden? Wie kann verhindert werden, dass der Körper zum Gegenstand der Selbstoptimierung reduziert wird?

Auch die Möglichkeiten und das Erleben von sozialer Verbundenheit verändern sich durch die Digitalisierung. Auf der einen Seite besteht die Gefahr weiterer Vereinzelung, auf der anderen Seite bringt die vernetzte Welt neue globale Formen der Verbundenheit, des Teilens, Tauschen oder Leihens hervor (s. Übersicht ▶ Sharenomics – neue Formen des Teilens und des Wirtschaftens). Auch hier wird es zukünftig darum gehen, Chancen zu nutzen und die Gefahren digitaler Spaltungsprozesse frühzeitig zu erkennen und zu vermeiden.

Sharenomics – neue Formen des Teilens und des Wirtschaftens
Auszug aus Stempinski et al. 2012:
Sharing Services
— CouchSurfing – Helps you meet and adventure with new friends around the world
— AirBnB – Find or share a place to stay … affordably.
— Workaway.info – Work abroad, integrate in local cultures, acquire new skills, make new friends
— Zip car – Car sharing alternative to car rental or ownership.
— Neighborhood Goods – Save money and resources by sharing stuff with your friends
— Meetup – Do something, learn something, share something, change something.

Insgesamt wird es darauf ankommen, das spezifisch Menschliche unter den aufgezeigten veränderten Bedingungen neu zu schärfen und Kriterien dafür zu entwickeln, was ein selbstbestimmtes und gutes Leben ausmacht. Ergänzend zu diesen übergeordneten Gestaltungsaufgaben liefern die Einzelbeiträge zahlreiche spezifische und konkrete Informationen und Handlungsvorschläge.

1.3 Die Beiträge im Einzelnen

▪ Abschnitt 1: Rahmenbedingungen
Bauer und Braun zeigen auf, dass in einer volatilen Arbeitsgesellschaft, die durch Ressourcenverknappung, Globalisierung, den demografischen Wandel, riskante Finanzmärkte und steigende Rohstoffpreise gekennzeichnet ist, die Beherrschung von Ungewissheit zu einer existenziellen Unternehmensaufgabe wird. Die Autoren geben einen Überblick, wie Unsicherheitsreduktion durch Resilienzstärkung auf wirtschaft-

licher, organisationaler und individueller Ebene aussehen kann.

Bellmann betont die Notwendigkeit alter(n)sgerechter Arbeitsgestaltung, um den steigenden Anteil älterer Arbeitnehmer möglichst lang arbeitsfähig zu halten. Darüber hinaus weist er darauf hin, dass es verstärkt Angebote der Gesundheitsförderung für atypisch Beschäftigte geben muss.

Hardege und Zimmermann stellen die Ergebnisse der aktuellen DIHK-Umfrage zu dem zunehmenden Fachkräftebedarf dar und zeigen zukünftige Handlungsfelder und Maßnahmen für Unternehmen auf. Diese liegen in der Aus- und Weiterbildung, in der gezielten Ansprache von Frauen, in der Integration ausländischer Arbeitnehmerinnen und Arbeitnehmer und in der Gesundheitsförderung. Sie betonen, dass die aktuellen Finanzierungsspielräume innerhalb des GKV-Systems der Ausweitung der Betrieblichen Gesundheitsförderung insbesondere in kleinen und mittleren Unternehmen dienen sollten.

Ahlers betont die besonderen Probleme einer zunehmenden Ökonomisierung, Kostenreduktion und einer »Personalpolitik der unteren Linie«. Die Folgen sind Arbeitsverdichtung und hoher Arbeits- und Zeitdruck bei den Beschäftigten. Für die Zukunft sieht sie die Notwendigkeit einer stärkeren Mobilisierung der betrieblichen Akteure für die Durchführung von Gefährdungsbeurteilungen psychischer Belastungen, einen aktiven staatlichen Arbeitsschutz sowie verstärkt Angebote für atypische Beschäftigte.

▪ Abschnitt 2: Zukünftige Belegschaften/ Arbeitswelten
Zok, Pigorsch und Weirauch zeigen mit ihrer Erwerbstätigenbefragung, dass Erwartungen und Ziele hinsichtlich Beruf und Lebensqualität in der Generation Y und bei den Babyboomern sehr ähnlich sind, aber genau diese Ähnlichkeit von den Generationen nicht wahrgenommen wird. Stärkere Unterschiede ergeben sich zwischen den Geschlechtern der Generation Y: Während jungen Männern Spaß im Leben sehr wichtig ist, ist es bei den Frauen eher eine gute Bildung und eine Partnerschaft. Hier sind für die Zukunft Konflikte erwartbar, die zwischen den Geschlechtern neu ausgehandelt werden müssen, wenn Beruf und Familie koordinierbar bleiben sollen.

Parment zeigt anschaulich auf, welche Werte, Ansprüche und Erwartungen junge Beschäftigte der Generation Y kennzeichnen. Die Generation Y ist in einer Gesellschaft mit hoher Transparenz, ständiger Kommunikation, vielen Wahlmöglichkeiten und großem Individualismus aufgewachsen. Um diese Generation langfristig motiviert und gesund zu halten, sind neben

1

smarten (digitalen) Angeboten der Gesundheitsförderung und der Vernetzung vor allem sinnstiftende Tätigkeiten, ein gutes Arbeitsklima und die gute Vereinbarkeit von Beruf und Familie wichtig.

Hasselhorn und Ebener behandelt die Konsequenzen, die sich aus dem demografischen Wandel für die Betriebliche Gesundheitsförderung ergeben. Vorgestellt wird ein Modell, nach dem die Erwerbsteilhabe älterer Arbeitnehmer nicht nur durch Maßnahmen zum Erhalt ihrer Gesundheit gesichert werden kann, sondern durch frühzeitige Förderung ihrer Veränderungsbereitschaft beeinflusst werden muss. Er hebt die Wichtigkeit hervor, schon heute jede betriebliche Funktion auf ihre »Demografiefestigkeit« zu überprüfen.

Bornheim und Sieben zeigen, wie sich das Geschlechterverhältnis auf dem deutschen Arbeitsmarkt und in Organisationen in den letzten Jahren gewandelt hat und welche Beharrungstendenzen in Führungspositionen und in geschlechtlich segregierten Tätigkeitsbereichen nach wie vor existieren. Am Beispiel der Altenpflege werden die Ansprüche von Frauen an eine gute Arbeitsgestaltung aufgezeigt: Flexible Arbeitszeitgestaltung, hinreichendes Personal, Wertschätzung und Anerkennung, aber auch Führungskräfte, die über Gleichstellungskompetenz und -motivation verfügen, sind notwendig, um eine gesundheits- und geschlechtergerechte Gestaltung und Bewältigung des Wandels zu vollziehen.

Busch und Clasen stellen Elemente eines kultursensiblen Betrieblichen Gesundheitsmanagements dar, das die kulturelle Diversität von un- und angelernten Beschäftigten im Fokus hat. Zu diesen Elementen gehört die Qualifizierung von sogenannten Peer-Mentoren, die als Ansprechpartner für Themen der Betrieblichen Gesundheitsförderung fungieren und eine Vorbildfunktion übernehmen. Darüber hinaus werden Führungskräfte zu Fragen kultureller Diversität und ihren Einflussmöglichkeiten auf die Gesundheit der Beschäftigten qualifiziert und die zielgruppenspezifischen Maßnahmen in das gesamte BGM integriert.

Vahle-Hinz und Plachta zeigen in ihrer Untersuchung, dass nicht nur die unmittelbaren Arbeitsbedingungen, und die Gestaltung von Arbeitsaufgaben auf die Gesundheit Einfluss nehmen, sondern auch die arbeitsvertraglichen Bedingungen als beschäftigungsbezogene Stressoren eine relevante Rolle spielen. Ihre Hinweise zur Gesundheitsförderung flexibel Beschäftigter machen deutlich, dass es zukünftig verstärkt darum gehen muss, ein BGM für Kern- und Randbelegschaften gemeinsam zu entwickeln und die Betriebliche Gesundheitsförderung mit überbetrieblichen/kommunalen Angeboten besser zu vernetzen.

Prütz, Seeling, Ryl, Scheidt-Nave, Ziese und Lampert betrachten auf dem Hintergrund der Daten des Robert Koch-Instituts den Wandel des Krankheitsspektrums, der sich immer stärker weg von akuten Infektionskrankheiten hin zu chronischen Krankheiten verschiebt. In dem Beitrag werden die Verbreitung und Entwicklung von Herz-Kreislauf-Erkrankungen, Krebserkrankungen, Diabetes mellitus, Muskel-Skelett-Erkrankungen und psychischen Störungen beschrieben, da diese mit Blick auf Krankheitslast, Versorgungsgeschehen und die im Gesundheitswesen anfallenden Kosten von besonderer Relevanz sind.

- **Abschnitt 3: Zukünftige Führungserfordernisse**

Becke macht deutlich, dass zukunftsfähige Unternehmenskulturen den Erhalt und die Regeneration der gesundheitlichen Ressourcen von Beschäftigten und Führungskräften ermöglichen. Die Entwicklung zukunftsfähiger Unternehmenskulturen kann durch organisationale Achtsamkeit unterstützt werden, die eine organisatorische Selbstreflexion im Umgang mit Gesundheit und Gesundheitsrisiken fördert.

Felfe, Ducki und Franke geben einen Überblick darüber, welche Führungserfordernisse sich zukünftig ergeben. Zukünftige Arbeitswelten brauchen Führungskräfte, die in der Lage sind, die Potenziale und Ressourcen der Beschäftigten zu erkennen und zu fördern und sie damit zu befähigen, komplexe und flexible Umwelten selber zu gestalten. Führung muss stärker als bisher die ausdifferenzierten Erwartungen diverser und anspruchsvoller werdender Belegschaften aufgreifen und in authentisches Führungsverhalten »übersetzen«. Hauptansatzpunkte sind die Gestaltung lernförderlicher Rahmenbedingungen und die personale Resilienzstärkung.

Badura und Walter zeigen in ihrem Beitrag, dass in der gewandelten Arbeitswelt Förderung von Gesundheit und Wohlbefinden für Produktivität und Wettbewerb immer wichtiger werden. Sie plädieren für mehr Interdisziplinarität in der Forschung, in den Betrieben für eine Verbesserung der Mitarbeiterorientierung, der Arbeitsfähigkeit und Arbeitsbereitschaft, überbetrieblich für eine konzertierte Aktion aus Politik und Verbänden, um z. B. durch steuerliche Anreize zu mehr Maßnahmen im Betrieblichen Gesundheitsmanagement anzuregen.

Ehresmann macht in ihrem Beitrag deutlich, dass Mobbing im Krankenhaus nicht nur negative Konsequenzen für die Beschäftigten hat, sondern auch für die Arbeits- und Versorgungsqualität. Ihre Studie zeigt, dass je höher das Ausmaß an Mobbing ist, desto geringer sind Arbeitsfähigkeit, Qualitätsbewusstsein und Qualität der Arbeitsleistung ausgeprägt. Da Pflege in einer alternden Gesellschaft zunehmend wichtig wird, ist hier für die Zukunft dringender Handlungsbedarf gegeben.

■ **Abschnitt 4: Zukünftige Gestaltungsoptionen**
Rothe und Beermann zeigen, dass die Veränderungsgeschwindigkeit, die Zunahme von psychisch belastenden Arbeitsbedingungen und individualisierten Anforderungen sowohl aufseiten der Beschäftigten als auch aufseiten der Betriebe umfassende Gestaltungskompetenz und differenzierte Vorgehensweisen im betrieblichen Arbeitsschutz erfordern. Gleichzeitig sind weitere Forschungsanstrengungen notwendig, um auch langfristig für neue Formen der Arbeitsorganisation über hinreichendes Gestaltungswissen zu verfügen.

Dunckel weist als relevante Aspekte einer zukunftsorientierten Arbeitsgestaltung die Gestaltung von entwicklungsförderlichen Arbeitsaufgaben, neue Formen unternehmensübergreifender Arbeitsgestaltung, die Notwendigkeit »neuer« Organisationsformen Betrieblicher Gesundheitsförderung, sowie die Stärkung der Selbststeuerung und des unternehmerisches Handeln bei abhängig Beschäftigten aus. Um die zunehmende soziale und kulturelle Diversität von Belegschaften zu gestalten, bedarf es der differenziellen Arbeitsgestaltung.

Rump und Eilers zeigen, dass es für Unternehmen immer schwieriger wird, qualifizierte Mitarbeiter für sich zu gewinnen und dauerhaft an sich zu binden. Am Beispiel der Personalrekrutierung und gesundheitsförderlicher Entwicklungsprozesse wird gezeigt, was getan werden kann, um die Wettbewerbsfähigkeit mit beschäftigungsfähigen Mitarbeitern zu sichern.

Brussig bilanziert den Diskussionsstand zum Zusammenhang von beruflichen Belastungen und Rentenbeginn. Personen mit hohen beruflichen Belastungen wechseln früher als andere in die Altersrente. Er zeigt betriebliche Möglichkeiten und Grenzen mit diesem Sachverhalt angemessen umzugehen auf. Insgesamt wird es zukünftig darum gehen, den Renteneintritt zu flexibilisieren und an die jeweiligen betrieblichen und individuellen Möglichkeiten anzupassen.

Staudinger und Patzwaldt zeigen die Notwendigkeit von rechtzeitigen Tätigkeitswechseln sowie Fort- und Weiterbildung auf, um Gesundheit, Beschäftigungsfähigkeit und Produktivität auch über das aktive Arbeitsleben hinaus zu erhalten.

■ **Abschnitt 5: Unternehmensbeispiele**
Hähner-Rombach schildert die historische Entwicklung des Betrieblichen Gesundheitsmanagements bei der BASF vom Kriegsende bis heute und zeigt, dass konkrete Angebote der Gesundheitsförderung immer

einem historisch konstituierten Gesundheitsverständnis geschuldet sind. Für die Zukunft werden die Gefahren eines Gesundheitsdiktats aufgezeigt.

Blume und Feyh zeigen an einem betrieblichen Fallbeispiel auf, wie ein partizipativer Gestaltungsprozess für eine kapazitätsorientierte aber auch gesundheitsförderliche Personaleinsatzplanung aussehen kann.

Schmidt und Möller machen deutlich, wie zukünftig eine generationengerechte Führung sowie ein an die Lebensphasen der Mitarbeiter angepasstes Betriebliches Gesundheitsmanagement im Krankenhaus zu einem deutlichen Wettbewerbsvorteil um qualifizierte Mitarbeiter werden kann.

Gunkel, Böhm und Tannheimer beschreiben, wie von Führungskräften und Unternehmen die Resilienz der Mitarbeiter gestärkt werden kann und was die Beschäftigten selbst dazu beitragen können. Konkrete Interventionen auf den Ebenen Unternehmen, Führungskraft und Beschäftigte werden aufgezeigt.

Zimmermann, Zisowski, Waßauer und Hützen zeigen, wie die USB Bochum GmbH durch die Einführung eines Gesundheitsmanagements die Grundlagen für die Zukunftsvorsorge im Unternehmen sichern. Der Beitrag verdeutlicht, dass die Bewältigung des demografischen Wandels nur durch einen fortwährenden Lern- und Entwicklungsprozess gelingen kann, bei dem die Beteiligung und Mitwirkung der Belegschaft eine zentrale Rolle spielt.

Brandt, Kunze, Petsch und Warnke geben ein Beispiel, wie es zukünftig gelingen kann, auch Kleinbetriebe für Gesundheitsförderung zu gewinnen. Anhand eines vom Bundesministerium für Bildung und Forschung (BMBF) geförderten Projekts wird ein »Huckepackverfahren« vorstellt, mit dem kleine Handwerksbetriebe ihre Innovationsfähigkeit stärken und gleichzeitig die Gesundheit der Beschäftigten positiv beeinflussen können.

Kröger, Finger und Wunsch stellen anhand eines Kooperationsprojekts zwischen der Salzgitter AG, der betrieblichen Krankenkasse Salzgitter (BKK Salzgitter) und der Psychotherapieambulanz der TU Braunschweig dar, wie psychische Störungen frühzeitig erkannt und unter Einbezug des Arbeitsplatzes interdisziplinär behandelt werden können. Eine erste Evaluation weist darauf hin, dass die Fehlzeiten durch die arbeitsplatzbezogene Therapie signifikant reduziert und damit assoziierte Kosten eingespart werden können.

■ **Abschnitt 6: Qualität und Nachhaltigkeit im Betrieblichen Gesundheitsmanagement (BGM)**
Altgeld setzt sich mit einigen Entwicklungslinien des Betrieblichen Gesundheitsmanagements kritisch auseinander. Er benennt als wichtige Zukunftsaufgaben

unter anderem, dass Aktivitäten der Gesundheitsförderung sektorübergreifend besser koordiniert werden müssen, dass das BGM sich mit Standardentwicklungen z. B. in Hinblick auf die Qualifikationsprofile der Akteure auseinandersetzen muss sowie eine bessere Infrastruktur z. B. der gesetzlichen Kranken- und Unfallversicherer und ihrer Partnerinnen und Partner sicherstellen muss, die sich vor allem an KMU richtet.

Huber macht in seinem Beitrag deutlich, dass die Evidenzbasierung eine sinnvolle Grundlage liefert, um Unter-, Über- oder Fehlversorgung im Betrieblichen Gesundheitsmanagement zu identifizieren und mit entsprechenden Angeboten zu kompensieren. Er liefert einen Überblick über mögliche Vorgehensweisen und skizziert Konsequenzen für die Planung, Umsetzung und Evaluation der Betrieblichen Gesundheitsförderung.

■ **Abschnitt 7: Daten und Analysen**

Meyer, Modde und Glushanok liefern umfassende und differenzierte Daten zu den krankheitsbedingten Fehlzeiten in der deutschen Wirtschaft im Jahr 2013. Datenbasis sind die Arbeitsunfähigkeitsmeldungen der rund 11 Millionen erwerbstätigen AOK-Mitglieder in Deutschland.

Busch gibt anhand der Statistiken des Bundesministeriums für Gesundheit (BMG) einen Überblick über die Arbeitsunfähigkeitsdaten der gesetzlichen Krankenkassen (GKV).

Hoffmeister stellt die aktuellen krankheitsbedingten Abwesenheitszeiten in der Bundesverwaltung dar und gibt einen Überblick über das Betriebliche Eingliederungsmanagement (BEM) und die wesentlichen Entwicklungen im Betrieblichen Gesundheitsmanagement (BGM) der Bundesverwaltung.

Die Lektüre dieses Fehlzeitenreports macht deutlich: Die Zukunft hat bereits begonnen. Aber auch wenn viele Entwicklungslinien heute schon erkennbar sind, bleibt das Wesensmerkmal der Zukunft die Ungewissheit. Wir dürfen froh sein, dass es (noch) so ist.

Literatur

AOK (2014) Betriebliches Gesundheitsmanagement im digitalen Zeitalter. AOK – Die Gesundheitskasse. http://www.aok-leonardo.de/wettbewerb-2014/preisverleihung-2014/. Gesehen 30 Mai 2014

AOK (o J) Was ist AOK mobil vital? AOK – Die Gesundheitskasse. http://www.aok.de/portale/nordost/mobil-vital/. Gesehen 30 Mai 2014

Antonovsky A (1987) Unravelling the mystery of health – How people manage stress and stay well. Jossey-Bass, San Francisco

Dirscherl HC, Fogarty K (2014) Voll daneben. Die spektakulärsten Fehlprognosen der IT-Geschichte. PC Welt. http://www.pcwelt.de/ratgeber/Die_spektakulaersten_Fehlprognosen_der_IT-Geschichte-6948150.html. Gesehen 30 Mai 2014

Horter H (2011) SensproCloth. Institut für Textil- und Verfahrenstechnik (ITV) der Deutschen Institute für Textil- und Faserforschung Denkendorf (DITF). http://www.senspro-cloth.de/. Gesehen 29 Mai 2014

Jacobs T (o J) Mobiler Therapieroboter. Fraunhofer IPA.http://www.ipa.fraunhofer.de/Mobiler_Therapieroboter.1883.0.html. Gesehen 29 Mai 2014

Kohlenberg K, Musharbash Y, Wiedmann-Schmidt W (2014) Datenschutz – Europa durchleuchtet seine Bürger. Die Zeit 23:13–15

Menn A, Dürand D, Kutter S et al (2013) Smarte Kleider für immer mehr Lebensbereiche. Wirtschaftswoche. http://www.wiwo.de/technologie/forschung/fortschritt-weltraumforschung-zum-nulltarif/9248660-14.html. Gesehen 29 Mai 2014

Sloss R (1910) Das drahtlose Jahrhundert: aus »Die Welt in 100 Jahren«. Horx Zukunftsinstitut. http://www.horx.com/zukunftsforschung/1-11.aspx. Gesehen 30 Mai 2014

Stempimski G, Liss A, Rustrum C (2012) The Sharenomics Buffet. Steppin off the edge. http://steppinofftheedge.com/podcast/the-sharenomics-buffet/ Gesehen 29 Mai 2014

Walter N, Fischer H, Hausmann P et al (2013) Was nun getan werden muss. In: Robert Bosch Stiftung (Hrsg) Die Zukunft der Arbeitswelt – Auf dem Weg ins Jahr 2030. Robert Bosch Stiftung, Stuttgart, S 14–19

Wydler H, Kolip P, Abel T (2006) Salutogenese und Kohärenzgefühl. Grundlagen, Empirie und Praxis eines gesundheitswissenschaftlichen Konzepts. Juventa, Weinheim

Rahmenbedingungen

Zukunftsforschung:
Wie werden wir in 20 Jahren arbeiten?

W. Bauer, M. Braun

B. Badura et al. (Hrsg.) *Fehlzeiten-Report 2014,*
DOI 10.1007/978-3-662-43531-1_2, © Springer-Verlag Berlin Heidelberg 2014

Zusammenfassung *In einer volatilen Arbeitsgesellschaft lässt sich die Frage nach der Zukunft der Arbeit nur vage beantworten. Angesichts einer Ressourcenverknappung zeichnen sich jedoch bereits gegenwärtig die Rahmenbedingungen des Wandels ab: Engpässe betreffen sowohl Rohstoffe und Energie als auch menschliche Fähigkeitspotenziale. Globalisierung, demografischer Wandel, riskante Finanzmärkte und steigende Rohstoffpreise erfordern mehr denn je eine pro-aktive Gestaltungs- und Anpassungsfähigkeit der Unternehmen sowie eine Veränderungsfähigkeit der arbeitenden Menschen. Die Beherrschung von Ungewissem wird zu einer existenziellen Unternehmensaufgabe. Damit tangiert die Zukunftsdiskussion ein zentrales Gesundheitspotenzial: Gesundheit kennzeichnet die Fähigkeit einer Person, sich verändernden Lebensbedingungen anzupassen, ohne die Unabhängigkeit ihrer individuellen Existenz aufzugeben. Eine gesunde, resiliente Organisation ist aufgrund ihrer Ausgleichs- und Selbstregulationsfähigkeit in der Lage, veränderliche Umweltbedingungen zu integrieren. Das betriebliche Gesundheitsmanagement wird zukünftig mehr denn je gefordert sein, diese Gesundheitspotenziale in den Unternehmen wirksam zu entfalten. Wie wir in zwanzig Jahren arbeiten werden, hängt demnach nicht nur von technologischen Innovationen ab; die Situation wird in besonderem Maße davon geprägt sein, welches Gesundheitsverständnis wir entwickeln und wie wir dieses im Arbeitsalltag zum Ausdruck bringen.*

2.1 Die Zukunft der Arbeit

2.1.1 Anpassungsfähigkeit als Kernkompetenz

»Wie werden wir in zwanzig Jahren arbeiten?« Die Frage nach der Zukunft ist stets mit der Hoffnung verbunden, sich auf das Kommende vorbereiten zu können, wäre dieses ein wenig genauer bekannt. Eine solche Erwartung ist jedoch gleich in doppelter Hinsicht trügerisch: Einerseits lassen sich die Entwicklungen in einer sich schnell verändernden Welt nicht präzise vorhersagen. Andererseits vermochte der Umstand, dass man den Wandel nicht konkret vorhersagen kann, das menschliche Fortschrittsstreben bislang nicht zu lähmen. Seit jeher bewältigte die Menschheit den Wandel, indem sie sich an veränderte Arbeits- und Lebensbedingungen anpasste. Es scheint, dass die Gestaltungskraft der Menschen groß genug ist, alle Herausforderungen anzunehmen und Lösungen zu deren Bewältigung umsetzen zu können. Dies scheint für die großen Themen wie das weltweite Bevölkerungswachstum und den damit verbundenen Nahrungsbedarf oder

den Klimawandel und den Energiebedarf genauso zu gelten wie für die kleinen Dinge der menschlichen Existenz.

Auf eine ungewisse Zukunft bereitet man sich idealerweise vor, indem man diese selbst gestaltet – und zugleich dort anpassungsfähig bleibt, wo die eigenen Gestaltungsmöglichkeiten enden. In einer sich schnell verändernden Arbeitswelt stellt die Gestaltungs- und Anpassungsfähigkeit nicht nur eine erhöhte Anforderung an die arbeitenden Menschen und an deren Fähigkeiten dar, sondern stärkt auch die Relevanz der Gesundheitsthematik. Die Beherrschung von Ungewissheiten wird zu einer existenziellen Aufgabe von Unternehmen und Individuen.

2.1.2 Rahmenbedingungen des Wandels

Der Wandel von der Industrie- zur Wissensgesellschaft wird – zumindest hierzulande – von Rahmenbedingungen begleitet, die sich mit einer Ressourcenverknappung umschreiben lassen. Diese Verknappung

2

betrifft natürliche Ressourcen, d. h. Rohstoffe, Energie und (land-)wirtschaftliche Nutzflächen ebenso wie menschliche Fähigkeitspotenziale.

■ **Verknappung natürlicher Ressourcen**

Im öffentlichen Diskurs verbreitet sich allmählich die Erkenntnis, dass ein Wirtschaftssystem an Grenzen stößt, sofern es allein auf die Expansion materieller Güter ausgelegt ist. Da die natürlichen Ressourcen auf diesem Planeten begrenzt sind, lässt sich die Warenproduktion nicht unbegrenzt steigern (Patscha et al. 2013). Die wachsende Weltbevölkerung und der steigende Konsum in den Schwellenländern werden die Ressourcenknappheit und damit die Preise für Rohstoffe, Energie und Nahrungsmittel weiter anheizen. Die Wirtschaft ist in krisenanfällige Finanzsysteme eingebunden und – gerade auch in Deutschland – von internationalen Rohstoffimporten abhängig, deren Verfügbarkeit und Preise zukünftig mit erheblichen Unwägbarkeiten behaftet sind. Dadurch entwickeln sich die Volkswirtschaften insgesamt volatiler. Die absehbare Ressourcenverknappung setzt beträchtliche Innovationsanstrengungen voraus, um durch einen effizienten und ökologischen Ressourceneinsatz den Lebensstandard breiter Bevölkerungsschichten nachhaltig zu sichern.

■ **Demografischer Wandel**

◨ Abb. 2.1 veranschaulicht die quantitative Dimension des sozio-demografischen Wandels. Die oberste Linie stellt die prognostizierte Entwicklung der Gesamtbevölkerung bis zum Jahr 2040 dar. Die darunter liegende Linie steht für das Erwerbspersonenpotenzial, d. h. die Bevölkerung im Alter zwischen 15 und 65 Jahren. Die unterste Linie gibt schließlich die Entwicklung der Bevölkerung im Alter ab 65 Jahren wieder, was als Näherung für die Bevölkerung im Rentenalter betrachtet werden kann.

Der Statistik zufolge wird die Bevölkerung im erwerbsfähigen Alter in den nächsten zwanzig Jahren schneller schrumpfen als die Gesamtbevölkerung. Dem steht ein ebenso starker Anstieg der Rentenbezieher gegenüber (Schneider 2011). Vor diesem Hintergrund sind Engpässe bei der Rekrutierung des betrieblichen Nachwuchses und ein höheres Durchschnittsalter der Belegschaften zu erwarten. Selbst eine offensive Zuwanderungspolitik vermag einen solchen Verlauf nicht abzuwenden. Angesichts solcher Prognosen kommen die Unternehmenslenker nicht umhin, sich mit Fragen der Arbeitsfähigkeit und Gesunderhaltung vornehmlich älterer Erwerbstätiger zu befassen. Dabei gilt es, die verfügbaren Ressourcenpotenziale der arbeitenden Menschen konsequenter denn je im Arbeitsprozess zu entwickeln und diese für eine produktive Wertschöpfung einzusetzen. Das Alter der Beschäftigten an sich ist dabei kein Kriterium, das sich einer Tätigkeitsausübung entgegenstellt. Zum Problem wird das Altern im Berufsleben meist dann, wenn Beschäftigte dauerhaft einseitig belastende Tätigkeiten ausführen.

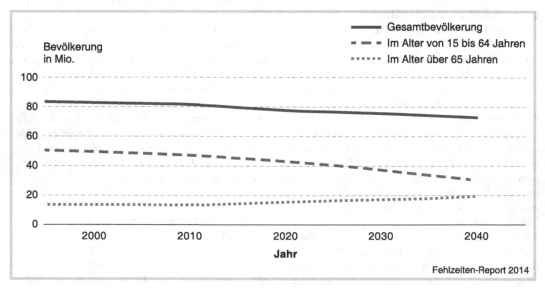

Fehlzeiten-Report 2014

◨ **Abb. 2.1** Bevölkerungsprojektion nach Altersgruppen. (Quelle: Statistisches Bundesamt – 12. Koordinierte Bevölkerungsvorausberechnung 2009)

2.1.3 Zukunftstrends der Arbeitsgesellschaft

Innerhalb der aufgezeigten Rahmenbedingungen beschreiben Zukunftstrends die langfristigen Perspektiven in der Arbeitsgesellschaft. Diese Zukunftstrends können sich in ihrer Wechselwirkung verstärken, abschwächen oder gar zu Entwicklungen führen, die derzeit noch nicht absehbar sind. Im Folgenden werden prognostizierte Trends skizziert.

■ **Konsequente Kundenorientierung**
Als zentrale Erfolgsfaktoren zukünftiger Arbeitsweisen werden sich eine konsequente Kundenorientierung und der Einsatz neuer Produktionstechnologien erweisen. In den vergangenen Jahrzehnten diente der technische Fortschritt vornehmlich einer Rationalisierung der industriellen Massenproduktion. Hierzu wurden die Produktionsabläufe in möglichst kleinteilige, exakt definierte Einzelschritte zerlegt. Die rationalisierte Produktionsweise tayloristischer Prägung hat mittlerweile ihren Zenit überschritten, da ihre starren, hierarchischen Strukturen den Marktanforderungen einer kundenspezifischen und variantenreichen Produktionsweise immer weniger genügen. Die zentrale Steuerung ihrer Prozesse stößt unweigerlich an Kapazitätsgrenzen (Cowden 2013).

Eine kundenorientierte und variantenreiche Produktionsweise erfordert von den Unternehmen, dass sie auf ihre Kunden zugehen und deren Bedürfnisse erkennen. Ferner müssen sie Kundenbedürfnisse intern kommunizieren, um sie in betriebliche Prozesse umsetzen zu können. Unternehmerisch verantwortungsvolles Handeln ist nicht länger alleinige Aufgabe der Unternehmensleitung, sondern Aufgabe sämtlicher Mitarbeiter im Unternehmen. Eine aufgabenbezogene Verantwortungsdelegation setzt erweiterte Kompetenzen aller Beschäftigten, gemeinsame Werte sowie vertrauensvolle Kooperationsbeziehungen voraus.

■ **High-Tech-Fertigung**
Auch in Zukunft stellt die industrielle Produktionsweise, d. h. die mehrstufige Verarbeitung natürlicher Ressourcen hin zu konsumierbaren Waren, ein Kernelement der Arbeitsgesellschaft dar. Durch wissensbasierte Geschäftsprozesse, innovative Fertigungstechnologien und die fortschreitende Digitalisierung der Produktionssteuerung können die vielfältigen Kundenbedürfnisse zukünftig mit industriellen Methoden bedarfsgerecht bedient werden. Generative Fertigungsmethoden (wie 3D-Druck) ermöglichen eine Produktion in »Losgröße eins«. Die mit »Industrie 4.0« bezeichnete Vision der intelligenten Fabrik vernetzt

Maschinen, Lagersysteme und Betriebsmittel miteinander und mit dem Internet, indem sich ihre eingebetteten Sensor- und Kommunikationssysteme wechselseitig steuern. Die Digitalisierung von industriellen Logistik- und Produktionsprozessen und die Nutzung von Echtzeitinformationen wird in den kommenden Jahren weiter an Dynamik gewinnen und sich sukzessive auf dienstleistungsorientierte Tätigkeitsfelder ausweiten. Eine interaktive Mensch-Roboter-Interaktion begünstigt ein kooperatives Miteinander von Menschen und Maschinen. Dadurch kann körperlich schwere Arbeit immer mehr durch Maschinen ersetzt werden und die Menschen können ihre sensomotorischen und kognitiven Fähigkeiten mehr in die Arbeit einbringen.

■ **Variierende Arbeitsorte**
Mobile Kommunikationstechnologien binden die Menschen immer weniger an Arbeitsmaschinen oder definierte Orte. Dies begünstigt räumliche Freiheitsgrade bei der Arbeitsgestaltung. Neben dem festen Arbeitsplatz im Unternehmen etabliert sich sukzessive die Arbeit zu Hause oder in »Coworking Centers«. Hinzu kommt eine zeitliche Entgrenzung der Arbeitstätigkeit durch flexible Arbeitszeiten und projekt- bzw. ergebnisorientierte Arbeitsformen. Für die Beschäftigten bedeutet dies einerseits einen Zugewinn an persönlicher Freiheit und Selbstbestimmung, der andererseits mit wachsender Verantwortung einhergeht (Spath et al. 2012).

■ **Personennahe Dienstleistungen**
Die personennahen Dienstleistungen – einschließlich Bildung, Pflegewesen und Handwerk – werden auch weiterhin beschäftigungsintensive Berufsfelder bleiben, da sie auf absehbare Zeit nicht zu automatisieren sind. Aufgrund der älter werdenden Bevölkerung ist vor allem in der Alten- und Krankenbetreuung ein erhöhter Bedarf an Arbeitskräften abzusehen.

■ **Heterogene Arbeitsteams**
Die sozio-demografische Entwicklung begünstigt heterogene Arbeitsteams. Hierbei treten Unterschiede zwischen Männern und Frauen, Alten und Jungen sowie zwischen verschiedenen akademischen und kulturellen Hintergründen deutlicher zutage. Angesichts eines sinkenden Arbeitskräftepotenzials gilt es, den nicht voll erwerbstätigen Anteil der weiblichen Bevölkerung verstärkt zu aktivieren. Durch Erfahrungsaustausch und wechselseitige Inspiration können heterogene Arbeitsteams zu Inkubatoren der Innovation werden (Spath et al. 2012). Bei allen Chancen birgt eine solche Teamarbeit aber auch erhebliche Konfliktpo-

tenziale. Deren Vermeidung erfordert von allen Beteiligten ein hohes Maß an sozialer Kompetenz.

▪ Veränderte Qualifikationsanforderungen
Die prognostizierten Arbeitsformen führen in vielen Fällen zu anderen Kompetenzprofilen und erhöhten Bildungsanforderungen. Bislang beschränkte sich das berufliche Bildungssystem vor allem auf die Ausbildung von Fachqualifikationen. Dies dürfte in Zukunft – bei aller Bedeutsamkeit fachlich-methodischer Kompetenzen – nicht mehr ausreichen. Beschäftigte aller Altersgruppen sind zu ermutigen, ihre sozialen und kommunikativen Fähigkeiten zu pflegen und Eigeninitiative zu entwickeln. Hier sind Lernfelder adressiert, die bislang eher der familialen Sozialisation überlassen waren: Sie betreffen u. a. die Fähigkeit zur Vernetzung, die Bereitschaft Verantwortung zu übernehmen sowie kommunikative Kompetenz und Lernbereitschaft.

▪ Integration von Arbeit und Lernen
Anders als die Vermittlung von Fachwissen bilden sich soziale und kommunikative Kompetenzen im Rahmen eines positiven emotionalen Erlebens. Da dieses besonders gut im familiären Umfeld gedeiht, werden solche Lernprozesse zukünftig zu einer engeren Verzahnung von Arbeits- und Privatleben führen. Wer eigeninitiativ eine Aufgabe bearbeitet, wird diese nach Feierabend vermutlich nicht einfach ruhen lassen, um sie am nächsten Tag wieder aufzugreifen. Vielmehr nimmt er sie mental – und eventuell auch physisch – mit nach Hause. Damit verwischen die Grenzen zwischen Arbeitszeit und Freizeit.

Dennoch wäre eine weitreichende Delegation des Lernens in die private Sphäre nicht zielführend. Ohne eine verbindliche Unterstützung seitens der Arbeitgeber und ohne ausreichende Fortbildungsangebote der Bildungsträger wird »lebenslanges Lernen« auch in Zukunft ein wirkungsloses Schlagwort bleiben.

▪ Wandel der Berufsbilder
Neue Technologien fördern Umbrüche und beeinflussen die Herausbildung neuer Berufsbilder und Tätigkeitsfelder. Die Anzahl einfacher Tätigkeiten und Hilfstätigkeiten, die vor allem in den Dienstleistungsbranchen erbracht werden, geht zukünftig zurück. Derartige Tätigkeiten verlagern sich in die Bereiche der geringfügigen Beschäftigung und der Teilzeitarbeit. Der Anteil hochqualifizierter Tätigkeiten – auch mit Führungsverantwortung – wird hingegen zunehmen (Schneider 2011). Wissensbasierte Tätigkeiten gewinnen zwar an Bedeutung, jedoch steigt auch bei ihnen der Grad der Automatisierung.

In einer schrumpfenden Arbeitsgesellschaft lässt sich die wirtschaftliche Innovationsfähigkeit nur erhalten, wenn ein erheblicher Anteil eines jeden Bildungsjahrgangs eine akademische Ausbildung absolviert. Für die wirtschaftliche Entwicklung ebenso relevant ist ein ausreichendes Potenzial an qualifizierten Facharbeitern. In der täglichen Arbeit erweist sich eine Verschmelzung akademischer Bildung und praktischer Tätigkeit, d. h. die Kombination von Fach- und Erfahrungswissen, als erfolgversprechend. Starre Berufsbilder hemmen derzeit eine stärkere Durchdringung akademischer und dualer Ausbildungspfade. In Zukunft wird es daher darauf ankommen, dass die Vorstellung von fixen Berufsbildern durch flexiblere Tätigkeitsfelder abgelöst wird.

▪ Atypische Beschäftigungsverhältnisse
Die Flexibilisierung der Arbeitsverhältnisse wird in den nächsten Jahren wohl weiter voranschreiten, sodass auch die Anzahl atypischer Arbeitsverhältnisse zunehmen dürfte. Für den Einzelnen bedeutet dies, dass die persönliche Lebensplanung zukünftig mit mehr Risiken behaftet sein wird. So erhöht die Ausweitung des Niedriglohnsektors und die Absenkung des gesetzlich garantierten Rentenniveaus das Risiko der Altersarmut. Eine eigenverantwortliche Absicherung dieser Risiken erweist sich als unabdingbar. Neben einer privat finanzierten Altersvorsorge gewinnt die persönliche Gesunderhaltung durch einen ausgeglichenen und sinnerfüllten Lebenswandel an Bedeutung.

▪ Individueller Wertewandel
Menschliches Arbeitshandeln wird stets durch Werte geleitet. Die Kenntnis der Wertvorstellungen relevanter Alterskohorten – wie etwa der »Generation Y« – ermöglicht aufschlussreiche Ausblicke in die zukünftige Entwicklung der Arbeitsgesellschaft. Umfragen zufolge nimmt der Stellenwert einer als sinnhaft und erfüllend empfundenen Arbeitstätigkeit vor allem unter jungen Menschen signifikant zu (Patscha et al. 2013). Gute Arbeitsleistungen werden ihrer Auffassung nach nicht durch äußeren Druck, sondern aus innerer Überzeugung erbracht. Im Wertesystem der jungen Generation spielt die Balance zwischen beruflichen Verpflichtungen und privater Lebenssituation eine gewichtige Rolle. Eine einseitige Priorisierung des Arbeitslebens, die erfahrungsgemäß in Entwurzelung, Stress und Burnout münden kann, erscheint vielen jungen Menschen trotz vielfältiger Privilegien auf dem Karrierepfad weniger erstrebenswert. Zukunftsorientierte Unternehmen berücksichtigen diesen Wertewandel in ihren Personalstrategien.

- **Corporate Social Responsibility**

Unternehmen ziehen diejenigen Personen an, die ihre Werte teilen. Daher werden sie Werte wie Kreativität, Vertrauen, Anerkennung, Respekt sowie Loyalität zukünftig noch aktiver pflegen müssen, um begehrte Talente anwerben und halten zu können.

Hingegen werden Unternehmen, die versuchen, ihre im Streben nach Marktanteilen und Vormachtstellung verursachten sozialen und ökologischen Kosten zu externalisieren, zukünftig erhebliche Akzeptanzprobleme bei Kunden und Mitarbeitern erleiden. Diese werden stärker darauf achten, wie ein Unternehmen seine gesellschaftliche Rolle versteht. Der verantwortungsvolle Umgang mit Externalitäten und das Bestreben, diese so weit wie möglich zu internalisieren, sind Kennzeichen eines gesellschaftlich anerkennenswerten Unternehmenshandelns (Sukhdev 2013). Das Reputationkapital »Mitarbeiter« wird für die Unternehmen immer wichtiger, auch und gerade für das »Employer Branding« im immer härter werdenden Wettbewerb um Talente.

2.2 Gestaltungsprämissen zukunftsweisender Arbeit

Auf betrieblicher Ebene münden die skizzierten Rahmenbedingungen und Zukunftstrends der Arbeitsgesellschaft in konkret umsetzbare Unternehmensstrategien. Angesichts unvorhersehbarer Turbulenzen und unkalkulierbarer Risiken streben immer mehr Unter-

nehmen eine resiliente Organisation an (Heller et al. 2012). Resilienz wird allgemein als die Fähigkeit eines Systems verstanden, mit Veränderungen umzugehen. Resiliente Systeme können innere oder äußere Störungen ihres Zustandes ausgleichen oder diese unter Aufrechterhaltung ihrer Systemintegrität ertragen (Wieland u. Wallenburg 2013).

Resiliente Organisationen integrieren komplementäre Strategien der Flexibilisierung und der Stabilisierung. Durch ständiges Innovationsstreben erhalten sie ihre Anpassungsfähigkeit und schaffen es durch wirksame Regulationsprozesse, sich beständig zwischen Reorganisation, Wachstumsphase und Regeneration zu bewegen. Unter Wahrnehmung äußerer oder innerer Veränderungen stärken sie ihre Widerstandskraft, um ihre Verletzlichkeit gegenüber Stagnation oder Krisen zu verringern. Im Mittelpunkt des resilienten Unternehmens steht der mündige Mensch. Seine Beiträge lassen sich anhand von drei eigenständigen Unternehmensfunktionen veranschaulichen (vgl. Braun 2012):

- *Wirtschaftliche Wertschöpfung* durch eine bedarfsgerechte, an Kundenbedürfnissen orientierte Produktion von Waren und Dienstleistungen.
- Eine als gerecht empfundene Ausgestaltung der zwischenmenschlichen *Kooperationsbeziehungen* für ein möglichst zielgerichtetes und verlässliches Zusammenwirken mündiger Einzelpersonen innerhalb einer zweckorientierten Arbeitsgemeinschaft.

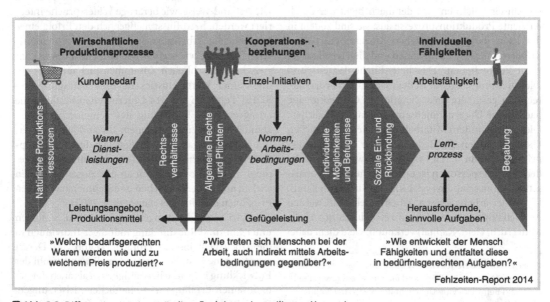

Fehlzeiten-Report 2014

◻ **Abb. 2.2** Differenzierung eigenständiger Funktionen im resilienten Unternehmen

— Ausbildung und Entfaltung von individuellen *Fähigkeiten* der Mitarbeiter als Voraussetzungen von Arbeitsleistung und Fortschritt.

◻ Abb. 2.2 zeigt die drei Funktionsbereiche schematisch auf. Eine derart differenzierte Betrachtungsweise stärkt das Verständnis für betriebliche Ausgleichs- und Regulationsprozesse.

Nachfolgend werden die Funktionsbereiche erörtert, um Bedingungen und Potenziale einer betrieblichen Ausgleichs- und Regulationsfähigkeit aufzuzeigen.[1]

2.2.1 Wirtschaftliche Produktionsprozesse

Die arbeitsteilige Wirtschaftsweise beruht auf einem Austausch von Waren und Dienstleistungen, um Konsumbedürfnisse zu befriedigen, die nicht aus eigener Arbeitsleistung hervorgegangen sind. Als Arbeit wird der wirtschaftliche Transformationsprozess von natürlichen Rohstoffen hin zu Waren definiert, um diese einem Verbrauch zuzuführen. Die im Produktionsprozess organisierte Arbeit ist demnach eine Voraussetzung, um den Wert einer Ware zu steigern. Eine wirtschaftliche Wertsteigerung wird vornehmlich durch arbeitsorganisatorische Maßnahmen und den zweckmäßigen Einsatz von Arbeitsmaschinen angestrebt (◻ Abb. 2.3).

Im gesunden Wirtschaftsprozess steht der Produktion (d. h. der Wertsteigerung) ein adäquater Verbrauch (d. h. Wertverzehr) gegenüber. Resiliente Unternehmen zeichnen sich demnach nicht nur durch effiziente Produktionsprozesse aus; sie sind zudem in der Lage, den veränderlichen Konsumbedarf ihrer Kunden frühzeitig zu erkennen und diesen bedarfsgerecht zu bedienen. Das betriebliche Waren- und Dienstleistungsangebot ist demnach derart bedarfsgerecht zu gestalten, dass die erlösten Geldwerte eine nachhaltige Unternehmensentwicklung ermöglichen. Dies gelingt, indem Mitarbeiter auf allen betrieblichen Hierarchiestufen die Bedürfnisse der Kunden wahrnehmen und an deren Erfüllung mitwirken. Aufgabe der Führungspersonen ist es, hierfür günstige Voraussetzungen zu schaffen (vgl. Felfe et al. in diesem Band).

In der arbeitsteiligen Arbeitsgesellschaft werden die vielfältigen Wirtschaftsprozesse durch finanzielle Mittel (d. h. Geld, Kapital) verknüpft. Geld dient dabei

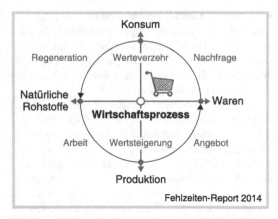

Fehlzeiten-Report 2014

◻ Abb. 2.3 Ausgleichsbeziehungen in den wirtschaftlichen Produktionsprozessen

als Wertäquivalent u. a. für Arbeit. Es schafft eine verständliche Wahrnehmungsoberfläche für die Leistungsprozesse im Unternehmen, die nicht immer unmittelbar erfahrbar sind.

2.2.2 Kooperationsbeziehungen

Ein Unternehmen repräsentiert einen gemeinschaftlichen Arbeitsverbund, der qualifizierte Menschen anziehen soll, um Arbeitsleistungen zu erbringen, die die Fähigkeiten einer Einzelperson überschreiten. Individuelle Bedürfnisse und gemeinschaftliche Interessen können sich zuweilen fundamental widersprechen. Die Art und Weise, wie derartige Widersprüche integriert werden, beeinflusst maßgeblich den Erfolg einer betrieblichen Arbeitsgemeinschaft. So zeigen empirische Befunde, wie sich wirtschaftliche Prozesse im zwischenmenschlichen Zusammenspiel auf Basis gemeinsamer Werte entwickeln. Eine Befragung von 37.151 Personen aus 314 Unternehmen bestätigt die erfolgsevidente Bedeutung des gemeinschaftlichen Handelns von Einzelpersonen: Ihr zufolge wird das individuelle Engagement maßgeblich durch das Empfinden einer harmonischen Betriebsgemeinschaft geprägt, in der die Menschen an gemeinsamen Zielen wirken und in der das Geben und Nehmen nach fairen Prinzipien gestaltet ist (Hauser et al. 2007).

Betriebliche Leistungen werden im Allgemeinen unter Ein- und Rückbindung mündiger Individuen in die Arbeitsgemeinschaft erbracht (◻ Abb. 2.4). Derart ausgewogene Kooperationsformen dienen sowohl der Entwicklung individueller Fähigkeiten als auch der gemeinsamen Erfüllung wirtschaftlicher Zielsetzungen. Das Wesen einer Arbeitsgemeinschaft besteht dem-

---

1 Die Literatur belegt evidente Zusammenhänge zwischen organisationaler Resilienz und individuellem gesundheitlichem Befinden. Eine Übersicht findet sich bei Braun (2012).

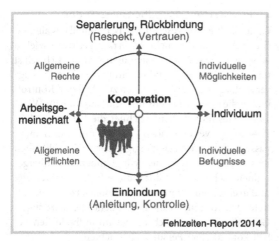

◘ Abb. 2.4 Ausgleichsbeziehungen in der betrieblichen Kooperation

nach in einer produktiven Zusammenarbeit, die den Ausgleich divergierender Interessen ermöglicht, um gemeinsame Ziele zu erreichen. Ein Ausgleich beruht auf der Erfahrung, dass Eigenwohl untrennbar mit Gemeinwohl verbunden ist.

Die unmittelbare Zusammenarbeit von Individuen wird durch verantwortungsvolle Verhaltensweisen geprägt. Mittelbar kommen die Bedingungen der betrieblichen Arbeitsorganisation (d. h. Aufbau- und Ablauforganisation) hinzu, die u. a. in Stellen- und Tätigkeitsbeschreibungen sowie in Arbeitsaufträge münden. Weitere bedeutsame Arbeitsbedingungen betreffen die Arbeitsplatz- und -mittelgestaltung sowie die Arbeitszeit- und Entgeltgestaltung mit ihren vielfältigen Facetten.

Gemeinsamkeiten und Unterschiede in einer Arbeitsgemeinschaft bedürfen der Vereinbarung von Pflichten, Rechten und Befugnissen, um Arbeitsbedingungen, Leistungen sowie Verhaltensweisen zu regeln. Diese sind explizit u. a. in Gesetzen, Tarifverträgen oder Betriebsvereinbarungen festgelegt oder spiegeln sich implizit in der gelebten Unternehmenskultur wider. Der mündige Mensch erlangt eine angemessene Stellung in der betrieblichen Arbeitsgemeinschaft, wenn allgemein geltende Rechte und Pflichten (d. h. objektives Recht) durch individuelle Möglichkeiten und Befugnisse (d. h. subjektives Recht) ergänzt werden. Allgemeine Rechte und Pflichten orientieren sich am grundsätzlichen Zweck der Arbeitsgemeinschaft, während sich individuelle Befugnisse auf die einer Einzelperson verliehene Macht beziehen, um bestimmte Handlungen durchzuführen bzw. um ihre Befugnisse anderen Personen gegenüber geltend zu machen. Individuelle Möglichkeiten umschreiben Freiräume für

Lernen und persönliche Entwicklung (vgl. Becke in diesem Band).

Vereinbarungen umfassen neben Zielvorgaben und intentionalen Übereinkünften auch verbindliche Verhaltensregeln, die es durch gelebte Werte wie Authentizität und Zutrauen zu festigen gilt. Sie vertrauen auf das Verantwortungsbewusstsein und die Fähigkeit des Individuums, sich in Übereinstimmung mit seinen Werten, Erfahrungen und mitmenschlichen Beziehungen zu entwickeln. Derartige Vereinbarungen bilden eine vernünftige Basis für die Zusammenarbeit mündiger Menschen, da sich gemeinsame Werte bilden können und nicht lediglich vorgefertigte Meinungen aufeinanderprallen. Indem die Mitarbeiter in ihrem Aufgabengebiet zu Entscheidungsprozessen beitragen können, wachsen ihre Identifikation mit der Arbeitstätigkeit und ihre Loyalität zum Unternehmen. Hierdurch werden demotivierende Interessenskonflikte vermieden und die betriebliche Resilienz gestärkt.

2.2.3 Individuelle Fähigkeiten

Eine sachgerechte und profitable Lösung der Probleme der Kunden beruht vor allem auf der Initiative qualifizierter Mitarbeiter. Individuelle Fähigkeiten sind die Quelle persönlicher Entwicklung, verantwortungsvollen Handelns und betrieblichen Erfolgs. Nur der reflektierte Mensch ist in der Lage, Sachverhalte wahrzunehmen, Zusammenhänge zu erkennen, informierte Urteile zu fällen und absichtsvoll zu handeln.

Die Neurowissenschaft zeigte in den vergangenen Jahren eindrucksvoll auf, wie sich körperliche und psychische Phänomene wechselseitig bedingen (Hüther 2011; Pöppel u. Wagner 2012). Der Mensch vermag in seiner psychischen »Innenwelt« gedankliche Vorstellungen zu bilden. Diese inneren Impulse drückt er über Verhalten und Handeln in seiner »Außenwelt« aus (◘ Abb. 2.5). Durch das kohärente Zusammenspiel von Innen- und Außenwelt erkennt der Mensch die Zusammenhänge und die Bedeutung seines Wirkens. Im Ausgleich von äußerem Erleben und innerem Erkennen erlangt er Orientierung und Selbstkontrolle.

Arbeit kann sowohl die Entwicklung menschlicher Fähigkeiten als auch deren produktive Entfaltung ermöglichen. Menschen aktivieren ihr Fähigkeitspotenzial, wenn ihrer Tätigkeit ein bedeutsames Motiv zugrunde liegt. Dies setzt differenzierte Tätigkeitsanforderungen mit strukturellen Handlungs- und Entscheidungsfreiräumen, kommunikativen Anteilen sowie einer fehlerrobusten Lernkultur voraus.

Ein resilientes Unternehmen ist als ein Ort des persönlichen Wachstums durch die erfolgreiche Bewäl-

2

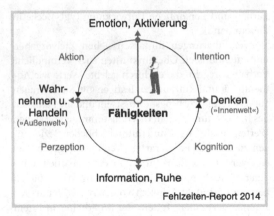

Fehlzeiten-Report 2014

◘ **Abb. 2.5** Ausgleichsbeziehungen der individuellen Fähigkeiten

tigung von herausfordernden Aufgaben zu verstehen. Nur unter dieser Prämisse vermag der Einzelne eine Verantwortung für »das Ganze« zu übernehmen, die nicht nur das eigene Handeln tangiert, sondern auch die Zusammenarbeit mit Kollegen und Kunden sowie die Erfüllung wirtschaftlicher Unternehmensziele umfasst.

2.3 Zukunft der betrieblichen Gesundheitsförderung

Die Statistiken der Krankenkassen weisen seit Jahren einen kontinuierlichen Anstieg psychischer Erkrankungen aus. Psychische Gesundheitsstörungen, die teilweise auch auf arbeitsbezogene Probleme zurückzuführen sind, verzehren jährlich ein volkswirtschaftliches Vermögen in Milliardenhöhe. Immer mehr betriebliche Entscheidungsträger betrachten die Gesundheitsförderung als einen Weg, um diese Mangelsituation zu lösen. Da sich das vorherrschende Gesundheitsverständnis zumeist auf eine medizinische Symptomatik beschränkt, verkennen viele Unternehmenslenker jedoch häufig das Nutzenpotenzial der Gesundheitsförderung für die Entwicklung einer resilienten Organisation.

Die betriebliche Gesundheitsförderung umfasst Initiativen und Maßnahmen zur Verbesserung der Führungskultur, zur Persönlichkeitsentwicklung, zur Vereinbarkeit von Privat- und Berufsleben sowie zur altersgerechten Arbeitsgestaltung. Um den Stellenwert der betrieblichen Gesundheitsförderung über das bereits Erreichte hinaus weiter zu stärken erscheint es unabdingbar, das Verständnis von Gesundheit zu erweitern und gesundheitliche Strategien situationsgerecht zu operationalisieren. Die nachfolgenden Ausführungen vermitteln einige zukunftsweisende Impulse.

- **Erweitertes Gesundheitsverständnis**

Gesundheit ist als wesentlicher Bestandteil des alltäglichen Lebens, jedoch nicht als vorrangiges Lebensziel zu verstehen. Sie gedeiht, indem man sich um sich selbst und für andere sorgt und indem man sich in die Lage versetzt, eigene Entscheidungen zu fällen und Kontrolle über die eigenen Lebensumstände auszuüben (WHO 1986). Gesundheit kennzeichnet die Fähigkeit einer Person, sich verändernden Lebensbedingungen anzupassen, ohne die Unabhängigkeit ihrer individuellen Existenz zu verlieren. Dies gelingt, indem man übergeordnete Lebensziele bildet, diese langfristig verfolgt und in einer reflektierten Auseinandersetzung mit auftretenden Konflikten die persönliche Resilienz stärkt. Gesundheit ist demnach immer im individuellen Lebenskontext einer Person zu betrachten.

Die Systemtheorie definiert Gesundheit als heterostatische Ausgleichs- und Selbstregulationsfähigkeit eines Systems, um veränderliche Umweltbedingungen zu integrieren. Eine derartige Anpassung vollzieht sich stets in rhythmischen Prozessen. Eine Frequenzkopplung (d. h. Kohärenz) bewirkt, dass sich Anpassungsprozesse möglichst aufwandsarm vollziehen. Gesundheit ist demnach als regulativer Entwicklungsprozess zu verstehen, um durch die Beherrschung vielfältiger, teilweise widersprüchlicher Einflüsse (d. h. Resilienz) die Lebensfähigkeit einer Person bzw. einer Organisation zu fördern (Braun 2008).

- **Konsequente Ressourcenorientierung**

Bei allen Risiken, die die zukünftige Entwicklung der Arbeitsgesellschaft bereithält, orientiert sich eine zukunftsfähige Gesundheitsförderung vornehmlich an den Chancen der salutogenen Ressourcen. Diese potenzialorientierte Sichtweise trägt dem Umstand Rechnung, dass sich die vorschriftenorientierte Methodik des tradierten Gesundheitsschutzes als wenig attraktiv für die Unternehmen erwiesen hat; darunter litt ihr Erfolg. Im resilienten Unternehmen wird das Ziel der Ausgleichs- und Selbstregulationsfähigkeit nicht durch Sanktionen oder Verbote, sondern vornehmlich durch die Förderung individueller und organisationaler Ressourcen erreicht. Dies schließt auch die Einsicht in Notwendigkeiten und die Erwartung von Verbesserungen ein (vgl. Ducki 2012).

- **Aufwertung der subjektiven Perspektive**

Ein Kennzeichen der klassischen Managementtheorie ist das Streben nach Objektivität. Das zeitgemäße Gesundheitsverständnis korrigiert dieses letztlich unerfüllbare Ansinnen und rückt es zurecht. Als ein individuelles Phänomen lässt sich Gesundheit nicht objektivieren, da sie dem Einzelnen nur im Gesundsein

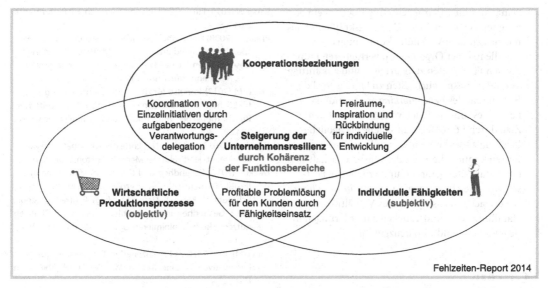

Fehlzeiten-Report 2014

◘ **Abb. 2.6** Integration subjektiver und objektiver Dimensionen am Beispiel der betrieblichen Funktionsbereiche

erfahrbar wird (WHO 1946). Die betriebliche Gesundheitsdiskussion wertet die Bedeutung des Subjektiven auf, das sich in der Dominanz des Objektiven zu verlieren droht, wie sie das Managementparadigma forciert. Im Unternehmen treffen die subjektiven Fähigkeiten (d. h. Leistungsangebote) der Beschäftigten auf objektive Bedürfnisse (d. h. Leistungsanforderungen) der Kunden. Aufgabe des Unternehmens ist es, diese gegensätzlichen Dimensionen mittels kooperativer Strukturen in Einklang (d. h. in Kohärenz) zu bringen (◘ Abb. 2.6). Ein solches Unterfangen gelingt nur, wenn quantitative und qualitative Kategorien der Arbeit integriert werden.

■ **Integration quantitativer und qualitativer Beurteilungsmaßstäbe**

Der betriebliche Nutzen der Gesundheitsförderung lässt sich u. a. anhand ihrer Beiträge beurteilen, die sie zur Stärkung der organisationalen Resilienz leistet. Die Stärke eines resilienten Unternehmens beruht im Wesentlichen auf den Einstellungen, Ideen und Initiativen der dort tätigen Menschen sowie ihrem Verantwortungsbewusstsein, der Überzeugungskraft der gemeinsamen Ziele und der Verbindlichkeit der getroffenen Vereinbarungen. Dennoch gestaltet sich eine Explizierung dieser Faktoren anhand quantitativer Kennzahlen schwierig, da sie sich einer objektiven Messung weitgehend entziehen.

Die naturwissenschaftliche Denkweise reduziert einen Vorgang auf eine Quantität, ohne dessen Qualität, d. h. dessen Bedeutung für den Menschen zu hinterfragen. Diese Logik reicht zur Beschreibung gesundheitlicher Phänomene nicht aus. Es erscheint gar absurd, wenn originäre Denkvorgänge und kreatives Handeln auf quantitative Daten reduziert werden sollen. Keine Gehirnstrommessung erklärt ursächlich, warum ein Mensch antriebslos ist, ein anderer hingegen initiativ. Ebenso wenig lassen sich Einsicht, Sinn, Interesse, Zutrauen oder Verantwortung erschöpfend messen.

Der Anspruch auf objektive Messbarkeit, der sich in der Warenproduktion als durchaus zweckmäßig erweist, lässt sich nicht ohne Weiteres auf zwischenmenschliche Kooperationsbeziehungen und individuelle Fähigkeiten anwenden. Vielmehr ist die Wirkung gesundheitsförderlicher Maßnahmen differenziert nach betrieblichen Funktionsbereichen zu beurteilen:

— Zur Bewertung der wirtschaftlichen Produktionsprozesse empfiehlt sich ein betriebswirtschaftliches *Kennzahlensystem*. Kennzahlensysteme berücksichtigen quantifizierbare, zumeist monetäre Indikatoren, um die betrieblichen Aufgaben der Planung, Steuerung und Kontrolle zu unterstützen.

— Für die qualitative Beurteilung der Kooperationsbeziehungen eignet sich bevorzugt das Instrument der *Mitarbeiterbefragung*. Eine Mitarbeiterbefragung dient der Analyse gesundheitlicher Indikatoren wie Identifikation und Zufriedenheit. Durch eine regelmäßige Erfassung solcher Indikatoren und deren zeitnahe Rückmeldung in die Arbeitsgruppen werden Entwicklungsimpulse vermittelt und Veränderungsprozesse erlebbar gemacht. Eine Mitarbeiterbefragung setzt ein gefestigtes Vertrauen in die Führungskräfte und deren ausgeprägte Vorbildfunktion voraus.

— Um die in einer Organisation verfügbaren individuellen Fähigkeiten zu beurteilen und zukünftige Veränderungsmöglichkeiten zu klären, wird das Instrument des *Benchmarking* angewandt. Hier handelt es um das Teilen von Wissen mit dem Ziel, durch Lerneffekte die eigene betriebliche Leistung zu verbessern. Durch Lernen von den Besten können die Veränderungsbereitschaft der Mitarbeiter gefördert und erhebliche Fortschritte erreicht werden. Auf *individueller Ebene* äußert sich ein ausgeglichenes Verhältnis von Handlungswille und Tätigkeitsanforderungen in Begeisterung und Kohärenzgefühl.

2.4 Fazit

Die Frage, wie wir in zwanzig Jahren arbeiten werden, lässt sich wohl weniger anhand der Beschäftigtenzahl in ausgewählten Branchen oder des Standes der Technik beantworten. Beim Übergang von der Industrie- zur Wissensgesellschaft offenbart sich ein inhärenter Widerspruch der modernen, hoch arbeitsteiligen Wirtschaftssysteme: Während die Kundenorientierung einerseits eine erhebliche Diversifizierung der betrieblichen Warenangebote und eine Flexibilisierung der Organisationsstrukturen gebietet, müssen die Unternehmen andererseits die Beständigkeit ihrer kooperativen Wertesysteme stärken, um unabsehbaren Turbulenzen der volatilen Waren- und Finanzmärkte widerstehen zu können. Die Integration derart komplementärer Unternehmensstrategien gelingt durch eine resiliente Organisation, in deren Mittelpunkt der mündige Mensch steht. Seine Gesundheit ist ein untrüglicher Indikator für eine wirksame Ausgleichs- und Regulationsfähigkeit im resilienten Unternehmen.

Das bedeutet: Wie wir in zwanzig Jahren arbeiten werden, hängt auch davon ab, welches Verständnis von Gesundheit wir bereits heute entwickeln und wie wir unser alltägliches Handeln daran ausrichten.

Literatur

Antonovsky A (1997) Salutogenese – zur Entmystifizierung der Gesundheit. Deutsche Gesellschaft für Verhaltenstherapie, Tübingen

Bauer W (2013) Neue flexible Arbeitsformen. In: Kießler B, Dahms R, Rogge-Strang C (Hrsg) – Wechsel auf die Zukunft. Bank-Verlag, Köln, S 185–194

Bauer W (2013) Future Working and Living. In: HR Performance 8:64–65

Braun M (2008) Gesundheit aus arbeitswissenschaftlicher Perspektive. In: Biendarra I, Weeren M (Hrsg) Gesundheit – Gesundheiten? Eine Orientierungshilfe. Königshausen und Neumann, Würzburg, S 113–153

Braun M (2012) Impulse für die Strategieentwicklung im betrieblichen Gesundheitsmanagement. BPUVZ Zeitschrift für Betriebliche Prävention und Unfallversicherung 124:297–305

Cowden P (2013) Neustart. Das Ende der Wirtschaft, wie wir sie kennen. Ab jetzt zählt der Mensch. Ariston, München

Ducki A (2012) Gesundheit und Gesundheitsförderung in der flexiblen Arbeitswelt: Ein Überblick. In: Badura B, Ducki A, Schröder H, Klose J, Meyer M (Hrsg) Fehlzeiten-Report 2012. Gesundheit in der flexiblen Arbeitswelt: Chancen nutzen – Risiken minimieren. Springer, Berlin Heidelberg, S vii–xii.

Dutch Shell (2013) New Lens Szenarien. Eine Verschiebung der Perspektiven für eine Welt im Wandel. Dutch Shell, Den Haag

Hauser F, Schubert A, Aicher M, Fischer L, Wegera K, Erne C, Böth I (2007) Unternehmenskultur, Arbeitsqualität und Mitarbeiterengagement in den Unternehmen in Deutschland. Forschungsbericht Nr. 18/05. Bundesministerium für Arbeit und Soziales, Berlin

Heller J, Elbe M, Linsenmann M (2012) Unternehmensresilienz. Faktoren betrieblicher Widerstandsfähigkeit. In: Böhle F, Busch S (Hrsg) Management von Ungewissheit. Transcript, Bielefeld, S 213–232

Hüther G (2011) Was wir sind und was wir sein könnten – ein neurobiologischer Mutmacher. Fischer, Frankfurt

Patscha C, Glockner H, Burmeister K (2013) Wie werden wir in Zukunft arbeiten und leben? Positionspapier zum Thema der Expertenkommission Arbeits- und Lebensperspektiven in Deutschland. Z_punkt, Köln

Pöppel E, Wagner B (2012) Von Natur aus kreativ – die Potenziale des Gehirns entfalten. Hanser, München

Schneider H (2011) »Fach«-Kräfte für die Arbeit der Zukunft. IZA Standpunkte Nr. 41. Forschungsinstitut zur Zukunft der Arbeit, Bonn

Spath D, Bauer W, Rief S, Kelter J, Haner UE, Jurecic M (2012) Arbeitswelten 4.0: Wie wir morgen arbeiten und leben. Fraunhofer, Stuttgart

Sukhdev P (2013) Corporation 2020. Warum wir Wirtschaft neu denken müssen. Oekom, München

Wieland A, Wallenburg CM (2013) The influence of relational competencies on supply chain resilience: a relational view. International Journal of Physical Distribution & Logistics Management 43:300–320

WHO (1946) Verfassung der Weltgesundheitsorganisation vom 22. Juli 1946. Weltgesundheitsorganisation, New York

WHO (1986) Ottawa-Charta zur Gesundheitsförderung vom 21. November 1986. Weltgesundheitsorganisation, Ottawa

Soziologische Sicht auf den Wandel in der Arbeitswelt

L. Bellmann

B. Badura et al. (Hrsg.) *Fehlzeiten-Report 2014*,
DOI 10.1007/978-3-662-43531-1_3, © Springer-Verlag Berlin Heidelberg 2014

Zusammenfassung *Der Wandel der Erwerbsgesellschaft, der durch die Globalisierung sowie die zunehmende Verbreitung moderner Informations- und Kommunikationstechnologien ausgelöst wird, zwingt die Betriebe, sich an die Veränderungen an den Absatz- und Beschaffungsmärkten anzupassen. Damit nimmt das betriebliche Interesse an befristeten Arbeitsverträgen, Zeit- oder Leiharbeit und Teilzeitbeschäftigung zu. Auch die internationale Migration hat mit dem Jahr 2012 einen neuen Höchststand seit 1995 erreicht. Aufgrund des häufig begrenzten Zeithorizonts für atypische Beschäftigungsverhältnisse und solche von Migranten scheint das Interesse, diese Gruppen z. B. in das betriebliche Gesundheitsmanagement einzubeziehen, vergleichsweise gering zu sein. Von zunehmender Bedeutung sind auch die gesundheitlichen Belastungen älterer Arbeitnehmer, insbesondere von älteren Schichtarbeitern, deren Anteil und Anzahl zunehmen.*

3.1 Einleitung

Arbeitsverdichtungen, zunehmende Anforderungen an die Kompetenzen und ein gestiegener Leistungsdruck haben die Arbeitswelt verändert. In Deutschland und in vielen anderen industrialisierten Gesellschaften sind diese Veränderungen nicht nur in den wissenschaftlichen Diskursen verschiedener Fachdisziplinen wie der Soziologie, der Volks- und Betriebswirtschaftslehre, sondern auch in den Debatten der interessierten Fachöffentlichkeit ein wichtiges Thema.

Der Wandel der Arbeits- und Erwerbsgesellschaft wurde durch die fortschreitende Globalisierung und die zunehmende Verbreitung moderner Informations- und Kommunikationstechnologien sowie die Digitalisierung ausgelöst. Dadurch hat der Wettbewerb auf den Absatz- und Beschaffungsmärkten in den letzten 30 Jahren stark zugenommen. Wie in diesem Beitrag gezeigt wird, setzt sich diese Entwicklung auch in Zukunft weiter fort. Damit steigt die Notwendigkeit für die Betriebe, sich an die geänderten Bedingungen auf den für sie relevanten Märkten flexibel anzupassen.

Daraus ergeben sich Folgen für das betriebliche Gesundheitsmanagement: Die Betriebe haben sich durch Änderungen bei der internen Abwicklung an wirtschaftliche Volatilitäten angepasst, dennoch haben die diversen Formen externer Flexibilisierung wie z. B. befristete Arbeitsverträge, Leiharbeit oder geringfügige Beschäftigung zugenommen. Das bedeutet aber, dass die Dauerhaftigkeit der Beziehung zwischen Beschäftigten und dem Betrieb, in dem sie tätig sind, abgenommen hat. Insofern ist das Interesse der Betriebe gesunken, zumindest diesen Teil der Beschäftigten an langfristigen personalpolitischen Maßnahmen wie dem betrieblichen Gesundheitsmanagement oder der betrieblichen Weiterbildung zu beteiligen. Auch die Zuwanderer aus dem Ausland, deren Zahl in jüngster Zeit gestiegen ist, werden vermutlich wegen ihres zeitlich begrenzten Aufenthalts eher nicht dauerhaft in bestimmte personalpolitische Maßnahmen einbezogen. Demografisch bedingt steigt aber die Anzahl der älteren Beschäftigten relativ und absolut betrachtet (Statistisches Bundesamt 1999 bis 2012). Gleichzeitig hat die Anhebung des Rentenzugangsalters dazu geführt, dass ältere Arbeitnehmer länger in den Unternehmen verbleiben. Diese Trends dürften das betriebliche Interesse an Fragen des Gesundheitsmanagements und anderen Dimensionen des »Hauses der Arbeitsfähigkeit« erhöhen.

Im Folgenden werden deshalb die aktuellen Entwicklungen im Bereich der atypischen Beschäftigung, der Zuwanderung nach Deutschland sowie der Zunahme der Beschäftigung Älterer und ihres längeren Verbleibs im Erwerbsleben betrachtet.

3

3.2   Atypische Beschäftigung

Der Abbau von tarifären und nicht-tarifären Handels-
hemmnissen hat weltweit die internationale Arbeitsteilung verändert. Die beschriebene Entwicklung ist
einerseits rasant verlaufen: Rürup und Heilemann
(2012) haben berechnet, dass sich der Offenheitsgrad
der deutschen Volkswirtschaft (Exporte und Importe
in Prozent des *deutschen* Bruttoinlandsprodukts) seit
Ende des Kalten Krieges verdoppelt hat. Andererseits
ist das Potenzial der Globalisierung bei weitem noch
nicht genutzt: Ghemawat (2011, S. 9) ermittelt einen
Ausschöpfungsgrad von 10 bis 25 Prozent. Der grenz-
überschreitende Handel erreicht weltweit nur 23 Prozent des Bruttoinlandsprodukts.

Die Globalisierung als »Megatrend« (Kleinhenz
1998) entfaltet ihre Wirkung auf die Entwicklung
und die Struktur der Beschäftigung erst im Zusammenwirken mit einschneidenden technischen und
organisatorischen Umwälzungen. Die revolutionären
Entwicklungen im Bereich Informations- und Kom-
munikationstechnik ermöglichen, dass Kostenunter-
schiede zwischen verschiedenen Anbietern von Produkten und Dienstleistungen zu sehr geringen Kosten
kommuniziert werden können. Für die Unternehmen
erhöht sich durch diesen stärkeren Wettbewerb der
Druck, ihre Kosten durch veränderte Zulieferbezie-
hungen (z. B. global sourcing) oder durch die Zusammenarbeit mit Dienstleistungsunternehmen zu reduzieren. Außerdem können sie Kosten durch Produkt-
und Prozessinnovationen senken und damit ihre
Marktposition verbessern. Im Zusammenhang mit
diesen Prozessen sind andere Qualifikationen der
Mitarbeiter notwendig. Beispielsweise erfordert die
Einführung von Gruppenarbeit, aber auch ein engerer
Kundenkontakt Kommunikationsfähigkeit, Sozialkompetenz, Urteilsvermögen, Initiative, Kreativität
und Kooperationsfähigkeit. Diese Kompetenzen werden eher qualifizierten Beschäftigten zugeschrieben.
Die Projektion des Arbeitskräftebedarfs nach höchs-
tem beruflichem Abschluss stützt die Hypothese des
Trends hin zur Höherqualifizierung (Zika et al. 2012):
Bis 2030 wird die Anzahl der Erwerbstätigen in
Deutschland leicht sinken. Während die Zahl der
Erwerbstätigen mit betrieblichem Lehrabschluss
von aktuell 21,2 Millionen auf 20,4 Millionen bis zum
Jahr 2030 zurückgeht, erhöht sich im selben Zeitraum
die Zahl der erwerbstätigen Akademiker um fast
eine Million von 6,9 auf 7,8 Millionen. Weil sie durch
die zunehmende Verbreitung neuerer Produktions-
konzepte (Zeller 2005) auch anspruchsvollere War-
tungs- und Qualitätssicherungsaufgaben übernehmen, erhöhen sich auch bei den Erwerbstätigen ohne

Berufsabschluss die Qualifikationsanforderungen.
Gleichwohl nimmt ihre Zahl von 5,6 auf 4,5 Millionen
deutlich ab.

Atypische Beschäftigungsverhältnisse werden
meistens in Abgrenzung zum Normalarbeitsverhältnis
definiert. Was nicht »normal« ist, ist atypisch: tempo-
räre Beschäftigung in Form von Befristungen oder
Leiharbeit, Selbständigkeit sowie Teilzeitbeschäftigung oder geringfügige Beschäftigung als Mini- und
Midi-Job (Dietz u. Walwei 2008). Diese zeichnen sich
für die Unternehmen im Vergleich zu Normalarbeitsverhältnissen durch größere Flexibilität aus, auf die sie
in Zeiten eines intensiven Wettbewerbs im Rahmen
der Globalisierung und verstärkt seit der Wirtschafts-,
Finanz- und Staatsschuldenkrise angewiesen sind.
Hinzu kommen geringere Arbeitskosten, die Unsicherheit über die Eignung von Arbeitskräften (Hohendanner u. Gerner 2010) und eine zeitlich begrenzte
Vergabe öffentlicher Mittel, die Befristungen häufig
erforderlich macht. Aber auch für die Arbeitnehmer
sind Teilzeitbeschäftigungsverhältnisse oftmals die
einzige Möglichkeit, Beruf und Privatleben, insbesondere die Betreuung von Kindern und pflegebedürftigen Angehörigen, zu verbinden.

Insgesamt sind in Deutschland im Jahre 2011 fast
8 Millionen Menschen atypisch beschäftigt gewesen,
das ist mehr als ein Fünftel aller abhängig Beschäftigten (Statistisches Bundesamt 2013a). Wirft man einen
Blick auf die quantitative Bedeutung einzelner atypischer Beschäftigungsformen, so zeigt sich, dass Teilzeitarbeit die mit Abstand am weitesten verbreitete
atypische Beschäftigungsform ist, gefolgt von befristeter und geringfügiger Beschäftigung und schließlich
Zeitarbeit. Nach Angaben des Statistischen Bundesamtes (2013a) gab es im Jahr 2011 über 5 Millionen Teilzeitbeschäftigte, 2,8 Millionen befristet und 2,7 Millionen
geringfügig Beschäftigte mit einer Nebenerwerbstätig-
keit, die sie zusätzlich zu einer nicht geringfügigen Beschäftigung ausübten (ohne die ca. 5 Millionen ausschließlich geringfügig Beschäftigten). Die Zahl der
Leiharbeitnehmer lag bei 775.000. Die einzelnen Teil-
gruppen sind nicht überschneidungsfrei, sodass ihre
Summe mehr als die Gesamtzahl von 8 Millionen beträgt (◘ Abb. 3.1).

Differenziert man diese Zahlen nach dem Geschlecht, so fällt auf, dass die einzelnen atypischen Beschäftigungsformen bei Männern und Frauen eine unterschiedliche Bedeutung haben. So spielt bei den Frau-
en die Teilzeitbeschäftigung die größte Rolle, bei den
Männern hingegen die befristete Beschäftigung. Nicht
zuletzt aufgrund der großen Anzahl weiblicher Teilzeit-
beschäftigter sind insgesamt mehr Frauen als Männer
zur Gruppe der atypisch Beschäftigten zu zählen.

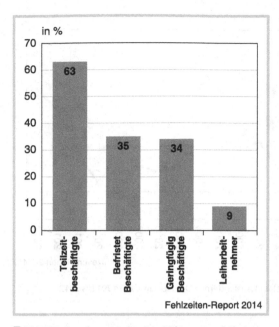

■ Abb. 3.1 Anteile atypischer Beschäftigungsverhältnisse. Da die einzelnen Gruppen nicht überschneidungsfrei sind, summieren sich die Anteile der einzelnen Gruppen auf mehr als 100 % (Quelle: eigene Berechnungen nach dem Statistischen Bundesamt 2013a)

Im Zeitverlauf ist ein relativ deutlicher Anstieg der einzelnen Formen der atypischen Beschäftigung festzustellen. So ist etwa die Zahl der befristet Beschäftigten von 2003 bis zum Jahr 2011 um mehr als 800.000 gestiegen, die der geringfügig Beschäftigten um mehr als 700.000. Speziell für die Zeitarbeit wird zudem der starke Einfluss der konjunkturellen Entwicklung deutlich. So ist die Anzahl der Leiharbeitnehmer während der Wirtschafts- und Finanzkrise 2008/2009 zurückgegangen, danach aber wieder deutlich angestiegen. Dies belegt die Bedeutung dieser Beschäftigungsform als Flexibilitätsinstrument. Gleichwohl dürfte der Anstieg durch die Branchenzuschlagstarifverträge, die mittlerweile in einer Reihe von Flächentarifverträgen vereinbart worden sind, und die im Koalitionsvertrag verabredeten gesetzlichen Regelungen zum Verbot der Bindung der Beschäftigungsdauer von Leiharbeitnehmern bei Verleihunternehmen an die Dauer der Überlassung an ein Verleihunternehmen (sogenanntes Synchronisationsverbot) begrenzt sein.

Nach neuesten Ergebnissen des Statistischen Bundesamtes (2013c) setzte sich aber auch 2012 der Trend der letzten Jahre mit einer verlangsamten Zunahme und einem deutlichen Rückgang im Jahr 2012 fort. Gleichzeitig ist die Anzahl der Beschäftigten in

Normalarbeitsverhältnissen seit 2006 gestiegen. Seit 1991 war der Anteil atypisch Beschäftigter (12,8 Prozent) nahezu kontinuierlich gestiegen und hatte 2007 seinen bislang höchsten Wert von 22,6 Prozent erreicht.

Insgesamt ist aber für die Zukunft zu erwarten, dass die Betriebe auf die Herausforderungen des demografischen Wandels und die damit verbundenen Schwierigkeiten bei der Besetzung von Fachkraftstellen reagieren werden und weniger atypische Beschäftigungsverhältnisse abschließen, um den Wünschen der Arbeitnehmer zu entsprechen.

3.3 Zuwanderung

Auch die Zunahme der internationalen Mobilität gehört zu den Megatrends (Kleinhenz 1998), weil sie eine große Tragweite besitzt und unsere Gesellschaft nachhaltig verändert – auch wenn man durchaus darüber streiten kann, welche Bedeutung die Zuwanderung für die Fachkräftesicherung in Deutschland hat.

Mehr als zwei Jahre nach dem Stichtag des Zensus 2011 hat das Statistische Bundesamt (2013b) im Mai 2013 Zahlen über die Anzahl der in Deutschland lebenden Ausländer veröffentlicht. Danach leben in Deutschland 7,2 Millionen Menschen mit fremdem Pass, das sind übrigens fast 1,1 Millionen weniger Ausländer als von der amtlichen Statistik bislang angegeben wurde.

Im Jahr 2012 sind nach vorläufigen Ergebnissen des Statistischen Bundesamtes 1,08 Millionen Personen nach Deutschland zugezogen – dies ist die höchste Zahl an Zuwanderungen seit 1995. Dabei kamen besonders viele Migranten aus den Staaten, die im Jahre 2004 der EU beigetreten sind, d. h. aus den baltischen Staaten, Polen, Tschechien, der Slowakei, Ungarn, Slowenien, Malta und Zypern sowie vor allem aus Spanien und Griechenland, in denen sich die Wirtschaft aktuell in einer schweren Rezession befindet.

Diesen Zuwanderungen stehen aber auch Abwanderungen von 710.000 Menschen gegenüber, sodass sich ein Wanderungssaldo in Höhe von 369.000 Personen ergibt (■ Abb. 3.2).

Weder bei den Zuzügen noch bei den Fortzügen lässt sich unmittelbar ermitteln, ob die Migranten einen vorübergehenden oder einen dauerhaften Aufenthalt im Zielland planen. Eine Studie der OECD (2012) belegt jedoch, dass in den vergangenen Jahren nur jeder zweite Grieche und sogar nur jeder dritte Spanier länger als ein Jahr in Deutschland geblieben sind.

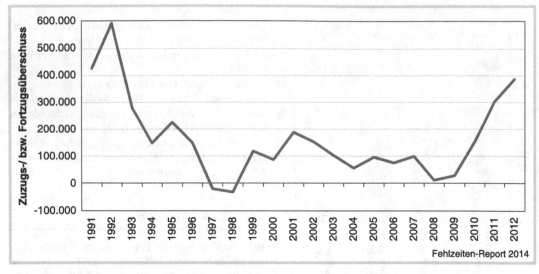

Fehlzeiten-Report 2014

■ **Abb. 3.2** Wanderungssaldo (Saldo der Zuzüge und Fortzüge) von Ausländern in Deutschland von 1991 bis 2012 (Quelle: Statistisches Bundesamt 2013b)

3.4 Zunahme der Beschäftigung Älterer

Im Zeitraum 1998 bis 2011 ist nach Angaben des Statistischen Bundesamtes (1999 bis 2012) die Anzahl der abhängig Erwerbstätigen in der Altersgruppe der 50- bis unter 65-Jährigen von 6,5 Millionen auf 9,7 Millionen, also um knapp 50 Prozent angestiegen – wobei in der Gruppe der 60- bis unter 65-Jährigen der Anstieg sogar 150 Prozent betrug. Allerdings muss auch auf die Bedeutung der geringfügigen Beschäftigung in diesem Zusammenhang hingewiesen werden. Insofern hat die zunehmende Unsicherheit und Volatilität auch vor den Älteren nicht halt gemacht. Im Gegenteil: Neuere Untersuchungen von Leser et al. (2013) haben nachgewiesen, dass sich die Anzahl der über 50-Jährigen in Schichtarbeit im vergangenen Jahrzehnt mehr als verdoppelt hat. Die Schichtarbeit gehört gemeinsam mit der Abend-, Nacht- und Wochenendarbeit zu den sogenannten atypischen Arbeitszeitformen, deren Lage von der klassischen Normalarbeitszeit abweicht. Unter Schichtarbeit werden solche Formen der Arbeitsgestaltung verstanden, bei denen die Beschäftigten ihre Arbeit zu unterschiedlichen Zeiten innerhalb eines Zeitraums, z. B. einer Woche oder eines Tages, an den gleichen Arbeitsstellen ausüben.

Als Ursachen für diese Entwicklung sind betriebliche Trends zur Flexibilisierung der Arbeitszeiten und eine Ausdehnung der Betriebsnutzungszeiten aufgrund einer höheren Kapitalintensität, längere Service- bzw. Ladenöffnungszeiten ebenso wie die Ab-

schaffung des Nachtarbeitsverbots für Frauen im Jahr 1992 zu nennen.

Die Anteile der Schicht arbeitenden jüngeren Beschäftigten liegen höher als die der älteren, weil mit dem Lebensalter die Wahrscheinlichkeit steigt, dass in eine Beschäftigung mit Normalarbeitszeit gewechselt wird. Leser et al. (2013) weisen auf die einschlägigen unterstützenden gesetzlichen Regelungen hin.

Schichtarbeit ist sehr häufig mit stärkeren körperlichen wie psychischen Belastungen am Arbeitsplatz verbunden (Beermann 2010). Die Ergebnisse der IAB-Kohortenstudie »lidA – leben in der Arbeit« aus dem Jahre 2011 belegen dies erneut: Knapp zwei Drittel der Beschäftigten in Schichtarbeit üben ihre Tätigkeit im Stehen aus, während dies bei den Beschäftigten in Normalarbeitszeit nur ca. 30 Prozent sind. Während fast 50 Prozent der Beschäftigten in Normalarbeitszeit einer sitzenden Tätigkeit nachgehen, sind dies bei den in Schichtarbeit Beschäftigten nur etwas mehr als 10 Prozent. Letztere sind auch deutlich häufiger Lärm am Arbeitsplatz ausgesetzt. Mit Ausnahme der Unterbrechungen während der Arbeit klagen die in Schichtarbeit Beschäftigten häufiger als die in Normalarbeitszeit Beschäftigten über psychische Belastungen wie großen Zeitdruck, hohe Arbeitsverdichtung, Zwang zu Überstunden und hohe Verantwortung (Leser et al. 2013). Insgesamt zeigt sich also, dass die Zunahme der Beschäftigung Älterer und ihre verhältnismäßig großen gesundheitlichen Belastungen zu steigenden Anforderungen und Herausforderungen an das betriebliche Gesundheitsmanagement führen werden.

3.5 Fazit

Die Digitalisierung der Wirtschafts- und Arbeitsprozesse, die Globalisierung und die Verbreitung moderner Informations- und Kommunikationstechnologien erfordern eine erhöhte Flexibilisierung in den Betrieben und steigern damit die Nachfrage nach atypisch Beschäftigten. Daraus ergeben sich ebenso Folgen für das betriebliche Gesundheitsmanagement beispielsweise durch die Zunahme der internationalen Migration und durch den Anstieg der Beschäftigung Älterer. Während die Anforderungen an das betriebliche Gesundheitsmanagement steigen werden, weil es zukünftig absehbar mehr ältere Beschäftigte geben wird, gilt dies nicht für die Zunahme atypisch Beschäftigter und die Zuwanderung nach Deutschland, weil das betriebliche Interesse, diese Gruppen einzubeziehen, wegen des häufig begrenzten Zeithorizonts geringer ist. Allerdings sind bei letzteren Gruppen die Entwicklungstrends wesentlich weniger eindeutig als bei der Beschäftigung Älterer.

Literatur

Beermann B (2010) Nacht- und Schichtarbeit. In: Badura B, Schröder H, Klose J, Macco K (Hrsg) Fehlzeiten-Report 2009. Arbeit und Psyche: Belastungen reduzieren – Wohlbefinden fördern. Zahlen, Daten, Analysen aus allen Branchen der Wirtschaft. Springer Berlin, Heidelberg, S 71–82
Dietz M, Walwei U (2008) Erwerbsarbeit heute: Auf neuen Spuren unterwegs. IAB Forum 1, S 4–9
Ghemawat P (2011) Die Zukunft der Globalisierung. Evonik-Magazin 2:9–13
Hohendanner C, Gerner H-D (2010) Die Übernahme befristet Beschäftigter im Kontext betrieblicher Sozialpolitik. Soziale Welt 61(1):27–50
Kleinhenz G (1998) Zum Wandel der Organisationsbedingungen von Arbeit – Eine Einführung. Mitteilungen aus der Arbeitsmarkt- und Berufsforschung 31(3):405–408
Leser C, Tisch A, Tophoven S (2013) Schichtarbeit und Gesundheit. IAB Kurzbericht 21/2013, Nürnberg, 8 S
OECD (2012) International Migration Outlook 2012. Paris
Rürup B, Heilemann D (2012) Fette Jahre – Warum Deutschland eine glänzende Zukunft hat. Hanser, München
Statistisches Bundesamt (1999 bis 2012) Fachserie 1, Reihe 4.1.2, Mikrozensus. Bevölkerung und Erwerbstätigkeit. Beruf, Ausbildung und Arbeitsbedingungen der Erwerbstätigen in Deutschland. Wiesbaden
Statistisches Bundesamt (2013a) Anzahl der atypisch Beschäftigten in Deutschland nach Erwerbsformen von 1999 bis 2012. http://de.statista.com/statistik/daten/studie/161608/umfrage/atypisch-beschaeftigte-in-deutschland-nach-erwerbsformen-seit-1999/. Gesehen 25 Nov 2013
Statistisches Bundesamt (2013b) Bevölkerung und Erwerbstätigkeit. Vorläufige Wanderungsergebnisse 2012. Wiesbaden
Statistisches Bundesamt (2013c) Atypische Beschäftigung sinkt 2012 bei steigender Erwerbstätigkeit. https://www.destatis.de/DE/PresseService/Presse/Pressemitteilungen/2013/08/PD13_285_132.html;jsessionid=8B050365036009F285B94F8904654B36.cae1. Gesehen 03 Dez 2013
Zeller B (2005) Die Zukunft einfacher Arbeit oder: Der Trend zu steigenden Kompetenzanforderungen für »gering Qualifizierte«. In: Kreklau C, Siegers J (Hrsg) Handbuch der Aus- und Weiterbildung. Köln
Zeller B (2007) Neue Qualifikationsanforderungen an der Schnittstelle von einfacher Arbeit und Facharbeit am Beispiel der Elektroindustrie. In: Dietrich H, Severing E (Hrsg) Zukunft der dualen Berufsausbildung – Wettbewerb der Bildungsgänge. Schriften zur Berufsbildungsforschung der Arbeitsgemeinschaft Berufsbildungsforschungsnetz. Bertelsmann, Bielefeld, S 61–82
Zika G, Helmrich R, Kalinowski M, Wolter M, Hummel M, Maier T, Hänisch C, Drosdowski T (2012) Qualifikations- und Berufsfeldprojektionen bis 2030: In der Arbeitszeit steckt noch eine Menge Potenzial. IAB Kurzbericht 18/2012, Nürnberg, 12 S

Zukünftige Arbeitswelten aus Unternehmenssicht

S. Hardege, A. Zimmermann

B. Badura et al. (Hrsg.) *Fehlzeiten-Report 2014,*
DOI 10.1007/978-3-662-43531-1_4, © Springer-Verlag Berlin Heidelberg 2014

Zusammenfassung *Die Unternehmen in Deutschland sehen sich in den kommenden Jahren bedeutenden strukturellen Herausforderungen gegenüber: Infolge der demografischen Entwicklung sinkt die Bevölkerungszahl und damit das Arbeitskräfteangebot. Anstrengungen zur Fachkräftesicherung werden in den Unternehmen zunehmend wichtiger. Die Bevölkerung und die Belegschaften werden älter. Damit gehen ganz unterschiedliche Fragen einher – z. B. wie in den Unternehmen die Gesundheit und Beschäftigungsfähigkeit erhalten und verbessert werden oder Fachkräfte aus dem Ausland gewonnen und integriert werden können. Der vorliegende Artikel gibt die Sicht der Betriebe in Deutschland wieder und stellt die wichtigsten Handlungsfelder und Maßnahmen dar, mit denen sie auf den zunehmenden Fachkräftebedarf reagieren wollen. Hierzu werden Ergebnisse aus einer DIHK-Umfrage zu diesen Fragestellungen dargestellt. Ebenso werden die Ergebnisse einer Betriebsbefragung zum Engagement in der betrieblichen Gesundheitsförderung erörtert. Sie zeigen, dass die Betriebe die Herausforderungen in weiten Teilen erkannt und angenommen haben.*

4.1 Demografie und Fachkräfteengpässe

Die Bevölkerung in Deutschland schrumpft und wird älter. Bereits heute liegt Deutschland mit einem Median-Alter von 45 Jahren an der Spitze innerhalb der EU. Gleichzeitig nimmt das Arbeitskräfteangebot ab.

Das bleibt nicht ohne Folgen für die Unternehmen in Deutschland. Es stellt sich zunehmend die Frage, wie die Unternehmen auch künftig passende und gut qualifizierte Mitarbeiter finden und diese langfristig an sich binden können. Aus betrieblicher Sicht hat das Thema Fachkräftemangel in den zurückliegenden Monaten erheblich an Bedeutung gewonnen. Der DIHK fragt dreimal jährlich mehr als 25.000 Unternehmen unter anderem nach wirtschaftlichen Risiken. Derzeit sehen so viele Unternehmen ihre wirtschaftliche Entwicklung durch fehlende Fachkräfte gefährdet wie nie zuvor seit Beginn der Umfrage zum Jahresbeginn 2010 (◻ Abb. 4.1).

Der aktuelle DIHK-Arbeitsmarktreport 2013/2014 (DIHK 2014a), der die Stellenbesetzungsschwierigkeiten der Unternehmen noch genauer unter die Lupe nimmt, zeigt, dass jedes vierte Unternehmen offene Stellen längerfristig oder im Zweifel gar nicht besetzen kann, weil es keine passenden Arbeitskräfte findet. Besonders betroffen sind dabei Unternehmen, die typischerweise technisch ausgebildete Fachkräfte oder Kandidaten aus dem Bereich Pflege und Gesundheit suchen. Deutlich wird zudem, dass nicht nur Hochqualifizierte mit akademischen Abschlüssen gesucht werden, sondern immer häufiger auch Kandidaten mit beruflichen Abschlüssen knapp sind.

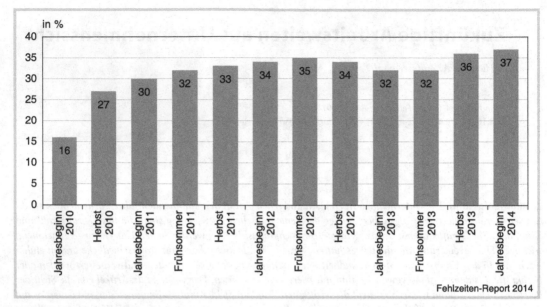

4

☑ **Abb. 4.1** Anteil der Unternehmen, die im Fachkräftemangel ein Risiko für ihre wirtschaftliche Entwicklung sehen
(Quelle: DIHK, Arbeitsmarktreport 2013/2014)

4.2   Reaktionen der Unternehmen

- **Aus- und Weiterbildung stehen ganz oben**

Die Reaktionen der Unternehmen zur Fachkräftesicherung sind vielschichtig und umfassen in der Regel
einen Maßnahmen-Mix. Wichtig ist, dass jedes Unternehmen auf seine eigene individuelle Situation reagieren muss, weshalb auch Einheitslösungen nicht passen.
So bestimmen unter anderem die Branche, die Betriebsgröße, die Wettbewerbssituation sowie das regionale Umfeld in erheblichem Maße die nötigen und
möglichen Strategien. Dennoch zeigen sich grundsätzliche Pfade zur Fachkräftesicherung, auf die die Unternehmen setzen.

Der DIHK-Arbeitsmarktreport 2013/2014 macht
deutlich, dass Aus- und Weiterbildung aus Sicht der
Betriebe die größte Bedeutung für die Fachkräftesicherung haben. Mehr als jedes zweite Unternehmen setzt
somit auf den Nachwuchs und die Qualifizierung der
eigenen Mitarbeiter (☑ Abb. 4.2). Der Vergleich mit
früheren Umfragen zeigt ferner, dass diese Einschätzung sehr stabil ist – auch der DIHK-Arbeitsmarktreport 2011 zeigt ein nahezu gleiches Bild.

Die demografische Herausforderung gilt es allerdings auch in diesem Bereich nicht aus dem Blick zu
verlieren. So sinkt zum einen die Zahl der potenziellen
Azubis und zum anderen streben immer mehr Schulabgänger ein Studium an – mit der Folge, dass für die duale
Ausbildung weniger Jugendliche zur Verfügung stehen.

Vor diesem Hintergrund ist es wichtig, die duale Ausbildung zu stärken. Dazu gehört auch, noch deutlicher zu
machen, dass auch Karrierewege jenseits der Hochschule erfolgversprechend sind. Deshalb gilt es, für die
duale Ausbildung zu werben und eine frühzeitige Berufsorientierung zu unterstützen. Für Unternehmen
können deshalb z. B. Kooperationen mit Schulen ein
erfolgversprechender Weg sein. Dadurch kann es zudem gelingen, auch lernschwächeren Schülern, die eher
praktische Begabungen haben, berufliche Perspektiven
aufzuzeigen und sie damit stärker zu motivieren.

Die Einführung eines gesetzlichen Mindestlohns
von 8,50 Euro pro Stunde birgt allerdings Gefahren für
die duale Ausbildung – auch wenn er nicht für Azubis
gilt. Denn es ist zu befürchten, dass für Schulabgänger
Anreize entstehen, direkt nach der Schule einen »Min-
destlohnjob« zu suchen, der rund 1.500 Euro im Monat
verspricht, statt eine perspektivisch viel lohnendere
Ausbildung zu machen, bei der die Vergütung in der
Regel zunächst deutlich geringer ist. Es bestünde dann
die Gefahr, dass mehr junge Menschen keine Ausbildung absolvieren und dies auch in späteren Jahren
nicht mehr nachholen. In konjunkturell schlechten
Phasen sind Beschäftigte ohne Berufsausbildung oftmals die ersten, die ihre Jobs verlieren. Eine höhere
Jugendarbeitslosigkeit wäre die Folge. Deshalb ist es
nötig, junge Erwachsene ohne abgeschlossene Berufsausbildung unter 25 Jahren vom Mindestlohn auszu-
nehmen.

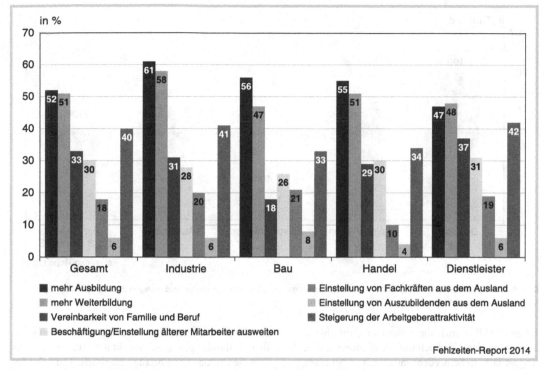

Abb. 4.2 Wie wollen Sie zukünftig auf eventuelle Fachkräfteengpässe reagieren? Nach Wirtschaftszweigen (Mehrfachantworten möglich) (Quelle: DIHK, Arbeitsmarktreport 2013/2014)

Hinsichtlich der Weiterbildung ist es wichtig, auch ältere Mitarbeiter einzubeziehen. Nicht zuletzt längere Lebensarbeitszeiten machen es erforderlich, dass ältere Mitarbeiter auf dem aktuellen Wissensstand bleiben und damit eine wichtige Voraussetzung erfüllen, langfristig beschäftigungsfähig zu bleiben. In den letzten Jahren hat es hier bereits eine erfreuliche Entwicklung gegeben: Während noch vor einigen Jahren die Beteiligung Älterer deutlich geringer war als die der jüngeren Kollegen, haben die Erwerbstätigen in der Altersgruppe zwischen 55 und 59 Jahren mittlerweile zu den jüngeren Altersgruppen aufgeschlossen. So lag deren Beteiligung an Weiterbildungsmaßnahmen 2012 nach einer IW-Umfrage mit 55 Prozent nicht nur deutlich höher als 2007 (45 Prozent), sondern nahezu genauso hoch wie in den Altersgruppen ab 35 Jahren. Nur bei den über 60-Jährigen lag der Anteil mit 46 Prozent darunter – allerdings gab es hier den größten Zuwachs (+14 Prozentpunkte). Insgesamt ist es wichtig, sowohl bei den Betrieben als auch bei den Beschäftigten auf die Relevanz der Weiterbildung im Alter hinzuweisen und dafür zu werben. Dazu sind Informations- und Beratungsangebote – auch durch die Industrie- und Handelskammern vor Ort – eine wichtige Hilfestellung.

■ Arbeitgeberattraktivität steigern

Zunehmend wichtiger wird im Rahmen der Fachkräftesicherung für die Unternehmen, sich als attraktive Arbeitgeber aufzustellen. Vier von zehn Unternehmen reagieren damit auf Fachkräfteengpässe – vor zwei Jahren waren es »nur« knapp 30 Prozent. Dieser rasche Anstieg verdeutlicht die strukturelle Veränderung am Arbeitsmarkt. Die Unternehmen sind mehr und mehr gefordert, sich dem Wettbewerb um kluge Köpfe zu stellen und müssen versuchen, mit attraktiven Angeboten zu punkten. Nicht mehr die offenen Stellen, sondern die passenden Bewerber werden zum Engpass. Arbeitgeberattraktivität manifestiert sich nicht nur im Gehalt, sondern auch in guten Karrieremöglichkeiten, in Verantwortung im Betrieb, in flexiblen Arbeitszeiten und -orten sowie in Maßnahmen zum Betrieblichen Gesundheitsmanagement oder durch gute Möglichkeiten, Familie und Beruf zu vereinbaren.

■ Potenziale von Frauen stärker nutzen

Der Steigerung der Erwerbsbeteiligung von Frauen kommt bei der Fachkräftesicherung eine wichtige Funktion zu. In Deutschland liegt zwar die Erwerbsbeteiligung der Frauen mit über 70 Prozent vergleichsweise hoch, allerdings arbeitet ein recht großer Anteil

4

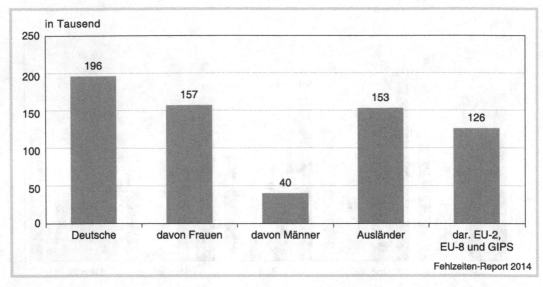

◘ **Abb. 4.3** Sozialversicherungspflichtige Beschäftigung nach Personengruppen; Veränderungen 2013 gegenüber 2012 (Quelle: Bundesagentur für Arbeit 2013)

Teilzeit (45 Prozent), die zudem in Deutschland im internationalen Vergleich mit rd. 18 Stunden eher gering ausfällt. In Schweden sind es z. B. 25 Stunden.

Die Beschäftigung von Frauen hat im letzten Jahr einen erheblichen Beitrag zur Steigerung der sozialversicherungspflichtigen Beschäftigung geleistet. Von dem Beschäftigungsplus in Höhe von rd. 350.000 gehen mehr als zwei Fünftel auf die höhere Erwerbsneigung der Frauen zurück (vgl. Bundesagentur für Arbeit 2013). Ungeachtet dieser positiven Entwicklung gilt es, hier weitere Verbesserungen möglich zu machen. Eine wichtige Voraussetzung ist dabei die gelingende Vereinbarkeit von Familie und Beruf. Jedes dritte Unternehmen will hier durch eine weitere Erleichterung auf Fachkräfteengpässe reagieren. Vor sechs Jahren waren es mit 15 Prozent noch deutlich weniger. Das zeigt, dass das Thema Vereinbarkeit bereits in vielen Unternehmen angekommen ist.

Eine wichtige Voraussetzung, damit das betriebliche Engagement nicht ins Leere läuft, ist die Verfügbarkeit von ausreichend guten und flexiblen Betreuungsmöglichkeiten. Für den Bereich der unter Dreijährigen hat es infolge des Rechtsanspruchs seit August 2013 Erfolge beim Ausbau der Kapazitäten gegeben. Künftig muss es gelingen, auch für Schulkinder entsprechende Möglichkeiten bereitzustellen. Ein Ausbau der Ganztagsschulangebote ist deshalb nötig.

▪ **Zuwanderung als wichtiger Baustein**

Allein das inländische Potenzial an Arbeitskräften wird künftig jedoch nicht ausreichen, um Fachkräftelücken

zu schließen. Deutschland ist auf die Zuwanderung aus dem Ausland angewiesen. Am aktuellen Rand übersteigen die Zuzüge die Fortzüge merklich. Der Wanderungssaldo lag im ersten Halbjahr 2013 mit 206.000 noch höher als in der ersten Jahreshälfte 2012 (182.000). 18 Prozent der Unternehmen wollen laut DIHK-Arbeitsmarktreport 2013/2014 künftig mit der Einstellung von Fachkräften aus dem Ausland auf Engpässe reagieren. Dieser Anteil ist innerhalb von nur zwei Jahren um 50 Prozent gestiegen. Bereits zum aktuellen Beschäftigungsaufbau hat die Zuwanderung – neben der Frauenerwerbstätigkeit – einen erheblichen Anteil beigesteuert. Insgesamt stieg die sozialversicherungspflichtige Beschäftigung von 2012 auf 2013 um rd. 350.000, davon waren mehr als 150.000 Ausländer. Gleichzeitig nahm 2013 die Arbeitslosigkeit leicht zu. Eine Ursache für diese gegenläufige Entwicklung ist, dass die Arbeitslosen häufig nur geringe berufliche Qualifikationen aufweisen und damit nicht auf die Stellenprofile passen. Die Zuwanderer sind dagegen zunehmend besser qualifiziert. So verfügten 2009 44 Prozent der Neuzuwanderer über einen akademischen Abschluss, 2005 waren es nur 30 Prozent (◘ Abb. 4.3).

Allerdings ist die Zuwanderung nach Deutschland kein Selbstläufer. Derzeit kommen viele Fachkräfte aus den südeuropäischen »Krisenstaaten« und den osteuropäischen EU-Staaten. Sobald die wirtschaftliche Situation in den »Krisenstaaten« wieder besser ist, ist auch mit einem Rückgang der Zuwanderung von dort zu rechnen. Alles in allem muss Deutschland im Ausland noch intensiver um Fachkräfte werben und sich dort als attraktiver Standort präsentieren. Die neuen gesetzlichen Regelungen, die die Zuwanderung für Drittstaatler erleichtern – wie z. B. die Blue Card oder die Beschäftigungsverordnung samt Positivliste – müssen im Ausland bekannt gemacht und beworben werden. Ferner muss hierzulande die Willkommenskultur weiter verbessert werden. Das ist eine gesamtgesellschaftliche Aufgabe, die Politik, Wirtschaft, Gewerkschaften und letztlich auch jeden Einzelnen betrifft.

Einige Unternehmen gehen mit Blick auf Integration und Willkommenskultur bereits heute kreative Wege. Dazu gehört z. B., dass neue Mitarbeiter aus dem Ausland bei Sprachkursen unterstützt werden – denn die Erfahrung zeigt, dass die Sprache das A und O für eine gelingende Integration ist. Um neue Mitarbeiter aus dem Ausland sowohl im Betrieb als auch außerhalb zu unterstützen, haben manche Unternehmen beispielsweise Mentoren ernannt. Diese helfen bei alltäglichen Fragestellungen im Betrieb, unterstützen aber z. B. auch bei Behördengängen, Bankgeschäften oder der Integration im örtlichen Sportverein.

Um den Start für Neubürger möglichst einfach zu gestalten und Antworten auf die vielen Fragen rund um das Arbeiten und Leben in Deutschland zu bieten, sollten regionale Willkommenszentren als »One-Stop-Anlaufstellen« dienen. In eine solche Richtung sollten Ausländerbehörden sich künftig stärker entwickeln. Das Bundesamt für Migration und Flüchtlinge (BAMF) führt derzeit ein Pilotprojekt mit einer solchen Zielsetzung durch.

■ **Ohne die Älteren geht es nicht**
Älteren Beschäftigten kommt mit ihrem Wissen und ihren Erfahrungen eine große Bedeutung im Rahmen der Fachkräftesicherung zu. Deren Erwerbsbeteiligung ist in den zurückliegenden Jahren erfreulicherweise gestiegen: 2012 waren in der Altersgruppe der 55- bis 64-Jährigen 62 Prozent erwerbstätig – 2000 waren es dagegen nur 37 Prozent (Bundesministerium für Arbeit und Soziales 2013). Diesen Trend gilt es zu verstetigen. Nahezu jedes dritte Unternehmen will auf Fachkräfteengpässe reagieren, indem es Ältere vermehrt einstellt und beschäftigt. Auch hier zeigt sich ein merklicher Anstieg gegenüber 2011, wo dies jedes vierte Unternehmen angab.

Der zunehmenden Alterung der Belegschaften ist allerdings Rechnung zu tragen. Die Ausweitung der Lebensarbeitszeiten ist mit Blick auf die demografische Entwicklung richtig. Die Betriebe können und müssen diese Entwicklung durch personalpolitische Maßnahmen flankieren. Dazu gehören zum Beispiel flexible Arbeitszeiten bis hin zum Lebensarbeitszeitkonto ebenso wie die bewusste Einbeziehung und Förderung der Weiterbildungsaktivitäten Älterer. Besondere Bedeutung kommt der Gesundheitsförderung im Betrieb zu.

4.3 Gesundheitsförderung als wichtiger Baustein zur Fachkräftesicherung

Prävention und Investitionen in die Gesundheit werden wichtiger – und zwar für jeden Einzelnen. Das bedeutet auch: Betriebe rücken stärker in den Fokus, denn sie sind für die Mehrzahl der Beschäftigten in Deutschland der Ort, an dem sie einen Großteil ihrer Zeit verbringen. Eine Umfrage der Industrie- und Handelskammern unter 1.500 Unternehmen zeigt, wie weit Betriebliche Gesundheitsförderung bereits in den Betrieben etabliert ist und welche Änderungen der Rahmenbedingungen notwendig sind, um das Engagement noch weiter zu stärken. Insgesamt macht die Studie deutlich: Es tut sich einiges in der Betrieblichen Gesundheitsförderung (DIHK 2014b).

So sind 90 Prozent der Betriebe, die sich an der Umfrage beteiligt haben, in der Förderung der Gesundheit ihrer Mitarbeiter bereits aktiv oder planen dies konkret – über die Vorgaben des gesetzlichen Arbeitsschutzes hinaus (◘ Abb. 4.4).

Fast noch wichtiger ist, dass in den vergangenen fünf Jahren die Bedeutung der Gesundheitsförderung bei fast zwei Drittel der Unternehmen zugenommen hat (65 Prozent). Dabei sind auch die Kleinen am Puls der Zeit: Schon 40 Prozent der Betriebe mit bis zu zehn Mitarbeitern messen dem Thema eine steigende Bedeutung bei. Und gut ein Drittel der an der Umfrage beteiligten Betriebe plant zudem für die kommenden fünf Jahre, das bisherige Engagement noch zu verstärken (35 Prozent).

Diese Ergebnisse zeigen, dass die Bedeutung der Gesundheitsförderung nicht zuletzt im Zuge der künftigen Fachkräftesicherung in den Betrieben hoch ist. Sie stellen sich auf die Herausforderungen ein – je nach Möglichkeiten und Ressourcen.

4

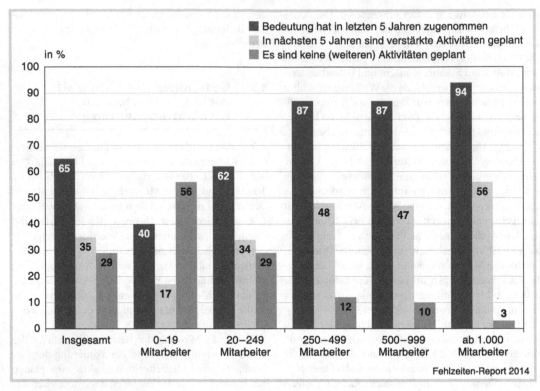

■ **Abb. 4.4** Hat oder wird das Thema »Gesundheitsförderung im Betrieb« über den gesetzlichen Arbeitsschutz hinaus bei Ihnen einen größeren Stellenwert erhalten? (Mehrfachantworten möglich) (Quelle: DIHK, IHK-Unternehmensbarometer 2014)

4.4   Das Engagement im Einzelnen ist vielfältig

70 Prozent der Betriebe bieten eine gesundheitsgerechte Ausstattung der Arbeitsplätze oder planen dies konkret. Hierunter fallen beispielsweise ergonomische Bürostühle, Stehpulte, verstellbare Arbeitsplatten oder spezielle Fertigungsbänke. 45 Prozent der Betriebe haben Impfungen oder Vorsorgeuntersuchungen am Arbeitsplatz im Programm bzw. in Planung. Sport und Bewegungsangebote sind bei 43 Prozent der Betriebe auf der Tagesordnung. Besondere Kantinenangebote oder Ernährungsberatung sind für ein Viertel der Unternehmen (24 Prozent) ein guter Weg (■ Abb. 4.5).

Auch das Thema psychische Gesundheit von Beschäftigten steht auf der Agenda. In der öffentlichen und politischen Diskussion hat es ohnehin bereits einen hohen Stellenwert. Die Zahl der Diagnosen und Krankschreibungen aufgrund von psychischen Erkrankungen steigt. Es ist allerdings mit Blick auf die vielfältigen Einflussfaktoren auf die menschliche Psyche verfehlt, das Arbeitsumfeld für diese Entwicklungen allein verantwortlich zu machen. In Debatten etwa

zum Thema Burnout ist dies relativ häufig der Fall. Die Betriebe sind dennoch in diesem Feld bemerkenswert aktiv: Angebote zur Stressbewältigung sind immerhin bei einem guten Viertel der an der Umfrage beteiligten Betriebe auf der Agenda (26 Prozent).

Wichtig ist auch, dass 45 Prozent der Betriebe auf eine Sensibilisierung der Führungskräfte hinsichtlich der Gesundheitsförderung der Mitarbeiter setzen. Denn ohne die Chefs geht es nicht. Ebenso wichtig ist aber auch: Gesundheitsförderung im Betrieb ist keine Einbahnstraße. 39 Prozent der Unternehmen geben an, dass eine stärkere Beteiligung der Mitarbeiter an angebotenen Maßnahmen dazu führen würde, sich auch als Arbeitgeber noch mehr zu engagieren.

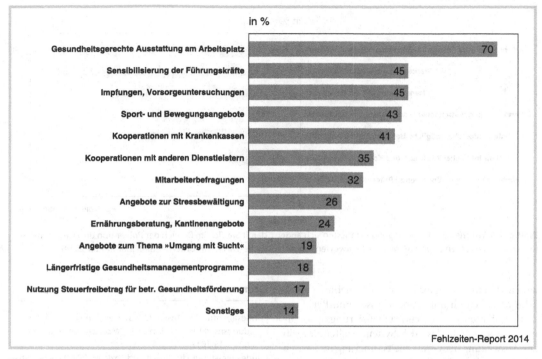

○ **Abb. 4.5** Falls Sie die Gesundheit Ihrer Mitarbeiter bereits fördern oder dies konkret planen, um welche Maßnahmen handelt es sich dabei? (Mehrfachantworten möglich) (Quelle: DIHK, IHK-Unternehmensbarometer 2014)

4.5 Die richtigen Rahmenbedingungen können viel bewirken

Eine Kernaussage der Erhebung ist: Mehr als neun von zehn Unternehmen lehnen weitere gesetzliche Vorgaben, etwa mit Blick auf die Erhaltung der psychischen Gesundheit der Mitarbeiter, ab. Das ist ein wichtiges Signal, denn in der politischen Diskussion wird eine strengere Regulierung häufig als vermeintlicher Königsweg zu einer noch besseren Betrieblichen Gesundheitsförderung gesehen. Damit würde jedoch die Motivation der Unternehmen, kreative und angemessene Lösungen zu finden, untergraben.

Für 33 Prozent der Betriebe stellen mehr Informationen etwa von Politik, Krankenkassen und Gesundheitseinrichtungen über mögliche Maßnahmen, Angebote und Best-Practice-Beispiele eine wichtige Hilfe dar. Auch die IHK-Organisation kann hier – insbesondere mit Blick auf kleine und mittlere Unternehmen – gut unterstützen. Zum Beispiel bieten die IHKs spezifische Weiterbildungen zu diesem Thema an. So kann der neu entwickelte bundesweite IHK-Zertifikatslehrgang zum »Fachmann/Fachfrau für betriebliches Gesundheitsmanagement« künftig gerade auch von kleinen und mittleren Betrieben genutzt werden, um einen

Mitarbeiter als Experten und Ansprechpartner für das Thema Gesundheit im Betrieb zu etablieren.

Zur finanziellen Unterstützung der Betriebe gibt es u. a. den Steuerfreibetrag für Betriebliche Gesundheitsförderung. 17 Prozent der Betriebe nutzen ihn oder planen dies. 37 Prozent der Betriebe wünschen sich eine Vereinfachung dieses Instruments. Daneben halten 51 Prozent der Betriebe eine stärkere finanzielle Unterstützung generell für sinnvoll (○ Abb. 4.6).

Und die Betriebliche Gesundheitsförderung lohnt sich: Der Ertrag eines eingesetzten Euro in der betrieblichen Prävention beträgt nach einschlägigen Studien zwischen 2 und 3 Euro.[1] Sie hat daher auch auf die künftigen Ausgaben in Kranken- und Pflegeversicherung einen langfristig positiven Effekt. Bislang kommen die Mittel zur Betrieblichen Gesundheitsförderung etwa der gesetzlichen Krankenkassen insbesondere größeren Unternehmen zugute. Aus Sicht der Kassen ist das mit Blick auf die höhere Versichertenzahl zwar verständlich. Im Ergebnis kooperieren daher

1 Vgl. für eine internationale Studie zur betrieblichen Prävention: Internationale Vereinigung für Soziale Sicherheit 2011; für einen umfangreichen Literaturüberblick: Initiative Gesundheit und Arbeit 2008.

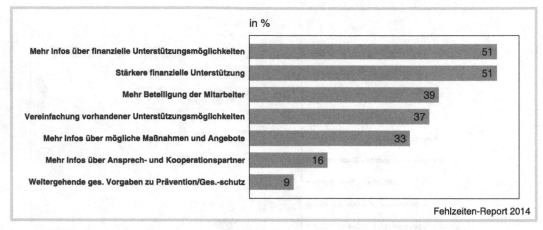

■ **Abb. 4.6** Welche Rahmenbedingungen müssten sich ändern, damit Sie sich im Bereich der Prävention und Gesundheitsförderung (stärker) engagieren? (Mehrfachantworten möglich) (Quelle: DIHK, IHK-Unternehmensbarometer 2014)

aber nur wenige der ganz kleinen Unternehmen bis zu
zehn Mitarbeitern mit Krankenkassen und Berufsgenossenschaften (12 Prozent). Finanzierungsspielräume etwa innerhalb des GKV-Systems sollten deshalb
zur Ausweitung der Gesundheitsförderung im Betrieb
genutzt werden. Dabei sollten diese Mittel insbesondere kleinen und mittleren Unternehmen zukommen.

4.6   Positive Entwicklung nicht durch falsche Weichenstellungen gefährden

Die Zahlen zeigen: Die Unternehmen übernehmen
Verantwortung im Rahmen ihrer Möglichkeiten und
wissen, dass sie im Einsatz um knapper werdende
Fachkräfte auf motivierte und gesunde Mitarbeiter setzen müssen. Sie bewegen sich dabei aber in dem Rahmen, den die Politik vorgibt.

Vor diesem Hintergrund sind einige der aktuellen
politischen Entwicklungen kritisch zu sehen. So schafft
die Politik mit der neuen abschlagsfreien Rente mit 63
neue Frühverrentungswege, obwohl die steigende Lebenserwartung und niedrige Geburtenraten eine längere Lebensarbeitszeit unerlässlich machen. Dabei war
der bislang eingeschlagene Weg richtig, die Beschäftigung Älterer hat sich in den letzten Jahren bereits erheblich verbessert. Nicht zuletzt die Betriebliche Gesundheitsförderung ist in diesem Zusammenhang
wichtig. Anstatt neue Hürden für die Fachkräftesicherung aufzuziehen, sollte das Bemühen aller Akteure
daher künftig dahin gehen, das vielfältige Engagement
der Unternehmen zu unterstützen.

Literatur

Bundesagentur für Arbeit (2013) Der Arbeits- und Ausbil-
dungsmarkt in Deutschland – Monatsbericht Dezember
und Jahr 2013
Bundesministerium für Arbeit und Soziales (2013) Fortschrittsreport »Altersgerechte Arbeitswelt«, Ausgabe 3: »Länger
gesund Arbeiten«
Deutscher Industrie- und Handelskammertag (DIHK) (2014a),
DIHK-Arbeitsmarktreport 2013/2014
Deutscher Industrie- und Handelskammertag (DIHK) (2014b)
»An Apple a Day…« – Gesundheitsförderung im Betrieb
kommt an. 21. IHK-Unternehmensbarometer
Initiative Gesundheit und Arbeit (2008) iga-Report 13, Wirksamkeit und Nutzen betrieblicher Gesundheitsförderung
und Prävention
Internationale Vereinigung für Soziale Sicherheit (IVSS) (2013)
Prävention lohnt sich: Kosten und Nutzen von Präven-
tionsmaßnahmen zu Sicherheit und Gesundheit am
Arbeitsplatz für die Unternehmen – Zusammenfassung
der Ergebnisse. Projekt der Internationalen Vereinigung
für Soziale Sicherheit (IVSS), Deutschen Gesetzlichen Unfallversicherung (DGUV), Berufsgenossenschaft Energie
Textil Elektro Medienerzeugnisse (BG ETEM)

Möglichkeiten und Grenzen Betrieblicher Gesundheitsförderung aus Sicht einer arbeitnehmerorientierten Wissenschaft

E. Ahlers

B. Badura et al. (Hrsg.) *Fehlzeiten-Report 2014*,
DOI 10.1007/978-3-662-43531-1_5, © Springer-Verlag Berlin Heidelberg 2014

Zusammenfassung *Aktuelle Studien zeigen, dass der betriebliche Alltag durch Flexibilisierung, Ökonomisierung, Kostenreduktion und eine »Personalpolitik der unteren Linie« geprägt ist. Die Folgen sind Arbeitsverdichtung und hoher Arbeits- und Zeitdruck bei den Beschäftigten. Vor dem Hintergrund, dass eben diese psychischen Arbeitsbelastungen in den Betrieben über traditionelle Regulierungen des Arbeits- und Gesundheitsschutzes nur schwer zu reduzieren sind, steht die Betriebliche Gesundheitsförderung vor großen Herausforderungen. Viele Möglichkeiten bleiben allerdings ungenutzt, hierzu gehört u. a. die stärkere Mobilisierung der betrieblichen Akteure für die Durchführung von Gefährdungsbeurteilungen psychischer Belastungen. Eine weitere zu bewältigende Schwierigkeit liegt in der Ausweitung der atypischen Beschäftigung (sowie der Werkverträge). Auch die seit Jahren laufenden Kosteneinsparungen in den staatlichen Arbeitsschutzbehörden, die mittlerweile dazu geführt haben, dass diese ihren Beratungs- und Kontrollaufgaben nur noch bedingt nachkommen können, sollten im Zuge einer zukunftsweisenden Gesundheitsförderung überdacht werden.*

5.1 Einleitung

In diesem Artikel soll die große Bedeutung der Betrieblichen Gesundheitsförderung insbesondere für das Wohlergehen und die Handlungsfähigkeit der einzelnen Beschäftigten vor dem Hintergrund einer Arbeitswelt dargestellt werden, die u. a. von permanenten Rationalisierungen, Unsicherheiten der Beschäftigten, hohen Flexibilitätsanforderungen und einem expandierenden Niedriglohnsektors geprägt ist. Dabei sollen die Herausforderungen und Grenzen für eine Betriebliche Gesundheitsförderung verdeutlicht werden. Denn die Praxis zeigt, dass diese nicht in allen Gestaltungsfeldern gleich wirkungsvoll ist. Problematisch ist insbesondere die schwierige Regulierbarkeit in den Bereichen

a. psychische Arbeitsbelastungen (inkl. Umsetzungsschwierigkeiten im Rahmen von Gefährdungsbeurteilungen),
b. flexible und selbstorganisierte Arbeitssysteme,
c. viele atypische Beschäftigungsverhältnisse (u. a. auch Werkverträge) und
d. zu gering bemessene Personalstärken in den Unternehmen (»Personalpolitik der unteren Linie«).

Diese vier Teilbereiche sollen im Folgenden anhand des aufgezeigten Wandels der Arbeits- und Lebenswelt erläutert und lösungsorientiert aufgearbeitet werden.

5.2 Wandel der Arbeits- und Lebenswelt und die dadurch steigende Bedeutung der Betrieblichen Gesundheitsförderung

Dass sich die Welt der Erwerbsarbeit in den letzten Jahrzehnten grundlegend verändert hat und dies auch mit weit reichenden Ökonomisierungs- und Prekarisierungstendenzen verbunden ist, ist in der wissenschaftlichen Landschaft unumstritten (Böhle 2010).

Politische Akteure sind schon heute mit den Auswirkungen prekärer und entgrenzter Arbeitsverhältnisse konfrontiert und die Themen Arbeitsüberlastung und Burnout werden seit einigen Jahren medienwirksam diskutiert. Tatsächlich steigt aufgrund des globalen Wettbewerbs die Bedeutung qualitativ hochwertiger Arbeit zu streng kalkulierten Kosten. Der Personalbestand in den Unternehmen wird aus Kostengründen so gering wie möglich gehalten, sodass das Arbeitsvolumen an den Arbeitsplätzen hoch ist (Sauer 2010). Begünstigt wurde diese Entwicklung in den letzten Jahren durch vielfältige Maßnahmen zum Outsourcing und zur Unternehmensfragmentierung. Während die Anzahl der Stammbelegschaft in vielen Unternehmen oft an der »unteren Linie« (Haipeter 2012) ausgerichtet ist, steigt die Zahl atypischer und schwer regulierbarer Beschäftigungsverhältnisse (wie z. B. von Werkverträgen) massiv an. Auch das sogenannte Normalarbeitsverhältnis unterliegt – besonders im wachsenden Dienstleistungsbereich – einem Wandel. Der Großteil der Betriebe arbeitet mittlerweile mit ausgeprägten Controllinginstrumenten sehr kennziffernorientiert und kosteneffizient. Dies wirkt sich auch auf die Arbeitsbedingungen der Beschäftigten aus (Ahlers 2011). Aktuell sind Arbeitsverdichtung sowie Termin- und Leistungsdruck die am häufigsten genannten Fehlbelastungen am Arbeitsplatz (Techniker Krankenkasse 2013). Darüber hinaus rufen folgende sozioökonomische Entwicklungen nach Gestaltung:

- Jährlich entstehen in Deutschland volkswirtschaftliche Kosten in Höhe von 7,1 Milliarden Euro durch arbeitsbedingte psychische Belastungen (Bödeker u. Friedrichs 2011).
- Der technische Fortschritt mitsamt den neuen Informations- und Kommunikationstechnologien sorgt für eine enorme Beschleunigung in der Arbeitswelt. Zeitliche Fristen, innerhalb derer Arbeitsprozesse vollzogen werden sollen, haben sich aufgrund dessen ständig verkürzt (Rosa 2005). Die zu verarbeitende Informationsmenge und die Komplexität in der Arbeit nehmen in vielen Bereichen der Arbeitswelt stetig zu. Das Tempo in der Arbeit und im Leben hat deutlich zugelegt. Vielfältige und oft widersprüchliche Arbeitsanforderungen durch komplexe Markt- und Kundenanforderungen führen in Verbindung mit den Möglichkeiten der IT-Technologien zu einer Entgrenzung von Arbeit und Leben. Bestärkt wird dieser Prozess durch flexible Formen der Arbeitsorganisation, die auf Selbstorganisation der Beschäftigten setzen (Moldaschl 2002).
- Auch die zunehmende Erwerbstätigkeit von Frauen bzw. jungen Eltern verlangt entsprechende Konzepte, um die (meist gut ausgebildeten) Beschäftigten flexibel und gemäß ihrer Qualifikation einsetzen zu können. Aufgrund des gestiegenen Bildungsniveaus in der Gesellschaft und des damit verbundenen Wertewandels steigt der Wunsch nach Selbstverwirklichung über die Arbeit. Prozesse der sozialen Anerkennung verlaufen weniger über die Familie oder den Besitz,

sondern vielmehr über die geleistete Arbeit (Voswinkel 2000). D. h. viele Beschäftigte sind durchaus bereit, intensiver zu arbeiten, wenn sie dafür entsprechende Anerkennung (Einkommen, Beschäftigungssicherheit) erfahren.

- Im Zuge des demografischen Wandels stellen »alternde Belegschaften« (Buck et al. 2002) die betrieblichen und politischen Akteure vor große Herausforderungen. Die Anforderungen an den Arbeitsplätzen müssen alters- und alternsgerecht gestaltet werden.
- Aufgrund einer Destabilisierung der sozialen Sicherungssysteme und eines hohen Individualisierungsgrades in einer Gesellschaft, die sich im Falle des Scheiterns die Schuld selbst zuschreibt, steigen auch die Anforderungen an das Individuum. Viele Beschäftigte fühlen sich in ihrer gestiegenen Eigenverantwortung überfordert und brauchen stärkere soziale Unterstützung.

5.3 Herausforderungen und Grenzen einer Betrieblichen Gesundheitsförderung

Der Betrieblichen Gesundheitsförderung kommt in der hier dargestellten turbulenten und fordernden Arbeitswelt eine bedeutende Rolle zu. Über die Betriebliche Gesundheitsförderung soll das Wohlbefinden und die Gesundheit der Beschäftigten gefördert und die Kosten der sozialen Sicherung gedämpft werden. Präventions- und Ressourcenansätze stellen besonders vor dem Hintergrund der psychischen Arbeitsbelastungen einen wichtigen Pfeiler dar. Der Ressourcenansatz geht davon aus, dass Gesundheit wesentlich von der Verfügbarkeit organisationaler (z. B. Qualifikationsmöglichkeiten im Unternehmen), sozialer (z. B. Unterstützung durch Vorgesetzte oder Kollegen) und personaler Ressourcen (z. B. Erholungsmöglichkeiten) abhängig ist. Mit einer ausreichenden Ressourcenausstattung sollen die Beschäftigten die hohen und meist wechselhaften Leistungsanforderungen der Unternehmen besser bewältigen. Verhaltens- und Verhältnisprävention sind hier wichtige Elemente, die Beschäftigte auch im Sinne eines prozessorientierten Gesundheitsbegriffs gesund erhalten können (Richter et al. 2011). Gesundheit wird demnach verstanden als »Fähigkeit zum Setzen langfristiger Ziele, um stabil-flexibel mit einer sich verändernden Umwelt umzugehen und als Fähigkeit körperliche Prozesse und Handlungen in Balance zu halten« (Ducki u. Greiner 1992). Über die Betriebliche Gesundheitsförderung sollen die Gesundheitsressourcen der Beschäftigten gesteigert und damit die Handlungsfähigkeit der Menschen auch bei schwierigen Arbeits- und Leistungsbedingungen erhöht werden.

Nicht wenige Unternehmen tun sich allerdings mit Betrieblicher Gesundheitsförderung schwer. Eine Befragung der Initiative Gesundheit und Arbeit (IGA) zeigte, dass Ende 2008 nur 36 Prozent der Unternehmen ein Betriebliches Gesundheitsmanagement vorweisen konnten (Bechmann et al. 2011). Besonders gering ist die Verbreitung in Kleinbetrieben. Aber auch dann, wenn ein Gesundheitsmanagement vorhanden ist, zeigen sich gravierende Umsetzungsschwierigkeiten in den Betrieben. Die wichtigsten sollen im Folgenden aufgezeigt werden.

- **Der schwierige Umgang mit psychischen Arbeitsbelastungen**

Gerade psychische Arbeitsbelastungen sind aufgrund der damit verbundenen Messproblematik schwierig zu thematisieren und daher auch schwierig zu regulieren. Psychische Arbeitsbelastungen gelten vielfach als unkonkret und vage und werden am ehesten mit Burnout, Mobbing oder Alkoholismus in Verbindung gebracht. Auch gibt kaum einer gerne zu, psychisch belastet zu sein oder auch dem heutigen Leistungsdruck und den hohen Anforderungen am Arbeitsplatz nicht gewachsen zu sein. Erst mit den vielfältigen öffentlichen Bekenntnissen zum Burnout der letzten Jahre fällt es Beschäftigten leichter, den Druck am Arbeitsplatz zu thematisieren. Hinzu kommt, dass Beschäftigte die hohe Arbeitsmenge oder den Termin- und Zeitdruck oftmals mit nicht beeinflussbaren Sachzwängen begründen, etwa damit, dass der Wettbewerbsdruck in der Branche eben hoch sei. Über diese Sachzwanglogik wird die Arbeitsverdichtung aber als typisch für unsere heutige Arbeitswelt und damit als kaum gestaltbar wahrgenommen. Folglich gibt es in Bezug auf den hohen Arbeits- und Leistungsdruck keinen realen Adressaten, der für Beschwerden und Klagen geeignet wäre. Es kommt zu einer Individualisierung statt einer Solidarisierung oder gar Politisierung der Arbeitsüberlastung.

Hier zeigt sich dringender Handlungsbedarf, der im Zuge des Betrieblichen Gesundheitsmanagements stärker als bisher aufzugreifen wäre. Denkbar wäre, über die Betriebsratsarbeit Sensibilisierungsprozesse zu den Themen Arbeit, Leistung und Gesundheit anzustoßen, um die Beschäftigten aus ihrer »Individualisierungsfalle« herauszuholen. Auch Gefährdungsbeurteilungen psychischer Belastungen (§ 5 ArbSchG) könnten und sollten stärker auf Arbeitsverdichtung und Leistungsdruck der Beschäftigten eingehen. Ohnehin gelten Gefährdungsbeurteilungen nach § 5 ArbSchG derzeit als *das* Instrumentarium, um auch

psychische Arbeitsbelastungen in den Betrieben aufzudecken und zu reduzieren. Die meisten Unternehmen sind damit jedoch überfordert: Nicht einmal jeder zweite Betrieb folgt dieser gesetzlichen Auflage. Nur 16 Prozent aller Betriebe setzen die angestrebten ganzheitlichen Gefährdungsbeurteilungen um, d. h. solche, in denen sowohl körperliche wie auch psychische Arbeitsbelastungen (z. B. Belastungen durch schlechtes Führungsverhalten, zu knappe Zeitvorgaben oder häufige störende Unterbrechungen) berücksichtigt werden (Ahlers 2011). Damit ist der erweiterte Zweck der Gefährdungsbeurteilungen, nämlich auch die »modernen« und durch zunehmenden Zeit- und Leistungsdruck entstehenden Arbeitsbelastungen in den Blick zu nehmen, noch weit verfehlt.

Befunde einer Betriebsrätebefragung durch das Wirtschafts- und Sozialwissenschaftliche Institut (WSI) der Hans-Böckler-Stiftung zeigen zudem, dass auch ein besser ausgestatteter Arbeits- und Gesundheitsschutz nicht automatisch zu qualitativ besseren Gefährdungsbeurteilungen führen muss (Ahlers i. E.). Offenbar ist in Betrieben mit ausgefeilten Programmen zur Betrieblichen Gesundheitsförderung zwar der Wille zu »gesünderen« Arbeitsplätzen vorhanden, die Einsicht, dass Gefährdungsbeurteilungen psychischer Belastungen durchgeführt werden müssten, fehlt jedoch.

Damit sind bisher erfolgte Gefährdungsbeurteilungen als eher oberflächlich zu bezeichnen. Langfristig verbesserte Arbeitsbedingungen können damit kaum erzielt werden. Um zu klären, warum sich Gefährdungsbeurteilungen in den Betrieben bisher nur so zaghaft durchsetzen, wurden Betriebsräte, die keine oder nur lückenhafte Gefährdungsbeurteilungen erhoben haben, zu ihren Gründen befragt. Es wird anhand der in ◘ Abb. 5.1 aufgeführten Zahlen deutlich, dass das Thema psychischer Arbeitsbelastungen für die Akteure des betrieblichen Gesundheitsschutzes bisher zu komplex und daher – auch in Bezug auf Gefährdungsbeurteilungen – schwer handhabbar ist. Tatsächlich ist die Aufarbeitung psychischer Arbeitsbelastungen im Arbeits- und Gesundheitsschutz vielen suspekt (sowohl Betriebsräten, Arbeitgebern als auch Beschäftigten). Es herrscht Unkenntnis darüber, was genau darunter zu verstehen ist und welche Belastungen oder gar Krankheiten sich dahinter verbergen und welche nicht. Viele Akteure sind der Auffassung, dass das Thema »Psychische Arbeitsbelastung« schwer zu handhaben ist (88,8 Prozent).

Hinzu kommt, dass viele Akteure nicht wissen, wie eine Gefährdungsbeurteilung durchzuführen ist (69 Prozent). Ein großer Teil der Befragten gibt aber auch zu bedenken, dass das Thema Gesundheit immer

5

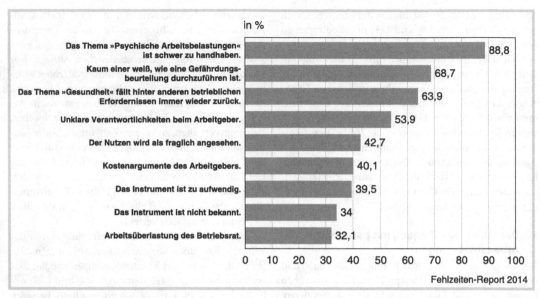

in %

Das Thema »Psychische Arbeitsbelastungen« ist schwer zu handhaben.	88,8
Kaum einer weiß, wie eine Gefährdungs- beurteilung durchzuführen ist.	68,7
Das Thema »Gesundheit« fällt hinter anderen betrieblichen Erfordernissen immer wieder zurück.	63,9
Unklare Verantwortlichkeiten beim Arbeitgeber.	53,9
Der Nutzen wird als fraglich angesehen.	42,7
Kostenargumente des Arbeitgebers.	40,1
Das Instrument ist zu aufwendig.	39,5
Das Instrument ist nicht bekannt.	34
Arbeitsüberlastung des Betriebsrat.	32,1

0   10   20   30   40   50   60   70   80   90   100

Fehlzeiten-Report 2014

◘ **Abb. 5.1** Warum hat Ihr Betrieb keine Beurteilung der Gefährdung durch psychische Belastungen durchgeführt? (Mehrfachantworten der Betriebsräte in %) (Quelle: WSI-Betriebsrätebefragung 2008/2009)

wieder hinter andere, als notwendiger wahrgenommene betriebliche Erfordernisse (z. B. geplante Umstrukturierungen, Personalentlassungen) zurückfällt (64 Prozent). Häufig wird aber auch darauf verwiesen, dass die Verantwortlichkeiten für den Gesundheitsschutz/die Gefährdungsbeurteilungen nicht klar geregelt seien (53,9 Prozent).

- **Flexible, selbstorganisierte Arbeits- und Steuerungsformen und das Phänomen der Entgrenzung**

Voraussetzungsvoll ist eine Betriebliche Gesundheitsförderung auch dann, wenn Beschäftigte in neuen Arbeits- und Organisationsformen und damit flexibel und selbstorganisiert arbeiten. In der betrieblichen Praxis ist dies dann der Fall, wenn die Arbeit im Rahmen kennziffernorientierter Zielvereinbarungen sowie über Projekt- und Gruppenarbeit oder in Form von selbstständigen Profit-Centern organisiert ist. Besonders im Dienstleistungsbereich sind diese Arbeitsformen mittlerweile weit verbreitet (Ahlers 2011). Deren Besonderheiten sind gekennzeichnet durch eine starke Ergebnis- oder auch Erfolgsorientierung der Arbeit sowie durch hohe Flexibilitätsanforderungen. Theoretisch liegen in diesen Konzepten sowohl für die Beschäftigten als auch für die Unternehmen klare Vorteile. Für Beschäftigte bieten sich im Idealfall mehr Handlungsspielräume in der Arbeit und bessere Möglichkeiten zur individuelleren, flexiblen Gestaltung von Arbeitszeiten. Für Unternehmen eröffnen sich

neue Möglichkeiten, Beschäftigte zeitlich und örtlich bedarfsgerecht einzusetzen. Viele Beschäftigte, die unter solchen flexiblen Arbeitskonzepten arbeiten, betonen ausdrücklich ihre Zufriedenheit damit. Sie können sich besser mit den Unternehmenszielen identifizieren und haben vielerlei neue Freiheiten hinzugewonnen. Die Arbeitsbedingungen werden als gut und attraktiv beschrieben (oftmals besser als in Betrieben mit traditioneller Leistungssteuerung). Betont werden beispielsweise die Möglichkeit »eigenverantwortlich zu arbeiten« oder die »interessanten Herausforderungen durch Projekt- oder Teamarbeit«. Dies ist aber nur die eine Seite der Medaille. Denn das Kennzeichen von flexiblen und selbst organisierten Arbeitssystemen ist ihre Ambivalenz und die Gefahr der Selbstausbeutung. Hinzu kommt, dass sich die Beschäftigten trotz vielfältiger Freiheiten vor allem den *betrieblichen* Erfordernissen an die Flexibilität unterordnen müssen. So zeigen Studien, dass ein großer Teil der Beschäftigten in modernen Dienstleistungsunternehmen ihr Privatleben den beruflichen Anforderungen unterordnet (Menz et al. 2011). Besonders dann, wenn bestimmte Ergebnisse oder Umsätze zu festgesetzten Terminen geliefert werden müssen. Wenn zudem bestimmte Rahmenbedingungen nicht gewährleistet sind (zu gering kalkulierte Personalkapazitäten, fehlende Unterstützung durch Kollegen oder Führungskräfte oder fehlende Zeitpuffer), dann können Chancen selbstorganisierter Arbeitssysteme schnell in gesundheitliche Gefährdungen übergehen (vgl. auch Wilde et al. 2009).

Und gerade diese Ambivalenz in den Arbeitsbedingungen scheint dafür verantwortlich zu sein, dass bei flexibler und selbstorganisierter Arbeit eine konventionelle Regulierung über Arbeitsschutzregelungen kaum noch möglich ist (Ahlers 2014, i. E.). Die Beschäftigten arbeiten häufiger unter hohem Druck und sind damit höheren psychischen Arbeitsbelastungen ausgesetzt. Nicht selten fallen gerade diese Unternehmen mit engagierten Programmen zur Betrieblichen Gesundheitsförderung auf. Allerdings erreichen die Programme nur selten die überlasteten Menschen. Kurse zur Entspannung oder Stressbewältigung sehen Beschäftigte, deren Arbeitsleistung über flexible Selbstorganisation und enge Kennziffern gesteuert wird, eher als lästig an, weil diese sie daran hindern, das vereinbarte Arbeitsergebnis im oftmals zu eng gesteckten Zeitlimit bewältigen zu können. Weil selbstorganisierte Arbeitsformen auf den (messbaren) Erfolg oder den erzielten Umsatz ausgerichtet sind und weniger an Ort und Zeit geknüpft werden, verlieren traditionelle Regulierungskriterien von Arbeit (wie die Arbeitszeit oder Pausenregelungen) weitgehend an Bedeutung.

Es stellen sich damit neue Fragen hinsichtlich der Regulierbarkeit von Arbeitsbedingungen. Viele Regelungen zum Schutz der Beschäftigten sind zu einer Zeit entstanden, in der traditionelle Industriearbeitsplätze das Bild der Erwerbsarbeit prägten. Die Arbeitszeit war weitestgehend standardisiert und der Arbeitsort an den Betrieb gekoppelt. Mit der Entgrenzung von Arbeit gelten solche Rahmenbedingungen aber immer weniger. Es lässt sich auch empirisch darlegen, dass die wachsenden Arbeitsbelastungen der Beschäftigten mit herkömmlichen Mitteln kaum zu regulieren sind und die Beschäftigten damit weitestgehend alleingelassen werden. Ein erheblicher Teil der vom WSI befragten Betriebsräte verweist darauf, dass besonders dort, wo Beschäftigte unter Zielvorgaben tätig sind, Regelungen zum Schutz ihrer Gesundheit von ihnen selbst unterlaufen werden (◘ Abb. 5.2).

Hinsichtlich des Arbeitszeitgesetzes berichten 37 Prozent der befragten Betriebsräte, dass Beschäftigte »ihres« Betriebs überlange (mehr als zehn Stunden am Tag) arbeiten. Wenn im Betrieb durch Zielvereinbarungen ergebnisorientiert gearbeitet wird, sind es sogar 47 Prozent. 34 Prozent der Betriebsräte geben an, das Beschäftigte Regelungen zum Schutz ihrer Gesundheit (z. B. Pausenregelungen) unterlaufen. Wenn die Belegschaften unter Zielvereinbarungen arbeiten, liegt der Anteil bei 41 Prozent. Zudem berichten 25 Prozent der Betriebsräte, dass Beschäftigte bei Krankheit nicht zu Hause bleiben.

Das bedeutet, dass betriebliche Mechanismen, die seinerzeit zum Schutz der Beschäftigten eingeführt

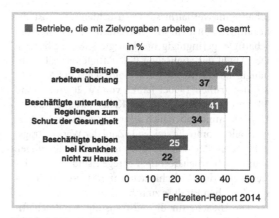

◘ **Abb. 5.2** Beobachtungen aus der Betriebsratsarbeit (Mehrfachantworten der Betriebsräte in %) (Quelle: WSI-Betriebsrätebefragung 2008/2009)

wurden, von den Beschäftigten, die z. B. unter Zielvorgaben tätig sind, aus »eigenem Interesse« unterlaufen werden. Das liegt vor allem daran, dass die Beschäftigten in einem Konflikt zwischen der Bewältigung ihres hohen Arbeitsvolumens (für das sie sich aufgrund vereinbarter Leistungsziele selbst verantwortlich fühlen) und ihrer Gesundheit stehen. Das Phänomen, dass Beschäftigte »aus eigenem Interesse« gegen Schutzregelungen verstoßen und auf Pausen verzichten, wird als »interessierte Selbstgefährdung« (Peters 2011) diskutiert.

In der Logik flexibler und selbstorganisierter Arbeitssysteme und der damit verbundenen höheren Eigenverantwortung für Unternehmensziele identifizieren sich die Beschäftigten in hohem Maße mit ihren Arbeitszielen. Im Falle des Scheiterns oder der Einsicht, dass die Arbeitsmenge kaum zu bewältigen ist, richten sie jedoch die Frustration eher gegen sich selbst als gegen andere. Es kommt zu einer inneren Zerrissenheit – ohne »Feindbild«, an dem sich zu reiben wäre (wie etwa den Arbeitgeber oder den Kunden). Viele tragen den Konflikt mit sich selbst aus und fühlen sich von konventionellen Maßnahmen zur Betrieblichen Gesundheitsförderung nicht angesprochen. Verstärkt wird diese gefühlte Handlungsunfähigkeit vermutlich noch durch die zunehmende Vereinzelung der Beschäftigten (durch mobile oder entgrenzte Arbeitsorte).

■ **Die Schwierigkeit der Betrieblichen Gesundheitsförderung bei atypischen Beschäftigungsverhältnissen/Werkverträgen**

Eine weitere kritische Entwicklung für die Betriebliche Gesundheitsförderung liegt in der Zunahme atypischer und damit oftmals schwer zu regulierender Beschäftigungsverhältnisse. Dazu zählen zunächst die bekannten Formen wie Teilzeitarbeit, befristet Beschäftigte, geringfügig Beschäftigte sowie Leiharbeit. Der Anteil der atypischen Beschäftigten an allen abhängig Beschäftigten (ohne Solo-Selbständige) stieg seit den frühen 1990er Jahren von ca. 20 Prozent auf 38 Prozent im Jahr 2010 an (Keller u. Seifert 2013). Hinzu kommen aber auch die weniger bekannten Formen, allen voran die steigende Zahl der Werkvertragsnehmer (IG Metall 2013), deren Arbeitsbedingungen kaum noch arbeitsrechtlich geregelt sind. Hier reduzieren sich die Möglichkeiten, auf die Gesundheit dieser Menschen Einfluss zu nehmen.

Die Ursache für die Ausfransung der Beschäftigungsformen liegt in einer zunehmenden Unternehmensfragmentierung, bei der die Unternehmensgrenzen durch Outsourcing, Zukäufe und die Vergabe von Werkverträgen immer flexibler werden. Die Belegschaften spalten sich zunehmend auf in Kern- und flexibel einzusetzende und oftmals kostengünstigere Randbelegschaften. Befristungen, Leiharbeit und Werkverträge spielen in den Betrieben eine wachsende Rolle. Gerade Leiharbeit und Werkverträge gehen oft mit prekären Arbeitsbedingungen einher. Die Bezahlung ist häufig geringer als die der Stammbeschäftigten. Viele leiden unter der geringen beruflichen Planungssicherheit und fühlen sich als betriebliche Außenseiter, weil sie als flexible Randbeschäftigte jederzeit austauschbar sind (Galais et al. 2012). Dabei sind sie häufig sogar höheren gesundheitlichen Belastungen ausgesetzt als ihre festangestellten Kollegen (Ducki u. Busch 2010).

Allerdings thematisieren und begutachten die Akteure des Gesundheitsschutzes die Arbeitsbelastungen der Randbelegschaften deutlich seltener als die der Stammbelegschaft (Becker et al. 2012). Bei den Maßnahmen zum betrieblichen Gesundheitsschutz werden viele nicht mit einbezogen – auch deshalb, weil sie aufgrund ihres flexiblen Einsatzes weniger sichtbar sind, z. B. weil sie nur kurzzeitig und befristet im Betrieb sind, wie beispielsweise Werkvertragsnehmer, die nachts im Supermarkt die Regale auffüllen.

■ **»Personalpolitik der unteren Linie«**
Stress am Arbeitsplatz ist zudem oft das Resultat einer »Personalpolitik der unteren Linie« (Haipeter 2012). Gemeint ist die Tatsache, das Unternehmen ihr Stammpersonal stärker als bisher auf ein Mindestmaß reduzieren und einen eventuell höheren Arbeitsbedarf in Stoßzeiten bzw. Auftragsspitzen mit Minijobs oder Leiharbeitnehmern auffüllen. Dieses Arrangement führt aber bei Krankheit einzelner Beschäftigter oder in Urlaubszeiten schnell zu Problemen und zusätzli-

chen hohen Arbeitsbelastungen der im Betrieb verbliebenen Beschäftigten. Wenn das Stammpersonal permanent am Limit arbeitet, kann von nachhaltiger Personalpolitik keine Rede mehr sein. Aber gerade darauf kommt es in heutigen Zeiten an. Die Leistungs- und Innovationsfähigkeit der Beschäftigten rückt in den Vordergrund, weil die Effizienz von technischen Prozessen und Verfahren in den Unternehmen weitestgehend ausgeschöpft ist. Leistungsfähig und gesund bleiben die Beschäftigten dann, wenn die Arbeit gesundheitsgerecht organisiert ist. Dazu sind Zeit- und Personalpuffer notwendig, um die Unwägbarkeiten des Marktes auch auf Dauer auffangen zu können. In der derzeitigen Praxis werden die Beschäftigten mit dem Ziel der kurzfristigen Effizienzsteigerung so flexibel und kostengünstig wie möglich eingesetzt. Für die Beschäftigten geht dieser Ansatz mit immer mehr Druck, neuen Aufgaben und mehr Verantwortung einher. 67 Prozent der Beschäftigten haben den Eindruck, dass sie immer mehr in der gleichen Zeit schaffen müssen (DGB-Index Gute Arbeit 2011). Vor diesem Hintergrund ließe sich die Arbeit nur dann besser gestalten, wenn mehr Personal eingestellt würde. Viele Maßnahmen zur Gesundheitsprävention überlasteter Beschäftigter sind bei andauerndem Personalmangel eher fragwürdig. Damit kann die Betriebliche Gesundheitsförderung eine ganz wichtige »Krankheit des Systems« kaum heilen: die aus Kostengründen oftmals viel zu gering gehaltenen Personaldecken in den Unternehmen. Denn was nützen die wirkungsvollsten Maßnahmen zur Gesundheitsprävention, wenn Beschäftigte völlig überlastet sind, weil sie für zwei oder drei arbeiten müssen.

5.4 Fazit und Herausforderungen für die Betriebliche Gesundheitsförderung

Im Vorfeld wurden Möglichkeiten und Grenzen Betrieblicher Gesundheitsförderung im Kontext sich verändernder Arbeitswelten dargestellt. Es zeigt sich, dass der betriebliche Alltag durch starke Tendenzen zu Flexibilisierung, Ökonomisierung und Kostenreduktion geprägt ist. Die Folge sind Arbeitsverdichtung und hoher Arbeits- und Zeitdruck bei den Beschäftigten. Gerade diese Belastungen sind aber über den derzeitigen Arbeits- und Gesundheitsschutz kaum zu regulieren. Das liegt einmal daran, dass sowohl viele Beschäftigte selbst als auch die Akteure des Arbeitsschutzes die Arbeitsverdichtung kaum als zu gestaltende Veränderung wahrnehmen. Hinzu kommt, dass Beschäftigte ungern zugeben, den Aufgaben am Arbeitsplatz nicht gewachsen zu sein. Diese Form psychischer Fehlbelastung scheint für viele eher eine logische Konsequenz aus Globalisierung und hohem Wettbewerbsdruck und damit ein Sachzwang zu sein, dem man sich mangels Alternativen unterwerfen muss. Besonders auffällig ist der Arbeitsdruck in flexiblen und selbst organisierten Arbeitsorganisationsformen, in denen nicht der Arbeitsaufwand oder die Arbeitszeit zählt, sondern der Arbeitserfolg. Die Beschäftigten arbeiten hier (auch infolge neuer Kommunikationstechnologien) so ergebnisorientiert und entgrenzt, dass viele über eine Art »interessierte Selbstgefährdung« auch ihre Gesundheit riskieren. Gesellschaftlich betrachtet ist dies angesichts zunehmender Vereinbarkeitsprobleme (Betreuung kleiner Kinder oder älterer zu pflegender Familienangehöriger) kritisch zu bewerten. Bei allen Anforderungen an mehr Flexibilität werden zukünftig auch verlässliche und planbare Arbeitszeiten an Bedeutung gewinnen, »weil die lebensweltlichen Zeitbedarfe aufgrund des demografischen Wandels und veränderter Wertepräferenzen nicht länger marginalisierbar sind.« (Groß u. Seifert 2010)

Um die Besonderheit entgrenzter und subjektivierter Leistungsbedingungen für eine zukunftsfähige Betriebliche Gesundheitsförderung in den Griff zu bekommen, verlaufen vereinzelte und einseitige Gestaltungsansätze (wie Stressbewältigungsseminare) vermutlich ins Leere. Gefordert sind übergreifende Gestaltungsansätze, die auf mehreren Ebenen gleichzeitig wirken. Hier ließen sich Ansätze auf individueller, betrieblicher und politischer Ebene denken.

Auf individueller Ebene müssten die Beschäftigten für die Zusammenhänge zwischen der Arbeitsorganisation und der Leistungssteuerung sowie den erlebten Arbeitsbelastungen zunächst einmal sensibilisiert werden. Dieser Schritt ist notwendig, um die Sachzwanglogik in Bezug auf die Arbeitsverdichtung und den hohen Termin- und Zeitdruck zu durchbrechen und die Arbeitsbedingungen als gestaltbar wahrzunehmen. Auch würden viele Beschäftigte aus ihrer Individualisierungsfalle herausgeholt und könnten sich angstfreier mit Kollegen über ihre erlebte Arbeitsüberlastung austauschen, ohne dabei als Arbeitsverweigerer oder »Low-Performer« zu gelten. Daneben sind sie aber auch dahingehend zu sensibilisieren und zu schulen, dass sie mehr Bewusstsein für ihre Arbeitsbedingungen und den möglichen Einfluss auf ihre Gesundheit erhalten und deswegen auch Grenzen setzen und einhalten lernen. Ein solches Grenzmanagement wird an Bedeutung gewinnen, weil traditionelle Grenzen (wie feste Arbeitszeiten und -orte) vor allem bei mobiler und digitalisierter Arbeit immer mehr aufweichen und daher neu ausgehandelt werden müssen. Mit dieser Aufgabe können die Beschäftigten aber keineswegs allein gelassen werden. Es bedarf flankierender betrieblicher, tariflicher oder politischer Maßnahmen, um diese Anforderung zu ermöglichen. Dieser wichtigen Aufgabe müsste sich auch die Betriebliche Gesundheitsförderung annehmen – ihr kommt hier eine bedeutende Rolle zu.

Auf betrieblicher Ebene können ebenfalls entscheidende Weichen gestellt und Hilfestellungen gewährt werden – einmal über eine gesundheits- und demografiesensible Unternehmenskultur, bei der die Balance zwischen Arbeit, Lebensqualität und Gesundheit eine wichtige Rolle spielt und in der von den Beschäftigten keine olympiareife Höchstleistung und permanente Erreichbarkeit erwartet wird. Die Chancen einer balanceorientierten Unternehmenskultur werden erhöht, wenn die Beschäftigten mit ausreichenden Ressourcen ausgestattet sind (etwa durch stärkere soziale Unterstützung durch Vorgesetzte und Kollegen, adäquate Qualifizierungsmöglichkeiten, durchdachte Pausenregelungen auch bei hohem Kundenaufkommen etc.). Dies umfasst auch ausreichende personelle Ressourcen, d. h. die Personalstärke in einer Abteilung sollte so konzipiert sein, dass Urlaubs- und Krankheitszeiten aufgefangen werden können. Führungskräfte stehen oft selbst stark unter Druck und geben diesen oft unreflektiert an ihre Mitarbeiter weiter. Sie sind hinsichtlich ihrer eigenen Situation und Rolle wenig sensibilisiert und können daher als Multiplikator, aber auch als Filter für Arbeits- und Leistungsdruck wirken. Daher sind besonders auch Führungskräfte zu schulen, um die Arbeitsbedingungen in den Teams oder Abteilungen human zu gestalten. Die Wirkung des Führungsverhaltens und der Arbeitsorganisation auf die Beschäftigten lässt sich durch ganzheitliche Gefährdungsbeurteilungen nach § 5 ArbSchG feststellen. Ohnehin liegt in diesem Instrument viel Potenzial zur Reduzierung gesundheitsgefährdender Arbeitsbedingungen. Daher sollte sich eine zukunftsorientierte Betriebliche Gesundheitsförderung stärker als bisher um eine bessere Umsetzung von Gefährdungsbeurteilungen psychischer Belastungen bemühen.

In vielen Betrieben bietet die Betriebliche Gesundheitsförderung schon jetzt eine Reihe von Maßnahmen zur Verhaltensprävention für die Beschäftigten an (Ernährung, Bewegung, Rückengesundheit) – aber noch zu wenig Maßnahmen zur Verhältnisprävention, in denen eine belastende Arbeitsorganisation (z. B. ständige Erreichbarkeit) oder schwieriges Führungsverhalten thematisiert und bearbeitet wird. Hier lägen konkrete Ansatzpunkte, um die Betriebliche Gesundheitsförderung an die neuen Rahmenbedingungen anzupassen.

5

Gerade bei digitalisierter Arbeit sind Betriebsvereinbarungen zur Erreichbarkeit, wie sie in mehreren Unternehmen bereits ausgehandelt wurden, eine wichtige Flankierung, um Beschäftigte zu schützen. Betriebsräte können als Treiber für den betrieblichen Gesundheitsschutz fungieren (Blume 2011). Besonders in Bezug auf Gefährdungsbeurteilungen hat der Betriebsrat ein wichtiges Mitbestimmungsrecht und kann dafür sorgen, dass die Gefährdungsbeurteilungen auch solche psychische Belastungen umfassen, die aufgrund von flexibler, selbstorganisierter und mobiler Arbeit entstehen können.

Fragwürdig ist, warum in den Betrieben die Leistungspolitik noch immer von der Gesundheitspolitik entkoppelt ist. Die Leistungsanforderungen an die Beschäftigten werden selten mit Aspekten des Gesundheitsschutzes abgestimmt. In einer gesundheitssensiblen Leistungspolitik der Unternehmen liegt aber vermutlich ein wichtiger Gestaltungsansatz – auch für die Betriebliche Gesundheitsförderung. Eine solche Leistungspolitik darf sich nicht nur an betriebswirtschaftlichen Kennziffern oder Umsatzvorstellungen ausrichten, sondern muss auch die langfristige Gesundheit der Beschäftigten im Blick haben. Denkbar wäre, sowohl über die Betriebliche Gesundheitsförderung als auch über die Betriebsratsarbeit Sensibilisierungsprozesse zu den Themen Arbeit, Leistung und Gesundheit anzustoßen, um die Leistungspolitik in den Unternehmen ein Stück weit zu humanisieren. Menz et al. (2011) thematisieren die oft maßlosen Leistungsforderungen der Unternehmen im Zusammenhang mit dem möglichen Ressourcenaufwand (an Arbeitszeit) der Beschäftigten. Denn in diesem Defizit an verfügbaren Ressourcen einzelner Beschäftigter und den Leistungsanforderungen der Unternehmen liegt ein dringendes Gestaltungsfeld sowohl für die Arbeitswissenschaft als auch für die langfristige Personalpolitik der Unternehmen.

Und last but not least sind – auf politischer Ebene – verbindliche und handlungsfähige staatliche Arbeitsschutzbehörden und -kontrollen notwendig. Auch die staatlichen Arbeitsschutzbehörden leiden unter Sparmaßnahmen, die im Endeffekt zu Lasten der Gesundheit der Beschäftigten gehen. Viele Arbeitsschutzbehörden können aufgrund jahrelanger Personal- und Mittelkürzungen ihren Aufgaben nicht mehr nachkommen. Dazu gehört die Kontrolle der Einhaltung von Arbeitsschutzgesetzen oder die Beratung von Akteuren des betrieblichen Gesundheitsschutzes. Dies ist aber gerade in der heutigen Arbeitswelt zwingend erforderlich, denn der Beratungsbedarf hat sich durch die hohen Gestaltungsspielräume – gerade bei Gefährdungsbeurteilungen psychischer Belastungen – massiv erhöht. Der Personalabbau in den Arbeitsschutzbehörden betrug zwischen 2002 und 2010 ca. 25 Prozent und die Zahl der Betriebsbesichtigungen nahm um 40 Prozent ab (Wittig-Goetz 2012). Damit nimmt auch der »Überwachungsdruck« (beispielsweise zur Einhaltung von Gefährdungsbeurteilungen psychischer Arbeitsbelastungen) ab. Dies aber ist vor dem Hintergrund der noch viel zu schwach umgesetzten (gesetzlich vorgeschriebenen) Gefährdungsbeurteilungen psychischer Belastungen fragwürdig. Es zeigen sich also klare Ansatzpunkte, um die Betriebliche Gesundheitsförderung an die neuen Rahmenbedingungen anzupassen.

Literatur

Ahlers E (2011) Wachsender Arbeitsdruck in den Betrieben. Ergebnisse der bundesweiten PARGEMA/WSI-Betriebsrätebefragung 2008/09. In: Kratzer et al (Hrsg) Arbeit und Gesundheit im Konflikt: Analysen und Ansätze für ein partizipatives Gesundheitsmanagement. Berlin, S 35–60

Ahlers E (Dissertationsschrift, noch unveröffentlichtes Manuskript)

Badura B, Ducki A, Schröder H, Klose J, Meyer M (Hrsg) (2012) Fehlzeiten-Report 2012. Gesundheit in der flexiblen Arbeitswelt: Chancen nutzen – Risiken minimieren. Springer, Berlin

Bamberg E, Ducki A Metz A (Hrsg) (2011) Gesundheitsförderung und Gesundheitsmanagement in der Arbeitswelt. Hogrefe, Göttingen

Bechmann S, Jäckle R, Lück P, Herdegen, R (2011) Motive und Hemmnisse für Betriebliches Gesundheitsmanagement (BGM). Umfrage und Empfehlungen. Hrsg. v. Initiative Gesundheit und Arbeit (IGA-Report 20)

Becker K, Brinkmann U, Engel T (2012) Arbeits- und Gesundheitsschutz & Leiharbeit – zwei problematische Handlungsfelder. Arbeit:20–39

Böhle F, Voß GG, Wachtler G (Hrsg) (2010) Handbuch Arbeitssoziologie. Wiesbaden

Blume A, Walter U, Bellmann RWH (2011) Betriebliche Gesundheitspolitik – eine Chance für die Mitbestimmung. Potenziale, Hemmnisse und Unterstützungsmöglichkeiten. Berlin

Bödeker W, Friedrichs M (2011) Kosten der psychischen Erkrankungen und Belastungen in Deutschland. In: Kamp L, Pickshaus K (Hrsg) Regelungslücke psychische Belastungen schließen. S 69–102

Buck H, Kistler E, Mendius HG (2002) Demographischer Wandel in der Arbeitswelt. Chancen für eine innovative Arbeitsgestaltung. Stuttgart

DGB Index Gute Arbeit: Arbeitshetze, Arbeitsintensivierung, Entgrenzung – Mehrbeanspruchungen und Belastungskumulation 2012. http://www.dgb-index-gute-arbeit.de/downloads/publikationen/data/arbeitshetze_arbeitsintensivierung_entgrenzung_-_ergebnisse_der_repraesentativumfrage_2011.pdf. Gesehen 13 Jan 2014

Ducki, A, Busch C (2010) Gesundheitsförderung bei Menschen in prekären Beschäftigungsverhältnissen. G+G Wissenschaft, 10(2):22–30

Ducki A, Greiner B (1992) Gesundheit als Entwicklung von Handlungsfähigkeit Ein arbeitspsychologischer Baustein zu einem allgemeinen Gesundheitsmodell. Zeitschrift für Arbeits- und Organisationspsychologie, 36:184–189

Galais N, Sende C, Hecker D, Wolff H (2012) Flexible und atypische Beschäftigung: Belastungen und Beanspruchung. In: Badura B, Ducki A, Schröder H, Klose J, Meyer M (Hrsg) Fehlzeiten-Report 2012. Gesundheit in der flexiblen Arbeitswelt: Chancen nutzen – Risiken minimieren. Springer, Berlin, S 109–119

Groß H, Seifert H (Hrsg) (2010) Zeitkonflikte. Renaissance der Arbeitszeitpolitik. Berlin

Haipeter T (2012) Sozialpartnerschaft in und nach der Krise: Entwicklungen und Perspektiven. Industrielle Beziehungen, S 387–411

IG Metall (2013) Arbeit: sicher und fair! Arbeit: sicher und fair! Die Befragung. Ergebnisse, Zahlen, Fakten. http://www.igmetall.de/docs_13_6_18_Ergebnis_Befragung_final_5 1c49e134f92b4922b442d7ee4a00465d8c15626.pdf. Gesehen 13 Jan 2014

Keller B, Seifert H (2013) Atypische Beschäftigung zwischen Prekarität und Normalität. Entwicklung, Strukturen und Bestimmungsgründe im Überblick. Sigma (Hans-Böckler-Forschung), Berlin

Menz W, Dunkel W, Kratzer N (2011) Leistung und Leiden. Neue Steuerungsformen von Leistung und ihre Belastungswirkungen. In: Kratzer et al (Hrsg) Arbeit und Gesundheit im Konflikt: Analysen und Ansätze für ein partizipatives Gesundheitsmanagement. Berlin, S 143–198

Moldaschl M (2002) Subjektivierung – Eine neue Stufe in der Entwicklung der Arbeitswissenschaften? In: Moldaschl M, Voß GG (Hrsg) Subjektivierung von Arbeit. München, S 23–52

Peters K (2011) Indirekte Steuerung und interessierte Selbstgefährdung. Eine 180-Grad-Wende bei der Betrieblichen Gesundheitsförderung. In: Kratzer et al (Hrsg) Arbeit und Gesundheit im Konflikt: Analysen und Ansätze für ein partizipatives Gesundheitsmanagement. Berlin, S 105–124

Richter P, Buruck G, Nebel C, Wolf S (2011) Arbeit und Gesundheit – Risiken, Ressourcen und Gestaltung. In: Bamberg E, Ducki A, Metz AM (Hrsg) Gesundheitsförderung und Gesundheitsmanagement in der Arbeitswelt. Hogrefe, Göttingen, S 25–62

Rosa H (2005) Beschleunigung. Die Veränderung der Zeitstrukturen in der Moderne. Frankfurt/Main

Sauer D (2010) Vermarktlichung und Vernetzung der Unternehmes- und Betriebsorganisation. In: Böhle F, Voß GG, Wachtler G (Hrsg) Handbuch Arbeitssoziologie, S 545–568

Techniker Krankenkasse (2013) Bleib locker, Deutschland. Studie zur Stresslage der Nation.

Voswinkel S (2000) Anerkennung der Arbeit im Wandel. Zwischen Würdigung und Bewunderung. In: Holtgrewe U, Voswinkel S, Wagner G (Hrsg) Anerkennung und Arbeit. Konstanz, S 39–62

Wilde B, Dunkel W, Hinrichs S, Menz W (2009) Gesundheit als Führungsaufgabe in ergebnisorientiert gesteuerten Arbeitssystemen. In: Badura B, Schröder H, Klose J, Macco K (Hrsg) Fehlzeiten-Report 2009: Arbeit und Psyche: Belastungen reduzieren – Wohlbefinden fördern. Springer, Heidelberg, S 147–156

Wittig-Goetz U (2012) Staatliche Arbeitsschutzverwaltung. Hrsg. v. ergo-online. http://www.ergo-online.de/site.aspx?url=html/organisation_arbeitsschutz/institutionen_im_arbeitsschut/ arbeitschutzv_staat.htm. Gesehen 10 Jan 2014

Zukünftige Belegschaften/ Arbeitswelten

Babyboomer und Generation Y als Beschäftigte: Was eint, was trennt?

K. Zok, M. Pigorsch, H. Weirauch

B. Badura et al. (Hrsg.) *Fehlzeiten-Report 2014*,
DOI 10.1007/978-3-662-43531-1_6, © Springer-Verlag Berlin Heidelberg 2014

Zusammenfassung *Eine aktuelle Umfrage unter Erwerbstätigen zeigt, dass Gesundheit, ein sicherer Arbeitsplatz mit einem Beruf, der Spaß macht, verbunden mit finanzieller Sicherheit und guter Bildung für mehr als 90 Prozent der Befragten wichtig ist. Was die Ziele im Leben und Beruf anbelangt, unterscheidet sich die »Generation Y« nicht sehr von den »Babyboomern«, jedoch gibt es teilweise große Unterschiede zwischen den Vorstellungen und der erlebten Realität der befragten Arbeitnehmer. Ferner wissen junge und ältere Beschäftigte offenbar wenig darüber, was den anderen wichtig ist – was das Potenzial für Generationenkonflikte schürt. Neben den dargestellten Gemeinsamkeiten und Unterschieden der Generationen liefern die Befragungsergebnisse Hinweise darauf, worauf Unternehmen achten müssen, um zukünftige Talente für sich zu gewinnen und diese zu halten.*

6.1 Einleitung

> Die Jugend von heute liebt den Luxus, hat schlechte Manieren und verachtet die Autorität. Sie widersprechen ihren Eltern, legen die Beine übereinander und tyrannisieren ihre Lehrer. (Sokrates)

Auf dem aktuellen Arbeitsmarkt in Deutschland zeichnet sich eine Trendwende ab. Zwar sorgt die starke Exportorientierung der deutschen Wirtschaft nach wie vor für eine stabile Konjunktur und die globale Finanz- und Wirtschaftskrise wirkt sich nicht auf den Arbeitsmarkt aus, obwohl auch Deutschland hoch verschuldet ist. Die demografische Entwicklung verdeutlicht jedoch, dass der Anteil jüngerer Arbeitnehmer in den kommenden Jahrzehnten deutlich sinken wird. Vielfach wird in diesem Zusammenhang von einem »War for Talents« (Rump u. Eilers 2013) gesprochen, dem Wettstreit der Unternehmen um knapper werdende Nachwuchskräfte.

Es gibt Anzeichen dafür, dass der Ausbildungs- bzw. Arbeitsmarkt nun von den Nachfragern beherrscht wird. Unternehmen und Betriebe müssen sich umstellen: Konnten die Personalentscheider vor Jahren aus einer ausreichenden Anzahl sehr gut qualifizierter Kandidaten mit besten Voraussetzungen auswählen, so stehen jetzt aufgrund der schrumpfenden Jahrgänge in vielen Regionen und Branchen weniger Bewerber bzw. Arbeitskräfte zur Verfügung. Dies stellt Personalverantwortliche vor neue Herausforderungen: »Unternehmen sollten sich darüber im Klaren sein, dass der jüngeren Generation deutlich mehr Informationen über Arbeitsbedingungen, Vergütung, Karrieremöglichkeiten etc. als Vergleichswerte zu unterschiedlichen Arbeitgebern verfügbar sind als den Generationen vor ihr.« (Rump u. Eilers 2013)

Doch »Jugend« allein ist kein Garant für Unternehmenserfolg. Im Kontext zentraler Trends und Tendenzen in der Arbeitswelt (Rückgang von Normalarbeitsverhältnissen, wachsende Flexibilität und Mobilität, steigende Veränderungsgeschwindigkeit, Alterung der Arbeitsgesellschaft, Ausweitung Zweiterwerb/Nebenjob etc.) interessiert die Frage, wie sich die Vorstellungen und Wünsche der Generation Y[1], also jener Arbeitnehmer, die jünger als 30 sind, mit dem vereinbaren lassen, was Arbeitgeber ihnen bieten können und wollen. Zeitgleich dürfen jedoch auch die älteren Arbeitnehmer (auch Baby-

---

1 Bei der Generation Y handelt es sich um die Arbeitnehmer mit einem Lebensalter unter 30 Jahren. Sie ist geprägt durch einen Wertemix: Man möchte das Leben genießen und Spaß haben, ist zeitgleich jedoch sehr zielstrebig, fleißig und ernst, wodurch eine hohe Verantwortlichkeit zutage kommt (Rump u. Eilers 2013).

boomer[2] genannt) nicht außen vor gelassen werden. Der Anteil der älteren Beschäftigten ist in den letzten Jahren stark gestiegen und auch in Zukunft werden ältere Arbeitnehmer einen nicht unwesentlichen (möglicherweise sogar steigenden) Anteil der Belegschaft ausmachen (siehe Hasselhorn und Ebener in diesem Band).

Die vorliegende Studie versucht Antworten auf folgende Fragen zu liefern: Was erwartet insbesondere die jüngere Generation von einem (künftigen) Arbeitgeber? Mit welchen Wünschen, Hoffnungen und Ängsten tritt sie in das Berufsleben ein und wie beurteilt sie aktuell ihre Arbeitsbedingungen? Zusätzlich interessiert die Frage, wie sich die Generation Y und die Babyboomer gegenseitig sehen, um mögliche Konflikte zu erkennen und Potenzial aus den Unterschieden und Gemeinsamkeiten zu schöpfen.

Doch was bedeutet das für Arbeitgeber? Wie müssen Arbeitgeber im Hinblick auf den kommenden Fachkräftemangel zukünftig Jobs gestalten, um junge Fachkräfte für ihre Unternehmen zu gewinnen und diese auch zu halten? Worauf sollten Personalentscheider bei der Auswahl achten, um zum Unternehmen passende Fachkräfte zu gewinnen?

Die im Rahmen des Fehlzeiten-Reports 2014 durchgeführte Studie zeigt, worauf es vor allem auch der jungen, künftigen (Arbeitnehmer-)Generation im Vergleich zu anderen Altersgruppen ankommt. Dazu werden Fragestellungen und getestete Fragebatterien genutzt, die zentrale Themendimensionen abbilden: die Bedeutung von Lebenszielen, Erwartungen an das Berufsleben, Bewertung von zentralen Aspekten des Berufslebens sowie die Zufriedenheit mit der aktuellen Arbeitssituation. Als empirische Basis dient eine bundesweit repräsentative Telefonumfrage unter 2.011 Erwerbstätigen[3] zwischen 15 und 65 Jahren, die im Januar/Februar 2014 durchgeführt wurde.

---

2 Babyboomer, die Arbeitnehmer über 50 Jahre, haben ihren Namen von den geburtenstarken Jahrgängen der Nachkriegszeit. Sie haben eher eine intrinsische Arbeitsmotivation und sind durch ihre stark ausgeprägten Erfahrungswerte in ihrem Tun geprägt (Rump u. Eilers 2013).

3 Ungewichtet: männlich: 855; weiblich: 1.156; nach Altersgruppen: 15–< 30 N = 358; 30–50 N = 1.012; > 50–65 N = 641. Gewichtet: männlich: 1.082; weiblich: 929; nach Altersgruppen: 15–< 30 N = 446; 30–50 N = 985; > 50–65 N = 580.

6.2   Aussagen zu Lebenszielen

Bei der einleitenden Frage nach Zielen im Leben wurden die Einstellungsfragen herangezogen, die sich wiederholt in der Literatur finden (Institut für Demoskopie [IfD] Allensbach 2012) und die als valide Grundlage gelten, wenn es darum geht, Aussagen zu Wertvorstellungen und Orientierungen zu messen.

Analog zu einer Studie des IfD Allensbach wurden aus 19 verschiedenen Einstellungsfragen sechs Faktoren gebildet, mit denen sich die Werte der jungen Generation (Generation Y) sowie die der Babyboomer gezielt strukturieren lassen (Tab. 6.1).

Generell zeigt sich, dass Gesundheit, ein sicherer Beruf, der erfüllt und Spaß macht, verbunden mit finanzieller Unabhängigkeit sowie eine gute Bildung bei allen Befragten mit über neunzig Prozent Zustimmung an oberster Stelle rangieren.

Sortiert man die Items für die einzelnen Altersgruppen, so werden gleichwohl einige Unterschiede deutlich. Neben einem interessanten Beruf, der durch finanzielle Unabhängigkeit gewährleisteten Planungssicherheit und der Bedeutung von Gesundheit, Bildung und sozialen Bindungen genießen Freizeit und Spaß sowie Selbstverwirklichung ebenfalls einen hohen Stellenwert bei den befragten Beschäftigten. Vor allem für die Gruppe der jüngeren Erwerbstätigen ist es wichtig, »das Leben zu genießen und Spaß zu haben« (90,6 Prozent Zustimmung insgesamt). Diese Vorstellung rangiert bei unter 30-Jährigen bereits an dritter Stelle nach der Priorität von Gesundheit und eines sicheren Arbeitsplatzes. Auffällig ist dabei, dass es innerhalb der Generation Y einen großen Geschlechtsunterschied gibt. So legen junge Frauen eine hohe Ernsthaftigkeit an den Tag, da ihnen Gesundheit, ein sicherer Arbeitsplatz und finanzielle Unabhängigkeit am wichtigsten sind. Junge Männer sind hier scheinbar ein wenig unbeschwerter; bei ihnen rangiert an erster Stelle der Wunsch, das Leben zu genießen und Spaß zu haben (92,6 Prozent) vor einem sicheren Arbeitsplatz und Gesundheit.

Die Einschätzung der Wichtigkeit der Lebensziele wurde auf einer Skala von 1 – »völlig unwichtig« bis 5 – »sehr wichtig« erfasst. Kategorisiert man die einzelnen Aussagen zu Lebenszielen basierend auf den Ergebnissen einer Faktorenanalyse, können sechs verschiedene Lebenszielbereiche identifiziert werden. Um übergreifend einen besseren Eindruck für die Unterschiede und Gemeinsamkeiten zu gewinnen, wurden die Fragen aus den jeweiligen Teilbereichen indexiert. Dabei wurden die verschiedenen Items als Mittelwert der Variablen, die das entsprechende Item beschreiben, berechnet. Dargestellt ist die Anzahl der Personen (in Prozent), de-

Tab. 6.1 Was ist aus Ihrer Sicht wichtig im Leben? (in %)

	insgesamt	Altersgruppen			
		15 – < 30		> 50 – 65	
		männlich	weiblich	männlich	weiblich
Gesundheit					
Gesundheit	96,6	90,1	99,5	97,1	98,1
Körperlich fit sein, viel Sport treiben	76,0	74,4	70,1	75,9	85,2
Berufsorientierung					
Einen Beruf haben, der mich erfüllt, der mir Spaß macht	92,0	89,7	88,2	87,9	96,2
Ein sicherer Arbeitsplatz	91,1	90,5	95,6	89,1	94,3
Erfolg im Beruf	78,8	88,0	89,7	74,2	81,1
Sozialer Aufstieg	57,5	63,9	63,9	54,5	60,5
Statusorientierung und individueller Lebensstil					
Finanzielle Unabhängigkeit	90,6	85,5	92,6	90,2	93,9
Eine Eigentumswohnung, ein eigenes Haus haben	59,1	59,2	52,5	58,4	56,6
Gutes Aussehen	52,5	54,1	66,5	40,8	58,5
Sich von anderen unterscheiden, seinen ganz individuellen Stil haben	51,8	61,8	58,3	53,4	57,1
Viel reisen, etwas von der Welt sehen	45,1	47,3	51,0	42,9	45,7
Bildung und Idealismus					
Eine gute, vielseitige Bildung	90,2	81,7	88,2	86,5	95,1
Meine Ideen und Vorstellungen vom Leben verwirklichen können	80,7	83,4	90,2	78,7	80,4
Soziales Engagement	67,0	55,2	76,5	64,3	74,4
Familienorientierung					
Eine Partnerschaft	85,2	77,3	85,8	89,4	81,1
Familie und Kinder haben	80,7	60,3	80,4	83,7	89,7
Freizeit- und Spaßorientierung					
Das Leben genießen, Spaß haben	81,8	92,6	87,7	76,5	76,6
Zeit für mich selbst haben	78,9	72,8	79,9	74,0	86,8
Meine Hobbys, meine Interessen	74,6	74,7	80,9	76,1	74,0
Angaben in % (Summe aus »sehr wichtig« und »wichtig«)					

Fehlzeiten-Report 2014

ren jeweiliger Index ≥ 4,0 ist, die also den entsprechenden Lebenszielbereich durchschnittlich mindestens als »wichtig« eingeschätzt haben. Wie sich aus der Darstellung des Index (**Abb. 6.1**) erkennen lässt, wird hier sehr deutlich, dass sich die Generation Y und die Babyboomer nur in geringem Maße unterscheiden.

Neben Lebenszielen wie Gesundheitserhalt, Berufsorientierung und Freizeit- und Spaßorientierung bewerten alle Befragten auch Bildung und Idealismus als sehr wichtig. Den niedrigsten Stellenwert der hier abgefragten Dimensionen nehmen Status und Lebensstilfragen ein. Materielle Ansprüche und individueller Lebensstil sind der Mehrheit weniger wichtig als persönliche Bindungen und soziales Engagement. Die deutlichsten Unterschiede finden sich hier hinsichtlich der Familienorientierung. Diese Differenz kommt jedoch vermutlich eher aufgrund des Altersunterschie-

des und nicht des Generationenunterschiedes zustande, da die unter 30-Jährigen wahrscheinlich noch damit beschäftigt sind, sich beruflich zu etablieren, bevor sie evtl. eine eigene Familie gründen. Ein Blick auf die Geschlechter zeigt deutliche Unterschiede zwischen Männern und Frauen: So zeigen sich Frauen generell bei Fragen zu Gesundheit (Frauen 90,2 Prozent; Männer 85,3 Prozent) sowie Bildung und Idealismus (Frauen 76,9 Prozent; Männer 64,1 Prozent) häufiger aufgeschlossen als Männer und stufen Aspekte zu Statusorientierung und individuellem Lebensstil (Frauen 40,5 Prozent; Männer 33,7 Prozent) und zur Freizeit- und Spaßorientierung (Frauen 72,6 Prozent; Männer 66,9 Prozent) häufiger als wichtig ein. Die Berufsorientierung genießt insgesamt einen hohen Stellenwert – außer bei den Männern der Babyboomer-Generation; ihre Angaben liegen deutlich unter dem

6

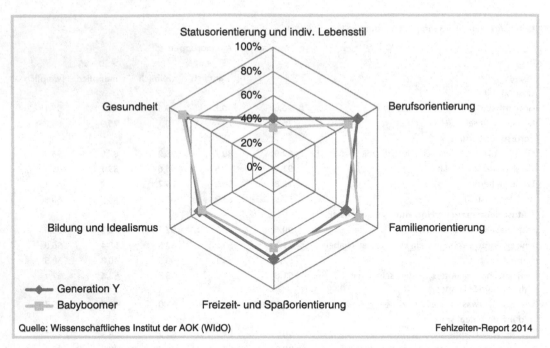

Quelle: Wissenschaftliches Institut der AOK (WIdO)   Fehlzeiten-Report 2014

☐ Abb. 6.1 Index zu Lebenszielbereichen; dargestellt ist der Anteil der Befragten, die dem jeweiligen Lebenszielbereich eine hohe Wichtigkeit beimessen (in %)

Durchschnitt (Babyboomer: Frauen 80,0 Prozent; Männer 64,8 Prozent). Auch die Familienorientierung als ein Lebensziel wird von allen Erwerbstätigen ähnlich hoch geschätzt – hier sind es hingegen die jungen Männer, die in ihren Bewertungen deutlich unter dem Durchschnitt liegen (Generation Y: Frauen 81,4 Prozent; Männer 59,9 Prozent). Die hier ausgewiesenen Unterschiede sind statistisch signifikant. Diese Ergebnisse zur Wichtigkeit von Lebensbereichen machen deutlich, dass die aus der Genderforschung bekannten Unterschiede zwischen Frauen und Männern, die zumeist sowohl bei der Generation Y wie auch bei den Babyboomern zu finden sind, offensichtlich mit einer hohen zeitlichen Persistenz einhergehen.

6.3   Aussagen zur Arbeitsorientierung

Vor dem Hintergrund veränderter Arbeits- und Berufsanforderungen (Strukturwandel am Arbeitsmarkt, demografische Entwicklung) lautet eine der Kernfragen dieser Studie, welche Erwartungen, Wünsche und Wertvorstellungen Erwerbstätige an den Beruf und an den Arbeitgeber formulieren.

Auch bei Fragen zur Arbeitsorientierung wurden Einstellungen anhand einer Reihe von standardisierten Items gemessen. Auch hier wurde basierend auf einer

Faktorenanalyse eine inhaltliche Sortierung der einzelnen Fragen vorgenommen. Dabei kristallisierten sich ebenfalls sechs verschiedene Wertedimensionen heraus. Hier wird deutlich, dass vor allem Grundbedürfnisse wie Sicherheit, Wertschätzung und wertvolle Arbeitsinhalte bei allen Befragten eine hohe Wertschätzung erfahren (☐ Tab. 6.2).

Eine Arbeit, die Spaß macht, leistungsgerecht bezahlt wird, mit netten Kollegen und Mitarbeitern an einem sicheren Arbeitsplatz, an dem die eigene Leistung anerkannt wird – dies ist mehr als neunzig Prozent der befragten Erwerbstätigen wichtig bzw. sehr wichtig. Diese fünf Punkte erhalten in jeder Altersgruppe hohen Zuspruch – vor allem bei Frauen. Die Bewertung von »Arbeit, die Spaß macht« nimmt mit den Jahren zu, während für jüngere Beschäftigte unter 30 Jahren vor allem ein sicherer Arbeitsplatz die größte Bedeutung hat.

Der von den Befragten als wichtigster Punkt bezeichnete Spaß an der Arbeit (94,7 Prozent Zustimmung) korreliert stark mit Aspekten, die sich mit dem Oberbegriff »Autonomie« beschreiben lassen: Die Mehrheit findet es wichtig, die Arbeit inhaltlich (80,6 Prozent) sowie zeitlich weitgehend selbst einteilen zu können (73,4 Prozent). Generell wird die Bedeutung der inhaltlichen Gestaltung von Arbeit mit dem Alter wichtiger, während zeitliche Gestaltungsmöglichkeiten

◨ **Tab. 6.2** Was ist aus Ihrer Sicht wichtig bei der Arbeit, im Beruf? (in %)

	insgesamt	Altersgruppen			
		15 – < 30		> 50 – 65	
		männlich	weiblich	männlich	weiblich
Sicherheit, Wertschätzung					
Eine Arbeit, die Spaß macht	94,7	89,9	94,6	94,3	97,0
Eine gerechte Bezahlung, die sich an der Leistung orientiert	93,2	90,0	96,6	93,9	96,6
Nette Arbeitskollegen, Mitarbeiter	92,4	88,0	96,6	92,7	95,0
Ein sicherer Arbeitsplatz	92,3	90,3	98,0	89,5	92,8
Die Anerkennung der eigenen Leistung	90,3	90,9	89,7	85,4	92,4
Wertvolle Arbeitsinhalte					
Eine abwechslungsreiche Tätigkeit	88,1	82,2	85,2	91,1	89,8
Ein Beruf, in dem man sich stets weiterentwickeln und hinzulernen kann	85,3	80,1	89,7	82,9	85,6
Mitwirkungsmöglichkeiten am Arbeitsplatz	85,0	82,2	82,3	85,4	88,1
Eine Arbeit, die immer wieder herausfordert	81,7	73,6	72,9	82,2	87,6
Aufgaben, die viel Verantwortungsbewusstsein erfordern	76,4	66,0	71,4	79,0	83,1
Vereinbarkeit von Familie und Beruf					
Eine Arbeit, die sich gut mit Privatleben und Familie vereinbaren lässt	86,0	79,3	86,3	83,5	90,1
Eine geregelte Arbeitszeit, wenig Überstunden	60,1	54,3	60,3	56,3	75,4
Gutes tun bei der Arbeit					
Ein Beruf, bei dem man anderen helfen kann	71,2	52,5	76,5	69,6	83,4
Ein Beruf, bei dem man etwas Nützliches für die Allgemeinheit tun kann	67,5	48,9	75,0	66,2	78,8
Selbsverwirklichung, Autonomie					
Dass man sich seine Arbeit inhaltlich weitgehend selbst einteilen kann	80,6	71,8	68,1	86,3	84,2
Flexible Arbeitszeiten	73,4	55,7	65,7	72,0	79,6
Gute Aufstiegsmöglichkeiten	62,8	77,7	71,1	55,4	58,8
Karriere, Prestige					
Ein hohes Einkommen	66,6	73,1	60,4	63,8	65,7
Ein Beruf, der angesehen und geachtet ist	59,7	55,8	64,7	58,7	74,3
Möglichkeiten, andere Menschen zu führen	55,9	53,5	45,6	59,7	59,6
Ein Beruf, in dem man stets mit neuester Technik arbeitet	46,9	50,4	36,6	49,2	44,7
Ein angesehener Arbeitgeber, eine große, angesehene Marke*	35,2	40,2	26,0	39,9	33,8
Die Möglichkeit, auch im Ausland zu arbeiten*	23,1	33,9	27,5	26,3	13,8

Angaben in % (Summe aus »sehr wichtig« und »wichtig«)
* Diese Variablen wurden bei der Indexierung aus inhaltlichen Gründen nicht berücksichtigt.

Fehlzeiten-Report 2014

hier für Frauen von größerer Bedeutung sind. Klassischerweise ist davon auszugehen, dass Frauen diese zeitliche Flexibilität zur Kindererziehung nutzen möchten.

Ähnlich wie bei der Bewertung zu den Lebenszielen (▶ Abschn. 6.2) zeigt sich auch bei der Arbeitsorientierung, dass sich Jung und Alt anscheinend näher sind als ggf. erwartet. Um die Generationen besser miteinander vergleichen zu können, wurde auch hier ein Index gebildet: Analog zum Index der Lebensziele wurden die verschiedenen Items als Mittelwert der Variablen, die das entsprechende Item beschreiben, berechnet. Dabei bringt der Wert 5,0 eine sehr hohe Wichtigkeit der jeweiligen Arbeitsorientierung zum Ausdruck, Wert 1,0 steht für »völlig unwichtig«. Dar-

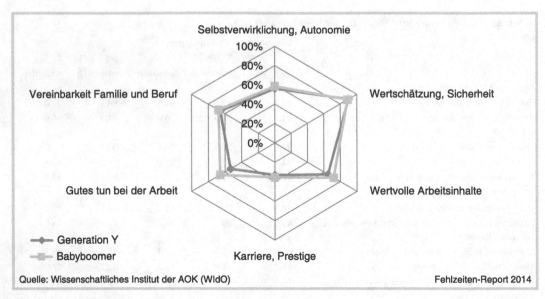

Selbstverwirklichung, Autonomie

Vereinbarkeit Familie und Beruf

Wertschätzung, Sicherheit

Gutes tun bei der Arbeit

Wertvolle Arbeitsinhalte

Karriere, Prestige

—◆— Generation Y
—■— Babyboomer

Quelle: Wissenschaftliches Institut der AOK (WIdO)　　　　　　　Fehlzeiten-Report 2014

◘ **Abb. 6.2** Index zu den Perspektiven der Arbeitsorientierung; dargestellt ist der Anteil der Befragten, die der jeweiligen Perspektive der Arbeitsorientierung eine hohe Wichtigkeit beimessen (in %)

gestellt ist wiederum die Anzahl der Personen (in Prozent), deren jeweiliger Indexwert ≥ 4,0 ist. Wie bei den Lebenszielen zeigen sich auch bei den Wünschen und Bedürfnissen im beruflichen Alltag nur geringe Unterschiede zwischen den Generationen (◘ Abb. 6.2).

Obgleich zwei Drittel der Befragten durchaus Wert auf ein hohes Einkommen legen, wurde der Faktor Karriere insgesamt am niedrigsten bewertet. Den höchsten Stellenwert haben Wertschätzung und Sicherheit. Hier sind sich beide Generationen einig; die Unterschiede waren so gering, dass sie statistisch nicht signifikant waren. Die größten Differenzen gibt es beim Faktor »Gutes tun bei der Arbeit«. Frauen gaben bei diesen Fragen generell häufiger an, dass sie es wichtig finden, einen Beruf auszuüben, bei dem man anderen helfen kann oder Nützliches für die Allgemeinheit tut (72,1 Prozent; Männer: 51,9 Prozent). Frauen der älteren Generation präferieren überdurchschnittlich häufig Tätigkeiten, die ihnen inhaltlich und konzeptionell ein breites Spektrum bieten (Babyboomer: Frauen 75,5 Prozent; Männer 68,6 Prozent; Generation Y: Frauen: 65,7 Prozent; Männer: 64,5 Prozent). Auch Karriere und Prestige, die insgesamt am häufigsten von jungen Männern als wichtig eingeschätzt werden, stufen Babyboomer-Frauen tendenziell häufiger als wichtig ein als gleichaltrige Männer. Für junge Frauen ist dies am wenigsten wichtig (Babyboomer: Frauen 38,5 Prozent; Männer 33,0 Prozent; Generation Y: Frauen 24,0 Prozent; Männer 41,3 Prozent). Bei Fragen zur Vereinbarkeit von Familie und Beruf zeigen sich kaum Unterschiede zwischen Generation Y und Babyboomern, wohl aber die zu erwartenden höheren Wertungen bei Frauen in beiden betrachteten Generationen (Frauen 75,6 Prozent; Männer 57,7 Prozent). Die Indexwerte von Männern und Frauen zu den Dimensionen Selbstverwirklichung und Autonomie sowie zu Wertschätzung und Sicherheit unterscheiden sich hingegen nicht wesentlich. Die hier berichteten empirischen Befunde sind statistisch signifikant. Damit wird deutlich, dass die Unterschiede zwischen den Generationen durch den Gendereffekt überlagert werden und dies beim Diversity Management im betrieblichen Kontext berücksichtigt werden muss (Badura et al. 2010).

6.4　Soll-Ist-Vergleich

Auch wenn die oben aufgezeigten Daten oftmals nur geringfügige Unterschiede zwischen den Generationen aufweisen, werden im Folgenden acht ausgewählte zentrale Aspekte von Arbeit und Beruf im Vergleich zwischen Generation Y und der Babyboomer näher analysiert. Hierbei zeigt sich, dass die Realität der befragten Erwerbstätigen oft von ihren Ansprüchen abweicht.

Ein Vergleich der Antwortresultate auf die Fragen nach der Wichtigkeit und dem tatsächlichen Vorhandensein ergibt dabei große Diskrepanzen. Neun von zehn Befragten bewerten Arbeit, die Spaß macht, verbunden mit einem sicheren Arbeitsplatz als wichtig (94,7 Prozent und 92,3 Prozent), aber lediglich für drei

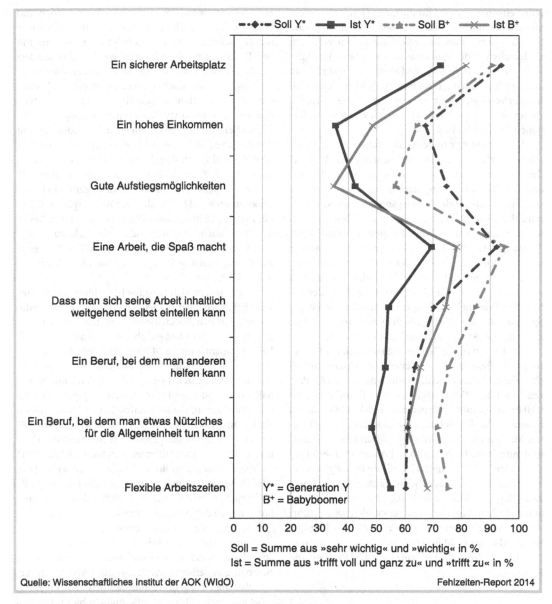

□ Abb. 6.3 Soll-Ist-Vergleiche zwischen der Generation Y und den Babyboomern

Viertel trifft dies nach eigener Einschätzung auch zu (74,9 Prozent und 78,7 Prozent) (□ Abb. 6.3).

Am größten sind die Diskrepanzen zwischen Anspruch und Wirklichkeit bei jüngeren Erwerbstätigen. Erwartungsgemäß ist die größte Abweichung beim Faktor Einkommen zu finden: 67,3 Prozent bewerten ein hohes Einkommen als wichtig, aber nur 35,4 Prozent beziehen tatsächlich ein hohes Einkommen. Dieses Ergebnis deckt sich mit den Ergebnissen des DGB-Index: Hier gaben knapp die Hälfte (47 Prozent) der

jungen Arbeitnehmer an, mit ihrem Gehalt unzufrieden zu sein (DGB-Jugend 2012). Des Weiteren fallen vor allem große Unterschiede in der Bewertung der Aufstiegsmöglichkeiten (74,8 Prozent vs. 41,9 Prozent) und der Arbeitsplatzsicherheit (93,8 Prozent vs. 72,6 Prozent) auf. Ebenfalls groß ist der Unterschied beim Faktor »Spaß«, den 92,3 Prozent als wichtig einstufen: Für lediglich 69,4 Prozent in der Gruppe der unter 30-Jährigen trifft dies auch tatsächlich zu. Auch der Wunsch, sich die Arbeit inhaltlich weitestgehend selbst einzuteilen, wird für die junge Generation nicht oft genug erfüllt. Zwar haben Arbeitgeber anscheinend bereits erkannt, dass junge Beschäftigte im Vergleich zu den älteren mehr Autonomie wünschen (die Differenzen zwischen Wunsch und Wirklichkeit sind nicht allzu groß), jedoch gibt es hier bei beiden Generationen ein Verbesserungspotenzial – insbesondere für die Generation Y, da dieser Faktor für sie einen besonders hohen Stellenwert hat.

Doch nicht nur in der Generation Y liegen Wünsche und erfahrene Realität weit auseinander. Auch bei den Babyboomern gibt es große Lücken und somit auch viel Verbesserungspotenzial. Besonders auffällig sind hier mangelnde Aufstiegsmöglichkeiten: Während sich mehr als die Hälfte der älteren Beschäftigten wünschen, noch einmal durchstarten zu können (gute Aufstiegsmöglichkeiten: 56,9 Prozent), sagen gerade mal ein Drittel der Befragten (34,8 Prozent), dass sie diese Chancen auch haben. Weiterhin mangelt es scheinbar auch den Babyboomern an Spaß bei der Arbeit: 95,6 Prozent der Befragten halten eine Arbeit, die Spaß macht, für wichtig, jedoch können nur 78,4 Prozent sagen, dass sie einen solchen Beruf haben.

Für Frauen ist die Diskrepanz zwischen der Bedeutung von »flexiblen Arbeitszeiten« und einem »nützlichen Beruf« ((sehr) wichtig: 78,0 Prozent und 76,9 Prozent) und der Wirklichkeit (trifft (voll und ganz) zu: 63,0 Prozent und 61,6 Prozent) deutlich größer als bei Männern, die diesen Punkt in einem deutlich geringeren Maße als wichtig (69,4 Prozent und 59,4 Prozent) und zutreffend bewerten (63,4 Prozent und 49,7 Prozent). Der Vergleich nach Geschlecht bestätigt zudem bekannte Unterschiede beim Faktor Einkommen: Zwar liegen Männer und Frauen bei der Bewertung eines »hohen Einkommens« etwa gleichauf ((sehr) wichtig: 68,4 Prozent und 64,5 Prozent), allerdings geben deutlich mehr Männer als Frauen an, dies auch zu beziehen (trifft (voll und ganz) zu: 47,2 Prozent und 35,6 Prozent).

6.4.1   Zufriedenheit mit der Arbeit

Daraus lässt sich schließen, dass Unternehmen scheinbar nicht immer ausreichend auf die Bedürfnisse ihrer Mitarbeiter eingehen. Insgesamt fällt die Bilanz der Zufriedenheit mit der eigenen Arbeit zwar positiv aus: Die Mehrheit der befragten Erwerbstätigen äußert sich über ihre Arbeit alles in allem zufrieden bzw. sehr zufrieden (74,1 Prozent), jeder Fünfte antwortet mit »teils, teils« (19,9 Prozent) und 6 Prozent sind (völlig) unzufrieden. Insbesondere junge Berufstätige reagieren jedoch in der Bewertung etwas zurückhaltender:

Hier antworten 68,0 Prozent mit (sehr) zufrieden und 10,5 Prozent mit (völlig) unzufrieden. Dies sollten Personalentscheider zum Anlass nehmen, sich näher mit den Bedürfnissen ihrer Beschäftigten und besonders denen der jungen Generation auseinanderzusetzen.

Doch es gibt noch weitere interessante Zusammenhänge zwischen Arbeitseinstellung und Zufriedenheit. Das Antwortverhalten der Befragten zur Zufriedenheit mit der Arbeit korreliert am höchsten mit den Angaben zu dem Aspekt »Arbeit, die Spaß macht« (rSP: 0,54), d. h. je höher der Spaß bei der Arbeit, desto größer ist die Zufriedenheit. Die Zusammenhänge mit anderen Aspekten sind deutlich niedriger (»ein hohes Einkommen«: 0,32, »ein sicherer Arbeitsplatz«: 0,26). Dies verdeutlicht, dass der Wunsch nach einem Beruf, der Spaß macht, wichtiger ist als viel Geld zu verdienen. Obwohl gerade die junge Generation die eigene Bezahlung bemängelt, legt auch sie mehr Wert auf wertvolle Arbeitsinhalte.

Die Frage, ob sich Leistung heutzutage lohnt, wird von 66,9 Prozent der zufriedenen Beschäftigten bejaht. Schaut man sich jedoch die unzufriedenen Beschäftigten an, so sagt ein fast gleich großer Anteil, dass sich Leistung nicht lohnt (66,4 Prozent). Weiterhin hat sich ergeben, dass sich die Hälfte aller unzufriedenen Mitarbeiter (49,1 Prozent) sehr gut vorstellen kann, innerhalb der nächsten fünf Jahre den Arbeitgeber zu wechseln. Von denen, die sehr zufrieden mit ihrer Arbeit sind, können sich dies nur 9,0 Prozent sehr gut vorstellen. Da diese Einstellungen zur Arbeitsmotivation beitragen, ist es für Unternehmen durchaus wichtig, Wert auf die Zufriedenheit ihrer Mitarbeiter zu legen. Dies wird insbesondere im o. g. »War for Talents« eine große Rolle spielen, da Fachkräfte es sich zukünftig leisten können, sich den Arbeitgeber zu suchen, der am besten auf die eigenen Bedürfnisse eingeht.

Um in Erfahrung zu bringen, was Beschäftigte brauchen, lohnt es sich für Unternehmen, z. B. in Form von Beschäftigtenbefragungen Belastungen und Beschwerden abzufragen und Einstellungen und Erwartungen zu erheben. Auch Führungskräfte müssen hier erkennen, dass Mitarbeitergespräche nicht nur verlorene Arbeitszeit sind, sondern dazu beitragen können, dass individuelle Bedürfnisse erkannt werden und so die Arbeitsmotivation erhalten bzw. gefördert werden kann.

6.4.2   Arbeitsorientierung und Gesundheit

Studien belegen, dass insbesondere die junge Generation ein geringes Gesundheitsbewusstsein aufweist (Rump u. Eilers 2013). Hier sind Arbeitgeber künftig

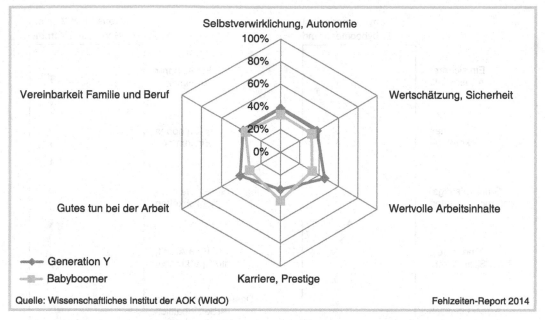

Abb. 6.4 Sind Sie im vergangenen Jahr gegen den Rat eines Arztes zur Arbeit gegangen? Index zu den Perspektiven der Arbeitsorientierungszielen; dargestellt ist der Anteil der Befragten, die der jeweiligen Perspektive der Arbeitsorientierung eine hohe Wichtigkeit beimessen (in %)

noch mehr gefordert, auf potenzielle Risikofaktoren zu achten, um ihre Beschäftigten gesund zu erhalten. Um zu Hinweisen zu gelangen, ob es bestimmte Typen von Beschäftigten gibt, die sich selbst- und gesundheitsgefährdend verhalten, wurden die Beschäftigten zu ihrem Krankmeldeverhalten bei der Arbeit bzw. im Beruf befragt.

Generell betrachtet lässt sich hierbei ein Trend beobachten: Mangelnde Arbeitsplatzsicherheit scheint einen Einfluss auf das eigene Krankmeldeverhalten zu haben. Während durchschnittlich 33,6 Prozent der Befragten im vergangenen Jahr gegen den Rat eines Arztes zur Arbeit gegangen sind, waren es bei Befragten, die keinen sicheren Arbeitsplatz haben, 38,1 Prozent. Scheinbar spielt die Angst vor dem Verlust des Arbeitsplatzes hier eine Rolle, sodass Beschäftigte auch dann arbeiten, wenn sie es besser nicht sollten.

Darüber hinaus wurde gesondert analysiert, ob die Perspektive der Arbeitsorientierung (▶ Abschn. 6.3) einen Zusammenhang zum eigenen Krankmeldeverhalten der Beschäftigten zeigt. Dabei wurden diejenigen, deren Index zur Arbeitseinstellung jeweils ≥ 4 ist (analog zu den in ◘ Abb. 6.2 dargestellten Ergebnissen), daraufhin analysiert, ob sie im vergangenen Jahr gegen den Rat eines Arztes zur Arbeit gegangen sind. Das Ergebnis ist in ◘ Abb. 6.4 dargestellt.

Es wird deutlich, dass die junge Generation allgemein häufiger auch krank zur Arbeit geht. Nur bei Beschäftigten, die ein hohes Streben nach Karriere und Prestige an den Tag legen, zeigt sich, dass die Babyboomer häufiger krank zur Arbeit gehen, obwohl der Arzt davon abrät. In der Gruppe der älteren Beschäftigten mit einer hohen Karriereorientierung berichten immerhin 42,4 Prozent, im letzten Jahr gegen den Rat eines Arztes zur Arbeit gegangen zu sein; das sind knapp 10 Prozent mehr als in der Generation Y (32,7 Prozent). Werden die anderen Perspektiven der Arbeitsorientierung betrachtet, zeigt sich, dass Beschäftigte der Generation Y häufiger krank zur Arbeit gehen als diejenigen der Babyboomer: Insbesondere der hohe Stellenwert von wertvollen Arbeitsinhalten (Generation Y: 45,6 Prozent, Babyboomer: 32,8 Prozent) aber auch der starke Wunsch, Gutes bei der Arbeit zu tun (Generation Y: 41,1 Prozent, Babyboomer: 31,5 Prozent), führt bei Angehörigen der jüngeren Generation häufiger dazu, dass sie trotz Krankheit zur Arbeit gehen. Das lässt vermuten, dass jüngere Arbeitnehmer stärker für ihre Arbeit »brennen« und sich regelrecht »aufopfern«, während die Babyboomer-Generation dies im Vergleich eher für die eigene Karriere tut. Dabei ist den Arbeitnehmern höchstwahrscheinlich nicht bewusst, dass dieser Präsentismus das Unternehmen möglicherweise mehr kostet (Fissler u.

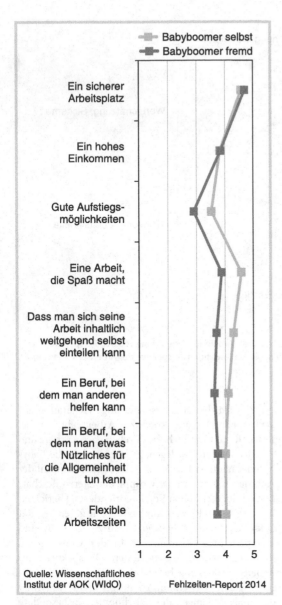

□ **Abb. 6.5** Was meinen Sie ist heutzutage den älteren Beschäftigten (den über 50-Jährigen) im Beruf wichtig?

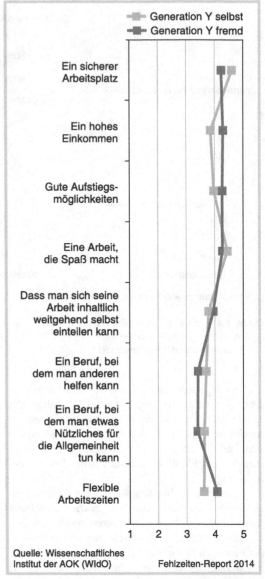

□ **Abb. 6.6** Was meinen Sie ist heutzutage den jüngeren Beschäftigten (den unter 30-Jährigen) im Beruf wichtig?

Krause 2010; Steinke u. Badura 2011) und auch das Risiko von Folgeerkrankungen in den folgenden Jahren erhöht (Holst 2009; Marstedt u. Braun 2009).

Da nach diesen Ergebnissen insbesondere die jüngere Generation häufiger krank zur Arbeit geht, ist es wichtig, dass Arbeitgeber dafür sorgen, dass ihre jüngeren Beschäftigten, die sich durch eine hohe Arbeitsorientierung auszeichnen, verstärkt auf ihre Gesundheit achten. Denn nachhaltig agierende Unternehmen sollten ihre Mitarbeiter darin unterstützen, eine ge-

sundheitsgerechte Arbeitsorientierung zu leben. Ansatzpunkte wären hier arbeitnehmerfreundliche Arbeitszeitmodelle sowie eine Unternehmenskultur, die eine gute Work-Life-Balance fördert.

6.5   Selbst- und Fremdeinschätzung

Bisher wurde deutlich, dass die jungen und älteren Beschäftigten in vielen Punkten starke Gemeinsamkeiten

◨ Tab. 6.3 Was ist aus Ihrer Sicht wichtig bei der Arbeit, im Beruf? – Vergleich von Selbst- und Fremdeinschätzung (in %)

	Selbstein-schätzung durch unter 30-Jährige	Fremdein-schätzung durch über 50-Jährige	Ausmaß Un-terschätzung (-) und Über-schätzung (+)	Selbstein-schätzung durch über 50-Jährige	Fremdein-schätzung durch unter 30-Jährige	Ausmaß Un-terschätzung (-) und Über-schätzung (+)
Ein sicherer Arbeitsplatz	93,8	81,3	-12,5	91,1	91,7	0,6
Ein hohes Einkommen	67,3	84,0	16,7	64,6	63,1	-1,5
Gute Aufstiegs-möglichkeiten	74,8	87,6	12,9	56,9	30,4	-26,4
Eine Arbeit, die Spaß macht	92,3	83,5	-8,8	95,6	61,4	-34,2
Dass man sich seine Arbeit inhaltlich weitgehend selbst einteilen kann	70,3	74,5	4,2	85,3	60,0	-25,3
Anderen helfen können	63,6	43,3	-20,2	75,9	55,9	-20,0
Etwas Nützliches für die Allgemeinheit tun	61,0	44,3	-16,7	71,9	59,9	-12,1
Flexible Arbeitszeiten	60,3	80,5	20,3	75,6	57,9	-17,8
Angaben in % (Summe aus »sehr wichtig« und »wichtig«)						

Fehlzeiten-Report 2014

aufweisen, sich aber in einigen Punkten durchaus voneinander unterscheiden. Bei der zentralen Frage nach der Arbeitsorientierung Erwerbstätiger – insbesondere bei der jüngeren Generation – lohnt daher ein Blick aus einer anderen Perspektive. Ergänzend zu den zuvor getroffenen Aussagen über die Bedeutung einzelner Parameter zu Arbeit und Beruf für sich selbst wurden ältere Befragte (Alter > 50 Jahre) gebeten einzuschätzen, wie wichtig zentrale Merkmale aus ihrer Sicht für Beschäftigte unter 30 Jahren sind. Analog dazu wurden Jüngere danach gefragt, welche Bedeutung die relevanten Parameter aus ihrer Sicht für ältere Beschäftige haben, die über 50 Jahre alt sind. Eine Gegenüberstellung der aus den Antworten berechneten Mittelwerte (1 = »völlig unwichtig« bis 5 = »sehr wichtig«) zeigen ◨ Abb. 6.5 und ◨ Abb. 6.6.

Es ist deutlich erkennbar, dass die Generationen scheinbar nur schlecht einschätzen können, was der jeweils anderen wichtig ist. So zeigt sich zum Beispiel, dass die ältere Generation meint, die Generation Y habe vor allem Karriere (Aufstiegsmöglichkeiten) (87,6 Prozent), Geld (84,0 Prozent) und Spaß (83,5 Prozent) im Kopf und sei nicht daran interessiert, bei der Arbeit Gutes zu tun (z. B. anderen helfen). Richtig erkannt wird hier einzig der Bedarf, sich die Arbeit inhaltlich selbst einteilen zu können; deutlich über-

schätzt wird überraschenderweise der Bedarf an flexiblen Arbeitszeiten (80,5 Prozent). In ◨ Tab. 6.3 werden die Unter- bzw. Überschätzungen der Generationen untereinander noch einmal stärker verdeutlicht.

Doch so falsch die Einschätzungen der Babyboomer auch sein mögen; auch die Generation Y schiebt die Babyboomer vorschnell in eine Schublade. So denken die jungen Arbeitnehmer, dass die Älteren nur noch Wert auf einen sicheren Arbeitsplatz legen und sonst keinerlei Ansprüche stellen. Stärker als alles andere wird dabei der Wunsch nach Spaß bei der Arbeit unterschätzt (34,2 Prozent Differenz) wie auch der Wunsch nach Aufstiegsmöglichkeiten (26,4 Prozent Differenz). Diese Differenz wird sicherlich durch das eigene Karrierestreben der jungen Generation gefördert. Die Generation Y möchte selbst Karriere machen; die Stellen, auf die sie abzielen, sind jedoch durch die Babyboomer bereits besetzt. Eine dritte auffällige Differenz zeigt sich in Bezug auf den Wunsch der Babyboomer nach inhaltlicher Autonomie am Arbeitsplatz. Zwar ist die Einschätzung der Generation Y richtig, in dem Sinne, dass die Babyboomer tatsächlich nicht in einem solchen Maße danach streben wie die jungen Beschäftigten es selbst tun, jedoch unterschätzen Letztere den Faktor Autonomie mit einer Differenz von über 20 Prozent beträchtlich.

Zwischen den Generationen scheint demnach ein großes Unwissen darüber zu bestehen, was die jeweils anderen wollen. Dabei haben beide mehr Gemeinsamkeiten als sie denken, da – wie oben beschrieben – alle Arbeitnehmer ein offensichtliches Grundbedürfnis nach Sicherheit, Anerkennung und inhaltlicher Herausforderung formulieren. Diese Vorurteile können in Betrieben jedoch für Spannungen sorgen, die das Betriebsklima und somit auch die Produktivität negativ beeinflussen können. Für Personalentscheider und Unternehmer ist es also wichtig zu erkennen, dass die Generationen selbst ein besseres Verständnis füreinander entwickeln müssen. Durch gezielte Maßnahmen zur Annäherung der Generationen würden das Konfliktpotenzial verringert und Möglichkeiten zur besseren Zusammenarbeit gefördert.

6.6   Fazit

Jede Generation trägt ihre eigenen Wertesysteme ins Arbeitsleben. Babyboomer sind beispielsweise geprägt durch starke hierarchische Strukturen und eine klassische Rollenverteilung, in der Männer zur Arbeit gingen, um die Familie zu versorgen und Frauen oft eine Auszeit nahmen, um Kinder zu erziehen. So ist es nicht besonders überraschend, dass mehr als drei Viertel (77 Prozent) der Frauen aus den Jahrgängen 1942–1961 durchschnittlich zehn Jahre beruflich pausiert haben (Rump u. Eilers 2013). Jedoch scheinen insbesondere weibliche Babyboomer noch einmal die berufliche Herausforderung zu suchen, nachdem die Kinder aus dem Haus sind.

Die Generation Y ist dagegen dadurch geprägt, dass sie mit Computern, dem Internet und einer Vielfalt an Wahlmöglichkeiten in fast allen Lebensbereichen aufgewachsen ist und ein hohes Maß an Flexibilität zeigt (Rump u. Eilers 2013). Diese Eigenschaft ist nicht nur nützlich, sondern scheint für junge Arbeitnehmer fast schon essenziell. Das rührt daher, dass die Arbeitnehmer der Generation Y wissen, dass sie sich insbesondere im Beruf immer weiterbilden müssen und wahrscheinlich die wenigsten von ihnen ihr gesamtes Berufsleben in einem Betrieb verbringen, so wie sie es von ihren Eltern kennen (ebenda).

Wie die Ergebnisse der Befragung zeigen, liegen die Wünsche und Werte der Generationen jedoch nicht allzu weit auseinander. So wie alle Arbeitnehmer hat auch die junge Generation bestimmte Grundbedürfnisse, die erfüllt sein müssen, um ihre Zufriedenheit und somit auch ihre Motivation zu festigen und zu stärken. Generell gilt, dass Arbeitnehmer ein Grundbedürfnis nach Sicherheit, Wertschätzung und wert-

vollen Arbeitsinhalten haben. Dies wird auch durch andere Studien gestützt (Rump u. Eilers 2013). Gerade die junge Generation, die zwar weiß, dass man sich nicht mehr ein Leben lang an einen Arbeitnehmer bindet, sucht und vermisst diese Sicherheit jedoch bei ihren Arbeitgebern, daher sollten Unternehmen folgende Punkte besonders beachten:

- **Auf Bedürfnisse eingehen und Zufriedenheit erhöhen**

Wie die Befragungsdaten verdeutlichen, gibt es auf wichtigen Ebenen der Arbeitseinstellungen teilweise hohe Diskrepanzen zwischen den Vorstellungen und der Realität in der Arbeitswelt. Auch wenn der Großteil der befragten Beschäftigten zufrieden ist, gibt es doch scheinbar ein hohes Verbesserungspotenzial. Hier können Unternehmen also klar ansetzen, indem sie gezielt auf die Bedürfnisse ihrer Mitarbeiter eingehen und sich so in ihren Profilen von anderen abheben, dass sie als potenzielle Arbeitgeber an Attraktivität gewinnen. So wäre zum Beispiel ein besseres Einstiegsgehalt für junge Arbeitnehmer attraktiv und bessere bzw. leichtere Aufstiegsmöglichkeiten würden sowohl junge als auch ältere Arbeitnehmer anspornen.

- **Vorurteile abbauen und Potenzial aus Diversität schöpfen**

Auch ein besseres Verständnis der Generationen untereinander kann dazu beitragen, dass sich die Beschäftigten wohler fühlen. Die Studie hat gezeigt, dass Jung und Alt in ihren Erwartungen recht nah beieinander liegen. Dennoch haben beide Generationen scheinbar Schwierigkeiten damit, die Bedürfnisse des anderen richtig einzuschätzen. Hier können gezielte Maßnahmen helfen, gegenseitige Vorurteile abzubauen und Mitarbeiter dabei unterstützen, das Beste aus sich herauszuholen. Durch die Bildung altersgemischter Teams kann erreicht werden, dass Transparenz über die Erfahrungs- und Wertewelten der beiden Generationen hergestellt wird. Auch der Einfluss altersgerechter Führung ist hier nicht zu unterschätzen; Führungskräfte sollten in Zukunft in der Lage sein, auf die Bedürfnisse ihrer Mitarbeiter einzugehen. So sollte eine Kultur geschaffen werden, in der Vorurteile abgebaut werden und der Wert des Einzelnen geschätzt und gefördert werden kann (IGA 2012). Ein nützliches Tool sind zum Beispiel Mentoring-Programme. Diese würden zum einen das Bedürfnis der Babyboomer nach Führungsmöglichkeiten ansprechen; zum anderen würde die Jugend im Unternehmen nicht nur gezielt gefördert, auch könnten Mentoring-Programme helfen, Unsicherheiten zu reduzieren. Durch den gezielten Wissenstransfer können Unternehmen sicherstellen, dass der Wissensschatz der älteren Beschäftigten nicht einfach verloren geht. Zum anderen können in diesen Kollaborationen auch die Jüngeren ihre Ideen und Optimierungsvorschläge einbringen, um die Unternehmen zukunftsgerecht zu gestalten.

- **Mitarbeitern das Gefühl geben, mehr als ein Rad im Getriebe zu sein**

In der heutigen Zeit genügt es nicht, einfach nur Arbeitgeber zu sein. Durch die immer stärker werdende Verschmelzung von Berufs- und Privatleben müssen Arbeitnehmer sich nicht nur geborgen und gut versorgt fühlen, sondern wollen Teil von etwas sein, das mehr ist als nur ein Job. Arbeit muss Spaß machen, herausfordern, ohne zu überfordern und gleichzeitig Sicherheit vermitteln. Zentral ist dabei der Aspekt guter Mitarbeiterführung wie altersgerechtes und transformationales Führen (Franke u. Felfe 2011).

- **Arbeitsplätze gesundheitsgerecht gestalten**

Dies spielt auch eine Rolle für die Gesundheit der Beschäftigten. Personalentscheider und Führungskräfte müssen achtgeben, dass Mitarbeiter sich nicht verausgaben und ihre Gesundheit aufs Spiel setzen, denn mit gesunden und motivierten Beschäftigten ist ein Unternehmen erfolgreicher für die Zukunft aufgestellt als ohne. Eine gute Unternehmenskultur sollte den Mitarbeitern daher die Möglichkeiten bieten, die sie brauchen, ohne dabei eine mangelnde Work-Life-Balance und damit gesundheitsgefährdendes Verhalten zu fördern. Hier muss ein Betriebliches Gesundheitsmanagement ansetzen, um eine gesundheitsfördernde Unternehmenskultur aufzubauen und zu stärken.

Um sich für die Zukunft zu wappnen, müssen Unternehmen bereits jetzt die richtigen Schritte in die Wege leiten, um älteres Fachpersonal zu halten und junge Talente für sich zu gewinnen. Nur so können sie »demografiefest« und mit dem richtigen Personal der Zukunft entgegenblicken.

Literatur

Badura B, Schröder H, Klose J, Macco K (2010) Fehlzeiten-Report 2010. Vielfalt managen: Gesundheit fördern – Potenziale nutzen. Springer, Berlin Heidelberg New York

Brock D, Otto-Brock E (1988) Hat sich die Einstellung der Jugendlichen zu Beruf und Arbeit verändert? Wandlungstendenzen in den Berufs- und Arbeitsorientierungen Jugendlicher im Spiegel quantitativer Untersuchungen (1955 bis 1985). Zeitschrift für Soziologie 17(6):436–450

Deutscher Gewerkschaftsbund Bundesvorstand, Bereich Jugend (DGB-Jugend) (Hrsg) (2012) Arbeitsqualität aus der Sicht von jungen Beschäftigten. Sonderauswertung des DGB-Index Gute Arbeit 2011. http://www.dgb.de/presse/++co++74e4d0a8-a4e6-11e1-758b-00188b4dc422. Gesehen 28 Apr 2014

Franke F, Felfe J (2011) Diagnose gesundheitsförderlicher Führung – Das Instrument »Health-oriented Leadership«. In: Badura B, Ducki A, Schröder H, Klose J, Macco K (2011) Fehlzeiten-Report 2011. Führung und Gesundheit. Springer, Berlin Heidelberg New York

Fissler ER, Krause R (2010) Absentismus, Präsentismus und Produktivität. In: Badura B, Walter U, Hehlmann T (Hrsg) Betriebliche Gesundheitspolitik. Der Weg zur gesunden Organisation. Springer, Heidelberg

Holst J (2009) Besser krank feiern als krank arbeiten – Das Problem »Präsentismus«. Forum Gesundheitspolitik

Initiative Gesundheit und Arbeit (IGA) (2012) IGA-Fakten 5: Betriebe demografiefest gestalten. http://www.iga-info.de/fileadmin/Veroeffentlichungen/iga-Fakten_Praeventionsempfehlungen/iga-Fakten_5_demografiefeste_Betriebe_2.pdf. Gesehen 08 Mai 2014

Institut für Demoskopie Allensbach, Hurrelmann K, McDonalds Deutschland (Hrsg) (2012) Pragmatisch glücklich: Azubis zwischen Couch und Karriere. Eine Repräsentativbefragung junger Menschen im Alter von 15 bis unter 25 Jahren. Allensbach, Berlin, München

Marstedt G, Braun B (2009) Trotz Krankheit zur Arbeit: »Präsentismus« ist oft Ursache späterer Langzeit-Arbeitsunfähigkeit. Forum Gesundheitspolitik

Parment A (2014) Erwartungen zukünftiger Generationen (Kapitel 7 in diesem Band)

Rump J, Eilers S (2013) Die jüngere Generation in einer alternden Arbeitswelt. Baby-Boomer versus Generation Y. Verlag Wissenschaft und Praxis

Steinke M, Badura B (2011) Präsentismus – Ein Review zum Stand der Forschung. Bundesanstalt für Arbeitsschutz und Arbeitsmedizin (BAuA). Dortmund Berlin Dresden

Erwartungen zukünftiger Generationen

A. Parment

B. Badura et al. (Hrsg.) *Fehlzeiten-Report 2014*,
DOI 10.1007/978-3-662-43531-1_7, © Springer-Verlag Berlin Heidelberg 2014

Zusammenfassung *Die Integration von neuen Generationen in der Arbeitswelt ist für Arbeitgeber und andere gesellschaftliche Institutionen zugleich eine echte Herausforderung. Dass die Mitglieder der Generation Y sich als Konsumenten anders verhalten, ist bekannt und es gibt viele Erkenntnisse darüber, was genau sie kennzeichnet. Aber auch als Arbeitnehmer unterscheiden sie sich von früheren Generationen, auch wenn dies bisher nicht gründlich analysiert wurde.*

Die Welt hat sich in den letzten Jahrzehnten grundlegend verändert: Auf der einen Seite stehen die Globalisierung, mehr Wahlmöglichkeiten, ein rasanter technologischer Fortschritt und eine wirtschaftliche Entwicklung, die für viele Arbeitgeber und Arbeitnehmer durchweg als positiv gilt und von der Perspektive des »Survival of the Fittest« aus durchaus Vorteile für hochleistende Arbeitnehmer mit sich bringt (Gimeno et al. 1997). Auf der anderen Seite ist ein zunehmender Individualismus und dessen Konsequenzen wahrzunehmen, die gestiegenen Ansprüche der Arbeitgeber an überfachliche Kompetenzen, denen nicht alle Individuen gerecht werden, die Zunahme von psychischen Erkrankungen sowie eine Gesellschaft, die sich ständig verändert und fordert, dass junge Arbeitnehmer flexibel sind und fast rund um die Uhr ihre Kompetenzen über Smartphones, soziale Netzwerke etc. zur Verfügung stellen.

Die fortlaufende Entwicklung wirft viele interessante Fragen auf, z. B.: Wie können Arbeitgeber mit der Veränderung der Gesellschaft umgehen? Was können Unternehmen und andere Institutionen schon heute tun, um für zukünftige Generationen gewappnet zu sein?

Dieser Beitrag führt in einige grundlegende Konzepte der Generationenanalyse ein und beschreibt zunächst die zukünftige Arbeitnehmergeneration der in den 1980er Jahren Geborenen und ihre Präferenzen. Im weiteren Sinne werden die Veränderungen gegenüber vorherigen Generationen und deren Implikationen für die betriebliche Gesundheitsförderung analysiert. Somit werden das soziale Umfeld dieser neuen Generationen, ihre sozialpsychologischen Befindlichkeiten und ihre Vorstellungen von Arbeit und Karriere diskutiert.

7.1 Neue Generationen in der Arbeitswelt

Die 1980er-Generation (Generation Y) ist in einer Gesellschaft mit hoher Transparenz, ständiger Kommunikation, vielen Wahlmöglichkeiten und großem Individualismus aufgewachsen. Diese Entwicklung zeigt neue Karrierestrategien und neue Anforderungen an den Arbeitgeber.

Die Generation Y ist durch einen sehr hohen Lebensstandard, viele verschiedene Urlaubsmöglichkeiten, viele Freunde und viel Spaß verwöhnt. Dies führt zu ähnlichen Erwartungen bezüglich des Arbeitslebens. Für Arbeitgeber ist es schwierig, die hohen Ansprüche der neuen Arbeitnehmergeneration zu erfüllen. Führungskräfte, die älteren Generationskohorten angehören, müssen deshalb über den eigenen Horizont hinausblicken – der Bezugsrahmen früherer Generationen ergibt für die Angehörigen der Generation Y wenig Sinn. Um die Konkurrenzfähigkeit der Zukunft sicherzustellen, muss die Generation Y auf adäquate Weise adressiert werden.

Es ist unstrittig, dass die Zahl der Wahlmöglichkeiten in den letzten Jahren erheblich gestiegen ist. Das gilt für viele Bereiche – beruflich wie auch im Privatleben. Generation-Y-Angehörige standen schon früh im Leben viele Alternativen und Wahlmöglichkeiten zur Verfügung. Wer in einer vernetzten Welt mit Kommunikation rund um die Uhr und fast uneingeschränktem Zugang zu virtuellen Welten und sozialen Netzwerken lebt, wird ein wenig gelassener, was die Wahlstrategien betrifft – es sind so viele Entscheidungen zu treffen und man konzentriert sich auf jene, die wichtig sind. All diese Wahlmöglichkeiten fördern den Individualismus und im Gegensatz zur »Babyboomer«-Generation der in den Jahren 1945 bis 1960, d. h. nach dem 2. Weltkrieg, Geborenen hat Kollektivismus die Generation Y nie angesprochen. Arbeitgeber, die Mitarbeiter individuell motivieren und fördern, erreichen daher mehr, weil die Generation Y es vorzieht, individuell angesprochen zu werden.

Die Generation Y zeichnet sich nicht nur durch eine technikaffine Lebensweise aus, sondern hat auch andere Erwartungen an das Arbeitsleben als die vorangegangenen Generationen. Die Bedürfnisse und Potenziale der jungen Generation aktiv zu berücksichtigen ist für eine gesundheitsgerechte Unternehmenskultur sehr wichtig. Angesichts des demografischen Wandels und anderer gesellschaftlicher Veränderungen ist es eine vordringliche Aufgabe für jedes Unternehmen, sich mit der Generation Y systematisch auseinanderzusetzen und Handlungsansätze zu ihrer Führung zu entwickeln. Auf diese Weise kann ein Arbeitgeber potenziell drohenden Engpass-, Motivations- und Gesundheitsrisiken rechtzeitig entgegenwirken und so zur Sicherung der Wettbewerbsfähigkeit beitragen.

Die Gesundheitspolitik wird in Zukunft an Bedeutung zunehmen. Lösungsansätze können sich nicht mehr auf motivationstreibende Maßnahmen beschränken, die nur einige hochleistende Mitarbeiter ansprechen, sondern müssen sich an alle Mitarbeiter richten – unabhängig von Alter, Leistungsvermögen, Geschlecht und anderen Faktoren. Die zunehmende Betonung der unternehmerischen Gesellschaftsverantwortung setzt zugleich voraus, dass Unternehmen sich vermehrt um alle Interessengruppen kümmern, auch um die, die nicht so leistungsfähig sind.

7.1.1 Neue Generation – neue Herausforderungen

Angesichts der Zunahme psychischer Beschwerden in der Generation Y kommt dem Gesundheitsmanagement eine wichtige Bedeutung zu. Hier sind Angebote zur Stressbewältigung und Stressprävention hilfreiche Maßnahmen, um die jungen Mitarbeiter gezielt zu unterstützen. Die Frage bleibt aber: Wie können sich junge Mitarbeiter bei der Arbeit wohlfühlen, ohne die Leistung wesentlich zu reduzieren? Es ist eine wichtige Aufgabe von Vorgesetzten, die in der Regel Vertreter der Babyboomer- oder X-Generation sind, Mitarbeiter

der Generation Y bei der Sozialisation partnerschaftlich und mit Verständnis für ihre generationsspezifischen Wünsche zu begleiten. Um die Potenziale der Generation Y gesundheitsgerecht zu fördern, ist ein breit gefächerter Ansatz erforderlich, der alle Bereiche des Arbeitslebens und dessen Veränderungen umfasst.

Babyboomer zeigen gern und bewusst, dass sie auch abends und am Wochenende zur Verfügung stehen und hart arbeiten. E-Mails und Telefonate werden folglich gern gesendet und beantwortet. Dies erzeugt jedoch einen ungesunden Druck auf die Generation Y und wirkt daher kaum leistungssteigernd. Daher sollten unbedingt Regeln für E-Mails aufgestellt werden, um zu vermeiden dass sie außerhalb der normalen Büro-/Arbeitszeiten gesendet werden bzw. Personen in Cc gesetzt werden, auch wenn dies nicht notwendig ist.

Nicht alle im Zusammenhang mit der Generation Y aufgezeigten Herausforderungen sind vollkommen neu. Den Wunsch nach Spaß und Abwechslung bei der Arbeit sowie die Tendenz zu einer geringeren Loyalität, d. h. nicht mehr lebenslang für einen Arbeitgeber zu arbeiten, gab es schon in der Generation X (Parment 2011). Aspekte wie eine stärker individualisierte Gestaltung der Führungsarbeit oder die Eröffnung von Spielräumen für eigenverantwortliches Handeln haben jedoch mit der Generation Y an Bedeutung gewonnen (Klaffke u. Parment 2011).

Wenn ein Mitarbeiter früher als erwartet die Arbeitsstelle wechselt – und das wird relativ oft der Fall sein, weil die Generation Y sehr flexibel ist – sollte ihm dies nicht vorgeworfen werden. Schließlich erfordern die gesellschaftlichen Veränderungen einen häufigeren Jobwechsel – dies ist nicht die Schuld der jungen Mitarbeiter. Viele Führungskräfte in unterschiedlichen Positionen, Unternehmen und Branchen gehen davon aus, dass ihre Mitarbeiter für immer bei ihrem Arbeitgeber bleiben wollen und dass eine mögliche Kündigung von ihnen ausgeht. Natürlich vertreten sie diese Haltung nicht in der Öffentlichkeit, dennoch reagieren viele Arbeitgeber oder Vorgesetzte stark, wenn hochleistende Mitarbeiter über einen Wechsel nachdenken und diesen planen. Und dafür gibt es einen guten Grund: Den Mitarbeiter zu ersetzen und Anwerbungsaktionen auszuführen, ist sehr kostspielig – dies kann durchaus schon einmal mehrere Zehntausend Euro kosten (Larkan 2007). Ein Problem in diesem Zusammenhang ist, dass vor allem die Leistungsträger die Stelle wechseln. Sie haben auf dem Arbeitsmarkt gute Chancen – noch ein Grund mehr, die vorhandenen Mitarbeiter zu pflegen. Arbeitgeber müssen die Mechanismen zur Bewältigung der gegebenen Herausforderungen verstehen, um in Zukunft für Arbeitnehmer und andere Beteiligte – vor allem die Kunden – attraktiv zu sein.

7.2 Generation als Erklärungsansatz

Kategorisierungen von Menschen, z. B. nach Generationszugehörigkeit, reduzieren Komplexität und bieten Orientierungshilfe. Solche Kategorisierungen können allerdings keine präzisen Instrumente darstellen, um individuelles Verhalten zu erklären und zu verstehen. Generationszugehörigkeit kann nie das alleinige Erklärungsmuster für das unterschiedliche Denken und Auftreten von Individuen sein. Geschlecht, geografische Herkunft, sozioökonomischer Hintergrund, Familienstrukturen sowie politische oder ideologische Orientierung können für die Erklärung individuellen Verhaltens ebenso wichtig sein wie die Generationszugehörigkeit. Auf aggregierter Ebene war Generationszugehörigkeit jedoch in einer Vielzahl von Studien eine wichtige Dimension, um Verhalten, z. B. von Konsumenten, zu analysieren (u. a. Debevec et al. 2013; Parment 2011, 2013a; Ryder 1985; Schewe et al. 2013; Mannheim 1952; Cutler 1977; Rentz et al. 1983; Rogler 2002).

Generationen können nicht zuletzt durch eine gemeinsame Werteklammer charakterisiert werden. Generell dokumentiert sich in Werten, was ein Individuum, eine Gruppe, eine Gesellschaft oder eben eine Generationskohorte als wünschenswert ansieht. Werte sind damit Auffassungen über die Qualität der Wirklichkeit und beeinflussen die Auswahl von Handlungsalternativen. Nach der Sozialisationshypothese entstehen die grundlegenden Wertvorstellungen – primäre Werte – eines Menschen weitgehend in der Sozialisation und reflektieren die während der formativen Phase vorherrschenden Bedingungen. Die Kinder- und Jugendjahre haben somit eine erhebliche Bedeutung für das ganze Leben. Lage und Dauer der formativen Phase werden unterschiedlich definiert, z. B. zwischen dem 15. und 20. Lebensjahr (Inglehart 1977; Meulemann 2006) oder zwischen dem 16. und 24. Lebensjahr (Parment 2011; Schuman u. Scott 1989).

Werte unterscheiden sich von Einstellungen insofern, als Werte stabiler sind. Man kann diese auch als primäre und sekundäre Werte definieren – erstere sind stabiler, letztere verändern sich mit der Zeit und neue Erkenntnisse und Perspektiven tragen dazu bei (Kotler et al. 2011).

Neben individuellen Erfahrungen sind auch kollektive Erlebnisse und Großereignisse für die Ausprägung der Werte in der Phase des Erwachsenwerdens bedeutsam. Jede Generation weist kollektive Erfahrungen auf, die von Individuen gleichen Alters durchlaufen wurden und zur Herausbildung einer spezifischen Generation beigetragen haben (Mannheim 1952). So zeigen zahlreiche Studien, dass gleichaltrige Menschen

ähnliche Erinnerungen haben (Holbrook u. Schindler 1989, 1994; Schewe und Meredith 2004; Schuman u. Scott 1989; Parment 2011). Laut einer schwedischen Studie zur Generation Y (Söderqvist 2010) stellen die Terroranschläge in den USA vom 11. September 2001 für die Generation Y das wichtigste prägende Ereignis dar. Das zweitwichtigste Ereignis variiert mit dem Alter der Befragten: Die Geburtsjahrgänge der frühen 1980er nennen besonders häufig den Untergang der Estonia[1]; Befragte, die in den späten 1980er Jahren geboren wurden, geben die Tsunami-Katastrophe im Indischen Ozean (auch Sumatra-Andamanen-Beben genannt)[2] an (Gregor u. Maegele 2005). Viele Menschen der Generation-Y-Kohorte – unabhängig von der geografischen Herkunft – zeigen darüber hinaus starke Gefühle für Berlin, das für das Ende des Kalten Krieges und die Entstehung eines geeinten Europas steht (Söderqvist 2010). Menschen, die in den 1990er Jahren geboren wurden, haben solche Erfahrungen nicht gemacht und werden sie auch nicht erwerben können.

Jeder Arbeitgeber, der die Werte, Haltungen und Präferenzen von Angehörigen verschiedener Generationen kennengelernt und verstanden hat, kann die jeweiligen Mitarbeiter gezielter ansprechen. Das gilt auch für Regelwerke, Personalstrategien und Bindungsmaßnahmen.

7.3 Das Vier-Ebenen-Modell der Kohorten- bzw. generationsspezifischen Einflüsse

Kohorten- oder generationsspezifische Einflüsse auf Individuen und ihre Präferenzen laufen auf vier Ebenen ab: der gesellschaftlichen Ebene; der Absatzebene; der Arbeitsmarktebene und der individuellen Ebene.

7.3.1 Gesellschaftliche Ebene

Auf gesellschaftlicher Ebene haben die fortschreitende Internationalisierung, das Internet sowie das mediale Angebot die Einstellungen und Präferenzen der Generation Y erheblich beeinflusst. Zudem hat eine Indivi-

---

1 Die Ostseefähre Estonia ging am 28. September 1994 auf ihrem Weg von Tallinn nach Stockholm unter. Mit 852 Opfern war dies das schwerste Schiffsunglück der europäischen Nachkriegsgeschichte.

2 Durch das Beben im Indischen Ozean am 26. Dezember 2004 und in dessen Folge starben bis zu 300.000 Menschen.

dualisierung der Werte stattgefunden. Das hat durchaus Folgewirkungen für die Arbeitswelt. Die selbstbewusste und informierte Generation Y weiß die emotionalen Werte eines Jobangebots zu schätzen. Die wichtigsten Kriterien unter Generation-Y-Individuen bei der Arbeitgeberwahl sind dementsprechend: Entwicklungsmöglichkeiten (67 Prozent); Die Arbeit macht Spaß (64 Prozent); Interessante Arbeitsaufgaben (60 Prozent); Die Arbeit hat eine Bedeutung (52 Prozent); Kollegen und das soziale Umfeld (46 Prozent) und Lokalisierung (39 Prozent). Der Spaßfaktor zählt, und hier könnte möglicherweise ein Schlüssel zum Wohlbefinden der Generation Y liegen (Parment 2013a).

In der Jugendzeit der Babyboomer Ende der 1960er und Anfang der 1970er Jahre war die Gesellschaft stärker durch kollektivistische Werte geprägt – die 68er-Bewegung repräsentiert eine Armada von linksgerichteten Studenten- und Bürgerrechtsbewegungen und hatte insgesamt eine sehr kollektivistische Weltanschauung. Im täglichen Umgang mit jungen Mitarbeitern sollten generell formulierte Personalstrategien und Regelwerke dagegen individualisiert werden, um sicherzustellen, dass sie für junge Mitarbeiter sinnvoll und angemessen sind.

In den letzten Jahrzehnten hat die internationale Verflechtung des Wirtschaftsgeschehens aufgrund von Marktderegulierungen, Fortschritten bei Informationstechnologien sowie sinkenden Transport- und Kommunikationskosten erheblich zugenommen. Die Generation Y verbindet mit Globalisierung kulturelle Vielfalt sowie die Möglichkeit, in andere Länder zu reisen und dort studieren oder arbeiten zu können. Andererseits sind mit der Globalisierung jedoch negative Assoziationen wie Arbeitslosigkeit und Umweltzerstörung verbunden (Schneekloth u. Albert 2010). Es kommt immer mehr auf den Einzelnen an, wie er Karriere macht und wie er seine Gesundheit pflegt und ein Arbeitgeber, der sich wirklich um die Gesundheit der Mitarbeiter bemüht, muss dies deutlich kommunizieren!

Die breite öffentliche Aufmerksamkeit für den Klimawandel in den vergangenen Jahren hat auch die Generation Y geprägt, was sich auch in dem zunehmenden unternehmischen Interesse für Gesellschaftsverantwortung widerspiegelt. Dies bleibt jedoch in vielen Fällen eher Rhetorik, als dass es praktisch umgesetzt würde (Barth et al. 2007; Barth u. Wolff 2009; Carroll u. Shabana 2010; Epstein 2007). Einige Studien berichten, dass Generation-Y-Angehörige vieler Länder Nachhaltigkeit im Wirtschaften als eine der größten Herausforderungen und Aufgaben für Unternehmen und damit für ihre potenziellen Arbeitgeber sehen (Parment 2011). Junge Arbeitnehmer rechnen damit,

dass ihr Arbeitgeber sich der Gesellschaftsverantwortung verpflichtet fühlt.

Ergänzend hat mit der Ausbreitung des zumeist werbefinanzierten Privatfernsehens eine deutliche Kommerzialisierung des Sendeangebots von Rundfunk- und Fernsehanstalten stattgefunden. In den 1990er Jahren wurden Fernsehserien populär, die einen glamourösen Lebensstil und konsumorientierte Verhältnisse zeigen. »Sex and the City«, »Beverly Hills« und später »Gossip Girl« haben die emotionale und erlebnisorientierte Haltung der jungen Generation geprägt und ihr vermittelt, dass traditionelle gesellschaftliche Werte nicht den Lebensstil bestimmen müssen. Ferner transportieren Reality-TV-Formate und Casting Shows wie »Big Brother« und »Germany's Next Topmodel« die Botschaft, dass jeder im Leben erfolgreich sein kann und vormals wichtige Voraussetzungen für Berühmtheit und ggf. Karriere weniger bedeutsam geworden sind. Auch das Phänomen »Supermodel« kennzeichnet die formative Phase der Generation Y. Die umfassende Berichterstattung in Lifestyle-Magazinen dürfte jungen Menschen u. a. auch vermittelt haben, die Chancen des Lebens gezielt zu nutzen und durch Vielseitigkeit Erfolge zu erzielen (Parment 2011).

7.3.2 Absatzebene

Konsumentensouveränität und Angebots-Individualisierung kennzeichnen den Absatzmarkt der Generation Y. Seit den 1980er Jahren haben die Wahl- und Einflussmöglichkeiten erheblich zugenommen. Die Ausweitung des internationalen Handels als Folge von Deregulierung und Verringerung der Logistikkosten sowie das Auftreten von internationalen Niedrigpreis-Anbietern, wie beispielsweise RyanAir oder WalMart, führte zu einer Vielfalt von Preis- und Leistungsalternativen. Parallel erhöhte sich mit der Verbreitung des Internets die Markttransparenz. Das Internet hat nicht nur die Verfügbarkeit an Informationen über Anbieter, Produkte und Leistungen gesteigert, sondern auch die Informationskosten der Nachfrager verringert. Die Marktmacht der Verbraucher stieg zudem durch Bewertungsportale im Internet, die als Kooperationsmechanismus den Nutzern erlauben, ihre Erfahrungen mit Anbietern, Produkten, Serviceleistungen oder sogar Arbeitgebern online mitzuteilen. Diese Veränderungen haben auch einen erheblichen Einfluss auf die Einstellungen der Generation Y gehabt: Die Schwelle nachzufragen ist niedriger geworden. Ein interessantes Beispiel für diese Entwicklung ist www.glassdoor.com, eine Internetseite, die genau wie hotels.com, tripadvisor oder booking.com auf Angaben anderer Benutzer basierend verschiedene Aspekte des Angebots klassifiziert. In diesem Fall werden jedoch Arbeitgeber bewertet und nicht Hotels oder Fluggesellschaften. Arbeitgeber müssen sich an dieser neuen Kommunikationslandschaft beteiligen und der beste Weg ist, das Wissen der vorhandenen Mitarbeiter zu nutzen: Sie sind es gewöhnt, die neuen Kommunikationskanäle zu nutzen und kennen den effizientesten Weg, die Vorteile des Arbeitgebers an potenzielle Mitarbeiter zu kommunizieren.

Vor dem Hintergrund der Intensivierung des Wettbewerbs ist in den 1980er Jahren eine Ausweitung bzw. Schwerpunktverschiebung von Marketing-Aktivitäten zu beobachten, mit dem Ziel, Kundenbindung über emotionale Markenwelten zu schaffen. Zudem investierten Unternehmen erheblich in den Aufbau ihrer Corporate Identity, um sich einheitlich und emotional gewinnend zu präsentieren. Die Generation Y ist in dieser von omnipräsenten Marken geprägten Welt – der Branded Society – aufgewachsen und hat über die erlebnisorientierte Inszenierung von Marken vermittelt bekommen, dass die Verwendung der jeweiligen Markenprodukte den eigenen Lifestyle zum Ausdruck bringt. Diese Sichtweise wird auch im Arbeitsmarkt angewandt, was fundamental dazu beiträgt, die emotionale Orientierung der Generation Y zu erklären.

7.3.3 Arbeitsmarktebene

Parallel zur Dynamisierung und Internationalisierung des Wettbewerbs hat in der formativen Phase der Generation Y ein struktureller Wandel in der Wirtschaft stattgefunden. So ist der Anteil des Dienstleistungssektors in den meisten Ländern deutlich gestiegen. Talente, Werte, Marken und andere immaterielle Faktoren spielen eine immer wichtigere Rolle für die Wettbewerbsfähigkeit von Unternehmen. Dies wird nicht zuletzt deutlich am anhaltenden Zuwachs der »kreativen Klasse«, d. h. von Erwerbspersonen, die in Wissenschaft, Technik und Marketing arbeiten. In den USA machen sie heute bereits einen Anteil von 30 Prozent der Arbeitskräfte aus, im Vergleich zu 5 Prozent in den 1950er Jahren (Szita 2007). Parallel ist die Nachfrage nach gering qualifizierter Arbeit zwar in gewissen Sektoren zurückgegangen, wir brauchen gleichzeitig jedoch immer mehr Dienstleistungen, um unsere Lebenspläne realisieren zu können. Die Nachfrage nach Reinigungsdiensten, längeren Geschäftsöffnungszeiten und eine Verbreitung der geforderten Dienstleistungen tragen dazu bei, dass die Anzahl der Beschäftigten im Servicesektor immer mehr steigt.

Die am Absatzmarkt zu beobachtende Steigerung der Transparenz zeigt sich auch am Arbeitsmarkt. Analog der Konsumentenverhaltensforschung wurden Modelle zum Entscheidungsverhalten von Bewerbern bei der Arbeitgeberwahl entwickelt und für Arbeitgeberstudien nutzbar gemacht. Auf diese Weise werden Unternehmen aus unterschiedlichen Perspektiven beurteilt, oftmals in Form von Rankings. Sie tragen dazu bei, die Bekanntheit und das Image von Unternehmen am Arbeitsmarkt zu steigern und können potenziellen Arbeitnehmern als Orientierung bei der Wahl des Wunscharbeitgebers dienen. Bewerber nutzen in zunehmendem Maße Social Media wie Webforen, um sich ein Urteil über einen zukünftigen Arbeitgeber zu bilden. Die Bereitstellung und regelmäßige Aktualisierung von aussagekräftigen Arbeitgeberinformationen beispielsweise über die Karriereseiten im Web-Auftritt hat sich somit zu einer wichtigen Voraussetzung für die Gewinnung von Nachwuchskräften entwickelt. Hier sind die vorhandenen Mitarbeiter eine wichtige Ressource, die entsprechend gepflegt werden sollte.

In den letzten Jahren haben wir zudem eine zunehmende Auflockerung der Grenzen zwischen Arbeit und Privatleben erlebt. Technische Neuerungen wie Laptop, Wi-Fi und Smartphones machen es möglich, praktisch überall und zu jeder Stunde zu arbeiten. Die Entgrenzung von Arbeitszeit und Freizeit bedeutet einerseits, dass Arbeitnehmer in ihrer Freizeit arbeiten, andererseits aber auch, dass sie private Aktivitäten am Arbeitsplatz erledigen. So werden im Büro beispielsweise Flugtickets gebucht oder Gespräche mit der Bank geführt. Der Arbeitgeber kann die Nutzung von »Arbeitszeit« für private Zwecke schwerlich verhindern, wenn er auf der anderen Seite erwartet, dass Mitarbeiter spät abends und am Wochenende ihre E-Mails bearbeiten oder für Telefonkonferenzen zur Verfügung stehen (Parment 2011), auch wenn diese Praxis aus Gesundheitsgründen infrage gestellt werden sollte. Flexible Arbeitszeiten sind letztlich Ausdruck eines kooperativen und vertrauensvollen Miteinanders und entsprechen dem Bedürfnis nach Individualisierung und Souveränität, indem sie Mitarbeitern Wahlmöglichkeiten bieten, die Arbeitszeit ihrem individuellen Rhythmus anzupassen (Klaffke und Parment 2011).

Das Angebot von Entwicklungs- und Selbstverwirklichungsmöglichkeiten ist für junge Berufseinsteiger ein sehr wichtiges oder sogar das wichtigste Entscheidungskriterium bei der Wahl des zukünftigen Arbeitgebers (Kienbaum 2010; Parment 2013a; Schewe et al. 2013; Universum 2013). Weitere wichtige Anforderungen an den Wunscharbeitgeber sind eine kollegiale Arbeitsatmosphäre, ein ausgeglichenes Verhältnis zwischen Arbeit und Freizeit und – allerdings weniger bedeutsam – die Vergütung sowie Karriereoptionen. Insbesondere das Thema Work-Life-Balance, also die Vereinbarkeit von Familie, Privatleben und Beruf, hat in den vergangenen Jahren an Bedeutung gewonnen. Da die Work-Life-Balance immer mehr von den einzelnen Mitarbeitern selbst gestaltet wird, muss der Arbeitgeber ihnen dabei helfen, ein gesundes Verhältnis zwischen Arbeit und Privatleben zu gestalten.

Ein vergleichsweise hoher Lebensstandard und damit möglicherweise verknüpfte Erwartungen an den Spaßfaktor auf allen Lebensebenen können zu Frustration am Arbeitsplatz führen. Zu beobachten ist eine Steigerung der psychischen Erkrankungen bei der Generation Y. Junge Erwerbstätige suchen doppelt so häufig den Arzt auf wie Altersgenossen, die noch nicht berufstätig sind (DAK 2011). Ein Grund hierfür könnten die mit der Arbeitsaufnahme verbundenen spezifischen Anpassungsherausforderungen im Alltag sein, deren Bewältigung möglicherweise mit einer zunächst höheren Anfälligkeit für Krankheiten verbunden ist. Hierzu gehören längere Arbeitszeiten, Termin- und Erwartungsdruck, ungewohnte körperliche Anstrengungen oder auch konzentriertes Arbeiten über einen längeren Zeitraum und nicht zuletzt ein neues soziales Umfeld mit entsprechenden Werten und Regeln (Klaffke und Parment 2011) – Tendenzen, die einen intensiven Wettbewerb widerspiegeln, der in vielen Bereichen herrscht. Eine Erklärung der Veränderung könnte auch sein, dass die Hemmschwelle, negative Seiten beim Arbeitgeber anzusprechen, gesunken ist (Parment 2011). Für einen proaktiven Arbeitgeber ist es durchaus positiv, wenn die Mitarbeiter Probleme angehen, um sie dann gemeinsam diskutieren und lösen zu können.

Google bietet seinen Mitarbeitern u. a. Heimarbeit, Freiheit bei der Arbeitszeitgestaltung und Auswahl des Arbeitsplatzes im Büro, Spielräume mit Kicker- und Fitnessgeräten sowie Relax- und Ruhezonen und erlaubt Mitarbeitern, 20 Prozent ihrer Arbeitszeit für eigene Projekte zu nutzen (Kneissler 2011). Auf der anderen Seite steigt die Kritik an Google: Das Unternehmen sei genauso bürokratisch wie andere große Unternehmen auch und fordere eine enorme Leistungsbereitschaft von den Mitarbeitern (z. B. Fottrell 2012; Holbrook 2012; Vincent 2013).

7.3.4 Individuelle Ebene

Auf der individuellen Ebene hat die soziale Vernetzung, weitgehend durch das Aufkommen der sozialen Netzwerke im Internet, eine ergänzende Dimension erhalten. Soziale Netzwerke erfüllen eine Vielzahl von Funktionen und dienen u. a. dem Austausch von Erfahrungen, Wissen und Meinungen sowie der gegenseitigen Unterstützung. Angesichts der zunehmenden Komplexität vieler gesellschaftlicher und betrieblicher Fragestellungen wird die Zusammenführung von Wissen und Erfahrungen einer Vielzahl von Akteuren immer bedeutsamer. Umfang sowie Qualität des eigenen Beziehungsgeflechts entwickeln sich damit zu einem kritischen Faktor, generell für die Umsetzung eigener Vorstellungen sowie speziell für den Karriereverlauf. Aus einer Gesundheitsperspektive kann der Zugang zu einem Netzwerk eine gute Sache sein – das Netzwerk bietet im besten Fall die Kompetenz, um bei der Problemlösung zu helfen sowie andere Personen, die ähnliche Erfahrungen gemacht haben.

Individuen der Generation Y weisen ihrem sozialen Netzwerk allgemein eine wichtige Rolle für die Arbeitsleistung zu. Nicht zuletzt erleichtern diese Plattformen auch, den Wunsch nach einer hohen zwischenmenschlichen Kontaktdichte zu befriedigen. Soziale Netzwerke waren früher stärker real, lokal und auch exklusiv geprägt. Mit dem Internet entstehen neue virtuelle Netzwerk-Welten, die vielschichtiger in ihrer Zusammensetzung sowie global orientiert sind und damit ihren Mitgliedern neue Nutzungsmöglichkeiten eröffnen (Parment 2013a).

Bei der Führung der Generation Y kommt regelmäßigem Feedback eine bedeutende Rolle zu. 36 Prozent sind der Auffassung, dass Feedback sehr wichtig ist und leistungsfördernd wirkt; 39 Prozent möchten so oft wie möglich Feedback erhalten; 15 Prozent sind der Ansicht, dass Feedback gut ist, aber mit Vorsicht vermittelt werden muss; 10 Prozent meinen, dass Kritik schwierig anzunehmen, aber notwendig ist, sodass Feedback erwünscht ist. Nur 0,3 Prozent ziehen es vor, kein Feedback zu erhalten (Parment 2013a).

Die Vertreter der Generation Y sind es gewöhnt, nicht zuletzt durch die Vielzahl ihrer Beziehungen in digitalen Netzwerken vielfältige Rückmeldungen zu erhalten und zu geben und erwarten dies auch im Arbeitsleben (Parment 2013a). Studien zufolge sollen der Mehrheit der Entscheidungsträger in Unternehmen die veränderten Ansprüche der Generation Y bewusst sein. Trotz und vielleicht gerade wegen der Anonymität vieler Kontakte in virtuellen Netzwerken sind persönliche und verbindliche Beziehungen von größter Bedeutung für die Generation Y und ihre Wichtigkeit hat in den letzten Jahren sogar weiter zugenommen (Parment 2013a). Freundschaft, eine vertrauensvolle Partnerschaft und ein erfülltes Familienleben gehören zu den zentralen Wertorientierungen junger Menschen (Gensicke 2010; Kienbaum 2010).

Seit einigen Jahren zeigt sich auf der individuellen Ebene eine stärkere Pluralisierung der Lebensformen. Neben traditionellen Familienverbänden treten mehr alternative Lebensgemeinschaften auf, wie beispielsweise gleichgeschlechtliche Beziehungen (Gerstner u. Hunke 2006). Sich scheiden zu lassen, sich selbst zu verwirklichen oder auch große Kredite aufzunehmen löst zudem heute weniger Schamgefühle aus als früher (Lyttkens 1989; Parment 2011). Auch die tradierten Geschlechterrollen unterliegen einem Wandel, indem in vielen Ländern zunehmend auch Männer die Kinderbetreuung übernehmen.

7.4 Wahlmöglichkeiten – eine Selbstverständlichkeit für die Generation Y

Die explosionsartige Entwicklung des Angebots von Produkten, Dienstleistungen, Fernsehkanälen, Freizeitaktivitäten und Profilen von Arbeitsplätzen hat zu einer neuen Einstellung zu Wahlmöglichkeiten geführt. Jeder muss selbst entscheiden, wie er in einer Welt von enormen Wahlmöglichkeiten navigiert. Noch vor wenigen Jahrzehnten gab es in fast allen Bereichen des Lebens deutlich weniger Wahlmöglichkeiten. Loyalität war die Regel, einen neuen Anbieter einer Ware aufzusuchen eher die Ausnahme. Seit den 1980er Jahren gibt es viel mehr Wahlmöglichkeiten. Ein Mehr an Alternativen macht den Konsumenten naturgemäß entscheidungsbewusster und anspruchsvoller: Aspekte des Angebots, die früher nicht in Betracht gezogen wurden, konkurrieren nun mit herkömmlichen, altgewohnten. Wer nie die Wahlmöglichkeit gehabt hat, denkt nicht so viel über Aspekte des Angebots nach. Die Entwicklung, die sich hier vollzogen hat, kann am Beispiel des Geschehens am Arbeitsmarkt veranschaulicht werden.

7.5 Erwartungen der Generation Y an die Arbeit

Angesichts des demografischen Wandels und der damit zu erwartenden Zunahme des Wettbewerbs für talentierte Mitarbeiter sind Unternehmen gut beraten, sich stärker an die Bedürfnisse der Generation Y anzupassen. Vor dem Hintergrund des demografischen Wandels verändern sich die Machtverhältnisse am Arbeitsmarkt zugunsten der Bewerber. Das gilt zumindest für Arbeitgeber, die die Entwicklung ernst nehmen.

In unserer Zeit hat eine große Werteverschiebung hin zum Aufstieg des Individualismus und zum zuneh-

menden Streben des Einzelnen nach Unabhängigkeit stattgefunden. Damit sind die individuellen Gestaltungsmöglichkeiten in den vergangen Jahrzehnten gewaltig gewachsen. Erfolgversprechend dürfte hierbei eine breit geführte Wertediskussion sein, die insbesondere Verständnis, Gleichberechtigung von Frau und Mann, Respekt und gegenseitige Wertschätzung in den Vordergrund stellt und damit Engagement und Kooperation aller Mitarbeiter fördert. Eine solche Einstellung fördert auch die unternehmerische Gesellschaftsverantwortung. Eine Individualisierung der Werte und Präferenzen ist durchaus mit Kooperation und kollektiven Arbeitseinsätzen kombinierbar – schließlich ist eine Organisation dazu da, um Aufgaben kollektiv zu lösen. Das enorm gewachsene Bedürfnis nach Feedback bedeutet aber, dass die Mitarbeiter bezüglich Karrieremöglichkeiten und Vergünstigungen individuell behandelt werden müssen. Die Motivation von Arbeitnehmern ist unterschiedlich – das gilt besonders für Angehörige der Generation Y, und auch um das individuelle und kollektive Wohlbefinden zu erhöhen und gleichzeitig ein gutes Gesamtergebnis zu gewährleisten, sollten Mitarbeiter individuell behandelt werden. Der Sinn der Arbeit hängt für die Generation Y schließlich davon ab, was die einzelnen Personen aus ihr machen.

Die neue Generation verhält sich anders als frühere Generationen, nicht zuletzt hinsichtlich der Anforderungen an den Wunscharbeitgeber. Nicht jeder Arbeitgeber wird dies verstehen und einige werden die Qualitäten der Generation Y zu spät erkennen. Prägende Veränderungen der Werte und der situativen Lebensbedingungen der Generation Y und Entwicklungen in der Gesellschaft, am Absatz- und Arbeitsmarkt sowie im sozialen Umfeld gehören zusammen.

Manche Arbeitgeber vermeiden es, junge Mitarbeiter zu beschäftigen, weil viele Jahre Erfahrung notwendig seien, um die Arbeit zufriedenstellend ausführen zu können. Andere wiederum sind explizit der Ansicht, die Generation Y sei zu egoistisch und erlebnishungrig, um in ein Unternehmen integriert werden zu können. Eine neue Generation auszuschließen ist aber selten ein guter Weg, um in Zukunft konkurrenzfähig bleiben zu können.

Sinnvollerweise sollte eine Generationsanalyse erstellt werden, bei der wichtige Unterschiede zwischen den Generationen sowie die Frage, woher derzeitige Arbeitsmethoden, organisationskulturelle Ausdrücke etc. kommen, analysiert werden. Möglicherweise werden veraltete Methoden weiterhin genutzt, vorwiegend weil das Unternehmen nicht über Umweltveränderungen nachdenkt. Jede wichtige Methode muss unter Berücksichtigung der Veränderungen im Arbeitsle-

7

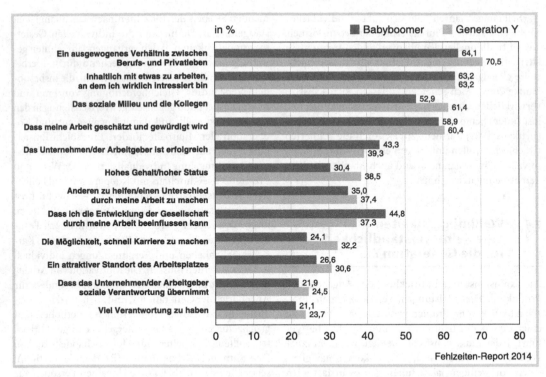

☐ **Abb. 7.1** Fragebogen: Wichtige Aspekte bei der Arbeitgeberwahl für die Generation Y (hellgrau) und die Babyboomer (dunkelgrau). Basis sind 3.215 Fragebögen aus dem Sommer 2013

ben, die teilweise auf die neue Mitarbeitergeneration zurückzuführen sind, überdacht werden. Angesichts der Arbeitskräfteknappheit und der gleichzeitig zunehmenden Konkurrenz ist es eine der vordringlichsten Aufgaben des Personalmanagements, sich mit der Generation Y systematisch auseinanderzusetzen und Handlungsansätze zu entwickeln, um Nachwuchskräfte zu gewinnen und zu binden. (Klaffke 2009). Somit können Personal- und Führungsinstrumente, die für und von Vertretern der vorherigen Generationen geschaffen wurden, auf ihre Anwendbarkeit auf die Generation Y überprüft und – soweit erforderlich – weiterentwickelt werden. Gleichzeitig müssen die Gesundheitsimplikationen berücksichtigt werden.

Um zu klären, was den Angehörigen der verschiedenen Generationen bei der Wahl des Arbeitgebers wichtig ist, wurde ein Fragebogen ausgearbeitet, der von 3.215 Angehörigen der Generation Y (1.461) und der Babyboomer (1.754) komplett ausgefüllt wurde (☐ Abb. 7.1). Die Befragten stammen aus Deutschland (1.109), Schweden (703), China (710) und den USA (693). Hier wäre ein Vergleich der jungen Menschen von heute mit denen von vor ein paar Jahrzehnten durchaus interessant, steht aber nicht zu Verfügung.

Beim Vergleich der beiden Generationskohorten kann man einige Dimensionen identifizieren, bei denen sich die Haltung der Generation Y deutlich von der der Babyboomer unterscheidet. So gibt es für das ausgewogene Verhältnis zwischen Berufs- und Privatleben sowie hohes Gehalt und Status, das soziale Milieu, die Kollegen und die Möglichkeit, schnell Karriere zu machen, mit Abstand stärkere Präferenzen in der Generation Y. Überraschenderweise und im Gegensatz zur öffentlichen Meinung zeigen sich bei der Frage nach der unternehmerischen Gesellschaftsverantwortung keine großen Unterschiede, obwohl diese generell unter jungen Menschen als »stark nachgefragt« gilt. Tatsächlich zeigen die Babyboomer ein höheres Interesse an der sozialen Verantwortung des Arbeitgebers, auch wenn die Unterschiede unter den Generationskohorten geringfügig sind.

Eine Erklärung diesbezüglich kann sein, dass junge Menschen darauf programmiert sind, auf schlechte Umweltbedingungen zu reagieren, sodass sie dies generell stärker zum Ausdruck bringen.

7.6   Die soziale Verantwortung des Unternehmens: hoch- und minderleistende Mitarbeiter

Genau wie sich Vorsprünge bei Innovationen und Produktivitätssteigerungen letztlich aus den Spitzenleistungen von Fach- und Führungskräften ergeben, sind im Rahmen der unternehmerischen Gesellschaftsverantwortung die Diagnostik und Förderung von Minderleistern eine sehr wichtige unternehmerische Aufgabe. Möglicherweise schafft die derzeitige Entwicklung starker Marktkräfte, intensiver Konkurrenz von Mitarbeitern der Generation Y und hoher Transparenz eine Situation, in der Hochleistende Vorteile haben und es für Minderleistende immer schwieriger wird, einen Arbeitgeber zu finden, der sich für sie einsetzt.

Auf der einen Seite herrscht Arbeitskräfteknappheit, auf der anderen Seite gibt es in den meisten Unternehmen Mitarbeiter, die vom Arbeitgeber nicht wirklich erwünscht sind (Parment u. Dyhre 2009).

Wichtige Merkmale der Generation Y sind u. a. die Fähigkeit, Informationen über das Internet zu gewinnen, neue Technologien ungezwungen zu nutzen und der Wunsch, einen Unterschied zwischen der Umwelt und dem eigenen Leben zu machen. Durch die vielen Möglichkeiten, die das Leben bietet, hat der Einzelne auch die Gelegenheit, über unterschiedliche Lebensausrichtungen nachzudenken. Junge Menschen werden durch die vielen Informationen und Perspektiven inspiriert, auf neue Weise die Zukunft zu planen.

Dennoch schätzen nicht alle Menschen die Vielfalt von Wahlmöglichkeiten, Lebensausrichtungen und Karrierewegen (Parment 2009, 2011). Die Erkenntnis, wie schädlich Stress ist, setzt sich mehr und mehr durch und sowohl der Gesetzgeber als auch die Arbeitgeber beginnen stärker darauf zu reagieren. Viele junge Menschen behaupten zwar, dass sie von den vielen Wahlmöglichkeiten nicht gestresst sind, dennoch gilt: Je schneller gearbeitet wird, je mehr Aspekte bei der Arbeit beachtet werden müssen und je höher die Ansprüche seitens des Mitarbeiters *und* des Arbeitgebers sind, desto stressreicher wird es für den Arbeitnehmer. Obwohl Arbeitgeber Raum für eine ästhetisch ansprechende Einrichtung im Büro sowie spielerische Elemente schaffen, treten immer mehr Fehler, Krankheitstage und andere Arten von Arbeitsunfähigkeit auf.

Das Wechselspiel zwischen Arbeitgebern, die immer mehr erwarten und immer mehr von den Arbeitnehmern fordern, und Arbeitnehmern, die immer höhere Ansprüche an Selbstverwirklichung, Spaß, ein attraktives soziales Umfeld etc. bei der Arbeit haben, gefährdet möglicherweise die Gesundheit. Viele – und

immer mehr – Maßnahmen aufseiten der Arbeitgeber zielen auf Wohlfühleffekte, um Spaß im Alltag als willkommene Ablenkung von einer immer mehr fordernden, sich schneller drehenden Welt zu schaffen. Beispiele hier sind Pausenspiele, ein kreatives Zimmer (wo auch Besprechungen stattfinden können), After-Work- oder Nachmittagssnacks einmal pro Woche (man bleibt, so lange man möchte), gemeinsame Partys und eine Kultur, die Bewegungspausen und Ähnliches zulässt. Das könnte aber reale Wohlfühlfaktoren in der Arbeit verdrängen – es muss darauf geachtet werden, dass die Wohlfühlaktivitäten nicht als Pflichtprogramm angesehen werden und nicht zu viel Freizeit in Anspruch nehmen. Sonst könnten sie die Mitarbeiter schnell unter weiteren Druck setzen, was sich negativ auf die Gesundheit auswirkt.

Eine Entlastung könnte auch ein Smartphone-Verbot während der Besprechungen sein. Dadurch könnten die Besprechungszeiten verkürzt werden, was für alle Mitarbeiter von Vorteil wäre. Im Nahverkehr, im Stau oder beim Warten an der roten Ampel, in der Warteschlange bei der Bank – überall und immer mehr wird das Smartphone benutzt, um das Leben zu bewältigen. Das Smartphone mit immer mehr Funktionalitäten wird ein universelles Personal Device. Folglich rückt es weiter in den Mittelpunkt unseres Lebens. Durch spezielle Module und Gadgets können jedoch auch private Mobiltelefone zu vollwertigen Gesundheitsmanagern werden. Egal ob Fieber, Blutdruck oder Blutzucker – die neuesten Zusatzgeräte verwandeln das Mobiltelefon schnell und einfach in ein medizinisches Messgerät. Mit Aufsteckmodulen lassen sich Blutzucker, Blutdruck, Körpertemperatur und Puls einfach aufzeichnen. Die hier beschriebene Entwicklung spiegelt grundsätzlich veränderte Strukturen in der Gesellschaft wider, die durch eine Kombination aus veränderte Wertehaltungen und Präferenzen der Menschen, neuen Technologien und einer Intensivierung des Wettbewerbs in vielen Branchen enstanden sind (Parment 2011). Wichtig ist hier, dass dies für manche Menschen eine positive Entwicklung ist, für andere aber nicht.

7.7   Von der Informationsknappheit zum Informationsüberschuss

Eine wachsende Menge an Informationen hat viele Konsequensen, z. B. ist es nicht leicht für Mitarbeiter – unabhängig von ihrem Alter – mit dem ansteigendem digitalen Datenfluss selbstbestimmt umzugehen und den Fokus für die konzentrierte Erledigung ihrer Aufgaben behalten können. Es scheint jedoch für Jüngere leichter zu sein, mit dem Informationsüberschuss umzugehen. Die Generation Y hat früh gelernt, dass nicht immer Entscheidungen getroffen werden müssen – nicht alle E-Mails müssen beantwortet werden (beruflich gibt es natürlich gewisse Regeln dafür, wie mit E-Mails umzugehen ist), Angebote von Strom-, Telefon- und Breitband-Unternehmen müssen nicht beachtet werden und Hunderte und Aberhunderte kommerzieller Informationen, die einen jeden Tag erreichen, müssen nicht alle bearbeitet werden. So entwickelt man Strategien für ein effizientes Verhalten im Informationsüberschuss. Eine kritische Haltung und eine automatische Prüfung der Informationen tragen dazu bei, dass strategische sowie taktische Entscheidungen einfacher zu treffen sind.

Soziologen haben die Effekte des Informationsüberschusses recherchiert und meinen, dass eine größere Menge an Informationen zu einem Mangel an fundiertem Wissen führt. Daher wird ein Informationsüberschuss als negativ gesehen (Himma 2007). Es wird argumentiert, dass die Spezialisierungen umso höher sind, je mehr Informationen in einer Gesellschaft vorhanden sind (Bush 1945; Lyttkens 1989). In jüngerer Zeit haben sich Forscher mit Wissensmanagement/Knowledge Management beschäftigt: der methodischen Einflussnahme auf die Wissensbasis eines Unternehmens bzw. der eigenen Person. Unter Wissensbasis werden alle Daten und Informationen, alle Kenntnisse und Fähigkeiten verstanden, die das Unternehmen bzw. die Person zur Lösung ihrer vielfältigen Aufgaben hat oder haben sollte. Bei organisationalem Wissensmanagement sollen individuelle Kenntnisse und Fähigkeiten (d. h. Humankapital) systematisch auf unterschiedlichen Ebenen der Organisationsstruktur verankert werden. Als Ergebnis des heutigen wissens- und innovationsorientierten Kommunikationszeitalters wird das im Unternehmen vorhandene Wissenskapital immer mehr als entscheidender Produktionsfaktor gesehen[3].

Eine wichtige Implikation der neuen informations- und kommunikationsintensiven sowie transparenten Gesellschaft ist, dass es die Generation Y weniger problematisch findet, Ansichten zu ändern. Während es älteren Menschen in der Regel schwer fällt, neue Ansichten anzunehmen, geht die Generation Y deutlich gelassener mit solchen Veränderungen um. Links oder rechts in der Politik? In der Stadt wohnen oder auf dem Land? Urlaub in Italien oder Spanien? Ansichten, die vorher eher ein Leben lang beibehalten wurden, können sich jetzt schnell verändern. Die Generation Y bekommt Informationen und Eindrücke aus vielen verschiedenen Quellen, trifft eine Vielfalt von Menschen und findet es nicht so erstaunlich oder bemerkenswert, dass man eine Ansicht ändert: Im Licht neuerer Erfahrungen können bisherige Meinungen infrage gestellt werden und man kümmert sich nicht so viel darum, ob das persönliche Ansehen infolge einer geänderten Meinung Schaden nehmen könnte.

Der Einfluss des Staates nimmt ab und es kommt verstärkt auf den Einzelnen an, die richtigen Entscheidungen bezüglich Karriere und Wohnort zu treffen. Früher wurden individuelle Leistungen im Arbeitsleben nicht so stark betont wie heute und wer vier, fünf Jahre an einer Universität studiert hatte, hatte beste Chancen, einen guten Job zu bekommen. Heute kommt es immer mehr auf die Persönlichkeit und individuelle Tatkraft an. In Zeiten eines starken Individualismus ist der eigene Lebenslauf sehr wichtig und die Vielfalt der Karrierewege ist größer.

Der Generation Y bereitet es Stress, die Möglichkeiten, die das Leben bietet, nicht verwirklichen zu können. Viele Eindrücke aus verschiedenen Zusammenhängen und viele Freunde, die interessante Erfahrungen in verschiedenen Ausbildungen, Ländern und Branchen gemacht haben, fördern die Einstellung, Träume und Ambitionen realisieren zu können und zu müssen. Alle Menschen leben aber unter Begrenzungen in finanzieller, zeitlicher, physiologischer und sozialer Hinsicht und können somit Träume nicht unbegrenzt realisieren. Frühere Generationen hatten in dieser Hinsicht weniger Möglichkeiten, allerdings auch geringere Erwartungen.

7.8   Von physischen zu psychischen Erkrankungen

Es wird immer öfter kommuniziert, dass Gesundheit und Glücklichsein unmittelbar miteinander verbunden sind, und diese Haltung setzt sich mehr und mehr durch. Dies gilt aber nicht für alle Individuen. Es ist eine wichtige Aufgabe für Manager, die in der Regel älter sind, Mitarbeiter der Generation Y mit Verständnis für ihre generationsspezifischen Wünsche zu begleiten. Um dieses Verständnis zu erwerben, muss man zugleich über den Tellerrand hinausschauen, um die fundamentalen Veränderungen im Arbeitsumfeld verstehen zu können.

Über die Zeit haben körperliche Erkrankungen abgenommen, während die psychischen Erkrankun-

---

3   WivU-Transfer: Wissen zum richtigen Zeitpunkt am richtigen Ort – ist das möglich? Unternehmen der Zukunft. FIR-Zeitschrift für Betriebsorganisation und Unternehmensentwicklung. 10. Jg., Heft 3/2009, ISSN 1439-2585, Seite 17–19.

gen zugenommen haben. Das entspricht zum Teil dem veränderten Schwerpunkt im Arbeitsmarkt. Während frühere Generationen in viel höherem Ausmaß körperlich gearbeitet haben, ist ein immer größerer Teil heute geistige Arbeit und wird dementsprechend mit dem Gehirn ausgeführt. Da ist es keine Überraschung, dass auch die Erkrankungen heute zunehmend »geistiger« Art sind.

Es gibt auch einige andere Gründe, warum psychische Erkrankungen immer häufiger vorkommen.

1. *Junge Leute zögern nicht, sich als psychisch krank zu bezeichnen.* Während dies in der Babyboomer-Generation als Ausnahme galt und als unangenehm empfunden wurde – man wollte sich eher als guter, zuverlässiger und hart arbeitender Mensch präsentieren – gibt es unter den Jungen heute weniger Schamgefühle, sich zu einer psychischen Krankheit zu bekennen (Parment 2013a). Junge Menschen werden heute später erwachsen (von Wyhl 2013; Wallis 2013) und es gibt viel mehr Möglichkeiten, bei psychischer Krankheit Hilfe zu erhalten.

2. Die Gesellschaft bietet vermehrt Möglichkeiten, psychische Krankheiten zu diagnostizieren und zu behandeln.

3. Junge Leute sind viel emotionaler (Klaffke u. Parment 2011; Parment 2013a, b). Infolgedessen ist es keine Überraschung, dass man es nicht als peinlich betrachtet, sich psychisch nicht wohlzufühlen. Die stärkere emotionale Orientierung zeigt sich sowohl beim Einkaufen, wo die Generation Y im Vergleich zu den Babyboomern deutlich emotionaler ist (Parment 2013b), als auch bei der Jobsuche. Hier werden emotionale Aspekte sowie Spaß in der Arbeit, das soziale Umfeld und abwechslungsreiche Arbeitsaufgaben immer wichtiger (Parment 2013a).

Es gibt viele Beispiele für diese Entwicklung. Ein junger Mann (22) plant Psychologie zu studieren, wird jedoch nicht angenommen und fährt sofort zur Notaufnahme, um sich wegen einer psychischen Erkrankung anzumelden. Ganz anders ältere Leute wie die 87-jährige Rentnerin, die ungern das Gesundheitswesen belastet, weil »jemand anderes die Ressourcen besser gebrauchen kann«.

7.9 Zusammenfassung

Trotz Maßnahmen zur Mitarbeiterbindung dürfte der Anteil Arbeitnehmer zunehmen, die ihren Arbeitgeber wechseln, und diese Flexibilisierungstendenzen am Arbeitsmarkt hängen in großem Ausmaß mit dem Zuwachs der Generation Y zusammen.

Generationen können durch eine gemeinsame Werteklammer charakterisiert werden. Werte sind Auffassungen über die Qualität der Wirklichkeit und beeinflussen die Auswahl von Handlungsalternativen. Nach der Sozialisationshypothese entstehen die grundlegenden Wertevorstellungen weitgehend in der Sozialisation und reflektieren die während des Erwachsenwerdens vorherrschenden Bedingungen. Neben individuellen Erfahrungen sind auch kollektive Erlebnisse und Großereignisse für die Ausprägung der Werte bedeutsam.

Die Generation Y ist in einer Gesellschaft mit hoher Transparenz, ständiger Kommunikation, vielen Wahlmöglichkeiten und großem Individualismus aufgewachsen. Diese Entwicklung zeitigt neue Karrierestrategien. Kohorten- oder generationsspezifische Einflüsse auf Individuen und ihre Präferenzen laufen auf vier Ebenen ab: der gesellschaftlichen Ebene, der Absatzebene, der Arbeitsmarktebene und der individuellen Ebene. Im Vergleich zu den Babyboomern sind für die Generation Y ein ausgewogenes Verhältnis zwischen Berufs- und Privatleben sowie ein hohes Gehalt und ein ebensolcher Status, das soziale Milieu, die Kollegen und die Möglichkeit schnell Karriere zu machen mit Abstand die wichtigsten Kriterien bei der Arbeitgeberwahl. Hinsichtlich der unternehmerischen Gesellschaftsverantwortung sind keine großen Unterschiede zwischen den Generationen zu erkennen, während Babyboomer ein größeres Interesse an der sozialen Verantwortung des Arbeitgebers ausdrücken.

Im täglichen Umgang mit jungen Mitarbeitern sollten allgemein formulierte Personalstrategien und Regelwerke individualisiert werden, um sicherzustellen, dass sie für die junge Generation sinnvoll und angemessen sind. Die Erkenntnis, wie schädlich Stress ist, setzt sich mehr und mehr durch und sowohl Gesetzgeber als auch Arbeitgeber beginnen stärker darauf zu reagieren. Je schneller gearbeitet wird, je mehr Aspekte bei der Arbeit beachtet werden müssen und je höher die Ansprüche seitens der Mitarbeiter *und* der Arbeitgeber sind, desto stressreicher wird es für den Arbeitnehmer. Obwohl Arbeitgeber Raum für eine ästhetisch ansprechende Einrichtung im Büro sowie spielerische Elemente schaffen, wächst die Zahl der Fehler und Krankentage und anderer Arten von Arbeitsunfähigkeit. Ein durchdachtes Gesundheitsmanagement ist sehr wichtig, um präventiv auf Stress und Gesundheitsprobleme zu reagieren und könnte so zu besseren Leistungen beitragen.

Der Arbeitgeber sollte die Mitarbeiter dabei unterstützen, eine gesunde Bilanz zwischen Arbeit und Privatleben zu finden und seinerseits ungesunden Druck vermeiden. Die junge Generation muss man nicht nur verstehen, man muss ihr auch die Gelegenheit bieten, ihre Interessen und Präferenzen einzubringen und die erforderlichen Ressourcen zur Verfügung stellen. Dies motiviert die Generation Y als Arbeitnehmer, fördert die Gesundheit und trägt auch dazu bei, dass der Arbeitgeber besser dasteht.

Literatur

Barth R, Wolff F (Hrsg) (2009) Corporate Social Responsibility in Europe. Rhetoric and Realities. Edward Elgar Publishing, Cheltenham

Barth R, Wolff F, Schmitt K (2007) CSR between Rhetoric and Reality. Analyzing the Contribution of CSR to the achievement of EU policy goals. Ökologisches Wirtschaften Online 4:30–34

Bush V (1945) As we may think. Atlantic Monthly July:47–61

Carroll AB, Shabana KM (2010) The business case for corporate social responsibility: A review of concepts, research and practice. International Journal of Management Reviews 12(1):85–105

Cutler N (1977) Political socialization research as generational analysis: the cohort approach vs. the lineage approach. In: Renton SA (ed) Handbook of Political Socialization Theory and Research. The Free Press, New York, pp 294–326

DAK (2011) Gesundheitsreport 2011. Schwerpunktthema: Wie gesund sind junge Arbeitnehmer? Hamburg

Debevec K, Schewe CD, Madden TJ, Diamond WD (2013) Are today's Millennials splintering into a new generational cohort? Maybe! Journal of Consumer Behaviour 12(1):20–31

Epstein EM (2007) The Good Company: Rhetoric or Reality? Corporate Social Responsibility and Business Ethics Redux. American Business Law Journal 44 (2):207–222

Fottrell Q (2012) Zehn Dinge, die Ihnen Google nie verraten wird. The Wall Street Journal Deutschland, 25. Okt

Gensicke T (2010) Wertorientierungen, Befinden und Problembewältigung. In: Shell Deutschland Holding (Hrsg) Jugend 2010. Eine pragmatische Generation behauptet sich. Frankfurt, S 187–242

Gerstner R, Hunke G (2006) 55plus Marketing. Zukunftsmarkt Senioren. Gabler, Wiesbaden

Gimeno J, Folta TB, Cooper AC, Woo CY (1997) Survival of the Fittest? Entrepreneurial Human Capital and the Persistence of Underperforming Firms. Administrative Science Quarterly 42(4):750–783

Gregor S, Maegele M (2005) Deutsche Tsunami-Opfer: Verletzungsmuster und Wundmanagement. Deutsches Ärzteblatt 102(18):A-1260/B-1056/C-998

Himma KE (2007) The concept of information overload: A preliminary step in understanding the nature of a harmful information-related condition. Ethics and Information Technology 9:259–272

Holbrook B (2012) Paid Google Shopping – Another Step Towards Google's Master Plan. State of Digital June 20th

Holbrook MB, Schindler RM (1989) Some exploratory findings on the development of musical tastes. Journal of Consumer Research 16:119–124

Holbrook MB, Schindler RM (1994) Age, sex and attitude toward the past as predictors of consumers' aesthetic tastes for cultural products. Journal of Marketing Research 31:412–442

Inglehart R (1977) The Silent Revoution. Princeton, New Jersey 1977

Kienbaum (2010) Absolventenstudie 2009/2010. Gummersbach

Klaffke M (2009) Personal-Risiken und -Handlungsfelder in turbulenten Zeiten. In: Klaffke M (Hrsg) Strategisches Management von Personalrisiken – Konzepte, Instrumente, Best Practices. Wiesbaden, S 3–23

Klaffke M, Parment A (2011) Herausforderungen und Handlungsansätze für das Personalmanagement von Millennials. In: Klaffke M (Hrsg) Personalmanagement von Millennials: Konzepte, Instrumente und Best-Practice-Ansätze. Gabler, Wiesbaden

Kneissler M (2011) Wo die coolen Kerle rackern. In: Lufthansa Exclusive 04:38–42

Kotler P, Armstrong G, Parment A (2011) Principles of Marketing. Swedish edition. Pearson Education, London

Larkan K (2007) The Talent War: How to Find and Retain the Best People for Your Company. Marshall Cavendish International

Lyttkens L (1989) Of human discipline: social control and long-term shifts in values: final report on the project: Shifting Values in the Swedish Society. Almqvist Wiksell, Stockholm

Mannheim K (1952) The problem of generations. In: Kecskemeti P (ed) Essays on the Sociology of Knowledge. Oxford University Press, New York, pp 276–320

Meulemann H (2006) Soziologie von Anfang an: Eine Einführung in Themen, Ergebnisse und Literatur. Greifenstein

Parment A (2011) Generation Y in Consumer and Labour Markets. Routledge, London

Parment A (2013a) Generation Y: Mitarbeiter der Zukunft motivieren, integrieren, führen. 2. Auflage. Springer, Wiesbaden

Parment A (2013b) Generation Y vs Baby Boomers: Shopping behavior, buyer involvement and implications for retailing. Journal of Retailing and Consumer Services 20(2):189–199

Parment A, Dyhre A (2009) Sustainable Employer Branding. Guidelines, Worktools and Best Practices. Liber/Samfundsförlaget

Rentz JO, Reynolds FD, Stout RG (1983) Analyzing changing consumption patterns with cohort analysis. Journal of Marketing Research:12–20

Rogler LH (2002) Historical generations and psychology. American Psychologist 27:1013–1023

Ryder NB (1985) The cohort as a concept in the study of social change. In: Mason WM, Fienberg SE (eds) Cohort Analysis in Social Research. Springer, New York, pp 9–44

Schewe C, Meredith G (2004) Segmenting global markets by generational cohorts: determining motivations by age. Journal of Consumer Behaviour 4:51–63

Schewe CD, Debevec K, Madden TJ et al (2013) ›If You've Seen One, You've Seen Them All‹ Are Young Millennials the Same Worldwide? Journal of International Consumer Marketing 25(1):3–15

Schneekloth U, Albert M (2010) Entwicklungen bei den »großen Themen«: Generationsgerechtigkeit, Globalisierung, Klimawandel. In: Shell Deutschland Holding (Hrsg) Jugend 2010. Eine pragmatische Generation behauptet sich. Frankfurt, S 165–185

Schuman H, Scott J (1989) Generations and collective memories. American Sociological Review 54:359–381

Söderqvist M (ed) (2010) 8 0-talisterna – så funkar de. Den kompletta guiden till generationen som stämplar in när 40-talisterna logger ut, [People born in the 1980s – how they are. The complete guide to the generation that clocks in when those born in the 1940s log out]. United-Minds, Stockholm

Szita J (2007) Work: The Next Generation. Jobs as we know them are disappearing. That's not necessarily a bad thing. Holland Herald, pp 26–29

Universum (2013) Germany's Best Employers 2013. Universum Global

Vincent J (2013) Anonymous employees reveal the worst thing about working for Google. The Independent, Nov 4th

Von Wyhl H (2013) Junge Menschen werden heute später Erwachsen. 20 Minuten, 14 Okt

Wallis L (2013) Is 25 the new cut-off point for adulthood? BBC News Magazine, 23 Sept

Gesundheit, Arbeitsfähigkeit und Motivation bei älter werdenden Belegschaften

H. M. Hasselhorn, M. Ebener

B. Badura et al. (Hrsg.) *Fehlzeiten-Report 2014*,
DOI 10.1007/978-3-662-43531-1_8, © Springer-Verlag Berlin Heidelberg 2014

Zusammenfassung *Die Belegschaften in Deutschland werden älter und die Anzahl derer, die dem Arbeitsmarkt zur Verfügung stehen, nimmt von nun an deutlich ab. Bei gleichbleibender Wirtschaftskraft bedeutet dies für Deutschland, dass künftig mehr ältere Menschen im Arbeitsleben gehalten werden müssen als je zuvor. In diesem Beitrag werden Zahlen und Daten dazu zusammengestellt. Zudem wird ein Denkmodell vorgestellt, nach dem die Erwerbsteilhabe älterer Arbeitnehmer nicht nur durch Maßnahmen zum Erhalt ihrer Gesundheit allein gesichert werden kann, sondern insbesondere durch frühzeitige Förderung ihrer Arbeitsfähigkeit und der Motivation zu arbeiten. Diese Sicht hat Konsequenzen für Betriebe, die ihre Belegschaft wirklich »im Haus« und leistungsfähig halten wollen.*

8.1 Zunahme älterer Beschäftigter in Deutschland

Der Umgang mit älter werdenden Belegschaften und dem demografischen Wandel wird künftig mehr denn je in den betrieblichen Fokus geraten, und zwar aus zwei Gründen:

1. Während die 1990er Jahre – politisch gewünscht – von einem Rückgang der Anzahl älterer Beschäftigter (50+ Lebensjahre) geprägt waren, nimmt die Anzahl sozialversicherungspflichtig Beschäftigter über 50 seit 1999 wieder zu: seit 2007 um über 300.000 Personen jährlich und zuletzt (von 2010 auf 2011) gar um über 450.000 Personen (◘ Abb. 8.1). Ende 2011 machte diese Altersgruppe mit 7,9 Millionen Personen 29,5 Prozent aller sozialversicherungspflichtig Beschäftigten aus und es ist zu erwarten, dass ihr Anteil bis 2020 weiter ansteigen wird (◘ Abb. 8.2).
Anzahl und Anteil Älterer verteilen sich hierzulande unterschiedlich auf die Berufsgruppen (◘ Tab. 8.1). Berufsfelder mit hohen Anteilen Älterer sind – traditionell – die »Ordnungs- und Sicherheitsberufe« (41,5 Prozent), gefolgt von Berufen im Bereich »Textil, Leder, Bekleidung« (39,3 Prozent). Die niedrigsten Anteile Älterer fanden sich Ende 2011 im »Bergbau« (24,1 Pro-

zent), bei den »Gesundheitsdienstberufen« (25,3 Prozent) sowie in den »Medien- und geisteswissenschaftlichen Berufen« (26,3 Prozent). In absoluten Zahlen bedeutsam sind die großen Gruppen Älterer (jeweils über 500.000 Personen) in den Berufsfeldern »Installation und Metallbau«, »Technisch-naturwissenschaftliche Berufe«, »Waren- und Dienstleistungskaufleute«, »Verkehrs- und Lagerberufe«, »Verwaltung, Büro«, »Gesundheitsdienstberufe« und »Sozial- und Erziehungsberufe«. Abgesehen von der kleinen und schrumpfenden Branche »Textil, Leder, Bekleidung« hat die Anzahl Älterer in allen Berufsfeldern im Vergleich zu 2001 zugenommen: allein in den »Verwaltungs- und Büroberufen« arbeiteten Ende 2011 fast 500.000 mehr Ältere als zehn Jahre zuvor, in den »Sozial- und Erziehungsberufen« 286.000 und in den »Gesundheitsberufen« etwa 260.000 Ältere. Die beiden Letztgenannten gehören zu den Gruppen, bei denen sich der Anteil Älterer in den letzten zehn Jahren besonders stark verändert hat (Anstiege um 59 Prozent bzw. 73 Prozent; ◘ Tab. 8.1).

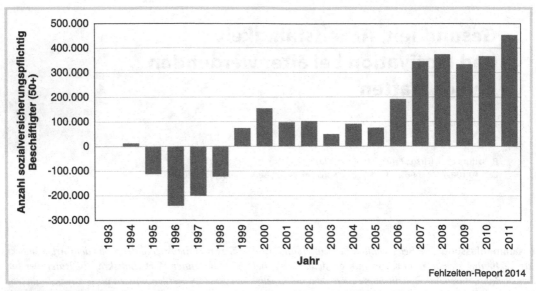

Fehlzeiten-Report 2014

□ **Abb. 8.1** Jährliche Veränderung der Anzahl sozialversicherungspflichtiger Beschäftigter ab 50 Jahre, absolute Werte (Quellen: Berufe im Spiegel der Statistik [www.bisds.infosys.iab.de] sowie persönliche Mitteilung IAB 2012)

□ **Tab. 8.1** Sozialversicherungspflichtig Beschäftigte in Deutschland Ende 2011 nach Berufsfeld und Anteil Älterer ab 50 Jahren, absolute und relative Werte (Quelle: Berufe im Spiegel der Statistik, www.bisds.infosys.iab.de, eigene Umrechnungen)

Berufsfeld	Anzahl Beschäftigter insgesamt	Anzahl Beschäftigter im Alter ab 50 Jahre	Steigerung von 2001 bis 2011	
			der Zahl älterer Beschäftigter absolut	des Anteils Älterer in (%)
Verwaltung, Büro	5.978.310	1.787.515 (29,9%)	491.652	32
Waren- und Dienstleistungskaufleute	3.174.086	815.740 (25,7%)	201.795	31
Verkehrs- und Lagerberufe	2.386.721	804.325 (33,7%)	255.421	49
Installation und Metallbau	2.012.379	567.491 (28,2%)	164.536	49
Gesundheitsdienstberufe	2.005.048	507.277 (25,3%)	259.224	73
Sozial- und Erziehungsberufe	1.727.368	566.577 (32,8%)	286.382	59
Friseur, Gästebetreuer, Hauswirtschafter, Reiniger	1.562.255	518.669 (33,2%)	144.072	35
Technisch-naturwissenschaftliche Berufe	1.945.763	599.295 (30,8%)	137.313	30
Bau, Holz	1.169.994	313.558 (26,8%)	27.458	45
Elektroberufe	661.438	194.463 (29,4%)	67.466	72
Ernährungsberufe	678.845	183.967 (27,1%)	60.603	49
Metallerzeugung	497.406	159.667 (32,1%)	35.686	42
Ordnungs- und Sicherheitsberufe	469.381	194.793 (41,5%)	45.628	16
Chemie, Kunststoff	387.538	119.362 (30,8%)	37.801	64
Agrarberufe	383.969	105.591 (27,5%)	23.652	34
Medien-, geisteswissenschaftliche Berufe	287.676	75.659 (26,3%)	19.014	36
Papier, Drucker	180.542	58.135 (32,2%)	596	42
Textil, Leder, Bekleidung	95.491	37.528 (39,3%)	-7.395	45
Stein, Keramik, Glas	83.168	26.780 (32,2%)	5.775	68
Bergbauberufe	25.299	6.097 (24,1%)	1.223	122

Fehlzeiten-Report 2014

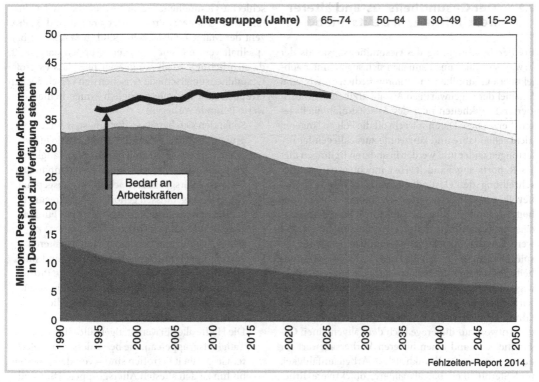

Abb. 8.2 Arbeitskräftebedarf und Arbeitskraft in Deutschland (Quellen: Fuchs 2013; Fuchs u. Zika 2010; mit freundlicher Genehmigung der Bundesanstalt für Arbeitsschutz und Arbeitsmedizin)

2. Der zweite Grund für die erhöhte betriebliche Aufmerksamkeit gegenüber älteren Beschäftigten wird die zahlenmäßige Entwicklung der gesamten Erwerbsbevölkerung in den kommenden Jahren und Jahrzehnten sein. Auf viele Betriebe kommen große Herausforderungen zu, denn Deutschland steht diesbezüglich gegenwärtig an einem bedeutsamen Scheitelpunkt: Nach Schätzungen des Instituts für Arbeitsmarkt und Berufsforschung (IAB) hat Deutschland nun das Maximum an »Erwerbspersonenpotenzial« erreicht, d. h. an Personen, die (theoretisch) dem Arbeitsmarkt zur Verfügung stehen (Fuchs 2013). Das Erwerbspersonenpotenzial von gegenwärtig etwa 45 Millionen Personen wird demnach fortan schrumpfen und 2030 bereits um 7 Millionen und bis 2050 um 12 Millionen Personen niedriger liegen als heute (◯ Abb. 8.2). Sollte gleichzeitig noch der Bedarf an Arbeitskräften zahlenmäßig konstant bleiben (schwarze Linie in ◯ Abb. 8.2), wie Fuchs und Zika (2010) bis etwa zum Jahr 2025 prognostizieren, dann bedeutet dies, dass Arbeitskräfte künftig zunehmend nachgefragt sein werden.

Unternehmen werden dann noch mehr als bisher gefordert sein, auch ihr älteres Personal an den Betrieb zu binden und dessen Arbeitskraft, Produktivität und Arbeitsmotivation vorausschauend zu erhalten.

▪ Fazit

Bisher wurde dargestellt, dass sowohl die Anzahl als auch der Anteil Älterer an der Gesamtheit der (sozialversicherungspflichtigen) Erwerbstätigen seit geraumer Zeit ansteigen, bereits heute relativ hoch sind und mit sehr großer Wahrscheinlichkeit in den kommenden Jahren auch weiterhin stark ansteigen werden. Zudem wurde gezeigt, dass in manchen Tätigkeitsbereichen bereits heute besonders viele Ältere beschäftigt sind und andere aufholen. Der folgende Teil dieses Beitrags betrachtet die Gesundheit der älteren Beschäftigten, denn Gesellschaft und Politik gehen davon aus, dass die künftige wirtschaftliche und soziale Entwicklung in Europa maßgeblich nicht allein von der Anzahl, sondern von der Gesundheit der künftigen älteren Erwerbsbevölkerung abhängt (European Commission 2011).

8.2   Der Gesundheitszustand älterer Beschäftigter in Deutschland

Bei der Beschreibung des Gesundheitszustands der Erwerbsbevölkerung kann man sich sogenannter »objektiver« Gesundheitsindikatoren bedienen, wie zum Beispiel der gegenwärtigen Anzahl ärztlich diagnostizierter Krankheiten oder des Arbeitsunfähigkeitsgeschehens. Diese Daten spiegeln oft die Folgen längerer, nicht selten Jahre und Jahrzehnte zurückliegender Belastungen wider und werden in anderen Beiträgen dieses Reports abgehandelt. Hier möchten wir zur Beschreibung des Gesundheitszustands der Erwerbsbevölkerung ein erweitertes Verständnis von Gesundheit zugrunde legen: die subjektive Bewertung der eigenen Gesundheit und des Wohlbefindens. Damit werden andere Aspekte der Gesundheit beleuchtet. So spiegelt die Antwort auf die Frage nach dem »Gesundheitszustand im Allgemeinen« auch die kürzer zurückliegenden Belastungen wider, beispielsweise die Auswirkungen der Arbeitsbelastung des jeweils letzten Jahres. Epidemiologische Studien haben gezeigt, dass die Antwort auf die Frage nach dem allgemeinen Gesundheitszustand einen höheren Vorhersagewert für künftige manifeste Krankheitslast, Arbeitsunfähigkeit und Sterblichkeit hat als andere, objektivere Erhebungsformen von Gesundheit (Bjørner et al. 1996; Wurm et al. 2009). In diesem Beitrag wird daher diese Wahrnehmung von Gesundheit bzw. Krankheit in Deutschland dargestellt, und zwar explizit in Hinblick auf das Alter der Beschäftigten und die Art der beruflichen Tätigkeit. »Subjektive Gesundheit« wird in großen Befragungen oft mit der folgenden Frage erhoben: »*Wie ist Ihr Gesundheitszustand im Allgemeinen?*«. Die neutrale Antwort auf diese Frage wäre »gut«. Bereits die Antwort »mittelmäßig« deutet auf gesundheitliche Einschränkungen hin. Folglich fassen Wissenschaftler die Gruppe derer, die ihre Gesundheit als »mäßig«, »schlecht« oder »sehr schlecht« angeben, gern als Personengruppe mit »schlechter Gesundheit« zusammen.

Burr und Kollegen haben kürzlich (2013) das Ausmaß schlechter Gesundheit in den verschiedenen beruflichen Gruppen untersucht. Ihre Analysen basieren auf Daten einer repräsentativen Befragung von über 26.000 Erwerbstätigen in Deutschland (2008 bis 2010); ein Teil ihrer Ergebnisse ist in ◻ Abb. 8.3 wiedergegeben und wird im Folgenden kurz zusammengefasst.

Zunächst einmal zeigt sich in ◻ Abb. 8.3 das Erwartete: Im Durchschnitt (schwarze durchgezogene Linien) waren junge Altersgruppen gesünder als mittelalte und insbesondere ältere Erwerbstätige. Nur 13 Prozent aller jungen Frauen (18–34 Jahre) und 8 Prozent aller jungen Männer berichteten eine

schlechte Gesundheit, dagegen waren dies in der ältesten Altersgruppe 31 Prozent der Frauen und 33 Prozent der Männer. Gleichzeitig sind in ◻ Abb. 8.3 beispielhaft verschiedene Tätigkeitsgruppen dargestellt, da sich bei den Analysen gezeigt hat, dass es große Gesundheitsunterschiede zwischen den verschiedenen Gruppen gibt und diesbezüglich einige bemerkenswerte Befunde vorliegen:

- So fanden sich bereits in der jüngsten Altersgruppe deutliche Gesundheitsunterschiede zwischen den verschiedenen beruflichen Tätigkeitsgruppen. Diese Unterschiede waren dann in den höheren Altersgruppen noch stärker ausgeprägt.
- Nach den Ergebnissen gehört – hochgerechnet auf die Erwerbsbevölkerung – etwa ein Fünftel aller Erwerbstätigen (Männer wie Frauen) zu Tätigkeitsgruppen, bei denen auch die älteren Altersgruppen noch weitestgehend gesund sind. Dies sind insbesondere die Manager, die Professionen (z. B. Ärzte, Wissenschaftler, Juristen, Gymnasiallehrer), die Ingenieure und die Technischen Fachkräfte.
- Die Hälfte aller Erwerbstätigen allerdings gehört Tätigkeitsgruppen an, die besonders von schlechter Gesundheit betroffen sind – von den jüngsten bis hin zu den ältesten Altersgruppen. Dies sind die Tätigkeitsgruppen »Einfache Dienste« (z. B. Reinigungspersonal, Bedienung), »Einfache gering qualifizierte kaufmännische und Verwaltungsberufe« (z. B. Verkäufer, Bürohilfskräfte, Telefonisten), »Einfache gering qualifizierte manuelle Berufe« (z. B. Hilfsarbeiter, Straßenbauer) und »Qualifizierte manuelle Berufe« (z. B. Facharbeiter).
- Schließlich identifizierten Burr und Kollegen zwei Gruppen mit einer extrem hohen Krankheitslast im höheren Alter: Von den älteren Frauen berichteten über die Hälfte aller Angehörigen der »Qualifizierten manuellen Berufe« sowie der »Unqualifizierten manuellen Berufe« eine schlechte Gesundheit (54 Prozent bzw. 67 Prozent).

Die von Burr und Kollegen (2013) festgestellten deutlichen Unterschiede hinsichtlich des Anteils Beschäftigter mit schlechter Gesundheit in verschiedenen Tätigkeitsgruppen lassen sich zum Teil durch unterschiedliche Arbeitsbedingungen erklären. Hierfür sprechen die mit zunehmendem Alter ansteigenden Gesundheitsunterschiede. Aber auch Umstände, die mit dem sozioökonomischen Status der Tätigkeitsgruppen in Verbindung stehen, können zur Erklärung der Unterschiede beitragen (Peter u. Hasselhorn 2013).

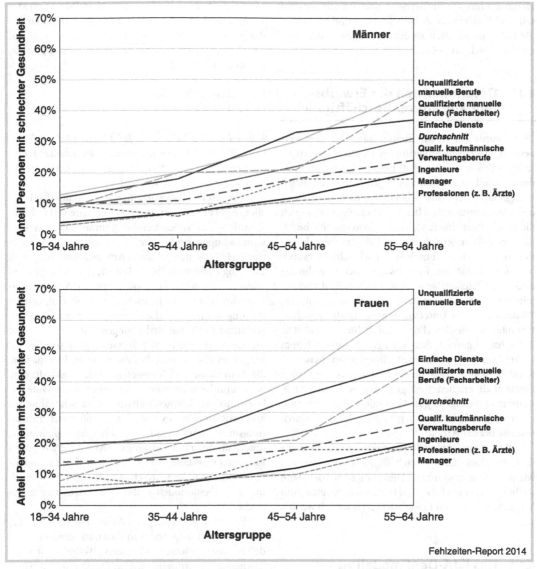

■ **Abb. 8.3** Selbst berichtete »schlechte Gesundheit« in ausgewählten Tätigkeitsgruppen der deutschen Erwerbsbevölkerung nach Alter und Geschlecht (vollständige Ergebnisse s. Burr et al. 2013; Berechnung auf der Basis von GEDA09 und GEDA2010)

Ein höherer Bildungsstand und ein höheres Einkommen haben sich in zahlreichen Studien als protektive Faktoren für die Gesundheit erwiesen. Hierfür sprechen die bereits bei den jüngeren Altersgruppen festgestellten Unterschiede. (Weitere Informationen zu gesundheitlichen Unterschieden zwischen beruflichen Tätigkeitsgruppen in Deutschland siehe Hasselhorn u. Rauch 2013.)

■ **Fazit**

»Arbeit mit schlechter Gesundheit« ist auch hierzulande als betriebliche Realität anzusehen. Über das individuelle Krankheitsrisiko hinaus tragen Angehörige einiger Tätigkeitsgruppen offenbar eine hohe Krankheitslast – nicht selten schon in jungen Jahren und sehr oft im höheren Erwerbsalter. Andere Beschäftigtengruppen dagegen bleiben offensichtlich bis ins höhere Erwerbsalter hinein gesund. Eine weiter zunehmende

Herausforderung für Betriebe und Betroffene wird sein, bei Ersteren die Arbeitsfähigkeit und bei beiden die Arbeitsmotivation zu erhalten. Dies wird im folgenden Abschnitt deutlich.

8.3   Determinanten der Erwerbsteilhabe älterer Beschäftigter

Oben wurde der Gesundheitszustand der älter werdenden Erwerbsbevölkerung in Deutschland dargestellt. Politik und Wirtschaft hoffen, durch Sicherung der Gesundheit der Erwerbstätigen dem befürchteten Mangel an Arbeitskräften begegnen zu können. Doch dies wird vermutlich nicht ausreichen. Zweifellos spielt die Gesundheit eine Rolle bei der Erwerbsteilhabe Älterer, es müssen jedoch weitere Faktoren berücksichtigt werden. Viele Menschen mit schlechter Gesundheit sind im höheren Erwerbsalter noch erwerbstätig und viele Gleichaltrige mit guter Gesundheit sind bereits vorzeitig aus dem Erwerbsleben ausgeschieden. Wissenschaftliche Untersuchungen, vor allem qualitative Interviewstudien (Pond et al. 2010; de Wind et al. 2013) haben gezeigt, dass auch *gute* Gesundheit zum vorzeitigen Erwerbsausstieg führen kann, beispielsweise dann, wenn man den Ruhestand noch mit voller Gesundheit erleben und genießen will oder auch, wenn man die eigene gute Gesundheit durch eine anstrengende Arbeitstätigkeit gefährdet sieht (z. B. durch »Stress« bei der Arbeit).

Welche sind die weiteren Faktoren, die über die Erwerbsteilhabe älterer Beschäftigter entscheiden, und wie wirken sie zusammen? Diese Fragen werden dann wichtig, wenn effektive Interventionsstrategien zum längeren Verbleib im Erwerbsleben entwickelt werden sollen.

8.3.1   Das lidA-Denkmodell zu »Arbeit, Alter, Gesundheit und Erwerbsteilhabe«

Zur Diskussion dieser Fragen stellen wir hier ein Denkmodell vor (◘ Abb. 8.4), das im Rahmen der deutschen lidA-Kohorte (www.lida-studie.de) entwickelt worden ist. Das lidA-Denkmodell zu »Arbeit, Alter, Gesundheit und Erwerbsteilhabe« stellt die zentralen Einflussfaktoren der Erwerbsteilhabe im höheren Erwerbsalter sowie ihre gegenseitigen Abhängigkeiten dar. An dieser Stelle gehen wir nur auf Teilaspekte des Modells ein, nämlich auf die der Gesundheit nachgelagerten Aspekte *Arbeitsfähigkeit* und *Motivation zu arbeiten*. Weitergehende Ausführungen zum

Modell finden sich bei Peter und Hasselhorn (2013).

Wie in ◘ Abb. 8.3 gezeigt, berichtet fast ein Drittel der älteren Beschäftigten schlechte Gesundheit. Auf die Frage, warum sie dann noch erwerbstätig seien, gibt es drei Antworten:

a. weil sie *können*,
b. weil sie *wollen* oder
c. weil sie *müssen*.

Können steht dabei im Modell für die »Arbeitsfähigkeit«, *Wollen* für die »Motivation zu arbeiten« und *Müssen* für die wirtschaftliche Notwendigkeit, erwerbstätig zu sein (◘ Abb. 8.4).

Der »freiwillige« vorzeitige Erwerbsausstieg ist in aller Regel ein Prozess, der oft über Jahre verläuft. Beschäftigte mit zunehmenden gesundheitlichen Einschränkungen werden zunächst versuchen, ihre reduzierten Fähigkeiten mit ihren Arbeitsanforderungen in Einklang zu bringen. Ihr Ziel ist, die *Arbeitsfähigkeit* zu erhalten (*Können*). Laut »Konzept der Arbeitsfähigkeit« (Ilmarinen 2009) umschreibt Arbeitsfähigkeit die Passung der individuellen Voraussetzungen eines Beschäftigten mit den Bedingungen seiner Arbeit. Auf individueller Seite ist hier die Gesundheit von Bedeutung, aber ebenso sind dies die funktionale Kapazität, die Kenntnisse und Kompetenzen des Beschäftigten. Nicht minder bedeutend ist die Arbeit selbst: Gute Arbeitsumstände können individuelle Einschränkungen kompensieren, sei es z. B. durch Hilfsmittel, Entlastungsmöglichkeiten oder Entscheidungsspielräume, innerhalb derer der Einzelne die Arbeit gemäß seinen Ressourcen gestalten kann. Erst wenn diese Kompensation nicht mehr ausreichend gelingt, wird – nach unserem Denkmodell – der Erwerbsausstieg angestrebt.

Personen, die trotz guter Arbeitsfähigkeit ihre Erwerbstätigkeit aufgeben, tun dies nach unserem Modell aus motivationalen Gründen (*Wollen*). Unter der *Motivation zu arbeiten* wird im Denkmodell verstanden, ob man im höheren Erwerbsalter überhaupt noch erwerbstätig sein will. Hat man die Wahl, vorzeitig aus dem Erwerbsleben auszuscheiden, werden die verschiedenen im Modell dargestellten Einflussfaktoren abgewogen, z. B. der eigene *Gesundheitszustand* und die eigene *Arbeitsfähigkeit*. Auch der Faktor *Arbeit* spielt eine zentrale Rolle: das Gefühl, bei der Arbeit gebraucht zu werden sowie eine herausfordernde Arbeit gelten als bedeutsame Motivatoren für einen längeren Erwerbsverbleib. Im Gegensatz dazu gelten vor allem hohe körperliche Belastungen sowie fehlende Einflussmöglichkeiten bei der Arbeit, aber auch Konflikte am Arbeitsplatz als Risikofaktoren für einen vorzeitigen Erwerbsaustritt.

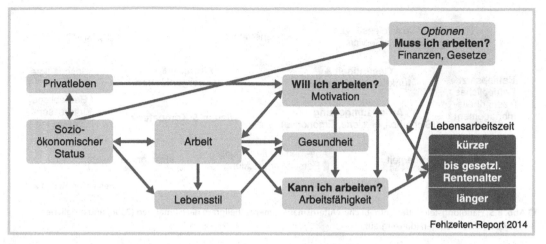

Abb. 8.4 Das lidA-Denkmodell zu »Arbeit, Alter, Gesundheit und Erwerbsteilhabe« (mod. nach Peter u. Hasselhorn 2013)

Im Laufe der Überlegungen, vorzeitig in Rente zu gehen, kommt dann zwangsläufig die Frage auf, ob man sich dies finanziell leisten kann (Kasten OPTIONEN im Modell; *Müssen*). Die Rolle, die finanzielle Aspekte im multifaktoriellen Geschehen des vorzeitigen Erwerbsausstiegs einnehmen, ist derzeit nicht klar.

- **Fazit**

Die für diesen Beitrag bedeutendsten Aussagen des Denkmodells sind, dass es künftig vermutlich immer weniger die Gesundheit selbst sein wird, die über die Erwerbsteilhabe von Personen im höheren Erwerbsalter entscheidet, sondern eher deren Arbeitsfähigkeit und deren Motivation, weiter erwerbstätig zu bleiben. Dies hat Konsequenzen für die betriebliche Prävention.

8.4   Alter(n)smanagement: Der Umgang mit alternden Belegschaften

Angesichts der demografischen Entwicklung wird gefordert, alternde Belegschaften mit abnehmender Gesundheit arbeitsfähig zu erhalten und stärker als bisher auch ältere Bewerber zu akzeptieren und einzustellen, doch ist dies noch längst kein Konsens in der deutschen Unternehmenslandschaft. Zwar ist das Thema »Demografischer Wandel« in den Medien sehr präsent und in einer Vielzahl von Betrieben ist die Problematik grundsätzlich bemerkt worden. Jedoch wird die strategische Bedeutung des Themas oft sowohl von Arbeitgeber- als auch von Arbeitnehmerseite nicht hinreichend erkannt. Forderungen und Anstrengungen zielen dann auch nicht auf einen weitreichenden und

systematischen Erhalt der Arbeitsfähigkeit, sondern im Gegenteil auf kurzfristige Lösungen und auf solche, mit denen der Status quo beibehalten werden soll. Beispiele dafür sind Maßnahmen zur Ermöglichung/Finanzierung des vorzeitigen Erwerbsausstiegs trotz Wegfall der staatlichen Förderungen, z. B. über Lebensarbeitszeitkonten oder betriebliche Förderung von Altersteilzeit. Dies mag als Übergangslösung hilfreich sein, ist jedoch alleine nicht als nachhaltiges »Alternsmanagement« (Naegele u. Sporket 2010) anzusehen.

Was aber ist Alter(n)smanagement und wie kann es gelingen? »Altersmanagement bedeutet, die Arbeitsfähigkeit der Belegschaft und den Erfolg des Unternehmens zu lenken. Es ist das alltägliche Management und die Organisation der Arbeit aus dem Blickwinkel des Lebenslaufs und der Ressourcen der Beschäftigten...« (Ilmarinen 2006, eigene Übersetzung). Mit dieser Definition wird direkt dem Fehlschluss vorgebeugt, Alter(n)smanagement habe sich nur mit älteren Beschäftigten zu befassen. Im Gegenteil: Sind Beschäftigte über viele Jahre ungünstigen Arbeitsbedingungen ausgesetzt gewesen, ist es sehr viel schwieriger, durch eine Veränderung der Arbeitsorganisation oder auch durch Unterstützung Einzelner »das Ruder herumzureißen« in Richtung höherer Arbeitsfähigkeit. Gleichzeitig werden viele Maßnahmen, die zur Unterstützung älterer Beschäftigter dringend geboten erscheinen (z. B. ergonomisch konsequent optimierte Arbeitsplätze zur Reduzierung von Muskel-Skelett-Erkrankungen (Kugler et al. 2010)), auch bereits bei jüngeren Beschäftigten entlastend wirken. Alter(n)smanagement muss also alle Altersgruppen im Blick haben. Naegele und Sporket (2010) sprechen konsequenterweise von Alterns- statt von Altersmanage-

Abb. 8.5 Handlungsfelder des betrieblichen Alternsmanagements (hellgrau) nach Ilmarinen (2006) und mögliche Beteiligte im Unternehmen (dunkelgrau)

ment, weil der Prozess des Älterwerdens durch die Lebensphasen hindurch betrachtet wird, nicht eine bestimmte Phase, die als »das Alter« angesehen wird. Treffender noch als »Alternsmanagement«, aber ebenfalls etwas sperrig für den betrieblichen Gebrauch ist der eng verwandte Begriff des »Arbeitsfähigkeitsmanagements« (Tempel u. Ilmarinen 2013).

Ein zweiter wichtiger Aspekt des Alternsmanagements wurde bereits oben erarbeitet: Alternsmanagement darf nicht alleine an der Gesundheit der Beschäftigten ansetzen, sondern muss Arbeitsfähigkeit und Motivation ebenso wie die Gestaltung der Arbeit zunehmend berücksichtigen. Diese Aussage wird in sogenannten Handlungsfeldern des betrieblichen Alternsmanagements konkretisiert. ☐ Abb. 8.5 bildet die Handlungsfelder in der Darstellung nach Ilmarinen (2006) ab, nämlich Gesundheit/funktionale Kapazität, Arbeitsumgebung, Wissen/Kompetenz, Führung/Arbeitsorganisation. Andere Autoren differenzieren hier stärker (z. B. acht personalpolitische Handlungsfelder bei Naegele und Sporket (2010), darunter die Betriebliche Gesundheitsförderung). Die schlichte Gliederung nach Ilmarinen hat allerdings zwei Vorteile:

- Sie hilft allgemein dabei, breit und (zumindest im ersten Schritt) ohne Verengung auf Unternehmensfunktionen darüber nachzudenken, wie die Belegschaft arbeitsfähig erhalten werden kann.
- Sie ist auf Unternehmen jeder Größe und Struktur anwendbar, während Handlungsfelder wie »Betriebliche Gesundheitsförderung« oder »Wissensmanagement« an kleinen Unternehmen meist vorbeigehen, die keine eigene Personalabteilung und keinen internen Betriebsarzt haben.

Langhoff (2009) geht noch einen Schritt weiter und weist darauf hin, dass der demografische Wandel kein eigenes Gestaltungsfeld im Unternehmen ist, sondern dass – wie mit einer »demografischen Brille« – jede betriebliche Funktion auf ihre »Demografiefestigkeit« überprüft werden müsse.

Der Blick auf die verschiedenen Handlungsfelder führt schnell zum dritten Aspekt: Alternsmanagement ist keine Sache z. B. des Betrieblichen Gesundheitsmanagements, der Personalabteilung oder des Arbeitsschutzes allein. Arbeit »aus dem Blickwinkel des Lebenslaufs und der Ressourcen der Beschäftigten« (s. oben) zu organisieren erfordert, das Wissen verschiedener Experten im Unternehmen zusammenzubringen. Ebenfalls in ☐ Abb. 8.5 ist benannt, welche Akteure (sofern vorhanden) im Unternehmen am Alternsmanagement beteiligt werden sollten. Im Kleinunternehmen werden sich diese Funktionen entweder nicht wiederfinden (z. B. Betrieblicher Sozialdienst) oder sie werden durch Externe ausgeübt (z. B. Betriebsarzt), die nur für Pflichtaufgaben in Anspruch genommen werden. Hier kann die Liste der zu Beteiligenden aber Hinweise geben, welche Kompetenz noch hinzuzunehmen wäre. Es ist sowieso davon auszugehen, dass kleine und mittelständische Unternehmen – analog zum Arbeits- und Gesundheitsschutz (Sczesny et al. 2011) – einen deutlich höheren Unterstützungs- und Beratungsbedarf als Großunternehmen haben, um ein Alternsmanagement zu installieren. In größeren Unternehmen oder bei spezifischen Fragestellungen sind hingegen weitere Beteiligte denkbar.

Buss und Kuhlmann (2013) haben mit Hilfe von Fallstudien den Nutzen sogenannter Akteurskoalitionen zu diesem Thema untermauert. Die Länge der Nennungen in ☐ Abb. 8.5 sollte dabei keinesfalls als Hemmnis aufgefasst werden, mit Alternsmanagement im Unternehmen zu beginnen. In jedem Unternehmen, das heute Alternsmanagement betreibt, haben zuerst *einzelne* Akteure die Bedeutung des Themas in das Unternehmen getragen. Tempel und Ilmarinen (2013) stellen dies auf Basis langjähriger Erfahrungen am Beispiel des Betriebsarztes dar. Existiert ein Betriebliches Gesundheitsmanagement im Unternehmen, kann ein Alterns- oder Arbeitsfähigkeitsmanagement von dort seinen Ausgangspunkt nehmen und von vorhandenen Strukturen und Prozessen profitieren. Ebenso kann das Demografieprojekt einer Personalabteilung oder ein Ergonomieprojekt in der Produktion (Kugler et al. 2010) die Auseinandersetzung mit altersbedingten Veränderungen der Belegschaft anstoßen.

8.5 Von Handlungsfeldern zu Maßnahmen: Arbeitsfähigkeit und Motivation älterer Beschäftigter erhalten und steigern

Die schlechte Nachricht ist: Es gibt keinen Königsweg zum Erhalt der Arbeitsfähigkeit und Motivation. Die Problemlagen in verschiedenen Branchen, die Kulturen verschiedener Unternehmen, die sehr verschiedenen Möglichkeiten von Groß- und Kleinunternehmen und nicht zuletzt die zunehmende Individualisierung älter werdender Beschäftigter und ihrer Lebenssituationen verlangt nach passgenauen Konzepten.

Die gute Nachricht aber lautet: Für viele Fragestellungen aus den vier Handlungsfeldern liegen längst erprobte Instrumente vor. Wie Naegele und Sporket (2010) betonen, geht es vielmehr darum, »bekannte Instrumente überhaupt einzusetzen und gegebenenfalls den jeweiligen betrieblichen Bedingungen anzupassen.« Als Beispiele aus dem Betrieblichen Gesundheitsmanagement nennen sie Gesundheitszirkel, Arbeitsplatzbewertung, Arbeitsplatzgestaltung und Ergonomie, Job Rotation und gesundheitsbezogene Qualifizierungsmaßnahmen. Positiv ist insbesondere, dass alle diese Maßnahmen auch in kleinen Unternehmen weitgehend einsetzbar sind und dass sie mit überschaubarem Aufwand um eine Alternsperspektive erweitert werden können. Bereits die vollständige und korrekte Umsetzung gesetzlicher Vorgaben, z. B. der Gefährdungsbeurteilung (inkl. Analyse psychischer Belastungen) kann in Unternehmen leicht zu einer Liste wichtiger Maßnahmen zum Erhalt von Arbeitsfähigkeit und Motivation führen. Dieses Verfahren ist in deutschen Unternehmen aber oftmals noch nicht oder nur unzureichend durchgeführt worden (Beck u. Lenhardt 2009). Es gibt übrigens praxisnahe Hinweise zu der Frage, wie das Verfahren auch alter(n)sgerecht durchgeführt werden kann (BAuA 2011).

8.6 Schlusswort

Ziel unseres Beitrags ist, den Fokus der betrieblichen Aufmerksamkeit zu verschieben – weg von der reinen Sicherung der Gesundheit und hin zum Erhalt der Arbeitsfähigkeit und der Motivation zu arbeiten. Hierzu haben wir Kernelemente des lidA-Denkmodells und Erkenntnisse aus dem betrieblichen Alternsmanagement zusammengestellt und auf ein breites bereits existierendes Instrumentarium für Maßnahmen verwiesen. Für Betriebe ist es nicht zu spät, auf den Zug des Alternsmanagements aufzuspringen, denn – wie im ersten Teil des Beitrags deutlich wird – die richtige demografische Belastungsprobe steht vielen Betrieben vermutlich erst noch bevor.

Literatur

Beck D, Lenhardt U (2009) Verbreitung der Gefährdungsbeurteilung in Deutschland. Präv Gesundheitsf 4:71–76

Bjørner JB, Kristensen TS, Orth-Gomer K et al (1996) Self-rated health: A central concept in research, prevention and clinical medicine. Stockholm: Swedish Council for Planning and Coordination of Research, pp 1–144

Bundesanstalt für Arbeitsschutz und Arbeitsmedizin (2011) Aller guten Dinge sind drei! Altersstrukturanalyse, Qualifikationsbedarfsanalyse, alter(n)sgerechte Gefährdungsbeurteilung – drei Werkzeuge für ein demographiefestes Unternehmen. BAuA, Berlin/Dortmund/Dresden

Burr H, Kersten N, Kroll L, Hasselhorn HM (2013) Selbstberichteter allgemeiner Gesundheitszustand nach Beruf und Alter in der Erwerbsbevölkerung. Bundesgesundheitsbl Gesundheitsforsch Gesundheitsschutz 56:349–358. http://www.baua.de/de/Publikationen/Fachbeitraege/artikel34.pdf. Gesehen 20 Feb 2014

Buss K-P, Kuhlmann M (2013) Akteure und Akteurskonstellationen alter(n)sgerechter Arbeitspolitik. In: Altern in der Arbeitsgesellschaft. WSI-Mitteilungen Ausgabe 05/2013, 350–359

European Commission. Proposal for a REGULATION OF THE EUROPEAN PARLIAMENT AND OF THE COUNCIL on establishing a Health for Growth Programme, the third multi-annual programme of EU action in the field of health for the period 2014–2020 (9.11.2011, KOM (2011) 709, 2011/0339 (COD))

Fuchs J (2013) Demografische Entwicklung und Veränderung des Arbeitsmarktes. Bundesgesundheitsbl, Gesundheitsforsch, Gesundheitsschutz 56(3):399–405

Fuchs J, Zika G (2010) Arbeitsmarktbilanz bis 2025 – Demografie gibt die Richtung vor. IAB-Kurzbericht 12/2010

Hasselhorn HM, Rauch A (2013) Perspektiven von Arbeit, Alter, Gesundheit und Erwerbsteilhabe in Deutschland. Bundesgesundheitsblatt – Gesundheitsforschung – Gesundheitsschutz 56:339–348. http://www.baua.de/de/Publikationen/Fachbeitraege/artikel35.pdf. Gesehen 20 Feb 2014

Ilmarinen J (2006) Towards a longer worklife! Ageing and the
    quality of worklife in the European Union. Finnish Insti-
    tute of Occupational Health, Helsinki
Ilmarinen J (2009) Work ability – a comprehensive concept for
    occupational health research and prevention. Scand J
    Work Environ Health 35(1):1–5
Institut für Arbeitsmarkt- und Berufsforschung (IAB) Berufe im
    Spiegel der Statistik. http://bisds.infosys.iab.de. Gesehen
    19 Feb 2014
Kugler M, Bierwirth M, Schaub K, Sinn-Behrendt A, Feith A,
    Ghezel-Ahmadi K, Bruder R (2010) KoBRA. Ergonomie in
    der Industrie – aber wie? Handlungshilfe für den schritt-
    weisen Aufbau eines einfachen Ergonomiemanagements.
    Institut für Arbeitswissenschaft der TU Darmstadt, Darm-
    stadt. http://www.kobra-projekt.de/page/handlungshilfe.
    Gesehen 17 Jan 2014
Langhoff T (2009) Den demographischen Wandel im Unter-
    nehmen gestalten. Eine Zwischenbilanz aus arbeitswis-
    senschaftlicher Sicht. Springer, Dordrecht
Naegele G, Sporket M (2010) Perspektiven einer lebenslauf-
    orientierten Ältere-Arbeitnehmer-Politik. In: Naegele G
    (Hrsg) Soziale Lebenslaufpolitik. VS Verlag für Sozialwis-
    senschaften (GWV Fachverlage GmbH), Wiesbaden
Peter R, Hasselhorn HM (2013) Arbeit, Alter und Gesundheit –
    ein Modell. Bundesgesundheitsbl Gesundheitsforsch Ge-
    sundheitsschutz 56:415–421. http://www.baua.de/de/Pu-
    blikationen/Fachbeitraege/artikel37.pdf. Gesehen 20 Feb
    2014
Pond R, Stephen C, Alpass F (2010) How health affects retire-
    ment decisions: three pathways taken by middle-older
    aged New Zealanders. Ageing and Society 30:527–545
Sczesny C, Keindorf S, Droß P (2011) Kenntnisstand von Unter-
    nehmen auf dem Gebiet des Arbeits- und Gesundheits-
    schutzes in KMU. BAuA, Dortmund/Berlin/Dresden
Tempel J, Ilmarinen J (2013) Arbeitsleben 2025. Das Haus der
    Arbeitsfähigkeit im Unternehmen bauen. VSA, Hamburg
de Wind A, Geuskens GA, Reeuwijk KG et al (2013) Pathways
    through which health influences early retirement: a quali-
    tative study. BMC Public Health 13:292
Wurm S, Lampert T, Menning S (2009) Subjektive Gesundheit.
    In: Böhm K, Tesch-Römer C, Ziese T (Hrsg) Gesundheit und
    Krankheit im Alter. Beiträge zur Gesundheitsberichterstat-
    tung des Bundes. Berlin

Auf dem Weg zu mehr Geschlechtergerechtigkeit in Belegschaften

N. Bornheim, B. Sieben

B. Badura et al. (Hrsg.) *Fehlzeiten-Report 2014*,
DOI 10.1007/978-3-662-43531-1_9, © Springer-Verlag Berlin Heidelberg 2014

Zusammenfassung *In diesem Beitrag wird thematisiert, welchen Herausforderungen sich Unternehmen angesichts wandelnder Geschlechterverhältnisse in Gesellschaft und Organisationen stellen müssen. Es wird aufgezeigt, wie sich das Geschlechterverhältnis auf dem deutschen Arbeitsmarkt und in Organisationen in den letzten Jahren gewandelt hat bzw. welche Beharrungstendenzen zu vermerken sind – so in Führungspositionen und in geschlechtlich segregierten Tätigkeitsbereichen. In Bezug auf weiblich dominierte Tätigkeitsbereiche gehen wir am Beispiel der Altenpflege auf die Vielfalt der Ansprüche von Frauen an eine Arbeitsgestaltung ein, die ein positives Arbeitserleben ermöglicht und damit zur Gesunderhaltung der Belegschaftsmitglieder beitragen kann. Im Fazit werden Anforderungen an eine gesundheits- und geschlechtergerechte Gestaltung und Bewältigung des Wandels von Geschlechterverhältnissen in (Gesellschaft und) Organisationen abgeleitet.*

9.1   Einleitung

Vielfach ist von dem »Megatrend« Frauen oder Feminisierung der Arbeitswelt die Rede (vgl. für viele Rump u. Eilers 2013). Die Erwerbsbeteiligung von Frauen nimmt zu, ihr Bildungsniveau und Qualifikationsstand – als Voraussetzung für ihre Bewegungsfreiheit im Arbeitsmarkt – sind in den letzten Jahrzehnten stetig gestiegen. Das traditionelle männliche Ernährermodell (d. h. Männereinkommen als Hauptfamilieneinkommen, Fraueneinkommen als zusätzlicher Zweitverdienst) ist als gesellschaftliches Leitbild noch immer intakt, es weicht jedoch auf. Zum einen ist die doppelte Erwerbstätigkeit – gerade im Niedriglohnsektor – notwendig, um Lebenshaltungskosten zu decken und sich gegen Phasen der Arbeitslosigkeit abzusichern. Zum anderen steigt auch die Anzahl der Alleinverdienenden, und hier insbesondere der allein erziehenden Frauen, die die Risiken der Einkommenssicherung allein tragen. Hinzu kommt ein Trend zur Individualisierung und zum Wertewandel, der traditionelle Einkommenserwerbsmodelle weiter in Frage stellt. Auch wenn tendenziell ein Fortschreiten der Gleichberechtigung der Geschlechter in Bildung, Karriere und Erwerbstätigkeit zu beobachten ist, bestehen doch weiterhin entscheidende Ungleichheiten, so hinsichtlich des Arbeitsentgelts, des Arbeitsvolumens, des Zugangs zu Führungspositionen und Berufen. Die be-

nannten Ungleichverteilungen gehen vor allem zu Lasten von Frauen, jedoch betreffen sie ebenso Männer, die einem traditionellen Rollenbild widersprechen und beispielsweise in einem weiblich konnotierten Beruf tätig sind oder den Wunsch haben, Beruf und Familie miteinander zu vereinbaren.

Geschlechtergerechtigkeit kann nur hergestellt werden, wenn diese Ungleichverteilungen aufgehoben werden und ihnen durch organisationale Praktiken entgegengewirkt wird. Gertraude Krell (2011a) hat hierfür ihr Konzept der vier Ecksteine einer Erfolg versprechenden Gleichstellungspolitik formuliert, an dem wir uns im Folgenden orientieren: Zunächst gehen wir auf die Geschlechterverhältnisse in Arbeitsmarkt und Organisation ein, mit Schlaglichtern auf die Veränderung der Erwerbsbeteiligung von Frauen und Männern (▶ Abschn. 9.2.1), einem Fokus auf Frauen in Führungspositionen und damit der vertikalen Segregation von Tätigkeiten (▶ Abschn. 9.2.2) sowie einem Fokus auf die horizontale Segregation am Beispiel des »Frauenberufs« Altenpflege und seinen Anforderungen (▶ Abschn. 9.2.3). In ▶ Abschn. 9.3 greifen wir in einer exemplarischen Vertiefung diesen weiblich dominierten Arbeitsbereich, die Altenpflege, wieder auf und beschäftigen uns mit dem Erleben positiver Arbeitsemotionen. Hier stellen wir dar, welche Rahmenbedingungen insbesondere von organisationaler Seite erfüllt sein müssen, um den Altenpflegeberuf gesundheitsgerechter und damit für Frauen wie Männer attraktiver zu gestalten.

9.2 Geschlechterverhältnisse in Arbeitsmarkt und Organisationen

Die Geschlechterverhältnisse auf dem Arbeitsmarkt und in Organisationen befinden sich im Wandel. Gängige Diagnosen wie ein Megatrend »Feminisierung« der Wirtschaft und anderer Lebensbereiche (Rump u. Eilers 2013) und »ein historischer Möglichkeitsraum für die Karrierechancen von Frauen« (Boes et al. 2014) sind jedoch mit Skepsis zu betrachten. Das Qualifikationsniveau der Erwerbsbevölkerung spricht in jedem Fall dafür. Insgesamt ist es in Deutschland so hoch wie nie zuvor: Im Jahr 2011 hatten von den Erwerbspersonen zwischen 15 und 64 Jahren 26 Prozent der Frauen und 29 Prozent der Männer einen Hochschul- oder vergleichbaren Abschluss. Dabei ist vor allem der Anteil der hochqualifizierten Frauen unter den Erwerbspersonen entschieden gestiegen – und insbesondere jüngere Frauen haben Männer ihrer Alterskohorte weit überholt: 35 Prozent der 30- bis 34-jährigen Frauen hatten 2011 einen hohen Bildungsabschluss im Vergleich zu 31 Prozent der gleichaltrigen Männer (BA 2012, S. 18).

9.2.1 Schlaglichter auf die Erwerbsbeteiligung von Frauen und Männern

Analog dazu gibt es einen positiven Trend der Erwerbsbeteiligung, auch verursacht durch veränderte arbeitsmarktpolitische Regelungen und die relativ gute deutsche Wirtschaftsentwicklung. Als ein weiterer wesentlicher Faktor des Anstiegs in der letzten Dekade wird die verstärkte Erwerbsneigung von Frauen benannt: Von 2001 zu 2011 stieg ihre Erwerbsbeteiligung um 9 Prozent, die der Männer lediglich um 5 Prozent. Allerdings bleibt die Erwerbstätigkeit der Frauen immer noch hinter der der Männer zurück und weist einen teilweisen Rückgang in der Phase der Familiengründung auf (etwa im Lebensalter von 30 Jahren; BA 2012, S. 6). Ein Vergleich dieses Trends innerhalb Deutschlands zeigt zudem, dass ein Anstieg in der Erwerbsbeteiligung von Frauen lediglich in Westdeutschland stattgefunden hat; ihre Erwerbsquote hat sich derjenigen der ostdeutschen Frauen angenähert. Hingegen ist die Erwerbsquote der ostdeutschen Frauen gesunken, liegt jedoch immer noch um etwa 10 Prozent höher (aggregierte Daten von 2005 bis 2009; Krause et al. 2010).

Die Anstiege in der Erwerbsbeteiligung sind überdies vor allem in atypischen Beschäftigungen auszumachen: Während sich die Anteile von Selbstständigen und Normalarbeitnehmern in der Zeitspanne von 2000 bis 2012 eher geringfügig erhöht haben, sind die Anteile von atypisch Beschäftigten – und hier insbesondere der Teilzeit- und geringfügig Beschäftigten – stark gestiegen. Dies ist wiederum vor allem weiblichen Beschäftigten zuzuschreiben: Nach den aktuellsten Daten des Statistischen Bundesamtes (BA 2013a) ist die Erwerbstätigkeit zwischen Männern und Frauen fast ausgeglichen: 46 von 100 Erwerbstätigen sind weiblich. In Hinblick auf atypische Beschäftigungsverhältnisse bestehen jedoch große Differenzen: 33 Prozent der Frauen arbeiten in atypischen Beschäftigungsverhältnissen, jedoch nur 12 Prozent der erwerbstätigen Männer. Dieser Unterschied resultiert vor allem aus geringfügigen Beschäftigungen (12 Prozent der erwerbstätigen Frauen im Vergleich zu 4 Prozent der Männer) sowie Teilzeitbeschäftigungen (26 Prozent der Frauen und 4 Prozent der Männer). Dabei ist zu vermerken, dass die Teilzeit nicht immer selbstgewählt ist. So wünschten sich 2011 550.000 teilzeitbeschäftigte Männer und 1,4 Millionen teilzeitbeschäftigte Frauen mehr Arbeitsstunden (BA 2012, S. 30).

9.2.2 Fokus Frauen in Führungspositionen

Hinsichtlich der Karrierechancen von Frauen, d.h. beim Aufstieg in Führungspositionen, sind im letzten Jahrzehnt leichte Verbesserungen festzustellen. Nach dem Führungskräfte-Monitor des DIW Berlin hat sich der Anteil von Frauen in Führungspositionen von 22 Prozent im Jahr 2001 auf 30 Prozent im Jahr 2010 erhöht, ein Trend, den auch andere Studien (mit anderen Berechnungsgrundlagen) bestätigen (Holst et al. 2012). Dieser Trend bezieht sich jedoch nur auf untere und mittlere Führungspositionen. Insgesamt sind Führungspositionen nach wie vor eine Männerdomäne (Krell 2011b) und vor allem Frauen in Vorständen bilden nur die Ausnahme (Holst et al. 2012; Holst u. Kirsch 2014). In kleinen und mittelständischen Unternehmen (KMU) scheint es anders auszusehen; hier gibt es mehr Frauen an der Führungsspitze und in den mittleren Führungsebenen. Jedoch sind auch hier Vorbehalte angebracht, was die Durchsetzung der Gleichberechtigung betrifft, wie die Studie von Kay (2012) zeigt. Ihre Schlussfolgerung lautet: »Frauen scheinen vor allem deswegen in KMU häufiger in Führungspositionen zu finden zu sein, weil KMU stärker in den Branchen vertreten sind, die zum einen hohe Frauenanteile an den Belegschaften aufweisen und zum anderen schlechtere Vergütungen bieten.« (Kay 2012, S.138)

Frauen in Führungspositionen bzw. die in solche aufsteigen wollen, sind nach wie vor mit gängigen Stereotypen konfrontiert: »Think manager, think male« ist noch immer die Devise und da diejenigen Frauen, die aufgestiegen sind, zumeist einen Token-Status innehaben (allein unter vielen Männern) wird eine Änderung der Verhältnisse auch noch einige Zeit in Anspruch nehmen (Krell 2011b). Wie die aufschlussreiche Einzelfallstudie von Erfurt Sandhu (2013, 2014) zeigt, sind es vielfach ineinandergreifende, selbstverstärkende Mechanismen, die bewirken, dass – trotz eines ausgeglichenen Pools an Fach- und Führungsnachwuchskräften, vielfacher Anstrengungen in Sachen Chancengleichheit und der Überzeugung, dass ökonomische Gründe für eine Förderung von Frauen sprechen – in Top-Führungspositionen nur Männer ankommen. Aus der Perspektive der dieser Studie zugrunde liegenden Pfadtheorie handelt es sich hier um einen »Lock In« und eine Pfadbrechung ist danach vor allem durch externe Eingriffe bzw. »Schocks« möglich. Dies spricht klar für gesetzlich vorgegebene Frauenquoten, wie sie seit einiger Zeit verstärkt diskutiert und auch vorangetrieben werden. Eine Sensibilisierung der (überwiegend männlichen) Entscheider für Beurteilungsverzerrungen ist nötig, aber ebenso klare Zielvorgaben, deren (Nicht-)Realisierung kontrolliert wird. Insofern versprechen Quoten als Steuerungsinstrument – komplementiert um weitere betriebliche Maßnahmen zur Erhöhung der Chancengleichheit beim Zutritt zu und in Führungspositionen (Krell 2011a und b) – eine Änderung der Verhältnisse voranzutreiben (vgl. auch Krell 2013).

9.2.3 Fokus Arbeitsbedingungen in »Frauenberufen«: Das Beispiel Altenpflege

Beharrungstendenzen lassen sich nicht nur im Bereich der Führung ausmachen, sondern ebenfalls in traditionell geschlechtlich segregierten Arbeitsfeldern und Berufen wie IT (männlich dominiert) oder Erziehung und Pflege (weiblich dominiert). Die Krux eines typischen »Frauenberufs« lässt sich sehr gut am Beispiel der professionellen Altenpflege nachvollziehen. Hinsichtlich ihrer arbeitsrechtlichen Verfassung ist diese heutzutage ein Beruf wie jeder andere. Unter dieser Oberfläche findet sich jedoch ein anderes Bild. Lange Zeit galt die Pflege von Menschen als ein christlich motivierter Liebesdienst, der mit vermeintlich natürlich

gegebenen »weiblichen Tugenden« (Hausen 1976) korrespondiert. Aufgrund der historisch gewachsenen Zuordnung von Frauen zu haushaltsnahen, pflegerischen und erzieherischen Tätigkeiten wird Pflege in der öffentlichen Wahrnehmung auch heute noch häufig als ein »weiblicher Halbberuf« betrachtet, der mit ökonomischen Prinzipien, sprich mit einer am zeitlichen Aufwand und den qualifikatorischen Anforderungen gemessenen Entlohnung, nicht vereinbar sei (vgl. z. B. Kumbruck et al. 2010, S.197 f.). Die ungebrochene Wirksamkeit dieses traditionellen Bildes spiegelt sich auch im beruflichen Selbstbild vieler Pflegekräfte wider, die nach wie vor die Einhaltung eines strikten Acht-Stunden-Tags aus ethischen Gründen ablehnen (ebd., S.210).

Dabei haben sich die Rahmenbedingungen in der beruflichen Altenpflege grundlegend geändert. Seit Inkrafttreten der Pflegeversicherung im Jahr 1995 ist sowohl die Zahl der Pflegebedürftigen als auch die Zahl der Beschäftigten im Altenpflegebereich kontinuierlich gestiegen. Laut aktueller Pflegestatistik waren in der Bundesrepublik Deutschland im Jahre 2011 rund 950.000 Menschen, davon 86 Prozent Frauen, in stationären, teilstationären und ambulanten Pflegeeinrichtungen und -diensten beschäftigt. Im Vergleich zum Jahr 1999 entspricht dies einem Anstieg um 52 Prozent (BA 2013b; eigene Berechnungen).

Der wachsenden gesellschaftlichen Bedeutung zum Trotz zeigen sich in der Altenpflege weiterhin alle negativen Merkmale eines typischen »Frauenberufs«, nämlich geringe gesellschaftliche Anerkennung, schlechte Bezahlung, hohe Arbeitsbelastungen und geringe Aufstiegs- und Entwicklungschancen (z. B. Oestreich 2013, S.8). Hinzu kommen prekäre Arbeitsverhältnisse und geringqualifizierte Beschäftigungsformen. Deutschlandweit arbeiten zwei Drittel der Altenpflegekräfte in Teilzeit oder geringfügiger Beschäftigung (14 Prozent). Nur knapp ein Drittel ist vollzeitbeschäftigt. Das Qualifikationsniveau ist eher niedrig: Nur die Hälfte verfügt über einen einschlägigen examinierten Berufsabschluss als Altenpfleger/in, Krankenpfleger/in oder Ähnliches. Die andere Hälfte setzt sich zusammen aus staatlich anerkannten Pflegehelfer/innen (12 Prozent) und Personen ohne bzw. mit fachfremdem Berufsabschluss (36 Prozent) (BA 2013b). Diese Daten korrelieren mit der Beschäftigungspraxis von Pflegeeinrichtungen und -diensten, die sich vielfach durch die Vergabe von befristeten, stunden- oder sozialleistungsreduzierten Arbeitsverträgen, einen großzügigen Einsatz von Leiharbeitskräften und die Ersetzung von examinierten Altenpflegekräften durch Pflegehelfer/innen und (ungelernte) Hauswirtschaftskräfte auszeichnet (Bornheim 2014, S.4 f.).

Zu diesen schlechten Rahmenbedingungen, unter denen ein existenzsicherndes Einkommen für die Pflegekräfte kaum möglich ist, kommt – durch die Zuständigkeit für zu viele Pflegebedürftige und die Ausweitung von körperlichen, emotionalen, organisatorischen und inhaltlichen Anforderungen – in vielen Pflegeeinrichtungen und -diensten ein deutlicher Anstieg des Zeit- und Leistungsdrucks hinzu (z. B. DBfK 2009; Hasselhorn et al. 2005). Entsprechend erstaunt es nicht, dass Altenpflegekräfte im Hinblick auf die psychophysische Gesundheit deutlich schlechter abschneiden als andere Berufsgruppen (z. B. Kumbruck et al. 2010, S. 331 f.). Unter welchen betrieblichen Rahmenbedingungen dennoch ein gesundheitsförderliches positives Arbeitserleben für Altenpflegekräfte möglich ist, wird im anschließenden Kapitel erläutert.

9.3 Das Beispiel Altenpflege: Voraussetzungen für ein positives Arbeitserleben

Im Folgenden beziehen wir uns im Wesentlichen auf eine qualitative Studie, die Nicole Bornheim von Oktober 2006 bis Juni 2007 in drei Altenpflegeeinrichtungen in Norddeutschland durchgeführt hat (Bornheim 2010, 2014). Vor dem Hintergrund von Forschungen, die zeigen, dass positive Arbeitsemotionen aufgrund ihrer stresskompensatorischen Wirkung maßgeblich zum Erhalt der psycho-physischen Gesundheit der Belegschaftsmitglieder beitragen können, fragt die Studie nach förderlichen betrieblichen Rahmenbedingungen hierfür.

Um der Komplexität und Ganzheitlichkeit emotionalen Erlebens gerecht zu werden, wurden die Daten mithilfe einer Kombination unterschiedlicher Methoden der qualitativen Sozialforschung gewonnen. Durchgeführt wurden in allen drei Pflegeeinrichtungen:

– Expertengespräche mit den Geschäftsführern (alle männlich) und den Pflegedienstleitungen (zwei weiblich, eine männlich), die als Vertreter der oberen und mittleren Führungsebene über wichtige Insider-Informationen zur Einrichtung, ihren Zielen und Leitbildern verfügen.
– Teilnehmende Beobachtungen von Altenpflegekräften während ihres Arbeitsalltags. Hierzu wurden jeweils zwei bis drei Pflegekräfte bei der Versorgung der Pflegebedürftigen (Grundpflege, Hilfe bei Mahlzeiten etc.) sowie bei Frühstückspausen und Dienstbesprechungen begleitet.
– Leitfadengestützte, narrative Interviews mit insgesamt zehn Altenpflegekräften (davon eine

männlich) in unterschiedlichen Funktionsstufen (von Altenpflegehelferin bis Bereichsleitung).
– Analyse einrichtungsspezifischer Dokumente, z. B. Pflege- und Organisationsleitbilder, Patienten- und Angehörigeninformationsblätter, Internetpräsenzen. Diese Dokumente dienten dazu, wichtige ergänzende Informationen zur Einrichtung, ihren Zielen, ihrer intendierten Außenwirkung etc. zu erhalten und vor diesem Hintergrund die Interviewergebnisse besser in die betriebliche Gesamtsituation einzuordnen.

Zur Sicherung und Dokumentation der erhobenen Daten wurden die narrativen Interviews und Expertengespräche allesamt auf Tonband aufgenommen und wörtlich transkribiert. Ihre Auswertung erfolgte anhand markanter Interviewaussagen (Kernsätze). Die bei der teilnehmenden Beobachtung gewonnenen Eindrücke wurden in einem Forschungstagebuch festgehalten.

Zu den Ergebnissen: Vergleicht man die Sichtweise und Berufsbiografie der männlichen Pflegekraft mit denen der Kolleginnen, so ist kein nennenswerter Unterschied erkennbar. Bei den Pflegedienstleitungen zeigte sich dagegen ein deutlicher Unterschied. Während die beiden Pflegedienstleiterinnen erst nach langjähriger Betriebszugehörigkeit und Berufserfahrung in der Altenpflege in die neue Position aufgestiegen sind, ist der Pflegedienstleiter ohne nennenswerte Berufspraxis direkt von der Hochschule in die Leitungsposition eingestiegen. Als Hauptmotivation benannte er die besseren Verdienst- und Vereinbarkeitsmöglichkeiten:

» Meine Motivation als Pflegedienstleitung: (…) Also *ich* könnte nicht dauernd in der Pflege arbeiten. Wenn man sich überlegt, dass man nachher Familie haben will, zwei Kinder sag ich mal, und mit Schichtdienst zusammenarbeiten, finde ich, das passt nicht so richtig. (…) Dann wegen der Bezahlung, die ist ja auch immer etwas mau. (…) Und sicherlich hat man geregeltere Arbeitszeiten.

Als ein zentrales Ergebnis der Studie stellt sich heraus, dass trotz der für »Frauenberufe« typisch schlechten Rahmenbedingungen in der Pflege (▶ Abschn. 9.2) alle befragten Altenpflegekräfte über positive Arbeitserlebnisse berichten. Mehr noch, die Pflegekräfte beschreiben ihren Beruf als eine »wirklich schöne«, zutiefst sinngebende und vielfach beglückende Arbeitstätigkeit, wie im folgenden Zitat:

» Was mir gefällt? Also ganz ehrlich mit den
Bewohnern. (…) Also wenn ich ein Stück so mit
diesem Mensch halt teile, und die teilen auch
mit mir, was die haben. Ja. Liebe, auch viel Liebe.
Muss ich ehrlich sagen. Eigentlich ist es das,
was mir gefällt. (Pflegerin)

Als eine wesentliche Voraussetzung für ein positives
Arbeitserleben von Pflegekräften entpuppt sich eine
hohe Pflegequalität, die an den individuellen Bedürfnissen der Pflegebedürftigen ansetzt. Notwendig sind
daher organisationale Pflegeleitbilder, die sich durch
Bedürfnisorientierung und Ganzheitlichkeit auszeichnen und den Beziehungscharakter von Pflege explizit
berücksichtigen. Hierbei sind medizinisch-pflegeri-
sche *und* dialogisch-interaktive Handlungen als integ-
rale Bestandteile professioneller Pflegequalität unbedingt gleichberechtigt anzuerkennen (vgl. auch Kumbruck et al. 2010). Denn wie eine Pflegekraft es bildlich
ausdrückt, geht es in der Altenpflege um viel mehr als
nur um das fachlich richtige Anlegen einer »trockenen
Hose«:

» Wichtig ist, dass man dem Mensch die Hand gibt
und ein bisschen hält und ihm was Nettes sagt.
Dieses Gespür mit den Leuten haben, das ist das
A und O. (…) Um das geht es. (Pflegerin)

Um solche empathiebasierten und bedürfnisorientier-
ten Handlungsweisen zu ermöglichen, muss ein ausreichend großer Spielraum bei der Gestaltung der
Arbeitssituation eingeräumt werden, der es dem Pflegepersonal ermöglicht, situativ auf die täglich variie-
renden Bedürfnisse und Befindlichkeiten der zu Pfle-
genden einzugehen – etwa durch flexible Zeitfenster
(Senghaas-Knobloch 2008) oder eine offene Rahmen-
planung (Weishaupt 2006).
  Als weitere zentrale Voraussetzung entpuppt sich
die Bereitstellung ausreichender Personalressourcen
(DBfK 2009, S. 9). Denn um dem für die Pflegekräfte
zentralen Aspekt der menschlichen Zuwendung gerecht zu werden, braucht es Zeit – und damit einherge-
hend auch Personal:

» Wenn ich Frau M jetzt schnell anziehe oder so,
das geht nicht. Da musst du erst vorbereiten und
reden und dann langsam machen. Weil die werden sonst aggressiv, wenn du da schnell machst.
Nee, das geht nicht. (Pflegerin)

Zwingend erforderlich sind zudem stabile Beschäftigungsverhältnisse, die eine personelle Kontinuität ermöglichen. Gute Pflege, die mit dem Erleben positiver

Arbeitsemotionen einhergeht, kann nach einhelliger
Auffassung der Altenpflegekräfte nur gewährleistet
werden, wenn

» (…) man irgendwo auch angebunden ist an ein
Haus. Wenn man die Bewohner kennt, die da sind,
das Personal, mit dem man arbeitet. Wenn man
die Arbeitsschritte kennt. Wenn man genau weiß,
was zu tun ist. Und wenn man sich drauf einlassen
kann. (Pflegerin)

Die Berücksichtigung von Bedürfnisorientierung,
Ganzheitlichkeit und Beziehungscharakter der Pflege
sowie die Bereitstellung guter Arbeitsbedingungen erweisen sich also als zentrale betriebliche Faktoren, die
ein positives Arbeitserleben bei Altenpflegekräften
ermöglichen (z. B. INQA 2010; Kumbruck et al. 2010;
Weishaupt 2006).
  Diese Faktoren sind allein jedoch nicht hinreichend, wie die Studie von Bornheim zeigt. Entscheidend ist zusätzlich die Art und Weise, *wie* die organisationalen Maßnahmen und Vorgaben durch die Organisationsleitung umgesetzt werden. Dies wird deutlich am Beispiel einer Pflegeeinrichtung, in der sich ein
besonders hohes Maß an positiven Arbeitsemotionen
zeigt. Das Pflegepersonal identifiziert hier vor allem
das von Anerkennung, Respekt und Vertrauen geprägte Verhältnis zu den Führungskräften sowie die als sehr
mitarbeiterfreundlich empfundene Beschäftigungspolitik als wesentliche Quelle für positive Arbeitsemotionen. Überaus positiv bewerten sie die Bemühungen
der Einrichtungsleitung, über den Stellenschlüssel der
Pflegeversicherung hinaus genügend Pflegepersonal
zur Verfügung zu stellen. Obwohl in der Einrichtung
umfangreiche Einsparungen stattgefunden haben, ist
es der Organisationsleitung gelungen, diese Maßnahmen positiv zu rahmen. So ist die Reduzierung von
Arbeitszeiten und Entgeltbestandteilen eingebettet in
eine Beschäftigungspolitik, die auf Festanstellungen
und eine langfristige Kontinuität des Pflegepersonals
ausgerichtet ist.
  Interessanterweise finden sich (abgesehen von
dem oben angeführten Zitat des Pflegedienstleiters) in
den Interviews nur wenige Aussagen zu Verdiensthöhe
oder familienfreundlichen Arbeitszeiten. Diese Faktoren scheinen hinsichtlich des direkten Erlebens positiver Arbeitsemotionen eine untergeordnete Rolle zu
spielen. Nichtsdestotrotz sind sie im Hinblick auf eine
gesunderhaltende und damit für Frauen wie Männer
attraktivere Gestaltung des Altenpflegeberufs von zentraler Bedeutung (z. B. Hasselhorn u. a. 2005, S. 82 ff.;
INQA 2010, S. 45). Denn gesundheitlich und sozial
unverträgliche Arbeitszeiten stellen ein zentrales

Merkmal der professionellen Altenpflege dar, die durch Schichtarbeit, Wochenend- und Feiertagsdienste sowie geteilte Dienste gekennzeichnet ist (Bornheim 2008, S. 171). Als problematisch bewerten die Altenpflegekräfte vor allem die oftmals langen Dienstphasen, die in einigen Pflegeeinrichtungen bis zu 14 Arbeitstage am Stück betragen. Als gesundheitlich angemessen betrachten sie wesentlich kürzere Arbeitszyklen, die ausreichende Erholungsphasen beinhalten:

» Also vier, fünf Tage und dann ein Tag frei, das kann man noch gut schaffen. Da sieht man schon, da arbeitet man anders. Macht man auch gern. Aber der siebte, achte Tag: da komme ich zwar, aber nur weil ich muss. Man muss zwischendurch mal frei haben, abschalten können. (Pflegerin)

Der Aspekt der gesundheitlichen und sozialen Unverträglichkeit durch unregelmäßige Arbeitszeiten korreliert zudem mit der Höhe der wöchentlichen Arbeitszeit. Um eine bessere Vereinbarkeit von Beruf und Familie zu erreichen und die hohen psychischen und körperlichen Belastungen der Pflegearbeit zu kompensieren, bevorzugen viele Pflegekräfte deshalb Teilzeitarbeitsstellen mit 25 bis 30 Wochenarbeitsstunden, auch wenn diese in aller Regel nicht existenzsichernd sind. Für eine gesundheitsförderliche Gestaltung von Altenpflege bedarf es deshalb einer Reduzierung der Arbeitsbelastungen (DBfK 2009; INQA 2010). Diese kann, wie gesehen, insbesondere erreicht werden, indem angemessene Handlungsspielräume eingeräumt und ganzheitliche Aufgabenzuschnitte in Kombination mit ausreichenden Personalressourcen und stabilen Beschäftigungsverhältnissen bereitgestellt werden.

Für eine geschlechtergerechte Gestaltung der beruflichen Altenpflege bedarf es darüber hinaus einer der Arbeitsleistung angemessenen Entlohnung. Hierzu ist es notwendig, alle für die Pflege wesentlichen Tätigkeitsinhalte, Anforderungen und Belastungen, so auch psychosoziale und emotionale, systematisch in die Arbeitsbewertung miteinzubeziehen (Krell u. Winter 2011, S. 351 ff.), damit sie auf formaler Ebene Berücksichtigung finden und nicht länger unsichtbar und unbezahlt bleiben.

9.4   Fazit

Obgleich Geschlechterverhältnisse im Wandel begriffen sind, schlägt sich dies nicht automatisch in Organisationen nieder. Vielmehr braucht es mehrere Ansatzpunkte, um (mehr) Geschlechtergerechtigkeit in Belegschaften herzustellen. Im Ecksteinkonzept von

Krell (2011a) werden folgende Punkte als zentral benannt:

1. *Realisierung von Chancengleichheit beim Zugang zu und in Führungspositionen und anderen männerdominierten Bereichen.* Wir sind hier vor allem auf den Zugang zu Führungspositionen eingegangen und haben gezeigt, dass angesichts der Beharrungstendenzen vor allem in Top-Positionen neben den gängigen betrieblichen Maßnahmen auch gesetzlich regulatorische Maßnahmen wie Quoten angeraten sind, um das Potenzial für Diskriminierungen zu verringern und das für Chancengleichheit zu erhöhen.

2. *Abbau von Diskriminierungen in Arbeitsgestaltung und Entgeltpolitik bei herkömmlichen »Frauenarbeiten«.* Im Hinblick auf Entgeltpolitik sind wir am Beispiel Pflege darauf eingegangen, dass es einer Aufwertung von frauendominierten Tätigkeiten – etwa durch gerechtere Arbeitsbewertungen – bedarf. Dass dies möglich ist, zeigt das Beispiel Skandinavien, wo viele Dienstleistungsberufe in einer akademisierten Ausbildung erlernt und entsprechend gut entlohnt werden, sodass das Einkommen eine grundlegende Existenzsicherung ermöglicht (Oestreich 2013, S. 9). Im Hinblick auf Arbeitsgestaltung haben wir gezeigt, dass die Arbeitsbedingungen im Sinne einer guten Arbeit umzugestalten sind, um die für viele »Frauenberufe« typische qualitative Unterforderung und/oder quantitative Überforderung zu überwinden (Krell 2011a, S. 6).

3. *Erleichterung der Vereinbarkeit von Beruf und Privatleben für Frauen und Männer ohne diskriminierende Folgen.* Diesen Eckpunkt haben wir in den vorangegangenen Ausführungen lediglich gestreift. Eine wichtige Grundvoraussetzung ist die Entkoppelung von Aufstiegs- bzw. Entwicklungschancen und Arbeitszeit. Aufgrund der traditionellen geschlechtlichen Aufgabenteilung in Haushalt und Familie sind lange Arbeitszeiten für viele Frauen und insbesondere für Mütter nach wie vor ein besonderes Problem. Mittlerweile wünschen sich jedoch auch immer mehr vollzeiterwerbstätige Männer (in Führungspositionen) kürzere Arbeitszeiten – auch wenn sich dies negativ beim Verdienst auswirken würde (Holst et al. 2012).

4. *Erhöhung der Gleichstellungskompetenz und -motivation von Führungskräften.* Dass Führungskräfte eine entscheidende Rolle spielen und ins Boot geholt werden müssen, dürfte deutlich geworden sein. Sie müssen geschult und sensibilisiert werden, um Diskriminierungs- und Gleichstellungspotenzial zu erkennen.

Mit einer Arbeit an allen vier Eckpunkten ist zu erhoffen, dass der Weg zu (mehr) Geschlechtergerechtigkeit in Belegschaften geebnet wird. Damit verknüpft ist die Zuversicht, dass eine höhere Geschlechtergerechtigkeit dazu beiträgt, dass die Arbeitszufriedenheit der Belegschaftsmitglieder erhöht und damit letztlich auch ihre physische sowie psychische Gesundheit erhalten wird.

Literatur

BA – Statistisches Bundesamt (2012) Frauen und Männer auf dem Arbeitsmarkt. Deutschland und Europa. Wiesbaden

BA – Statistisches Bundesamt (2013a) Statistisches Jahrbuch 2013. Wiesbaden

BA – Statistisches Bundesamt (2013b) Pflegestatistik 2011. Pflege im Rahmen der Pflegeversicherung. Deutschlandergebnisse. Wiesbaden

Boes A, Bultemeier A, Kämpf T, Langes B, Lühr T, Marrs K, Trinczek R (2014) Ein historischer Möglichkeitsraum für die Karrierechancen von Frauen. In: Boes et al (Hrsg) Karrierechancen von Frauen erfolgreich gestalten. Springer, Wiesbaden, S 13–34

Bornheim N (2008) Arbeitsqualität als Ansatzpunkt für eine sozial nachhaltige Gestaltung flexibler Arbeitsformen – Das Beispiel Pflege. In: Becke G (Hrsg) Soziale Nachhaltigkeit in flexiblen Arbeitsstrukturen – Problemfelder und arbeitspolitische Gestaltungsperspektiven. Lit, Berlin, S 169–184

Bornheim N (2010) Organizational conditions for positive emotions in the workplace – The example of professional elderly care. In: Sieben B, Wettergren Å (eds) Emotionalizing organizations and organizing emotions. Palgrave Macmillan, Houndsmills, pp 63–83

Bornheim N (2014) Positive Emotionen in der Arbeitswelt. Eine vergleichende Untersuchung über das Verhältnis von Rahmenbedingungen und Arbeitserleben in der stationären Altenpflege. Dissertation. Universität Bremen (Veröffentlichung in Vorbereitung)

DBfK-Bundesverband (2009) Wie sieht es im Pflegealltag wirklich aus? – Fakten zum Pflegekollaps. Ausgewählte Ergebnisse der DBfK-Meinungsumfrage 2008/09. Download unter: www.dbfk.de. Gesehen 26 Mai 2014

Erfurt Sandhu P (2013) Persistent homogeneity in top management. Download unter: http://www.diss.fu-berlin.de/diss/receive/FUDISS_thesis_000000095677. Gesehen 26 Mai 2014

Erfurt Sandhu P (2014) Selektionspfade im Topmanagement. Homogenisierungsprozesse in Organisationen. Springer Gabler, Wiesbaden (im Erscheinen)

Hasselhorn HM, Müller BH, Tackenberg P, Kümmerling A, Simon M (2005) Berufsausstieg bei Pflegepersonal – Arbeitsbedingungen und beabsichtigter Berufsausstieg bei Pflegepersonal in Deutschland und Europa. NW, Bremerhaven

Hausen K (1976) Die Polarisierung der »Geschlechtscharaktere« – Eine Spiegelung der Dissoziation von Erwerbs- und Familienleben. In: Conze W (Hrsg) Sozialgeschichte der Familie in der Neuzeit Europas. Klett, Stuttgart, S 363–393

Holst E, Kirsch A (2014) Frauen sind in Vorständen großer Unternehmen in Deutschland noch immer die Ausnahme – moderat steigende Anteile in Aufsichtsräten. DIW Wochenbericht 81(3), S 19–31

Holst E, Busch A, Kröger L (2012) Führungskräfte-Monitor 2012: Update 2001–2010. No. 65. DIW Berlin: Politikberatung kompakt

INQA – Initiative Neue Qualität der Arbeit (2010) Fels in der Brandung – Ältere Beschäftigte im Pflegeberuf. Bundesanstalt für Arbeitsschutz und Arbeitsmedizin, Dortmund

Kay R (2012) Der Mittelstand – Vorbild in Sachen Chancengleichheit von Frauen und Männern? In: Ortlieb R, Sieben B (Hrsg) Geschenkt wird einer nichts – oder doch? Festschrift für Gertraude Krell. Programmatisches – Personalpolitik – Gender – Diversity – Diskursive Anknüpfungen. Hampp, München und Mering, S 135–140

Krause P, Goebel J, Kroh M, Wagner GG (2010) 20 Jahre Wiedervereinigung: wie weit sind Ost-und Westdeutschland zusammengerückt sind. DIW Wochenbericht 77(44):2–12

Krell G (2011a) Grundlegend: Ecksteine, Gleichstellungscontrolling, Verständnis und Verhältnis von Gender und Diversity. In: Krell G, Ortlieb R, Sieben B (Hrsg) Chancengleichheit durch Personalpolitik, 6. Aufl. Gabler, Wiesbaden, S 3–24

Krell G (2011b) Geschlechterungleichheiten in Führungspositionen. In: Krell G, Ortlieb R, Sieben B (Hrsg) Chancengleichheit durch Personalpolitik, 6. Aufl. Gabler, Wiesbaden, S 403–422

Krell G (2013) Die Quote als Steuerungselement. http://www.atkearney361grad.de/die-quote-als-steuerungselement. Gesehen 26 Mai 2014

Krell G, Winter R (2011) Anforderungsabhängige Entgeltdifferenzierung: Orientierungshilfen auf dem Weg zu einer diskriminierungsfreien Arbeitsbewertung. In: Krell G, Ortlieb R, Sieben B (Hrsg) Chancengleichheit durch Personalpolitik, 6. Aufl. Gabler, Wiesbaden, S 343–360

Kumbruck C, Rumpf M, Senghaas-Knobloch E (2010) Unsichtbare Pflegearbeit. Fürsorgliche Praxis auf der Suche nach Anerkennung. Lit, Berlin

Oestreich H (2013) Die doppelte Verniedlichung: Care-Arbeit in Deutschland. Gender matters: Infobrief zur geschlechterpolitischen Arbeit, Nr 2, Friedrich-Ebert-Stiftung, Berlin, S 7–10

Rump J, Eilers S (2013) Weitere Megatrends. In: Rump J, Walter N (Hrsg) Arbeitswelt 2030. Trends, Prognosen, Gestaltungsmöglichkeiten. Schäffer-Poeschel, Stuttgart, S 13–29

Senghaas-Knobloch E (2008) Zeit für fürsorgliche Praxis. Pflegeethos und Erfahrungen von Frauen und Männern in Pflegeberufen. In: Senghaas-Knobloch E, Kumbruck C (Hrsg) Vom Liebesdienst zur liebevollen Pflege. Rehburg-Loccum, S 77–94

Weishaupt S (2006) Subjektivierendes Arbeitshandeln in der Altenpflege – die Interaktion mit dem Körper. In: Böhle F, Glaser J (Hrsg) Arbeit in der Interaktion – Interaktion als Arbeit. Arbeitsorganisation und Interaktionsarbeit in der Dienstleistung. Wiesbaden, S 85–106

Multikulturelle Belegschaften

C. Busch, J. Clasen

B. Badura et al. (Hrsg.) *Fehlzeiten-Report 2014*,
DOI 10.1007/978-3-662-43531-1_10, © Springer-Verlag Berlin Heidelberg 2014

Zusammenfassung *Neben Älteren und Frauen werden auch Menschen mit Migrationshintergrund die Belegschaften der Zukunft prägen. Aktuell sind vor allem gering qualifizierte Belegschaften von hoher kultureller Diversität geprägt, da Migranten aus verschiedenen Gründen häufig in un- und angelernten Tätigkeiten arbeiten. Sie sind hinsichtlich ihrer Gesundheit und ihren Arbeitsbedingungen gegenüber der einheimischen Mehrheitsbevölkerung benachteiligt. Betriebliches Gesundheitsmanagement schließt diese Zielgruppe bisher weitgehend aus. Diese Zielgruppe über wirksame Zugangswege zu erreichen ist eine große Herausforderung, der sich das Programm ReSuDi stellt. ReSuDi steht für Ressourcen- und Stressmanagement für un- und angelernte Belegschaften mit hoher kultureller Diversität. Das Programm ist ein betriebliches Multiplikatorenprogramm, das von der Universität Hamburg in Kooperation mit Krankenkassen und Betrieben, finanziert vom Bundesministerium für Bildung und Forschung, entwickelt, erprobt und einer Effektivitäts- und Effizienzbewertung unterzogen wurde.*

10.1 Demografische Entwicklung und kulturelle Diversität

Seit den 1970er Jahren werden in Deutschland jährlich mehr Sterbefälle als Lebendgeburten registriert (Grünheid u. Fiedler 2013). Die logische Konsequenz dieser Entwicklung ist, dass die Bevölkerungszahl schrumpft, die Zahl der Erwerbspersonen abnimmt und die Erwerbstätigenstruktur in Deutschland sich verändert. Seit den 1990er Jahren stagniert die Gesamtbilanz der deutschen Bevölkerung jedoch bei 82 Millionen (ebd.). Der Grund hierfür ist das Wanderungsgeschehen: Durch eine positive Zuwanderungsbilanz von Migranten konnte die Bevölkerungszahl bis in die 2000er Jahre konstant gehalten werden. Nach einer negativen Wanderungsbilanz nach 2003 mit einer parallelen leichten Abnahme der Bevölkerung wurde 2011 durch eine starke Zuwanderung wieder ein Bevölkerungswachstum verzeichnet (ebd.).

Bevölkerungsvorausberechnungen zeigen jedoch, dass die Bevölkerung bis 2060 selbst bei einem jährlichen positiven Wanderungssaldo in einer Größenordnung von 100.000 bis 200.000 Zuzügen aus dem Ausland um 15 bis 21 Prozent schrumpfen würde (ebd.). Entsprechend werden sich Zahl und Struktur der Erwerbstätigen in Deutschland verändern. Neben einem Zuwachs an Älteren und Frauen werden auch zunehmend Menschen mit Migrationshintergrund die Belegschaften prägen. Aktuell leben in Deutschland 9 Prozent Ausländer und 20 Prozent der Bevölkerung haben einen Migrationshintergrund, d. h. sie sind entweder selbst migriert oder mindestens ein Elternteil (Statistisches Bundesamt 2012). Etwa drei Viertel der Ausländer in Deutschland stammen aus europäischen Ländern und der Türkei. Innerhalb der Bevölkerung mit Migrationshintergrund in Deutschland stammen die größten Gruppen aus der Türkei (16 Prozent), aus Polen (7,5 Prozent) und aus Russland (6,7 Prozent) (Ehling u. Sommer 2010). Die Prognosen lassen erkennen, dass die Zusammensetzung der Bevölkerung in Zukunft noch stärker als bisher von nationaler und ethnischer kultureller Diversität geprägt sein wird. Im Arbeitskontext wird sich diese Entwicklung in zunehmend multikulturellen Belegschaften bemerkbar machen. Die Zunahme an kultureller Diversität ist auch dem Umstand geschuldet, dass Unternehmen immer häufiger international agieren. Anforderungen an die Zusammenarbeit mit anderskulturellen Vorgesetzten, Untergebenen, Kollegen und Kunden steigen.

Studienergebnisse zu den Effekten multikultureller Zusammenarbeit sind nicht eindeutig, was das Wohlbefinden und die Gesundheit der Beschäftigten angeht. Geht es um Problemlösung und Kreativität, können multikulturelle Teams monokulturellen Teams überlegen sein (Hößler u. Sponfeldner 2012). Die Zeit arbeitet für multikulturelle Teams: Längerfristig sind sie in ihrer Leistungsfähigkeit den monokulturellen überlegen. Die Ausbildung einer Teamidentifikation und der Grad an Diversität ist für den Erfolg multikultureller Teams zentral. Mit zunehmendem Grad an Diversität werden negative Effekte multikultureller Zusammenarbeit abgeschwächt (van der Zee et al. 2004). Multikulturell steht jedoch nur im engeren Sinne für nationale bzw. ethnische kulturelle Diversität. Multikulturell im weiteren Sinne schließt auch andere »besondere« Merkmale wie Alter, Geschlecht, Behinderung, soziale Benachteiligung oder sexuelle Orientierung ein. So definiert Cox (2001) das Leitbild der multikulturellen Organisation über diese weiteren Merkmale. Der Wandel von mono- zu multikulturellen Organisationen ist das Ziel von Diversity Management (Krell 2010), das daran ansetzt, diese »besonderen« Merkmale nicht als defizitär zu betrachten, sondern als gegeben wahrzunehmen, zur Empathie anzuregen, Diskriminierungen abzuschaffen und Vielfalt als Chance zu betrachten. Man kann daher auch sagen, dass es bei Diversity Management um die Wertschätzung von Vielfalt geht. Maßnahmen des Diversity Managements sind neben der Bedarfsanalyse auch Trainings, Mentoringprogramme sowie eine Umgestaltung der Personalpolitik (ebd.). Diversity Management ist in vielen Großbetrieben bereits institutionalisiert und gelebte Realität, wobei das Thema Gender in der Praxis dominiert. Kulturelle Diversität im engeren Sinne steht weniger im Vordergrund (Köppel 2010). In diesem Beitrag gehen wir ausschließlich auf multikulturelle Belegschaften im engeren Sinne ein, d. h. wir konzentrieren uns auf nationale bzw. ethnische kulturelle Diversität.

10.2 Multikulturelle, gering qualifizierte Belegschaften

Aktuell sind vor allem gering qualifizierte Belegschaften von hoher nationaler bzw. ethnischer Diversität geprägt, da viele Migranten aus verschiedenen Gründen häufig in un- und angelernten Tätigkeiten arbeiten: Zum einen weisen über 60 Prozent der Zuwanderer nur ein niedriges bis mittleres Bildungsniveau auf (Grünheid u. Fiedler 2013). Zum anderen wirken selbst bei vergleichsweise hohem Bildungsniveau Sprachhindernisse, fehlende Anerkennung von Bildungsabschlüssen und (indirekte) Diskriminierung von Migranten als Zugangsbarrieren zu qualifizierten Erwerbstätigkeiten (Brinkmann et al. 2006; Kirkcaldy et al. 2006). Etwa 40 Prozent der Erwerbstätigen mit Migrationshintergrund arbeiten daher als Arbeiter, während dies nur auf 20 Prozent der Erwerbstätigen

ohne Migrationshintergrund zutrifft (Statistisches Bundesamt 2011). Fast jeder Zweite der Erwerbsfähigen ohne berufsqualifizierenden Abschluss in Deutschland hat einen Migrationshintergrund (ebd.).

Nach Daten des Labor Force Survey waren 2008 rund 16 Prozent der deutschen Erwerbsbevölkerung gering qualifiziert (Lyly-Yrjänäinen 2008). Europaweit waren es sogar 26 Prozent der Erwerbsbevölkerung und 58 Prozent der europäischen Männer bzw. 44 Prozent der Frauen führten einfache Tätigkeiten im gewerblichen Bereich aus (ebd.). Als gering qualifiziert werden hier solche Personen bezeichnet, die einen geringen Bildungsstand haben (ISCED 0-2 max. zehn Jahre Schulbildung, »Mittlere Reife«) sowie Erwerbstätige, die einfache Tätigkeiten (ISCO 5-9) verrichten und damit in den meisten Fällen auch nur ein geringes Einkommen erzielen (Lyly-Yrjänäinen 2008). Diesen Zahlen zufolge arbeitet in Europa fast die Hälfte der Beschäftigten in kulturell und ethnisch diversen Belegschaften.

10.3 Arbeitsbedingungen und Gesundheit von multikulturellen, gering qualifizierten Belegschaften

10.3.1 Gesundheit

Studien, die sich mit dem Zusammenhang von Arbeitsbedingungen und Gesundheit von gering qualifizierten bzw. multikulturellen Belegschaften beschäftigen, sind rar. Die verfügbaren Studien zeigen jedoch, dass Angehörige der unteren sozialen Schichten, zu denen Geringqualifizierte und viele Migranten zählen, weltweit ein größeres Morbiditäts- und Mortalitätsrisiko tragen als Personen mit höherem sozioökonomischen Status (Borrell et al. 2004; Klein 2008; Lampert et al. 2010). Angehörige der niedrigsten Einkommensgruppe haben im Vergleich zur höchsten ein doppelt so hohes Risiko, vor dem 65. Lebensjahr zu sterben (Lampert et al. 2010). Die Lebenserwartung von Männern und Frauen in der untersten Einkommensgruppe ist zum Zeitpunkt der Geburt im Vergleich zur höchsten um 11 bzw. 8 Jahre geringer.

Personen mit geringem Sozialstatus schätzen ihren Gesundheitszustand und ihr psychisches Befinden im Durchschnitt als schlechter ein als Statushöhere (Borrell et al. 2004). Sie haben unabhängig von Alter, Geschlecht, Nikotin- und Alkoholkonsum einen höheren Blutdruck (Steptoe et al. 2003), weisen häufiger das metabolische Syndrom auf (Chandola et al. 2006; Marmot et al. 1991), erkranken häufiger an Herz-

Kreislauf-Erkrankungen, chronischen Lebererkrankungen, Diabetes mellitus, chronischer Bronchitis, Osteoporose, Arthrose und Depression (Lampert u. Kroll 2010) und haben ein höheres Risiko, an Lungen-, Magen- und Darmkrebs zu erkranken (Geyer 2008).

Da Migranten aufgrund der oben genannten Zugangsbarrieren zum Arbeitsmarkt mit höherer Wahrscheinlichkeit als die einheimische Bevölkerung einen geringen Sozialstatus haben, sind sie häufiger den oben beschriebenen Belastungen und Risiken ausgesetzt (Gerken et al. 2008; Lampert et al. 2005). Daten des sozio-ökonomischen Panels zeigen, dass Personen mit Migrationshintergrund häufiger in ihrer Gesundheit beeinträchtigt sind als die einheimische Mehrheitsbevölkerung (Lampert et al. 2010). Sie berichten z. B. häufiger von muskuloskelettalen Erkrankungen bzw. Schmerzen und psychischen oder psychosomatischen Beschwerden (Oldenburg et al. 2010), während Herz-Kreislauf-Erkrankungen bei Zuwanderern seltener auftreten (Razum et al. 1998). Da Migranten eine höchst heterogene Gruppe darstellen, innerhalb derer die Krankheitsrisiken mit Sozialstatus, Herkunftsland, Geschlecht, Alter, Aufenthaltsdauer bzw. Einwanderergeneration variieren (Schenk et al. 2008), bleibt unklar, inwiefern die auf Basis repräsentativer Statistiken berichteten Unterschiede zwischen Migranten und Nicht-Migranten auf den Migrationshintergrund oder den Sozialstatus bzw. die berufliche Tätigkeit zurückzuführen sind. In unseren aktuellen Studien, in denen wir das psychische und psychosomatische Befinden von Migranten erster und zweiter Generation und Nicht-Migranten in multikulturellen Belegschaften untersuchten, zeigte sich, dass diese gleichermaßen psychisch beeinträchtigt waren (Clasen et al. 2013; Vowinkel et al. 2013): Jeder Zweite litt an Erschöpfung und jeder Vierte war von psychosomatischen Beschwerden betroffen. Die Migranten erster und zweiter Generation in unseren Untersuchungen berichteten jedoch in Übereinstimmung mit anderen Studien (Hoppe et al. 2010) bei gleichen Arbeitsbedingungen ein höheres psychisches Wohlbefinden als ihre einheimischen Kollegen. Als bedeutsamer Einflussfaktor in Bezug auf das oben beschriebene soziale Gesundheitsgefälle gelten psychosoziale Stressprozesse (Lampert u. Kroll 2010; Steptoe u. Marmot 2002; Wege et al. 2008), die nicht zuletzt aus größeren arbeitsbezogenen Problemen und ungünstigeren Arbeitsbedingungen der gering qualifizierten, multikulturellen Belegschaften resultieren (Borrell et al. 2004; Kawachi u. Marmot 1998; Marmot et al. 1997).

10.3.2 Arbeitsbedingungen

Gering qualifizierte Arbeitnehmer haben häufig besonders ungünstige Arbeitsbedingungen, die zu chronischem Stress führen können. Dabei führen dem arbeitspsychologischen Stressmodell zufolge arbeitsbezogene Stressoren zu gesundheitlichen Beeinträchtigungen, während Ressourcen gesundheitsförderlich und soziale und kognitive Anforderungen entwicklungsförderlich wirken (Bamberg et al. 2003; Zapf u. Semmer 2004). Insbesondere die Kombination von hohen Belastungen und geringen Ressourcen kann zu psychischen und auch gesundheitlichen Beeinträchtigungen führen (van der Doef u. Maes 1998; de Jonge et al. 2010). Geringqualifizierte haben häufiger als qualifizierte Beschäftigte befristete Arbeitsverträge und erfahren eine größere Arbeitsplatzunsicherheit (Borrell et al. 2004; Lyly-Yrjänäinen 2008). Sie sind häufiger als andere von körperlichen Belastungen (Hanebuth et al. 2006; Lyly-Yrjänäinen 2008; Niedhammer et al. 2008), Umgebungsbelastungen (Borrell et al. 2004; Lyly-Yrjänäinen 2008) oder chemischen Belastungen betroffen (Lyly-Yrjänäinen 2008; Niedhammer et al. 2008). Dazu kommen psychosoziale Belastungen wie hohe Konzentrationsanforderungen und Zeitdruck (Schreuder et al. 2008) sowie ein durch Maschinen vorgegebener Arbeitstakt (Lyly-Yrjänäinen 2008). Diese Belastungen treten meist in Kombination mit geringen Ressourcen wie fehlende Kontrolle, mangelhafte soziale Unterstützung oder geringe Gratifikationen durch die Arbeit auf (Borrell et al. 2004; Niedhammer et al. 2008; Rydstedt et al. 2007). Unsere aktuellen Studien zeigen darüber hinaus, dass es Geringqualifizierten auch an Wertschätzung durch den Vorgesetzten und Gelegenheiten zur Partizipation mangelt. Gleichzeitig benennen sie und ihre Vorgesetzten aufgabenbezogene Kommunikation durch den Vorgesetzten, die Präsenz und das Interesse des Vorgesetzten und wertschätzendes Feedback durch den Vorgesetzten als bedeutsame, gesundheitsförderliche Verhaltensweisen (Winkler et al. 2013). In unseren Längsschnittuntersuchungen un- und angelernter, multikultureller Belegschaften (N = 225 mit 48 Prozent Migranten) bestätigt sich, dass Veränderungen dieser Verhaltensweisen, wie eine Veränderung des wertschätzenden Feedbacks, eine Veränderung der Unterstützung und der aufgabenbezogenen Kommunikation Einfluss auf Veränderungen im Wohlbefinden der Untergebenen über einen Zeitraum von sechs Monaten haben (Winkler et al. 2014a). Unsere aktuellen Daten zeigen zudem, dass die Machtdistanzorientierung der unteren Vorgesetzten (N = 35) wesentlichen Einfluss auf diesen Zusammenhang hat, d. h. wertschätzendes Feedback des Vorgesetzten ist besonders dann gesundheitsförderlich, wenn der Vorgesetzte eine geringe Machtdistanzorientierung aufweist. Die Machtdistanzorientierung der untergebenen Un- und Angelernten ist dagegen für diesen Zusammenhang unerheblich (N = 474 mit 50 Prozent Migranten) (Winkler et al. 2014b).

Insgesamt verrichten Beschäftigte mit geringen Qualifikationen häufig monotone Tätigkeiten mit geringer Variabilität und Komplexität (Borrell et al. 2004; Lyly-Yrjänäinen 2008). Ihre Arbeitstätigkeiten bieten nur wenig Möglichkeiten, Neues zu Lernen und damit nur geringe Entwicklungschancen (Lyly-Yrjänäinen 2008).

Unsere aktuelle Untersuchung zu den Arbeitsbedingungen in multikulturellen, un- und angelernten Belegschaften zeigt übereinstimmend, dass die Arbeitssituation dieser Beschäftigten durch hohe Belastungen und geringe Ressourcen geprägt ist (Clasen et al. 2013): Im Vergleich zum Durchschnitt der deutschen Erwerbsbevölkerung haben sie häufiger befristete Verträge und verrichten häufiger Schichtarbeit. Sie berichten öfter von körperlichen Belastungen und Umgebungsbelastungen und arbeiten mehr unter Zeitdruck. Gleichzeitig haben sie deutlich geringere Handlungsspielräume bei der Arbeit (ebd.). Vergleiche zwischen Migranten erster und zweiter Generation und Nicht-Migranten in multikulturellen, un- und angelernten Belegschaften mit den gleichen Tätigkeiten zeigen, dass die Beschäftigten sich in Bezug auf ihre aufgabenbezogenen Tätigkeitsmerkmale nicht unterscheiden (Clasen et al. 2013; Hoppe et al. 2010; Hoppe 2011b). Insofern kann angenommen werden, dass die berichteten Arbeitsbedingungen die Arbeitsrealität sowohl von Migranten als auch von Nicht-Migranten in gering qualifizierten multikulturellen Belegschaften charakterisieren.

Migranten erster Generation sind jedoch aufgrund der oben beschriebenen Zugangsbarrieren zum Arbeitsmarkt häufiger als Einheimische für ihre Tätigkeiten überqualifiziert (Eurofound 2007). Darüber hinaus wirken auch das Ereignis der Migration selbst und der migrationsbedingte Akkulturationsprozess als Belastung (Berry 2006; Carta et al. 2005). Unterschiedliche Wertesysteme, Sprachbarrieren und direkte bzw. indirekte Diskriminierung stellen weitere Belastungen dar (Brzoska et al. 2010). So zeigen Studien, dass Beschäftigte mit Migrationshintergrund – anders als die einheimische Mehrheit – in Gefahr sind, Opfer von Diskriminierung am Arbeitsplatz durch Kollegen, aber auch durch Vorgesetzte zu werden (de Castro et al. 2006; Wadsworth et al. 2007). Auch berichten Beschäftigte mit Migrationshintergrund häufiger von psychosozialen Belastungen durch das Verhalten ihrer Vorgesetzten (Grofmeyer 2010) bzw. mehr sozialen Stressoren (Hoppe 2011b).

Die Literatur zeigt, dass gering qualifizierte Beschäftigte und Migranten in multikulturellen Belegschaften im Hinblick auf ihre Gesundheitschancen und auch ihre Arbeitssituation deutlich benachteiligt sind. Geringqualifizierte mit Migrationshintergrund können dabei in zweifacher Hinsicht als benachteiligt gelten – als Angehörige einer gesellschaftlichen Minderheit und als Angehörige einer sozial benachteiligten Gruppe.

10.4 Gesundheitsmanagement für multikulturelle Belegschaften

Multikulturelle, un- und angelernte Belegschaften werden bei Maßnahmen zur Gesundheitsförderung so gut wie nicht berücksichtigt. Die Teilnahmemotivation un- und angelernter Beschäftigter an diesen Maßnahmen ist gleichzeitig gering. Gründe sind insbesondere eine geringe Wertigkeit von Gesundheit, geringe Selbstwirksamkeitserwartungen, negative Lernerfahrungen und mangelhafte Schreib- und Lesefähigkeiten (Busch 2011). Zusätzlich ist Beschäftigten mit Migrationshintergrund der Zugang zu entwicklungs- und gesundheitsbezogenen Maßnahmen aufgrund sprachlicher und kultureller Barrieren erschwert (Hoppe 2011a). Diese Zielgruppe über wirksame Zugangswege zu erreichen ist eine große Herausforderung. Das Programm ReSuDi stellt sich dieser Herausforderung. ReSuDi steht für Ressourcen- und Stressmanagement für un- und angelernte Belegschaften mit hoher kultureller Diversität. Es wurde an der Universität Hamburg in Kooperation mit Krankenkassen und Betrieben entwickelt und evaluiert, finanziert vom Bundesministerium für Bildung und Forschung (FKZ 01EL0803; Laufzeit 2009 bis 2013). Das ReSuDi-Programm und seine Wirksamkeit sowie Wirtschaftlichkeit werden im Folgenden dargestellt.

10.4.1 Das ReSuDi-Programm

ReSuDi ist ein Multiplikatorenprogramm. Als überbetriebliche Multiplikatoren sind Krankenkassen einbezogen. Sie sind gesetzlich zur betrieblichen Gesundheitsförderung angehalten und können den Zugang zu Betrieben mit un- und angelernten multikulturellen Belegschaften ermöglichen. Sie bieten den betrieblichen Entscheidungsträgern kostengünstige, fachlich fundierte Präventionsmaßnahmen an. Durch die Krankenkassen kann ein breiter und nachhaltiger routinemäßiger Einsatz des ReSuDi-Programms gesichert werden (Busch et al. 2014b). Im ReSuDi-Projekt haben die AOK Nordwest und die IKK classic an der Ent-

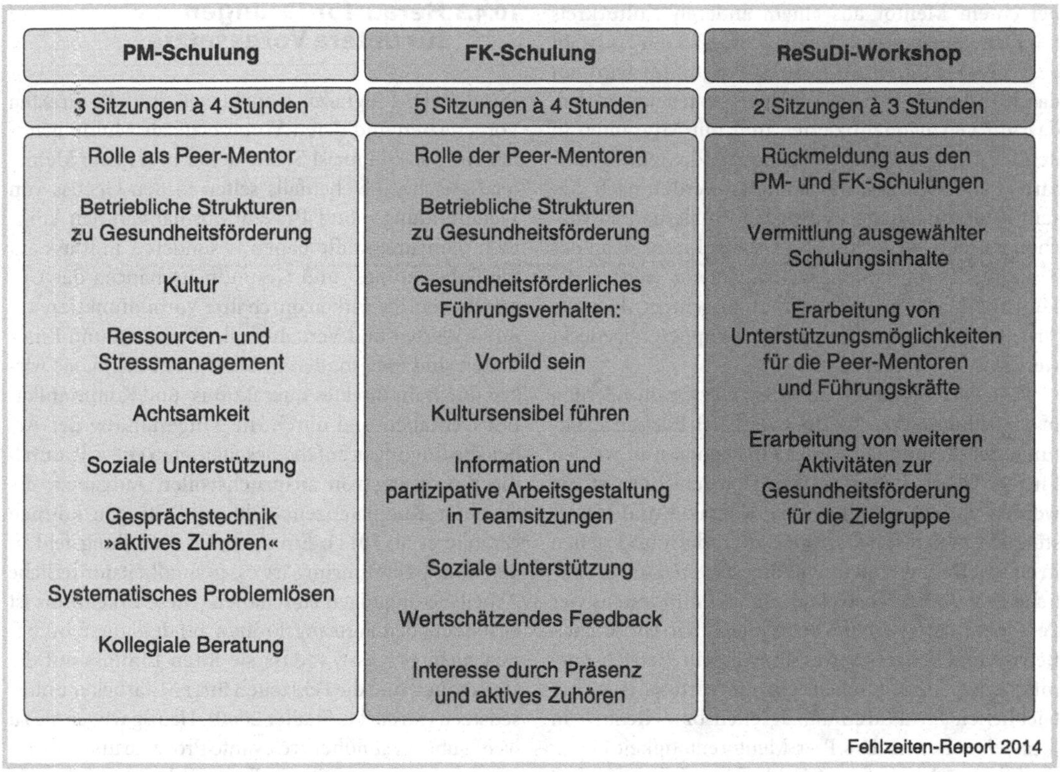

PM-Schulung	FK-Schulung	ReSuDi-Workshop
3 Sitzungen à 4 Stunden	5 Sitzungen à 4 Stunden	2 Sitzungen à 3 Stunden
Rolle als Peer-Mentor	Rolle der Peer-Mentoren	Rückmeldung aus den PM- und FK-Schulungen
Betriebliche Strukturen zu Gesundheitsförderung	Betriebliche Strukturen zu Gesundheitsförderung	Vermittlung ausgewählter Schulungsinhalte
Kultur	Gesundheitsförderliches Führungsverhalten:	Erarbeitung von Unterstützungsmöglichkeiten für die Peer-Mentoren und Führungskräfte
Ressourcen- und Stressmanagement	Vorbild sein	
Achtsamkeit	Kultursensibel führen	Erarbeitung von weiteren Aktivitäten zur Gesundheitsförderung für die Zielgruppe
Soziale Unterstützung	Information und partizipative Arbeitsgestaltung in Teamsitzungen	
Gesprächstechnik »aktives Zuhören«	Soziale Unterstützung	
Systematisches Problemlösen	Wertschätzendes Feedback	
Kollegiale Beratung	Interesse durch Präsenz und aktives Zuhören	

Fehlzeiten-Report 2014

Abb. 10.1 Das ReSuDi-Programm (Quelle: Busch et al. 2014b)

wicklung und vor allem an der praktischen Erprobung des ReSuDi-Programms mitgewirkt. Sie haben mittelständische Betriebe akquiriert und ReSuDi mehrfach durchgeführt. Innerbetrieblich werden im ReSuDi-Programm Multiplikatoren auf verschiedenen Organisationsebenen geschult. Ein organisationsumfassendes Programm erleichtert die Erreichbarkeit dieser Zielgruppe, den Transfer der Programminhalte in die jeweilige Organisation und die langfristige Wirksamkeit einer Intervention für diese Zielgruppe (ebd.). Inhaltlich werden im ReSuDi-Programm entsprechend dem Konzept des Diversity Managements die Multiplikatoren für nationale bzw. ethnische kulturelle Diversität sensibilisiert, soziale Interaktions- und Kommunikationsprozesse reflektiert und gefördert. Es werden kultursensible, gesundheitsförderliche Führung und Arbeitsgestaltung behandelt.

Ein detailliertes Programmmanual ist veröffentlicht (Busch et al. 2014b). Das Programm ist in ◘ Abb. 10.1 dargestellt.

10.4.2 Erreichbarkeit durch Peer-Mentoring sichern

Im ReSuDi-Programm werden als Multiplikatoren auf der Ebene der un- und angelernten Beschäftigten Freiwillige zu Peer-Mentoren geschult. Ein Mentor ist eigentlich eine berufserfahrenere Person, die ein positives Rollenmodell für den Mentee darstellt und ihm sowohl psychosoziale als auch karrierebezogene Unterstützung gibt (Ensher et al. 2001). Peer-Mentoren sind dagegen hierarchisch gleichgestellte Personen. Im ReSuDi-Programm führen die Peer-Mentoren dieselbe Tätigkeit am selben Ort wie die Mentees aus und erleben damit auch dieselben Arbeitsbedingungen. Die Akzeptanz des Themas Stress- und Ressourcenmanagement und des Mentors werden dadurch gestärkt. Peer-Mentoring erreicht auch Beschäftigte, die Sprachprobleme haben oder nicht motiviert sind, an Maßnahmen teilzunehmen bzw. das Thema Gesundheit als nicht wichtig ansehen (Ensher et al. 2001). Studien in interkulturellen Settings zeigen, dass die Akzeptanz und Inanspruchnahme eines Mentors aus einem ähnlichen Kulturkreis wesentlich höher ist als bei einem Mentor aus einem anderen Kulturkreis (González-Figueroa u. Young 2005). Bei der Auswahl der Peer-Mentoren im ReSuDi-Programm wird auf das Konzept des »natural helpers« zurückgegriffen, das mit Geringqualifizierten und mit Migranten in den USA bereits erfolgreich angewendet wurde (Tessaro et al. 1998). Die Beschäftigten werden nach diesem Konzept gefragt, wen sie bei Problemen ansprechen würden, weiterhin ob sie selbst Interesse an der Rolle des Peer-Mentors haben. Zudem werden die Führungskräfte gebeten, darauf zu achten, dass alle Arbeitsbereiche und kulturellen Gruppen abgedeckt werden.

Die Peer-Mentoren im ReSuDi-Programm lernen in der Schulung ihre Rolle und die betrieblichen Strukturen der Gesundheitsförderung kennen und werden für das Thema kulturelle Diversität sensibilisiert. Sie werden darin geschult, soziale Kontakte und Unterstützung in der Arbeitsgruppe zu fördern und stehen in engem Kontakt mit ihren Vorgesetzten. Die betriebliche Peer-Mentorenstruktur umfasst mindestens vier Personen, damit sie im Betrieb sichtbar ist. Je nach Betrieb und Bedarf kann es sinnvoll sein, Betriebsratsmitglieder einzubeziehen, um die vorhandenen betrieblichen Strukturen aufzugreifen bzw. ReSuDi in diese einzubetten. Die Peer-Mentorentätigkeit ist auf zunächst ein Jahr befristet. Die Befristung der Tätigkeit soll es den Beschäftigten erleichtern, sich für diese Rolle zu melden. In der Rolle der Peer-Mentoren bieten sich neue Anforderungen und damit Entwicklungsmöglichkeiten, die gerade für Migranten der ersten Generation, die häufig für ihre un- und angelernte Tätigkeit überqualifiziert sind (Eurofound 2007), attraktiv sein können.

Peer-Mentoring findet sich auch im Konzept »Interkulturelles Betriebliches Gesundheitsmanagement« (Harms et al. 2010) wieder, das im Rahmen der Initiative Gesundheit und Arbeit (iga) entwickelt und in zwei Großbetrieben erprobt wurde. Außerbetrieblich wird in Deutschland Peer-Mentoring bereits im MiMi-Projekt »Mit Migranten für Migranten – Interkulturelle Gesundheit in Deutschland«, das im Auftrag des BKK-Bundesverbandes vom Ethno-Medizinischen Zentrum durchgeführt wird (BKK 2013), zur Gesundheitsförderung von Migranten eingesetzt.

10.4.3 Herausforderungen für untere Vorgesetzte

Das ReSuDi-Programm bezieht weiterhin die direkten Vorgesetzten und deren Vorgesetzte als Multiplikatoren ein. Sie sind meist Schichtleiter und Leiter kleinerer Bereiche, die ebenfalls selten in den Genuss von Weiterbildungs- und Präventionsmaßnahmen kommen. Führungskräfte haben besonderen Einfluss auf die Entwicklungs- und Gesundheitschancen der Untergebenen. Sie wirken durch ihre Vorbildfunktion mit ihren Werten und Verhalten; ihr Befinden und Emotionen sind in besonderem Maße ansteckend. Sie wirken durch ihr direktes Interaktions- und Kommunikationsverhalten und durch die Mitgestaltung der Arbeitsbedingungen auf die Beschäftigten ein, z. B. durch die Zuweisung von anspruchsvollen Aufgaben, die zu einer Kompetenzentwicklung beitragen können (Franke et al. 2011). Ein zentrales Handlungsfeld in der Mitarbeiterführung ist es, gesundheitsförderliche Arbeitsbedingungen zu schaffen. Diese Erkenntnis ist besonders den Führungskräften auf den unteren Ebenen nicht bewusst, sodass sie ihren Einfluss auf die Gesundheit und die Fehlzeiten ihrer Mitarbeiter unterschätzen (Strobel u. Stadler 2000). Häufig wissen sie zu wenig über gesundheitsrelevante Prozesse und Umsetzungsstrategien zur Gesundheitsförderung; insbesondere im Hinblick auf psychische Gesundheitsaspekte (Schulte u. Bamberg 2002). Im ReSuDi-Programm reflektieren die Vorgesetzten der Un- und Angelernten zunächst ihr eigenes Stress- und Ressourcenmanagement. Sie üben sich im Perspektivwechsel und reflektieren Belastungen und Ressourcen ihrer Mitarbeiter sowie deren kulturelle Prägungen und Werte. Die Teilnehmer reflektieren die Bedeutung der Ausprägung verschiedener Kulturdimensionen, wie Machtdistanzorientierung, bei sich und ihren Mitarbeitern für das Führungsverhalten und für die Beziehung zu den Untergebenen. Sie werden geschult, ihr direktes Interaktions- und Kommunikationsverhalten zu verbessern, insbesondere wertschätzendes Feedback und Interesse durch Präsenz und aktives Zuhören zu zeigen. Die Teilnehmer erarbeiten in der ReSuDi-Schulung eigene Arbeitsgestaltungsprojekte, die sie miteinander und außerhalb der Schulung in Teamsitzungen mit ihren Mitarbeitern bearbeiten.

Der Einbezug der unteren Führungskräfte als Multiplikatoren ist nicht nur relevant, weil sie einen bedeutsamen Einfluss auf das Befinden und die Gesundheit un- und angelernter Beschäftigter haben, sondern weil sie wesentlichen Einfluss auf den Implementierungserfolg betrieblicher Interventionen haben (Murta et al. 2006).

10.4.4 Integration des Themas kulturelle Diversität in das Managementkonzept

Das Management, der Betriebsrat und die weiteren betrieblichen Akteure der Weiterbildung und Gesundheitsförderung bilden die dritte Multiplikatorengruppe. Neben den direkten Führungskräften spielen die Unterstützung des mittleren Managements, des Betriebsrats und der Geschäftsführung eine große Rolle für den Erfolg von Interventionen. Zudem ist es wichtig, dass die betrieblichen Entscheidungsträger die Kernelemente der Intervention in ihr alltägliches Managementkonzept integrieren (Kompier et al. 1998). Die betrieblichen Entscheidungsträger werden daher im Rahmen von Workshops in das ReSuDi-Programm einbezogen, mit dem Ziel deren alltägliches Managementkonzept um die Wahrnehmung und Akzeptanz kultureller Diversität sowie die Entwicklung und Gesundheitsförderung der multikulturellen, gering qualifizierten Belegschaft zu erweitern. Sie sollen die Prozessbegleitung stärken und die unteren Führungskräfte und Peer-Mentoren bei ihren Gestaltungsprojekten unterstützen. Sie erarbeiten darüber hinaus weitere Aktivitäten zur Unterstützung von Weiterbildung und Gesundheitsförderung für die Zielgruppe.

10.4.5 Evaluation des ReSuDi-Programms

Das ReSuDi-Programm wurde in drei mittelständischen Betrieben verschiedener Branchen (N = 650, 50 Prozent Migranten) mit der AOK Nordwest und IKK classic erprobt und evaluiert. Prozess- und Ergebnisevaluation wurden integriert in zwei Untersuchungsphasen mit Wartekontrollgruppendesign durchgeführt. Für die Evaluation des Prozesses wurden u. a. die manualgerechte Umsetzung des Programms, die Qualität der Prozessbegleitung und die Beteiligung der Beschäftigten an der Implementierung erfasst. Für die Evaluation des Ergebnisses wurden objektive und subjektive Gesundheitsindikatoren erhoben, wie Blutdruck, psychosomatische Beschwerden, Arbeitszufriedenheit. Dafür wurden die Beschäftigten u. a. mithilfe einfacher, zweisprachiger Fragebögen (deutsch-russisch, deutsch-türkisch oder deutsch-polnisch) vor den ReSuDi-Schulungen, direkt nach Abschluss der Schulungen und drei Monate später befragt. Bei Lese- und Verständnisschwierigkeiten wurden sie individuell unterstützt. Die Peer-Mentoren (N = 37 mit 46 Prozent Frauen und 43 Prozent Migranten) und unteren Führungskräfte (N = 31 mit 35 Pro-

zent Frauen und 26 Prozent Migranten) füllten deutsche Fragebögen aus.

Alle Peer-Mentoren waren hoch motiviert, an der Schulung teilzunehmen und ihre Rolle auszuüben. Sie haben zahlreiche Themen gesammelt und Veränderungswünsche mit ihren Kollegen erarbeitet. Die Unterstützung durch die Peer-Mentoren wurde von den Beschäftigten und den Peer-Mentoren über den Befragungszeitraum von sechs Monaten als signifikant zunehmend bewertet. Die Teilnahmemotivation der Führungskräfte war dagegen in beiden Untersuchungsphasen vergleichsweise gering. Die von den Beschäftigten wahrgenommene Unterstützung durch die Führungskräfte verbesserte sich nicht (Busch et al. 2013b, 2014a).

Die Wirksamkeitsanalysen zeigten für die erste Untersuchungsphase signifikante Verbesserungen, insbesondere der objektiven Gesundheitsindikatoren Blutdruck und psychosomatische Beschwerden bei den Beschäftigten der Interventionsgruppe im Vergleich zu den Beschäftigten in der Kontrollgruppe. Veränderte wahrgenommene Unterstützung durch die Peer-Mentoren und die Führungskräfte gingen erwartungskonform mit veränderten Gesundheits- und Wohlbefindensindikatoren einher, wie Arbeitszufriedenheit (Busch et al. 2013a, 2014a). Die Wirksamkeit konnte in der zweiten Untersuchungsphase nicht repliziert werden. Gründe hierfür zeigen die Ergebnisse der Prozessevaluation: Die Qualität der Prozessbegleitung unterschied sich stark zwischen den beiden Untersuchungsphasen. So verließ in der zweiten Untersuchungsphase in einem Betrieb die Prozessbegleiterin während der Implementierung von ReSuDi den Betrieb. Die Beschäftigten der zweiten Untersuchungsphase fühlten sich signifikant schlechter an der Implementierung beteiligt als die Beschäftigten in der ersten Untersuchungsphase; die Informationsveranstaltungen wurden in der zweiten Untersuchungsphase als nicht ausreichend bewertet. Auch eine Verbesserung der Arbeitsbedingungen gelang nur in der ersten Untersuchungsphase (Busch et al. 2013b).

Mit einem Break-Even-Point von 0,6 Tagen ist ReSuDi eine kostengünstige Intervention, d. h. die Kosten für ReSuDi sind bereits gedeckt, wenn sich die Abwesenheit der Beschäftigten um 0,6 Tage pro Beschäftigtem und Jahr reduziert. Während der Erprobung des ReSuDi-Programms in der ersten Untersuchungsphase haben sich die Abwesenheitstage sogar um 0,8 Tage reduziert (Gloede 2013).

Das ReSuDi- Programm ist effektiv und effizient, wenn eine intensive, kontinuierliche Prozessbegleitung gewährleistet ist, die die Peer-Mentoren unterstützend begleitet und die Peer-Mentorenstruktur im Betrieb festigt, die die Information und Beteiligung der

Beschäftigten an der Implementierung sichert und die die unteren Führungskräfte bei ihrer Teilnahme am Programm und an der Umsetzung ihrer Gestaltungsprojekte unterstützt.

10.5   Fazit

Aktuell sind multikulturelle Belegschaften im engeren Sinne, d. h. mit ethnischer und nationaler kultureller Diversität, vor allem in un- und angelernten Tätigkeiten zu finden. Der Forschungsstand zeigt auf, dass Migranten im Hinblick auf ihre Gesundheitschancen und bezüglich ihrer Arbeitssituation gegenüber Einheimischen deutlich benachteiligt sind. Geringqualifizierte mit Migrationshintergrund können dabei in zweifacher Hinsicht als benachteiligt gelten: als Angehörige einer gesellschaftlichen Minderheit und als Angehörige einer sozial benachteiligten Gruppe. Betriebliche Maßnahmen zur Gesundheitsförderung lassen diese Zielgruppe bisher weitgehend außen vor. Diese Zielgruppe zu erreichen stellt eine große Herausforderung dar, der sich das ReSuDi-Programm stellt. ReSuDi ist ein innovatives, betriebliches Präventionskonzept für un- und angelernte, multikulturelle Belegschaften. Der Zugang zu dieser schwierig zu erreichenden Zielgruppe erfolgt über Multiplikatoren, die im alltäglichen Arbeitsumfeld auf die Beschäftigten einwirken und eine Verbesserung der Arbeitsbedingungen erwirken können. Gleichzeitig ist ein Multiplikatorenkonzept für Betriebe kostengünstig, was es den betrieblichen Entscheidungsträgern erleichtert, sich an einem Präventionsangebot für Un-und Angelernte zu beteiligen. ReSuDi ist ein organisationsumfassendes Programm, d. h. alle Hierarchieebenen sind einbezogen und es werden personen- und bedingungsbezogene Interventionsziele verfolgt, wodurch der Transfer und die Nachhaltigkeit der Effekte gestärkt werden. Zentraler Erfolgsfaktor ist eine intensive Prozessbegleitung. Das detaillierte und veröffentlichte Programmmanual bietet eine gute Verbreitung und Nutzung des Programms (Busch et al. 2014b). Diversity Management gehört nicht nur in Großbetriebe – gerade in mittelständischen Betrieben gilt es die Bildungs- und Gesundheitschancen multikultureller, un- und angelernter Belegschaften zu verbessern. Prognosen über die Zusammensetzung der deutschen Bevölkerung lassen für die Zukunft erwarten, dass diese noch stärker als bisher von kultureller Diversität geprägt sein wird. Im Arbeitskontext wird sich diese Entwicklung in zunehmend multikulturellen Belegschaften – vermehrt auch bei der Bearbeitung qualifizierter Tätigkeiten – bemerkbar machen.

Literatur

Bamberg E, Busch C, Ducki A (2003) Stress- und Ressourcenmanagement: Strategien und Methoden für die neue Arbeitswelt. Huber, Bern

Berry JW (2006) Acculturative Stress. In: Wong PTP, Wong LCJ (eds) Handbook of multicultural perspectives on stress and coping. Springer, New York, pp 287–298

BKK (2013) MiMi – Mit Migranten für Migranten Das Gesundheitsprojekt. Verfügbar unter http://mimi-online.bkk-bv-gesundheit.de/. Gesehen Jul 2013

Borrell C, Muntaner C, Benach J et al (2004) Social class and self-reported health status among men and women: what is the role of work organisation, household material standards, and household labour? Social science & medicine 58(10):1869–87, doi:10.1016/S0277-9536(03)00408-8

Brinkmann U, Dörre K, Röbenack S et al (2006) Prekäre Arbeit. Bonn, Friedrich-Ebert-Stiftung

Brzoska P, Reiss K, Razum O (2010) Arbeit, Migration und Gesundheit. In: Badura B, Schröder H, Klose J, Macco K (Hrsg) Fehlzeiten-Report 2010: Vielfalt managen, Gesundheit fördern – Potenziale nutzen. Springer, Berlin, S 129–139

Busch C (2011) Betriebliche Gesundheitsförderung für die Zielgruppe der Un- und Angelernten. In: Bamberg E, Ducki A, Metz AM (Hrsg) Gesundheitsförderung und Gesundheitsmanagement in der Arbeitswelt. Ein Handbuch. Hogrefe, Göttingen, S 501–517

Busch C, Clasen J, Deci N et al (2013a) Arbeitswelt als Zugang zu sozial Benachteiligten – ein Multiplikatorenprogramm zur Gesundheitsförderung von un- und angelernten Belegschaften mit hohem Migrantenanteil: ReSuDi. Das Gesundheitswesen doi,10.1055\s-033-1334939

Busch C, Clasen J, Vowinkel J et al (2013b) Process evaluation of an organizational health intervention program for low-qualified, culturally diverse workgroups. Presentation at the EAWOP 2013, Münster, Germany. Verfügbar unter http://www.eawop2013.org/wp-content/uploads/2013/ 05/EA-WOP-Program-Booklet-30.4.2013.pdf. Gesehen 05 Jul 2013

Busch, C, Koch, T, Clasen, J et al (2014a) ReSuDi: The Evaluation of a Stress Management Intervention Program for Culturally Diverse Low-Skilled Workgroups. Journal of Occupational Health Psychology (under review)

Busch C, Cao P, Clasen J et al (2014b) Betriebliches Gesundheitsmanagement bei kultureller Vielfalt. Ein Stressmanagement-Programm für Service, Gewerbe und Produktion. Das ReSuDi-Programm. Springer, Heidelberg

Carta MG, Bernal M, Hardoy MC et al (2005) Migration and mental health in Europe (the state of the mental health in Europe working group, appendix 1). Clinical practice and epidemiology in mental health:1-13, doi:10.1186/1745-0179-1-13

de Castro AB, Fujishiro K, Sweitzer E et al (2006) How immigrant workers experience workplace problems: a qualitative study. Archives of Environmental and Occupational Health 61(6):249–258

Chandola T, Brunner E, Marmot M (2006) Chronic stress at work and the metabolic syndrome: prospective study. BMJ 332: 521-5 doi,10.1136/bmj.38693.435301.80

Clasen J, Busch C, Vowinkel J et al (2013) Arbeitssituation und Gesundheit von geringqualifizierten Beschäftigten in kulturell diversen Belegschaften. Gruppendynamik und Organisationsberatung 44(2):91–110, doi:10.1007/s11612-013-0212-4

Cox T (2001) Creating the multicultural organization. A strategy for capturing the power of diversity. John Wiley & Sons Inc, San Francisco CA

Doef M van der, Maes S (1998) The job demand-control (-support) model and physical health outcomes: A review of the strain and buffer hypotheses. Psychology & Health 13(5):909–936

Ehling M, Sommer B (2010) Struktur und Entwicklung der Bevölkerung in Deutschland. In: Badura B, Schröder H, Klose J, Macco K (Hrsg) Fehlzeiten-Report 2010. Vielfalt managen: Gesundheit fördern – Potenziale nutzen. Springer, Berlin, S 57–67

Ensher EA, Thomas C, Murphy SE (2001) Comparison of traditional, step-ahead, and peer mentoring on protégés' support, satisfaction, and perceptions of career success: A social exchange perspective. Journal of Business and Psychology 15(3):419–438

Eurofound (2007) Employment and working conditions of migrant workers. Luxembourg, Publications Office of the European Union

Franke F, Vincent S, Felfe J (2011) Gesundheitsbezogene Führung. In: Bamberg E, Ducki A, Metz AM (Hrsg) Gesundheitsförderung und Gesundheitsmanagement in der Arbeitswelt. Ein Handbuch. Hogrefe, Göttingen, S 369–390

Gerken U, Salman R, Krauth C et al (2008) Von muttersprachlichen Präventionsberatern werden Migranten besser erreicht. Public Health Forum 16(59):20–21

Geyer S (2008) Social inequalities in the incidence and case fatality of cancers of the lung, the stomach, the bowels, and the breast. Cancer Causes & Control 19(9):965–974

Gloede D (2013) The economic efficiency of organizational health intervention programs by the example of the ReSuDi program for low qualified, culturally diverse workforces. In: Clasen J, Busch C (Session Chair) Health and Interventions: Evaluation of an Organizational Health Intervention Program for Low-Qualified, Culturally Diverse Workforces. ReSuDi II. Symposium conducted at the EAWOP 2013, Münster

González-Figueroa E, Young AM (2005) Ethnic identity and mentoring among Latinas in professional roles. Cultural Diversity and Ethnic Minority Psychology 11(3):213–226, doi: 10.1037/1099-9809.11.3.213

Grofmeyer E (2010) Anforderungen und Lösungen kultureller Diversifizierung. In: Badura B, Schröder H, Klose J, Macco K (Hrsg) Fehlzeiten-Report 2010. Vielfalt managen: Gesundheit fördern – Potenziale nutzen. Springer, Berlin, S 253–262

Grünheid E, Fiedler C (2013) Bevölkerungsentwicklung 2013 Daten Fakten Trends zum demografischen Wandel. Bundesinstitut für Bevölkerungsforschung, Wiesbaden, S 1–74

Hanebuth D, Meinel M, Fischer JE (2006) Health-related quality of life psychosocial work conditions and absenteeism in an industrial sample of blue- and white-collar employees: a comparison of potential predictors. Journal of Occupational and Environmental Medicine 48(1):28–37, doi:10.1097/01.jom.0000195319.24750.f8

Harms M, Salman R, Bödeker W (2010) Interkulturelles Betriebliches Gesundheitsmanagement: Konzept und praktische Erfahrungen. In: Badura B, Schröder H, Klose J, Macco K (Hrsg) Fehlzeiten-Report 2010. Vielfalt managen: Gesundheit fördern – Potenziale nutzen. Springer, Berlin, S 153–161

Hoppe A (2011a) Betriebliche Gesundheitsförderung bei kultureller Diversität. In: Bamberg E, Ducki A, Metz AM (Hrsg) Gesundheitsförderung und Gesundheitsmanagement in der Arbeitswelt. Ein Handbuch. Hogrefe, Göttingen, S 487–499

Hoppe A (2011b) Psychosocial working conditions and well-being among immigrant and German low-wage workers. Journal of occupational health psychology 16(2):187–201, doi:10.1037/a0021728

Hoppe A, Heaney CA, Fujishiro K (2010) Stressors, resources, and well-being among Latino and White warehouse workers in the United States. American Journal of Industrial Medicine 53(3):252–263, doi:10.1002/ajim.20752

Hößler U, Sponfeldner W (2012) Projektmanagement in internationalen Teams. In: Wastian M, Braumandl I, Rosenstiel L von (Hrsg) Angewandte Psychologie für das Projektmanagement. Springer, Berlin, S 308–325

de Jonge J, Vegchel N van, Shimazu A et al (2010) A longitudinal test of the demand-control model using specific job demands and specific job control. International journal of behavioral medicine 17(2):125–133, doi:10.1007/s12529-010-9081-1

Kawachi I, Marmot M (1998) Commentary: what can we learn from studies of occupational class and cardiovascular disease? American journal of epidemiology 148(2):160–163, retrieved from http://www.ncbi.nlm.nih.gov/pubmed/9676697

Kirkcaldy B, Wittig U Furnham A et al (2006) Migration und Gesundheit. Psychosoziale Determinanten. Bundesgesundheitsblatt – Gesundheitsforschung – Gesundheitsschutz 49(9):873–883, doi:10.1007/s00103-006-0021-9

Klein T (2008) Soziale Unleichheit der Mortalität im Lebenslauf. Public Health Forum 16(59):9–10

Köppel P (2010) Diversity Management in Deutschland – eine Unternehmensbefragung. In: Badura B, Schröder H, Klose J, Macco K (Hrsg) Fehlzeiten-Report 2010. Vielfalt managen, Gesundheit fördern – Potenziale nutzen. Springer, Berlin, S 23–35

Kompier MAJ, Geurts SAE, Gründemann RWM, Vink P, Smulders PGW (1998) Cases in stress prevention: The success of a participative and stepwise approach. Stress medicine 14(3):155–168

Krell G (2010) Personelle Vielfalt in Organisationen und deren Management. In: Badura B, Schröder H, Klose J, Macco K (Hrsg) Fehlzeiten-Report 2010. Vielfalt managen: Gesundheit fördern – Potenziale nutzen. Springer, Berlin, S 3–10

Lampert T, Kroll LE (2010) Armut und Gesundheit. GBE kompakt (5):1–10

10

Lampert T, Ryl L, Sass AC et al (2010) Gesundheitliche Lage und Gesundheitsverhalten der Bevölkerung im Erwerbsalter. In: Badura B, Schröder H, Klose J, Macco K (Hrsg) Fehlzeiten-Report 2010. Vielfalt managen: Gesundheit fördern – Potenziale nutzen. Springer, Berlin, S 69–79

Lampert T, Saß AC, Häfelinger M et al (2005) Armut, soziale Ungleichheit und Gesundheit. Expertise des Robert-Koch-Instituts zum 2. Armuts- und Reichtumsbericht der Bundesregierung. Beiträge zur Gesundheitsberichterstattung des Bundes. Robert Koch-Institut, Berlin

Lyly-Yrjänäinen M (2008) Who needs up-skilling? Low-skilled and low-qualified workers in the European Union. Eurofound, Dublin. Available at: http://www.eurofound.europa.eu/publications/htmlfiles/ef0897.htm. Gesehen 11 Nov 2013

Marmot M, Smith DV, Stansfeld S et al (1991) Health inequalities among British civil servants. The Whitehall II study. The Lancet 337:1387–1393

Marmot M, Bosma H, Hemingway H et al (1997) Contribution of job control and other risk factors to social variations in coronary heart disease incidence. The Lancet 350(9073): 235–239

Meierjürgen R, Scherrer K (2004) Wettbewerbsfaktor Gesundheit: Die großen Unternehmen. In: Kuhn D, Sommer, D (Hrsg) Betriebliche Gesundheitsförderung: Ausgangspunkte – Widerstände – Wirkungen. Gabler, Wiesbaden, S 181–206

Murta SG, Sanderson K, Oldenburg B (2006) Process evaluation in occupational stress management programs: A systematic review. American journal of health promotion 21(4):248–254

Niedhammer I, Chastang JF, David S et al (2008) The contribution of occupational factors to social inequalities in health: findings from the national French SUMER survey. Social science & medicine 67(11):1870–1881, doi:10.1016/j.socscimed.2008.09.007

Oldenburg C, Siefer A, Beermann B (2010) Migration als Prädiktor für Belastung und Beanspruchung? In: Badura B, Schröder H, Klose J, Macco M (Hrsg) Fehlzeiten-Report 2010. Vielfalt managen: Gesundheit fördern – Potenziale nutzen. Springer, Berlin, S 141–151

Razum O, Zeeb H, Akgün HS et al (1998) Low overall mortality of Turkish residents in Germany persists and extends into a second generation: merely a healthy migrant effect. Tropical Medicine and International Health 3(4):297–303

Rydstedt L W Devereux J, Sverke M (2007) Comparing and combining the demand-control-support model and the effort reward imbalance model to predict long-term mental strain. European Journal of Work and Organizational Psychology 16(3):261–278, doi:10.1080/13594320601182311

Schenk L, Ellert U, Neuhauser H (2008) Migration und gesundheitliche Ungleichheit. Public Health Forum 16(59): 18–19

Schreuder KJ, Roelen CAM, Koopmans PC, Groothoff JW (2008) Job demands and health complaints in white and blue collar workers. Work (Reading Mass) 31(4):425–432. http://www.ncbi.nlm.nih.gov/pubmed/19127013

Schulte M, Bamberg E (2002) Ansatzpunkte und Nutzen betrieblicher Gesundheitsförderung aus Sicht von Füh-

rungskräften. Gruppendynamik und Organisationsberatung, 33(4):369–384, doi: 10.1007/s11612-002-0033-3

Statistisches Bundesamt (2011) Bevölkerung und Erwerbstätigkeit Ausländische Bevölkerung Ergebnisse des Ausländerzentralregisters. In: Statistisches Bundesamt (Hrsg) Fachserie 1 Reihe 2 (Vol 49) Wiesbaden

Statistisches Bundesamt (2012) Bevölkerung und Erwerbstätigkeit Bevölkerung mit Migrationshintergrund Ergebnisse des Mikrozensus 2011 Fachserie 1 Reihe 2.2 (Vol 49) Statistisches Bundesamt, Wiesbaden

Steptoe A, Marmot M (2002) The role of psychobiological pathways in socio-economic inequalities in cardiovascular disease risk. European Heart Journal 23:13–25

Steptoe A, Kunz-Ebrecht S, Owen N, Feldman PS, Willemsen G, Kirschbaum C, Marmot M (2003) Socioeconomic Status and Stress-Related Biological Responses Over the Working Day. Psychosomatic Medicine 65(3):461–470, doi:10.1097/01.PSY.0000035717.78650.A1

Strobel G, Stadler P (2000) Personalpflege und Personalverschleiß: Der Einfluss von Führungsverhalten auf psychische Belastungen von Mitarbeitern. Die BG – Fachzeitschrift für Arbeitssicherheit, Gesundheitsschutz und Unfallversicherung 7:396–401

Tessaro I, Campbell MK, Benedict S, Kelsey K, Heisler-MacKinnon J, Belton L, DeVellis B (1998) Developing a worksite health promotion intervention: Health works for women. American Journal of Health Behavior, 22(6):434–442

Vowinkel J, Busch C, Cao P (2013) Subjektive arbeitsbezogene Gesundheit in un- und angelernten kulturell diversen Belegschaften. Gruppendynamik und Organisationsberatung 44(2):111–132, doi:10.1007/s11612-013-0208-0

Wadsworth E, Dhillon K, Shaw C et al (2007) Racial discrimination, ethnicity, and work stress. Occupational Medicine 57(1):18–24, doi:10.1093/occmed/kql088

Wege N, Dragano N, Erbel R et al (2008) When does work stress hurt? Testing the interaction with socioeconomic position in the Heinz Nixdorf Recall Study. Journal of epidemiology and community health 62(4):338–341, doi:10.1136/jech.2007.062315

Winkler E, Busch C, Duresso R (2013) Gesundheitsförderliches Führungsverhalten bei un- und angelernten kulturell diversen Belegschaften. Gruppendynamik 44(2):153–169

Winkler E, Busch C, Clasen J et al (2014a) Change in leadership behavior predicts change in job satisfaction and well-being: A longitudinal investigation of low-skilled workforces (under review)

Winkler E, Busch C, Clasen J et al (2014b) Health-promoting leadership behavior and the moderating role of power distance orientation in low qualified, culturally diverse workgroups (under review)

Zapf D, Semmer NK (2004) Stress und Gesundheit in Organisationen. In: Schuler H (Hrsg) Organisationspsychologie. Enzyklopädie der Psychologie. Serie Wirtschafts- Arbeits- und Organisations- und Arbeitspsychologie. Bd 1 Hogrefe, Göttingen, S 1007–1112

Zee K van der, Atsma N, Brodbeck F (2004) The influence of social identity and personality on outcomes of cultural diversity in teams. Journal of Cross-Cultural Psychology 35(3):283–303

Flexible Beschäftigungsverhältnisse

T. Vahle-Hinz, A. Plachta

B. Badura et al. (Hrsg.) *Fehlzeiten-Report 2014,*
DOI 10.1007/978-3-662-43531-1_11, © Springer-Verlag Berlin Heidelberg 2014

Zusammenfassung *Flexible Beschäftigungsverhältnisse sind eine unternehmensorientierte Strategie zur Flexibilisierung der Arbeit. Sie helfen Unternehmen, besser auf veränderte Anforderungen (z. B. durch die Globalisierung) zu reagieren. Eindeutige Erkenntnisse darüber, wie sich diese Art der Arbeit auf die Gesundheit der Beschäftigten auswirkt, liegen aber bisher nicht vor. Es werden sowohl positive als auch negative Zusammenhänge zu Gesundheit und Wohlbefinden berichtet. Der Beitrag schlägt eine Trennung in aufgaben- und beschäftigungsbezogene Stressoren vor, die hilft, gesundheitsrelevante Aspekte der Arbeit in flexiblen Beschäftigungsverhältnissen zu beschreiben und zu analysieren. Er fasst Forschungsergebnisse zur Ausprägung von aufgaben- und beschäftigungsbezogenen Stressoren in flexiblen Beschäftigungsverhältnissen zusammen und berichtet die Ergebnisse einer Untersuchung mit 55 Leiharbeitern zum Zusammenhang zwischen beschäftigungsbezogenen Stressoren und Indikatoren für Wohlbefinden. Abschließend werden Möglichkeiten der Gesundheitsförderung bei flexiblen Beschäftigungsverhältnissen diskutiert.*

11.1 Einleitung

In den letzten Jahren ist ein zunehmender Trend zur Flexibilisierung der Arbeit erkennbar (Rigotti u. Mohr 2012). Aus unternehmensorientierter Perspektive steht dabei im Vordergrund, auf Anforderungen der Märkte besser (d. h. flexibler) reagieren zu können. Flexible oder atypische Formen der Beschäftigung (z. B. Leiharbeit oder befristete Beschäftigung) können als Ausdruck dieser unternehmensorientierten Strategie angesehen werden. Für Beschäftigte steht zumeist im Vordergrund, dass die Flexibilisierung eine bessere Vereinbarkeit zwischen Erwerbsarbeit und privaten Verpflichtungen ermöglicht.

Das Statistische Bundesamt definiert atypische Beschäftigung in Abgrenzung zum Normalarbeitsverhältnis: Letzteres ist gekennzeichnet durch unbefristete Voll- oder Teilzeittätigkeit, die in die sozialen Sicherungssysteme eingebunden ist. Des Weiteren sind Arbeits- und Beschäftigungsverhältnis identisch (Statistisches Bundesamt 2008, S. 6). Atypisch sind Beschäftigungsverhältnisse, die von dieser Norm abweichen. Anhand dieser Definition sind Beschäftigungsformen wie Leiharbeit, befristete Beschäftigung oder geringfügige Beschäftigung als atypische Beschäftigungsformen anzusehen.

11.2 Flexible Beschäftigungsverhältnisse: Häufigkeit und gesundheitliche Risiken

Knapp über 20 Prozent der Beschäftigten in Deutschland sind in atypischen Beschäftigungsverhältnissen tätig (Statistisches Bundesamt 2013a). Eine besonders dynamische Gruppe stellen hierbei die Beschäftigten in Leiharbeit dar. Laut Bundesagentur für Arbeit (2013) waren im Dezember 2012 rund 822.000 Personen in Leiharbeit tätig. Damit hat sich die Zahl der Leiharbeitskräfte in den letzten zehn Jahren verdreifacht (Bundesagentur für Arbeit 2013). Hinzu kommt ein Anteil von 6 Prozent der Beschäftigten im Jahr 2012, die als Selbstständige ohne Mitarbeiter (Solo-Selbstständige) tätig sind (Statistisches Bundesamt 2013b). Es kann also geschlussfolgert werden, dass ein nicht unerheblicher Teil der Erwerbstätigen in Deutschland unter flexiblen Bedingungen arbeiten. Auf europäischer Ebene wird von einem Anteil von ca. 25 Prozent atypischer Beschäftigung ausgegangen (Europäische Kommission 2006, zitiert nach Eurofound 2010a, S. 1). Eichhorst und Tobsch (2013) erwarten auch für die Zukunft eine Zweiteilung zwischen Normalarbeitsverhältnissen und atypischen Formen der Beschäftigung auf dem deutschen Arbeitsmarkt. ◻ Abb. 11.1 veranschaulicht den Anteil atypisch Be-

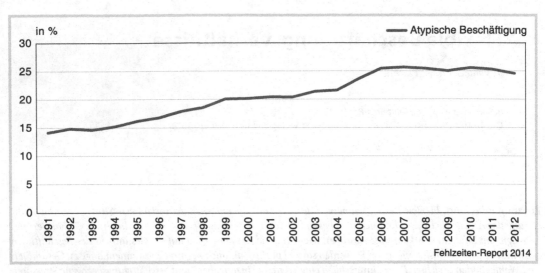

○ Abb. 11.1 Anteil atypisch Beschäftigter an allen abhängig Beschäftigten in Deutschland von 1991 bis 2012 (in Prozent) (Quelle: Statistisches Bundesamt, eigene Berechnungen)

schäftigter an allen abhängig Beschäftigten in Deutschland von 1991 bis 2012.

Wissenschaftliche Studien zum Zusammenhang von flexiblen Beschäftigungsverhältnissen mit Indikatoren für Wohlbefinden und Gesundheit zeigen insgesamt eine heterogene Befundlage. In der Studie von Bernhard-Oettel et al. (2008) zeigt sich z. B. kein Zusammenhang von befristeter Beschäftigung mit allgemeinem Wohlbefinden und Lebenszufriedenheit. Ebenso berichten Bernhard-Oettel et al. (2005) keine Unterschiede zwischen Festangestellten und befristet Beschäftigten hinsichtlich des allgemeinen Wohlbefindens oder arbeitsbezogener Anspannung. Demgegenüber finden sich in der Literatur auch positive Zusammenhänge von befristeter Beschäftigung und Leiharbeit mit Indikatoren für Wohlbefinden: Guest et al. (2010) und Mauno et al. (2005) berichten z. B. von höherer Arbeitszufriedenheit von befristet Beschäftigten im Vergleich mit Festangestellten. Benavides et al. (2000) berichten hingegen negative Zusammenhänge mit der Arbeitszufriedenheit für Selbstständige, befristet Beschäftigte und Leiharbeiter. Außerdem berichten die Autoren von höheren Werten für Müdigkeit und Muskel- und Rückenschmerzen. Vermehrte gesundheitliche Beschwerden flexibel Beschäftigter stellen auch Martens et al. (1999) und Aronsson et al. (2002) fest. Die Techniker Krankenkasse berichtet in ihrem Gesundheitsreport 2009, dass Beschäftigte in Leiharbeit länger und häufiger krankheitsbedingt fehlen als Beschäftigte in Festanstellung. In einer Studie von Kivikäki et al. (2003) ist sogar von einem erhöhten Mortalitätsrisiko bei flexibel Beschäftigten die Rede.

Insgesamt ist allerdings festzuhalten, dass zum Teil unklar bleibt, welche Form des flexiblen Beschäftigungsverhältnisses in den Studien konkret untersucht worden ist. Oft werden auch nur globale Konzepte wie atypische Beschäftigung oder *contingent work* als Untersuchungskategorien verwendet (Tregaskis et al. 1998), ohne dass die Zusammensetzung dieser Kategorien erläutert wird.

Diese Kritik verdeutlicht, dass die Befundlage zum Teil deshalb heterogen ist, weil die untersuchten Stichproben selbst heterogen sind. Die Zuordnung zu einem Beschäftigungsverhältnis (z. B. Leiharbeit, befristet Beschäftigte) oder einer Kategorie von Beschäftigungsverhältnissen (z. B. atypische Beschäftigung, prekäre Beschäftigung) erlaubt per se keine Vorhersage bezüglich gesundheitlicher Wirkungen. Wichtig ist daher, die Ausprägung der gesundheitsrelevanten Aspekte der Beschäftigungsform zu beschreiben. Von zentraler Bedeutung sind dabei Stressoren, also Merkmale der Erwerbsarbeit, die mit einer erhöhten Wahrscheinlichkeit zu einem Stresserleben der Betroffenen führen können (Zapf u. Semmer 2004). Dabei muss unserer Auffassung nach zur Beschreibung von gesundheitlichen Risiken flexibel Beschäftigter zwischen zwei Quellen für Stressoren unterschieden werden: der Arbeitsaufgabe und der Beschäftigungssituation. Aufgabenbezogene Stressoren ergeben sich aus einer für die Gesundheit abträglichen Gestaltung der Arbeitsaufgabe, beschäftigungsbezogene Stressoren beschreiben stressauslösende Faktoren, die sich aus der Art der Beschäftigung ergeben. Nachfolgend werden die empirischen Erkenntnisse bezüglich aufgaben- und beschäftigungsbezogener Stressoren bei flexibel Beschäftigten dargestellt. Darauf aufbauend wird eine empirische Studie beschrieben, die den Zusammenhang zwischen beschäftigungsbezogenen Stressoren und Indikatoren für Gesundheit und Wohlbefinden an einer Stichprobe von Leiharbeitern untersucht.

11.3 Aufgabenbezogene Stressoren von flexibel Beschäftigten

Arbeitspsychologische Theorien zu bedingungsbezogenen Stressmerkmalen wie das Job Demand-Control Model (Karasek 1979) oder die Handlungsregulationstheorie (Hacker 2002) stellen Merkmale der Arbeitsaufgaben in den Fokus der Betrachtung. Merkmale, die als stressauslösende Faktoren klassifiziert werden können, sind z. B. Zeitdruck oder qualitative Überforderung. Daneben werden Merkmale von Arbeitsaufgaben hervorgehoben, die die Wirkung von Stressoren reduzieren können, funktional zur Zielerreichung (Erfüllung von Arbeitsaufgaben) sind und/oder eine positive Wirkung auf die Gesundheit haben und die Persönlichkeitsentwicklung der Beschäftigten fördern. Ein Beispiel für diese aufgabenbezogenen Ressourcen sind Handlungs- und Entscheidungsspielräume (Autonomie). Eine gut, d. h. gesundheits- und entwicklungsförderlich gestaltete Arbeit beinhaltet Aufgaben, bei denen Stressoren gering sind, die aber dennoch hohe Anforderungen an die Leistungsfähigkeit der Beschäftigten stellen, wobei gleichzeitig Ressourcen bereitgestellt werden, damit sie diese Anforderungen erreichen können.

Einige Studien beschäftigen sich mit Unterschieden der Arbeitsaufgaben von Festangestellten und flexibel Beschäftigten. So berichten Goudswaard und Andries (2002) basierend auf Umfragedaten der European Fundation for the Improvement of Living and Working Conditions (Eurofound), dass flexibel Beschäftigte weniger anspruchsvolle Tätigkeiten ausüben und geringere Autonomie über die Ausführung ihrer Arbeitstätigkeit aufweisen als Festangestellte. Auf der anderen Seite sind Festangestellte höheren Arbeitsbelastungen ausgesetzt. Eine Untersuchung basierend auf Daten des European Working Conditions Survey zeigt, dass Arbeitsaufgaben von atypisch Beschäftigten verglichen mit den Aufgaben von Festangestellten eher monoton und weniger komplex sind (Eurofound 2010b). Des Weiteren bieten die Aufgaben für atypisch Beschäftigte weniger Möglichkeiten, unvorhersehbare Probleme eigenständig zu lösen und Neues zu lernen (Eurofound 2010b). Diese Ergebnisse werden in anderen Studien bestätigt (De Cuyper et al. 2008). Gracia et al. (2011) zeigen z. B. in einer multinationalen Studie,

dass Festangestellte höheren Arbeitsbelastungen ausgesetzt sind und länger arbeiten als flexibel Beschäftigte. Auch Guest et al. (2006) berichten von höheren Arbeitsbelastungen für Festangestellte. Wagenaar et al. (2012) berichten ebenfalls von höheren Belastungen für Festangestellte und geringerer Autonomie für flexibel Beschäftigte. Des Weiteren befinden sich Festangestellte vermehrt in *Active Jobs*, wogegen flexibel Beschäftigte häufiger in *Low Strain* oder *High Strain Jobs* zu finden sind (Wagenaar et al. 2012). Insgesamt zeigt sich, dass flexibel Beschäftigte weniger Arbeitsbelastungen ausgesetzt sind, dafür aber auch eine geringere Autonomie besitzen und weniger anspruchsvolle Tätigkeiten ausüben als Festangestellte.

11.4 Beschäftigungsbezogene Stressoren von flexibel Beschäftigten

Das Konzept der beschäftigungsbezogenen Stressoren und Ressourcen baut auf den klassischen Modellen der arbeitspsychologischen Stressforschung auf und verbindet sie mit den Herausforderungen flexibler Formen der Beschäftigung (Vahle-Hinz et al. 2013). Die grundlegende Idee besteht darin, zwei Stressquellen bei flexiblen Beschäftigungsformen zu trennen: die aufgabenbezogenen (z. B. Zeitdruck) und die beschäftigungsbezogenen Stressaspekte (z. B. Unsicherheit über zukünftige Beschäftigung) (Lewchuk et al. 2005).

Erste empirische Unterstützung erfährt die Idee durch Untersuchungen von Lewchuk et al. Die Untersuchungen zeigen Zusammenhänge zwischen beschäftigungsbezogenen Stressaspekten mit Selbstberichten von Frustration, Anspannung, Stress, Schmerzempfinden, Ermüdung, Schlafproblemen und Kopfschmerzen (Lewchuk et al. 2008, 2005). In unseren eigenen Untersuchungen haben wir einen Fragebogen zur Messung von beschäftigungsbezogenen Stressoren und Ressourcen entwickelt und stellten fest, dass bei einer Stichprobe von Abrufarbeitern beschäftigungsbezogene Stressaspekte zusätzliche Varianz über aufgabenbezogene Stressaspekte in Indikatoren von Gesundheit und Wohlbefinden aufklären (Vahle-Hinz et al. 2013). Wir waren damit in der Lage zu zeigen, dass beschäftigungsbezogene Stressoren und Ressourcen zusätzlich zu den aufgabenbezogenen eine wichtige Rolle für Gesundheit und Wohlbefinden von flexibel Beschäftigten spielen und das Beschäftigungsverhältnis tatsächlich eine zusätzliche Quelle von Stress sein kann (Vahle-Hinz et al. 2013).

Beschäftigungsbezogene Stressoren lassen sich in Anlehnung an das Job Demands-Resources Model (JD-R) (Bakker u. Demerouti 2007) definieren als

Merkmale des Beschäftigungsverhältnisses, die anhaltende physische und/oder psychische Anstrengungen erfordern. Im Rahmen des bisher entwickelten Konzeptes gehören dazu die Anstrengungen, die sich daraus ergeben, *in Beschäftigung zu bleiben*, unter *ständiger Beobachtung* zu stehen, die Tätigkeit für *mehrere Arbeitgeber miteinander vereinbaren* zu müssen sowie die *Unsicherheit über zukünftige Beschäftigung* und die *Unwissenheit über die Arbeitsumgebung*. Die Anstrengung, *in Beschäftigung zu bleiben* beschreibt den Druck auf Beschäftigte, in flexiblen Beschäftigungsverhältnissen eine neue Arbeitsstelle finden zu müssen und die Anstrengung, die mit dem Suchen nach Beschäftigung verbunden ist. Die Anstrengung aufgrund *ständiger Beobachtung* bezieht sich darauf, dass flexibel Beschäftigte beweisen müssen, dass sie gute Arbeit leisten und dementsprechend weiterbeschäftigt werden sollten. Die *Unsicherheit über zukünftige Beschäftigung* beschreibt die Unsicherheit aufgrund drohender Erwerbslosigkeit. Die beschäftigungsbezogenen Stressoren *Vereinbarkeit verschiedener Arbeitgeber* und *Unwissenheit über die Arbeitsumgebung* ergeben sich aus der gleichzeitigen Tätigkeit für mehrere Arbeitgeber. Diese Stressoren beschreiben Probleme, die sich z. B. aus zeitlichen Konflikten bei mehreren gleichzeitigen Arbeitsanfragen ergeben, sowie Probleme, die sich daraus ergeben können, an verschiedenen Einsatzorten tätig zu sein und daher z. B. die Sicherheitsbestimmungen nicht genau zu kennen.

Beschäftigungsbezogene Ressourcen lassen sich ebenfalls in Anlehnung an das JD-R Modell (Bakker u. Demerouti 2007) als Merkmale des Beschäftigungsverhältnisses definieren, die nützlich sind, um beschäftigungsbezogene Ziele zu erreichen (z. B. ein ausreichendes finanzielles Auskommen), die negative gesundheitliche Wirkung von beschäftigungsbezogenen Stressoren abmildern können und/oder die persönliche Entwicklung anregen. Im Rahmen des bisher entwickelten Konzeptes gehören dazu die Aspekte *Kontrolle über die Beschäftigung, Kontrolle über den Verdienst, Komplexität aufgrund mehrerer Arbeitgeber* und *Sicherheit bei Erwerbslosigkeit*. *Kontrolle über die Beschäftigung* beschreibt das Kontrollerleben darüber, ob man eine Erwerbsarbeit hat oder nicht. Die *Kontrolle über den Verdienst* beschreibt das Kontrollerleben über den Lohn für die Arbeit. Die beschäftigungsbezogene Ressource *Komplexität aufgrund mehrerer Arbeitgeber* beschreibt im Kern Lern- und Entwicklungsmöglichkeiten, die sich aus der Arbeit für mehrere Arbeitgeber ergeben können. Beispielsweise kann eine Beschäftigung durch mehrere Arbeitgeber dazu führen, dass flexibel Beschäftigte mit unterschiedlichen Arbeitsaufgaben konfrontiert sind und damit eine herausfor-

dernde Arbeitsumgebung erleben. *Sicherheit bei Erwerbslosigkeit* lehnt sich an das Konzept der Beschäftigungsfähigkeit (Employability) (Hillage u. Pollard 1998) an und umschreibt die Chancen, bei Erwerbslosigkeit wieder in Erwerbsarbeit zu kommen.

11.5   Eine Untersuchung zu beschäftigungsbezogenen Stressoren und Ressourcen bei Leiharbeitnehmern

Erste empirische Erkenntnisse zur Bedeutung von beschäftigungsbezogenen Stressoren und Ressourcen für Gesundheit und Wohlbefinden bei flexibel Beschäftigten konnten bereits gewonnen werden (Vahle-Hinz et al. 2013). Unsere vorherige Studie konzentrierte sich dabei auf junge Beschäftigte, die als Promoter auf Abruf tätig sind. Wichtig für die weitere Entwicklung des Konzeptes ist es daher, die Bedeutung von beschäftigungsbezogenen Stressoren und Ressourcen in Bezug auf Gesundheit und Wohlbefinden in verschiedenen Gruppen atypisch Beschäftigter zu untersuchen. In diesem Zusammenhang spielen Leiharbeiter eine entscheidende Rolle, da sie als besonders vulnerable Gruppe für gesundheitliche Beeinträchtigungen eingeschätzt werden (Techniker Krankenkasse 2009).

11.5.1 Methoden

Durchführung und Stichprobe

Über die soziale Netzwerkplattform XING wurden Leiharbeiter zur Teilnahme an der Onlinestudie eingeladen. 55 Leiharbeiter folgten dem Link und nahmen an der Befragung teil. Die Befragten sind zwischen 22 und 58 Jahre alt ($M = 39$ Jahre, $SD = 10$ Jahre), 53 Prozent sind weiblich. 51 Prozent der Befragten sind verheiratet oder leben in einer Partnerschaft. 62 Prozent haben keine Kinder. 33 Prozent der Befragten haben die mittlere Reife, 24 Prozent besitzen einen Fachhochschul- oder Universitätsabschluss. Die Befragten arbeiten in ganz unterschiedlichen Branchen. Die häufigsten Branchen sind Informationstechnologie (24 Prozent), Logistik (16 Prozent) und Gesundheit (15 Prozent). 76 Prozent der Befragten arbeiten als Angestellte ohne Leitungs- oder Führungsverantwortung.

Messinstrumente

Beschäftigungsbezogene Stressoren und Ressourcen Beschäftigungsbezogene Stressoren und Ressourcen wurden mit dem oben vorgestellten Instrument gemessen (Vahle-Hinz et al. 2013). Die Reliabilitäten der Skalen waren zufriedenstellend (Cronbachs α[1] zwischen .60 und .89). Einzig die Skala *Vereinbarkeit verschiedener Arbeitgeber* zeigte keine zufriedenstellende Reliabilität (Cronbachs α = .59).

Wohlbefinden Drei Indikatoren für Wohlbefinden wurden in die Untersuchung einbezogen. *Irritation* misst die kognitive und emotionale Beanspruchung durch die Erwerbsarbeit (Mohr et al. 2005). Ein Beispielitem lautet: »Es fällt mir schwer nach der Arbeit abzuschalten« (1 »trifft überhaupt nicht zu« 7 »trifft fast völlig zu«). Cronbachs α lag in dieser Stichprobe bei .95. *Emotionale Erschöpfung* wurde mit der Subskala aus dem Maslach Burnout Inventory gemessen (Maslach u. Jackson 1981). Beispielitem: »Ich fühle mich von meiner Arbeit ausgelaugt« (1 »nie«, 7 «täglich«). Cronbachs α lag in dieser Stichprobe bei .92. *Allgemeine Lebenszufriedenheit* wurde mit der Subskala aus der habituellen subjektiven Wohlbefindensskala gemessen (Dalbert 1992). Beispielitem: »Mein Leben könnte kaum glücklicher sein, als es ist« (1 »stimmt überhaupt nicht«, 6 »stimmt genau«). Cronbachs α lag in dieser Stichprobe bei .80.

11.5.2 Ergebnisse

◘ Tab. 11.1 präsentiert die Zusammenhänge zwischen den beschäftigungsbezogenen Stressoren und Ressourcen mit den Indikatoren für Wohlbefinden. Bezüglich *Irritation* zeigen sich positive Korrelationen mit den beschäftigungsbezogenen Stressoren. Die Stressoren *Vereinbarkeit verschiedener Arbeitgeber* ($r = .35$) und *ständige Beobachtung* ($r = .41$) hängen signifikant mit Irritation zusammen, die Stressoren *in Beschäftigung bleiben* ($r = .21$) und *Unwissenheit über die Arbeitsumgebung* ($r = .25$) zeigen substanzielle, aber nicht signifikante Zusammenhänge mit Irritation. Einzig der Stressor *Unsicherheit über zukünftige Beschäftigung* weist einen geringen Zusammenhang mit Irritation auf ($r = .10$). Bis auf die beschäftigungsbezogene Ressource *Komplexität aufgrund mehrerer Arbeitgeber* ($r = .05$) zeigen die Ressourcen negative Zusammenhänge zu Irritation. Allerdings sind die Zusammenhänge gering (r von -.10 bis -.17).

Hinsichtlich der *Lebenszufriedenheit* waren durchweg negative Zusammenhänge mit beschäftigungsbezogenen Stressoren festzustellen. Am stärksten hän-

gen hierbei die Stressoren *in Beschäftigung bleiben* ($r = -.49$) und *Unsicherheit über zukünftige Beschäftigung* ($r = -.44$) mit Lebenszufriedenheit zusammen. Die beschäftigungsbezogenen Ressourcen weisen substanzielle positive Zusammenhänge mit Lebenszufriedenheit auf (r von .28 bis .23). Die Ressourcen *Einfluss auf Gehalt* ($r = .24$) und *Sicherheit bei Erwerbslosigkeit* ($r = .23$) erreichen hierbei aber nicht das 5-Prozent-Signifikanzniveau.

Emotionale Erschöpfung zeigt eine signifikante positive Korrelation mit dem beschäftigungsbezogenen Stressor *ständige Beobachtung* ($r = .41$). Die Stressoren *Vereinbarkeit mehrerer Arbeitgeber* ($r = .20$), *in Beschäftigung bleiben* ($r = .21$) und *Unwissenheit über die Arbeitsumgebung* ($r = .24$) zeigen substanzielle, aber nicht signifikante Zusammenhänge mit emotionaler Erschöpfung. Von den beschäftigungsbezogenen Ressourcen weist einzig die *Komplexität aufgrund mehrerer Arbeitgeber* eine substanzielle, aber nicht signifikante negative Korrelation mit emotionaler Erschöpfung auf ($r = -.24$).

11.5.3 Diskussion

Die gefundenen Zusammenhänge gehen in die erwartete Richtung. Die beschäftigungsbezogenen Stressoren zeigen positive Zusammenhänge mit den negativen Indikatoren von Wohlbefinden (Irritation und emotionale Erschöpfung) und negative Zusammenhänge mit Lebenszufriedenheit als positivem Indikator für Wohlbefinden.

Die beschäftigungsbezogenen Ressourcen zeigen positive Zusammenhänge mit Lebenszufriedenheit, aber kaum substanzielle Zusammenhänge mit den negativen Indikatoren für Wohlbefinden (Irritation und emotionale Erschöpfung). Eine Ausnahme bildet die Ressource *Komplexität aufgrund mehrerer Arbeitgeber*, die eine substanzielle negative Korrelation mit emotionaler Erschöpfung aufweist. Die Ressource *Komplexität aufgrund mehrerer Arbeitgeber* beschreibt Lernmöglichkeiten, die sich aufgrund der Beschäftigung für mehrere Arbeitgeber ergeben. Lernmöglichkeiten bei der Erwerbsarbeit stehen im Zusammenhang mit Persönlichkeitsentwicklung und Wohlbefinden von Beschäftigten (Bakker et al. 2010; Rau 2006). Dass die beschäftigungsbezogene Ressource *Komplexität aufgrund mehrerer Arbeitgeber* substanzielle Zusammenhänge mit einem positiven *und* negativen Indikator für Befindlichkeit aufweist, könnte ein Indiz dafür sein, dass Entwicklungsförderlichkeit auch über die Gestaltung des Beschäftigungsverhältnisses erreicht werden kann. Dies ist von besonderer Bedeutung, weil die

---

1 Bei Skalen mit nur zwei Items (Kontrolle über die Beschäftigung, Kontrolle über den Verdienst, Komplexität aufgrund mehrerer Arbeitgeber und Sicherheit bei Erwerbslosigkeit) wurde die Produkt-Moment-Korrelation und nicht Cronbachs α berechnet.

11

▪ Tab. 11.1 Mittelwerte, Standardabweichungen, Reliabilitäten und Korrelationen der untersuchten Variablen

	M	SD	Cronbachs α	1	2	3	4	5	6	7	8	9	10	11	12
1. Irritation	3,45	1,51	.95	1											
2. Lebenszufriedenheit	4,11	0,82	.92	-0,45**	1										
3. Emotionale Erschöpfung	3,96	1,43	.80	0,71**	-0,50**	1									
4. Vereinbarkeit mehrere Arbeitgeber	1,88	0,73	.59	0,35**	-0,19	0,20	1								
5. In Beschäftigung bleiben	2,55	1,02	.89	0,21	-0,49**	0,21	0,23	1							
6. Unwissenheit über die Arbeitsumgebung	2,90	1,06	.89	0,25	-0,28*	0,24	0,21	0,39**	1						
7. Unsicherheit zukünftige Beschäftigung	3,18	1,05	.80	0,10	-0,44**	0,14	0,00	0,68**	0,52**	1					
8. Ständige Beobachtung	3,73	0,85	.74	0,41**	-0,21	0,41**	0,07	0,39**	0,33*	0,33*	1				
9. Einfluss auf die Beschäftigung	2,84	1,12	.67	-0,10	0,27*	-0,13	-0,10	-0,36**	-0,20	-0,43**	-0,17	1			
10. Einfluss auf das Gehalt	2,06	0,91	.79	-0,12	0,24	-0,14	0,09	-0,48**	-0,30*	-0,35**	-0,31*	0,47**	1		
11. Sicherheit bei Erwerbslosigkeit	3,19	0,92	.60	-0,17	0,23	-0,12	0,12	-0,42**	-0,10	-0,37**	-0,50**	0,36**	0,22	1	
12. Komplexität aufgrund mehrerer Arbeitgeber	2,75	0,86	.74	0,05	0,28*	-0,24	0,35**	-0,22	0,12	-0,19	-0,10	0,26	0,26	0,23	1

** p < 0,01, * p < 0,05. Bei Skalen mit nur zwei Items (Kontrolle über die Beschäftigung, Kontrolle über den Verdienst, Komplexität aufgrund mehrerer Arbeitgeber und Sicherheit bei Erwerbslosigkeit) wurde die Produkt-Moment-Korrelation und nicht Cronbachs α berechnet.

Analysen der Aufgabengestaltung in flexiblen Beschäftigungsverhältnissen aufzeigen, dass entwicklungsförderliche Elemente in der Aufgabengestaltung bei flexiblen Beschäftigungsverhältnissen (z. B. das eigenständige Lösen von Problemen) eher gering ausgeprägt sind (▶ Abschn. 11.3).

Die vorliegende Studie unterstützt die Ergebnisse vorangegangener Studien (Vahle-Hinz et al. 2013), da sie Zusammenhänge, die bis jetzt an einer Stichprobe von relativ jungen Beschäftigten in Abrufarbeit aufgezeigt werden konnten, an einer altersheterogenen Stichprobe von Leiharbeiten repliziert. Allerdings ist durch die Rekrutierung der Befragten über die soziale Netzwerkplattform XING von einer verzerrten Stichprobe auszugehen, die nicht repräsentativ für die Population der Leiharbeiter ist. So ist damit zu rechnen, dass sich Personengruppen mit bestimmten Eigenschaften und/oder Interessen eher bei einer solchen Netzwerkplattform anmelden. Beispielsweise könnte es sich eher um karriereorientierte oder besonders engagierte Leiharbeiter handeln. Zur weiteren Elaboration des Konzeptes sind weitere Studien mit größeren Stichproben im längsschnittlichen Design und unter Einbezug weiterer flexibler Beschäftigungsformen (z. B. befristeter Beschäftigung) notwendig.

11.6 Fazit: Gesundheitsförderung flexibel Beschäftigter

Klassische Arbeitsgestaltungsmaßnahmen, die sich allein auf die Gestaltung der Arbeitsaufgabe beziehen, greifen für flexibel Beschäftigte zu kurz. Der hier vorgestellte Ansatz zur Trennung zwischen aufgabenbezogenen und beschäftigungsbezogenen Stressoren hilft, die Situation von flexibel Beschäftigten besser beschreiben zu können und liefert damit wichtige Impulse für eine zukunftsfähige Gesundheitsförderung flexibel Beschäftigter. Neben der Analyse von aufgabenbezogenen Stressoren ist es wichtig, beschäftigungsbezogene Stressoren zu untersuchen und Möglichkeiten zur Reduktion dieser Stressoren zu entwickeln. Um beispielsweise den beschäftigungsbezogenen Stressor *Unwissenheit über die Arbeitsumgebung* zu reduzieren, könnten den Betroffenen detaillierte Informationen über den Arbeitsplatz und die Arbeitsumgebung gegeben und/oder Kernbeschäftigte als Mentoren zur Seite gestellt werden. Um eine mögliche Überforderung der einbezogenen Kernbeschäftigten zu vermeiden, ist allerdings darauf zu achten, dass die neuen Anforderungen (z. B. Führungsverantwortung) auch mit erweiterten Kompetenzen und Fähigkeiten einhergehen. Die Auswirkungen der beschäftigungsbezogenen Stresso-

ren *Unsicherheit über zukünftige Beschäftigung* oder *ständige Beobachtung* könnten reduziert werden, indem die Erwartungen an flexibel Beschäftigte sowie der weitere Beschäftigungsverlauf offen und transparent kommuniziert werden. Dies verdeutlicht, dass der Gestaltung der Beziehung zwischen Unternehmen und flexibel Beschäftigten eine zentrale Rolle zukommt. Dabei sollte unbedingt vermieden werden, einen nicht einhaltbaren psychologischen Vertrag (z. B. unbefristete Vollzeitbeschäftigung) aufzubauen. Der beschäftigungsbezogene Stressor *in Beschäftigung bleiben* könnte abgebaut werden, indem flexibel Beschäftigte zum Ende ihrer Vertragslaufzeit, in Anlehnung an Outplacement-Programme, Unterstützung bei der Bewerbung auf eine neue Stelle erhalten. Der beschäftigungsbezogene Stressor *Vereinbarkeit mehrerer Arbeitgeber* verdeutlicht, dass nicht allein das Unternehmen die durch die Beschäftigungsform entstehende Flexibilität nutzen kann. Um evtl. mehrere Arbeitgeber vereinbaren zu können, benötigen auch die Beschäftigten ein gewisses Maß an Flexibilität. Unter diesem Gesichtspunkt könnte es hilfreich sein, die flexibel Beschäftigten bei der Festlegung der Arbeitszeit einzubinden.

Die Aufgabengestaltung darf aber nicht vernachlässigt werden. In unserer Studie an Abrufarbeitern konnten wir zeigen, dass Handlungsspielraum als aufgabenbezogene Ressource eine puffernde Wirkung auf den Zusammenhang zwischen beschäftigungsbezogenen Stressoren und Indikatoren für Wohlbefinden hat (Vahle-Hinz et al. 2013). Eine auf Gestaltung bedachte Gesundheitsförderung flexibel Beschäftigter muss demnach beide Stressaspekte berücksichtigen.

Darüber hinaus stellt sich die Frage, wer für die gesundheitsförderliche Arbeits- und Beschäftigungsgestaltung von flexibel Beschäftigten zuständig ist. Die Betroffenen sind zumeist nur für einen begrenzten Zeitraum im Unternehmen tätig und gehören zur sogenannten Randbelegschaft eines Unternehmens (Kalleberg 2003). Deshalb werden Beschäftigte in flexiblen Beschäftigungsformen von den Unternehmen unter Umständen nicht als langfristige Ressource wahrgenommen. Tatsächlich gibt es empirische Hinweise, dass flexibel Beschäftigte oft eine geringere Teilhabe an betrieblichen Weiterbildungsmaßnahmen aufweisen als Kernbeschäftigte (Virtanen et al. 2003). Daraus ergibt sich die Gefahr, dass flexibel Beschäftigte nicht ausreichend an Maßnahmen der betrieblichen Gesundheitsförderung beteiligt werden. Daher sind Ansätze zur überbetrieblich organisierten Gesundheitsförderung (z. B. im Rahmen von Unternehmensnetzwerken) und auch kommunale Angebote notwendig, um die Gesundheit und damit auch die Beschäftigungsfähigkeit flexibel Beschäftigter zu schützen. Bezüglich der Leiharbeit ist auch die Rolle des Personaldisponenten der Leiharbeitsfirma von zentraler Bedeutung: Dieser sollte sich nicht nur als Vermittler einer Beschäftigung verstehen, sondern auch als verantwortlicher Personalentwickler, der darauf achtet, dass durch die übernommene Beschäftigung Kompetenzen erweitert werden (*Komplexität durch mehrere Arbeitgeber*). Hier könnten Weiterbildungsangebote für Personaldisponenten zur Bedeutsamkeit der Aufgaben- *und* Beschäftigungsgestaltung hilfreich sein.

Die Entwicklung und Evaluation dieser und weiterer Ansätze unter Berücksichtigung der besonderen Situation flexibel Beschäftigter stellt eine wichtige Herausforderung an Forschung und Praxis dar.

Literatur

Aronsson G, Gustafsson K, Dallner M (2002) Work environment and health in different types of temporary jobs. European Journal of Work and Organizational Psychology 11(2):151–175

Bakker AB, Demerouti E (2007) The job demands-resources model: State of the art. Journal of Managerial Psychology 22(3):309–328

Bakker AB, van Veldhoven M, Xanthopoulou D (2010) Beyond the demand-control model. Journal of Personnel Psychology 9(1):3–16

Benavides FG, Benach J, Diez-Roux AV, Roman C (2000) How do types of employment relate to health indicators? Findings from the second European Survey on Working Conditions. Journal Epidemiol Community Health 54:494–501

Bernhard-Oettel C, Sverke M, De Witte H (2005) Comparing three alternative types of employment with permanent full-time work: How do employment contract and perceived job conditions relate to health complaints? Work & Stress 19(4):301–318

Bernhard-Oettel C, de Cuyper N, Berntson E et al (2008) Well-Being and organizational attitudes in alternative employment: The role of contract and job preferences. International Journal of Stress Management 15(4):345–363

Bundesagentur für Arbeit (2013) Arbeitsmarktberichterstattung: Der Arbeitsmarkt in Deutschland, Zeitarbeit in Deutschland. Aktuelle Entwicklungen. Nürnberg

Cuyper N de, de Jong J, De Witte H et al (2008) Literature review of theory and research on the psychological impact of temporary employment: Towards a conceptual model. International Journal of Management Reviews 10(1):25–51

Dalbert C (1992) Subjektives Wohlbefinden junger Erwachsener: Theoretische und empirische Analysen der Struktur und Stabilität. Zeitschrift für Differentielle und Diagnostische Psychologie 13:207–220

Europäische Kommission (2006) Modernising labour law to meet the challenges of the 21st century, Green Paper, COM (2006) 708 final, Brüssel

European Foundation for the Improvement of Living and Working Conditions (Eurofound) (2010a) Flexible forms of work: ›very atypical‹ contractual arrangements. Dublin

European Foundation for the Improvement of Living and Working Conditions (Eurofound) (2010b) Very atypical work: Exploratory analysis of fourth European working conditions survey. Dublin

Eichhorst W, Tobsch V (2013) Has atypical work become typical in Germany? Country case study on labour market segmentation. Employment Working Paper No 145, International Labour Office (ILO), Genf

Goudswaard A, Andries F (2002) Employment status and working conditions. European Fundation for the Improvement of Living and Working Conditions (Eurofound), Dublin

Gracia FJ, Ramos J, Peiró JM et al (2011) Job attitudes, behaviours and well-being among different types of temporary workers in Europe and Israel. International Labour Review 150(3):235–254

Guest DE, Oakley P, Clinton M et al (2006) Free or precarious? A comparison of the attitudes of workers in flexible and traditional employment contracts. Human Resource Management Review 16:107–124

Guest DE, Isaksson K, De Witte H (2010) Employment contracts, psychological contracts, and employee well-being: An international study. Oxford University Press, Oxford

Hacker W (2002) Action theory, psychological. In: Smelser NJ, Baltes PB (eds) International encyclopedia of the social and behavioral sciences. Elsevier, London, pp 58–62

Hillage J, Pollard E (1998) Employability: Developing a framework for policy analysis. Reserach Brief No 85 (Reserach B), Department for Education and Employment

Kalleberg AL (2003) Flexible firms and labor market segmentation: Effects of workplace restructuring on jobs and workers. Work and Occupations 30(2):154–175

Karasek RA (1979) Job demands, job decision latitude, and mental strain: Implications for job design. Administrative Science Quarterly 24:285–308

Kivikäki M, Vahtera J, Virtanen M et al (2003) Temporary employment and risk of overall and cause-specific mortality. American Journal of Epidemiology 158(7): 663–668

Lewchuk W, de Wolff A, King A et al (2005) Beyond job strain: Employment strain and the health effects of precarious employment. Working in a Global Society Working Papers 1

Lewchuk W, Clarke M, de Wolff A (2008) Working without commitments: Precarious employment and health. Work, Employment & Society 22(3): 387–406

Martens MFJ, Nijhuis FJN, Van Boxtel MPJ et al (1999) Flexible work schedules and mental and physical health: A study of a working population with non-traditional working hours. Journal of Organizational Behavior 20(1):35–46

Maslach C, Jackson SE (1981) The measurement of experienced burnout. Journal of Occupational Behaviour 2:99–113

Mauno S, Kinnunen U, Mäkikangas A et al (2005) Psychological consequences of fixed-term employment and perceived job insecurity among health care staff. European Journal of Work and Organizational Psychology 14(3):209–237

Mohr G, Rigotti T, Müller A (2005) Irritation: Ein Instrument zur Erfassung psychischer Beanspruchung im Arbeitskontext.

Skalen- und Itemparameter aus 15 Studien. Zeitschrift für Arbeits- und Organisationspsychologie 49(1):44–48

Rau R (2006) Learning opportunities at work as predictor for recovery and health. European Journal of Work and Organizational Psychology 15(2):158–180

Rigotti T, Mohr G (2012) Flexibilisierung der Arbeit und psychologischer Vertrag. In: Bamberg E, Mohr G, Busch C (Hrsg) Arbeitspsychologie. Hogrefe, Göttingen, S 167–186

Statistisches Bundesamt (2008) Atypische Beschäftigung auf dem deutschen Arbeitsmarkt. Begleitmaterial zum Pressegespräch am 9. September 2008 in Frankfurt am Main

Statistisches Bundesamt (2013a) Atypische Beschäftigung sinkt 2012 bei insgesamt steigender Erwerbstätigkeit. Pressemitteilung vom 28.08.2013 – 285/13. Wiesbaden

Statistisches Bundesamt (2013b) Solo-Selbstständige. Entnommen am 17.12.2013 aus: https://www.destatis.de/DE/ZahlenFakten/Indikatoren/QualitaetArbeit/Dimension4/4_5_SoloSelbstaendige.html

Techniker Krankenkasse (2009) Gesundheitsreport: Auswertungen 2009, Arbeitsunfähigkeit und Arzneiverordnungen, Schwerpunkt: Gesundheit von Beschäftigten in Zeitarbeitsunternehmen. Hamburg

Tregaskis O, Brewster C, Mayne L et al (1998) Flexible working in Europe: The evidence and the implications. European Journal of Work and Organizational Psychology 7(1): 61–78

Vahle-Hinz T, Kirschner K, Thomson M (2013) Employment-related demands and resources: New ways of researching stress in flexible work arrangements. Management Revue 24(3):199–221

Virtanen M, Kivimäki M, Virtanen P et al (2003) Disparity in occupational training and career planning between contingent and permanent employees. European Journal of Work and Organizational Psychology 12:19–36

Wagenaar AF, Kompier MAJ, Houtman ILD et al (2012) Can labour contract differences in health and work-related attitudes be explained by quality of working life and job insecurity? Int Arch Occup Environ Health 85:763–773

Zapf D, Semmer NK (2004) Stress und Gesundheit in Organisationen. In: Schuler H (Hrsg) Enzyklopädie der Psychologie. Themenbereich D. Serie III. Band 3 Organisationspsychologie. Hogrefe, Göttingen, S 1007–1112

Welche Krankheiten bestimmen die Zukunft?

F. Prütz, S. Seeling, L. Ryl, C. Scheidt-Nave, T. Ziese, T. Lampert

B. Badura et al. (Hrsg.) *Fehlzeiten-Report 2014*,
DOI 10.1007/978-3-662-43531-1_12, © Springer-Verlag Berlin Heidelberg 2014

Zusammenfassung *Im Verlauf des letzten Jahrhunderts vollzog sich in den Industrieländern ein Wandel des Krankheitsspektrums. Dabei verloren die akuten Infektionskrankheiten zugunsten der chronischen Krankheiten an Bedeutung. Chronische Krankheiten sind durch eine langsame Entwicklung und ein lange andauerndes Krankheitsgeschehen gekennzeichnet. Sie betreffen zu einem großen Teil ältere Menschen, treten aber zum Teil auch bereits in der Erwerbsbevölkerung auf. Im vorliegenden Beitrag werden die Verbreitung und Entwicklung von Herz-Kreislauf-Erkrankungen, Krebserkrankungen, Diabetes mellitus, muskuloskelettalen Erkrankungen und psychischen Störungen beschrieben, da diese mit Blick auf Krankheitslast, Versorgungsgeschehen und die im Gesundheitswesen anfallenden Kosten von besonderer Relevanz sind. Angesichts der demografischen Entwicklung wird die Bedeutung chronischer Erkrankungen in Zukunft weiter zunehmen. Daher gehören deren Prävention sowie die bedarfsgerechte Versorgung der Betroffenen zu den wesentlichen Herausforderungen für das Gesundheitssystem.*

12.1 Einleitung

Im Verlauf des letzten Jahrhunderts vollzog sich in den Industrieländern ein Wandel des Krankheitsspektrums. Während lebensbedrohliche Infektionskrankheiten an Bedeutung verloren, bestimmen zunehmend chronische Erkrankungen das Krankheitsgeschehen und haben die akuten Infektionskrankheiten als häufigste Todesursache abgelöst. Unter chronischen Erkrankungen werden im Allgemeinen Erkrankungen verstanden, die sich meist langsam entwickeln und deren Krankheitsgeschehen lange (d. h. mindestens ein Jahr) andauert; eine einheitliche Definition existiert nicht (Scheidt-Nave 2010). Häufige Krankheitsfolgen sind bleibende Störungen der Organ- und Körperfunktionen, Behinderungen im Alltag und die dauerhafte Inanspruchnahme von Leistungen des Gesundheitssystems (Anderson und Horvath 2004; Gensichen et al. 2006). Chronische Erkrankungen begleiten die Betroffenen im weiteren Lebensverlauf und können insbesondere im fortgeschrittenen Stadium die Lebensqualität stark beeinträchtigen. Viele chronische Krankheiten stehen in engem Zusammenhang mit den Lebensgewohnheiten. Zu den wichtigsten Risikofaktoren für chronische Krankheiten zählen u. a. Bluthochdruck, Tabak- und Alkoholkonsum, Fettstoffwechselstörungen, Adipositas, ungesundes Ernährungsverhalten und Bewegungsmangel (WHO 2006).

In Deutschland sind Krebserkrankungen und Herz-Kreislauf-Erkrankungen die häufigsten Todesursachen, beide zusammen verursachten im Jahr 2012 etwa zwei Drittel aller Todesfälle (Statistisches Bundesamt 2013a). Da chronische Erkrankungen jedoch häufig nicht unmittelbar zum Tode führen (z. B. Diabetes mellitus, Muskel-Skelett-Erkrankungen oder psychische Erkrankungen), ist ihre Bedeutung auch an der Inanspruchnahme ambulanter oder stationärer Leistungen des Gesundheitssystems sowie an den direkten und indirekten Krankheitskosten ablesbar. In der Krankheitskostenrechnung des Statistischen Bundesamts für das Jahr 2008 werden die höchsten direkten Kosten – d. h. Kosten, die unmittelbar mit der Anwendung oder Ausführung einer Behandlung verbunden sind – durch Herz-Kreislauf-Krankheiten verursacht (37,0 Mrd. Euro), gefolgt von Krankheiten des Verdauungssystems einschließlich Mund- und Zahnerkrankungen (34,8 Milliarden Euro) sowie von psychischen Erkrankungen und Muskel-Skelett-Erkrankungen (28,7 bzw. 28,5 Mrd. Euro). Damit wurde für diese vier Krankheitsgruppen, die überwiegend chronische Krankheiten umfassen, im Jahr 2008 gut die Hälfte der gesamten Krankheitskosten aufgewendet (Statistisches Bundesamt 2010). Indirekte Krankheitskosten messen den mittelbar mit einer Erkrankung im Zusammenhang stehenden Ressourcenverlust. Dabei handelt es sich vor allem um die durch Arbeitsunfähigkeit, Invalidität und vorzeitigen Tod der erwerbstätigen Bevölkerung hervorgerufenen potenziellen volkswirtschaftlichen Verluste, die beispielsweise in Form von verlorenen Erwerbstätigkeitsjahren nachgewiesen werden. Bei diesen nehmen psychische Störungen, Krebserkrankungen und muskuloskelettale Erkrankungen die vorderen Plätze ein. Daran lässt sich auch ablesen, dass von chronischen Erkrankungen nicht nur ältere Menschen betroffen sind, sondern auch ein Teil der Erwerbsbevölkerung. Zu den arbeitsbezogenen Gesundheitsrisiken gehören Unfallgefahren, Umgebungseinflüsse sowie körperliche, psychische und psychosoziale Belastungen; sie hängen auch mit der ausgeübten Tätigkeit und der beruflichen Stellung zusammen (RKI 2005; Lampert et al. 2013).

Vor diesem Hintergrund werden im vorliegenden Beitrag die Verbreitung und Entwicklung ausgewählter chronischer Krankheiten beschrieben. Dabei gilt das Interesse Erkrankungen, die im Hinblick auf Krankheitslast, Versorgungsgeschehen und die im Gesundheitswesen anfallenden Kosten von besonderer Bedeutung sind: Herz-Kreislauf-Erkrankungen, Krebserkrankungen, Diabetes mellitus, muskuloskelettalen Erkrankungen und psychischen Störungen. Als Datengrundlagen stehen dazu neben Daten aus der amtlichen Statistik (Todesursachen-, Krankenhausdiagnosestatistik) Registerdaten sowie Survey-Daten zur Verfügung.

12.2 Herz-Kreislauf-Erkrankungen

In der Gruppe der Herz-Kreislauf-Erkrankungen (ICD-10[1]: I00-I99) werden verschiedene Krankheiten zusammengefasst, die das Herz und den Blutkreislauf betreffen. Diese sind häufig auf eine Arteriosklerose (Arterienverkalkung) zurückzuführen, wie die koronare oder ischämische Herzkrankheit (KHK) mit ihren möglichen Komplikationen Herzinfarkt, Herzinsuffizienz (Herzschwäche) und Herzrhythmusstörungen sowie der Schlaganfall. Im Jahr 2008 verursachten Herz-Kreislauf-Erkrankungen mit einem Anteil von 14,5 Prozent bzw. 37,0 Mrd. Euro von allen Krankheitsgruppen die höchsten Kosten. Von 2002 bis 2008 stiegen die auf Herz-Kreislauf-Erkrankungen zurückzuführenden direkten Krankheitskosten um 3,4 Mrd. Euro (Statistisches Bundesamt 2010).

Herz-Kreislauf-Erkrankungen sind nach wie vor die häufigste Todesursache in Deutschland. Im Jahr 2012 starben insgesamt 346.217 Personen (199.068 Frauen und 150.149 Männer) an einer Erkrankung des Herz-Kreislauf-Systems; das entspricht rund 40 Prozent aller Sterbefälle. Das durchschnittliche Sterbealter an Herz-Kreislauf-Erkrankungen betrug bei Frauen 85,2 und bei Männern 77,9 Jahre (Statistisches Bundesamt 2013a). Von 1998 bis 2012 nahm die altersstandardisierte Sterblichkeit deutlich ab (◘ Abb. 12.1): Während im Jahr 1998 noch insgesamt 317 Sterbefälle je 100.000 Einwohner (258 bei Frauen und 401 bei Männern) auf Herz-Kreislauf-Erkrankungen zurückgingen, waren dies im Jahr 2012 nur noch 195 Sterbefälle je 100.000 Einwohner (162 bei Frauen und 230 bei Männern). Die altersstandardisierte Sterbeziffer ist bei Männern höher als bei Frauen, allerdings ist im Zeitverlauf eine Angleichung beider Geschlechter zu beobachten. Hiermit setzt sich ein Trend fort, der bereits seit den 1980er Jahren beobachtet werden kann. Bei Betrachtung der absoluten Zahlen ist zu sehen, dass deutlich mehr Frauen als Männer an Herz-Kreislauf-Erkrankungen sterben, was u. a. auf die höhere Lebenserwartung der Frauen und die gleichzeitig höhere Erkrankungswahrscheinlichkeit mit steigendem Alter zurückzuführen ist.

Die Verbreitung von Herz-Kreislauf-Erkrankungen kann u. a. anhand der Häufigkeit stationärer Behandlungen beschrieben werden. Absolut gesehen gab es im Jahr 2012 insgesamt 2.849.807 stationäre Behandlungsfälle aufgrund einer Herz-Kreislauf-Erkrankung (1.335.522 Frauen und 1.514.266 Männer). Auch bei den altersstandardisierten Fallzahlen je 100.000 Einwohner ergeben sich für Männer höhere Zahlen als für Frauen. Diese blieben in den letzten Jahren weitgehend konstant (◘ Abb. 12.2) (Statistisches Bundesamt 2013b).

Daten zu Neuerkrankungen an koronarer Herzkrankheit insgesamt liegen für Deutschland nicht vor. Einschätzungen zur kontinuierlichen Entwicklung der Neuerkrankungsrate (Inzidenz) von Herzinfarkt erlauben die Daten des regionalen Herzinfarktregisters Augsburg. Dieses wurde 1984 im Rahmen des MONICA-Projekts (Multinational Monitoring of Trends and Determinants in Cardiovascular Disease) der Weltgesundheitsorganisation (WHO) etabliert und wird seit 1996 vom Helmholtz-Zentrum München im Rahmen der Kooperativen Gesundheitsforschung in der Region Augsburg (KORA) weitergeführt (Holle et al. 2005). Darin werden alle durch Herzinfarkt verursachten Sterbefälle sowie nicht tödliche Herzinfarkte in der 25- bis 74-jährigen Augsburger Bevölkerung erfasst. Mithilfe dieser Daten können die altersstandardisierten Herzinfarktraten von 1985 bis 2011 berechnet werden, zu denen sowohl Inzidenz (tödliche und nicht-tödliche Erstinfarkte) als auch Fallhäufigkeit

---

1 ICD-10: Internationale statistische Klassifikation der Krankheiten und verwandter Gesundheitsprobleme, 10. Revision

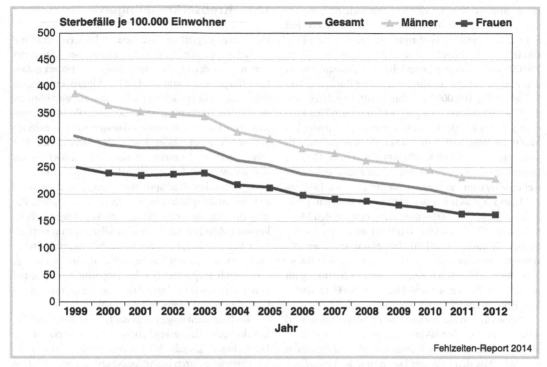

▣ Abb. 12.1 Altersstandardisierte Sterblichkeit an Herz-Kreislauf-Erkrankungen (ICD-10 I00–I99) nach Geschlecht, 1998–2012 (Altersstandardisierung: alte Europastandardbevölkerung) (Quelle: Statistisches Bundesamt 2013a)

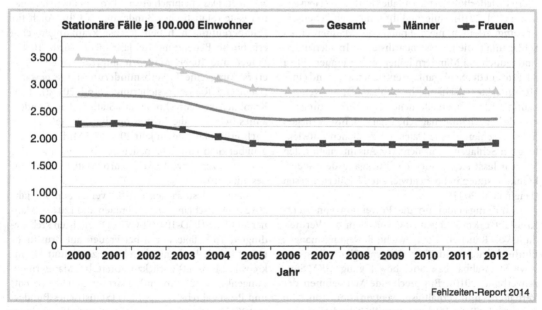

▣ Abb. 12.2 Altersstandardisierte stationäre Fallzahlen mit Hauptdiagnose einer Herz-Kreislauf-Erkrankung (ICD-10 I00–I99) nach Geschlecht, 1998–2012 (Altersstandardisierung: alte Europastandardbevölkerung) (Quelle: Statistisches Bundesamt 2013b)

(Erst- und Reinfarkte) zählen. Demnach stieg die altersstandardisierte Inzidenz des Herzinfarkts bei Frauen von 1985 bis 1991 zunächst von 112 auf 142 je 100.000 Einwohnerinnen an, um dann auf 91 je 100.000 Einwohnerinnen im Jahr 2011 abzusinken; bei den Männern fand ein kontinuierlicher Rückgang von 357 auf 247 je 100.000 Einwohner statt. Die altersstandardisierte Fallhäufigkeit ging bei Frauen um 20,0 Prozent auf 108 je 100.000 Einwohnerinnen zurück; bei Männern zeigte sich eine etwas höhere Abnahme um 41,0 Prozent auf 318 je 100.000 Einwohner (KORA Herzinfarktregister 2013). Betrachtet man die bundesweiten altersstandardisierten Sterberaten von 1998 bis 2011, so zeigt sich bei den Frauen ein Rückgang von 43,8 auf 22,2 je 100.000 Einwohnerinnen, bei den Männern von 103,8 auf 48,9 je 100.000 Einwohner (Statistisches Bundesamt 2013a). Insgesamt sprechen die sinkende Inzidenz des Herzinfarktes und der Rückgang der Sterblichkeit für eine positive Entwicklung im Bereich der Prävention und Therapie von Herz-Kreislauf-Erkrankungen (Ford et al. 2007).

Schätzungen zur Inzidenz von Schlaganfällen sind anhand zweier bevölkerungsbezogener regionaler Schlaganfallregister in Erlangen und Ludwigshafen möglich. Aus den Erlanger Daten und auf Grundlage der deutschen Gesamtbevölkerung von 2008 lässt sich abschätzen, dass sich in Deutschland jährlich rund 262.000 Schlaganfälle ereignen. Davon sind etwa ein Viertel wiederholte Schlaganfälle (Rezidive) (Heuschmann et al. 2010). Aufgrund ihrer höheren Lebenserwartung erleiden mehr Frauen als Männer einen Schlaganfall, die altersstandardisierten Inzidenzraten sind jedoch bei Männern höher als bei Frauen. Etwa 80 Prozent der Schlaganfälle entstehen aufgrund eines Hirninfarktes (ischämische Schlaganfälle); weniger häufig sind Schlaganfälle, denen eine Hirnblutung zugrunde liegt (hämorrhagische Infarkte). Bislang liegen für Deutschland keine Daten zur zeitlichen Entwicklung der Schlaganfallinzidenz vor. Aus internationalen Studien lässt sich jedoch ein Rückgang der Neuerkrankungsraten in hochentwickelten Ländern ablesen (Feigin et al. 2009).

Handlungsfelder für die Prävention von Herz-Kreislauf-Erkrankungen sind vor allem die Vermeidung von Rauchen, Übergewicht, Bewegungsmangel, Bluthochdruck und übermäßigem Alkoholkonsum sowie Stressabbau bzw. Stressbewältigung (GKV-Spitzenverband 2010). Entsprechende Maßnahmen der Verhaltens- und Verhältnisprävention können auch im Rahmen der Betrieblichen Gesundheitsförderung umgesetzt werden. Darüber hinaus ist die bedarfsgerechte Versorgung der Erkrankten durch leitliniengerechte Therapie von hoher Relevanz.

12.3   Krebserkrankungen

Unter dem Begriff der Krebserkrankungen wird eine große Gruppe von Krankheiten zusammengefasst, bei denen es zu einem unkontrollierten Wachstum entarteter Körperzellen kommt. Die Neubildungen dringen dabei häufig in benachbartes Gewebe ein und können durch Metastasierung an anderer Stelle Tochtergeschwülste bilden. Krebserkrankungen werden auch als maligne Tumoren oder Karzinome bezeichnet. Für ihre Entstehung ist meist ein multifaktorielles Geschehen verantwortlich, bei dem neben Umwelteinflüssen und genetischer Prädisposition auch Lebensstilfaktoren eine Rolle spielen können. Zu den wichtigsten Risikofaktoren für Krebserkrankungen gehören Tabakkonsum, Alkohol, ungesunde Ernährung und körperliche Inaktivität. Daneben sind bei bestimmten Krebslokalisationen chronische Infektionen von Bedeutung, z. B. durch Hepatitis B- oder Hepatitis C-Viren bei Lebertumoren oder durch Humane Papillomviren bei Gebärmutterhalskrebs (WHO 2013).

Krebserkrankungen sind nach Herz-Kreislauf-Erkrankungen die zweithäufigste Todesursache in Deutschland. Im Jahr 2012 waren rund 25 Prozent aller Sterbefälle durch bösartige Neubildungen (ICD-10 C00-C97) bedingt (Statistisches Bundesamt 2013a). Im selben Jahr wurden rund 1,5 Mio. stationäre Behandlungsfälle aufgrund von Krebserkrankungen verzeichnet. Das entsprach etwa 8 Prozent aller stationären Fälle (Statistisches Bundesamt 2013b). Auch für Frühberentungen haben Krebserkrankungen eine erhebliche Bedeutung. Im Jahr 2012 wurde 10.483 Frauen und 10.992 Männern aufgrund einer Krebserkrankung eine Erwerbsminderungsrente gewährt (Deutsche Rentenversicherung Bund 2013a). Laut Krankheitskostenrechnung des Statistischen Bundesamtes betrugen die Kosten für die Behandlung von Krebserkrankungen im Jahr 2008 15,5 Mrd. Euro. Gegenüber dem Jahr 2002 bedeutete dies einen Anstieg um 36 Prozent bzw. 4,1 Mrd. Euro (Statistisches Bundesamt 2010).

Laut Todesursachenstatistik verstarben im Jahr 2012 in Deutschland 101.531 Frauen und 120.080 Männer an Krebs (ICD-10 C00-C97). Die meisten krebsbedingten Todesfälle waren bei Frauen auf Brustkrebs (17 Prozent), Lungenkrebs (15 Prozent) und Darmkrebs (12 Prozent) zurückzuführen, bei Männern auf Lungenkrebs (25 Prozent), Darmkrebs (11 Prozent) und Prostatakrebs (11 Prozent) (Statistisches Bundesamt 2013a). Die altersstandardisierten Sterblichkeitsraten (Alte Europastandardbevölkerung) sind zwischen 1998 und 2011 bei Frauen um 15 Prozent und bei Männern um 21 Prozent zurückgegangen (◘ Abb. 12.3)

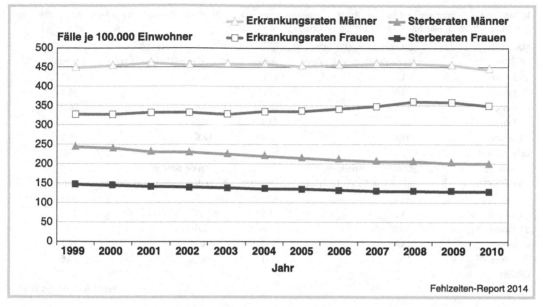

❑ **Abb. 12.3** Altersstandardisierte Erkrankungs- und Sterberaten an Krebserkrankungen (ICD-10 C00–97 ohne C44) nach Geschlecht, 1999–2010 (Altersstandardisierung: alte Europastandardbevölkerung) (Quelle: RKI und GEKID 2013 (modifizierte Darstellung))

(RKI u. GEKID 2013). Für die drei häufigsten krebsbedingten Todesursachen bei Frauen betrug der Rückgang bei Brustkrebs 16 Prozent und bei Darmkrebs 35 Prozent, während bei Lungenkrebs ein erheblicher Anstieg um 39 Prozent zu verzeichnen war. Bei Männern kam es im selben Zeitraum zu einem Rückgang der altersstandardisierten Sterblichkeitsraten von 24 Prozent bei Lungenkrebs, 29 Prozent bei Darmkrebs und 26 Prozent bei Prostatakrebs (ZfKD 2013a).

Der Rückgang der altersstandardisierten Sterblichkeitsraten spiegelt insgesamt wider, dass sich die Überlebensaussichten von Krebspatienten in den letzten Jahrzehnten erheblich verbessert haben. Das ist vor allem auf Fortschritte in der Therapie, aber auch auf eine verbesserte Krebsfrüherkennung zurückzuführen (RKI 2010a). Zu Beginn der 1980er Jahre lag die 5-Jahres-Überlebensrate bei Brust- und Prostatakrebs bei 70 Prozent, während sie heute nach Schätzungen des Zentrums für Krebsregisterdaten (ZfKD) im Robert Koch-Institut bei Brustkrebspatientinnen um 87 Prozent und bei Prostatakrebspatienten um 93 Prozent beträgt. Die 5-Jahres-Überlebensraten unterscheiden sich dabei stark nach Krebslokalisation. So werden sie bei Darmkrebs aktuell auf etwa 65 Prozent bei beiden Geschlechtern geschätzt und bei Lungenkrebs auf 21 Prozent bei Frauen und 16 Prozent bei Männern (RKI u. GEKID 2013).

Nach Schätzungen des Zentrums für Krebsregisterdaten erkrankten im Jahr 2010 etwa 224.900 Frauen und

252.400 Männer an Krebs. Bei Frauen trat am häufigsten Brustkrebs (31 Prozent), Darmkrebs (13 Prozent) und Lungenkrebs (8 Prozent) auf, bei Männern Prostatakrebs (26 Prozent), Lungenkrebs (14 Prozent) und Darmkrebs (13 Prozent) (RKI u. GEKID 2013). Die Krebsinzidenz hat dabei allein in den letzten zehn Jahren um 14 Prozent bei Frauen und um 21 Prozent bei Männern zugenommen (ZfKD 2013b). Für die deutliche Zunahme der Inzidenz von Brustkrebs bei Frauen (2000: 55.668; 2010: 70.341) ist vor allem ein sprunghafter Anstieg der Erkrankungsraten nach Einführung des Mammographie-Screenings verantwortlich, durch das Erkrankungen in einem früheren Stadium entdeckt werden (RKI u. GEKID 2013). Stark ist auch die Zahl der Neuerkrankungen bei Prostatakrebs angestiegen (2000: 45.564; 2010: 65.831), mitbedingt durch die Nutzung des PSA-Tests (prostataspezifisches Antigen) als Screeninguntersuchung, die nicht Bestandteil des gesetzlichen Früherkennungsprogramms in Deutschland ist (RKI u. GEKID 2013). Bei Lungenkrebs ist bei den Frauen (2000: 11.912; 2010: 17.030) eine stärkere Zunahme als bei den Männern (2000: 33.761; 2010: 35.038) zu verzeichnen, die auf das veränderte Rauchverhalten beider Geschlechter zurückgeführt werden kann. Wie Lungenkrebs tritt auch Darmkrebs häufiger bei Männern (2000: 30.716; 2010: 33.802) auf als bei Frauen (2000: 30.623; 2010: 28.625) (ZfKD 2013b).

Bei den meisten malignen Tumoren steigt das Erkrankungsrisiko mit zunehmendem Alter stark an. So

◘ Tab. 12.1 Erkrankungs- und Sterberisiko an Krebserkrankungen (ICD-10 C00–97 ohne C44) nach Alter und Geschlecht, Datenbasis 2010 (Quelle: RKI u. GEKID 2013, modifizierte Darstellung)

Männer im Alter von	Erkrankungsrisiko in %		Sterberisiko in %	
	in den nächsten 10 Jahren	jemals	in den nächsten 10 Jahren	jemals
35 Jahren	1,2	51,0	0,3	26,1
45 Jahren	3,5	51,0	1,2	26,2
55 Jahren	10,5	50,6	3,8	26,0
65 Jahren	21,0	47,9	8,0	24,6
75 Jahren	27,6	40,4	12,9	21,1
Lebenszeitrisiko		50,8		25,8
Frauen im Alter von	**Erkrankungsrisiko in %**		**Sterberisiko in %**	
	in den nächsten 10 Jahren	jemals	in den nächsten 10 Jahren	jemals
35 Jahren	2,1	42,5	0,3	20,3
45 Jahren	4,8	41,5	1,1	20,1
55 Jahren	8,8	39,0	2,6	19,4
65 Jahren	13,0	34,0	4,9	17,7
75 Jahren	16,2	26,1	8,1	14,6
Lebenszeitrisiko		42,9		20,2

Fehlzeiten-Report 2014

traten bei den Frauen im Jahr 2010 nur 14 Prozent und bei den Männern nur 8 Prozent aller Krebserkrankungen vor dem 50. Lebensjahr auf. Vor dem 65. Lebensjahr betrug die Inzidenz bei Frauen 40 Prozent und bei Männern 33 Prozent (ZfKD 2013b). Das Risiko, innerhalb der nächsten zehn Jahre an Krebs zu erkranken und zu versterben, nimmt ab dem mittleren Lebensalter deutlich zu. Während beispielsweise ein 35-jähriger Mann innerhalb der nächsten zehn Jahre in Bezug auf Krebs ein Erkrankungsrisiko von 1,2 Prozent und ein Sterberisiko von 0,3 Prozent hat, liegt das Erkrankungsrisiko mit 65 Jahren für die folgenden zehn Jahre schon bei 21 Prozent und das Sterberisiko bei 8 Prozent (◘ Tab. 12.1) (RKI u. GEKID 2013).

Aus der Entwicklung der altersstandardisierten Erkrankungsraten (◘ Abb. 12.3) kann abgelesen werden, dass es ohne den demografischen Wandel bei Frauen nur zu einem leichten Anstieg und bei Männern sogar zu einem geringen Rückgang der Erkrankungszahlen gekommen wäre (RKI u. GEKID 2013). Durch das Zusammenspiel der demografischen Alterung mit wesentlichen Indikatoren des Krebsgeschehens (ansteigende Inzidenzen, verbesserte Überlebensaussichten) nimmt die Prävalenz von Krebserkrankungen in Deutschland seit Jahren zu (RKI 2010a).

Durch die Reduktion beeinflussbarer Risikofaktoren kann die Inzidenz von Krebserkrankungen erheblich verringert werden. Tabakkonsum gilt dabei als der wichtigste einzelne Risikofaktor für Krebserkrankungen (WHO 2013). In Deutschland sind jährlich über 17.000 Krebserkrankungsfälle bei Frauen und 55.000

bei Männern auf Tabakkonsum zurückzuführen (Wienecke et al. 2013) und somit potenziell vermeidbar. Auch im beruflichen Bereich können Krebserkrankungen durch Exposition gegenüber schädigenden Substanzen ausgelöst werden. Die Inzidenz ist im Vergleich zu lebensstilbedingten Risikofaktoren wesentlich niedriger: Im Jahr 2010 wurden 2.144 Krebserkrankungen als beruflich bedingt anerkannt und 1.385 Todesfälle durch berufsbedingte Krebserkrankungen verzeichnet. Die meisten berufsbedingten Tumore betrafen Lunge und Bronchien (49,5 Prozent) und das Rippenfell (36,2 Prozent), hauptsächlich ausgelöst durch eine länger zurückliegende Exposition gegenüber Asbest und ionisierenden Strahlen. Daneben können zahlreiche weitere krebserregende Stoffe zu berufsbedingten Krebserkrankungen führen, beispielsweise aromatische Amine, Quarzstaub oder Benzol (DGUV 2012a). Wenn krebsauslösende Substanzen in der Arbeitswelt nicht vermieden werden können, sind präventive Maßnahmen und arbeitsmedizinische Vorsorgeuntersuchungen von entscheidender Bedeutung.

12.4   Diabetes mellitus

Diabetes mellitus ist eine chronische Stoffwechselerkrankung, die mit erhöhten Blutzuckerkonzentrationen einhergeht. Dem Typ-2-Diabetes, der vorwiegend bei Erwachsenen auftritt und mit etwa 90 Prozent die häufigste Diabetesform darstellt, liegt ein relativer

Insulinmangel durch verminderte Insulinwirkung bzw. unzureichende Insulinausschüttung zugrunde. Neben einer genetischen Veranlagung tragen lebensstilbedingte Risikofaktoren, insbesondere Bewegungsmangel, Fehlernährung und Übergewicht, wesentlich zur Entstehung bei. Beim Typ-1-Diabetes, der sich überwiegend bereits im Kindes- und Jugendalter manifestiert, führt eine autoimmune Zerstörung der insulinproduzierenden Zellen zu einem absoluten Insulinmangel. Zu den weiteren Diabetesformen zählen der Schwangerschaftsdiabetes, der erstmals in der Schwangerschaft auftritt und sich danach meistens wieder zurückbildet, und andere spezifische Diabeteserkrankungen, die teilweise genetisch bedingt sind (American Diabetes Association 2013).

Ziel der Behandlung von Diabetes mellitus ist eine möglichst gute Blutzuckereinstellung, da anhaltend erhöhte Blutzuckerwerte zu Langzeitschäden an Augen, Nieren, Nerven, Herz und Blutgefäßen führen können, Erblindung, Nierenversagen, Amputation von Gliedmaßen, Herzinfarkt und Schlaganfall gehören zu den schweren Komplikationen (American Diabetes Association 2013). Folgeerkrankungen und Spätschäden des Diabetes bedingen eine verminderte Lebensqualität (Norris et al. 2011) und Lebenserwartung (Roglic u. Unwin 2010). Die Kosten, die für die Diabetes-spezifische Versorgung von Diabetikern anfallen (ICD-10 E10-E14), wurden für das Jahr 2008 mit 6,34 Mrd. Euro veranschlagt. Gegenüber dem Jahr 2002 bedeutete dies einen Anstieg der direkten Krankheitskosten um 28 Prozent (Statistisches Bundesamt 2010). Zusätzliche erhebliche Kosten entstehen durch die Versorgung diabetischer Begleit- und Folgeerkrankungen.

Laut Krankenhausstatistik lag die Zahl der Krankenhausaufenthalte mit der Hauptdiagnose Diabetes zwischen den Jahren 2000 und 2011 relativ konstant bei rund 215.000 Behandlungsfällen (Statistisches Bundesamt 2013b). Vermutlich bilden diese Daten allerdings nicht das ganze Ausmaß der diabetesbedingten Krankenhausaufenthalte ab, weil häufig die Folgeerkrankung und nicht der zugrundeliegende Diabetes als Hauptdiagnose kodiert wird. Auch ist die Beurteilung des Zeitverlaufs dadurch eingeschränkt, dass sich die durch die Einführung des DRG-Systems[2] bedingten veränderten Abrechnungsbedingungen auf die Fallzahlen ausgewirkt haben könnten (Heidemann et al. 2011).

Auch die Bedeutung des Diabetes für Arbeitsunfähigkeit und Berentung wegen verminderter Erwerbsfähigkeit wird vermutlich erheblich unterschätzt, weil häufig Begleiterkrankungen oder Folgeschäden wie Herz-Kreislauf-Krankheiten oder Nierenerkrankungen als Begründung erfasst werden. Im Jahr 2008 wurden bei den AOK-Pflichtmitgliedern (ohne Rentner) 32 Arbeitsunfähigkeitsfälle je 10.000 Versicherte mit Diabetes begründet (20 bei Frauen, 41 bei Männern) (AOK-Bundesverband 2008). In der gesetzlichen Rentenversicherung wurden im Jahr 2012 insgesamt 2.080 Rentenzugänge wegen verminderter Erwerbsfähigkeit aufgrund von Diabetes verzeichnet (701 bei Frauen, 1.379 bei Männern) (Deutsche Rentenversicherung Bund 2013a). Das durchschnittliche Rentenzugangsalter dieser Personen lag bei Frauen und Männern um 54 Jahre (Deutsche Rentenversicherung Bund 2013b).

Schätzungen zur Lebenszeitprävalenz des Diabetes mellitus liegen nach Daten der 2008 bis 2011 durchgeführten Studie zur Gesundheit Erwachsener in Deutschland (DEGS1) des Robert Koch-Instituts (Scheidt-Nave et al. 2012) für die 18- bis 79-jährige Bevölkerung bei 7,2 Prozent (7,4 Prozent bei Frauen, 7,0 Prozent bei Männern). Seit dem Bundesgesundheitssurvey (BGS98) 1998 hat sich die Lebenszeitprävalenz damit von 5,2 Prozent um 2,0 Prozentpunkte erhöht, wobei nur etwa ein Drittel dieses Anstiegs durch die demografische Alterung erklärt werden kann (Heidemann et al. 2013). Analysen verschiedener Datenquellen weisen jedoch darauf hin, dass diabetische Komplikationen abgenommen haben. Zu dieser Entwicklung haben vermutlich eine frühere Diabetes-Diagnosestellung und eine verbesserte Versorgungsqualität im Rahmen der Disease-Management-Programme für Typ-2- und Typ-1-Diabetes sowie die Umsetzung der Nationalen Versorgungsleitlinie zur Therapie des Typ-2-Diabetes beigetragen. Die Datenlage ist hier allerdings noch begrenzt und muss dringend vervollständigt und fortgeschrieben werden (Heidemann et al. 2011).

Im Rahmen des Betrieblichen Gesundheitsmanagements bestehen auf verschiedenen Ebenen Möglichkeiten, die Prävention und Früherkennung von Diabetes mellitus zu fördern. Angebote der Betrieblichen Gesundheitsförderung können dazu beitragen, verhaltensbedingte Gesundheitsrisiken wie Bewegungsmangel und Übergewicht zu reduzieren. Verhaltenspräventive Gesundheitsprogramme können durch verhältnispräventive Maßnahmen ergänzt werden, beispielsweise durch eine gesündere Ausrichtung des Kantinenangebots. Zusätzlich kann das freiwillige Angebot von arbeitsmedizinischen Screeninguntersuchungen, durch die Diabetes mellitus, aber auch andere Erkrankungen wie Bluthochdruck und Fettstoffwechselstörungen frühzeitig entdeckt werden können, als sekundärpräventive Maßnahme einen wichtigen Beitrag zur

---

2 DRG: Diagnosis Related Group-System

Krankheitsfrüherkennung leisten (DGUV 2012b). Auch für kleinere Unternehmen bestehen, z.B. durch Vernetzung mit anderen Kleinunternehmen, weitreichende Möglichkeiten, ihren Beschäftigten Betriebliche Gesundheitsförderung anzubieten (INQA 2011).

12.5   Muskuloskelettale Erkrankungen

Die Gruppe der Muskel- und Skeletterkrankungen (muskuloskelettale Erkrankungen, MSKE, ICD-10: M00-M99) umfasst mehr als 150 Einzelerkrankungen der Knochen, Muskeln, Sehnen, Bänder und Gelenke. Dazu gehören degenerative Gelenkerkrankungen (z.B. Arthrose), entzündliche Gelenkerkrankungen (z.B. rheumatoide Arthritis), systemische Skeletterkrankungen (z.B. Osteoporose), Rückenschmerzen und Erkrankungen der Bandscheiben. Muskuloskelettale Erkrankungen und Beschwerden mit Bezug zum Bewegungsapparat stellen weltweit eine der Hauptursachen von Morbidität, Behinderung und Einschränkung der Lebensqualität dar (Woolf et al. 2012). Dagegen führen sie vergleichsweise selten unmittelbar zum Tode.

In Deutschland gehören Muskel- und Skeletterkrankungen zu den gesundheitlichen Beeinträchtigungen, von denen große Teile der Bevölkerung, und dabei vor allem ältere Menschen, betroffen sind. Im Zuge der demografischen Entwicklung ist davon auszugehen, dass die Morbiditätslast durch diese Erkrankungen weiter steigen wird. Bestimmte Beschwerden, wie beispielsweise Rückenschmerzen, betreffen schon jüngere Menschen und können bei diesen zu vorübergehender Arbeitsunfähigkeit bis hin zu vorzeitiger Berentung führen (WHO 2003; RKI 2006).

Die Krankheitskosten, die durch Muskel- und Skeletterkrankungen verursacht wurden, betrugen im Jahr 2008 28.545 Mio. Euro, was einem Anstieg um 17 Prozent seit dem Jahr 2002 entspricht. Dabei entfielen etwa 27 Prozent der Kosten auf Arthrosen und Rückenleiden. 35 Prozent der Kosten für Arthrosen sind der stationären Versorgung zuzuordnen und werden zu einem großen Teil durch Gelenkersatzoperationen verursacht (Statistisches Bundesamt 2010; RKI 2013). In einigen anderen Diagnosegruppen hängt die Kostenzunahme vor allem mit der vermehrten Verordnung neuer hochpreisiger Medikamente zusammen (RKI 2010b). Insgesamt wurden im Jahr 2012 rund 1,8 Mio. stationäre Behandlungsfälle von muskuloskelettalen Erkrankungen registriert. Seit dem Jahr 2000 hat diese Zahl um rund 40 Prozent zugenommen, dabei betrug die Zunahme aller Krankenhausfälle etwa 10 Prozent. Auch bei altersstandardisierter Betrachtung sieht man einen Anstieg der stationären Behand-

lungen bei Krankheiten des Bewegungsapparates (Statistisches Bundesamt 2013b) (◘ Abb. 12.4).

Als häufigste Gelenkerkrankung bei Erwachsenen gilt die Arthrose, die durch degenerative Veränderungen an den Gelenken mit Abbau des Gelenkknorpels gekennzeichnet ist. Die häufigsten Lokalisationen sind die Knie-, Hüft- und Schultergelenke sowie die Finger- und Wirbelgelenke. Unterschiedliche Schätzungen zur Häufigkeit von Arthrose beruhen auf unterschiedlichen Falldefinitionen (klinisch oder radiologisch) bzw. unterschiedlichen Erhebungsmethoden (Fuchs et al. 2013; RKI 2013). Die in DEGS1 (2008 bis 2011) erhobenen Daten zur Prävalenz in Deutschland basieren auf den Selbstangaben zu ärztlich festgestellten Erkrankungen. Danach wurde bei 20,2 Prozent der befragten Erwachsenen zwischen 18 und 79 Jahren schon einmal eine Arthrose ärztlich diagnostiziert, häufiger bei Frauen (22,3 Prozent) als bei Männern (18,1 Prozent). Mit steigendem Alter nimmt die Erkrankungshäufigkeit zu: In der Altersgruppe von 70 bis 79 Jahren sind etwa die Hälfte der Frauen und ein Drittel der Männer betroffen (Fuchs et al. 2013); dabei ist zu bedenken, dass Menschen mit weniger starken Beschwerden u.U. gar keine ärztliche Hilfe in Anspruch nehmen. Degenerative Veränderungen der Hüft- und Kniegelenke (Cox- bzw. Gonarthrose) sind die wichtigsten Ursachen für Gelenkersatz-Operationen (Totalendoprothesen). Diese gehören zu den häufigsten Operationen in deutschen Krankenhäusern. Im Jahr 2012 wurden 212.304 Hüftgelenks- und 154.792 Kniegelenks-Endoprothesen implantiert; dies entspricht Rang 7 bzw. Rang 20 unter den Operationen bei vollstationären Patienten (Statistisches Bundesamt 2013b). Da das Auftreten von Arthrose auch mit beruflich bedingten körperlichen Belastungen assoziiert ist, sind präventive Maßnahmen am Arbeitsplatz für die betreffenden Berufsgruppen sinnvoll (Palmer 2012; Sulsky et al. 2012).

Die rheumatoide Arthritis ist die häufigste entzündliche Gelenkerkrankung. In DEGS1 (2008 bis 2011) wurde eine ärztlich diagnostizierte rheumatoide Arthritis von 2,5 Prozent der 18- bis 79-jährigen Befragten angegeben. Auch bei dieser Erkrankung sind Frauen im Durchschnitt häufiger betroffen als Männer (3,2 Prozent gegenüber 1,9 Prozent) und die Erkrankungshäufigkeit nimmt mit dem Alter zu (Fuchs et al. 2013, vgl. auch RKI 2010b).

Der Osteoporose liegt ein Abbau an Knochenmasse und eine Verschlechterung der Knochenstruktur zugrunde. Die Folge sind Schmerzen und eine erhöhte Bruchanfälligkeit des Knochens. Typische Lokalisationen für Knochenbrüche sind Wirbelkörper, die hüftgelenknahen Abschnitte des Oberschenkelknochens

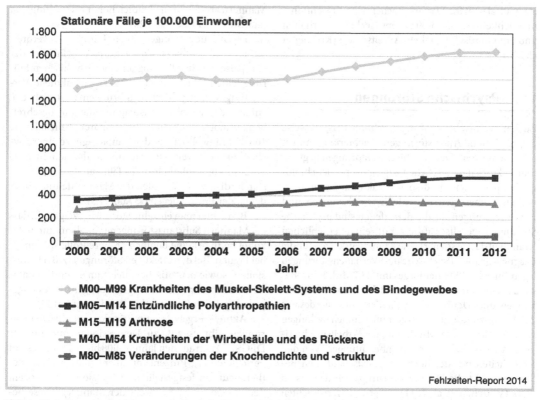

Stationäre Fälle je 100.000 Einwohner

Legende:
- M00–M99 Krankheiten des Muskel-Skelett-Systems und des Bindegewebes
- M05–M14 Entzündliche Polyarthropathien
- M15–M19 Arthrose
- M40–M54 Krankheiten der Wirbelsäule und des Rückens
- M80–M85 Veränderungen der Knochendichte und -struktur

Fehlzeiten-Report 2014

Abb. 12.4 Altersstandardisierte stationäre Fallzahlen mit Hauptdiagnose einer muskuloskelettalen Erkrankung, 1998–2012 (Altersstandardisierung: alte Europastandardbevölkerung) (Quelle: Statistisches Bundesamt 2013b)

(Femurhals, Trochanter-Region) und der handgelenknahe Teil der Speiche (distaler Radius). Nach den Angaben in DEGS1 ist bei 13,1 Prozent der Frauen und 3,2 Prozent der Männer jemals eine Osteoporose ärztlich festgestellt worden. Im Jahr 2011 gab es 29.608 stationäre Behandlungsfälle aufgrund einer durch Osteoporose bedingten Fraktur, davon waren 82 Prozent Frauen (Statistisches Bundesamt 2013b). Auf der Basis von Abrechnungsdaten der AOK wurde für das Jahr 2003 errechnet, dass bei Personen mit endoprothetisch versorgter Hüftfraktur die Einjahressterblichkeit rund 29 Prozent betrug. Angesichts des hohen Durchschnittsalters und der Begleiterkrankungen der Patienten hängt dies allerdings nur zum Teil mit der Hüftfraktur direkt zusammen (AOK-Bundesverband et al. 2007).

Die Ergebnisse der Deutschen Rückenschmerzstudie 2003/2006 zeigen, dass bis zu 85 Prozent der Bevölkerung mindestens einmal in ihrem Leben an Rückenschmerzen gelitten haben (Schmidt et al. 2007). Nach den Daten der Studie »Gesundheit in Deutschland aktuell« (GEDA) 2009 litten etwa 20,7 Prozent der Be-

fragten im Jahr vor der Befragung unter chronischen Rückenschmerzen, d.h. unter Rückenschmerzen, die drei Monate oder länger anhielten und fast täglich auftraten (RKI 2012). Dabei nimmt im Allgemeinen der Schweregrad der Symptomatik mit dem Alter zu. Den Daten aus GEDA 2009 zufolge geben in der Altersgruppe der unter 30-Jährigen 14,5 Prozent der Frauen und 7,7 Prozent der Männer an, in den letzten zwölf Monaten chronische Rückenschmerzen gehabt zu haben, in der Gruppe ab 65 Jahre sind es 34,6 Prozent bzw. 23,4 Prozent (RKI 2009). Im ambulanten Bereich stehen Rückenschmerzen im Jahr 2012 auf Rang drei der häufigsten Hausarztdiagnosen (ZI 2013). Im Jahr 2012 gab es laut Krankenhausdiagnosestatistik 610.777 stationäre Behandlungsfälle aufgrund von Erkrankungen der Wirbelsäule und des Rückens, darunter 190.683 Fälle mit der Hauptdiagnose Rückenschmerzen (Statistisches Bundesamt 2013b). Zu den Faktoren, die die Entstehung und den Verlauf von Rückenschmerzen beeinflussen, gehören neben dem Alter u.a. auch mit dem Arbeitsplatz verbundene Belastungen wie Tragen, Heben oder ungünstige Körperhaltungen

(Hoy et al. 2010). Daraus ergeben sich Präventionsmöglichkeiten durch »rückengerechtes« Verhalten und ergonomisch gestaltete Arbeitsplätze (Krismer et al. 2007).

12.6 Psychische Störungen

Zu den psychischen Störungen gehören beispielsweise Depressionen, Angststörungen, Suchterkrankungen oder Demenzen. Den psychischen Störungen liegt ein multifaktorielles Geschehen zugrunde, bei dem biologische, psychische und soziale Faktoren zusammenwirken. Neben den individuellen Belastungen und Einschränkungen für die Betroffenen sind psychische Störungen gesellschaftlich mit einer erheblichen Krankheitslast assoziiert. Die Krankheitskosten für die Diagnosegruppe Psychische und Verhaltensstörungen lagen im Jahr 2008 bei insgesamt 28,7Mrd. Euro. Besonders kostenintensiv waren dabei Demenzerkrankungen und Depressionen (Statistisches Bundesamt 2010). Hinzu kommen Kosten für Fehlbehandlungen sowie Kosten durch Minderung der Arbeitsproduktivität, Arbeitslosigkeit und Frühberentungen. Von den Krankheiten mit der höchsten gesellschaftlichen Belastung belegt die Depression europaweit den ersten Platz (Wittchen et al. 2011). Insgesamt verursachten psychische und Verhaltensstörungen im Jahr 2008 mit ca. 18 Prozent der verlorenen Erwerbstätigkeitsjahre den zweithöchsten Arbeitsausfall nach Verletzungen und Vergiftungen (Statistisches Bundesamt 2010).

Zwischen psychischen Störungen und (chronischen) körperlichen Erkrankungen bestehen zahlreiche Wechselwirkungen, die im Detail noch unzureichend erforscht sind (z.B. RKI 2010c). So gehen beispielsweise Erkrankungen wie Krebs oder schwere Herzinsuffizienz mit einem erhöhten Risiko für depressive Erkrankungen einher. Das Depressionsrisiko steigt mit der Anzahl der gleichzeitig bestehenden Krankheiten.

Psychische Erkrankungen stehen auch in Zusammenhang mit Suizidalität bzw. sind mit der Umsetzung von suizidalen Ideen in selbstschädigende Handlungen verbunden. Etwa 65 Prozent bis 90 Prozent der Suizide sind auf eine psychische Erkrankung zurückzuführen, am häufigsten auf eine Depression (Krug et al. 2002). Umgekehrt gilt, dass etwa 3 bis 4 Prozent aller depressiv Kranken durch Suizid sterben (Wolfersdorf 2008). In der Todesursachenstatistik wurden im Jahr 2012 in Deutschland knapp 10.000 Suizide erfasst. Fast drei Viertel (7.287) davon wurden von Männern begangen (Statistisches Bundesamt 2013a). Die Suizidhäufigkeit ist bei älteren Menschen, insbesondere bei Männern ab 75 Jahren, deutlich höher als bei Jüngeren (Statistisches Bundesamt 2010).

Psychische Störungen sind in Europa weit verbreitet: Es wird geschätzt, dass jedes Jahr 38 Prozent der europäischen Bevölkerung an einer psychischen Störung leiden (Wittchen et al. 2011). Die aktuelle Verbreitung von psychischen Störungen lässt sich u.a. anhand der Krankenhausdiagnosestatistik beschreiben. Danach nahmen die stationären Fallzahlen je 100.000 Einwohner mit der Hauptdiagnose einer psychischen oder Verhaltensstörung in den Jahren 2000 bis 2012 kontinuierlich zu. Es fällt auf, dass die altersstandardisierten Fallzahlen der Männer deutlich über denen der Frauen liegen (◘ Abb. 12.5).

Betrachtet man einzelne Störungen, zeigt sich, dass bei Männern Substanzstörungen (vor allem durch Alkohol bedingt) eine deutlich größere Rolle spielen als bei Frauen. Bei den affektiven Störungen (z.B. Depressionen) sowie neurotischen, Belastungs- und somatoformen Störungen (z.B. Angststörungen) ist es dagegen umgekehrt (Statistisches Bundesamt 2013b).

Aktuelle Ergebnisse zur Prävalenz psychischer Störungen gibt es z.B. zu Depressionen anhand der DEGS1-Daten aus den Jahren 2008 bis 2011. Insgesamt berichteten 11,6 Prozent von einer jemals ärztlich oder therapeutisch festgestellten Depression (15,4 Prozent der Frauen und 7,8 Prozent der Männer). Diese bestand bei 6,0 Prozent der Personen (8,1 Prozent der Frauen, 3,8 Prozent der Männer) auch in den letzten zwölf Monaten (Busch et al. 2013).

Als alkoholabhängig gelten nach Schätzungen aus dem Jahr 2006 1,4 Prozent der Frauen und 3,4 Prozent der Männer zwischen 18 bis 64 Jahren in Deutschland (Kraus et al. 2011). Aufgrund einer Alkoholabhängigkeit (ICD-10-GM: F10.2) wurden im Jahr 2012 laut Krankenhausdiagnosestatistik 38.702 Frauen und 104.279 Männer behandelt (Statistisches Bundesamt 2013b). Die Folgen der Alkoholabhängigkeit sind u.a. Arbeitsausfälle, ein erhöhtes Risiko für Unfälle sowie eine geringere Lebenserwartung (John et al. 2013; Kraus et al. 2011). Bereits riskanter Alkoholkonsum und Alkoholmissbrauch haben Folgen für die Gesundheit: Sie sind mit der Entstehung von Krankheiten wie Krebs, koronarer Herzkrankheit, neuropsychiatrischen Erkrankungen und Lebererkrankungen verbunden (Küfner 2010).

Burnout (deutsch: Ausgebranntsein) wird zunehmend in der Öffentlichkeit diskutiert und ist vor allem mit Blick auf die Erwerbsbevölkerung hervorzuheben. Es ist bisher jedoch weder als eigenständiges Krankheitsbild anerkannt noch einheitlich definiert (Koch u. Broich 2012; Korczak u. Huber 2012; Hegerl 2011; von Känel 2008). Das Kennzeichen eines Burnout-Syn-

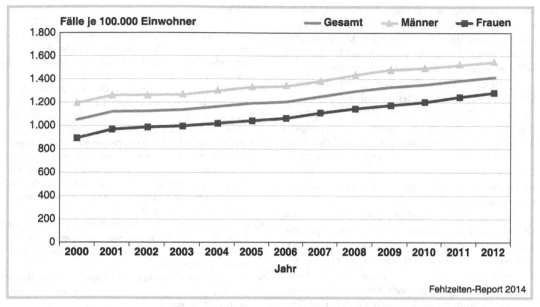

◘ Abb. 12.5 Stationäre Fallzahlen mit Hauptdiagnose Psychische und Verhaltensstörungen (ICD-10 F00–F99) nach Geschlecht, 2000–2012 (Altersstandardisierung: alte Europastandardbevölkerung) (Quelle: Statistisches Bundesamt 2013b)

droms ist ein Erschöpfungszustand, der mit chronischem (Arbeits-)Stress bzw. mit der Überforderung innerhalb von Arbeitsprozessen zusammenhängt. Es zeigt sich, dass das Burnout-Syndrom sowohl als Vorläufer als auch als Risikofaktor für depressive Störungen gesehen werden kann (Kaschka et al. 2011; Ahola et al. 2005).

Zahlen über die Verbreitung des Burnout-Syndroms variieren aufgrund der fehlenden einheitlichen Definitionskriterien oder Messinstrumente (von Känel 2008; Leppin 2007). In DEGS1 (2008 bis 2011) wurde das ärztlich diagnostizierte Burnout-Syndrom erfasst. Demnach berichten 5,2 Prozent der Frauen und 3,3 Prozent der Männer, jemals davon betroffen gewesen zu sein (Kurth 2012; Hapke et al. 2012). Dies traf in den vergangenen zwölf Monaten vor der Befragung für 1,9 Prozent der Frauen und 1,1 Prozent der Männer zu. Deutlich wird auch der Zusammenhang mit einer starken Stressbelastung: In der DEGS1-Studie fühlen sich 51,2 Prozent der Frauen und 36,1 Prozent der Männer mit Burnout-Syndrom durch chronischen Stress stark belastet (Hapke et al. 2013). Auswertungen von Krankenkassendaten zeigen einen starken Anstieg bei Krankschreibungen aufgrund von Burnout (ICD-10-GM: Z73): Im Jahr 2011 waren dies insgesamt 9,1 Arbeitsunfähigkeitstage (AU-Tage) pro 100 Versicherte, 2004 waren es 0,67 AU-Tage (Bundespsychotherapeutenkammer 2012). Im Vergleich zu Störungen wie Depression ist dies jedoch niedrig, hier ergaben sich im

Jahr 2011 73 AU-Tage pro 100 Versicherte. Deutlich wurde bei einer Auswertung von AOK-Daten, dass der Großteil der Burnout-Krankschreibungen zusammen mit anderen Erkrankungen (z.B. Depression) diagnostiziert wird und eher selten ausschließlich ein Burnout-Syndrom (Bundespsychotherapeutenkammer 2012).

Bei einem ersten Vergleich der beiden Surveys BGS98[3] und DEGS1[4] finden sich keine deutlichen Prävalenzveränderungen für psychische Störungen, wobei zu dieser Frage noch weitere Analysen nötig sind. Es scheint jedoch absehbar, dass potenzielle Unterschiede niedriger ausfallen als die Anstiege psychischer Diagnosen, die sich bei der Auswertung der Krankenkassendaten ergeben. Ein Grund dafür könnte sein, dass – auch im Kontext moderner Arbeitswelten – psychische Störungen heute besser erkannt und auch so benannt werden (Jacobi et al. 2014).

12.7 Fazit

Chronischen Erkrankungen kommt bereits heute eine große Bedeutung zu; angesichts der demografischen Entwicklung wird ihre Bedeutung in Zukunft weiter zunehmen. Trotz der zum Teil sinkenden Neuerkran-

---

3 Bundes-Gesundheitssurvey 1998
4 DEGS: Studie zur Gesundheit Erwachsener in Deutschland (DEGS1 2008–2011)

kungsraten ergibt sich als Folge der Alterung der Bevölkerung, dass die Zahl der von chronischen Erkrankungen Betroffenen weiter ansteigt. Mit steigendem Alter erhöht sich auch die Wahrscheinlichkeit, gleichzeitig an mehreren Erkrankungen zu leiden.

Auch ein großer Teil der Erwerbsbevölkerung ist von chronischen Krankheiten betroffen. Dies trifft besonders auf Menschen zu, die Berufe mit geringer Qualifikation ausüben. Dabei können Entstehung und Verlauf der Erkrankung durch Arbeit und Beruf mitbedingt sein. Eine Verminderung arbeitsbedingter Belastungen ist für die Gesundheit der Beschäftigten – und damit auch für die Produktivität eines Unternehmens – von großer Bedeutung.

Insgesamt wird deutlich, dass die Prävention chronischer Erkrankungen und die bedarfsgerechte Versorgung der davon Betroffenen auch zukünftig zu den wesentlichen Herausforderungen für das Gesundheitssystem gehören. Da chronische Krankheiten zu einem großen Teil auf beeinflussbare Risikofaktoren zurückzuführen sind, bergen sie ein erhebliches Präventionspotenzial: Tabak- und Alkoholkonsum stellen Gesundheitsrisiken dar, denen durch Präventionsmaßnahmen entgegengewirkt werden kann, und der präventive Einfluss einer ausgewogenen Ernährung und ausreichender körperlicher Aktivität ist für viele chronische Erkrankungen nachgewiesen. Ist eine Erkrankung bereits eingetreten, ist es für den weiteren Verlauf von entscheidender Bedeutung, die Risikofaktoren zu reduzieren. In diesem Zusammenhang kann ein Betriebliches Gesundheitsmanagement einen wichtigen Beitrag zur Gesundheit der Beschäftigten leisten.

Für die Gesundheitsversorgung besteht eine wesentliche Aufgabe darin, die Versorgungsstrukturen an den Bedarf der von chronischen Erkrankungen Betroffenen anzupassen. Dazu ist es notwendig, neben neuen Therapieansätzen auch Strategien (weiter) zu entwickeln, die eine evidenzbasierte und sektorenübergreifende Versorgung dieser Patienten gewährleisten (z.B. Nationale Versorgungsleitlinien, Disease-Management-Programme).

Um die Entwicklung chronischer Krankheiten, ihrer assoziierten Risikofaktoren sowie die Krankheitsfolgen langfristig zu beobachten, bedarf es eines fortlaufenden Gesundheitsmonitorings. Aufgabe der Gesundheitsberichterstattung ist es in diesem Zusammenhang, kontinuierlich aktuelle Daten zum Gesundheitszustand und zum Krankheitsgeschehen in der Bevölkerung zur Verfügung zu stellen und dadurch eine umfassende und aktuelle Daten- und Informationsgrundlage für die Gesundheitspolitik zu schaffen.

Literatur

Ahola K, Honkonen T, Isometsa E et al (2005) The relationship between job-related burnout and depressive disorders – results from the Finnish Health 2000 Study. J Affect Disord 88(1):55–62

American Diabetes Association (2013) Diagnosis and classification of diabetes mellitus. Diabetes Care 36 (Suppl 1):67–74

Anderson G, Horvath J (2004) The growing burden of chronic disease in America. Public Health Rep 119:263–270

AOK-Bundesverband (2008) Krankheitsartenstatistik. Arbeitsunfähigkeit bei AOK-Pflichtmitgliedern ohne Rentner (Arbeitsunfähigkeitstage, Arbeitsunfähigkeitstage je 100.000 Pflichtmitglieder,Tage je Fall). Gliederungsmerkmale: Jahre, Deutschland, Geschlecht, ICD-10 www.gbe-bund. de. Gesehen 13 Nov 2013

AOK-Bundesverband, FEISA, HELIOS-Kliniken, WIdO (Hrsg) (2007) Qualitätssicherung der stationären Versorgung mit Routinedaten (QSR), Abschlussbericht. Wissenschaftliches Institut der AOK, Bonn

Bundespsychotherapeutenkammer (Hrsg) (2012) BPtK-Studie zur Arbeitsunfähigkeit. Psychische Erkrankungen und Burnout. BPtK, Berlin

Busch MA, Maske UE, Ryl L et al (2013) Prävalenz von depressiver Symptomatik und diagnostizierter Depression bei Erwachsenen in Deutschland. Ergebnisse der Studie zur Gesundheit Erwachsener in Deutschland (DEGS1). Bundesgesundheitsblatt – Gesundheitsforschung – Gesundheitsschutz 56:733–739

Deutsche Gesetzliche Unfallversicherung (DGUV) (Hrsg) (2012a) Beruflich verursachte Krebserkrankungen. Eine Darstellung der im Zeitraum 1978 bis 2010 anerkannten Berufskrankheiten. DGUV, Berlin

Deutsche Gesetzliche Unfallversicherung (DGUV) (Hrsg) (2012b) Leitfaden für Betriebsärzte zu Diabetes und Beruf. DGUV, Berlin

Deutsche Rentenversicherung Bund (2013a) Statistik des Rentenzugangs, Rentenzugänge wegen verminderter Erwerbsfähigkeit in der Gesetzlichen Rentenversicherung im Laufe des Berichtsjahres (Anzahl und je 100.000 aktiv Versicherte). www.gbe-bund.de. Gesehen 13 Nov 2013

Deutsche Rentenversicherung Bund (2013b) Statistik des Rentenzugangs, Durchschnittliches Zugangsalter bei Renten wegen verminderter Erwerbsfähigkeit in der Gesetzlichen Rentenversicherung www.gbe-bund.de. Gesehen 13 Nov 2013

Feigin VL, Lawes CMM, Bennett DA et al (2009) Worldwide stroke incidence and early case fatality reported in 56 population-based studies: a systematic review. Lancet Neurol 8:355–369

Ford ES, Ajani UA, Croft JB et al (2007) Explaining the Decrease in U.S. Deaths from Coronary Disease, 1980–2000. N Engl J Med 356:2388–2398

Fuchs J, Rabenberg M, Scheidt-Nave C (2013) Prävalenz ausgewählter muskuloskelettaler Erkrankungen. Ergebnisse der Studie zur Gesundheit Erwachsener in Deutschland (DEGS1). Bundesgesundheitsblatt – Gesundheitsforschung – Gesundheitsschutz 56:678–686

Gensichen J, Muth C, Butzlaff M et al (2006) Die Zukunft ist chronisch: das Chronic Care-Modell in der deutschen Primärversorgung. Übergreifende Behandlungsprinzipien einer proaktiven Versorgung für chronisch Kranke. Z Ärztl Fortbild Qualitätssich 100: 365–374

GKV-Spitzenverband (Hrsg) (2010) Leitfaden Prävention. Handlungsfelder und Kriterien des GKV-Spitzenverbandes zur Umsetzung von §§ 20 und 20a SGB V vom 21. Juni 2000 in der Fassung vom 27. August 2010. 2. korrigierte Fassung vom 10. November 2010. www.gkv-spitzenverband.de/media/dokumente/presse/publikationen/GKV_Leitfaden_Praevention_RZ_web4_2011_15702.pdf. Gesehen 21 Mai 2014

Hapke U, Maske U, Busch M et al (2012) Stress, Schlafstörungen, Depressionen und Burn-out. Wie belastet sind wir? Robert Koch-Institut, DEGS-Symposium 2012 »Gemessen und gefragt – die Gesundheit der Deutschen unter der Lupe«. www.degs-studie.de/deutsch/ergebnisse/degs1/symposium-2012.html. Gesehen 04 Nov 2013

Hapke U, Maske UE, Scheidt-Nave C et al (2013) Chronischer Stress bei Erwachsenen in Deutschland. Ergebnisse der Studie zur Gesundheit Erwachsener in Deutschland. Bundesgesundheitsblatt – Gesundheitsforschung – Gesundheitsschutz 56:749–754

Hegerl M (2011) Fünf Gründe gegen das Modewort Burnout. www.deutsche-depressionshilfe.de/stiftung/media/111102_Hegerl_Burnout_formatiert.pdf. Gesehen 18 Jan 2012

Heidemann C, Du Y, Schubert I et al (2013) Prävalenz und zeitliche Entwicklung des bekannten Diabetes mellitus – Ergebnisse der Studie zur Gesundheit Erwachsener in Deutschland (DEGS1). Bundesgesundheitsblatt – Gesundheitsforschung – Gesundheitsschutz 56(5/6):668–677

Heidemann C, Du Y, Scheidt-Nave C (2011) Diabetes mellitus in Deutschland. Robert Koch-Institut (Hrsg) Berlin, GBE kompakt 2(3)

Heuschmann PU, Busse O, Wagner M et al für das Kompetenznetz Schlaganfall, die Deutsche Schlaganfallgesellschaft sowie die Stiftung Deutsche Schlaganfall-Hilfe (2010) Schlaganfallhäufigkeit und Versorgung von Schlaganfallpatienten in Deutschland. Akt Neurol 37(7):333–340

Holle R, Happich M, Löwel H et al (2005) KORA – A Research Platform for Population Based Health Research. Gesundheitswesen 67:19–25

Hoy D, Brooks P, Blyth F et al (2010) The Epidemiology of low back pain. Best Pract Res Clin Rheumatol 24(6):769–781

Initiative Neue Qualität der Arbeit (INQA) (2011) Gesundheitsnetzwerke. Ein Leitfaden für Klein- und Mittelbetriebe. INQA Geschäftsstelle, Bundesanstalt für Arbeitsschutz und Arbeitsmedizin (Hrsg) Berlin

Jacobi F, Höfler M, Strehle J et al (2014) Psychische Störungen in der Allgemeinbevölkerung – Studie zur Gesundheit Erwachsener in Deutschland und ihr Zusatzmodul Psychische Gesundheit (DEGS1-MH). Nervenarzt 85: 77–87

John U, Rumpf HJ, Bischof G et al (2013) Excess mortality of alcohol-dependent individuals after 14 years and mortality predictors based on treatment participation and severity of alcohol dependence. Alcohol Clin Exp Res 37(1): 156–163

Känel R von (2008) Das Burnout-Syndrom: eine medizinische Perspektive. Praxis 97:477–487

Kaschka W, Korczak D, Broich K (2011) Modediagnose Burnout. Deutsches Ärzteblatt 108(46):781–787

Koch U, Broich K (2012) Das Burn-out-Syndrom. Bundesgesundheitsblatt – Gesundheitsforschung – Gesundheitsschutz 55:161–163

KORA Herzinfarktregister Augsburg des Helmholtz-Zentrums München (2013) Daten zu Herzinfarkten in der Region Augsburg (Mortalität, Morbidität, Letalität, Vorerkrankungen, medizinische Versorgung). www.gbe-bund.de. Gesehen 06 Apr 2014

Korczak D, Huber B (2012) Burn-out. Kann man es messen? Bundesgesundheitsblatt – Gesundheitsforschung – Gesundheitsschutz 55(2):164–171

Kraus L, Piontek D, Pabst A et al (2011) Alkoholkonsum und alkoholbezogene Mortalität, Morbidität, soziale Probleme und Folgekosten in Deutschland. Sucht 57(2):119–129

Krismer M, van Tulder M; Low Back Pain Group of the Bone and Joint Health Strategies for Europe Project (2007) Strategies for prevention and management of musculoskeletal conditions. Low back pain (non-specific). Best Pract Res Clin Rheumatol 21(1):77–91

Krug EG, Dahlberg LL, Mercy JA et al (2002) World report on violence and health. WHO, Genf

Küfner H (2010) Epidemiologie des Substanzkonsums und der Suchterkrankungen in Deutschland. Bundesgesundheitsblatt – Gesundheitsforschung – Gesundheitsschutz 53(4):271–283

Kurth BM (2012) Erste Ergebnisse aus der »Studie zur Gesundheit Erwachsener in Deutschland« (DEGS). Bundesgesundheitsblatt – Gesundheitsforschung – Gesundheitsschutz 55:980–990

Lampert T, Kroll LE, Kuntz B et al (2013) Gesundheitliche Ungleichheit. In: Statistisches Bundesamt, Wissenschaftszentrum Berlin für Sozialforschung (WZB) (Hrsg) Datenreport 2013. Ein Sozialbericht für die Bundesrepublik Deutschland. Bonn, Bundeszentrale für politische Bildung, S 259–271

Leppin A (2007) Burnout: Konzept, Verbreitung, Ursachen und Prävention. Badura B, Schellschmidt H, Vetter C (Hrsg) Fehlzeiten-Report 2006, Schwerpunktthema: Chronische Krankheiten – Betriebliche Strategien zur Gesundheitsförderung, Prävention und Wiedereingliederung. Springer, Heidelberg, S 99–109

Norris SL, McNally TK, Zhang X et al (2011) Published norms underestimate the health-related quality of life among persons with type 2 diabetes. Journal of clinical epidemiology 64(4):358–365

Palmer KT (2012) Occupational activities and osteoarthritis of the knee. British Medical Bulletin 102:147–170

Robert Koch-Institut (Hrsg) (2005) Armut, soziale Ungleichheit und Gesundheit. Beiträge zur Gesundheitsberichterstattung des Bundes. RKI, Berlin

Robert Koch-Institut (Hrsg) (2006) Gesundheit in Deutschland. RKI, Berlin

Robert Koch-Institut (2009) Gesundheit in Deutschland aktuell – Telefonischer Gesundheitssurvey (GEDA) 2009. www.gbe-bund.de

Robert Koch-Institut (Hrsg) (2010a) Verbreitung von Krebserkrankungen in Deutschland. Entwicklung der Prävalenzen zwischen 1990 und 2010. Beiträge zur Gesundheitsberichterstattung des Bundes. RKI, Berlin

Robert Koch-Institut (Hrsg) (2010b) Entzündlich-rheumatische Erkrankungen. Heft 49. Gesundheitsberichterstattung des Bundes. RKI, Berlin

Robert Koch-Institut (2010c) Depressive Erkrankungen. Heft 51. Gesundheitsberichterstattung des Bundes. RKI, Berlin

Robert Koch-Institut (Hrsg) (2012) Rückenschmerzen. Heft 53. Gesundheitsberichterstattung des Bundes. RKI, Berlin

Robert Koch-Institut (Hrsg) (2013) Arthrose. Heft 54. Gesundheitsberichterstattung des Bundes. RKI, Berlin

Robert Koch-Institut (Hrsg) und die Gesellschaft der epidemiologischen Krebsregister in Deutschland eV (Hrsg) (2013) Krebs in Deutschland 2009/2010. RKI und GEKID (Hrsg), 9. Ausgabe, 2013, Berlin

Roglic G, Unwin N (2010) Mortality attributable to diabetes: estimates for the year 2010. Diabetes research and clinical practice 87(1):15–19

Scheidt-Nave C (2010) Chronische Erkrankungen – Epidemiologische Entwicklung und die Bedeutung für die Öffentliche Gesundheit. Public Health Forum 18 Heft 66:2.e1–2.e4

Scheidt-Nave C, Kamtsiuris P, Gößwald A et al (2012) German health interview and examination survey for adults (DEGS) – design, objectives and implementation of the first data collection wave. BMC Public Health 12:730

Schmidt CO, Raspe H, Pfingsten et al (2007) Back pain in the German adult population: prevalence, severity, and sociodemographic correlates in a multiregional survey. Spine. 32(18):2005–2011

Statistisches Bundesamt (2010) Krankheitskostenrechnung, Krankheitskosten in Mio. € für Deutschland www.gbe-bund.de. Gesehen 06 Nov 2013

Statistisches Bundesamt (2013a) Todesursachenstatistik ab 1998, Sterbefälle, Sterbeziffern (je 100.000 Einwohner, altersstandardisiert) www.gbe-bund.de. Gesehen 03 Apr 2014

Statistisches Bundesamt (2013b) Krankenhausstatistik – Diagnosedaten der Patienten und Patientinnen in Krankenhäusern www.gbe-bund.de. Gesehen 03 Apr 2014

Sulsky IS, Carlton L, Bochmann F et al (2012) Epidemiological Evidence for Work Load as a Risk Factor for Osteoarthritis of the Hip: A Systematic Review. PLoS ONE 7(2):e31521

Wienecke A, Barnes B, Lampert T et al (2013) Changes in cancer incidence attributable to tobacco smoking in Germany, 1999–2008. International Journal of Cancer 134(3): 682–691

Wittchen HU, Jacobi F, Rehm J et al (2011) The size and burden of mental disorders and other disorders of the brain in Europe 2010. Europ Neuropsychopharmacology 21:655–679

Wolfersdorf M (2008) Depression und Suizid. Bundesgesundheitsblatt – Gesundheitsforschung – Gesundheitsschutz 51(4):443–450

Woolf AD, Erwin J, March L (2012) The need to address the burden of musculoskeletal conditions. Best Pract Res Clin Rheumatol 26(2):183–224

World Health Organization (WHO) (2003) The burden of musculoskeletal conditions at the start of the new millennium. WHO Tech Rep Ser 919:1–218

World Health Organization (WHO) (2006) Zugewinn an Gesundheit: Die Europäische Strategie zu Prävention und Bekämpfung nichtübertragbarer Krankheiten – Abschließender Entwurf. WHO, Kopenhagen

World Health Organization (WHO) (2013) Cancer, Fact sheet N°297 www.who.int/mediacentre/factsheets/fs297/en/index.html. Gesehen 06 Nov 2013

Zentralinstitut für die kassenärztliche Versorgung in Deutschland (ZI) (Hrsg) (2013) Die 50 häufigsten ICD-10-Schlüsselnummern nach Fachgruppen aus dem ADT-Panel des Zentralinstituts – Jahr 2012. www.zi.de/cms/fileadmin/images/content/PDFs_alle/ICD_2012_Die_50_haeufigsten.pdf. Gesehen 07 Nov 2013

Zentrum für Krebsregisterdaten (ZfKD) (2013a) Datenbankabfrage, Altersstandardisierte Rate für die Tabelle Mortalität pro 100.000 Einwohner 1998–2011 www.krebsdaten.de. Gesehen 23 Jan 2014

Zentrum für Krebsregisterdaten (ZfKD) (2013b) Datenbankabfrage, Fallzahlen für die Tabelle Inzidenz

12

Zukünftige Führungserfordernisse

Zukunftsfähige Unternehmenskulturen durch organisationale Achtsamkeit

G. Becke

B. Badura et al. (Hrsg.) *Fehlzeiten-Report 2014*,
DOI 10.1007/978-3-662-43531-1_13, © Springer-Verlag Berlin Heidelberg 2014

Zusammenfassung *Der hohe Ökonomisierungsdruck auf Unternehmen ist mit erhöhten psychosozialen Gesundheitsrisiken für Führungskräfte und Beschäftigte verbunden. Unternehmenskulturen kommt eine Schlüsselbedeutung für die Prävention und Bewältigung dieser Gesundheitsrisiken zu, da sie maßgeblich die unternehmensinterne Thematisierung und den Umgang mit Gesundheit und Belastungen prägen. Zukunftsfähige Unternehmenskulturen ermöglichen den Erhalt und die Regeneration der gesundheitlichen Ressourcen von Beschäftigten und Führungskräften. Die Entwicklung zukunftsfähiger Unternehmenskulturen kann durch organisationale Achtsamkeit unterstützt werden, die eine organisatorische Selbstreflexion im Umgang mit Gesundheit und Gesundheitsrisiken fördert.*

13.1 Zur Bedeutung von Unternehmenskulturen für den Umgang mit Gesundheit

Unternehmenskulturen prägen den organisationsinternen Umgang mit Gesundheit und Krankheit: Sie sind von zentraler Bedeutung für die betriebsöffentliche Thematisierung psychosozialer und physischer Gesundheitsrisiken und beeinflussen die innerbetriebliche Verankerung der betrieblichen Gesundheitsförderung (Ducki u. Felfe 2011). Überdies orientieren Unternehmenskulturen die Bewältigungsmuster von Beschäftigten und Führungskräften im Umgang mit Arbeitsanforderungen und -belastungen. Unternehmenskulturen beeinflussen maßgeblich die Qualität der sozialen Beziehungen, betrieblicher Anerkennungsverhältnisse sowie die Gegenseitigkeit von Geben und Nehmen innerhalb von Belegschaften und zwischen Führungskräften und Beschäftigtengruppen als protektive gesundheitliche Faktoren (Becke 2008; Siegrist 1996). Jedoch sind die konkreten Zusammenhänge zwischen Unternehmenskulturen und der Gesundheit von Erwerbstätigen bisher nur unzureichend untersucht (Ulich u. Wülser 2004). In diesem Beitrag wird daher erstens anhand betrieblicher Fallstudien untersucht, welche Bedeutung Unternehmenskulturen für die Entstehung psychosozialer Gesundheitsrisiken haben. Zweitens wird eruiert, wie sich in gesundheitlicher Hinsicht *zukunftsfähige Unternehmenskulturen* entwickeln lassen, die den Erhalt und die Regeneration

der gesundheitlichen Ressourcen von Organisationsmitgliedern in sich verändernden Unternehmensumwelten fördern. Zukunftsfähige Unternehmenskulturen bilden daher eine zentrale Voraussetzung für die Etablierung nachhaltiger Arbeitssysteme, »where human and social resources are … regenerated through the process of work while still maintaining productivity and a competitive edge« (Docherty et al. 2002, S. 214). Für die Entwicklung zukunftsfähiger Unternehmenskulturen ist – so eine zentrale Annahme dieses Beitrags – die Etablierung organisationaler Achtsamkeit zentral, da sie die organisatorische Selbstreflexion im Umgang mit Gesundheit und Krankheit fördert (Schmidt 2013).

Unternehmenskulturen bilden ein komplexes Interdependenzgefüge zwischen absichtsvoll geplanten Kulturelementen (z. B. Unternehmensleitbildern) und den sich ungeplant entwickelnden kulturellen Mustern (Grey 2010), die in relativ dauerhaften Interaktionsprozessen zwischen der Unternehmensleitung bzw. Führungskräften und Belegschaftsgruppen sowie zwischen letzteren entstehen. Nach Schein (1995, S. 25) wird Unternehmenskultur hier verstanden als »ein Muster gemeinsamer Grundprämissen …, das die Gruppe bei der Bewältigung ihrer Probleme externer Anpassung und interner Integration erlernt hat, das sich bewährt hat und somit als bindend gilt; und das daher an neue Mitglieder als rational und emotional korrekter Ansatz für den Umgang mit diesen Problemen weitergegeben wird«. Scheins Modell zur Analyse von Unternehmenskulturen umfasst drei miteinander verbundene und möglichst kohärente Ebenen (Schein 1995, S. 29-34), die sich nach ihrer Sichtbarkeit unterscheiden:

- Die oberste und beobachtbare Ebene bilden kulturelle Symbole und Artefakte wie Unternehmensleitbilder oder die Büroausstattung. Die kulturelle Bedeutung der Symbole und Artefakte lässt sich erst in Kenntnis der beiden nächsten Ebenen erschließen.
- Die mittlere Kulturebene umfasst die in einem Unternehmen geltenden sozialen Werte und Normen, Verhaltensstandards und sozialen Erwartungsstrukturen zwischen Führungskräften und Belegschaftsgruppen bzw. zwischen Beschäftigtengruppen. Elemente dieser Kulturebene entziehen sich häufig einer direkten Beobachtung, wie auf Gegenseitigkeit angelegte implizite Arbeitsverträge zwischen Management und Belegschaftsgruppen (Becke 2008).
- Die unterste und nicht beobachtbare Ebene enthält die kulturellen Grundannahmen einer Organisation. Das Geflecht von unausgesprochenen, als selbstverständlich geltenden und daher oft unhinterfragten Grundannahmen prägt die implizite »Weltsicht« einer Organisation und ihrer Mitglieder. Die Basisannahmen orientieren das Denken, Fühlen und Handeln von Mitgliedern einer Organisation. Diese Annahmen richten sich z. B. auf die Beschaffenheit der Organisationsumwelt, die Natur des Menschen und des menschlichen Handelns sowie auf kollektive Zeit- und Wahrheitsvorstellungen. Sie beziehen sich überdies auf den Umgang mit bzw. den Stellenwert von Gesundheit in einer Organisation (Becke 2008). Kulturelle Grundannahmen sind eher schwer veränderbar. Allerdings werden Kulturen in und durch alltägliche soziale Interaktionsprozesse ihrer Angehörigen und durch Erfordernisse verändert, um auftretende Probleme externer Anpassung und interner Sozialintegration zu lösen. Diese haben Lernprozesse und Spannungen zwischen der Bewahrung von Grundannahmen und ihrer Neu- oder Weiterentwicklung zur Folge. Eine zentrale Aufgabe der Führung besteht darin, die Bewältigung dieser Spannungen umsichtig und konstruktiv zu gestalten (Schein 1995; Bonazzi 2008).

13.2 Gesundheitliche Schattenseiten von Unternehmenskulturen

Seit den 1990er Jahren befinden sich Unternehmen unterschiedlichster Branchen unter einem erhöhten Ökonomisierungs- und Wettbewerbsdruck, der insbesondere auf Prozesse der ökonomischen Globalisierung, die Liberalisierung von Finanz- und Kapitalmärkten und öffentlichen Dienstleistungen sowie auf die Konsolidierung öffentlicher Haushalte zurückzuführen ist. Neuere Studien weisen darauf hin, dass Anforderungen an die permanente Veränderungsbereitschaft von Führungskräften und Beschäftigten sowie die forcierte Ökonomisierung von Unternehmen die psychosozialen Gesundheitsrisiken von Beschäftigten und Führungskräften erhöhen (Wilde et al. 2010; Lohmann-Haislah u. BAuA 2012). Ungeklärt bleibt hierbei aber, welche Bedeutung Unternehmenskulturen für die Entstehung und die Bewältigung psychosozialer Gesundheitsrisiken haben. Die Zunahme psychosozialer Gesundheitsrisiken erklärt sich unseres Erachtens aus einem komplexen Zusammenspiel zwischen der an dynamischen Unternehmenszielen und ökonomischen Ergebnissen orientierten internen Marktsteuerung von Unternehmen und ihren kulturellen Mustern. Im Falle der forcierten Ökonomisierung von Unternehmen wirken diese Kulturmuster als Entstehungsbedingung oder Verstärker psychosozialer Gesundheitsrisiken. Dominante Kulturmuster erweisen sich z. B. als ein eher wenig untersuchter Erklärungsfaktor für Präsentismus, d. h. »das Verhalten von Mitarbeitern, trotz Krankheit zur Arbeit zu gehen« (Steinke u. Badura 2011, S. 18). Diese gesundheitlichen Schattenseiten der Unternehmenskulturen sollen am Beispiel von *Fallstudienergebnissen*[1] aus der IT-Dienstleistung und der stationären Altenpflege verdeutlicht werden. Hierbei werden zwei unterschiedliche, prototypische Fälle von in gesundheitlicher Hinsicht problematischen Unternehmenskulturen in den Blick genommen. Im ersten Fall handelt es sich um Hochleistungskulturen in der IT-Dienstleistung, für die kulturelle Orientierungsmuster prägend sind, die eine hohe Leistungsverausgabung von Führungskräften und Beschäftigten begünstigen, um bei hohem Wettbewerbsdruck und kurzen Innovationszyklen innovative technische Problemlösungen für Kunden zu entwickeln.

---

1 Die Fallstudienergebnisse beziehen sich auf die drei durch das Bundesministerium für Bildung und Forschung sowie den Europäischen Sozialfonds geförderten Forschungs- und Entwicklungsprojekte PRÄWIN, 8iNNO und DOMINNO, die am artec| Forschungszentrum Nachhaltigkeit (Universität Bremen) bearbeitet worden sind.

Im zweiten Fall geht es um Fürsorgekulturen in der stationären Altenpflege. Hoher Kostendruck und Personalmangel fördern die Herausbildung organisationskulturell geprägter Handlungsorientierungen von Beschäftigten und Führungskräften, eine möglichst gute Qualität der Pflege für die Bewohner auch unter restriktiven Rahmenbedingungen aufrechtzuerhalten; dies erfolgt in diesen klientenorientierten Fürsorgekulturen allerdings oft um den Preis, die eigene Gesundheit zu beeinträchtigen.

13.2.1 Gesundheitliche Schattenseiten von Hochleistungskulturen der IT-Dienstleistung

In betrieblichen *Hochleistungskulturen* teilen Führungskräfte wie Mitarbeitende weitgehend die Vorstellung, eine *hohe Leistungsverausgabung* sei normal. In den untersuchten kleinen und mittleren Unternehmen (KMU) der IT-Dienstleistung lassen sich unterschiedliche, miteinander verwobene Quellen hoher Leistungsorientierung identifizieren (Becke et al. 2010), die zugleich gesundheitsrelevant sind: Diese Unternehmen sind erstens in sehr wettbewerbsintensiven Märkten tätig, die mit einer Innovationsdynamik kurzer Fristen korrespondieren, die auf Seiten der Beschäftigten einen hohen Zeit- und Innovationsdruck zur Folge hat.

Zweitens werden verstärkt Managementkonzepte der *internen Marktsteuerung* angewandt. Hierbei werden dynamische ökonomische Unternehmensziele über Kaskaden von Zielvereinbarungen auf Bereiche und Teams heruntergebrochen, denen die Verantwortung dafür übertragen wird, dass ökonomische Ziele erreicht werden. Unternehmensleitungen erwarten von Mitarbeitenden, dass diese ihre Entwicklungsarbeit innerhalb des gesetzten oder vereinbarten Zielrahmens weitgehend selbst organisieren. Seit der tief greifenden Branchenkrise 2000/2001 und der globalen Weltwirtschaftskrise setzen auch KMU der IT-Dienstleistung auf eine straffe Bewirtschaftung vor allem von Zeit-, Projektbudget- und Personalressourcen (Becke 2013), die eine Zunahme psychosozialer Gesundheitsrisiken begünstigt (Schmidt 2010).

Die dritte Quelle betrieblicher Hochleistungskulturen sind Inhaber oder Geschäftsführer, die von den Beschäftigten und mittleren Führungskräften eine sehr hohe arbeitszeitliche Verfügbarkeit sowie Innovativität und Kreativität bei der Arbeit erwarten. Überdies sollen diese ein hohes Maß an Identifikation mit dem Unternehmen und den Zielvorstellungen der Unternehmensleitung zeigen. Dies lässt sich an einer unserer Fallstudien näher verdeutlichen.

Das etwa 15 Jahre alte Fallstudienunternehmen entwickelte kundenspezifische Software-Tools für den arbeits- und personalwirtschaftlichen Bereich vorwiegend größerer Kunden. In diesem Unternehmen waren ca. 40 zumeist hoch qualifizierte, relativ junge und größtenteils männliche Beschäftigte tätig. Es existierte weder ein Betriebsrat noch ein informelles Gremium der Interessenvertretung von Beschäftigten. Das Kleinunternehmen wies die für IT-Services typischen direkten Kommunikations- und Austauschbeziehungen zwischen Unternehmensleitung und Beschäftigten, spontane und flexible Handlungskoordination und flache Hierarchien auf (Boes u. Trinks 2006). Das *Selbstbild des Unternehmers* orientierte sich an der transformationalen Führung (Neuberger 1995): Dem Inhaber ging es darum, bei den Mitarbeitenden Energien und Begeisterung für attraktive Ziele und für sein Leitbild des sich stets neu erfindenden, fluiden Unternehmens zu entfalten, um damit Leistungssteigerungen der Mitarbeitenden und des Unternehmens zu bewirken. Das Leitbild des fluiden Unternehmens konkretisierte sich darin, dass der Inhaber die eigene Organisation ständig reorganisierte, neue Positionen und Funktionen schuf und diese nach relativ kurzer Zeit wieder zur Disposition stellte. Für die Beschäftigten hatte dies zur Folge, dass sie Zuständigkeiten und Verantwortlichkeiten oftmals aufgaben- und auftragsbezogen aushandeln mussten, was sich als eine zentrale Quelle von Interaktionsstress erwies. Zugleich wurden damit verlässliche Karriereoptionen für Mitarbeitende innerhalb des Unternehmens verhindert, was neben der im Vergleich zum Branchendurchschnitt geringeren Bezahlung dazu führte, dass bei den Beschäftigten berufliche Gratifikationskrisen entstanden (Siegrist 1996).

Aus Sicht des Inhabers bildete die Bereitschaft von Mitarbeitenden, überlange Arbeitszeiten zu leisten und auf informelle Pausen zu verzichten, ein wesentliches Kriterium zu deren Anerkennung als Leistungsträger. Als im Unternehmen einige Mitarbeitende wegen psychophysischer Erschöpfung längere Zeit krankheitsbedingt ausfielen, betrachtete der Inhaber dies als individuelles Problem der Betroffenen und weigerte sich, psychische Arbeitsbelastungen unternehmensöffentlich zu thematisieren und anzugehen. Derartige Verhaltensmuster der Führung begünstigen eine Verleugnung und *Tabuisierung psychischer Belastungen und Erkrankungen* in Unternehmen (Kocyba u. Voswinkel 2007).

Die innerbetriebliche Tabuisierung psychischer Arbeitsbelastungen lässt sich dadurch erklären, dass Beschäftigte ein angstbesetztes Abwehrverhalten (Hirschhorn 1990) an den Tag legen, sodass sie als bedrohlich erlebte Themen gegenüber Führungskräften wie Kollegen nicht zur Sprache bringen. Sie vermeiden damit, sich potenziell riskanten Folgen des Ansprechens eigener Belastungen auszusetzen, wie etwa als nicht belastungsresistente Mitarbeitende stigmatisiert zu werden. Die Tabuisierung psychischer Arbeitsbelastungen und Erkrankungen in betrieblichen Hochleistungskulturen fördert gesundheitlich problematische Bewältigungsmuster von Beschäftigten wie Präsentismus (Schmidt 2010). Beschäftigte versuchen dadurch, die Normalitätsfassade hoher Leistungsfähigkeit und Belastbarkeit möglichst lange aufrechtzuerhalten. Sie zahlen dafür oft einen hohen Preis, der u. a. in einer Chronifizierung von Erkrankungen, längeren krankheitsbedingten Ausfällen und psychophysischer Erschöpfung besteht (Bergström et al. 2009; Steinke u. Badura 2011).

In den untersuchten Fallstudienbetrieben der IT-Dienstleistung bildet der *berufliche Habitus* der hoch qualifizierten und zumeist männlichen Angestellten ein viertes wesentliches Kulturmerkmal: Sie sehen sich primär als innovative und ausgesprochen leistungsorientierte technische Problemlöser, die sich durch ein hohes Maß an Belastungsfähigkeit auszeichnen, um Unwägbarkeiten und Risiken der Projektarbeit konstruktiv zu bewältigen. Dieser berufliche Habitus fördert eine Normalisierung psychischer Arbeitsbelastungen (Becke et al. 2010). Demnach nehmen Beschäftigte ihre Arbeitsbedingungen zwar auch in gesundheitlicher Hinsicht als problematisch wahr, betrachten diese aber als gleichsam unabänderliches Merkmal ihrer alltäglichen Arbeitssituation. Für die hoch qualifizierten Angestellten ist das Aushalten-Können und Ertragen von hohem bzw. permanentem Arbeitsstress ein Ausweis ihrer Belastungsresistenz und dient damit auch der Selbstvergewisserung ihrer Leistungsfähigkeit. Die Normalisierung psychischer Arbeitsbelastungen kann Beschäftigte veranlassen, die Grenzen ihrer Belastungsfähigkeit zu überschreiten und in eine selbstinduzierte Überforderung zu geraten (Kumbruck 2008).

13.2.2 Gesundheitliche Schattenseiten betrieblicher Fürsorgekulturen

Betriebliche Fürsorgekulturen bilden sich in Organisationen heraus, die in Branchen sozialer und gesundheitsbezogener Dienstleistungen tätig sind. Für *betriebliche Fürsorgekulturen* ist von konstitutiver wie zentraler Bedeutung, dass in diesen Organisationen Interaktionsarbeit an und mit Menschen geleistet wird (zum Konzept Böhle et al. 2006, S. 29–34), die hilfebedürftig oder sogar existenziell auf Unterstützung und Zuwendung angewiesen sind, wie zu Beginn und zum Ende

des Lebens oder aber im Falle gravierender Erkrankungen (Senghaas-Knobloch 2008). Interaktionsarbeit ist hierbei in asymmetrischen Beziehungen zwischen den Sorgenden und den existenziell abhängigen Personen verortet. Die ambulante und die stationäre Pflege sind Beispiele für betriebliche Fürsorgekulturen (Bleses et al. 2013; Bornheim 2008). Beide Bereiche unterliegen seit mehreren Jahren einem forcierten Veränderungsdruck, der durch Ökonomisierung und Kostensenkung, erhöhte Wettbewerbsintensität und steigende Anforderungen an das pflegebezogene Qualitätsmanagement geprägt ist (Senghaas-Knobloch 2008).

Unsere exemplarische Fallstudie bezieht sich auf die stationäre Altenpflegeeinrichtung eines großen bundesweit tätigen privatwirtschaftlichen Unternehmens, dessen Haupteigentümer Finanzinvestoren sind. In der Einrichtung sind rund 90 überwiegend weibliche Beschäftigte tätig. Ein Gutteil der Beschäftigten weist einen Migrationshintergrund auf. Die Unternehmensleitung verfolgt gegenüber ihren Einrichtungen eine straffe ökonomische Ergebnissteuerung und ist konsequent gewinnorientiert. Die Einrichtungen stehen bei knapp bemessenem Personalvolumen unter beständigem Auslastungsdruck.

Nach der Übernahme durch die Finanzinvestoren wurden in der Einrichtung die Löhne bei seither neu eingestelltem Personal merklich abgesenkt. Zur Dienstplansicherung wird nun die tägliche Regelarbeitszeit bei Voll- und Teilzeit reduziert. Dies hat zur Folge, dass den Beschäftigten eine höhere Anzahl von Arbeitstagen nacheinander ohne freie Tage und weniger freie Wochenenden abverlangt werden. Dadurch erhöhen sich die Anforderungen an die Beschäftigten, ihre unterschiedlichen Lebensbereiche zu koordinieren (Fenzl u. Resch 2005). Durch diese veränderte Arbeitszeit haben belastende Vereinbarkeitskonflikte zugenommen, die Erholungsfähigkeit wird beeinträchtigt.

Die Kultur der Einrichtung wird stark geprägt durch das Führungsteam, das aus der Einrichtungsleitung und den Bereichsleitungen besteht. Das Führungsteam orientiert sich an der Maxime, eine Einrichtung mit *hoher Pflegequalität* zu schaffen und zu erhalten, die sie selbst und die Beschäftigten auch bei eigener Pflegebedürftigkeit gerne wählen würden. Um diese Leitmaxime zu realisieren, setzte das Führungsteam vor einigen Jahren auf eine gezielte Personalauswahl. Es wurden lediglich Pflegekräfte rekrutiert und in ein unbefristetes Beschäftigungsverhältnis übernommen, die sich als passfähig zu dieser Leitmaxime und den Arbeitserwartungen des Führungsteams erwiesen. Dieses Ethos fürsorglicher Praxis (Senghaas-Knobloch 2008) wird vom Führungsteam und der Generation von Beschäftigten mit relativ langer Zugehörigkeit zur Einrichtung geteilt. Diese Betriebsgeneration (zum Konzept: Becke et al. 2013) bildet den Kern der Stammbelegschaft der Einrichtung und die zentrale Arbeitskultur.

Die Einrichtungskultur gerät durch die restriktiven politischen wie ökonomischen Rahmenbedingungen sowie die Unternehmenspolitik unter erheblichen Druck, der gesundheitlich problematische Umgangsweisen begünstigt: Pflegekräfte erleben die knapp bemessene Personalausstattung, den inzwischen merklichen Fachkräftemangel und die relativ hohe Personalfluktuation am Standort häufig als eine Ursache *moralischer Dilemmata*: Ihr Ethos fürsorglicher Praxis wird aufrechterhalten, um für die Bewohner eine gute Pflegequalität auch unter widrigen Rahmenbedingungen und erheblichem Zeitdruck zu gewährleisten. Dafür werden erhöhte Arbeitszeitbelastungen und Vereinbarkeitskonflikte in Kauf genommen. Zeitliche Freiräume persönlicher Zuwendung für die Gepflegten verschaffen sich die Pflegekräfte, indem sie informell und damit unbezahlt ihre Arbeitszeiten ausweiten. Vor- und nachbereitende Aufgaben, z. B. zur Essensausgabe oder zur Pflegedokumentation, erbringen sie oft außerhalb ihrer regulären Arbeitszeit. Praktiken der *Informalisierung von Arbeitszeiten* gewinnen überdies an Bedeutung, um krankheitsbedingte Abwesenheiten aufzufangen, da aus Sicht der Beschäftigten andernfalls die Pflegeaufgaben kaum zu bewältigen wären.

Krankschreibungen von Mitarbeitenden bilden in dieser betrieblichen Fürsorgekultur ein latentes Konfliktfeld: Das Führungsteam, das sich in sehr hohem Maße mit der Einrichtung identifiziert, weist kaum krankheitsbedingte Fehlzeiten auf und erwartet von den Beschäftigten, sich nur bei gravierenderen Erkrankungen krank zu melden. Andere Erkrankungen werden durch das Führungsteam bagatellisiert. Dadurch wird der soziale Druck auf die Beschäftigten erhöht, bei Unpässlichkeiten und weniger schwerwiegenden Erkrankungen zur Arbeit zu erscheinen. Geringe Fehlzeiten und arbeitszeitliche Flexibilität gelten in dieser bewohnerorientierten Fürsorgekultur als Ausweis hoher Zuverlässigkeit und Leistungsbereitschaft. Beschäftigte, die diese Leistungskriterien aus Sicht der Führung erfüllen, erhalten im Bedarfsfall informelle Vergünstigungen. Mitarbeitende, die hingegen den Eindruck erwecken, sich diesen Leistungsanforderungen zu entziehen, haben sich in Gesprächen mit Führungskräften zu rechtfertigen, wenn sie sich z. B. wiederholt einzelne Tage krank melden. Dieser Rechtfertigungsdruck wird von den betroffenen Beschäftigten als Kränkung erlebt. Sie berichteten, sie hätten sich nur einzelne Tage krank gemeldet, anstatt ihre Krankheit vollständig auszukurieren, um angesichts des Perso-

nalmangels ihre Kollegen sowie die Gepflegten nicht im Stich zu lassen. Sozialer Erwartungsdruck, der Präsentismus begünstigt, wird nicht nur durch Führungspraktiken (Widera et al. 2010) erzeugt, sondern entsteht auch im Kollegenkreis. *Kollegialität* bezieht sich auf die Balance zwischen personaler und lebensweltlich geprägter Anerkennung einerseits und leistungsbezogener Anerkennung andererseits (Hürtgen 2013). Sie ermöglicht es, auf die spezifische Lebenssituation von Beschäftigten und auf Schwankungen in ihrer Leistungsfähigkeit Rücksicht zu nehmen. Kollegialität ist jedoch auch an die Erwartung gebunden, leistungsbezogene Anforderungen mit Blick auf die jeweilige Primäraufgabe zu erfüllen. Die Leistungsseite der Kollegialität erleben Beschäftigte insbesondere bei Personalknappheit als soziale Verpflichtung, der sie gegenüber Kollegen und Kolleginnen nachzukommen haben (ebd.). Kollegialer Erwartungsdruck führt daher dazu, dass trotz Krankheit gearbeitet wird.

13.3 Kulturentwicklung durch organisationale Achtsamkeit

Die betrieblichen Fallbeispiele aus den so unterschiedlichen Branchen verdeutlichen, dass durch das komplexe Zusammenspiel von forcierter Ökonomisierung, Qualitätsansprüchen an die eigene Arbeit, Selbstbildern, Kollegialitätsnormen und Führungskultur in Unternehmen gesundheitlich problematische Kulturmuster der Normalisierung, Tabuisierung oder gar Verleugnung psychischer Arbeitsbelastungen und Erkrankungen entstehen können. Solche Kulturmuster begünstigen Präsentismus und leisten einer psychophysischen Erschöpfung von Beschäftigten und Führungskräften Vorschub. Sie können nicht nur Arbeitsunfähigkeit nach sich ziehen, sondern beeinträchtigen auch die Produktivität von Unternehmen (Badura u. Steinke 2011) und ihre Innovationsfähigkeit (Becke et al. 2010; Ducki 2013). Gerade in Zeiten des demografischen Wandels gewinnen eine nachhaltige Arbeitsqualität, die es den Mitgliedern der Organisation ermöglicht, ihre gesundheitlichen Ressourcen zu regenerieren, und Arbeitszeitmodelle zur Förderung der Vereinbarkeit von Berufstätigkeit mit anderen Lebensbereichen zunehmend an Bedeutung für die Attraktivität von Unternehmen als Arbeitgeber. Der Entwicklung zukunftsfähiger Unternehmenskulturen kommt hierfür eine Schlüsselbedeutung zu.

Eine solche Kulturentwicklung kann durch das Gestaltungskonzept organisationaler Achtsamkeit unterstützt werden, das aus der Risiko- und Sicherheitsforschung stammt (Weick u. Sutcliffe 2007), sich aber auch für die betriebliche Gesundheitspolitik eignet (Becke 2013; Schmidt 2013).

> **Organisationale Achtsamkeit** bezeichnet die Handlungskapazität von Unternehmen und ihrer Mitglieder zur organisatorischen Selbstreflexion und Lernfähigkeit im Umgang mit Gesundheit und arbeitsbezogenen Gesundheitsgefährdungen (Becke 2013).

Organisationale Achtsamkeit ist einerseits darauf gerichtet, Gesundheitsgefährdungen möglichst frühzeitig zu antizipieren und gesundheitlich problematische Bewältigungsmuster im Umgang mit Arbeitsanforderungen und -belastungen zu erkennen. Andererseits zielt sie auf die Entwicklung, Stärkung und Regeneration gesundheitlicher Ressourcen von Beschäftigten wie Führungskräften ab. Organisatorische Achtsamkeit lenkt die Aufmerksamkeit der Organisation gezielt auf die Reflexion gesundheitlich problematischer Kultur- und Handlungsmuster wie Präsentismus. Sie ermöglicht der Organisation zudem, Arbeits- und Leistungsbedingungen zu reflektieren, mit dem Ziel, möglichst salutogene Arbeitsstrukturen und -prozesse zu schaffen (Becke et al. 2010; Schmidt 2013).

Organisationale Achtsamkeit befördert die Entwicklung zukunftsfähiger Unternehmenskulturen durch *Dialogprozesse und -verfahren.* Dialogverfahren sind als beteiligungsorientierte Lern- und Entwicklungsprozesse angelegt, in denen Beschäftigte und Führungskräfte Arbeits- und Leistungsbedingungen sowie damit verbundene Kultur- und Handlungsmuster in Bezug auf Gesundheitsgefährdungen und zu stärkende gesundheitliche Ressourcen reflektieren und überprüfen. Auf dieser Basis werden gemeinsam konkrete Maßnahmen zur Förderung nachhaltiger Arbeitsqualität und zur erhöhten Vereinbarkeit von Erwerbstätigkeit und anderen Lebensbereichen entwickelt, vereinbart und dann projektförmig und beteiligungsorientiert umgesetzt (Becke et al. 2010). Da in diesen Dialogverfahren die Perspektiven unterschiedlicher Beschäftigtengruppen und Führungskräfte in einen problemlösungsorientierten und ressourcenstärkenden Austausch gebracht werden, bildet diese organisierte Perspektivenvielfalt (Becke 2014) eine zentrale Quelle erfahrungsorientierten Organisationslernens für zukunftsfähige Unternehmenskulturen.

Die Unterstützung der Dialogprozesse sowie der Umsetzung und Evaluation von Maßnahmen sollte durch einen hierarchie- und bereichsübergreifenden Steuerungskreis Gesundheit erfolgen (Schmidt 2013). Dialogprozesse erfordern den systematischen Aufbau einer gesundheitssensiblen Kommunikationsstruktur,

die auf zwei Ebenen beruhen sollte (Bleses u. Schmidt 2013): Innerhalb der Arbeitsprozesse zur Planung und Gestaltung von Arbeitsaufgaben (z. B. in Teambesprechungen) sowie in Form von Kommunikation außerhalb direkter Arbeitsprozesse (z. B. Gesundheitszirkel, Steuerungskreis, Projektreviews) zur Gestaltung von Arbeits- und Leistungsbedingungen sowie ihrer Rahmenbedingungen. Betrieblich vorhandene Strukturen (z. B. Projektteams), Gremien (z. B. Steuerungskreise) und Kommunikationsroutinen (z. B. Projektmeetings) lassen sich im Sinne eines »Huckepackverfahrens« nutzen, um dort Arbeit und Gesundheit systematisch zu thematisieren und zu integrieren (Becke et al. 2011). Dies kann durch die Entwicklung gesundheitsbezogener Wahrnehmungshilfen sowie eine gesundheitsbezogene Sensibilisierung von Mitarbeitenden und Führungskräften unterstützt werden (Schmidt 2013). Dieses Gestaltungskonzept kann ein bestehendes Arbeitsschutz- und Gesundheitsmanagement sinnvoll ergänzen (Ducki 2013). Es ist auch in KMU mit flexiblen Arbeitsstrukturen (z. B. Pflege und IT-Dienstleistung) anwendbar, die kein etabliertes Arbeitsschutz- und Gesundheitsmanagement aufweisen.

Organisationale Achtsamkeit setzt die Bereitschaft der Unternehmensleitung voraus, ihrer Fürsorgeverpflichtung für die Gesundheit von Mitarbeitenden auf Basis des Arbeitsschutzgesetzes nachzukommen und die Gesundheitsförderung als strategische Führungsaufgabe verantwortlich wahrzunehmen (Badura u. Steinke 2011). Diese Bereitschaft ist an die Einsicht gebunden, dass spezifische betriebliche Probleme, wie hohe Personalfluktuation oder Produktivitätseinbußen, durch die Förderung nachhaltiger Arbeitsqualität sowie veränderte Kultur- und Handlungsmuster im Umgang mit Gesundheit konstruktiv zu bewältigen sind. Sie erfordert überdies, dass Führungskräfte ihr Führungsverständnis reflektieren, d. h. bereit sind, den Umgang mit ihrer eigenen Gesundheit und der Gesundheit ihrer Mitarbeitenden sichtbar zu verändern. Sie schaffen damit in der Belegschaft Glaubwürdigkeit und Vertrauen, sich auf die Entwicklung einer zukunftsfähigen Unternehmenskultur einzulassen und diese mitzugestalten (Schmidt 2013). Dies erhöht die Bereitschaft von Organisationsmitgliedern, gesundheitlich problematische Handlungs- und Kulturmuster organisationsintern zu reflektieren und zu »verlernen« sowie schrittweise neue kulturelle Muster und Handlungsweisen zu entwickeln.

Die Unternehmensleitung und andere zentrale betriebliche Akteure wie die betriebliche Interessenvertretung können diesen schwierigen Entwicklungsprozess unterstützen, indem sie ein vertrauensförderliches Organisationsklima psychologischer Sicherheit

(Nembhard u. Edmondson 2012) schaffen: Beschäftigte und Führungskräfte können demnach (gesundheitlich problematische) Arbeits- und Leistungsbedingungen, Zielvorgaben sowie betriebliche wie kollegiale Erwartungen an das Arbeitshandeln kritisch-konstruktiv hinterfragen, ohne betriebliche Sanktionen oder aber Missachtung und Ausgrenzung durch Kollegen und Kolleginnen befürchten zu müssen. Gerade die gemeinsame Reflexion und Klärung bisher impliziter Erwartungen an die Leistungsverausgabung in betrieblichen Dialogräumen, wie Team- und Leitungsbesprechungen, kann dazu beitragen, gesundheitlich problematische Erwartungen zu überdenken und zu revidieren, z. B. in Bezug auf unterlassene Krankmeldungen. Die Veränderung sozialer Erwartungsstrukturen zwischen Management und Beschäftigten im Hinblick auf die interne Ansprache und Anerkennung psychosozialer Belastungsgrenzen kann Prozesse des Wandels gesundheitlich problematischer organisationskultureller Basisannahmen einleiten (Becke et al. 2010). In mittleren und größeren Unternehmen empfiehlt es sich, in Maßnahmen der gesundheitsbezogenen Sensibilisierung nicht nur untere und mittlere Führungskräfte sowie das Personalmanagement einzubeziehen. Vielmehr kommt es darauf an, neben der Unternehmensleitung auch administrative Managementbereiche in derartige Maßnahmen zu integrieren. Dadurch lässt sich die organisationsinterne Reichweite gesundheitsbezogener Sensibilisierung im Sinne organisationaler Achtsamkeit erhöhen.

Psychologische Sicherheit fördert die Bereitschaft von Organisationsmitgliedern, sich über gesundheitlich problematische Bewältigungsmuster ihres Arbeitshandelns und erlebte psychosoziale Belastungen in »geschützten Dialogräumen«, d. h. ohne Einbindung von Führungskräften, miteinander auszutauschen (Schmidt 2013). Sie ermutigt Beschäftigte, eigene Ideen zur Förderung nachhaltiger Arbeitsqualität zu entwickeln und diese auch gegenüber Führungskräften zur Sprache zu bringen (Becke et al. 2010). Psychologische Sicherheit fördert überdies die Bereitschaft von Organisationsmitgliedern zu experimentellen Veränderungen (Nembhard u. Edmondson 2012). So können neue, gesundheitssensiblere Handlungsweisen und Arbeitspraktiken erprobt und erlernt werden, die z. B. die Selbstsorge von Beschäftigten bei der Arbeit unterstützen.

Die Entwicklung zukunftsfähiger Unternehmenskulturen setzt allerdings voraus, dass die Ausstattung und Verfügbarkeit von zeitlichen, ökonomischen und personellen Ressourcen im Hinblick auf möglichst gesundheitsförderliche Arbeits- und Leistungsbedingungen reflektiert und überprüft wird. Führungskräf-

ten und betrieblichen Interessenvertretungen kommt eine zentrale Rolle bei der Aushandlung und Neuadjustierung betrieblicher bzw. unternehmensbezogener Leistungsbedingungen zu.

Am Beispiel des Fallstudienunternehmens im Bereich der IT-Dienstleistung lässt sich veranschaulichen, wie das Gestaltungskonzept der organisationalen Achtsamkeit ansatzweise realisiert wurde. Das wissenschaftliche Projektteam bildete hierbei den zentralen Impulsgeber für eine erhöhte organisationale Achtsamkeit. Das Forschungsteam schuf und moderierte u. a. »geschützte Dialogräume«, in denen sich Beschäftigte der einzelnen Unternehmensbereiche ohne Beisein der Führungskräfte und des Inhabers über ihre Arbeitssituation sowie über Ansatzpunkte zur Stärkung ihrer gesundheitlichen Ressourcen und zum Abbau psychischer Arbeitsbelastungen austauschen konnten. Die Ergebnisse der Diskussion wurden jeweils in einem Protokoll gebündelt, das von den beteiligten Beschäftigten autorisiert wurde. Dabei oblag es den Beschäftigten zu entscheiden, welche Inhalte und Ergebnisse ihrer Diskussion sie in die anschließende hierarchie- und bereichsübergreifende Dialogkonferenz einbringen wollten. Der Inhaber hatte sich zu Projektbeginn dazu verpflichtet, sich auf beteiligungsorientierte Verfahren der Entwicklung von Maßnahmen zur Förderung organisationaler Achtsamkeit einzulassen. Daher erfolgte im Rahmen der Dialogkonferenz erstmals ein betriebsöffentlicher Austausch zum Thema psychische Arbeitsbelastungen und zu Ansätzen einer Stärkung gesundheitlicher Ressourcen von Beschäftigten und Führungskräften. Der Inhaber, die mittleren Führungskräfte und die Beschäftigten vereinbarten hierbei konkrete Maßnahmen für eine gesundheitssensiblere und nachhaltigere Arbeits- und Organisationsgestaltung. Hierzu zählten

— die Schaffung geregelter Positionen, insbesondere zur Gestaltung der Kundenkontakte, wodurch eine zentrale Quelle für Interaktionsstress reduziert wurde;
— eine Revision der Projektkalkulationsgrundlagen, in deren Gefolge Arbeitszeiten für teaminterne und teamübergreifende Kommunikation eingeplant wurden; hierdurch konnte der Zeitdruck in der Projektarbeit reduziert werden;
— eine verbindliche Klärung von Anlässen, bei denen ein spontanes Intervenieren des Inhabers in laufende Projekte ausnahmsweise als akzeptabel erachtet wurde; durch diese ausgehandelten Grenzziehungen konnten ungeplante Unterbrechungen der Projektarbeit als Belastungsquelle der Beschäftigten reduziert werden.

13.4   Fazit und Ausblick

Die empirischen Befunde aus Fallstudienunternehmen der IT-Dienstleistung und der Altenpflege verdeutlichen, dass Unternehmenskulturen unter bestimmten Voraussetzungen die Gesundheit von Beschäftigten und Führungskräften gefährden können. Branchenübergreifend kann konstatiert werden, dass das tägliche Führungshandeln und die oft impliziten Vorstellungen und Erwartungen von Führungskräften an Beschäftigte in Bezug auf den betrieblichen Umgang mit Gesundheit und Erkrankungen eine hohe Bedeutung für Gesundheitsgefährdungen haben. In den Fallstudienunternehmen zeigte sich zudem, dass die Selbstbilder von Beschäftigten und ihre berufliche Handlungsorientierung gesundheitlich problematische Handlungsmuster bei der Bewältigung von Arbeitsanforderungen hervorbringen: Im Falle der vorwiegend männlichen IT-Beschäftigten erweist sich das Selbstbild des belastungsresistenten und innovativen technischen Problemlösers als gesundheitliches Gefährdungspotenzial, da es Handlungsmuster begünstigt, eigene Belastungsgrenzen zu überschreiten. Im Falle der überwiegend weiblichen Pflegekräfte werden gesundheitssensible Selbstsorgeansprüche zurückgestellt oder gar missachtet, um hilfebedürftigen Klienten trotz zunehmend restriktiver ökonomischer Rahmenbedingungen ein möglichst hohes Maß an Fürsorge angedeihen zu lassen, das auf einem stark internalisierten pflegebezogenen Ethos fürsorglicher Praxis basiert.

Das Gestaltungskonzept der organisationalen Achtsamkeit kann die Sensibilität von Unternehmen und Organisationsmitgliedern für gesundheitlich problematische Handlungsmuster und implizite Alltagstheorien erhöhen, indem es an der Reflexion sozialer Erwartungsstrukturen zwischen Management und Belegschaftsgruppen ansetzt und Dialogräume schafft, die psychologische Sicherheit bieten, um schrittweise einen nachhaltigen Umgang mit Gesundheit zu fördern.

In beiden Branchen erweist sich die forcierte Ökonomisierung als ein in gesundheitlicher Hinsicht überaus bedenklicher Entwicklungstrend, der eine Erschöpfung psychophysischer Gesundheitsressourcen bei Beschäftigten und Führungskräften begünstigt. Allerdings sind die Gestaltungsspielräume für die Entwicklung nachhaltiger Arbeitssysteme und zukunftsfähiger Unternehmenskulturen in der Altenpflege als vergleichsweise geringer einzuschätzen: Der dort seit Jahren anhaltend hohe Kostensenkungsdruck führt dazu, dass organisatorische Redundanzen immer weniger vorhanden sind, um Zeiten für Dialog, arbeitsprozessbezogenes Lernen und Beteiligung als Voraussetzung für eine achtsame Entwicklung salutogener Arbeits- und Organisationsstrukturen zu reklamieren. Es bedarf daher einer grundlegenden politischen Überprüfung und Verbesserung der gegenwärtigen Finanzierung gesundheitsbezogener und sozialer Dienstleistungen, um Abwärtsspiralen von sinkender Arbeitsqualität und Abwanderung aus Berufen sozialer Dienste, Produktivitäts- und Qualitätseinbußen sowie eine schleichende Erosion des Ethos fürsorglicher Praxis aufzuhalten. Um die gesundheitlichen Ressourcen von Beschäftigten und Führungskräften zu erhalten und zu regenerieren, sind daher ökonomische Handlungsspielräume auf betrieblicher Ebene und die Verfügbarkeit zeitlicher Ressourcen für organisatorische Selbstreflexion im Sinne organisationaler Achtsamkeit notwendig.

Literatur

Badura B, Steinke M (2011) Die erschöpfte Arbeitswelt. Bertelsmann Stiftung, Gütersloh

Becke G (2008) Soziale Erwartungsstrukturen in Unternehmen. Edition Sigma, Berlin

Becke G (2013) Human-Resources Mindfulness. Promoting Health in Knowledge-Intensive SMEs. In: Ehnert I, Harry W, Zink KJ (eds) Sustainability and Human Resource Management. Springer, Heidelberg, pp 83–104

Becke G (2014) Mindful Change: A Concept for Social Sustainability at Organizational Level. In: Becke G (ed) Mindful Change in Times of Permanent Reorganization. Springer, Heidelberg, pp 49–71

Becke G, Behrens M, Bleses P, Schmidt S (2010) Schattenseiten betrieblicher Hochleistungskulturen: Gefährdung der Innovationsfähigkeit von IT-Service-Unternehmen. In: Becke G, Klatt R, Schmidt B, Stieler-Lorenz B, Uske H (Hrsg) Innovation durch Prävention. NW Verlag, Bremerhaven, S 79–96

Becke G, Bleses P, Schmidt S (2010) Nachhaltige Arbeitsqualität – Ein Gestaltungskonzept für die Betriebliche Gesundheitsförderung in der Wissensökonomie. Wirtschaftspsychologie 12(3):60–68

Becke G, Bleses P, Schmidt S (2011) Betriebliche Gesundheitsförderung in flexiblen Arbeitsstrukturen der Wissensökonomie. In: Bamberg E, Ducki A, Metz A-M (Hrsg) Gesundheitsförderung und Gesundheitsmanagement in der Arbeitswelt. Hogrefe, Göttingen, S 671–691

Becke G, Wehl R, Wetjen A (2013) Betriebliche Generationengerechtigkeit als Schlüssel zur Innovationsfähigkeit von Unternehmen im demografischen Wandel. In: Gesellschaft für Arbeitswissenschaft (Hrsg) Chancen durch Arbeits-, Produkt- und Systemgestaltung – Zukunftsfähigkeit für Produktions- und Dienstleistungsunternehmen. GfA-Press, Dortmund, S 639–642

Bergström G, Bodin L, Hagberg J, Aronsson G, Josephson M (2009) Sickness Presenteeism Today, Sickness Absenteeism Tomorrow? A Prospective Study on Sickness Presenteeism and Future Sickness Absenteeism. J Occup Environ Med 51(6):629–638

Bleses P, Schmidt S (2013) Strukturen und Instrumente für organisationale Achtsamkeit. Supervision 31(3):34–39

Bleses P, Jahns K, Behrens M (2013) »Zufrieden, kompetent und gesund arbeiten« – Ressourcen und Herausforderungen nachhaltiger Beschäftigungsfähigkeit in der ambulanten Pflege. In: Becke G, Behrens M, Bleses P, Jahns K, Pöser S, Ritter W Nachhaltige Beschäftigungsfähigkeit in der ambulanten Pflege. artec-paper Nr. 189. Universität Bremen, S 57–82

Boes A, Trinks K (2006) »Theoretisch bin ich frei!« Interessenhandeln und Mitbestimmung in der IT-Industrie. Edition Sigma, Berlin

Böhle F, Glaser J, Büssing A (2006) Interaktion als Arbeit – Ziele und Konzept des Forschungsverbundes. In: Böhle F, Glaser J (Hrsg) Arbeit in der Interaktion – Interaktion als Arbeit. VS Verlag, Wiesbaden, S 25–41

Bonazzi G (2008) Geschichte des organisatorischen Denkens. VS Verlag, Wiesbaden

Bornheim N (2008) Arbeitsqualität als Ansatzpunkt für eine sozial nachhaltige Gestaltung flexibler Arbeitsformen – Das Beispiel Pflege. In: Becke G (Hrsg) Soziale Nachhaltigkeit in flexiblen Arbeitsstrukturen. LIT, Berlin, S 169–184

Docherty P, Forslin J, Shani AB (2002) Sustainable work systems: lessons and challenges. In: Docherty P, Forslin J, Shani AB (eds) Creating sustainable work systems. 2nd edition. Routledge, London, New York

Ducki A (2013) Innovationsfähigkeit von Unternehmen demografie- und gesundheitssensibel stärken. In: Jeschke S (Hrsg) Innovationsfähigkeit im demografischen Wandel – Beiträge der Demografietagung des BMBF im Wissenschaftsjahr 2013. Campus, Frankfurt am Main, S 167–182

Ducki A, Felfe J (2011) Führung und Gesundheit: Überblick. In: Badura B, Ducki A, Schröder H, Klose J, Macco K (Hrsg) Fehlzeiten-Report 2011. Führung und Gesundheit. Springer, Heidelberg, S vii–xii

Fenzl C, Resch M (2005) Zur Analyse der Koordination von Tätigkeitssystemen. Zeitschrift für Arbeits- und Organisationspsychologie 49(4):220–231

Grey C (2010) Studying Organizations. 2nd edition. Sage, Los Angeles

Hirschhorn L (1990) The Workplace Within. Psychodynamics and Organizational Life. MIT-Press, Cambridge, London

Hürtgen S (2013) Mensch sein auf der Arbeit? Kollegialität als Balance von allgemein-menschlichen und leistungsbezogenen Aspekten von Arbeit. In: Billmann L (Hrsg) Solidarität in der Krise. Springer, Wiesbaden, S 237–262

Kocyba H, Voswinkel S (2007) Krankheitsverleugnung. Das Janusgesicht sinkender Fehlzeiten. WSI-Mitteilungen 60(3):131–137

Kumbruck C (2008) Neue Belastungen für Wissensarbeiter – durch Internalisierung von Flexibilitätserfordernissen in Kooperations- und Innovationsprozessen. In: Becke G (Hrsg) Soziale Nachhaltigkeit in flexiblen Arbeitsstrukturen. LIT, Berlin, S 233–250

Lohmann-Haislah A, BAuA (2012) Stressreport Deutschland 2012. Psychische Anforderungen, Ressourcen und Befinden. Dortmund

Nembhard IM, Edmondson AC (2012) Psychological Safety. A Foundation for Speaking Up, Collaboration, and Experimentation in Organizations. In: Cameron KS, Spreitzer GM (eds) The Oxford Handbook of Positive Organizational Scholarship. Oxford University Press, Oxford, pp 490–503

Neuberger O (1995) Führen und geführt werden. 5. Aufl. Enke, Stuttgart

Schein E (1995) Unternehmenskultur. Frankfurt/M., New York

Schmidt S (2010) Psychische Belastungen in der deutschen IT-Branche – eine Herausforderung für »Decent Work«. In: Becke G, Bleses P, Schmidt S, Ritter W (Hrsg) »Decent Work« – Arbeitspolitische Perspektive für eine globalisierte und flexibilisierte Arbeitswelt. VS Verlag, Wiesbaden, S 139–164

Schmidt S (2013) Gesundheit fördern. In: Becke G, Behrens M, Bleses P, Meyerhuber S, Schmidt S Organisationale Achtsamkeit. Veränderungen nachhaltig gestalten. Schäffer-Poeschel, Stuttgart, S 129–156

Senghaas-Knobloch E (2008) Care-Arbeit und das Ethos fürsorglicher Praxis unter neuen Marktbedingungen am Beispiel der Pflegepraxis. Berliner Journal für Soziologie 18(2):221–243

Siegrist J (1996) Soziale Krisen und Gesundheit. Hogrefe, Göttingen

Steinke M, Badura B (2011) Präsentismus – Ein Review zum Stand der Forschung. Bundesanstalt für Arbeitsschutz und Arbeitsmedizin, Dortmund

Ulich E, Wülser M (2004) Gesundheitsmanagement in Unternehmen. Gabler, Wiesbaden

Weick KE, Sutcliffe KM (2007) Managing the Unexpected. Resilient Performance in an Age of Uncertainty. 2nd Edition. John Wiley & Sons, San Francisco

Widera E, Chang A, Chen HL (2010) Presenteeism: A Public Health Hazard. J Gen Intern Med 25(11):1244–1247

Wilde B, Dunkel W, Hinrichs S, Menz W (2010) Gesundheit als Führungsaufgabe in ergebnisorientiert gesteuerten Arbeitssystemen. In: Badura B, Schröder H, Klose J, Macco K (Hrsg) Fehlzeiten-Report 2009. Arbeit und Psyche: Belastungen reduzieren – Wohlbefinden fördern. Springer, Heidelberg, S 147–155

Führungskompetenzen der Zukunft

J. Felfe, A. Ducki, F. Franke

B. Badura et al. (Hrsg.) *Fehlzeiten-Report 2014*,
DOI 10.1007/978-3-662-43531-1_14, © Springer-Verlag Berlin Heidelberg 2014

Zusammenfassung *Zahlreiche Studien zeigen die Bedeutung von Führungskräften für die Zufriedenheit, Leistung und Gesundheit der Mitarbeiter. Dieser Beitrag befasst sich mit der Frage, welche Kenntnisse und Fähigkeiten vor allem zukünftig für eine erfolgreiche Führung erforderlich sind und über welche Kompetenzen Führungskräfte verfügen sollten. Zur Abschätzung zukünftiger Anforderungen und Bedarfe orientieren wir uns an aktuellen Trends und Entwicklungen. Hierzu zählen 1) der demografische Wandel, 2) der Anstieg psychischer Gesundheitsrisiken, 3) die permanenten Veränderungsprozesse und nicht zuletzt 4) eine zunehmende Globalisierung. Wir zeigen auf, mit welchen neueren Konzepten und Modellen der Führung diesen Veränderungen begegnet werden kann und wie die Herausforderungen durch ressourcenstärkende Führung erfolgreich bewältigt werden können.*

14.1 Einleitung

Die Bedeutung von Führungskräften für ein Unternehmen ist weithin akzeptiert. Zahlreiche Studien belegen den Einfluss der Führung auf Zufriedenheit, Leistung und Gesundheit der Mitarbeiter (Felfe 2009; Wegge 2004; Yukl 2002). Damit wird deutlich, dass Führungskräfte einen strategischen Beitrag zum Unternehmenserfolg leisten. Welche Kenntnisse und Fähigkeiten sind für eine erfolgreiche Führung erforderlich und welche Kompetenzen werden Führungskräfte zukünftig benötigen? Werden es gänzlich andere sein als heute oder wird es eher zu Verlagerungen der Bedeutungen einzelner Kompetenzen kommen, bei denen einige Bereiche in den Hintergrund treten und andere sich ausdifferenzieren und den Kompetenzkatalog erweitern?

Wir werden in diesem Beitrag einen Überblick darüber geben, welche Kompetenzen aktuell für wichtig erachtet werden und einen Ausblick wagen, welchen Anforderungen Führungskräfte zunehmend gerecht werden müssen und was von Führung zukünftig erwartet wird. Tatsächlich lassen sich hier einige Trends und Entwicklungen identifizieren. Prominente Beispiele hierfür sind 1) der demografische Wandel mit seinen vielfältigen Konsequenzen (Fach- und Führungskräftemangel, altersgemischte Teams, Anstieg des Durchschnittsalters der Belegschaft), 2) der Anstieg psychischer Gesundheitsrisiken, für den eine Reihe von Ursachen benannt werden können (Intensivie-

rung durch Wettbewerbsdruck, Dauerverfügbarkeit durch neue Medien, Individualisierung und Deregulierung der Beschäftigungsverhältnisse), 3) die permanenten Veränderungsprozesse mit erhöhten Anforderungen in den Bereichen Change Management und Innovationsfähigkeit und nicht zuletzt 4) eine zunehmende Globalisierung mit steigenden Anforderungen im Umgang mit Diversity und Virtualität. Beim Diversity Management geht es um den bewussten und kompetenten Umgang mit heterogenen Teams oder Belegschaften, deren Mitglieder sich z. B. hinsichtlich kultureller oder ethnischer Hintergründe erheblich unterscheiden. Insbesondere geht es darum, Chancen der Vielfalt zu nutzen und Risiken zu mindern.

Wenn sich durch räumliche Distanzen und Zeitverschiebung Teams oder Projektgruppen nicht mehr real begegnen, sondern nur medial miteinander verbunden sind und geführt werden, spricht man auch von virtuellen Teams. Das Fehlen unmittelbarer Kontakte und direkter Kommunikation stellt besondere Anforderungen an die Führung, aber auch an die Eigeninitiative und Zusammenarbeit der Beteiligten. Gleichzeitig steigen in der Gesellschaft und damit bei Arbeitnehmern die Forderungen nach einer verbesserten Vereinbarkeit von Familie und Beruf bzw. Karriere, sinnvoller Arbeit, ökologischer Nachhaltigkeit und gesamtwirtschaftlicher Verantwortung, wie an Diskussionen zur Bankenkrise oder Leiharbeit deutlich wird.

Die Führungsforschung hat angesichts der sich abzeichnenden Veränderungen bereits Konzepte hervorgebracht und empirisch überprüft, mit denen diesen neuen Herausforderungen begegnet werden kann. Hierzu zählen z. B. transformationale Führung (Bass 1985; Felfe 2006), ethische Führung (Brown et al. 2005), authentische Führung (Walumbwa et al. 2008) und gesundheitsförderliche Führung (Badura et al. 2010; Franke u. Felfe 2011a). Wir werden an den entsprechenden Stellen auf diese einschlägigen Konzepte verweisen.

Wir sind uns darüber bewusst, dass sich die angesprochenen Veränderungen sehr unterschiedlich vollziehen und von regionalen, branchenspezifischen und organisationalen Gegebenheiten abhängen werden. Während für einige Unternehmen die oben skizzierten Herausforderungen noch deutlich in der Zukunft liegen, sind sie für andere bereits gegenwärtig. Umso wichtiger ist es, dass Führungskräfte selbst, aber auch diejenigen, die für die Entwicklung von Führungskräften und Führungskultur Verantwortung tragen, auf diese Veränderungen vorbereitet sind.

Wenn hier von »Führung« in Organisationen die Rede ist, ist damit nicht die Unternehmensführung, sondern die Mitarbeiterführung im engeren Sinne gemeint (Felfe 2009). Mit Staehle (1999) verstehen wir darunter die Beeinflussung der Einstellungen und des Verhaltens von einzelnen Beschäftigten oder Gruppen mit dem Zweck, bestimmte Ziele zu erreichen. Dennoch darf nicht außer Acht gelassen werden, dass Führung im Sinne der sozialen Einflussnahme auch in entpersonalisierter Form durch Strukturen (z. B. Hierarchie, Vorschriften, Abläufe) wahrgenommen und ausgeübt wird (Felfe u. Franke 2014). Das Verhalten und Erleben von Mitarbeitern wird immer durch das Zusammenspiel struktureller und personeller Führung beeinflusst. Beide Formen können sich in ihrer positiven wie negativen Wirkung ergänzen, aber auch neutralisieren. Bevor wir zukünftige Entwicklungen skizzieren, geben wir einen Überblick über zentrale Aufgaben und Anforderungen personaler Führung und der zur Bewältigung erforderlichen Kompetenzen.

14.2   Führung: Aufgaben, Anforderungen und Kompetenzen

Zu den Aufgaben von Führungskräften zählen zum einen Managementfunktionen wie Ziele formulieren, Organisieren, Entscheiden und Kontrollieren sowie Planen, Budgetieren und Berichten an die nächste Ebene (Malik 2006) und zum anderen Aufgaben, mit denen eine direkte Einflussnahme auf die Mitarbeiter erfolgt, wie z. B. Anweisen, Delegieren, Kontrollieren, Motivieren und Coaching. Zudem müssen die Aktivitäten der einzelnen Teammitglieder koordiniert, Abläufe und Schnittstellen organisiert und die technischen, materiellen und personellen Ressourcen sichergestellt werden. Als Orientierung für gute Führung lassen sich aus den unterschiedlichen Konzepten folgende Hinweise für wirksame und erfolgreiche Führung ableiten (Felfe u. Franke 2014):

- Bindung und Vertrauen durch Glaubwürdigkeit, Vorbildfunktion und Wertschätzung
- Motivation, Engagement und Begeisterung durch Sinn und attraktive Ziele
- Mitarbeiter- und Teamförderung durch Delegation, Partizipation und Coaching
- Leistungsförderung durch Zielvereinbarung, Feedback und faire Belohnung
- Orientierung durch offene Kommunikation, Steuerung und klare Entscheidungen
- Effizienz durch systematische Nutzung von Führungsinstrumenten
- Nachhaltigkeit durch Gesundheitsförderung, Work-Life-Balance, Innovation und eigene Reflexion

Um die Aufgaben und Funktionen erfolgreich bewältigen zu können, benötigen Führungskräfte neben entsprechender Fachkompetenz vor allem soziale, personale und methodische Kompetenzen.

Führungskompetenzen in der Übersicht
- *Fachliche Kompetenzen*: Produktkenntnis, Prozesswissen, Branchenkenntnis, Organisationswissen (Regeln und Standards), Führungswissen (Konzepte, Instrumente)
- *Soziale Kompetenzen*: Kommunikation und Gesprächsführung, Moderation und Besprechungsleitung, Konfliktmanagement, politische Fähigkeiten, Überzeugungs- und Durchsetzungsfähigkeit
- *Personale Kompetenzen*: Reflexionsfähigkeit, Kritikfähigkeit, Selbstkenntnis, Flexibilität, Entscheidungsfähigkeit, Leistungsmotivation, Risikobereitschaft, Belastbarkeit
- *Methodische Kompetenzen*: Organisationsfähigkeit, Delegation und Kontrolle, Zeitmanagementtechniken, Problemlösetechniken, Kreativitätstechniken, Führungsinstrumente

14.3 Zukünftige Anforderungen und Kompetenzen

14.3.1 Den demografischen Wandel gestalten

Der demografische Wandel kann wohl als eine der größten und komplexesten Herausforderungen der Zukunft bezeichnet werden. Die zu erwartenden Konsequenzen sind vielfältig. Wir werden zunächst auf die Auswirkungen auf die Rekrutierung und Bindung von Mitarbeitern sowie die Veränderung der Altersstruktur der Belegschaft eingehen. Die Konsequenzen für die Gesundheit werden wir im nächsten Abschnitt als eigenständigen Punkt behandeln.

Bindung und Commitment stärken

Zum ersten zeichnet sich in vielen Bereichen bereits jetzt schon ein Fach- und Führungskräftemangel ab. Damit steigt die Bedeutung der Arbeitgeberattraktivität bzw. des Employer Branding, d. h. als attraktive Marke für potenzielle Bewerber sichtbar zu sein. Regelmäßige Umfragen und Wettbewerbe (z. B. »Great Place to Work«) versuchen dieser Entwicklung Rechnung zu tragen, indem sich Unternehmen um ihre Attraktivität als Arbeitgeber bemühen. Diese Initiativen und Maßnahmen werden aber nur erfolgreich sein, wenn die gelebte und erlebte Führungskultur den Erwartungen der Mitarbeiter entspricht und es gelingt, diese auch langfristig an das Unternehmen zu binden.

Die umfangreiche Forschung zu organisationalem Commitment als dem »psychologischen Band« zwischen Mitarbeitern und Unternehmen hat gezeigt, dass insbesondere das affektive Commitment oder auch die emotionale Bindung an das Unternehmen nicht nur das Engagement, sondern auch die Bereitschaft, dem Unternehmen »treu« zu bleiben, in hohem Maße beeinflusst (Meyer et al. 2002; Felfe u. Wombacher 2013).

Für die Entwicklung und den Erhalt von Commitment und Identifikation kommt den unmittelbaren Führungskräften eine zentrale Rolle zu. Weitere wichtige Faktoren sind die wahrgenommene Unterstützung durch die Organisation und der Arbeitsinhalt. Auch hierauf haben Führungskräfte einen Einfluss. Die Forschung hat gezeigt, dass insbesondere transformationale Führung das Commitment der Mitarbeiter positiv beeinflussen kann. Transformationale Führungskräfte binden und motivieren ihre Mitarbeiter dadurch, dass sie überzeugend attraktive Visionen vermitteln (inspirational motivation), selber als glaubwürdig und vorbildlich wahrgenommen werden (idealized influence), zu unabhängigem, selbstständigen Denken anregen und Veränderungen unterstützen (intellectual stimu-

lation) und die Entwicklung der Beschäftigten fördern (individualized consideration). Dabei werden vor allem die Werte und Motive der Geführten beeinflusst (transformiert): An die Stelle kurzfristiger materieller Ziele (extrinsische Motivation) treten langfristige übergeordnete Werte und Ideale (intrinsische Motivation). Das Selbstkonzept wird so entwickelt, dass Selbstvertrauen und Einsatzbereitschaft der Mitarbeiter steigen (Shamir et al. 1993).

Damit stellt die Förderung dieses Führungsansatzes durch Trainings und Coaching eine vielversprechende Möglichkeit dar, das Commitment der Beschäftigten zu stärken. Zur Erfassung und Diagnose von Commitment und transformationaler Führung liegen validierte Instrumente vor (Felfe u. Franke 2012; Felfe 2006). Erfreulicherweise gibt es aktuelle Belege für die Trainierbarkeit und den Nutzen entsprechender Führungstrainings (Abrell et al. 2011; Antonakis et al. 2012; Brown u. May 2010).

Alter(n)sgerecht führen

Durch den demografischen Wandel (die Bevölkerung altert und schrumpft gleichzeitig) verändert sich die Altersstruktur der Belegschaften in mehrfacher Hinsicht. Zunächst steigt das Durchschnittsalter der regulären Belegschaft. Zudem ist künftig vermehrt mit aktiven Rentnern (»Silver Workern«) zu rechnen, die auch im Ruhestand weiterhin für ihr Unternehmen tätig sind (Deller et al. 2014). Entsprechend zeigen aktuelle Befragungsergebnisse, dass fast die Hälfte der 55- bis unter 65-Jährigen abhängig Beschäftigten beabsichtigen, auch nach ihrem Ruhestandseintritt noch erwerbstätig sein zu wollen (Büsch et al. 2010). Aktuelle Schätzungen gehen von ca. 1,3 Millionen arbeitenden Rentnern aus (Deller 2013).

Führungskräfte sind demnach gefordert, sich auf die Bedürfnisse und Motive älterer Mitarbeiter einzustellen, die sich durchaus von Jüngeren unterscheiden (Hertel et al. 2013). Ebenfalls notwendig ist es, sich mit den unterschiedlichen Leistungsmerkmalen Älterer und Jüngerer auseinanderzusetzen (Wegge et al. 2012b). Die Arbeitsfähigkeit der verfügbaren Beschäftigten zu erhalten wird damit zunehmend von Bedeutung sein.

Bisherige Studien belegen die Bedeutung der Führung für die Arbeitsfähigkeit älterer Mitarbeiter (Ilmarinen u. Tempel 2002). Dieses Führungsverhalten ist gekennzeichnet durch eine aufgeschlossene, nicht durch Stereotype geprägte Haltung gegenüber dem Alter und eine altersgerechte Organisation der Arbeitsabläufe. Jungmann et al. (2014) fanden in einer aktuellen Studie, dass alter(n)sgerechte Führung mit weniger Burnout, geringeren Fluktuationsabsichten, weniger Vorurteilen gegenüber Älteren, einem positiveren

Teamklima und mehr sozialer Unterstützung im Team einherging. Führungskräften kommt damit eine zentrale Rolle bei der Bewältigung der Herausforderungen des demografischen Wandels zu.

Außerdem nimmt die Altersspanne der Beschäftigten in Organisationen zu (Altersdiversität), sodass die Führungskräfte zunehmend altersheterogene Teams führen werden. Altersheterogene Teams eröffnen spezifische Chancen (unterschiedliche Erfahrungen) mit einem Potenzial für Kreativität und Innovation, aber auch Risiken durch Werteunterschiede, Kommunikationsprobleme etc. (Jungmann et al., im Druck). Führungskräfte können die Risiken mindern, indem sie dafür sorgen, dass Altersunterschiede weniger salient sind, die Wertschätzung von Altersunterschieden fördern, ein positives Teamklima schaffen und die Teamarbeit so gestalten, dass die Aufgaben hinreichend komplex sind und zu großer Zeitdruck vermieden wird (Jungmann et al. 2014). Aber nicht nur die Altersabstände zwischen den Teammitgliedern nehmen zu, sondern auch die möglichen Abstände zwischen Führungskraft und Mitarbeitern (Jung führt Alt und Alt führt Jung). Auch hier sind Konfliktpotenziale zu erwarten, z. B. durch die geringere Akzeptanz jüngerer Führungskräfte durch ältere Mitarbeiter.

Zur Erfassung alter(n)sgerechter Führung liegt ein validiertes Instrument vor (Jungmann et al. 2014). Um Unternehmen und Führungskräfte auf diese neuen Anforderungen vorzubereiten, werden aktuell Konzepte zur alter(n)sgerechten Führung entwickelt und in Form von Trainingsmaßnahmen erfolgreich erprobt. So konnte in einer Evaluationsstudie gezeigt werden, dass durch das Training Vorurteile gegenüber Älteren und Konflikte abgebaut werden konnten (Jungmann et al. 2014).

> **Alter(n)sgerecht führen heißt unter anderem ...**
> - **altersangemessene Gestaltung der Arbeitsmittel**
> - **Wertschätzung von Altersunterschieden**
> - **Schaffung eines positiven Teamklimas**
> - **Sicherstellung von Aufgabenkomplexität**
> - **Vermeidung von Zeitdruck**

14.3.2 Innovationsfähigkeit erhalten

Vor dem Hintergrund der zunehmenden Globalisierung und immer neuer technischer Entwicklungen herrscht weitgehend Einigkeit, dass »nichts beständiger ist als der Wandel«. Zum Erhalt und zur Steigerung der Wettbewerbsfähigkeit und weiterer Anforderungen müssen Prozesse, Produkte und Dienstleistungen stän-

dig verbessert werden. Kosteneffizienz, Qualität und Kundenorientierung, aber auch gesetzliche Auflagen (z. B. Umweltschutz, Verbraucherschutz) sind zentrale Erfolgskriterien dieses Innovationsdrucks. Um innovativ zu sein und diese Veränderungen zu bewältigen, benötigen Mitarbeiter Flexibilität, Selbständigkeit und Eigenverantwortlichkeit sowie Veränderungs- und Lernbereitschaft. Die Fähigkeit zur Innovation ist nicht nur eine individuelle Ressource, sondern auch eine Fähigkeit, die von Teams oder ganzen Bereichen erwartet wird. Individuelle Innovationskompetenz umfasst die methodischen, fachlichen, sozialen und personalen Kompetenzen in den jeweiligen Phasen des Innovationsprozesses (Hardt et al. 2011). Ein positives Innovationsklima auf der Teamebene ist eine wichtige Voraussetzung für individuelle Kreativität und Veränderungsbereitschaft. Zentrale Dimensionen eines innovationsförderlichen Teamklimas sind z. B. eine gemeinsame Vision, partizipative Sicherheit und die Unterstützung für Innovationen (Brodbeck et al. 2000).

Inspirierend und stimulierend führen

Von den Führungskräften wird zunehmend erwartet, dass sie den Wandel und Veränderungen von Strukturen (Projektmanagement, Profit-Center), aber auch von Human Resources (Lernen, Personalentwicklung) aktiv gestalten und die Rolle eines »Change Agents« übernehmen. Die Förderung von konkreten Innovationen ist eine zentrale Führungsaufgabe (Gebert 2002; Shalley u. Gilson 2004). Als Motivatoren für innovatives Verhalten fördern und fordern sie die Initiative der Beschäftigten (Streicher et al. 2006). Führungskräften kommt zum einen die Aufgabe zu, die Innovationskompetenz ihrer Mitarbeiter zu entwickeln und für ein positives Innovationsklima zu sorgen (Hardt et al. 2011). Zum anderen ist es erforderlich, dass sie selbst über Innovationskompetenz verfügen und die erfolgskritischen Rahmenbedingungen kennen. Zahlreiche Studien haben sich damit befasst, die Merkmale einer innovationsfördernden Führung zu identifizieren (Mumford et al. 2002). In der aktuellen Diskussion stehen zwei Konzepte im Vordergrund.

Im Konzept der *transformationalen Führung* (Herrmann et al. 2012) zielt die intellektuelle Anregung (»intellectual stimulation«) unmittelbar auf die Förderung von Kreativität und Innovation. Da radikale und weitgehende Veränderungen häufig auf Widerstand stoßen, bedarf es darüber hinaus der Unterstützung der Mitarbeiter (»individual consideration«), einer attraktiven Vision (»inspirational motivation«) und nicht zuletzt einer Führungskraft, die selbst glaubwürdig (»idealized influence«) hinter den geforderten Veränderungen steht, indem sie neue Verfahrensweisen (z. B. Einführung einer neuen Software, Umstellung eines Prozesses) aktiv unterstützt und dazu beiträgt, Anfangsschwierigkeiten zu überwinden. Entsprechend zeigten bisherige Studien positive Effekte transformationaler Führung auf innovatives Arbeitsverhalten (Reuvers et al. 2008), auf individuelle Innovation (Rank et al. 2009), Kreativität (Herrmann u. Felfe 2013) und Veränderungsbereitschaft (Herrmann et al. 2012).

Zum anderen handelt es sich um das Konzept der *ambidextren Organisation*. Diesen Organisationen gelingt es, das Spannungsverhältnis zwischen der Exploration neuer Potenziale auf der einen Seite und der Nutzung (Exploitation) vorhandener Stärken auf der anderen Seite zu überwinden bzw. optimal auszubalancieren. Gebert und Kearney (2011) unterscheiden analog Wissensgenerierung und Wissensintegration. Die Gestaltung von Ambidextrie ist primär eine Führungsaufgabe (Stephan u. Kerber 2010; O'Reilly u. Tushman 2008; Weibler u. Keller 2010). So kann eine Führungskraft dafür sorgen, dass bei der Optimierung eines Geschäftsprozesses nicht die »erstbeste Lösung« umgesetzt wird, sondern Zeit und Mittel für eine gründliche Exploration bereitgestellt werden. Umgekehrt wird weiteres »Experimentieren und Modifizieren« unterbunden, wenn die Entscheidung gefallen ist. Der Nutzen der neuen Lösung würde sonst nicht optimal ausgebeutet bzw. geschmälert, weil sich das Rationalisierungspotenzial nicht entfalten kann. Führungskräfte sind sowohl für die Steuerung als auch die Integration von Exploration und Exploitation verantwortlich (Weibler u. Keller 2014).

> **Innovationsförderlich führen heißt unter anderem ...**
> — **attraktive Visionen und Ziele vermitteln**
> — **Zeit und Raum schaffen für kreatives Denken**
> — **Gewährung von Handlungs- und Entscheidungsspielräumen**
> — **Aufbau einer positiven Feedback-Kultur**
> — **Mitarbeiter durch den gesamten Innovationsprozess begleiten: vom entdeckenden Neuentwickeln zum operativen Umsetzen**

14.3.3 Zunahme psychischer Belastungen

Die Zunahme psychischer Belastungen und Probleme bei der Vereinbarkeit von Berufs- und Privatleben (Work-Life-Balance) rückt ebenfalls die Bedeutung der Führungskraft in den Mittelpunkt. Für den Anstieg psychischer Gesundheitsrisiken können eine Reihe von Ursachen benannt werden.

Hier sind zunächst die *Zunahme von Arbeitsintensivierung, Flexibilisierung und Kommunikationsverdichtung* (Lohmann-Haislah 2012) zu nennen. Bruch und Vogel (2011) sprechen angesichts Überbelastung (zu wenige Ressourcen), Mehrfachbelastung (zu viele Aufgaben gleichzeitig) und Dauerbelastung (keine Erholung) von einer Beschleunigungsfalle.

Neuere Managementkonzepte, die auf dem Prinzip der *indirekten Steuerung* basieren (Peters 2011) wie z. B. Zielvereinbarungen, bei denen weniger der Einsatz, sondern vor allem das Ergebnis zählt, können bewirken, dass abhängig Beschäftigte wie »Selbstständige« denken und handeln und damit erhöhten Verantwortungsdruck erleben. Dies wird durch Individualisierung und Deregulierung der Beschäftigungsverhältnisse verschärft. Gleichzeitig birgt die erwünschte hohe Identifikation mit der Arbeit das Risiko, sich zu überfordern, um den Erfolg sicherzustellen, was auch als »interessierte Selbstgefährdung« bezeichnet wird (Krause et al. 2012).

Neue Technologien begünstigen eine *Zunahme der Informationsflut*, ermöglichen eine Dauerverfügbarkeit und führen zu einer *Entgrenzung von Arbeit und Privatsphäre*. Durch die Möglichkeit oder Erwartung, immer und überall verfügbar zu sein, gehen Chancen der Erholung und Distanzierung verloren (Rau 2012).

Hohe Belastungen werden in der Regel durch vermehrte Anstrengung und erhöhten Arbeitseinsatz bewältigt. Dafür wird auf Erholung und Ausgleich verzichtet. Während die psychische Beanspruchung zunimmt, gehen Ressourcen verloren. Dieser Teufelskreis führt zunächst in negative Emotionen und Gedanken (Lustlosigkeit, Gereiztheit, Zynismus, Resignation, Schuldgefühle, Schuldzuweisung, Aggressivität, Depressivität), zu psychosomatischen Reaktionen (Schlafprobleme, Infektionsrisiko, Verspannungen) und zu psychischer Erschöpfung (Burisch 2006). Insbesondere die Kombination aus steigenden Anforderungen an Leistung und Flexibilität auf der einen und reduzierte Kontrolle und Sicherheit auf der anderen Seite erhöht das Burnout-Risiko (Hillert u. Marwitz 2006). Aktuelle Studien belegen ein hohes Maß psychischer Belastungen durch Multitasking, Termin- und Leistungsdruck, Unterbrechungen und eine Zunahme des wahrgenommenen Drucks (Lohmann-Haislah 2012) sowie einen deutlichen Anstieg der Diagnosen psychischer Erkrankungen in den letzten zehn Jahren (Badura et al. 2011).

Gesundheitsförderlich führen

Vor dem Hintergrund der skizzierten Belastungszunahme sind der Erhalt und die Förderung der psychischen Gesundheit eine besondere Herausforderung für die Führungskräfte. Aktuelle Studien belegen einhellig, dass positives Führungsverhalten, hier vor allem Wertschätzung, Mitarbeiterorientierung, transformationale Führung, mit weniger Stresserleben und einer besseren Gesundheit der Mitarbeiter einhergeht (Franke u. Felfe 2011b; Skakon et al. 2010; Vincent-Höper et al. 2013), während negative oder destruktive Führung mit erhöhtem Stresserleben verbunden ist (Schyns u. Schilling 2013; Tepper 2007). Einflussmöglichkeiten und Bedeutung werden aber von den Führungskräften selbst häufig unterschätzt. Dabei lassen sich mindestens vier Einflusswege oder Wirkmechanismen unterscheiden, wie Führung die Gesundheit der Mitarbeiter beeinflussen kann (Franke et al. 2014):

1. Führungskräfte nehmen durch ihr Verhalten und ihre Kommunikation den Mitarbeitern gegenüber *direkten* Einfluss auf deren Gesundheit.
2. Führungskräfte gestalten die Arbeitsbedingungen der Mitarbeiter und haben damit auch *indirekten Einfluss* auf deren Arbeitsbelastung und Gesundheit. Dabei geht es nicht nur um gut ausgestattete Arbeitsplätze (Sitzmöbel, Stehhilfen, Beleuchtung) und geeignete Arbeitsmittel (Werkzeuge, Software), sondern vor allem auch um Arbeitsaufgaben und -inhalte wie z. B. klare Aufträge, Handlungs- und Entscheidungsspielräume, Zeitautonomie etc. Studien zeigen, dass sich insbesondere transformationale Führung direkt und indirekt, vermittelt über die Arbeitsbedingungen (Franke u. Felfe 2011a; Liu et al. 2010; Munir et al. 2009), auf das Stresserleben bzw. das Wohlbefinden der Mitarbeiter auswirkt.
3. Führungskräfte sind selbst erheblichen Belastungen und großem Druck ausgesetzt (Lohmann-Haislah 2012; Rixgens u. Badura 2011; Steinmetz 2011). Die eigene Überlastung kann für die Mitarbeiter zum Risikofaktor werden, da weniger Ressourcen für Unterstützung zur Verfügung stehen, sie eher gereizt reagieren und die Gefahr besteht, dass der Druck weitergegeben wird. Dieses Phänomen wird auch als Crossover-Effekt bezeichnet (Bakker et al. 2009). Studien weisen darauf hin, dass gesundheitlich beeinträchtigte Führungskräfte als weniger engagiert und unterstützend erlebt werden und damit auch die Gesundheit ihrer Mitarbeiter gefährden (Price u. Weiss 2000; Vealey et al. 1998).
4. Führungskräfte wirken als *Vorbilder und Rollenmodelle*, nicht nur in Bezug auf die Leistung und Einstellungen zur Arbeit, sondern auch in Bezug auf die Gesundheit (Franke u. Felfe 2011a).

Führungskräfte stellen somit für ein Unternehmen eine wichtige Ressource bei der Schaffung gesundheitsförderlicher Arbeitsbedingungen dar, wodurch die Weiterentwicklung und Förderung von Führungskräften auch in dieser Hinsicht eine besondere Bedeutung erhält (Franke u. Felfe 2011a).

Hierzu wurde ein integratives Konzept gesundheitsförderlicher Führung entwickelt (Health-oriented Leadership – HoL) (Franke et al. 2014). Der Ansatz unterscheidet StaffCare und SelfCare. Während sich StaffCare auf spezifische gesundheitsförderliche Mitarbeiterführung bezieht, geht es bei SelfCare um gesundheitsförderliche Selbstführung, also den Umgang mit der eigenen Gesundheit. StaffCare und SelfCare beinhalten jeweils drei Dimensionen (Verhalten, Wichtigkeit, Achtsamkeit). Zur Erfassung und Diagnose gesundheitsförderlicher Führung wurde ein entsprechendes Instrument entwickelt und erfolgreich validiert (Franke et al., im Druck).

Konzept und Diagnoseinstrument bieten eine gute Grundlage, um Führungskräfte im Bereich gesundheitsförderlicher Führung weiterzuentwickeln, aber auch die Mitarbeiter einzubeziehen. Hier gilt es zum einen, die erforderlichen Wissensgrundlagen über grundlegende Zusammenhänge von Arbeit und Gesundheit, psychische Risiken und Maßnahmen (verhältnis- und verhaltensbezogen) zu vermitteln und auf den eigenen Arbeitsbereich zu übertragen. Zum anderen sind hier personale Kompetenzen im Sinne von Selbstmanagement von Bedeutung. Dazu gehören Techniken und Methoden aus den Bereichen Arbeitsorganisation und Zeitmanagement (Prioritäten setzen, Blöcke bilden, Termine planen und einhalten etc.), aber auch das Erlernen von gesundheitsförderlichen Verhaltensweisen (Achtsamkeit, Entspannung, Ernährung, Bewegung).

> **Gesundheitsförderlich führen heißt unter anderem ...**
> - **Herstellung und Schaffung einer angstfreien und wertschätzenden Kommunikation und eines positiven Teamklimas**
> - **Gestaltung gesundheitsförderlicher Arbeitsbedingungen (z. B. Abbau von Informationsdefiziten, Unterbrechungen, Schaffung von Handlungsspielräumen, gut ausgestattete Arbeitsplätze etc.)**
> - **Achtsamkeit gegenüber der Gesundheit der Mitarbeiter und gegenüber der eigenen Gesundheit (Erkennen von Warnsignalen und Überlastung)**
> - **Vorbild sein zum Beispiel im Umgang mit Arbeitszeit und Erreichbarkeit**

Es zeigt sich: Die Elemente einer alter(n)sgerechten, innovations- und gesundheitsförderlichen Führung überschneiden sich: In den Mittelpunkt rücken Führungskompetenzen, die auf eine Ressourcenstärkung der Mitarbeiter ausgerichtet sind.

14.4 Ressourcenstärkende Führung

Zukünftige Arbeitswelten brauchen Führungskräfte, die in der Lage sind, die Potenziale und Ressourcen der Beschäftigten zu erkennen und weiterzuentwickeln und sie damit zu befähigen, komplexe und flexible Umwelten selbst zu gestalten. Hauptansatzpunkte sind die Gestaltung der Rahmenbedingungen und die personale Resilienzstärkung.

14.4.1 Ressourcenstärkung durch salutogene Rahmenbedingungen

Führung, die sich positiv von den zu Beginn kritisierten »indirekten Steuerungsmodellen« abhebt, schafft für ihre Mitarbeiter »effiziente« Handlungsbedingungen. Führungskräfte müssen betriebliche Handlungsroutinen so ausrichten, dass Handlungsabläufe flexibel an Umweltveränderungen angepasst werden können und dabei übergeordnete Ziele aufrechterhalten werden können (Volpert 1983). Hierbei spielt die Bereitstellung *organisationaler und aufgabenbezogener Ressourcen* eine hervorgehobene Rolle. Bahamondes Pavez et al. (2012) weisen in ihrer Studie nach, dass unter Flexibilitätsbedingungen neben Handlungs- und Entscheidungsspielräumen vor allem »materielle« Puffer in Form von Material, Personal und Zeit sowie regelmäßige Rückmeldungen, transparente Zuständigkeiten und Strukturierungshilfen zentrale Ressourcen darstellen, die das Wohlbefinden und die Gesundheit von Beschäftigten erhalten.

Soziale Ressourcen werden in erster Linie durch ein Klima von Anerkennung und Wertschätzung geprägt. Hierzu gehören Feedback, Lob und Anerkennung, aber auch Wertschätzung durch Verantwortungsübergabe und das Aufzeigen individueller Karrieremöglichkeiten (Semmer et al. 2006). Geschlecht, Alter und kulturelle Prägungen der Mitarbeiter spielen in der Akzeptanz einzelner Ausdrucksformen von Wertschätzung eine wichtige Rolle. Führungskräfte, die über ein breites Spektrum an wertschätzenden Ausdrucksformen verfügen, haben es leichter, Wertschätzung zielgruppengerecht zum Ausdruck zu bringen (Ducki 2009).

Personale Ressourcenstärkung erfolgt in erster Linie durch Qualifizierungs- und Weiterbildungsangebote

(Bahamondes Pavez et al. 2012). Sie liefern die fachliche Grundlage dafür, dass Beschäftigte die Arbeitswelt auch unter sich ändernden Bedingungen als gestaltbar und kontrollierbar erleben können. Zur weiteren Entwicklung eines Kohärenzgefühls (Antonovsky 1997) braucht es umfassende und gut aufbereitete Informationen. Führung hat hier die Aufgabe, die richtigen Informationen zur richtigen Zeit auf den richtigen Wegen an die richtigen Personen zu transportieren und dabei die Kriterien für hohe Informationsqualität, Wahrhaftigkeit, Relevanz und Hinlänglichkeit sicherzustellen (Mast 2010).

14.4.2 Resilienzstärkende Führung

Gute Führung wird in Zukunft darauf ausgerichtet sein, Unternehmen und Mitarbeiter möglichst krisenfest zu machen. Resilienz beschreibt die besondere Widerstandsfähigkeit von Individuen oder Gruppen im Umgang mit Veränderungen und Krisen. Grundelemente der Resilienz sind Ressourcen, die einer Person zur Verfügung stehen und auf die sie bei der Bewältigung schwieriger Lebens- und Arbeitssituationen zurückgreifen kann. Neben Zuversicht, Optimismus, Fähigkeit zum Sinnerleben und Selbstwirksamkeit gehören Aktivitätsdimensionen wie Zielorientierung, Zielbindung und aktive Problemlöse- und Stressbewältigungsstrategien dazu (Burghardt 2006). Sie werden um die Fähigkeit zur Akzeptanz und Hinnahme von Situationen, die nicht (mehr) durch das eigene Handeln beeinflusst werden können, ergänzt (Rampe 2005; Götze 2013). Resiliente Personen verfügen damit nicht nur über Fähigkeiten, schwierige Situationen aktiv anzugehen, sondern auch über die Fähigkeit, die Grenzen der Kontrollierbarkeit zu erkennen und zu respektieren. Insbesondere der Umgang mit nicht vorhersehbaren Krisen zeigt, dass Menschen, die zur Akzeptanz der Ereignisse fähig sind, diese besser bewältigen als Menschen, die mit ihrem Schicksal hadern (Williams et al. 2010; Wiemann u. Ruprecht 2011). Da Akzeptanz dort beginnt, wo aktive Einflussnahme endet, stehen aktive Problemlösung und Akzeptanz in einem Spannungsverhältnis. Die jeweilige Grenze zu erkennen setzt eine gute Kenntnis der eigenen Ressourcen voraus.

Führung kann die Resilienz von Mitarbeitern durch verschiedene Maßnahmen beeinflussen; einen Überblick liefert Rummel (2010). Hervorzuheben sind die folgenden Punkte:

Eine konsequente *Lösungsorientierung* im Führungsalltag unterstützt Mitarbeiter darin, selbst lösungsorientiert zu denken. Führungskräfte sind Vorbilder im Umgang mit schwierigen Situationen und Fehlern. Resilienzstärkende Kommunikation fokussiert nicht die Fehler der Vergangenheit, sondern erwünschtes Verhalten in der Zukunft und die Bedingungen, die gegeben sein müssen, um dieses Verhalten zu zeigen.

Zielbindung wird hergestellt, indem Ziele für Mitarbeiter attraktiv und erstrebenswert gestaltet werden. Dafür müssen Führungskräfte wissen, welche persönlichen Interessen und Ziele ihre Mitarbeiter verfolgen. Hierfür ist eine Haltung der Achtsamkeit für die Stärken und Potenziale der Mitarbeiter erforderlich.

Resilienz wird nur im eigenverantwortlichen Handeln entwickelt, also dort, wo Mitarbeiter selbst Lösungen erarbeiten und ausprobieren. Das bedeutet, dass Führung auch in Krisensituationen *Freiräume* einräumen muss, damit positive Lösungserfahrungen möglich werden.

Führungskräfte können durch Vorbildwirkung die *Selbstfürsorge* der Mitarbeiter beeinflussen. Vor allem die langfristig wirkenden Komponenten der Selbstfürsorge (Aufmerksamkeit für eigene Stresssymptome, gesunde Ernährung, Bewegung, Mäßigung und Genussfähigkeit) können nicht nur durch Wissensvermittlung und Appelle an Mitarbeiter herangetragen werden. Führungskräfte können nur durch eigenes Vorleben zeigen, dass die Gesunderhaltung keine Zwangsverpflichtung ist, die abgearbeitet werden muss wie andere betriebliche Zielvorgaben, sondern ein Akt der wohlgesonnenen Zuwendung zu sich selbst.

Die Förderung von Akzeptanz ist in betrieblichen Prozessen ein schwieriges und bislang wenig untersuchtes Thema. Rummel (2010) verweist darauf, dass beispielsweise Abschiedsrituale die Akzeptanz stärken können, indem Vergangenes und nicht mehr Beeinflussbares abgeschlossen und der Blick nach vorne geöffnet wird. Wie eine angemessene Akzeptanz im Kontext dauerhafter betrieblicher Veränderungsprozesse aussehen kann, wird die zukünftige Forschung beschäftigen. Hierbei wird u. a. zu klären sein, welche Formen der Akzeptanz unter welchen Bedingungen angemessen sind und wie angemessene Akzeptanz positiv durch Führung unterstützt werden kann.

14.5   Gesamtfazit

Der Beitrag macht deutlich, dass ein Führungsverständnis, das auf Anweisen, Vorgeben und Kontrollieren ausgerichtet ist, nicht ausreichen wird, um den permanenten Wandel und die wachsende Vielfalt der Anforderungen zu gestalten.

Unter den Bedingungen zunehmender Virtualität und Flexibilität muss Führung noch stärker als bisher

»befähigen«: Rahmenbedingungen müssen so gestaltet werden, dass eine selbstgesteuerte, eigenverantwortliche Aufgabenerledigung der Mitarbeiter möglich wird und darüber positive Bindung entstehen kann. Zur Befähigung gehört darüber hinaus die Resilienzstärkung und hier vor allem die Fähigkeit, auch in Krisen und schwierigen Situationen eigene Kräfte zu mobilisieren und adäquat einzusetzen. Dazu gehört aber auch die Fähigkeit, Grenzen der eigenen Einflussnahme zu setzen und zu akzeptieren.

Weil strukturelle Anpassungen immer mehr zur Normalität werden, wird die stabilisierende und beruhigende Funktion von Führung bedeutsamer. Verlässlichkeit, Kontinuität und Konsistenz werden dort besonders wichtig sein, wo sich Rahmenbedingungen in schneller Abfolge ändern. Führung muss stärker als bisher die ausdifferenzierten Erwartungen diverser und anspruchsvoller werdender Belegschaften aufgreifen und in authentisches Führungsverhalten »übersetzen«. Die psychische Gesundheit der »Geführten« wird zunehmend als Indikator guter Führung herangezogen werden. Führungskräfte werden daran gemessen werden, inwieweit es Ihnen gelingt, nicht nur die Arbeitsfähigkeit ihrer Mitarbeiter, sondern auch Engagement, Motivation, Bindung und Innovationsbereitschaft langfristig auf hohem Niveau zu erhalten.

Literatur

Abrell C, Rowold J, Mönninghoff M et al (2011) Evaluation of a long-term transformational leadership development program. German Journal of Research in Human Resources 25(3):205–224

Antonakis J, Fenley M, Liechti S (2012) Learning charisma: Transform yourself into someone people want to follow. Harvard Business Review 6:127–130

Antonovsky A (1997) Salutogenese – Zur Entmystifizierung der Gesundheit. Dgvt-Verlag, Tübingen

Badura B, Hehlmann T, Walter U (2010) Betriebliche Gesundheitspolitik – Der Weg zur gesunden Organisation. Springer, Berlin Heidelberg

Badura B, Ducki A, Schröder H et al (2011) Fehlzeiten-Report 2011. Führung und Gesundheit. Springer, Berlin Heidelberg

Bahamondes Pavez C, Schiml N, Schüpbach H (2012) Stabilität und Flexibilität – Ressourcen zur nachhaltigen Erhaltung der Gesundheit. In: Badura B, Ducki A, Schröder H et al (Hrsg) Fehlzeiten-Report 2012. Gesundheit in der flexiblen Arbeitswelt: Chancen nutzen – Risiken minimieren. Springer, Berlin Heidelberg, S 169–180

Bakker AB, Westman M, Emmerik IJH Van (2009) Advancements in crossover theory. Journal of Managerial Psychology 24(3):206–219

Bass BM (1985) Leadership and performance beyond expectations. Free Press, New York

Brodbeck FC, Anderson N, West MA (2000) Das Teamklima-Inventar. Hogrefe, Heidelberg

Brown W, May D (2010) Organizational change and development – The efficacy of transformational leadership training. The journal of management development, 31(6):520–536

Brown ME, Trevino LK, Harrison DA (2005) Ethical leadership: A social learning theory perspective for construct development. Organizational Behavior and Human Decision Processes 97:117–134

Bruch H, Vogel B (2011) Fully charged: How great leaders boost their organizations' energy and ignite high performance. Harvard Business Review Press, Boston

Burghardt M (2006) Benachteiligungen entgegen wirken: Kinder stark machen – Ergebnisse der Resilienzforschung. Lernen fördern 3:4–6

Burisch M (2006) Das Burnout-Syndrom. Springer, London

Büsch V, Dorbritz J, Heien T et al (2010) Weiterbeschäftigung im Rentenalter. Wünsche, Bedingungen, Möglichkeiten. Bundesinstitut für Bevölkerungsforschung, Wiesbaden

Deller J (2013) Silver Work – Zukunft der Arbeitswelt. BAGSO-Nachrichten 21(4):10–13

Deller J, Pundt L, Wöhrmann AM (2014) Führung von Silver Workern. In: Felfe J (Hrsg) Trends der psychologischen Führungsforschung – Neue Konzepte, Methoden und Erkenntnisse. Göttingen, Hogrefe

Ducki A (2009) Führung als Gesundheitsressource. In: Busch C, Roscher S, Ducki A et al (Hrsg) Stressmanagement für Teams in Service, Gewerbe und Produktion – ein ressourcenorientiertes Trainingsmanual. Springer, Berlin Heidelberg, S 73–82

Felfe J (2006) Transformationale und charismatische Führung – Stand der Forschung und aktuelle Entwicklungen. Zeitschrift für Personalpsychologie 5(4):163–176

Felfe J (2009) Mitarbeiterführung. Hogrefe-Verlag, Göttingen

Felfe J, Franke F (2012) COMMIT. Verfahren zur Erfassung von Commitment gegenüber der Organisation, dem Beruf und der Beschäftigungsform. Verlag Hans Huber, Bern

Felfe J, Franke F (2014) Führungskräftetrainings. Hogrefe-Verlag, Göttingen

Felfe J, Wombacher J (2013) Mitarbeiterbindung (Commitment). In: Pekruhl U, Spaar R, Zölch M (Hrsg) Human Resource Management Jahrbuch 2013. WEKA Verlag, Zürich, S 11–50

Franke F, Felfe J (2011a) Diagnose gesundheitsförderlicher Führung – Das Instrument Health-oriented leadership. In: Badura B, Ducki A, Schröder H et al (Hrsg) Fehlzeiten-Report 2011. Führung und Gesundheit. Springer, Berlin Heidelberg New York, S 3–13

Franke F, Felfe J (2011b) How does transformational leadership impact employees' psychological strain? Examining differentiated effects and the moderating role of affective organizational commitment. Leadership 7:295–316

Franke F, Ducki A, Felfe J (2014) Gesundheitsförderliche Führung. In: Felfe J (Hrsg) Trends der psychologischen Führungsforschung – Neue Konzepte, Methoden und Erkenntnisse. Hogrefe, Göttingen

Franke F, Felfe J, Pundt A (im Druck) The impact of health-oriented leadership on follower health: Development and

test of a new instrument measuring health-promoting leadership. German Journal of Research in Human Resource Management

Gebert D (2002) Führung und Innovation. Kohlhammer, Stuttgart

Gebert D, Kearney E (2011) Ambidextre Führung: eine andere Sichtweise. Zeitschrift für Arbeits- und Organisationspsychologie 29(2):74–87

Götze U (2013) Resilienzentwicklung im Personalmanagement – Angebote zur Steigerung psychischer Widerstandsfähigkeit von MitarbeiterInnen. Springer VS, Wiesbaden

Hardt J, Felfe J, Herrmann D (2011) Innovationskompetenz: Entwicklung eines neuen Konstrukts durch eine explorative Studie. Zeitschrift für Arbeitswissenschaft 3:235–243

Herrmann D, Felfe J (2013) Moderators of the Relationship between Leadership Style and Employee Creativity: The Role of Task Novelty and Personal Initiative. Creativity Research Journal 25:172–181

Herrmann D, Felfe J, Hardt J (2012) Transformationale Führung und Veränderungsbereitschaft: Stressoren und Ressourcen als relevante Kontextbedingungen. Zeitschrift für Arbeits- und Organisationspsychologie 56:70–86

Hertel G, Thielgen M, Rauschenbach C et al (2013) Age differences in motivation and stress at work. In: Schlick CM, Wegge J, Frieling E (eds) Age-differentiated work systems. Springer, Berlin, pp 119–147

Hillert A, Marwitz M (2006) Die Burnout-Epidemie oder brennt die Leistungsgesellschaft aus? C.H. Beck Verlag, München

Ilmarinen J, Tempel J (2002) Arbeitsfähigkeit 2010: Was können wir tun, damit Sie gesund bleiben? VSA-Verlag, Hamburg

Jungmann F, Bilinska P, Wegge J (2014) Alter(n)sgerechte Führung. In: Felfe J (Hrsg) Trends der psychologischen Führungsforschung – Neue Konzepte, Methoden und Erkenntnisse. Hogrefe, Göttingen

Krause A, Dorsemagen C, Stadlinger J et al (2012) Indirekte Steuerung und interessierte Selbstgefährdung: Ergebnisse aus Befragungen und Fallstudien. Konsequenzen für das betriebliche Gesundheitsmanagement. In: Badura B, Ducki A, Schröder H et al (Hrsg) Fehlzeiten-Report 2012. Gesundheit in der flexiblen Arbeitswelt: Chancen nutzen – Risiken minimieren. Springer, Berlin Heidelberg, S 191–202

Liu J, Siu O-L, Shi K (2010) Transformational leadership and employee well-being: The mediating role of trust in the leader and self-efficacy. Applied Psychology: An International Review 59:454–479

Lohmann-Haislah A (2012) Stressreport Deutschland 2012. Bundesanstalt für Arbeitsschutz und Arbeitsmedizin, Dortmund

Malik F (2006) Führen, Leisten, Leben: Wirksames Management für eine neue Zeit. Campus Verlag, Frankfurt am Main

Mast C (2010) Unternehmenskommunikation. Ein Leitfaden, 4. erweiterte Aufl. Lucius & Lucius, Stuttgart

Meyer JP, Stanley DJ, Herscovitch L et al (2002) Affective, continuance, and normative commitment to the organization: A meta-analysis of antecedents, correlates, and consequences. Journal of Vocational Behavior 61(1):20–52

Mumford MD, Scott GM, Gaddis B et al (2002) Leading Creative People: Orchestrating Expertise and Relationships. The Leadership Quarterly 13:705–750

Munir F, Nielsen K, Gomes Carneiro I (2009) Transformational leadership and depressive symptoms: A prospective study. Journal of Affective Disorders 120:235–239

O'Reilly III CA, Tushman ML (2008) Ambidexterity as a dynamic capability: Resolving the innovator's dilemma. Research in Organizational Behavior 28:185–206

Peters K (2011) Indirekte Steuerung und interessierte Selbstgefährdung. Eine 180-Grad-Wende bei der betrieblichen Gesundheitsförderung. In: Kratzer N, Dunkel W, Becker K et al (Hrsg) Arbeit und Gesundheit im Konflikt. Edition sigma Verlag, Berlin, S 105–122

Price MS, Weiss MR (2000) Relationships among coach burnout, coach behaviors, and athletes' psychological response. Sport Psychologist 14:391–409

Rampe M (2005) Der R-Faktor: Das Geheimnis unserer inneren Stärke. Knaur TB, München

Rank J, Nelson NE, Allen TD et al (2009) Leadership predictors of innovation and task performance: Subordinates' self-esteem and self-presentation as moderators. Journal of Occupational and Organizational Psychology 81:465–489

Rau R (2012) Erholung als Indikator für gesundheitsförderlich gestaltete Arbeit. In: Badura B, Ducki A, Schröder H et al (Hrsg) Fehlzeiten-Report 2012. Gesundheit in der flexiblen Arbeitswelt: Chancen nutzen – Risiken minimieren. Springer, Berlin Heidelberg, S 181–190

Reuvers M, Engen ML Van, Vinkenburg CJ et al (2008) Transformational Leadership and Innovative Work Behaviour: Exploring the Relevance of Gender Differences. Creativity and Innovation Management 17(3):227–244

Rixgens P, Badura B (2011) Arbeitsbedingungen, Sozialkapital und gesundheitliches Wohlbefinden – Differenzen in den Einschätzungen von Führungskräften und Mitarbeitern. In: Badura B, Ducki A, Schröder H et al (Hrsg) Fehlzeiten-Report 2011. Führung und Gesundheit. Springer, Berlin Heidelberg New York, S 61–70

Rummel M (2010) Resilienz aufbauen. Sich selbst und andere für schwierige Zeiten wappnen. Konturen 6:12–17

Schyns B, Schilling J (2013) How bad are the effects of bad leaders? A meta-analysis of destructive leadership and its outcomes. The Leadership Quarterly 24:138–158

Semmer NK, Jacobshagen N, Meier LL (2006) Arbeit und (mangelnde) Wertschätzung. Wirtschaftspsychologie 8:87–95

Shalley CE, Gilson LL (2004) What leaders need to know: A review of social and contextual factors that can foster or hinder creativity. The Leadership Quarterly 15:33–53

Shamir B, House R, Arthur M (1993) The motivational effects of charismatic leadership: A self-concept-based theory. Organization Science 4:577–594

Skakon J, Nielsen K, Borg V et al (2010) Are leaders' wellbeing, behaviors, and style associated with the affective wellbeing of their employees? – A systematic review of three decades of research. Work and Stress 24:107–139

Staehle WH (1999) Management. 8. Aufl. Vahlen Verlag, München

Steinmetz B (2011) Gesundheitsförderung für Führungskräfte. In: Bamberg E, Ducki A, Metz A-M (Hrsg) Gesundheitsförderung und Gesundheitsmanagement in der Arbeitswelt. Ein Handbuch. Hogrefe, Göttingen, S 537–559

Stephan M, Kerber W (2010) Jahrbuch Strategisches Kompetenz-Management. »Ambidextrie«: Der unternehmerische Drahtseilakt zwischen Ressourcenexploration und -exploitation, Bd 4. Rainer Hampp Verlag, Mering

Streicher B, Maier GW, Frey D et al (2006) Innovation. In: Bierhoff H-W, Frey D (Hrsg) Handbuch der Sozialpsychologie und Kommunikationspsychologie. Hogrefe, Göttingen, S 565–574

Tepper BJ (2007) Abusive supervision in work organizations: Review synthesis, and research agenda. Journal of Management 33:261–289

Vealey RS, Armstrong L, Comar W et al (1998) Influence of perceived coaching behaviors on burnout and competitive anxiety in female college athletes. Journal of Applied Sport Psychology 10:297–318

Vincent-Höper S, Heimann A, Gregersen S et al (2013) The relation between transformational leadership and employee well-being: A meta-analysis. Presentation at the 16th conference of the European Association of Work and Organizational Psychology, Münster

Volpert W (1983) Handlungsstrukturanalyse als Beitrag zur Qualifikationsforschung. Pahl-Rugenstein, Köln

Walumbwa FO, Avolio BJ, Gardner WL et al (2008) Authentic leadership: Development and validation of a theory-based measure. Journal of Management 34:89–126

Wegge J (2004) Führung von Arbeitsgruppen. Hogrefe, Göttingen

Wegge J, Schmidt K-H, Piecha A et al (2012) Führung im demografischen Wandel. Report Psychologie 37(9):344–354

Weibler J, Keller T (2010) Ambidextrie – Die organisationale Balance im Spannungsfeld von Exploration und Exploitation. Zeitschrift für Studium und Forschung 39(5):260–262

Weibler J, Keller, T (2014) Führungsverhalten im Kontext von Ambidextrie. In: Felfe J (Hrsg) Trends der psychologischen Führungsforschung – Neue Konzepte, Methoden und Erkenntnisse. Hogrefe, Göttingen

Wiemann G, Ruprecht U (2011) Arbeitsbedingte psychische Traumatisierungen In: Bamberg E, Ducki A, Metz A-M (Hrsg) Gesundheitsförderung und Gesundheitsmanagement in der Arbeitswelt. Ein Handbuch. Hogrefe, Göttingen, S 323–341

Williams W, Ciarrochi J, Deane FP (2010) On being mindful, emotionally aware and more resilient: Longitudinal pilot study of police recruit. Australian Psychologist 45(4):274–282

Yukl GA (2002) Leadership in organizations. Prentice Hall, New Jersey

Führungskultur auf dem Prüfstand

B. Badura, U. Walter

B. Badura et al. (Hrsg.) *Fehlzeiten-Report 2014*,
DOI 10.1007/978-3-662-43531-1_15, © Springer-Verlag Berlin Heidelberg 2014

Zusammenfassung *In Deutschland ist die Gesundheit der Erwerbsbevölkerung stark entwicklungsbedürftig. Darauf verweisen zahlreiche, auch international vergleichende Daten. Investitionen in die Gesundheit dürfen sich nicht in Risikovermeidung und Stressbewältigung erschöpfen, weil in der gewandelten Arbeitswelt die Förderung von Gesundheit und Wohlbefinden für Produktivität und Wettbewerb immer wichtiger wird. Die dafür erforderlichen Grundlagen sind verstärkt interdisziplinär durch Verknüpfung natur- und sozialwissenschaftlicher Konzepte zu erarbeiten. In den Unternehmen gilt es, Kultur, Betriebsklima und Führungsverhalten genauer in den Blick zu nehmen: zur Verbesserung der Mitarbeiterorientierung, der Arbeitsfähigkeit, der Arbeitsbereitschaft und damit auch der Betriebsergebnisse. Angeraten erscheinen eine konzertierte Aktion aus Politik und Verbänden, steuerliche Anreize zur Intensivierung des Betrieblichen Gesundheitsmanagements sowie der Einsatz einer quantitativen Organisationsdiagnostik.*

15.1 Einleitung

Unternehmen, die in die Gesundheit ihrer Mitarbeiter investieren, investieren in ihre Wettbewerbsfähigkeit und ihren längerfristigen Erfolg. Mitarbeiter, die sich wohlfühlen und Vertrauen in ihre Führung haben, leisten bessere Arbeit und sind aufgeschlossen für Veränderungen. Sie entwickeln eine starke Unternehmensbindung und ihre Unternehmen werden als attraktive Arbeitgeber geschätzt. Dieses »Credo« Betrieblichen Gesundheitsmanagements ist inzwischen sehr viel mehr als das, weil wissenschaftlich gut begründet – auch durch die jährlichen Fehlzeiten-Reports seit Beginn des neuen Jahrhunderts. Auf der oberen Führungsebene besteht zwar mittlerweile eine größere Offenheit für das Thema Gesundheit. Führungskulturen verharren jedoch noch zu oft in »altem Denken« und der Vorliebe für steile Hierarchien, Silostrukturen und übermäßige Kontrolle. Dabei haben wir das Maschinenzeitalter niedrigqualifizierter und fremdorganisierter Handarbeit längst zugunsten hochvernetzter und selbstorganisierter Kopf- und Teamarbeit hinter uns gelassen. Mitarbeiter müssen immer öfter zielorientiert in Projekten zusammenarbeiten. Für die direkten Vorgesetzten ergeben sich daraus grundlegende Änderungen in ihrem Führungsverhalten: weniger Kontrolle, dafür mehr Empathie, Begeisterungsfähigkeit und Gesundheitskompetenz.

Mitarbeiterorientierte Unternehmensführung hat ein noch zu geringes Gewicht gegenüber den Anforderungen der Eigentümer und Kunden. Zur Bewältigung der Herausforderungen einer immer turbulenteren Umwelt ist ein Wandel in der Führungskultur geboten. Der folgende Beitrag dient der Beschreibung von Kernelementen zukunftsfähiger, evidenzbasierter und gesunder Führung.

Den direkten Vorgesetzten fällt eine zentrale Verantwortung zu, inwieweit ein von der obersten Führung angestrebter Kulturwandel bei den einzelnen Mitarbeitern Wirkung zeigt. Ein Kulturwandel in Richtung eines achtsameren Umgangs mit der Gesundheit lässt sich daher nur durch explizite Einbeziehung und Befähigung auch der operativen Führungsebene erreichen – nicht ohne sie und erst recht nicht gegen sie. Mitarbeiterorientiert ist eine Unternehmenspolitik, die Verantwortung übernimmt – nicht nur für den Erhalt von Arbeitsplätzen und gute Bezahlung, sondern auch für das Betriebsklima und das Vorgesetztenverhalten. Voraussetzung dafür ist ein Wandel in der Führungskultur. Dieser stößt jedoch immer noch auf hartnäckigen Widerstand bedingt durch veraltete, aber offenbar tiefverwurzelte Überzeugungen: z. B. Menschen würden primär durch Angst und Geld gesteuert; Fehlzeitenstatistiken der gesetzlichen Krankenversicherung (GKV) lieferten verlässliche Kennzahlen für den Gesundheitszustand der abwesenden

Mitarbeiter; der Gesundheitszustand der Anwesenden sei irrelevant für das Betriebsergebnis; die Qualität der Führung, das Betriebsklima und die Unternehmenskultur hätten keinen Einfluss auf die Gesundheit; Gesundheit sei im Übrigen Privatsache. Wie die folgenden Ausführungen zeigen, trifft keine dieser immer noch stark verbreiteten Überzeugungen zu. Nur eine sorgfältige Diagnose ermöglicht eine kausale, nicht nur an Symptomen ansetzende Therapie.

15.2   Diagnostik

Auch wenn die deutsche Wirtschaft aktuell gut dasteht, birgt die gegenwärtige Situation erhebliche Risiken für die Zukunft:

- Gesundheitsbeschwerden verursachen enorme Verluste an Produktivität – bis zu 10 Prozent der Jahresarbeitsleistung und mehr. Diese Verluste gehen nur zu einem geringeren Teil auf Fehlzeiten zurück. Der größte Teil entfällt auf den sogenannten »Präsentismus«, also auf leistungsmindernde Beeinträchtigungen anwesender Mitarbeiter (Baase 2007; Iverson et al. 2010; Steinke u. Badura 2011).
- Hauptursache dieser Produktivitätseinbußen sind verbreitete psychische Beeinträchtigungen wie Ängste, depressive Verstimmung und Schlafstörungen. Dauern sie an, bilden sie zudem Risikofaktoren für physische Erkrankungen (z. B. Iverson et al. 2010; Rixgens u. Badura 2012; Russ et al. 2012). »Psychische Belastungen am Arbeitsplatz« war bereits der Schwerpunkt des ersten Fehlzeiten-Reports 1999 (Badura et al. 2000).
- Laut einer repräsentativen Studie des Robert Koch-Instituts beträgt in Deutschland die 12-Monats-Prävalenz für »voll ausgeprägte« psychische Störungen 30,7 Prozent bei erwachsenen Männern und 35,9 Prozent bei erwachsenen Frauen (Alter 18–79). Die drei häufigsten psychischen Störungen sind Angstneurosen (16,2 Prozent), Alkoholabhängigkeit (11,2 Prozent) sowie unipolare Depression (8,2 Prozent) (Wittchen u. Jacobi 2012).
- Die Zahlen der gesetzlichen Krankenversicherung signalisieren seit Jahren ungebremst steigende Ausgaben für Krankengeld und die Versorgung psychisch Kranker. Psychische Krankheiten stehen seit Jahren an der Spitze der Frühverrentungsstatistik (z. B. Klauber et al. 2014).
- Organisationsdiagnosen bei vierzehn deutschen Unternehmen, Verwaltungen und Dienstleistungseinrichtungen belegen Zusammenhänge zwischen Arbeit, Organisation, Gesundheit, Mobbing, innerer Kündigung, Fehlzeiten, Qualität und Produktivität (Badura et al. 2008; Steinke et al. 2013; Lükermann 2013; Weller 2013; Krüger 2013; Ehresmann 2014 in diesem Band).
- Der »Engagement-Index« von Gallup, der jährlich international vergleichend erhoben wird und bei dessen Entwicklung renommierte Forscher mitgearbeitet haben, zeigt, dass »Dienst nach Vorschrift« und »innere Kündigung« in Deutschland weit verbreitet sind (Rath u. Harter 2010; Gallup 2013).
- Laut Aussagen des »Stressreports« der Bundesregierung liegen die arbeitsbedingten psychischen Belastungen hierzulande auf einem hohen Niveau (Lohmann-Haislah 2012).
- Bei der Lebenserwartung, einem zentralen Indikator für die vergleichende Bewertung von Gesellschaften, liegt Deutschland weltweit auf Platz 28, obwohl wir bei den Ausgaben für die Krankenversorgung eine der Spitzenpositionen einnehmen (Central Intelligence Agency 2013).
- Bei der beschwerdefreien Lebenserwartung – einem wichtigen Index für die Leistungsfähigkeit der Bevölkerung – liegt Deutschland bei den Männern rund 14 Jahre und bei den Frauen rund 13 Jahre hinter dem wirtschaftlich ebenfalls sehr erfolgreichen Spitzenreiter Schweden (Eurostat 2014).
- Durch die gesundheitsförderlichen Aktivitäten der GKV-Kassen wurden im Jahr 2011 6.798 Betriebe und 739.007 Arbeitnehmer erreicht (Jung u. Seidel 2013). Dies entspricht 0,19 Prozent der Unternehmen und 1,91 Prozent aller Arbeitnehmer (Statistisches Bundesamt 2013a, 2013b). Über die Bedarfsgerechtigkeit und Wirksamkeit dieser Aktivitäten ist zu wenig bekannt.

Diese Situation belegt einen gewaltigen Nachholbedarf mit Blick auf Schutz und Förderung von Gesundheit.

Die durch die Globalisierung zunehmenden Anforderungen müssen von älter werdenden Arbeitnehmern bewältigt werden. Wegen des starken Zusammenhangs zwischen Alter und Anfälligkeit für chronische Krankheiten wird dies – bedingt durch Absentismus und Präsentismus – die Kosten weiter nach oben treiben. Es sei denn, Staat, Wirtschaft und Sozialversicherungen einigen sich so schnell wie möglich auf eine Gesundheitsstrategie. Fehlzeitenanalysen reichen zur Organisationdiagnose nicht mehr aus. Nicht jeder Abwesende ist krank, aber auch nicht jeder Anwesende ist gesund und voll leistungsfähig oder leistungsbereit. Zur bedarfsgerechten Nutzung von Ressourcen im Be-

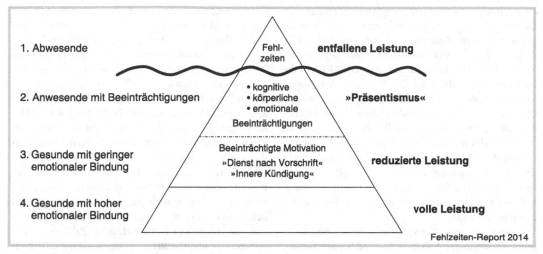

☐ Abb. 15.1 Grobeinteilung diagnostischer Kategorien im Betrieblichen Gesundheitsmanagement

trieblichen Gesundheitsmanagement ist eine differenzierte Diagnose der psychischen und physischen Situation der Mitarbeiter erforderlich. ☐ Abb. 15.1 gibt eine schematische Übersicht über dabei zu berücksichtigende diagnostische Kategorien als Grundlage für die Kennzahlenentwicklung.

Menschen werden in ihrem Leistungsverhalten nicht nur durch Angst vor Sanktionen oder durch materielle Anreize gesteuert, sondern zuallererst durch die während ihrer Sozialisation, Ausbildung und Berufstätigkeit entwickelten Bindungen an Personen, Überzeugungen, Werte und Verhaltensregeln, mit anderen Worten durch ihre intrinsische Motivation. Fehlzeitenstatistiken bleiben wichtig, weil die Häufung von Absentismus Handlungsbedarf signalisiert. Fehlzeiten korrelieren allerdings weit stärker mit Arbeits- und Organisationsbedingungen als mit dem Gesundheitszustand. Die Leistungskraft und Innovationsfähigkeit einer Organisation hängt insbesondere von der psychischen Gesundheit ihrer täglich verfügbaren Mitglieder ab. Gesundheit ist also keineswegs nur Privatsache (Baase 2007; Walter u. Münch 2009; Iverson et al. 2010; Krüger 2013; Schwarting u. Ehresmann 2013).

15.3 Das überforderte Stresskonzept

Die jüngst gesetzlich vorgeschriebene Gefährdungsbeurteilung psychischer Belastungen ist ein erster Schritt in die richtige Richtung. Den politischen Akteuren drängt sich als wissenschaftliche Grundlage zu seiner praktischen Umsetzung das Stresskonzept nahezu

zwangsläufig auf. Dabei sind eine Reihe von Vorbehalten anzumerken. Das Stresskonzept teilt mit dem Risikofaktorenmodell der Verhaltensmedizin und dem Belastungs-Beanspruchungs-Konzept der Arbeitswissenschaften den Nachteil einer einseitig pathogenen Sichtweise. Außerdem ergeben sich bei einer individuen- und arbeitsplatzbezogenen Analyse eine Reihe schwerwiegender konzeptioneller und methodischer Hindernisse. Psychische Belastungen (Stressoren) können zu psychischen und physischen Beeinträchtigungen (Stressreaktionen) führen, müssen es aber nicht. Das hängt von einer Reihe zusätzlicher Faktoren ab: z. B. von der Dauer (Chronizität) und Schwere dieser Stressoren sowie von den persönlichen Voraussetzungen (Sozialisation) und dem sozialen Netzwerk der Betroffenen. Darüber hinaus stellt sich die Frage, inwieweit ein schwerpunktmäßig an den Arbeitsbedingungen – z. B. Handlungsspielraum, Zeitdruck, Arbeitsmenge – ansetzendes Verfahren nicht wichtige organisationale Risiken unterschätzt oder ganz übersieht, wie belastende Einflüsse einer durch Misstrauen und Angst bestimmten Unternehmenskultur oder nicht vorhandenes Vertrauen in die Unternehmensführung (»Risikofaktor Organisation«) (Badura 2012). In jedem Fall ist mit dem Stresskonzept nur die krank machende Wirkung von Arbeit angesprochen und nichts über ihre salutogene Wirkung ausgesagt. Deshalb ist es zur Beschreibung, Erklärung und Gestaltung der aktuellen Situation in der Arbeitswelt nur begrenzt geeignet. Erkenntnisse der Neurobiologie zur Funktionsweise des menschlichen Belohnungs- bzw. Motivationssystems, Untersuchungen zur inneren Kündigung und unsere eigenen jahrelangen vergleichenden Untersuchungen zum Sozialvermögen von Organisationen verweisen auf einen wahrscheinlich grundlegenderen Zusammenhang: *die emotionale Bindung an eine Tätigkeit, an Personen und Organisationen.* Ist diese Bindung stark ausgeprägt, fördert das die Gesundheit und die Produktivität. Geht sie verloren, ist das ein Risikofaktor für die Leistungsfähigkeit einer Organisation und die Gesundheit ihrer Mitglieder (Badura 2013). Bindung an ein Kollektiv ist abhängig von der Stärke des Bindungsbedürfnisses einer Person und der Bindewirkung des Kollektivs. Der Schwerpunkt unserer Überlegungen und des Sozialkapital-Konzeptes liegt bei der differenzierten Betrachtung der Bindewirkung von Organisationen und ihrer Folgen für Arbeit und Gesundheit.

Unternehmen, Verwaltungen und Dienstleistungseinrichtungen haben Licht- und Schattenseiten, die auf Menschen eine Mischung aus »Pull-« und »Push-Effekten« ausüben, Mitarbeiter dementsprechend eher anziehen oder abstoßen. Überwiegt der »Pull-Effekt«, dann fühlen sich die Mitarbeiter ihrer Organisation emotional verbunden und erleben Belastungen als weniger beeinträchtigend. Überwiegt der »Push-Effekt«, dann haben Mitarbeiter eine geringe oder keine emotionale Bindung und empfinden Belastungen eher als beeinträchtigend. *Entscheidend für die Bindewirkung einer Organisation ist ihr soziales System:* die Qualität der Beziehungen zu Kollegen und Vorgesetzten und die Unternehmenskultur *sowie das Angebot an bindenden, weil als sinnhaft erachteten Tätigkeiten.* Unterstützt werden diese Hypothesen durch die in der Neuroforschung vertretene Auffassung vom menschlichen Gehirn als einem sozialen Organ, das nach Zuwendung und Anerkennung durch alter ego strebt und dessen physiologische Prozesse und neurale Verschaltungen durch zwischenmenschliche Interaktionen und deren emotionale Bewertung geprägt und verändert werden (z. B. Cozolino 2007; Rock 2009; Caccioppo u. Patrick 2011).

Arbeit weckt psychische Energien, sofern sie das Bedürfnis nach sinnvoller Betätigung und Verbundenheit befriedigt. Der Verlust von Arbeit oder schwache oder keine emotionale Bindung an die Arbeit fördern Hoffnungslosigkeit, Resignation und Erschöpfung als Folge von Verlusterlebnissen: verlorener sozialer Beziehungen, verlorener Anerkennung und verlorener sinnstiftender Betätigung. Erste Befunde dazu finden sich bereits in der frühen Studie über »Die Arbeitslosen von Marienthal« (Jahoda et al. 1933, 1960). Sie werden durch aktuelle Forschungen bestätigt und erweitert. Wir plädieren für eine differenzierte Betrachtung bindender und belastender Arbeitsbedingungen und wenden uns gegen eine inflationäre Verwendung

des Stresskonzepts zugunsten von Konzepten, die beidem gerecht werden: den Lichtseiten von Arbeit ebenso wie ihren Schattenseiten. Der Sozialkapitalansatz erfüllt diese Anforderungen (s. dazu auch Pfaff et al. 2004). Die Leistungsfähigkeit kooperativer Systeme (Gruppe, Organisation, Gesellschaft etc.) hängt ab von ihrer räumlich-technischen Ausstattung, der Qualifikation und Gesundheit der Mitglieder – ihrem Humanvermögen – und der Qualität und Intensität ihrer Zusammenarbeit – ihrem sozialen Vermögen. Sinkt das soziale Vermögen, sinkt die Energie und verschlechtert sich die Gesundheit; steigt das soziale Vermögen, nehmen beide zu. Wie einzelne soziale Beziehungen können auch ganze soziale Systeme eher belastend oder eher unterstützend wirken, psychische Energien rauben (z. B. Bartsch et al. 2012) oder freisetzen (z. B. Steinke 2013). Ist der Umgang miteinander respektvoll, entspannt und fürsorglich, fördert das Bindewirkung und Energieeinsatz für das Kerngeschäft. Drohender oder eingetretener Verlust von wichtigen Menschen, sinnstiftender Betätigung, Einkommen etc. raubt offenbar die meiste Energie.

15.4   Soziale Quellen psychischer Energie

Die psychische Energie des Menschen ist ebenso begrenzt wie seine physische Energie. Fühlen sich Menschen missachtet, bedroht oder allein gelassen, erhöht das ihren Bedarf an Bewältigung von Wut, Angst, Sinn- oder Hoffnungslosigkeit, Enttäuschung, Ärger oder Kränkung mit dem Effekt, dass weniger Aufmerksamkeit, Zeit und Energie für die eigentliche Arbeitsleistung verbleibt. Angstzustände, Schlafstörungen, depressive Verstimmung, Kopfschmerzen, Nacken- und Rückenschmerzen führen zu den häufigsten Beeinträchtigungen der Arbeitsfähigkeit (z. B. Baase 2007; Iverson et al. 2010). Untersuchungen zur psychischen Erschöpfung (Burnout) und die Depressionsforschung beschäftigen sich mit dem Menschen im Zustand eines zunehmenden bis krankhaften Energieverlustes. Wir schlagen vor, sich auch der positiven Seite zuzuwenden, d. h. den Quellen psychischer Energie mehr Aufmerksamkeit zu schenken. Das von uns favorisierte Leitbild der Produktions- bzw. Dienstleistungsgemeinschaft betrachtet Unternehmen als soziale Systeme, deren Erfolg keineswegs nur von innovativer Technik und einer effizienten Prozesssteuerung abhängt, sondern zuallererst vom Wissen, dem Energieeinsatz und der Gesundheit der Mitarbeiter sowie dem Umfang und der Qualität ihrer Kooperation. Die wesentlichen Bedingungen dafür sind:

- eine sinnhafte Betätigung,
- ein vertrauensvolles Betriebsklima,
- mitarbeiterorientierte Vorgesetzte sowie
- ein Vorrat gemeinsamer Überzeugungen, Werte und Regeln.

Die psychische Gesundheit (psychisches Wohlbefinden) gilt heute weithin als zentrale Zielgröße betrieblicher Gesundheitspolitik wegen ihrer Bedeutung für das Arbeits-, Sozial- und das Gesundheitsverhalten. Was aber genau darunter zu verstehen ist, bedarf der jeweiligen Festlegung. Ökonomen verbinden mit Wohlbefinden objektiv messbare Sachverhalte wie Sozialprodukt, Lebenserwartung und die Verbreitung von Einkommensarmut. Dieses traditionelle Verständnis wird heute ergänzt durch Indikatoren für Nachhaltigkeit und Lebensqualität wie Bildung und Gesundheit (Sachverständigenrat zur Begutachtung der gesamtwirtschaftlichen Entwicklung 2010). Im Unterschied zu diesem gesamtwirtschaftlichen Ansatz suchen Psychologen einen am subjektiven Erleben und Bewerten des Individuums ansetzenden Zugang, z. B. durch die Erfassung alltäglicher Erfahrungen und der damit verbundenen Emotionen (*experiencing self*) oder die Erfassung von Zufriedenheit mit unterschiedlichen Lebensbereichen (*remembering self*) (vgl. dazu die Beiträge in Huppert et al. 2005).

Biologisch betrachtet lässt sich Wohlbefinden als ein Zustand beschreiben, der primär durch das Belohnungs- bzw. Motivationssystem im Gehirn gesteuert wird. Schlüsselsubstanzen für Wohlbefinden sind die Botenstoffe Dopamin und Oxytocin (Kirsch u. Gruppe 2011). Während Dopamin für motiviertes Verhalten insgesamt eine zentrale Rolle spielt, wird Oxytocin eine maßgebliche Rolle beim Suchen und Aufrechterhalten sozialer Bindungen zugeschrieben (Bauer 2006). Wohlbefinden erfüllt aus biologischer Sicht keinen Selbstzweck. Positive Gefühle wie Wohlbefinden und Glück gehen mit dem Erreichen von Zielen einher, die der Befriedigung körperlicher oder sozialer Bedürfnisse dienen (Nesse 2004; Kirsch u. Gruppe 2011). Zahlreiche Befunde stützen die von Thomas Insel und Kollegen mitentwickelte Theorie des *social brain*, wonach offenbar nichts das Motivationssystem stärker aktiviert als die Aussicht auf gelingende zwischenmenschliche Prozesse, Geborgenheit und Zuwendung (Insel 2003; Insel u. Fernald 2004). Führungskräfte sollten sich daher darüber im Klaren sein, dass die Motivation und Begeisterung ihrer Mitarbeiter vor allem durch die Qualität des sozialen Systems gestärkt oder geschwächt wird.

Die individuelle Fähigkeit, Wohlbefinden zu erleben, ist stark erfahrungsabhängig und daher sehr unterschiedlich ausgeprägt. Frühkindliche Erfahrungen, aber auch neue Erfahrungen, die der Mensch im weiteren Verlauf seines Lebens macht, beeinflussen die Aktivitätsmuster im Gehirn und sind verantwortlich für die Bewertung konkreter Ereignisse und damit einhergehender positiver oder negativer Emotionen (Hüther u. Fischer 2010). »Diese im Frontalhirn abgespeicherten Erfahrungen sind es also, die entscheidend dafür sind, wonach ein Mensch strebt, was er zu erreichen sucht und als besonderes Glück betrachtet, was in ihm dieses Wohlgefühl auslöst.« (ebd., S. 27) (▶ »Biologie des Wohlbefindens«). Als vorläufiges Maß zur Erfassung der psychischen Energie schlagen wir das psychische Befinden vor. Es sollte als Kontinuum begriffen werden, auf dem sich Menschen im Verlauf von Tagen, Wochen und Monaten auf und ab bewegen (Rixgens u. Badura 2012). Arbeiten ohne inneres Engagement oder wider die eigenen Überzeugungen, Gefühle und Werte ist ein Risikofaktor für die psychische Gesundheit und die persönliche Leistungsbereitschaft.

Das Sozialvermögen von Unternehmen, Verwaltungen und Dienstleistungseinrichtungen darf als generell entwicklungsbedürftig angesehen werden – so die Überzeugung zahlreicher Experten (z. B. de Geus 1998; Liker u. Hoseus 2009; Keller u. Price 2011). Insbesondere die Unternehmenskultur ist eine Energiequelle, die zu wenig beachtet und deren Einfluss auf Gesundheit und Betriebsergebnis weithin unterschätzt wird (Hauser et al. 2008; Badura et al. 2013). Vorrang haben zuallermeist Ziele wie Kostensenkung und Effizienzsteigerung, die das kurzfristige Überleben sichern sollen. Längerfristig angelegte Entwicklungsaufgaben, z. B. ein systematisch und nachhaltig betriebenes Gesundheitsmanagement, bleiben unbearbeitet. Zumeist gefragt sind ein kurzfristig orientiertes, aggressives Top-down-Management, nicht Bottom-up-Initiativen zur Förderung des Human- und Sozialvermögens.

Biologie des Wohlbefindens

Das menschliche Handeln wird, biologisch betrachtet, von zwei Leitmotiven gesteuert: dem Vermeiden von Gefahren und dem Suchen nach Situationen, die positive Gefühle verschaffen bzw. das Wohlbefinden steigern. Ihm liegen zwei neuronale Systeme zugrunde: das Angst- und das Belohnungs- bzw. Motivationssystem.
Der Kern des Belohnungssystems liegt im Mittelhirn und ist von dort über Nervenbahnen mit anderen Hirnregionen verbunden, insbesondere mit den sogenannten Emotionszentren. Zu den

▼

wesentlichen neuronalen Komponenten des Belohnungssystems zählen die Area tegmentalis ventralis (VTA) und der Nucleus accumbens. Die Nervenfasern der VTA sind über Synapsen mit dem Nucleus accumbens verbunden (vgl. Bauer 2006, S. 27 ff.).
Als Schlüsselsubstanzen gelten Dopamin und Oxytocin (Kirsch u. Gruppe 2011). Dopamin ist ein zu den biogenen Aminen zählender Neurotransmitter. Neben seinen über die Belohnungsachse erzeugten Wohlbefindenseffekten beeinflusst Dopamin über eine weitere neuronale Achse auch die muskuläre Bewegungsfähigkeit (Bauer 2006, S. 29). Zudem steht Dopamin im Zusammenhang mit psychischen Erkrankungen (z. B. Schizophrenie, Parkinson) (Pritzel et al. 2003, S. 503 ff.). Oxytocin ist ein im Hypothalamus gebildetes Neuropeptid, dessen Bedeutung zunächst nur in der Steuerung verschiedener physiologischer Prozesse gesehen wurde (z. B. Numan u. Insel 2003, S. 194 ff.). Die Wirkung von Oxytocin auf das Wohlbefinden erfolgt in erster Linie über die Reduzierung von Furcht, die Dämpfung von Stressreaktionen und das Streben nach engen sozialen Beziehungen (Kirsch u. Gruppe 2011). Neurophysiologisch spielt hierbei vor allem die Amygdala eine wichtige Rolle, die sowohl bei Kontakten mit der sozialen Umwelt als auch bei Angstreaktionen beteiligt ist (vgl. Bauer 2006). Wohlbefinden und körperliche Gesundheit stehen in einem engen Zusammenhang. »Wohlbefinden ist [...] ein tief verankertes biologisches Phänomen, das innere Prozesse unterstützt, die aus biologischer Perspektive dem langfristigen Überleben des Organismus dienen.« (Hüther u. Fischer 2010, S. 25)

15.5   Sinnhafte Betätigung

Die Vitalität unserer Wirtschaft hängt ab von der Qualität der Kopfarbeit sowie zunehmend auch von der Fähigkeit zur Selbstorganisation. Dazu gilt es insbesondere die Sinnhaftigkeit der Aufgabenstellung und Zielsetzung immer wieder zu begründen, um dadurch Bindung und Begeisterung der Mitarbeiter und ihr Qualitätsbewusstsein zu erhalten. Das Streben nach Sinn, Zuwendung und Anerkennung und das damit verbundene Gefühl, gebraucht zu werden, bilden u. E. die primäre Triebkraft menschlichen Handelns. Nicht nur auf die Selbstverwirklichung kommt es an, son-

dern auch auf die Verpflichtung gegenüber Mitmenschen und einem größeren Ganzen. Psychisches Wohlbefinden ist ein biologisch begründetes Bedürfnis, das allerdings beim Menschen – der sozialsten Spezies auf diesem Planeten – die Verwurzelung in einem Geflecht sozialer Beziehungen sowie gemeinsame Werte, Regeln und Überzeugungen voraussetzt: zur Orientierung des eigenen Handelns, zur Verstehbarkeit des größeren Ganzen und als Quelle von Hoffnung und Zuversicht. Für den Menschen ausschlaggebend ist – so die von Victor Frankl übernommene These –, ob eine Tätigkeit das Gefühl erweckt, für etwas da zu sein, »für etwas oder für jemand« (Frankl 1992, S. 57). Als zentrale Führungsaufgabe ergibt sich daraus die Entwicklung und beständige Vermittlung einer überzeugenden Vision und Kultur als Grundlage einer transparenten Unternehmenspolitik und selbstorganisierter Arbeit. Ihre Wirksamkeit muss auf der obersten Ebene vorbildhaft vorgelebt und bis hinein in einzelne Bereiche und Projektgruppen angestrebt werden.

15.6   Betriebsklima

Neben dem Lebenspartner und anderen engen Verwandten und Freunden sind bei Erwerbstätigen die Beziehungen im Berufsalltag (bzw. das Klima im Team oder in einer Abteilung) von besonderer Bedeutung, »weil sie die Qualität unseres täglichen Lebens auf sehr direkte Weise beeinflussen« (O'Toole u. Lawler 2006, S. 133). Werden Klima bzw. Teambeziehungen als vertrauensvoll und unterstützend erlebt, stärkt dies Bindung und Leistungsbereitschaft und fördert dadurch Gesundheit und Arbeitsergebnisse. Sind sie geprägt von Angst, Misstrauen und Wettbewerbsdenken, beeinträchtigen sie Bindung und Leistungsfähigkeit. Arbeitsbeziehungen, die als feindselig oder konfliktträchtig erlebt werden, z. B. in Form von Mobbing, bilden eine ernsthafte Bedrohung für Wohlbefinden, Gesundheit und Lebensdauer, wenn man sich ihnen nicht entziehen kann, wie das im Arbeitsleben oft der Fall ist. Für das Betriebsklima verantwortlich sind zuallererst die Mitglieder eines Teams, einer Gruppe oder Abteilung sowie der direkte Vorgesetzte (Badura et al. 2013; vgl. Ehresmann in diesem Band).

Inwieweit sich energiegeladene Netzwerke der Mitarbeiter entwickeln und auf das Organisationsgeschehen Einfluss nehmen, hängt u. a. von der Kompetenz und der Qualität der Beziehungen in diesen Netzwerken und ihrer Mikrokultur ab. Der Sozialkapitalansatz betont den zwischenmenschlichen und kulturellen Kontext einzelner Mitarbeiter, ihrer Bestrebungen und Handlungspotenziale, mit anderen Worten die

Kraft des Kollektivs. Ohne sie können Absichten, Kompetenzen und Energien Einzelner oft wenig Wirkung entfalten. Dabei muss zugleich die Selbstverantwortung betont werden, auch weil es ein Leben jenseits beruflicher Verpflichtungen und Bindungen gibt. In Abwandlung der bekannten Formulierung eines prominenten Qualitätsexperten (Feigenbaum 1983, S. 58) ist Gesundheit »everybody's job«. Schwache oder wenig präsente Führung oder unklare Vorgaben aus der Hierarchie eröffnen Handlungsspielräume, bei deren Nutzung der unmittelbare soziale und kulturelle Kontext der Mitarbeiter eine besondere Rolle spielt. Das kann die Austragung von Beziehungskonflikten oder Versuche zur persönlichen Profilierung provozieren. Das kann aber auch Anlass sein zur Mobilisierung kollektiver Energie und Intelligenz im Sinne eines größeren Ganzen. Eine weichenstellende Voraussetzung dafür ist ein Vorrat an gemeinsamen Gedanken, Gefühlen und Wertvorstellungen, weil dies zu einer die Führung entlastenden Selbstorganisation befähigt. Zu wenige Gemeinsamkeiten beeinträchtigen die Kooperation, zu viele Gemeinsamkeiten stehen Kreativität und Innovationsfähigkeit im Wege.

15.7 Führung

Wer die Karriereleiter erklimmt – so Michael Marmot – steigert nicht nur Einkommen und Ansehen, sondern wird auch mit einer signifikant höheren Lebenserwartung belohnt (Marmot 2004). Auch Iverson et al. kommen in ihrer Präsentismusstudie zu dem Ergebnis, dass sich mit zunehmender Verantwortung und Komplexität der Arbeit der Gesundheitszustand verbessert (Iverson et al. 2010, S. 1.206). In einer eigenen Studie weisen Vorgesetzte – trotz höherer zeitlicher Anforderungen und einer schlechteren Work-Life-Balance – ein im Durchschnitt höheres Wohlbefinden auf als ihre Mitarbeiter – warum ist das so? Unsere Daten sprechen dafür, dass sie über mehr Sozialkapital verfügen und sich deshalb stärker mit ihrem Unternehmen identifizieren. Beides hilft ihnen offenbar, ihre höhere zeitliche Arbeitsbelastung und eine problematische Work-Life-Balance zu bewältigen. Unsere Ergebnisse zeigen zudem, dass eine deutliche Minderheit der Vorgesetzten ein eher schlechtes psychisches Befinden aufweist. Ob dies durch ihr geringeres Sozialkapital erklärt werden kann, lässt sich letztlich nur mit einer Längsschnittstudie zeigen. Festzuhalten bleibt: Nicht nur Mitarbeiter, auch Vorgesetzte haben Bedarf an präventiven Leistungen (Rixgens u. Badura 2011, 2012).

Meist werden Mitarbeiter in Führungspositionen befördert, weil sie sich fachlich bewährt haben, als besonders durchsetzungsstark oder loyal gelten oder weil sie einfach »dran« sind, nicht aber weil sie spezielle Fähigkeiten in Menschenführung haben. »Solange die Ergebnisse meiner Führungskräfte stimmen, werde ich ihr Verhalten nicht in Frage stellen« – so ein Topmanager am Rande eines Beratungstermins. Mangelhafte Mitarbeiterführung ist kein Karrierehindernis. Sind derartige Überzeugungen typisch für die Führungskultur, besteht wenig Hoffnung auf Besserung. Dabei häufen sich Befunde, die einen starken Einfluss der Vorgesetzten auf die psychische Gesundheit ihrer Mitarbeiter belegen (s. Badura et al. 2011: Fehlzeiten-Report 2011). Ein Grund für diesen »blinden Fleck« liegt vielleicht darin, dass Führungskräfte mit ihrer eigenen psychischen Gesundheit wenig achtsam umgehen. Ergebnis- und Gesundheitsorientierung schließen dabei einander keinesfalls aus. Im Gegenteil: Gesunde Führung ist die bessere Führung, weil sie nachhaltig bessere Ergebnisse verspricht.

Gesunde Führung beginnt mit einem achtsamen Umgang mit der eigenen Person: den eigenen Emotionen und Intuitionen (Gigerenzer u. Gaissmaier 2012), dem eigenen Gesundheits-, Arbeits- und Sozialverhalten. Der Philosoph Hans-Georg Gadamer hat dazu treffend wie folgt formuliert: Gesundheit bedeutet, »…daß wir vor lauter Wohlgefühl unternehmensfreudig, erkenntnisoffen und selbstvergessen sind und selbst Strapazen und Anstrengungen kaum spüren […]. Sie besteht nicht darin, daß man sich in den eigenen schwankenden Befindlichkeiten immer mehr um sich sorgt oder gar Unlustpillen schluckt.« (Gadamer 1993, S. 143 f.). Gesunde Führung setzt sich fort in mehr Achtsamkeit für die Belange der Mitarbeiter, ihre Sichtweisen, Gefühle und ihr Befinden. Führungskräfte, die ihre Mitarbeiter zu besseren Leistungen motivieren und sie für neue Ideen begeistern wollen, sollten positive soziale Beziehungen zu ihren Mitarbeitern aufbauen sowie über Einfühlungsvermögen und Empathie verfügen (Goleman 2014). Goleman und Boyatzis sprechen in diesem Zusammenhang vom Konzept der emotionalen bzw. der sozialen Intelligenz und verstehen darunter »eine Reihe zwischenmenschlicher Fähigkeiten, die auf bestimmten neuronalen Schaltkreisen – und damit in Verbindung stehenden Hormonsystemen – beruhen und andere Menschen zu effizienter Arbeit inspirieren« (Goleman u. Boyatzis 2009, S. 36).

Es sind vor allem die aktuelleren Befunde der Neurowissenschaften, die tiefe Einblicke in die soziale Natur des Menschen ermöglicht haben und Erkenntnisse über die biologischen Mechanismen liefern, die Menschen zur Entwicklung sozialer Intelligenz befähigen (z. B. Cozolino 2007). Einen entscheidenden Erkenntnisfortschritt brachte die Entdeckung und weitere Erforschung der Spiegelneurone (Rizzolatti et al. 1996; Rizzolatti u. Sinigaglia 2008; Gallese et al. 1996; Zaboura 2009). Spiegelneurone versetzen das menschliche Gehirn in die Lage, sich mit anderen Gehirnen zu vernetzen und darüber eine Verbindung zu anderen Menschen herzustellen (Keysers 2011). Herausragende Führungspersönlichkeiten besitzen die Gabe, Mitarbeiter zu inspirieren und zu motivieren, indem sie ihre sozialen Schaltkreise im Gehirn verstärken und den Prozess der Verschaltung mehrerer Gehirne aktivieren (Goleman u. Boyatzis 2009).

Erkenntnisgewinn lieferten auch die neurobiologischen Befunde zur lebenslangen Formbarkeit des Gehirns (Hüther 2005; Cozolino 2007). Hirnforscher gehen heute davon aus, dass die erfahrungsabhängige neuronale Plastizität Menschen in die Lage versetzt, bis ins hohe Alter lernfähig zu bleiben, das heißt auch, ihre emotionalen und sozialen Kompetenzen im Laufe ihres Lebens erfolgreich aufzubauen und weiterzuentwickeln (ebd; Keysers 2011). Soziale Intelligenz ist folglich kein angeborener, starrer Mechanismus, sondern etwas, was sich erlernen und trainieren lässt.

Gesunde Führung setzt Fähigkeiten voraus, die in Zukunft nicht mehr dem Zufall überlassen bleiben dürfen, die besser erforscht und bereits im Bildungssystem und an den Universitäten gefördert werden sollten. Immer öfter wird beklagt, Betriebswirte und Ingenieure wüssten zwar hervorragend mit Zahlen, Daten und Fakten umzugehen, ihnen fehle es aber häufig an elementaren sozialen Kompetenzen (z. B. Cowden 2013). Dazu zählen u. E. Empathie, Begeisterungsfähigkeit, ethische und Gesundheitskompetenz. Wir plädieren für einen »Führerschein« für Führungskräfte, mit anderen Worten für die Definition von Minimalqualifikationen, die möglichst vor jeder Übernahme von Führungsverantwortung vorhanden sein sollten. In jedem Fall sollten Unternehmen ihre Programme zur Führungskräfteförderung im genannten Sinne weiterentwickeln. Schulen und Universitäten sollten dem Thema soziale Kompetenz mehr Aufmerksamkeit widmen. Das Fach Unternehmensethik sollte mehr Gewicht erhalten (▶ »Führungskompetenzen«).

Modernes Wirtschaften stellt in Sachen Kooperation und Selbstorganisation hohe Anforderungen. Auf ihre Bewältigung sollten Führungskräfte, Unternehmen, Verwaltungen und Dienstleistungsorganisationen großen Wert legen. Dies setzt auch die Fähigkeit voraus, gehäuftes Auftreten von »Klimakillern« wie Mobbing, innere Kündigung oder Burnout zu erkennen und zu vermeiden. Sie verschlechtern die Kooperation und leiten die psychischen Energien der Mitarbeiter, z. B. bei Mobbing, in unproduktive und schlimmstenfalls krankmachende Beziehungskonflikte.

Führungskompetenzen

Aufmerksamkeit

»Eine Hauptaufgabe von Führungskräften besteht darin, ihre Aufmerksamkeit gezielt einzusetzen. […] Wenn wir unsere Aufmerksamkeit in drei Kategorien einteilen – Fokussierung auf uns selbst, auf andere und auf die Welt als Ganzes –, so erscheinen viele wichtige Führungsqualitäten in einem neuen Licht. […] Manager, die sich ganz auf sich selbst oder – auf konstruktive Weise – ganz auf andere konzentrieren, trainieren die wesentlichen Bestandteile ihrer emotionalen Intelligenz.« (Goleman 2014, S. 20)

Empathie

»Wir haben festgestellt, dass es drei verschiedene Arten von Empathie gibt – und alle drei Arten sind wichtig, um effektiv führen zu können:
- kognitive Empathie – die Fähigkeit, die Sichtweise des anderen zu verstehen;
- emotionale Empathie – das Gleiche zu fühlen wie jemand anders;
- empathische Zuwendung – die Fähigkeit zu spüren, was eine Person von Ihnen braucht.« (ebd., S. 23)

Intuition

»Gute Führung besteht nicht darin, sich immer auf eine Regel oder ausschließlich auf Intuition zu verlassen. Gute Führung heißt, intuitiv zu wissen, welche Regel in welcher Situation angemessen ist. Intuition kann Nachdenken nicht ersetzen, doch bietet sie einen reichhaltigen Schatz an relevantem und oft unbewusstem Erfahrungswissen.« (Gigerenzer u. Gaissmaier 2012, S. 27)

Begeisterungsfähigkeit

»Inspirierende Führungskräfte wecken die Begeisterung ihrer Mitarbeiter für eine gemeinsame Mission. Sie geben ihnen das Gefühl, dass ihre Arbeit einen Sinn hat, der über die alltäglichen Aufgaben oder Quartalsziele hinausgeht, […]. Solche Führungskräfte wissen, dass Werte, an die die Menschen wirklich glauben können, sie mehr motivieren als alles andere.« (Goleman et al. 2003, S. 77)

15.8   Wandel der Führungskultur

Kultur gehört zu den sozialen Einflüssen, die die psychische Energie von Menschen in besonderer Weise steigern oder rauben können. Unternehmenskultur ist ein immer noch gering geachtetes Unternehmensmerkmal, dessen Förderung wenig materiellen Aufwand erfordert, aber hohen kollektiven Nutzen verspricht. Die Pflege und Förderung dieser Energiequelle ist Aufgabe der obersten Führungsebene, dringt in ihrer Wirkung aber nur bis zu den Mitarbeitern vor, wenn das operative Management dies aktiv unterstützt. Kultur wirkt auf das menschliche Belohnungssystem, indem sie Wertmaßstäbe setzt und das moralische Bewusstsein prägt. Der Schwerpunkt bisheriger Kulturkonzepte liegt ganz überwiegend auf der handlungsleitenden Ebene (▶ »Unternehmenskultur«). Die Bedeutung von Kultur als Quelle positiver Emotionen und starker Motivation verdient mehr Beachtung. Wir wissen heute sehr viel über Ursachen von Erschöpfung und Resignation, aber wenig über Ursachen von Energie und Zuversicht – auch das ist das Ergebnis einer einseitig pathogenen Betrachtung der Arbeitswelt. Wichtige Erkenntnisse zu den Ursachen und Effekten von Energie und Zuversicht und damit Anknüpfungspunkte zu der hier vertretenen salutogenen Betrachtungsweise liefern vor allem Beiträge der Positiven Psychologie (z. B. Auhagen 2012; Seligman 2002), das Konzept der individuellen und kollektiven Selbstwirksamkeit (z. B. Schwarzer u. Jerusalem 2002) sowie die Führungsforschung und hier insbesondere das Konzept der transformationalen bzw. charismatischen Führung (z. B. Felfe 2006).

Neben Empathie und Begeisterungsfähigkeit von Führungskräften dürfte Kultur als »Sinnspeicher« und »moralischer Kompass« einen wesentlichen Einfluss auf den psychischen Energiehaushalt der Mitarbeiter haben. Genau deshalb kann Kulturwandel auf große Hindernisse stoßen und scheitern – weil Kultur ein zugleich Energie und Ordnung stiftender, aber eben auch häufig veränderungsbedürftiger Bestandteil sozialer Systeme ist. Das Alte ist der größte Feind des Neuen. Kulturwandel kann lange dauern und schmerzlich sein. Insbesondere der von uns empfohlene Wandel in der Führungskultur ist daher alles andere als leicht zu bewerkstelligen oder trivial. Der damit verbundene Aufwand an Führungsverantwortung wird oftmals unterschätzt. Der Wandel der Führungskultur verringert zunächst den Vorrat an gemeinsamen Überzeugungen, an mehr oder weniger bewussten Selbstverständlichkeiten, an Fähigkeiten und eingespielten Kooperationsformen. Und er erhöht damit das Konfliktpotenzial und den Bedarf an einer Neuaushandlung von Arbeits- und Kooperationsroutinen. Mit einzelnen Kursangeboten zum Thema Gesundheit oder Unternehmensethik ist es da nicht getan. Wandel in der Führungskultur bedeutet immer auch Mehraufwand an psychischer Energie für Lernen und Konsensfindung, vor allem zunächst für Verlernen »spontaner« bzw. »quasi-automatisierter« Denk-, Fühl- und Verhaltensweisen. Ein schwindender Vorrat an gemeinsamen Überzeugungen, Werten und Regeln erschwert Kooperation, mit negativen Folgen für das psychische Befinden (z. B. Angst, Misstrauen oder Wut). Bisherige Denk- und Verhaltensgewohnheiten zugunsten neuer Überzeugungen und Werte aufzugeben fällt schwer und erzeugt emotionale Widerstände. Erzwungene Veränderungen werden als Verlust, als bedrohlich oder schmerzlich empfunden. Dies gilt besonders dann, wenn sie mit Änderungen in der Aufgabenzuteilung, Verantwortung und Zusammenarbeit einhergehen.

Aus biologischer Sicht stellt die Absicht, das Denken und Handeln von Menschen zu verändern, einen regelrechten Kraftakt dar, der bei den Betroffenen ein Gefühl von Unwohlsein hervorruft. Dies führt im Arbeitsalltag nicht selten zu einer Haltung, möglichst alles zu tun, um Veränderungen zu vermeiden (Rock u. Schwarz 2007). Sich auf neue Situationen einzulassen oder auf neue Aufgaben zu konzentrieren, fordert den zuständigen Regionen und Schaltkreisen im Gehirn ein hohes Maß an Anstrengung in Form bewusster kognitiver Aufmerksamkeit ab. Gewohnte Verhaltensweisen oder Routinehandlungen abzurufen, bedeutet dagegen vergleichsweise wenig Aufwand und dementsprechend weniger Energieleistung. Hinzu kommt, dass der Versuch, lang eingeübte Verhaltensweisen oder Routinehandlungen zu ändern, Fehlersignale im Gehirn auslöst, die die Aufmerksamkeit des Individuums so stark erregen können, dass rationales Handeln vermindert oder unterdrückt wird (ebd.). Im Frontalhirn fest verankerte Überzeugungen, Werte und Regeln sind eng gekoppelt an Gefühle und körperliche Reaktionen (Hüther u. Fischer 2010). Nachhaltig wirksame Verhaltensänderungen können daher nur dann gelingen, wenn Vorgesetzte die kognitiven und emotionalen Anteile im Gehirn ihrer Mitarbeiter gleichermaßen aktivieren und es ihnen gelingt, ihre Mitarbeiter einzuladen bzw. zu ermutigen, selber neue Erfahrungen machen zu wollen (ebd.).

Die Öffnung einer Organisation für neue Themen wie z. B. Gesundheit sollte deshalb sorgfältig geplant und nachhaltig unterstützt werden. Dieser Prozess kann mit einer Mitarbeiterbefragung beginnen, aber auch mit regelmäßigen Veranstaltungen zum Thema Gesundheit, z. B. mit verhaltensorientierten Angeboten für alle Mitarbeiter oder Checkup-Programmen für Führungskräfte. Auf Dauer sollte dieser Lernprozess alle gesundheitsrelevanten Bedingungen einbeziehen: die Führung, die Kultur, das Betriebsklima, die Arbeitsprozesse, das Berichtswesen und die Weiterbildung. Er sollte unterstützt werden durch die oberste Führung und nachhaltig angetrieben werden durch den Aufbau eines Gesundheitsmanagements. Der Entwicklungsprozess zu einer Kultur der Achtsamkeit für Gesundheit läuft auf drei Ebenen ab:

- in den Köpfen der Führung, der Vorgesetzten und Mitarbeiter, d. h. durch Kompetenzentwicklung und Überwindung von Vorurteilen, überholten Konzepten, Überzeugungen und Prioritäten;
- auf der Ebene des Sozial-, Gesundheits- und Entscheidungsverhaltens;
- durch Weiterentwicklung betrieblicher Strukturen und Routinen.

Unternehmenskultur

Grundlagen für die Werteorientierung werden in der frühkindlichen Erziehung gelegt, mit anderen Worten im Frontalhirn fest verankert. Sie führen zur Entwicklung von moralischem Bewusstsein und persönlichen Zielvorstellungen. Im späteren Leben werden sie in Form von Pflichtbewusstsein, Gemeinsinn und Leistungsstreben wirksam. Dieser »kulturelle Sockel« kann der Entwicklung einer spezifischen Unternehmenskultur den Weg bereiten oder ihr im Wege stehen. Eine Unternehmenskultur, die an verbreitete Vorstellungen von Fairness, Gerechtigkeit und respektvollem Umgang anknüpft, wird sehr viel leichter Akzeptanz finden als eine Unternehmenskultur, die davon abweicht. »Regeln sind das Ergebnis menschlicher Bemühungen um Etablierung einer Ordnung zur Vorhersehbarkeit zwischenmenschlicher Prozesse.« (Ostrom u. Ahn 2003, S. XXII)
Schein versteht unter Kultur: »… ein Muster gemeinsamer Handlungsprämissen, das die Gruppe bei der Bewältigung ihrer Probleme externer Anpassung und interner Integration erlernt hat, das sich bewährt hat und somit als bindend gilt«. (Schein 1995, S. 25)
»Kultur besteht aus gemeinsamen Überzeugungen, Werten, Regeln, die in tief empfundenen Gefühlen der Billigung oder Missbilligung verankert sind.« (Weick u. Sutcliffe 2003, S. 158)
»Ein Unternehmen ohne eine überzeugende Kultur ist wie ein Mensch ohne Persönlichkeit: Es ist eine Hülle ohne Lebenskraft und ohne Seele.« (Mintzberg 2009, S. 101)
▼

Wir verstehen unter Kultur erlernte Gedanken, Gefühle, Motive und Verhaltensregeln, die von einer Gruppe, Organisation oder Gesellschaft als besonders wichtig (z. B. Gesundheit, wirtschaftlicher Erfolg), moralisch korrekt, erfolgversprechend oder einfach nur als selbstverständlich erachtet oder unbewusst vollzogen werden (z. B. Kandel 2012). Kultur ist ein kollektives Phänomen, das individuelles Sozial-, Gesundheits- und Entscheidungsverhalten prägt und vorherzusagen erlaubt und damit wesentlich zur Berechenbarkeit und Vertrautheit der sozialen Umwelt beiträgt. Gemeinsame Gedanken, Gefühle und Motive erfüllen zudem sinn- und beziehungsstiftende Funktionen. Sie fördern Kohäsion und Kohärenz und bilden »Bindemittel« und »Treibstoff« jeder Gruppe, Organisation, Gesellschaft oder Staatengemeinschaft. Kultur ist eine wesentliche Grundlage kooperativen Handelns.

15.9   Entwicklung einer Gesundheitsstrategie

Es liegt zuallererst in der Verantwortung der Unternehmen selbst, in die Gesundheit ihrer Mitarbeiter zu investieren. Entscheidend ist, was an tatsächlichem Gewinn an Gesundheit bei den Beschäftigten in den Unternehmen, Verwaltungen und Dienstleistungsorganisationen ankommt. Investitionen in die Gesundheit der Erwerbsbevölkerung verdienen auch besondere Beachtung und Förderung durch die Politik. Die bisherigen Bemühungen der Unfall- und Krankenversicherung weisen in die richtige Richtung. Sie reichen aber, wie insbesondere der ungebremste Kostenanstieg für die große Zahl psychisch Kranker zeigt, bei weitem nicht aus, die eingangs angesprochenen systemischen Risiken frühzeitig zu erkennen, zu mildern oder ganz zu vermeiden. Es liegt in der Verantwortung des Staates, Arbeitgeber zu belohnen, sofern sie dabei vorgegebenen Qualitätskriterien folgen. Investitionen in die Gesundheit nutzen

- den Erwerbstätigen und ihrem sozialen Umfeld durch Schutz und Förderung ihrer Lebens- und Arbeitsqualität,
- den Unternehmen, Verwaltungen und Dienstleistungseinrichtungen durch Vermeidung von Absentismus und Präsentismus, durch die Förderung von Kreativität und Einsatzbereitschaft sowie von Intensität und Qualität ihrer Kooperation nach innen und gegenüber Lieferanten und Kunden,

— dem Erhalt der sozialen Sicherungssysteme durch Vermeidung von Ausfällen bei den Beitragszahlern sowie durch Vermeidung von Versorgungskosten für Krankheit, Arbeitslosigkeit und Frühberentung.

Dazu schlagen wir vor, die Organisationsdiagnostik und -evaluation mit Hilfe standardisierter Daten zum Gesundheitszustand der Beschäftigten und zu zentralen betrieblichen Einflussgrößen zu fördern. Wir schlagen ferner vor, Instrumente und Institutionen zur Sicherung der Qualität betrieblicher Interventionen zu entwickeln und die dazu notwendige interdisziplinäre Forschung und Entwicklung kontinuierlich zu fördern. Und wir empfehlen, Arbeitgeber steuerlich zu entlasten, wenn sie durch eine qualitativ hochwertige betriebliche Gesundheitspolitik auch dem Gemeinwohl dienen. Wenn Mütter und Väter einen Bonus erhalten sollen, um unter sich Berufsarbeit und Kinderbetreuung gerechter aufzuteilen – warum nicht auch Unternehmen, damit sie sich mehr um die Gesundheit ihrer Mitarbeiter kümmern. Arbeitgeber- und Arbeitnehmerverbände sollten ihre entsprechenden tariflichen Regelungen weiter ausbauen.

Literatur

Auhagen AE (Hrsg) (2012) Positive Psychologie. Anleitung zum »besseren« Leben. Beltz Verlag, Weinheim Basel
Baase CM (2007) Auswirkungen chronischer Krankheiten auf Arbeitsproduktivität und Absentismus und daraus resultierende Kosten für die Betriebe. In: Badura B, Vetter C (Hrsg) Fehlzeiten-Report 2006. Chronische Krankheiten – betriebliche Strategien zur gesundheitsfördernden, Prävention und Wiedereingliederung. Springer Verlag, Berlin, S 45–59
Badura B (2012) Führung und Gesundheit in der öffentlichen Verwaltung: Gutachten einer Landeshauptstadt. Unveröffentlichtes Manuskript
Badura B (2013) Auf der Suche nach den Wurzeln von Gemeinsinn und Solidarität. In: Badura B, Greiner W, Rixgens Pet al (Hrsg) Sozialkapital, Grundlagen von Gesundheit und Unternehmenserfolg. 2. Aufl. Springer Gabler, Berlin, Heidelberg, S 1–18
Badura B, Litsch M, Vetter C (Hrsg) (2000) Fehlzeiten-Report 1999. Psychische Belastung am Arbeitsplatz. Springer, Berlin und Heidelberg
Badura B, Greiner W, Rixgens P et al (2008) Sozialkapital. Grundlagen von Gesundheit und Unternehmenserfolg. Springer, Berlin und Heidelberg
Badura B, Ducki A, Schröder H et al (2011) Fehlzeiten-Report 2011. Führung und Gesundheit. Springer, Berlin und Heidelberg
Badura B, Greiner, W, Rixgens P et al (2013) Sozialkapital. Grundlagen von Gesundheit und Unternehmenserfolg. 2., erweiterte Auflage. Springer Gabler, Heidelberg
Bartsch N, Maier F, Pedal W (2012) Die Bedeutsamkeit von administrativen Stressfaktoren. Psychosoziale Belastungssituation von Polizeibeamten. Prävention und Gesundheitsförderung 7:62–66
Bauer J (2006) Prinzip Menschlichkeit. Warum wir von Natur aus kooperieren. Hoffmann und Campe, Hamburg
Cacioppo JT, Patrick WH (2011) Einsamkeit: Woher sie kommt, was sie bewirkt, wie man ihr entrinnt. Spektrum Akademischer Verlag, Heidelberg
Central Intelligence Agency (2013) The World Factbook. https://www.cia.gov/library/publications/the-world-factbook/rankorder/2102rank.html. Gesehen 05 Feb 2014
Cowden PD (2013) Neustart – Das Ende der Wirtschaft wie wir sie kennen. Ab jetzt zählt der Mensch! Ariston Verlag, München
Cozolino L (2007) Die Neurobiologie menschlicher Beziehungen. VAK Verlags GmbH. Kirchzarten bei Freiburg
Eurostat (2014) Gesunde Lebensjahre und Lebenserwartung bei der Geburt, nach Geschlecht http://epp.eurostat.ec.europa.eu/tgm/refreshTableAction.do?tab=table&plugin=0&pcode=tsdph100&language=de. Gesehen 05 Feb 2014
Feigenbaum A (1983) Total Quality Control. McGraw-Hill Book, New York
Felfe J (2006) Transformationale und charismatische Führung – Stand der Forschung und aktuelle Entwicklungen. Zeitschrift für Personalpsychologie, 5(4):163–176
Frankl VE (1992) Psychotherapie für den Alltag. 6. Aufl. Herder, Freiburg
Gadamer HG (1993) Über die Verborgenheit der Gesundheit. Suhrkamp, Frankfurt/Main
Gallese V, Fadiga L, Fogassi L et al (1996) Action recognition in the premotor cortex. Brain 119:593–609
Gallup (2013) Engagement Index Deutschland 2012. Pressegespräch. http://www.gallup.com/strategicconsulting/160904/praesentation-gallup-engagement-index-2012.aspx. Gesehen 05 Feb 2014
Geus A de (1998) Jenseits der Ökonomie. Die Verantwortung der Unternehmen. Klett-Cotta, Stuttgart
Gigerenzer G, Gaissmaier W (2012) Intuition und Führung. Wie gute Entscheidungen entstehen. Bertelsmann Stiftung, Gütersloh
Goleman D (2014) Der fokussierte Manager. Havard Business Manager:20–30
Goleman D, Boyatzis R (2009) Soziale Intelligenz – Warum Führung Einfühlung bedeutet. Harvard Business Manager 1(09):35–44
Goleman D, Boyatzis R, McKnee A (2003) Emotionale Führung. Ullstein, Ulm
Hauser F, Schubert A, Aicher M (2008) Unternehmenskultur, Arbeitsqualität und Mitarbeiterengagement in den Unternehmen in Deutschland. Bundesministerium für Arbeit und Soziales, Bonn
Hüther G (2005) Bedienungsanleitung für ein menschliches Gehirn. Vandenhoeck & Ruprecht, Göttingen
Hüther G, Fischer JE (2010) Biologische Grundlagen des Wohlbefindens. In: Badura B, Schröder H, Klose Jet al (Hrsg) Fehlzeiten-Report 2009. Arbeit und Psyche: Belastungen reduzieren – Wohlbefinden fördern. Berlin und Heidelberg, Springer, S 23–29

Huppert F, Baylis N, Kaverne B (2005) The Science of well-being: Integrating neurobiology, psychology and social sciences. Oxford University Press, Oxford

Insel TR (2003) Is social attachment an addictive disorder? Physiology & Behavior 79:351–357

Insel TR, Fernald RD (2004) How the brain processes information: Searching for the social brain. Annual Reviews of Neuroscience 27:697–722

Iverson D, Lewis KL, Caputi P, Knospe S (2010) The cumulative impact and associated costs of multiple health conditions on employee productivity. Journal of Occupational and Environmental Medicine 52(12):1206–1211

Jahoda M, Lazarsfeld PF, Zeisel H (1933) Die Arbeitslosten von Marienthal. Lambertus, Freiburg i Br

Jahoda M, Lazarsfeld PF, Zeisel H (1960) Die Arbeitslosen von Marienthal. Ein soziodemographischer Versuch über die Wirkungen lang andauernder Arbeitslosigkeit. 2. Aufl. Suhrkamp, Frankfurt/Main

Jung C, Seidel J (2013) Präventionsbericht 2013. Leistungen der gesetzlichen Krankenversicherung: Primärprävention und betrieblichen Gesundheitsförderung. Berichtsjahr 2012. Medizinischer Dienst des Spitzenverbandes Bund der Krankenkassen e.V. (MDS), Essen

Kandel E (2012) The Age of Insight. The Quest to Understand the Unconscious in Art, Mind, and Brain, from Vienna 1900 to the Present. Random House, New York

Keller S, Price C (2011) Beyond Performance. How Great Organizations Build Ultimate Competitive Advantage. Wiley, New Jersey

Keysers C (2011) Unser empathisches Gehirn. Warum wir verstehen, was andere fühlen. C. Bertelsmann Verlag, München

Kirsch P, Gruppe H (2011) Neuromodulatorische Einflüsse auf das Wohlbefinden: Dopamin und Oxytocin. In: Frank R (Hrsg) Therapieziel Wohlbefinden. Springer-Verlag, Heidelberg, S 284–294

Klauber J, Günster C, Gerste B, Robra B-P, Schmacke N (2014) Versorgungs-Report 2013/2014. Schattauer Verlag, Stuttgart

Krüger A (2013) Zur Erklärung von Fehlzeiten in zwei Stahlwerken. In: Badura B, Greiner W, Rixgens P et al (2013) Sozialkapital. Grundlagen von Gesundheit und Unternehmenserfolg. 2. Aufl. Springer Gabler, Berlin Heidelberg, S 231–246

Liker J, Hoseus, M (2009) Die Toyota Kultur, München, Finanzbuchverlag

Lohmann-Haislah A (2012) Stressreport Deutschland 2012. Psychische Anforderungen, Ressourcen und Befinden. Bundesanstalt für Arbeitsschutz und Arbeitsmedizin (BAuA) (Hrsg), Dortmund, Berlin und Dresden

Lükermann S (2013) Sozialkapital und Qualität von Produkten und Dienstleistungen. In: Badura B, Greiner W, Rixgens P et al (2013) Sozialkapital. Grundlagen von Gesundheit und Unternehmenserfolg. 2., erweiterte Auflage. Springer Gabler, Berlin Heidelberg, S 211–230

Marmot M (2004) The status syndrome: How social standing affects our health and longevity. Time Books, New York

Mintzberg H (2009) Führung neu definieren. Harvard Business Manager 10:96–103

Nesse RM (2004) Natural selection and the elusiveness of happiness. Phil Trans R Soc Lond B 359, pp 1413–1426

Numan M, Insel TR (2003) The neurobiology of parental behaviour. Springer, New York

O'Toole J, Lawler E (2006) The New American Workplace. Palgrave Macmillan, New York

Ostrom E, Ahn TK (2003) Foundations of Social Capital. Edward Elgar Publishing, Cheltenham

Pfaff H, Lütticke, J, Badura, B, Piekarski C, Richter, P (2004) »Weiche« Kennzahlen für das strategische Krankenhausmanagement. Stakeholderinteressen zielgerichtet erkennen und einbeziehen. Huber, Bern

Pritzel M, Brand M, Markowitsch HJ (2003) Gehirn und Verhalten. Ein Grundkurs der physiologischen Psychologie. Spektrum Akademischer Verlag, Heidelberg

Rath T, Harter J (2010) Well Being. The Five Essential Elements. Gallup Inc., New York

Rixgens P, Badura B (2011) Arbeitsbedingungen, Sozialkapital und gesundheitliches Wohlbefinden – Differenzen in den Einschätzungen von Führungskräften und Mitarbeitern. In: Badura B, Schröder H, Klose Jet al (Hrsg) Fehlzeiten-Report 2011. Führung und Gesundheit, Springer Verlag, Berlin S 61–70

Rixgens P, Badura B (2012) Zur Organisationsdiagnose psychischen Befindens in der Arbeitswelt. Bundesgesundheitsblatt 55:197–204

Rizzolatti G, Sinigaglia C (2008) Empathie und Spiegelneurone. Die biologische Basis des Mitgefühls. Suhrkamp, Frankfurt am Main

Rizzolatti G, Fadiga L, Gallese V et al (1996) Premotor cortex and the recognition of motor actions. Cognitive Brain Research 3: 131–141

Rock D (2009) Managing with the Brain in Mind. Strategy +Business 56:2–10

Rock D, Schwarz J (2007) The Neuroscience of Leadership. Reclaming children and youth 16(3):10–17

Russ TC, Stamatakis E, Hamer M et al (2012) Association between psychological distress and mortality: individual participant pooled analysis of 10 prospective studies. BMJ; 345:e4933, DOI 10.1136/bmj.e4933

Sachverständigenrat zur Begutachtung der gesamtwirtschaftlichen Entwicklung (2010) Wirtschaftsleistung, Lebensqualität und Nachhaltigkeit: Ein umfassendes Indikatorensystem. Expertise im Auftrag des Deutsch-Französischen Ministerrates. http://www.sachverstaendigenrat-wirtschaft.de/fileadmin/dateiablage/Expertisen/2010/ex10_de.pdf. Gesehen 05 Apr 2014

Schein EH (1995) Unternehmenskultur. Ein Handbuch für Führungskräfte. Campus, Frankfurt/Main

Schwarting M, Ehresmann C (2013) Zum Zusammenhang zwischen Sozialkapital, Absentismus und Gesundheitszustand in der Automobilproduktion. In: Badura B, Greiner W, Rixgens Pet al (Hrsg) Sozialkapital. Grundlagen von Gesundheit und Unternehmenserfolg. 2. Aufl. Springer Gabler, Berlin Heidelberg, S 247–262

Schwarzer R, Jerusalem M (2002) Das Konzept der Selbstwirksamkeit. In: Jerusalem M, Hopf D (Hrsg) Selbstwirksamkeit und Motivationsprozesse in Bildungsinstitutionen. Zeitschrift für Pädagogik, Beiheft 44:28–53

15

Seligman MEP (2002) Authentic Happiness. Using the New Positive Psychology to Realize Yout Potential for Lasting Fulfillment. The Free Press, New York

Statistisches Bundesamt (2013a) Erwerbstätige Inländer. https://www.destatis.de/DE/ZahlenFakten/Indikatoren/Konjunkturindikatoren/Arbeitsmarkt/karb811.html. Gesehen 05 Feb 2014

Statistisches Bundesamt (2013b) Unternehmensregister https://www.destatis.de/DE/ZahlenFakten/GesamtwirtschaftUmwelt/UnternehmenHandwerk/Unternehmensregister/Tabellen/UnternehmenBeschaeftigtengroessenklassenWZ08.html. Gesehen 05 Feb 2014

Steinke M (2013) Investitionen in das Sozialkapital und ihre Wirksamkeit – eine Längsschnittstudie. In: Badura B, Greiner W, Rixgens Pet al (Hrsg). Sozialkapital. Grundlagen von Gesundheit und Unternehmenserfolg. 2., erweiterte Aufl. Springer Gabler, Berlin, Heidelberg, S 305–320

Steinke M, Badura B (2011) Präsentismus: Ein Review zum Stand der Forschung. Bundesanstalt für Arbeitsschutz und Arbeitsmedizin (Hrsg), Dortmund. http:// www.baua.de/de/Publikationen/Fachbeiträge/Gd60.html. Gesehen 05 Feb 2014

Steinke M, Luschnat S, Mc Call T (2013) Symptome erkrankter Organisationen – Der Einfluss des Sozialkapitals auf Mobbing und innere Kündigung. In: Badura B, Greiner W, Rixgens Pet al (Hrsg). Sozialkapital. Grundlagen von Gesundheit und Unternehmenserfolg. 2., erweiterte Aufl. Springer Gabler, Berlin Heidelberg, S 187–210

Walter U, Münch E (2009) Die Bedeutung von Fehlzeitenstatistiken für die Unternehmensdiagnostik. In: Badura B, Schröder H, Vetter C (Hrsg) Fehlzeiten-Report 2008. Betriebliches Gesundheitsmanagement: Kosten und Nutzen. Springer, Berlin Heidelberg, S 139–153

Weick KE, Sutcliffe K (2003) Das Unerwartete Managen. Klett-Cotta, Stuttgart

Weller R (2013) Der Einfluss des Sozialkapitals auf das Qualitätsbewusstsein im Krankenhaus. In: Badura B, Greiner W, Rixgens Pet al (Hrsg) Sozialkapital. Grundlagen von Gesundheit und Unternehmenserfolg. 2., erweiterte Aufl. Springer Gabler, Berlin Heidelberg, S 263–276

Wittchen H-U, Jacobi F (2012) Was sind die häufigsten psychischen Störungen in Deutschland? Robert Koch-Institut. DEGS Symposium. http://www.rki.de/DE/Content/Gesundheitsmonitoring/Studien/Degs/degs_w1/Symposium/degs_psychische_stoerungen.pdf?__blob=publicationFile. Gesehen 14 Jun 2012

Zaboura N (2009) Das empathische Gehirn. Spiegelneurone als Grundlage menschlicher Kommunikation. VS Verlag für Sozialwissenschaften, Wiesbaden

Mobbing im Krankenhaus: Symptom eines Organisationsversagens?

C. Ehresmann

B. Badura et al. (Hrsg.) *Fehlzeiten-Report 2014*,
DOI 10.1007/978-3-662-43531-1_16, © Springer-Verlag Berlin Heidelberg 2014

Zusammenfassung *Die potenziell weitreichenden Folgen für die Gesundheit der Mitarbeiter und die Betriebsergebnisse lassen Mobbing auch für Krankenhäuser als moderne Dienstleistungsorganisationen zu einer Herausforderung werden. Gerade hier treffen u. a. traditionell stark hierarchische Organisationsformen mit hohen Kooperationserfordernissen und effizienzorientierten Vergütungsformen aufeinander. Mobbing kann nicht nur die Gesundheit der Betroffenen schwerwiegend und dauerhaft beeinträchtigen, sondern durch eine Verminderung der Arbeitsfähigkeit und Arbeitsqualität die Wirtschaftlichkeit bzw. Wettbewerbsfähigkeit gefährden. Im folgenden Beitrag wird anhand von empirischen Daten einer Mitarbeiterbefragung in einem Krankenhaus (N = 872) aufgezeigt, dass Mobbing auf Defizite in der Organisation im Bereich von Führung, Betriebsklima und Konfliktkultur verweist. Der Beitrag zeigt zudem, dass Mobbing negativ mit Gesundheit sowie Arbeitsfähigkeit und Arbeitsqualität korreliert. Damit liefert die Studie empirische Hinweise dafür, dass Mobbing nicht nur Folgen für die Gesundheit der Beschäftigten, sondern auch für die Versorgungsqualität im Krankenhaus haben kann.*

16.1 Hintergrund und Hypothesen

Mit Einführung der Diagnosis Related Groups (DRGs) und dem Trend hin zu einer Privatisierung der Krankenhauslandschaft bei abnehmender öffentlicher Finanzierung sind Effizienzbedarf und Wettbewerbsdruck im Krankenhaus merklich angestiegen (Gerlinger u. Mosebach 2009; Iseringhausen 2009; Reifferscheid et al. 2013). Als Folge davon haben besonders die psychischen Anforderungen über alle Professionen hinweg zugenommen (Bartholomeyczik et al. 2008; Iseringhausen 2009). Kennzeichnend für die Tätigkeit im Krankenhaus ist, dass es stark auf die Kooperation zwischen und innerhalb der Professionen ankommt. Psychische Belastungen sind deshalb vornehmlich im zwischenmenschlichen Bereich zu suchen. Starre Hierarchien, die Spezialisierung der Professionen und personelle Vielfalt bedingen einen Mangel an gemeinsamen Überzeugungen, Werten und Regeln, was zu Misstrauen, Konflikten und Mobbing führen kann (Gerber 2004; Iseringhausen 2009; Fitzgerald 2010). Eine Bevölkerungsprojektion legt darüber hinaus nahe, dass die Arbeitsverdichtung weiter zunimmt: Durch die Alterung der Bevölkerung könnten sich die Fälle im Krankenhaus bis 2030 um bis zu 1,4 Millionen gegenüber 2010 erhöhen (Statistische Ämter des Bundes und der Länder 2010). Außerdem werden Krankenhäuser durch älter werdende Belegschaften und einen erhöhten Bedarf an qualifizierten Fachkräften zukünftig vor weitere Herausforderungen gestellt (Schmidt et al. 2011; Becker 2012). Ergebnisse einer repräsentativen Befragung zeigen, dass aktuell 28 Prozent der Pflegekräfte im Krankenhaus älter als 50 Jahre sind (Löffert u. Golisch 2013). Daneben sind auch 24 Prozent der Ärzte älter als 50 Jahre (Bundesärztekammer 2013a). Im Frühjahr 2013 konnten in den befragten Krankenhäusern 38 Prozent der vakanten Stellen in der Pflege und 58 Prozent der freien Stellen im ärztlichen Dienst nicht besetzt werden (Blum et al. 2013). Die Belegschaft wird darüber hinaus zunehmend multikulturell: Der Anteil ausländischer Ärzte im stationären Bereich ist bspw. im Laufe des Jahres 2012 um 15,8 Prozent gestiegen (Bundesärztekammer 2013b).

Die gegenwärtigen und zukünftigen Aufgaben des Krankenhausmanagements bestehen folglich darin, die Beschäftigten angesichts hoher Anforderungen und Belastungen bei fortschreitender Alterung dauerhaft gesund und leistungsfähig zu erhalten und sie (auch dadurch) an die Organisation zu binden. Mobbing verdient verstärkte Aufmerksamkeit, weil es nicht nur die zwischenmenschliche Zusammenarbeit stört, sondern auch – wie im Weiteren aufgezeigt wird – im

Zusammenhang mit gesundheitlichen Beeinträchtigungen und einer verminderten Arbeitsfähigkeit und Arbeitsqualität steht.

Als Ausgangspunkt für diesen Beitrag wird eine Definition der Bundesanstalt für Arbeitsschutz und Arbeitsmedizin (BAuA) zugrunde gelegt, die Mobbing als dauerhafte, systematische Handlungen in Form von Schikanen, Ausgrenzungen und Drangsalierungen beschreibt, die auf eine Person am Arbeitsplatz abzielen (BAuA 2011). Mobbing kann ernstzunehmende psychische Erkrankungen sowie Erkrankungen des Herz-Kreislauf-Systems hervorrufen (BAuA 2011). Zusammenhänge zwischen Mobbing im Krankenhaus und Ängsten, Depressionen, Burnout sowie psychosomatischen Beschwerden wurden bereits empirisch belegt (z. B. Eriksen u. Einarsen 2004; Roscher 2008; Fuß et al. 2010). Mobbing steht zudem im Zusammenhang mit einer geringeren Leistungsfähigkeit, Präsentismus, innerer Kündigung, Absentismus und einer erhöhten Fluktuation (Weber et al. 2007; Hogh 2011; Schnee u. Vogt 2013). Die betriebswirtschaftlichen Kosten werden pro Mobbing-Fall auf 30.000 Euro geschätzt (Weber et al. 2007). Der jährliche volkswirtschaftliche Schaden bewegt sich schätzungsweise sogar in zweistelliger Milliardenhöhe (Weber et al. 2007; Teuschel 2010). Von besonderer Bedeutung im Krankenhaus sind die Auswirkungen von Mobbing auf die Kernprozesse. Mobbing bindet die Aufmerksamkeit der »Opfer«, »Täter« sowie der übrigen Teammitglieder. Dafür werden psychische Energien mobilisiert, die für die Durchführung der Kernprozesse nicht mehr zur Verfügung stehen. Dies kann zu einer verminderten Arbeitsleistung und -qualität führen, wovon dann letztlich auch die Patienten betroffen wären (Teuschel 2010; Wolmerath 2013). Der Krankenhaus-Report 2014 verweist aktuell mit seinem Schwerpunktthema »Patientensicherheit« auf eine defizitäre Arbeitsqualität im Krankenhaus (Klauber et al. 2014).

Im Krankenhaussektor waren in Deutschland zum Jahresende 2011 rund 1,1 Millionen Menschen beschäftigt (Bölt 2014). Studien legen nahe, dass ein nennenswerter Anteil der Beschäftigten hierzulande von Mobbing betroffen sein könnte. Sie weisen Mobbing-Prävalenzen von 7,1 bis 20,6 Prozent aus (Roscher 2008; Angerer et al. 2010; Drygalla 2010; Fuß et al. 2010). Bislang haben sich hierzulande mit den gerade genannten offenbar nur wenige Studien explizit mit dem Thema Mobbing im Krankenhaus befasst. In den Studien wurde besonders die Verbreitung von Mobbing ermittelt. Bezüge zur Gesundheit wurden nur begrenzt (Burnout, Stresssymptome) hergestellt. Darüber hinaus wurden zwar Arbeitsbedingungen (z. B. Zeitdruck, Partizipation) einbezogen, die Organisationsbedingungen

von Mobbing hingegen wurden meist nur vereinzelt (z. B. soziale Unterstützung, Führungsstil) oder in bestimmten Berufsgruppen untersucht. Außer Acht blieben darüber hinaus mögliche Folgen von Mobbing für die Arbeitsleistung und Arbeitsqualität.

Damit besteht weiterer Forschungsbedarf. Gerade die potenziellen Konsequenzen für die Gesundheit und die Wirtschaftlichkeit könnten das Krankenhausmanagement für das Thema Mobbing sensibilisieren. Aus der Grundlagenforschung geht zudem hervor, dass Organisationsbedingungen und Mobbing eng miteinander verknüpft sind (z. B. Willingstorfer et al. 2002; Skogstad et al. 2007; Badura et al. 2013; Steinke et al. 2013). Selbst Leymann, der Pionier der Mobbing-Forschung, verstand Mobbing als soziales Beziehungsproblem innerhalb von Organisationen (Leymann 1993). In Deutschland haben besonders Badura et al. empirisch aufgezeigt, dass die Organisationsbedingungen – die Qualität von Führung, das Betriebsklima und die Kultur von Unternehmen – mit Mobbing zusammenhängen (Badura et al. 2013; Steinke et al. 2013). Mobbing wird hier als Ausdruck eines Mangels an vertrauensvollen Beziehungen sowie gemeinsamen Überzeugungen, Werten und Regeln (Kultur) – mit anderen Worten als Organisationsversagen – verstanden (Badura et al. 2010). Investitionen in die organisationalen Bedingungen könnten demnach das Mobbing-Risiko reduzieren. Badura et al. konnten außerdem aufzeigen, dass Führung, Betriebsklima und Kultur mit Gesundheit, Arbeitsfähigkeit, Arbeitsqualität, innerer Kündigung, Motivation sowie Fehlzeiten in Unternehmen assoziiert sind (Rixgens u. Badura 2012; Badura et al. 2013; Krüger 2013; Lükermann 2013; Münch 2013).

Vor diesem Hintergrund besteht das Hauptziel der folgenden Studie darin, den Zusammenhang zwischen Organisationsbedingungen und Mobbing in einem Krankenhaus zu untersuchen. Dabei wird die Annahme zugrunde gelegt, dass Mobbing ein Indikator für Mängel in der Führung, dem Betriebsklima und der Kultur ist. Daneben wird der für das Betriebliche Gesundheitsmanagement relevanten Frage nachgegangen, ob zwischen Mobbing und der psychischen sowie physischen Gesundheit ein Zusammenhang besteht. Zuletzt soll außerdem geprüft werden, ob Mobbing mit der Arbeitsfähigkeit sowie der Arbeitsqualität im untersuchten Krankenhaus zusammenhängt. Hiermit könnte die angesprochene theoretische Annahme, dass sich Mobbing ungünstig auf die Arbeits- bzw. Ergebnisqualität im Krankenhaus auswirkt, empirisch untermauert werden. Der Studie liegen die folgenden drei Hypothesen zugrunde, die auf dem »Bielefelder Unternehmensmodell« (Badura et al. 2008) gründen (◘ Abb. 16.1):

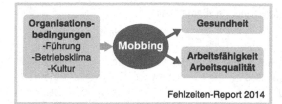

Fehlzeiten-Report 2014

☑ **Abb. 16.1** Konzeptionelle Grundlage der Studie (in Anlehnung an Badura et al. 2008)

1. Die Organisationsbedingungen Führung, Betriebsklima und Kultur stehen in einem negativen Zusammenhang mit Mobbing im untersuchten Krankenhaus (Haupthypothese).
2. Mobbing hängt mit der psychischen und physischen Gesundheit der Mitarbeiter im untersuchten Krankenhaus negativ zusammen (Nebenhypothese).
3. Mobbing steht in einem negativen Zusammenhang mit der Arbeitsfähigkeit und Arbeitsqualität im untersuchten Krankenhaus (Nebenhypothese).

16.2   Methodisches Vorgehen

Zur Prüfung der Hypothesen wurde eine quantitative Sekundärdatenanalyse vorgenommen. Die Daten stammen aus einer Befragung in einem deutschen Krankenhaus der Maximalversorgung. Sie wurden Ende 2011 in Form einer »Klassenraumbefragung« erhoben. Das Krankenhaus, das von seiner Rechtsform her eine GmbH darstellt, befindet sich zu 100 Prozent in öffentlicher Trägerschaft. Als Messinstrument wurde der »ProSoB(Produktivität von Sozialkapital in Betrieben)-Fragebogen« (Badura et al. 2008; 2013) eingesetzt. Der Fragebogen besteht aus etablierten und eigens entwickelten Skalen bzw. Items (Rixgens et al. 2013). Die Items bestehen aus je fünf Stufen, wobei 1 die niedrigste (also z. B. geringstes Mobbing-Ausmaß) und 5 die höchste Ausprägung (z. B. hohes Mobbing-Ausmaß) darstellt. Eine Skala (Körperlicher Gesundheitszustand) umfasst sechs Ausprägungen. ☑ Tab. 16.1 listet die verwendeten Skalen, ihre Quellen, die Anzahl ihrer Items sowie die anhand der Stichprobe berechneten Reliabilitäten nach Cronbachs Alpha auf.

Die Organisationsbedingungen werden über die Merkmale Führung, Betriebsklima und Kultur mit 30 Items, operationalisiert (s. im Detail ☑ Tab. 16.3). Die Skala zum Mobbing besteht aus drei Items: »Ich werde von meinem Vorgesetzten gelegentlich persönlich angegriffen«, »Ich werde von Kollegen in meiner Abteilung gemobbt« und »In unserer Belegschaft sind Intrigen und Mobbing stark verbreitet« (Brücker et al. 2004). Die Skala hat ein metrisches Messniveau. Als Voraussetzung für eine binäre logistische Regressionsrechnung wurde sie zusätzlich in ein binäres Messniveau überführt. Dabei fungierte die mittlere Ausprägung der Skala »3« als Cut-off-Wert (Werte bis 2,99 = kein Mobbing; Werte ab 3,0 bis 5 = Mobbing). Gesundheit wird über die Skalen Depressive Verstimmung, Wohlbefinden, Selbstwert, Körperlicher Gesundheitszustand und Psychosomatische Beschwerden erfasst. Die »Psychosomatischen Beschwerden« umfassen die Häufigkeit von Befindlichkeitsstörungen wie Kopfschmerzen, Rückenschmerzen und Schlafstörungen (Rixgens et al. 2013). Die Skala Arbeitsfähigkeit besteht aus den drei Items »Ich bin zur Arbeit gegangen, obwohl ich mich krank fühlte«, »Ich musste öfter pausieren, weil ich nicht lange am Stück hart arbeiten konnte« und »Ich fühlte mich fit genug, um hart und ausdauernd zu arbeiten« (Rixgens et al. 2013). Die Arbeitsqualität wird über die Skala Qualität der Arbeitsleistung sowie die Skala Qualitätsbewusstsein gemessen. Die Skala zur Qualität der Arbeitsleistung fragt über drei Items direkt nach der Einschätzung der eigenen Qualität der Arbeitsleistung sowie der des Teams und der Organisation (Brücker et al. 2004). Die Skala »Qualitätsbewusstsein« aus dem MIKE von Pfaff et al. (2004) umfasst die folgenden vier Items: »In meiner Abteilung dreht sich unser Denken um die Kunden«, »In meiner Abteilung verbessern wir ständig die Qualität unserer Leistungen«, »In meiner Abteilung halten wir uns stets an Standards und Leitlinien« und »In meiner Abteilung wird auf die Qualität der Arbeitsergebnisse geachtet«. Als Kontrollvariablen werden die Arbeitsbedingungen (durch die Skalen: Partizipation, Zeitliche und Fachliche Anforderungen, Klarheit der Arbeitsaufgabe, Handlungsspielraum, Sinnhaftigkeit der Arbeitsaufgabe), soziodemografische Merkmale (Alter, Geschlecht, Schulabschluss) sowie die Dauer der Zugehörigkeit zum Klinikum (in Jahren) berücksichtigt.

Die Daten wurden mithilfe univariater, bivariater und multivariabler statistischer Verfahren ausgewertet. Die Eigenständigkeit der Dimensionen Führung, Betriebsklima, Kultur und Mobbing konnten durch Faktorenanalysen bestätigt werden. Bedingt durch die schiefe Verteilung von Mobbing wurden nichtparametrische Korrelationsanalysen nach Spearman berechnet. Insgesamt wurden vier multiple Regressionsanalysen durchgeführt. Bei den ersten beiden Berechnungen handelte es sich um logistische Regressionen mit Mobbing als abhängiger Variable. In Modell 1 wurde der Zusammenhang mit den Merkmalen Führung, Betriebsklima und Kultur unter Einschluss der Kontroll-

◘ Tab. 16.1 Verwendete Skalen des ProSoB-Fragebogens (Quelle: Badura et al. 2013, 163 ff.)

Skala	Quelle	Items	α*
Führung	Interpro-Q[1]/ProSoB	10	0,958
Betriebsklima	Interpro-Q/ProSoB/MIKE[2]/SALSA[3]	10	0,952
Kultur	Interpro-Q/ProSoB	10	0,913
Mobbing	Interpro-Q	3	0,668
Depressive Verstimmung	ProSoB	5	0,875
Wohlbefinden	SALSA	4	0,763
Selbstwert	Selbstwertskala von Rosenberg[4]	5	0,702
Psychosomatische Beschwerden	Freiburger Beschwerdeinventar[5]	7	0,805
Körperlicher Gesundheitszustand	ProSoB	1	–
Subjektive Arbeitsfähigkeit	ProSoB	3	0,598
Qualität der Arbeitsleistung	Interpro-Q	3	0,560
Qualitätsbewusstsein	MIKE	4	0,820
Partizipation	SALSA	3	0,704
Fachliche Anforderung	ProSoB	3	0,505
Zeitliche Anforderung	COPSOQ[6]	3	0,804
Klarheit der Aufgabe	COPSOQ	4	0,716
Handlungsspielraum	MIKE	2	0,675
Sinnhaftigkeit der Aufgabe	ProSoB	3	0,641

*α = Cronbachs Alpha
[1] Fragebogen zu interprofessionellen Arbeitsstrukturen im Krankenhaus – Interpro-Q (Brücker et al. 2004)
[2] Der Mitarbeiterkennzahlenbogen (Pfaff et al. 2004)
[3] Salutogenetische Subjektive Arbeitsanalyse (Riemann u. Udris 1997)
[4] Übersetzte Selbstwertskala von Rosenberg nach Schott (1996)
[5] Kurzform des Freiburger Beschwerde-Inventars (v. Zerssen 1976)
[6] Copenhagen Psychosocial Questionnaire (Nübling et al. 2005)

Fehlzeiten-Report 2014

variablen untersucht. In Modell 2 wurden die Items der drei Dimensionen (Führung, Betriebsklima, Kultur) mit der stärksten Korrelation zu Mobbing einbezogen. Es wurden *Odds Ratios* berechnet, die aufgrund der geringen Prävalenz von Mobbing als Relative Risiken interpretiert werden. In den zwei weiteren linearen Regressionsrechnungen wurden exemplarisch für Gesundheit die depressive Verstimmung und exemplarisch für die Arbeitsqualität das Qualitätsbewusstsein (jeweils stärkste Korrelationen mit Mobbing) als Outcomes ausgewählt. Hier fungierten Mobbing und die Organisationsbedingungen (sowie die Kontrollvariablen) als unabhängige Variablen, wobei das Betriebsklima – anders als in der univariaten und bivariaten Analyse – aufgrund seiner starken Korrelation mit Mobbing ausgeschlossen wurde, um Verzerrungen zu vermeiden. Das Signifikanzniveau für alle Verfahren betrug 5 Prozent. Die multivariablen Analysen wurden mit der Methode »Einschluss« unter Angabe von Blöcken durchgeführt. Die Modellgüte wird durch Nagelkerkes R^2 bzw. das korrigierte R^2 ausgewiesen.

16.3   Ergebnisse

Im Folgenden werden zunächst die Ergebnisse der univariaten Analysen vorgestellt. Anschließend werden in Analogie zu den drei Hypothesen in drei Schritten jeweils die Ergebnisse der Korrelationsrechnungen und der mutlivariablen Analysen dargestellt.

▪ **Stichprobe**

Die Fragebögen füllten insgesamt 872 Mitarbeiter aus. Dies entspricht einer Rücklaufquote von 84,2 Prozent. Mit 72,7 Prozent ist die Mehrheit der Befragten weiblich. 27,3 Prozent sind männlichen Geschlechts. Im Mittel sind die Befragten zwischen 36 und 45 Jahren alt. Der Pflegedienst ist mit 51,4 Prozent am stärksten vertreten. Der ärztliche Dienst und der Funktionsdienst sind mit jeweils 10,1 Prozent die zweitgrößte Teilstichprobe. Mit 8,5 Prozent folgen Beschäftigte aus der Verwaltung. Andere Dienstarten bilden einen Anteil von weniger als 5 Prozent.

- **Mittelwerte und Standardabweichungen der interessierenden Variablen**

Der Mobbing-Mittelwert im untersuchten Krankenhaus beträgt 1,62 (SD[1] = 0,70). Da die Angabe eines Mittelwertes bei einer schiefen Verteilung, wie sie bei Mobbing gegeben ist (eine Minderheit ist stark betroffen, während die Mehrheit nicht zu den »Opfern« zählt), zu einer Unterschätzung des Phänomens führen kann, werden an dieser Stelle zusätzlich die Antworthäufigkeiten der einzelnen Items ausgewiesen. Um hier eine Ja-Nein-Aussage zu ermöglichen, wurde die Mobbing-Skala dichotomisiert. Die mittlere Skalenausprägung »3« diente dabei als Cut-off. Die Antworten zu den drei Items zeigen: 8 Prozent der Befragten, das sind 68 Personen, fühlen sich von Kollegen gemobbt. 12 Prozent geben an, dass sie »vom Vorgesetzten gelegentlich persönlich angegriffen werden« (103 Personen) und 26,3 Prozent (224 Personen) dokumentieren, Mobbing sei in der Belegschaft stark verbreitet.

Mit Blick auf die Organisationsbedingungen ist zu konstatieren, dass die Qualität der Führung mit einem Wert von 3,72 (SD = 0,93) sowie das Betriebsklima mit einem Mittelwert (M) von 3,72 (SD = 0,80) mittelstark ausgeprägt sind. Die Qualität der Kultur ist mit einem Wert von 3,05 (SD = 0,66) im Mittel etwas niedriger. Bei den Gesundheitsvariablen erreichten die Skalen Wohlbefinden (M = 3,67, SD = 0,69), Körperlicher Gesundheitszustand (M = 3,98, SD = 0,82) und Selbstwert (M = 4,14, SD = 0,51) mittlere bis hohe Ausmaße. Depressive Verstimmung (M = 2,24, SD = 0,79) und Psychosomatische Beschwerden (M = 2,23, SD = 0,76) verzeichnen entsprechend geringere Werte. Die drei Skalen Subjektive Arbeitsfähigkeit (M = 3,79, SD = 0,71), Qualitätsbewusstsein (M = 3,68, SD = 0,72) sowie Qualität der Arbeitsleistung (M = 3,95, SD = 0,42) sind mittelmäßig ausgeprägt.

- **Schritt 1: Organisationsbedingungen und Mobbing**

Wie ◘ Tab. 16.2 zeigt, korrelieren alle Organisationsvariablen signifikant mit Mobbing. Insbesondere das Betriebsklima (r = -0,604) und die Führung (r = -0,524) stehen in einem starken negativen Zusammenhang mit Mobbing. Je besser die Qualität von Führung, Betriebsklima und Kultur, je niedriger ist demnach das Mobbing-Ausmaß.

◘ Tab. 16.3 zeigt die Ergebnisse der Korrelationsanalysen zwischen den Einzelitems der Organisationsbedingungen und Mobbing. Es wird deutlich, dass die Aussagen zu den Skalen Führung, Betriebsklima und Kultur auch für die Einzelitems zutreffen (◘ Tab. 16.3).

◘ **Tab. 16.2** Ergebnisse der Korrelationsanalyse, Organisationsbedingungen und Mobbing

	1	2	3	4
Mobbing	1			
Führung	-,524**	1		
Betriebsklima	-,604**	,602**	1	
Kultur	-,359**	,462**	,460**	1

** Die Korrelation ist auf dem 0,01-Niveau signifikant (zweiseitig)

Fehlzeiten-Report 2014

Alle Items korrelieren signifikant mit Mobbing. Besonders hervorzuheben sind aufgrund der starken Korrelation mit Mobbing das Ausmaß der »Fairness und Gerechtigkeit des Vorgesetzten« (F10), die »Kommunikation im Team« (B4) und die »Qualität der Konfliktkultur« (K4). Insgesamt dominiert das Betriebsklima. Hier liegen überwiegend starke Zusammenhänge vor. Erkennbar ist auch, dass die Koeffizienten teilweise stark divergieren. So ist bspw. die Korrelation zwischen dem Vertrauen in die Geschäftsleitung (K10) und Mobbing mit einem Wert von r = -0,130 recht schwach, während die Korrelation zwischen der Konfliktkultur (K4) und Mobbing mit r = -0,432 deutlich stärker ist (◘ Tab. 16.3).

◘ Tab. 16.4 stellt die Ergebnisse der multivariablen logistischen Regressionsrechnung (Modell 1) mit Mobbing als Outcome dar. Die Ergebnisse bestätigen den negativen Zusammenhang zwischen der Qualität der Führung (OR = 0,459), dem Betriebsklima (OR = 0,204) und dem Mobbing-Risiko. Besonders deutlich ist auch hier die Prädiktionskraft des Betriebsklimas (das *Odds Ratio* ist hier am geringsten). Die Kultur erweist sich dagegen im multivariablen Modell nicht mehr als signifikanter Prädiktor für Mobbing. Gleiches gilt für die Arbeitsbedingungen (und die weiteren Kontrollvariablen) (◘ Tab. 16.4). Die Gesamtmodellgüte beträgt nach Nagelkerkes-R[2] 45,7 Prozent.

Modell 2, das in ◘ Tab. 16.5 dargestellt ist, enthält ausgewählte Items von Führung, Betriebsklima und Kultur (je stärkste Korrelationen mit Mobbing). Erneut ist hier der negative Zusammenhang mit Mobbing erkennbar. Alle entsprechenden *Odds Ratios* sind signifikant und sie nehmen Werte < 1 an. Ein Anstieg des Ausmaßes der Fairness und Gerechtigkeit des direkten Vorgesetzten, der Kommunikation im Team und eine Verbesserung der Konfliktkultur sind demnach mit einem sinkenden Mobbing-Risiko assoziiert. Die Arbeitsbedingungen (und weiteren Kontrollvariablen) sind in diesem Modell, anders als die Orga-

---

1 Standardabweichung

Tab. 16.3 Ergebnisse der Korrelationsanalysen, Einzelitems Organisation und Mobbing

Führung	Mobbing
F1-Vorgesetzter hat für seine Mitarbeiter immer ein offenes Ohr	-,410**
F2-Vorgesetzter erkennt die Leistung seiner Mitarbeiter an	-,460**
F3-Vorgesetzter achtet darauf, dass seine Mitarbeiter sich beruflich weiterentwickeln können	-,431**
F4-Vorgesetzter informiert Mitarbeiter über alle wichtigen Dinge schnell und zuverlässig	-,399**
F5-Vorgesetzter ist für seine Mitarbeiter ein echtes Vorbild	-,425**
F6-Vorgesetzter wird von allen seinen Mitarbeitern als Chef anerkannt und akzeptiert	-,408**
F7-Vorgesetzter versteht sich insgesamt sehr gut mit seinen Mitarbeitern	-,474**
F8-Vorgesetzter steht zu dem, was er sagt	-,434**
F9-Vorgesetzter ist ein Mensch, dem man in jeder Situation absolut vertrauen kann	-,452**
F10-Vorgesetzter behandelt alle seine Mitarbeiter fair und gerecht	-,528**
Betriebsklima	**Mobbing**
B1-In unserer Abteilung gehen wir zusammen durch dick und dünn	-,502**
B2-In unserer Abteilung halten alle ganz gut zusammen	-,530**
B3-In unserer Abteilung steht keiner außerhalb	-,507**
B4-Umgangston zwischen Kollegen in unserer Abteilung meistens gut	-,576**
B5-In meinem Kollegenkreis fühle ich mich insgesamt sehr wohl	-,553**
B6-Kollegen in unserer Abteilung passen menschlich gut zusammen	-,503**
B7-In unserer Abteilung sind Kollegen in hohem Maße bereit, sich füreinander einzusetzen	-,474**
B8-Bei uns in der Abteilung hilft und unterstützt man sich gegenseitig	-,501**
B9-Wenn nötig, kann man sich auf Kollegen in unserer Abteilung verlassen	-,495**
B10-In unserer Abteilung ist das Vertrauen so groß, dass wir auch über persönliche Probleme offen reden	-,423**
Kultur	**Mobbing**
K1-Fast alle Beschäftigten setzen sich mit Engagement für Ziele des Klinikums ein	-,215**
K2-Führungskräfte / Mitarbeiter orientieren sich sehr stark an gemeinsamen Regeln und Werten	-,278**
K3-Es gibt gemeinsame Visionen und Vorstellungen über die Weiterentwicklung des Betriebs	-,211**
K4-Konflikte/Meinungsverschiedenheiten werden sachlich und vernünftig ausgetragen	-,432**
K5-Es gibt in allen Bereichen einen sehr großen Teamgeist unter den Beschäftigten	-,314**
K6-Unsere Klinik kann man fast mit einer großen Familie vergleichen	-,276**
K7-Bei uns werden alle Beschäftigten gleich behandelt	-,328**
K8-Habe insgesamt den Eindruck, dass es im Umgang mit Beschäftigten fair und gerecht zugeht	-,344**
K9-Die Wertschätzung eines jeden Mitarbeiters ist in unserer Klinik sehr hoch	-,258**
K10-Als Beschäftigter kann man sich auf unsere Geschäftsführung verlassen	-,130**
** Die Korrelation ist auf dem 0,01-Niveau signifikant (zweiseitig).	

Fehlzeiten-Report 2014

16

nisationsbedingungen, kein signifikanter Prädiktor für Mobbing. Die Güte des Gesamtmodells beträgt 45,6 Prozent.

- **Schritt 2: Mobbing und Gesundheit**

Die Ergebnisse der Korrelationsanalysen zwischen Mobbing und Gesundheit sind **Tab. 16.6** zu entnehmen. Alle Zusammenhänge sind signifikant. Hervorzuheben ist der Zusammenhang zwischen Mobbing und der depressiven Verstimmung, der vergleichsweise stark ausgeprägt ist. Mit steigendem Mobbing-Ausmaß ist außerdem ein Anstieg der Häufigkeit psychosomatischer Beschwerden assoziiert. Dagegen

verringern sich das Selbstwertgefühl und das Wohlbefinden, zudem verschlechtert sich der körperliche Gesundheitszustand, wenn das Mobbing-Ausmaß ansteigt.

Tab. 16.7 illustriert die Ergebnisse einer multivariablen linearen Regressionsrechnung, bei der exemplarisch für Gesundheit das Outcome »Depressive Verstimmung« (stärkste Korrelation mit Mobbing) untersucht wurde. Das Modell zeigt, dass mit einem Anstieg des Mobbing-Ausmaßes auch das Ausmaß an depressiven Verstimmungen zunimmt ($\beta = 0{,}208$, $p < 0{,}001$). Anhand der standardisierten Koeffizienten ist zu erkennen, dass Mobbing und die Kultur eine

◘ Tab. 16.4 Ergebnis der logistischen Regression, Mobbing als abhängige Variable, Modell 1

	Odds Ratio	Signifikanz	95 % Konfidenzintervall
Betriebsklima	0,204	< 0,001	0,109–0,382
Führung	0,459	0,001	0,292–0,722
Kultur	1,163	0,690	0,554–2,442
Partizipation	0,745	0,313	0,421–1,320
Fachliche Anforderung	0,815	0,501	0,450–1,477
Zeitliche Anforderung	1,126	0,550	0,762–1,664
Klarheit der Aufgabe	0,769	0,342	0,447–1,322
Handlungsspielraum	0,945	0,787	0,628–1,422
Sinnhaftigkeit der Arbeitsaufgabe	1,011	0,969	0,594–1,718

Anmerkung: Adjustiert nach Alter, Geschlecht, Schulabschluss, Dauer der Zugehörigkeit zum Klinikum; Nagelkerkes $R^2 = 45,7\%$

Fehlzeiten-Report 2014

◘ Tab. 16.5 Ergebnis der logistischen Regression, Mobbing als abhängige Variable, Modell 2

	Odds Ratio	Signifikanz	95 % Konfidenzintervall
Fairness, Gerechtigkeit Vorgesetzter	0,449	< 0,001	0,314–0,642
Kommunikation Team	0,447	< 0,001	0,291–0,687
Konfliktkultur	0,493	0,004	0,303–0,803
Partizipation	0,714	0,237	0,408–1,248
Fachliche Anforderung	0,756	0,344	0,423–1,349
Zeitliche Anforderung	1,161	0,448	0,790–1,706
Klarheit der Aufgabe	0,811	0,449	0,472–1,395
Handlungsspielraum	1,091	0,674	0,728–1,633
Sinnhaftigkeit der Arbeitsaufgabe	0,951	0,852	0,563–1,607

Anmerkung: Adjustiert nach Alter, Geschlecht, Schulabschluss, Dauer der Zugehörigkeit zum Klinikum; Nagelkerkes $R^2 = 45,6\%$

Fehlzeiten-Report 2014

◘ Tab. 16.6 Ergebnisse der Korrelationsanalyse, Mobbing und Gesundheit

	1	2	3	4	5	6
Mobbing	1					
Selbstwertgefühl	-,117**	1				
Wohlbefinden	-,273**	,436**	1			
Depressive Verstimmung	,282**	-,305**	-,648**	1		
Körperlicher Gesundheitszustand	-,222**	,245**	,462**	-,523**	1	
Psychosomatische Beschwerden	,197**	-,224**	-,486**	,553**	-,501**	1

** Die Korrelation ist auf dem 0,01-Niveau signifikant (zweiseitig)

Fehlzeiten-Report 2014

stärkere Prädiktionskraft aufweisen als die zeitlichen Anforderungen und der Handlungsspielraum, die ebenfalls mit der depressiven Verstimmung zusammenhängen. Die Führung erweist sich im Modell nicht als signifikanter Prädiktor. Möglicherweise besteht eine Wechselwirkung mit der Kultur, mit der die Führung korreliert (◘ Tab. 16.2). Die Modellgüte beträgt 18,4 Prozent.

▪ Schritt 3: Mobbing, Arbeitsfähigkeit und Arbeitsqualität

In einem letzten Schritt wurde der Zusammenhang zwischen Mobbing, der Arbeitsfähigkeit und Arbeitsqualität untersucht. Wie ◘ Tab. 16.8 zu erkennen gibt, bestehen zwischen Mobbing und den Variablen negative signifikante Zusammenhänge. Augenfällig ist der vergleichsweise starke negative Zusammenhang

◼ Tab. 16.7 Ergebnisse der linearen Regression, Depressive Verstimmung als abhängige Variable

	β	Standardfehler	Standardisiertes Beta	Signifikanz
(Konstante)	2,638	0,407		< 0,001
Mobbing	**0,208**	**0,050**	**0,183**	**< 0,001**
Führung	0,067	0,043	0,076	0,124
Kultur	**-0,145**	**0,056**	**-0,116**	**0,010**
Partizipation	-0,043	0,050	-0,041	0,395
Fachliche Anforderung	0,081	0,055	0,062	0,143
Zeitliche Anforderung	**0,100**	**0,034**	**0,108**	**0,004**
Klarheit der Arbeitsaufgabe	-0,042	0,054	-0,034	0,441
Handlungsspielraum	**-0,090**	**0,038**	**-0,098**	**0,018**
Sinnhaftigkeit der Arbeitsaufgabe	-0,087	0,052	-0,073	0,095

Anmerkung: Adjustiert nach Alter, Geschlecht, Schulabschluss, Dauer der Zugehörigkeit zum Klinikum; korrigiertes $R^2 = 18,4\%$

◼ Tab. 16.8 Ergebnisse der Korrelationsanalyse, Mobbing, Arbeitsfähigkeit, Arbeitsqualität

	1	2	3	4
Mobbing	1			
Subjektive Arbeitsfähigkeit	-,277**	1		
Qualitätsbewusstsein	-,429**	,206**	1	
Qualität der Arbeitsleistung	-,260**	,228**	,466**	1

** Die Korrelation ist auf dem 0,01-Niveau signifikant (zweiseitig)

◼ Tab. 16.9 Ergebnisse der linearen Regression, Qualitätsbewusstsein als abhängige Variable

	β[1]	Standardfehler	Standardisiertes Beta	Signifikanz
(Konstante)	0,726	0,282		0,010
Mobbing	**-0,159**	**0,034**	**-0,158**	**< 0,001**
Führung	**0,095**	**0,030**	**0,122**	**0,002**
Kultur	**0,401**	**0,039**	**0,359**	**< 0,001**
Partizipation	**0,114**	**0,035**	**0,125**	**0,001**
Fachliche Anforderung	-0,023	0,038	-0,020	0,545
Zeitliche Anforderung	**0,047**	**0,024**	**0,058**	**0,046**
Klarheit der Arbeitsaufgabe	**0,119**	**0,037**	**0,108**	**0,002**
Handlungsspielraum	0,007	0,026	0,008	0,797
Sinnhaftigkeit der Arbeitsaufgabe	**0,078**	**0,036**	**0,074**	**0,032**

Anmerkung: Adjustiert nach Alter, Geschlecht, Schulabschluss, Dauer der Zugehörigkeit zum Klinikum; korrigiertes $R^2 = 50,4\%$
[1] β = Regressionskoeffizient Beta

zwischen Mobbing und dem Qualitätsbewusstsein (r = -0,429). Auch ist die Korrelation zwischen dem Qualitätsbewusstsein und der Qualität der Arbeitsleistung mittelstark ausgeprägt (r = 0,466).

Exemplarisch wurde für den stärksten Zusammenhang – Mobbing und Qualitätsbewusstsein – eine multivariable lineare Regression gerechnet, deren Ergebnisse ◼ Tab. 16.9 darstellt. Hier bestätigt sich der negative Zusammenhang zwischen Mobbing und dem Qualitätsbewusstsein unter Einschluss der Kontrollvariablen (β = -0,159, p < 0,001). Hervorzuheben ist mit Blick auf die standardisierten Koeffizienten der Zusammenhang zwischen Mobbing sowie der Kultur und dem Qualitätsbewusstsein, die die stärksten Prädiktoren sind. Als signifikante Prädiktoren erweisen sich auch die Führung, die Partizipation, die zeitlichen Anforderungen sowie die Klarheit und Sinnhaftigkeit der Arbeitsaufgabe (◘ Tab. 16.9). Die fachlichen Anforderungen zeigen keinen signifikanten Zusammenhang mit dem Qualitätsbewusstsein. Die Gesamtmodellgüte beträgt 50,4 Prozent.

16.4 Diskussion

Das Mobbing-Ausmaß im untersuchten Krankenhaus ist im Mittel mit einem Wert von 1,62 von 5 vergleichsweise niedrig ausgeprägt. Gleichwohl deckt der aussagekräftigere Blick auf die Ergebnisse zu den einzelnen Items auf, dass sich mit 8 Prozent ein nicht unerheblicher Teil der Mitarbeiter allein durch Kollegen gemobbt und sich 12 Prozent der Befragten gelegentlich vom Vorgesetzten angegriffen fühlen und mit 26,6 Prozent ein Viertel der Belegschaft – sei es als Beobachter, »Täter« oder »Opfer« – mehr oder weniger stark in den Mobbing-Prozess involviert ist (► Abschn. 16.3). Die Ergebnisse fügen sich in die Ergebnisse der deutschen Studien ein, in denen Prävalenzen von 7 bis 21 Prozent aufgezeigt werden (Roscher 2008; Angerer et al. 2010; Drygalla 2010; Fuß et al. 2010). Die Ergebnisse der vorliegenden Studie zeigen, dass Mobbing im untersuchten Krankenhaus ein relevantes Thema ist.

Hauptziel der Studie war es, den Zusammenhang zwischen Organisationsbedingungen und Mobbing in einem Krankenhaus zu untersuchen. Wie die Ergebnisse zeigen, hängen die Organisationsbedingungen im Krankenhaus und Mobbing zusammen. Insbesondere das Betriebsklima nimmt hierbei eine vornehmliche Rolle ein. Diese Variable sowie die einzelnen Items zeigen (überwiegend starke) negative Zusammenhänge mit Mobbing. Die Ergebnisse legen nahe, dass mit einer Verbesserung des Betriebsklimas das Mobbing-Risiko reduziert werden könnte. Die Kommunikation im Team erweist sich als besonders relevant. Daneben ist auch eine Verbesserung der Qualität der Führung mit einem sinkenden Mobbing-Risiko assoziiert. Dabei liegt das Augenmerk besonders auf der Fairness und Gerechtigkeit des direkten Vorgesetzten. Die Forschungsergebnisse sind konsistent mit Ergebnissen aus anderen Studien, die einen Zusammenhang zwischen einzelnen Merkmalen von Führung und Betriebsklima mit Mobbing postulieren (z. B. Roscher 2008; Drygalla 2010; Fuß 2010; Topa u. Moriano 2013). Sie bestätigen auch, dass sich die Erkenntnisse aus der Grundlagenforschung (z. B. Badura et al. 2013) auf das Setting Krankenhaus übertragen

lassen. Die Kultur erweist sich nicht als signifikanter Prädiktor für Mobbing. Da Führung, Kultur und Betriebsklima miteinander korrelieren (► Abschn. 16.3, ◘ Tab. 16.2), könnte eine Wechselwirkung zu diesem Ergebnis geführt haben. Steinke et al. (2013) zeigen bspw. anhand eines Strukturgleichungsmodells einen direkten Effekt von Führung und Betriebsklima auf Mobbing, während die Kultur über die Führung und das Betriebsklima einen indirekten Einfluss auf Mobbing ausübt. Hypothese 1 kann somit für die Führung und das Betriebsklima, nicht aber für die Kultur insgesamt bestätigt werden. Ungeachtet dessen zeigt Modell 2 (► Abschn. 16.3, ◘ Tab. 16.5) der multivariablen logistischen Regression einen Zusammenhang mit einem Teilmerkmal der Kultur: dem Umgang mit Konflikten. Demnach könnte eine angemessene Konfliktkultur das Mobbing-Risiko reduzieren. Da die Arbeitsbedingungen in den Modellen 1 und 2 (► Abschn. 16.3, ◘ Tab. 16.4 und ◘ Tab. 16.5) keine signifikanten Prädiktoren mehr für Mobbing sind, könnten Wechselwirkungen mit den Organisationsbedingungen bestehen.

Hypothese 2 kann auf Grundlage der Ergebnisse bestätigt werden: Mobbing und Gesundheit hängen im untersuchten Krankenhaus negativ zusammen. Es liegen Hinweise dafür vor, dass Mobbing tendenziell eine pathogene Wirkung hat. So legen die Ergebnisse nahe, dass Mobbing zu einer Verschlechterung des Wohlbefindens, der körperlichen Gesundheit und des Selbstwertgefühls sowie einem Anstieg des Ausmaßes der depressiven Verstimmung und der psychosomatischen Beschwerden führt. Besonders die psychische Gesundheit – dies wird an der relativ starken Korrelation mit der depressiven Verstimmung deutlich – könnte durch Mobbing beeinträchtigt werden. Allerdings verweist die niedrige Modellgüte in der multivariablen Analyse von 18,4 Prozent darauf, dass die depressive Verstimmung maßgeblich von anderen (z. B. außerberuflichen) Faktoren erklärt wird. Die Ergebnisse korrespondieren mit anderen europäischen und internationalen Studien, die im Krankenhaus einen Zusammenhang mit Depressionen, einem geringen Selbstwertgefühl und psychosomatischen Beschwerden aufzeigen (z. B. Mikkelsen u. Einarsen 2001; Eriksen u. Einarsen 2004; Johnson 2009).

Die Ergebnisse bestätigen darüber hinaus die dritte Hypothese, dass Mobbing, Arbeitsfähigkeit und Arbeitsqualität (Qualität der Arbeitsleistung und Qualitätsbewusstsein) negativ zusammenhängen. Die Ergebnisse legen insbesondere nahe: Je höher das Ausmaß an Mobbing, desto geringer das Qualitätsbewusstsein. Mit Blick auf die einzelnen Items dieser Skala (► Abschn. 16.2) wird die Tragweite der Ergebnisse deutlich: Wenn sich Mitarbeiter nicht mehr an Standards und Leitlinien orientieren, die Qualität der geleisteten Arbeit außer Acht lassen, keine kontinuierliche Leistungsverbesserung anstreben und die Kundenorientierung leidet, wird Mobbing zu einer relevanten Herausforderung für das Krankenhausmanagement – besonders, wenn sich dies auch in der geleisteten Arbeit niederschlägt. Auch in diese Richtung verweisen die Ergebnisse, denn das Qualitätsbewusstsein korreliert mit der Qualität der Arbeitsleistung. Mobbing hängt damit ebenfalls zusammen (◘ Tab. 16.8). Selbst wenn hier nur marginale Verschlechterungen auftreten, kann dies in einem Krankenhaus, in dem Arbeit an überwiegend ernsthaft erkrankten Menschen geleistet wird, zu einem gewichtigen Problem für die Patientensicherheit werden. Aktuelle Studienergebnisse zeigen, dass in deutschen Krankenhäusern 2 bis 4 Prozent unerwünschte, vermeidbare Ereignisse (patientenrelevante Schäden) auftreten, dies entspricht bspw. rund 19.000 Todesfällen pro Jahr (Geraedts 2014). Auch die Effizienz könnte sich durch eine verminderte Arbeitsqualität verringern. Sollte die Finanzierung der Versorgungsleistungen im Krankenhaus zukünftig verstärkt an die Ergebnisqualität gebunden werden, droht außerdem eine Gefährdung der Wettbewerbsfähigkeit.

16.5   Limitationen

Methodisch limitiert das Querschnittsdesign der Studie, das keinen Kausalitätsnachweis erlaubt, die Ergebnisse. Der Zuordnung zu unabhängiger bzw. abhängiger Variable liegen theoretisch fundierte Annahmen über die Wirkrichtung zugrunde, die so nicht zutreffen müssen. Dies müsste in Längsschnittstudien mit entsprechenden Designs überprüft werden. In weiteren multivariablen Modellen sollte zudem der Zusammenhang mit den übrigen Gesundheitsvariablen sowie der Arbeitsfähigkeit und Qualität der Arbeitsleistung abgesichert werden. Letztgenannte Skalen weisen zudem eine unbefriedigende Reliabilität aus, was eine weitere Überprüfung der Ergebnisse erfordert. Zudem limitiert die Operationalisierung von Mobbing die Ergebnisse. So verweist die Reliabilität der Mobbing-Skala ($\alpha = 0{,}668$) bereits auf eine fragwürdige interne Konsistenz. Die Items verdeutlichen, dass verschiedene Perspektiven vermischt werden. So umfasst das dritte Item eher die Beobachterperspektive, die ersten beiden Items dagegen die Opferperspektive. Zudem ist streitbar, ob »gelegentliche Angriffe durch Vorgesetzte« (Item 2) bereits als Mobbing definiert werden kann. Die Skala tendiert somit zu einer Überschätzung – ihre Verwendung sollte überdacht werden. Zu bedenken ist

ferner, dass die analysierten Daten auf einer Selbstauskunft der Beschäftigten beruhen. Sie repräsentieren deren subjektive Sicht, die von objektiven Kriterien abweichen kann. Durch die hohe Rücklaufquote der Datenerhebung können die Ergebnisse als repräsentativ für das untersuchte Klinikum gelten. Sie besitzen jedoch keine Allgemeingültigkeit für den gesamten Krankenhaussektor. Gleichwohl ist zu vermuten, dass sich ähnliche Ergebnisse in Krankenhäusern mit vergleichbaren Strukturmerkmalen reproduzieren lassen.

16.6   Empfehlungen für die Praxis

Am Beispiel des untersuchten Krankenhauses lässt sich demonstrieren, wie wichtig es für ein zukunftsfähiges Krankenhausmanagement ist, an den Organisationsbedingungen anzusetzen. Die Ergebnisse legen nahe, dass Mobbing auf ein Organisationsversagen zurückzuführen ist. Mobbing kann als Hinweis auf Mängel in der Führung, im Betriebsklima und in der Konfliktkultur verstanden werden. Folgen für die Gesundheit, die Arbeitsfähigkeit und Arbeitsqualität können bei Mobbing nicht ausgeschlossen werden. Die Förderung der Gesundheit und Leistungsfähigkeit des Krankenhauspersonals dürfte jedoch angesichts absehbarer Herausforderungen – Alterung der Belegschaften, Stellenbesetzungsprobleme, Multikulturalität oder Arbeitsverdichtung – zukünftig voraussichtlich weiter an Bedeutung gewinnen. Angesichts des Zusammenhangs zwischen Mobbing und Arbeitsqualität sollte mit Blick auf die Patientensicherheit sowie aus Gründen der Effizienz eine gelingende zwischenmenschliche Kooperation angestrebt werden. Aufgabe des Betrieblichen Gesundheitsmanagements sollte es deshalb sein, die Qualität der Organisationsbedingungen systematisch zu erfassen und in eine kennzahlengestützte Gesundheitsberichterstattung einzubinden. Auf dieser Grundlage können Schwachpunkte identifiziert und spezifische Maßnahmen entwickelt werden, mit dem Ziel, Mobbing zu vermeiden, Gesundheit zu fördern sowie die Arbeitsfähigkeit und Arbeitsqualität zu sichern. Konkrete Maßnahmen sollten mit Blick auf Mobbing auf die Förderung des Betriebsklimas abzielen, z. B. durch Aktivitäten zur Verbesserung der Kommunikation im Team. Empfehlenswert sind außerdem Führungskräfteschulungen in puncto Menschenführung und Konfliktmanagement. Diese Schritte dürften nicht nur dem Personal im Krankenhaus, sondern auch dem Betriebserfolg dienen.

Literatur

Angerer P, Petru R, Weigl M et al (2010) Arbeitsbedingungen und Befinden von Ärztinnen und Ärzten. In: Schwartz FW, Angerer P (Hrsg) Arbeitsbedingungen und Befinden von Ärztinnen und Ärzten. Befunde und Interventionen. Deutscher Ärzteverlag, Köln, S 175–184

Badura B, Greiner W, Rixgens P et al (2008) Sozialkapital. Grundlagen von Gesundheit und Unternehmenserfolg. Springer Verlag, Berlin, Heidelberg

Badura B, Walter U, Hehlmann T (2010) Betriebliche Gesundheitspolitik. Der Weg zur gesunden Organisation. 2. Aufl. Springer Verlag, Berlin, Heidelberg

Badura B, Greiner W, Rixgens P et al (2013) Sozialkapital. Grundlagen von Gesundheit und Unternehmenserfolg. 2., erweiterte Aufl. Springer Gabler Verlag, Berlin, Heidelberg

Bartholomeyczik S, Donath E, Schmidt S et al (2008) Arbeitsbedingungen im Krankenhaus. Bundesanstalt für Arbeitsschutz und Arbeitsmedizin (Hrsg), Dortmund, Berlin und Dresden

Becker S (2012) Demografischer Herausforderungen. In: Bechtel P, Smerdka-Arhelger I (Hrsg) Pflege im Wandel gestalten – Eine Führungsaufgabe. Lösungsansätze, Strategien, Chancen. Springer Verlag, Berlin und Heidelberg, S 15–23

Blum K, Löffert S, Offermanns M et al (2013) Krankenhaus Barometer 2013. Deutsches Krankenhausinstitut e V, Düsseldorf

Bölt U (2014) Statistische Krankenhausdaten: Grund- und Kostendaten der Krankenhäuser 2011. In: Klauber J, Geraedts M, Friedrich J, Wasem J (Hrsg) Krankenhaus-Report 2014. Schwerpunkt: Patientensicherheit Schattauer Verlag, Stuttgart, S 293–328

Brücker H, Bock-Rosenthal E, Rixgens P (2004) Fragebogen zu interprofessionellen Arbeitsstrukturen im Krankenhaus: 10 Instrumente für die schriftliche Befragung von Führungskräften und Mitarbeitern in 5 verschiedenen Berufsgruppen. Forschungsprojekt »Interprofessionelle Arbeitsstrukturen im Krankenhaus«, Fachbereich Pflege, Fachhochschule Münster, Münster

Bundesanstalt für Arbeitsschutz und Arbeitsmedizin (BAuA) (Hrsg) (2011) Wenn aus Kollegen Feinde werden. Der Ratgeber zum Umgang mit Mobbing. 6., korrigierte Aufl, Dortmund

Bundesärztekammer (2013a) Im Krankenhaus tätige Ärzte. URL: http://www.bundesaerztekammer.de/downloads/Stat12Tab07.pdf. Gesehen 25 Jan 2014

Bundesärztekammer (2013b) Ausländische Ärztinnen und Ärzte. URL: http://www.bundesaerztekammer.de/downloads/Stat12Tab10.pdf. Gesehen 25 Jan 2014

Drygalla J (2010) Theoretische und Empirische Perspektiven auf Mobbing im Berufsalltag Pflegender in Universitätsklinika. Dissertation an der Martin-Luther-Universität Halle-Wittenberg. URL: http://digital.bibliothek.uni-halle.de/hs/content/titleinfo/779 249. Gesehen 29 Apr 2013

Eriksen W, Einarsen S (2004) Gender minority as a risk factor of exposure to bullying at work: the case of male assistant nurses. European Journal of Work and Organizational Psychology 13(4):473–492

Fitzgerald A (2010) Diversity und das Sozialkapital der Krankenhäuser. In: Badura B, Schröder H, Klose J, Macco K (Hrsg) Fehlzeiten-Report 2010. Vielfalt managen: Gesundheit fördern – Potenziale nutzen. Springer Verlag, Berlin, Heidelberg, S 111–120

Fuß I, Nübling M, Schwappach D et al (2010) Mobbing bei Krankenhausärzten – Prävalenz und Prädiktoren. In: Schwartz FW, Angerer P (Hrsg) Arbeitsbedingungen und Befinden von Ärztinnen und Ärzten. Befunde und Interventionen. Deutscher Ärzteverlag, Köln, S 253–262

Gerber HG (2004) Mobbing im Krankenhaus. In: Schwickerath J, Carls W, Zielke M et al (Hrsg) Mobbing am Arbeitsplatz. Grundlagen, Beratungs- und Behandlungskonzepte. Pabst Science Publishers, Lengerich, S 335–343

Geraedts M (2014) Das Krankenhaus als Risikofaktor. In: Klauber J, Geraedts M, Friedrich J, Wasem J (2014) Krankenhaus-Report 2014. Schwerpunkt: Patientensicherheit. Schattauer, Stuttgart, S 3–12

Gerlinger T, Mosebach K (2009) Die Ökonomisierung des deutschen Gesundheitswesens: Ursachen, Ziele und Wirkungen wettbewerbsbasierter Kostendämpfungspolitik. In: Böhlke N, Gerlinger T, Mosebach K et al (Hrsg) Privatisierung von Krankenhäusern. VSA-Verlag, Hamburg

Hogh AJ (2011) Bullying and employee turnover among healthcare workers: A three wave prospective study. Nursing Management 19:742–751

Iseringhausen O (2009) Psychische Belastungen und gesundheitliches Wohlbefinden von Beschäftigten im Krankenhaus. In: Badura B, Schröder H, Klose J, Macco K (Hrsg) Fehlzeiten-Report 2009. Arbeit und Psyche: Belastungen reduzieren – Wohlbefinden fördern: Springer Verlag, Berlin, Heidelberg

Johnson SL (2009) International perspectives on workplace bullying among nurses: a review. International Nursing Review 56:34–40

Klauber J, Geraedts M, Friedrich J, Wasem J (2014) Krankenhaus-Report 2014. Schwerpunkt: Patientensicherheit. Schattauer, Stuttgart

Krüger A (2013) Zur Erklärung von Fehlzeiten in zwei Stahlwerken. In: Badura B, Greiner W, Rixgens P et al (2013) Sozialkapital. Grundlagen von Gesundheit und Unternehmenserfolg. 2., erweiterte Aufl. Springer Gabler Verlag, Berlin, Heidelberg, S 231–246

Leymann H (1993) Mobbing. Psychoterror am Arbeitsplatz und wie man sich dagegen wehren kann. Rohwolt, Reinbek bei Hamburg

Löffert S, Golisch A (2013) Alter(n)sgerechtes Arbeiten im Krankenhaus. Stand und Perspektiven einer langfristigen Bindung von Pflegekräften. Deutsches Krankenhausinstitut e.V., Düsseldorf

Lükermann S (2013) Sozialkapital und Qualität von Produkten und Dienstleistungen. In: Badura B, Greiner W, Rixgens P et al (Hrsg) Sozialkapital. Grundlagen von Gesundheit und Unternehmenserfolg. 2., erweiterte Aufl.: Springer Gabler Verlag, Berlin, Heidelberg, S 211–230

Mikkelsen EG, Einarsen S (2001) Bullying in Danish work-life: Prevalence and health correlates. European Journal of Work and Organizational Psychology 10(4):393–413

Münch E (2013) Sozialkapital und Sense of Coherence im Krankenhaus. In: Badura B, Greiner W, Rixgens P et al (Hrsg) Sozialkapital. Grundlagen von Gesundheit und Unternehmenserfolg. 2., erweiterte Aufl. Springer Gabler Verlag, Berlin, Heidelberg, S 277–304

Nübling M, Stößel U, Hasselhorn HM et al (2005) Methoden zur Erfassung psychischer Belastungen. Erprobung eines Messinstrumentes COPSOQ. Bundesanstalt für Arbeitsschutz und Arbeitsmedizin (Hrsg), Dortmund, Berlin und Dresden

Pfaff H, Püllhofer F, Brinkmann A et al (2004) Der Mitarbeiterkennzahlenbogen (MIKE): Kompendium valider Kennzahlen. Kennzahlenhandbuch. Klinikum der Universität zu Köln, Abteilung Medizinische Soziologie (Hrsg) Köln

Reifferscheid A, Thomas D, Wasem J (2013) Zehn Jahre DRG-System in Deutschland – Theoretische Anreizwirkungen und empirische Evidenz. In: Klauber J, Geraedts M, Friedrich J, Wasem J (Hrsg) Krankenhaus-Report 2013. Schattauer, Stuttgart, S 3–20

Riemann M, Udris I (1997) Subjektive Arbeitsanalyse: Der Fragebogen SALSA. In: Strohm O, Ulich E (Hrsg) Unternehmen arbeitspsychologisch bewerten: Ein Mehr-Ebenen-Ansatz unter besonderer Berücksichtigung von Mensch, Technik und Organisation, Zürich, vdf Hochschulverlag AG an der ETH, S 281–298

Rixgens P, Badura B (2012) Zur Organisationsdiagnose psychischen Befindens in der Arbeitswelt. Bundesgesundheitsblatt 55:197–204

Rixgens P, Behr M, Badura B (2013) Gegenstand, Vorgehensweisen und Methodik. In: Badura B, Greiner W, Rixgens P et al (Hrsg) Sozialkapital, Grundlagen von Gesundheit und Unternehmenserfolg. 2., erweiterte Aufl. Springer Gabler Verlag, Berlin, Heidelberg, S 61–86

Roscher S (2008) Konfliktmanagement und Prävention von Mobbing in Krankenhäusern – eine Evaluationsstudie. Dissertationsschrift. Universität Hamburg. URL: http://ediss.sub.uni-hamburg.de/frontdoor.php?source_opus=4091. Gesehen 06 Apr 2013

Schmidt CE, Gerbershagen MU, Salehin J et al (2011) Von der Personalverwaltung zur Personalentwicklung. »Demographic risk management« in Krankenhäusern. Anästhesist 60:507–516

Schnee M, Vogt J (2013) Burnout, Mobbing und Präsentismus – Zusammenhänge und Präventionsmaßnahmen. In: Bertelsmann Stiftung, Barmer GEK (Hrsg) Gesundheitsmonitor 2012. Bürgerorientierung im Gesundheitswesen. Verlag Bertelsmann Stiftung, Gütersloh, S 99–117

Schott T (1996) Rehabilitation und die Wiederaufnahme der Arbeit: Eine sozialepidemiologische Untersuchung über den Erfolg medizinischer Rehabilitation nach Herzerkrankung bei Wiederherstellung der Erwerbsfähigkeit. Juventa, Weinheim

Skogstad A, Einarsen S, Torsheim T et al (2007). The destructiveness of laissez-faire leadership behavior. Journal of Occupational Health Psychology 12(1):80–92

Statistische Ämter des Bundes und der Länder (2010) Demografischer Wandel in Deutschland. Auswirkungen auf Krankenhausbehandlungen und Pflegebedürftige im Bund und in den Ländern. Heft 2. Wiesbaden

Steinke M, Luschnat S, McCall T (2013) Symptome erkrankter Organisationen: Der Einfluss des Sozialkapitals auf Mobbing und innere Kündigung. In: Badura B, Greiner W, Rixgens P et al (Hrsg) Sozialkapital, Grundlagen von Gesundheit und Unternehmenserfolg 2. Aufl. Springer Verlag, Berlin, Heidelberg, S 187–210

Teuschel P (2010) Mobbing – Dynamik – Verlauf – gesundheitliche und soziale Folgen. Schattauer Verlag, Stuttgart

Topa G, Moriano JA (2013) Stress and nurses horizontal mobbing: Moderating effects of group identity and group support. Nursing Outlook 61(3):e25–e31

Weber A, Hörmann G, Köllner K (2007) Mobbing – eine arbeitsbedingte Gesundheitsgefahr der Dienst-Leistungs-Gesellschaft? Gesundheitswesen 69:267–276

Willingstorfer B, Schaper N, Sonntag K (2002) Mobbingmaße und -faktoren sowie bestehende Zusammenhänge mit sozialen Arbeitsbedingungen. Zeitschrift für Arbeits- und Organisationspsychologie 46(3):111–125

Wolmerath M (2013) Mobbing. Rechtshandbuch für die Praxis 4. Aufl. Nomos, Baden-Baden

Zerssen D von (1976) Stellenwert und Nutzen betrieblicher Gesundheitsförderung aus Sicht der Arbeitnehmer. In: Badura B, Schröder H, Vetter C (Hrsg) Fehlzeiten-Report 2008. Betriebliches Gesundheitsmanagement: Kosten und Nutzen. Springer Verlag, Berlin, Heidelberg, S 85–10

16

Zukünftige Gestaltungsoptionen

Arbeitsschutz: Zukünftige Herausforderungen

I. Rothe, B. Beermann

B. Badura et al. (Hrsg.) *Fehlzeiten-Report 2014,*
DOI 10.1007/978-3-662-43531-1_17, © Springer-Verlag Berlin Heidelberg 2014

Zusammenfassung *Der Arbeitsschutz hat in den letzten Jahrzehnten erheblich dazu beigetragen, die aus der Arbeitssituation entstehenden gesundheitlichen Risiken zu senken. Ausgehend von Präventionsbemühungen im Bereich der Arbeits- und Wegeunfälle und im Bereich der Berufskrankheiten rückte in den letzten beiden Jahrzehnten die Vermeidung von arbeitsbedingten Erkrankungen zunehmend in den Fokus. Die Erkenntnis, dass Arbeitsbedingungen zu einer latenten Gesundheitsgefahr werden können, führte 1996 zur Berücksichtigung der arbeitsbedingten Erkrankungen im Rahmen des Arbeitsschutzgesetzes (ArbSchG § 2). Im Zentrum des ArbSchG stehen nun auch die Präventionsorientierung und die Berücksichtigung arbeitswissenschaftlicher Erkenntnisse bei der Gestaltung der Arbeit. Der Wandel der Arbeitswelt, mit einer hohen Veränderungsgeschwindigkeit, der Zunahme von psychisch belastenden Arbeitsbedingungen und individualisierten Anforderungen sowohl auf Seiten der Beschäftigten als auch auf Seiten der Betriebe erfordert im betrieblichen Arbeitsschutzhandeln von allen Akteuren eine umfassende Gestaltungskompetenz und differenziertes Vorgehen. Gleichzeitig sind weitere Forschungsanstrengungen notwendig, um auch langfristig für neue Arbeitsorganisationsformen über hinreichendes Gestaltungswissen zu verfügen. Parallel dazu sind schon heute die Bündelung der Kompetenzen z. B. in der Gemeinsamen Deutschen Arbeitsschutzstrategie oder auch die Einbeziehung der Gestaltungskompetenz verschiedener Fachdisziplinen und nicht zuletzt der Mitarbeiter selbst, z. B. im Rahmen des Betrieblichen Gesundheitsmanagements, gute Ansätze, um den Herausforderungen der modernen Arbeitswelt zu begegnen.*

17.1 Einleitung

Der Arbeitsschutz in Deutschland und seine zahlreichen betrieblichen und überbetrieblichen Akteure haben in den letzten Jahrzehnten wesentlich dazu beigetragen, die Schaffung einer humanen Arbeitswelt im Sinne von »Decent Work« (ILO 2014) zu unterstützen. So haben z. B. gesetzliche und untergesetzliche Bestimmungen sowie Präventionskonzepte zum Inverkehrbringen und Verwenden von chemischen Substanzen oder auch Produkten zur Verbesserung des Gesundheitsschutzes am Arbeitsplatz beigetragen (z. B. Bäckerasthma, Hauterkrankungen im Friseurhandwerk). Diese Verbesserungen der Arbeitsbedingungen waren eingebettet in eine umfassende wirtschaftliche, technologische und gesellschaftliche Weiterentwicklung und konnten ihren Beitrag zur Weiterentwicklung der Lebensqualität vieler Beschäftigter leisten. Gleichwohl ist es für den Arbeitsschutz keinesfalls hinreichend, Erreichtes zu sichern. Vielmehr stellt sich vor dem Hintergrund des Wandels der Arbeit die Aufgabe, sowohl das notwendige Fachwissen zur Gestaltung einer menschengerechten Arbeit als auch die Instrumente des Arbeitsschutzes kontinuierlich anzupassen und zu verbessern. Dazu bedarf es einer systematischen Analyse, die ausgehend von der Betrachtung des bereits Erreichten kontinuierlich die sich stetig wandelnden Anforderungen im Blick hat und diese Anforderungen in Handlungsnotwendigkeiten für den Arbeits- und Gesundheitsschutz »übersetzt«.

17.2 Ausgangssituation: Arbeitsschutz in Daten und Fakten

Die Güte des Arbeitsschutzhandels wurde und wird im Wesentlichen an den Outcome-Parametern (tödliche) Arbeitsunfälle, Berufserkrankungen und Erwerbsminderungsrenten gemessen. Mit Inkrafttreten des Arbeitsschutzgesetzes im Jahre 1996 wurden die Vermeidung »arbeitsbedingter Gesundheitsgefahren« und »die Maßnahmen zur menschengerechten Gestaltung der Arbeit« als Handlungsfeld des Arbeitsschutzes ergänzt (§ 2 ArbSchG) und somit die Vermeidung von

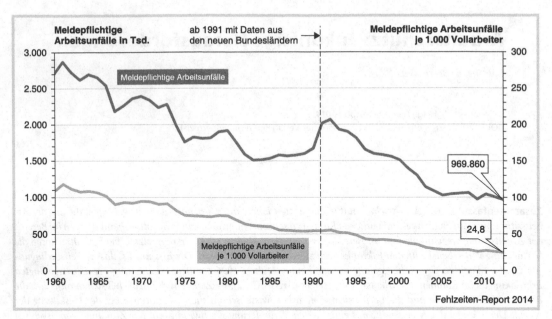

□ Abb. 17.1 Entwicklung der meldepflichtigen Arbeitsunfälle seit 1960 (Quelle: SUGA 2014)

Erkrankungen bzw. die Gesundheit insgesamt in den Blick genommen. Im Folgenden soll die aktuelle Situation des Arbeitsschutzes anhand dieser Indikatoren reflektiert werden.

17.2.1 Arbeitsunfälle

Besonders weitreichende Erfolge konnten seit den 1960er Jahren hinsichtlich der Senkung der betrieblichen Unfallzahlen erzielt werden (□ Abb. 17.1).

So ging der Anteil der meldepflichtigen Arbeitsunfälle auf 24,8 pro 1.000 Vollarbeiter (Vollzeitäquivalent)[1] zurück und erreichte damit 2012 einen neuen Tiefpunkt. Die tödlichen Arbeitsunfälle konnten im Zeitverlauf um mehr als 80 Prozent auf aktuell ca. 680 Unfälle reduziert werden. Seit einigen Jahren haben sie in fast allen Bereichen einen »steady state« erreicht (BAuA 2014).

17.2.2 Berufskrankheiten

Betrachtet man das Berufskrankheitsgeschehen, zeigt sich, dass auch hier in den letzten 50 Jahren durch ge-

zielte Präventionsbemühungen eine erhebliche Verbesserung erreicht wurde. Gleichwohl muss bei der Betrachtung der Berufskrankheiten die häufig lange Latenzzeit zwischen Exposition und Erkrankung berücksichtigt werden. Dieser Tatbestand ist auch dafür verantwortlich, dass es immer wieder zu Anstiegen in BK-Bereichen kommt, dessen verursachende Noxen in der Arbeitswelt bereits nicht mehr zu finden sind. So ist z. B. der aktuell zu beobachtende Anstieg der anerkannten Berufskrankheiten aufgrund von Asbestose, Lungen- und Kehlkopfkrebs und Mesotheliom (Asbest) zu interpretieren. Obwohl Asbest bereits seit 1993 nicht mehr verarbeitet werden darf, sind die anerkannten Berufskrankheiten weiterhin auf gleichbleibendem Niveau und haben ihren Höchststand möglicherweise noch nicht erreicht (BAuA 2014).

Während die asbestbedingten Berufserkrankungen aus einer relativen Unkenntnis des Schädigungspotenzials des Stoffes resultieren, ist z. B. die Lärmschwerhörigkeit ein Beispiel dafür, dass die Umsetzung von Erkenntnissen in die Praxis sehr langsam geschieht. Trotz gesicherter Erkenntnis über Entstehungszusammenhänge und umfänglicher Präventionsbemühungen stellt die Lärmschwerhörigkeit aufgrund der häufig nur mangelhaften Sensibilität in der Praxis weiterhin den größten Anteil an den anerkannten Berufskrankheiten.

---

1 Die Zahl der »Vollarbeiter« ist eine statistische Rechengröße, die verschiedene zeitliche Beschäftigungsverhältnisse in Vollzeitäquivalente umrechnet (BAuA 2014, S. 4)

17

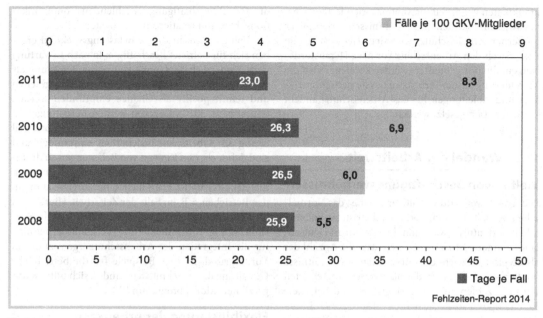

■ **Abb. 17.2** Entwicklung der Arbeitsunfähigkeit durch psychische Erkrankungen (Quelle: BAuA 2013)

17.2.3 Arbeitsunfähigkeit und Erwerbsminderungsrenten

Die menschengerechte Gestaltung der Arbeit (§ 2 Arb-SchG, 1996) zielt neben der Vermeidung von Unfällen und Berufskrankheiten auf die Vermeidung von arbeitsbedingten Erkrankungen. Indikatoren, die Hinweise auf die Zusammenhänge zwischen Arbeitsbedingungen und Erkrankungen geben, sind das Arbeitsunfähigkeitsgeschehen (AU) und die Erwerbsminderungsrenten.

Arbeitsunfähigkeit wird nicht ausschließlich von arbeitsassoziierten Aspekten beeinflusst. Trotzdem muss davon ausgegangen werden, dass aus der Arbeitssituation resultierende Belastungsfaktoren wie z. B. Hitzearbeit, Akkord, Nachtarbeit, Zeit- und Leistungsdruck einen systematischen Einfluss auf die Ausbildung von Beeinträchtigungen und Erkrankungen haben (Bödecker et al. 2002). Im Ranking des Erkrankungsgeschehens stehen die Muskel- und Skelett-Erkrankungen (MSE) aktuell an der ersten Stelle, gefolgt von Verletzungen und Atemwegserkrankungen. An vierter Stelle folgen mit steigender Tendenz die psychischen und Verhaltensstörungen. Für letztere kann insbesondere für die letzten fünf Jahre ein kontinuierlicher Anstieg verzeichnet werden (■ Abb. 17.2) (Lohmann-Haislah 2012).

Wie beim Arbeitsunfähigkeitsgeschehen kann auch bei den Erwerbsminderungsrenten von einem arbeitsbedingten Anteil ausgegangen werden. Ein Blick auf die Rentenzugänge aufgrund verminderter Erwerbsfähigkeit nach Diagnosegruppen zeigt auch hier, dass in den letzten fünf Jahren sowohl für Frauen als auch für Männer ein deutlicher Anstieg der Renten zu verzeichnen ist, die aufgrund von psychischen und Verhaltensstörungen bewilligt wurden.

An zweiter Stelle der Ursachen für eine Erwerbsminderungsrente rangieren Muskel- und Skelett-Erkrankungen (MSE) mit einer Angleichung bei Männern und Frauen, gefolgt von Neubildungen und Herz-Kreislauf-Erkrankungen (HKE) (BAuA 2014).

Dieser Anstieg bei den Erwerbsminderungsrenten und den Arbeitsunfähigkeitstagen lässt vermuten, dass die sich im Kontext des gesellschaftlichen Wandels vollziehenden Veränderungen in der Arbeitswelt einen systematischen Einfluss auf das Erkrankungsgeschehen haben.

17.3 Weiterentwicklung des Arbeitsschutzes

Die Erkenntnis, dass Gefährdungen aus dem Arbeitsleben sich auf die Gesundheit von Beschäftigten auswirken können, führte dazu, dass diese Zielgröße 1996 im Arbeitsschutzgesetz berücksichtigt wurde. Aus dem »verhütenden« Arbeitsschutz, der seine Berechtigung primär in der Vermeidung von Unfällen und Berufskrankheiten hat, ist ein präventionsorientierter, an arbeitswissenschaftlichen Erkenntnissen orientierter moderner Arbeitsschutz geworden. Heute stellt die Arbeitswelt den Arbeitsschutz vor neue Herausforderungen, die nur gemeistert werden können, wenn die Veränderung in der Arbeitswelt systematisch analysiert und Ableitungen für das Arbeitsschutzhandeln konsequent umgesetzt werden.

17.3.1 Wandel der Arbeitswelt

Vielfalt von Beschäftigungsverhältnissen

Die Arbeitswelt wird vielfältiger. Zwar ist das Normalarbeitsverhältnis – definiert als unbefristetes Vollzeitarbeitsverhältnis – weiterhin die »Norm« in Deutschland; dennoch ist zu beobachten, dass die Anzahl der als atypisch bezeichneten Beschäftigungsverhältnisse kontinuierlich steigt. Zu den als atypisch bezeichneten Formen[2] zählen Teilzeit, geringfügige und befristete Beschäftigung sowie Leiharbeit (BAuA 2014). Insgesamt hat sich der Anteil der atypisch Beschäftigen von 1991 bis 2011 mit einem Anstieg von 4,4 Mio. auf 7,9 Mio. Beschäftigte annähernd verdoppelt (Statistisches Bundesamt, Microzensus). Der deutlichste Anstieg ergab sich für die Teilzeit zwischen 1991 und 2007. Seit 2007 ist eine Stagnation zu beobachten. Ebenfalls deutlich gestiegen ist der Anteil der ausschließlich geringfügig Beschäftigten mit einem aktuellen Stand von 2,5 Mio.[3] (BAuA 2014). Ein nicht ganz so deutlicher Anstieg ist bei den befristet Beschäftigten zu beobachten. Gemäß Mikrozensus sind ca. 35 Prozent der atypisch Beschäftigten in einem befristeten Arbeitsverhältnis. Der Anteil der Zeitarbeitnehmer liegt aktuell bei ca. 2 Prozent und schwankt in Abhängigkeit von der Konjunktur.

Die dargestellten strukturellen Veränderungen der Gruppe der Erwerbstätigen stellen in mehrfacher Hinsicht neue Anforderungen an den Arbeitsschutz. So ist davon auszugehen, dass Form und konkrete Ausgestaltung der Beschäftigungsverhältnisse an sich Auswirkungen auf die Belastungssituation der Beschäftigten haben. So kann Teilzeit beispielsweise insbesondere in Lebensphasen mit hohen außerberuflichen Anforderungen Belastungen reduzieren, indem sie dem Arbeitnehmer ermöglicht, die verschiedenen Lebensbereiche besser zu koordinieren. Voraussetzung hierfür ist jedoch, dass sowohl die beruflichen als auch die außerberuflichen Anforderungen hinreichend planbar sind. Dagegen kann das Stresserleben steigen, wenn

die Teilzeitbeschäftigung zu fehlenden Kommunikations- bzw. Informationsmöglichkeiten führt.

Völlig unterschiedliche Belastungsspektren ergeben sich für befristet Beschäftigte: Je nach Erwartung und eigener Lebensplanung kann eine Befristung als ein Schritt in der beruflichen Entwicklung gesehen und damit positiv als Chance empfunden werden (Guest et al. 2010). Dagegen werden Befristungen in einfachen Tätigkeiten ohne Entwicklungspotenzial häufig als Arbeitsplatzunsicherheit empfunden und sind daher eher im Kontext von Belastungen zu diskutieren. Zusätzlich ergeben sich neue Anforderungen an die Arbeits- und Gesundheitsschutzorganisation in den Betrieben, z. B. im Falle der Zeitarbeit. Hier stehen die Verzahnung der Verantwortlichkeiten und die Sensibilisierung von Entleih- und Verleihunternehmen für die Integration der Arbeitsschutzorganisation im Vordergrund. Positive Beispiele für die betriebliche Gestaltung dieser Schnittstelle finden sich unter www.grazil.net (Modellprogramm BMAS).

Flexibilisierung der Arbeitszeit

Nicht nur die Beschäftigungsverhältnisse, sondern auch die Ausgestaltung der Arbeitszeiten sind einer hohen Flexibilisierung und zunehmenden Individualisierung unterworfen. So zeigen aktuelle Daten des Mikrozensus, dass immerhin 44 Prozent der Befragten angeben auch am Samstag zu arbeiten, an Sonn- und Feiertagen arbeiten demnach 26 Prozent. In Schichtarbeit oder am Abend arbeiten ca. 18 respektive 43 Prozent der Befragten (BAuA 2014). Aktuell liegen nur unzureichende Erkenntnisse darüber vor, mit welchem möglichen Risiko für die Gesundheit bzw. die soziale Integration diese zunehmende Flexibilität verbunden ist. Die wenigen vorliegenden Studien legen allerdings eine entsprechende Vorsicht bei der Gestaltung flexibler Modelle nahe (Janßen u. Nachreiner 2004).

Gesicherte Erkenntnisse liegen dagegen zu den Auswirkungen langer Arbeitszeiten auf die Gesundheit und das Unfallrisiko vor. Lange Arbeitszeiten sind deutlich assoziiert mit dem Anstieg psychovegetativer Beschwerden (Wirtz 2010) und mit dem Anstieg des Unfallrisikos (Tucker u. Folkard 2012). In der BIBB/BAuA-Erwerbstätigenbefragung 2012 gaben immerhin 18,5 Prozent der Befragten an, länger als 48 Stunden in der Woche zu arbeiten. Für diese Beschäftigten ergibt sich demzufolge ein erhöhtes Risiko.

Ein aktuelles Indiz für die zunehmende Dynamik in der Arbeitswelt ist die Diskussion um das Phänomen »ständige Erreichbarkeit«[4]. Die oftmals hitzig ge-

---

2 ausschließlich abhängige Beschäftigung
3 ohne Beschäftigte in Bildung und Ausbildung

4 http://www.zeit.de/karriere/beruf/2012-06/arbeitnehmer-erreichbarkeit-freizeit (Stand 14.01.2014)

führte Diskussion um das Verwischen der Grenzen zwischen Arbeit und Freizeit kann als Merkmal für die sich wandelnden Anforderungen an die Mitarbeiter gewertet werden.

An dieser Stelle sei bemerkt, dass neben Defiziten an Gestaltungswissen im Hinblick auf flexible Arbeitszeitmuster – das durch zukünftige Forschung reduziert werden muss – aktuell auch die bekannten und wissenschaftlich gesicherten Gestaltungsempfehlungen, z. B. zur Schichtplangestaltung in den Betrieben, oftmals nur unzureichend berücksichtigt werden.

Demografischer Wandel

Auch der demografische Wandel und seine konkreten Auswirkungen in den Betrieben stellen den Arbeitsschutz vor Herausforderungen. Die Belegschaften werden älter und aufgrund des Anstiegs der Erwerbsquote von Frauen und von Beschäftigten mit Migrationshintergrund vielfältiger. Eine Konsequenz des demografischen Wandels ist zudem die Anhebung des Rentenalters und die damit verbundene Anforderung, die Arbeits- und Beschäftigungsfähigkeit der Mitarbeiter länger zu erhalten.

Die jeweilige Arbeits- und Beschäftigungsfähigkeit ist in hohem Maße bestimmt von den individuellen Leistungsvoraussetzungen der Erwerbstätigen (Richter et al. 2012). Diese wiederum werden von der konkreten Gestaltung der Arbeitssituation über das gesamte Arbeitsleben wesentlich beeinflusst. Gut gestaltete Arbeit

und präventive Maßnahmen im Bereich Sicherheit und Gesundheit bei der Arbeit sowie der gezielte Einsatz von betrieblichen Gesundheitsförderungsmaßnahmen unterstützen den Erhalt der Fähigkeiten und Fertigkeiten und helfen arbeitsassoziierte Erkrankungen zu vermeiden. Die aktuellen in der Gruppe der älteren Beschäftigten zu beobachtenden deutlichen Unterschiede im Hinblick auf die kognitiven, emotionalen und leistungsbezogenen Fähigkeiten sind auch das Ergebnis eines auf das Berufsleben bezogenen Verschleißprozesses (Hasselhorn u. Rauch 2013).

Eine alters- und alternsgerechte Arbeitsgestaltung, die arbeitsbedingte Verschleißerscheinungen reduziert und den Erhalt der Leistungsfähigkeit unterstützt, stellt eine wesentliche Basis für präventives Handeln im Betrieb dar.

Fortlaufender Wandel: Betriebliche Restrukturierung

Betriebliche Restrukturierungen prägen den Alltag in den Betrieben. Aktuell berichten je nach Branchenzugehörigkeit zwischen 25 Prozent (Handwerk) und 50 Prozent (Industrie) der Beschäftigten, dass in den letzten zwei Jahren in ihrem direkten Umfeld betriebliche Restrukturierungsmaßnahmen stattgefunden haben (Köper 2012). Vorliegende Studien zeigen, dass diese Restrukturierungsprozesse für die Betriebe und die Beschäftigten eine erhebliche Herausforderung darstellen (Kieselbach et al. 2009). Hoher Veränderungs-

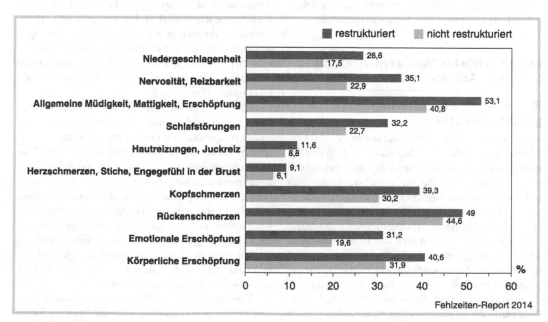

Abb. 17.3 Körperliche Beschwerden in Abhängigkeit von Restrukturierungsprozessen (Quelle: BiBB/BAuA Erwerbstätigenbefragung 2012)

druck oder schnelle Abfolgen verschiedener Veränderungsinitiativen verhindern immer häufiger geregelte Change-Prozesse, bei denen hinreichende Zeitspielräume für die Etablierung und Stabilisierung neuer Strukturen und Verfahrensweisen eingeplant werden. Wie empirische Untersuchungen zeigen, ergibt sich ein deutlicher Zusammenhang zwischen dem Erleben von Restrukturierungsprozessen und dem Auftreten von gesundheitlichen Problemen (◘ Abb. 17.3).

Dieser Anstieg an gesundheitlichen Beschwerden wird zum einen im Zusammenhang mit der Unsicherheit des Arbeitsplatzes und der als Bedrohung wahrgenommenen Angst vor Entlassung diskutiert (Kieselbach et al. 2009). Gleichzeitig ist aber auch zu beobachten, dass im Zuge von Restrukturierungen in der Regel die unmittelbar aufgabenbezogenen Anforderungen an die Mitarbeiter zunehmen. Im Ergebnis nehmen Stress und psychische Belastungen zu.

Vor dem Hintergrund der Bedeutung der Restrukturierungsprozesse für Arbeit und Gesundheit ist es notwendig, Kompetenzen der Arbeitsgestaltung in diese Prozesse systematisch einzubeziehen. Das betrifft zum einen die konkrete Gestaltung der neuen Arbeitsaufgaben (Belastungen), aber auch die Aufrechterhaltung sozialer Unterstützung und mitarbeiterorientierter Kommunikation im Sinne einer Stress reduzierenden (moderierenden) Ressource. Dabei kommt den operativen Führungskräften eine zentrale Rolle zu; zudem ist eine systematische professionelle Unterstützung durch weitere Akteure – auch aus dem Arbeits- und Gesundheitsschutz – anzustreben.

17.3.2 Fachliche Weiterentwicklung des Arbeitsschutzes

Risikobasierte Regulierung gefährlicher Stoffe

Trotz aller erreichten Verbesserungen des Arbeitsschutzes sind stoffliche Risikofaktoren – nach den Arbeitsumgebungsfaktoren wie Lärm – auch heute noch eine wesentliche Quelle für Berufskrankheiten. Es bleibt also ein vordringliches Ziel, mögliche Gefahrstoffe gar nicht oder nur unter kontrollierten und sicheren Bedingungen in Arbeitsprozesse einzusetzen.

Mit dem Inkrafttreten der REACH-Verordnung im Jahr 2007 (**R**egistration, **E**valuation, **A**uthorisation of **Ch**emicals) sind dafür umfangreiche rechtliche Voraussetzungen geschaffen worden. Nach dem Prinzip »no data, no market« sind die Firmen verpflichtet, sämtliche Stoffe, die im Europäischen Markt in den Verkehr gebracht werden, unter Angabe umfangreicher sicherheitsrelevanter Daten registrieren zu lassen. Je nach

Risikopotenzial der Stoffe können diese dann durch die zuständigen nationalen und europäischen Fachbehörden im Einsatz grundsätzlich beschränkt, spezifischen Zulassungsverfahren unterworfen oder gar gänzlich verboten werden (vgl. Webseite des REACH-Helpdesks; www.reach-clp-biozid-helpdesk.de).

Adäquate Entscheidungen zur Risikoregulation erfordern umfangreiche und fundierte Datenanalysen zu Exposition und Wirkung der Stoffe sowie Forschung zu möglichen Wirkmechanismen, beispielsweise im Bereich der synthetisch hergestellten Nanopartikel. Mit der kontinuierlichen Weiterentwicklung von durch Betriebspraktiker leicht zu handhabenden Tools, die ohne aufwändige Messverfahren auskommen, wie z. B. das Einfache Maßnahmenkonzept Gefahrstoffe (EMKG; www.baua.de), soll zudem die sachgerechte Handhabung von Stoffen in den Betrieben und eine zuverlässige Risikokommunikation entlang der Lieferkette unterstützt werden.

Wissensbasis für arbeitsbedingte Erkrankungen

Ziel eines modernen Arbeitsschutzes ist es, nicht nur das Berufskrankheiten- und Unfallgeschehen weiterhin im Blick zu haben, sondern mit gezielten Präventionsmaßnahmen auch auf arbeitsbedingte respektive arbeitsassoziierte Erkrankungen Einfluss zu nehmen. Aufgrund der vorliegenden Studien können wir von gesicherten Zusammenhängen zwischen Arbeitsbedingungen und Erkrankungen bei wichtigen Volkskrankheiten wie Muskel-Skelett-Erkrankungen, Herz-Kreislauf-Erkrankungen und psychischen Störungen ausgehen (vgl. Backé et al. 2012; Rau et al. 2010; Liebers et al. 2013). Gleichwohl ist die Erkenntnislage für die Ableitung spezifischer Interventionsmaßnahmen nicht immer hinreichend.

Für die Weiterentwicklung des Arbeitsschutzes ist es daher wichtig, sich weiterhin an Forschungsvorhaben zu den entsprechenden Erkrankungen zu beteiligen respektive diese – wo möglich – auch zu initiieren. Diese sollten auf eine spezifische Aufklärung möglicher Wirkzusammenhänge ausgerichtet sein und daher Arbeitsbedingungen möglichst umfassend und deren Wirkungen möglichst langfristig erfassen. Um der Komplexität von (außerberuflichen und beruflichen) Entstehungszusammenhängen und Krankheitsverläufen gerecht zu werden, bietet sich insbesondere die Beteiligung an großen epidemiologischen Bevölkerungsstudien an (vgl. z. B. Gutenberg-Gesundheitsstudie 2013).

Von herausragender Bedeutung sind dabei weitere und präzisere Erkenntnisse über die Wirkmechanismen psychischer Belastungen. Aber auch Kombinationswirkungen mit den in bestimmten Branchen und

Tätigkeiten nach wie vor sehr ausgeprägten physischen Belastungen sind von hoher Wichtigkeit.

Psychische Belastungen und Gesundheit

Psychische Belastungen in der Arbeitswelt haben seit Mitte der 1990er Jahre an Bedeutung zugenommen (Lohmann-Haislah 2012). Insbesondere Zeit- und Leistungsdruck sowie Multitasking und Unterbrechungen befinden sich seit Jahren stabil auf einem hohen Niveau. Neue technisch-organisatorische Arbeitsmerkmale wie z. B. die ständige Erreichbarkeit sowie der hohe Anteil von Emotionsarbeit in modernen Dienstleistungen werden intensiv diskutiert.

Spätestens mit der Änderung des Arbeitsschutzgesetzes im Oktober 2013 wurde unmissverständlich klargestellt, dass sich dieses auf die physische und die psychische Gesundheit bezieht sowie psychische Belastungen explizit in die Analyse möglicher Gefährdungen mit aufzunehmen sind (§ 4 und § 5 ArbSchG). Diese Klarstellung hat dazu beigetragen, die Akteure im Arbeits- und Gesundheitsschutz stärker für diesen Gestaltungsbereich zu sensibilisieren. So haben sich z. B. die Sozialpartner – zusammen mit dem BMAS – mit einer »Gemeinsamen Erklärung Psychische Gesundheit in der Arbeitswelt« vorgenommen, durch Maßnahmen von Arbeitsschutz, Gesundheitsförderung und Versorgung auf die psychische Gesundheit der Mitarbeiter einzuwirken (BMAS 2011; www.bmas. de). Die Betriebe sind also nachdrücklicher als bisher aufgefordert, psychische Belastungen in ihr Arbeitsschutzhandeln, beispielsweise im Rahmen der Gefährdungsbeurteilung, einzubeziehen.

Im Rahmen der Aktivitäten der Gemeinsamen Deutschen Arbeitsschutzstrategie, in der Länder und Berufsgenossenschaften gemeinsam mit dem Bund und unter Berücksichtigung der Zielstellungen anderer Akteure im Feld, wie z. B. den Krankenkassen, Schwerpunkte für die Arbeit im Bereich des Aufsichtshandelns vereinbaren, sind die psychischen Belastungen als thematischer Schwerpunkt 2013 bis 2018 (Arbeitsprogramm Psyche »Stress reduzieren – Potenziale enwickeln«) festgelegt worden. Neben modellhaften betrieblichen Aktivitäten ist dabei die Qualifizierung der Aufsichtspersonen für den Themenbereich ein Arbeitsschwerpunkt. Die Qualifizierung der Multiplikatoren ermöglicht, dass das Thema nachhaltig berücksichtigt wird.

Auch wenn das Fachgebiet durchaus auf eine lange Tradition zurückblickt und eine Fülle von Analyseinstrumenten und Handlungshilfen vorliegt (z. B. BAuA-Toolbox; IAG Report 1/2013; PsyGA [www.psyga.de]), sind die psychischen Belastungen doch nach wie vor ein »Pionierfeld« des Arbeitsschutzes und werden nur von einer Minderheit der Betriebe systematisch mit berücksichtigt (vgl. Gemeinsame Deutsche Arbeitsschutzstrategie 2013). Vor diesem Hintergrund ist es geboten, weitere Analyse- und Gestaltungsexpertisen für psychische Belastungen, die insbesondere auch neue Belastungskonstellationen im Kontext des Wandels der Arbeit berücksichtigen, auf fundierter wissenschaftlicher Basis zu erarbeiten und der betrieblichen Praxis zur Verfügung zu stellen. Im Sinne eines modernen Arbeitsschutzes sollten dabei nicht nur möglicherweise gesundheitsgefährdende Belastungsfaktoren bzw. Anforderungen wie z. B. lang anhaltender hoher Zeit- und Leistungsdruck berücksichtigt werden, sondern auch gesundheitsförderliche arbeitsbezogene Ressourcen wie Handlungsspielräume und soziale Unterstützung.

17.3.3 Methodische und institutionelle Weiterentwicklung

Vorgehensweisen bei der Gefährdungsbeurteilung

Die Gefährdungsbeurteilung als zentrales Instrument des betrieblichen Arbeitsschutzes ist grundsätzlich als Prozess angelegt, in dessen Rahmen sowohl die Gefährdungen ermittelt und beurteilt als auch Maßnahmen festgelegt und durchgeführt sowie deren Wirksamkeit überprüft werden (vgl. GDA-Leitlinie Gefährdungsbeurteilung und Dokumentation). Zudem soll sie im Sinne eines kontinuierlichen Verbesserungsprozesses bei Veränderungen der betrieblichen Gegebenheiten fortgeschrieben werden.

Betriebliche Erfahrungen und entsprechende Umfragedaten zeigen jedoch, dass die Gefährdungsbeurteilung – falls sie denn gestartet wurde – häufig noch vor der Durchführung von Maßnahmen steckenbleibt (vgl. Gemeinsame Deutsche Arbeitsschutzstrategie 2013, GDA Dachevaluation) (◘ Abb. 17.4). Dies scheint insbesondere dann der Fall zu sein, wenn die erforderlichen Maßnahmen nicht vorwiegend technischer Natur sind, sondern Veränderungen in der Arbeitsorganisation oder im sozialen Kontext der Arbeitstätigkeit notwendig wären. Die zunehmende Flexibilisierung der Arbeitsstrukturen sowie die Zunahme psychischer Belastungen erfordern jedoch in aller Regel gerade die Gestaltung solcher Belastungsfaktoren.

Vor diesem Hintergrund ist die Entwicklung und Verbreitung prozesshafter Vorgehensweisen von großer Bedeutung. Im Vordergrund steht dabei weniger die Entwicklung weiterer Analyseinstrumente oder Verfahrenschecklisten, sondern der Transfer bewährter betrieblicher Projektmanagement-Praxis (Beck 2013).

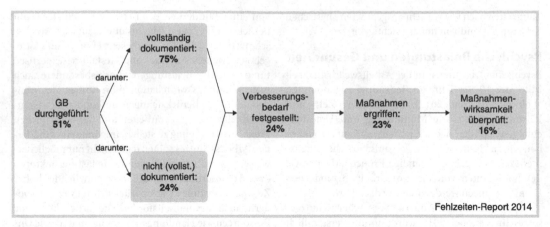

Fehlzeiten-Report 2014

☐ **Abb. 17.4** Vollständigkeit durchgeführter Gefährdungsbeurteilungen (GDA-Dachevaluation, Betriebsbefragung im August 2011; n=6500)

Multidisziplinäre Arbeitsschutzorganisation

Neue Belastungskonstellationen im Betrieb stellen auch an die betrieblichen Akteure neue Anforderungen. Die DGUV V2 (2011) wird den – zunehmend differenzierter werdenden – Anforderungen auf betrieblicher Ebene gerecht, indem sie explizit die Möglichkeit eröffnet, neben den »traditionellen« Akteuren im Arbeitsschutz – Betriebsärzte und Fachkräfte für Arbeitssicherheit (§§ 2, 6 ASiG) – belastungsbezogen auch andere Professionen wie Arbeitspsychologen, Ergonomen etc. in die Analyse und Gestaltung einzubeziehen.

Vor dem Hintergrund der zunehmenden Bedeutung ganzheitlicher Gestaltungsansätze, die neben der technischen Arbeitsplatzausstattung und Arbeitsumgebung auch den Aufgabenzuschnitt, Ziele, Kommunikation und Kooperation etc. in den Blick nehmen, wird es zudem immer wichtiger, dass Führungskräfte und Mitarbeiter in die Prozesse des Arbeitsschutzes gestaltend einbezogen werden. Nur so sind einerseits angemessene Gestaltungslösungen zu entwickeln und zu implementieren und andererseits ist sichergestellt, dass auch auf permanente Veränderung angemessen reagiert werden kann.

Die Kampagne Initiative Neue Qualität der Arbeit – INQA

Neben dem staatlichen Arbeitsschutz gewinnt die Unterstützung der Betriebe durch praxisorientierte Instrumente zunehmend an Bedeutung. Insbesondere die kleinen und mittleren Unternehmen (KMU), denen nur begrenzt Kapazitäten und Kompetenzen für die Gestaltung zur Verfügung stehen, profitieren von den umfänglich zur Verfügung gestellten Instrumenten der Initiative Neue Qualität der Arbeit (www.

INQA.de). Arbeitsanalyseinstrumente, Gefährdungsbeurteilungen oder aber auch speziell problemorientierte Instrumente wie die Altersstrukturanalyse geben Gestaltungshinweise und helfen bei der Entwicklung von Umsetzungsmaßnahmen. Als besonders effizient hat es sich in diesem Kontext erwiesen, von anderen zu lernen. Netzwerke zum Erfahrungsaustausch und Vernetzung zur gemeinsamen Nutzung von Kapazitäten, z. B. die Personalakquise, stellen gerade für KMU einen wesentlichen Schritt zur Verbesserung des Arbeits- und Gesundheitsschutzes dar.

Integration des Betrieblichen Gesundheitsmanagements – BGM

Vor dem Hintergrund der permanenten Veränderungen in der Arbeitswelt, die den betrieblichen Alltag prägen, ist der Arbeitsschutz mehr als bisher auf die Einbeziehung kompetenter Mitarbeiter in die Arbeitsgestaltung angewiesen. Auch ist gesundheitsgerechtes Verhalten, wie es beispielsweise im Rahmen von Maßnahmen der Betrieblichen Gesundheitsförderung unterstützt wird, von entscheidender Bedeutung für den Erhalt der Arbeits- und Beschäftigungsfähigkeit.

Es hat sich gezeigt, dass nur durch ganzheitliche Ansätze eine nachhaltige positive Wirkung in Bezug auf die Gesundheit der Beschäftigten realisierbar ist. Ganzheitliche Ansätze umfassen sowohl die Gestaltung der Arbeitsorganisation und -bedingungen als auch die Stärkung der persönlichen Kompetenzen (verhältnis- und verhaltenspräventive Ansätze; vgl. Luxemburger Deklaration 1997, 2007). Mehr als in den »klassischen« Ansätzen der Arbeitsgestaltung setzt das BGM auf die Einbeziehung der Mitarbeiter (Partizipation) sowohl bei der Schwachstellenanalyse (z. B. durch Mitarbeiterbefragungen oder auch Gesundheitszirkel)

17

als auch bei der Ableitung spezieller Interventionen. Die Partizipation und die Orientierung auf die ganz spezifischen betrieblichen Bedingungen sind zentrale Erfolgsfaktoren des BGM. Sie bietet damit die Möglichkeit, »maßgeschneiderte« Maßnahmen entwickeln zu können und dabei Gestaltungskompetenzen weiterzuentwickeln. Dieses Vorgehen erweist sich gerade im Hinblick auf die große Vielfalt und die ständigen Veränderungen in einer sich wandelnden Arbeitswelt als besondere Stärke.

Das Betriebliche Gesundheitsmanagement integriert in seinem Konzept damit bereits die für die heutige Arbeitswelt charakteristischen Herausforderungen: die systematische Berücksichtigung unterschiedlicher Beschäftigtengruppen und die Orientierung auf die betriebsspezifischen Anforderungen. Die Beteiligungsorientierung führt zudem zu einem erhöhten Commitment bei den Beschäftigten und unterstützt damit den Interventionserfolg.

Die strategische Allianz »Gemeinsame Deutsche Arbeitsschutzstrategie – GDA«

Mit der Institutionalisierung der Gemeinsamen Deutschen Arbeitsschutzstrategie (GDA) wurde 2008 die strategische Ausrichtung des Staatlichen Arbeitsschutzes gebündelt. Bund, Länder und Berufsgenossenschaften bilden gemeinsam die Träger der GDA. Damit sollen die Aktivitäten auf gemeinsam festgelegte Ziele hin synchronisiert werden. Die Arbeitsteilung und die Konzentration der Präventionsarbeit auf gemeinsame Ziele führen zu einem effizienteren Vorgehen. Gleichzeitig wird die Kooperation mit anderen Akteuren im Bereich Sicherheit und Gesundheit bei der Arbeit gestärkt.

Mit der Annäherung der Themen und Zeithorizonte der GDA und arbeitsweltbezogener Präventionsziele der gesetzlichen Krankenversicherung für den Zeitraum 2013 bis 2018 ist ein weiterer Meilenstein auf dem Weg zu einem modernen Präventionshandeln erreicht, das den Anforderungen der aktuellen und zukünftigen Arbeitswelt gerecht wird. Damit wird ein dynamischer Arbeits- und Gesundheitsschutz etabliert und systematisch weiterentwickelt.

17.4 Fazit

Ein moderner Arbeits- und Gesundheitsschutz, der weiterhin einen wichtigen Beitrag für die Gesundheit der Beschäftigten leisten soll, muss die neuen Anforderungen, die sich aus dem Wandel der Arbeit ergeben, umfassend berücksichtigen. Die Forderung der menschengerechten Gestaltung von Arbeit setzt ebenso wie die arbeitswissenschaftlich begründete Forderung nach einer dynamischen, differenziellen Arbeitsgestaltung eine systematische Analyse voraus. Das betrifft sowohl die wissenschaftliche Fundierung als auch die betriebliche Umsetzung. Die zunehmende Diversität von Belegschaften und die damit verbundenen differenziellen Anforderungen und Erwartungen erfordern Präventionskonzepte, die stark an die betriebliche Situation angelehnt sind. Ein Beispiel hierfür ist, dass Teilzeitbeschäftigte aktuell oftmals nur mangelhaft in die betrieblichen Präventionsstrukturen einbezogen sind (Köper 2010). Nur wenn die betriebsspezifische Beschäftigtenstruktur und die Rahmenbedingungen hinreichend in die Gestaltung insbesondere im Bereich der Arbeitsorganisation einfließen, kann ein angemessenes Präventionsniveau erreicht werden. Dafür gilt es, sowohl Fach- und Gestaltungswissen weiter zu entwickeln als auch angemessene Methoden und Verfahrensweisen zur Verfügung zu stellen. Nicht zuletzt sind die Akteure umfassend zu qualifizieren und multidisziplinär zu vernetzen.

Für all diese Aufgaben gibt es vielfältige Anknüpfungspunkte auf Basis neuer gesetzlicher Grundlagen und Regelungen bei den Forschungs- und Entwicklungsaktivitäten der einschlägigen Einrichtungen sowie bei den verschiedenen Transferaktivitäten der Gremien und Netzwerke des Arbeitsschutzes.

Literatur

Backé E-M, Latza U, Schütte M (2012) Wirkung arbeitsbedingter psychosozialer Belastung auf das Herz-Kreislauf-System. In: Lohmann-Haislah A Stressreport Deutschland 2012. Psychische Anforderungen, Ressourcen und Befinden 1. Aufl. Bundesanstalt für Arbeitsschutz und Arbeitsmedizin, Dortmund
BAuA-Toolbox Version 1.2 (2008) Instrumente zur Erfassung psychischer Belastung. Bundesanstalt für Arbeitsschutz und Arbeitsmedizin, Dortmund. http://www.baua.de/de/Publikationen/Faltblaetter/F22.html. Gesehen 22 Apr 2014
Beck D (2013) Planung und Organisation der Gefährdungsbeurteilung psychischer Belastung. In: BAuA (Hrsg) Gefährdungsbeurteilung psychische Belastung. Erfahrung und Empfehlungen. Erich Schmidt Verlag, Berlin
Bödeker W, Friedel H, Röttger C et al (2002) Kosten arbeitsbedingter Erkrankungen in Deutschland. 1. Aufl. Schriftenreihe der Bundesanstalt für Arbeitsschutz und Arbeitsmedizin: Forschungsbericht. Wirtschaftsverlag NW Verlag für neue Wissenschaft GmbH, Bremerhaven
Bundesanstalt für Arbeitsschutz und Arbeitsmedizin (2013) SUGA Sicherheit und Gesundheit bei der Arbeit 2011: Unfallverhütungsbericht Arbeit http://www.baua.de/de/Informationen-fuer-die-Praxis/Statistiken/Suga/Suga.html. Gesehen 22 Apr 2014

Bundesanstalt für Arbeitsschutz und Arbeitsmedizin (2014) SUGA Sicherheit und Gesundheit bei der Arbeit 2012: Unfallverhütungsbericht Arbeit http://www.baua.de/de/Informationen-fuer-die-Praxis/Statistiken/Suga/Suga.html. Gesehen 10 Jan 2014

Bundesministerium für Arbeit und Soziales (2011) Psychische Gesundheit im Betrieb. Arbeitsmedizinische Empfehlung Ausschuss für Arbeitsmedizin, Bonn. http://www.vdbw.de/fileadmin/01-Redaktion/03-Arbeitsmedizin/02-PDF/ArbMedVV/Psychische-Gesundheit-im-Betrieb_-_Arbeitsmedizinische_Empfehlung.pdf. Gesehen 22 Apr 2014

DGUV V2 (2011) Betriebsärzte und Fachkräfte für Arbeitssicherheit. Unfallverhütungsvorschrift. BGHW, Mannheim Bonn

EMKG – Einfaches Maßnahmenkonzept Gefahrstoffe (2013) http://www.baua.de/de/Themen-von-A-Z/Gefahrstoffe/EMKG/EMKG.html. Gesehen 22 Apr 2014

Gemeinsame Deutsche Arbeitsschutzstrategie (2013) Arbeitsschutz auf dem Prüfstand. Zwischenbericht zur Dachevaluation der Gemeinsamen Deutschen Arbeitsschutzstrategie. Nationale Arbeitsschutzkonferenz (Hrsg) http://www.gda-portal.de/de/pdf/GDA-Dachevaluation_Zwischenbericht.pdf?__blob=publicationFile&v=5. Gesehen 22 Apr 2014

Gesetz über Betriebsärzte, Sicherheitsingenieure und andere Fachkräfte für Arbeitssicherheit (Arbeitssicherheitsgesetz ASiG) vom 12. Dezember 1973 (BGBl I S 1885), zuletzt geändert durch Artikel 3 Absatz 5 des Gesetzes vom 20. April 2013 (BGBl I S 868)

Gesetz über die Durchführung von Maßnahmen des Arbeitsschutzes zur Verbesserung der Sicherheit und des Gesundheitsschutzes der Beschäftigten bei der Arbeit (Arbeitsschutzgesetz - ArbSchG); Artikel 1 G. v. 07.08.1996 BGBl I S 1246; zuletzt geändert durch Artikel 8 G. v. 19.10.2013 BGBl I S 3836; Geltung ab 21.08.1996. http://www.grazil.net/produkte. Gesehen 22 Apr 2014

Guest DE, Isaksson K, De Witte H et al (2010) Employment Contracts, Psychological Contracts, and Employee Well-Being: An International Study. Oxford University Press, Oxford

Gutenberg-Gesundheitsstudie (2013) http://www.gutenberg-gesundheitsstudie.de. Gesehen 22 Apr 2014

Hasselhorn HM, Rauch A (2013) Perspektiven von Arbeit, Alter, Gesundheit und Erwerbsteilhabe in Deutschland. In: Bundesgesundheitsblatt 2013 56 Springer Verlag, Berlin Heidelberg, S 339–348

IAG (2013) IAG Report 1/2013 Gefährdungsbeurteilung psychischer Belastungen – Tipps zum Einstieg. Deutsche Gesetzliche Unfallversicherung, Berlin http://publikationen.dguv.de/dguv/udt_dguv_main.aspx?FDOCUID=26149. Gesehen 22 Apr 2014

ILO – Decent work agenda. http://www.ilo.org/global/about-the-ilo/decent-work-agenda/lang--en/index.htm. Gesehen 22 Apr 2014

Initiative Neue Qualität der Arbeit (INQA) http://www.inqa.de/DE/Lernen-Gute-Praxis/Handlungshilfen/Gesundheit/psyGA-Kein-Stress-mit-dem-Stress.html. Gesehen 22 Apr 2014

Janßen D, Nachreiner F (2004) Flexible Arbeitszeiten. 1. Aufl. Schriftenreihe der Bundesanstalt für Arbeitsschutz und Arbeitsmedizin. Wirtschaftsverlag NW Verlag für neue Wissenschaft GmbH, Bremerhaven

Kieselbach T, Kuhn K, Armgarth E et al (2009) Gesundheit und Restrukturierung. Innovative Ansätze und Politikempfehlungen. Rainer Hampp Verlag, München

Köper B (2012) Restrukturierung. In: Lohmann-Haislah A. Stressreport Deutschland 2012. Psychische Anforderungen, Ressourcen und Befinden 1. Aufl. Bundesanstalt für Arbeitsschutz und Arbeitsmedizin, Dortmund

Köper B, Siefer A, Beermann B (2010) Geschlechtsspezifische Differenzierung von BGF-Konzepten. In: Badura B, Schröder H, Klose J et al (Hrsg) Fehlzeiten-Report 2010 – Vielfalt managen: Gesundheit fördern – Potenziale nutzen. Springer, Berlin, S 215–223

Liebers F, Brendler C, Latza U (2013) Alters- und berufsgruppenabhängige Unterschiede in der Arbeitsunfähigkeit durch häufige Muskel-Skelett-Erkrankungen. Rückenschmerzen und Gonarthrose. 1. Aufl. Bundesanstalt für Arbeitsschutz und Arbeitsmedizin, Dortmund

Lohmann-Haislah A (2012) Stressreport Deutschland 2012. Psychische Anforderungen, Ressourcen und Befinden 1. Aufl. Bundesanstalt für Arbeitsschutz und Arbeitsmedizin, Dortmund

Luxemburger Deklaration zur Betrieblichen Gesundheitsförderung in der Europäischen Union (1997, 2007). Europäisches Netzwerk für betriebliche Gesundheitsförderung ENWHP

Nationale Arbeitsschutzkonferenz (2011) Gemeinsame Deutsche Arbeitsschutzstrategie. Arbeitsschutz gemeinsam anpacken. Leitlinie Gefährdungsbeurteilung und Dokumentation. (Onlinedokument). http://www.gda-portal.de/de/pdf/Leitlinie-Gefaehrdungsbeurteilung.pdf. Gesehen 22 Apr 2014

Nationale Arbeitsschutzkonferenz (2013) Arbeitsschutz auf dem Prüfstand. Zwischenbericht zur Dachevaluation der Gemeinsamen Deutschen Arbeitsschutzstrategie. (Onlinedokument). http://www.gda-portal.de/de/pdf/GDA-Dachevaluation_Zwischenbericht.pdf. Gesehen 22 Apr 2014

Rau R, Gebele N, Morling K et al (2010) Untersuchung arbeitsbedingter Ursachen für das Auftreten von depressiven Störungen. 1. Aufl. Bundesanstalt für Arbeitsschutz und Arbeitsmedizin, Dortmund

REACH Helpdesk (2013) http://www.reach-clp-biozid-helpdesk.de/de/Startseite.html. Gesehen 22 Apr 2014

Richter G, Bode S, Köper B (2012) Demografischer Wandel in der Arbeitswelt. Bundesanstalt für Arbeitsschutz und Arbeitsmedizin, Dortmund. http://www.baua.de/de/Publikationen/Fachbeitraege/artikel30.html. Gesehen 22 Apr 2014

Tucker P, Folkard S (2012) Working Time, Health and Safety: a Research Synthesis Paper. Copyright © International Labour Organization

Wirtz A (2010) Gesundheitliche und soziale Auswirkungen langer Arbeitszeiten. 1. Aufl. Bundesanstalt für Arbeitsschutz und Arbeitsmedizin, Dortmund

Zeit-online (2014) http://www.zeit.de/karriere/beruf/2012-06/arbeitnehmer-erreichbarkeit-freizeit. Gesehen 22 Apr 2014

Zukunftsorientierte Arbeitsgestaltung

H. Dunckel

B. Badura et al. (Hrsg.) *Fehlzeiten-Report 2014*,
DOI 10.1007/978-3-662-43531-1_18, © Springer-Verlag Berlin Heidelberg 2014

Zusammenfassung *Im folgenden Beitrag wird auf die Bedeutung der Gestaltung der Arbeits- und Organisationsbedingungen für die Betriebliche Gesundheitsförderung eingegangen. Vor dem Hintergrund der Kennzeichnung von Entwicklungstendenzen der Arbeit werden fünf Aspekte einer zukunftsorientierten Arbeitsgestaltung diskutiert, die auch für eine zukunftsorientierte Betriebliche Gesundheitsförderung Geltung haben. Diese Aspekte sind: Arbeitsgestaltung als Teil einer umfassenden Unternehmensgestaltung, die Notwendigkeit »neuer« Organisationsformen Betrieblicher Gesundheitsförderung, unternehmensübergreifende Arbeitsgestaltung, Selbststeuerung und unternehmerisches Handeln auch bei abhängig Beschäftigten und die verstärkte Berücksichtigung unterschiedlicher Arbeitender.*

18.1 Betriebliche Gesundheitsförderung und Arbeitsgestaltung

Es ist wohl unstrittig, dass Betriebliche Gesundheitsförderung und das Betriebliche Gesundheitsmanagement mehr umfassen müssen als den (klassischen) Arbeits- und Gesundheitsschutz. So bemerken Bamberg et al. (2011), dass Gesundheits*förderung* nicht nur den Schutz der Gesundheit oder die Reduzierung von Risikofaktoren bedeuten kann, sondern die Beschäftigten auch befähigen muss, ihre Gesundheitspotenziale selbst zu verwirklichen und aktiv für die Förderung der eigenen Gesundheit einzutreten (ebd., S. 126). Aus diesen Überlegungen resultieren Konsequenzen für die Betriebliche Gesundheitsförderung, die hier nur angedeutet werden sollen. Betriebliche Gesundheitsförderung befasst sich nicht nur mit somatischen, sondern auch mit psychosozialen Aspekten der Gesundheit, fokussiert (auch) auf die positiven Merkmale der Arbeit (Ressourcen), erweitert die Kompetenzen der Arbeitenden mit Blick auf die Gesundheit, umfasst verhaltens- und verhältnisbezogene Maßnahmen und beteiligt die Arbeitenden und ihre Interessenvertretung an diesen Maßnahmen (ebd., S. 126 f.).

Schon diese kurze Kennzeichnung Betrieblicher Gesundheits*förderung* zeigt, dass diese nicht auf Konzepte, Strategien, Prinzipien und Methoden der Arbeits- und Organisationsgestaltung verzichten kann und sollte (vgl. auch Metz 2011; Ulich u. Wülser 2012), denn auch diese sieht neben der Ausführbarkeit, Schä-

digungslosigkeit und Beeinträchtigungsfreiheit die Zufriedenheit und Persönlichkeitsförderlichkeit als wesentliche Ziele der Gestaltung (Ulich 2011). Darüber hinaus bietet die Arbeits- und Organisationsgestaltung Methoden zur Gestaltung der Arbeitsbedingungen oder -verhältnisse.

Wenn wir die Stärken und Besonderheiten des Menschen im Rahmen humaner Arbeitsgestaltung schützen und unterstützen wollen (Dunckel u. Pleiss 2007), dann ist im Sinne der Persönlichkeitsförderlichkeit darauf zu achten, dass Menschen Ziele (der Arbeit) selbst gestalten oder zumindest mitbestimmen können, Spielräume bei der inhaltlichen und zeitlichen Planung ihrer Arbeit haben, aktiv mit unterschiedlichen Aufgaben und Anforderungen umgehen und in Kooperation und mit unmittelbarer zwischenmenschlicher Kommunikation arbeiten können. Hier kann Arbeitsgestaltung einen wesentlichen Beitrag zur Gesundheitsförderung leisten, denn sie bietet Strategien und Methoden zur Veränderung der Ressourcen der Arbeit und Organisation (z. B. Handlungsspielräume, soziale Unterstützung), deren positive Wirkung für Gesundheit und Persönlichkeitsentwicklung bekannt sind.

Aus arbeits- und organisationspsychologischer Perspektive kommt der *Gestaltung der Arbeitsaufgabe* als Schnittstelle zwischen Organisation und Individuum eine besondere Rolle zu (Volpert 1987, S. 14), denn mit der Arbeitsaufgabe wird festgelegt, was von einer Person gefordert wird, aber auch, welche Handlungen ermöglicht werden oder bleiben. Nachweislich wirken sich Aufgaben, die ganzheitlich[1], vielfältig[2], autonom[3] und sinnhaft[4] sind sowie Möglichkeiten zum Lernen und zur sozialen Interaktion bieten, nicht nur positiv auf die Gesundheit und das subjektive Erleben aus, sondern spielen auch eine Rolle für Krankenstand, Fluktuation und ökonomischen Erfolg (Ulich u. Wülser 2012). Der Einführung und Gestaltung von *Gruppenarbeit* kommt ein besonderer Stellenwert bei der sozialen Interaktion, aber auch beim Erleben ganzheitlicher Arbeit zu, da sich häufig die Sinnhaftigkeit individueller Aufgaben erst im Kontakt mit anderen Arbeitenden und in der Einbettung in den *gemeinsamen* Arbeitsablauf ergibt. Von (autonomer) Gruppenarbeit wird gesprochen, wenn die Arbeitsgruppe eine Aufgabe hat, die gemeinsame Planungs- und Entscheidungsprozesse beinhaltet (Kötter u. Gohde 1991). Auch wenn sich nicht alle Formen von Arbeitsgruppen positiv auf das Befinden und die Gesundheit der Arbeitenden auswirken (z. B. japanische Fertigungsteams mit repetitiver Arbeit und hohem Zeit- und Leistungsdruck), zeigen Untersuchungen mehrheitlich, dass Gruppen mit (höherer) Autonomie, in denen Arbeitende über Arbeitsmethoden mitentscheiden können und Kontrollmöglichkeiten haben, sich positiv auf Motivation, Arbeitszufriedenheit, Leistung, aber auch Stresswahrnehmung und Wohlbefinden auswirken (Brodbeck u. Guillaume 2010; Ulich u. Wülser 2012).

Schließlich sind sich die Strategien und Prinzipien der Betrieblichen Gesundheitsförderung und der Arbeitsgestaltung konzeptionell sehr ähnlich. So hebt Ulich (2011) hervor, dass die Schaffung persönlichkeits- und gesundheitsförderlicher Arbeitstätigkeiten eine *vorausschauende (präventive oder prospektive) Arbeitsgestaltung* verlangt, die schon bei der Planung (oder Beschaffung) eines Arbeitssystems die Möglichkeit der Persönlichkeitsentwicklung und der Gesundheitsförderung einbezieht. Dabei sind Unterschiede zwischen den Arbeitenden (Prinzip der *differenziellen Arbeitsgestaltung*) z. B. in der Motivation und Kompetenz oder in den Erwartungen an die Arbeit, aber auch Veränderungen im Laufe des Lebens eines Arbeitenden (Prinzip der *dynamischen Arbeitsgestaltung*) systematisch zu berücksichtigen. Schon um diese Unterschiede zu erfassen und in Arbeitsgestaltungsmaßnahmen umzusetzen, ist eine Beteili-

gung der Arbeitenden an der Analyse und Gestaltung der Arbeit unabdingbar (Prinzip der *partizipativen Arbeitsgestaltung*).

Die hier nur kurz benannten Konzepte, Strategien und Methoden der Arbeitsgestaltung sind sicherlich und weiterhin Kernpunkte einer zukunftsorientierten Arbeitsgestaltung (ZAG), da sie auf allgemeingültigen Konzepten basieren, die bei veränderter Arbeit Gültigkeit behalten (z. B. die Bedeutung von Entscheidungsspielräumen, Kooperation und direkter zwischenmenschlicher Kommunikation). Wie der folgende Abschnitt zeigt, bedürfen sie jedoch der Ergänzung und Erweiterung, um den gewandelten und zukünftigen Anforderungen der Arbeit gerecht zu werden.

18.2   Zukunft der Arbeit

Annahmen über die Zukunft der Arbeit sind weitgehend spekulativ. Sie variieren von eher pessimistischen Annahmen über ambivalente Szenarien bis hin zu optimistischen Prognosen. Diese unterschiedlichen Szenarien begründen sich u. a. in der Frage, inwieweit die Zukunft beeinflussbar ist. Eine Reihe von Entwicklungen sind eigentlich nicht überraschend, sondern schon länger absehbar, sodass sich »die Verantwortlichen« rechtzeitig und grundsätzlich damit hätten auseinandersetzen und diese auch ändern können (Ulich 2011, S. 625 ff.). Zumindest die Zukunft der Arbeit ist gestaltbar.

Die Arbeitswelt verändert sich derzeit mit großer Geschwindigkeit. Die Schlagworte sind hier z. B. Globalisierung, digitale Revolution, Dienstleistungsgesellschaft auf der einen und demografischer Wandel, Entgrenzung, Flexibilität, Generation X auf der anderen Seite. Diese Entwicklungen führen einerseits dazu, dass die Erwerbstätigkeit rein quantitativ an Bedeutung verliert und die Erwerbs- und Berufsbiografien unsicherer und riskanter werden, da viele Personen unterschiedliche Tätigkeiten in unterschiedlichen Organisationen ausführen (müssen), die nicht selten durch Phasen der Arbeitslosigkeit und befristeten Beschäftigungen unterbrochen werden (Ulich 2011). Andererseits sind aber auch Strukturen erkennbar, die für einen (kleineren) Teil der Arbeitenden neue Spielräume und Freiheiten bedeuten.

Hacker (2000, S. 197) kommt in einer eher pessimistischen Zusammenschau zu folgender Beschreibung der Entwicklung der Arbeitsgesellschaft:
- Lebendige Arbeit verbilligt sich weiter.
- Neben unbefristeter Vollzeitarbeit treten zunehmend Teilzeitarbeit, befristete Arbeitsver-

---

1 Aufgaben mit planenden, ausführenden und kontrollierenden Elementen
2 Aufgaben mit unterschiedliche Anforderungen an Körperfunktionen und Sinnesorgane
3 Aufgaben mit Entscheidungsmöglichkeiten
4 Produkte, die gesellschaftlich nützlich und ökologisch unbedenklich sind

hältnisse, Leiharbeit, Scheinselbständigkeit und geringfügig Beschäftigte.

- Längerfristig beschäftigte Vollzeitarbeitskräfte werden zu einer Minderheit und Industrie-arbeiter werden zu einer Minderheit innerhalb dieser Minderheit.
- Die demografische Revolution führt nicht nur zu einer Alterung der Gesellschaft und Beleg-schaft, sondern auch zu der Notwendigkeit ei-ner Verlängerung der Lebensarbeitszeit (durch-aus immer wieder unterbrochen durch Arbeits-losigkeit).
- Die Mehrzahl der Arbeitstätigkeiten liegt im Dienstleistungsbereich.
- Es entstehen neue Formen von (entprofessionali-sierter) Eigenarbeit und gleichzeitig steigt die Notwendigkeit unternehmerischen Handelns oder der Selbststeuerung, auch für mehr oder weniger abhängig Beschäftigte.

Zu einer eher ambivalenten Beschreibung der Zukunft der Arbeit kommen Beise und Jakobs (2012). Auf der einen Seite werden Menschen in prekären Arbeitsver-hältnissen und Menschen, die der technische Fort-schritt überflüssig macht, beschrieben. Auf der ande-ren Seite arbeiten immer mehr Menschen selbstbe-stimmt, legen Arbeit und Freizeit in Eigenregie fest, wollen keinen festen Arbeitsplatz und vielfach auch keinen festen Job mehr.

In Bezug auf vermeintlich optimistische Progno-sen über die neue Freiheit, neue soziale Räume in vir-tuellen Räumen, neue Netzwerke, Auflösung der zeit-lichen und räumlichen Schranken der bisherigen Ar-beitsorganisation etc. (Beise u. Jakobs 2012; Ulich 2011) fragt Ulich (ebd., S. 625) zu Recht: »Schöne neue Arbeitswelt? Wer will so etwas eigentlich und wem soll das dienen? Wer will – und wer kann – sein Leben wirklich als »Patchworker« oder »Lebensunterneh-merin« verbringen?«

Schließlich muss sich eine zukunftsorientierte Arbeitsgestaltung der Entwicklung stellen, dass wir es mit »neuen« Gruppen von Arbeitenden zu tun haben werden, die unterschiedliche Ansprüche an die Gestaltung der Arbeit stellen bzw. für die eine zukunftsorientierte Arbeitsgestaltung neue Kon-zepte braucht. Zu denken ist einerseits noch einmal an die zunehmende Zahl prekär Beschäftigter, aber auch an neue Konzepte für Arbeitende (nicht nur Frauen) mit Kindern und Familie, ältere Arbeitende, Migranten und Immigranten oder Menschen aus anderen Kulturen, die kurzzeitig zu uns kommen oder mit denen wir in diesen Kulturen arbeiten werden, oder aber auch an Arbeitende, die andere Erwartun-gen an die Arbeit haben (z. B. die sogenannte »Gene-ration X«[5]).

Was bedeuten diese Entwicklungen nun für eine zukunftsorientierte Arbeitsgestaltung?

1. Prospektive Arbeitsgestaltung kann nicht auf eine einzelne existierende Arbeitstätigkeit fokussieren, sondern muss bei der Unternehmenskonzeption und -gestaltung oder bei der allgemeinen Organi-sationsgestaltung ansetzen.
2. Die vielfältigen Themen aktueller und zukünf-tiger Arbeitsgestaltung bzw. Betrieblicher Gesundheitsförderung bedürfen entsprechender betrieblicher Organisationsformen.
3. Es sind neue Netze und unternehmensüber-greifende Arbeitsgestaltung erforderlich, die Betriebe untereinander, aber auch mit anderen gesellschaftlichen Bereichen und Institutionen verbinden.
4. Neue Arbeitsstrukturen bedeuten, dass die Förde-rung unternehmerischen Handelns und der Selbststeuerung auch bei abhängig Beschäftigten verstärkt werden muss.
5. Eine zukunftsorientierte Arbeitsgestaltung muss noch stärker die (Arbeits-)Situation unterschied-licher Beschäftigtengruppen (Prinzip der diffe-renziellen Arbeitsgestaltung) durch Arbeitsgestal-tung *und* Personalentwicklung berücksichtigen.

Diese fünf Aspekte einer zukunftsorientierten Arbeits-gestaltung sollen im Folgenden kurz skizziert und an-hand von Beispielen illustriert werden.

18.3 Arbeitsgestaltung als Teil der Unternehmenskonzeption und -gestaltung

Es ist schon seit Längerem bekannt, dass zentrale Merkmale einer persönlichkeitsförderlichen Arbeit, wie z. B. der Entscheidungsspielraum, nicht durch die Tätigkeit selbst entstehen, sondern durch übergeord-nete (Organisations-)Entscheidungen. Will man also im Rahmen prospektiver Arbeitsgestaltung entspre-chende Tätigkeiten schaffen und erhalten, dann muss auf der Ebene der Organisation gefragt werden, wie die Arbeit zwischen den Menschen, aber auch zwischen

---

5 Mit »Generation X« werden diejenigen bezeichnet, die je nach Definition zwischen 1960 und 1980 geboren wur-den, für die Geld und Status nicht so bedeutsam ist und die eher flexible, herausfordernde und interessante Jobs und Tätigkeiten bevorzugen und dabei einen Ausgleich mit ihrem Privatleben suchen.

den Menschen und den Maschinen bzw. der Technik so verteilt werden kann, dass möglichst viele Spielräume für die Menschen verbleiben.

Wenn es stimmt, dass Wissen eine immer größere Rolle spielt, dann sind alle Automatisierungsstrategien zu problematisieren, die gerade dieses Wissen bzw. die Problemlösekompetenz von Menschen aus dem Arbeitsprozess herausdrängen bzw. verhindern, dass Menschen sich dieses Wissen im konkreten Handeln aneignen können.[6] Konkret lassen sich hier Verfahren anwenden, die diese Funktionsteilung zwischen Menschen und zwischen Mensch und Technik thematisieren (z. B. Dunckel u. Pleiss 2007), oder auch die sogenannten MABA-MABA-Listen einsetzen (*men are better at – machines are better at*) (vgl. Ulich 2011).

Zur Frage der Organisationsgestaltung gehört auch die Frage der Unternehmenskonzeption. Wenn die Prognose von Hacker (2000) stimmt, wofür es durchaus gute Belege gibt, dann muss auch die Frage gestellt werden, ob ein Unternehmen mit überwiegend prekär Beschäftigten (Teilzeitarbeit, Leiharbeit etc.) gut gestaltet ist bzw. andersherum, ob Gesundheitsförderung und persönlichkeitsförderliche Arbeitsgestaltung nur für den häufig kleineren Teil der Stammbelegschaft oder die »Elite der vollzeitbeschäftigten Stammarbeiter« (Hacker 2000, S. 201) gilt. Verneint man dies, dann wird man schnell zu dem Schluss kommen, dass bestimmte Beschäftigungsformen kontraproduktiv für eine gesundheits- und persönlichkeitsförderliche Arbeitsgestaltung sind, da es vermeintlich keinen Sinn ergibt und auch nicht bezahlt wird, bei gelegentlich oder kurzfristig Beschäftigen systematisch die Arbeit zu analysieren, zu bewerten und zu gestalten.

18.4   »Neue« Organisation Betrieblicher Gesundheitsförderung

Die geschilderten Entwicklungen, die unterschiedlichen Handlungsfelder Betrieblicher Gesundheitsförderung (vom klassischen Arbeitsschutz über Betriebliches Eingliederungs- und Fehlzeitenmanagement, Gesundheitsförderung bis hin zu Arbeitsgestaltung, Personalentwicklung und Führungskräfteentwicklung; vgl. Bamberg et al. 2011; Langhoff 2009), aber auch die einschlägigen Gesetze (z. B. Arbeitssicherheitsgesetz, Arbeitsschutzgesetz) verlangen die Entwicklung von »neuen« Strukturen und Prozessen.

Das bedeutet zunächst, das die Betriebliche Gesundheitsförderung als Aufgabe der Leitung und des Managements gesehen werden muss, das damit als *Gesundheitsmanagement* zentral für die Gesundheit der Arbeitenden verantwortlich ist, eine Aufgabe, der man sich nicht durch die einfache Delegation an nachgeordnete Stellen entledigen kann. Gesundheitsmanagement ist eine Querschnittsaufgabe mit der Folge, dass Gesundheits- und Persönlichkeitsförderung der Arbeitenden ein Ziel aller Führungskräfte werden muss. Somit sollte es Gegenstand der Führungskräfteentwicklung sein, denn die Führungskräfte bestimmen ganz wesentlich die Arbeitsaufgaben und damit die Ressourcen und Belastungen, mit denen die (untergebenen) Arbeitenden konfrontiert werden. Gleichwohl gehört zur Organisation, dass Strukturen wie Steuerkreise, Arbeitsgruppen und Abteilungen geschaffen werden, die sich dauerhaft und systematisch mit diesen Themen beschäftigen.

Schon die vermeintlich einfache Aufgabe der Gefährdungsbeurteilung nach dem Arbeitsschutzgesetz zeigt, dass diese der systematischen Planung, Organisation und Abstimmung u. a. zwischen den Betriebsparteien bedarf, die kaum gelingen kann, ohne dass entsprechende Strukturen (z. B. Arbeitsgruppen und Pilotprojekte) vorhanden sind, Experten und Berater hinzugezogen und Arbeitende und Führungskräfte frühzeitig eingebunden werden (vgl. weiterführend Beck 2014; Ducki et al. 2011).

18.5   Neue Netze und unternehmensübergreifende Arbeitsgestaltung

Kleine und mittlere Unternehmen (KMU) können sich oft den Aufwand für Betriebliche Gesundheitsförderung personell und finanziell kaum leisten. Zwar haben kleinere Betriebe den Vorteil kurzer Wege und ein größeres Maß an direktem Kontakt zu den Arbeitenden, aber Inhaber und Führungskräfte sehen sich schnell überfordert, sich »auch noch um Gesundheitsförderung« kümmern zu müssen. Einerseits können hier auf KMU zugeschnittene Konzepte der BGF helfen (Ulich u. Wülser 2012), andererseits bietet sich hier z. B. über die Kammern ein Zusammenschluss mit ähnlichen Betrieben an, um gemeinsam entsprechende Strukturen aufzubauen, aber auch entsprechende Angebote der Sozialversicherungsträger zu nutzen.

Das schon kurz angesprochene Problem der Leiharbeit (Rigotti u. Galais 2011), aber auch Teleheimarbeit und die Vereinbarkeit von Beruf und Familie zeigen, dass eine zukunftsorientierte Arbeitsgestaltung

---

6   Dies gilt insbesondere für das sogenannte Erfahrungswissen, das durch unmittelbare sinnliche und praktische Erfahrung optischer, akustischer und taktiler Reize entsteht (Böhle u. Milkau 1988; Böhle u. Rose 1992).

nicht mehr nur die eigene Organisation und die eigenen Tätigkeiten im Blick haben darf.

Leiharbeit zeichnet sich durch eine trianguläre Beschäftigungssituation aus, da der Leiharbeiter bei einem Zeitarbeitsunternehmen beschäftigt ist, das diesen an ein anderes Unternehmen zeitlich befristet ausleiht. Der Arbeitsalltag von Leiharbeitern oder Zeitarbeitnehmern ist durch einen häufigen Wechsel von Unternehmen, Arbeitsorten und -plätzen, Arbeitsaufgaben und -tätigkeiten mit in der Regel geringen Ressourcen und hohen Belastungen gekennzeichnet. Knapp 60 Prozent der Großunternehmen und 43 Prozent der klein- und mittelständischen Unternehmen beschäftigen Leiharbeiter (ebd., S. 695), um Auftragsspitzen, Krankheit oder einen Mangel an Personal abzufangen.

Leiharbeit muss vor dem Hintergrund einer gesundheits- und persönlichkeitsförderlichen Gestaltung der Arbeit kritisch gesehen werden und bedarf der besonderen Aufmerksamkeit auch des aufnehmenden Unternehmens. Dies bedeutet zum einen, nur mit Zeitarbeitsunternehmen zusammenzuarbeiten, die sich an Prinzipien Betrieblicher Gesundheitsförderung halten und für ihre Beschäftigten z. B. Qualifizierungs- und gesundheitsförderliche Angebote – etwa in der verleihfreien Zeit – bereitstellen. Gleichzeitig müssen Leiharbeiter bei der Betrieblichen Gesundheitsförderung des aufnehmenden Betriebes stärker berücksichtigt werden. Dies beginnt damit, dass diese ausreichend auf ihre neue, wenn auch kurzfristige, Tätigkeit vorbereitet werden, die den Kriterien einer gesundheits- und persönlichkeitsförderlichen Arbeitsgestaltung genügen muss, aber auch, dass Leiharbeiter an betrieblichen Gesundheitsmaßnahmen teilnehmen und z. B. durch Tandemsysteme (ein Arbeitender aus der Stammbelegschaft und ein Leiharbeitender) schneller und besser integriert werden können.

Die *Vereinbarkeit von Beruf und Familie* verweist ebenfalls darauf, dass Maßnahmen nicht allein auf die Organisation beschränkt bleiben dürfen. Resch (2014) hat betont, dass eine erfolgreiche Vereinbarkeit nicht allein durch die vorherrschende Arbeitszeitflexibilisierung erreicht werden kann. Sie führt aus, dass Vereinbarkeit auch bedeutet, dass die beiden Handlungsbereiche gut abgegrenzt werden (siehe das folgende Problem der Teleheimarbeit) und beide Bereiche so organisiert werden können, dass die Betroffenen flexibel auf unerwartete Veränderungen im jeweiligen Bereich (z. B. kurzfristige Schließung des Kindergartens, Erkranken eines Kindes, Mehrarbeit, längeres Meeting als geplant) reagieren können. Dafür benötigt der Arbeitende hinreichende Spielräume, um Zeitpunkt und Dauer von Handlungen (in den jeweiligen Bereichen) selbst zu bestimmen. Schließlich macht sie darauf auf-

merksam, dass es auch zeitlicher Spielräume und Zeitbedarf, um die Übergänge zwischen den Bereichen zu organisieren. Erst wenn der Betroffene den einen Handlungsbereich abschließen kann (z. B. den Auftrag oder den Einkauf noch erledigen kann) und Zeit hat, sich auf den nächsten Handlungsbereich einzustellen, wird eine Vereinbarkeit wirklich gelingen und man ist erst dann auch »wirklich bei der Sache«. Aber selbst wenn ein Arbeitender über entsprechende Spielräume verfügt, bedarf es doch weiterer Strukturen, um flexibel sein und die Übergänge zwischen den Bereichen organisieren zu können. Diese kann ein Betrieb allein nicht gewährleisten, deshalb ist eine Abstimmung mit anderen Organisationen und Institutionen einer Stadt oder Region erforderlich (z. B. Öffnungszeiten von Ämtern, Schulen, Kindergärten). Einige wenige Beispiele lokaler Bündnisse zu Beruf und Familie zeigen, dass dies möglich ist (z. B. die Aktionsplattform beruf@Familie.NRW, das Projekt »Zeiten der Stadt« in Bozen oder das Projekt FAME, Familienfreundliche Region Rendsburg).

Schließlich ist noch die Telearbeit und hier insbesondere die *Tele-Heimarbeit* zu nennen, die mittlerweile bei gut 20 Prozent der Unternehmen in Deutschland praktiziert wird und deren Verbreitung weiter steigt (Flüter-Hoffmann 2012). Während einige Autoren zu einer eher positiven Bewertung kommen (ebd.), zeigt eine differenziertere Betrachtung (z. B. Ulich 2011), dass die gesundheitlichen Risiken insbesondere bei weiblichen Telearbeitern bedeutsam und keinesfalls zu vernachlässigen sind. So werden oft einfachste ergonomische Standards bei der Gestaltung von Telearbeitsplätzen nicht eingehalten, häufig wird abends, nachts und an Sonn- und Feiertagen ohne ausreichende Pausenzeiten gearbeitet, die Grenzen zwischen Arbeit und Familie werden aufgelöst und durch die soziale Isolation besteht keine Möglichkeit, empfundenen Stress abzumildern.

Auch wenn es rechtlich schwierig ist, müssen diese Arbeitsplätze »außerhalb« der Organisation zukunftsorientiert gestaltet werden. Dies bedeutet zum einen, Mittel für die angemessene, humane Gestaltung der Teleheimarbeitsplätze bereitzustellen (und den Einsatz dieser Mittel auch zu kontrollieren) und zum anderen, die Arbeitenden dahingehend zu schulen, dass sie in der Lage sind, ihre Arbeit selbst einzuteilen, zu organisieren und zu begrenzen. Für die Führungskräfte bedeutet dies, realistische Erwartungen bezüglich der Ergebnisse dieser Arbeit zu entwickeln und Fragen zu Belastungen insbesondere hinsichtlich der Vereinbarkeit von Beruf und Familie regelmäßig in Mitarbeitergesprächen mit Teleheimarbeitern zu thematisieren und ggf. Hilfen anzubieten.

18.6 Selbststeuerung und unternehmerisches Handeln

Schon das Beispiel der Teleheimarbeit zeigt, dass auch abhängig Beschäftigte vermehrt über Selbst- und Zeitmanagementkompetenzen verfügen müssen. Nicht nur bei der Teleheimarbeit, sondern auch bei KMU der Kreativbranche (Beise u. Jakobs 2012) oder Wissensökonomie (Becke et al. 2011) besteht die Gefahr der Selbstausbeutung. Dieser ist einerseits durch Gestaltung der Arbeit entgegenzuwirken, indem die Arbeitenden z. B. über realistische Rahmenbedingungen der Projektarbeit verfügen, nicht gleichzeitig oder in schneller Folge unterschiedliche Projekte und Themen bearbeiten müssen bzw. auch hier ausreichend Mittel für die Gestaltung der Arbeitsplätze (in der Wohnung) erhalten.

Seminare und Trainings zum Umgang mit Stressoren gehören nicht nur zum Standardrepertoire der Gesundheitsförderung (Metz 2011), sondern zu einer umfassenden Arbeitsgestaltung, da bei jeder Veränderung der Arbeitsbedingungen zu fragen ist, ob die Arbeitenden ausreichend qualifiziert sind, um den veränderten Bedingungen gerecht zu werden. Die Trainings gehen von einer Förderung der beruflichen und sozialen Kompetenz bis hin zur Verbesserung der Selbst- und Personalkompetenz (ebd.; Sonntag u. Schaper 2006). Der letzte Bereich soll hier noch einmal betont werden, da die skizzierten zukünftigen Arbeitsbedingungen (noch mehr) verlangen, dass die Arbeitenden ihr Verhalten selbst steuern. Es geht z. B. darum, Gefährdungen (z. B. entgrenzter Arbeit) zu erkennen, die persönliche Arbeitsplanung und -organisation zu verbessern, sich realistische Ziele zu setzen und zu erkennen, wo eigener Qualifizierungsbedarf besteht. Es geht also zunehmend um Wahrnehmungs-, Selbstmanagement- und Zielsetzungstrainings (König u. Kleinmann 2006).

Ergänzend weist Hacker (2000) darauf hin, dass von den Arbeitenden zunehmend »unternehmerisches Handeln« und »Dienstleistungsdenken« verlangt wird, was sich in entsprechenden und zum Teil noch zu entwickelnden Trainingsmaßnahmen niederschlagen sollte.

18.7 Differenzielle Arbeitsgestaltung oder die Berücksichtigung der Arbeitssituation unterschiedlich Arbeitender

Ulich (z. B. 2011, S. 295) hat mehrfach darauf aufmerksam gemacht, dass die Tatsache intra- und interindividueller Differenzen »... Organisatoren dazu veranlas-

sen (sollte), Arbeitssysteme so auszulegen, dass unterschiedliche Arbeitsweisen tatsächlich realisiert werden können«. Dieses »alte« Prinzip der Arbeitsgestaltung gewinnt neue Aktualität, wenn z. B. die Beschäftigung im Ausland bzw. die Beschäftigung von Ausländern und Immigranten/Migranten, die Leistungsveränderungen älterer Arbeitender oder aber auch die Erwartungen der bereits erwähnten Generation X betrachtet werden.

Durch die Öffnung des Arbeitsmarktes in der EU und die Internationalisierung von Unternehmen werden diese zunehmend mit Menschen unterschiedlicher Kulturen konfrontiert. So entsenden immer mehr Unternehmen Arbeitende und Führungskräfte ins Ausland (sogenannte »Expatriates«[7]), es entstehen multinationale oder multikulturelle Arbeitsgruppen oder Menschen mit Migrationshintergrund werden dauerhaft beschäftigt.

Die *Entsendung von Arbeitenden*, insbesondere von Führungskräften, ist nicht nur mit hohen Kosten verbunden, sondern stellt die Unternehmen auch vor neue Herausforderungen (Dowling et al. 2008). So müssen nicht nur die Arbeits- und Lebensbedingungen des Expatriates (und seiner Familie) im Ausland organisiert werden, sondern die Entsendung bedarf auch der besonderen Vorbereitung der Arbeitenden und der Angehörigen für die Arbeit in internationalen und interkulturellen Situationen. Wenn je nach Schätzung zwischen 5 und 40 Prozent der entsandten Arbeitenden den Anforderungen im Ausland nicht gerecht werden und den Auslandaufenthalt abbrechen oder noch mehr sich im Ausland nicht wohlfühlen bzw. die Reintegration in ihrem Heimatunternehmen nicht gelingt, dann zeigt sich, dass diese Vorbereitung häufig nicht funktioniert, was mit erheblichen Folgen für Karriere, Ansehen (bei den Kollegen), Gesundheit und Persönlichkeit der Betroffenen und Konsequenzen (z. B. Kosten, Image, zukünftige Geschäfte) für das entsendende Unternehmen verbunden ist (Kühlmann u. Stahl 2006). Für eine zukunftsorientierte internationale Arbeitsgestaltung bedeutet dies, mehr in die Auswahl, Vorbereitung und Betreuung der zu entsendenden Arbeitenden zu investieren, aber auch die Arbeits- und Lebensbedingungen in den Auslandsunternehmen so zu gestalten, dass die Entsendung für die Arbeitenden und das Unternehmen gelingt.

Auch als Folge der Entsendung finden sich zunehmend multinationale oder *multikulturelle Arbeitsgruppen*. Diese folgen dem Trend zur Gruppenarbeit (s. o.),

---

7 Expatriates sind Beschäftigte eines Unternehmens, die für einen befristeten Zeitraum für ein international tätiges Unternehmen im Ausland leben und arbeiten.

die als Schlüssel zu mehr Effizienz, Produktivität und Innovation gilt und positive Effekte für Arbeitszufriedenheit und Persönlichkeitsförderung hat. Ob multikulturelle Gruppen effizienter als homogene Gruppen sind, ist zurzeit noch nicht entschieden. Auf jeden Fall bedürfen sie besonderer Aufmerksamkeit bei der Gestaltung, da hier Stresserleben und Beziehungskonflikte häufiger und die Zufriedenheit geringer zu sein scheinen (König u. Kleinmann 2006). Die Phasen des Kennenlernens sollten ausführlicher sein, die Aufgaben müssen strukturiert und Regeln u. a. auch zu Fragen der Führung und Hierarchie vereinbart, die sozialen Beziehungen geklärt und gefördert werden (Vertrauensbildung, Bildung von Subgruppen nach kultureller Zugehörigkeit).

In Deutschland leben fast 20 Prozent Menschen mit Migrationshintergrund (Hoppe 2011). *Arbeitende mit Migrationshintergrund* sind überwiegend in un- und angelernten Tätigkeiten mit einem hohen Unfall- und Gesundheitsrisiko beschäftigt. Darüber hinaus haben sie mehr soziale Konflikte mit Kollegen und Vorgesetzten, werden öfters diskriminiert und haben mehr soziale Stressoren und weniger Unterstützung (ebd.). Gerade bei diesen Arbeitenden muss eine zukunftsorientierte Arbeitsgestaltung ansetzen, um ihre Aufgaben zu verändern und ihr soziales Arbeitsumfeld zu verbessern. »Mit teamorientierten Interventionen, die den Zusammenhalt im Team stärken, gemeinsames Problemlösen und Kooperation forcieren und soziale Unterstützung fördern, kann Diskriminierung entgegengewirkt und soziale Ressourcen ausgebaut werden« (ebd., S. 492). Dabei ist unter dem Prinzip der differenziellen Arbeitsgestaltung zu berücksichtigen, dass Menschen mit unterschiedlichem kulturellem Hintergrund Gesundheit, Krankheit und Belastungen unterschiedlich wahrnehmen und mit diesen auch unterschiedlich umgehen. Der Handlungsspielraum wird z. B. weniger als Ressource, sondern als Belastung gesehen (vgl. ausführlicher Hoppe 2011).

Schließlich stellt auch der *demografische Wandel* eine zukunftsorientierte Arbeitsgestaltung vor Herausforderungen. Da er in der Gesellschaft insgesamt mit einem deutlichen Rückgang der Erwerbsbevölkerung einhergeht, wird und muss der Anteil der 50- und 60-Jährigen am Erwerbspersonenpotenzial deutlich ansteigen. Gleichzeitig gibt es immer weniger Ersatz für ausscheidende Arbeitende. Dies bedeutet zum einen, durch eine alternsgerechte Arbeitsgestaltung zu gewährleisten, dass die Arbeitenden – vermutlich deutlich über das derzeitige Verrentungsalter hinausgehend – effizient und gesund arbeiten können. Hier gilt es insbesondere das sogenannte »arbeitsinduzierte Vor-Altern« zu verhindern (Hacker 2004), also diejenigen Arbeitsbedingungen zu verändern, die die Gesundheit gefährden und die Entwicklung der Persönlichkeit beeinträchtigen und damit eine Person vorzeitig altern lassen (vgl. auch die zu Beginn genannten Merkmale einer gut gestalteten Arbeitsaufgabe). Darüber hinaus sollten ältere Arbeitende durch entsprechende Arbeitsmittel (z. B. Hebewerkzeuge, Veränderung der Schriftgrößen), veränderte Arbeitsorganisation (z. B. Schichtpläne für Ältere), soziale Bedingungen (z. B. anerkennender Erfahrungsaustausch im Sinne Geißlers et al. (2003) oder altersgerechte Weiterbildungsangebote) bis hin zum Angebot regelmäßiger sportlicher Betätigung (Ilmarinen 2004) und Gesundheitschecks unterstützt werden.

Die Zukunft der Arbeit stellt auch die Arbeitsgestaltung vor neue Herausforderungen. Veränderte Strukturen und neue Ansprüche an die Arbeit bedürfen erweiterter Konzepte, die sich aber weiterhin an der Förderung der Gesundheit und Persönlichkeit orientieren sollten. Vor allem sollte aber eine zukunftsorientierte Arbeitsgestaltung am Menschen orientiert, also human sein.

Literatur

Bamberg E, Ducki A, Metz AM (2011) Gesundheitsförderung und Gesundheitsmanagement: Konzeptuelle Klärung. In: Bamberg E, Ducki A, Metz AM (Hrsg) Gesundheitsförderung und Gesundheitsmanagement in der Arbeitswelt. Ein Handbuch. Hogrefe, Göttingen, S 123–134

Beck D (2014) Planung und Organisation der Gefährdungsbeurteilung psychischer Belastung. In: Bundesanstalt für Arbeitsschutz und Arbeitsmedizin (Hrsg) Gefährdungsbeurteilung psychischer Belastung. Erfahrungen und Empfehlungen. Erich Schmidt Verlag, Berlin, S 131–159

Becke G, Bleses P, Schmidt S (2011) Betriebliche Gesundheitsförderung in flexiblen Arbeitsstrukturen der Wissensökonomie. In: Bamberg E, Ducki A, Metz AM (Hrsg) Gesundheitsförderung und Gesundheitsmanagement in der Arbeitswelt. Ein Handbuch. Hogrefe, Göttingen, S 671–691

Beise M, Jakobs HJ (Hrsg) (2012). Die Zukunft der Arbeit. München, Süddeutsche Zeitung GmbH

Böhle F, Milkau B (1988) Vom Handrad zum Bildschirm. Campus, Frankfurt/M

Böhle F, Rose H (1992) Technik und Erfahrung. Arbeit in hochautomatisierten Systemen. Frankfurt/M, Campus

Brodbeck FC, Guillaume YRF (2010) Arbeiten in Gruppen. In: Kleinbeck U, Schmidt KH (Hrsg) Arbeitspsychologie (Enzyklopädie der Psychologie D, Serie III, Bd 1. Hogrefe, Göttingen, S 215–284

Dowling PJ, Festing M, Engle AD (2008) International Human Resource Management. 5th ed. Cheriton House, UK, Cengage Learning EMEA

Ducki A, Bamberg E, Metz AM (2011) Prozessmerkmale von Gesundheitsförderung und Gesundheitsmanagement. In:

Bamberg E, Ducki A, Metz AM (Hrsg) Gesundheitsförderung und Gesundheitsmanagement in der Arbeitswelt. Ein Handbuch. Hogrefe, Göttingen, S 135–153

Dunckel H, Pleiss C (2007) Das handlungstheoretische Konzept menschlicher Stärken. In: Dunckel H, Pleiss C (Hrsg) Kontrastive Aufgabenanalyse. vdf, Zürich, S 31–56

Flüter-Hoffmann C (2012) Erfolgsgeschichte Telearbeit – Arbeitsmodell der Zukunft. In: Badura B, Ducki A, Schröder H, Klose J, Meyer M (Hrsg) Fehlzeiten-Report 2012. Springer, Berlin, S 71–77

Geißler H, Bökenheide T, Geißler-Gruber B, Schlünkes H, Rinninsland G (2003) Der Anerkennende Erfahrungsaustausch. Das neue Instrument für die Führung. campus-Verlag, Frankfurt/M

Hacker W (2000) Arbeit der Zukunft – Zukunft der Arbeitspsychologie. Zeitschrift für Psychologie 208(1–2):190–206

Hacker W (2004) Leistungs- und Lernfähigkeiten älterer Menschen. In: Cranach v M, Schneider HD, Ulich E, Winkler R (Hrsg) Ältere Menschen im Unternehmen. Chancen, Risiken und Modelle. Haupt, Bern, S 163–172

Hoppe A (2011) Betriebliche Gesundheitsförderung bei kultureller Diversität. In: Bamberg E, Ducki A, Metz AM (Hrsg) Gesundheitsförderung und Gesundheitsmanagement in der Arbeitswelt. Ein Handbuch. Hogrefe, Göttingen, S 487–499

Ilmarinen JE (2004) Älter werdende Arbeitnehmer und Arbeitnehmerinnen. In: Cranach v M, Schneider HD, Ulich E, Winkler R (Hrsg) Ältere Menschen im Unternehmen. Chancen, Risiken und Modelle. Haupt, Bern, S 29–47

König CJ, Kleinmann M (2006) Selbstmanagement. In: Schuler H (Hrsg) Lehrbuch der Personalpsychologie. 2. Aufl. Göttingen, Hogrefe, S 331–348

Kötter W, Gohde HE (1991) Expertise: Fertigungsinseln – nur wirtschaftlich oder zugleich auch human? In: Fiedler A, Regenhard U (Hrsg) Mit CIM in die Fabrik der Zukunft. Westdeutscher Verlag, Opladen, S 179–248

Kühlmann T, Stahl GK (2006) Problemfelder des internationalen Personaleinsatzes. In: Schuler H (Hrsg) Lehrbuch der Personalpsychologie. 2. Aufl. Hogrefe, Göttingen, S 673–698

Langhoff T (2009) Den demographischen Wandel im Unternehmen erfolgreich gestalteten. Springer, Berlin Heidelberg

Metz AM (2011) Intervention. In: Bamberg E, Ducki A, Metz AM (Hrsg) Gesundheitsförderung und Gesundheitsmanagement in der Arbeitswelt. Ein Handbuch. Hogrefe, Göttingen, S 185–219

Resch MG (2014) Vereinbarkeit von Beruf und Familie aus handlungspsychologischer Sicht. Arbeit (im Druck)

Rigotti T, Galais N (2011) Leiharbeit – Who cares? In: Bamberg E, Ducki A, Metz AM (Hrsg) Gesundheitsförderung und Gesundheitsmanagement in der Arbeitswelt. Ein Handbuch. Hogrefe, Göttingen, S 693–715

Sonntag K, Schaper N (2006) Förderung beruflicher Handlungskompetenz. In: Sonntag K (Hrsg) Personalentwicklung in Organisationen. 3. Aufl. Hogrefe, Göttingen, S 270–311

Ulich E (2011) Arbeitspsychologie. 7. erw Aufl. vdf, Zürich

Ulich E, Wülser M (2012) Gesundheitsmanagement in Unternehmen. Arbeitspsychologische Perspektiven. 5. erw Aufl. Springer Gabler, Wiesbaden

Volpert W (1987) Psychische Regulation von Arbeitstätigkeiten. In: Kleinbeck U, Rutenfranz J (Hrsg) Arbeitspsychologie. Enzyklopädie der Psychologie D, Serie III, Bd 1, Hogrefe, Göttingen, S 1–42

Personalrekrutierung und -entwicklung der Zukunft

J. Rump, S. Eilers

B. Badura et al. (Hrsg.) *Fehlzeiten-Report 2014*,
DOI 10.1007/978-3-662-43531-1_19, © Springer-Verlag Berlin Heidelberg 2014

Zusammenfassung *Qualifizierte Mitarbeiter für sich zu gewinnen und dauerhaft an sich zu binden wird angesichts der demografischen Entwicklung und weiterer ökonomischer und gesellschaftlicher Megatrends immer mehr zur Herausforderung. Ein konsequentes Gesundheitsmanagement, das psychische wie physische Belastungsmomente in den Blick nimmt und auf »Lebenslänglichkeit« setzt, spielt dabei eine nicht zu unterschätzende Rolle. Am Beispiel der Personalrekrutierung und gesundheitsförderlicher Entwicklungsprozesse lässt sich verdeutlichen, an welchen Stellschrauben gedreht werden kann, um auch über ein verlängertes Erwerbsleben hinweg die Wettbewerbsfähigkeit mit beschäftigungsfähigen Mitarbeitern zu sichern. Beschäftigungsfähigkeit definiert sich dabei sowohl über die relevanten Kompetenzen als auch über Motivation und Gesundheit bzw. Wohlbefinden.*

19.1 Vorbemerkungen

Die im ersten Teil dieses Fehlzeiten-Reports aufgezeigten Rahmenbedingungen lassen keinen Zweifel daran, dass die Zukunft des Arbeitens nicht zuletzt von einer steigenden Komplexität, Veränderungsgeschwindigkeit und Flexibilität sowie von der Notwendigkeit eines verlängerten Erwerbslebens bestimmt sein wird. All diese Faktoren bedingen die Gefahr einer steigenden Zahl physischer wie psychischer Beeinträchtigungen über den Lebenslauf hinweg. Sie erfordern in der Konsequenz eine ganzheitliche Auseinandersetzung mit der Thematik der Gesunderhaltung und Gesundheitsförderung von Anfang an. Idealerweise beginnt die Förderung der Gesundheit schon in jungen Jahren. Denn letztlich findet der Großteil der Belastungssituationen in einem vergleichsweise jungen Alter statt, die Auswirkungen zeigen sich nicht selten erst viele Jahre später und werden leicht dem zu diesem Zeitpunkt bereits fortgeschrittenen kalendarischen Alter zugesprochen. So sind spezielle Maßnahmen auch schon bei jungen Auszubildenden denkbar, um den Erhalt der Leistungsfähigkeit von Beginn an sicherzustellen. Ein besonderes Augenmerk gilt den Beschäftigten im mittleren Lebensalter. Da diese Gruppe derzeit die Mehrheit in den Unternehmen darstellt und voraussichtlich eine Altersteilzeit bzw. eine Frühverrentung nicht mehr in Anspruch nehmen kann, gilt es, mit dem Angebot entsprechender Maßnahmen die Gesundheit und damit die Leistungsfähigkeit der Beschäftigten zu fördern und langfristig zu erhalten (Brandenburg u. Domschke 2007). Dabei ist stets zu beachten, dass ein Wechselspiel zwischen Unternehmens- und Eigenverantwortung anzustreben ist.

19.2 Gesundheit und Wohlbefinden als Eckpfeiler der Beschäftigungsfähigkeit

Das Betriebliche Gesundheitsmanagement muss mittlerweile auch im Kontext der Nachhaltigkeit und Ressourcenallokation gesehen werden Denn es ist festzustellen, dass die Bedeutung von Gesundheit/Wohlbefinden für die Beschäftigungsfähigkeit eines Mitarbeiters zunehmen wird. Beschäftigungsfähigkeit oder auch Employability wird dabei definiert als die Fähigkeit, fachliche, soziale und methodische Kompetenzen unter sich wandelnden Rahmenbedingungen zielgerichtet und eigenverantwortlich anzupassen und einzusetzen, um eine Beschäftigung zu erlangen oder zu erhalten (Rump u. Eilers 2011a).

Während in der Vergangenheit vor allem Konzepte und Maßnahmen entwickelt wurden, um Kompetenzen zu erhalten und die Motivation zu fördern, steigt derzeit das Bewusstsein, dass ohne den Erhalt und die Förderung der Gesundheit die Motivation und die Beschäftigungsfähigkeit der Mitarbeiter einge-

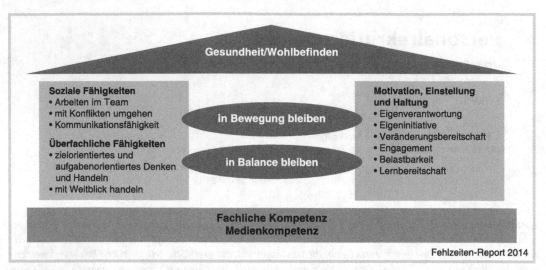

Gesundheit/Wohlbefinden

Soziale Fähigkeiten
- Arbeiten im Team
- mit Konflikten umgehen
- Kommunikationsfähigkeit

Überfachliche Fähigkeiten
- zielorientiertes und
  aufgabenorientiertes Denken
  und Handeln
- mit Weitblick handeln

in Bewegung bleiben

in Balance bleiben

**Motivation, Einstellung
und Haltung**
- Eigenverantwortung
- Eigeninitiative
- Veränderungsbereitschaft
- Engagement
- Belastbarkeit
- Lernbereitschaft

**Fachliche Kompetenz
Medienkompetenz**

Fehlzeiten-Report 2014

■ **Abb. 19.1** Die Eckpfeiler der Beschäftigungsfähigkeit (Quelle: Rump u. Eilers 2011b)

schränkt sind. Immer klarer wird, dass Motivation, Kompetenzerhalt und Gesundheit miteinander verwoben sind. Fehlt Motivation, verringert sich der Antrieb zum Kompetenzerhalt, was mittelfristig zu Überforderung am Arbeitsplatz führt und langfristig die Gesundheit beeinträchtigen kann. Fehlen die Qualifikationen und die Kompetenzen, fühlt sich der Beschäftigte überfordert, er verliert an Motivation, betrachtet die Arbeitsaufgaben als Belastung, was sich wiederum auf die Gesundheit negativ auswirken kann. Nicht zuletzt: Ist der Mitarbeiter nicht gesund, fehlt ein Teil der Energie, um nachhaltig an der Motivation und am Kompetenzerhalt zu arbeiten. Damit wird deutlich, dass der Erhalt und die erfolgreiche Entwicklung von Beschäftigungsfähigkeit auf der einen Seite sowie Gesundheit und körperliches Wohlbefinden auf der anderen Seite in engem Zusammenhang stehen (Rump et al. im Druck). ■ Abb. 19.1 gibt einen Überblick über die Eckpfeiler der Beschäftigungsfähigkeit.

Einen Großteil der Verantwortung für den Erhalt der eigenen Beschäftigungsfähigkeit trägt zweifelsohne der Einzelne selbst. Denn in einer vom Wandel geprägten Arbeitswelt liegen die zentralen Herausforderungen darin, die eigene Qualifikation aktuell zu halten und weiter auszubauen, motiviert mit den vielfältigen Veränderungen Schritt zu halten und – nicht zuletzt – verantwortungsbewusst mit der eigenen Gesundheit umzugehen.

Doch auch von betrieblicher Seite bedarf es entsprechender Rahmenbedingungen, damit Beschäftigungsfähigkeit gefördert wird. Ein ganzheitliches Gesundheitsmanagement, das sich nicht auf reine gesundheitsförderliche Maßnahmen wie bestimmte Seminarangebote oder ergonomische Arbeitsplatzgestaltung beschränkt, sondern alle betrieblichen Handlungsfelder so ausgestaltet, dass sie Gesundheit und Wohlbefinden stärken und erhalten, spielt hierbei eine entscheidende Rolle.

Die nachfolgenden Ausführungen fokussieren zum einen auf die Phase der Rekrutierung neuer Beschäftigter und die Frage, inwieweit das Thema »Gesundheit« hier eine Rolle spielt bzw. spielen sollte. Denn Beschäftigungsfähigkeit zu erhalten und zu fördern, ist mit dem Anspruch auf »Lebenslänglichkeit« verbunden, das heißt, dieses Ziel sollte vom ersten bis zum letzten Tag der Beschäftigung fokussiert werden – sowohl seitens der Arbeitnehmer als auch seitens der Arbeitgeber. Zum anderen soll erläutert werden, wie sich die Kompetenzentwicklung im Rahmen betrieblicher Entwicklungsprozesse derart gestalten lässt, dass Gesundheit und Wohlbefinden über viele Jahre hinweg auch unter sich wandelnden Rahmenbedingungen aufrechterhalten werden können.

19.3   Die Perspektive »Gesundheit« bei der Personalrekrutierung

Personalrekrutierung wird für Unternehmen immer stärker zum Engpassfaktor. Der demografische Wandel lässt die Zahl qualifizierter Nachwuchskräfte schrumpfen, während gleichzeitig technisch-ökonomische Entwicklungen bedingen, dass der Bedarf an Fachkräften steigt. In einigen Branchen und Berufsbildern wandelt sich der Arbeitgebermarkt zu einem Arbeitnehmermarkt, d. h. es gilt für Unternehmen, sich

19

im Sinne des Employer Brandings als attraktiver Arbeitgeber zu positionieren.

Dies kann nicht zuletzt dadurch gelingen, potenziellen Beschäftigten das Engagement des Unternehmens im Sinne einer Arbeitsumgebung zu präsentieren, die Gesundheit und Wohlbefinden nachhaltig fördert. Dazu gehören einerseits Informationen über konkrete gesundheitsförderliche Angebote, die sowohl physische als auch psychische Belastungsmomente adressieren. Andererseits können Unternehmen jedoch in zunehmendem Maße damit »punkten«, Wege zu einer ausgewogenen Work-Life-Balance aufzuzeigen bzw. potenziellen Beschäftigten zu verdeutlichen, dass das Unternehmen im Sinne eines ganzheitlichen Gesundheitsmanagements auch die Bedeutung einer Ausgewogenheit zwischen Be- und Entlastung erkannt hat und im Rahmen der betrieblichen Möglichkeiten fördert. Gerade auf den letzten Aspekt legen Nachwuchskräfte und junge Arbeitnehmer Umfragen zufolge im Hinblick auf die Arbeitgeberattraktivität großen Wert, da ihnen sehr wohl bewusst ist, dass sie nicht über ein verlängertes Erwerbsleben hinweg »auf der Überholspur« durchhalten können (Rump u. Eilers 2012). So könnte beispielsweise ein Unternehmen aus dem produzierenden Bereich in Vorstellungsgesprächen einen Überblick über die ergonomische Gestaltung der Arbeitsplätze, Maßnahmen zur Verringerung der körperlichen Belastungen, aber auch Beispiele für eine mitarbeiterorientierte Arbeitszeitgestaltung, Sabbaticals etc. geben. Gerade im Rahmen des Internetauftritts, über den sich immer mehr Kandidaten im Vorfeld einer Bewerbung über einen Arbeitgeber informieren, können solche Themen beworben werden.

Aus Arbeitgebersicht ist darauf zu achten, mit Beschäftigten schon in der Rekrutierungsphase dahingehend in Austausch zu treten, dass das Unternehmen zwar Unterstützung beim Erhalt der physischen und psychischen Gesundheit und damit auch der Beschäftigungsfähigkeit bietet, doch gleichermaßen auf die Eigenverantwortung der Mitarbeiter setzt. Denn letztlich können gut gemeinte Angebote nur dann Erfolg bringen, wenn auch die Beschäftigten die entsprechende Grundhaltung mitbringen.

19.4 Gesundheitsförderliche Entwicklungsprozesse als Teil eines Betrieblichen Gesundheitsmanagements

Kompetenzen aktuell zu halten und zu entwickeln – und dies über ein verlängertes Erwerbsleben hinweg – stellt eine nicht zu unterschätzende Herausforderung

gerade für die psychische Gesundheit und das Wohlbefinden dar. Denn ständig »in Bewegung zu bleiben« kann durchaus Überlastungssituationen mit sich bringen, wenn nicht frühzeitig darauf geachtet wird, auch »in Balance zu bleiben«. Dabei lassen sich keine pauschalen Prinzipien formulieren, um dieser Ausgewogenheit zwischen Bewegung einerseits im Sinne der kontinuierlichen Auseinandersetzung mit den eigenen Kompetenzen und der Weiterentwicklung sowie Balance andererseits im Sinne von »Nischen zum Verschnaufen« gerecht zu werden. Vielmehr wird vor dem Hintergrund einer immer vielfältiger werdenden Belegschaft (Gender, Generationen, Kulturen) eine individualisierte und stärkenorientierte Herangehensweise unumgänglich, um Menschen angemessen und bedarfsgerecht zu fördern, ohne sie dabei zu überfordern. Dabei sind neben der eigentlichen Kompetenzentwicklung auch betriebliche Werdegänge in den Blickpunkt zu nehmen, die derzeit noch vielfach mit einer hohen Belastung einhergehen.

19.4.1 Kompetenzentwicklung: Fördern statt überfordern

Eine Kompetenzentwicklung, die darauf ausgerichtet ist, jeden Mitarbeiter gemäß seinen Neigungen und Fähigkeiten, aber auch unter Berücksichtigung seiner gesamten Lebenssituation zu fördern und damit auch für sein Wohlbefinden Sorge zu tragen, sollte insbesondere folgende Aspekte berücksichtigen:

- Stärkenorientierte Entwicklungsprozesse
- Personalentwicklung unter Berücksichtigung der Lebensphase /-situation
- Frühzeitiges Abwenden drohender Überlastungsmomente
- Alter(n)sgerechte Ausrichtung der Personalentwicklung

Stärkenorientierte Entwicklungsprozesse

Nur wenn die Stärken und Talente des einzelnen Beschäftigten im Kontext von Personalentwicklung entdeckt und entwickelt werden, wenn also stärkenorientiert agiert wird, ist eine Lebensarbeitszeit von 45 Jahren möglich, ist die Motivation langfristig aufrechtzuerhalten und entstehen Innovationen. Eine solche Stärkenorientierung bedeutet eine Individualisierung in der Personalpolitik, da nicht mehr im Sinne eines »Gießkannenprinzips« Entwicklungsangebote gemacht werden, um etwaige Defizite auszugleichen, sondern vielmehr Wert darauf gelegt wird, identifizierte Stärken und Talente weiter voranzubringen (Rump et al. im Druck).

Stärken und Talente lassen sich nicht nur im beruflichen Kontext, sondern auch im Ehrenamt, in familiären Aufgaben etc. erwerben und sollten gleichermaßen Berücksichtigung finden wie formal erworbene Kompetenzen. Nicht selten schlummern beispielsweise »heimliche« Organisationstalente in Abteilungen und Bereichen, in denen sie ihre wertvollen Kompetenzen gar nicht sinnstiftend einbringen können. Werden diese Talente genutzt, wird der Einzelne ganzheitlich wertgeschätzt, was die Gefahr der inneren Perspektivlosigkeit verringert.

Im Rahmen von Kompetenz- und Qualifikationsanalysen sollten daher neben den fachlichen Kompetenzen auch die überfachlichen Kompetenzen und dabei insbesondere auch solche, die informell erworben wurden, berücksichtigt werden. Wenn also beispielsweise ein Mitarbeiter, der im Unternehmen in einer Sachbearbeitungsfunktion tätig ist, im Ehrenamt erfolgreich ein Team führt, sei es bei der freiwilligen Feuerwehr, als Bürgermeister kleiner Kommunen oder als Vorsitzender eines Vereins, so kann ihn das durchaus auch für eine Führungsfunktion im Unternehmen befähigen.

Personalentwicklung unter Berücksichtigung der Lebensphase/-situation

Gerade Beschäftigte, die im privaten Bereich eine hohe Verantwortung tragen und zeitlich stark eingebunden sind – beispielsweise in der Lebensphase der Elternschaft oder der Pflege von Angehörigen –, bringen betrieblich organisierte Weiterbildungsmaßnahmen zuweilen an ihre Grenzen. So erfordern Seminare und Workshops, die bis in den Abend oder über das Wochenende andauern oder an einem Ort stattfinden, der weit entfernt von Wohn- und/oder Arbeitsort liegt, nicht selten einen hohen Organisationsaufwand und bedeuten eine zusätzliche zeitliche Belastung innerhalb eines ohnehin knapp bemessenen Zeitbudgets.

Im Rahmen einer individuellen Weiterbildungsorganisation sollte die zeitliche und organisatorische Verfügbarkeit der Mitarbeiter Berücksichtigung finden. Soll beispielsweise ein in Teilzeit beschäftigter Mitarbeiter, der ausschließlich vormittags arbeiten kann, weil er nachmittags einen pflegebedürftigen Angehörigen versorgen muss, an einer Weiterbildungsmaßnahme teilnehmen, kann gemeinsam nach einer Lösung gesucht werden. Diese kann darin bestehen, entweder nach einer ebenfalls in Teilzeit verfügbaren Maßnahme oder nach Unterstützung bei der Betreuung zu suchen.

Frühzeitiges Abwenden drohender Überlastungsmomente

Wenn Überlastungsmomente physischer oder psychischer Art – sei es durch körperliche Einschränkungen, die die bisherige Tätigkeit erschweren oder aber durch eine psychische Belastung durch Konflikte im Team – frühzeitig erkannt werden, gelingt es meist, negative Folgen für die Gesundheit und das Wohlbefinden abzuwenden.

Tätigkeits- und Berufswechsel können dazu beitragen, den Einzelnen einer sinnstiftenden neuen Aufgabe zuzuführen und seine Beschäftigungsfähigkeit zu erhalten. Idealerweise sollten bereits im Vorfeld solche Berufsbilder und Tätigkeiten identifiziert werden, bei denen eine begrenzte Verweildauer zu erwarten ist und gemeinsam mit dem Beschäftigten entsprechende Strategien zur Verringerung von Belastungen und ggf. zur Qualifizierung für die neuen Tätigkeiten zu erarbeiten. Je breiter beispielsweise in Pflegeberufen schon Auszubildende qualifiziert werden und je diversifizierter in den Folgejahren die Weiterbildungsmaßnahmen gestaltet sind, desto eher besteht in späteren Berufsphasen die Kompetenz und auch die Bereitschaft, sich alternativen Tätigkeits- bzw. Berufsbildern zuzuwenden.

Alter(n)sgerechte Ausrichtung der Personalentwicklung

Vor dem Hintergrund der Verlängerung der Lebensarbeitszeit ist es nicht mehr tragfähig, Weiterbildungsmaßnahmen nur bis zu einem gewissen Alter anzubieten. Allerdings bedarf es einer Berücksichtigung der unterschiedlichen Lernmuster mit zunehmendem Alter, um Beschäftigte mit Angeboten zur Personalentwicklung nicht zu überfordern und zu demotivieren. So haben tendenziell jüngere Beschäftigte eine rasche Auffassungsgabe, eine schnelle Anpassungs- und Wahrnehmungsgeschwindigkeit sowie eine hohe (Kurzzeit-)Gedächtnisleistung subsumiert (»fluide Kompetenz«). Ältere verfügen dagegen eher über Erfahrungswissen, Sprachgewandtheit, abwägende Wahrnehmung sowie ein stabiles Selbstkonzept (»kristallisierte Kompetenz«) (Lau-Villinger u. Seitz 2002; Lehr 2003).

Die Verknüpfung von fluider und kristallisierter Kompetenz stellt eine wesentliche Voraussetzung für Innovationen dar. Aufgabe der Personalentwicklung ist es daher, dafür zu sorgen, die fluide Kompetenz zu erhalten bzw. ihren Abbau zu verlangsamen sowie den Aufbau der kristallisierten Kompetenz zu beschleunigen, um Innovationskraft und Wettbewerbsfähigkeit eines Unternehmens zu gewährleisten. Dies bedeutet letztlich, alle Altersgruppen im Unternehmen entsprechend ihren individuellen Kompetenzprofilen zu fördern und den »Spannungsbogen des Lernens« nie abreißen zu lassen (Rump u. Eilers 2011c; Rump et al. im Druck).

19.4.2 Gesundheitsförderliche Werdegänge

Neueste Umfragen zeigen, dass sich gerade unter den gut qualifizierten Nachwuchskräften die Zahl derer verringert, die eine Führungskarriere »um jeden Preis« anstreben. So beispielsweise eine Befragung von mehr als 20.000 Hochschulabsolventen durch die Ruhr-Universität Bochum (Werle 2012; Wottawa et al. 2011). Die Gründe hierfür sind nicht zuletzt darin zu suchen, dass die klassische Führungsposition nahezu untrennbar einherzugehen scheint mit überdurchschnittlich langen Arbeitszeiten und einer ausgeprägten Verfügbarkeitskultur. Diese Rahmenbedingungen wiederum bringen eine hohe Belastung des Einzelnen mit sich, die immer weniger Menschen auf sich zu nehmen bereit sind – nicht zuletzt, weil ihnen bewusst ist, dass ihre »Karrierezeit« auf 40 bis 45 Jahre terminiert ist (Werle 2012; Rump u. Schwierz 2013).

Wenn nun Werdegänge gestaltet werden sollen, die auch für jüngere Potenzialträger attraktiv sind und gleichzeitig die Gefahr der Gesundheitsgefährdung durch Überlastung verringern, gibt es vor allem folgende Möglichkeiten:
- Werdegänge, die auch Raum für private Belange und unterschiedliche Lebensphasen lassen
- Alternative Werdegänge (Mosaikkarrieren etc.)

Werdegänge, die auch Raum für private Belange und unterschiedliche Lebensphasen lassen

Als äußerst bedenklich für die Motivation von Mitarbeitern – gerade im Hinblick auf eine verlängerte Lebensarbeitszeit – stellt sich die immer noch gängige Praxis dar, den Beschäftigten gerade in der Lebensphase im höchsten Maße Karriereperspektiven aufzuzeigen, in der auch privat entscheidende Weichen gestellt werden. So fällt die Möglichkeit eines beruflichen Aufstiegs vielfach in die Zeit der Familiengründung, sodass der betreffende Mitarbeiter sich im Lebensstau zwischen beruflicher und privater Sphäre zerrissen fühlt und sich unter Umständen keinem der beiden Bereiche in angemessener Weise widmen kann oder aber in hohem Maße gefährdet ist »auszubrennen«.

Vor dem Hintergrund der Verlängerung der Lebensarbeitszeit sollten Karriereperspektiven auf den gesamten Erwerbslebenslauf verteilt werden, sodass Unterbrechungen oder Verzögerungen in der Laufbahnplanung nicht ins Gewicht fallen, wenn sie auf den gesamten Zeitraum von 40 bis 45 Jahren bezogen werden. Wieso beispielsweise nicht einem Mitarbeiter in den letzten Jahren vor dem Ruhestand noch einmal eine attraktive Projektleitungsfunktion anbieten, in der er sein Erfahrungswissen weitergeben kann, statt ihm in einer Phase ein Angebot zu machen, in der er Rücksicht auf schulpflichtige Kinder nehmen muss und sich dadurch einer erhöhten organisatorischen und psychischen Belastung ausgesetzt sieht?

Gerade in Führungspositionen, insbesondere im Top-Management, gelten nach wie vor hoher zeitlicher Einsatz, hohe Mobilität, Flexibilität und »Allzeitverfügbarkeit« als unerlässliche Rahmenbedingungen und Nachweis für großen Leistungswillen und hohe Leistungsfähigkeit. Gerade viele männliche Führungskräfte klagen über eine mangelnde Work-Life-Balance bzw. zu wenig Zeit für private und familiäre Belange und wünschen sich eine Entlastung, ohne auf eine verantwortliche Position verzichten zu müssen (Rump u. Eilers im Druck).

Vollzeitnahe Teilzeitlösungen, also Arbeitszeitmodelle mit 25 bis 35 Wochenstunden, ggf. in Kombination mit mobilen Arbeitsorten, können hier Unterstützung bieten und auch vielen qualifizierten Müttern neue Perspektiven eröffnen (Sachverständigenkommission zum Achten Familienbericht 2011). Voraussetzung ist jedoch ein entsprechender Wandel in der Unternehmens- und Führungskultur.

Alternative Werdegänge (Mosaikkarrieren etc.)

In engem Zusammenhang mit den beiden vorangegangenen Punkten steht der Umstand, dass »Karriere« sich noch immer primär über den klassischen vertikalen Aufstieg definiert. Dieser ist jedoch zum einen – wie beschrieben – vielfach noch auf Menschen ohne private Verpflichtungen und mit voller Verfügbarkeit ausgerichtet und entspricht zum anderen nicht den Neigungen und Fähigkeiten jedes Beschäftigten. Nicht selten bedeutet die Führungsverantwortung eine hohe psychische Belastung für denjenigen, der zwar Verantwortung tragen und einen bestimmten Status erlangen möchte, sich jedoch nicht in der Rolle des Vorgesetzten zuhause fühlt.

Fach- und Projektkarrieren oder eine Kombination unterschiedlicher Karrierepfade über das Erwerbsleben hinweg können hier wertvolle Alternativen darstellen, die die Beschäftigungsfähigkeit immens fördern und jedem Menschen entsprechend seinen Stärken ermöglichen, Karriere zu machen (Friedli 2002; Rump et al. im Druck; Rump u. Schwierz 2013).

19.5   Fazit

Unternehmen ebenso wie ihre Beschäftigten müssen sich vor Augen führen, dass Gesundheit und Wohlbefinden unerlässliche Säulen eines immer länger werdenden Erwerbslebens darstellen. Im Sinne eines Wechselspiels von Eigen- und Unternehmensverantwortung gilt es Wege zu finden, um Kompetenzentwicklung und Werdegänge so zu gestalten, dass sie gesundheitsförderlich sind und nicht zu zusätzlichen Belastungen führen. Schon bei der Rekrutierung sollte klar kommuniziert werden, welch große Bedeutung ein gesundheitsbewusstes Verhalten auf Arbeitnehmerseite hat, ebenso wie die Bereitschaft auf Arbeitgeberseite, Gesundheit zu erhalten und zu fördern.

Literatur

Brandenburg U, Domschke JP (2007) Die Zukunft sieht alt aus. Gabler, Wiesbaden

Friedli V (2002) Die betriebliche Karriereplanung. Konzeptionelle Grundlagen und empirische Studien aus der Unternehmensperspektive. Berner betriebswirtschaftliche Schriften, Band 27. Haupt, Bern/Stuttgart/Wien

Lau-Villinger D, Seitz C (2002) Der Prozess des Älterwerdens in Unternehmen. Weiße Reihe, Frankfurt

Lehr U (2003) Psychologie des Alterns. 10. Aufl. Gabler, Wiesbaden

Rump J, Eilers S (2011a) Ökonomische Effekte des Age Managements. 2. unveränderte Aufl. Verlag Wissenschaft & Praxis, Sternenfels

Rump J, Eilers S (2011b) Employability – Die Grundlagen. In: Rump J, Sattelberger T (Hrsg) Employability Management 2.0. Einblick in die praktische Umsetzung eines zukunftsorientierten Employability Managements. Verlag Wissenschaft & Praxis, Sternenfels, S 73–166

Rump J, Eilers S (2011c) Employability und Demografie. In: Rump J, Sattelberger T (Hrsg) (2011) Employability Management 2.0. Einblick in die praktische Umsetzung eines zukunftsorientierten Employability Managements. Verlag Wissenschaft & Praxis, Sternenfels, S 211–303

Rump J, Eilers S (2012) Die jüngere Generation in einer alternden Arbeitswelt. Baby Boomer versus Generation Y. Verlag Wissenschaft & Praxis, Sternenfels

Rump J, Eilers S (im Druck) Mehr Zeit für Familie auch für Väter. Einflussfaktoren, lebensphasenorientierte Handlungsansätze und Beispiele guter Praxis. In: Rump J, Eilers S (Hrsg) Lebensphasenorientierte Personalpolitik. Strategien, Konzepte und Praxisbeispiele zur Fachkräftesicherung. Springer, Heidelberg

Rump J, Schwierz C (2013) Die Gestaltung von Karrieren und Karriereverläufen. Whitepaper, Düsseldorf

Rump J, Wilms G, Eilers S (im Druck) Die Lebensphasenorientierte Personalpolitik. Grundlagen und Gestaltungstipps aus der Praxis für die Praxis. In: Rump J, Eilers S (Hrsg) Lebensphasenorientierte Personalpolitik. Strategien, Konzepte und Praxisbeispiele zur Fachkräftesicherung. Springer, Heidelberg

Sachverständigenkommission zum Achten Familienbericht (2011) Zeit für Familie. Familienzeitpolitik als Chance einer nachhaltigen Familienpolitik. Berlin 2011

Werle K (2012) Wer will noch Chef werden? manager magazin 8/2012. Online verfügbar unter http://www.manager-magazin.de/magazin/artikel/a-851513.html. Gesehen 25 Okt 2013

Wottawa H, Montel C, Mette C, Zimmer B, Hiltmann M (2011) eligo Studie: Berufliche Lebensziele und Leistungspotenziale junge Hochschulabsolventinnen und Hochschulabsolventen. Wirtschaftspsychologie 13(3):85–111

Arbeitsbelastungen und Flexibilisierung des Renteneintritts

M. Brussig

B. Badura et al. (Hrsg.) *Fehlzeiten-Report 2014*,
DOI 10.1007/978-3-662-43531-1_20, © Springer-Verlag Berlin Heidelberg 2014

Zusammenfassung *Der Beitrag bilanziert den Diskussionsstand zum Zusammenhang von beruflichen Belastungen und Rentenbeginn. Dabei wird in vier Schritten vorgegangen: Zunächst werden die rentenrechtlichen Regelungen skizziert und insbesondere dargestellt, ob und inwiefern berufliche Belastungen im Rentenrecht – vor allem beim Zugang in eine Rente – berücksichtigt werden. Dies war schon früher kaum der Fall und ist durch die Abschaffung der Berufsunfähigkeitsrenten zugunsten der Erwerbsminderungsrenten weiter abgeschwächt worden. Im zweiten Schritt werden Befunde zusammengetragen, die zeigen, wie sich die Belastungsexposition von Beschäftigten über einen längeren Zeitraum hinweg entwickelt haben. Daran anschließend wird im dritten Schritt untersucht, ob berufliche Belastungen zu einem vorzeitigen Renteneintritt führen. Dieser Zusammenhang ist weniger trivial als er scheint, da die Flexibilisierungsmöglichkeiten beim Renteneintritt begrenzt sind und berufliche Belastungen im Rentenrecht kaum berücksichtigt werden. Gleichwohl lässt sich auch für die jüngste Vergangenheit nachweisen, dass Personen mit hohen beruflichen Belastungen früher als andere in die Altersrente wechseln. Im vierten Abschnitt werden mögliche Gestaltungslösungen auf betrieblicher Ebene und deren Grenzen diskutiert.*

20.1 Sind Arbeitsbelastungen im Rentenrecht relevant?

Das Rentenrecht in Deutschland ist eine komplexe Materie, die auf eine über hundertjährige Entwicklung zurückblicken kann (Eichenhofer et al. 2011). Die Rentenversicherung ist darauf ausgerichtet, im Fall der Erwerbsunfähigkeit aufgrund von dauerhaften gesundheitlichen Einschränkungen oder des Alters Renten auszuzahlen, die sich am früheren, während des Arbeitslebens erzielten Einkommen orientieren. Der Bezugspunkt und die (späteren) Nutznießer von Renten sind also Erwerbstätigkeit bzw. Erwerbstätige. Doch obwohl Arbeitsbelastungen ein zentrales Risiko für den Erhalt der Erwerbsfähigkeit sind und damit den Eintritt des »Versicherungsfalls« beeinflussen, spielen sie weder bei der Rentenberechnung noch bei den versicherungsrechtlichen Voraussetzungen für einen Rentenbezug eine herausgehobene Rolle. Die Rentenansprüche steigen nicht, wenn unter belastenden Bedingungen gearbeitet wird, und man kann nicht vorzeitig berentet werden, wenn eine gewisse Zeit belastende Tätigkeiten verrichtet wurden. Dabei ist unerheblich, dass es von vornherein schwierig erscheint, »belastende Tätigkeiten« zufriedenstellend und recht-

lich praktikabel zu definieren. Entscheidend ist vielmehr, dass Tätigkeitsmerkmale, die auf Belastungen hinweisen könnten – wie Schichtarbeit, Wochenendarbeit, Überstunden, Berufszugehörigkeit, individuelle Belastungsexpositionen – für die Rentenansprüche keine Bedeutung haben, obwohl namentlich bei langjährig in Schichtarbeit Beschäftigten gesundheitliche Beeinträchtigungen, insbesondere Schlafstörungen, vielfach nachgewiesen wurden (z. B. Knauth u. Hornberger 1997; Beermann 2010). Jeder versicherungspflichtig erworbene Euro und jeder Monat in versicherungspflichtiger Beschäftigung erzeugt unabhängig von der Art der Tätigkeit identische Rentenansprüche. Und die Rentenbeiträge sinken – bei konstanten Leistungsansprüchen – nicht, wenn Betriebe in den Erhalt der Beschäftigungsfähigkeit ihrer Mitarbeiter investieren und damit Rentenfälle vermeiden.[1]

Im allgemeinen Recht der Altersrenten gibt es einige wenige zentrale Regelungen, die bevorzugt von Beschäftigten mit hohen Arbeitsbelastungen beansprucht werden könnten. So ist für »langjährig Versi-

---

1 Im Unterschied zur Gesetzlichen Unfallversicherung (SGB VII); hier sind die Versicherungsbeiträge nach »Schadensklassen« gestaffelt.

cherte« (vollwertige Beitragszeiten von 35 Jahren) ein Rentenbeginn möglich, der frühestens zwei Jahre vor der jeweils gültigen Regelaltersgrenze liegt; hier wird pro Monat des vorzeitigen Rentenbeginns der Rentenanspruch um 0,3 Prozent gemindert. Für »besonders langjährig Versicherte« (vollwertige Beitragszeiten von 45 Jahren) ist ein abschlagsfreier Rentenbeginn ab 65 Jahren möglich; aktuell wird ein abschlagsfreier Rentenbeginn ab 63 Jahren vorbereitet, der aber in absehbarer Zeit schrittweise wieder auf die Vollendung des 65. Lebensjahres ansteigen soll (CDU, CSU, SPD 2013). Zwar spielt es rechtlich keine Rolle, unter welchen Belastungen die 35 bzw. 45 Jahre gearbeitet wurde, aber im öffentlichen Diskurs ist die Meinung, dass die betreffenden Personen »genug geleistet« haben, klar erkennbar. Allerdings sind beide Rentenarten kein Beitrag zur Flexibilisierung des Renteneintritts, da die sehr langen Wartezeiten sehr hohe Hürden für die Inanspruchnahme beider Rentenarten darstellen, die in der späten Erwerbsphase nicht mehr überwunden werden können, wenn nicht bereits zu Beginn des Erwerbslebens die Grundlagen hierfür gelegt wurden. Weiterhin zu nennen ist die Altersrente für Schwerbehinderte, die mit Abschlägen fünf Jahre und abschlagsfrei zwei Jahre vor Erreichen der Regelaltersgrenze beantragt werden kann. Hier ließe sich argumentieren, dass aufgrund der Schwerbehinderung Erwerbstätigkeit bis zur Regelaltersgrenze unzumutbar ist.[2]

Im Bereich der knappschaftlichen Rentenversicherung gibt es spezielle Regelungen für Bergleute, die unter Tage beschäftigt waren. Die »Altersrente für langjährig unter Tage beschäftigte Bergleute« ist abschlagsfrei ab 62 Jahre nach einer Wartezeit von 25 Jahren zugänglich (§ 40 SGB VI). Sie ist mit bundesweit etwas über 100 Rentenzugängen im Jahr 2011 quantitativ mit großem Abstand die am wenigsten genutzte Rentenart (Deutsche Rentenversicherung 2012, S. 65). Außerdem gibt es mit der »Rente für Bergleute« eine spezielle Berufsunfähigkeitsrente für diese Berufsgruppe (§ 45 SGB VI). Bei der Einführung beider Rentenarten spielten aber nicht

nur langjährige Erfahrungen über das Berufsschicksal der Bergleute eine Rolle, sondern mindestens ebenso das Interesse des Gesetzgebers, den Beruf des Bergmanns attraktiv zu gestalten (Pott 2011). Von den knappschaftlichen Rentenarten abgesehen, gibt es keine berufsspezifischen Regelungen im Rentenrecht.[3]

Am ehesten werden die Folgen hoher Arbeitsbelastungen im Rentenrecht durch die Erwerbsminderungsrente aufgefangen. Dies ist aber erst dann der Fall, wenn versicherte Personen[4] nicht mehr erwerbsfähig sind, also »auf nicht absehbare Zeit außerstande sind, unter den üblichen Bedingungen des allgemeinen Arbeitsmarktes« (§ 43, Abs. 1 SGB VI) mindestens drei Stunden täglich erwerbstätig zu sein.[5] Allerdings wird bei der Erwerbsminderungsrente nicht nach dem Grund für den Verlust der Erwerbsfähigkeit unterschieden. Der Verlust der Erwerbsfähigkeit muss also nicht beruflich bedingt sein. Und in einem zentralen Punkt wurde durch die Reform der Erwerbsminderungsrenten im Jahr 2001 der Bezug auf den erlernten und ausgeübten Beruf ganz entscheidend geschwächt. Denn mit dieser Reform wurden die Berufsunfähigkeits- und Erwerbsunfähigkeitsrenten (BU/EU-Renten) für Personen abgeschafft, die nach dem 01.01.1961 geboren wurden. Der Kreis der Berufe, auf den verwiesen werden konnte, wenn eine Weiterarbeit im bisherigen Beruf nicht mehr möglich war, wurde damit vom erlernten und ausgeübten Beruf sowie gleichwertigen Tätigkeiten ausgeweitet auf die »üblichen Bedingungen des allgemeinen Arbeitsmarktes« (s. oben) und damit auf jegliche Tätigkeit. Wie in der Altersrente, in der besondere berufliche Belastungen weder bei den Rentenansprüchen noch in den Rentenzugangsvoraussetzungen berücksichtigt werden, werden auch in der reformierten Erwerbsminderungsrente besondere berufliche Belastungen weder für die Feststellung der Erwerbsunfähigkeit noch die frühere berufliche Tätig-

---

2 »Nach aktueller Gesetzeslage können die Altersrente wegen Schwerbehinderung vor 1951 geborene Versicherte auch ohne Schwerbehinderung beanspruchen, sofern sie berufsunfähig im Sinne des bis 2001 geltenden Rechts sind (§ 236a Abs. 3 SGB VI). Danach war berufsunfähig, wessen Erwerbsfähigkeit aus gesundheitlichen Gründen gegenüber einer Vergleichsperson mit ähnlicher Ausbildung auf weniger als die Hälfte gesunken war.« (Brussig u. Schwarzkopf 2013, S. 40f.) Für diesen inzwischen sehr kleinen Personenkreis (im Jahr 2014 mindestens 63 Jahre alt und noch nicht in Rente) gibt es einen etwas stärkeren Zusammenhang zwischen bisheriger Berufsausübung und Rentenanspruch.

3 Dies ist anders bei Beamten bzw. Pensionen. Hier gibt es beruflich differenzierte Altersgrenzen, beispielsweise für Beamte im Justizvollzugsdienst, Beamte im Einsatzdienst der Feuerwehr, Beamte im Flugverkehrskontrolldienst oder Soldaten und Offiziere der Bundeswehr (Brussig et al. 2011).

4 Versicherte sind gegen Erwerbsunfähigkeit rentenversichert, wenn sie in den fünf Jahren vor Eintritt der Erwerbsminderung drei Jahre versicherungspflichtig beschäftigt waren.

5 Bei einer Erwerbsfähigkeit von mindestens drei, aber weniger als sechs Stunden täglich wird eine Rente wegen teilweiser Erwerbsminderung gewährt. Sie kann bei verschlossenem Arbeitsmarkt – der Nichtverfügbarkeit entsprechender Teilzeitstellen – in eine volle Erwerbsminderungsrente umgewandelt werden.

keit und die mit ihr verbundenen Belastungen auf den Rentenanspruch in irgendeiner Form »angerechnet«, um eine Rentenzahlung leichter zu ermöglichen.

Es darf an dieser Stelle nicht unerwähnt bleiben, dass die Gesetzliche Rentenversicherung Träger für medizinische Rehabilitation und für Leistungen zur beruflichen Teilhabe ist. Im SGB VI wird diese Leistungsart sogar noch vor den verschiedenen Rentenarten aufgeführt, wodurch sich der versicherungstypische Grundgedanke zeigt, Schadenfälle (das sind hier die Eintritte in Erwerbsminderungsrente) möglichst zu vermeiden und zu beheben und erst, wenn dies nicht möglich ist, deren Folgen zu kompensieren. Aber auch hier gilt, dass für den Zugang zu den Rehabilitationsleistungen individuelle medizinische Befunde und versicherungsrechtliche Voraussetzungen gegeben sein müssen und die konkreten beruflichen Belastungen ohne Bedeutung für die Leistungen der GRV sind. Die Aufwendungen für Teilhabeleistungen (berufliche Rehabilitationen) sind in der Summe der Einzelfälle immens (2011 beliefen sie sich auf fast 5,5 Mrd. Euro, Deutsche Rentenversicherung 2012, S. 245); die Initiativen der GRV für Prävention sind demgegenüber bescheiden.[6]

Ist die Irrelevanz der konkreten Arbeitsbelastungen für die Ansprüche an die Rentenversicherung in der Rentenversicherung traditionell angelegt und durch die Abschaffung von »Berufsunfähigkeit« durch die Reform der Erwerbsminderungsrenten 2001 noch akzentuiert, so ist an einer anderen Stelle seit ca. 20 Jahren ein Pfadbruch langjähriger Entwicklungen im Rentenrecht zu beobachten: Möglichkeiten zur Frühverrentung wurden eingeschränkt, mehrere Rentenarten geschlossen, Altersgrenzen vereinheitlicht und die Bindungskraft der Regelaltersgrenze gestärkt. Dies geschah über einen längeren Zeitraum, der mit der Einführung von Abschlägen bei vorzeitiger Inanspruchnahme der Altersrente nach Arbeitslosigkeit oder wegen Altersteilzeitarbeit (ab 1997) begann, sich über die Anhebung des frühestmöglichen Zugangsalters in dieser Rentenart fortsetzte (ab 2006) und in der Schließung dieser Rentenart (sowie der Frauenrente) für nach 1951 geborene Personen mündete; unmittelbar darauf begann die Anhebung der Regelaltersgrenze über das 65. Lebensjahr hinaus. Fröhler et al. (2013) haben dies als »Ent-Flexibilisierung« des Rentenrechts bezeichnet und damit zum Ausdruck gebracht, dass sich individuelle

Wahlmöglichkeiten hinsichtlich des Renteneintritts verengen. Personen, die aufgrund hoher Arbeitsbelastungen an die Grenzen ihrer Erwerbsfähigkeit stoßen, können also nicht nur seit jeher nicht auf ihre Arbeitsbelastungen verweisen, um Erleichterungen in der Rente zu erlangen, sie können außerdem heute weniger als in der jüngeren Vergangenheit andere erwerbsbiografische Merkmale (Arbeitslosigkeit am Ende des Erwerbslebens, Altersteilzeitarbeit) für einen vorzeitigen Rentenbeginn nutzen. Zwar gibt es noch einen Alterskorridor von 60 Jahren bis zur Regelaltersgrenze (bis 2011: 65 Jahre), in dem eine Altersrente begonnen werden kann, doch dieser Alterskorridor verengt sich zunehmend an seinem unteren Rand. Da es – bis auf wenige Ausnahmen[7] – keine Pflicht zur Inanspruchnahme einer Altersrente gibt, ist rentenrechtlich eine Weiterbeschäftigung über eine Altersgrenze hinaus möglich;[8] das Einkommen ist nach Erreichen der Regelaltersgrenze sogar anrechnungsfrei und zudem erhöht sich der Rentenanspruch für jeden Monat des aufgeschobenen Rentenbeginns – spiegelbildlich zu den Abschlägen – um 0,5 Prozent. Vereinzelt wird von »Recalls« berichtet. Die Erwerbstätigkeit unter Personen im Rentenalter steigt seit einigen Jahren und erreicht beispielsweise unter hochqualifizierten Männern in Westdeutschland im Alter zwischen 65 und 69 Jahren inzwischen ungefähr 20 Prozent. Über die betrieblichen Strategien und die individuelle Motivation ist derzeit relativ wenig bekannt. Insbesondere ist nicht bekannt, zu welchem Ausmaß Personen ihre früheren Tätigkeiten fortsetzen und ob die Arbeitsbelastungen reduziert wurden, um längere Erwerbsphasen zu ermöglichen (vgl. hierzu Schmitz i. E.).[9]

20.2 Arbeitsbelastungen nehmen nicht ab

Entgegen früheren Hoffnungen wird schon seit Längerem beobachtet, dass Arbeitsbelastungen nicht zu-

---

6 In den Jahren 2004 bis 2006 beteiligte sich die DRV an dem Projekt Smart Regions, in dem mit Mitteln des Europäischen Sozialfonds präventiv Ansätze alterns- und altersgerechten Arbeitens erprobt wurden. Die DRV baute hierfür ihr Informationsangebot an Arbeitgeber aus (Stecker et al. 2005, 2007).

7 Der bekannteste Fall ist, dass aufgrund der Nachrangigkeit von Leistungen nach dem SGB II (ALG II) eine Altersrente – auch mit Abschlägen – beantragt werden muss, bevor Leistungen der Grundsicherung in Anspruch genommen werden können (sog. »Zwangsverrentung«).

8 Viele Arbeitsverträge sehen aber eine Kündigung mit Erreichen der Regelaltersgrenze vor. Es ist umstritten, ob dies altersdiskriminierend und damit unzulässig ist.

9 Im deutsch-britischen Vergleich konnte gezeigt werden, dass Erwerbsphasen im Rentenalter in Deutschland stärker als in Großbritannien durch berufliche Kontinuität geprägt sind (Scherger 2013).

◼ **Tab. 20.1** Verbreitung von ausgewählten Arbeitsbelastungen im Zeitverlauf, 1985 bis 2001 (Quelle: Trischler und Kistler 2010, S. 22, basierend auf SOEP; mit freundlicher Genehmigung von E. Kistler)

	1985	1987	1989	1995	2001
Abwechslungsreiche Tätigkeit	59	58	60	60	62
Körperlich schwere Arbeit	16	14	14	16	16
Selbstständige Gestaltung des Arbeitsablaufs	40	38	38	37	41
Arbeitszeit gemäß Arbeitsanfall	28	26	27	28	35
Strenge Kontrolle der Arbeitsleistung	14	14	13	14	15
Arbeit in Wechselschicht	11	12	12	12	15
Regelmäßige Nacharbeit	5	5	6	–	–
Ärger, Konflikt mit dem Vorgesetzten	2	2	2	3	2
Gute Zusammenarbeit mit Arbeitskollegen	77	76	75	75	75
Mitentscheidung bei Bezahlung/Beförderung anderer MA	10	9	10	10	11
Weiterqualifikation durch Arbeit	35	34	34	37	39
Belastende Umwelteinflüsse bei der Arbeit	20	19	19	19	16
Hohe nervliche Anspannung bei der Arbeit	26	25	26	28	28
Erhöhtes Risiko von Arbeitsunfällen	–	–	–	11	10
Belastende Bildschirmarbeit	–	–	–	–	20
N	6.414	6.166	5.762	8.027	12.576

Anmerkung: Angegeben ist jeweils der Prozentsatz von Erwerbstätigen, die mit »trifft voll zu« antworteten.

Fehlzeiten-Report 2014

rückgehen.[10] Folgt man dem Sozio-oekonomischen Panel (SOEP), dann haben lediglich »belastende Umwelteinflüsse bei der Arbeit« abgenommen; eine Folge deutlich strengerer Umweltschutzauflagen binnen einer Generation. Zugenommen haben vor allem Arbeitszeitbelastungen (Arbeitszeit entsprechend dem Arbeitsanfall; Schichtarbeit). Die Anteile von Beschäftigten mit körperlich schwerer Arbeit haben sich zwischen 1985 und 2001 praktisch nicht verändert (◼ Tab. 20.1). Auch in einer Betrachtung aller Mitgliedsländer der Europäischen Union (EU 27) zeigt sich über einen zwanzigjährigen Zeitraum (1991 bis 2010) eine hohe Persistenz und häufige Zunahme, aber nur selten ein markanter Rückgang von Arbeitsbelastungen (vgl. Eurofound 2012, S. 45). Zuletzt (2010) sind die Belastungen aufgrund von Vibrationen, Lärm, hohen Temperaturen, des Einatmens von Rauch oder Staub und des Tragens schwerer Lasten zurückgegangen, doch keines dieser Merkmale entwickelte sich in den letzten 10 oder 20 Jahren kontinuierlich rückläufig. Repetitive Tätigkeiten und Zwangshaltungen haben demnach sogar kontinuierlich zugenommen. Nicht zuletzt zeigen die jährlichen Fehlzeiten-Reporte, wie sich Arbeitsbedingungen und Arbeitsbelastungen verändert haben (insb. Badura et al. 2010). Die Entwicklungen verlaufen differenziert bei Männern und Frauen, in den Qualifikationsgruppen sowie zwischen Wirtschaftszweigen und vermutlich auch zwischen Berufen. Bei allen Unterschieden lässt sich gleichwohl festhalten, dass körperliche Belastungen sich allenfalls partiell rückläufig entwickelt haben und psychosoziale Belastungen für viele Beschäftigtengruppen zugenommen haben.

20.3 Arbeitsbelastungen und Rentenübergang

Es stellt sich nun die Frage nach den Folgen für die Erwerbsfähigkeit in der späten Erwerbsphase, die sich aus den Spannungen ergeben, dass auf der einen Seite Arbeitsbelastungen zunehmen und auf der anderen Seite das Rentenrecht seit jeher »blind« gegenüber den Arbeitsbelastungen und durch die Reformen in den letzten 20 Jahren zudem »ent-flexibilisiert« ist. Es ist zu vermuten, dass die verbliebenen vorzeitigen Zugangsmöglichkeiten in Altersrente von Personen mit hohen Arbeitsbelastungen genutzt werden, auch wenn die Zugangsvoraussetzungen nicht an Arbeitsbelastungen ausgerichtet sind.

Diese Frage lässt sich – teilweise – anhand von beruflichen Belastungsprofilen von Personen, die einer aktuellen Rentenzugangskohorte angehören, beantworten (s. für das Folgende ausführlich Brussig 2014).

---

10 Zum Begriff von Arbeitsbelastungen s. Böhle 2010 sowie Kroll 2011.

◘ Tab. 20.2 Verbreitete Berufe mit sehr niedrigen und sehr hohen Belastungen (BIBB/BAuA-Erwerbstätigenbefragung 2005/06) (Quelle: Erwerbstätigenbefragung 2006, zitiert nach Kroll 2011, S. 74)

KldB 92*	Bezeichnung	Anteil	Gesamtbelastung
76	Büroberufe, Kaufmännische Angestellte	9,2	1. Dezil
69	Bank-, Bausparkassen, Versicherungsfachleute	2,8	1. Dezil
...	...	...	...
92	Reinigungs- und Entsorgungsberufe	2,2	10. Dezil
27	Maschinenbau- und -wartungsberufe	1,6	10. Dezil
45	Metall- und Anlagenberufe	1,1	10. Dezil
48	Berufe in der spanenden Metallverformung	0,9	10. Dezil
22	Berufe in der Holz- und Kunststoffverarbeitung	0,9	10. Dezil
51	Maler, Lackierer und verwandte Berufe	0,8	10. Dezil
46	Tiefbauberufe	0,5	10. Dezil

* Klassifikation der Berufe, Ausgabe 1992
Anmerkung: Aufgeführt sind nur Berufe, die mindestens 0,5 Prozent der erfassten Erwerbstätigen repräsentieren.

Fehlzeiten-Report 2014

Die Analyse beruht darauf, dass die Daten zum Rentenzugang auch eine Information zum zuletzt ausgeübten Beruf beinhalten. Die Berufe wiederum sind auf Grundlage der Erwerbstätigenbefragung des Bundesinstituts für Berufliche Bildung und der Bundesanstalt für Arbeitsschutz und Arbeitsmedizin (BIBB/BAuA-Erwerbstätigenbefragung) hinsichtlich ihrer physischen, psychischen und psychosozialen Belastungen in Gruppen von 1 (sehr geringe Belastungen) bis 10 (sehr hohe Belastungen) klassifiziert worden (Kroll 2011). Beispiele für Berufe mit sehr hohen und sehr niedrigen Belastungen sind in ◘ Tab. 20.2 dargestellt.

Diese Rangfolge von Berufen beruht auf den berichteten Belastungen von Erwerbstätigen in den Berufen und mithin auf repräsentativen empirischen Angaben von Erwerbstätigen; die externe Validität dieser Skala wurde mit zusätzlichen Datensätzen geprüft und durch eine hohe Korrelation mit wahrgenommenen Gesundheitsrisiken und krankheitsbedingten Fehlzeiten bestätigt (Kroll 2011). Fügt man nun den Belastungsindex an die Berufsinformation der Rentenzugänge an, so erhält man eine Information über die typische Schwere der Arbeitsbelastung in diesem Beruf (nicht über die konkrete Belastungsexposition der betreffenden Person). Da dieser Index intervall- oder zumindest rangskaliert ist, können Vergleiche zwischen Personengruppen hinsichtlich ihrer Belastungssituation eher auf dieser Grundlage durchgeführt werden als auf Grundlage der Berufsangabe, die ja für sich genommen noch keine Information zur Belastungssituation enthält.

Bezogen auf die Ausgangsfrage nach den Folgen belastender Arbeitsbedingungen für den Rentenübergang ist die Hypothese zu prüfen, dass die frühen Renteneintritte (Eintritte im Alter von 60 Jahren) aus Berufen mit höheren Belastungen und daher mit einem höheren durchschnittlichen Indexwert für berufliche Belastungen erfolgen als die späten Renteneintritte mit 65 Jahren, die entsprechend häufiger aus Berufen mit geringeren Belastungen und folglich einem niedrigeren durchschnittlichen Indexwert erfolgen.

Diese Vermutung wird durch die Daten überwiegend, aber nicht durchgängig bestätigt. Die Rentenzugänge von Personen, die unmittelbar vor Rentenbeginn versicherungspflichtig beschäftigt waren, sind umso stärker von Berufen mit hohen Arbeitsbelastungen gekennzeichnet, je früher die Rentenzugänge erfolgten. Die Durchschnittswerte für die beruflichen Belastungsprofile liegen für die Rentenzugänge mit 60 Jahren signifikant höher als für die Rentenzugänge mit 63 bzw. 65 Jahren. Dies gilt für Frauen und Männer aus West- und Ostdeutschland (◘ Tab. 20.3).

Bei den Rentenzugängen aus Altersteilzeitarbeit ist der Unterschied zwischen den 60- und 65-jährigen Rentenzugängen hingegen nicht signifikant (für die 63-jährigen gegenüber den 65-jährigen aber durchaus; ◘ Tab. 20.4), d. h. die Berufe, aus denen 60-Jährige aus Altersteilzeitarbeit kommend eine Altersrente beginnen, sind in der Gesamtheit nicht durch höhere Belastungen gekennzeichnet als die Berufe der 65-Jährigen, die aus Altersteilzeitarbeit kommend berentet werden. Dies legt die Schlussfolgerung nahe, dass bereits der Zugang in Altersteilzeitarbeit nicht aufgrund der beruflichen Belastungen organisiert wurde. Zahlen zur Inanspruchnahme der Altersteilzeit zeigen, dass wegen der hohen Bedeutung tarifvertraglicher Vereinbarungen zur Altersteilzeitarbeit hohe Zugangschancen vor allem in tarifvertraglich gesicherten Kernbereichen

◘ **Tab. 20.3** Belastungsunterschiede bei Rentenzugängen aus versicherungspflichtiger Beschäftigung (ohne Altersteilzeitarbeit) nach Geschlecht und Region, 2010 (Quelle: SUF Rentenzugang 2010; Erwerbstätigenbefragung 2006; eigene Berechnungen)

Index	Alter	N	Mittelwert	F-Wert	Signifikanz
Männer West	60	286	6,262	3,645	0,000
	63	1.173	6,058	4,301	0,000
	65	2.474	5,635		
Frauen West	60	1.291	5,13	3,233	0,001
	63	817	5,165	3,156	0,001
	65	1.507	4,783		
Männer Ost	60	62	6,565	3,696	0,000
	63	248	6,681	7,053	0,000
	65	448	5,263		
Frauen Ost	60	365	5,696	5,21	0,000
	63	159	5,352	2,944	0,002
	65	239	4,565		

Fehlzeiten-Report 2014

◘ **Tab. 20.4** Belastungsunterschiede bei Rentenzugängen aus Altersteilzeitarbeit und Arbeitslosigkeit, 2010 (Quelle: SUF Rentenzugang 2010; Erwerbstätigenbefragung 2006; eigene Berechnungen)

Index	Alter	N	Mittelwert	F-Wert	Signifikanz
Altersteilzeitarbeit	60	3.141	4,491	-2,117	0,983
	63	2.757	4,991	3,445	0,000
	65	1.610	4,675		
Arbeitslosigkeit	60	1.567	6,399	-1,734	0,959
	63	1.617	6,263	-3,316	1,000
	65	2.123	6,55		

Anmerkung: »Arbeitslosigkeit«: Leistungsbezug im SGB III oder SGB II

Fehlzeiten-Report 2014

des Beschäftigungssystems in Deutschland bestanden, also insbesondere für gut verdienende Männer in Westdeutschland in Großbetrieben ausgewählter Industrien und des öffentlichen Dienstes (Brussig et al. 2009; Wanger 2010); Wanger spricht deshalb auch von einer »wenig zielgenauen Förderung« durch Altersteilzeitarbeit (ebd., S. 401).

Auch beim Rentenzugang aus Arbeitslosigkeit zeigt sich, dass die berufliche Belastungsstruktur nicht wesentlich für den Berentungszeitpunkt ist; die Unterschiede der durchschnittlichen Belastungsscores der 60-, 63- und 65-jährigen Rentenzugänge sind nicht signifikant (s. untere Hälfte von ◘ Tab. 20.4). Hier ist zu vermuten, dass sich Effekte beruflicher Belastungen und Effekte von Arbeitslosigkeit miteinander vermengen: Berufliche Belastungen können eine Beschäftigungsaufgabe erzwingen, die zur Arbeitslosigkeit führt (in diesem Fall müsste ein Zusammenhang zwischen beruflichen Belastungen und Renteneintritt, wie er für die Renteneintritte direkt aus versicherungspflichtiger Beschäftigung gezeigt werden konnte, erkennbar sein),

aber Arbeitslosigkeit ist auch ein eigenständiger Treiber in Altersrente unabhängig von der Schwere der zuletzt erlebten Belastungen (Radl 2007).

Von Interesse ist zudem der Vergleich des Zusammenhangs zwischen den letzten beruflichen Belastungen und dem Zeitpunkt des Renteneintritts; wiederum bezogen ausschließlich auf Renteneintritte aus versicherungspflichtiger Beschäftigung (◘ Tab. 20.5). Noch vor wenigen Jahren (◘ Tab. 20.5 zeigt die entsprechenden Werte für das Jahr 2006) war der Unterschied zwischen den beruflichen Belastungsscores bei westdeutschen Frauen, die mit 63 bzw. 65 Jahren berentet wurden, nicht signifikant. Dies ist ein Indiz dafür, dass für die Rentenentscheidung der westdeutschen Frauen die berufliche Situation weniger prägend war als es für die anderen hier betrachteten Gruppen der Fall war (westdeutsche Männer und ostdeutsche Frauen und Männer). Tatsächlich zeigen Ergebnisse zum »abgestimmten Rentenübergang«, dass sich Frauen für ihren Rentenbeginn stärker am Verhalten ihrer Ehemänner ausrichten als umgekehrt (Allmendinger 1990;

◘ **Tab. 20.5** Belastungsunterschiede bei Rentenzugängen aus versicherungspflichtiger Beschäftigung (ohne Altersteilzeitarbeit) nach Geschlecht und Region, 2006 (Quelle: SUF Rentenzugang 2006, Erwerbstätigenbefragung 2006, eigene Berechnungen)

Index	Alter	N	Mittelwert	T-Wert	Signifikanz
Männer West	60	360	6,253	4,964	0,000
	63	1.112	6,167	6,78	0,000
	65	2.267	5,474		
Frauen West	60	1.080	5,345	1,597	0,055
	63	993	5,218	0,429	0,334
	65	1.029	5,17		
Männer Ost	60	31	6,194	2,911	0,002
	63	201	5,98	5,492	0,000
	65	429	4,783		
Frauen Ost	60	127	5,976	6,376	0,000
	63	217	4,917	3,747	0,000
	65	80	3,85		

Fehlzeiten-Report 2014

Drobnic 2003; Bäcker et al. 2009). Mit der steigenden Alterserwerbsbeteiligung auch der westdeutschen Frauen (Brussig 2010) steigen auch für sie die erwerbstypischen Risiken an und ihr Renteneintritt wird stärker von ihrer Erwerbstätigkeit geprägt. Dies zeigt sich hier daran, dass 2010 auch bei westdeutschen Frauen, die direkt aus versicherungspflichtiger Beschäftigung kommen, der »typische« Zusammenhang zwischen hohem beruflichem Belastungsscore und frühem Renteneintritt nachweisbar ist (◘ Tab. 20.3).

Zusammenfassend ist festzuhalten, dass auf der einen Seite das Rentenrecht sehr weitgehend »blind« gegenüber den beruflichen Belastungen im zuletzt ausgeübten Beruf (und den Belastungen während des Erwerbsverlaufs insgesamt) ist, dass aber auf der anderen Seite die noch vorhandenen Möglichkeiten eines frühzeitigen Rentenzugangs überproportional von Personen genutzt werden, die zuletzt in Berufen mit hohen Belastungen tätig waren. Frühzeitige Rentenzugänge werden mit Abschlägen »bestraft«, doch bei anhaltend hohen Arbeitsbelastungen ist der individuelle Entscheidungsspielraum für eine Weiterbeschäftigung sicher oft gering.

20.4 Betriebliche Lösungen als unvollständige Kompensation

Der Anteil älterer Beschäftigter an den Belegschaften steigt und allmählich steigt auch die Zahl von Betrieben, die sich auf die demografische Alterung einstellen. Zwar liegt der Anteil von Betrieben mit spezifischen personalwirtschaftlichen Maßnahmen seit Jahren nahezu unverändert bei knapp 20 Prozent, doch

die Struktur der angebotenen Maßnahmen hat sich deutlich verändert: Altersteilzeitarbeit, lange die am weitesten verbreitete einschlägige personalwirtschaftliche Maßnahme, geht in ihrer Verbreitung zurück, während andere Maßnahmen zunehmen (◘ Abb. 20.1). Die »Einbeziehung Älterer in Weiterbildung« war 2011 häufiger anzutreffen als Altersteilzeitarbeit, aber auch alle anderen erfassten personalwirtschaftlichen Maßnahmen haben – freilich auf niedrigem Niveau – zugelegt (Leber et al. 2013). Wie Zwick und Göbel gezeigt haben, sind diese Maßnahmen oftmals geeignet, die Produktivität von Betrieben mit älteren Beschäftigten zu verbessern; dies zeigt sich ihren Analysen zufolge insbesondere für die Anpassung der Arbeitsanforderungen, die verbesserte Ausstattung der Arbeitsplätze an die Bedürfnisse älterer Beschäftigter sowie für altersgemischte Teams (Zwick u. Göbel 2010). Sie haben damit nicht nur eine beschäftigungsverlängernde Wirkung für die älteren Beschäftigten, sondern auch eine produktivitätssteigernde Wirkung für die Betriebe.

Derartige personalwirtschaftliche Maßnahmen werden in großen Betrieben viel häufiger angeboten als in kleinen Betrieben. Das hängt damit zusammen, dass die Einführung personalwirtschaftlicher Maßnahmen für Ältere nicht immer (und nicht nur) voraussetzt, dass Betriebe einen Handlungsdruck aufgrund des demografischen Wandels verspüren, wie z. B. Fachkräftemangel, Nachwuchssorgen oder Know-how-Verluste. Mindestens ebenso notwendig ist eine professionelle Personalwirtschaft und oft auch eine formalisierte Mitarbeitervertretung; beides ist in größeren Betrieben eher gegeben (Brussig 2007). Allerdings ist die Bedeutung einer weiteren Verbreitung von formalisierten personalwirtschaftlichen Maßnahmen

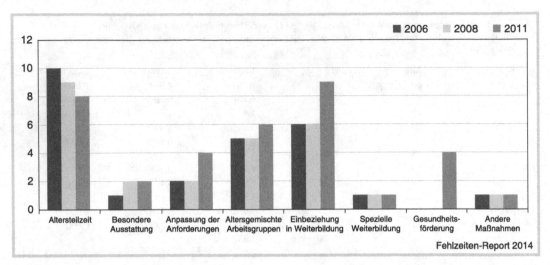

▣ **Abb. 20.1** Betriebliches Angebot an einzelnen altersspezifischen Maßnahmen in % der Betriebe (2006, 2008, 2011; Mehr-fachnennungen möglich) (Quelle: IAB-Betriebspanel, verschiedene Jahrgänge, zitiert nach Leber et al. 2013, S. 5; mit freund-licher Genehmigung von U. Leber und E. Kistler)

für ältere Beschäftigte umstritten. Während Bechmann et al. (2012) geltend machen, dass kleine und mittlere Betriebe oftmals nicht über die notwendigen Informa-tionen verfügen und spezielle Angebote bei der Ein-führung einer altersgerechten Personalpolitik benöti-gen, verweist das BMAS (2013) in seinem zweiten »Fortschrittsreport Altersgerechte Arbeitswelt« nicht zu Unrecht darauf, dass die geringere Verbreitung per-sonalwirtschaftlicher Maßnahmen für Ältere nicht unbedingt auf betriebliche Defizite zurückzuführen sind, »denn kleine und mittlere Betriebe organisieren ihre Arbeitsabläufe oft informeller« (ebd., S. 13). Und es ist unbekannt, wie viele der älteren Beschäftigten in größeren Betrieben von einer bestimmten personal-wirtschaftlichen Maßnahme in ihrem Betrieb erfasst werden. Falls es vom Zufall abhängt, ob ältere Beschäf-tigte unter besonderen Belastungen in Betrieben arbei-ten, die eine demografiegerechte Personalpolitik be-treiben, ist es sicher unbefriedigend und auch nicht ausreichend, lediglich die zunehmende Verbreitung einer altersgerechten Personalpolitik zu konstatieren.

Vielmehr wird auf das Zusammenspiel von gesetz-lichen, tariflichen und betrieblichen Regelungen zu achten sein. Dies soll kurz am Beispiel der Altersteil-zeitarbeit erläutert werden. Der Rückgang der Betrie-be, die Altersteilzeitarbeit anbieten, ist auf das Auslau-fen der Förderung zurückzuführen, mit dem sich Be-triebe unter bestimmten Voraussetzungen die Mehr-kosten der Altersteilzeitarbeit weitgehend erstatten lassen konnten. Zu nennen ist hier insbesondere die Aufstockung des Entgelts, sodass bei einer Reduktion

der Arbeitszeit um die Hälfte mehr als nur die Hälfte an Entgelt gezahlt wurde, und die Aufstockung der Rentenbeiträge, die auf Basis von 90 Prozent des frühe-ren Vollzeitentgelt zu erfolgen hatte. An diese im Al-tersteilzeitgesetz geregelte Erstattungsmöglichkeit wa-ren die meisten Tarifverträge zur Altersteilzeit ge-knüpft, auf deren Grundlage wiederum Altersteilzeit-vereinbarungen im Betrieb abgeschlossen wurden. In der Regel wurden durch die Tarifverträge die gesetz-lich vorgeschriebenen Leistungen weiter aufgestockt, indem beispielsweise Rentenbeiträge auf Basis von 100 Prozent des früheren Einkommens vereinbart wurden, sodass es in der Rentenversicherung keinen rentenmindernden Teilzeiteffekt der Altersteilzeit gab. Seit dem Auslaufen der Tarifverträge auf Grundlage der förderfähigen Altersteilzeit wurden neue Tarifver-träge abgeschlossen, die ganz überwiegend restriktiver in ihren zusätzlichen Leistungen und mit engeren Überforderungsklauseln versehen sind. Teilweise be-rücksichtigen die neuen Regelungen zum Zugang in Altersteilzeit stärker als bisher Arbeitsbelastungen, etwa in Form eines vorrangigen Zugangs für Beschäf-tigte in Wechselschicht (Fehmel 2011).

Gesetzliche, tarifliche und betriebliche Regelun-gen zum Altersübergang wirken Hand in Hand. Wie die Verantwortungsbereiche und Regulierungsebenen einander zugeordnet sein sollen, lässt sich gegenwärtig jedoch nicht sagen. Für eine demografiegerechte Per-sonalpolitik wird man sich jedenfalls nicht allein auf die Gestaltungskraft der Betriebsparteien verlassen können. Die »Ent-Flexibilisierung« des Altersübergangs – der Rückzug des Staates aus der Regulierung flexibler Altersgrenzen – hat den Betriebsparteien vielmehr Regulierungslasten aufgebürdet, mit denen zumindest die meisten der kleinen und mittleren Betriebe überfordert sind (Fröhler et al. 2013; Buss u. Kuhlmann 2013). Staatliche Förderung betrieblicher Demografiepolitik durch Programme wie beispielsweise INQA (2004) ist sinnvoll, um Entwicklungen anzustoßen und Erfahrungen zu generieren. Flächendeckende Lösungen und gesicherte Ansprüche von Beschäftigten, die angesichts hoher Arbeitsbelastungen erwartbar nicht die Regelaltersgrenze aus Beschäftigung heraus erreichen, sind von ihnen jedoch nicht zu erwarten. Nicht zuletzt deshalb richtet sich die Aufmerksamkeit auf die Tarifpartner. Den Tarifparteien dürfte es leichter fallen als dem Gesetzgeber, zielgenaue Regelungen zu entwickeln, um Arbeitsbelastungen abzubauen und dort, wo es sich nicht vermeiden lässt, einen Ausgleich für den Altersübergang zu schaffen. Jedoch ist es den Tarifparteien anders als dem Gesetzgeber verwehrt, alle Akteure am Arbeitsmarkt, auch die nicht tarifgebundenen, auf die Einhaltung von Tarifvereinbarungen zu verpflichten und damit gleiche Rechte für alle Beschäftigten durchzusetzen.

Literatur

Allmendinger J (1990) Der Übergang in den Ruhestand von Ehepaaren: Auswirkungen individueller und familiärer Lebensläufe. In: Mayer KU (Hrsg) Lebensverläufe und sozialer Wandel. Kölner Zeitschrift für Soziologie und Sozialpsychologie, Sonderheft Nr 31, S 272–303

Bäcker G, Brussig M, Jansen A, Knuth M, Nordhause-Janz J (2009) Ältere Arbeitnehmer. Erwerbstätigkeit und soziale Sicherheit im Alter. 1. Aufl. VS Verlag für Sozialwissenschaften, Wiesbaden

Badura B, Schröder H, Klose J, Macco K (Hrsg) (2010) Fehlzeiten-Report 2009. Arbeit und Psyche. Belastungen reduzieren – Wohlbefinden fördern. Springer, Berlin Heidelberg

Bechmann S, Dahms V, Tschersich N, Frei M, Leber U, Schwengler B (2012) Fachkräfte und unbesetzte Stellen in einer alternden Gesellschaft. Problemlagen und betriebliche Reaktionen. IAB-Forschungsbericht. Nürnberg

Beermann B (2010) Nacht- und Schichtarbeit. In: Badura B, Schröder H, Klose J, Macco K (Hrsg) (2010) Fehlzeiten-Report 2009. Arbeit und Psyche. Belastungen reduzieren – Wohlbefinden fördern. Springer, Berlin Heidelberg, S 71–82

Böhle F (2010) Arbeit und Belastung. In: Böhle F, Voß G, Wachtler G (Hrsg) Handbuch Arbeitssoziologie. VS Verlag für Sozialwissenschaften, Wiesbaden, S 451–481

Brussig M (2007) Betriebliche Personalwirtschaft in einer alternden Erwerbsbevölkerung. Zeitschrift für Management 2(2):198–223

Brussig M (2010) Anhaltende Ungleichheiten in der Erwerbsbeteiligung Älterer, Zunahme an Teilzeitbeschäftigung. Inzwischen steigt auch die Erwerbsbeteiligung im Rentenalter. Altersübergangs-Report 2010–03. Duisburg, Düsseldorf

Brussig M (2014) Arbeitsbelastungen im letzten Beruf und Verrentungszeitpunkt: Beschleunigen hohe Belastungen den Übergang in den Ruhestand? In: Zeitschrift für Sozialreform 60(1):37–60

Brussig M, Schwarzkopf M (2013) Altersübergänge in der Bauwirtschaft gestalten: Prekarisierung vermeiden – Erwerbsbeteiligung stärken. Arbeitspapier. Düsseldorf

Brussig M, Knuth M, Wojtkowski S (2009) Altersteilzeit: Zunehmend Beschäftigungsbrücke zum späteren Renteneintritt. Wegfall der Förderung verengt auch den Zugang in nichtgeförderte Altersteilzeit – Nachfolgetarifverträge fehlen. Altersübergangs-Report 2009–02. Duisburg, Düsseldorf

Brussig M, Jansen A, Knuth M (2011) Differenzierte Altersgrenzen in der Rentenversicherung aufgrund beruflicher Belastungen? Vorüberlegungen für ein empirisches Konzept. WISO Diskurs. Friedrich-Ebert-Stiftung

Bundesministerium für Arbeit und Soziales (BMAS) (2013) Fortschrittsreport »Altersgerechte Arbeitswelt«. Ausgabe 2: Altersgerechte Arbeitsgestaltung. Bundesministerium für Arbeit und Soziales, Berlin

Buss K-P, Kuhlmann M (2013) Akteure und Akteurskonstellationen alter(n)sgerechter Arbeitspolitik. WSI-Mitteilungen 66(5):350–359

CDU, CSU, SPD (2013) Deutschlands Zukunft gestalten. Koalitionsvertrag. Berlin

Deutsche Rentenversicherung (2012) Rentenversicherung in Zeitreihen. DRV-Schriften 22

Drobnic S (2003) Men's transition to retirement. Does the wife matter? In: Schmollers Jahrbuch. Proceedings of the 5th International Conference of German Socio-Economic Panel Users, S 177–188

Eichenhofer E, Schmähl W, Rische H (Hrsg) (2011) Handbuch der Gesetzlichen Rentenversicherung, SGB VI. Neuwied

Eurofound (2012) 5th European Working Conditions Survey. Publication Office of the European Union. Luxembourg

Fehmel T (2011) Regelungen der Tarif- und Betriebspartner zu flexiblen Altersübergängen. Soziale Sicherheit 60(2):45–51

Fröhler N, Fehmel T, Klammer U (2013) Flexibel in die Rente. Gesetzliche, tarifliche und betriebliche Perspektiven. 1. Aufl edition sigma. Forschung aus der Hans-Böckler-Stiftung 150. Berlin

Initiative Neue Qualität der Arbeit (INQA) (2004) Demographischer Wandel und Beschäftigung. Plädoyer für neue Unternehmensstrategien. Memorandum. Dortmund

Knauth P, Hornberger S (1997) Schichtarbeit und Nachtarbeit. Probleme – Formen – Empfehlungen. Bayerisches Staatsministerium für Arbeit und Sozialordnung, Familie, Frauen und Gesundheit. München

Kroll LE (2011) Konstruktion und Validierung eines allgemeinen Index für die Arbeitsbelastung in beruflichen Tätigkeiten anhand von ISCO-88 und KldB-92. methoden daten analysen. Zeitschrift für empirische Sozialforschung 5(1):63–80

Leber U, Stegmaier J, Tisch A (2013) Altersspezifische Personalpolitik: Wie Betriebe auf die Alterung ihrer Belegschaften
reagieren. Institut für Arbeitsmarkt- und Berufsforschung.
IAB-Kurzbericht 13/2013. Nürnberg

Pott U (2011) Die Besonderheiten der knappschaftlichen Ren-
tenversicherung. In: Eichenhofer E, Schmähl W, Rische H
(Hrsg) Handbuch der Gesetzlichen Rentenversicherung,
SGB VI. Neuwied, S 559–582

Radl J (2007) Individuelle Determinanten des Renteneintrittsalters – Eine empirische Analyse von Übergängen in den
Ruhestand. Zeitschrift für Soziologie 36:43–64

Scherger S (2013) Zwischen Privileg und Bürde. Erwerbstätigkeit jenseits der Rentengrenze in Deutschland und Großbritannien. Zeitschrift für Sozialreform 59(2):137–166

Schmitz J (im Erscheinen) Erwerbstätigkeit trotz Rente? Zur
Systematisierung einer Debatte. In: Trischler F, Kistler E
(Hrsg) Reformen auf dem Arbeitsmarkt und in der Alters-
sicherung – Folgen für die Einkommenslage im Alter.
Düsseldorf

Stecker C, Steppich B, Hinz P (Hrsg) (2005) SMART Region. Eine
innovative Maßnahme zur Bewältigung des demographischen Wandels in europäischen Regionen. DRV-Schriften
62

Stecker C, Putzing M, Hinz P, Kaufmann I (Hrsg) (2007) Smart
Region. Projektergebnisse zum alternsgerechten Arbeiten
in innovativen Regionen. Deutsche Rentenversicherung
Bund. DRV-Schriften 70

Trischler F, Kistler E (2010) Gute Erwerbsbiographien. Arbeitsbedingungen und Erwerbsverlauf. Arbeitspapier 2. Stadt-
bergen

Wanger S (2010) Die Altersteilzeit im Zusammenspiel individueller und betrieblicher Einflussfaktoren. WSI-Mitteilungen
63(8):395–403

Zwick T, Göbel C (2010) Which Personnel Measures are Effective in Increasing Productivity of Old Workers? Zentrum
für Europäische Wirtschaftsforschung. ZEW Discussion
Paper 10-069. Mannheim

20

Lebenslange Lernbereitschaft

U. M. Staudinger, K. Patzwaldt

B. Badura et al. (Hrsg.) *Fehlzeiten-Report 2014*,
DOI 10.1007/978-3-662-43531-1_21, © Springer-Verlag Berlin Heidelberg 2014

Zusammenfassung *Ein verlängertes Arbeitsleben erfordert Veränderungen im herkömmlichen Ablauf von Bildung, Arbeit und Ruhestand. Durch rechtzeitige Tätigkeitswechsel kann man tätigkeitsbezogenem Verschleiß oder Überroutinisierung entgegenwirken und damit Gesundheit, Beschäftigungsfähigkeit und Produktivität auch über das aktive Arbeitsleben hinaus erhalten. Fort- und Weiterbildung spielen dabei neben der Gesundheitsstärkung eine Schlüsselrolle.*

Der Ausgangspunkt unserer Überlegungen ist eine erfreuliche Tatsache, nämlich dass die demografische Entwicklung des letzten Jahrhunderts das Leben der Menschen erheblich verlängert hat – und nicht nur das: Vielmehr erreicht man das höhere Alter auch bei besserer Gesundheit (Vaupel 2010). Die gesunde Lebenserwartung ist in Deutschland sogar schneller gestiegen als die allgemeine Lebenserwartung und verbessert sich bei jüngeren Kohorten (Anstieg der gesunden Lebenserwartung (gesunde/behinderungsfreie Jahre) um 11 Prozent zwischen 1996 und 2006 (Kroll u. Ziese 2009). Diese Tatsache leistet einen nicht unwichtigen Beitrag dazu, die Sorge zu entkräften, dass dem demografisch-ökonomischen Druck, länger zu arbeiten, individuell nicht entsprochen werden könne. Trotzdem impliziert der demografische Wandel nicht nur Chancen, sondern auch eine grundsätzliche Herausforderung für Deutschland. Lassen sich die Errungenschaften des sozialen Wohlfahrtsstaats erhalten und weiterentwickeln? Und wie erweitern wir die Möglichkeiten der Menschen, das längere Leben wirklich zu nutzen und befriedigend zu gestalten?

Wenn es gelingt, die Anzahl der Beschäftigten zu vergrößern und/oder ihre Produktivität zu erhöhen, ist der Wohlstand nicht bedroht. Dies ist möglich. Zweifellos gibt es auf dem deutschen Arbeitsmarkt Reserven bei den über 55-Jährigen, bei Frauen und bei Migranten. Diese Reserven gilt es zu aktivieren. Darüber hinaus kann die Produktivität durch gezielte Bildungsinvestitionen und optimierte Arbeitsorganisation erhöht werden (Börsch-Supan et al. 2009).

Um Missverständnisse von vornherein zu vermeiden: Ein verlängertes Arbeitsleben, das der individuellen Gesundheit nützt, kann nicht die schlichte Verlängerung von Arbeitsbiografien bedeuten, wie sie heute in Deutschland üblich sind. Vielmehr ist es erforderlich, das Arbeitsleben und damit die herkömmliche Einteilung des Lebenslaufs in Bildung, Arbeit und Ruhestand zu verändern. Es geht darum, rechtzeitige Tätigkeitswechsel herbeizuführen und dafür die Lebensbereiche Bildung, Arbeit und Freizeit zeitlich zu parallelisieren. Aufgrund der Tragweite der dafür notwendigen Veränderungen sind die gegenwärtig und die in nächster Zukunft alten Jahrgänge besonders gefordert. Dem gilt es Rechnung zu tragen und diese Generationen besonders zu unterstützen. Das Ausmaß der Veränderungen, das den Alten heute und in näherer Zukunft abverlangt wird, darf jedoch keinesfalls als Gegenargument für die Einleitung des notwendigen Wandels genutzt werden.

Für den Einzelnen bedeutet dies: (1) Die Veränderung von lange gewachsenen Vorstellungen über den Lebensverlauf und das Alter. (2) Die Ergänzung der Ausbildungsphase vor dem Eintritt ins Berufsleben durch immer wieder eingeschobene kürzere Bildungsphasen während des gesamten Berufslebens. (3) Die Bereitschaft und die Möglichkeit zur Ausübung unterschiedlicher beruflicher Tätigkeiten (durchaus auf der gleichen Hierarchie- und Qualifikationsstufe) im Verlauf eines länger werdenden Berufslebens. (4) Die Stärkung der individuellen Mitverantwortung für die eigene Gesundheit, die Altersversorgung und die zivilgesellschaftliche Partizipation für und während eines länger gewordenen Lebens.

Für das Unternehmen folgt daraus: (1) Kontinuierliche Investitionen in die Qualifikation und Kompetenzentwicklung aller Beschäftigten. (2) Berücksichtigung der Stärken und Schwächen verschiedener Al-

21

tersgruppen bei der Arbeitsorganisation. (3) Die Beschäftigung von Älteren. (4) Das Ermöglichen von Tätigkeitswechseln ohne Auf- oder Abstieg.

Für die Gesellschaft bedeutet das: (1) Die Überwindung eines einseitig negativen Altersbildes. (2) Die weitere Auflockerung des dreigliedrigen Lebenslaufs. (3) Die Erleichterung des Übergangs zu einer neuen Lebenszeitstruktur für die Einzelnen und die Unternehmen durch den Abbau entgegenstehender Regeln und durch vorübergehend gesetzte Anreize zur Veränderung tradierter Verhaltensweisen. (4) Die Erneuerung des Generationenvertrags, ohne die darin enthaltenen Errungenschaften infrage zu stellen. Dazu bedarf es einer entsprechend ausgerichteten Arbeits-, Beschäftigungs- und Gesundheitspolitik. (5) Eine institutionelle Verankerung von Möglichkeiten zur gesellschaftlichen Partizipation neben der Berufstätigkeit, vor allem in der Zivilgesellschaft, der Gemeinde und in der Familie.

21.1   Anforderungen an das Berufsleben im 21. Jahrhundert

Es besteht derzeit eine erhebliche Diskrepanz zwischen den neuen *Möglichkeiten*, die der demografische Wandel des letzten Jahrhunderts erbracht hat, und unseren institutionellen, sozialen und kulturellen *Ordnungen*, die die Ausschöpfung jener Möglichkeiten empfindlich begrenzen, weil sie unter lange zurückliegenden demografischen Bedingungen entstanden und mittlerweile veraltet sind. Scheinbar selbstverständliche Begriffe bedürfen der Überprüfung. Das kalendarisch-statistische Altern der Bevölkerung ist unbestritten, doch was »Altern« konkret bedeutet – gesundheitlich, hinsichtlich geistiger und körperlicher Leistungsfähigkeit und -bereitschaft – verändert sich rasant.

Wir leben heute wesentlich länger als noch vor 100 Jahren – und das im Durchschnitt auch länger bei guter Gesundheit. Parallel dazu haben sich die wirtschaftlichen Strukturen und die Anforderungen des Arbeitsmarktes verändert. Der Anteil dienstleistender und wissensintensiver Tätigkeiten wächst. Unternehmen stehen unter hohem Veränderungsdruck und sowohl berufliches als auch allgemeines Wissen veraltet schnell. Die einmalige Ausbildung am Anfang des Lebens reicht nicht mehr aus, um ein ganzes Berufsleben erfolgreich zu gestalten (Bosch u. Schief 2009). Es ist notwendig geworden, während der Erwerbstätigkeit immer wieder dazuzulernen und auch ganz Neues zu lernen. Unser Schul-, Ausbildungs- und Weiterbildungssystem, auch die Unternehmen und der Einzelne sind bislang auf diese Anforderungen nur begrenzt

vorbereitet. Lernen kann zum Bindeglied werden zwischen wechselnden beruflichen Tätigkeiten, aber auch zwischen Beruf und Familie sowie Beruf, Familie und Ruhestand.

Ferner hat sich für den Einzelnen die Phase nach dem Ausscheiden aus dem Erwerbsleben durch die erhöhte Lebenserwartung stark verlängert. Verstärkt wurde dieser Trend durch die Subvention von Frühverrentung, die sehr häufig als Mittel des Personalabbaus und weniger als Schutz für besonders belastete Berufe eingesetzt wurde und wird und die bei den Arbeitnehmern das Interesse an einem früheren Einstieg in den Ruhestand verstärkt hatte, weil die Frühverrentung das faktische Rentenalter lange Zeit und noch bis vor Kurzem auf unter 60 Jahre senkte. Die Vorstellung, fast ein Drittel des Lebens, etwa zwischen 60 und 85 Jahren, ausschließlich mit »Ausruhen« zu verbringen, grenzt die älteren Menschen gesellschaftlich aus. Wir wissen aus der Forschung, dass sich ein vorgezogener Ruhestand, besonders wenn er nicht gewollt ist, auf die Gesundheit und die Zufriedenheit der Betroffenen negativ auswirken kann (Kochsiek 2009). Ein längeres und länger gesundes Leben und die Veränderungen in der Arbeitswelt legen es nahe, das Potenzial Älterer stärker als bisher zu nutzen (Gewonnene Jahre 2009). Vor dem Hintergrund der demografischen und gesundheitlichen Veränderungen sowie der Veränderungen in der Arbeitswelt ist eine differenzierte Neubewertung der Schutzfunktion des »Ruhestandes« erforderlich.

21.2   Längeres Berufsleben – Persönliche Veränderungen als Schlüssel

Gibt es Alternativen zu der traditionellen Dreiteilung des Lebenslaufs? Seit den 1970er Jahren haben Sozialwissenschaftler vorgeschlagen, von einer sequenziellen Anordnung zu einer größeren Durchlässigkeit zwischen den drei zentralen Lebensbereichen (Bildung, Arbeit, Freizeit) zu kommen (z. B. Riley et al. 1972; Riley 1979; Riley et al. 1982). Konkret könnte dies zum Beispiel eine kurzfristigere Durchmischung von oder Abwechslung zwischen Lern-, Arbeits- und Freizeitphasen bedeuten, wie sie zum Beispiel in Form von Erziehungs-, Pflegezeiten und Lebensarbeitszeitkonten auch schon existieren und genutzt werden. Eine solche Aufweichung stellt zweifellos eine große Herausforderung für das Gemeinwesen, die Unternehmen und die Einzelnen dar. Der durch den demografischen Wandel entstandene Handlungsdruck, wie der Nachwuchsmangel oder die Notwendigkeit, länger im Arbeitsmarkt zu verbleiben, kann die erforderlichen Anstrengungen beschleunigen und die stärkere Durchmischung umsetzen helfen (Backes-Gellner u. Veen 2009).

Ist der Mensch für eine neue Strukturierung seiner Lebenszeit, insbesondere für längeres Lernen und längeres Arbeiten, geeignet – und will er diese auch herbeiführen? Im Folgenden stehen das Können und Wollen des *Individuums* im Mittelpunkt und die Frage, wie beides mit Arbeit und Bildung verknüpft ist.

Bestimmte Aspekte des geistigen Alterns beginnen früh, beispielsweise lässt die Geschwindigkeit der Verarbeitung neuer Informationen oder auch die Fähigkeit zur gleichzeitigen Koordination verschiedener neuer Informationen schon zwischen dem 30. und 35. Lebensjahr nach (Martin u. Zimprich 2012). Dennoch ist die oben gestellte Frage nach dem Können mit einem klaren »Ja« zu beantworten. Ein Grund dafür ist die ausgleichende Wirkung des Wissens und der Erfahrung. Die Wissens- und Erfahrungskomponenten unseres Geistes erreichen ihren höchsten Leistungsstand erst im mittleren Alter und bleiben danach stabil, bis sie dann erst im hohen Alter auch Abbauerscheinungen zeigen. Durch erwerbbares Wissen und angesammelte Erfahrung kann man beispielsweise die nachlassende Geschwindigkeit des Denkens ausgleichen (Lindenberger 2000).

Ein zweiter Grund für das klare »Ja« ist die Tatsache, dass unser Geist bis ins Alter über ein erstaunliches (wenn auch zunehmend begrenztes) Maß an Plastizität, also Trainierbarkeit, Lernfähigkeit und Anpassungsfähigkeit verfügt. Allerdings haben unterschiedliche Trainingsmaßnahmen unterschiedlich breite Auswirkungen auf die geistigen Leistungen. So wissen wir mittlerweile, dass nur durch das Trainieren kognitiver Steuerungsprozesse, wie beispielsweise durch häufiges Wechseln zwischen verschiedenen Aufgaben, kognitive Prozesse entwickelt werden, die gewinnbringend und flexibel zur Lösung verschiedenster kognitiver Aufgaben im Alltag genutzt werden können. Aber auch eine Verbesserung der körperlichen Fitness wirkt positiv auf die kognitiven Leistungen in vielen verschiedenen Bereichen (Voelcker-Rehage et al. 2010). Diese Plastizität gilt nicht nur für den gesunden Menschen, sondern zeigt sich auch in Therapie und Rehabilitation (Schulz et al. 2009).

Das Können ist also kein Hindernis auf dem Weg zu einer abwechslungsreicheren Lebenszeitstruktur. Aber wie steht es mit dem Wollen? Was wissen wir über die Entwicklung der Persönlichkeit und der Motivation im Erwachsenenalter und Alter? Aus Untersuchungen ist bekannt, dass etwa vom 55. Lebensjahr an der Beruf unter den ersten vier Rangplätzen der gedanklichen und tätigen »Investitionen« in zentrale Lebensbereiche nicht mehr vorkommt (Brunstein et al.

2007). Familie, Gesundheit, Freunde und kognitive Leistungsfähigkeit stehen dann auf den ersten Plätzen. Dieses Verteilungsmuster ist allerdings nicht als Naturgesetz zu verstehen, sondern unterliegt genauso der Plastizität (Veränderbarkeit) wie die geistige Entwicklung (Schindler et al. 2006). Für den Arbeitskontext lässt sich festhalten, dass die Motivation aufgabenspezifisch ist (Stamov Rossnagel 2009; Hertel et al. 2013). Insofern spiegelt diese Rangfolge der Interessen zu einem gewissen Grad auch die jahrzehntelange gesellschaftliche Realität der subventionierten Frühverrentung wider. Sie wird sich verändern, wenn sich diese Praxis ändert. Es ist möglich und notwendig, Anreizsysteme zu schaffen, die die Motivation für das Lernen und auch für die Arbeit stärken.

Einschlägig sind auch die Befunde zur Persönlichkeitsentwicklung im Erwachsenenalter. Nachdem man in der Persönlichkeitspsychologie lange davon ausgegangen war, dass sich die Persönlichkeit jenseits des 30. Lebensjahrs nicht mehr sehr verändert, so weiß man jetzt aus zahlreichen Längsschnittstudien und kulturvergleichenden Untersuchungen, dass der Mensch mit dem Alter emotional ausgeglichener, zuverlässiger und umgänglicher wird, allerdings auch weniger offen für neue Erfahrungen (Staudinger 2008). Die ersten drei Veränderungen fallen unter soziale Kompetenz und stellen eine große Stärke älterer Menschen dar. Die Abnahme der Offenheit für Neues ist allerdings hinderlich, wenn es um die Bereitschaft zum Lernen und die flexible Anpassung geht. Deshalb ist es umso wichtiger, dass jüngst gezeigt werden konnte, dass auch diese Entwicklung hin zu weniger Offenheit kein Naturgesetz ist. Durch eine aktivierende Umwelt, die kombiniert wird mit der Vermittlung der notwendigen Kompetenzen zur Aneignung von Neuem, lässt sich der Verlust an Offenheit nicht nur eindämmen, sondern sogar ins Gegenteil verkehren. Ältere Menschen entwickeln unter diesen förderlichen Umständen ihre Offenheit für Neues sogar weiter (Mühlig-Versen et al. 2012).

Die Plastizität des menschlichen Gehirns und die Plastizität menschlicher Entwicklung allgemein sind innerhalb biologischer Grenzen hoch. In Abhängigkeit von den Kontexten, in denen wir uns aufhalten (z. B. in Arbeit und Freizeit) und von der Art, wie wir uns verhalten (z. B. Ernährung, körperliche Aktivität, sich immer wieder mit neuen Herausforderungen konfrontieren), verändert sich unsere Entwicklung beziehungsweise unser Altern zum Besseren oder eben auch zum Schlechteren. Dieser Befund gibt also viel Hoffnung, aber er bedeutet auch Verantwortung für jeden Einzelnen und für diejenigen, die in unserer Gesellschaft die Arbeits-, Lern- und allgemeinen Lebenskontexte für andere gestalten.

21

21.3 Konsequenzen für individuelles und gesellschaftliches Handeln

Aus diesen Resultaten ist zu folgern: *Erstens* sollten (und können) wir uns – in gegebenen Grenzen – für die gewonnenen Lebensjahre gesund und geistig fit erhalten. *Zweitens* brauchen wir Lern-, Arbeits- und Lebenskontexte, die ein Leben lang dabei unterstützen, das eigene Potenzial weiter auszuschöpfen und dadurch die gewonnenen Jahre besser zu nutzen als dies bisher der Fall ist. *Drittens* ist es jedoch erforderlich, die immer noch in unseren Köpfen und in der Öffentlichkeit lebendigen Bilder von herkömmlichen Lebenswegen und von einem einseitig negativ geprägten Altern zu revidieren (Ehmer u. Höffe 2009). Denn solche Bilder sind enorm einflussreich, wenn es um unsere Lebensplanung und um unsere Lebensentscheidungen geht. Sie prägen das, was sich Menschen zutrauen und haben sehr starken Einfluss auf tatsächliche Leistungsfähigkeit und Lebensqualität, ja sogar auf die Lebensdauer selbst (Levy et al. 2002, 2009).

21.3.1 Lernen für kontinuierliche Beschäftigung, Partizipation und längeres Leben

Wenn Lernen, Arbeit und Freizeit noch stärker durchmischt werden und sich kurzfristiger abwechseln als dies gegenwärtig in der Regel der Fall ist, dann könnte dies einen längeren Verbleib im Erwerbsleben erleichtern. Um das erfolgreich und für den Einzelnen befriedigend umzusetzen, müssen allerdings Arbeitsbiografien und Arbeitsumwelten verändert werden. Lernen ist nicht nur dann erforderlich, wenn man auf eine höhere Entgeltstufe kommen möchte, vielmehr unterliegt heutzutage das angewandte Wissen in fast jeder Tätigkeit starken Veränderungen. Daraus ergibt sich eine kontinuierliche Lernaufgabe, die aber auch von Betrieben eingefordert und umgesetzt werden sollte (Gewonnene Jahre 2009).

Lernen wird zur Voraussetzung für kontinuierliche Berufsbiografien und für den Erhalt der Erwerbsfähigkeit bis ins Rentenalter. Aber auch außerhalb des beruflichen Lebens finden schnelle Veränderungen statt. Lebenslanges Lernen ist deshalb auch die Voraussetzung für gesellschaftliche Teilhabe, für Demokratiefähigkeit und Engagement in der Zivilgesellschaft (bürgerschaftliches Engagement). Pointiert formuliert: Wer mehr gelernt hat, lebt länger! Bildung hilft, die gewonnenen Jahre auszunutzen und zu gestalten. Weiterlernen oder lebenslang Lernen ist einfacher als erst im Alter wieder neu mit dem Lernen zu beginnen –

aber auch das ist möglich, wenngleich mit höherem Aufwand.

21.3.2 Lernen als eine Voraussetzung der nachhaltigen Nutzung von Arbeitskraft

Aus Sicht der Unternehmen ist es schon aufgrund der kleiner werdenden Anzahl von (jungen) qualifizierten Arbeitnehmern unabdingbar, sich ihre erfahrenen Mitarbeiter möglichst lange und möglichst produktiv zu erhalten. Ein verlängertes oder auch nur bis zur Rente voll ausgeschöpftes Arbeitsleben könnten sie ermöglichen, indem sie den rechtzeitigen Umstieg aus körperlich stark belastenden oder geistig erschöpfenden Tätigkeiten fördern und generell auf eine Tätigkeitsmischung achten, welche die Beschäftigungsfähigkeit erhält. Diese Art der Arbeitsorganisation und Personalentwicklung wird beispielsweise durch »Job Rotation« befördert, das heißt durch Wechsel zwischen verschiedenen verwandten Tätigkeiten innerhalb eines Arbeitstages oder einer Arbeitswoche oder durch die Eröffnung von lateralen Karrieren, das heißt die Möglichkeit beruflicher Weiterentwicklung ohne Auf- und Abstieg in der betrieblichen Hierarchie, vielmehr durch die Wahrnehmung neuer Aufgaben auf der gleichen Hierarchieebene. Nicht auf Aufstieg ausgerichtete (laterale) berufliche Veränderung kann die Arbeitszufriedenheit erhöhen, birgt aber ebenso die Chance, die Arbeitsfähigkeit bis ins Rentenalter und darüber hinaus zu erhalten (Backes-Gellner u. Veen 2009).

Der nachhaltige Umgang mit Humanvermögen umfasst Qualifizierung, Gesundheitsmanagement und Arbeitsorganisation. Bisher haben sich erst wenige Unternehmen entschlossen, diesen Weg zu beschreiten. Tarifliche Vereinbarungen könnten hier wichtige Richtungsgeber sein. Durch entsprechende Tätigkeitsmischung oder rechtzeitigen Wechsel aus einseitig belastenden oder überroutinierten Tätigkeiten lässt sich dem körperlichen und geistigen Verschleiß entgegenwirken und die Arbeitskraft auch länger für den Betrieb erhalten. Es sollten berufsspezifische Präventionsmaßnahmen und arbeitsmedizinische Normen entwickelt und rechtzeitige Weiterqualifizierung sichergestellt werden. Über diese berufsspezifischen Herausforderungen sollten Arbeitnehmer schon bei der Erstqualifizierung informiert werden. Hier eröffnet sich ein neues Feld für die Wahrnehmung der Schutzfunktion für Arbeitnehmer durch die Gewerkschaften, Berufsgenossenschaften und Krankenkassen, aber auch in der Zusammenarbeit mit der Bundesagentur für Arbeit und der Bundesanstalt für Arbeitsschutz und Arbeitsmedizin. Ähnlich dem Zertifikat »Familienfreundliches Unternehmen« könnte ein Zertifikat »Dieses Unternehmen entwickelt seine Mitarbeiter/innen« ein wichtiges Signal zur Erleichterung »demografiefester« Personalpolitik sein.

21.3.3 Bildungs- und Wiedereinstiegsanreize

Wie lässt sich die Teilnahme an Weiterbildung noch befördern? Wir wissen aus der Forschung, dass Menschen bei Entscheidungen durchaus dazu neigen, eher kurzfristig zu denken und den schnellen Nutzen in den Vordergrund zu stellen: Langfristige Planung für ein länger gewordenes Leben stellt eine Herausforderung dar. Und in der Tat ist dies für den Einzelnen auch mit einigem Risiko behaftet, denn die demografische Lebenserwartung ist eine statistische Größe und keine für das jeweilige Individuum errechnete. Daher sollten gesellschaftliche Akteure, wie zum Beispiel die Tarifparteien und der Staat, die längerfristige Perspektive in den Vordergrund rücken und für die richtigen Anreize sorgen. Über Tarifverträge einerseits und staatliche Ausfallbürgschaften für Bildungskredite und subventioniertes Bildungssparen andererseits könnte die Entscheidung für Weiterbildung auch für jeden Einzelnen kurzfristig finanziell attraktiv werden. *Bildungszeiten – jenseits der Erstausbildung – sollten Rentenansprüche erzeugen*, wenn dies auch kurzfristig zu einer Absenkung des Rentenniveaus führen würde. Längerfristig können solche Investitionen in Humanvermögen allerdings nicht nur kostendeckend sein, sondern aufgrund ihrer möglicherweise produktivitätssteigernden Effekte sogar Überschüsse erzeugen.

Unterbrochene Berufsbiografien sind schon seit längerem Realität für Frauen, die neben oder anstatt der Erwerbstätigkeit für ihre Familien sorgen. Die längere Lebenszeit bedeutet für sie, dass nach der Familienphase oder der Pflege älterer Angehöriger mehr Zeit bleibt. Damit wird Bildung für den Wiedereinstieg – auch für den Arbeitgeber – zu einer lohnenden Investition. Die Möglichkeit längerer beruflicher Tätigkeit im Lebensverlauf könnte aber auch für Männer die Familienauszeit attraktiver machen. *Für Frauen wie Männer gilt, dass Auszeiten und Wiedereinstieg gezielt mit Weiterbildung verknüpft werden sollten.* Ein bestimmter Anteil des Elterngelds könnte beispielsweise an die Nutzung als »Lernzeitförderung« gebunden werden. Indem die Vereinbarkeit von Familie und Beruf weiter verbessert wird, lässt sich dem Kompetenzverlust aufgrund langer Ausstiegszeiten vorbeugen.

21.3.4 Kompetenzorientierte Personalentwicklung

Insgesamt wird die Personalentwicklung in den Betrieben eine *Dynamisierung und Individualisierung von Berufskarrieren* erleben. Entsprechend sollten zusätzliche Wege gefunden werden, um attraktive Tätigkeits- und Karrierechancen für alle Altersgruppen zu entwickeln und offen zu halten. Wichtig ist dabei, dass Diskriminierungen bei Einstellung, Beförderung und Qualifizierung aufgrund des Alters entgegengewirkt wird. Betriebe sollten vermehrt kompetenzorientierte Personalentscheidungen treffen, die weniger durch Erwartungen an »Normbiografien« und institutionelle Zwänge geleitet werden. *Für eine solche stärker individualisierte und präventive Personalarbeit sind eine Weiterbildung der Mitarbeiter in den Personalabteilungen und die Einführung dezentraler Formen der Personalarbeit wichtige Bausteine.* Betriebe können dabei durch außerbetriebliche Akteure (Verbraucherberatungsstellen, Bundesagentur für Arbeit etc.), die noch stärker die individuellen Interessen des einzelnen Arbeitnehmers im Blick haben, unterstützt werden.

Für die Bildungs- und Lernentscheidung des Einzelnen ist es ebenso wichtig, erworbene Kompetenzen auch nachweisen zu können. Dies ist die Voraussetzung für berufliche Mobilität. *Kompetenzerwerb sollte daher sichtbar gemacht werden, zertifizierbar und transferierbar* (im Sinne von ablösbar) sein. Dies beinhaltet bis zu einem gewissen Grad auch, dass die Betriebe mithilfe entsprechender vertraglicher Vereinbarungen vor Abwerbungen durch konkurrierende Betriebe geschützt werden (Staudinger u. Heidemeier 2009). Ohne vorhandene Interessenslagen zu ignorieren, kann es Teil der Schutzfunktion der Gewerkschaften werden, die Forderung nach Zertifizierung von Kompetenzen zu stärken und Vorschläge für deren Umsetzung zu erarbeiten.

21.3.5 Qualität in der Erwachsenenbildung

Für kompetenzbasierte Entscheidungen bedarf es gültiger Kriterien und entsprechend zertifizierter Lerninhalte. Gerade hier klafft in Deutschland eine große Lücke: Die Erwachsenenbildung ist nicht akkreditiert und durch keine Norm reguliert, innerbetrieblich wird die Weiterbildung oft ohne Zertifikate informell gehandhabt.

Eine Ausbildungsordnung für Lehrende in der Erwachsenenbildung (etwa im Sinne eines Zertifikats) würde die Professionalisierung und Qualitätssiche-

21

rung der Erwachsenenbildung befördern. Ein solches Curriculum kann sich offensichtlich nicht auf die vielfältigen Inhalte der Erwachsenenbildung beziehen, sondern auf deren bildungswissenschaftliche Kompetenzen. Eine anspruchsvolle Qualitätskontrolle der bestehenden Bildungsangebote und auch wissenschaftlich fundierte Effizienzstudien im Bereich der Weiterbildung fehlen weitgehend und sollten gefördert werden. Forschungsergebnisse und Methoden der Didaktik im Erwachsenenbereich sowie relevante psychologische Kenntnisse und Wissen über altersspezifische Anforderungen sollten stärker und verbindlich in die Ausbildung von Lehrenden in der Erwachsenenbildung einfließen.

Allgemeine Bildungsinhalte des Erwachsenenalters sollten nicht reaktiv, sondern präventiv ausgerichtet sein. Sie sollten auf den Erhalt der Gesundheit, der Entwicklungsmöglichkeiten und der gesellschaftlichen Partizipation des Einzelnen unter den Bedingungen einer sich sehr schnell verändernden Realität abzielen. Um diesem Anspruch gerecht zu werden, bedarf es systematischer curricularer Überlegungen. Das heißt zum einen die Grundausbildung anzupassen: Gesundheitserziehung (Bewegung, Ernährung) sollte aufgrund der stark habituellen Anteile von Gesundheitsverhalten aufgenommen werden. Lehr- und Lernmethoden, die selbstständiges und selbstreguliertes Lernen (»das Lernen lernen«) fördern und mehr die Freude am Neuen als die zu erbringende Leistung in den Vordergrund stellen, sind weitere Bestandteile der Grundausbildung, die es zu verstärken gilt. Für die Ausbildung ist es zudem notwendig, auf die spätere Anschlussfähigkeit von Ausbildungsinhalten mit verschiedenen Berufsbildern zu achten. Eine höhere Vernetzung der Weiterbildungsanbieter, einschließlich der Durchlässigkeit zu sekundären und tertiären Bildungsabschlüssen, ist anzustreben. Der Erhalt der Arbeitsfähigkeit bis zum Beginn des gesetzlichen Rentenalters und die dafür notwendigen Veränderungen der beruflichen Tätigkeit über den Lebenslauf hinweg sollten neben einer soliden Grundausbildung als Ziele stärker in den Curricula berücksichtigt werden.

Die fehlende Normierung im System der Weiter- und Erwachsenenbildung schränkt nicht nur die Personalabteilungen in den Unternehmen ein, sondern auch all diejenigen, die individuell an Weiterbildung interessiert sind. Im gegenwärtigen System fällt es auch wegen der Heterogenität der Angebote äußerst schwer, den zu erwartenden Ertrag von Bildungsanstrengungen einzuschätzen. Zugangsbarrieren, fehlende Modularisierung der Bildungsangebote und damit ungenügende Verknüpfbarkeit von verschiedenen Bildungsangeboten tragen zur unübersichtlichen Situation in

der Weiterbildung bei. Der Unsicherheit der Betroffenen über die möglichen Ziele und die inhaltliche Ausrichtung ihrer Weiterbildung kann durch »vocational coaching«, also Beratung, begegnet werden, die sowohl bei der Sichtung der Angebote hilft als auch Karriereberatung umfasst. Diese neue Dienstleistung könnte beispielsweise eine Aufgabe für Verbraucherzentralen und Arbeitsagenturen sein. Länder und Kommunen sollten zeitlich befristet finanzielle Unterstützung für diese Beratungen geben und anschließend die Qualität evaluieren.

21.3.6 Bildung und gesellschaftliche Integration

Für den späteren Lebenserfolg (Arbeit, Gesundheit, Einkommen) ist die Qualität des ersten Bildungsabschlusses von entscheidender Bedeutung. Individuen erwerben sehr früh im Lebenslauf wesentliche Voraussetzungen zu lebenslangem Lernen. Sie erwerben diese zudem leichter und kosteneffizienter als im späteren Alter. Dies darf jedoch nicht so verstanden werden, dass sich spätere Investitionen in Bildung nicht mehr lohnen. Vielmehr ist es hinsichtlich des Erhalts und der Weiterentwicklung der Produktivität eines länger gewordenen Lebens unerlässlich, dass frühe Bildung, erster Bildungsabschluss und lebenslanges Lernen komplementär ineinandergreifen.

Personen mit niedriger Erst-Qualifikation bleiben überwiegend noch von lebenslangem Lernen ausgeschlossen und können ihre Entwicklungsmöglichkeiten als Erwachsene und im Alter weniger nutzen (Staudinger u. Baumert 2007). Der möglichen Altersarmut und einem schlechten Gesundheitszustand dieser Menschen wird Vorschub geleistet. Die Neigung, in Weiterbildung zu investieren, ist bei Personen mit einem höheren Erstabschluss stärker – und umgekehrt. *Unser gegenwärtiges Bildungssystem trägt dadurch zur Entstehung dauerhafter Risikogruppen bei, zu denen gegenwärtig die Kinder von sozial benachteiligten Familien* zählen, *darunter auch viele Immigrantenkinder der zweiten und dritten Generation.* Vor diesem Hintergrund könnte eine *öffentliche Förderung nach Bedürftigkeit etwa beim Nachholen von Bildungsabschlüssen oder beim Erwerb von Grundbildung im Erwachsenenalter* sinnvoll sein. Dazu gehört bei Neuzuwanderern und wenig integrierten Migranten zweifellos die besondere *sprachliche Förderung.* Im Bereich der Weiterbildung von dauerhaft Erwerbslosen und Geringqualifizierten ist auch längerfristig ein öffentliches Finanzierungsmodell notwendig. Solche Weiterbildungsmaßnahmen sollten jedoch in Verbindung mit der Ausübung einer

Tätigkeit erfolgen. Nicht tätigkeitsbezogene Maßnahmen haben sich in der Vergangenheit als wenig nachhaltig erwiesen. Es sollte deshalb für Unternehmen Anreize für die Einstellung und anschließende tätigkeitsbezogene Qualifizierung Langzeitarbeitsloser oder Geringqualifizierter geben.

21.4 Fazit

Ein Arbeitsleben, das die Gesundheit und Produktivität des Einzelnen aufrechterhält und einer Person Chancen zur weiteren Entwicklung auch über das aktive Berufsleben hinaus eröffnet, lässt sich durch Investitionen in die folgenden zentralen Bereiche erreichen: eine veränderte Gestaltung des Lebenslaufs, des Arbeitsmarkts und des lebensbegleitenden Lernens. Daraus ergeben sich Aufgaben für Betriebe, die politische Gestaltung und den Einzelnen.

- **Lebenslaufstruktur**
1. Angesichts des demografischen und des wirtschaftlichen Wandels sowie des individuellen körperlichen und geistigen Potenzials im Alter ist die streng abgegrenzte Aufeinanderfolge von Bildung – Arbeit – Ruhestand ein entwicklungsfeindliches Modell. Eine stärkere zeitliche Überlappung dieser drei Bereiche gilt es zu unterstützen.
2. Der Einzelne sollte bei der langfristigen Planung seines Berufslebens und seiner Kompetenzentwicklung die Möglichkeit erhalten, auf Beratung auch außerhalb des eigenen Betriebes zurückzugreifen.
3. Der berufliche Wiedereinstieg insbesondere von Frauen nach (auch kurzen) Familienzeiten sollte auch durch passende Qualifizierungsangebote, die schon während der Familienzeit einsetzen, gefördert werden.

- **Arbeitsmarkt**
4. Arbeit im Alter ist zu individualisieren: Je nach Fähigkeit und Wunsch sollte es möglich sein und ist es gesamtwirtschaftlich wünschenswert, länger im letzten Beruf zu verweilen als es das derzeitige Arbeitsrecht und tarifliche Bestimmungen vorsehen oder nach gewisser Zeit in ihn zurückzukehren sowie als Rentner oder Rentnerin in einem neuen Beruf erwerbstätig zu sein oder im Ehrenamt zu arbeiten.
5. Tarifvereinbarungen eignen sich gut, um die Rahmenbedingungen nachhaltiger Personalentwicklung zu definieren. Wie es in bestimmten Branchen schon der Fall ist, könnten sie die Bedingungen der Arbeitsorganisation, Gesundheitsvorsorge und Qualifizierung festlegen.
6. Neben tarifvertragliche Regelungen zum lebenslangen Lernen sollten staatlich gefördertes Bildungssparen und Bildungskredite treten.
7. Die kleinen und mittleren Unternehmen, die einen wesentlichen Beitrag zur Produktivität der deutschen Wirtschaft liefern, könnten durch branchenspezifische und/oder regionale Verbünde (auch unter Einschluss der Industrie- und Handelskammern) ihre Weiterbildungsangebote und damit die Möglichkeiten für eine nachhaltige Personalentwicklung verbessern.

- **Lebensbegleitendes Lernen**
8. Von fünf Tagen im Jahr zu fünf Jahren im Leben: Weiterbildung sollte zum normalen Bestandteil der Erwerbsarbeit werden. Beteiligung an Weiterbildung sollte sich in Rentenansprüchen niederschlagen.
9. Es wird in Zukunft noch wichtiger sein, Arbeitsumwelten als Lernumwelten zu begreifen und entsprechend zu gestalten. Die Gestaltung schließt auch weniger beachtete Faktoren wie vorherrschende Altersbilder und das betriebliche Lernklima mit ein und erfordert entsprechende Weiterbildung bei Personalverantwortlichen.
10. Kompetenzerwerb während des Erwerbslebens sollte sichtbar gemacht, zertifizierbar und transferierbar (i. S. von ablösbar) werden.
11. Besondere Aufmerksamkeit verdienen auch die Weiterbildungsanstrengungen bei Langzeitarbeitslosen und Geringqualifizierten. Um die Nachhaltigkeit solcher staatlicher Investitionen zu erhöhen, sollten solche Maßnahmen an die Ausübung einer Tätigkeit gebunden sein.
12. Eine anspruchsvolle Qualitätskontrolle der bestehenden Bildungsangebote sollte entwickelt und eingesetzt werden (z. B. DIN-Normen). Dazu zählen auch die Entwicklung einer Ausbildungsordnung für Lehrende in der Erwachsenenbildung sowie wissenschaftlich fundierte Effizienzstudien im Bereich der Weiterbildung.
13. Das Lernen zu lehren und auch Freude am Lernen zu erhalten sollte mit an oberster Stelle der Lehrziele von der vorschulischen Bildung bis zur Berufsschule und den Universitäten stehen.
14. Die Effizienz frühester Bildungsinvestitionen ist sehr hoch, deshalb sollte frühe Bildung die Bemühungen im Bereich der Erwachsenenbildung verstärken.
15. Gesundheits- und Entwicklungsbildung (z. B. gesundheitliches Präventionswissen, Strategien der

Gestaltung eines erfüllten längeren Lebens) sollten Bestandteile des Curriculums schon in der Primarstufe sein. Die möglichst frühe Ausbildung von gesundheitsförderlichen Gewohnheiten und lebensgestalterischen Fertigkeiten ist eine wesentliche Voraussetzung für ein langes, gesundes und erfülltes Leben.

Literatur

Backes-Gellner U, Veen S (Hrsg) (2009) Altern, Arbeit und Betrieb. Altern in Deutschland – Bd 3, Nova Acta Leopoldina N F, Nr 365, Bd 101. Wissenschaftliche Verlagsgesellschaft, Stuttgart

Bosch G, Schief S (2009) Zur Beteiligung Älterer auf dem Arbeitsmarkt – Lebenslanges Lernen als Kernelement einer Beschäftigungsstrategie. In: Staudinger UM, Heidemeier H (Hrsg) Altern, Bildung und lebenslanges Lernen. Altern in Deutschland – Bd 2, Nova Acta Leopoldina N F, Nr 364, Bd 100. Wissenschaftliche Verlagsgesellschaft, Stuttgart, S 199–217

Börsch-Supan A, Erlinghagen M, Jürges H, Hank K (2009) Produktivität, Wettbewerbsfähigkeit und Humanvermögen in alternden Gesellschaften. In: Börsch-Supan A, Erlinghagen M, Hank K, Jürges H, Wagner GG (Hrsg) Produktivität in alternden Gesellschaften. Altern in Deutschland – Bd 4, Nova Acta Leopoldina N F, Nr 366, Bd 102. Halle (Saale), S 9–19

Brunstein JC, Maier GW, Dargel A (2007) Persönliche Ziele und Lebenspläne: Subjektives Wohlbefinden und proaktive Entwicklung im Lebenslauf. In: Brandstädter J, Lindenberger U (Hrsg) Entwicklungspsychologie der Lebensspanne. Kohlhammer, Stuttgart, S 270–304

Ehmer J, Höffe O (Hrsg) (2009) Bilder des Alterns im Wandel. Historische, interkulturelle, theoretische und aktuelle Perspektiven. Altern in Deutschland – Bd 1, Nova Acta Leopoldina N F, Nr 363, Bd 99. Wissenschaftliche Verlagsgesellschaft, Stuttgart

Gewonnene Jahre (2009) Empfehlungen der Akademiengruppe Altern in Deutschland. Altern in Deutschland – Bd 9, Nova Acta Leopoldina N F, Nr 371, Bd 107. Wissenschaftliche Verlagsgesellschaft, Stuttgart. http://www.leopoldina.org/uploads/tx_leopublication/2009_NatEmpf_Altern_in_D-DE.pdf. Gesehen 07 Mrz 2014

Hertel G, Thielgen M, Rauschenbach C, Grube A, Stamov Roßnagel C, Krumm S (2013) Age differences in motivation and stress at work. In: Schlick C, Frieling E, Wegge J (eds) Age-differentiated work systems. Springer, Berlin, pp 119–147

Kroll LE, Ziese T (2009) Anstieg oder Kompression der Morbidität? In: Böhm K, Tesch-Römer C, Ziese T (Hrsg) Gesundheit und Krankheit im Alter. Robert Koch-Institut, Berlin, S 105–112 http://www.rki.de/DE/Content/Gesundheitsmonitoring/Gesundheitsberichterstattung/GBEDownloadsB/alter_gesundheit.pdf?__blob=publicationFile. Gesehen 07 Mrz 2014

Kochsiek K (Hrsg) (2009) Altern und Gesundheit. Altern in Deutschland – Bd 7, Nova Acta Leopoldina N F, Nr 369, Bd 105. Wissenschaftliche Verlagsgesellschaft, Stuttgart

Levy BR, Slade MD, Kunkel SR, Kasl SV (2002) Longevity Increased by Positive Self-Perceptions of Aging. Journal of Personality and Social Psychology 83: 261–270

Levy BR, Zonderman AB, Slade MD, Ferrucci L (2009) Age Stereotypes Held Earlier in Life Predict Cardiovascular Events in Later Life. Psychological Science 20:296–298

Lindenberger U (2000) Intellektuelle Entwicklung über die Lebensspanne. Überblick und ausgewählte Forschungsbrennpunkte. Psychologische Rundschau 51:132–141

Martin M, Zimprich D (2012) Kognitive Entwicklung. In: Lang F, Martin M, Pinquart M (Hrsg) Entwicklungspsychologie – Erwachsenenalter. Hogrefe, Göttingen, S 59–78

Mühlig-Versen A, Bowen C, Staudinger UM (2012) Personality plasticity in later adulthood: Contextual and personal resources are needed to increase openness to new experiences. Psychology and Aging 27(4):855–866

Riley MW (ed) (1979) Aging from Birth to Death. Sociotemporal Perspectives. Westview, Boulder

Riley MW, Johnson ME, Foner A (1972) Aging and Society. Vol 3, A Sociology of Age Stratification. Sage, New York

Riley MW, Abeles, RP, Teitelbaum MS (eds) (1982) Aging from Birth to Death. Vol 2, Sociotemporal Perspectives. Westview, Boulder

Schindler I, Staudinger UM, Nesselroade JR (2006) Development and structural dynamics of personal life investment in old age. Psychology and Aging 21:37–753

Schulz R-J, Kurtal H, Steinhagen-Thiessen E (2009) Rehabilitative Versorgung alter Menschen. In: Kochsiek K (Hrsg) Altern und Gesundheit. Altern in Deutschland, Bd 7, Nova Acta Leopoldina N F, Nr 369, Bd 105. Wissenschaftliche Verlagsgesellschaft, Stuttgart, S 193–224

Stamov Roßnagel C (2009) Arbeitsmotivation über die Lebensspanne. Aktive Regulation statt passiven Abbaus. In: Kocka J, Kohli M, Streeck W (Hrsg) Altern in Deutschland – Bd 8: Familie, Zivilgesellschaft, Politik. Nova Acta Leopoldina N F, Nr 370, Bd 106. Wissenschaftliche Verlagsgesellschaft, Stuttgart, S 59–75

Staudinger UM (2008) Was ist das Alter(n) der Persönlichkeit? Eine Antwort aus verhaltenswissenschaftlicher Sicht. In: Staudinger UM, Häfner H (Hrsg) Was ist Alter(n)? Neue Antworten auf eine scheinbar einfache Frage. Springer, Berlin, Heidelberg, S 83–94

Staudinger UM, Baumert J (2007) Bildung und Lernen jenseits der 50: Plastizität und Realität. In: Gruss P (Hrsg) Die Zukunft des Alterns. Die Antwort der Wissenschaft. C H Beck, München, S 240–257

Staudinger UM, Heidemeier H (Hrsg) (2009) Altern, Bildung und lebenslanges Lernen. Altern in Deutschland – Bd 2, Nova Acta Leopoldina N F, Nr 364, Bd 100. Wissenschaftliche Verlagsgesellschaft, Stuttgart

Vaupel J (2010) Biodemografy of Human Ageing. Nature 464:536–542

Voelcker-Rehage C, Godde B, Staudinger UM (2010) Physical and motor fitness are both related to cognition in old age. European Journal of Neuroscience 31:167–176

Unternehmensbeispiele

Von der Salutogenese zum Gesundheitsdiktat

S. Hähner-Rombach

B. Badura et al. (Hrsg.) *Fehlzeiten-Report 2014*,
DOI 10.1007/978-3-662-43531-1_22, © Springer-Verlag Berlin Heidelberg 2014

Zusammenfassung *Nach einem kursorischen Überblick über Veränderungen der Begriffsinhalte von »Krankheit« und »Gesundheit« und unterschiedliche Sichtweisen darauf wird in einem zweiten Schritt die Entwicklung von der Salutogenese über die sogenannte Gesundheitsgesellschaft bis zum Gesundheitsdiktat skizziert. Der eigentliche Hauptteil beschäftigt sich mit der Entwicklung des Betrieblichen Gesundheitsmanagements an einem Fallbeispiel, und zwar der BASF AG am Standort Ludwigshafen seit dem Ende des Zweiten Weltkriegs. Zum Schluss werden die Unterschiede zwischen betrieblichen und sozialversicherungstechnischen Strategien der Gesundheitsförderung kurz dargestellt.*

22.1 Die Krux der Definitionen

Es gibt weder eindeutige noch einheitliche Definitionen von Gesundheit und Krankheit. Die Erklärungen und Inhalte dieser beiden Begriffe unterliegen zudem historischen Veränderungen, denn jede Zeit hatte ihre eigenen jeweils vorherrschenden Gesundheits- und Krankheitsvorstellungen. Darüber hinaus gibt es unterschiedliche Betrachtungsebenen, in denen die Bestimmung von Gesundheit und Krankheit variiert: persönlich/individuell, gesellschaftlich/sozial, praktisch/theoretisch/funktional, medizinisch/psychologisch/wissenschaftlich, betrieblich/wirtschaftlich oder auch juristisch/krankenversicherungstechnisch, um nur die geläufigsten Ebenen zu nennen. Im Folgenden werden in Auswahl einige dieser Variationen skizziert.

22.1.1 Medizinhistorische Unterscheidungen

Historisch differenziert man mit Blick auf die Medizin grob folgende Konzepte: In der Antike findet sich zum einen die Annahme, dass Krankheit und Gesundheit göttlichem Einfluss unterliegen (theurgisches Krankheitskonzept). Die Vermittlung erfolgte meist durch einen Priesterarzt. Ein bekanntes Beispiel dafür ist der Asklepioskult (Steger 2004).

Zum anderen nahm die Humoralpathologie (Säftelehre) dort ihren Ausgang. Dieses Konzept, das die ungleichgewichtige Mischung vor allem der vier Kardinalsäfte Blut, Schleim, gelbe und schwarze Galle für Krankheitszustände verantwortlich machte, erwies sich längerfristig als durchsetzungsfähiger als das theurgische. Die Humoralpathologie hielt sich durch das Mittelalter bis in die Frühe Neuzeit hinein. Im 17. Jahrhundert bahnte sich zwar durch Iatrochemie[1] und Iatrophysik[2] (Rothschuh 1978) eine Überwindung der alten Autoritäten an, die im 18. Jahrhundert – dem Zeitalter der Aufklärung – mit großen Schritten voranschritt, aber erst das 19. Jahrhundert brachte eine deutliche Zäsur in Richtung Naturwissenschaften. Vor allem die Zellularpathologie Rudolph Virchows (1821–1902) (Goschler 2002) und die in der zweiten Hälfte des Jahrhunderts entstehende Bakteriologie haben das medizinische Konzept von Krankheit und Gesundheit entscheidend verändert. Während Virchow alle Krankheitszustände des Organismus auf pathologische Veränderungen der Körperzellen zurückführte, setzten sich Bakteriologen wie Louis Pasteur (1822–1895) und Robert Koch (1843–1910) (Gradmann 2005) die Erforschung kleinster einzelliger Mikroorganismen, ih-

---

1 Iatrochemie: Die Auffassung, dass alle Lebensphänomene chemischer Natur sind. Das bedeutet, sie sind chemisch determiniert und lassen sich bezüglich Gesundheit und Krankheit chemisch beeinflussen.

2 Iatrophysik bzw. Iatromechanik: Die Auffassung, dass alle Lebensvorgänge bei Gesundheit und Krankheit durch die Gesetze der Physik bestimmt werden und sich mathematisch berechnen und im mechanischen Modell darstellen lassen.

22

rer krankheitserregenden Fähigkeiten und der Möglichkeiten ihrer Bekämpfung zum Ziel (Schlich 1999). Die wissenschaftlichen Entdeckungen seit Ende des 19. Jahrhunderts haben dem medizinischen Krankheitsmodell, das auf der Annahme beruht, dass jede Erkrankung eine bestimmte und erkennbare Ursache besitzt, zu großer gesellschaftlicher Akzeptanz verholfen und die Professionalisierung des Ärztestandes stark befördert (Eckart u. Jütte 2007). »Die Suche nach einem spezifischen Ort oder Sitz der Krankheit bedeutete aber zugleich die Reduktion der Körpergesamtheit auf einzelne lokalisierbare Phänomene. Die Folge war der Verlust einer ganzheitlichen Sicht von Krankheit und Gesundheit.« (Jütte 1997a, S. 45 f.)

22.1.2 Sozialgeschichtliche Zäsuren

Sozialgeschichtlich bedeutete die staatliche Übernahme der Fürsorge für Kranke, Gebrechliche und Invalide durch die neu eingeführte Sozialversicherung in Deutschland Ende des 19. Jahrhunderts einen tiefen und grundlegenden Einschnitt in der Definition von Krankheit und Gesundheit, weil damit versicherungstechnisch eine strenge Trennung zwischen den beiden Zuständen notwendig wurde. Denn die Leistungen der gesetzlichen Krankenversicherung waren an bestimmte Kriterien gebunden, die festlegten, für welche Krankheitszustände welche Versicherungsleistungen zu erbringen waren. Dies wird am besten sichtbar bei der Auszahlung von Krankengeld. Ähnliches galt für die Invaliden- und Unfallversicherung, die der Krankenversicherung folgten.

Die Einführung der gesetzlichen Krankenversicherung hatte starke Auswirkungen auf den gesamten medizinischen Markt. Es war vor allem eine Berufsgruppe, die daraus in besonderem Maße Nutzen zog: die Mediziner. Ihnen war es im Laufe des 19. Jahrhunderts durch die Überwindung eines jahrhundertelangen therapeutischen Nihilismus gelungen, sich zu den sowohl vom Staat als auch von der Gesellschaft anerkannten Experten in Fragen von Krankheit und Gesundheit aufzuschwingen (Jütte 1997b; Herold-Schmidt 1997; Huerkamp 1980; 1985). Die Ärzteschaft profitierte einerseits von der schlagartigen Erhöhung und im Folgenden weiter wachsenden Zahl ihrer Klienten, den Mitgliedern der Krankenkassen. Andererseits vermochte sie es, die Definitionsmacht über Krankheit und Gesundheit zu erlangen und ihre Zuständigkeiten auszudehnen, indem in zunehmendem Maße Abweichungen, die zuvor anderen Bereichen, wie Kirche oder Justiz, zugeordnet waren, als pathologisch eingestuft wurden. Ein gutes Beispiel dafür ist die

Psychiatrie, die sich für immer mehr Bereiche von Normabweichungen (Beispiel Sexualität) zuständig erklärte, wobei sie nicht zuletzt auch diejenige Instanz wurde, die die jeweiligen Normen überhaupt aufstellte.

22.1.3 Kulturelle Unterschiede

Dass Krankheit und Gesundheit unabhängig von ihren biologischen Entstehungsbedingungen und Ausformungen auch kulturellen Wahrnehmungen und Erklärungen unterliegen und sich als solche historisch verändern, ist inzwischen Gemeingut geworden. Das Stichwort ist hier die soziale Konstruktion von Krankheit (Lachmund u. Stollberg 1992; Labisch 1989, 1992). Ein aktuelles Beispiel dafür ging anlässlich der im Mai 2013 erschienenen fünften Ausgabe des DSM (Diagnostic and Statistical Manual of Mental Disorders) der American Psychiatric Association durch die Presse. Ein Fall handelte – vereinfacht dargestellt – von der Frage, wie lange man beim Tod eines nahen Menschen trauern darf, bevor man sich deshalb die Diagnose einer psychischen Erkrankung einhandelt. War es in der dritten Auflage des DSM von 1980 noch ein Jahr, verkürzte sich der Zeitraum in der vierten Edition von 1994 auf zwei Monate und in der aktuellen fünften Auflage besteht nach einer Lesart schon nach zwei Wochen Trauer Gefahr, als depressiv diagnostiziert zu werden (Müller-Lissner 2013; Weber 2013)[3]. Hier wird also aus einer Reaktion auf einen Schicksalsschlag eine psychische Krankheit, wenn man nicht in der Lage ist, innerhalb eines vorgegebenen Zeitraumes zur Tagesordnung überzugehen.

Die soziale Konstruktion von Krankheit kann gesellschaftlich und individuell noch weitere Wirkungen zeigen. Besonders augenfällig wird dies bei Krankheiten, die mit einem Stigma versehen waren bzw. sind. Das muss nicht nur auf sexuell übertragbare Krankheiten, sondern kann auch auf Krebs oder Tuberkulose zutreffen, wie schon Susan Sontag feststellte (Sontag 1996). Bei den Tuberkulosekranken, die während des Nationalsozialismus bei nicht adäquatem Krankheitsverhalten schnell das Attribut »asozialer Offentuberkulöser« erhalten und einer Zwangsbehandlung unterworfen werden konnten, führte diese soziale Konstruktion dazu, dass Krankheitsverdächtige den Gang

---

3 Diese Lesart hat im Dezember 2013 Kritik hervorgerufen. Asmus Finzen, emeritierter Professor für Psychiatrie, hat in der Frankfurter Zeitung vom 18.12.2013 festgestellt, dass die fünfte Ausgabe des DSM die Sechs-Wochen-Frist der vorherigen Ausgabe getilgt habe; von einer Zwei-Wochen-Frist sei nicht die Rede (Finzen 2013).

zum Gesundheitsamt scheuten, weil niemand in spezielle Anstalten zwangseingewiesen werden oder auch nur der Möglichkeit eines Ehestandsdarlehens verlustig gehen wollte (Hähner-Rombach 2000). Zur sozialen Konstruktion von Krankheit und Gesundheit müssen auch interessegeleitete Definitionen von Krankheiten gerechnet werden. Das können professionspolitische Belange sein, wenn zum Beispiel Grenzwerte aufgestellt (Cholesterin) oder verändert (Hypertonie) werden, die durch ihre Verschiebung zu einer immensen Steigerung der Krankenzahl beitragen. Außerdem folgt der Gesundheitsmarkt nicht erst seit Neuestem den Marktgesetzen. Diese zeigen sich aber deutlicher, wenn zum Beispiel neue Krankheiten kreiert werden (ADHS oder Chronic-Fatigue-Syndrom), aus denen sich (berufspolitisches, soziales, monetäres) Kapital schlagen lässt.

22.2 Von der Salutogenese zur Gesundheitsgesellschaft und zum Gesundheitsdiktat

22.2.1 Salutogenese

Das salutogenetische Modell des Medizinsoziologen Aaron Antonovsky (1923–1994), das seit Mitte der 1970er Jahre diskutiert wird, hat nicht nur zu einer Änderung der Blickrichtung geführt, indem man – vereinfacht ausgedrückt – auf die Ursache von Gesundheit schaut statt auf die Entstehung oder den Grund von Krankheit. Die Salutogenese bietet darüber hinaus die Möglichkeit, Krankheit und Gesundheit als ein Kontinuum wahrzunehmen (Antonovsky 1997; Franke 2008). Krankheit ist in diesem Modell ein Prozess, der in das ganze Leben eines Menschen eingebettet ist, also »kein abgrenzbares, isoliertes Ereignis« darstellt (Franke 2008, S. 160). Entscheidende Faktoren für den Zustand eines Menschen in dem Kontinuum sind die sogenannten »generalisierten Widerstandsressourcen«, die nach gesellschaftlichen und individuellen unterschieden werden können. Zu den Letztgenannten gehören kognitive, psychische, physiologische, ökonomische und materielle Ressourcen (Franke 2008).

22.2.2 Gesundheitsgesellschaft

Seit den 1980er Jahren wird in der Medizingeschichte das Konzept der Medikalisierung (Loetz 1993) diskutiert, das besagt, »dass in der Moderne immer mehr Gesellschaftsbereiche unter gesundheitliche bzw. medizinische Interpretationshoheit geraten« (Wolff 2013,

S. 62). In neuerer Zeit werden dagegen die Entstehung einer »Gesundheitsgesellschaft« (Kickbusch 2006) und ihr Fortschreiten festgestellt. Der Begriff »Gesundheitsgesellschaft« deutet zwei Ebenen an: eine ökonomische, nach der ein immer größer werdender Anteil an finanziellen Ressourcen in den Gesundheitsbereich fließt bzw. investiert, daraus erwirtschaftet oder dafür ausgegeben wird. Die andere Ebene ist gesellschaftlicher Natur, indem die Gesundheitsgesellschaft »auf einem mehr oder weniger neuen Konzept von Gesundheit als Lebenssinn mit einem Übergang vom passiven zum aktiven Gesundheitsverständnis« basiert (Wolff 2010, S. 180). In der Konsequenz bedeutet dies, dass die Prävention im individuellen Verhalten immer wichtiger wird, dass die Menschen »immer mehr an der Herstellung und Erhaltung ihrer eigenen Gesundheit beteiligt« werden oder sich »immer mehr selbst darum kümmern« müssen (Wolff 2013, S. 63). Gesundheit wird so zum primären Wert, der »ein ständiges Selbstmanagement in Form einer Sorge um sich selbst und Arbeit an sich selbst« ist (Wolff 2010, S. 181). Von hier aus ist der Weg in (mindestens) zwei Richtungen geebnet: in Richtung eines Verständnisses von Gesundheit als »Religion« (Lütz 2013) und in Richtung von Gesundheit als »Pflicht«, in verstärkter Form als Norm oder sogar als Zwang.

22.2.3 Gesundheitsdiktat

Von der Gesundheit als Norm und/oder Zwang ist man schnell beim Gesundheitsdiktat. Der Versuch, Gesundheit zu »diktieren« – zum Beispiel mit dem Totalverbot des Rauchens oder der Verweigerung von Krankenkassen, Krankheitskosten zu übernehmen, die durch eine Risikosportart entstanden sind – ist historisch keineswegs neu, man denke nur an den Impfzwang gegen Pocken im 19. Jahrhundert (Wolff 1998). Die obligatorische Pockenimpfung hat zwar im Deutschen Reich zu Widerstand geführt, sie steht aber auch für ein erfolgreiches Handeln des Staates, zumindest, seit 1980 die WHO die Ausrottung des Pockenerregers verkünden konnte. Für die Masern, deren Mortalitätszahlen nicht mit denen der Pocken im 19. Jahrhundert vergleichbar sind, steht dies noch aus. Das wird nicht zuletzt auf die Freiwilligkeit der Impfung zurückgeführt. Dabei gilt eine Immunisierung nicht primär dem Wohl des Einzelnen, sondern soll die Gesellschaft schützen. Von dieser Logik ausgehend, wäre mehr Zwang in der Krankheitsverhütung denkbar. Dabei könnten u. a. volkswirtschaftliche Gründe eine erhebliche Rolle spielen. Möglichen Zwangsregelungen stehen jedoch nicht nur die Kranken oder Konsumenten,

sondern auch die Hersteller von als ungesund eingestuften Genussmitteln ablehnend gegenüber. Letztere
argumentieren ebenfalls markt- und volkswirtschaft-
lich (Arbeitsplätze, Steuern) und verfügen in der Regel
über eine starke Lobby.

Die aktuelle Debatte über »Gesundheitsdiktatur«
nimmt nicht, wie man vermuten könnte, Bezug auf die
nationalsozialistische Gesundheitspolitik, sondern –
der Reigen ist erweiterbar – auf sogenannte Slim- und
Menthol-Zigaretten (Ehrenstein u. Nicolai 2013) oder
auf die Einführung einer »Fettsteuer« (Kupferschmid
u. Wewetzer 2012), um nur zwei aktuelle Beispiele zu
nennen. Gesundheit zu diktieren – auch das hat die
Vergangenheit gezeigt – ergibt wenig Sinn: Wenn der
Staat Umgebungsuntersuchungen bei bestimmten Infektionskrankheiten anordnet, gibt es immer einen
bestimmten Prozentsatz an Personen, der sich diesen
Untersuchungen zu entziehen trachtet, bzw. sinkt die
Bereitschaft, sich freiwillig einer Untersuchung zu un-
terziehen, wenn bei Bestätigung der Diagnose Stigma-
tisierung droht. »Intelligente« Aktionen versuchen das
zu vermeiden, man denke nur an die HIV-Aufklä-
rungskampagne zum Welt-Aids-Tag (Welt-Aids-Tag
2013). Krankenkassen, vor allem die gesetzlichen, werden dagegen oft parteipolitischen Erwägungen unterworfen und sollen als Steuerungsmittel verschiedener
Interessen dienen. Sie können über die Gewährung der
Übernahme von Krankheitskosten noch am ehesten
versuchen, bestimmtes Gesundheits- bzw. Krankheitsverhalten zu verlangen. Ob dies erfolgversprechend ist,
steht allerdings auf einem anderen Blatt.

Krankenkassen sind als Körperschaften des öffentlichen Rechts offener für Eingriffe des Staates als Pri-
vatunternehmen, die im folgenden Kapitel anhand einer großen Aktiengesellschaft in den Fokus genommen werden.

22.3   Entwicklung des Betrieblichen Gesundheitsmanagements

Die Entfaltung des Arbeiterschutzes und der Ausbau
der Gewerbeordnung hielten mit dem Fortschreiten
der Sozialversicherung nicht Schritt. Zunächst wurden
v. a. die Sonn- und Feiertagsruhe für Arbeiter in Fabri-
ken, besondere Schutzbestimmungen zugunsten jugendlicher Arbeiter und schwangerer Arbeiterinnen
sowie ein Betriebsgefahrenschutz in die Novelle zur
Gewerbeordnung vom 1. Juni 1891 (sog. »Arbeiter-
schutzgesetz«) aufgenommen (Frerich u. Frey 1996).
Etwas weiter reichende Arbeitsschutzvorschriften kamen v. a. durch die kontrovers diskutierte Novelle zur
Gewerbeordnung vom 28. Dezember 1908 zum Tra-

gen. Mit dem Ersten Weltkrieg wurden die bestehenden Arbeiterschutzbestimmungen jedoch ausgehöhlt
bzw. außer Kraft gesetzt. Versuche in der Weimarer
Republik, die Arbeitsschutzbestimmungen zusam-
menzufassen, scheiterten. So bildete die Reichsgewer-
beordnung weiterhin die bedeutendste Grundlage des
Betriebsgefahrenschutzes. Es handelte sich dabei um
Vorformen einer sog. »Verhältnisprävention«, denn es
ging darum, Gefährdungsfaktoren am Arbeitsplatz zu
reduzieren, »indem die Gewerbeunternehmer verpflichtet wurden, Arbeitsräume, Betriebseinrichtun-
gen und Maschinen so einzurichten und zu unterhal-
ten sowie den Betrieb so zu regeln, dass die Arbeiter
gegen Gefahren für Leben und Gesundheit soweit
geschützt waren, wie es die Natur des Betriebes gestattete« (Frerich u. Frey 1996, S. 130). Seit der zweiten
Hälfte des 19. Jahrhunderts wurden vereinzelt sogenannte Fabrikärzte verpflichtet, meist durch das Unternehmen, zum Teil auch durch die Betriebskrankenkassen. Ihre Zahl stieg zwar während des Nationalsozialismus an, dies bedeutete jedoch nicht, dass dadurch
dem Gesundheitsschutz mehr Aufmerksamkeit zuteil-
wurde, denn Leistungssteigerung durch »Gesundheits-
führung« war das Ziel, dem sich auch die Werksärzte
unterordneten (Knödler 1991). 1950 kam es zu ersten
Vereinbarungen über werksärztliche Tätigkeiten zwischen Unternehmen, Gewerkschaften und Werksärztlicher Arbeitsgemeinschaft, die 1973 in das »Gesetz
über Betriebsärzte, Sicherheitsingenieure und andere
Fachkräfte für Arbeitssicherheit« mündeten. Mit diesen Regelungen wurden jedoch noch keine Strukturen
und Prozesse eingeführt, die mit einem Betrieblichen
Gesundheitsmanagement vergleichbar sind, denn hier
ging es v. a. um traditionellen Arbeitsschutz und Unfallverhütung durch die zu bestellenden Betriebsärzte
und Fachkräfte für Arbeitssicherheit.

Dennoch bilden Unternehmen in eingeschränk-
tem Maße schon länger ein eigenes »Setting«, in dem
Gesundheitsförderung betrieben werden kann, und
zwar eines, dessen Vorteile heute immer offensichtli-
cher werden. Waren es im 19. Jahrhundert einzelne,
philanthropisch gesinnte Fabrikbesitzer, die ihrer Belegschaft freiwillig gesundheitsfördernde Angebote
machten, nahm ihre Zahl Mitte des 20. Jahrhunderts
zu, weil es u. a. darum ging, die Arbeits- und Leistungsfähigkeit der als Ressource begriffenen Belegschaft so
lang wie möglich zu erhalten.

Am Beispiel der BASF AG am Standort Ludwigshafen sollen auf einer Zeitschiene seit dem Ende des
Zweiten Weltkriegs ausgewählte Angebote des werksärztlichen Dienstes zur Gesunderhaltung bzw. Krank-
heitsverhinderung der Beschäftigten gezeigt werden,
und zwar solche, die über das gesetzlich Vorgeschrie-

bene hinausgehen. Dabei können verschiedene Phasen der Angebotspalette ausgemacht werden, die teilweise zunächst ganz bestimmte Zielgruppen im Visier hatten, bevor die Angebote ausgeweitet und zudem immer größeren Beschäftigtengruppen unterbreitet wurden (Hähner-Rombach 2014).

22.3.1 Objekte der Fürsorge

In den direkten Nachkriegsjahren als Zeit des allgemeinen Mangels galt es, die Arbeitskraft der Beschäftigten durch die Ausgabe von Milch, Vitamin-, Eisen- und Eiweißpräparaten zu stärken (Protokoll Betriebsbesprechung 1946). Mit dem Jahr 1951 setzte eine regelrechte Konjunktur von Erholungsaufenthalten ein, und zwar sowohl von Heilverfahren der Rentenversicherungsträger als auch von Aufenthalten in den werkseigenen Erholungsheimen. Zielgruppe waren zunächst vor allem Beschäftigte an gesundheitsgefährdenden Arbeitsplätzen, das Gros der Erholungsaufenthalte ging zudem auf das Konto der gewerblichen Arbeitnehmer.

Parallel wurden ab den 1950er Jahren auch Angebote unterbreitet, die sich im Prinzip an die Gesamtbelegschaft in Ludwigshafen richteten, vor allem Massenscreening in Form von Röntgenreihenuntersuchungen (knapp 78.400 Untersuchungen bis 1980, vgl. Jahresbericht 1980) und große Impfaktionen (zum Beispiel Tetanus-Impfungen, die 1951 nach amerikanischem Vorbild eingeführt und bis 1963 insgesamt rund 56.000-mal durchgeführt wurden, vgl. Jahresbericht 1963).

Mitte der 1960er Jahre setzte zudem eine Zeit von medizinischen Großstudien ein, die zwischen knapp 66 und 76 Prozent der Belegschaft in Ludwigshafen erreichten und zunächst vor allem auf die Entdeckung der neuen Zivilisationskrankheiten Diabetes und Bluthochdruck ausgerichtet waren (Wagner 1971, 1974, 1976).

22.3.2 Aktivierung und Ausbalancierung

Die genannten Erholungsaufenthalte dienten, wie der Name schon nahelegt, hauptsächlich der Kräftigung und Ruhe, auch wenn in einigen der Kuren bereits auf die positiven Wirkungen von körperlicher Bewegung abgehoben wurde. Anfang der 1970er Jahre setzte die Phase der Aktivierung eines größeren Anteils der Beschäftigten ein, die damit auch ihren Status als Objekte der Fürsorge verloren und zunehmend als eigenverantwortliche Subjekte angesprochen wurden. Es begann

mit der Einführung von Arbeitsplatzgymnastik im Jahr 1973 (Jahresbericht 1973), es folgten Schwangerschaftsgymnastik, Kurse für Wirbelsäulengymnastik und Rückenschulkurse. Diese Angebote richteten sich primär an Beschäftigte, denen man arbeitsbedingt ein erhöhtes Risiko von Rückenbeschwerden bescheinigte, und wurden mit den Jahren ausgeweitet.[4] Ebenfalls 1973 kam Autogenes Training dazu, 2001 wurde ein Programm implementiert, das sich die »Reduktion psychischer Belastungen« zum Ziel setzte (Jahresbericht 2001). Die beiden letztgenannten Angebote zielten auf eine besondere Gruppe von Beschäftigten ab: angestellte Akademiker und Führungskräfte, die im Vergleich zu den gewerblichen Arbeitnehmern erst später in den Fokus präventiver Angebote gerieten, wahrscheinlich, weil man davon ausgegangen war, dass bei ihnen die Eigeninitiative zur Gesunderhaltung größer war als bei den Arbeitern.

22.3.3 Eine Gesundheitsgesellschaft im Betrieb

Ab Mitte der 1980er Jahre wurden zum einen Aktivierungsprogramme mit speziellem Zuschnitt auf verschiedene Gruppen massiv ausgebaut, wie 1985 eine Gesundheitsvorsorgekur für Wechselschichtarbeiter (Jahresbericht 1985) und 1986 arbeitsmedizinische Seminare für obere Führungskräfte und außertarifliche Angestellte (Jahresbericht 1986) sowie diverse Aktionen zur Gesunderhaltung durchgeführt. So folgte 1988 die Einrichtung von Folgesportgruppen, »um das während der Gesundheitsvorsorge begonnene Bewegungsprogramm fortführen zu können« (Jahresbericht 1988). Ab 1990 wurden zum anderen die schon seit 1971 bestehenden Krebsvorsorgeuntersuchungen erweitert durch eine »Vorsorgeaktion Hauttumore«, an der knapp 1.400 BASF-Mitarbeiter teilnahmen (Jahresbericht 1990). 1992 bot die Ärztliche Abteilung zusammen mit der Betriebskrankenkasse, dem Sportreferat und den Wirtschaftsbetrieben die Aktion »Gesundheit erleben – Ernährung, Bewegung, Entspannung« an, bei der u. a. Messungen des Gewichts, Blutdrucks und Cholesterinspiegels durchgeführt wurden und an denen knapp 2.400 Beschäftigte teilnahmen (Jahresbericht 1992). Blutdruckkontrollen

---

4 So wurde 1994/95 in Zusammenarbeit mit dem Ministerium für Arbeit, Gesundheit und Soziales des Landes Rheinland-Pfalz und dem Institut für Gesundheits- und Sozialforschung Berlin das Pilotprojekt »Betriebliche Interventionen zur Reduzierung der Beeinträchtigung durch Rückenbeschwerden« durchgeführt (Jahresbericht 1994).

22

gehörten schon zuvor und auch danach zu den regelmäßig angebotenen und in großer Zahl in Anspruch genommenen Maßnahmen: So führten die Werksärzte beispielsweise 1997 über 6.000 Kontrollmessungen durch (Jahresbericht 1997). 1995 wurde bei der BASF der »Arbeitskreis Gesundheit« eingerichtet, der unter dem Vorsitz des Arbeitsdirektors die Gesundheitsschutz- und Gesundheitsförderungskonzepte steuern und koordinieren sollte. Im selben Jahr wurde auf Initiative der Betriebskrankenkasse das »Gesundheitsförderungszentrum Ludwigshafen« unter Federführung der Ärztlichen Abteilung konzipiert: »Das Zentrum ist ein gemeinsames Projekt der BKK und der Abteilung Arbeitsmedizin und Gesundheitsschutz. Es wird als zentrales Steuerungsinstrument im Gesundheitsförderungskonzept der BASF AG die Konzeption, Organisation, Durchführung und Evaluation der stationären Gesundheitsförderkurse in Breitnau und Westerland sowie der geplanten Gesundheitskurse in Ludwigshafen übernehmen. Träger des Zentrums ist die BKK.« (Jahresbericht 1995) Die Zahl der Kurse in den genannten werkseigenen Einrichtungen in Breitnau und Westerland stieg stark an[5]. Im Folgejahr gab es in Ludwigshafen Kurse zu Themen wie »Gesunde Ernährung, Abnehmen, aber mit Vernunft«, »Gesundheit, Sport, Stressbewältigung und Entspannung«. Dazu kamen Nichtraucherseminare, Kurse für Diabetiker, Kurse bei Atemwegserkrankungen oder bei Venenerkrankungen (Jahresbericht 1996). In das Jahr 1996 fiel auch der Beginn der Großstudie »Helicobacter pylori Infektionen – Prävalenz und klinische Bedeutung sowie Effekt der Eradikationstherapie«, an der bis 1997 rund 6.700 Beschäftigte teilnahmen (Jahresbericht 1996, 1997). Ein Jahr später, 1997, wurde unter Federführung der Ärztlichen Abteilung ein »Gesundheitsbericht« erstellt, der fortan im zweijährigen Turnus erscheinen sollte – ein weiterer Schritt zu einer organisierten Gesundheitsförderung. 1998 installierte die BASF AG im Rahmen einer weltweiten Initiative der chemischen Industrie das Programm »Responsible Care«, wobei sich die »Sorge« auf Mitarbeiter, Nachbarn und Umfeld sowie Kunden bezieht (Jahresbericht 1998). Im Jahr 2000 wurde ein neues Präventionsprogramm für obere Führungskräfte gestaltet. Es handelte sich um »ein 1,5-tägiges Kurseminar mit den Inhalten Stressbewältigung, gesunde Ernährung, aktive Bewegungsprogramme und individuelles Gesundheitsmanagement. Das Seminar ist so konzipiert, dass die Ernährungstipps insbesondere auch in Restaurants und auf Reisen angewendet und die Bewegungsübungen

sowohl im Büro als auch im Hotelzimmer durchgeführt werden können.« (Jahresbericht 2000)

Im November 2001 fiel der Startschuss für die Vorsorgeaktion Darmkrebs, die sich an alle ca. 13.000 Mitarbeiter über 45 Jahre wandte. Von diesen nahmen bis zum Sommer des Jahres 2002 über 3.700 Beschäftigte teil (Jahresbericht 2002). Zwischen 2008 und 2011 nahmen 37,7 Prozent der Männer und 25,4 Prozent der Frauen der genannten Alterszielgruppe dieses Angebot wahr (Webendörfer u. Riemann 2014). Hier sticht vor allem die hohe Beteiligung der Männer ins Auge: »üblicherweise [wird] außerhalb des Werkzaunes das Angebot der Krebsvorsorgeuntersuchung zu nur 17 Prozent genutzt« (Webendörfer u. Riemann 2014). In der Bundesrepublik nahmen 2008 im Schnitt 11,6 Prozent der männlichen und 15,3 Prozent der weiblichen 50- bis 74-jährigen Mitglieder der gesetzlichen Krankenversicherung einen sogenannten Okkulttest zur Darmkrebsvorsorge in Anspruch (Versorgungsatlas). Man sieht an diesem Beispiel, dass sich der Betrieb als »Setting«, in dem Prävention stattfindet, bewähren kann. Dabei muss man allerdings die besonderen Bedingungen der BASF berücksichtigen. So arbeiten allein am Standort Ludwigshafen seit den 1960er Jahre mehr als 45.000 Mitarbeiter. Das führte dazu, dass die Ärztliche Abteilung personell sehr gut ausgestattet ist. Bei der Größe des Standorts Ludwigshafen lassen sich zudem Vorsorgeaktionen mit massenhafter Beteiligung leichter planen und durchführen. Der bereits genannte »Arbeitskreis Gesundheit« von 1995 setzt sich interdisziplinär auf hoher organisatorischer Ebene zusammen. Dadurch wird die Durchsetzung von Gesundheitskonzepten erleichtert. Auch trat die BASF AG bereits 1998 der ein Jahr zuvor verabschiedeten »Luxemburger Deklaration zur Betrieblichen Gesundheitsförderung in der EU« bei. Das alles weist auf die Bedeutung hin, die der Gesundheitsförderung beigemessen wird, sowie auf die Konditionen zu ihrer Durchführung. Dazu kommt die demografische Entwicklung, derer sich die Verantwortlichen der BASF bewusst sind. Die Mitarbeiter möglichst lange gesund und leistungsfähig zu halten, wird schon länger als vordringliche Aufgabe gesehen. Deren Gesundheit wird tatsächlich als eine wichtige Ressource des Unternehmens wahrgenommen.

22.4   Schluss

Betriebe unterliegen zwar wirtschaftlichen Großwetterlagen, aber nicht wie die gesetzliche Krankenversicherung politischen; sie müssen daher nicht auf Wählerschichten Rücksicht nehmen. Auch dadurch fällt es ihnen leichter, den kontraproduktiven Gesundheits-

---

5   So fanden dort beispielsweise 1997 über 800 Kurse statt (Jahresbericht 1997).

diktaten zu entsagen bzw. diese zu minimieren. So ist etwa das Rauchen auf dem Betriebsgelände der BASF untersagt, was aber wohl eher der Unfallverhütung geschuldet ist als einem »Gesundheitsdiktat«. Die Ärztliche Abteilung ist sich zudem bewusst, dass sie auf die »Compliance« der Beschäftigten angewiesen ist, wenn sie ihre Angebote an den Mann und an die Frau bringen will. Darin wiederum ist sie erfolgreich, was die Inanspruchnahme der von ihr angebotenen freiwilligen Maßnahmen betrifft. Die lange Tradition der präventiven Angebote bei der BASF, ihre Bandbreite, die Möglichkeiten, die einem Großbetrieb zur Verfügung stehen, das hohe Ansehen der Werksärzte, die Kooperation des werksärztlichen Dienstes mit der Betriebskrankenkasse, dem Sportreferat, den Wirtschaftsbetrieben und externen Partnerinnen und -partnern, all das hat mit dazu beigetragen, dass sich bei der BASF am Standort Ludwigshafen über die letzten Jahrzehnte eine Art betriebliche Gesundheitsgesellschaft gebildet hat, die kontinuierlich weiterentwickelt wird.

Bei der Betrachtung von Unternehmen als Ort, an dem die Bedingungen für präventive Maßnahmen und ihre Akzeptanz gut sein können, darf jedoch nicht übersehen werden, dass die über das gesetzlich Vorgeschriebene hinaus gehenden Angebote in Absprache mit der Unternehmensführung erfolgen müssen und Veränderungen unterworfen sein können. Zu bedenken ist auch, dass die Begriffe »Gesundheit« und »Krankheit« nicht nur in der Vergangenheit mehrfach einen Wandel erfuhren. Dieser ist in der Zukunft genauso möglich, im Prinzip sogar wahrscheinlich.

Wirtschaftskrisen oder anders geleitete Interessen der Shareholder sind potenzielle Motive für Einschränkungen in der freiwilligen Präventionsarbeit, denen der Staat oder die Belegschaft machtlos gegenüberstünden. Prinzipiell denkbar sind auch Kehrtwendungen: Die bislang noch in den Bereich der Science Fiction fallende Möglichkeit, von Bewerbern DNA-Analysen und genetische Gesundheitspässe zu verlangen, könnte – auf »freiwilliger« Basis – Eingang in Bewerbungsverfahren finden. Das würde, überspitzt ausgedrückt, lediglich eine andere Definition von Prävention voraussetzen.

Zudem stellt sich längerfristig zum einen die Frage nach den Beschäftigten, die sich dieser »Gesundheitsgesellschaft« entziehen. Zum anderen darf man auch die indirekten Zwänge, die solche Gesundheitsgesellschaften generieren, nicht außer Acht lassen. Denn zuweilen ist der Übergang von Freiwilligkeit zu Zwang fließend, vor allem dann, wenn sich die Rahmenbedingungen ändern. Die Erziehung der Beschäftigten zum selbstdisziplinierenden »präventiven Selbst« liegt nicht nur im Interesse von Arbeitgebern. Auch für den Staat ist es

wesentlich einfacher, wenn Inhalte einer gesunden Lebensweise individuell verinnerlicht werden. Allerdings wird das »präventive Selbst« für die übergroße Mehrheit der Bevölkerung wohl kaum ein angestrebtes Verhaltensziel sein, sodass damit einer (weiteren) Teilung der Gesellschaft der Boden bereitet werden könnte.

Literatur

Antonovsky A (1997) Salutogenese. Zur Entmystifizierung der Gesundheit. Deutsche erweiterte Ausgabe von Alexa Franke. dgvt-Verlag, Tübingen

Eckart WU, Jütte R (2007) Medizingeschichte. Eine Einführung. Böhlau UTB, Basel, S 319–324

Ehrenstein C, Nicolai B (2013) »Beginn der Gesundheitsdiktatur der EU-Beamten«. FDP-Politiker warnen vor den von der EU geplanten Verboten von Slim- und Mentholzigaretten: Sie sehen darin keinen Nutzen für die Gesundheit der Bürger. Die Welt. http://www.welt.de/112007853. Gesehen 03 Dez 2013

Finzen A (2013) Das Dilemma der Diagnostiker. Frankfurter Allgemeine Zeitung 18.12.2013, S N2

Franke A (2008) Modelle von Gesundheit und Krankheit. Huber, Bern, S 158–172

Frerich J, Frey M (1996) Handbuch der Geschichte der Sozialpolitik in Deutschland. Bd. 1 Von der vorindustriellen Zeit bis zum Ende des Dritten Reiches. 2. Aufl. R. Oldenbourg Verlag, München, Wien

Goschler C (2002) Rudolf Virchow: Mediziner – Anthropologe – Politiker. Böhlau, Köln, Weimar, Wien

Gradmann C (2005) Krankheit im Labor. Robert Koch und die medizinische Bakteriologie. Wallstein, Göttingen

Hähner-Rombach S (2000) Sozialgeschichte der Tuberkulose. Vom Kaiserreich bis zum Ende des Zweiten Weltkriegs unter besonderer Berücksichtigung Württembergs. Franz Steiner Verlag, Stuttgart, S 264–288

Hähner-Rombach S (2014) Von der Milchausgabe zum Darmscreening. Angebote und Praktiken werksärztlicher Prävention am Beispiel der BASF. In: Hähner-Rombach S (Hrsg) Geschichte der Prävention: Akteure, Praktiken, Instrumente (im Druck)

Herold-Schmidt H (1997) Ärztliche Interessenvertretung im Kaiserreich 1871–1914. In: Jütte R (Hrsg) Geschichte der deutschen Ärzteschaft. Organisierte Berufs- und Gesundheitspolitik im 19. und 20. Jahrhundert. Deutscher Ärzte-Verlag, Köln S 43–95

Huerkamp C (1980) Ärzte und Professionalisierung in Deutschland. Überlegungen zum Wandel des Arztberufes im 19. Jahrhundert. Geschichte und Gesellschaft 6:349–382

Huerkamp C (1985) Der Aufstieg der Ärzte im 19. Jahrhundert. Vom gelehrten Stand zum professionellen Experten: Das Beispiel Preußens. Vandenhoeck & Ruprecht, Göttingen

Jahresbericht der Ärztlichen Abteilung/Abteilung Arbeitsmedizin und Gesundheitsschutz BASF Aktiengesellschaft, Ludwigshafen für die Jahre 1963, 1973, 1980, 1985, 1986, 1988, 1990, 1992, 1994, 1995, 1996, 1997, 1998, 2000,

2001, 2002. Registratur der Abteilung Arbeitsmedizin und Gesundheitsschutz, Ludwigshafen

Jütte R (1997a) Therapie im Wandel. Krankheit und Gesundheit im interkulturellen Kontext. Neue Rundschau 108(2): 45–46

Jütte R (1997b) Die Entwicklung des ärztlichen Vereinswesens und des organisierten Ärztestandes bis 1871. In: Jütte R (Hrsg) Geschichte der deutschen Ärzteschaft. Organisierte Berufs- und Gesundheitspolitik im 19. und 20. Jahrhundert. Deutscher Ärzte-Verlag, Köln, S 15–42

Kickbusch I (2006) Die Gesundheitsgesellschaft. Megatrends der Gesundheit und deren Konsequenzen für Politik und Gesellschaft. Verlag für Gesundheitsförderung, Hamburg

Knödler U (1991) Von der Reform zum Raubbau. Arbeitsmedizin, Leistungsmedizin, Kontrollmedizin. In: Frei N (Hrsg) Medizin und Gesundheitspolitik in der NS-Zeit. R. Oldenbourg Verlag, München, S 113–136

Kupferschmidt K, Wewetzer H (2012) Steuern wir in eine Gesundheitsdiktatur? Der Tagesspiegel, 29.4.2012. http://www.tagesspiegekl.de/politik/rauchverbot-und-co-steuern-wir-in-eine-gesundheitsdikatur/6568682.html. Gesehen 03 Dez 2013

Labisch A (1989) Homo hygienicus: soziale Konstruktion von Gesundheit. In: Wagner F (Hrsg) Medizin – Momente der Veränderung. Springer, Berlin Heidelberg, S 115–138

Labisch A (1992) Homo Hygienicus. Gesundheit und Medizin in der Neuzeit. Campus, Frankfurt/Main New York

Lachmund J, Stollberg G (Hrsg) (1992) The Social Construction of Illness. Illness and Medical Knowledge in Past and Present. Franz Steiner Verlag, Stuttgart

Loetz F (1993) Vom Kranken zum Patienten. »Medikalisierung« und medizinische Vergesellschaftung am Beispiel Badens 1750–1850. Franz Steiner Verlag, Stuttgart

Lütz M (2013) Auf Gedeih und Gesundheit! Über Risiken und Nebenwirkungen einer neuen Religion. Kursbuch 175, S 26–37

Müller-Lissner A (2013) Eine Krankheit namens Diagnose. Ärzte diskutieren, wo künftig die Grenze zwischen gesund und behandlungsbedürftig verlaufen soll. http://www.zeit.de/wissen/gesundheit/2012-03/krankheit-definition. Gesehen 28 Nov 2013

Protokoll der Betriebsbesprechung der Ärztlichen Abteilung vom 27.11.1946. BASF-Archiv Bestand C.6.3.4./2.

Rothschuh KE (1978) Konzepte der Medizin in Vergangenheit und Gegenwart. Hippokrates, Stuttgart, Kap 8 und 9

Schlich T (1999) Einführung: Die Kontrolle notwendiger Krankheitsursachen als Strategie der Krankheitsbeherrschung im 19. und 20. Jahrhundert. In: Gradmann C, Schlich T (Hrsg) Strategien der Kausalität. Konzepte der Krankheitsverursachung im 19. und 20. Jahrhundert. Centaurus-Verlagsgesellschaft, Pfaffenweiler, S 13–18

Sontag S (1996) Krankheit als Metapher. 7. Aufl. Fischer, Frankfurt/Main

Steger F (2004) Asklepiosmedizin. Medizinischer Alltag in der römischen Kaiserzeit. Franz Steiner Verlag, Stuttgart

Wagner G (1971) (Hrsg) Diabetes und Nierenkrankheiten. Methodik und Ergebnisse einer Voruntersuchung (BASF-Studie I). Schattauer Verlag, Stuttgart, New York

Wagner G (1974) (Hrsg) Sehvermögen – Farbtüchtigkeit – Augeninnendruck. Methodik und Ergebnisse einer Vorsorgeuntersuchung in einem chemischen Großbetrieb (BASF-Studie II). Schattauer Verlag, Stuttgart, New York

Wagner G (1976) (Hrsg) Hypertonie. Methodik und Ergebnisse einer Vorsorgeuntersuchung in einem chemischen Großbetrieb (BASF-Studie III). Schattauer Verlag, Stuttgart, New York

Webendörfer S, Riemann JF (2014) Darmkrebsfrüherkennung im betriebsärztlichen Umfeld. Umstellung vom Gujak-basierten auf einen immunologischen Test auf okkultes Blut im Stuhl. Deutsche Medizinische Wochenschrift (im Druck)

Weber C Wenn Trauern zur Krankheit wird. http://www.sueddeutsche.de/gesundheit/neue-diagnosekriterien-in-der-psychiatrie-wenn-trauer-zur-krankheit-wird-1.1649873. Gesehen 28 Nov 2013

Welt-Aids-Tag. https://www.welt-aids-tag.de/index.php. Gesehen 03 Dez 2013

Wolff E (1998) Einschneidende Maßnahmen. Pockenschutzimpfung und traditionale Gesellschaft im Württemberg des frühen 19. Jahrhunderts. Franz Steiner Verlag, Stuttgart

Wolff E (2010) Alternativmedizin und Gesundheitsgesellschaft – kulturelle Hintergründe einer anhaltenden Popularität. In: Becker R et al. (Hrsg) »Neue« Wege in der Medizin. Alternativmedizin – Fluch oder Segen? Universitätsverlag, Heidelberg, S 177–185

Wolff E (2013) Kulturelle und gesellschaftliche Zwänge des Gesundseins – am Beispiel des neueren Übergewichtsdiskurses. In: Hoefert HW, Klotter C (Hrsg) Gesundheitszwänge. Pabst Science Publishers, Lengerich, S 54–74

Zentralinstitut für die kassenärztliche Versorgung in Deutschland (ZI) Teilnahmeraten zur Beratung über Darmkrebs und zur Früherkennung im regionalen Vergleich. http://www.versorgungsatlas.de/fileadmin/ziva_docs/11/Krebsfr%C3%BCherkennung_Bericht_1.pdf, S. 18. Gesehen 05 Dez 2013

Personaleinsatzplanung und Work-Life-Balance

Ein zukunftsweisender Ansatz zur Belastungsreduktion und Erweiterung des zeitlichen Handlungsspielraums

A. Blume, N. Feyh

B. Badura et al. (Hrsg.) *Fehlzeiten-Report 2014,*
DOI 10.1007/978-3-662-43531-1_23, © Springer-Verlag Berlin Heidelberg 2014

Zusammenfassung *Die Lage, Dauer und Dynamik der täglichen Arbeitszeit hat einen wesentlichen Einfluss auf die Leistungsfähigkeit, das Wohlbefinden und die Gesundheit der Mitarbeiter. Damit ist dieses Thema angesichts zunehmender Deregulierung und Belastungen vor allem im Dienstleistungsbereich eine wachsende Herausforderung für die Gestaltung gesunder und attraktiver Arbeitsbedingungen. Da die Arbeitszeit existenziell die gesamten Lebensbedingungen der Beschäftigten berührt, bietet sie zudem einen geeigneten Anlass, zielorientierte Beteiligungsverfahren und somit auch eine zukunftsweisende salutogene Unternehmenskultur zu entwickeln.*

Ein großer deutscher Versicherer hat in einem 3-jährigen Entwicklungsprozess für die ca. 1.500 Mitarbeiter seines Kundenbetreuungscenters (KBC) ein flexibles Arbeitszeitmodell entwickelt und erprobt. Dabei wurde versucht, die Interessen und Bedarfe des Unternehmens mit den Belastungen und Bedarfen der Mitarbeiter in Einklang zu bringen. In diesem Projekt war die Beteiligung der Betriebsräte, Führungskräfte und Mitarbeiter ebenso zielführend und konstitutiv wie die Evaluation der Maßnahmen mithilfe von drei Mitarbeiterbefragungen.

Der folgende Artikel beschreibt aus Sicht der Berater diesen Prozess, die Maßnahmen und die Evaluationsergebnisse im Sinne eines zukunftsweisenden Gestaltungsprozesses hin zu einer kapazitätsorientierten, aber auch gesundheitsförderlichen Personaleinsatzplanung.

23.1 Einleitung

Die Qualität eines Kundenbetreuungs- bzw. Kundenservicecenters (KBC) ist eine bedeutsame Variable im Customer Relation Management eines Versicherers. Alle Fragen, Wünsche, Beschwerden (außer Schadensmeldungen) landen hier telefonisch, schriftlich oder per Mail. Freundlichkeit, Sachkompetenz, kurze Wartezeiten v. a. im Telefonkanal, aber auch Verkaufsgeschick sind wesentliche Qualitätskriterien für dieses »Kundenschaufenster«. Hinzu kommt, dass in dem hier beschriebenen KBC spartenübergreifend gearbeitet wird, die Mitarbeiter also alle Versicherungsarten (Kraftfahrzeug, Rechtsschutz, Hausrat etc.) möglichst fallabschließend bearbeiten müssen.

Bei dieser anspruchsvollen und belastenden Arbeit (u. a. Rastetter 2008; INQA 2004; Blume 2006) kommt es nicht nur auf gute und aktualisierende Aus- und Weiterbildung an, sondern auch auf ein ergonomisches Umfeld (z. B. Störgeräusche durch die Telefonie anderer, arbeitsunterstützende Software) und eine Arbeits- bzw. Leistungssteuerung, die bei aller Standardisierung der Prozesse und Produkte noch Handlungsspielräume ermöglicht, beispielsweise bei der zeitlichen Reihenfolge oder einem Wechsel von der Telefonie zur Sachbearbeitung. Weiterhin ist es für solche Arbeitssysteme in Versicherungen typisch, dass sowohl ein täglicher als auch ein saisonal unterschiedlicher Arbeitsanfall (z. B. KFZ-Versicherungen im Herbst) zu verzeichnen und zu planen ist.

Aus der Perspektive oberflächlicher Kostenoptimierung wäre entsprechend ein rein kapazitätsorientierter Personaleinsatz anzustreben, wie er zum Teil auch im Einzelhandel vorzufinden ist. Den Mitarbeitern würde demzufolge weder eine feste noch eine persönlich flexibel wählbare tägliche Arbeitszeit angeboten. Sie hätten sich allein an stochastisch ermittelten Mengen vor allem der Telefonie zu orientieren bzw. diesen unterzuordnen (BAuA 2013; Schult 2012), beispielsweise montags und samstags ganztägig, dienstags bis freitags speziell in den Morgenstunden von 8 bis 10 Uhr und in den Feierabendstunden der Kunden, beispielsweise 16 bis 20 Uhr.

23

Zu der belastenden Arbeit (Emotional Work, potenzielle Dauertelefonie und Zeitdruck angesichts langer Warteschlangen etc. (vgl. u. a. Verwaltungs-Berufsgenossenschaft 2007) kommen noch die für die soziale Rhythmik/Work-Life-Balance ungünstigen Arbeitszeiten hinzu (z. B. bis in die späten Abend und am Samstag), die zudem ggf. nicht voraussehbar sind. Die Leistungsfähigkeit bei hochkonzentrierter Arbeit fällt i. d. R. jedoch in den Abendstunden ab (Wirtz 2010; Janßen u. Nachreiner 2006) und steht so mit einer durchgängig gleichen Mengensteuerung im Konflikt.

Leider ist die Evidenzbasis für die sozialen und gesundheitlichen Auswirkungen flexibler Arbeitszeitmodelle noch sehr dünn. Eine gute Basis liegt nur für die – hier nicht so relevanten – Modelle der Schichtarbeit und »überlangen« Arbeitszeiten vor (zusammenfassend: Wirtz 2010).

Doch bieten die wenigen Studien v. a. von Janßen und Nachreiner (2004, 2006) sowie Pröll und Gude (2003) genügend Anlass, folgende Dimensionen für eine gesundheitsbezogene Bewertung von Arbeitszeitmodellen bzw. einer Personaleinsatzplanung als heuristischen Ansatz herauszustellen:

- Beachtung versus Missachtung biologischer und sozialer Rhythmik (Passung)
- Vorhersehbarkeit der Arbeitszeit versus kurzfristige Verplanung
- Wahlmöglichkeiten seitens der Mitarbeiter versus bedarfsgesteuerten direktiven Personaleinsatz
- Kopplung versus Entkopplung von Arbeitszeit und Leistung (Steuerung)

Aus arbeitswissenschaftlicher Sicht geht es also bei der Personaleinsatzplanung in erster Linie um ein Austarieren von betrieblichen Kapazitätsbedarfen und gesundheitsförderlichen Eigenschaften eines Arbeitszeitmodells. Ein partizipativer Ansatz für die Modellentwicklung könnte zudem für das Belastungs- und Interessenbalancing hilfreich sein (s. dazu auch die Fallstudie bei Reuter 2006).

23.1.1 Zum konkreten Fall: Die Ausgangslage

Das hier beschriebene KBC ist über diverse Standorte verteilt, wird aber zentral vom Hauptstandort aus gesteuert (Telefonie, Arbeitskörbe, Personalbedarf etc.). Der Personaleinsatz wurde zu Beginn dieses Projekts im Jahr 2009 über ein Planungssystem der Firma ATOSS mit einem dreimonatigen Vorlauf auf Monatsbasis geplant. Dabei konnten die Mitarbeiter ihre »Wunschdienste« für die Zeiträume eintragen, bei

denen eine Mindestbesetzung vorgesehen war. War dieses Mindestbesetzungskontingent noch nicht erfüllt, konnte der Mitarbeiter diesen Dienst als verbindlich buchen (Wunsch = Dienst). War die Mindestbesetzung nicht durch »Wunschdienste« abgedeckt, wurden Mitarbeiter für diese Zeiträume (Dienste) zwangsverpflichtet. Über einen persönlichen Stundenzähler, der die geleisteten Dienste (◯ Abb. 23.2) über das Jahr saldierte, wurde die »Gefahr«, zwangsverpflichtet zu werden, moderiert: Je mehr Stunden, desto geringer die Wahrscheinlichkeit verplant zu werden.

In den Zeiträumen ohne Mindestbesetzungsvorgaben konnten die Mitarbeiter gemäß einer Gleitzeitvereinbarung ihre tägliche Arbeitszeit im Rahmen eines Monats- und Jahresarbeitszeitkontos frei gestalten. Auch war es gestattet, Dienste zu tauschen oder mit den Führungskräften im Einzelfall Sonderlösungen zu vereinbaren.

Das System hatte zum Ausgangszeitpunkt also schon einige salutogene Eigenschaften:

- Gewisse Wahlmöglichkeiten
- Planungssicherheit (Wunsch = Dienst)
- Den Wahlmöglichkeiten entsprechend die persönlichen Zeiten außerhalb der KBC-Arbeit frei zu gestalten (WLB)
- Bezogen auf die Dimension Kopplung/Entkopplung von Leistung und Arbeitszeit war das Arbeitssystem durch eine zentrale Mengensteuerung auf die Kopplung der Telefonie und Verteilung der Sachbearbeitungsfälle festgelegt

Diese förderlichen Faktoren hatten jedoch die belastenden Dienste bis 20 Uhr und die Samstagsarbeit (mit geringerer Besetzung) zu kompensieren. Dazu kamen noch die hohen Anforderungen an die Mitarbeiter (Spartenvielfalt, soziale Kompetenz am Telefon, Cross-Selling etc.) sowie (Fehl-)Belastungen wie Störungen und Unterbrechungen bei der Sachbearbeitung durch das Telefon, Zeitdruck durch lange Warteschlangen und Rückstände, zum Teil qualifikatorische Überforderungen[1] etc. Ein hoher Krankenstand (Saisonschwankungen im Jahr 2010 zwischen 12,4 und 7,6 Prozent) war die Folge – ein für solche Arbeitssysteme nicht untypisches Oberflächenphänomen.

23.1.2 Wie alles anfing: Das Experiment

Ende 2009 ging der Arbeitgeber (AG) mit dem Plan, ein neues Arbeitszeitmodell für das Kundenbetreu-

---

[1] 2009 wurden u. a. diese Fehlbelastungen im Rahmen anderer Befragungen ermittelt.

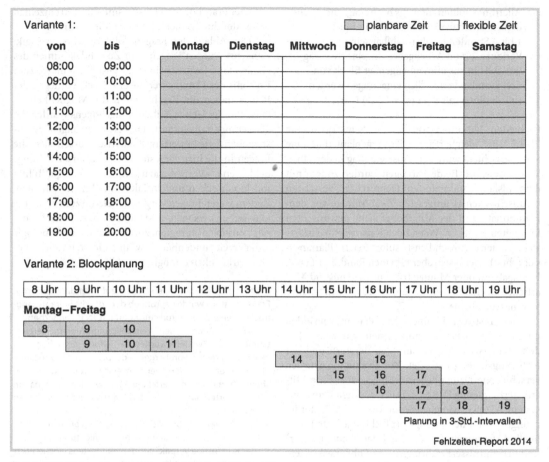

● **Abb. 23.1** Unterschiede zwischen Variante 1 und Variante 2

ungscenter einzuführen, auf den Gesamtbetriebsrat (GBR) zu.

Es wurde eine neue »Blockplanung« vorgeschlagen, d. h. die Mitarbeiter sollten zur besseren Bedarfsdeckung für die Telefonie und die Sachbearbeitung ihre verbindliche Anwesenheit täglich in jeweils drei Stundenblöcke eintragen (Mo bis Fr 8–11 Uhr und 14–20 Uhr). Zudem sollte eine gerechtere Verteilung der unbeliebten Dienste in den Randzeiten (v. a. 18–20 Uhr) erreicht werden.

Der GBR sprach sich gegen eine Änderung der bestehenden Betriebsvereinbarung aus, denn die bestehende Regelung, bei der nur der ganze Montag, die Abendzeiten von 16–20 Uhr sowie der Samstag verplant wurden, gestattete den Mitarbeitern eine sehr flexible Gestaltung ihrer Arbeitszeit: insbesondere mehr »Gleitzeit-Freiheit«, keine Kernarbeitszeit, keine Mindestarbeitszeit pro Tag, Kommen und Gehen nach Belieben. Zudem wurde die 38-Stunden-Woche nur

insofern überwacht, als 75 Plus- und 50 Minusstunden pro Monat nicht über- bzw. unterschritten werden sollen. Auch die Planungssicherheit für die Abende war aus Sicht der Betriebsräte ein hohes Gut.

Dieser Interessenkonflikt führte nach intensiven Verhandlungen über hypothetische Belastungen und Bedarfe zu einem quasi-experimentellen Test von zwei verschiedenen neuen Arbeitszeitmodellen, wobei das alte Modell in einer Kontrollgruppe mitevaluiert werden sollte[2]. Die beiden neuen Testmodelle unterschieden sich sehr stark voneinander (● Abb. 23.1):

– **Variante 1** (vom GBR eingebracht): Die Mitarbeiter sollten sich nur für den Montag (Spitzentelefoniebedarf) von 8 bis 16 Uhr für einen maximal 4-stündigen Block eintragen müssen. Das Zeitintervall 8–16 Uhr kann an den übrigen Wochentagen völlig flexibel gestaltet werden.

2 Test-Betriebsvereinbarung von 03.2010

Allerdings sollten montags bis freitags die Abenddienste zwischen 16 und 20 Uhr in Blöcken von 1 bis 4 Stunden flexibel wählbar sein.

— **Variante 2** (von Arbeitgeber eingebracht): Täglich soll ein zusammenhängender Block von drei Stunden verbindlich eingetragen werden (im Zeitintervall 8–11 oder 14–20 Uhr).

In beiden Varianten wurden die Samstagsdienste (8–14 Uhr) gleichartig als Block geplant. Für eine Samstagsschicht wurde ein Ausgleichstag in derselben Woche gewährt. Beide Varianten wurden zudem mit dem bislang praktizierten technischen Verfahren (Wunsch=Dienst) umgesetzt: Zwei Monate vor dem Planmonat kann der Mitarbeiter seine gewünschten Planzeiten eingeben. Wenn noch Kapazitätsbedarf besteht, ist der »Wunschdienst« sofort fixiert (Planungssicherheit). Wenn sich aber für einen Randdienst (z. B. Freitagabend oder Montag früh) nicht genügend Mitarbeiter freiwillig eintragen, werden Mitarbeiter »zwangsverpflichtet«.

Der Test wurde über drei Planungsperioden durchgeführt, evaluiert und gemeinsam vom GBR, dem Arbeitszeit-Projektteam, den Beratern und der Abteilungsleitung bewertet. Zur Evaluation wurden verschiedene Datenquellen herangezogen: Eine Mitarbeiterbefragung (HR&C), Daten aus dem Planungssystem ATOSS (wie planerische Über- und Unterdeckung, Anzahl der Zwangsverpflichtungen etc.), manuelle Erfassungen (z. B. Anzahl der Nichteintrager) und Erkenntnisse/Erfahrungen von Führungskräften.

Im Folgenden werden zunächst die Ergebnisse der Erstbefragung beschrieben, da sie die wesentliche Grundlage für die Modellentscheidung nach dem Testlauf darstellte (erste Veränderungsphase).

23.2   Evaluation der ersten Testphase

23.2.1 Fragestellungen und Thesen

Vorrangiges Ziel der Erstbefragung war die detaillierte Erhebung möglichst aller Probleme im Planungsverfahren und deren Auswirkungen auf die Belastungssituation der Beschäftigten. Diese Problemanalyse sollte zudem die beiden verschiedenen Varianten vergleichbar und bewertbar machen. Eine grundlegende These der Befragung war, dass die private Lebenssituation der Beschäftigten als zentrale moderierende Variable im Zusammenspiel von getestetem Planungsverfahren, auftretenden Problemen und erlebten Belastungswirkungen fungiert. Am Ende stand ein auf die spezifische Situation im Unternehmen des Auftraggebers ausgerichteter Fragebogen mit insgesamt über 100 einzelnen Items, der durch einen Pretest validiert wurde.

Der Ablauf der Fragen folgt der Prozesslogik: Zunächst wurden Fragen zum Zustandekommen des Dienstplans (Wunscheingabe) gestellt, danach zum Ergebnis des Planungsverfahrens. Nach Vorliegen des Planes haben die Beschäftigten die Möglichkeit zu tauschen. Im letzten Teil des Fragebogens wurden die Teilnehmer aufgefordert, das Verfahren allgemein abschließend zu bewerten. Analytisch lassen sich die Fragen in die hier vorgestellten Faktoren »Wahlmöglichkeiten«, »Vorhersehbarkeit« und »Kompatibilität mit biologischen und sozialen Rhythmen« einteilen. Zudem waren Fragen vorgeschaltet, die zum einen die klassischen personen- und tätigkeitsbezogenen Moderatorvariablen abfragten, zum anderen eine Typologie sozialer Gebundenheit bzw. der hier relevanten Lebenswirklichkeit ermöglichen sollten.

Die Konstruktion der Typen basiert auf zwei differenzierten Fragen: Erstens wurde geprüft, ob der oder die Befragte langfristige persönliche Verpflichtungen hat (z. B. Kinderbetreuung, Pflege Angehöriger, Weiterbildung/Studium, Vereinstätigkeit etc.). Zweitens wurden die Teilnehmer gefragt, mit welcher Frequenz vorübergehende persönliche Umstände die Wahrnehmung von Diensten erschweren (täglich, wöchentlich, monatlich, vierteljährlich). Aus der Kombination von Antworten auf diese beiden Fragen wurden vier Typen konstruiert:

— *Typ I: Langfristig UND häufig kurzfristig gebunden:*
  – Mindestens eine langfristige Verpflichtung
  – Kurzfristige Verpflichtungen mindestens wöchentlich
— *Typ II: Häufig kurzfristig gebunden*
  – Keine langfristige Verpflichtung
  – Kurzfristige Verpflichtungen mindestens wöchentlich
— *Typ III: Langfristig gebunden*
  – Mindestens eine langfristige Verpflichtung
  – Kurzfristige Verpflichtungen höchstens monatlich
— *Typ IV: Ungebunden*
  – Keine langfristige Verpflichtung
  – Kurzfristige Verpflichtungen höchstens monatlich

Thesen:
a. Hoch gebundene Typen sind aufgrund ihrer sozialen Verpflichtungen in besonderem Maße auf (1) passende Auswahlmöglichkeiten an Diensten, (2) Planungssicherheit der Arbeitszeiten sowie im Notfall (3) flexible kurzfristige Tausch- oder Veränderungsmöglichkeiten angewiesen. Je höher die private Gebundenheit, desto höher sind somit die Ansprüche an das Planungsverfahren.
b. Hohe private Gebundenheit führt zu mehr Problemen im Planungsverfahren und in der Folge zu höheren Belastungen.
c. Mehr Probleme und höhere Belastungen der hoch gebundenen Typen führen zu einer kritischeren Einschätzung der getesteten Modelle im Vergleich zu weniger gebundenen Beschäftigten.

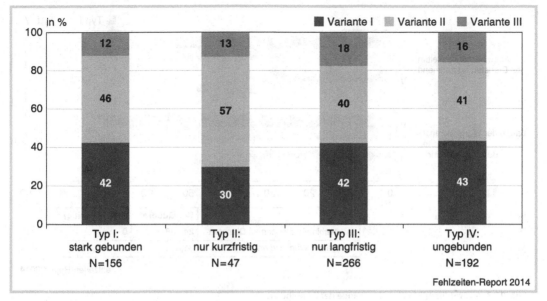

Abb. 23.2 Verteilung von Varianten nach Typen

23.2.2 Ergebnisse

Beteiligung und personenbezogene Merkmale

An der Online-Erstbefragung haben sich insgesamt 692 Personen aus neun Organisationseinheiten beteiligt. Bei insgesamt 940 Beschäftigten lag die Rücklaufquote demnach bei rund 74 Prozent (abzüglich nicht zu wertender Fragebögen: N = 661 Personen) – ein zufriedenstellender Wert, der deutlich zeigt, dass das Thema für die breite Mehrheit der Mitarbeiter relevant ist.

Die so gewonnene Stichprobe wurde anschließend mit den Personaldaten des Versicherers verglichen. Die Alters-, Arbeitszeiten- und Geschlechterstrukturen weichen um maximal wenige Prozentpunkte voneinander ab. Systematische Verzerrungen durch Selektionseffekte waren somit nicht zu erwarten.

Verteilung der Typen und Varianten

Die anhand der oben angeführten Methode gebildeten Typen finden sich alle in der Stichprobe wieder. ◘ Abb. 23.2 zeigt die Verteilung der Typen in den getesteten Varianten. Die Typen verteilen sich recht gleichmäßig auf die Varianten, wenngleich Variante 3 – die im Sinne des Tests lediglich als Vergleichskategorie gilt – unterdurchschnittlich viele hoch gebundene Mitarbeiter vom Typ I aufweist (18 Prozent). Da sich der vorliegende Bericht hauptsächlich auf den Vergleich von Variante 1 und 2 konzentriert, fällt dies hier nicht weiter ins Gewicht.

Die Detailauswertungen zeigen, dass die Arten der langfristigen Bindungen sehr vielfältig sind. Beispielsweise sind 42 Prozent des hoch gebundenen Typ I mit Kindererziehung betraut (davon 7 Prozent alleinerziehend), 26 Prozent kümmern sich um die Pflege Angehöriger, 8 Prozent sind mit einem Studium oder einer Weiterbildung beschäftigt, 31 Prozent gehen einer regelmäßigen Vereinstätigkeit nach. 29 Prozent geben eine sonstige, nicht näher spezifizierte langfristige Bindung an. Die Ergebnisse verdeutlichen, mit welch unterschiedlichen Passungsproblemen gerechnet werden muss und wie diese bewertet und gewichtet werden sollen.

Möglichkeiten und Unwägbarkeiten bei der Dienstauswahl

Nahezu alle Mitarbeiter der Stichprobe nutzten im Testzeitraum die Möglichkeit, ihre Wunscharbeitszeiten anzugeben. Die Auswahlmöglichkeiten an Diensten und Arbeitsmustern werden von vielen Beschäftigten kritisch gesehen. Durchschnittlich halten sie nur 48 Prozent für ausreichend, 42 Prozent halten weitere Auswahlmöglichkeiten für dringend erforderlich. Beide Kennzahlen werden sowohl vom Gebundenheitstypus als auch durch die getestete Variante deutlich beeinflusst (◘ Abb. 23.3). Variante 1, die deutlich flexiblere Auswahlmöglichkeiten bietet, schneidet insgesamt besser ab als Variante 2. Typen mit hoher Bindung (Typ I) haben signifikant mehr Probleme als Typen mit niedriger Bindung (Typ IV). Gleiches gilt

23

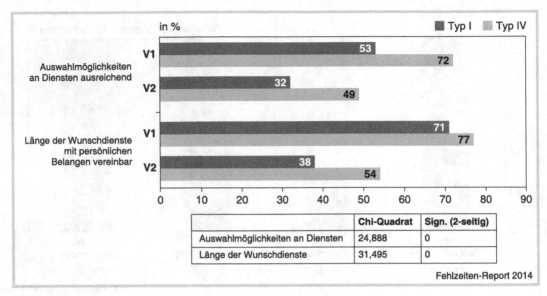

◻ **Abb. 23.3** Auswahlmöglichkeiten und Länge der Wunschdienste

für die Länge der angebotenen Wunschdienste. Hier bestätigt sich die Vermutung, dass hoch gebundene Typen höhere Anforderungen an das Planungsverfahren stellen als ungebundene Typen (Hypothese a).

Nach Beginn des Wunschabgabezeitraums sind die gewünschten Dienste schnell »vergriffen«. 30 Prozent der Testteilnehmer von Variante 1 geben an, nach einigen Tagen seien noch genügend Dienste verfügbar, bei Variante 2 sind es nur 12 Prozent. Dies liegt auch am kollektiven Verhalten der Mitarbeiter. Im Vorfeld der Studie konnten vier typische Muster identifiziert werden: (a) Bunkern: Horten von Diensten (62 Prozent), (b) Blocken: Dienste für Kollegen reservieren (50 Prozent), (c) Windhund: Starke Nachfrage nur für bestimmte Dienste (83 Prozent) und (d) Pokern: Bewusst keine Dienste eintragen (34 Prozent). Unterschiede zwischen den getesteten Varianten 1 und 2 sind zwar vorhanden, aber statistisch nicht signifikant. Auch die Gebundenheitstypen zeigen hier keine nennenswerten Differenzen.

Zusammenspiel von Dienstplan und sozialen Verpflichtungen

Insgesamt 21 Prozent der Befragten geben an, dass der Dienstplan im Testzeitraum mindestens sechsmal mit persönlichen Verpflichtungen kollidierte. Dies betrifft vor allem stark gebundene Typen (Typ I: 38 Prozent vs. Typ IV: 9 Prozent) und kommt bei Variante 2 (30 Prozent) häufiger vor als bei Variante 1 (12 Prozent). In der Vergleichsgruppe mit dem alten System (Variante 3) lag der Wert bei 18 Prozent. Starke private Verpflich-

tungen gehen demnach klar mit häufigeren Problemen im Planungsverfahren einher, womit sich – wenig überraschend – Hypothese b bestätigt.

Nach Zustandekommen des Dienstplans bleibt für 41 Prozent von Typ I noch genügend Zeit, um privaten Verpflichtungen nachzukommen, bei Typ IV sind es 71 Prozent. Der Durchschnitt liegt bei 60 Prozent. Zwischen den Varianten zeigen sich ebenfalls Unterschiede, wenngleich nicht so drastisch wie im Typenvergleich. Auch hier schneidet Variante 1 besser ab (68 Prozent) als Variante 2 (51 Prozent), was angesichts der flexibleren Wahlmöglichkeiten bei Variante 1 wenig überrascht. Fragt man statt nach privaten Verpflichtungen nach »genügend Raum für persönliche Freizeitgestaltung«, bleiben die Werte und Relationen nahezu identisch. Typ I ist wieder stärker betroffen (38 Prozent) als Typ IV (70 Prozent) und Variante 1 schneidet mit 67 Prozent besser ab als Variante 2 (48 Prozent).

Wenn der Dienstplan mit einem persönlichen Vorhaben kollidiert, ist auch der daraus resultierende Organisationsaufwand ungleich zwischen den Gruppen verteilt: 85 Prozent von Typ I, aber nur 42 Prozent von Typ IV berichten von (sehr) hohem Organisationsaufwand. Somit sind die Belastungen von hoch gebundenen Beschäftigten deutlich größer als die der Vergleichsgruppe, womit auch der zweite Aspekt von Hypothese b bestätigt werden kann. Teilnehmer der Variante 1 schätzen den Organisationsaufwand zu 56 Prozent, bei Variante 2 zu 73 Prozent als (sehr) hoch ein. Die Differenzen sind auch darauf zurückzuführen,

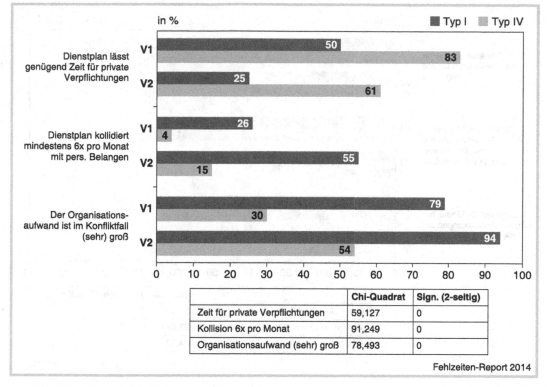

in %   ■ Typ I   ■ Typ IV

◘ Abb. 23.4 Dienstplan und soziale Verpflichtungen

dass der Organisationsaufwand pro Kollision mit der Anzahl der Kollisionen immer weiter steigt. Je öfter also für Ersatz gesorgt oder Termine verlegt werden müssen, desto schwieriger und belastender wird es.

Da die Ergebnisqualität des Planungsverfahrens stark sowohl vom Gebundenheitstypus als auch von der getesteten Variante abhängt, ergänzen sich beide Effekte zu besonderen Problemschwerpunkten in der Typus-Variante-Kombination Typ I (hoch gebunden) und Variante 2 (Arbeitgebermodell). ◘ Abb. 23.4 verdeutlicht den Kontrast anhand der möglichen Kombinationen aus Variante 1 bzw. 2 und Typus I bzw. IV.

Die verstärkende Wirkung von privater Gebundenheit und getesteter Variante zusammen ist sehr deutlich. Die schwierigeren Bedingungen von Variante 2 führen bei hoch gebundenen Typen viel häufiger zu Problemen als bei ungebundenen Typen. Diese Unterschiede gelten zwar ebenfalls für Variante 1, jedoch auf völlig anderem Niveau. So lässt der Dienstplan für 50 Prozent der Beschäftigten vom hoch gebundenen Typus I unter den Bedingungen von Variante 1 genügend Zeit für private Verpflichtungen. Variante 2 führt dann dazu, dass sich dieser Wert noch einmal halbiert (25 Prozent), während 83 Prozent (Variante 1) bzw.

61 Prozent (Variante 2) vom Typ IV keine Probleme sehen. Das gleiche Muster zeigt sich bei der Kollisionshäufigkeit des Dienstplans mit persönlichen Belangen und dem damit verbundenen Organisationsaufwand.

Gesamtbewertung der getesteten Modelle

Abschließend sollten die Befragten angeben, ob sich die Situation während des Testzeitraums eher verbessert hatte und inwiefern das jeweils getestete Arbeitszeitmodell positive bzw. negative Auswirkungen auf die Vereinbarkeit von Beruf und Privatleben und die Arbeitsatmosphäre hatte. Immerhin 36 Prozent der Befragten geben an, die Situation habe sich insgesamt verbessert. Dies gilt vor allem für Personen, die Variante 1 testeten (51 Prozent), wohingegen nur 22 Prozent der Variante-2-Tester sich positiv äußerten. Ein ähnliches Muster zeigt sich bei den positiven Wirkungen auf die Vereinbarkeit von Beruf und Privatleben und die Arbeitsatmosphäre. Die Typen I und IV unterscheiden sich auch hier wieder, wobei der stark gebundene Typ I weniger von den neuen Arbeitszeitmodellen profitiert als der eher ungebundene Typ IV. Dies lässt sich nachvollziehen, wenn man die Typenvariable

23

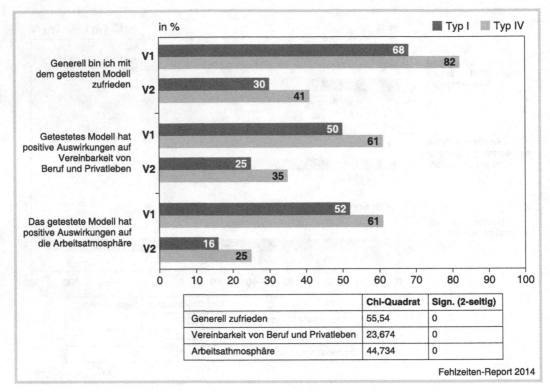

Chi-Quadrat Sign. (2-seitig) table:

	Chi-Quadrat	Sign. (2-seitig)
Generell zufrieden	55,54	0
Vereinbarkeit von Beruf und Privatleben	23,674	0
Arbeitsathmosphäre	44,734	0

Fehlzeiten-Report 2014

Abb. 23.5 Gesamtbewertungen

mit der Gruppenvariable kombiniert. ◘ Abb. 23.5 zeigt die Ergebnisse für vier Gruppen getrennt.

Die in ◘ Abb. 23.5 dargestellten Fragen beziehen sich explizit auf die getesteten Varianten 1 oder 2. Es ist leicht ersichtlich, dass die Beschäftigten – unabhängig von Gebundenheitstypus – eine klare Präferenz für Variante 1 zum Ausdruck bringen. Es zeigt sich aber auch, dass hoch gebundene Typen unabhängig von der Modellvariante das System kritischer bewerten als ungebundene. Positive Auswirkungen auf die Vereinbarkeit von Berufs- und Privatleben werden von ungebundenen Beschäftigten hingegen häufiger berichtet als von hoch gebundenen. Somit steht fest, dass die Bewertung des getesteten Modells unabhängig von dessen Eigenschaften durch das Ausmaß privater Gebundenheit verstärkt bzw. abgeschwächt wird (Hypothese c).

Resümee der Ergebnisse der Erstbefragung

Ein Ziel der Erstbefragung war es herauszufinden, auf welche Probleme die Beschäftigten bei der Planung ihrer Dienste stoßen und wie sie sich auf die verschiedenen Arbeitszeitmodelle verteilen. Dabei sollten ei-

nerseits Probleme aufgedeckt werden, die alle Mitarbeiter betreffen, andererseits durch die Typenbildung und weitere Variablen (wie etwa Alter, Geschlecht, Anfahrtsweg, Transportmittel, ...) sichergestellt werden, dass Mitarbeiter, deren Arbeitszeitplanung ohnehin erschwert ist, nicht vernachlässigt werden. Nicht zuletzt sollte durch das quasi-experimentelle Design der Studie (zwei Testgruppen und Kontrollgruppe) gezeigt werden, welche der beiden Varianten – das vom Arbeitgeber entwickelte Modell oder der Vorschlag des Betriebsrates – von den Beschäftigten präferiert wird.

Die Ergebnisse zeigen deutlich, dass die Mitarbeiter Variante 1 präferieren. Auch das Ursprungsmodell – Variante 3 – schnitt aus Sicht der Mitarbeiter in vielen Punkten besser ab als Variante 2. Sie machen ferner deutlich, dass viele Probleme erst dann zum Vorschein kommen, wenn die individuelle Lebenssituation der Mitarbeiter in die Analyse mit einbezogen wird.

Die im Rahmen der Hypothesen vermuteten Aus- und Wechselwirkungen der privaten Gebundenheit mit dem Dienstplanverfahren haben sich klar bestätigt. Die Ansprüche hoch gebundener Typen an das Planungsverfahren sind deutlich höher als die von unge-

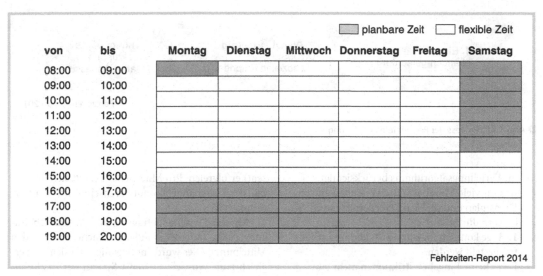

○ **Abb. 23.6** Beplanbare Zeiträume im Wunsch = Wunsch-System

bundenen Typen. Ferner kommt es für hoch gebundene Typen wesentlich häufiger zu Problemen im Planungsverfahren und entsprechend starken (Fehl-) Belastungen. Schließlich wird die Bewertung der getesteten Modellvariante durch das Ausmaß der privaten Gebundenheit mit beeinflusst. Die gewonnenen Erkenntnisse wurden im Anschluss von den Betriebsparteien genutzt, um die Arbeitszeitmodelle neu zu justieren.

23.3 Darstellung der zweiten Veränderungsphase

Aufgrund der Evaluationsergebnisse und einer parallel entwickelten und ebenfalls evaluierten neuen Arbeitssteuerung, die eine einfachere Kapazitätsplanung ermöglichte (nur noch die Telefonie wird über eine Bearbeitungsanzeige für die Mitarbeiter flexibel gesteuert)[3], wurde das Modell einer »schlanken« Randzeitenbewirtschaftung in Anlehnung an die Variante 1 umgesetzt.

Ende 2011 beantragte der Arbeitgeber, von der Eintragungslogik Wunsch = Dienst zur Logik Wunsch = Wunsch wechseln zu wollen. Der Arbeitgeber argumentierte mit der fehlenden Akzeptanz in der Belegschaft zum Wunsch = Dienst-Altsystem aufgrund von Ungerechtigkeiten und mit der Tatsache, dass die zugehörige Technik aus der Wartung des

Anbieters lief und entsprechend hohe Kosten für eine Beibehaltung des Eingabe- und Planungssystems zu erwarten waren. Der GBR sah dies jedoch als massiven Eingriff in die »Planungssicherheit« (Wunsch = Dienst: verfügbare Dienste werden unmittelbar bestätigt) der Mitarbeiter und stand zudem einem »gerechteren«, aber intransparenten Verteilungsalgorithmus sehr skeptisch gegenüber.

Auch dieser Interessenkonflikt mündete in einer Test-Vereinbarung[4], in der sich der Arbeitgeber verpflichtete, die Umstellung auf Wunsch = Wunsch nach dem Test einem Mitarbeitervotum anheimzustellen. Zudem wurden weitere Veränderungen in den Test einbezogen, die die Qualität der Personaleinsatzplanung aus Sicht der Mitarbeiter erhöhen sollten:

▬ Montags wird nur noch von 8 bis 9 Uhr (statt 8 bis 16 Uhr) und 16 bis 20 Uhr geplant, der Flex-Zeitraum wird also nochmals erweitert, was für mehr Wahlmöglichkeiten und Flexibilität bei der persönlichen Arbeitszeitgestaltung sorgt (○ Abb. 23.6).

▬ Es wird eine technisch gestützte Tauschbörse eingerichtet, die insbesondere für kurzfristige Änderungsbedarfe Vorteile bringen könnte und somit eine Erweiterung der Wahlmöglichkeiten nach Vorliegen des Dienstplans bedeutet.

▬ Für die eventuell erforderlichen Zwangsverplanungen über die Stundensaldo-Zahl hinaus werden gesundheitliche und/oder private »Verfügbarkeitsinformationen« hinterlegt und

---

3 Der Entwicklungs- und Abstimmungsprozess ist jedoch noch nicht abgeschlossen.

4 Betriebsvereinbarung vom April 2012.

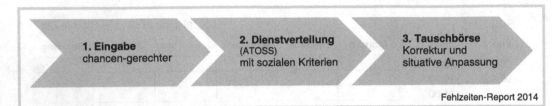

23

Fehlzeiten-Report 2014

☐ **Abb. 23.7** Prozess der Personaleinsatzplanung

im Verteilungsalgorithmus berücksichtigt, was für viele Mitarbeiter die Vereinbarkeit von Dienstplan und sozialen Erfordernissen verbessern dürfte.

- 12 Tage konnten im Jahr als »Jokertage« arbeitsfrei gestellt werden.
- Da es keine Eingaberestriktionen mehr gibt – wenn der gewünschte Dienst »besetzt« ist –, können eher die authentisch gewünschten Dienste eingetragen werden.

Darüber hinaus versprach das Wunsch = Wunsch-Verfahren die in der ersten Evaluation nachgewiesenen strukturellen Ungerechtigkeiten stark abzumildern, indem es das persönlich optimierende Eingabeverhalten (Windhund, Bunkern, etc.) sinnlos machte und so an zwei Stellen im Prozess (1. u. 2., ☐ Abb. 23.7) Vorteile versprach.

Zur Flankierung des einjährigen Tests wurden Planungs-Jour-Fixes unter Beteiligung des GBR zum Tuning der Verteilungsparameter im ATOSS-System und eine Zwischenbefragung als »Notbremse« oder »Verbesserungsimpuls« vereinbart. Eine Abschlussbefragung und Auswertung von Systeminformationen zum Wuscherfüllungsgrad, der Nutzung der Tauschbörse und Verfügbarkeitsentwicklung sollte schließlich die Entscheidung für das neue PEP-System erleichtern.

23.3.1 Zwischenbefragung und Abschlussbefragung: Fragestellungen und Thesen

Die Zwischen- und die Abschlussbefragung liegen mit einem Abstand von ca. drei Monaten zeitlich recht nahe beieinander. Die Zwischenbefragung diente in erster Linie dazu, ein Feedback zur Nutzung und Akzeptanz der Tauschbörse einzuholen. Letztere wird von den Beschäftigten intensiv genutzt: Seit Einführung im Mai 2012 bis Februar 2014 wurden 19.649 Tausche in das System eingestellt, davon waren 14.232 (72 Pro-

zent) erfolgreich. Pro Mitarbeiter beläuft sich die Anzahl der Tauschangebote auf durchschnittlich 111 Vorgänge.

Mit der Zwischenbefragung und Abschlussbefragung rückt zudem die »Planungssicherheit« in den Mittelpunkt. Dies wurde notwendig, weil sich im Vergleich zum Wunsch = Dienst-System der Erstbefragung die Vorlaufzeit der Dienstzuteilung um einen halben Monat verkürzt hat und eine Wunschabgabe nicht automatisch eine Zusage bedeutet, auch wenn der Dienst noch verfügbar ist.

In der Abschlussbefragung sind vergleichsweise bessere Ergebnisse zu erwarten, weil das schließlich umgesetzte Modell weitgehend der in der Erstbefragung getesteten Variante 1 mit einigen zusätzlichen Verbesserungen entspricht. Die Abschlussbefragung wiederholt zum Vergleich zahlreiche Messungen in Bezug auf Arbeitszeit- bzw. Dienstmuster, die Kompatibilität des Dienstplans mit sozialen Rhythmen sowie die nun verbesserten Tauschmöglichkeiten. Wie in der Erstbefragung wurden auch in der Abschlussbefragung die vier Gebundenheitstypen konstruiert, die bei der Auswertung separat betrachtet wurden. Um die Vergleichbarkeit beider Befragungen statistisch zu kontrollieren, wurden Chi-Quadrat-Tests durchgeführt.

23.3.2 Vergleichbarkeit der Befragungen

Von 417 angeschriebenen Teilnehmern aus ausgewählten Standorten[5] haben sich 254 (61 Prozent) an der Befragung beteiligt. Eine Überprüfung der erhobenen Strukturdaten (z. B. Alter, Geschlecht, ...) ergab, dass sich die Stichproben von Erstbefragung und Abschlussbefragung nicht signifikant unterscheiden. Ein Vergleich mit den Personaldaten aus 2013 ergab zudem, dass die Stichprobe in allen Dimensionen recht

5 Es wurden in diesem Test weniger Standorte als bei der Erstbefragung mit einbezogen.

▢ Tab. 23.1 Stichprobenvergleich

	Alter				Geschlecht		Arbeitszeit
	20–29	30–39	40–49	über 50	m	w	VZ
EB 2010	18%	30%	35%	17%	26%	74%	66%
AB 2013	17%	27%	38%	18%	26%	74%	65%
Real 2013	16%	26%	39%	18%	28%	72%	71%
	Chi-Quadrat	Signifikanz (2-seitig)					
Alter (EB vs. AB)	2,566	0,633					
Geschlecht (EB vs. AB)	0,063	0,802					
Arbeitszeit (EB vs. AB)	0,024	0,876					
VZ = Vollzeit; EB = Erstbefragung; AB = Abschlussbefragung							

Fehlzeiten-Report 2014

genau der realen Personalstruktur im Unternehmen entspricht (▢ Tab. 23.1).

Gerechtere Verteilung von Früh- und Spätdiensten

Ein wichtiger Unterschied zwischen dem Wunsch = Dienst-System der Erstbefragung und dem Wunsch = Wunsch-System der Abschlussbefragung liegt in der Verplanung von Früh- und Spätdiensten: Während im Wunsch = Dienst-Verfahren zahlreiche Strategien (z. B. »Blocken«, »Windhund«, …) möglich waren, welche die »Gerechtigkeit« bei der Dienstvergabe beeinträchtigten und darüber hinaus die Wunschabgabe insgesamt verfälschten (z. B. kann das »Bunkern« von Diensten kaum als authentisches, d. h. an den persönlichen Bedürfnissen orientiertes Verhaltensmuster angesehen werden), bietet das Wunsch = Wunsch-Verfahren keine derartigen Möglichkeiten. Zudem soll ein an sozialen Kriterien orientierter Verteilungsalgorithmus dafür sorgen, dass die systemseitige Verplanung von Diensten als gerecht empfunden wird.

Die Befragungsergebnisse legen den Schluss nahe, dass dies gelungen ist. Das Wunsch = Dienst-Verfahren führt nach Angabe von 43 Prozent der Befragten zu einer gerechten Verteilung der Frühdienste, bei den Spätdiensten sind es nur 34 Prozent. Bei der Beurteilung des Wunsch=Wunsch-Verfahrens geben hingegen 73 Prozent an, die Verteilung von Früh- und Spätdiensten sei gerecht. Der Typenvergleich zeigt hierzu weder in der Erst- noch in der Abschlussbefragung signifikante Unterschiede. Da in der Abschlussbefragung beide Sachverhalte (Früh- und Spätdienste) mit nur einer Frage abgefragt wurden, sind die Daten mit den Ergebnissen der Erstbefragung leider nicht zu hundert Prozent vergleichbar.

Planungssicherheit und Zwangsverplanungen

74 Prozent aller Befragten geben an, das Dienstplanverfahren führe zu ausreichender Planungssicherheit. Befragte, welche letztere kritisch bewerten, berichten mehrheitlich von starken oder sehr starken Belastungen durch den Mangel an Planungssicherheit. Die verschiedenen Gebundenheitstypen bewerten die Planungssicherheit zwar leicht unterschiedlich, die Werte erreichen aber keine statistische Signifikanz und werden daher nicht gesondert dargestellt. Anders sieht es bei systemseitigen Umplanungen aus, also den »Zwangsdiensten«. Sie kommen für die Mehrheit der Befragten ein- bis dreimal pro Monat vor, gänzlich davon verschont blieben nur 30 Prozent. Diese Umplanungen verursachen, je nach Gebundenheitstypus, in signifikant unterschiedlichem Umfang Folgeprobleme: Während 62 Prozent von Typ I »häufig« bzw. »immer« von Folgeproblemen bei solchen Umplanungen berichtet, trifft dies bei Typ IV nur auf 31 Prozent der Fälle zu.

Im Vergleich zum Altsystem, in dem der gesamte Montag mit Diensten fest verplant werden musste, ist die Anzahl der Zwangsverpflichtungen nach Angaben des Unternehmens von durchschnittlich 1.900 pro Monat (Sep–Nov 2011) auf rund 900 (Sep–Nov 2013) zurückgegangen. Das Verhältnis von Pflicht- zu Wunschdiensten ist allerdings nahezu gleich geblieben und liegt bei 13 Prozent bzw. 15 Prozent. Dies muss als Erfolg in Richtung erhöhter Planungssicherheit verbucht werden.

Ergebnis des Dienstplanverfahrens, Dienstetausch und Flexibilität

Zwischen der Erstbefragung und der Zwischenbefragung wurde ein maschinelles Tauschsystem eingeführt, das 90 Prozent der Befragten der Zwischenbefragung

23

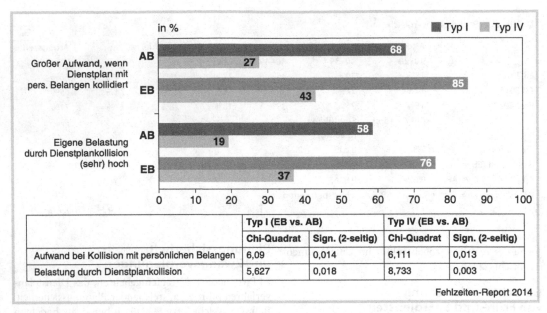

	Typ I (EB vs. AB)		Typ IV (EB vs. AB)	
	Chi-Quadrat	**Sign. (2-seitig)**	**Chi-Quadrat**	**Sign. (2-seitig)**
Aufwand bei Kollision mit persönlichen Belangen	6,09	0,014	6,111	0,013
Belastung durch Dienstplankollision	5,627	0,018	8,733	0,003

Fehlzeiten-Report 2014

☐ **Abb. 23.8** Belastung durch Dienstplankollision

auch als notwendig empfanden. Allerdings funktioniert der maschinelle Tausch nur für 53 Prozent reibungslos, lediglich 45 Prozent halten den Aufwand für akzeptabel und für 62 Prozent ist die Tauschbörse zu schwer zu bedienen. Große Unterschiede zwischen den Organisationseinheiten verweisen einerseits auf die deutlich unterschiedlichen Standortgrößen mit entsprechend größerem oder kleinerem Tauschpotenzial und andererseits auf einen unterschiedlichen Schulungsstand.

Nach den Ergebnissen der Zwischenbefragung wurde eine E-Mail-Funktion zur Unterstützung des Tausches eingeführt, die 74 Prozent der Befragten in der Abschlussbefragung als hilfreich oder sehr hilfreich einstuften. Das maschinelle Tauschsystem erfüllt die wichtige Funktion, Kollisionen des Dienstplans mit persönlichen Verpflichtungen abzufedern. Im Gegensatz zur Situation in der Erstbefragung, wo ein solches System nicht existierte, sind Diensttausche sehr viel einfacher und auch häufiger geworden; das maschinelle System stößt insgesamt auf eine sehr große Resonanz (▶ Abschn. 23.3.1).

Durch intensive Nutzung der Tauschbörse sollten sich Aufwand und Belastung bei einer Kollision von Dienstplan und persönlichen Verpflichtungen im Vergleich zur Erstbefragung verringern. ☐ Abb. 23.8 zeigt, inwieweit sich Aufwand und Belastung bei einer Kollision von Dienstplan und persönlichen Verpflichtungen im Vergleich von Erstbefragung (EB) und Abschlussbefragung (AB) verringert haben.

Die Ergebnisse zeigen, dass sich Aufwand und Belastungen insgesamt und für die Typen I und IV verringert haben. Die Unterschiede sind für beide Typen auf dem 95-Prozent-Niveau signifikant. Die Gebundenheitstypen unterscheiden sich jedoch weiterhin stark: Sowohl in der Erstbefragung als auch in der Abschlussbefragung berichten hoch gebundene Typen wesentlich häufiger von hohem Aufwand und hohen Belastungen bei einem Konflikt zwischen Dienstplan und persönlichen Belangen als ungebundene Mitarbeiter.

Inwiefern das Dienstplanverfahren inklusive technisch gestützter Tauschbörse genügend Flexibilität ermöglicht, um auf kurzfristig auftretende Probleme reagieren zu können, wird je nach Gebundenheitstyp zwar unterschiedlich, aber überwiegend positiv bewertet (☐ Abb. 23.9). Während hoch gebundene Beschäftigte vom Typ I zu 60 Prozent angeben, das Verfahren sei flexibel, sind es vom Typ IV sogar 81 Prozent der Befragten. Die Unterschiede sind auf dem 95-Prozent-Niveau signifikant.

Dienstplan und soziale Verpflichtungen: Stark gebundene Mitarbeiter profitieren vom neuen Modell

Insgesamt ist der Dienstplan für 85 Prozent der Befragten »häufig« oder »immer« mit persönlichen Verpflichtungen vereinbar. Wenig überraschend geben Befragte vom hoch gebundenen Typ I seltener (66 Prozent) an, dass der Dienstplan mit ihren kurz- oder

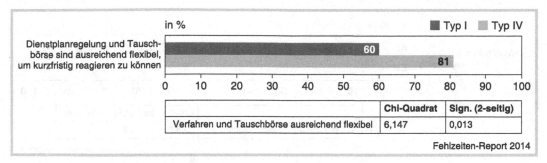

Abb. 23.9 Flexibilität der Dienstplanregelung

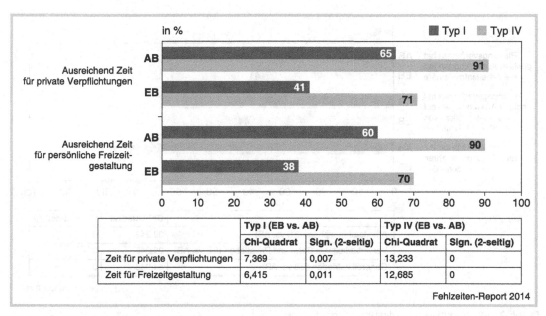

Abb. 23.10 Dienstplan, private Verpflichtungen und Freizeit

langfristigen persönlichen Verpflichtungen vereinbar sei als ungebundene Beschäftigte vom Typ IV. Bei der Erstbefragung schwankte dieser Wert je nach Variante und Typus noch zwischen 30 Prozent und 82 Prozent.

Nach Vorliegen des Dienstplans bleibt für die meisten Befragten noch genügend Zeit sowohl für die persönliche Freizeitgestaltung (80 Prozent) als auch private Verpflichtungen (82 Prozent). Im Vergleich zur Erstbefragung sind diese Werte deutlich besser geworden. Im Typenvergleich (☐ Abb. 23.10) fällt auf, dass sich die Lage zwar für alle Typen verbessert hat, die Unterschiede jedoch bestehen bleiben. Der besonders belastete Typ I verbleibt auf einem niedrigerem Niveau: 60 Prozent haben genügend Raum für die persönliche Freizeitgestaltung, 65 Prozent für private Verpflichtungen. Der ungebundene Typ IV schneidet mit

90 Prozent bzw. 91 Prozent deutlich besser ab. Die Unterschiede zwischen Erst- und Zweitbefragung sind auf dem 95-Prozent-Niveau signifikant.

Multiple Verbesserungen in Schlüsseldimensionen und generell gesteigerte Zufriedenheit

Die Ergebnisse der Abschlussbefragung legen nahe, dass das schließlich realisierte Maßnahmen-Paket um das Wunsch = Wunsch-Verfahren positive Wirkungen in allen relevanten Dimensionen zeigt. Bezüglich der Auswahlmöglichkeiten an Dienstmustern bzw. der zu verplanenden Arbeitszeiten wurde die im Sinne der Beschäftigten günstigere Variante 1 umgesetzt. Die an sozialen Kriterien orientierte Wunsch = Wunsch-Systematik der Dienstzuteilung führte zu einer aus Sicht

23

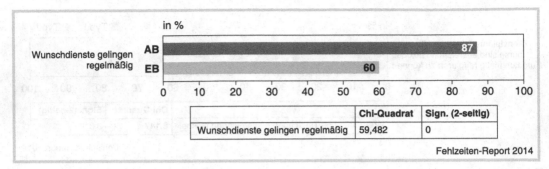

◘ **Abb. 23.11** Wunscherfüllung

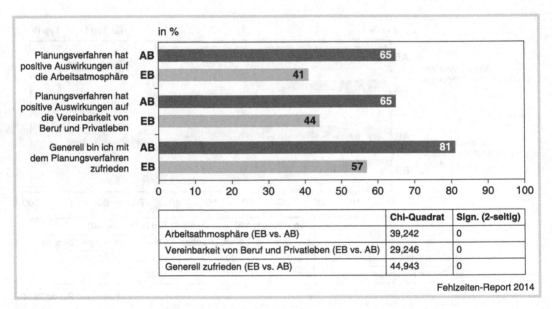

◘ **Abb. 23.12** Gesamtbewertung des Dienstplanverfahrens

der Mitarbeiter gerechteren Verteilung von Früh- und Spätdiensten. Die Verkürzung der Dienstfixierung um zwei Wochen führte entgegen anderslautenden Befürchtungen nicht zu einer wesentlichen Einschränkung der Planungssicherheit. Ferner kann davon ausgegangen werden, dass sich die Dienstwünsche durch den Wegfall von auf der Makroebene schädlichen Strategien wie »Bunkern« oder »Blocken« von Diensten häufiger erfüllen und darüber hinaus viel eher dem »authentischen« Bedarf der Beschäftigten entsprechen. Die Zuteilung der Dienste durch den Wunsch = Wunsch-Algorithmus führt also nicht zu einer Verringerung der Wunscherfüllungsquote, sondern lässt sie im Gegenteil signifikant ansteigen (◘ Abb. 23.11).

In Verbindung mit den deutlich flexibleren und schnelleren Reaktionsmöglichkeiten durch die tech-

nisch gestützte Tauschbörse ergeben sich für die Beschäftigten zudem neue Handlungsspielräume, wenn der Dienstplan sich kurzfristig nicht mit den privaten Belangen und Verpflichtungen vereinbaren lässt.

In der Summe sollten sich die multiplen Verbesserungen auf den genannten Ebenen auch in der pauschalen Gesamtbewertung des Systems niederschlagen. Hier wurden in der Erst- und Abschlussbefragung jeweils drei Bewertungen vorgenommen, die sich mit den Wirkungen des Systems auf die Arbeitsatmosphäre, die Vereinbarkeit von Beruf und Privatleben und die generelle Zufriedenheit mit dem System beschäftigen. ◘ Abb. 23.12 zeigt die Ergebnisse des Vergleichs zwischen Erst- und Abschlussbefragung. Die Ergebnisse zeigen in allen drei Teilbereichen deutliche, statistisch signifikante Verbesserungen.

23.4 Fazit

Der nahezu dreijährige Gestaltungsprozess einer neuen Personaleinsatzplanung weist zuallererst auf das ernsthafte Bemühen des Unternehmens (Arbeitgeber und Betriebsrat) hin, ein von den Mitarbeitern weitestgehend akzeptiertes und als gerecht empfundenes Arbeitszeitmodell zur Verfügung zu stellen. Dieses partizipative Vorgehen ist sicherlich nicht nur funktional zielführend gewesen, sondern stellt zudem auch einen nicht zu unterschätzenden salutogen wirkenden kulturellen Wert dar (vgl. dazu Badura u. Greiner 2013 und eine ähnlich gelagerte Fallstudie in einem Krankenhaus bei Reuter 2006).

Weiterhin verweist die Vielzahl der getesteten, immer wieder modifizierten und evaluierten Varianten auf ein komplexes technisch-funktionales und soziales Gestaltungsfeld hin, das interessen- und bedarfsgetrieben durchaus widersprüchlich ist und auch bleiben wird. Doch das nachweislich erfolgreiche Bemühen der Sozialpartner, solche Wiedersprüche evaluationsgestützt sukzessive auszuhandeln, zu testen und den Mitarbeitern zur Bewertung vorzulegen, orientierte sich einerseits an funktional-betriebswirtschaftlichen Parametern, andererseits an den arbeitswissenschaftlichen Gestaltungskriterien, die gesundheitsförderliche flexible Arbeitszeitmodelle auszeichnen:

- Passung mit sozialen und biologischen Rhythmen und Mustern
- Planungssicherheit bzw. Vorausschaubarkeit der Dienste
- Wahlmöglichkeiten und selbstbestimmte Flexibilität

Der weitgehend positiv bewertete »Kompromiss« aus bedarfsgesteuerter und persönlicher Arbeitszeitplanung berücksichtigt zudem – wenn auch in unterschiedlichem Ausmaß – die sehr unterschiedlichen Lebensbedingungen der Mitarbeiter. Die Typenbildung sozialer Gebundenheit war für diese Beachtung der Work-Life-Balance sehr hilfreich. Ein Effekt dieses Bemühens zeigte sich beispielsweise darin, dass sich innerhalb von zwei Jahren die Anzahl der Mitarbeiter, die – aus welchen Gründen auch immer – nicht verfügbar waren, von 18,8 Prozent auf 9,7 Prozent halbiert hat.

Unternehmen, die von ihren Mitarbeitern hohes Engagement, Leistung und Flexibilität verlangen, werden zukünftig nicht umhinkommen, das Thema Arbeitszeit mit der Gesundheitsfrage und mit Respekt vor den spezifischen Lebensbedingungen konstruktiv zu verknüpfen – und dies nicht nur vordergründig zur Senkung von Fehlzeiten, sondern nachhaltig zur Gestaltung leistungsgerechter, gesunder und attraktiver Arbeitsbedingungen. Dies wiederum kann einen Beitrag dazu leisten, auch den demografischen Wandel besser beherrschbar zu machen.

Literatur

Badura B, Greiner W (2013) Sozialkapital. 2. erw Aufl. Berlin, Heidelberg

Blume A (2006) »Forever Young!« – oder: »Altersflexible Arbeitsgestaltung« in der Praxis«. Gute Arbeit 11:32–35

Bundesanstalt für Arbeitsschutz und Arbeitsmedizin (2013) Im Takt? Risiken, Chancen und Gestaltung von flexiblen Arbeitszeitmodellen. 4. unveränderte Aufl. Dortmund

Initiative Neue Qualität der Arbeit INQA (Hrsg) (2004) Gesünder arbeiten im Call Center. Dortmund, Berlin, Dresden

Janßen D, Nachreiner F (2004) Flexible Arbeitszeiten. Bremerhaven

Janßen D, Nachreiner F. (2006) Flexibilisierung und Verlängerung von Arbeitszeiten. Gesundheitliche Risiken und Empfehlungen zur Umsetzung. Arbeitsrecht im Betrieb 27, H 9:549–552

Pröll U, Gude D (2003) Gesundheitliche Auswirkungen flexibler Arbeitsformen, Risikoabschätzung und Gestaltungsanforderungen. Bremerhaven

Rastetter D (2008) Zum Lächeln verpflichtet: Emotionsarbeit im Dienstleistungsbereich. Bundesanstalt für Arbeitsschutz und Arbeitsmedizin, Frankfurt am Main

Reuter H (2006) Bewertung der Partizipation und des Empowerments von Mitarbeitern bei der Entwicklung, Einführung und Evaluation neuer Arbeitszeitmodelle. Wirtschaftspsychologie 2/3

Schlick C, Bruder R, Luczak H (2010) Arbeitswissenschaft. 3. Aufl. Berlin, Heidelberg, S 575–627

Schult M (2012) Nach der Arbeit ist vor der Arbeit. Eine empirische Analyse unter Anwendung des Modells der beruflichen Gratifikationskrisen. WAO Soziologie Jg 2, Heft 1

Techniker Krankenkasse (Hrsg) (2008) Gesundheitsreport 2008. Veröffentlichungen zum Betrieblichen Gesundheitsmanagement der TK, Band 18

Verwaltungs-Berufsgenossenschaft (Hrsg) (2007) Screening Gesundheitsschutz im Call Center. CCall Tool 2. Hamburg

Wirtz A (2010) Gesundheitliche und soziale Auswirkungen langer Arbeitszeiten. BAuA, Dortmund

Generationengerechte Führung und Betriebliches Gesundheitsmanagement im Krankenhaus

C. Schmidt, J. Möller

B. Badura et al. (Hrsg.) *Fehlzeiten-Report 2014*,
DOI 10.1007/978-3-662-43531-1_24, © Springer-Verlag Berlin Heidelberg 2014

Zusammenfassung *Der Krankenhausmarkt befindet sich in einem intensiven Wettbewerb um Patienten und Personal. Dabei verschärft die Demografie den Wettbewerb vor allem dadurch, dass die Menge an verfügbaren Mitarbeitern im Alter von 25 bis 35 Jahren bis 2050 stark abnehmen wird. Gleichzeitig arbeiten Mitarbeiter heute länger als zuvor, was wiederum die Vielfalt von Generationen am Arbeitsplatz Krankenhaus vergrößert. Als Folge sind die Erwartungen an den Arbeitsplatz und die Anforderungen an die Führung unterschiedlich bzw. anspruchsvoller. Um gute Mitarbeiter zu finden und zu halten, sind daher eine generationengerechte Führung sowie an die Lebensphasen der Mitarbeiter angepasste Angebote des Betrieblichen Gesundheitsmanagements wichtig, um im Wettbewerb um qualifizierte Mitarbeiter auch zukünftig erfolgreich zu sein.*

24.1 Einleitung

Der Ort der Ur-Wertschöpfung, die im Krankenhaus erbracht wird, verändert sich im Zeitablauf nur wenig. Was sich jedoch verändert, ist die Art der Leistungserbringung. Mehr ambulante Behandlungen, Interdisziplinarität und die engere Vernetzung der Sektoren sind heute die Themen (Schmidt et al. 2013a). Dabei müssen Mitarbeiter neben den medizinischen zunehmend auch Managementaufgaben (z. B. Arbeitsorganisation und Koordination, Marketing und Vertriebsaufgaben sowie Erlös- und Kostenbetrachtungen) übernehmen und dazu Kenntnisse in der Koordination und Organisation der Krankenversorgung mitbringen. Dennoch sind es am Ende die Bereiche der Diagnose und Therapie, ergänzt um mehr oder minder ausgefeilte Versorgungsdienstleistungen, die das Kerngeschäft eines Krankenhauses ausmachen. Mancherorts kommt der Forschungsbereich hinzu. Wie gut Versorgung und Forschung gelingen, ist dahingegen in hohem Maße davon abhängig, auf welche Art und Weise Mitarbeiter behandelt bzw. mit welchem Rollenverständnis sie betrachtet werden.

Die Mitarbeiter in Forschung, Lehre und Krankenversorgung sind die Zentralressourcen einer Klinik. Viele sind aufwendig ausgebildet und haben Zeit und Geld in den Aufbau ihrer Expertise investiert. Dadurch haben sie jenen Spezialisierungsgrad erreicht, der erforderlich ist, um Diagnose, Therapie, Versorgung und Forschung leisten zu können. Sie haben eine starke Stellung im Gefüge der Klinik, denn sie besitzen individuelle Autonomie, die schließlich auch sachliche Voraussetzung ist, um das Kerngeschäft einer Klinik ausüben zu können. Ihre Reputation strahlt aus auf die Reputation der Klinik. Das Managementparadoxon lautet: Mitarbeiter sind in ihrer Autonomie und Leistungsfähigkeit zu stärken und gleichzeitig ist ihre Integration in das Klinikgeschehen zu forcieren. Aufgabe der Klinikleitung ist, Autorität dafür einzusetzen, dass der Rückbezug des Einzelnen auf das Ganze tatsächlich stattfindet. Hierzu können generationengerechte Führung und Betriebliches Gesundheitsmanagement im Krankenhaus beitragen.

Genau dies wird im vorliegenden Beitrag herausgearbeitet, wobei den Einflüssen der demografischen Entwicklung auf das Klinikgeschehen besondere Aufmerksamkeit geschenkt wird.

- **Der Einfluss des demografischen Wandels auf das Krankenhausmanagement**

Art und Ausgestaltung von moderner Führung und Betrieblichem Gesundheitsmanagement hängen wesentlich von den Kontextfaktoren des Krankenhausmanagements ab. Unter allen Einflussgrößen auf zeitgemäße Krankenhausführung kommt dem demografischen Wandel, also Veränderungen in der Zusammensetzung von Bevölkerungsstrukturen (z. B. in puncto Alter, Geschlecht, Nationalität) sowie Bevölkerungsbewegungen

24

Alterung der Bevölkerung

- Zunahme onkologischer, degenerativer und psychischer Erkrankungen
- Zunahme geriatrischer und multimorbider Patienten

Alterung des Personals

- Anzahl der Erwerbstätigen nimmt weiter ab
- Renteneintrittsalter wird weiter heraufgesetzt
- Fachkräftemangel verschärft sich

- Pflegeaufwand und Liegezeit nehmen zu
- Belastung des Pflegepersonals erhöht sich
- Druck auf gestufte Versorungungs-formen steigt wegen des Drucks auf Verweildauer

- Generationenvielfalt nimmt zu
- Anteil älterer Mitarbeiter (55+) nimmt zu
- Generationengerechte Führung wird bedeutender für Motivation
- Betriebliches Gesundheits-management wird neu aufgelegt

Fehlzeiten-Report 2014

◻ **Abb. 24.1** Effekte der Demografie auf Patienten und Mitarbeiter (Quelle: Schmidt et al. 2013b)

(z. B. Wanderungen), besondere Bedeutung zu (Schmidt et al. 2013b; Bille 2009; Bellmann u. Kistler 2003; Bundesministerium für Familie, Senioren Frauen und Jugend 2010a, 2011a, b). Dieser Einfluss wird als nächstes untersucht.

Die demografische Entwicklung der Bevölkerung in Europa und speziell in Deutschland, also die Differenz zwischen Geburtenrate und Sterberate (natürliche Bevölkerungsentwicklung) zzgl. Migrationssaldo, führt zu einer veränderten Situation auf dem Arbeitsmarkt. Dort bieten immer weniger Menschen ihre Arbeitskraft an, die von immer mehr Arbeitgebern nachgefragt wird. Schon heute haben viele westliche Industriestaaten Probleme, qualifiziertes Personal zu gewinnen. Deutschland ist vom Fachkräftemangel stark betroffen, wie eine Studie der International Labour Organisation (ILO) ergab (ILO 2010). Im Branchenvergleich wird die Gesundheitswirtschaft vom Fachkräftemangel besonders getroffen. Die Gründe dafür sind vielfältig; wesentliche Ursache ist die Abnahme des »klassischen Beschäftigungspools«, d. h. der Rückgang von Menschen zwischen 20 und 40 Jahren. Sie werden sich bis zum Jahre 2050 im Vergleich zu heute um ein Viertel reduzieren (ILO 2010). Darüber hinaus spielt auch die abnehmende Attraktivität des Arzt- bzw. Pflegeberufs eine Rolle (PWC 2010; Adler u. v. d. Knesebeck 2011; Deutsche Gesellschaft für Personalmanagement 2004; Keepnews et al. 2010; Kopetsch 2010).

Die demografische Entwicklung wirkt sich auch auf das Patientenklientel aus und ist damit auf weitere Art

und Weise Einflussfaktor für generationengerechte Führung im Krankenhaus (Schmidt K et al. 2012b; Schmidt CE et al. 2012, 2013b). Zum einen steigt die Nachfrage nach Gesundheitsleistungen kontinuierlich an, was sich in einer Erhöhung des jährlichen Patientenaufkommens um 1–2 Prozent widerspiegelt. Gleichzeitig ändert sich das Krankheitsspektrum der Patienten. Degenerative Erkrankungen am Bewegungsapparat, an den Gefäßen, am Gehirn und Tumore nehmen an Häufigkeit zu, sodass einige Fachgebiete im Krankenhaus einen stärkeren Patientenzuspruch erfahren als andere (Statistisches Bundesamt 2008). Dies gilt vor allem für die Onkologie, die Orthopädie, die Neurologie und die Kardiologie sowie für die psychiatrischen Fächer. Langfristig wird dies eine Umverteilung von Ressourcen innerhalb der Häuser nach sich ziehen und eine stärker interdisziplinäre Zusammenarbeit der Fachgebiete erfordern. Pflegekräfte werden durch diese Entwicklungen mehr belastet als andere Berufsgruppen im Krankenhaus. Jene Aspekte generationengerechter Führung im Krankenhaus, die auf eine alternde Patientenklientel zurückzuführen sind, wurden bereits ausführlich untersucht (Blum u. Offermanns 2009; SVRG 2009) und sollen hier nicht weiter vertieft werden.

Für Krankenhäuser können diese Entwicklungen existenzbedrohend werden. Im Folgenden werden Auswirkungen des demografischen Wandels für das Krankenhausmanagement dargestellt.

Die Effekte des demografischen Wandels, die Einfluss auf das Krankenhausmanagement haben, sind in

◨ Abb. 24.1 zusammengefasst. Sie stellen modernes Krankenhausmanagement vor die Herausforderung des generationenübergreifenden Wissenstransfers sowie vor die Aufgabe, altersgemischte Teams zu führen. Der US-Managementexperte Peter Drucker behauptet, die wichtigste Herausforderung für Unternehmen liege zukünftig darin, »*wie sie den Laden führen, wenn die Leute erst mit 75 in Rente gehen*« (Rettig 2009). Die Art und Weise, in der *generationengerechte Führung im Krankenhaus* gelingt, entscheidet den Wettbewerb der Krankenhäuser von morgen. Hierbei spielt *Betriebliches Gesundheitsmanagement* eine besondere Rolle. Anschließend wird daher zunächst analysiert, was es bedeutet, generationengerecht zu führen (▶ Abschn. 24.2). Ergänzend werden Herausforderungen und Ausgestaltungsformen des Betrieblichen Gesundheitsmanagements als Bestandteile generationengerechter Führung exemplarisch dargelegt (▶ Abschn. 24.3).

24.2 Generationengerechte Führung im Krankenhaus

Die durchschnittliche Lebenserwartung der Bevölkerung ist seit Mitte des 19. Jahrhunderts pro Dekade um zweieinhalb Jahre gestiegen. Und sie steigt weiter (Brandenburg u. Domschke 2007). Die demografische Forschung geht davon aus, dass mehr als die Hälfte der in Deutschland im Jahre 2000 geborenen Kinder ihren 100. Geburtstag begehen werden. Gleichzeitig verschiebt sich der Alterungsprozess, das Renteneintrittsalter wurde heraufgesetzt und die meisten Menschen bleiben länger gesund und leistungsfähig als früher. Die Lebensarbeitszeit verlängert sich somit. Damit nicht genug: Junge Menschen treten immer früher in das Arbeitsleben ein, dafür sorgt das Abitur nach zwölf Schuljahren, der Wegfall der Wehrpflicht, die Freiwilligkeit von Sozialem Jahr und Zivildienst und die Verdichtung des Studiums, genannt Bologna-Reform. Die Lebensarbeitszeit setzt früher ein, als dies in den Vorjahren der Fall war. Immer kürzer dahingegen wird die Phase, in der sich soziale, moralische und ethische Positionen herausbilden, immer begrenzter die Zeit zur Gestaltung und Reifung der eigenen Biografie. All dies bewirkt, dass mehr Generationen gleichzeitig in einem Krankenhaus arbeiten als jemals zuvor (Schmidt 2013; Schmidt et al. 2013b). Dies hat Auswirkungen auf die Anforderungen an den Arbeitsplatz, die Arbeitsinhalte und insbesondere die Führung, denn es ist davon auszugehen, dass Mitarbeiter unterschiedlicher Generationen auch verschiedene Vorstellungen von gutem Führungsverhalten haben. Nicht gerade vereinfacht wird die Situation dadurch, dass

gerade im ärztlichen Bereich der Vorgesetzte nicht immer auch der Ältere ist. Diese Situation, die der traditionellen Ordnung widerspricht, kann Spannungen erzeugen. Altersgerechtes bzw. generationengerechtes Führen wird daher anspruchsvoller und wichtiger (Smolka u. Sutton 2002).

Studien von Illmarinen aus Finnland (2005) zeigen, dass die langfristige Arbeitsfähigkeit der Mitarbeiter am stärksten vom Führungsverhalten abhängt und sich gute Führung hochsignifikant auf die Verbesserung der Leistungsfähigkeit älterer Mitarbeiter auswirkt. Um das Potenzial, das in den Mitarbeitern des Krankenhauses steckt, zur Entfaltung zu bringen, ist es sinnvoll, die Generationen im Krankenhaus zu charakterisieren und die Einstellungen, Werte, Motive und Prägungen ihrer Repräsentanten zu kennen. Das ist eine wichtige Grundlage für generationengerechte Führung im Krankenhaus.

24.2.1 Generationen am Arbeitsplatz

Heutzutage arbeiten Beschäftigte aus vier Generationen am Arbeitsplatz Krankenhaus zusammen: Die Wirtschaftswundergeneration, die Babyboomer, die Generation X und die Generation Y (Schmidt et al. 2011b; Schmidt et al. 2013a, b; Zemke et al. 1999; Voelpel et al. 2006; Kneeland et al. 2011). Sie unterscheiden sich in ihrer Einstellung zur Arbeit, im Motivationsverhalten und in den Anforderungen, die sie an gute Führungskräfte richten. ◨ Tab. 24.1 fasst diese Unterschiede und Gemeinsamkeiten zusammen.

Die *Wirtschaftswundergeneration* (WWG) umfasst die Geburtenjahrgänge von 1945 bis 1955 und befindet sich heute im fortgeschrittenen Erwerbsalter (Pfeifer et al. 2008; Bruch et al. 2010; Schmidt et al. 2012, 2013a, b). Häufig bekleiden ihre Mitglieder Führungspositionen und stehen im Zenit ihres Berufslebens. Sie wurden geprägt durch Ereignisse wie den Wirtschaftsaufschwung und den damit verbundenen Wohlstand. Geprägt vom Zeitgeist der ökonomischen Sorglosigkeit und des Überflusses musste sich niemand Sorgen um seinen Arbeitsplatz machen. Der expandierende Wohlfahrtsstaat förderte dieses Gefühl der persönlichen Sicherheit zusätzlich. In dieser Zeit fand auch eine Umkehr vom Bild des Mitarbeiters als Arbeitsfaktor hin zum wichtigen Wettbewerbsfaktor statt (Bertelsmann Stiftung 2010; Bruch et al. 2010). Human-Relations-Ansätze wurden implementiert und eine an den Bedürfnissen des Mitarbeiters ausgerichtete Personalführung in den Vordergrund gestellt. Als Konsequenz der Mitarbeiterorientierung nahmen in dieser Zeit die betrieblichen Mitbestimmungsrechte erheblich zu (Bruch

24

⬛ **Tab. 24.1** Generationen von Mitarbeitern und deren Unterschiede (Quelle: Schmidt et al. 2013c)

	Wirtschaftswunder-generation	Babyboomer	Generation X	Generation Y
Geburtsjahrgänge	1945–1955	1956–1965	1966–1985	ab 1986
Prägende Ereignisse	Wiederaufbau, Wirtschaftswunder, Vollbeschäftigung	Erste Öl- und Welt-wirtschaftskrise, Mondlandung, deutsche Teilung	Wiedervereinigung, Zerfall des Warschauer Paktes	9/11, Krieg im Irak, Internet, Social Media und Globa-lisierung
Einstellung zur Arbeit	idealistisch, Skepsis gegenüber Autoritäten, loyal zum Unter-nehmen	Wettbewerb um Positionen und Karriere, Umwelt-bewusstsein und Emanzipation	Individualismus und materielle Werte, Karriere orientiert, ehrgeizig, kurzfristig loyal, Work-Life-Balance	Arbeit muss Spaß machen und fordern, lernbereit, flexibel und mobil
Arbeitsmotto	Leben, um zu arbeiten	Leben, um zu arbeiten	Arbeiten, um zu leben	Leben beim Arbeiten
Sicherheit des Arbeitsplatzes bzw. Angst um Arbeits-platz	keine Sorgen, da Vollbeschäftigung bestand	beginnende Sorgen um Arbeitsplatz in der Medizin, große Niederlassungswelle	großer Wettbewerb um Stellen im Kran-kenhaus und Sorge um Arbeitsplatz	keine Sorgen um Arbeitsplatz wegen Fachkräftemangel
Wert der Freizeit	erste Orientierung zur Freizeit	abnehmende Wertigkeit	Work-Life-Balance	sehr groß
Bedeutung von Titeln und Hierarchiestufen	sehr wichtig	sehr wichtig bis weniger wichtig	wichtig	unwichtig
Auszeiten vom Job	keine	sehr selten	gesellschaftlich etablierte Auszeiten (z. B. Elternzeit) werden genommen	»Privatleben kommt vor Arbeit«
Motivation	keine materiellen Anreize, sondern Selbstverwirklichung und persönliche Anerkennung	weniger materielle Anreize, Partizipation	materielle Anreize, Karriere	keine finanziellen Anreize, geregelte und planbare Arbeitszeiten
Lebenssituation	sind kurz vor dem Ruhestand, Kinder erwachsen	»Scharniergenera-tion« Kinder teil-weise noch im Haus, ggf. schon Pflege von Angehörigen, größte Eltern-generation	mittlere Lebens-phase, im Berufs-leben etabliert, späte Familien-planung hier häufig	etablieren sich gerade im Berufs-leben, unabhängig
Physische und psychische Belastbarkeit	abnehmende körperli-che Leistungsfähig-keit, Kompensation durch Erfahrung, Routine und Leis-tungsbereitschaft	körperliche Leis-tungsfähigkeit hoch, große Erfahrung und Routine	körperliche Leis-tungsfähigkeit hoch, große Erfahrung und Routine, noch lernwillig	körperliche Leis-tungsfähigkeit sehr hoch, unerfahren und neugierig

Fehlzeiten-Report 2014

et al. 2010). Politisch setze sich diese Generation kritisch mit der Rolle ihrer Eltern in der NS-Zeit auseinander und begründete die 68er-Bewegung.

Da diese Mitarbeiter sich häufig finanziell abgesichert hatten, sind sie heute nur schwer durch materielle Anreize zu motivieren, sondern eher durch Selbstverwirklichung und die persönliche Anerkennung ihrer Lebensleistung (Schmidt et al. 2012). Ihre Lebenssituation ist geprägt von erwachsenen Kindern und ggf. der Pflege von älteren Angehörigen. Wie bei den Babyboomern kann dies zuweilen zu einer Doppelbelastung führen, die bei der Arbeitsplanung berücksichtigt werden sollte.

Erste Alterserscheinungen treten auf (Schmidt et al. 2012, 2013a, b). Diese physischen Defizite werden bei dieser Generation jedoch durch Routine, Einsatzbereitschaft und Erfahrung kompensiert. Die WWG erwartet von ihren Vorgesetzten einen partizipativen und demokratischen Führungsstil. Obwohl sie weniger gewohnt sind, Respekt vor einem Vorgesetzten zu haben als die Nachkriegsgeneration, fordern sie die Anerkennung ihrer Lebens- bzw. Arbeitserfahrung. Wenn diese fehlt, sind Konflikte mit jüngeren Kollegen programmiert. Gerade wegen dieser Kompetenzen erwarten sie, auch in Entscheidungsfindungen eingebunden zu werden. Dies ist vor allem bei jüngeren Führungskräften für die Akzeptanz als Vorgesetzter von Bedeutung (Bruch et al 2010; Schmidt et al. 2012).

Dieser Generation folgen die *Babyboomer*, also die Jahrgänge 1956 bis 1965. Sie stellen das Rückgrat der Erwerbsbevölkerung dar (Bruch et al. 2010; Schmidt et al. 2012, 2013a, b). Diese Generation ist ebenfalls im Berufsleben etabliert und kann bereits auf 20 Jahre Erfahrung zurückblicken. Viele von ihnen sind in Führungspositionen. Sie wurden geprägt durch die wirtschaftliche Stagnation in den 70er Jahren und die ersten Öl- bzw. Weltwirtschaftskrisen. Massenarbeitslosigkeit und der Terror der Roten Armee Fraktion prägten diese Zeit. Im Gegensatz zur Vorgängergeneration erfuhren Babyboomer Unsicherheiten hinsichtlich der persönlichen und beruflichen Zukunft. Postmaterialistisches, politisches oder gesellschaftliches Engagement war daher kaum möglich (Bruch et al. 2010; Schmidt et al. 2012, 2013a, b). Allerdings hat diese Generation die Friedens- und Umweltbewegung begründet, die in Deutschland starken Einfluss auf die politische Landschaft gehabt hat. Diese Generation traf am Arbeitsplatz bereits auf eine mitarbeiterorientierte und partizipative Unternehmensführung, die in den Folgejahren weiter ausgebaut wurde (Bruch et al. 2010). Die Rolle der Gewerkschaften wurde gestärkt, Lohnerhöhungen und eine Verkürzung der Arbeitszeit waren die Folge. Im Krankenhaus dagegen war von dieser Bewegung wenig zu bemerken. Da diese Generation wegen ihrer Vielzahl früh mit Konkurrenzsituationen, beispielsweise in der Schule, Universität oder am Arbeitsplatz in Kontakt kam, mussten sie lernen zu kooperieren (Bruch et al. 2010). Dies hat Einfluss auf ihre Teamfähigkeit und Sozialkompetenz. Diese Generation hat nun die Hälfte des Erwerbslebens hinter sich und macht sich Gedanken für die zweite Hälfte. Sie sind die größte Elterngeneration und haben als »Scharniergeneration« häufig Kinder und ältere Angehörige gleichzeitig zu betreuen. Babyboomer kennen Konkurrenzsituationen und sind daher an Konflikte beruflicher Art gewöhnt. Vom »idealen« Vorgesetzten erwarten sie einen entwicklungsorientierten und kooperativen Führungsstil, um ihre Leistungen im Verhältnis zu anderen bewerten zu können (Schmidt et al. 2012, 2013a, b).

Die *Generation X* umfasst die Jahrgänge 1966 bis 1985. Mit ihr ist der Begriff der »Work-Life-Balance« verbunden. In Deutschland wird auch der Begriff »Generation Golf« (Illies 2000) verwendet. Prägende Ereignisse waren der Beginn des Privatfernsehens bzw. die damit verbundene Medienrevolution und die Wiedervereinigung beider deutscher Staaten (Coupland 2004; Schmidt et al. 2013a, b). Trotz zunehmender Scheidungsraten und Berufstätigkeit beider Eltern wuchs diese Generation vergleichsweise behütet auf. Am Arbeitsplatz wurde immer häufiger der Computer verwendet und die Halbwertszeit des Wissens nahm rapide ab. Daher ist eine positive Einstellung zum kontinuierlichen Lernen vorhanden (Smolka u. Sutton 2002; Bruch et al. 2010). Wie schon in der Vorgängergeneration sind die Mitglieder der Generation X jedoch unsicher, was die eigene Etablierung im Berufsleben anbetrifft. Daher ist für sie das Streben nach Wohlstand und materiellen Werten bedeutend (Bruch et al. 2010). Sie sind ehrgeizig und karriereorientiert und nehmen auch lange Arbeitszeiten in Kauf, um voranzukommen. Auszeiten vom Beruf werden nur dann genommen, wenn sie gesellschaftlich etabliert sind, wie beispielsweise die Elternzeit nach Geburt eines Kindes. Die Generation X hat 13 Jahre Schule hinter sich gebracht, Zivildienst oder Bundeswehr absolviert und die Mediziner haben nach dem Studium mit Physikum und mehreren Examina die AIP-Zeit erlebt (Schmidt et al. 2013a). Der Facharzt dauert in großen Fächern sechs Jahre. Das prägt sie insbesondere im Vergleich mit der Generation Y, die ein Jahr kürzer zur Schule geht, ein Jahr weniger studiert und den Facharzt in fünf Jahren bewältigt. Im Ergebnis sind diese Mitarbeiter drei Jahre früher im Berufsleben angekommen als die Generation X. Doch die Xer sind heute häufig in Führungspositionen, unter anderem auch, weil die Entscheidung für Kinder deutlich später getroffen wird als in den Generationen davor. Ein weiterer Grund dafür liegt im Versuch dieser Generation, die Phase der Jugend und die damit verbundene Unabhängigkeit so weit wie möglich hinauszuschieben (Bruch et al. 2010; Schmidt et al. 2013a). Die Generation X erwartet eine zielorientierte und pragmatische Führung. Da diese Generation nicht so stark konsensorientiert ist wie ihre Vorgängergenerationen, ist für sie eine klare Kommunikation von Erwartungen und

24

Zielen wichtig. Konflikte im Kollegenkreis sind für sie keine Schreckensvorstellung. Der partizipative Stil bei den Vorgängergenerationen sollte hier zugunsten stärkerer Delegation von Aufgaben umgewichtet werden (Goleman et al. 2002; Coupland 2004).

Von allen vorangegangenen Generationen unterscheiden sich die nach 1985 geborenen Beschäftigten, die als *Generation Y* oder auch »Internetgeneration« bezeichnet werden. Sie sind geprägt durch das Internetzeitalter, die Verbreitung der Smartphones und sozialer Netzwerke wie Twitter und Facebook (Schmidt et al. 2011b; Jovic et al. 2006; Schmidt K et al. 2012a, b; Parment 2009; Paine Schofield u. Honoré 2011b). Gesellschaftlich bedeutsam waren für diese Generation die Anschläge des 11. September 2001 und der darauf folgende Irakkrieg. Ferner haben sie die rapide weltweite Vernetzung und Globalisierung erleben dürfen. Beide Faktoren haben sie lernen lassen, dass Frieden und die Dominanz westlicher Werte nicht unendlich sind. Dennoch sind die Angehörigen dieser Generation aufgeschlossen, kontaktfreudig und optimistisch (Bruch et al. 2010). Sie sind ständig in elektronischer Kommunikation und nehmen diesen Lebensstil auch mit an den Arbeitsplatz. An das Verschwimmen der Grenzen von Arbeitsplatz und Privatleben haben sie sich gewöhnt (Schmidt et al. 2011b). Die ständige Verfügbarkeit des Internets hat bei ihnen die Art des Lernens beeinflusst. Da Wissen nahezu unbegrenzt im Internet verfügbar ist, muss es nicht ständig individuell erarbeitet werden. Damit nimmt jedoch auch das Interesse ab, komplexe Sachverhalte in der Tiefe zu erforschen, sich also wissenschaftlich zu engagieren. Gelernt wird interaktiv und praxisorientiert in Blended-Learning-Konzepten am Computer und gerne auch von zu Hause (Paine Schofield u. Honoré 2011b). Am Arbeitsplatz werden Hierarchien abgelehnt und fachliche Kompetenz bevorzugt. Privat nimmt die Familie einen stärkeren Stellenwert ein (Parment 2009). Auszeiten für Kinder oder aus anderen Gründen werden je nach Lebensphase genommen, insbesondere auch, weil der Frauenanteil bei Beschäftigten dieser Generation höher ist als in denen davor. Beschäftigte der Generation Y erwarten engmaschiges Feedback und ein Coaching durch ihren Vorgesetzten (Schmidt et al. 2011b). Sie beanspruchen von allen vorherigen Generationen die meiste direkte Führung. Diese Generation erwartet klare Vorgaben und visionäre Ziele für ihre Zukunft. Arbeitszeiten und -inhalte müssen sinnvoll gestaltet sein, Überstunden dagegen gut begründet. Werden diese Erwartungen nicht erfüllt, sind Angehörige der Generation Y eher bereit den Arbeitsplatz zu wechseln als sich selbstkritisch zu reflektieren oder gar anzupassen. Konflikten weichen sie nach Möglichkeit aus (Parment 2009; Schmidt et al. 2011b).

24.2.2 Personalplanung

Nicht nur die Kultur eines Landes, das Alter oder das Geschlecht prägen Einstellungen und Verhaltensweisen der Beschäftigten im Arbeitsleben. Wie bereits beschrieben, unterscheiden sich die Generationen – idealtypisch betrachtet – auch im Hinblick auf ihre Präferenzen und Einstellungen, da diese jeweils durch eine zeitspezifische Alltags- und Arbeitskultur geformt werden. Daher ist es notwendig, dass auch die Personalplanung die jeweiligen generationsspezifischen Bedürfnisse erkennt und Arbeitsangebote entsprechend konfektioniert.

Eine Fokussierung auf die Gewinnung junger Mitarbeiter der Generation Y wäre leichtsinnig. Eine vorausschauende Anwerbung von qualifiziertem Personal setzt sinnvollerweise bei mehreren Altersstufen an. Bisher wenig betrachtet wurden bei diesen Überlegungen jene Mitarbeiter, die 55 Jahre und älter sind (sog. »Altersgruppe 55+«). Dies sind in der Regel Oberärzte oder erfahrene Fachärzte, die einen Großteil des Tagesgeschäfts in den Funktionsbereichen der Kliniken leisten (Schmidt et al. 2012). Es erscheint daher geboten, sich mit den Mitarbeitern der Generation 55+ im Hinblick auf Werte, Motivation und Führung intensiver auseinanderzusetzen, denn bisher wurden diese Arbeitnehmer sowohl bei Qualifizierungsmaßnahmen als auch bei der Karriereplanung weniger beachtet als jüngere Kollegen. Wie es gelingen kann, Mitarbeiter der Generation 55+ zu gewinnen, zu fördern und damit auch an das Unternehmen zu binden, wurde bereits untersucht (Schmidt et al. 2012; Padosch et al. 2011).

Bei der Untersuchung der Arbeitssituation der Generation 55+ fällt auf, dass über 50 Prozent der befragten Personen durch die Arbeit psychisch und physisch stark belastet sind. Viele haben Sorge, dass sie ihren Beruf in höherem Alter nicht mehr ausüben können (Zentrum für Gesundheitswirtschaft und Recht 2009; Voelpel et al. 2006; Buxel 2011). Die Überforderung resultiert aus mangelnder Führung, unstrukturierten Abläufen und Tätigkeiten, hoher Arbeitsbelastung, Überstunden und Stress. Hier gewinnt das *Betriebliche Gesundheitsmanagement* (Details in ▶ Abschn. 24.3) an Bedeutung (Buxel 2011; Badura et al. 2011; Brandenburg u. Domschke 2007; Bertelsmann Stiftung 2003). Rücksichtnahme auf Lebensumstände, altersadaptierte Arbeitszeiten bzw. Einsatzorte sowie regelmäßige Pausen (beispielsweise Ablösungen im OP) sind wichtig für den Erhalt der Leistungsfähigkeit älterer Mitarbeiter. In Funktionsbereichen und auf Stationen sind solche Überlegungen normalerweise umsetzbar. Allerdings sind die Bedürfnisse und Vorstellungen der älte-

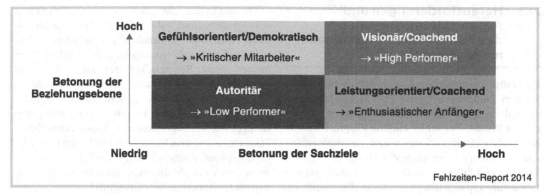

■ **Abb. 24.2** Führungsstile zur generationengerechten Mitarbeiterführung (Quelle: Schmidt et al. 2012)

ren Mitarbeiter mit jenen der jüngeren Kollegen in Einklang zu bringen (Badura et al. 2011; Schmidt et al. 2013b; Bertelsmann Stiftung 2003). So sollten flexiblere Arbeitszeitmodelle auf der einen Seite z. B. die Nachtarbeit für ältere Angestellte reduzieren. Andererseits darf hieraus nicht eine (gefühlte) Überbeanspruchung der Jüngeren mit ungünstigen Arbeitszeiten resultieren, da dies wiederum dazu führen könnte, dass sie in andere Institutionen oder Berufszweige abwandern (Schmidt K et al. 2012b; Schmidt et al. 2012).

Ein wichtiger Aspekt bei der Führung »älterer« Mitarbeiter ist Wertschätzung. Aufgrund ihrer Prägung und ihres Könnens erwarten ältere Mitarbeiter einen gewissen Respekt (Bruch et al. 2010; Schmidt K et al. 2012b). Heute erfährt jedoch nur ein Drittel der Befragten Wertschätzung im beruflichen Umfeld, wie eine Studie von Bruch und Mitarbeitern (2010) zeigen konnte. Diese Wertschätzung drücken in der Regel Mitarbeiter im Alter von 41 und 60 Jahren aus. Nur ein Fünftel der befragten Mitarbeiter der Generation 55+ erfährt Wertschätzung von den eigenen Vorgesetzten, wobei sich »Wertschätzung« für 69 Prozent der Befragten in der Nutzung ihrer fachlichen und persönlichen Kompetenz ausdrückt. An zweiter Stelle (33 Prozent) wurden gute Umgangsformen und Respekt als Ausdrucksformen der Wertschätzung genannt (Bruch et al. 2010; Schmidt K et al. 2012b). Respektvolle und wertschätzende Führung der Mitarbeiter aller Generationen ist mithin eine ernstzunehmende Managementherausforderung in einer älter werdenden Belegschaft. Andere Untersuchungen zeigen, dass die Mehrheit der befragten Mitarbeiter der Generation 55+ mit ihrer Arbeitssituation zufrieden ist, sofern sie in einem attraktiven Arbeitsgebiet verantwortungsvolle bzw. herausfordernde Tätigkeiten ausüben und dabei soziale Kontakte zu jüngeren Kollegen pflegen (Bruch et al. 2010; Kienbaum 2010).

Auch »ältere« Mitarbeiter möchten sich weiterentwickeln. In diesem Falle sind beispielsweise Fachkarrieren, Funktionsleitungen und Weiterbildungsmaßnahmen (vor allem im EDV-Bereich) vorstellbar (Schmidt et al. 2011b).

»Die Demografie hat überall ihre Finger im Spiel«, könnte man sagen. Moderne Ansätze des Krankenhausmanagements tun gut daran, unterschiedliche Generationen von Fachkräften individuell, gewissermaßen generationengerecht zu fördern und zu führen. Dabei haben sich folgende Führungsstile bewährt, die ■ Abb. 24.2 darstellt (Schmidt et al. 2013a):

1. Der empathische und partizipative, eher demokratische Stil bei der Führung »älterer« Mitarbeiter, beispielsweise Babyboomer und Wirtschaftswunder-Generation
2. Der entwicklungs- bzw. leistungsorientierte Stil bei der Führung von Mitarbeitern der Generationen X oder Babyboomer
3. Der visionär coachende Stil bei der Führung »enthusiastischer Berufsanfänger« beispielsweise der Generation Y

Erfahrene Führungskräfte wenden diese Stile nicht in Reinform an. Je nach Situation und Fingerspitzengefühl entwickeln sie Mischformen der genannten Ansätze (Schmidt et al. 2013a, b). Im Zuge der o. g. Untersuchungen wurde die besondere Bedeutung Betrieblichen Gesundheitsmanagements für den Erfolg generationengerechter Führung im Krankenhaus mehrfach deutlich. Damit einhergehende Herausforderungen sowie vorstellbare Ausgestaltungsformen werden im folgenden Abschnitt dieses Beitrags umrissen.

24.3 Herausforderungen und Ausgestaltungsformen des Betrieblichen Gesundheitsmanagements

Gesundheitsmanagement, sowohl beruflicher Art als auch im Kontext von Freizeit oder Hobby betrieben, erlebt derzeit große Aufmerksamkeit und stetig wachsenden Zulauf. Der schier endlose Zuspruch zu Fitnessstudios, Wellnessfarmen und Nahrungsergänzungsprodukten, aber auch die Menge an Joggern, Walkern und Bikern zeigt, dass vermeintlich gesunde Lebensführung als Lifestyle-Faktor in aller Munde ist. Daneben bestimmen Fragen der Gesunderhaltung und Gesundheitsförderung immer häufiger gesellschaftliche und politische Debatten (Schmidt et al. 2013b). Es stellt sich die Frage, ob Gesundheit für Unternehmen wie Krankenhäuser erfolgsrelevant ist, und zwar diesmal nicht Gesundheit als Ergebnis gelungener Krankenhausdienstleistung, sondern vielmehr Gesundheit als deren Inputfaktor. Die Gesundheit der Mitarbeiter nimmt Einfluss auf den Unternehmenserfolg – so die Hypothese (Bertelsmann Stiftung 2003, 2010; Zemke et al. 1999; Bille 2009; Beckett u. Hager 2002). Dies erscheint umso einleuchtender, da die wichtigsten »Produktionsfaktoren« eines Krankenhauses seine ärztlichen und pflegerischen Mitarbeiter sind. Die Realität sieht dagegen anders aus: Krankenhäuser verzeichnen im Branchenvergleich viele Krankheitstage, wobei ein deutlicher Anstieg von psychischen Erkrankungen zu verzeichnen ist (Badura et al. 2011).

Ein Ansatzpunkt, um dieser Entwicklung entgegenzuwirken, ist das Betriebliche Gesundheitsmanagement (BGM). Ziel ist, die Mitarbeiter gesund, motiviert und arbeitsfähig zu halten. Bis vor einigen Jahren waren die Belastungsfaktoren am Arbeitsplatz eher physischer Art. Die Einwirkungen von chemischen, physikalischen oder physischen Faktoren waren gut erklärbar und plausibel (Statistisches Bundesamt 2011). In den meisten Fällen waren die kausalen Zusammenhänge zwischen diesen krankheitserzeugenden Einflüssen und der Gesundheit bzw. Krankheit des Mitarbeiters gut nachvollziehbar. Der Gesundheitszustand des Unternehmens konnte daher leicht in der Krankheitsquote der Belegschaft gemessen werden (Trojan u. Legewie 2000). Damit waren auch die Ansatzpunkte des BGM klar im Arbeitsschutz und der Arbeitssicherheit verortet. Als Folge haben sich in den letzten 15 Jahren die Exposition von Noxen und die Ergonomie am Arbeitsplatz Krankenhaus deutlich verbessert. Auch die Anzahl der Arbeitsunfälle ist kontinuierlich gesunken (Badura et al. 2011).

In den letzten Jahren haben sich – wiederum u. a. demografiebedingt – die Belastungsfaktoren für klinisch Beschäftigte im Krankenhaus verändert. Bei zunehmender Anzahl von Patientenbehandlungen in immer weniger Betten in kürzerer Zeit ist es zu einer starken Arbeitsverdichtung gekommen. Da dieser Trend anhält, werden die Belastungen an Intensität noch zunehmen. Dabei ist mit einem Anstieg von weniger gut nachweisbaren und kausal erkennbaren Faktoren zu rechnen. Waren es vor 20 Jahren noch chemische, physikalische oder physische Faktoren, so sind heute psychosoziale Belastungsfaktoren auf dem Vormarsch (Badura et al. 2011). Folglich hat sich auch der Ansatzpunkt des BGM verschoben: Themen wie die Gestaltung von Arbeitszeiten, die Entlastung der Mitarbeiter durch Automatisierung von Prozessen durch intelligente EDV-Systeme und angemessene Führung sind in den Vordergrund gerückt (Kirchner et al. 2012). Hinzu kommt, dass Gesundheit bzw. Work-Life-Balance in den individuellen Wertevorstellungen der jüngeren Mitarbeiter heute einen größeren Stellenwert einnimmt als noch vor 20 Jahren (Schmidt et al. 2011a, b). Karriere und ein gesicherter Arbeitsplatz sind nicht mehr die zentralen Lebensziele, sondern eher eine ausgewogene Balance zwischen Arbeit, Privatleben und körperlicher Fitness. Somit erwarten motivierte, flexible und kreative Mitarbeiter von ihrem Unternehmen auch Lösungen im Hinblick auf diese Ziele (Schmidt K et al. 2012b). Somit ist BGM nicht das Werk einer einzelnen Abteilung, sondern eine Unternehmens- bzw. Führungsaufgabe, die sich durch fast alle Bereiche eines Krankenhauses zieht. Wirkungsvolles BGM umfasst den einzelnen Mitarbeiter in seiner Individualität, die Arbeitsbedingungen, die Organisation und ihre Werte sowie die Lebensbedingungen im Krankenhaus (Meiffert 2010). Auf diese Faktoren wird im Folgenden eingegangen, wobei einige Ansätze und Maßnahmen zusammengefasst wurden.

24.3.1 BGM und der Mitarbeiter als Individuum

Ansätze des BGM auf Ebene des einzelnen Mitarbeiters zielen darauf ab, ein gesundheitsförderliches Verhalten zu bewirken. Hierzu zählen Schulungen zur Ernährung, zur ergonomischen Arbeitsweise (z. B. Schulungen zum Heben und Tragen von Patienten), Sportangebote und Schulungen zum Umgang mit Sucht (Rauchen, Alkohol etc.). Neben den »klassischen« BGM-Themen ist hier jedoch auch der Umgang mit psychosozialen bzw. emotionalen Einflüssen zu finden. Stressmanagement und der Umgang mit

Emotionen und Konflikten am Arbeitsplatz Krankenhaus sind hier ebenfalls zu nennen (Schmidt et al. 2013b). BGM kann dabei helfen, relevante Kompetenzen beim Mitarbeiter aufzubauen, die einen Umgang mit diesen Faktoren erleichtern. Auch für die Erfüllung der Aufgaben am Arbeitsplatz Krankenhaus sind Schulungen zur persönlichen Organisation, zum Zeit- und Fehlermanagement wichtig, um Überforderung einzelner Mitarbeiter oder ganzer Teams vorzubeugen. Dies ist vor allem in Bereichen wie dem OP oder der Intensivstation wichtig (Gfrörer et al. 2005; Padosch et al. 2011). Sollen auch ganze Teams geschult werden, so kommen auch teamfördernde Seminare mit Kommunikations- und Führungsaspekten infrage. Dies ist insbesondere beim Management der Teamfindungsphasen (Forming, Storming, Norming, Performing) von großer Relevanz, weil gerade in diesen Phasen Fehler häufiger auftreten können (Gfrörer et al. 2005).

Für die Schulung einzelner Mitarbeiter ist auch der Betriebsarzt ein wichtiger Faktor des BGM. Hier sind Untersuchungen zur kardiopulmonalen Eignung genauso üblich wie die Messung des Stoffwechselstatus (z. B. Diabetes mellitus). Ergänzt werden diese Vorsorgeuntersuchungen heutzutage durch die Überprüfung psychischer Risikofaktoren, um Erkrankungen aus dem psychosomatischen Themenfeld vorzubeugen. BGM-Interventionen sollten auch die Überprüfung der Mitarbeiter im Hinblick auf ihre Eignung für bestimmte Positionen beinhalten (Meiffert u. Kersting 2004). Hier sollte beispielsweise erhoben werden, welche sozialen und fachlichen Qualifikationen vorhanden sind. Ferner ist zu erwägen, Führungskräfte als Promotoren eines gesundheitsförderlichen Verhaltens zu qualifizieren.

24.3.2 BGM und die Arbeitsbedingungen im Krankenhaus

Auf Ebene der Arbeitsbedingungen verfolgt BGM das Anliegen, die Arbeitsatmosphäre, die Prozesse und den Handlungsspielraum des Mitarbeiters am Arbeitsplatz zu überprüfen, um gesundheitsförderliche Arbeitsbedingung zu wahren bzw. zu erwirken (Badura et al. 2010, 2011). Neben der Senkung gesundheitsbelastender Faktoren, der Erhöhung der Arbeitssicherheit und der Ergonomie am Arbeitsplatz sind für das Krankenhaus vor allem die Gestaltung der Arbeitsstrukturen (Zuständigkeiten) und Prozesse (Aufnahme bis Entlassung des Patienten) von großer Bedeutung. Einiger Frust in der Pflege entsteht, weil die Abläufe auf den Stationen und in den Funktionsbereichen nicht abgestimmt sind (Blum u. Löffert 2010; Isfort et

al. 2010; Leuzinger u. Luterbacher 2000; Half 2010). Werden die Kompetenzen hier sinnvoll verteilt, können sich für den einzelnen Mitarbeiter die Handlungsspielräume und die Verantwortung erhöhen. Dies hat Einfluss auf die Zufriedenheit und die Motivation (Schmidt K et al. 2012b). Schließlich sollte auch das Leitbild bzw. die Unternehmenskultur für einzelne Bereiche oder das ganze Unternehmen angepasst sein. Mindeststandards für die Kommunikation und Konfliktkultur sind an dieser Stelle ebenfalls förderlich (Meiffert u. Kersting 2004).

24.3.3 BGM und das Krankenhaus als Unternehmen

Der größte Hebel für gesundheitsförderliches Verhalten lässt sich auf der Ebene der Unternehmensorganisation ansetzen (Meiffert 2010; Vahs 2012). Schafft es ein Krankenhaus, die Ziele des BGM in die Strategie der Klinik einzubinden und diese in die Aufbau- und Ablauforganisation einfließen zu lassen, sind wichtige Schritte zur gesundheitsförderlichen Organisation geschafft. Verfahrensanweisungen und Standards sind dann derart formuliert, dass Ziele des BGM unterstützt werden. In diese Kategorie gehören auch die Aspekte Führung, Dienstplangestaltung und Anreize beim Vergütungsmanagement. Die Unternehmenskultur sollte idealerweise die Aspekte Kommunikation und Teilhabe des Mitarbeiters beinhalten und so dem einzelnen Mitarbeiter Wertschätzung zollen. Schließlich sollte das Krankenhaus definieren, in welchem Umfang Ressourcen für das BGM ausgeschüttet werden. Wichtig ist dabei auch der Zusammenhalt im Unternehmen.

Ein gutes Beispiel findet sich dafür bei den Kliniken der Stadt Köln (www.kliniken-koeln.de), wo Kooperation und Kommunikation schon im Leitbild des Unternehmens eine bedeutende Rolle spielen. Daraus sind Teamgeist und Sinn für Gemeinschaft gewachsen, die als Kollegenteam auch über die gemeinsame Arbeit hinaus gepflegt werden. Unter dem Motto: »*Miteinander arbeiten, leben und feiern*« wird zum Beispiel für den »Kölner Brückenlauf« zusammen trainiert und im Team der sportliche Wettkampf bestritten. Dieser jährlich stattfindende 15-Kilometer-Lauf bringt verschiedene Berufsgruppen mit Spaß am Sport zusammen. Gefeiert wird darüber hinaus Seite an Seite beim jährlichen Sommerfest und der festlichen Weihnachtsfeier. Ein weiterer freudiger Anlass, den viele der Angestellten zusammen in der Gruppe feiern, ist selbstverständlich auch der Kölner Karneval. Zusammenfassend wird der Teamgedanke des Leitbildes intensiv über Sport und Feste zusammen gelebt.

24

24.3.4 BGM und das Krankenhausumfeld

Mit dem Krankenhausumfeld ist der Einklang von Arbeit und Freizeit, also die Work-Life-Balance, gemeint. Ansätze des BGM beziehen sich unter anderem auf eine familienfreundliche Umgebung (Schmidt et al. 2011b) Neben der KiTa gehören Ferienbetreuungen, Tagesmuttervermittlungen und Wiedereingliederungsprogramme dazu. Auch die Gestaltung der Arbeitszeiten und individuellen Arbeitsmodelle für Mütter sind Aufgaben des BGM (Badura et al. 2010, 2011). Schließlich sind Beratungsangebote aus dem sozialen Bereich, beispielsweise bei schwierigen Lebenslagen, Sucht und Erkrankungen von nahen Angehörigen Hilfen aus dem Portfolio des BGM. Zu den klassischen Bestandteilen des Betrieblichen Gesundheitsmanagements zählen schließlich der Betriebssport und das Urlaubsmanagement (Isfort et al. 2010; Leuzinger u. Luterbacher 2000; Gfrörer et al. 2005, Schmidt et al. 2011b, 2012; Padosch et al. 2011).

24.4 Fazit

Aufgabe der modernen Führungskraft ist es, herauszufinden, wo Eigeninteressen der Mitarbeiter, ihrerseits Zentralressourcen einer Klinik, mit den Interessen des Krankenhauses übereinstimmen. Denn genau an diesen Stellen löst sich das o. g. Managementparadoxon auf. Es gibt mindestens zwei Antworten auf diese Frage: (1) die Organisation der Arbeit sowie (2) die Spezialisierung der Mitarbeiter.

Zu (1) Die Art und Weise, wie die Arbeit organisiert ist, nimmt Einfluss auf die Leistungen der Mitarbeiter – und damit auf die Leistungsfähigkeit des Krankenhauses. Im Idealfall gelingt es durch vorbildliche Organisation und, indem Gedanken der Mitarbeiter in eine Antwort der Klinik auf die bevorstehenden Herausforderungen übersetzt werden (Althammer 2007; Bestmann et al. 2004).

Zu (2) Spezialisierung ist ein wichtiger Mechanismus, um neues Wissen zu erlangen (Paine Schofield u. Honoré 2011a, b). Durch Spezialisierung stärkt der Mitarbeiter die eigene Position in der Klinik und jenseits davon (z. B. in der jeweiligen wissenschaftlichen Fachgesellschaft). Bei der enormen Steigerungsrate des Wissens kann gerade durch Spezialisierung der Expertenstatus gewahrt werden. Zugleich profitiert die Klinik vom aktuellen Expertenwissen der Mitarbeiter. In der Spezialisierung sind also persönliche und organisatorische Motive miteinander verbunden. Hier entstehen Vorteile für den Einzelnen und zugleich auch für die Organisation (Schmidt et al. 2014).

Für die *Zukunft* bleibt festzuhalten, dass die generationengerechte Führung und das Betriebliche Gesundheitsmanagement im Krankenhaus enorm an Bedeutung gewinnen werden. Dies vor allem, weil der demografische Wandel zu mehr älteren Mitarbeitern im Unternehmen führen wird, denn die Anzahl an jungen Mitarbeitern sinkt weiter bei gleichzeitiger Verlängerung der Lebensarbeitsspanne (Brandenburg u. Domschke 2007). Daher muss es im Interesse des Unternehmens sein, die vorhandenen und immer älter werdenden Mitarbeiter produktiv, fit, qualifiziert und motiviert zu halten. Im Ergebnis wird damit zwangsläufig das gezielte BGM für die Motivation und Fitness der Mitarbeiter über 50 Jahre in den Fokus rücken (Bundesministerium für Familie, Senioren Frauen und Jugend 2011b; Meiffert 2010). Dabei wird der Blick vor allem auf die Optimierung der Krankenhausprozesse und Förderung der Spezialisierung des Einzelnen gerichtet werden (Schmidt et al. 2013b). Als Folge rückt das BGM ins Zentrum des modernen Krankenhausmanagements bzw. wird zu einer zentralen Aufgabe der Unternehmensleitung. Was dabei zu bedenken ist, wurde im vorliegenden Beitrag ansatzweise dargestellt.

Literatur

Adler G, v d Knesebeck JH (2011) Shortage and need of physicians in Germany? Questions addressed to health services research. Bundesgesundheitsblatt Gesundheitsforschung Gesundheitsschutz 54:228–37

Althammer J (2007) Gesamtwirtschaftliche Effekte betrieblicher Familienpolitik. In: Dilger A, Gerlach I, Schneider H (Hrsg) Betriebliche Familienpolitik. Potenziale und Instrumente aus multidisziplinärer Sicht. Verlag für Sozialwissenschaften, Wiesbaden, S 45–63

Badura B, Ducki A, Schröder H, Klose J, Macco K (2011) Fehlzeiten-Report 2011. Führung und Gesundheit. Springer, Berlin Heidelberg

Badura B, Schröder H, Klose J, Macco K (2010) Fehlzeiten-Report 2010. Vielfalt managen: Gesundheit fördern – Potentiale nutzen. Springer, Berlin Heidelberg

Beckett D, Hager P (2002) Life, work and learning: practice in postmodernity. Routledge, London

Bellmann E, Kistler WJ (2003) Betriebliche Sicht- und Verhaltensweisen gegenüber älteren Arbeitnehmern. Aus Politik und Zeitgeschichte 20:26–34

Bertelsmann Stiftung (2003) Erfolgreich mit älteren Arbeitnehmern. Strategien und Beispiele für die betriebliche Praxis. Gütersloh

Bertelsmann Stiftung (2010) Demografischer Wandel verändert den Erwerbspersonenmarkt. Gütersloh

Bestmann B, Rohde V, Wellmann A, Küchler T (2004) Zufriedenheit von Ärztinnen und Ärzten. Dtsch Arztebl 101:28–32

Bille LM (2009) Age Management-Konzepte für das Personalwesen. Erfahrungen und Konsequenzen. Diplomica, Hamburg

Blum K, Offermanns M (2009) Krankenhaus Barometer Umfrage 2009. Deutsches Krankenhaus Institut (DKI), Düsseldorf

Blum K, Löffert S (2010) Ärztemangel im Krankenhaus – Ausmaß, Ursachen, Gegenmaßnahmen – Forschungsgutachten im Auftrag der Deutschen Krankenhausgesellschaft. Deutsches Krankenhausinstitut, Düsseldorf

Brandenburg U, Domschke JP (2007) Die Zukunft sieht alt aus. Herausforderungen des demografischen Wandels für das Personalmanagement. Gabler, Wiesbaden

Bruch H, Kunze F, Böhm S (2010) Generationen erfolgreich führen. Gabler, Wiesbaden

Bundesministerium für Familie, Senioren Frauen und Jugend (Hrsg) (2010a) Eine neue Kultur des Alterns. Altersbilder in der Gesellschaft. Erkenntnisse und Empfehlungen des 6. Altenberichts. Berlin

Bundesministerium für Familie, Senioren Frauen und Jugend (Hrsg) (2010b) Übergänge gestalten. Eine Expertise zu Motivation und Wünschen älterer Beschäftigter in Bezug auf die Gestaltung des Übergangs in den Ruhestand. BerliG

Bundesministerium für Familie, Senioren Frauen und Jugend (Hrsg) (2011a) Fachkräftemangel: Ältere Beschäftigte bieten neue Potenziale. Berlin

Bundesministerium für Familie, Senioren Frauen und Jugend (Hrsg) (2011b) Wirtschaftsmotor Altern. Berlin

Buxel H (2011) Jobverhalten, Motivation und Arbeitsplatzzufriedenheit von Pflegepersonal und Auszubildenden in Pflegeberufen. Ergebnisse dreier empirischer Untersuchungen und Implikationen für das Personalmanagement und -marketing von Krankenhäusern und Altenpflegeheimen. Fachhochschule Münster, Studienbericht, Münster

Coupland D (2004) Generation X. Geschichten für eine immer schneller werdende Kultur. Goldmann, München

Deutsche Gesellschaft für Personalmanagement (Hrsg) (2004) Personalentwicklung für ältere Mitarbeiter: Grundlagen, Handlungshilfen, Praxisbeispiele. Gütersloh

Gfrörer R, Schüpfer G, Schmidt CE, Bauer M (2005) Teamwork in the operating theatre. Effect on quality of decision-making. Anästhesist 54:1229–1234

Goleman D, Boyatzis R, McKee A (Hrsg) (2002) Emotionale Führung. 1. Aufl. Econ, Berlin

Half R (2010) Workplace Survey 2010. http://www.roberthalf.de. Gesehen 10 Feb 2014

Illies F (2000) Generation Golf. Eine Inspektion. Herder, Freiburg

Ilmarinen J (2005) Towards a longer worklife! Ageing and the quality of worklife in the European Union. Finnish Institute of Occupational Health, Helsinki

International Institute for Labour Studies (Hrsg) (2010) World of Work Report 2010. From one crisis to the next? Genf

Isfort M, Weidner F, Neuhaus A, Kraus S, Köster VH, Gehlen D (2010) Pflege-Thermometer 2009. Eine bundesweite Befragung von Pflegekräften zur Situation der Pflege und Patientenversorgung im Krankenhaus. Herausgegeben von: Deutsches Institut für angewandte Pflegeforschung e V (dip), Köln; http://www.dip.de. Gesehen 20 Mai 2012

Jovic E, Wallace JE, Lemaire J (2006) The generation and gender shifts in medicine: an exploratory survey of internal medicine physicians. BMC Health Serv Res 6:55

Keepnews DM, Brewer CS, Kovner CT, Shin JH (2010) Generational differences among newly licensed registered nurses. Nursing Outlook 58:155–163

Kienbaum Management Consultants GmbH (Hrsg) (2010) Was motiviert die Generation Y im Arbeitsleben? Berlin

Kircher H, Schroeter M, Flesch M (2012) Personalakquise im Krankenhaus. Ärzte gewinnen, binden, entwickeln. Springer, Berlin

Kneeland PP, Kneeland C, Wachter RM (2011) Bleeding talent: a lesson from industry on embracing physician workforce challenges. J Hosp Med 5:306-10

Kopetsch T (2010) Dem deutschen Gesundheitswesen gehen die Ärzte aus! Studie zur Altersstruktur und Arztzahlentwicklung. 5. aktualisierte und komplett überarbeitete Auflage. Bundesärztekammer und Kassenärztliche Bundesvereinigung, Berlin

Leuzinger A, Luterbacher T (Hrsg) (2000) Mitarbeiterführung im Krankenhaus 3. Aufl. Huber, Bern

Meiffert MT (Hrsg) (2010) Strategische Personalentwicklung. Ein Programm ich acht Etappen. 2. Aufl. Springer, Berlin, Heidelberg

Meiffert MT, Kesting M (2004) (Hrsg) Gesundheitsmanagement im Unternehmen. Springer, Berlin, Heidelberg

Padosch SA, Schmidt CE, Spöhr FAM (2011) Retention management by means of applied human resource development: lessons from cardiovascular anaesthesiology. Anasthesiol Intensivmed Notfallmed Schmerzther 46:364–369

Paine Schofield CB, Honoré S (2011a) Generation Y and Learning: A Changing World. In: Voller S, Blass E, Culpin V (Hrsg) The Future of Learning: Insights and Innovations from Executive Development. Palgrave Macmillan, Basingstoke, pp 106–124

Paine Schofield CB, Honoré S (2011b) Great Expectations: Managing Generation Y. Institute of Leadership and Management/Ashridge Business School report, Berkhamsted, UK

Paine Schofield CB, Honoré S, Laljani N (2011c) Generation Y: Bridging the gulf to make them tomorrow's leaders, NHRD Network Journal 4:23–25

Parment A (2009) Die Generation Y – Mitarbeiter der Zukunft: Herausforderung und Erfolgsfaktor für das Personalmanagement. Gabler, Wiesbaden

Pfeifer U (2008) Schicksalsgenerationen: Von der Kriegs- und Krisen- zur Packeselgeneration. Neue Gesellschaft, Frankfurter Hefte 10:54–59

PriceWaterhouseCoopers (Hrsg) (2010) Fachkräftemangel – Stationärer und ambulanter Bereich bis zum Jahr 2030. Frankfurt

Rettig D (2009) Heikle Mischung am Arbeitsplatz. Wirtschaftswoche 20.9.2009

24

Sachverständigenrat zur Begutachtung der Entwicklung im Gesundheitswesen (SVRG) (2009) Koordination und Integration – Gesundheitsversorgung in einer Gesellschaft des längeren Lebens. Sondergutachten, Bonn

Schmidt CE (2013) Generation Y Portrait einer neuen Mitarbeitergeneration. Sankt Augustin: Die politische Meinung: 518:48–53

Schmidt CE, Gerbershagen MU, Salehin J, Weiß M, Schmidt K, Wolff F, Wappler F (2011a) Von der Personalverwaltung zur Personalentwicklung. Demografic risk management« in Krankenhäusern. Anästhesist 60:507–516

Schmidt CE, Möller J, Schmidt K, Gerbershagen MU, Wappler F, Limmroth V, Padosch SA, Bauer M (2011b). Generation Y: Rekrutierung, Entwicklung und Bindung. Anästhesist 60:517–524

Schmidt C, Gerbershagen M, Schmidt K, Wappler F (2012) Generation 55+ Halten, Motivieren Einsetzen. Anästhesist 61 630–634, 636–639

Schmidt CE, Möller J, Windeck P (2013a) Generationengerechte Führung im Krankenhaus. Deutsches Ärzteblatt 110:928–993

Schmidt CE, Bauer M, Schmidt K, Bauer A (Hrsg) (2013b) Betriebliches Gesundheitsmanagement in der Praxis. MWV Medizinisch Wissenschaftliche Verlagsgesellschaft, Berlin

Schmidt CE, Möller J, Windeck P (2013c) Vier Generationen unter einem Dach. Dtsch Arztebl 110 (19):A-928/B-808/C-804

Schmidt CE, Wolff F, Warm M (2014) Generation Y erobert das Krankenhaus. Geburtshilfe Frauenheilkd 74:23–27

Schmidt K, Meyer J, Liebeneiner J, Schmidt CE, Hüttenbrink KB (2012a) Fachkräftemangel in Deutschland – Erwartungen von Chefärzten an junge Mitarbeiter: Eine Umfrage. HNO 60:102–108

Schmidt K, Meyer J, Liebeneiner J, Schmidt CE, Hüttenbrink KB (2012b) Generation Y in der HNO – Führung einer neuen Generation von Ärzten. HNO 60:993–1002

Smolka KW, Sutton CD (2002) Generational differences: revisiting generational work values for the next millennium. Journal of Organizational Behavior 23:363–382

Statistisches Bundesamt (2008) Gesundheit und Personal 2008 und unter www.destatis.de. Gesehen 20 Mai 2012

Statistisches Bundesamt (2011) Demografischer Wandel in Deutschland, Heft 1. Wiesbaden

Trojan A, Legewie H (2000) (Hrsg) Nachhaltige Gesundheit und Entwicklung: Leitbilder, Politik und Praxis der Gestaltung gesundheitsförderlicher Umwelt- und Lebensbedingungen. Vas-Verlag für Akademische Schriften, Frankfurt

Vahs D (2012) Organisation: Ein Lehr- und Managementbuch. 8. überarbeitete Aufl. Schäffer-Poeschel, Stuttgart

Voelpel S, Leibold M, Früchtenicht JD (2006) Herausforderung 50plus. Konzepte zum Management der Aging workforce: Die Antwort auf das demografische Dilemma. Publicus Corporate, Erlangen

Zemke R, Raine C, Filipczack B (1999) Generations at work. Managing the clash of veterans, boomers, xers and nexters in the workplace. New York

Zentrum für Gesundheitswirtschaft und -recht (Hrsg) (2009) OP-Barometer 2009. Arbeitssituation und Arbeitsumfeld der Funktionspflege im OP-Bereich. Frankfurt a M

Resiliente Beschäftigte – eine Aufgabe für Unternehmen, Führungskräfte und Beschäftigte

L. Gunkel, S. Böhm, N. Tannheimer

B. Badura et al. (Hrsg.) *Fehlzeiten-Report 2014,*
DOI 10.1007/978-3-662-43531-1_25, © Springer-Verlag Berlin Heidelberg 2014

Zusammenfassung *Die Dynamik der Veränderungsprozesse in Unternehmen stellt auch neue Anforderungen an das Betriebliche Gesundheitsmanagement. Einerseits ist festzustellen, dass »resiliente« (widerstandsfähige) Beschäftigte den »Veränderungsstress« gesünder bewältigen und die Veränderungen aktiver mitgestalten. Andererseits kann die Resilienzförderung nicht individuell gelingen, sondern bedarf zwingend der entsprechenden Prozesse und Maßnahmen des Unternehmens. Die Erkenntnisse aus der Resilienzforschung zeigen, welche Faktoren geeignet sind, Resilienz bei Erwachsenen zu fördern. Auf den betrieblichen Kontext übertragen können Ansatzpunkte herausgearbeitet werden, wie Unternehmen und Führungskräfte die Resilienz der Mitarbeiter stärken können und was der Beschäftigte selbst dazu beitragen kann. Der Beitrag macht deutlich, dass Resilienzförderung ein zukünftig unverzichtbarer Baustein in der Weiterentwicklung des Betrieblichen Gesundheitsmanagements (BGM) sein wird, um Gesundheit und Arbeitsfähigkeit der Mitarbeiter zu erhalten. Konkrete Interventionen auf den Ebenen Unternehmen, Führungskraft und Beschäftigte geben Anregungen, wie dies in der Praxis gelingen kann.*

25.1 Einleitung – Die Arbeitswelt im Wandel

Unsere heutige Arbeitswelt ist schnelllebiger denn je und einem ständigen Wandel unterworfen. Unternehmen stehen durch die Globalisierung im stetig steigenden Wettbewerbsdruck, der durch den demografischen Wandel und den Fachkräftemangel noch verstärkt wird. Sowohl Beschäftigte als auch Unternehmen werden dabei vor immer komplexere Anforderungen gestellt. Bedingt wird dies durch vielerlei Faktoren wie z. B. die Verringerung der Halbwertszeit von Wissen und immer kürzere Produktlebenszyklen (Leypold 2009). Um dem Markt und den Kundenbedürfnissen gerecht zu werden, sind Beschäftigungsformen notwendig, die sich u. a. durch zeitliche und räumliche Flexibilisierung sowie Individualisierung auszeichnen. Den dadurch entstandenen Chancen wie z. B. der besseren Vereinbarkeit von Beruf und Familie steht aber auch das Risiko einer Überforderung gegenüber. Insbesondere bei ständiger Erreichbarkeit, vielen Überstunden, wechselnden Arbeitsorten und langen Anfahrtswegen zur Arbeit leiden Beschäftigte vermehrt an psychischen Beschwerden (Badura et al. 2012). Wichtige Ressourcen für die psychische Gesundheit von Arbeitnehmern bilden Planbarkeit und Sicherheit der Beschäftigung sowie Beständigkeit in der Werteorientierung. Doch Unternehmen greifen mittlerweile immer häufiger zu Um- und Restrukturierungsmaßnahmen, um am Markt bestehen zu können. Für Arbeitnehmer stellen die daraus resultierenden Unsicherheiten eine große Herausforderung dar, denn sie sind aufgefordert, mit den vielfältigen Veränderungen von Technik, Strukturen, Arbeitsabläufen sowie Aufgaben- und Qualifikationsanforderungen umzugehen. Der Stressreport Deutschland zeigt empirisch auf, dass Belastungen und Stress in restrukturierten Unternehmen ausgeprägter sind als in Unternehmen ohne Restrukturierung und dass infolgedessen auch viele Gesundheitsbeschwerden häufiger auftreten (Köper 2012).

Diese zunehmende Komplexität bei gleichzeitig stark ansteigender Dynamik, auch Dynaxität genannt (Kastner 2006), birgt die Gefahr, dass durch psychische Erkrankungen die Krankenstände steigen und lange Ausfallzeiten entstehen (Badura et al. 2012; Heyde u. Macco 2010). Ebenso kann sich dadurch Burnout (Badura et al. 2010), Präsentismus (Steinke u. Badura 2011; Oldenburg 2012) und »Interessierte Selbstgefährdung« (Krause et al. 2012) entwickeln.

Widerstandsfähig gegenüber äußeren Belastungen und Krisen zu sein und sie ohne anhaltende Beeinträchtigungen durchzustehen, ist bereits heute eine notwendige Fähigkeit sowohl von Arbeitnehmern im Sinne ihrer Employability (Beschäftigungsfähigkeit) wie auch von Unternehmen, um dauerhaft am Markt bestehen zu können. Resilienzförderung wird daher zukünftig ein unverzichtbarer Baustein bei der Weiterentwicklung des Betrieblichen Gesundheitsmanagements (BGM) sein. Führungskräften kommt dabei eine entscheidende Rolle zu, wobei die eigene Resilienz als zentrale Führungskompetenz fast schon vorausgesetzt wird.

25.2 Erkenntnisse der Resilienzforschung bei Erwachsenen

In vielen Unternehmen wächst derzeit angesichts der deutlich wahrnehmbaren Probleme durch Burnout und psychosoziale Krisen bei Mitarbeitern und Führungskräften das Interesse am Thema Resilienz (Hollmann u. Hanebuth 2011; Hollmann u. Mourlane 2013). Der Begriff Resilienz wird vielfältig, häufig auch undifferenziert verwendet (Bengel u. Lyssenko 2012, S. 101; Faller 2013). Eine umfangreiche Ratgeberliteratur und ein großes Angebot an »Resilienztrainings« überschwemmen den Markt. Unter diesem Stichwort werden Methoden und Übungen der Stressbewältigung und des Achtsamkeitstrainings, Entspannungsverfahren, Work-Life-Balance-Aktivitäten und viele andere Ansätze der Lebensbewältigung angeboten. Diese zielen fast ausschließlich auf die Bewältigung von Krisen oder betrieblichen Veränderungsprozessen durch das Individuum selbst (z. B. Wellensiek 2011; Siegrist u. Luitjens 2011; Heller 2013; Mourlane 2013). Vor diesem Hintergrund ist es erforderlich, die Erkenntnisse der wissenschaftlichen Forschung herauszuarbeiten. Eine hilfreiche Quelle hierbei ist die 2012 von der Bundeszentrale für gesundheitliche Aufklärung herausgegebene zusammenfassende Auswertung des Standes der wissenschaftlichen Forschung (Bengel u. Lyssenko 2012).

Ursprünglich stammt der Begriff Resilienz »aus der Physik und Materialkunde und charakterisiert die Eigenschaft eines Materials, seine ursprüngliche Form nach einer äußeren Einwirkung schnell wieder zurückzugewinnen.« (Bengel u. Lyssenko 2012, S. 24). Er ist aus dem Englischen »resilience« (Spannkraft, Elastizität, Strapazierfähigkeit) und dem Lateinischen »resilere« (abprallen) abgeleitet.

Heute bezeichnet Resilienz die psychische Widerstandskraft von Individuen angesichts belastender Lebensereignisse oder Dauerstress (nach Bengel u. Lyssenko 2012, S. 24 und Gabriel 2005, S. 207). Die Resilienzforschung geht der Frage nach, warum manche Personen trotz ungünstiger Bedingungen gesund bleiben oder sich schnell von belastenden Ereignissen erholen (Rummel

2010a, S. 12; Siegrist u. Luitjens 2011, S. 27 f.). Vielfach wird das Bild des robusten »Stehaufmännchens« benutzt (Rummel 2010b, S. 337; Heller 2013, S. 9), das sich durch Krisen nicht unterkriegen lässt, sondern auf persönliche und sozial vermittelte Ressourcen zurückgreift, um diese Krisen zu meistern (nach Leypold 2009, S. 6). Im Detail sind die psychologischen Definitionen unterschiedlich und werden verschieden operationalisiert, abhängig vom jeweiligen wissenschaftlichen Zugang. Als Gegenteil wird oft Vulnerabilität (emotionale Verwundbarkeit, Verletzlichkeit, erhöhte Empfindsamkeit) bezeichnet (nach Bengel u. Lyssenko 2012, S. 24).

Ausgangspunkt waren die Forschungen von Emmy Werner, die sie seit 1955 mit Kindern und Jugendlichen aus sozial prekären Lebensverhältnissen auf der Hawaii-Insel Kauai betrieb. Sie begleitete fast 700 Personen über 32 Jahre hinweg. Ein Drittel von ihnen wuchs trotz hochriskanter Lebensverhältnisse in der Kindheit (Gewalt, Drogen, extreme Armut u. a.) zu selbständigen und erfolgreichen jungen Erwachsenen heran (Bengel u. Lyssenko 2012; Faller 2013; zusammenfassend Gabriel 2005). Im Zentrum stand die Frage, welche Faktoren trotz schwieriger Lebensumstände zu einer guten Entwicklung dieser Kinder führten. Die spätere Forschung bei Erwachsenen untersucht die Bewältigung stressreicher und potenziell traumatischer Ereignisse aufgrund von dauerhaft widrigen Bedingungen und traumatischen Ereignissen wie z. B. Armut, familiären Belastungen, Tod, Unfällen, chronischen Erkrankungen, Missbrauch, Kriegen, Katastrophen oder beruflichem Stress bestimmter Personengruppen (Bengel u. Lyssenko 2012, S. 28 ff.). Die Fragestellungen befassen sich damit, Schutzfaktoren zu identifizieren und darauf aufbauend Interventionen zu entwickeln, die die Resilienz fördern.

Die Forschung ist sich darüber einig, dass Resilienz kein angeborenes Persönlichkeitsmerkmal ist, sondern eine Fähigkeit, die im Rahmen der Mensch-Umwelt-Interaktion erworben wird (Wellensiek 2011, S. 19; Faller 2013). Resilienz entsteht in der Auseinandersetzung mit schwierigen Lebensaufgaben und in wiederholten Bewältigungserfolgen, also »im Trotzdem« (Rummel 2010b, S. 337, frei nach Thomas Mann). Das bedeutet, sie wird genau dann gestärkt, wenn sie herausgefordert wird und die Betroffenen die entsprechenden Lebensaufgaben und Arbeitsanforderungen positiv bewältigen. »Die Belastbarkeit wächst genau dadurch, dass sie beansprucht wird« (Rummel 2010a, S. 12).

Die kritische Auseinandersetzung mit dem Konzept der Resilienz betont zum einen methodische Aspekte, wie die uneinheitliche Definition und Operationalisierung, eine große Überlappung der Konstrukte und die Messung weitgehend über Selbstauskünfte in Fragebögen (Bengel u. Lyssenko 2012). Zum anderen wurden aus der bisherigen Rezeption der Resilienzforschung für den betrieblichen Kontext nahezu ausschließlich Trainings für Mitarbeiter oder Führungskräfte als individuelle Person entwickelt (Faller 2013). Dies gilt in besonderem Maße für die Angebote zur Resilienzförderung, wie Trainer sie den Unternehmen anbieten (z. B. Mourlane 2013), dominiert aber auch manches betriebliche Konzept. Beispielsweise beinhaltet das BGM-Konzept von Vattenfall Europe Sales GmbH Angebote, die den »Fokus auf die Stärkung der Resilienz durch Stressbewältigung« legen (Glaw et al. 2012, S. 229). Hierzu zählen Angebote zur gesunden Ernährung und Bewegungsförderung sowie ein Workshop zur Work-Life-Balance für Mitarbeiter und eine »Achtsamkeitsschulung« für Vorgesetzte, um diese für Stressfaktoren und Ressourcen bei sich selbst und bei den Mitarbeitern zu sensibilisieren (Glaw et al. 2012, S. 229 f.). Das BGF-Institut der AOK Rheinland/ Hamburg schult Führungskräfte und Mitarbeiter in ein- bis zweitägigen Trainings zu Resilienz, um in Veränderungsprozessen in Unternehmen zu bestehen (Kowalski 2012, S. 144). Diese Konzentration auf das Individuum birgt die Gefahr, dass betriebliche Krisen individualisiert werden und die Verantwortung für Stressbewältigung den Betroffenen übertragen wird, bis hin zu Schuldzuweisungen oder gar »Pathologisierung« nicht resilienter Personen. Ohne die Gestaltung resilienzfördernder Umweltbedingungen, z. B. die Verbesserung der Arbeitsbedingungen, können die Betroffenen jedoch nicht resilient werden (Faller 2013; Rummel 2010b). Diese Forderung entspricht der klassischen Zielsetzung des Betrieblichen Gesundheitsmanagements, nämlich die Gesundheitskompetenzen der Beschäftigten und die gesundheitsförderlichen Ressourcen der Arbeitssituation auf Verhaltens- und Verhältnis-Ebene gleichermaßen zu entwickeln. Dies ist Leitlinie bei der Herausarbeitung der relevanten Resilienzfaktoren.

25.3 Wesentliche Resilienzfaktoren und ihre Förderung durch das Unternehmen, durch die Führungskraft und durch die Beschäftigten selbst

Die Einflussfaktoren, die Resilienz fördern, werden Schutzfaktoren, Protektivfaktoren oder Resilienzfaktoren genannt und können gezielt entwickelt werden (Bengel u. Lyssenko 2012, S. 27). Die in der Literatur beschriebenen Resilienzfaktoren sind auf sehr unterschiedlichem Abstraktionsniveau angesiedelt – von

Fehlzeiten-Report 2014

■ Abb. 25.1 Die vier zentralen Resilienzfaktoren im Betrieblichen Gesundheitsmanagement

konkreten Verhaltensempfehlungen für das Individuum bis hin zu umfangreichen, wissenschaftlich erforschten Konstrukten wie beispielsweise Selbstwirksamkeit.

Zur Auswahl der im Kontext des Betrieblichen Gesundheitsmanagements relevanten Resilienzfaktoren werden folgende Filter gesetzt:

1. Welche Resilienzfaktoren können als wissenschaftlich erforscht gelten und sind im Erwachsenenalter durch gezielte Aktivitäten förderbar?
   Dies führt zum Ausschluss des häufig genannten Faktors »Optimismus« als genereller Lebenseinstellung.

2. Welche Faktoren sind im Unternehmen, in der Organisation förderbar?
   Dies führt zum Ausschluss des durchaus relevanten Faktors »Religiosität«. Menschen, die Schicksalsschläge als von Gott gegeben oder gewollte Prüfung interpretieren, kommen damit besser zurecht als Menschen, die mit ihrem Schicksal »hadern«. Aus praktischen und ethischen Aspekten entzieht sich dies aber einer gezielten Förderung.

3. Eine klare Strukturierung.
   Die (Ratgeber-)Literatur enthält eine tendenziell unbegrenzte Vielzahl von Einzelvorschlägen, wie die Person ihre Resilienz fördern kann.

Das Ergebnis dieser Analyse fokussiert auf die vier am besten erforschten und förderbaren Konstrukte *Soziale Unterstützung, Selbstwirksamkeit, Kohärenzgefühl* und *Aktives Coping.* Die vier Konstrukte sind, auch in der wissenschaftlichen Literatur, nicht trennscharf, da sie aus unterschiedlichen theoretischen und praktischen Entstehungszusammenhängen kommen. Aufgrund der Datenlage und der praktischen Erfahrung im Betrieblichen Gesundheitsmanagement haben wir relevante Einzelaspekte soweit wie möglich den vier Konstrukten zugeordnet (■ Abb. 25.1).

25.4 Die Verknüpfung von »resilienter Person« und »salutogenem Unternehmen«

Um eine salutogene (an der Förderung der Gesundheit orientierte) Organisation zu entwickeln, sind Angebote der Resilienzförderung auf allen Ebenen des Unternehmens wichtig. Eine mitarbeiterorientierte Unternehmenskultur sowie Unternehmenswerte, die tatsächlich gelebt werden, sind für ein salutogenes Unternehmen entscheidende Voraussetzungen. Von großer Bedeutung ist dabei, gesunde Strukturen und Prozesse im Sinne von Partizipation und Transparenz zu schaffen, kontinuierlich zu überprüfen und weiterzuentwickeln. Hier sind auch die Führungskräfte gefordert. Sie müssen sich der Herausforderung stellen, einerseits die Verantwortung für die Erreichung der Arbeitsergebnisse zu tragen, andererseits aber auch möglichst gesunde Arbeitsbedingungen für ihre Beschäftigten und für sich selbst zu schaffen.

Auf der Basis umfangreicher praktischer Erfahrungen im Betrieblichen Gesundheitsmanagement (Gieseke et al. 2002; Gunkel 2002; Gunkel et al. 2011; Orthmann et al. 2010; Orthmann et al. 2011; Winter u. Singer 2008) wurden aus den wissenschaftlichen Erkenntnissen für jeden Resilienzfaktor geeignete Handlungsempfehlungen zu dessen Förderung erarbeitet.

Die Handlungsempfehlungen zur Resilienzförderung setzen an drei Interventionsebenen an:
1. Interventionen auf der Organisationsebene: Maßnahmen, die von der Unternehmensleitung bzw. deren beauftragten Stellen (z. B. Personalentwicklung, BGM-Koordinator) für das gesamte Unternehmen initiiert werden.
2. Resilienzförderung durch Führungshandeln: Aktivitäten, Handlungen und Einstellungen der Führungskräfte, die geeignet sind, Resilienz bei den Mitarbeitern des eigenen Teams zu fördern.
3. Selbstaktivierung der Person: Handlungen und Aktivitäten jedes einzelnen Beschäftigten zur Förderung der individuellen Resilienz.

Dabei ist davon auszugehen, dass in der Praxis nicht alle, sondern nur ausgewählte Aktivitäten aus jeder Interventionsebene umgesetzt werden, diese aber in Interaktion miteinander geeignet sind, Potenzial zur Resilienzförderung zu entfalten. Viele der einzelnen Handlungsempfehlungen sind bereits aus anderen Konzeptualisierungen, beispielsweise dem Betrieblichen Stressmanagement, der Gesundheitsförderlichen Mitarbeiterführung, dem Change Management u. a. bekannt. Ihr Beitrag zur Resilienzförderung ist ein weiterer Beleg für ihre Relevanz.

Im Folgenden werden die vier Resilienzfaktoren beschrieben und die daraus abgeleiteten Handlungsempfehlungen auf den drei Interventionsebenen dargestellt.

25.5 Beschreibung der vier Resilienzfaktoren und der daraus abgeleiteten Handlungsempfehlungen auf den drei Interventionsebenen

25.5.1 Soziale Unterstützung

Soziale Unterstützung gilt heute als der empirisch am besten erforschte Schutzfaktor für die psychische Gesundheit. Bereits in den 1970er Jahren konnte in einer kalifornischen Studie nachgewiesen werden, dass Menschen mit einem sozial funktionierenden Netzwerk ein bedeutend geringeres Erkrankungs- und Mortalitätsrisiko aufweisen als isoliert lebende Menschen (Berkman 1978 nach Bengel u. Lysseko 2012, S. 82).

Unabhängig von einer konkreten Belastungssituation wirkt sich soziale Unterstützung positiv auf die Gesundheit und das psychische Wohlbefinden aus und fungiert damit als »Schutzschild« gegen Belastungen. Fehlende soziale Unterstützung hingegen kann zum gravierenden Stressor werden, wie zum einen Erfahrungen in Projekten der Betrieblichen Gesundheitsförderung und zum anderen Ergebnisse der arbeits- und organisationspsychologischen Forschung (Semmer u. Udris 2007) gezeigt haben. Soziale Unterstützung kann die negativen Folgen einer Krise oder Belastung »abpuffern« und wird deshalb zu einer der wichtigsten betrieblichen Ressourcen.

Ob die soziale Unterstützung durch Kollegen oder Vorgesetzte im Betrieb tatsächlich gegeben ist, spielt dabei zunächst eine eher untergeordnete Rolle. Bedeutender scheint die antizipierte soziale Unterstützung zu sein. Allein die Überzeugung und Annahme (»ich gehe davon aus, dass ich unterstützt werde«), bei Bedarf auf ein soziales Netzwerk zurückgreifen zu können, besitzt eine hohe protektive Wirkung, unabhängig davon, ob es tatsächlich zu einer unterstützenden Interaktion kommt. Tatsächlich erhaltene Unterstützung kann sich allerdings auch ins Negative kehren, wenn z. B. die erhaltene Unterstützung nicht gewünscht bzw. nicht als hilfreich erlebt wird, wenn die Hilfestellung nicht der Erwartung entspricht oder wenn sich ein empfundenes »Zuviel« an geleisteter Unterstützung negativ auf das Selbstwertgefühl und die Selbstwerterwartung der betroffenen Person auswirkt (»Ratschläge sind auch Schläge«; »Gut gemeint ist nicht gleich gut«). Soziale Unterstützung muss demnach im Sinne des »optimal

Soziale Unterstützung fördern – in Gemeinschaft investieren!

Person
- Unterstützung anbieten und geben
- Unterstützung holen und annehmen
- Fördern von und integrieren in die Gemeinschaft

Führungskräfte
- Vertrauensvorschuss und Wertschätzung der Personen
- Rückendeckung, offenes Ohr und Lob
- Fairness üben und einfordern, Konflikte klären

Organisation
- Analyse und Maßnahmen für ein konstruktives Betriebsklima
- Führungskräfte-Qualifizierung zu
  - eigener Resilienz/Stressbewältigung
  - Sozialer Kompetenz/Mitarbeiterorientierte Führung
  - Burn-out Prävention
- Mitarbeiter-Qualifizierung zu sozialer Kompetenz
- Teamentwicklung und Konfliktmanagement
- Lern- und Kritikkultur

Fehlzeiten-Report 2014

◻ **Abb. 25.2** Interventionen zur Förderung sozialer Unterstützung

matching model« immer als passend empfunden werden (Horowitz et al. 2001; Cutrona et al. 2007).

Um die Potenziale sozialer Unterstützung zu entwickeln, sind Unternehmen gefordert, sowohl die Führungskräfte als auch die Mitarbeiter ausreichend zu qualifizieren (◻ Abb. 25.2). Unternehmen bzw. Organisationen und ihre Führungskräfte leisten effektive soziale Unterstützung am besten »unsichtbar«, im Sinne von Hilfe zur Selbsthilfe, z. B. durch Vertrauen und Wertschätzung in die Beschäftigten oder durch Maßnahmen zur Förderung der Gemeinschaft. Darüber hinaus sind direktes Lob und Anerkennung, ein offenes Ohr für die Anliegen der Beschäftigten oder die aktive Bearbeitung von Konflikten Ansätze zur sozialen Unterstützung durch Führungskräfte und Teams gleichermaßen. Wichtig dabei ist die Ausgewogenheit und Fairness gegenüber der Belegschaft; soziale Unterstützung darf nicht nur denjenigen entgegengebracht werden, die ohnehin eine hohe Kompetenz aufweisen. »Bei ungünstigen, passiven oder vermeidenden Bewältigungsstilen wird am wenigsten Unterstützung angeboten, obwohl Unterstützung in diesem Fall am meisten benötigt würde.« (Bengel u. Lyssenko 2012, S. 88).

Soziale Unterstützung steht mit den anderen genannten Resilienzfaktoren im engen Zusammenhang.

Wird Beschäftigten von allen Seiten ein Gefühl von Kompetenz vermittelt, geht dies gleichzeitig mit einer Stärkung des Selbstwertes einher. Jeder Einzelne ist dann eher bereit, soziale Unterstützung anzunehmen, aber auch zu geben und damit in die betriebliche Gemeinschaft zu investieren.

Die Förderung sozialer Unterstützung ist inzwischen regelmäßiger Bestandteil der Workshops zur gesundheitsgerechten Mitarbeiterführung, die die AOK Bayern jährlich in durchschnittlich dreißig Unternehmen mit den unteren und mittleren Führungskräften durchführt. Hier werden gezielte und alltagstaugliche Veränderungen des Führungshandelns erarbeitet, z. B. wie die Führungskraft Wertschätzung gerade in »stressigen« Zeiten zeigen kann oder welche Form von Lob angemessen ist (Bayer et al. 2011; Gunkel et al. 2011; Orthmann et al. 2010).

25.5.2 Selbstwirksamkeit

Das Konzept der Selbstwirksamkeitserwartung basiert auf der umfangreich erforschten sozial-kognitiven Theorie von Albert Bandura (1977). Sie bezeichnet die subjektive Erwartung, Anforderungssituationen aus eigener Kraft bewältigen zu können. Unterschieden wird dabei zwischen der allgemeinen Selbstwirksamkeitserwartung, die alle Lebensbereiche umfasst und eine optimistische Einschätzung der generellen Lebensbewältigungskompetenz zum Ausdruck bringt, und einer bereichs- und situationsspezifischen Selbstwirksamkeitserwartung, die sich auf einzelne Bereiche bezieht, z. B. das Vertrauen in berufliche Fähigkeiten.

(Potenzielle) Stressoren werden von Menschen mit einer hohen Selbstwirksamkeitserwartung eher als Herausforderung und als lösbar angesehen. Sie nutzen dabei aktive, problemadäquate und lösungsorientierte Bewältigungsstrategien, weisen ein höheres Durchhaltevermögen bei Rückschlägen oder Hindernissen auf und bewerten ihre eigenen Anstrengungen positiver als Menschen mit geringer Selbstwirksamkeitserwartung (◻ Abb. 25.3).

Die gute Nachricht ist, dass Selbstwirksamkeitserwartungen über mehrere Wege erlernt und ausgebaut werden können. Eigene Erfahrungen haben dabei den wichtigsten Einfluss. Durch eigene Anstrengung ein Ziel zu erreichen bewirkt, dass man sich auch in Zukunft für fähig halten wird, als schwierig empfundene Aufgaben zu bewältigen. Die positiven Gefühle, die mit diesen Erfahrungen einhergehen, verstärken dabei die Selbstwirksamkeitserwartung (Bandura 1997). Auch durch Zuspruch und die positive Bewertung von anderen, z. B. Kollegen oder Vorgesetzten, wird Ver-

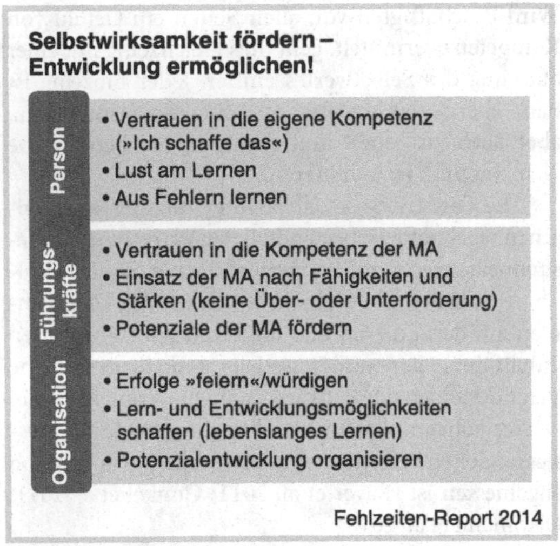

Selbstwirksamkeit fördern – Entwicklung ermöglichen!

Person
- Vertrauen in die eigene Kompetenz (»Ich schaffe das«)
- Lust am Lernen
- Aus Fehlern lernen

Führungskräfte
- Vertrauen in die Kompetenz der MA
- Einsatz der MA nach Fähigkeiten und Stärken (keine Über- oder Unterforderung)
- Potenziale der MA fördern

Organisation
- Erfolge »feiern«/»würdigen«
- Lern- und Entwicklungsmöglichkeiten schaffen (lebenslanges Lernen)
- Potenzialentwicklung organisieren

Fehlzeiten-Report 2014

◘ **Abb. 25.3** Interventionen zur Förderung von Selbstwirksamkeit

trauen in die eigenen Fähigkeiten gewonnen. Indem die Führungskraft Vertrauen in die Kompetenz ihrer Mitarbeiter äußert (»Du kannst das«) und deren Potenziale fördert, leistet sie wiederum ein hohes Maß an sozialer Unterstützung. Des Weiteren stellt das Modelllernen, also das Beobachten von Personen, die durch eigene Anstrengung eine schwierige Aufgabe bewältigen, eine effektive Quelle der Selbstwirksamkeit dar. Allerdings muss der Betreffende der Zielperson ähnliche Kompetenzen zuschreiben wie sich selbst (Bengel u. Lyssenko 2012, S. 58).

Vertrauen in die eigene Kompetenz haben, von sich selbst überzeugt sein (»Ich schaffe das!«) erfordert auf der einen Seite Selbstwirksamkeit und bringt auf der anderen Seite bei Bewältigung der Aufgaben dem Beschäftigten auch ein hohes Maß an Selbstwirksamkeitserwartungen ein. Selbstzweifel und Angstdenken sind dagegen der Ausdruck niedriger Selbstwirksamkeitserwartungen.

Berufliche Anforderungen sind vielschichtig und verändern sich ständig. Lebenslanges Lernen ist deshalb eine Aufgabe für jeden Arbeitnehmer, um fachliche wie personale Kompetenzen und Fähigkeiten auszubauen und sich so die eigene Employability zu bewahren. Der nötige Rahmen dazu muss von der Organisation vorgegeben werden. Um eine Lernkultur zu erschaffen, die die Potenziale eines jeden einzelnen Beschäftigten hebt, gilt es für Unternehmen und Organisationen Lern- und Entwicklungsmöglichkeiten zu etablieren. Ein solcher Ort konstruktiven und lösungsorientierten Lernens sind die seit vielen Jahren im Rahmen des Betrieblichen Gesundheitsmanagements

erprobten »Gesundheitszirkel« (Resch-Becke u. Gunkel 2012). So wurden in mehreren mittelständischen Unternehmen Lösungen erarbeitet, wie beispielsweise Erreichbarkeit gesichert und gleichzeitig ständige Unterbrechungen reduziert werden können oder wie erfolgreich mit der E-Mail-Flut umgegangen werden kann.

25.5.3 Kohärenzgefühl

Das Kohärenzgefühl bildet das Kernstück von Antonovskys Modell der Salutogenese und wird in der aktuellen Forschung zu Resilienz als ein wesentlicher Schutzfaktor beschrieben (Bengel u. Lyssenko 2012).

Beim Kohärenzgefühl handelt es sich um eine grundlegende Lebensorientierung, die sich durch die drei Aspekte Verstehbarkeit, Handhabbarkeit und Sinnhaftigkeit auszeichnet (Antonovsky 1987).

Für den Mitarbeiter im betrieblichen Alltag entsteht das Gefühl des »Es stimmt für mich!« durch folgende Aspekte:

- »Ich verstehe, warum dies so ist!« Arbeitsaufgaben, Arbeitsorganisation und Rahmenbedingungen sind transparent, verlässlich und nachvollziehbar.
- »Ich kann das bewältigen!« Die Aufgaben überfordern nicht und es stehen Unterstützungsmöglichkeiten durch Vorgesetzte und Kollegen, Qualifizierungsangebote und andere Ressourcen zur Verfügung, um den Anforderungen aus der Arbeit begegnen zu können.
- »Was ich tue, ist wichtig, sinnvoll und bedeutsam!« Die Anforderungen, die die Arbeit stellt, sind Herausforderungen, für die sich Anstrengung und Engagement lohnen.

Die Befundlage zum Kohärenzgefühl in der wissenschaftlichen Forschung ist inkonsistent. Es wird ein starker Zusammenhang mit Indikatoren psychischer Gesundheit festgestellt, wohingegen in Bezug auf psychische Störungen ein negativer Zusammenhang besteht. Außerdem ist die Wirkung des Kohärenzgefühls bei Stress größer als bei Traumata (Bengel u. Lyssenko 2012, S. 68). Ein wesentlicher Kritikpunkt liegt in Antonovskys Annahme eines weitgehend stabilen Kohärenzgefühls ab dem 30. Lebensjahr. Neuere Forschungen weisen aber darauf hin, dass es sich eher um eine variable Größe handelt, »die in dynamischer Interaktion mit Entwicklungs- und Umweltbedingungen steht« (Bengel u. Lyssenko 2012, S. 22).

Für den betrieblichen Kontext ist das Kohärenzgefühl – unter der Maßgabe, dass es veränderbar und beeinflussbar ist – ein interessantes Konstrukt. Zudem sind die drei Faktoren sehr plausibel, betrieblich beeinflussbar und bezüglich der Anforderungswahrnehmung und -verarbeitung alltagspraktisch relevant.

Um im Berufsalltag das Kohärenzgefühl zu fördern, steht die Frage nach dem »Wozu?« im Fokus. Alle drei Ebenen – Organisation, Führungskräfte wie auch Mitarbeiter – können hier ihren Beitrag leisten (◘ Abb. 25.4).

Es ist Aufgabe des Unternehmens, das Gefühl des »Es stimmt für mich!« zu fördern. Eine aktive und transparente Informationspolitik ist eine unverzichtbare Bringschuld des Unternehmens. Von hoher Bedeutung sind auch die Möglichkeit zur Partizipation an Entscheidungsprozessen und Gestaltungsfreiräume, um die Eigenverantwortung der Beschäftigten zu fördern. Unternehmenswerte, die nicht nur formuliert sind, sondern auch gelebt werden, fördern beim einzelnen Mitarbeiter das Gefühl der Sinnhaftigkeit des eigenen Tuns und die Identifikation mit dem Arbeitgeber.

Aufgabe der Beschäftigten ist es, sich aktiv Informationen und Rückmeldungen einzuholen, nachzufragen und das Gespräch zu suchen, um sich Verstehbarkeit und Sinnhaftigkeit zu erschließen. Mitarbeiter sind hier in ihrer Eigenverantwortung für Employability und Workability gefordert. Dem Kohärenzgefühl sehr zuträglich ist zudem ein Realitätssinn nach dem Motto »Es ist, wie es ist!«, um Beeinflussbares von nicht Beeinflussbarem zu trennen.

Den Führungskräften kommt dabei die schwierige, aber unverzichtbare Mittleraufgabe zu. Sie sind gefordert, klar zu kommunizieren, gut und auch relevant zu informieren (Rummel 2010b, S. 340) sowie Sinn und Bedeutung der Arbeitsaufgaben, Arbeitsbedingungen und Ziele zu vermitteln. Gerade in Zeiten der Veränderung ist es unter dem Resilienzaspekt wichtig, das Re-Framing (»Umdeuten«) beim Mitarbeiter herauszufordern, um das Gute am »Schlechten« herauszuarbeiten und damit die Sinnhaftigkeit zu fördern.

Die Verzahnung von Bring- und Holschuld bezüglich aktiver Information und damit die Generierung von Sinn und Bedeutung von konkreten betrieblichen Veränderungen wurden im Rahmen eines BGM-Projektes in einem größeren Pflegeheim einer südbayerischen Großstadt exemplarisch bearbeitet. Die Problemanzeige der Beschäftigten im Gesundheitszirkel führte zu einer detaillierten Analyse der Informationsflüsse aus Sicht der Leitung, der Stationsleitungen und der Beschäftigten (Wer informiert worüber und in welcher Form? Welche Informationen kommen wie an? Welche Informationen werden als unzureichend und fehlend wahrgenommen? etc.). In gemeinsamen Workshops wurden die jeweiligen Perspektiven zusammengeführt und die Bedarfe der Beteiligten ermit-

**Kohärenzgefühl fördern –
die Frage nach dem »Wozu?«**

Person
- Eigenverantwortung übernehmen
- »Holschuld« bezüglich Information und Bedeutung
- Realitätssinn: »Es ist, wie es ist.«

Führungskräfte
- Klare Kommunikation
- Vermittlung von Sinn und Bedeutung der Arbeitsaufgaben, Arbeitsbedingungen und Ziele
- Re-Framing herausfordern – das Gute am »Schlechten« herausarbeiten

Organisation
- Bringschuld: Aktive Information, Transparenz und Partizipation
- Werte-Orientierung durch formulierte und gelebte Leitlinien
- Arbeitgeber-Attraktivität

Fehlzeiten-Report 2014

◘ **Abb. 25.4** Interventionen zur Förderung des Kohärenzgefühls

telt. Auf dieser Basis wurden die Informationswege und -formen neu gestaltet. Im Evaluationszirkel bestätigten die Mitarbeiterinnen, dass sie jetzt »besser wissen, was warum wichtig ist«, es weniger »Gemeckere« gibt und sie selbst aktiver nachfragen. »Da kann man jetzt gelassener mit den täglichen Überraschungen umgehen«, konstatierte eine Pflegekraft.

25.5.4 Aktives Coping

Bereits 1984 wiesen Lazarus und Folkmann mit ihrer Stresstheorie auf die Bedeutung der subjektiven Situationseinschätzung und des subjektiven Ressourcenabgleichs hin. Stress entsteht demnach, wenn eine Situation als Bedrohung wahrgenommen wird und die Ressourcen, subjektiv empfunden, nicht ausreichen, um die Anforderungen zu bewältigen (Lazarus u. Folkman 1984). Die möglichen Bewältigungsstrategien (Coping) lassen sich in drei Kategorien unterteilen: problemorientiertes, emotionsbezogenes und vermeidendes Coping. Unter dem Blickwinkel der Förderung von Resilienz im Unternehmen sind die aktiven Copingstrategien aktives problemorientiertes und aktives emotionsbezogenes Coping interessant. Ersteres zeichnet sich durch die Übernahme von Selbstverantwortung, das Suchen von Unterstützung und lösungsorientiertes Handeln aus. Negative Emotionen zu steuern, Probleme bzw. Anforderungen zu akzeptieren, positiv zu deuten und als Herausforderung zu sehen, mit

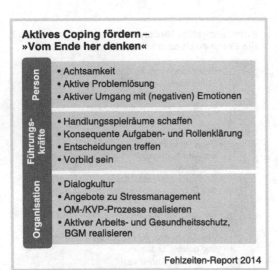

Aktives Coping fördern –
»Vom Ende her denken«

Person
- Achtsamkeit
- Aktive Problemlösung
- Aktiver Umgang mit (negativen) Emotionen

Führungs-kräfte
- Handlungsspielräume schaffen
- Konsequente Aufgaben- und Rollenklärung
- Entscheidungen treffen
- Vorbild sein

Organisation
- Dialogkultur
- Angebote zu Stressmanagement
- QM-/KVP-Prozesse realisieren
- Aktiver Arbeits- und Gesundheitsschutz, BGM realisieren

Fehlzeiten-Report 2014

◘ **Abb. 25.5** Interventionen zur Förderung aktiven Copings

Humor zu nehmen, nach Trost zu suchen oder auch »Dampf abzulassen« sind aktive emotionsbezogene Strategien. Erfolgreiches Bewältigungsverhalten stärkt ganz im Sinne der Redensart »Der Mensch wächst mit seinen Aufgaben« (Bengel u. Lyssenko 2012, S. 78 ff.).

Aktives Coping im Betrieb fördern bedeutet »vom Ende her denken«; und das auf allen Ebenen: Organisation, Führungskräfte und Person. Die Lösungsorientierung steht im Vordergrund und damit die Frage, was Mitarbeiter benötigen, um das angestrebte Ziel zu erreichen (◘ Abb. 25.5).

Für die schützende Wirkung und den Einsatz der passenden Copingstrategie ist die Wahrnehmung, Bewertung und Interpretation der Situation wichtig. Auf Organisationsebene ist deshalb eine Dialogkultur sehr wichtig. Zeitnahe und ausreichende Informationen, die den Mitarbeitern zur Verfügung gestellt werden, Gesprächsbereitschaft sowie eine Offenheit für Meinungen und Vorschläge der Mitarbeiter sind hier zentral. In diesem Zusammenhang spielen die Realisierung von Qualitätsmanagementstrukturen und Rückmeldungen im kontinuierlichen Verbesserungsprozess (KVP) eine große Rolle. Ressourcenorientiertes Betriebliches Gesundheitsmanagement stärkt unter anderem Mitarbeiterbeteiligung und Eigenverantwortung. Beides sind wichtige Aspekte für Beschäftigte, um Herausforderungen aktiv bewältigen zu können. Betriebliche Angebote zum Stress- und Konfliktmanagement sind hier unterstützende Rahmenbedingungen. Ebenso bildet ein aktiver Arbeits- und Gesundheitsschutz für den Einzelnen eine grundlegende Basis für gelingende Stressbewältigung.

Führungskräfte können vielfältig unterstützen. Die Schaffung von Handlungsspielräumen ist entscheidend, damit Mitarbeiter überhaupt Selbstverantwortung übernehmen können. Führungsstärke, die sich dadurch auszeichnet, dass Aufgaben und Rollen konsequent geklärt und Entscheidungen getroffen werden, ist eine bedeutende Ressource für Mitarbeiter, um Arbeitsanforderungen mit aktivem Coping zu begegnen. Auch die Vorbildwirkung von Führungskräften spielt eine wichtige Rolle: »Wie geht mein Chef mit potenziell bedrohlichen Situationen um?« Insbesondere bei nicht veränderbaren Situationen kommt der Deutung und Sinnerklärung eine hohe Relevanz zu. Führungskräfte können hier entscheidend Einfluss auf die subjektive Situations- und Ressourceneinschätzung der Mitarbeiter nehmen.

Jeder einzelne Beschäftigte ist gefordert, Veränderungen und Herausforderungen aktiv anzugehen. Achtsamkeit für sich selbst, d. h. für die eigenen Gedanken, Emotionen, Verhaltensweisen und Körperempfindungen bzw. -reaktionen, bildet die Grundlage für einen gesunden Umgang damit. Die Übernahme von Selbstverantwortung zeichnet sich auch dadurch aus, dass der Mitarbeiter aktiv die Unterstützung durch das Unternehmen, die Führungskraft oder die Kollegen einfordert.

Vom »Beklagen« zu einem aktiven und lösungsorientierten Umgang mit den Arbeitsanforderungen zu gelangen, ist wesentliches Ziel der Workshops zum betrieblichen Stressmanagement, die vor dem Hintergrund der umfangreichen und in merklich kürzeren Abständen stattfindenden betrieblichen Veränderungsprozessen heute umso mehr nachgefragt werden. Ein solcher Workshop ermöglichte beispielsweise den Mitarbeitern der Kreditabteilung einer mittelständischen Filialbank, Wege zu erarbeiten, wie die stark gestiegene Anzahl an Kreditanträgen zur Zufriedenheit der Kunden und unter Wahrung der eigenen Gesundheit abgearbeitet werden kann, u. a. indem Abläufe optimiert, Doppelarbeiten reduziert, technische Erleichterungen eingeführt, mehr Entscheidungsspielraum der Mitarbeiter bei der Prioritätensetzung geschaffen und die Kommunikation zwischen Sachbearbeitern und Spezialisten verbessert wurden.

25.6 Praktische Ansatzpunkte für die Weiterentwicklung des Betrieblichen Gesundheitsmanagements angesichts des Wandels der Arbeitswelt

Einleitend wurde der gravierende Wandel der Arbeitswelt und die damit einhergehenden immer komplexeren Anforderungen an die Beschäftigten und die

Unternehmen beschrieben. Zu deren Bewältigung und zur Sicherung der Workability und Employability ist bereits heute Gesundheit *die* Schlüsselressource. Hier sind Unternehmen, Führungskräfte und Beschäftigte gleichermaßen gefordert. Die bisher herausgearbeiteten Maßnahmen der Resilienzförderung auf den drei Interventionsebenen Organisation, Führungskraft und Individuum ermöglichen eine Neujustierung der Personal- und Organisationsentwicklung und des Betrieblichen Gesundheitsmanagements. Bisher wurden und werden bereits »Veränderungsstress« oder »Flexibilisierungsbelastungen« im Rahmen der Aktivitäten zum Betrieblichen Gesundheitsmanagement thematisiert. Künftig wird es erforderlich sein, Resilienzförderung hier zu integrieren, um angesichts der Zunahme psychischer Belastungen eine gesunde Zukunft gezielt zu gestalten. Wie dies ermöglicht werden kann, wird im Folgenden an einigen Beispielen auf den drei Interventionsebenen dargelegt. Da nicht alle Maßnahmen realisiert werden können, ist entscheidend, dass die ausgewählten Maßnahmen alle drei Interventionsebenen umfassen.

25.6.1 Interventionen zur Resilienzförderung auf der Organisationsebene

Einzelne Maßnahmen allein machen aus einem Unternehmen noch keinen resilienzfördernden Arbeitgeber. Maßnahmen im Rahmen der Organisations- und Personalentwicklung müssen mit Maßnahmen zur Gesundheitsförderung verknüpft werden, z. B.

A. Aktive und transparente Information über die IST-Situation und die Entwicklung des Unternehmens sowie die anstehenden Veränderungen und ihre Chancen und Risiken sind geeignet, um Unsicherheit zu reduzieren. Um diese betriebliche Bringschuld sicherzustellen, können beispielsweise effektive Prozesse und Informationswege in hierarchieübergreifenden Workshops erarbeitet werden.

B. Analysen und Maßnahmen für ein konstruktives Betriebsklima, z. B. durch Beschäftigtenbefragungen (Zok 2010) oder Gesundheitszirkel (Resch-Becke u. Gunkel 2012)

C. Programme zur systematischen Führungskräfte-Qualifizierung:
Workshops und Seminare zu
  - gesundheitsgerechtem und mitarbeiterorientiertem Führungshandeln – z. B. »Workshop Gesundheitsgerechte Mitarbeiterführung« (Gunkel et al. 2011; Orthmann et al. 2010)
  - lösungsorientierter Bewältigung von Überlastungsanzeigen (z. B. stressmindernde Arbeitsorganisation)
  - Handlungsansätzen für psychische Gesundheit und Burnout Prävention, z. B. »Workshop Burnout Prävention«
  - Entwicklung von Strukturen und Prozessen für ein lösungsorientiertes Konfliktmanagement (Gunkel u. Szpilok 2010)

D. Angebote für Führungskräfte zur eigenen Resilienzförderung und Stressbewältigung (Orthmann et al. 2011), z. B. »Workshop Fit zum Führen« (Gunkel et al. 2011, S. 125; Böhm 2014)

E. Angebote für die Mitarbeiter zu sozialer Kompetenz und Stressbewältigung, z. B. Workshop Betriebliches Stressmanagement

F. Demografietaugliche Angebote zum lebenslangen Lernen, z. B. Erarbeiten der Grundlagen und Voraussetzungen im »Gesundheitszirkel alter(n)sgerechtes Arbeiten«

G. Weiterentwicklung einer Lern-, Wertschätzungs- und Dialogkultur in einem Werte-Entwicklungsprozess, z. B. der Vereinbarung entsprechender Leitlinien für Führung und Zusammenarbeit in einem Top-down-/Bottom-up-Dialog

In einem gemeinsamen Projekt der AOK Bayern mit einer etablierten mittelständischen Reinigungsfirma mit Hauptsitz in München wurde dies erfolgreich umgesetzt. In dieser Branche ist in den letzten Jahren der Zeit- und Kostendruck enorm gestiegen. Die Dienstleistungsorientierung nimmt zu und damit auch die Aufgabenvielfalt. Zeitliche und räumliche Flexibilität sowie ständige Erreichbarkeit für Kunden und Mitarbeiter kennzeichnen das Aufgabenspektrum der mittleren Führungsebene. Die Objektleiter als Schnittstelle zwischen Unternehmensleitung und Mitarbeitern wurden über einen Zeitraum von zwei Jahren in mehreren Workshops dazu eingeladen, Gesundheitssituation und -verhalten zu reflektieren und die eigenen Ressourcen für die Bewältigung der steigenden Anforderungen zu stärken. Durch die regelmäßige Reflexion war spürbar, dass die Objektleiter ihre Einstellung bzgl. der eigenen Gesundheitsressourcen, aber auch gegenüber der der Mitarbeiter geändert hatten. Außerdem wurden notwendige strukturelle Veränderungen aufgezeigt und im Unternehmen verfolgt, wie z. B. eine bessere Abstimmung zwischen Vertrieb und Objektleitung bei der Übernahme von neuen Objekten.

25.6.2 Führungshandeln zur Unterstützung der Resilienzförderung der Beschäftigten

Im betrieblichen Alltag kommt den Führungskräften der unteren und mittleren Ebene eine zentrale Mittlerrolle zu. Dies stellt eine enorme Herausforderung dar, der sich die Führungskräfte erst dann stellen können, wenn das Unternehmen sie mit entsprechenden Entwicklungs- und Qualifizierungsmaßnahmen (s. o.) darauf vorbereitet und unterstützt.

Wesentliche Aspekte des Führungshandelns zur Resilienzförderung sind:

A. Mitarbeiterorientiertes, gesundheitsförderndes Führungshandeln im Arbeitsalltag, z. B. Wertschätzung, Lob, Feedback geben, Konflikte und Probleme klären und Rückendeckung nach außen geben, ein offenes Ohr für die Anliegen der Mitarbeiter haben, der Kompetenz und Motivation der Mitarbeiter vertrauen, Fairness üben und einfordern.

B. Klare, transparente und eindeutige Kommunikation und Information sowie Vermittlung von Sinn und Bedeutung der Arbeitsaufgaben, Arbeitsbedingungen, Veränderungsprozesse etc. Dies kann in Einzel- und Teamgesprächen vermittelt werden.

C. Arbeitsaufgaben gestalten, die den Fähigkeiten und Stärken der Mitarbeiter entsprechen (Passung), und Entwicklung und Qualifizierung ermöglichen.

D. Unterstützung von Lern- und Fortbildungsimpulsen der Mitarbeiter.

E. Handlungsspielräume ermöglichen, Reflexion von IST-Situation und Potenzial im Dialog.

F. Klare Führung leben: Vorbild sein, Probleme anpacken, Unterstützung geben oder vermitteln, Entscheidungen treffen.

Fortbildungen und Coaching als selbstverständlicher Bestandteil der Führungskräfteentwicklung unterstützen dieses Führungshandeln. Mit Workshops zu gesundheitsgerechter Mitarbeiterführung unterstützt die AOK Bayern die Professionalisierung des Führungshandelns angesichts der neuen Herausforderungen (Bayer et al. 2011; Gunkel et al. 2011; Orthmann et al. 2010). Die Erkenntnisse der Resilienzforschung liefern hier zusätzlichen Input und stärken die Einsicht und die Befähigung der Führungskräfte, als »Coach für Gesundheit« zu agieren.

25.6.3 Handlungsempfehlungen an die Beschäftigten zur Förderung der eigenen Resilienz

Um den Veränderungen nicht hilflos ausgeliefert zu sein, sondern diese mitzugestalten und die eigene Gesundheit sowie die eigene Arbeits- und Beschäftigungsfähigkeit zu sichern, bedarf es der Eigenverantwortung jedes einzelnen Beschäftigten. Um die persönliche Widerstandsfähigkeit zu stützen und zu fördern, sind folgende Handlungsempfehlungen zielführend:

A. Achtsamkeit trainieren

B. Einen aktiven, lösungsorientierten Umgang mit Problemen, Konflikten und (negativen) Emotionen pflegen oder erlernen

Diese Verhaltensanforderungen können in Stress-Seminaren und -Workshops situationsangemessen erlernt werden. Angebote zu Entspannung, Bewegung und Ernährung unterstützen ein gesundes Ausbalancieren der Arbeitsanforderungen und -herausforderungen.

A. Unterstützung anbieten, geben, holen und annehmen

B. Eine positive Einstellung zum Lernen entwickeln sowie Lernmöglichkeiten suchen und annehmen

C. Lernfortschritte oder die Bewältigung (neuer) Aufgaben registrieren und sich selbst dafür loben

D. Information über die IST-Situation des Unternehmens, die Entwicklungen, Veränderungen aktiv einholen (Holschuld)

E. Selbsteinschätzung der Realität und ihre Chancen und Risiken im Gespräch mit Kollegen, Vorgesetzten und gegebenenfalls auch externen Personen überprüfen

Dieses Verhalten kann durch Gesundheitszirkel (Resch-Becke u. Gunkel 2012), Teambesprechungen, Teamentwicklungsmaßnahmen u. a. verstärkt oder initiiert werden.

Neben spezifischen Angeboten ist es sinnvoll, das Thema Resilienz im Rahmen der internen Kommunikation und durch praxisorientierte Vorträge und Präsentationen zu thematisieren, die Beschäftigten für die Förderung der eigenen Resilienz zu sensibilisieren und ihnen konkrete Handlungsempfehlungen anzubieten. Dies kann durch intensivere Maßnahmen wie Workshops ergänzt werden, in denen die Förderung der individuellen Resilienz in Bezug zur eigenen Arbeitssituation erarbeitet wird. Aus Gründen der Glaubwürdigkeit und Nachhaltigkeit sind personenzentrierte Maßnahmen nur in Verbindung mit Interventionen auf der Organisationsebene sinnvoll.

Diese individuellen Handlungsempfehlungen gelten für alle Organisationsmitglieder, auch für die Führungskräfte.

25.7 Bisherige Erfahrungen und Evaluation

Erste umfangreiche Befragungsstudien belegen, dass Menschen mit einer hohen Resilienz weniger Burnout-Symptome und psychosomatische Beschwerden aufweisen (Hollmann u. Mourlane 2013). Die dargestellten praktischen Beispiele zeigen, wie Resilienzförderung in die erprobten Instrumente des Betrieblichen Gesundheitsmanagements integriert werden kann. Bisherige Erfahrungen mit Informationsveranstaltungen zur Resilienzförderung und mit Workshops, in denen der Aspekt der Resilienzförderung integriert wurde, zeigten positive Resonanz. Bei drei Präsentationen des Themas Resilienz und ihrer Förderung für Mitarbeiter und Führungskräfte einer großen Wissenschaftsorganisation in Südbayern ergaben die Rückmeldungen der teilnehmenden Personen, dass die Anregungen zur Förderung der Resilienz auf sehr hohes Interesse stoßen und einen großen persönlichen Erkenntnisgewinn beinhalten. Eine umfassende Evaluation liegt derzeit noch nicht vor, da resilienzfördernde betriebliche Maßnahmen derzeit noch am Anfang stehen.

25.8 Fazit

Die Arbeitswelt wird immer komplexer. Unternehmen und Arbeitnehmer werden in Zukunft noch mehr gefordert sein, sowohl die Workability als auch die Employability der Beschäftigten zu stärken. Gesundheit stellt dabei bereits heute die Schlüsselressource dar und insbesondere die psychische Widerstandkraft ist hier maßgeblich. Betriebliches Gesundheitsmanagement kann die Stärkung der Resilienz bei Mitarbeitern unterstützen. Es ist davon auszugehen, dass das einzelne Unternehmen nicht das gesamte Spektrum möglicher Maßnahmen zur Resilienzförderung umsetzen kann. Bei der Auswahl sind diejenigen Instrumente zu präferieren, die für das jeweilige Unternehmen den größten Effekt versprechen. Dabei ist wesentlich, dass für den jeweiligen Gestaltungsbereich Maßnahmen auf allen drei Interventionsebenen (Unternehmen, Führung, Beschäftigte) zum Tragen kommen. Nur auf diese Weise ist eine nachhaltige Förderung der Resilienz und stärkender Effekte für die Workability und Employability zu erwarten. Dieser Beitrag stellt Möglichkeiten dar, wie Resilienzförderung ins Betriebliche Gesundheitsma-

nagement integriert werden kann und zeigt Wege der konkreten Intervention und deren Erfolgspotenzial auf.

Literatur

Antonovsky A (1987) Unraveling the mystery of health. How people manage stress and stay well. Jossey-Bass, San Fransisco

Badura B, Schröder H, Klose J et al (2010) (Hrsg) Fehlzeiten-Report 2009. Arbeit und Psyche: Belastungen reduzieren – Wohlbefinden fördern. Springer, Heidelberg

Badura B, Ducki A, Schröder H et al (2012) (Hrsg) Fehlzeiten-Report 2012. Gesundheit in der flexiblen Arbeitswelt: Chancen nutzen – Risiken minimieren. Springer, Berlin Heidelberg

Bandura A (1977) Self-efficacy: Toward a unifying theory of behavioral Change. Psychological Review 84(2):191–215

Bandura A (1997) Self-efficacy: The exercise of control. Freemann and Company, New York

Bayer K, Förster A, Heimerl K, Grofmeyer E (2011) Erfolgreiche Implementierung gesundheitsgerechter Mitarbeiterführung in mittelständischen Unternehmen. In: Badura B, Ducki A, Schröder H, Klose J, Macco K (Hrsg) Fehlzeiten-Report 2011. Führung und Gesundheit. Springer, Berlin Heidelberg New York, S 147–158

Bengel J, Lyssenko L (2012) Resilienz und psychologische Schutzfaktoren im Erwachsenenalter – Stand der Forschung zu psychologischen Schutzfaktoren von Gesundheit im Erwachsenenalter. (Hrsg) Bundeszentrale für gesundheitliche Aufklärung (BZgA), Forschung und Praxis der Gesundheitsförderung, Bd 43. Köln

Berkman LF (1978) Social networks, host resistance, and mortality: A follow-up study of Alameda County residents. Dissertation Abtracts International 39(2-B):671–672

Böhm S (2014) Praxisbeispiel ,Fit zum Führen' – Gesunde Mitarbeiter durch gesunde Führungskräfte. iga-Radar Führung und psychische Gesundheit, im Druck

Cutrona CE, Shaffer PA, Wesner KA et al (2007) Optimally matching support and perceived spousal sensitivity. Journal of Family Psychology 2 (4):754–758

Faller G (2013) Mit Resilienz gegen Arbeitsstress? Eine konstruktiv-kritische Auseinandersetzung. In: Schröder L, Urban H-J (Hrsg) Jahrbuch Gute Arbeit. Ausgabe 2013: Anti-Stress-Initiativen: Impulse aus Praxis und Wissenschaft. Bund Verlag, Frankfurt/Main, S 101–107

Gabriel T (2005) Resilienz – Kritik und Perspektiven. Zeitschrift für Pädagogik 51(2):207–217

Gieseke O, Wildeboer G, Tören I von et al (2002) Betriebliche Gesundheitsförderung in Klein- und Mittelbetrieben. Ein Modellprojekt der AOK Bayern. Ulenspiegel, Andechs

Glaw C, Pillekamp J, Radke-Singer B et al (2012) Förderung der Gesundheitskultur und Umgang mit der Flexibilisierung von Arbeit bei Vattenfall Europe. In: Badura B, Ducki A, Schröder H, Klose J, Meyer M (Hrsg) Fehlzeiten-Report 2012. Gesundheit in der flexiblen Arbeitswelt: Chancen nutzen – Risiken minimieren. Springer, Berlin Heidelberg, S 221–231

Gunkel L (2002) Führungshandeln und Gesundheit im Betrieb. In: Sauer H (Hrsg) Betriebliches und persönliches Gesundheitsmanagement. Deutscher Sparkassen Verlag, Stuttgart, S 399–424

Gunkel L, Szpilok M (2010) Betriebliche Intervention und Prävention bei Konflikten und Mobbing. In: Badura B, Schröder H, Klose J, Macco K (Hrsg) Fehlzeiten-Report 2009. Arbeit und Psyche: Belastungen reduzieren – Wohlbefinden fördern. Springer, Heidelberg, S 215–226

Gunkel L, Grofmeyer E, Resch-Becke G (2011) Handlungsfelder und Interventionen zur Entwicklung gesundheitsrelevanter Führungskompetenz in der betrieblichen Praxis. In: Badura B, Ducki A, Schröder H, Klose J, Macco K (Hrsg) Fehlzeiten-Report 2011. Führung und Gesundheit. Springer, Berlin Heidelberg New York, S 121–134

Heller J (2013) Resilienz – 7 Schlüssel für mehr innere Stärke. Gräfe und Unzer, München

Heyde K, Macco K (2010) Krankheitsbedingte Fehlzeiten aufgrund psychischer Belastungen – Eine Analyse der AOK-Arbeitsunfähigkeitsdaten des Jahres 2008. In: Badura B, Schröder H, Klose J, Macco K (Hrsg) Fehlzeiten-Report 2009. Arbeit und Psyche: Belastungen reduzieren – Wohlbefinden fördern. Springer, Heidelberg, S 31-40

Hollmann D, Hanebuth D (2011) Burnout-Prävention bei Managern – Romantik oder Realität in Unternehmen. In: Badura B, Ducki A, Schröder H, Klose J, Macco K (Hrsg) Fehlzeiten-Report 2011. Führung und Gesundheit. Springer, Berlin Heidelberg New York, S 81–87

Hollmann D, Mourlane D (2013) Führung, Gesundheit und Resilienz. http://www.bertelsmann-stiftung.de/cps/rde/xbcr/SID-05264205-B8810562/bst/xcms_bst_dms_38702_38703_2.pdf. Gesehen 19 Nov 2013

Horowitz LM, Krasnoperova EN, Tatar DG et al (2001) The way to console may depend on the goal: Experimental studies of social support. Journal of Experimental Social Psychology 37(1):49–61

Köper B (2012) Restrukturierung. In: Lohmann-Haislah A. Stressreport Deutschland 2012. Bundesanstalt für Arbeitsschutz und Arbeitsmedizin, Dortmund, S 143–155

Kastner M (2006) Prävention in der Arbeitswelt. Psychotherapeut 51:440–451

Kowalski H (2012) Change-Management stets mit BGF und Resilienz verknüpfen. In: Badura B, Ducki A, Schröder H, Klose J, Meyer M (Hrsg) Fehlzeiten-Report 2012. Gesundheit in der flexiblen Arbeitswelt: Chancen nutzen – Risiken minimieren. Springer, Berlin Heidelberg, S 139–145

Krause A, Dorsemagen C, Stadlinger J et al (2012) Indirekte Steuerung und interessierte Selbstgefährdung: Ergebnisse aus Befragungen und Fallstudien. In: Badura B, Ducki A, Schröder H, Klose J, Meyer M (Hrsg) Fehlzeiten-Report 2012. Gesundheit in der flexiblen Arbeitswelt: Chancen nutzen – Risiken minimieren. Springer, Berlin Heidelberg, S 191–202

Lazarus RS, Folkman S (1984) Stress, appraisal and coping. Springer, New York

Leypold H (2009) Das Resilienzmodell als bestimmender Einflussfaktor für erfolgreiche Organisations- und Personalentwicklung. Logos Verlag Berlin. Schriften der Fakultät für Sozial- und Verhaltenswissenschaften der SRH Hochschule Heidelberg

Mourlane D (2013) Resilienz – Die unentdeckte Fähigkeit der wirklich Erfolgreichen. 4. Aufl BusinessVillage GmbH, Göttingen

Oldenburg C (2012) Präsentismus – die zweite Seite der Gesundheitsmünze. In: Lohmann-Haislah A. Stressreport Deutschland 2012. Bundesanstalt für Arbeitsschutz und Arbeitsmedizin, Dortmund, S 134–142

Orthmann A, Gunkel L, Schwab K et al (2010) Psychische Belastungen reduzieren – Die Rolle der Führungskräfte. In: Badura B, Schröder H, Klose J, Macco K (Hrsg) Fehlzeiten-Report 2009. Arbeit und Psyche: Belastungen reduzieren – Wohlbefinden fördern. Springer, Heidelberg, S 227–239

Orthmann A, Gunkel L, Otte R (2011) Ressourcen als Schlüssel für Führung und Gesundheit im Betrieb. In: Badura B, Ducki A, Schröder H, Klose J, Macco K (Hrsg) Fehlzeiten-Report 2011. Führung und Gesundheit. Springer, Berlin Heidelberg New York, S 135–146

Reivich K, Shatté A (2002) The resilience factor. Broadway Books, USA, zitiert nach Mourlane (2013).

Resch-Becke G, Gunkel L (2012) Der Gesundheitszirkel. wdv Medien Bad Homburg im Auftrag der AOK

Rummel M (2010a) Resilienz aufbauen – sich selbst und andere für schwierige Zeiten wappnen. Konturen – Fachzeitschrift zu Sucht und sozialen Fragen 6:12–17

Rummel M (2010b) Führung unter Stress: Resilienz aufbauen. In: Rigotti T, Korek S, Otto K (Hrsg) Gesund mit und ohne Arbeit. Pabst Science Publishers, Lengerich, S 337–350

Semmer N, Udris I (2007) Bedeutung und Wirkung von Arbeit. In: Schuler H (Hrsg) Lehrbuch Organisationspsychologie. Stuttgart, S 157–195

Siegrist U, Luitjens M (2011) Resilienz – In 30 Minuten wissen Sie mehr! 4. Aufl 2013. Gabal Verlag, Offenbach

Steinke M, Badura B (2011) Präsentismus. Ein Review zum Stand der Forschung. Bundesanstalt für Arbeitsschutz und Arbeitsmedizin, Dortmund. www.baua.de/dok/1861986

Wellensiek SK (2011) Handbuch Resilienz-Training. Widerstandskraft und Flexibilität für Unternehmen und Mitarbeiter. Beltz, Weinheim

Winter W, Singer C (2008) Erfolgsfaktoren Betrieblicher Gesundheitsförderung – Eine Bilanz aus Sicht bayerischer Unternehmen. In: Badura B, Schröder H, Vetter C (Hrsg) Fehlzeiten-Report 2008. Betriebliches Gesundheitsmanagement: Kosten und Nutzen. Springer, Heidelberg, S 163–170

Zok K (2010) Gesundheitliche Beschwerden und Belastungen am Arbeitsplatz – Ergebnisse aus Beschäftigtenbefragungen. WIdO – Wissenschaftliches Institut der AOK (Hrsg). KomPart Verlag, Berlin

Die Bewältigung des demografischen Wandels bei der USB Bochum GmbH

D. Hützen, F. Waßauer, E. Zimmermann, T. Zisowski

B. Badura et al. (Hrsg.) *Fehlzeiten-Report 2014,*
DOI 10.1007/978-3-662-43531-1_26, © Springer-Verlag Berlin Heidelberg 2014

Zusammenfassung *Lösungsansätze für die »Demografie-Problematik« in den Betrieben zu finden ist derzeit eine der zentralen Aufgaben in den Unternehmen. Insbesondere die Herausforderung, für die jetzt bereits Älteren einen gerechten Ausgleich mit den nachwachsenden Generationen zu finden, fordert besondere Problemlösungsstrategien. Der nachfolgende Artikel aus der Unternehmenspraxis zeigt aus personal- und gesundheitspolitischer Perspektive, wie die USB Bochum GmbH mit der Einführung eines Gesundheitsmanagements bereits frühzeitig damit begonnen hat, Grundlagen für die Zukunftsvorsorge im Unternehmen zu schaffen. Davon profitiert das Unternehmen in der sich zuspitzenden Demografiedebatte. Mit dem Zukunfts- und Generationenvertrag knüpft das Unternehmen an diese vorsorgende Strategie an. Die Ausführungen verdeutlichen, dass die Bewältigung des demografischen Wandels, und damit die Zukunftsvorsorge im Unternehmen, nicht durch einen einmaligen Akt, sondern vielmehr durch einen fortwährenden Lern- und Entwicklungsprozess charakterisiert werden kann, bei der die Beteiligung und Mitwirkung der Belegschaft eine zentrale Rolle spielt.*

26.1 Das Unternehmen und seine Herausforderungen

26.1.1 Die USB Bochum GmbH

Mit der Abfallsammlung und der Stadtreinigung übernimmt die USB Bochum GmbH (nachfolgend: USB) wichtige Aufgaben der Daseinsvorsorge in der Stadt Bochum. Als kommunaler Partner sorgt der USB in diesen beiden Aufgabenbereichen für umfassende Entsorgungslösungen und Sauberkeit zum Wohle der Bürger Bochums und der Umwelt. Mehr als 600 Mitarbeiter arbeiten für die verschiedenen Bereiche des Unternehmens.

Die Mitarbeiter des USB leeren regelmäßig rund 183.000 Abfalltonnen für Restmüll, Papier, Bio und Wertstoffe. Für weitere Services betreibt der USB im ganzen Stadtgebiet sechs Wertstoffhöfe, an denen unter anderem ganzjährig Sperrmüll und viele andere Abfallarten abgegeben werden können.

Die Abteilung Stadtreinigung kümmert sich um die Verkehrssicherheit und Sauberkeit auf den Fahrbahnen und Gehwegen in Bochum. Für die Mitarbeiter zählt dazu in den Wintermonaten auch der Winterdienst. Auf mehr als 1.000 Straßenkilometern sind die Mitarbeiter dann im Einsatz gegen Schnee- und Eisglätte. Neben den kommunalen Aufgaben bietet die USB Service GmbH weitere Dienstleistungen rund um das Thema Entsorgung an.

26.1.2 Ein Unternehmen der Entsorgungsbranche im demografischen Wandel

Der USB versucht seit vielen Jahren, durch vorausschauende Weichenstellungen möglichst frühzeitig die Arbeits- und Beschäftigungsbedingungen des Unternehmens in der Zukunft zu gestalten. Die Sicherung der Arbeits- und Leistungsfähigkeit im Unternehmen – und damit der Erfolg in der Zukunft – hängt wesentlich mit möglichst gesunden und leistungsadäquaten Arbeitsplätzen zusammen, was in der Entsorgungsbranche als besondere Herausforderung gelten kann. Die nachfolgenden Ausführungen beschreiben in drei Schritten die Herausforderungen an das Unternehmen und wie der USB auf Grundlage des Betrieblichen Gesundheitsmanagements die Zukunftsaufgabe »Demografischer Wandel« bereits in der Vergangenheit angegangen ist und gegenwärtig für die Zukunft absichert.

Zu Beginn (▶ Abschn. 26.2) wird die Notwendigkeit des Einstiegs vom USB in ein systematisches Gesundheitsmanagement aufgezeigt. Damit sollten bestehende Problemstellungen des Gesundheitsschutzes beseitigt oder gemindert werden. Die meisten Tätigkeiten im Unternehmen sind durch hohe physische Belastungen gekennzeichnet: Hierzu gehören insbesondere der Bereich Abfallwirtschaft wie auch der Bereich Straßenreinigung und Winterdienst. Durch kontinuierliche körperliche Anforderungen beim Heben, Tragen, Ziehen und Schieben von Lasten kommt es zu Überbeanspruchungen und Belastungen des Muskel-Skelett-Systems. Der Einsatz technischer Hilfsmittel konnte dem bislang nicht ausreichend entgegenwirken (Lemke-Goliasch 2006). Hinzu kommen Faktoren wie Zeitdruck und Arbeitsverdichtung. Müllwerker und Kehrarbeiter sind zudem Witterungseinflüssen ausgesetzt und verrichten ihre Arbeit auch bei Hitze, Kälte, Nässe und Zugluft. Danach ist es nicht überraschend, dass in der Entsorgungsbranche das Tätigkeitsfeld »Straßenreiniger, Abfallbeseitiger« seit Jahren zu den Berufsgruppen mit den höchsten Fehlzeiten gehört (zuletzt: Meyer et al. 2013).

Zeitlich parallel zur Implementierung des Betrieblichen Gesundheitsmanagements beim USB wurden erste Forschungsergebnisse aus den Projekten bekannt, die sich mit den Auswirkungen des demografischen Wandels auf die Unternehmen beschäftigten (Behrens et al. 1999; Gussone et al. 1999). Hinweise darauf, dass die Altersstruktur einen Einfluss auf die krankheitsbedingten Fehlzeiten hat – wie bereits in der Literatur aufgeführt (vgl. auch Vetter 2002) –, zeigten sich auch im betrieblichen Kontext des USB. Die Aussage, dass generell die berufliche Leistungsfähigkeit nicht am Alter festzumachen ist, sondern einen spezifischen Bezug zu bestimmten Tätigkeiten und Arbeitsanforderungen hat (Maintz 2003; Richter et al. 2012), spielt für den USB eine besondere Rolle, da trotz der Betrieblichen Gesundheitsförderung arbeitsbedingte Krankheitsrisiken nicht ausgeschlossen werden konnten.

Die Visualisierung der betrieblichen Altersstruktur zeigte, dass das Durchschnittsalter in den kommenden Jahren deutlich ansteigen wird. Hinsichtlich der künftig zu erwartenden betriebsinternen Auswirkungen (Bellmann et al. 2007) wurde auch analysiert, inwieweit das steigende Durchschnittsalter die Fehlzeiten beeinflussen wird. Dabei stellte im Ergebnis die Möglichkeit, vermehrt Mitarbeiter mit eingeschränkter Leistungsfähigkeit zu beschäftigen, eine realistische Perspektive dar. ► Abschn. 26.3 skizziert diese Auseinandersetzung des USB mit Problemen aufgrund der demografischen Entwicklung und zeigt auf, welche konzeptionellen Ansätze im Hinblick auf das steigende Durchschnittsalter und damit den wahrscheinlichen Anstieg der krankheitsbedingten Fehlzeiten entwickelt wurden.

► Abschn. 26.4 zeigt, wie die bisherigen Aktivitäten im Gesundheitsmanagement und im Bereich der Demografie ausgewertet und um personalpolitische Überlegungen angereichert wurden. Insbesondere der prognostizierte Arbeits- und Fachkräftemangel führte zu einer weiteren Ergänzung und Verfeinerung des Konzeptes. Der beim USB entwickelte »Zukunfts- und Generationenvertrag« ist das Ergebnis eines Gesamtkonzeptes, das alle bisherigen Aktivitäten konzeptionell und perspektivisch unter einem Dach zusammenfasst.

26.2 Betriebliches Gesundheitsmanagement als langjährige Handlungsstrategie

26.2.1 Betriebliche Gesundheitsförderung mit der AOK

Bereits im Jahr 2000 wurde zwischen dem USB und der AOK ein Projekt zur Betrieblichen Gesundheitsförderung (BGF) vereinbart. Vor dem Einstieg in die Betriebliche Gesundheitsförderung hatten die Strategien des USB ihren Schwerpunkt beim Arbeitsschutz und bei Maßnahmen der Arbeitsmedizin. Ausgangspunkt der Überlegungen waren betriebliche Problemstellungen in den größten Arbeitsbereichen des Unternehmens, nämlich »Sammlung und Transport« sowie »Straßenreinigung und Winterdienst«, die mit den bisherigen Handlungsstrategien allein nicht bewältigt werden konnten. Der Einstieg in das Betriebliche Gesundheitsmanagement war mit der Absicht verknüpft, dem Unternehmen vermehrt Einflussmöglichkeiten auf den Erhalt der Arbeitsfähigkeit seiner Mitarbeiter zu verschaffen.

Die zu Beginn des Projektes formulierten Ziele machen die Defizite und Veränderungsnotwendigkeiten deutlich, die die Verantwortlichen des USB ausgemacht hatten:

- Verbesserung des allgemeinen Gesundheitsschutzes, insbesondere Erkennen von Gesundheitsgefährdungen, Belastungen der Arbeit und Gründen für Arbeitsunfälle
- Senkung des Krankenstandes, insbesondere durch Senkung von Unfallzahlen, Verhinderung von Berufskrankheiten und Verstärkung vorbeugender Maßnahmen
- Steigerung der Arbeitszufriedenheit, insbesondere durch verbesserte Kommunikation und Teilhabe der Mitarbeiter

Im AOK-Ansatz der Betrieblichen Gesundheitsförderung wurde ein geeignetes Instrument gesehen, die

Beschäftigten direkt an der Analyse ihrer Arbeitssituation zu beteiligen und arbeitsbezogene Belastungen und Risikopotenziale zu erkennen. Für den mitarbeiterorientierten Ansatz wurden Gesundheitszirkel als Instrument gewählt, denen Arbeitsplatzanalysen vorgeschaltet wurden. Im Rahmen der Zirkelarbeit gelang es, für verschiedene betriebliche Handlungsfeldern aufzuzeigen, welche Veränderungen notwendig waren und wo es Gestaltungsbedarfe gab.

Der für die Gesundheitsförderung verantwortliche Arbeitskreis sah nach einer ersten Evaluation als wesentliche Stärke des BGF-Projektes an, dass die Arbeitsbedingungen durch die Beteiligten aller Ebenen kritisch betrachtet wurden. Verbesserungsbedarf wurde noch im Bereich des Bewusstseins bzw. der Eigenverantwortung der Mitarbeiter, aber auch bei der Eigenreflexion der Vorgesetzten reklamiert. Dem Arbeitskreis wurde deutlich, dass die Thematisierung von »gesundem Arbeiten im Unternehmen« das Interesse der Beschäftigten anregt und damit zur Motivation bei der Arbeit beiträgt. Der beteiligungsorientierte Ansatz führte dazu, dass Arbeitsbelastungen und die Zahl der Arbeitsunfälle reduziert werden konnten.

Diese ersten positiven Ergebnisse sowie die noch offenen Aufgabenstellungen waren die Grundlage für die Initiierung einer langfristig angelegten Betrieblichen Gesundheitsförderung. Damit verbunden wurde die Zirkelarbeit nicht nur fortgeführt, sondern auf alle Fachbereiche ausgeweitet.

26.2.2 Institutionalisierung der gesundheitlichen und sozialen Fürsorge im Unternehmen

Parallel zur Betrieblichen Gesundheitsförderung mit der AOK wurde ein externes Angebot zur Sozialberatung implementiert und von den Mitarbeitern gut angenommen. Aufgrund des abgeleiteten Bedarfs in beiden Bereichen richtete der USB eine Stelle für »Betriebliche Gesundheitsförderung und Sozialberatung« ein. Das Aufgabenspektrum erweiterte sich nach kurzer Zeit um das betriebliche Eingliederungsmanagement.

Alle geplanten und durchgeführten Maßnahmen, insbesondere im Rahmen der Gesundheitsförderung, konnten auf dem im Projekt gegründeten Arbeitskreis Gesundheit mit der Geschäftsführung, den Führungskräften, dem Betriebsrat, der Fachkraft für Arbeitssicherheit und dem Betriebsarzt aufsetzen und wurden dort abgestimmt. Die erweiterte betriebliche Fürsorge für die Beschäftigten basierte auf den folgenden Bausteinen.

- **Fortentwicklung der Betrieblichen Gesundheitsförderung**

Eine wichtige Grundlage für die Entwicklung passgenauer Maßnahmen in der Gesundheitsförderung stellten die kontinuierlich fortgeführten Analysen im Arbeitsunfähigkeitsdatenbericht der AOK sowie in internen Fehlzeitenauswertungen dar. Hierbei wurde deutlich, dass Erkrankungen des Muskel-Skelett-Systems die mit Abstand häufigste Ursache für Fehlzeiten waren. Auf dieser Grundlage ließen sich über mehrere Jahre hinweg zielorientierte, aber auch korrespondierende Gesundheitsförderungsangebote für die Beschäftigten entwickeln, bei denen das Firmenfitnessprogramm, regelmäßig durchgeführte Gesundheitstage, die Einführung von Arbeitsplatzmassagen und ein verbessertes Kantinenangebot die prominentesten Bausteine sind. Im weiteren Verlauf wurden psychische Belastungen bei der Gesundheitsförderung und Prävention stärker berücksichtigt.

Auch altersbezogene Angebote wurden zunehmend entwickelt, wobei der jährliche Azubi-Aktiv-Tag die Auszubildenden früh hinsichtlich gesunder und zufriedener Lebensweisen sensibilisieren sollte. Um die mit einem bestimmten Alter verbundenen potenziellen Risikofaktoren für bestimmte Erkrankungen vorzeitig ermitteln und Erkrankungen rechtzeitig vorbeugen zu können, wurde zusammen mit der Betriebsärztin/Arbeitsmedizinerin ein »Profil 50+«" entwickelt, das ein Angebot für alle Mitarbeiter ab 50 Jahren darstellte, aber mit Blick auf den damaligen Zeitpunkt noch als auf den demografischen Wandel bezogene Einzelmaßnahme charakterisiert werden kann.

- **Maßnahmen in der betrieblichen Sozialberatung**

In der betrieblichen Sozialberatung wurden Probleme aus den Bereichen Sucht, Schulden, Familie, Konflikte am Arbeitsplatz und psychische Belastungen bearbeitet. Eine entsprechende Betriebsvereinbarung zum Thema Sucht regelt, dass unterstützende Maßnahmen und Hilfsangebote vor arbeitsrechtlichen Schritten eingeleitet werden.

- **Betriebliches Eingliederungsmanagement**

Angestoßen durch den Gesetzgeber wurde ein strukturiertes Ablaufverfahren für das gesetzlich vorgeschriebene Betriebliche Eingliederungsmanagement (BEM) erarbeitet. Im Vordergrund standen hierbei die Wiedereingliederung in die Arbeitsprozesse und der Erhalt des Arbeitsplatzes durch arbeitsorganisatorische Maßnahmen, technische Hilfsmittel und Anpassungen des Arbeitsplatzes. Ein weiterer Schwerpunkt ist die Vorbeugung einer erneuten Erkrankung bzw. einer Ver-

26

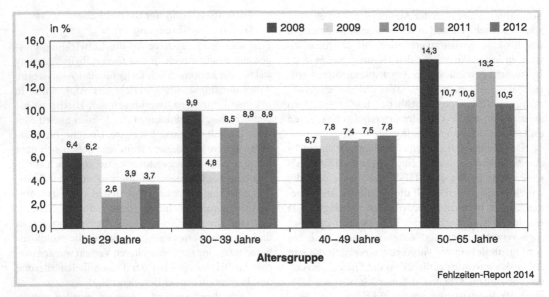

in %

■ 2008   ■ 2009   ■ 2010   ■ 2011   ■ 2012

Altersgruppe

Fehlzeiten-Report 2014

❑ Abb. 26.1 Entwicklung des Krankenstandes nach Alter in der USB Bochum GmbH von 2008 bis 2012, AOK-Daten

schlimmerung der Beschwerden durch geeignete präventive Maßnahmen.

■ **Begleitende Maßnahmen**

Bei allen Bemühungen, die Leistungsfähigkeit der Mitarbeiter bis zum Renteneintrittsalter zu erhalten, wurde parallel der Ansatz der Salutogenese verfolgt. In diesem Zusammenhang widmete man sich immer auch den gesunden Mitarbeitern. Da die Arbeit im BEM in hohem Maße dazu dient, die Leistungsfähigkeit zu erhalten, wurde im Jahr 2007 als Ausdruck der Wertschätzung eine Maßnahme (Anerkennungsschreiben, Sachgeschenk) für Mitarbeiter eingeführt, die ein Jahr ohne Ausfallzeiten geblieben waren, um deren Motivation weiter zu erhalten.

Die Strukturierung und Weiterentwicklung der betrieblichen Angebote war gleichsam ein Lernprozess auf allen Ebenen im Unternehmen, der im Verlauf deutlich machte, dass eine engere Verzahnung notwendig ist. Trotz sichtlicher Erfolge all dieser Aktivitäten – gemessen am Feedback der Beschäftigten zur Zufriedenheit mit den Angeboten – konnte ein Problembereich, nämlich die Steigerung der Fehlzeiten mit dem Alter und der hohe Ausfallgrad von älteren Mitarbeitern, nicht entscheidend beeinflusst werden (❑ Abb. 26.1). Da zu erwarten ist, dass zukünftig ein höherer Anteil der Mitarbeiterschaft diesem Alterssegment angehören wird, stand zudem die Leistungsfähigkeit des Unternehmens insgesamt infrage.

26.3   Der Einstieg in die demografiesensible Personalpolitik: Das Konzept pre-plan -50+

26.3.1 Die Ausgangssituation

Zwei Impulse waren beim USB richtungweisend für die Entwicklung von systematischen Konzepten zum »Altersproblem« und damit zur Bewältigung des demografischen Wandels:

– Zum einen gab es erste Erfahrungen und Auswertungen aus der Umsetzung des Betrieblichen Eingliederungsmanagements BEM, die deutlich machten, dass überwiegend ältere Mitarbeiter mit Arbeitsunfähigkeitszeiten von mindestens sechs Wochen innerhalb eines Jahres in den Betreuungsbereich des BEM fielen.

– Zum anderen wurde erstmals mit den Beschäftigtendaten eine längerfristige Prognose (bis ins Jahr 2020) der Altersstrukturentwicklung aufgelegt und ausgewertet. Diese machte deutlich, dass im Bereich des Prognosezeitraums der Altersdurchschnitt der Beschäftigten im gewerblichen Bereich deutlich über 50 Jahren liegen wird.

Angesichts der Arbeitsbelastungen und der Erfahrungen aus dem BEM war es für die betrieblichen Entscheidungsträger nicht vorstellbar, dass zukünftig – gerade unter den Bedingungen einer verlängerten Lebensarbeitszeit – die ältere Belegschaft in gleichem

Maße die betrieblich notwendigen Aufgaben und Tätigkeiten ausüben könnte. Zudem ist zu erwarten, dass für die leistungseingeschränkten Beschäftigten kaum ausreichend alternative Tätigkeitsfelder zur Verfügung stehen werden.

Der Arbeitskreis Gesundheit beschloss daraufhin, ein altersintegratives Konzept für den USB zu entwickeln. Gemäß den vorliegenden wissenschaftlichen Erkenntnissen wurden die Weichen von Beginn an in Richtung auf alters- wie auch alternsbezogene Handlungsstrategien gestellt. Das Modell hatte zum zentralen Ziel, die »Gesundheit und Einsatzfähigkeit Älterer und zukünftig Älterer zu fördern«.

26.3.2 Konzeptbestandteile von pre-plan -50+

Im Jahr 2007 wurden die Eckpunkte und Handlungsansätze für das altersintegrative Modell mit dem Namen pre-plan -50+ entwickelt und formuliert. Es enthielt fünf Kernelemente:

1. Job-Rotation
2. Zeitwertkonten
3. Flexible Arbeitszeitmodelle – Arbeitszeitentlastungen
4. Tätigkeitsbezogene Entlastungen
5. Betriebliche Gesundheitsförderung

Im Rahmen der *Job-Rotationen* wurde eine gleichmäßigere Verteilung der arbeitsbezogenen Belastungen auf alle Mitarbeiter angestrebt.

Zeitwertkonten sollten mit den Ziel eingeführt werden, den Beschäftigten nach einer Ansparzeit einen früheren Ausstieg aus dem Erwerbsleben ohne bzw. mit geringen finanziellen Einbußen zu gestatten. Das Zeitbudget sollte angespart werden, indem über den Erwerbsverlauf Zeit- oder Entgeltbestandteile eingebracht werden. Weitere Verwendungsmöglichkeiten des Wertguthabens, wie etwa berufliche Weiterbildung oder Eltern- und Pflegezeiten, sollten offen gestaltet werden. Um der Gefahr von Anreizen für ausufernde Überstunden in jungen Lebensjahren entgegenzutreten, wurde ein Limit für Zuflüsse aus diesem Bereich definiert. Neben diesen speziellen Regelungen wurden weitere Rahmenbedingungen berücksichtigt (z. B. Insolvenzschutz).

Durch *Verringerung der Arbeitszeit* (bspw. 4-Tage-Woche/Teilzeit) sollten in späten Erwerbsphasen (etwa ab 57 Jahren) Arbeitszeitentlastungen geschaffen werden. Hierzu könnten flexible Arbeitszeitmodelle ein Fundament bieten und Zeitwertkonten das reduzierte Entgelt abfedern.

Beim Konzeptbaustein *tätigkeitsbezogene Entlastungen* wurde das Ziel verfolgt, Arbeitsgruppen von älteren oder leistungsgewandelten Mitarbeitern zu bilden, für die ein geringeres Leistungsvolumen gilt. Bei der Abfallentsorgung könnten bspw. ältere Beschäftigte bei gleichbleibender Arbeitszeit ein geringeres Abfallvolumen einholen, bei der Straßenreinigung ein kleineres Revier reinigen. Gleichermaßen wurde die Bildung von Tandemteams weiterverfolgt, um durch die Zusammenarbeit von älteren und jüngeren Mitarbeitern eine bessere Umverteilung der verschiedenen Tätigkeiten zu erzielen.

Die Betriebliche Gesundheitsförderung sollte ihren Fokus weiterhin verstärkt auf Rückenerkrankungen mit Bezug auf die arbeitsspezifischen Belastungen ausrichten. Darüber hinaus sollte die Prävention von chronischen Erkrankungen im Zentrum stehen (z. B. Herz-Kreislauf-Erkrankungen, Schlaganfall, Diabetes). Konkrete Angebote der Gesundheitsförderung sollten durch weitere Maßnahmen die individuellen Ressourcen der Mitarbeiter stärken.

Zudem sollte das Gesamtkonzept durch die Entwicklung einer *altersgerechten Unternehmenskultur* ergänzt werden, bei der die gegenseitige Wertschätzung aller Altersgruppen wie auch die Botschaft, dass für Mitarbeiter mit gesundheitlichen Einschränkungen auch weiterhin individuelle Lösungen gesucht werden, im Mittelpunkt standen.

26.3.3 Konzeptbewertung aus Sicht der Belegschaft

Die Partizipation der Mitarbeiter an Entwicklungs- und Entscheidungsprozessen prägte von jeher das Betriebliche Gesundheitsmanagement beim USB. Das vorgeschlagene Konzept wurde unter Beteiligung von Belegschaftsvertretern diskutiert, mögliche Akzeptanzprobleme wurden herausgearbeitet. Für diesen Schritt wurden entsprechend der Abteilungsstruktur fünf Zirkel -50+ gebildet, die sich jeweils aus zwei bis drei jüngeren und zwei bis drei älteren Mitarbeitern zusammensetzten. Ab April 2008 startete je Abteilung eine zweigliedrige Workshop-Reihe, die innerbetrieblich durch Personalleitung, Betriebsrat und Gesundheitsmanagement unter Moderation der AOK begleitet wurde.

Inhaltlich wurden die Mitarbeiter im ersten Workshop für Problemstellungen des demografischen Wandels im Allgemeinen informiert, die speziellen Auswirkungen auf den USB dargestellt und die entwickelten Konzeptbausteine vorgestellt. Bis zum zweiten Workshop sollten die Zirkelmitglieder die Vorschläge mit

26

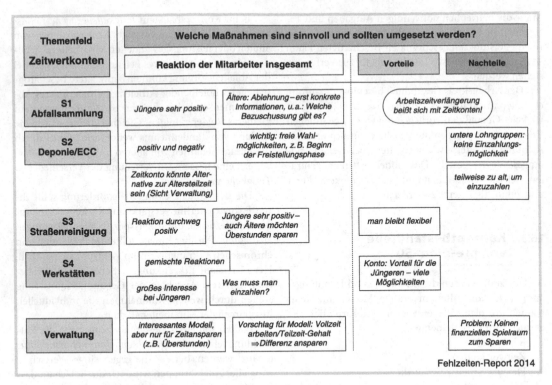

Abb. 26.2 Feedback aller Abteilungen zum Baustein Zeitwertkonten

ihren Kollegen in der Abteilung diskutieren und mögliche weitere Ansatzpunkte für Entlastungen auffinden. Der zweite Workshop sollte das Feedback aus der Belegschaft aufgreifen, eine Bewertung der Konzeptansätze erlauben und eine mögliche Priorisierung von Maßnahmen gestatten.

Im Ergebnis begrüßte die Belegschaft ein Gesamtkonzept für die Bewältigung des demografischen Wandels als richtig und wichtig. Bei der perspektivischen Umsetzung einzelner Konzeptbausteine schwankten die Rückmeldungen zu den einzelnen Ansätzen zwischen positivem Feedback bis hin zur Einschätzung »nicht umsetzbar«. Zu manchen Themen gab es auch in den einzelnen Abteilungen unterschiedliche Haltungen.

Den Konzeptansatz der Job-Rotation bewerteten alle Abteilungen mindestens skeptisch, wenn nicht sogar als »nicht umsetzbar«. In den Werkstätten stand der Perspektive der Job-Rotation aus Sicht der Beschäftigten der hohe Grad der Spezialisierung entgegen, in der Verwaltung wurden keine Entlastungsmöglichkeiten durch den Ansatz gesehen. »Bestehende Gewohnheiten« und die »Angst vor Neuem« kennzeichneten eine Vielzahl der Reaktionen in den Abteilungen Abfallentsorgung wie auch Straßenreinigung. Speziell in der zuletzt genannten Abteilung, in den Teams aus La-

dern und Kraftfahrzeugführern bestehen, könnte ein Rollieren der Teams mit zwischenzeitlicher Entlastung bei der Fahrzeugführung erhebliche Vorteile bringen. Die zugrunde liegende Idee zur Entlastung bewerteten die betroffenen Lader auch als gut. Allerdings äußerten sich die Kraftfahrzeugführer äußerst zurückhaltend, da das Konzept den erreichten Status des »Kraftfahrzeugführers« tangierte: Dieser besteht in einer formell und finanziell besseren Position wie auch in einer geringeren körperlichen Belastung.

Der Konzeptbaustein Zeitwertkonten fand über alle Abteilungen hinweg positive Rückmeldung. Dieses Feedback wurde als Auftrag an den USB bewertet, sich näher mit dem Thema zu beschäftigten (Abb. 26.2).

An der Entwicklung flexibler Arbeitszeitmodelle, auch in Kombination mit den Zeitwertkonten, zeigte die Belegschaft ebenfalls reges Interesse. Konkrete Teilzeitinteressen bei älteren Mitarbeitern wurden insbesondere in der Abteilung Werkstätten geäußert. Im Bereich Deponie gab es einige positive Rückmeldungen von älteren Beschäftigten zu einer 4-Tage-Woche. Allerdings fand die zuletzt genannte Perspektive, Ansparsummen im Zeitkonto zur Arbeitszeitreduzierung und Entlastung in späten Erwerbsphasen einsetzen zu können, überwiegend wenig Anklang. Der Großteil der Beschäftigten äußerte hier eher Interesse daran, Ansparsummen für einen vorgezogenen Ruhestand oder die Aufbesserung ihrer Betriebsrente zu nutzen.

Bei der Diskussion des Bausteins arbeitsplatzbezogene Entlastungen kamen innerhalb der Belegschaft viele Fragen auf. Während die Werkstätten hier keinen Handlungsbedarf reklamierten, bewerteten die Abteilungen Abfallentsorgung und Straßenreinigung den Ansatz als grundsätzlich positiv. Viele Fragen zur Umsetzung, etwa ob bei Älteren Lohneinbußen zu erwarten seien, bei Jüngeren eine deutliche Mehrbelastung zu erwarten wäre oder ob eine Leistungsreduzierung für alle Altersgruppen nicht eine sinnvollere Maßnahme wäre, zeigten, dass gerade in diesem Themenbereich weiterer Informations- und Diskussionsbedarf zum möglichen Umsetzungsprozess bestand.

Die bisherigen Maßnahmen im Handlungsfeld Betriebliche Gesundheitsförderung sahen alle Abteilungen als sinnvoll an und sprachen sich für eine weitere Fortführung und Umsetzung aus. Viele Vorschläge richteten sich insofern darauf, das Angebot noch weiter auf die Bedarfe der Mitarbeiter zuzuschneiden (z. B. mehr Kooperationspartner bei Fitness-Angeboten).

26.3.4 Umsetzungskonzept und erste Umsetzungserfolge

Die beteiligten Akteure aus dem Personalbereich und dem Betriebsrat bewerteten die durchgeführte Workshop-Reihe insgesamt durchweg als Erfolg, auch wenn einige Konzeptbausteine inhaltlich weniger Zustimmung fanden. Gerade die geringe Bereitschaft zur 4-Tage-Woche in höheren Lebensjahren bedauerten die Konzeptentwickler am meisten.

Allerdings wurde mit dem beteiligungsorientierten Ansatz klar, welche altersintegrativen Konzepte die Wertschätzung aus der Belegschaft gefunden hatten, wo weitere Ansatzpunkte bei der Konzeptentwicklung bestanden und welche Informationsbedarfe in der Mitarbeiterschaft vorlagen. Es bestand weitgehender Konsens bei den verantwortlichen Akteuren, dass es ein wichtiges Element der altersintegrativen Strategie sein muss, flexible Arbeitszeitmodelle weiterzuentwickeln und abzusichern.

Als erster konkreter Umsetzungsschritt wurden zeitnah im Jahresverlauf Zeitwertkonten implementiert. Das Konzept wurde durch einen externen Finanzpartner aus der Versicherungswirtschaft auf einer Betriebsversammlung vorgestellt. Im Nachgang der Veranstaltung konnten sich die interessierten Mitarbeiter hinsichtlich der individuellen Passung des Modells auf ihre Situation und Belange persönlich beraten lassen.

26.4 Der Zukunfts- und Generationenvertrag: Gesamtkonzept für einen demografiefesten USB

Als Folge der Erweiterungen und Verfeinerungen der bisherigen Handlungsstrategien wurde ein Gesamtkonzept entwickelt:

- Aus der inhaltlichen Perspektive waren neben den gesundheitspolitischen Gründen, die den USB dazu veranlassten, das Projekt »preplan -50+« zu initiieren, auch personalpolitische Überlegungen zum prognostizierten Arbeits- bzw. Fachkräftemangel ausschlaggebend für Erweiterungen der bisherigen Konzepte. Durch die konträre Entwicklung von Geburten- und Sterberate ist davon auszugehen, dass mit einem allgemeinen Arbeitskräftemangel – insbesondere bei den Fachkräften – zu rechnen ist. Arbeitskräfte werden demnach künftig von den Unternehmen verstärkt umworben und abgeworben. Im Rahmen der Mitarbeiterbindung muss der USB versuchen, die eigenen Beschäftigten im Unternehmen zu halten. Gleichsam sollte der USB so attraktiv wie möglich gemacht werden, um für potenzielle Bewerber interessant zu sein.

- Aus der strukturellen Perspektive war es erforderlich, die zahlreichen Einzelaktivitäten »unter einem Dach« zu bündeln. Hierdurch sollen der Gesamtüberblick vereinfacht und die beteiligten Akteure optimal vernetzt werden.

Alle dargestellten Entwicklungen und Komponenten erfordern eine strukturierte Betrachtung und gezieltes Gegensteuern. Zunächst wurde das Hauptaugenmerk bei der Entwicklung von geeigneten Modellvarianten auf die tätigkeitsbezogene und zeitliche Entlastung der Mitarbeiter gelegt.

Alle oben aufgeführten Vorüberlegungen sollten bei der Erarbeitung eines Gesamtkonzeptes »Zukunfts- und Generationenvertrag (ZGV)« berücksichtigt werden. Dieser ZGV soll ein Portfolio von betrieblichen Einzelmaßnahmen sein, die in ihrem Zusammenspiel die Auswirkungen des demografischen Wandels abschwächen sollen.

In diesem Sinne sollten das Unternehmen sowie alle beim USB beschäftigten Generationen möglichst gleichermaßen an den zu vereinbarenden Maßnahmen partizipieren. Ebenso wurde die Finanzierung des ZGV zu gleichen Anteilen auf das Unternehmen und die Beschäftigten verteilt. Der ZGV ist kein gebundenes Vertragswerk, das einmal fixiert wird und dauerhaft unverändert bleibt. Vielmehr soll der ZGV sich an den kommenden Notwendigkeiten orientieren und stetig verbessert werden.

Im ersten Schritt wurde in Zusammenarbeit mit dem Betriebsrat ein Maßnahmenpaket ZGV erarbeitet und monetär bewertet. Das Kernthema im ZGV war die Erarbeitung einer betrieblichen Altersteilzeitregelung (ATZ). Hierdurch sollten die Beschäftigten die Möglichkeit erhalten, möglichst frühzeitig in die Freizeitphase des Blockmodells zu wechseln. Bei der ATZ-Regelung handelt es sich vom Grundsatz her nicht um ein Personalabbaukonzept – die frei werdenden Stellen werden wiederbesetzt und damit soll eine ausgeglichene Altersstruktur geschaffen werden, die wiederum die dargestellten Belastungen abfedern soll.

Insgesamt ist beabsichtigt, dass bis 2016 (Laufzeit des Tarifvertrages) 100 Beschäftigten ATZ angeboten wird, wobei pro Jahr maximal 20 Verträge geschlossen werden. Dem USB war aufgrund der Erfahrungen mit vorhergehenden Altersteilzeitmodellen bewusst, dass die Mitarbeiter dies nur in Anspruch nehmen, wenn eine attraktive Lösung angeboten wird. In der Betriebsvereinbarung wurde vereinbart, dass die Beschäftigten 90 Prozent ihres bisherigen Nettoentgeltes erhalten. In den ersten drei Jahren haben sich insgesamt 51 Beschäftigte für ATZ entschieden, was einer Inanspruchnahme von 85 Prozent entspricht (51 von 60 möglichen Verträgen).

Durch die hohe finanzielle Aufstockung bei ATZ stellt diese den größten Kostenfaktor bei den Maßnahmen des ZGV dar, der nach dem Finanzierungsmodell nur durch Einsparungen – insbesondere bei den übertariflichen Leistungen (Leistungsentgelte und Erschwerniszuschläge) im gewerblichen Bereich – kompensiert werden kann.

Die bei den Mitarbeitern eingeforderten Einsparungen betreffen auch jüngere Beschäftigte. Um die Akzeptanz des ZGV bei diesen Mitarbeitern zu verstärken, sollte die bereits vorhandene betriebliche Zeitwertkontenvereinbarung modifiziert werden. Ziel war es, ein vom USB bezuschusstes Zeitwertkontenmodell zu erarbeiten. Dieses Modell sollte auch diesem jüngeren Personenkreis einen vorzeitigen Renteneintritt über eine vorgeschaltete Freizeitphase ermöglichen, da dieser Personenkreis aufgrund der Erhöhung des gesetzlichen Renteneintrittsalters mindestens bis zum 67. Lebensjahr arbeiten muss. Im Frühjahr 2014 wird eine Betriebsvereinbarung die Details regeln. Vorgesehen ist eine monatliche Bezuschussung in Höhe von 50 €, wobei die Beschäftigten einen gleich hohen Betrag beisteuern müssen. Dieses Modell gilt, wenn der Mitarbeiter das Wertguthaben auf dem Zeitwertkonto für eine Verkürzung der gesetzlichen Lebensarbeitszeit in Anspruch nimmt. Daneben sind weitere Freistellungs-

◼ Abb. 26.3 Der Zukunfts- und Generationenvertrag

möglichkeiten wie z. B. Sabbaticals oder Fortbildungen vorgesehen, die aber nicht durch den USB bezuschusst werden.

Für die Mitarbeiter ab dem 55. Lebensjahr wurde vereinbart, dass diese zwei zusätzliche freie Tage im Jahr erhalten. Ab dem 60. Lebensjahr wird insgesamt auf drei Tage erhöht. Damit soll die zeitliche Entlastungsphase ausgeweitet werden. Eine bis dahin für alle Mitarbeiter geltende Freistellungsregelung für den Geburtstag wurde aufgehoben, sodass der finanzielle Aufwand kompensiert wurde.

Im gewerblichen Bereich wurde die Ausfallreserve an die derzeit schon erhöhte Krankheitsquote angepasst. Insgesamt wurden vier Mitarbeiter neu eingestellt, die die zusätzlichen Leistungsbelastungen, z. B. Mehrarbeit, abmildern sollen. In den bereits erwähnten Gesundheitszirkeln werden Möglichkeiten erörtert, wie die tägliche Arbeit einfacher organisiert und durchgeführt werden könnte. Der Einsatz von technischen Hilfsmitteln oder sonstigen Hilfen zur Entlastung der Beschäftigten wird in diesem Sinne von USB unterstützt und steht auf der täglichen To-do-Liste der Fachbereiche.

Bei allen Beschäftigten gab es bislang ein Ungleichgewicht bei der Höhe der Leistungsentgelte zulasten der Fachkräfte. Um diese Mitarbeiter zusammen mit weiteren Maßnahmen verstärkt an den USB zu binden, wurde vereinbart, dass die Leistungsentgelte nach oben angepasst werden.

Die im Rahmen des ZGV entwickelten Modelle sollen insgesamt den USB demografiefester machen

(■ Abb. 26.3). Die Wirkung der einzelnen Maßnahmen muss regelmäßig bewertet und ggf. müssen unterstützende Maßnahmen eingeleitet werden. Eine Steuerungsgruppe unter Beteiligung des Betriebsrates wird sich dieses Themas annehmen. Um die Auswirkungen des demografischen Wandels zu schwächen und im Zusammenspiel mit den anderen Modellen die Entwicklung des USB und seiner Beschäftigten positiv zu beeinflussen, wird auch in Zukunft die Aufgabe bestehen, entsprechende Maßnahmen zu erarbeiten.

26.5 Fazit und Ausblick

Die bislang umgesetzten Maßnahmen aus dem ZGV zeigen, dass der USB auf die kommenden Auswirkungen bereits präventiv reagiert hat. Inwieweit die Erwartungen erfüllt werden, bleibt abzuwarten. Einzelne Maßnahmen, wie z. B. Altersteilzeit und Elemente der Gesundheitsförderung, wurden gut von der Belegschaft angenommen. Ob die Fehlzeiten durch die Inanspruchnahme von Altersteilzeit gesenkt werden können, wird sich sukzessive erst mit Eintritt der Freistellungsphasen bzw. mit dem Erreichen einer ausgewogenen Altersstruktur zeigen. Die Inanspruchnahmequote der Altersteilzeit in Höhe von fast 85 Prozent zeigt, dass der USB auf dem richtigen Weg ist.

Darüber hinaus darf bei der Betrachtung der Fehlzeiten die Motivation bzw. Arbeitsplatzzufriedenheit der Beschäftigten nicht unterschätzt werden. Hier spielt unter anderem das Führungsverhalten der Vorgesetzten eine bedeutsame Rolle. Aber auch das gesamte Angebotspaket des USB spielt für die individuelle Arbeitsplatzzufriedenheit der Beschäftigten eine wichtige Rolle. Um Näheres darüber zu erfahren, soll die Motivation über »optimierte« Mitarbeiterbefragungen abgefragt werden, mit dem Ziel, die Ursachen für eine mögliche Arbeitsplatzunzufriedenheit zu erfahren und diesen strukturiert entgegenzusteuern.

Daneben wird die Generation Y und der damit einhergehende Wertewandel – Spaß bei der Arbeit, Sinnhaftigkeit der Arbeit, Vereinbarkeit von Beruf und Familie bzw. eine gute »Work-Life-Balance« – erfordern, dass der Betrieb sich im Zusammenhang mit Arbeitsplatzzufriedenheit, Mitarbeiterbindung, Unternehmensimage und erfolgreicher Personalakquise an diese neuen Anforderungen anpasst. Die Schaffung einer mitarbeiterorientierten Unternehmenskultur wird im Fokus der Aufgabenerfüllung stehen müssen, um auch künftig die anstehenden Aufgaben in der gewohnten Art und Weise (oder vielleicht sogar noch besser!) durchführen zu können.

Der USB ist sich sicher, dass es richtig war, die Herausforderung »Demografischer Wandel« mit den Initiativmaßnahmen pre-plan -50+ und ZGV frühzeitig und umfassend zu platzieren und dem Thema eine hohe Gewichtung zukommen zu lassen. Somit kann der eingeschlagene Weg als gut und wichtig bewertet werden; eine kontinuierliche Weiterentwicklung ist jedoch unabdingbar.

Literatur

Behrens J, Morschhäuser M, Viebrok H, Zimmermann E (1999) Länger erwerbstätig – aber wie? Westdeutscher Verlag, Opladen Wiesbaden

Bellmann L, Kistler E, Wahse J (2007) Demographischer Wandel: Betriebe müssen sich auf alternde Belegschaften einstellen. IAB-Kurzbericht 21:1–6

Gussone M, Huber A, Morschhäuser M, Petrenz J (1999) Ältere Arbeitnehmer. Bund-Verlag, Frankfurt a M

Lemke-Goliasch P (2006) Handlungsleitfaden für das betriebliche Gesundheitsmanagement in Entsorgungsunternehmen. NW Verlag

Maintz G (2003) Arbeit bis 67? Überlegungen aus arbeitsmedizinischer Sicht. In: Bundesanstalt für Arbeitsschutz und Arbeitsmedizin (Hrsg) Reihe Fachbeiträge. Dortmund

Meyer M, Mpairaktari P, Glushanok I (2013) Krankheitsbedingte Fehlzeiten in der deutschen Wirtschaft im Jahr 2012. In: Badura B, Ducki A, Schröder H, Klose J, Meyer M (Hrsg) Fehlzeiten-Report 2013. Springer, Berlin Heidelberg, S 268

Richter G, Bode S, Köper B (2012) Demografischer Wandel in der Arbeitswelt. In: Bundesanstalt für Arbeitsschutz und Arbeitsmedizin (Hrsg) Reihe Fachbeiträge. Dortmund

Vetter C (2002) Einfluss der Altersstruktur auf die krankheitsbedingten Fehlzeiten. In: Badura B, Schellschmidt H, Vetter C (Hrsg) Fehlzeiten-Report 2002. Springer, Berlin Heidelberg New York, S 249–264

Zukünftige Allianzen der Betrieblichen Gesundheitsförderung im Handwerk

Erste Erfahrungen aus einem laufenden Forschungsprojekt

M. Brandt, D. Kunze, T. Petsch, I. Warnke

B. Badura et al. (Hrsg.) *Fehlzeiten-Report 2014*,
DOI 10.1007/978-3-662-43531-1_27, © Springer-Verlag Berlin Heidelberg 2014

Zusammenfassung *Angesichts der Herausforderungen des demografischen Wandels können die überwiegend kleinen Handwerksbetriebe nur mit Innovationen wettbewerbsfähig bleiben. Im Rahmen des vom BMBF geförderten Projekts »HanD/I – Der demografische Wandel im Handwerk: Innovationen durch gesunde Unternehmensstrukturen« unterstützt ein interdisziplinäres Projektteam in einer spezifischen Themen-, Rollen- und Akteursallianz Betriebe darin, gezielt ihre Innovationsfähigkeit zu stärken und nimmt dabei insbesondere jene Innovationstreiber in den Fokus, die gleichzeitig die Gesundheit der Beschäftigten positiv beeinflussen. Neben der Beschreibung des modularen Verfahrens und des entwickelten Analysetools werden in diesem Beitrag erste Erprobungsergebnisse vorgestellt. Sie betreffen sowohl die zu Projektbeginn durchgeführten Motivationsinterviews bei 70 Betrieben aus der Region Osnabrück-Emsland-Grafschaft Bentheim als auch konkrete Ergebnisse aus zwölf Betriebsanalysen, der Befragung von 181 Beschäftigten dieser Betriebe sowie der Analyse von 83 verschiedenen Arbeitsplätzen. Abschließend wird ein Ausblick auf das weitere wissenschaftliche und praktische Vorgehen im Rahmen des Projekts gegeben.*

27.1 Ausgangssituation

Der demografische Wandel ist für Handwerksbetriebe mit ihrer überwiegend kleinbetrieblichen Struktur (Statistisches Bundesamt 2010) mit besonderen Herausforderungen verbunden. So müssen sie nicht nur den veränderten Bedürfnissen einer immer älter werdenden Kundschaft Rechnung tragen. Vor dem Hintergrund des sich abzeichnenden Fachkräftemangels stehen sie zunehmend auch vor der Aufgabe, durch geeignete betriebliche Bedingungen den Erhalt der physischen und psychischen Leistungsfähigkeit ihrer alternden Belegschaften zu gewährleisten (Suprinovič 2009). Nur mit Innovationen können die Betriebe unter diesen – die künftige Arbeitswelt verstärkt prägenden – Bedingungen ihre Wettbewerbsfähigkeit erhalten. Auch wenn verschiedene Best-Practice-Beispiele zeigen, dass im Handwerk vielfältige Innovationen vorangetrieben werden (Dettmers 2010; Bamberg et al. 2009; Lahner u. Müller 2005; Zentralverband des deutschen Handwerks o. J.), gilt die Handwerksbranche als vergleichsweise eher innovationsschwach (Warkotsch 2004).

Um die Betriebe bei der Stärkung ihrer Innovationsfähigkeit zu unterstützen, ist ein ganzheitlicher Ansatz gefordert, der mit einer geringen Ressourcenbindung und einem möglichst hohen Nutzen für die Betriebe einhergeht sowie die Betriebe interaktiv einbindet. Das Projekt »HanD/I – Der demografische Wandel im Handwerk: Innovationen durch gesunde Unternehmensstrukturen« hat sich dieser Herausforderung gestellt. Es wird vom Bundesministerium für Bildung und Forschung im Rahmen des Förderschwerpunkts »Innovationsfähigkeit im demografischen Wandel« gefördert und hat eine Laufzeit von Mai 2012 bis April 2015.

27.2 Die Ziele des Verbundprojekts »HanD/I« und ihre Umsetzung in Projektstrukturen

Im Rahmen des Projekts wird ein für kleine Handwerksbetriebe taugliches demografie- und gesundheitsorientiertes modulares Verfahren entwickelt und erprobt, mit dem Innovationstreiber und -hindernisse im Arbeitsprozess identifiziert werden können. Ein besonderes Augenmerk wird dabei auf die Innovationstreiber gelegt, die gleichzeitig die Gesundheit der

Beschäftigten positiv beeinflussen. Basierend auf den Ergebnissen des analysierten Innovationspotenzials der Betriebe werden geeignete Maßnahmen zur Stärkung ihrer Innovationsfähigkeit abgeleitet und umgesetzt. Dies können etablierte betriebliche Routinen zum intergenerativen Wissens- und Erfahrungsaustausch, innovations- und gesundheitsförderliche Bedingungen in den betrieblichen Strukturen sowie eine umgesetzte neue Produkt- oder Dienstleistungsidee sein.

Das Projekt nimmt mit seiner *Themenallianz* aus Gesundheit und Innovation Bezug auf den aktuellen Forschungsstand. Danach ist in Kleinbetrieben eine nachhaltige Verbesserung der Gesundheit der Beschäftigten am ehesten dort zu erwarten, wo im Sinne eines »Huckepackverfahrens« Gesundheitsthemen mit anderen zentralen betrieblichen Handlungsfeldern wie Qualifizierung, Innovation und demografischer Wandel gekoppelt werden (Becke 2010). Gesundheit ist im Projektverständnis sowohl Motor als auch Bedingung und Ziel für Innovationen. Es wird davon ausgegangen, dass gesundheitsförderliche Arbeitsbedingungen innovationsförderlich sind, da die Ressourcen der Gesundheit (z. B. Aufgabenvielfalt, Lern- und Fehlerkultur, intrinsische Motivation, Teamklima und Unterstützung) auch die Innovationsfähigkeit stärken. Zugleich wird berücksichtigt, dass innovationsförderliche Bedingungen nicht immer gesundheitsförderlich sind (Beispiel Zeitdruck) und Innovationsprozesse stressauslösend und damit gesundheitsbeeinträchtigend wirken können (Pfaus u. Drupp 2012).

Die beschriebene Themenkoppelung macht ein transdisziplinäres Vorgehen und Projektteam erforderlich: Drei Partner, das AOK-Institut für Gesundheitsconsulting der AOK Niedersachsen, die Handwerkskammer Osnabrück-Emsland-Grafschaft Bentheim (HWK) sowie die Beuth Hochschule für Technik Berlin sorgen dafür, dass Innovation, Gesundheitsförderung und demografischer Wandel eng verzahnt werden. Mit dem Aufbau dieser neuen *Akteursallianz* werden zugleich die Voraussetzungen für die spätere regionale Verbreitung des im Projekt entwickelten »Huckepackverfahrens« geschaffen. Die Handwerkskammer fungiert dabei als regionale Interessenvertretung sowie als überbetrieblicher Innovations- und Netzwerkförderer und moderiert den regionalen demografischen Wandel im Handwerk. Das AOK-Institut für Gesundheitsconsulting bringt das Know-how für die Entwicklung der ressourcenstärkenden, salutogenen Arbeitsbedingungen ein. Beide Institutionen werden als wichtige Multiplikatoren für die Verbreitung des zu entwickelnden Verfahrens wirken. Die Beuth Hochschule für Technik liefert die wissenschaft-

lichen Grundlagen, um die Themen Innovation, Gesundheitsförderung und demografischer Wandel zu verbinden und in praktikable Verfahrenselemente zu übersetzen.

Neben dem Betriebsinhaber als relevantem Entscheidungsträger sind von Beginn an erfahrene Beschäftigte der Handwerksbetriebe in die Umsetzung des entwickelten Verfahrens involviert. Sie erhalten eine überbetriebliche Qualifizierung zum »Innoscout« und werden damit zu Experten für die Ermittlung innerbetrieblicher Innovationsvoraussetzungen. Ziel dieser *Rollenallianz* aus Unternehmer und Scout ist es zum einen, die motivationale Grundlage für das gesamte Vorgehen aufzubauen und in der kleinbetrieblichen Struktur gegenseitige Unterstützungssysteme zu verankern. Zum anderen soll das Wissen gerade dieser Beschäftigten nutzbar gemacht werden, das sich durch die konkrete Arbeitserfahrung über mehrere Jahre der Erwerbsarbeit aufgebaut hat. Darüber hinaus wird durch neue aufgabenbezogene und wertschätzende Dialoge zwischen Betriebsinhabern und Beschäftigten die Motivation für Entwicklung und Veränderung sowohl betrieblich als auch individuell gestärkt. Auch aus Gesichtspunkten der Nachhaltigkeit soll das Analyseverfahren durch die Qualifizierung des Beschäftigten langfristig im Betrieb verankert werden. Das Projekt knüpft damit an die positiven Erfahrungen mit einem doppelt partizipativen Ansatz in der Primärprävention in Klein- und Kleinstbetrieben in der Baubranche an, bei dem ebenfalls Inhaber und Beschäftigte einbezogen waren (Packebusch 2011).

27.3 Innovation und Gesundheit im Handwerk: ausgewählte Ergebnisse einer Betriebsbefragung

27.3.1 Methodisches Vorgehen

Um die betrieblichen Handlungsbedarfe der Handwerksbetriebe in den Regionen Osnabrück, dem Emsland und der Grafschaft Bad Bentheim zu erfassen und einen motivationsaufbauenden Kontakt zu potenziell teilnehmenden Betrieben herzustellen, wurden im Zeitraum von Oktober 2012 bis März 2013 insgesamt 70 Betriebe zu den Themen Innovation und Gesundheit befragt. In die Befragung wurden Betriebe unterschiedlicher Gewerke (Tischler, Bäcker, Elektrotechnik, Metall, KFZ) einbezogen. Die Mehrheit der befragten Unternehmen (87 Prozent) hat weniger als 50 Beschäftigte. Als methodischer Ansatz wurden leitfadengestützte Motivationsinterviews gewählt. Sie dienten gleichzeitig als Akquiseinstrument. Der Interviewpartner sollte durch die offene Fragestellung dazu angeleitet werden, die eigene betriebliche Situation zu reflektieren und mögliche Handlungsfelder zu identifizieren. In der Regel handelte es sich dabei um den Inhaber bzw. die Geschäftsführung. In einigen Fällen wurden auch Personalverantwortliche oder die Werkstattleitung interviewt. Im Anschluss an das Interview wurde das Projekt durch den jeweiligen Berater vorgestellt. Zudem wurde dem Interviewpartner der Zusammenhang zwischen Voraussetzungen für Innovation und Ressourcen der Gesundheit erläutert. Nachfolgend wird eine Auswahl von Interviewergebnissen präsentiert. Hierbei sollen insbesondere die Einstellung und die bisherigen Aktivitäten der Befragten zu den Themenfeldern Innovation und Gesundheit betrachtet werden.

27.3.2 Innovationsaktivitäten und -erfahrungen

Anders als erwartet hat das Thema Innovation laut den Befragungsergebnissen eine hohe Relevanz in den interviewten Betrieben. So hatte sich der größte Teil der befragten Betriebe (93 Prozent) bereits mit dem Thema Innovation auseinandergesetzt. Insgesamt führten die befragten Betriebe in den letzten fünf Jahren 232 Innovationen durch. Lediglich ein Betrieb hatte in diesem Zeitraum keine Innovation durchgeführt. Durchschnittlich sind daher 3,4 Innovationen pro Unternehmen realisiert worden.

Die befragten Betriebe haben hauptsächlich Produkt- sowie Dienstleistungsinnovationen (43 Prozent) und Prozessinnovationen (41 Prozent) umgesetzt. Bei den Produkt- bzw. Dienstleistungsinnovationen zeigte sich eine große Bandbreite, die neben neuen oder verbesserten Leistungsangeboten – je nach Gewerk – vielfältige Maßnahmen zur Verbesserung des Kundenservice umfasste. Beispielhaft sei die Einführung veränderter Präsenzzeiten im Büro genannt, um die Erreichbarkeit für die Kunden zu verbessern. Die meisten der 96 Prozessinnovationen bezogen sich auf die Änderung von Abläufen/Verfahren (51 Prozent), gefolgt vom Einsatz neuer Maschinen/Geräte/Software (38 Prozent) und Betriebserweiterungen/-verlagerungen (12 Prozent). Dazu gehören beispielsweise die Einführung einer Online-Maschinensteuerung oder eines Warenwirtschaftssystems zur Effizienzsteigerung der Produktion. Unter den 36 Sozialinnovationen wurden spezielle Schulungen (39 Prozent), veränderte Arbeitszeitregelungen (22 Prozent), gesundheitsförderliche Maßnahmen wie z. B. die Einführung einer Betriebssportgruppe (19 Prozent) und Teambildungsaktivitä-

ten wie z. B. die Einführung des gemeinsamen Frühstücks (19 Prozent) zusammengefasst. Auffällig war innerhalb der Interviewsituation, dass sich das Innovationsverständnis der meisten Betriebe in der Regel ausschließlich auf Produkt- oder Dienstleistungsinnovationen bezog. Erst bei gezieltem Nachfragen durch den Interviewer identifizierten die Befragten auch innerbetriebliche Veränderungen, die sie zumeist als selbstverständliche Maßnahmen im Arbeitsalltag ansahen.

Als wichtigste förderliche Bedingung für den Innovationserfolg benannten die Unternehmen die Motivation ihrer Mitarbeiter (31 Prozent). Am hinderlichsten für den Innovationserfolg wurden hingegen fehlende Finanzen angesehen (54 Prozent).

27.3.3 Gesundheitsrisiken und gesundheitsförderliche Aktivitäten

Das Themenfeld Gesundheit hat laut den Ergebnissen der Befragung eine hohe Relevanz für die Betriebe. Der größte Teil der Unternehmen (80 Prozent) äußerte eine positive Einstellung zur Gesundheitsförderung im Betrieb. Auf die Frage nach den größten gesundheitlichen Risiken für einen vorzeitigen Berufsausstieg nannten 69 Betriebe insgesamt 350 Risiken aus sieben Kategorien (◘ Abb. 27.1). Es wird ersichtlich, dass Erkrankungen des Muskel-Skelett-Systems in allen Gewerken an vorderster Stelle liegen. Auch die Bundesanstalt für Arbeitsschutz und Arbeitsmedizin (BAuA 2007) weist darauf hin, dass Muskel-Skelett-Erkrankungen in allen Gewerbegruppen den größten Teil an Arbeitsunfähigkeitstagen verursachen. Laut einer Auswertung des Wissenschaftlichen Instituts der AOK (WIdO) sind bei den AOK-Versicherten im verarbeitenden Gewerbe 25,1 Prozent (23,1 Prozent über alle Branchen) der Arbeitsunfähigkeitstage – bedingt durch die hohe körperliche Belastung – auf Muskel-Skelett-Erkrankungen zurückzuführen. Bei Muskel- und Skeletterkrankungen ist zudem die oftmals lange Dauer der Erkrankungen dafür verantwortlich, dass überdurchschnittlich viele Arbeitsunfähigkeitstage entstehen (Meyer 2012). Die Bandbreite der Beschwerden und Krankheitsbilder erstreckt sich von Rückenschmerzen und Verspannungen bis hin zu Bandscheibenvorfällen (BAuA 2007).

Die drei wichtigsten Gegenmaßnahmen, um einen frühzeitigen Berufsausstieg zu verhindern, sind aus Sicht der Befragten der Einsatz von Hilfsmitteln (37 Prozent), eine persönliche Schutzausrüstung (25 Prozent) sowie Schulungen (21 Prozent). Bei der Frage »Was macht Ihren Mitarbeitern Spaß am Job?«

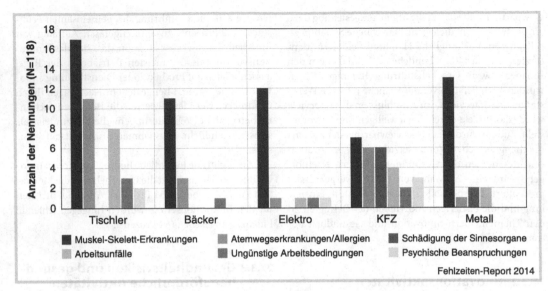

27

❑ **Abb. 27.1** Risiken für einen vorzeitigen Berufsausstieg

stehen Arbeitsinhalt (51 Prozent) und Arbeitsklima (43 Prozent) an der Spitze der häufigsten Antworten der Befragten. Als förderlich für die Umsetzung einer gesunden Arbeit im Betrieb werden vor allem ein positives Betriebsklima (43 Prozent), gesunde Arbeitsbedingungen (19 Prozent) und eine gute Arbeitsorganisation (13 Prozent) empfunden. Als hemmend für die Umsetzung einer gesunden Arbeit werden hauptsächlich körperliche und klimatische Bedingungen (27 Prozent), Stress und Zeitdruck (24 Prozent) sowie finanzielle Gründe (20 Prozent) eingestuft.

Auch die Relevanz der Fachkräfteproblematik wird aus den Motivationsinterviews deutlich. So gaben 40 Prozent der befragten Unternehmer an, dass in nächster Zeit viele Beschäftigte aus dem Unternehmen ausscheiden werden. Darüber hinaus sieht ein großer Teil der Firmen (63 Prozent) Schwierigkeiten bei der Nachbesetzung von Positionen ausscheidender Mitarbeiter.

27.3.4 Resümee und Handlungsansätze für die Ausgestaltung der Schulungsmodule

Zusammenfassend kann festgehalten werden, dass die befragten Handwerksbetriebe in den letzten Jahren in weit stärkerem Maße innoviert haben als vermutet und sie dies eingangs selbst reflektiert haben. Insbesondere überrascht der hohe Anteil an Prozess- und Sozialinnovationen. Gesundheitsförderliche Maßnahmen

spielen dabei jedoch nur eine untergeordnete Rolle. Trotz einer hohen positiven Einstellung zur Gesundheitsförderung ist deutlich geworden, dass das Verständnis bezüglich des Themas Gesundheit einseitig ist. Den Betrieben fehlt häufig Wissen zu den Beziehungen zwischen Belastungen und Ressourcen, d. h. dass über die Gestaltung gesundheitsförderlicher Arbeitsbedingungen Einfluss auf die Ressourcenstärkung genommen werden kann. Ein mögliches Handlungsfeld zeichnet sich auch bei der systematischen Kombination von Maßnahmen der Verhaltens- und Verhältnisprävention ab. Diese Erfahrungen wurden bei der Ausgestaltung des Schulungskonzepts berücksichtigt.

27.4 Entwicklung eines modularen Verfahrens zur Ressourcenstärkung

Im entwickelten »InnoGeko-Verfahren« (Innovation-Gesundheit-Kompetenz) (Ducki 2013) werden den Betrieben praktische Möglichkeiten aufgezeigt, wie sie mit neuen bzw. verbesserten Leistungsangeboten oder gesundheitsförderlichen organisationalen Veränderungen ihre Wettbewerbsfähigkeit stärken können. Die Umsetzung vor Ort wird betriebsindividuell von Innovationsberatern der HWK und der AOK begleitet. Einen zusätzlichen Nutzen für die teilnehmenden Unternehmen stellt der gegenseitige Erfahrungsaustausch dar. Das modulare Vorgehen ist in ❑ Abb. 27.2 veranschaulicht.

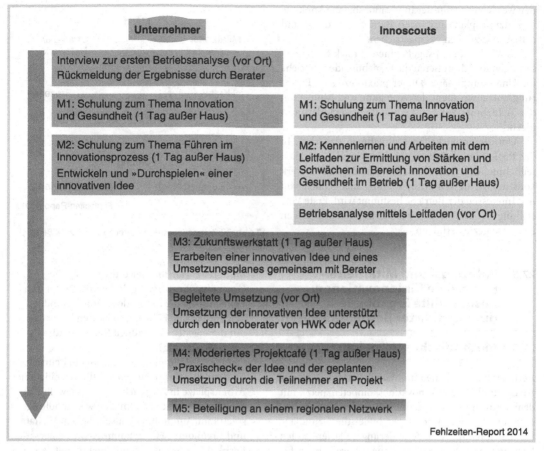

Unternehmer

Innoscouts

Interview zur ersten Betriebsanalyse (vor Ort)
Rückmeldung der Ergebnisse durch Berater

M1: Schulung zum Thema Innovation
und Gesundheit (1 Tag außer Haus)

M1: Schulung zum Thema Innovation
und Gesundheit (1 Tag außer Haus)

M2: Schulung zum Thema Führen im
Innovationsprozess (1 Tag außer Haus)

Entwickeln und »Durchspielen« einer
innovativen Idee

M2: Kennenlernen und Arbeiten mit dem
Leitfaden zur Ermittlung von Stärken und
Schwächen im Bereich Innovation und
Gesundheit im Betrieb (1 Tag außer Haus)

Betriebsanalyse mittels Leitfaden (vor Ort)

M3: Zukunftswerkstatt (1 Tag außer Haus)
Erarbeiten einer innovativen Idee und eines
Umsetzungsplanes gemeinsam mit Berater

Begleitete Umsetzung (vor Ort)
Umsetzung der innovativen Idee unterstützt
durch den Innoberater von HWK oder AOK

M4: Moderiertes Projektcafé (1 Tag außer Haus)
»Praxischeck« der Idee und der geplanten
Umsetzung durch die Teilnehmer am Projekt

M5: Beteiligung an einem regionalen Netzwerk

Fehlzeiten-Report 2014

Abb. 27.2 Grafische Darstellung des Projektverlaufs HanD/I

In *Modul 1* wird in für Unternehmer und Innoscouts getrennten Veranstaltungen die motivationale Grundlage für das folgende Vorgehen geschaffen. Neben der ausführlichen Vorstellung des Projekts steht der Zusammenhang zwischen der Innovationsfähigkeit eines Betriebes und den jeweiligen gesundheitlichen Bedingungen im Zentrum der Wissensvermittlung. Dabei werden Gesundheitsressourcen wie Handlungsspielraum, wertschätzende Führung oder offene Fehlerkultur als Voraussetzungen für innovationsförderliche Betriebsstrukturen thematisiert. Begleitend zu diesem Modul werden die Geschäftsführerbefragung und Mitarbeiterbefragung zu verschiedenen Themen durchgeführt (7 Abschn. 27.5.1).

Basierend auf dieser Grundlage werden in *Modul 2* die Innoscouts überbetrieblich für ihre Rolle im Projekt qualifiziert. Sie sollen Experten für die Ermittlung innerbetrieblicher Innovationsvoraussetzungen werden. Dabei handelt es sich ausdrücklich um erfahrene Beschäftigte und nicht um die Betriebsinhaber selbst.

Im Anschluss an die Schulung setzen die Innoscouts ihr erlerntes Wissen in die Praxis um und beurteilen die Arbeitsplätze in ihren Betrieben anhand des vorgestellten Instrumentariums.

Parallel dazu werden die Betriebsinhaber angeleitet, Veränderungsbedarfe im Unternehmen zu identifizieren. Dabei wird speziell auf die besonderen Führungserfordernisse bei der Umsetzung einer Idee eingegangen. Thematisiert werden die gesundheitsrelevanten Ressourcen, die gegeben sein müssen, um aus einer Idee eine Innovation zu gestalten.

In *Modul 3* »Zukunftswerkstatt« werden Unternehmer und Innoscout an Thementischen angeleitet, individuelle Lösungsideen für betriebliche Handlungsfelder zu entwickeln. Hierbei werden alle bisherigen Analyseergebnisse (Geschäftsführerbefragung, Mitarbeiterbefragung, Arbeitsplatzanalysen und weitere Analysen) systematisch zusammengeführt. Der gegenseitige Erfahrungsaustausch aller beteiligten Betriebe steht dabei im Vordergrund. In Vor-Ort-Terminen werden mit Hilfe der Innovationsberater konkrete Umsetzungspläne für jeden Betrieb entworfen und erste Umsetzungen vorangetrieben.

In *Modul 4*, dem sogenannten »Projektcafé«, präsentieren und diskutieren die teilnehmenden Betriebe die Umsetzungspläne. Dieser praxisbezogene Erfahrungsaustausch dient der Anregung und Motivation der Teilnehmer zur Umsetzung ihrer Veränderungsideen.

Um die entwickelten Maßnahmen dauerhaft in der Region zu verankern, wird in *Modul 5* mit allen teilnehmenden Betrieben ein nachhaltiges Netzwerk konstituiert, dessen Ausgestaltung maßgeblich von den Interessen der Betriebe bestimmt wird. Erste Vorstellungen dazu werden bereits in allen vorherigen Modulen gezielt erhoben.

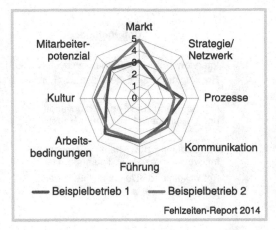

◘ **Abb. 27.3** Innovationskompetenznetz für zwei Beispielbetriebe

27.5 Führungs- und Mitarbeiterpotenziale für Innovationen: ausgewählte Ergebnisse durchgeführter Betriebsanalysen

27.5.1 Methodisches Vorgehen

Kern des beschriebenen InnoGeKo-Verfahrens ist das Analysetool IKoNe (Innovationskompetenznetz), mit dem innovations- und gesundheitsförderliche Aspekte zusammengeführt werden. Es bildet die Grundlage für die Ableitung von Veränderungsbedarfen in den Unternehmen. Mit IKoNe können Bewertungen für acht verschiedene Untersuchungsbereiche – jeweils durch geeignete Items – ansprechend visualisiert werden (◘ Abb. 27.3 für zwei Beispielbetriebe aus den Gewerken KFZ und Tischlerei). Dabei wurden verschiedene Erhebungsquellen verwendet:

- Die Geschäftsführung bewertet im Bereich *Markt* z. B. die Auswertung von Kundenanregungen und das kundenorientierte Verhalten der Mitarbeiter. Ob im Unternehmen wettbewerbsrelevante Veränderungen systematisch verfolgt werden, ist u. a. Gegenstand der Bewertung im Bereich *Strategie/ Netzwerke*. Im Bereich *Prozesse* beurteilt sie z. B. die Organisation von Arbeitsabläufen sowie im Bereich *Kommunikation* das Vorhandensein und die Nutzung geeigneter Kommunikationsmittel.
- Die Mitarbeiter schätzen im Bereich *Mitarbeiterpotenzial* u. a. ihre Veränderungsbereitschaft und Arbeitsfreude sowie ihr Zugehörigkeitsgefühl zur Firma ein und im Bereich *Kommunikation* die Bereitstellung und Rückmeldung von Informationen.

- Im Bereich *Führung* bewerten sowohl die Geschäftsführung als auch die Mitarbeiter den Führungsstil, die innovations- und gesundheitsförderliche Führung sowie den Umgang mit der eigenen Gesundheit (Selbst- und Fremdbewertung).
- Der eigens dafür geschulte Innoscout beurteilt im Bereich *Arbeitsbedingungen* die verschiedenen Arbeitsplätze in Absprache mit den jeweiligen Beschäftigten nach Merkmalen wie Handlungsspielraum/Autonomie, Vollständigkeit, Vielfalt und Ergonomie. Hinzu kommen die Fehler- und Lernkultur sowie das Teamklima im Betrieb (Bereich *Kultur*).

Die acht Untersuchungsbereiche wurden in Anlehnung an die in verfügbaren Tools zur Messung der Innovationsfähigkeit im Mittelstand verwendeten Handlungsfelder festgelegt (z. B. Kirner et al. 2009; Bendig et al. 2011; Kespohl u. Everett 2008; Innovationscheck von GIMA Consult o. J.). Sie wurden dahingehend geprüft, ob sie für die Anwendung in kleinen Handwerksbetrieben geeignet sind und im gewünschten Umfang gesundheitsförderliche Aspekte berücksichtigen und wurden dementsprechend selektiert bzw. ergänzt. Die Erarbeitung der Fragebögen für die Geschäftsführung und die Mitarbeiter sowie des Innoscout-Leitfadens für die Durchführung der Arbeitsplatzanalysen basiert überwiegend auf evaluierten Skalen, die zum Teil gekürzt und durch eigene Items ergänzt wurden (insgesamt 127)[1].

---

1 Zugrunde liegt eine fünfstufige Bewertungsskala: 1 = trifft nicht zu, 2 = trifft wenig zu, 3 = trifft mittelmäßig zu, 4 = trifft überwiegend zu, 5 = trifft voll zu.

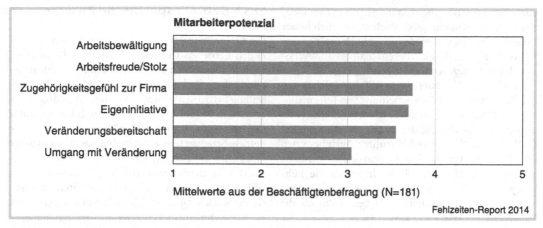

Abb. 27.4 Bewertung des Mitarbeiterpotenzials

Das InnoGeKo-Verfahren wurde erstmals beginnend im Mai 2013 in zwölf kleinen Handwerksbetrieben (5 bis 95 Beschäftigte) aus vier verschiedenen Gewerken (Metall, Elektro, KFZ, Tischlerei) in der Region Osnabrück-Emsland erprobt. Neben den Geschäftsführern bzw. Inhabern der zwölf Betriebe (darunter fünf Frauen) waren insgesamt 181 Mitarbeiter in die Analysen einbezogen und es wurden 83 verschiedene Arbeitsplätze analysiert. Von den insgesamt 15 Innoscouts waren fünf Frauen. Eine zweite Erprobungsrunde startete im Januar 2014.

27.5.2 Ergebnisse der Geschäftsführerbefragung

Im Bereich **Markt** sind die Einschätzungen der Geschäftsführer zweigeteilt. Sie bewerten im Durchschnitt die Kundenorientierung (Öffnungszeiten, Verhalten der Mitarbeiter und die Wettbewerbsfähigkeit im Hinblick auf kundenorientierte Innovationen) besser (Mittelwerte [MW] der Einschätzungen zwischen 4,2 und 4,3) als die systematische Wahrnehmung von wettbewerbsrelevanten Veränderungen, die Kenntnis der Wettbewerbssituation der Konkurrenz und die regelmäßige Auswertung von Kundenbedarfen (MW zwischen 3,1 und 3,2). Dies kann sicher wesentlich auf die kapazitativen Beschränkungen der kleinen Betriebe zurückgeführt werden.

Im Bereich *Strategie/Netzwerke* zeigte sich insgesamt das größte Veränderungspotenzial (MW 3,2). Es wurde deutlich, dass die Betriebe bislang nur wenig vom Erfahrungsaustausch und der Beteiligung an Netzwerken profitieren, wenn es um die Entwicklung und Umsetzung neuer Ideen geht und nur selten mit Institutionen außerhalb der Wirtschaft kooperieren.

Im Bereich *Prozesse* offenbaren die Bewertungen den hohen Stellenwert von persönlicher Initiative und Engagement der Beschäftigten (MW 4,5). Während bezogen auf die klare Regelung von Zuständigkeiten und Verantwortlichkeiten über die zwölf Betriebe kein Handlungsbedarf erkennbar wurde, erwiesen sich Zeitdruck und Kapazitätsengpässe in mehreren Betrieben als Innovationshemmnis (MW 2,5).

Ihr *Führung*sverhalten bewerten die Geschäftsführer insgesamt recht positiv (MW zwischen 3,4 und 3,9), wobei sich die individuelle Wertschätzung als das von ihnen am höchsten bewertete Kriterium erwies (MW 4,1).

27.5.3 Ergebnisse der Mitarbeiterbefragung

Betrachtet man bezogen auf das **Mitarbeiterpotenzial** die durchschnittlichen Bewertungen der relevanten Items über die zwölf Betriebe, fallen die hohe Bewertung von »Arbeitsfreude« und die vergleichsweise deutlich geringere Einschätzung von »Umgang mit Veränderung« ins Auge (Abb. 27.4).

Mit der Skala »Umgang mit Veränderungen« wurde erfasst, wie häufig die Mitarbeiter in den letzten zwölf Monaten bei ihrer Arbeit neuartige Werkzeuge benutzt, neue Aufgaben übernommen, neuartige Materialien angewendet, die Art und Weise der Aufgabenerledigung verändert oder sich neue Wege ausgedacht haben, um ihre Arbeit besser zu erledigen. Die niedrige Bewertung deutet darauf hin, dass die Rahmenbedingungen für die Einbindung der Mitarbeiter in Innovationsprozesse in den Unternehmen verbesserungsbedürftig zu sein scheinen. Gestützt wird dies

27

auch durch die Tatsache, dass die Skalen »Eigeninitiative« und »Veränderungsbereitschaft« deutlich besser bewertet wurden, was wiederum als Indiz dafür gewertet werden kann, dass die Bereitschaft für Innovationen durchaus gegeben ist.

Im Bereich *Kommunikation* fällt die Einschätzung der Bereitstellung und Rückmeldung von Informationen (MW jeweils 3,1) durch die Mitarbeiter schlechter aus als die Bewertung der Kommunikationsmittel (MW 4,0) durch die Geschäftsführer. Auch bewerten die Mitarbeiter verschiedene Merkmale des Führungsverhaltens durchschnittlich niedriger als die Führungskräfte selbst. Aber sie schätzen ihren Umgang mit der eigenen Gesundheit als besser ein als die Unternehmer (MW 3,8 zu MW 3,4).

Diejenigen Items, mit denen die Mitarbeiter die innovationsförderliche Führung des Geschäftsführers bewertet haben[2], werden mit Mittelwerten zwischen 3,0 und 3,5 niedriger eingeschätzt als die übrigen Führungsmerkmale. Umgekehrt sehen die Unternehmer Verbesserungspotenzial, was das Verständnis der Mitarbeiter für die Wichtigkeit von Innovationen anbelangt (MW 3,1). Das Thema Innovation hat folglich in der Unternehmenskommunikation noch nicht immer den ihm gebührenden Stellenwert.

27.5.4 Ergebnisse der Arbeitsplatzanalysen

Bei den insgesamt 83 durch die Innoscouts in den jeweiligen Betrieben durchgeführten Arbeitsplatzanalysen ergab sich für den Bereich *Arbeitsbedingungen* ein sehr differenziertes Bild. Handlungsbedarf wurde besonders in Bezug auf die ergonomische Gestaltung der Arbeitsplatz-, Raum- und Umgebungsbedingungen sichtbar. Aber auch der Entscheidungsspielraum bietet aufgrund der Analysen noch Möglichkeiten für Verbesserungen. Hingegen wurden die Vollständigkeit und die Vielfalt der Tätigkeit als bedeutende Ressourcen sehr positiv bewertet. Durch die detaillierte Betrachtung der einzelnen Arbeitsplätze jeder Firma konnten für die überwiegende Anzahl der Firmen einzelne Arbeitsplätze mit deutlichem Verbesserungsbedarf ermittelt werden.

27.5.5 Betriebsspezifische Ansätze

Die Anwendung des Analyseinstruments IKoNe ergab in den Betrieben Unternehmensprofile, die differenziert sowohl Stärken als auch Handlungsbedarfe sichtbar machen. Sie bildeten die Grundlage für die Erarbeitung betriebsspezifischer Veränderungsideen. Dies erfolgte in Modul 3 gemeinsam durch Unternehmer und Innoscout an moderierten Thementischen, in der Betriebsberatung und in Maßnahmenworkshops unter Beteiligung der Belegschaft.

Das Spektrum anvisierter Maßnahmen war vielfältig und in den meisten Fällen auf mehrere Untersuchungsbereiche orientiert. Beispielhaft seien genannt:
- Maßnahmen zur Verbesserung der Ergonomie an einzelnen Arbeitsplätzen (z. B. veränderte Materialzuführung),
- Beiträge zur Optimierung der Unternehmenskommunikation (z. B. Einführung regelmäßiger Mitarbeitergespräche, Kommunikationsräume und Informationsplattformen, Durchführung von Betriebsversammlungen, Gestaltung einer regelmäßigen Mitarbeiterzeitung)
- Maßnahmen zur Verbesserung betrieblicher Strukturen und Abläufe (z. B. Entwicklung von Organigrammen, Einführung von Rückkehrgesprächen, Überarbeitung von Stellenbeschreibungen/Klärung von Zuständigkeiten, Optimierung der Auftragsbearbeitung)
- Aktivitäten zur Verbesserung des Marktzugangs für ausgewählte Geschäftsfelder (z. B. Erarbeitung eines Marketingkonzepts)

Auf der Grundlage differenzierter Umsetzungspläne, an deren Erarbeitung die Berater der Handwerkskammer und des AOK-Instituts unterstützend beteiligt waren, treten die Betriebe nunmehr in die Umsetzungsphase ein, nachdem sie zuvor im intensiven Erfahrungsaustausch ihre Ideen und bisherigen Erfahrungen mit den anderen Projektteilnehmern diskutiert haben (Modul 4).

27.6   Resümee und Ausblick auf das weitere Vorgehen

Der bisherige Verlauf der ersten Erprobungsrunde des InnoGeKo-Verfahrens konnte seine Praktikabilität für kleine Handwerksbetriebe belegen. Das erprobte »Huckepackverfahren« ist gut geeignet, um kleine Betriebe für die komplexen Herausforderungen zukünftiger Arbeit fit zu machen. Es erfordert allerdings einen hohen Zeitaufwand, um die Betriebe zur Teilnahme zu

---

2 »Ich unterstütze meine Mitarbeiter bei der Umsetzung neuer Ideen, ermutige sie, ihre Ideen weiter zu verfolgen, versuche gute Bedingungen für die Umsetzung zu schaffen.«

motivieren und die begleitende Beratung vor Ort über mehrere Monate zu gewährleisten.

Insbesondere das Vorgehen, durch explorative Interviews vor dem Verfahrensbeginn die Motivations- und Interessenlage der Handwerksbetriebe zu erheben, bewährte sich für eine passgenaue Ausgestaltung des Verfahrens. Die Evaluation der Moduldurchführung ergab ein sehr positives Feedback durch die teilnehmenden Betriebe. Daher sind für die Durchführung der zweiten Erprobungsrunde im Jahr 2014 nur wenige Veränderungen in den Modulen und beim Analyseinstrument erforderlich. Sie betreffen z. B. die zeitliche Ausgestaltung einzelner Bausteine und geringfügige Kürzungen im Analyseinstrument.

Das Projekt greift den im Analysebereich Strategie/Netzwerke erkannten Handlungsbedarf explizit auf und ist bemüht, noch im Rahmen der Projektlaufzeit die Voraussetzungen für eine nachhaltige Vernetzung der beteiligten Betriebe zu schaffen. Im zweiten Quartal 2014 findet dazu der Auftakt statt. Für eine Verstetigung nach Projektende erarbeiten die Handwerkskammer und das AOK-Institut für Gesundheitsconsulting derzeit ein Multiplikatorenkonzept. Es soll Wege aufzeigen, wie das InnoGeKo-Verfahren in die Leistungsangebote der beiden Institutionen integriert werden kann.

Aus wissenschaftlicher Sicht sind statistische Analysen der Befragungsergebnisse zu den Wirkungen innovations- und gesundheitsförderlicher Führung von Interesse. Erste regressionsanalytische Auswertungen weisen darauf hin, dass die Kombination aus innovations- und gesundheitsförderlicher Führung die Arbeitsfähigkeit der Beschäftigten besonders positiv beeinflusst. Hier sind weitere Analysen geplant, insbesondere nachdem die Ergebnisse der zweiten Erprobungsrunde vorliegen.

Literatur

Bamberg E, Dettmers J, Marggraf-Micheel C, Stremming S (2009) Innovationen in Organisationen – Der Kunde als König? Hogrefe, Bern

Becke G (2010) Innovation durch Prävention-Gestaltungsperspektive für innovationsorientierte Wissensarbeit. In: Becke G, Klatt R, Schmidt B, Stieler-Lorenz B, Uske H (Hrsg) Innovation durch Prävention. Wirtschaftsverlag NW, Bremerhaven, S 11–29

Bendig A, Cirkel M, Dahlbeck E, Kolzarek B (Hrsg) (2011) Innovationsfähigkeit von kleinen und mittleren Unternehmen in einer alternden Gesellschaft stärken. VVSWF, Vechta, ISBN 978-3-937870-13-X

Bundesanstalt für Arbeitsschutz und Arbeitsmedizin (BAuA) (2007) Klein, aber fein! – Sicherheit und Gesundheit in Handwerksbetrieben. Tipps und Infos für Betriebsinhaber. Lausitzer Druck- und Verlagshaus, Bautzen

Dettmers J (2010) Rolleninnovation und organisationale Innovation. Entwicklung und Validierung des Fragebogens zur Rolleninnovation im Handwerk (FRI-H). Zeitschrift für Arbeits- und Organisationspsychologie 3:105–116

Ducki A (2013) Innovationsfähigkeit von Unternehmen demografie- und gesundheitssensibel stärken. In: Jeschke S (Hrsg) Innovationsfähigkeit im demografischen Wandel. Campus Verlag GmbH, Frankfurt am Main

GIMA consult: Der Innovationscheck – Wie erfinderisch sind Sie? http:// www.fruehwarnsysteme.net/fruehwarnsys/tools.html. Gesehen 05 Mrz 2014

Kespohl HD, Erett A (UNITY AG) (2008) Bewertung und Steigerung der Innovationsfähigkeit von Unternehmen. http://www.competence-site.de/strategie/Bewertung-und-Steigerung-der-Innovationsfaehigkeit-von-Unternehmen. Gesehen 26 Feb 2014

Kirner E, Slama A, Som O, Spitzley A (2009) Überholspur Innovation, Messung, Bewertung, Sicherung der Innovationsfähigkeit durch www.innoscore.de, Fraunhofer Institut für Arbeitswirtschaft und Organisation IAO, http://www.rpd.iao.fhg.de/fhg/Images/InnoKMU_Abschlussbroschuere_tcm264-97212.pdf, Stand 10.01.2009

Lahner J, Müller K (2005) Innovationen im Handwerk. Sfh (Göttinger Handwerkswirtschaftliche Arbeitshefte), Göttingen

Meyer M (2012) Überdurchschnittlich hoher Krankenstand. In: AOK-Bundesverband (Hrsg) Produktionsfaktor Gesundheit im verarbeitenden Gewerbe. KomPart-Verlagsges. mbH & Co. KG, Berlin, S 5–7

Packebusch L (2011) Gesundheitsförderung in Klein- und Kleinstunternehmen (KKU) der Bauwirtschaft. In: Bamberg E, Ducki A, Metz A (Hrsg) Handbuch Gesundheitsförderung und Gesundheitsmanagement in der Arbeitswelt. Hogrefe, Göttingen, S 521–536

Pfaus H, Drupp M (2012) Veränderung ohne Grenzen – und wo bleibt die Gesundheit? Neue Anforderungen an das Betriebliche Gesundheitsmanagement bei kleinen und mittelständischen Unternehmen (KMU). In: Badura B, Ducki A, Schröder H, Klose J, Meyer M (Hrsg) Fehlzeiten-Report 2012. Springer, Berlin Heidelberg, S 243–253

Suprinovič O (2009) Absatzchancen von KMU angesichts einer alternden Bevölkerung. Vortrag auf der Fachtagung »Zukunft unternehmen – Wirtschaftsfaktor Alter«, 03. April 2009, Stuttgart

Statistisches Bundesamt (2010) Handwerkszählung. https://www.destatis.de/DE/ZahlenFakten/GesamtwirtschaftUmwelt/UnternehmenHandwerk/Handwerk/Tabellen/KleineMittlereUnternehmenHandwerk.html. Gesehen 05 Dez 2013

Warkotsch N (2004) Einflussgrößen und Wirkungen des Innovationsverhaltens von Handwerksunternehmen. Modell und empirische Ergebnisse. Handwerkswirtschaftliche Reihe Nr. 117. Deutsches Handwerksinstitut München, Ludwig-Fröhler-Institut

Zentralverband des deutschen Handwerks (o. J.) Best Practice im Handwerk. Innovative Unternehmensideen. Institut für Technik der Betriebsführung und Heinz-Piest-Institut für Handwerkstechnik an der Universität Hannover

Effektivität und Effizienz arbeitsplatzbezogener Psychotherapie

Interdisziplinäre Versorgung von Arbeitnehmern mit psychischen Störungen

C. Kröger, F. Finger, E.-M. Wunsch

B. Badura et al. (Hrsg.) *Fehlzeiten-Report 2014*,
DOI 10.1007/978-3-662-43531-1_28, © Springer-Verlag Berlin Heidelberg 2014

Zusammenfassung *Psychische Störungen sind in der Allgemeinbevölkerung weit verbreitet und verursachen erhebliche Kosten für das Gesundheitssystem und die Wirtschaft, z. B. durch hohe Fehlzeiten und verminderte Produktivität der betroffenen Mitarbeiter. Die kognitive Verhaltenstherapie stellt eine effektive und effiziente Behandlungsmethode für psychische Störungen dar, die geeignet ist, den Arbeitsplatz mit in die Behandlung einzubeziehen und ggf. den Betroffenen am Arbeitsplatz wiedereinzugliedern. Die Früherkennung von psychischen Störungen, deren zeitnahe interdisziplinäre Behandlung sowie der Einbezug des Arbeitsplatzes in die ambulante Psychotherapie sind die Ziele eines Kooperationsprojekts zwischen der Salzgitter AG, der betrieblichen Krankenkasse Salzgitter (BKK Salzgitter) und der Psychotherapieambulanz der TU Braunschweig. Die Vernetzung zwischen den Kooperationspartnern ermöglicht einen stetigen Informationsaustausch und eine rasche Wiedereingliederung psychisch erkrankter Arbeitnehmer in das Berufsleben. Die rege Inanspruchnahme des Projekts zeigt, dass das Angebot von den Mitarbeitern akzeptiert wird. Eine erste Evaluation weist darauf hin, dass die Fehlzeiten durch die arbeitsplatzbezogene Therapie signifikant reduziert und damit assoziierte Kosten eingespart werden können.*

28.1 Theoretischer Hintergrund

28.1.1 Anstieg der Fehlzeiten durch psychische Störungen

Psychische Störungen sind in der Allgemeinbevölkerung weit verbreitet. Aktuellen Schätzungen zufolge litten in Europa 27 Prozent der Erwachsenen im Alter von 18 bis 65 Jahren in den letzten zwölf Monaten an einer psychischen Störung (Wittchen et al. 2011). Als häufigste Störungen werden Angststörungen (14 Prozent), Schlafstörungen (7 Prozent) und Major Depression (7 Prozent) angegeben. Sollten sich die Schätzungen der Weltgesundheitsorganisation (WHO) als korrekt erweisen, wird die Depression im Jahr 2020 auf dem zweiten Platz der Erkrankungen in den Industriestaaten stehen, die die Lebenszeit qualitativ und quantitativ erheblich einschränken. Bereits 2030 soll sie dann Platz eins einnehmen (World Health Organization 2008).

Die Vermutung liegt nahe, dass sich das Auftreten psychischer Störungen auch auf die Leistungsfähigkeit der Arbeitnehmer am Arbeitsplatz auswirken könnte. Diese Vermutung wird durch Daten der Krankenkassen gestützt: Zwar ist die Anzahl der Arbeitsunfähigkeitstage (AU-Tage) in der Bevölkerung im Allgemeinen in den letzten Jahren gesunken, allerdings konnte ein Anstieg der AU-Tage aufgrund von psychischen Störungen verzeichnet werden (s. Bundespsychotherapeutenkammer 2012 für eine Übersicht). ◘ Abb. 28.1 veranschaulicht diesen Anstieg der AU-Tage aufgrund psychischer Störungen für die Daten ausgewählter deutscher gesetzlicher Krankenkassen. Obwohl der Anteil der AU-Tage aufgrund von psychischen Störungen zwischen den verschiedenen Krankenkassen variiert (was möglicherweise auf Unterschiede in den Versichertenpopulationen zurückgeht), ist ein stetiger Anstieg dieses Anteils über alle Krankenkassen hinweg zu verzeichnen, insbesondere seit 2006. Die Anforderungen der heutigen Arbeitswelt, insbesondere Termin- und Leistungsdruck, werden von den Arbeitnehmern als subjektiv wahrgenommene Belastungen berichtet (Lohmann-Haislah 2012). Geht man davon

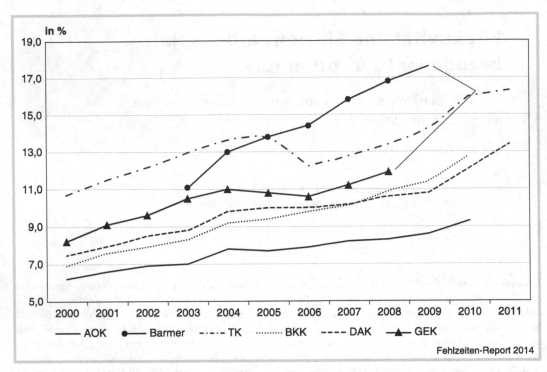

◘ Abb. 28.1 Anteil der Arbeitsunfähigkeitstage aufgrund psychischer Störungen (Quelle: Bundespsychotherapeuten-kammer 2012, mit freundlicher Genehmigung der Bundespsychotherapeutenkammer)

aus, dass diese Belastungen auf einem hohen Niveau bestehen bleiben, während gleichzeitig vor dem Hintergrund des demografischen Wandels die Belegschaften immer älter werden, ist zu erwarten, dass die Fehlzeiten aufgrund psychischer Störungen auch in Zukunft weiter ansteigen werden. So wird vermutet, dass bis zum Jahr 2020 die 50- bis 63-Jährigen den größten Teil der erwerbstätigen Bevölkerung darstellen werden (Badura et al. 2010). Mit steigendem Alter können psychische Störungen chronifizieren und auch die Krankschreibungen dauern länger an, je älter die Betroffenen sind. In Anbetracht des bereits vorherrschenden Fachkräftemangels sollten Unternehmen daher in Zukunft Strategien entwickeln, um einen weiteren Anstieg der Fehlzeiten aufgrund psychischer Störungen zu vermeiden.

Das Vorliegen einer psychischen Störung verursacht durch die Fehlzeiten zudem hohe volkswirtschaftliche Kosten. Beispielsweise entstanden im Jahr 2012 durch Produktionsausfälle und Ausfälle an Bruttowertschöpfung aufgrund von psychischen Störungen Kosten in Höhe von rund 17 Mrd. EUR (Bundesanstalt für Arbeitsschutz und Arbeitsmedizin 2014). Durch Arbeitnehmer, die trotz einer psychischen Störung ihrer Arbeit weiterhin nachkommen, aber auf-

grund ihrer Erkrankung weniger effektiv arbeiten, werden ebenfalls Kosten verursacht. Diese auf den sogenannten Präsentismus zurückzuführenden Kosten werden noch etwa zehnmal höher geschätzt als die Kosten, die durch Fehlzeiten entstehen (Schmidt u. Schröder 2009).

Das langfristige Fernbleiben von der Arbeit verursacht jedoch nicht nur volkswirtschaftliche Kosten, sondern hat auch erhebliche Konsequenzen für die Erwerbstätigen: Bei vielen Betroffenen führt eine langfristige Arbeitsunfähigkeit zu finanziellen Problemen, sozialer Isolation und zu einem Ausschluss vom Arbeitsmarkt. Außerdem steigt mit dem Alter der langfristig krankgeschriebenen Personen die Wahrscheinlichkeit, dass sie nicht wieder an ihren Arbeitsplatz zurückkehren, sondern stattdessen frühzeitig berentet werden (Dekkers-Sánchez et al. 2007). Nach Angaben der Deutschen Rentenversicherung stieg auch die Anzahl der Frühberentungen aufgrund von affektiven Störungen bzw. Angststörungen (2007 bis 2009) stetig an: Im Jahr 2009 wurden 17.500 Personen aufgrund dieser Störungen frühberentet, im Vergleich zu 14.200 Personen im Jahr 2007 (Deutsche Rentenversicherung 2011).

Wenn 50 % behandelt werden ...

Angststörungen		Affektive Störungen	
2,15 €	5,39 €	1,21 €	3,02 €
25 Sitzungen	10 Sitzungen	25 Sitzungen	10 Sitzungen

Fehlzeiten-Report 2014

◘ **Abb. 28.2** Geschätzter jährlicher Gewinn durch Psychotherapie bei Angst- bzw. affektiven Störungen je investierten Euro

28.1.2 Kosten und Nutzen von Psychotherapie

Eine Möglichkeit, die Kosten zu reduzieren, die durch eine psychische Erkrankung eines Arbeitnehmers für das Individuum selbst sowie für die Volkswirtschaft entstehen, stellt die Behandlung der psychischen Störung dar. Hierbei stellt sich jedoch die Frage, ob der Nutzen einer psychotherapeutischen Behandlung die durch die Behandlung selbst verursachten Kosten übersteigt. Eine kürzlich durchgeführte populationsbasierte Kosten-Nutzen-Analyse für Psychotherapie bei Angst- und affektiven Störungen in Deutschland beschäftigte sich mit dieser Thematik und zeigte, dass die Psychotherapie dieser Störungen nicht nur effektiv, sondern auch effizient ist (Wunsch et al. 2013). Ziel der Analyse war es, Kosten-Nutzen-Relationen unter der Annahme zu ermitteln, dass alle behandlungswilligen, von einer Angst- oder affektiven Störung Betroffenen in Deutschland psychotherapeutisch behandelt werden. Mithilfe zahlreicher Quellen wurden statistische Kosten- und Nutzenberechnungen für unterschiedliche Ausprägungen von Therapiewilligkeit, -effektivität und -dauer vorgenommen. Dabei wurden die Jahresprävalenzen (Wittchen u. Jacobi 2002) von Angststörungen (14,5 Prozent) und affektiven Störungen (11,9 Prozent) zugrunde gelegt und die Kosten, die durch die psychotherapeutische Behandlung der behandlungswilligen betroffenen Personen entstehen würden, dem geschätzten Nutzen durch die Behandlung gegenübergestellt. Als Nutzen wurden dabei die Reduktion der Krankenhaustage und des Produktionsausfalls, der Ausfall an Bruttowertschöpfung und Krankengeldzahlungen durch Verringerung der Fehltage, die Einsparungen durch weniger Erwerbsunfä-

higkeitsrenten sowie der Hinzugewinn an Lebensqualität in Form von qualitätskorrigierten Lebensjahren (Quality Adjusted Life Years, QALYs) gewertet.

Bei Remissionsraten von 78 Prozent für Angststörungen (Stewart u. Chambless 2009) und 59 Prozent für affektive Störungen (Hollon et al. 2005) könnten bei einer Behandlungswilligkeit von 33 Prozent (d. h. ein Drittel der betroffenen Personen ließe sich behandeln) ca. 3 Millionen Menschen zusätzlich durch eine Psychotherapie als remittiert gelten. Bei einer Behandlungswilligkeit von 50 Prozent (d. h. die Hälfte der betroffenen Personen ließe sich behandeln) wären es rund 5 Millionen Menschen. Die Kosten-Nutzen-Bilanzen zeigten, dass der finanzielle Nutzen in den meisten Fällen die Behandlungskosten übersteigen würde. Wenn beispielsweise 50 Prozent aller von einer Angststörung betroffenen Personen bereit wären, sich psychotherapeutisch behandeln zu lassen, so könnten bei einer Therapiedauer von 25 Sitzungen, was einer Kurzzeittherapie entspräche, pro in die Psychotherapie investierten Euro jährlich 2,15 Euro gespart werden: Dies entspricht einem Nettogewinn von 1,15 Euro. Bei 10 Sitzungen könnten je investierten Euro 5,39 Euro gespart werden. Bei affektiven Störungen beträgt die geschätzte Einsparung für 25 Sitzungen 1,21 Euro und für 10 Sitzungen 3,02 Euro pro Jahr und investiertem Euro. Die höheren Gewinne bei Angststörungen entstehen dadurch, dass ein höherer Therapieerfolg und eine geringere Spontanremission (d. h. Remission ohne Therapie) erwartet werden kann, als dies bei affektiven Störungen der Fall ist. Dadurch wird ein höherer Anteil der finanziellen Gewinne direkt auf den Effekt der Therapie der Angststörungen zurückgeführt. Die geschätzten jährlichen Einsparungen je investierten Euro sind in ◘ Abb. 28.2 dargestellt.

Auf der Bevölkerungsebene entsprächen die geschätzten Gesamteinsparungen für die Therapie von Angst- und affektiven Störungen bei einer Behandlungswilligkeit von 50 Prozent jährlich 37,3 Milliarden Euro. Dabei betragen die direkten Kosteneinsparungen durch wegfallende Krankenhausaufenthalte lediglich rund 205 Millionen Euro und machen damit nur einen geringen Anteil der gesamten Einsparungen aus. Der Großteil der Kosteneinsparungen ist auf die Reduktion der indirekten Kosten zurückzuführen: durch weniger Krankengeldzahlungen, verringerten Produktionsausfall und einen Gewinn an Bruttowertschöpfung, Einsparungen durch weniger Erwerbsunfähigkeitsrenten und vor allem durch hinzugewonnene Lebensqualität (QALYs). Da wie oben beschrieben ein weiterer Anstieg der Fehlzeiten durch psychische Störungen in Zukunft nicht auszuschließen ist, scheint es sinnvoll, psychische Störungen frühzeitig zu behandeln, um Chronifizierungen zu verhindern sowie damit verbundenen wirtschaftlichen Einbußen vorzubeugen. Insbesondere der erhebliche Hinzugewinn an Lebensqualität zeigt, wie wichtig eine breitere psychotherapeutische Versorgung von Betroffenen ist.

28.2   Zielsetzung

Für die häufig vorkommenden Angst- und affektiven Störungen sind kognitiv-verhaltenstherapeutische Interventionen evidenzbasierte, effektive und effiziente Behandlungsmethoden (Wunsch et al. 2013). Sie wurden für Arbeitnehmer mit hohen Fehlzeiten aufgrund psychischer Störungen empfohlen (National Institute for Health and Clinical Excellence 2009). Das nachfolgend beschriebene Projekt wurde gemeinsam von der Psychotherapieambulanz der TU Braunschweig, der BKK Salzgitter und der Salzgitter AG entwickelt, um eine effiziente interdisziplinäre Kooperation zwischen Betrieb, Krankenkasse und Therapeuten zu gewährleisten, die frühe Erkennung von psychischen Erkrankungen zu ermöglichen und lange Wartezeiten zu verhindern.

28.3   Inhalte und Ablauf des Versorgungskonzepts

Mitarbeiter der Salzgitter AG können bei Verdacht auf eine psychische Störung auf zwei unterschiedlichen Wegen in das Versorgungskonzept eingebunden werden. Zum einen können sich die Mitarbeiter der Salzgitter AG, die sich selbst als psychisch belastet erleben, über ihren Arbeitsmediziner anmelden oder sich

direkt an die BKK Salzgitter wenden. Zum anderen können auch die Arbeitsmediziner den Betroffenen bei Verdacht auf eine psychische Störung, z. B. aufgrund hoher Fehlzeiten oder Schwierigkeiten am Arbeitsplatz, für die Teilnahme am Projekt vorschlagen. Die Teilnahme, ob vom Mitarbeiter selbst oder vom Arbeitsmediziner initiiert, ist *in jedem Fall freiwillig*. Mitarbeiter, die sich für eine Teilnahme an dem Projekt entscheiden, erhalten zunächst eine sogenannte *Diagnostische Beratung*, die das zentrale Element des Projekts darstellt (s. u.). Stellt sich dabei heraus, dass eine Therapie indiziert ist, wird diese zeitnah und ohne Gutachterverfahren in der Psychotherapieambulanz der TU Braunschweig eingeleitet. Zunächst wird eine Kurzzeittherapie in Form einer kognitiven Verhaltenstherapie mit einem Umfang von 25 Sitzungen veranschlagt. Ist eine Verlängerung nötig, kann diese durch einen Bericht über den bisherigen Verlauf und eine Begründung, warum die Therapie fortgesetzt werden sollte, in eine Langzeittherapie umgewandelt werden. Ist vor einer ambulanten psychotherapeutischen Behandlung eine stationäre Behandlung indiziert, z. B. bei einer Eigengefährdung oder bei internistisch zu behandelnden Erkrankungen, kann dies im Rahmen der Kooperation der BKK Salzgitter mit entsprechenden Kliniken veranlasst werden. Nach Abschluss der stationären Behandlung können die Patienten in diesem Fall innerhalb weniger Werktage die ambulante Therapie in der Psychotherapieambulanz der TU Braunschweig beginnen. Der vorliegende Beitrag beschreibt die kurativen Maßnahmen eines umfassenden Konzeptes zum Betrieblichen Gesundheitsmanagement. Primär- und sekundärpräventive Maßnahmen (z. B. eine sozialmedizinische Sprechstunde oder eine betriebsinterne Schmerzbewältigungsgruppe) werden u. a. in dem prämierten Projekt »GO – Die Generationen-Offensive 2025« erläutert.

28.3.1 Die diagnostische Beratung

Mitarbeiter der Salzgitter AG, die sich für eine Teilnahme am Projekt entschieden haben, werden vor dem Beginn der Diagnostischen Beratung zunächst gebeten, folgende arbeitsbezogenen Instrumente auszufüllen:

- *Arbeitsbezogenes Verhaltens- und Erlebensmuster* (*AVEM*, Schaarschmidt u. Fischer 2001). Das AVEM erfasst gesundheitsförderliche und gesundheitsschädliche Verhaltens- und Erlebensmuster bei der Bewältigung beruflicher Anforderungen und stellt sie anhand von vier verschiedenen Mustern dar:

- *Muster G* für »gesundheitsförderliches Verhältnis der Arbeit gegenüber«
- *Muster S* für »Schonung«, z. B. durch fehlende Arbeitsmotivation
- *Risikomuster A* für überhöhte »Anstrengung« am Arbeitsplatz bis hin zu Selbstüberforderung
- *Risikomuster B*, das im Kern das »Burnout-Syndrom« beschreibt und sich am Arbeitsplatz durch Überforderung, Erschöpfung und Resignation widerspiegelt.
- *Osnabrücker Arbeitsfähigkeitenprofil (O-AFP,* Wiedl u. Uhlhorn 2006). Das O-AFP ist ein Fremdbeurteilungsinstrument für die Beurteilung der Arbeitsfähigkeiten psychisch erkrankter Mitarbeiter in den Bereichen »Lernfähigkeit«, »Fähigkeit zur sozialen Kommunikation« und »Anpassung«, welches vom Vorgesetzten oder vom Arbeitsmediziner umgesetzt werden kann.

Darüber hinaus werden durch Fallmanager der BKK Salzgitter alle relevanten medizinischen Befunde vor der Diagnostischen Beratung unter strikter Einhaltung des Datenschutzes an den Therapeuten übermittelt, der die diagnostische Beratung durchführt. Die Arbeitsmediziner stellen umfassende Informationen zum Arbeitsplatz und zum Umfeld zur Verfügung.

Die diagnostische Beratung in der Psychotherapieambulanz der TU Braunschweig selbst umfasst in der Regel zwei Sitzungen à 50 Minuten. Während des ersten Termins erfolgen ein ausführliches Erstgespräch, eine Anamnese der aktuellen Beschwerden und der Situation am Arbeitsplatz sowie eine ausführliche Erhebung des psychischen Befunds. Zudem werden standardisierte Selbstbeurteilungsinstrumente in computerisierter Form eingesetzt (Symptomcheckliste SCL-90-R, Franke 1995; Beck-Depressions-Inventar BDI, Hautzinger et al. 2006; Fragebogen zur Lebenszufriedenheit FLZ, Fahrenberg et al. 2000).

Die Vorbefunde, die Diagnostik sowie die während der Diagnostischen Beratung darüber hinaus erhobenen Informationen dienen als Basis, um gemeinsam mit dem Betroffenen zu erarbeiten, ob eine psychische Störung vorliegt und welche Bedingungen zur Aufrechterhaltung beitragen. Die Ergebnisse werden dem Patienten im zweiten Termin ausführlich erläutert, eine psychoedukative Beratung wird durchgeführt und ggf. werden weitere Maßnahmen (z. B. Physiotherapie, Zielgespräch mit dem Vorgesetzten, Schuldnerberatung) empfohlen. Bereits während der Diagnostischen Beratung werden erste Schritte eingeleitet (z. B. Erarbeitung von Regeln zur Schlafhygiene, Aufbau angenehmer Aktivitäten, Anleitung von Entspannungsverfahren). Die erarbeiteten Empfehlungen

werden mit dem Einverständnis des Patienten schriftlich an die BKK Salzgitter übermittelt. Einen ausführlicheren Bericht über die Ergebnisse der Diagnostischen Beratung erhalten nur der überweisende Arbeitsmediziner oder andere Personen, für die der Mitarbeiter eine Schweigepflichtentbindung gegeben hat (z. B. der Hausarzt).

28.3.2 Arbeitsplatzbezogene kognitive Verhaltenstherapie

Wenn im Rahmen der Diagnostischen Beratung eine psychische Störung diagnostiziert wird, bei der eine ambulante Psychotherapie indiziert ist, kann innerhalb von 15 Werktagen die Aufnahme der therapeutischen Behandlung ermöglicht werden, sofern der Mitarbeiter dies wünscht. Die Therapie findet in den Räumen der Psychotherapieambulanz der TU Braunschweig statt und wird von psychologischen Psychotherapeuten in fortgeschrittener Ausbildung oder bereits Approbierten durchgeführt. Die therapeutischen Interventionen stehen unter regelmäßiger Kontrolle durch staatlich anerkannte Supervision. Im Verlauf der kognitiven Verhaltenstherapie wird die betriebliche Wiedereingliederung des Mitarbeiters angestrebt, sofern er zum Therapiebeginn arbeitsunfähig ist. Die Wiedereingliederung wird in diesem Fall regelmäßig thematisiert, schrittweise vorbereitet und begleitet. So werden beispielsweise gemeinsam mit dem Patienten Pläne für eine stufenweise Arbeitswiederaufnahme erarbeitet, in denen die Art und die Dauer der erforderlichen Tätigkeiten festgehalten werden. Mögliche Hindernisse für einen erfolgreichen Verlauf der Wiedereingliederung werden identifiziert und nach Möglichkeit ausgeräumt (z. B. mithilfe von Rollenspielen und in Kooperation mit den Arbeitsmedizinern). Falls notwendig, werden Kontakte zum betrieblichen Wiedereingliederungsmanagement hergestellt. Auch wenn die Patienten zu Beginn der Therapie arbeitsfähig sind, wird ihr Arbeitsplatz in die therapeutische Behandlung einbezogen. Es werden beispielsweise Strategien entwickelt und Techniken vermittelt, die die Belastung des Patienten am Arbeitsplatz reduzieren und somit sein Befinden und seine Leistungsfähigkeit bei der Arbeit möglichst erfolgversprechend erhöhen (z. B. Kurzentspannung, Selbstinstruktionen). Auch direkt am Arbeitsplatz können in Absprache mit den Arbeitsmedizinern therapeutische Interventionen durchgeführt werden, z. B. zur Optimierung der Arbeitsorganisation oder in Form von Expositionen *in vivo*, d. h. der realen Auseinandersetzung mit der angstbesetzten Situation bzw. dem angstbesetzten Objekt, bei Angststörungen.

28.3.3 Wichtige Voraussetzungen: Vernetzung, Fallmanagement und Datenschutz

Um die Kontaktaufnahme und den Informationsaustausch zwischen den Arbeitsmedizinern, den Mitarbeitern der Krankenkasse und der Psychotherapieambulanz zu ermöglichen, sind spezifische Schweigepflichtentbindungen juristische Voraussetzung.

Alle Arbeitsmediziner können die Psychosomatische Grundversorgung erbringen und sind in motivierender Gesprächsführung geschult. Nur ein engagierter und andauernder Austausch zwischen allen Kooperationspartnern ermöglicht ein lückenloses und zeitsparendes Fallmanagement. In der BKK Salzgitter übernehmen geschulte Fallmanager die umfassende Betreuung und Beratung der Betroffenen und leiten die zeitnahe Kontaktaufnahme zur Psychotherapieambulanz sowie den Austausch mit der Arbeitsmedizin in die Wege. In der Psychotherapieambulanz der TU Braunschweig sind Fachkräfte zur Qualitätssicherung und Projektsteuerung eingesetzt. Damit ggf. indizierte Maßnahmen schnell in die Wege geleitet werden können und keine Verzögerungen entstehen, werden alle Berichte und Befunde innerhalb von drei Werktagen weitergeleitet. Der bürokratische Aufwand für die Betroffenen wird minimiert, da es beispielsweise keiner Wartelistenbestätigungen bedarf, um einen Therapieplatz bei der Krankenkasse geltend zu machen. Das Beschaffen eines Konsiliar- oder Reha-Berichtes entfällt.

28.4   Inanspruchnahme des Angebots

Seit Beginn des Projekts im September 2008 haben bis Ende November 2013 insgesamt 308 Patienten das Angebot der Diagnostischen Beratung in Anspruch genommen, wobei die Zahl der Anmeldungen zwischen 2008 und 2012 jährlich anstieg. Auch 2013 blieb die Zahl der Anmeldungen gleichermaßen hoch: Es meldeten sich bis Ende November 101 Mitarbeiter zur Teilnahme am Projekt an, was ca. 33 Prozent aller bisherigen Anmeldungen entspricht. Der Anstieg der jährlichen Anmeldungen zwischen 2008 (ab September) und 2013 (bis Ende November) ist in ◘ Abb. 28.3 dargestellt.

28.5   Empirische Befunde

Wie bereits erläutert, wurden bis Ende November 2013 insgesamt 308 diagnostische Beratungen durchgeführt. In 15 Prozent der Fälle wurde diese als ausrei-

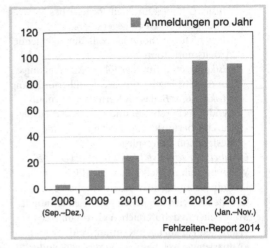

◘ **Abb. 28.3** Anstieg der Anmeldungen zur Diagnostischen Beratung

chend empfunden und eine ausführliche Psychotherapie war nicht indiziert. Den betroffenen Patienten wurde jedoch immer das Angebot gemacht, bei einer Verschlechterung des psychischen Befindens wieder Kontakt zur Psychotherapieambulanz aufzunehmen. 43 der im Rahmen des Projekts begonnenen Therapien in der Psychotherapieambulanz konnten bis November 2013 erfolgreich abgeschlossen werden, bei 36 Therapien fand ein Abbruch in der therapeutischen Phase bzw. ein Rücktritt in der probatorischen Phase statt. In laufender Behandlung befinden sich derzeit (November 2013) 102 Patienten.

28.5.1 Stichprobenbeschreibung

Bei 76 Prozent der Patienten, die an der Diagnostischen Beratung teilnahmen, lag eine psychische Störung vor. Die häufigsten Diagnosen sind affektive Störungen (64 Prozent) sowie Angst- und somatoforme Störungen (30 Prozent). Ein Großteil der Mitarbeiter, die das Angebot in Anspruch nahmen, ist männlich (67 Prozent) und hat einen Hauptschul- (35 Prozent) oder Realschulabschluss (45 Prozent).

28.5.2 Arbeitsunfähigkeitstage

Für eine Teilstichprobe von 13 Patienten, die in einen Datentransfer zwischen der BKK Salzgitter und der TU Braunschweig einwilligten, konnte bereits eine erste Auswertung von AU-Tagen vor und nach der Therapie durchgeführt werden, wobei ausschließlich solche AU-

Tab. 28.1 AU-Tage vor und nach der Therapie, Effektstärke und Konfidenzintervall

AU-Tage/100 Tage			
Prä M (SD)	Post M (SD)	Hedges' g	KI 95 %
12,95 (10,39)	0,87 (3,14)	1,26	1,17–1,36

Fehlzeitenreport 2014

Tage berücksichtigt wurden, die sich auf psychische Störungen bezogen. Dazu wurden die AU-Tage der Teilnehmer in einem Zeitraum von ca. zwei Jahren vor der Therapie und bis zu sechs Monate nach der Therapie ausgewertet. Aufgrund der unterschiedlichen Beobachtungszeiträume wurde zur besseren Vergleichbarkeit eine prozentuale Fehlzeitenquote (AU-Tage je 100 Kalendertage) zugrunde gelegt. Vor der Therapie betrug diese Quote im Mittel 0,13, d. h. ein Patient fehlte von 100 Tagen im Durchschnitt 13 Tage. Nach der Therapie betrug die Quote im Mittel 0,01, d. h. ein Patient fehlte nach der Therapie im Durchschnitt noch einen von 100 Tagen. Alle Personen der Teilstichprobe waren nach der Therapie arbeitsfähig. Ein nonparametrischer Test (Wilcoxon-Rangsummentest) zur Überprüfung der Mittelwertunterschiede war hoch signifikant ($p < 0,001$). Es ergab sich eine hohe Effektstärke hinsichtlich der AU-Tage (Hedges $g = 1,26$; KI 95 % $= 1,17–1,36$). Die berichteten Ergebnisse sind in **Tab. 28.1** zusammengefasst.

Legt man die Annahme zugrunde, dass pro AU-Tag ein Produktionsausfall von 102 Euro und ein Ausfall an Bruttowertschöpfung von 176 Euro anfallen (Bundesanstalt für Arbeitsschutz und Arbeitsmedizin 2014), betrugen die volkswirtschaftlichen Kosten, die innerhalb von 100 Tagen durch AU-Tage entstehen, pro Patient 3.600 Euro vor der Therapie gegenüber 242 Euro nach der Therapie, was einer Einsparung von 3.358 Euro pro Person entspricht. Auf ein Jahr (365 Tage) hochgerechnet belaufen sich somit die rein volkswirtschaftlichen Einsparungen durch verminderte AU-Tage pro Person auf rund 12.000 Euro. Dabei muss kritisch angemerkt werden, dass die Berechnung ausschließlich auf AU-Tagen durch psychische Störungen basiert. Mögliche Auswirkungen der psychischen Beschwerden auf komorbide körperliche Erkrankungen konnten somit nicht berücksichtigt werden. Die Berechnungen beziehen zudem nur Kosten durch Fehlzeiten ein, während mögliche zusätzliche Kosten durch Präsentismus nicht berechnet werden konnten. Zudem handelt es sich um eine kleine Stichprobe von gegenwärtig nur 13 Personen.

28.6 Fazit

Werden psychische Störungen nicht angemessen behandelt, verursachen sie erhebliche Kosten: Sie wirken sich sowohl auf die Lebenszufriedenheit der Patienten als auch auf deren Arbeitsfähigkeit nachteilig aus. Durch eine frühzeitige Aufnahme einer kognitiven Verhaltenstherapie, die sich als effektiv *und* effizient herausgestellt hat und die auch den Arbeitsplatz in die Therapie einbezieht, wären diese Kosten jedoch reduzierbar. Das vorgestellte Kooperationsprojekt zeigt eine Möglichkeit auf, wie psychische Erkrankungen frühzeitig behandelt werden können.

Aufgrund der Vernetzung der verschiedenen Disziplinen kann eine umfassende Betreuung der Betroffenen gewährleistet werden. Die bislang stetig steigenden Anmeldungen zeigen, dass das Angebot von den Mitarbeitern gut akzeptiert und in Anspruch genommen wird. Die Verteilung der Diagnosen der im Projekt eingeschlossenen Beschäftigten entsprechen den Erwartungen: Am häufigsten wurden affektive Störungen und Angststörungen diagnostiziert. Besonders hervorzuheben ist dabei, dass die Teilnehmer überwiegend männlich (70 Prozent) und in der Montanindustrie beschäftigt sind und daher nicht zu der üblichen Klientel einer psychotherapeutischen Praxis gehören. Daher bedarf es auf Seiten der Behandler spezifischer außerfachlicher und arbeitsplatzbezogener Kenntnisse (u. a. Betriebsvereinbarungen, Arbeitsplatzbeschreibungen, Gefährdungsbeurteilungen). Gleichzeitig ermöglichen diesbezügliche Versorgungskonzepte der beschriebenen Klientel überhaupt erst einen Zugang zur ambulanten Psychotherapie.

Die arbeitsplatzbezogene kognitive Verhaltenstherapie konnte in einer Teilstichprobe nachweislich die Anzahl der AU-Tage reduzieren, was nicht nur auf eine Verbesserung der Lebensqualität für die Betroffenen hinweist, sondern auch mit signifikanten Kosteneinsparungen für Wirtschaft und Gesundheitssystem einhergeht. Das seit fünf Jahren laufende Projekt zeigt, dass eine interdisziplinäre Versorgung psychisch erkrankter Arbeitnehmer im Rahmen von Versorgungsprojekten in der Praxis möglich ist, dass das Angebot durch die Beschäftigten wahrgenommen wird und dass die arbeitsplatzbezogene Psychotherapie die Fehlzeiten nachweislich senken kann. Es ist wahrscheinlich, dass auch in der Arbeitswelt von morgen die als besonders belastend wahrgenommenen Anforderungen (z. B. Termin- und Leistungsdruck) weiterhin bestehen bleiben. Neben den häufiger durchgeführten primär- und sekundärpräventiven Maßnahmen erscheint auch die qualifizierte psychotherapeutische Behandlung psychischer Störungen in jedem Fall eine lohnende Investition in das Sozialkapital. Zukünftig sind die Rahmenbedingungen für eine effektivere (und damit auch effizientere) Zusammenarbeit zwischen Betrieben, insbesondere zwischen deren Personalverantwortlichen und Arbeitsmedizinern, sowie den Psychotherapeuten zu erarbeiten und zu verbessern (z. B. durch therapeutische Interventionen am Arbeitsplatz, durch Psychologische Psychotherapeuten veranlasste Krank- und Gesundschreibungen).

Literatur

Badura B, Walter U, Hehlmann T (2010) Betriebliche Gesundheitspolitik: Der Weg zur gesunden Organisation. Springer, Heidelberg

Bundesanstalt für Arbeitsschutz und Arbeitsmedizin (2014) Volkswirtschaftliche Kosten durch Arbeitsunfähigkeit 2012. Verfügbar unter http://www.baua.de. Gesehen 25 Apr 2014

Bundespsychotherapeutenkammer (2012) BPtK-Studie zur Arbeitsunfähigkeit 2012: Psychische Erkrankungen und Burnout. Verfügbar unter http://www.bptk.de. Gesehen 01 Feb 2014

Dekkers-Sánchez PM, Hoving JL, Sluiter JK et al (2007) Factors associated with long-term sick leave in sick listed employees: a systematic review. Occupational and Environmental Medicine 65:153–157

Deutsche Rentenversicherung (2011) Frühberentung aufgrund psychischer Störungen. Unveröffentlichte Daten

Fahrenberg J, Myrtek M, Schumacher J et al (2000) Fragebogen zur Lebenszufriedenheit (FLZ). Hogrefe, Göttingen

Franke GH (1995) Symptomcheckliste (SCL-90-R). Revision. Beltz Test GmbH, Göttingen

Hautzinger M, Keller F, Kühne C (2006) Beck Depressions-Inventar (BDI-II).Revision. Harcourt Test Services, Frankfurt/Main

Hollon SD, Stewart MO, Strunk D (2005) Enduring effects for cognitive behavior therapy in the treatment of depression and anxiety. Annual Review of Psychology 57:285–315

Lohmann-Haislah A (2012) Stressreport Deutschland 2012: Psychische Anforderungen, Ressourcen und Befinden. 1. Auflage. Bundesanstalt für Arbeitsschutz und Arbeitsmedizin, Dortmund. Verfügbar unter http://www.baua.de. Gesehen 11 Jul 2013

National Institute for Health and Clinical Excellence [NICE] (2009) Managing long-term sickness absence and incapacity for work. London. Verfügbar unter http://www.nice.org.uk/PH19. Gesehen 24 Jul 2013

Schaarschmidt U, Fischer AW (2001) Arbeitsbezogenes Verhaltens- und Erlebensmuster (AVEM). Manual. Pearson, London

Schmidt J, Schröder H (2009) Präsentismus: Krank zur Arbeit aus Angst vor Arbeitsplatzverlust. In: Badura B, Schröder H, Klose J, Macco K (Hrsg) Fehlzeiten-Report 2009: Arbeit und Psyche: Belastungen reduzieren – Wohlbefinden fördern. Springer, Heidelberg, S 93–100

Stewart RE, Chambless DL (2009) Cognitive-behavioral therapy for adult anxiety disorders in clinical practice: A meta-analysis of effectiveness studies. Journal of Consulting and Clinical Psychology 77(4):595–606

Wiedl KH, Uhlhorn S (2006) Osnabrücker Arbeitsfähigkeitenprofil (O-AFP). Hogrefe, Göttingen

Wittchen H-U, Jacobi F (2002) Die Versorgungssituation psychischer Störungen in Deutschland: Eine klinisch-epidemiologische Abschätzung anhand des Bundes-Gesundheitssurveys 1998. Psychotherapeutenjournal 0:6–15

Wittchen H-U, Jacobi F, Rehm J et al (2011) The size and burden of mental disorders and other disorders of the brain in Europe 2010. European Neuropsychopharmacology 21:655–679

World Health Organization [WHO] (2008) The global burden of disease: 2004 update. Verfügbar unter http://www.who.int. Gesehen 01 Sep 2011

Wunsch E-M, Kliem S, Grocholewski A et al (2013) Wie teuer wird es wirklich? Kosten-Nutzen-Analyse für Psychotherapie bei Angst- und affektiven Störungen in Deutschland. Psychologische Rundschau 64:75–93

Qualität und Nachhaltig-keit im Betrieblichen Gesundheitsmanagement

Zukünftiger Stellenwert des Betrieblichen Gesundheitsmanagements

T. Altgeld

B. Badura et al. (Hrsg.) *Fehlzeiten-Report 2014*,
DOI 10.1007/978-3-662-43531-1_29, © Springer-Verlag Berlin Heidelberg 2014

Zusammenfassung *Obgleich es eine Vielzahl von arbeits- und gesundheitspolitischen Fürsprachen für ein Betriebliches Gesundheitsmanagement (BGM) in Deutschland gibt, zeigt der folgende Beitrag wesentliche Herausforderungen der nunmehr fast 25-jährigen Umsetzungspraxis differenziert auf, um die weitreichende Zielsetzung eines effizienten BGM für die gesundheitsförderliche Zukunft in Unternehmen nachhaltig zu verankern. Im Folgenden werden die BGM-Aktivitäten der Sozialversicherungsträger beleuchtet, die Umsetzung von Maßnahmen in Großunternehmen im Vergleich zur Situation in Kleinbetrieben analysiert, Parallelaktivitäten auf EU- und Bundesebene bewertet und die Gefahren von Modetrends und undurchsichtigen Qualifikationsprofilen von Akteuren im BGM aufgezeigt.*

29.1 Einleitung

An nachhaltigen Plädoyers für oder beredten unternehmens- und gesundheitspolitischen Bekenntnissen zu einem höheren Stellenwert für das Betriebliche Gesundheitsmanagement (BGM) mangelt es seit Beginn des Jahrtausends in Deutschland sicher nicht. Allein der aktuelle Koalitionsvertrag der Großen Koalition verdeutlicht aufs Neue die mittlerweile perfektionierte Sprachfähigkeit der deutschen Politik und ihre weitgesteckten Ziele für diesen Bereich. Im Kapitel 2 »Vollbeschäftigung, gute Arbeit und soziale Sicherheit« wird deshalb ein weitgestecktes politisches Bekenntnis zum Stellenwert von Gesundheit innerhalb der Arbeitswelt abgegeben: »Unser Leitbild ist ein ganzheitlicher, physische und psychische Belastungen umfassender Gesundheitsschutz bei der Arbeit. Die Zusammenarbeit mit der allgemeinen Gesundheitspolitik wird ausgebaut. Betriebliche Gesundheitsförderung und Arbeitsschutz werden enger verknüpft. Das betriebliche Eingliederungsmanagement (BEM) wollen wir stärken und mehr Verbindlichkeit erreichen« (CDU Deutschlands 2013, S. 48). Das betriebliche Gesundheitsmanagement taucht selbst erst später im Koalitionsvertrag auf und zwar nur unter dem Abschnitt »Reha-Budget demografiefest ausgestalten«: »Durch ein besseres präventives betriebliches Gesundheitsmanagement wollen wir erreichen, dass ältere Menschen gesund und leistungsfähig ihren Beruf ausüben« (ebd. S. 74). Auch im Abschnitt über das für 2014 schon geplante Präven-

tionsgesetz ist lediglich von Betrieblicher Gesundheitsförderung (BGF) die Rede: »Wir werden noch 2014 ein Präventionsgesetz verabschieden, das insbesondere die Prävention und Gesundheitsförderung in Lebenswelten wie Kita, Schule, Betrieb und Pflegeheim und die betriebliche Gesundheitsförderung stärkt und alle Sozialversicherungsträger einbezieht« (ebd. S. 82).

Aber eine insgesamt hohe Wertschätzung erfährt das BGM auch in öffentlichen Verlautbarungen von Vorständen aus größeren Unternehmen oder in Befragungen von Führungskräften. Die sicherlich nicht hochwissenschaftliche, aber aktuellste »Trendstudie Betriebliches Gesundheitsmanagement«, die ein Messeveranstalter (spring Messe Management) zusammen mit Jochen Prümper (Hochschule für Technik und Wirtschaft, Berlin) und Jens Nachtwei (Humboldt-Universität, Berlin) durchgeführt hat, stellt in einer vorab publizierten Pressemeldung eine hohe Akzeptanz bei den Unternehmensvertreterinnen und -vertretern fest. Außerdem wird anhand der Befragungsergebnisse prognostiziert, dass BGM im nächsten Jahrzehnt noch einmal deutlich an Stellenwert gewinnt (Zukunft Personal 2014). Im Prinzip muss man sich also keine Sorgen um den zukünftigen Stellenwert des BGM machen.

Aber dennoch ist ein differenzierter Blick hinter die Kulissen politischer Sonntagsreden und die Unternehmensleitbilder von Großunternehmen auf die konkrete alltägliche Praxis der Umsetzung von BGM notwendig, um zukünftige Herausforderungen zu benennen. Hier lassen sich einige Schwachstellen erkennen, die die fast

25-jährige Umsetzungspraxis von BGM in Deutschland nun auch schon fast jahrzehntelang begleiten:

— Fehlende gesetzliche Verankerung von BGM, aber zunehmend verbesserte gesetzliche Rahmenbedingungen für Teilaspekte des BGM.

— BGM wird systematisch und nachhaltig vor allem in Großunternehmen umgesetzt: Für Klein- und Mittelbetrieben (KMU), in denen die Mehrzahl der Beschäftigten arbeiten, fehlen nach wie vor Umsetzungskonzepte für eine flächendeckende Praxis.

— Parallelaktivitäten auf unterschiedlichen Ebenen: Insbesondere auf EU- und Bundesebene sind eine Reihe von Förderprogrammen, Regierungsstrategien und Netzwerke entstanden, deren Zielstellungen weitgehend mit den Zielstellungen des BGM übereinstimmen, ohne dass sie BGM in den Vordergrund stellen oder es gar explizit benennen.

— Auch BGM ist wie die Gesundheit in der Arbeitswelt insgesamt nicht frei von Modetrends. Die Renaissance der Begriffe »gute Arbeit« oder »Humanisierung der Arbeitswelt« sind genauso ein Beleg dafür wie die neue Überbewertung von psychischer Gesundheit, Stressbewältigung, Resilienzförderung und Burnout-Prophylaxe.

— Die Qualifikationsprofile für die Akteure im BGM sind nicht konsentiert: Deshalb stellt BGM auch eine Spielwiese für immer neue Gesundheitsberufe und mehr oder weniger sinnvolle Initiativen der sogenannten Gesundheitswirtschaft dar.

Zunächst ist es jedoch notwendig eine kurze Begriffsdefinition vorzunehmen, weil die bereits zitierten Dokumente zeigen, dass die Begriffe »Betriebliche Gesundheitsförderung« und »Betriebliches Gesundheitsmanagement« sich im Verständnis zumindest vieler gesundheitspolitischer Akteure kaum unterscheidend und synonym benutzt werden. Beide Konzepte unterscheiden sich jedoch deutlich.

Betriebliches Gesundheitsmanagement (BGM) stellt ein systematisches Vorgehen zur Förderung der Gesundheit in Unternehmen mit dem zentralen Ziel der Belastungsreduktion und Ressourcenstärkung von Beschäftigen dar. Betriebliches Gesundheitsmanagement (BGM) bedeutet, die Gesundheit der Mitarbeiterinnen und Mitarbeiter als strategischen Faktor in das Leitbild und in die Kultur sowie in die Strukturen und Prozesse der Organisation einzubeziehen. Es handelt sich also um eine Managementaufgabe (Faller 2010, S. 25). »Ziele des Betrieblichen Gesundheitsmanagements sind die Entwicklung und Verankerung eines Managementsystems zur Reduzierung von Belastungen, zur Stärkung des Sozial- und Humankapitals, zur

Verbesserung von Wohlbefinden und Gesundheitsverhalten der Mitarbeiterinnen und Mitarbeiter sowie zur Steigerung von Betriebsergebnissen und Wettbewerbsfähigkeit« (Zentrum für Weiterbildung an der Universität Bielefeld 2008, S. 19).

BGM ist somit eine Weiterentwicklung der Ansätze der Betrieblichen Gesundheitsförderung (BGF), allerdings mit anderen Fokussierungen. Beide Ansätze können in Deutschland auf eine mehr als zwanzigjährige Umsetzungspraxis zurückblicken. Seit Beginn der Neunziger Jahre des vorigen Jahrhunderts werden arbeitsweltbezogene Maßnahmen von Arbeitgebern, Beschäftigten, Sozialversicherungsträgern und der Gesellschaft zur Verbesserung von Gesundheit und Wohlbefinden am Arbeitsplatz vorangetrieben und Instrumente zur Umsetzung entwickelt. »Als Betriebliche Gesundheitsförderung bezeichnet man systemische Interventionen in privaten und öffentlichen Betrieben, durch die gesundheitsrelevante Belastungen gesenkt und Ressourcen vermehrt werden sollen. Die primärpräventiven und gesundheitsförderlichen Effekte werden durch gleichzeitige und aufeinander bezogene Veränderungen der Ergonomie, der Organisation, des Sozialklimas und des individuellen Verhaltens erzielt (Settingansatz). Sowohl die Problemerfassung als auch die gesundheitsförderlichen Aktionen werden partizipativ angegangen« (Rosenbrock u. Hartung 2011, S. 231). Allerdings werden unter BGF auch mittlerweile Angebote des Arbeitgebers oder von gesetzlichen Krankenkassen subsumiert, die ohne partizipative Verfahren entstanden sind, z. B. Bewegungs- oder Entspannungsangebote am Arbeitsplatz.

29.2   Keine gesetzliche Verankerung von Betrieblichem Gesundheitsmanagement bislang

Die Bundesrepublik Deutschland verfügt ohnehin über im internationalen Vergleich hohe Standards im Arbeits- und Gesundheitsschutz sowie der Unfallverhütung. Dabei sind im Rahmen eines dualen Systems der Arbeits- und Gesundheitsschutz, insbesondere wichtige Kontroll- und Aufsichtsfunktionen, den staatlichen Behörden der Bundesländer übertragen worden, während die Unfallverhütung am Arbeitsplatz eine der zentralen Aufgaben der Arbeitgeber sowie der gesetzlichen Unfallversicherung ist. Der Präventionsauftrag der gesetzlichen Unfallversicherungsträger ist im Rahmen des SGB VII umfassend definiert. Der Präventionsauftrag umfasst ein eigenes Kapitel in diesem Sozialgesetzbuch mit insgesamt elf Paragrafen. Bei der Verhütung arbeitsbedingter Gesundheitsgefahren sollen die Unfallversicherungsträger mit den gesetzlichen Krankenkassen zusammenarbeiten, deren Präventionsauftrag in der Arbeitswelt wiederum im SGB V definiert wird.

2007 wurden mit dem GKV-Wettbewerbsstärkungsgesetz die seit 1989 im Sozialgesetzbuch eingeführte betriebliche Gesundheitsförderung zu einer Pflichtleistung der Krankenkassen aufgewertet und damit die Rahmenbedingungen entscheidend verbessert. In § 20a wird der Leistungsauftrag definiert: »Die Krankenkassen erbringen Leistungen zur Gesundheitsförderung in Betrieben (betriebliche Gesundheitsförderung), um unter Beteiligung der Versicherten und der Verantwortlichen für den Betrieb die gesundheitliche Situation einschließlich ihrer Risiken und Potenziale zu erheben und Vorschläge zur Verbesserung der gesundheitlichen Situation sowie zur Stärkung der gesundheitlichen Ressourcen und Fähigkeiten zu entwickeln und deren Umsetzung zu unterstützen.« (SGB V, Bundesministerium der Justiz und für Verbraucherschutz 2014)

Als letzte wichtige gesetzliche Grundlage zum Erhalt und der Verbesserung der Gesundheit in der Arbeitswelt ist das seit dem 1. Januar 2009 geltende Einkommensteuergesetz (EStG) zu nennen, das in § 3 Nr. 34 Bezug nimmt auf den GKV-Leitfaden Prävention. Steuerfrei sind demnach »zusätzlich zum ohnehin geschuldeten Arbeitslohn erbrachte Leistungen des Arbeitgebers zur Verbesserung des allgemeinen Gesundheitszustandes und der betrieblichen Gesundheitsförderung, die hinsichtlich Qualität, Zweckbindung und Zielgerichtetheit den Anforderungen der §§ 20 und 20a des Fünften Buches Sozialgesetzbuch genügen, soweit sie 500 Euro im Kalenderjahr nicht übersteigen« (EStG, Bundesministerium der Justiz und für Verbraucherschutz 2014).

Ein kurzer Blick auf die kontinuierlich verbesserten gesetzlichen Rahmenbedingungen zeigt aber zugleich auch ein Manko für das BGM auf: BGM ist in keiner gesetzlichen Grundlage explizit benannt oder gar verankert. Nur Teilaspekte des BGMs wie der Arbeitsschutz, die Unfallverhütung oder die Betriebliche Gesundheitsförderung tauchen in den verschiedenen gesetzlichen Regelungen auf. BGM ist mehr oder weniger ein theoretisches Konstrukt von Public-Health- und Gesundheitsförderungsfachleuten mit einer weitreichenden Zielstellung: »Ziele des Betrieblichen Gesundheitsmanagements sind die Entwicklung und Verankerung eines Managementsystems zur Reduzierung von Belastungen, zur Stärkung des Sozial- und Humankapitals, zur Verbesserung von Wohlbefinden und Gesundheitsverhalten der Mitarbeiterinnen und Mitarbeiter sowie zur Steigerung von Betriebsergeb-nissen und Wettbewerbsfähigkeit« (Zentrum für Weiterbildung an der Universität Bielefeld 2008, S. 19). Für diese umfassende Zielstellung gibt es keinen explizit ausformulierten Gesetzesauftrag.

29.2.1 Ausweitung von Aktivitäten der Sozialversicherungsträger

Die Regelungen im Arbeitsschutz oder auch die Ausformulierung des Handlungsauftrages der gesetzlichen Krankenversicherungen werden zunehmend weiter ausdifferenziert und teilweise kommt es dabei zu nicht mehr trennscharfen Aufgabendefinitionen zwischen BGF und BGM, wenn etwa im Handlungsleitfaden der GKV zur Umsetzung des § 20 a SGB V die betriebliche Gesundheitsförderung schon seitenmäßig mit zwanzig von insgesamt 70 Seiten Handlungsfelddefinitionen einnimmt. Das Selbstverständnis und die Rollendefinition der Krankenkassen werden dort folgendermaßen ausgeführt (GKV-Spitzenverband 2010, S. 62):

- Die Rolle des Impulsgebers und Initiators
- Konzeptentwicklung und Beratungsfunktion
- Moderation der Projektgruppe (z. B. Arbeitskreis Gesundheit)
- Moderation von Gesundheitszirkeln Projektmanagement
- Durchführung einzelner Bausteine innerhalb eines komplexen Programms
- Dokumentation und Erfolgskontrolle
- Interne Öffentlichkeitsarbeit (Information der Belegschaft)
- Unterstützung bei der Umsetzung von Maßnahmen zur Verbesserung der gesundheitlichen Situation

Die Gesamtausgaben der 132 gesetzlichen Krankenkassen (Stand: 01.04.2014) für BGF beliefen sich im Jahr 2012 auf insgesamt 46 Mio. Euro. Damit investieren die gesetzlichen Krankenversicherungen in das betriebliche Setting mehr als doppelt so viele Gelder wie in alle anderen Settings (u. a. Kindertagesstätten, Schulen, Stadtteile und Kommunen) zusammen (MDS 2013). Die Ausgabenentwicklung für diesen Bereich stieg damit seit 2000 – hier lag sie bei 14,88 Mio. Euro – kontinuierlich an und hat sich innerhalb von zwölf Jahren verdreifacht. Bei den dokumentierten Aktivitäten spielt nach wie vor die Reduktion von körperlichen Belastungen die größte Rolle.

◼ Tab. 29.1 zeigt, in welche Maßnahmen die Gelder der gesetzlichen Krankenkassen investiert werden und dass sich diese Ausgaben im Zeitraum zwischen 2004

◘ Tab. 29.1 Betriebliche Gesundheitsförderung nach inhaltlicher Ausrichtung der Interventionen unter Beteiligung der gesetzlichen Krankenkassen in Deutschland (Quelle: Gesundheitsberichterstattung des Bundes 2014)

Inhaltliche Ausrichtung	Jahr								
	2004	2005	2006	2007	2008	2009	2010	2011	2012
Reduktion körperlicher Belastungen	1.536	1.698	1.545	2.132	2.374	2.656	3.011	3.079	3.113
Stressmanagement	815	719	651	945	1.088	1.535	1.797	1.910	1.829
Gesundheitsgerechte Mitarbeiterführung	675	768	717	908	1.074	1.212	1.278	1.428	1.196
Gesundheitsgerechte Gemeinschaftsverpflegung (Ernährung)	645	670	676	906	1.010	1.270	1.398	1.344	1.390
Suchtmittelkonsum	433	500	353	576	550	561	573	632	689
Sonstiges	–	–	–	–	–	626	705	711	681

Fehlzeiten-Report 2014

und 2012 in den meisten Handlungsfeldern etwa verdoppelt haben (bis auf die Maßnahmen zur Reduktion von Suchtmitteln). Am häufigsten finden Maßnahmen zur Reduktion körperlicher Belastungen statt, die etwa ein Drittel aller erfassten Maßnahmen darstellen, gefolgt von Stressmanagement und gesundheitsgerechter Mitarbeiterführung.

29.3 Umsetzung von Betrieblichem Gesundheitsmanagement

Im Jahr 2012 unterzeichnete mit der Züricher Gruppe das 200. Unternehmen die Luxemburger Deklaration zur betrieblichen Gesundheitsförderung. Die Unterzeichnerliste liest sich wie das »Who is who« der deutschen Großunternehmen. Auf der Unterzeichnerliste fanden sich dagegen nur 26 Klein- und Kleinstunternehmen, beispielsweise die Backstube – Backen mit Leidenschaft GmbH, Malermeister Bender und die Wohngemeinschaft für Senioren in Filderstadt (Europäisches Netzwerk für Betriebliche Gesundheitsförderung 2010, S. 6).

Die Krankenkassen waren im Berichtsjahr 2012 in 8.155 Betrieben aktiv und erreichten damit 20 Prozent mehr Arbeitsstätten als im Vorjahr, auch die Zahl der erreichten Mitarbeitenden konnte um 12 Prozent auf 890.000 erhöht werden (MDS 2013, S. 13). Die durchschnittliche Laufzeit der Aktivitäten steigerte sich um 7 Prozent und erreichte nunmehr 39 Monate. Den einzigen Rückgang in einem dermaßen erfolgreichen Jahr verzeichnen die Kassen bei Kleinstbetrieben: »Bei den Kleinbetrieben mit weniger als zehn Mitarbeitern ist ein Rückgang zu verzeichnen. Bei allen anderen Betriebsgrößen hat sich die Zahl der Betriebe, die sich mit Unterstützung von Krankenkassen für die Gesundheit ihrer Mitarbeiter engagieren, erhöht. Nach wie vor finden sich die meisten Betriebe, die ihren Mitarbeitern gesundheitsfördernde Maßnahmen anbieten, bei den Unternehmen mit 100 bis unter 500 Mitarbeitern« (ebd. S. 34).

Für KMU, in denen die Mehrzahl der Beschäftigten in Deutschland arbeitet, fehlen nach wie vor praktikable Umsetzungskonzepte für eine flächendeckende Praxis. Dabei werden seit Beginn des Jahrtausends immer wieder Modellprojekte für diesen Bereich durchführt. Eine Studie der Techniker Krankenkasse zur »Gesundheit im KMU«, die Widerstände gegen Betriebliches Gesundheitsmanagement in solchen Unternehmen untersuchte, kommt zu dem Schluss: »Hinter Widerständen steckt oftmals das fehlende Wissen zum BGM und zu KMU-adäquaten Angeboten. Die Vorstellungen darüber, was BGM bedeutet, sind – so die Experten – äußerst vage. Gleichzeitig mangelt es vielen Geschäftsführern an dem Bewusstsein, Maßnahmen zur Erhaltung der geistigen und körperlichen Arbeitskraft ihrer Mitarbeiter nicht als Belastung, sondern als Chance und Wettbewerbsvorteil zu begreifen. Sinnvoll sind zielgruppendifferenzierte Informations- und Sensibilisierungskampagnen« (Techniker Krankenkasse 2008, S. 49). Als Lösungsmöglichkeiten dieses Dilemmas wird empfohlen, bei den Verantwortlichen mehr Interesse für das Thema BGM zu wecken und den Nutzen zu verdeutlichen: »Wichtig ist eine praxisnahe Argumentation, die sich an den speziellen Bedürfnissen, Problemen und Widerständen der KMU orientiert« (ebd.).

An ähnlich gelagerten Untersuchungen oder kleineren Modellprojekten für den Bereich der KMU hat es in dem letzten Jahrzehnt nicht wirklich gemangelt. Das jüngste Projekt dazu wird zurzeit in Rheinland-Pfalz durchgeführt. Im Rahmen des Projekts »Entwicklung eines ganzheitlichen Konzepts für betriebliches Ge sundheitsmanagement für Klein- und Mittelunternehmen in Rheinland-Pfalz« führte 2013 das Institut für Arbeits-, Sozial- und Umweltmedizin der Johannes Gutenberg-Universität Mainz eine Online-Befragung durch, deren Ergebnisse allerdings noch nicht vorliegen. Das Projekt wird vom Europäischen Sozialfonds Rheinland-Pfalz und dem Ministerium für Soziales, Arbeit, Gesundheit und Demografie Rheinland-Pfalz gefördert, weitere Kooperationspartner des Projekts sind Zukunftsfähige Arbeit Rheinland-Pfalz und die Industrie- und Handelskammern sowie Handwerkskammern in Rheinland-Pfalz (Berufsgenossenschaft Handel und Warendistribution 2014).

Aber wahrscheinlich braucht es gar keine neuen Studienergebnisse, sondern eine bessere Infrastruktur der gesetzlichen Kranken- und Unfallversicherer und ihrer Partnerinnen und Partner, die sich vor allem an KMU richtet. Es ist nach wie vor auch unter Wettbewerbsaspekten sehr viel attraktiver mit größeren Unternehmen zusammenzuarbeiten, weil darüber natürlich mehr Versicherte direkt erreicht werden können und ein weiteres Feld für Marketingaktivitäten besteht. Bislang hat keine einzige Kassenart eine umfassende Infrastruktur für die Beratung von Klein- und Mittelbetrieben längerfristig aufgebaut.

29.4 Parallelaktivitäten auf unterschiedlichen Ebenen

Der fehlende Wettbewerb der gesetzlichen Krankenversicherungen auf dem Handlungsfeld der KMU findet seinen Gegenpart in der großen Konkurrenz der gesetzlichen Krankenversicherungen um attraktive Großbetriebe. Ob es wirklich sinnvoll ist, dass 132 gesetzliche Kassen nur anhand eines Leitfadens ihre Aktivitäten ideell koordinieren und diese Konkurrenz und das Vorhalten von Parallelaktivitäten nicht das Handlungsfeld BGM insgesamt schwächt, ist zumindest eine wesentliche Fragestellung für die Weiterentwicklung des BGMs. Natürlich sind nicht alle Kassen gleichermaßen aktiv in dem Feld, aber insbesondere von den 30 größten Versicherern wird intensiv in diesem Feld konkurriert. Es fehlt eine wissenschaftliche Studie, die diese Konkurrenz aus Sicht der betrieblichen Akteurinnen und Akteure untersucht. Die Frage nach der Effizienz von Parallelaktivitäten ließe sich ohne weiteres auf das Feld der gesetzlichen Unfallversicherer ausdehnen, die – aufgrund der klaren Zuordnung aller Arbeitgeber zu einer Unfallversicherung – zwar nicht um einzelne Firmen konkurrieren, aber erst 2007 einen gemeinsamen Dachverband, die Deutsche Gesetzliche Unfall-

versicherung, gegründet haben. Innerhalb der einzelnen gewerblichen und öffentlichen Unfallversicherungen herrscht aber nach wie vor große Heterogenität in ihrem Engagement für ein umfassendes BGM (DGUV 2010).

Neben den gesetzlich verankerten Maßnahmen der Prävention und Gesundheitsförderung in der Arbeitswelt gibt es Initiativen anderer Träger, die sich diesem Thema widmen. Insbesondere auf EU- und Bundesebene sind eine Reihe von Förderprogrammen, Regierungsstrategien und Netzwerken entstanden, deren Zielstellungen weitgehend mit den Zielstellungen des BGM übereinstimmen, ohne dass sie BGM in den Vordergrund stellen Insbesondere sind hier auf nationaler Ebene seit Beginn des Jahrtausends neue Formen der Kooperation und Vernetzung entstanden. Die wichtigsten Initiativen und Kooperationsverbünde werden nachfolgend chronologisch, d. h. nach dem Zeitpunkt ihrer Gründung vorgestellt:

Das Netzwerk »*Unternehmen für Gesundheit*« wurde auf Initiative einiger großer Unternehmen und des BKK Bundesverbandes im Februar 2000 gegründet. Mitglieder im Netzwerk Unternehmen sind Verwaltungen und Körperschaften, die sich in der betrieblichen Gesundheitsförderung im Sinne der Luxemburger Deklaration zur betrieblichen Gesundheitsförderung engagieren (Unternehmensnetzwerk zur betrieblichen Gesundheitsförderung in der Europäischen Union e. V. 2014).

Eine der größten Initiativen in diesem Bereich ist nach wie vor die *Initiative Neue Qualität der Arbeit (INQA)* aus dem Jahr 2002. »Bund, Länder, Sozialversicherungsträger, Gewerkschaften, Stiftungen und eine Vielzahl von Unternehmen arbeiten unter dem gemeinsamen INQA-Dach an praktischen Lösungsvorschlägen für eine sichere, gesunde und wettbewerbsfähige Arbeitswelt« (INQA 2014). Seit 2002 sind 176 Publikationen zu unterschiedlichen Themenfeldern erschienen, 56 Projekte gefördert und in der Datenbank zu Guter Praxis 309 Projekte eingetragen worden.

Ebenfalls 2002 wurde zunächst vom BKK Bundesverband und dem Hauptverband der gewerblichen Berufsgenossenschaften die *Initiative Gesundheit und Arbeit (iga)* zur Verbesserung der Zusammenarbeit zwischen Kranken- und Unfallversicherungen im Bereich der Gesundheit im Arbeitsleben gegründet. Später kamen der AOK-Bundesverband und der Verband der Ersatzkassen (vdek) als weitere Partner hinzu. »In der Initiative Gesundheit und Arbeit werden gemeinsame Präventions- und Interventionsansätze der gesetzlichen Kranken- und Unfallversicherung in Projekten weiterentwickelt« (IGA 2014).

Rund 200 Fachleute aus Wissenschaft, Wirtschaft, Sozialversicherung, Verbänden der Sozialpartner und Einrichtungen des Gesundheitsschutzes gründeten im Oktober 2003 in Düsseldorf das »*Deutsche Netzwerk für Betriebliche Gesundheitsförderung*« *(DNBGF)*. Das DNBGF geht auf eine Initiative des Europäischen Netzwerks für Betriebliche Gesundheitsförderung EN-WHP zurück und wird vom Bundesministerium für Arbeit und Soziales (BMAS) und vom Bundesministerium für Gesundheit (BMG) unterstützt. Vor allem soll die Verbreitung von betrieblicher Gesundheitsförderung in Deutschland gefördert und die Kooperation zwischen allen nationalen Akteurinnen und Akteuren verbessert werden. Die Handlungsfelder sind nach Unternehmensgrößen und Branchen gegliedert (psyga 2014).

Die 2008 gegründete *Gemeinsame Deutsche Arbeitsschutzstrategie* wird von Bund, Ländern und Unfallversicherungsträgern getragen. Die Ziele unterscheiden sich im Kern kaum von den bislang vorgestellten Netzwerken, außer dass darüber hinaus auch ein präventiv ausgerichteter und systematisch wahrgenommener Arbeitsschutz eine explizite Rolle in der Zielbeschreibung und Strategieentwicklung spielt und alle relevanten Stellen des dualen Arbeitsschutzsystems eingebunden sind (GDA 2014).

Im Rahmen der Ende 2011 vom BMG gestarteten Kampagne »*Unternehmen unternehmen Gesundheit*« werden ebenfalls Projektbeispiele aus den verschiedenen Bundesländern zur Anregung von weiteren Aktivitäten in dem Feld, insbesondere auch in kleineren Betrieben, vorgestellt (Bundesministerium für Gesundheit 2014).

Über die genannten sektorübergreifenden Initiativen hinaus existieren im Feld des Arbeitsschutzes und des BGM zahlreiche Projekte und Schwerpunkte der Arbeitgeberverbände, der Handelskammern sowie der Gewerkschaften. Die Zersplitterung der Landschaft und das Nebeneinander unterschiedlicher Netzwerke mit teilweise identischen Zielen ist den Akteurinnen und Akteuren in den Betrieben kaum zu vermitteln. Die Unübersichtlichkeit der Angebote und die Vielzahl der Themen motiviert zumeist nicht für mehr Engagement in diesen Feldern, weil sich häufig eher konkurrierende oder parallele Strukturen beobachten lassen, die teilweise sogar, wie zum Beispiel die gesetzlichen Krankenversicherer, von der Gesundheitspolitik zum Wettbewerb um effektivere Lösungen aufgerufen werden. Die unterschiedlichen Kooperations- und Konkurrenzstufen sind in folgender Übersicht zusammengefasst.

> **Stufen der Kooperation und Konkurrenz in der Prävention (Altgeld 2010)**
> - **Synergetische Kooperation**
>   Abgestimmtes Vorgehen, Gemeinschaftsprojekte, z. B. das bislang nur auf Betriebsebene geregelte Zusammenspiel von gesetzlichen Unfall- und Krankenversicherungen sowie des Arbeitsschutzes
> - **Additive Kooperation**
>   Gegenseitige Information ohne Einfluss auf die jeweiligen Kerngeschäfte, z. B. im Rahmen von Initiativen wie INQA oder Netzwerken zur betrieblichen Gesundheitsförderung
> - **Nebeneinander/Parallelaktivitäten**
>   Mit oder ohne »Feind«-beobachtung
> - **Konkurrenz/»Wettbewerb«**
>   Z. B. aufgrund gesetzlicher Rahmenbedingungen (SGB V) oder um Fördergelder

Es fehlt für die Stärkung des BGM in Deutschland eine synergetische Kooperation. Eine nachhaltige Stärkung des Handlungsfeldes und auch das Erreichen bislang nicht erlangter Zielgruppen wie KMU werden aber nur darüber zu gewinnen sein.

29.5 Präventionsmoden auch beim Betrieblichen Gesundheitsmanagement

Psychische Gesundheit mausert sich zurzeit zum Megapräventionstrend für das zweite Jahrzehnt dieses Jahrtausends, zu dessen Beginn in der Gesundheitspolitik noch Bewegung und Ernährung die Boomthemen waren. Die Schlagzeilen zu den Ausmaßen und den Steigerungsraten psychischer Erkrankungen reißen nicht ab. Die Bild-Zeitung hat Burnout schon zur Volkskrankheit erklärt, von der jeder fünfte Arbeitnehmende angeblich betroffen sei (Bild 2014).

Auch die offiziellen Verlautbarungen der Bundesregierung heben vor allem auf die vermeintlich dramatischen Steigerungsraten ab. Anlässlich des ersten »Stressreports«(!) der Bundesregierung veröffentlichte das BMAS folgende Daten und Fakten zur psychischen Gesundheit:

- 2011 wurden bundesweit 59,2 Mio. Arbeitsunfähigkeitstage aufgrund psychischer Erkrankungen registriert. Das ist ein Anstieg um mehr als 80 Prozent in den letzten 15 Jahren.
- Es führt zu einem Ausfall an Bruttowertschöpfung von 10,3 Mrd. Euro und Produktionsausfallkosten in Höhe von 5,9 Mrd. Euro.

- 41 Prozent aller Neuzugänge zur Rente wegen verminderter Erwerbsfähigkeit waren auf psychische Störungen zurückzuführen. Psychische Belastungen sind damit inzwischen Ursache Nummer eins für Frühverrentungen. Das Durchschnittsalter lag bei 48,3 Jahren.
- 2006 wurden knapp 27 Mrd. Euro für die Behandlung psychischer Erkrankungen ausgegeben. Das waren 3,3 Mrd. Euro mehr als noch 2002« (Bundesministerium für Arbeit und Soziales 2014).

Ähnliche Zahlen und Daten finden sich mit unterschiedlichen Dramatisierungsgrad auch in anderen Veröffentlichungen wieder. Im Koalitionsvertrag der großen Koalition wird deshalb auch Abhilfe in dem Feld versprochen. Neue Präventionskonzepte und betriebliche Gestaltungslösungen bei psychischen Belastungen sollen in enger Zusammenarbeit mit der Gemeinsamen Deutschen Arbeitsschutzstrategie (GDA) vorangetrieben werden und das Thema psychische Gesundheit soll in die Arbeitsschutzverordnungen aufgenommen werden. Vorher gab es schon »Kein Stress mit dem Stress« im Rahmen von psyga, das wiederum im Rahmen von INQA seinen Platz fand (psyga 2014). Die nächste EU-OSHA-Kampagne »Gesunde Arbeitsplätze« 2014–2015 »Stress und psychosoziale Risiken bei der Arbeit managen« startete im April 2014. Die Kampagne soll Arbeitnehmenden und Arbeitgebern Unterstützung bieten, damit sie Stressfaktoren bei der Arbeit erkennen und durch die Nutzung praktischer Werkzeuge effektiv bewältigen können (European Agency for Society and Health at work 2014).

Auch im Rahmen von BGM-Aktivitäten unterschiedlicher Träger werden die Themenstellungen Stressmanagement, Burnout-Prophylaxe, Resilienzförderung (insbesondere für Führungskräfte) oder Work-Life-Balance aufgegriffen. Allein diese Aneinanderreihung von aktuellen Trendthemen macht deutlich, dass auch das BGM immer wieder durch neue Überschriften vermeintlich aktualisiert werden soll. Darüber hinaus birgt die Renaissance der Begriffe »gute Arbeit« oder »Humanisierung der Arbeitswelt« zudem die Gefahr, dass BGM nur noch als Mittel zum Zweck wahrgenommen wird, ohne eine nachhaltige Umsetzungsstrategie oder nachhaltige gesundheits- und arbeitsmarktpolitische Verankerung erfahren zu haben. Das BAuA-Arbeitsprogramm 2014 bis 2017 macht deutlich, wohin die Reise gehen kann: Unter der Überschrift »Menschengerechte Arbeit in fünf Handlungsfeldern« taucht BGM als Handlungsfeld gar nicht auf, aber die Überschrift selbst noch einmal: »… Handlungsfeld, zudem die Felder Gesundheit- und Arbeitsfähigkeit fördern sowie die Auswirkungen des Wandels

in der Arbeitswelt verstehen und Instrumente des Arbeitsschutzes weiterentwickeln.« (BAuA 2014, S. 3)

Auch der aktuelle Koalitionsvertrag zeigt deutlich, dass es den Parteien nicht auf theoretische Details ankommt, dass gute Arbeit, BGF, Arbeitsschutz, menschengerechte Gestaltung der Arbeitswelt und eben BGM synonym oder parallel verwendet werden. Bei konkreten Gesetzesvorhaben bleibt BGM aber nach wie vor eher ungenannt. Hier wäre mehr Lobbyarbeit in diesen Politikfeldern für ein nachhaltiges Verständnis von BGM notwendig.

29.6 Keine konsentierten Qualifikationsprofile für die Akteure im Betrieblichen Gesundheitsmanagement

Die Qualifikationsprofile sind nur für den Bereich der BGF im Rahmen des Handlungsleitfadens der GKV klar geregelt: »Die für die Durchführung entsprechender Maßnahmen infrage kommenden Fachkräfte werden für jedes Handlungsfeld anhand klar definierter Berufsabschlüsse oder Zusatzqualifizierungen genau definiert. Beispielsweise erfordern die Qualifikationsanforderungen für Maßnahmen zur gesundheitsgerechten Mitarbeiterführung einen staatlich anerkannten Berufs- oder Studienabschluss im Bereich psychosoziale Gesundheit (u. a. Psychologen [Abschlüsse: Diplom, Magister, Master, Bachelor], Pädagogen [Abschlüsse: Diplom, Magister, Master, Bachelor, Lehrer mit 1. u. 2. Staatsexamen] oder Ärzte, Betriebsärzte mit Kenntnissen in Organisations- und Personalentwicklung und in Methoden der Verhaltensmodifikation sowie mit Erfahrungen in der Durchführung von Führungskräftetrainings«, GKV-Spitzenverband 2010, S. 75).

Die Zahl der Studiengänge, die für den Einsatz im BGM qualifizieren sollen, ist in den letzten Jahren stark angestiegen, z. B.

- Studiengang Gesundheitsmanagement an der Hochschule Aalen (Bachelor + Master).
- Master of Workplace Health Management an der Universität Bielefeld
- Gesundheitsmanager (univ.) am Zentrum für Fernstudien und Universitäre Weiterbildung (ZFUW) der Universität Koblenz-Landau
- Betrieblicher Gesundheitsmanager (IHK) an der CARDEA Akademie für Gesundheitsberufe, Köln
- Studiengang Gesundheitsförderung und -management an der Hochschule Magdeburg-Stendal
- Bachelorstudiengang Gesundheitsmanagement, Sport und Prävention des EC Europa Campus Karlsruhe

— Studiengang Gesundheitsmanagement am Campus M21 in München in Kooperation mit der Staatlichen Hochschule Mittweida

Schon die unterschiedlichen Berufsabschlüsse zeigen bereits, dass kein klares Berufsbild vorhanden ist. Anhand des Beispiels des Bachelorstudiengang »Gesundheitsmanagement: Sport, Bewegung und Prävention« des M21-Campus in München lässt sich aufzeigen, welche »Karriere-Chancen« den Absolventinnen und Absolventen jedoch versprochen werden:

»Das Studium Gesundheitsmanagement bildet ManagerInnen für die Gesundheits- und Sportbranche, den Präventions- und Rehabilitationssektor sowie die Fitness und Wellnessbranche aus. Sie wenden Ihr fundiertes Wissen aus den Bereichen Prävention, Sport, Bewegung, Medizin, Management und Marketing zielgenau im Berufsalltag an und können verantwortliche Positionen einnehmen, beispielsweise in:

— Gesundheitsorientierten Sportzentren, Sport- und Fitnessstudios,
— Krankenkassen und Verbänden,
— Abteilungen und Agenturen für betriebliches Gesundheitsmanagement,
— Wellness-Unternehmen« (Campus M21 2014).

Ganz abgesehen davon, dass die Liste der potenziellen Arbeitgeber sehr heterogen ist, zeigt das Beispiel auf, dass BGM auch eine Spielwiese für immer neue Gesundheitsberufe darstellt, teilweise verbunden mit mehr oder weniger sinnvollen Initiativen der sogenannten Gesundheitswirtschaft. Die Berufelandschaft in diesem Sektor ist weder für Unternehmen noch für Sozialversicherungsträger wirklich überschaubar. Angesichts einer Vielzahl neuer Bildungsangebote und Spezialqualifikationen in einer noch undurchschaubareren Weiterbildungslandschaft droht eine systematische, bedarfsorientierte Qualifizierung für BGM auf der Strecke zu bleiben. In einer Expertise für die Friedrich-Ebert-Stiftung untersuchten Bräutigam et al. (2013) Berufsbilder im Gesundheitssektor. Schon in der Überschrift wird der Anspruch der Expertise prägnant formuliert, die Autoren suchen nach Wegen »vom Berufebasteln zur strategischen Berufsbildungspolitik«. Obwohl die Studie eher den Bereich der Gesundheitsversorgung selbst untersucht, lassen sich drei der vier zentralen Befunde ohne Weiteres auf den Bereich Qualifizierung im BGM übertragen:

— Es entwickeln sich neue Qualifikationen und Berufe auf unterschiedlichem Niveau – eine kaleidoskopische Berufelandschaft mit nicht-intendierten Effekten ist die Folge.

— Versorgungsbedarf, Arbeitskonzepte und Qualifikationen/Kompetenzen werden unzureichend miteinander verknüpft. »Blinde Flecken« bei den Leistungen und der Patientenorientierung sind die Folge.

— Ein vitaler Bildungsmarkt für Gesundheitsberufe schafft Aus-, Fort- und Weiterbildungen, deren berufliche Verwertbarkeit in Teilen unklar ist. Wo einerseits neue Wege in Arbeit entstehen, drohen andererseits auch »Phantomkarrieren« (Bräutigam et al. 2013, S. 4).

Es fehlt für das BGM genauso wie für die in der Expertise untersuchte Gesundheitswirtschaft eine Übersicht über die Entwicklung von Qualifikationen und vor allem ein Gestaltungsdialog mit der Praxis. Welcher Arbeitgeber will sich schon mit Abschlüssen von Bewerbungen beschäftigen, dessen Inhalte ihm unklar sind. Der Bedarf und das vorhandene Wissen in der betrieblichen Praxis werden kaum in die Gestaltung immer neuer Studiengangsinhalte eingeschlossen. Es fehlen hier auch Qualitätsstandards. Durch die Einführung der bislang kaum bekannten DIN-Norm DIN SPEC 91020 »Betriebliches Gesundheitsmanagement« im Jahre 2012 sollten erstmals Standards für ein betriebliches Gesundheitsmanagement geschaffen werden. Die von der B·A·D-Gruppe eingebrachte DIN-Norm hat den Anspruch, eine zielgerichtete und nachhaltige Form des BGM zu gewährleisten. Von diesem selbst definierten Anspruch ist aber nicht nur die DIN-Norm bislang weit entfernt.

29.7   Fazit

Im Rahmen des Artikels wurden einige Entwicklungslinien des BGMs kritisch betrachtet. Aber nur eine kritische Bestandsaufnahme der bisherigen Erfolge und Misserfolge und eine kritische Umfeldanalyse wird dazu beitragen, BGM unabhängig von vermeintlichen Trendthemen und aktuellen demografischen oder epidemiologischen Herausforderungen nachhaltig zu verankern.

Eine gesetzliche Verankerung von BGM im Rahmen der relevanten Sozialgesetzbücher V und VII sowie im Rahmen der gesetzlichen Arbeitsschutzregelungen wäre ein Quantensprung. Wie bereits dargestellt taucht der Begriff explizit in keinem Gesetzestext auf. Gerade wenn die neue Bundesregierung den Stellenwert von Gesundheit in der Arbeitswelt stärken will, wäre eine Vereinheitlichung der Präventionsbegriffe in den fraglichen Sozialgesetzbüchern sowie die Verankerung von BGM als Grundlage für unterschiedliche gesundheitsbezogene Maßnahmen in der Arbeitswelt eine solide Ausgangsbasis dafür. Als bewährtes Managementkonzept vermeidet BGM das Beharren in Einzelmaßnahmen unterschiedlicher Akteure. Der Betrieb wird zur Ausgangsbasis und zum Maßstab für ein abgestimmtes Vorgehen gemacht. Auch das in der laufenden Legislaturperiode geplante Präventionsgesetz, das nun im vierten gesetzgeberischen Anlauf verabschiedet werden soll, könnte eine geeignete Klammer zur gesetzlichen Verankerung von BGM bilden, da hier verschiedene Sozialversicherungsträger einbezogen werden sollen.

Die Netzwerke und Initiativen auf Bundesebene im Bereich Gesundheit in der Arbeitswelt wurden teilweise von unterschiedlichen Akteuren teilweise von denselben Akteuren gegründet und vorangetrieben. Hier wäre es sinnvoll zu überprüfen, ob der Fortbestand aller größeren Initiativen und Netzwerke in diesem Bereich sinnvoll und notwendig ist. Selbst INQA und die Deutsche Arbeitsschutzstrategie als die Strategien mit der größten Reichweite sind nicht trennscharf voneinander abgegrenzt, obwohl beide vom Arbeitsministerium ins Leben gerufen wurden. Eine Tendenz zur Fortführung alter Label auf geringerem Level bei gleichzeitiger Implementierung neuer Strategien und Netzwerke liegt in der Logik von Regierungswechseln leider begründet, aber BGM darf keine Spielwiese von Arbeits- und Gesundheitspolitik sein, wo man jederzeit neue Profilierungen suchen kann wie etwa die Kampagne des Bundesgesundheitsministeriums »Unternehmen unternehmen Gesundheit« in der letzten Legislaturperiode. Es braucht keine neuen Label oder neuen Initiativen in diesem Bereich mehr, sondern ein Überprüfung welches Dach tragfähig ist und wie bestehende Aktivitäten unter diesem Dach zusammengeführt werden können. Der Deutschen Arbeitsschutzstrategie gelingt dies nicht, wahrscheinlich wäre es auch für BGM die falsche Gesamtüberschrift.

Auf Betriebsebene, gerade bei Klein- und Mittelbetrieben vor Ort sind viele der bundesweiten Initiativen und Netzwerke sowieso gänzlich unbekannt. Ein gemeinsames Dach und eine verbesserte, klare Kommunikationsstrategie könnten auch dazu beitragen, die Schlagkraft und den Bekanntheitsgrad auf dieser Ebene zu stärken. Die Parallelaktivitäten in diesem Sektor verwirren schon Fachleute in diesem Themenfeld, Betriebe vor Ort erreicht die gesplittete Einzelkommunikation häufig gar nicht direkt und wenn, dann führt sie hier eher zu Ablehnung oder Ignoranz.

Die gesetzliche Verankerung und eine Zusammenführung vorhandener Aktivitäten unter einem Dach würden auch vermeiden, dass das Feld Arbeit und Gesundheit jede neue Präventionsmode gleich mitmacht. Neue Trendthemen könnten in dem verbesserten Rah-

men auf ihre Relevanz für BGM hin überprüft werden und in den systematischen Ansatz integriert werden. Das Konzept des BGM ist umfassend angelegt und deshalb auch anschlussfähig für Boom-Themen wie die psychische Gesundheit in der Arbeitswelt. Dafür muss BGM jedenfalls nicht neu erfunden werden.

Die Qualifikationsprofile für Akteure im BGM müssen stärker konsentiert werden. Die Aus-, Fort- und Weiterbildung in diesem Bereich ist bislang ein rein anbietergesteuerte Markt. Insbesondere die Flut von kleinteiligen, vermeintlich neuen Berufsbildern im Rahmen von Bachelor- und Masterstudiengängen von Hochschulen und Universitäten kommt den Bedarfen der betrieblichen Praxis nicht entgegen. Zudem bleibt fraglich, ob die so erlangten Abschlüsse wirklich in einen realen Arbeitsmarkt einmünden und die Absolventinnen und Absolventen der hochspezialisierten Studiengänge auch eine adäquate Beschäftigung finden. Ein Konsensuspapier zu Kompetenzprofilen im Rahmen von BGM, das unter Beteiligung von Arbeitgeber- und Arbeitnehmerverbänden gemeinsam mit Sozialversicherungen, Arbeitsschutz und Fachministerien erarbeitet wird, könnte hier mehr Klarheit schaffen.

Auch die stärkere Bearbeitung von bislang eher unterbelichteten Perspektiven stellt eine wichtige Herausforderung dar. Insbesondere wird die Beachtung von Diversität von unterschiedlichen Zielgruppen bereits länger gefordert (z. B. Altgeld et al. 2006). Der Faktor Geschlecht spielt nach wie vor in den meisten Bereichen des Arbeitsschutzes, der BGF und des BGMs keine Rolle. Männer werden als spezielle Zielgruppe in der Berichterstattung der Kassen beispielsweise erst seit dem Berichtsjahr 2011 (!) erfasst. Die Handlungsnotwendigkeiten in diesem Feld am besten zusammengefasst hat der Bericht »Geschlechtergerechte Praxis im Arbeitsschutz und in der betrieblichen Gesundheitsförderung« der 21. Konferenz der Gleichstellungs- und Frauenministerinnen, -minister, -senatorinnen und -senatoren (GFMK) der Länder vom Juni 2011. In dem Bericht werden abschließend u. a. folgende Vorschläge zur geschlechtergerechten Weiterentwicklung des Arbeitsschutzes und der betrieblichen Gesundheitsförderung gemacht, die ebenfalls für das BGM zentral wären:

- Verbesserung der Datenlage
- Die Gemeinsame Deutsche Arbeitsschutzstrategie muss in ihren Zielen und Programmschwerpunkten und der konkreten Umsetzung auch den Aspekt der Geschlechtergerechtigkeit beachten
- Eine Überprüfung des Rechtsrahmens und des Regelwerks des Arbeitsschutzes (Arbeitssicherheitsgesetz [ASiG], Bereich des untergesetzlichen Regelwerkes)

29

— Konsequente Umsetzung von Gender Mainstreaming in arbeitsweltbezogenen Förderprogrammen
— Einrichtung eines interdisziplinären Netzwerk (im Rahmen von INQA)
— Start einer Bundesinitiative zur Förderung geschlechtergerechter Maßnahmenentwicklung in kleinen und mittleren Unternehmen (GMFK 2011)

In Bezug auf neue Zielgruppen von BGM wären zudem Menschen mit Behinderungen und auch alternsspezifische Maßnahmenentwicklungen besonders wichtig. BGM ist nach wie vor das erfolgreichste Umsetzungsfeld des gesundheitsfördernden Setting-Ansatzes, der von der Weltgesundheitsorganisation 1986 zeitgleich mit der Ottawa-Charta begründet wurde. Das sollte den Ansatz etwas selbstbewusster und vor allem präziser in den gesundheitspolitischen Forderungen machen. Es bedarf einer besseren gesetzlichen Verankerung von BGM, einer Abkehr von immer neuen Trendthemen, die vermeintlich das Feld der Gesundheit in der Arbeitswelt neu aufrollen und neu erfinden. Allein die Fülle der Netzwerke sowie der Akteurinnen und Akteure überfordert häufig die Entscheidungsträgerinnen und -träger in Unternehmen und Betrieben. Deshalb wäre eine Überprüfung der Angebotsstrukturen und die Vermeidung von Parallelaktivitäten, die in dem Feld nicht vermittelbar sind, auch auf der Ebene der Netzwerke dringend erforderlich.

Literatur

Altgeld T (2010) »Schon wieder ein Netzwerk?« – Wann nutzt und wann schadet Netzwerkarbeit in der Gesundheitsförderung und Prävention? In: Stadtpunkte 1/2010:5–7

Altgeld T, Bächlein B, Deneke C (Hrsg) (2006) Diversity Management in der Gesundheitsförderung – Nicht nur die leicht erreichbaren Zielgruppen ansprechen! Mabuse-Verlag, Frankfurt am Main

Berufsgenossenschaft Handel und Warendistribution. http://www.bghw.de/aktuelles/nachrichten/betriebliches-gesundheitsmanagement-in-klein-und-mittelunternehmen-online-befragung. Gesehen Apr 2014

Bild. http://www.bild.de/ratgeber/gesundheit/burnout-syndrom/bin-ich-nur-erschoepft-oder-schon-ausgebrannt-20119530.bild.html. Gesehen Apr 2014

Bräutigam C, Evans M, Hilbert J (2013) Berufsbilder im Gesundheitssektor: vom »Berufebasteln« zur strategischen Berufsbildungspolitik; Expertise im Auftrag der Abteilung Wirtschafts- und Sozialpolitik der Friedrich-Ebert-Stiftung. Friedrich-Ebert-Stiftung, Bonn

Bundesministerium für Arbeit und Soziales. http://www.bmas.de/DE/Service/Presse/Pressemitteilungen/psychische-gesundheit-veranstaltung-2013-01-29.html. Gesehen Apr 2014

Bundesanstalt für Arbeitsschutz und Arbeitsmedizin (2014) BAuA aktuell, 1//14, Dortmund

Bundesministerium der Justiz und für Verbraucherschutz. http://www.gesetze-im-internet.de/sgb_5/. Gesehen Apr 2014

Bundesministerium der Justiz und für Verbraucherschutz. http://www.gesetze-im-internet.de/bundesrecht/estg/gesamt.pdf. Gesehen Apr 2014

Bundesministerium für Gesundheit. http://www.bmg.bund.de/. Gesehen Apr 2014

Bundeszentrale für gesundheitliche Aufklärung (Hrsg) (2003) Leitbegriffe der Gesundheitsförderung, 4. erweiterte und überarbeitete Auflage. Fachverlag Peter Sabo, Schwabenheim an der Selz

Campus M21. http://www.campusm21.de/Studium/c15_Gesundheitsmanagement_Studium_studieren_Bachelor. Gesehen Apr 2014

CDU Deutschlands, CSU-Landesleitung und SPD (2013) Deutschlands Zukunft gestalten – Koalitionsvertrag zwischen CDU, CSU und SPD, Berlin

Deutsche Gesetzliche Unfallversicherung e V (DGUV) (2010) Jahrbuch Prävention 2008–2009 – Gemeinsam handeln – Prävention gestalten! Berlin

European Agency for Society and Health at work. www.healthy-workplaces.eu. Gesehen Apr 2014

Europäisches Netzwerk für Betriebliche Gesundheitsförderung (2010) Luxemburger Erklärung zur Betrieblichen Gesundheitsförderung in der Europäischen Union, Essen

Faller G (Hrsg) (2010) Lehrbuch betriebliche Gesundheitspolitik. Huber, Bern

Gemeinsame Deutsche Arbeitsschutzstrategie /GDA). www.gda-portal.de/. Gesehen Apr 2014

Gesundheitsberichterstattung des Bundes. http://www.gbe-bund.de/. Gesehen Apr 2014

GKV-Spitzenverband (2010) Leitfaden Prävention – Handlungsfelder und Kriterien des GKV-Spitzenverbandes zur Umsetzung von §§ 20 und 20a SGB V vom 21. Juni 2000 in der Fassung vom 27. August 2010, Berlin

Initiative Gesundheit und Arbeit (IGA). http://www.iga-info.de/. Gesehen Apr 2014

Initiative Neue Qualität der Arbeit (INQA). www.inqa.de. Gesehen Apr 2014

Konferenz der Gleichstellungs- und Frauenministerinnen, -minister, -senatorinnen und -senatoren der Länder (GMFK) (2011) Geschlechtergerechte Praxis im Arbeitsschutz und in der betrieblichen Gesundheitsförderung. Wiesbaden

Medizinischer Dienst des Spitzenverbandes Bund der Krankenkassen e V (MDS) und GKV-Spitzenverband (Hrsg) (2013) Präventionsbericht 2013 – Leistungen der gesetzlichen Krankenversicherung: Primärprävention und betriebliche Gesundheitsförderung. Berichtsjahr 2012. Essen

Psychische Gesundheit in der Arbeitswelt (psyga). http://www.psyga-transfer.de/. Gesehen Apr 2014

Rosenbrock R, Hartung S (2011) Gesundheitsförderung und Betrieb. In: Bundeszentrale für gesundheitliche Aufklärung (Hrsg) Leitbegriffe der Gesundheitsförderung und Prävention. Neuausgabe 2011. Gamburg

Techniker Krankenkasse (2008) Gesundheit in KMU – Widerstände gegen Betriebliches Gesundheitsmanagement in kleinen und mittleren Unternehmen. Hamburg

Unternehmensnetzwerk zur betrieblichen Gesundheitsförderung in der Europäischen Union e. V. http://www.netzwerk-unternehmen-fuer-gesundheit.de/. Gesehen Apr 2014

Zentrum für wissenschaftliche Weiterbildung an der Universität Bielefeld (2008) Betriebliches Gesundheitsmanagement, Bielefeld

Zukunft Personal. http://www.zukunft-personal.de/content/presse_service/pressemitteilungen/archive_resource/aktuell/trendstudie_bgm/index_ger.html. Gesehen Apr 2014

Evidenz in der Betrieblichen Gesundheitsförderung stärken

G. Huber

B. Badura et al. (Hrsg.) *Fehlzeiten-Report 2014*,
DOI 10.1007/978-3-662-43531-1_30, © Springer-Verlag Berlin Heidelberg 2014

Zusammenfassung *Die Bedeutung der Betrieblichen Gesundheitsförderung wird zunehmen. Allerdings sind wir noch weit davon entfernt, einen wissenschaftlich abgesicherten Goldstandard für die Planung, Durchführung und Evaluation solcher Programme zu haben. Der Ansatz der Evidenzbasierung bietet dafür eine sinnvolle Grundlage, um Unter-, Über- oder Fehlversorgung in diesem Bereich zu identifizieren und mit entsprechenden Angeboten zu kompensieren. Dazu ist es notwendig, sich für einen Forschungsüberblick an den Arbeiten aus Nordamerika zu orientieren. Insbesondere in den USA findet sich eine nahezu flächendeckende Umsetzung mit angemessener begleitender Evaluationsforschung. Der Beitrag gibt einen Überblick und skizziert mögliche Konsequenzen für die Planung, Umsetzung und Evaluation der Betrieblichen Gesundheitsförderung.*

30.1 Warum wir mehr Evidenz brauchen

Im Herbst 2013 startet ein schwäbischer Heizungsbauer mit 250 Mitarbeitern in Kooperation mit einer Krankenkasse ein Programm zur Betrieblichen Gesundheitsförderung. Dazu gehören laut begleitender Pressearbeit »:…Obst- und Gesundheitstage, Laufgruppen und mobile Massage.« (HST 27.12.13, S. 38) Gut, dass solche Aktivitäten überhaupt stattfinden, aber – und dies wiegt schwerer – sehr schlecht, dass auch hier Maßnahmen integriert werden, für die keinerlei Nachweise der Wirksamkeit oder sogar der Unwirksamkeit vorliegen. Leider stellt dies für die Betriebliche Gesundheitsförderung eher die Regel als die Ausnahme dar (vgl. u. a. Williams et al. 2014).

Dadurch wird zum einen das Gebot der Wirtschaftlichkeit und Notwendigkeit (§ 2 SGB V) nicht erfüllt, zum anderen wird durch solche nutzlosen und ineffektiven Maßnahmen wie Obsttage und Massagen, bei denen Glaube und Hoffnung die tatsächliche Evidenz deutlich überwiegen, das Thema im jeweiligen Unternehmen »verbrannt«.

Die Bedeutung von gesundheitsfördernden Interventionen im Betrieb wird in den nächsten Jahren zunehmen. Dies ist nicht verwunderlich, stellt der Arbeitsplatz doch nahezu die einzige Möglichkeit dar, um das gesundheitsorientierte Verhalten von erwachsenen Menschen systematisch zu verändern. Diese herausgehobene Stellung innerhalb der Gesundheitsförderung wird sich nach dem Willen der Bundesregierung noch verstärken. Die steigende Relevanz innerhalb des Systems der Gesundheitsversorgung stützt sich auf gesamtgesellschaftliche Entwicklungen wie den demografischen Wandel, eine steigende Lebensarbeitszeit sowie eine Veränderung der Arbeitswelt mit erhöhten psychischen und reduzierten physischen Beanspruchungen. Trotz dieser Entwicklungen und des offensichtlich steigenden Bedarfs findet sich nur eine vergleichsweise geringe und noch seltener effektive Umsetzung in den bundesdeutschen Betrieben.

So waren im Jahre 2012 die gesetzlichen Krankenkassen mit diesem Thema in insgesamt 8.155 Betrieben aktiv (GKV Präventionsbericht 2013). Dies entspricht einer beachtlichen Steigerungsrate von 20 Prozent gegenüber dem Jahr 2011. Mit einem Gesamtaufwand von 46 Millionen € wurden insgesamt 890.000 Mitarbeiter erreicht, d. h. die Gesundheit eines Teilnehmers wurde mit einem durchschnittlichen Aufwand von 51,68 € gefördert (alle Daten aus dem GKV Präventionsbericht 2013).

Dies sind beachtliche Zahlen, doch ein Blick auf die Grundgesamtheit der deutschen Betriebe und Beschäftigten macht deutlich, wie gering der tatsächliche Erreichungsgrad ist: 3.649.397 Unternehmen sind im Jahr 2011 in Deutschland gemeldet. Daraus ergibt sich eine Teilnahmequote von etwa 0,3 Prozent der Unternehmen. Ende des Jahres 2013 gab es in Deutschland nahezu 41,8 Millionen Arbeitsplätze, d. h. erreicht wurden lediglich 2,1 Prozent aller Arbeitnehmer (alle Daten: www.destatis.de). Verschärft wird dieses Missverhältnis durch die Allokationsproblematik: Mit den betrieblichen Interventionen werden nicht die Mitarbeiter erreicht, die eine hohe Risikoexposition aufweisen und den höchsten Bedarf haben. Im Gegenteil, unter den Teilnehmern befinden sich in der Regel Mitarbeiter mit einer eher geringen Gefährdung und einem hohen Selbsthilfepotenzial. Es ist deshalb davon auszugehen, dass es zu einer für die Gesundheitsförderung typischen Fehlallokation kommt (Huber 1999, 2013).

Einer der Gründe für die große Diskrepanz zwischen der dringenden Notwendigkeit und der schleppenden Umsetzung liegt in der fehlenden Evidenz, kombiniert mit der mangelnden Kenntnis der vorliegenden Evidenz. In der Gesundheitsförderung spielt Evidenz, inzwischen eine tragende Säule der therapeutisch-kurativen Versorgung (§§ 137e, 137f, 137g, 266 SGB V), offensichtlich eine untergeordnete Rolle. Durch die besonderen Bedingungen des Sozialsystems in Deutschland mit unterschiedlichen »Playern« und Zuständigkeiten ist die Frage nach dem »Cui bono?« (»Wer profitiert davon?«) nicht einfach zu beantworten. Nur durch die verstärkte Integration der Idee der evidenzbasierten Medizin als Katalysator lässt sich die zaghafte Umsetzung beschleunigen. Dies stützt sich auf zwei komplementäre Aspekte:

1. Die Erweiterung des wissenschaftlichen Nachweises der Wirksamkeit von Interventionen zur Betrieblichen Gesundheitsförderung.
2. Die verstärkte Nutzung dieser Studien zur Konzeption und Implementation der Interventionen zur Betrieblichen Gesundheitsförderung.

Es ist davon auszugehen, dass den Akteuren in diesem Handlungsfeld sowohl das Effektwissen (»Was habe ich davon?«) als auch das Handlungswissen (»Wie geht das? Was muss ich tun?«) fehlt. Diese ungünstige Konstellation muss durchbrochen werden. Vor diesem Hintergrund sollen deshalb im weiteren Verlauf zwei Aspekte betrachtet werden:

- Welche Effekte haben die Programme?
- Wie müssen Programme konzipiert und durchgeführt werden, um positive Effekte zu erzielen.

30.2 Zur Evidenz: Welche Effekte haben die Programme?

David Sackett, der Begründer der evidenzbasierten Medizin, definiert diese als »*the conscientious, explicit and judicious use of current best evidence in making*

decisions about the care of individual patients.« (Sackett et al. 1996, S. 312). Diese Definition lässt sich auch auf die Prävention und die Gesundheitsförderung übertragen, wobei sich die »Endpunkte« von denen der therapeutischen Entscheidungen erheblich unterscheiden. Wichtige Kriterien der Wirksamkeit sind hier nicht die Heilung, die Veränderung pathophysiologischer Parameter oder die Überlebenszeit, sondern Veränderungen des Krankenstandes, Reduzierungen von Arbeitsunfähigkeitstagen, Einsparungen der direkten und indirekten Gesundheitskosten, die Kosten-Nutzen-Relation und allenfalls die Lebensqualität der Mitarbeiter (u. a. Chapman 2005, 2012). So ist es nicht verwunderlich, dass die herkömmlichen schulmedizinischen Forschungsdesigns und Methoden hierfür nur bedingt geeignet sind. Damit wird auch die bekannte Definition von Evidenzklassen (u. a. Huber u. Pfeifer 2012) ausgehebelt und bedarf hier einer Neujustierung. Der Königsweg der Evidenzbasierung, die randomisierte kontrollierte Studie, lässt sich in einer anwendungsorientierten Evaluation in einem betrieblichen Setting nur selten umsetzen, was in verschiedenen Metaanalysen (Conn et al. 2009; Verweij et al. 2011; Chapman 2012) zwar bemängelt wird, in denen aber keine Vorschläge für eine Verbessung sichtbar werden. Diese methodischen Probleme haben neben der grundsätzlichen Ausrichtung als anwendungsorientierte Forschung vielfältige Ursachen wie z. B. Datenschutz, Akzeptanz und Compliance der Mitarbeiter usw.

An die Stelle von gesundheitsbezogenen Endpunkten treten gesundheitsökonomische Variablen, obwohl diese meist am distalen Ende einer »Wirkungskette« stehen und von Faktoren beeinflusst werden können, die mit der Intervention nicht oder nur wenig in Verbindung stehen (Huber 2013).

Unter der Voraussetzung der grundsätzlichen Wirksamkeit der Betrieblichen Gesundheitsförderung sind diese Variablen weit besser geeignet als die oft erfassten proximalen Endpunkte (motorische Verbesserungen, Funktionsoptimierung, Arbeitsplatzzufriedenheit etc.), um in einem wirtschaftlichen Szenario die Investitionen in die Gesundheit und Lebensqualität der Mitarbeiter zu legitimieren.

Ein kurzer Abriss der vorliegenden aktuellen Evidenz zu gesundheitsökonomischen Effekten der Betrieblichen Gesundheitsförderung belegt diese These. Es liegen für die letzten Jahre bis ca. 2010 zahlreiche Reviews und Metanalysen dazu vor (z. B. Pelletier 2001, 2005; Chapman 2003, 2005 und für den deutschen Sprachraum Kreis u. Bödeker 2003 sowie die IGA-Reporte von Sockoll et al. 2008 und Kramer u. Bödeker 2008).

Die meisten Studien zum »return on invest« der Betrieblichen Gesundheitsförderung stammen aus den USA. Deshalb erfordert die Analyse dieser Effekte, dass diese auf die Bedingungen des Gesundheitssystems in Deutschland übertragen werden. Während in den USA häufig diejenigen die Kosten der Interventionen tragen, die auch den ökonomischen Nutzen haben, ist dies in Deutschland absolut nicht der Fall, worin wohl auch ein wichtiger Grund für die zögernde Umsetzung liegt. Während in Deutschland sowohl die Kostenseite (Krankenkasse, Berufsgenossenschaft, Rentenversicherung, Unternehmen) als auch die möglichen Profiteure (Unternehmen, Mitarbeiter, Krankenkasse, Berufsgenossenschaft, Rentenversicherung, Gesellschaft) hoch fraktioniert sind, ist dies bei US-Unternehmen nicht der Fall: »*An investment in employee health may lower health care costs, insurance claims, or worker's compensation costs.*« (Centers for Disease Control and Prevention 2013).

Für die Analyse wurden Studien aus den Jahren ab 2008 zugrunde gelegt. Die Recherche erfolgte mit Endnote über Pubmed und Embase. Wie bereits in den Jahren 2003 und 2005 legt Chapman 2012 eine umfangreiche Metaanalyse zu den ökonomischen Effekten der »Worksite Health Promotion« vor. Die Studie zeigt die Potenziale der Metanalyse durch die Bewertung von Forschungsdesign, Stichprobengröße, Interventionsdauer und Effektstärken. Insgesamt wurden 62 Studien in die Analyse miteinbezogen. Im Folgenden werden die wesentlichen Ergebnisse dargestellt:

- Die Inanspruchnahme von medizinischen Leistungen wurde in 32 Studien erfasst und zeigte einen durchschnittlichen Rückgang von 24 Prozent. Auch die Kosten reduzierten sich entsprechend.
- 26 Studien evaluierten die Veränderung der Arbeitsunfähigkeits- oder der Absentismusrate. Hier ergab sich ein durchschnittlicher Rückgang von 25,1 Prozent.
- 25 Studien integrierten das Verhältnis von Aufwendung und Nutzen (Cost-Benefit Ratio). Durchschnittlich stehen einem aufgewendeten Dollar der Nutzen von 5,56 $ gegenüber. Methodisch hochwertige Studien zeigten sogar ein noch besseres Verhältnis.

Obwohl eine Übertragung auf deutsche Verhältnisse sicher nicht nahtlos möglich ist, sind diese Befunde durchaus geeignet, um die Argumentationsbasis deutlich zu erhöhen: »*The summary evidence continues to be strong with average reductions in sick leave, health plan costs, and workers' compensation and disability insurance costs of around 25 Prozent ... Based on these published results, it is reasonable to conclude that work-site health promotion represents one of the most effective strategies for reducing medical costs and absenteeism.*« (Chapman 2012, TAPH-7) Vergleichbare Ergebnisse zeigt die etwas ältere, aber ebenfalls statistisch aufwendig und sorgfältig durchgeführte Metaanalyse auf der Basis von 22 Studien von Baicker et al. (2010). Daraus ergab sich ein Kosten-Nutzen-Verhältnis von 1:3,27. Deutlich pessimistischer ist die Einschätzung in der Metaanalyse von Rongen et al. (2013). Für die integrierten 21 Studien ergab sich lediglich eine kleine Effektstärke von ES = 0,24; 95 Prozent (CI = 0,14; 0,34). Effekte waren größer bei jüngeren Stichproben und bei Interventionen mit häufigerem Mitarbeiterkontakt. Auch hier wird die methodische Qualität der Studien kritisiert. Eine clusterrandomisierte kontrollierte Studie analysierte den Einsatz eines internetbasierten kombinierten Ernährungs- und Bewegungsprogramms (Robroek et al. 2011). Weder die erhobenen primären Outcome-Parameter wie Umfang der körperlichen Aktivität und Verzehr von Obst und Gemüse noch die sekundären Parameter wie BMI, Blutdruck und Cholesterin ergaben signifikante Effekte. Dementsprechend fanden sich auch keine gesundheitsökonomischen Effekte.

Die spezifischen Gesundheitseffekte von Interventionen zur Steigerung der körperlichen Aktivität untersuchte die Metaanalyse von Conn et al. (2009). Für insgesamt 59 Studien wurden die Effektstärken (Cohens d) errechnet. Für die Verbesserung der körperlichen Fitness ergab sich ein mittlerer Effekt von 0,57, für das Aktivitätsverhalten von 0,21 und für den »Job Stress« eine reduzierte Effektstärke von 0,33. Nahezu keinen Effekt zeigten der BMI oder Gewichtsveränderungen. Für eine kleine Stichprobe wurde jedoch eine enorme Reduzierung des Diabetesrisikos (ES = 0,98!) erreicht. Die Ergebnisse verweisen auf die Notwendigkeit, Zielgruppen zu definieren und die Programme zu differenzieren. In einer aktuellen Übersichtsarbeit (Malik et al. 2013) wird die besondere Bedeutung von bewegungsbezogenen Interventionen betont.

Konkrete evidenzbasierte Hinweise zur Aktivitätssteigerung finden sich bei Bellew (2008). Dazu gehören Anreize zur Treppennutzung, Reduzierung von Nutzerbarrieren zur körperlichen Aktivität und der erleichterte Zugang zu Trainingsmöglichkeiten. In der Übersichtsarbeit von Dugdill et al. (2008) wird die Bedeutung der angemessenen Beratung für ein optimiertes Bewegungsverhalten betont. Die Übersicht der WHO (*Interventions on diet and physical activity: what works*) aus dem Jahre 2009 fasst die verwertbaren Befunde gut zusammen.

Schwartz et al. (2013) zeigen mit einem längsschnittlichen Ansatz über mehrere Jahre (2002 bis

2009) ein gesundheitsökonomisches Kosten-Nutzen-Verhältnis von etwa 2:1 über den gesamten Zeitraum. Diese Daten belegen auch die gesundheitsökonomische Dauerhaftigkeit und Nachhaltigkeit der Interventionen. Einen umgekehrten Ansatz wählen Sears et al. (2013). An einer Stichprobe mit über 11.000 Mitarbeitern konnte mit verschiedenen Regressionsverfahren gezeigt werden, dass das körperliche Wohlbefinden der entscheidende Prädiktor sowohl für gesundheitsbezogene Kosten als auch für die Abeitsfähigkeit der Mitarbeiter darstellt. Geeignete Interventionen haben deshalb einen *significant effect on business performance* (Sears et al. 2013, S. 397). Dem bisher noch wenig untersuchten Phänomen des »Präsentismus« widmet sich das Review von Cancelliere et al. 2011. Die Forschungsqualität ist dürftig, die Ergebnisse sehr heterogen. Damit bestätigten sich auch die Befunde der Übersichtsarbeit von Steinke und Badura (2011).

30.3 Wie müssen Programme konzipiert und durchgeführt werden, um positive Effekte zu erzielen?

In einem zweiten Schritt stellt sich nun die Frage, welche Erfolgskriterien für Programme gelten, damit die oben genannten Effekte erzielt werden. Als strukturierende Gliederung sollen neben eigenen Projekterfahrungen (Huber 2013) die dazu kompatiblen Vorschläge von Goetzel und Ozminkowski (2008) dienen. Dazu wurden für ein Review 119 Studien mit der Fragestellung analysiert, welche Erfolgsfaktoren für ein Programm der Betrieblichen Gesundheitsförderung verantwortlich sind. Die Plausibilität und Tragfähigkeit dieses Ansatzes wird durch aktuelle Studien gestützt.

Erfolgreiche Programme unterscheiden sich von weniger erfolgreichen durch die Beachtung folgender Faktoren:

▪ Erstellung einer genauen Bedarfsanalyse und Analyse des Allokationsproblems

Eigentlich benötigt jedes Unternehmen eine entsprechende Analyse. Die in Deutschland insbesondere durch die Krankenkassen verbreiteten Gesundheitsberichte sind dafür allein sicher nicht ausreichend, liefern aber eine gute Grundlage. Ein Review der Cochrane-Stiftung zeigt, dass die herkömmlichen und in Deutschland weit verbreiteten periodischen Gesundheitsuntersuchungen am Arbeitsplatz keineswegs helfen, Krankheitsraten zu reduzieren: »... *found no evidence of significant health benefits for such intervention...*« (Krogsbøll et al. 2013, S. 2489). Dabei ist die Bandbreite möglicher Analysemethoden viel größer.

Dies zeigt die Toolbox der BAuA[1]. Einer der Hauptgünde liegt darin, dass herkömmliche Programme in erster Linie die Mitarbeiter erreichen, die den geringsten Bedarf haben. Diese Fehlallokation wurde schon vor längerer Zeit analysiert (u. a. Huber 1999; Dalton et al. 2011), aber bisher zu wenig bei der Konzeption der Programme berücksichtigt. Inzwischen wurden arbeitsplatzspezifische und valide Erfassungsinstrumente für diesen Zweck entwickelt. Dazu gehört die in Schweden entwickelte salutogenetische Work Experience Measurement Scale (Nilsson et al. 2011, 2013). Lucini et al. (2011) beschäftigen sich mit der Erfassung der Stressbelastung über das Internet. Zum gleichen Thema findet sich eine Arbeit von Mahmood et al. (2010). Eine Studie zur Erfassung des Work Engagement legen Torp et al. (2012) vor. Eine wichtige Funktion dieser Berichte ist es, Mitarbeiter mit hoher Risikoexposition zu identifizieren. Die dafür durchgeführten Health Risk Assessments (HRA) sind in den USA bei mehr als 50 Prozent der Unternehmen im Einsatz und zeigen: »... *worksite intervention programs that have had the greatest impact on improving employee health were those targeting the employees at highest risk for NCD's*« (Kolbe-Alexander u. Lambert 2013, S. 7). Insbesondere scheint es auf der Unternehmensseite wichtig, die bestmögliche organisatorische Unterstützung zu liefern (Hall et al. 2013) sowie den Teilnehmern eine möglichst individualisierte Rückmeldung (tailored feedback) zu geben (Colkesen et al. 2013).

▪ Allokation beachten und Programme auf der Basis der Bedarfsanalyse entwickeln

Die Konzeption und Umsetzung der Interventionen sollte sich immer am festgestellten Bedarf orientieren und insbesondere die Allokationsfrage lösen. Prioritär sind die Mitarbeiter zu adressieren, die das höchste Risikopotenzial und die geringste Selbsthilfefähigkeit haben. Diese Gruppe ist am schwierigsten zu erreichen. Die Gründe dafür liegen nach Persson et al. (2013) sowohl auf der individuellen (z. B. Mangel an Wissen und Compliance) als auch auf der organisatorischen Ebene (hohe Nutzerbarrieren). Aktuelle Belege für optimierte Vorgehensweisen finden sich bei St. George et al. (2012) sowie bei du Plessis (2012). Shattel et al. zeigen die erfolgreiche Umsetzung zur Verbesserung der »Mental Health« (2010). Abgestellt auf die Bedürfnisse der immer zahlreicher werdenden Computernutzer haben Blasche et al. (2013) verschiedene Programme evaluiert. Eine eindrucksvolle Evaluation für die Wirksamkeit von spezifischen Programmen

---

1 http://www.baua.de/de/Informationen-fuer-die-Praxis/Handlungshilfen-und-Praxisbeispiele/Toolbox/Toolbox.html

legen Kuehl et al. (2013) für die Zielgruppe der Feuerwehrleute vor. Ein spezifisches Programm für das Personal im Gesundheitswesen wird von Buchberger et al. (2011) vorgestellt und evaluiert. Absolut ernüchternd sind dagegen die Befunde eines systematischen Reviews zur Veränderung des Essverhaltens im betrieblichen Umfeld. Für deren Wirksamkeit gibt es nur eine sehr geringe Evidenz (Maes et al. 2012). Nützlich dagegen waren Nordic-Walking-Programme und biofeedbackgestützte Entspannungsverfahren (Pressler et al. 2010). Ebenso scheint es sinnvoll, Autopendler durch Parkgebühren und Fahrradwege zu mehr körperlicher Aktivität zu motivieren (Panter et al. 2013).

■ **Erreichung möglichst hoher Teilnehmerraten**
Die Erreichung möglichst vieler Teilnehmer stellt einen ersten Schritt zu Überwindung des Allokationsproblems dar. Wer beispielsweise mit aufsuchenden Programmen (z. B. Weiß u. Bosch 2012) viele Mitarbeiter erreicht, kann auch jene mit hohem Risiko integrieren. Insbesondere kleinere und mittlere Unternehmen schaffen es kaum, hier erfolgreich zu agieren. Eine Studie von Hannon et al. (2012) analysiert die dabei bestehenden Nutzerbarrieren für Mitarbeiter mit niedrigen Löhnen in mittleren Unternehmen. Eine weitere Studie mit dieser Zielgruppe nutzt das Internetangebot *Health Links* der *American Cancer Society* mit beachtlichem Erfolg in mehreren kleinen Unternehmen (Laing et al. 2012). Der komplexen Frage: »*Implementing workplace health promotion initiatives: who should we target?*« widmet sich die australische Studie von St George et al. (2012), ohne jedoch zu substanziellen neuen Erkenntnissen zu kommen.

■ **Mehrdimensionale Interventionen und Interventionsformen**
Zur Organisation von Programmen findet sich eine ausgesprochen anwendungsorientierte Studie von Inauen et al. (2012), die vor allem für den oft vernachlässigten Anteil der angemessenen Datensammlung genaue Vorgaben macht. In die gleiche Richtung geht auch eine ausführliche Falldarstellung aus Finnland (Auvinen et al. 2012). Eine Analyse über die erfolgreiche Nutzbarkeit des Internets zur Stressreduktion findet sich bei Lucini et al. (2011). Den erfolgreichen Einsatz von Schrittzählern im betrieblichen Umfeld evaluiert Saunders (2011). Ein besonderer Bedarf besteht für Programme zur Stressreduktion. Einen Vergleich der psychosozialen Programme zur Burnout-Prävention führen Czabala et al. (2011) durch. Hier erweist sich das Programm zur Stressimpfung von Meichenbaum als am besten geeignet. Ein Plädoyer für eine optimierte Vernetzung der Programme liefert O'Donnell (2011). Cobb u. Poirier (2014) zeigen, dass tägliche Informations- und Motiva-

Fehlzeiten-Report 2014

☐ **Abb. 30.1** Zusammenhang von Evidenz und Umsetzung der Betrieblichen Gesundheitsförderung

tions-E-Mails herkömmlichen Kommunikationsstrategien deutlich überlegen sind.

30.4 Wie lässt sich Evidenz besser nutzen?

Für die grundsätzliche Wirksamkeit der Betrieblichen Gesundheitsförderung liegen – wie dargestellt – insbesondere aus den USA zahlreiche Studien vor. Dabei steht vor allem die gesundheitsökonomische Kosten-Nutzen-Bilanzierung im Vordergrund. Seit etwa 20 Jahren liefert Kenneth Pelletier in regelmäßigen Abständen eine ausführliche Übersicht, die die wichtigsten Studien zusammenfasst (Pelletier 2009, 2011). Er ist deshalb auch ein guter Gewährsmann für die gestiegene wissenschaftliche Qualität der Arbeiten: »*Clearly these studies indicate further evidence of positive outcomes since, the quantity and quality of such research continues to improve.*« (Pelletier 2011, S. 1311). Diese positive Evidenzlage stellt sich allerdings als weniger positiv dar, wenn man sich an den methodischen Vorgaben des schulmedizinisch-therapeutischen Bereichs orientiert. Es ist fraglich, ob dies als ein alleingültiger Bewertungsmaßstab dienen kann. Insbesondere das distale Kriterium der ökonomischen Wirksamkeit muss berücksichtigt werden. Auffallend ist der Mangel an Studien aus Deutschland, der auch in Verbindung mit dem geringen »Durchdringungsgrad« der Betrieblichen Gesundheitsförderung hierzulande zu sehen ist. Dabei bedingen sich diese Faktoren gegenseitig (☐ Abb. 30.1).

	Effekt hoch	**Effekt mittel**	**Effekt gering**
Aufwand hoch	Auf die Prioritäten- liste nehmen: Individuelles »Health Risk Appraisal«	Weiter prüfen z. B. Individuelle Beratung	Verwerfen z. B. Massagen am Arbeitsplatz
Aufwand mittel	Schrittweise einführen z. B. aufsuchende Maßnahmen zur Bewegungsförderung	Weiter prüfen z. B. Rücken- schule als Gruppenkurs	Verwerfen z. B. Zuschüsse für den Besuch von Fitness-Studios
Aufwand gering	Sofort starten z. B. Förderung zu Fuß oder mit dem Rad zur Arbeit, Treppe statt Aufzug	Schrittweise einführen z. B. aufsuchende Gymnastikprogramme am Arbeitsplatz	Nutzen sorgfältig analysieren z. B. »Rohkosttag« in der Kantine

Fehlzeiten-Report 2014

◻ **Abb. 30.2** Entscheidungsmatrix unter Berücksichtigung von Aufwand und Effekt

Neben der zu geringen Forschungsaktivität gibt es noch weitere systemimmanente Faktoren, die als Hemmnis für die angemessene Umsetzung der Betrieblichen Gesundheitsförderung betrachtet werden müssen:

– *Die Vielzahl der Interessenspartner und die daraus resultierende ungenaue oder divergierende Zielexplikation*
Ein bereits skizziertes strukturelles Problem besteht darin, dass für die Betriebliche Gesundheitsförderung verschiedene »Player« verantwortlich sind, die nicht nur differenzierte Interessen haben, sondern auch in unterschiedlicher Weise an Kosten und Nutzen der Aktivitäten partizipieren. Trotz der unterschiedlicher Perspektiven und Interessenslage sollten alle Beteiligten zu einem konsensualen Ziel finden. Dies kann ohne die sorgfältige Berücksichtigung der zugänglichen Evidenz nicht funktionieren.

– *»Third Payer Party«*
Damit ist die Tatsache gemeint, dass in der Betrieblichen Gesundheitsförderung Kostenträger und Nutznießer in der Regel nicht identisch sind. Die dabei entstehenden Kosten fallen unmittelbar an, die Nutzeffekte liegen in einer nicht exakt zu bestimmenden Zukunft. Auch dieses Problem lässt sich durch eine verstärkte Nutzung der Evidenz zwar nicht lösen, aber signifikant reduzieren.

– *»Nice to have«, aber…*
Typischerweise werden Investitionen in der Betrieblichen Gesundheitsförderung dann getätigt,

wenn die wirtschaftliche Situation dies erlaubt, und wieder eingestellt, wenn sich die Situation verschlechtert. Damit schafft man bei gutem Wetter Regenschirme an, die man bei schlechtem Wetter nicht öffnet oder verkauft. Auch hier schafft Evidenz die argumentative Grundlage, um dies zu verändern. Eine der Geburtsstätten des evidenzbasierten Denkens ist die Universität Oxford. Unter der Überschrift »Evidence based thinking about Health Care« findet sich auf der Seite unter http://www.medicine.ox.ac.uk/ bandolier/ ein Vorschlag für die Gestaltung einer evidenzbasierten Entscheidungsmatrix, die für den therapeutischen Bereich Nutzen und Ressourcenverbrauch gegeneinander abwägt. ◻ Abb. 30.2 nutzt diese Vorlage als Transformation für die verstärkte Nutzung der Evidenz von Konzeption und Implementation in der Betrieblichen Gesundheitsförderung. Es ist zu wünschen, dass die zukünftige Forschungsarbeit diese Matrix evidenzbasiert weiterentwickelt und ineffektive Interventionen sukzessive durch effektive ersetzt werden.

30.5   Fazit

Obwohl die meisten Studien zur Evidenzbasierung des Betrieblichen Gesundheitsmanagements aus den USA oder Skandinavien stammen, lassen sich daraus relevante anwendungsorientierte Konsequenzen für die

Praxis in Deutschland ziehen. Dazu gehören die folgenden Punkte:

1. *Konzeptionelle Planung der Interventionen auf der Grundlage einer sorgfältigen Analyse*
   Nahezu alle Studien bestätigen, dass eine spezifische Analyse notwendig ist. Neben den bekannten Instrumenten wie Krankenstandsanalysen, Mitarbeiterinterviews und Arbeitsplatzbegehungen sollten Fragebogen integriert werden, die den Mitarbeitern auch eine individuelle Rückmeldung geben.

2. *Integration von aufsuchenden Programmen*
   Insbesondere risikoexponierte Mitarbeiter mit einem geringen Selbsthilfepotenzial sind nur durch aufsuchende Programme zu erreichen. Diese sind schwieriger und aufwendiger zu konzipieren und umzusetzen, dafür aber effektiver.

3. *Integration von Programmen zur Stressreduktion*
   Stress stellt aus Sicht der Mitarbeiter einen zentralen Beanspruchungsfaktor dar. Sinnvoll scheint hier der Bezug auf das Stressmodell von Meichenbaum. In der Monographie aus dem Jahr 2003 finden sich praxisorientierte Vorschläge zur »Stressimpfung«, die im betrieblichen Umfeld gut umzusetzen sind.

4. *Nutzung des Internets*
   Die Nutzung des Internets muss sorgfältig geplant werden und möglichst individualisiert erfolgen. Allgemeine und massenhafte Rundmails sind nicht sinnvoll.

5. *Integration von Ansätzen auf der Ebene der Arbeitsverhältnisse*
   Es gibt nur sehr wenige Studien, die sich mit der Evaluation von Interventionen zur Veränderung der Arbeitsverhältnisse beschäftigen. Diese sollten trotzdem angemessen berücksichtigt werden. Studien aus dem Bereich der Übergewichtsprävention zeigen deutlich, dass Veränderungen der Verhältnisse (z. B. mehr Radwege) sehr effektiv sein können (Gray 2012).

Angesichts der sehr heterogenen Rahmenbedingungen sind einfache und generell anwendbare Umsetzungskonzepte kaum vorstellbar. Wir setzen deshalb auf eine Strategie, die erfolgreiche Interventionen so gestalten, dass diese auf die jeweiligen Bedürfnisse der Unternehmen angepasst werden, ohne in ihrer erfolgreichen Substanz verändert zu werden. Vorbild für diese Vorgehensweise ist das Shared-Service-Konzept aus der Informationstechnologie (vgl. Huber 2013).

Es bedarf keiner hellseherischen Fähigkeiten, um vorherzusagen, dass die Relevanz der Betrieblichen Gesundheitsförderung innerhalb des Systems der Gesundheitsversorgung zukünftig zunehmen wird. Dies ist nicht verwunderlich, stellt der Arbeitsplatz doch nahezu die einzige Möglichkeit dar, um das gesundheitsorientierte Verhalten von erwachsenen Menschen systematisch zu verändern. Parallel zu dieser wachsenden Bedeutung steigt aber auch die Komplexität und damit auch die Notwendigkeit der Nutzung möglichst vieler Studien, die geeignet sind, sinnvolle von nicht sinnvollen Interventionen zu trennen.

Literatur

Allen J, Anderson D, Baun B, Blair SN, Chapman LS, Eriksen M et al (2011) Reflections on developments in health promotion in the past quarter century from founding members of the American Journal of Health Promotion Editorial Board. Editorial Historical Article. Am J Health Promot 25(4):ei-eviii

Anderson LM, Quinn TA, Glanz K, Ramirez G, Kahwati LC, Johnson DB et al (2009) The Effectiveness of Worksite Nutrition and Physical Activity Interventions for Controlling Employee Overweight and Obesity: A Systematic Review. Am J Prev Med 37(4):340–57

Auvinen AM, Kohtamaki K, Ilvesmaki Msc A (2012) Workplace health promotion and stakeholder positions: a Finnish case study. Research Support, Non-US Gov't Arch Environ Occup Health 67(3):177–184

Baicker K, Cutler D, Song Z (2010) Workplace wellness programs can generate savings. Health Affairs 29(2):304–311

Baker KM, Goetzel RZ, Pei X, Weiss AJ, Bowen J, Tabrizi MJ, Thompson E (2008) Using a return-on-investment estimation model to evaluate outcomes from an obesity management worksite health promotion program. Research Support, Non-US Gov't J Occup Environ Med 50(9):981–990

Batt ME (2008) Physical activity interventions in the workplace: The rationale and future direction for workplace wellness. Br J Sports Med. Published online 29 October

Bellew B (2008) Primary prevention of chronic disease in Australia through interventions in the workplace setting: An Evidence Check rapid review brokered by the Sax Institute (http://www.saxinstitute.org.au) for the Chronic Disease Prevention Unit. Victorian Government Department of Human Service

Blasche G, Pfeffer M, Thaler H, Gollner E (2013) Work-site health promotion of frequent computer users: Comparing selected interventions. Work: A Journal of Prevention, Assessment and Rehabilitation 46(3):223–241

Buchberger B, Heymann R, Huppertz H, Frieportner K, Pomorin N, Wasem J (2011) The effectiveness of interventions in workplace health promotion as to maintain the working capacity of health care personal. GMS Health Technol Assess 7

Byrne DW, Goetzel RZ, McGown PW, Holmes MC, Beckowski MS, Tabrizi MJ et al (2011) Seven-year trends in employee health habits from a comprehensive workplace health promotion program at Vanderbilt University. J Occup Environ Med 53(12):1372–1381

Cancelliere C, Cassidy JD, Ammendolia C, Cote P (2011) Are workplace health promotion programs effective at improving presenteeism in workers? A systematic review and best evidence synthesis of the literature. BMC Public Health 11:395

Centers for Disease Control and Prevention (2013) Workplace Health Promotion. http://www.cdc.gov/workplacehealthpromotion/evaluation/index.html

Chapman LS (2003) Meta-evaluation of worksite health promotion economic return studies. Journal of Health Promotion 248:682–0707

Chapman LS (2005) Meta-evaluation of worksite health promotion economic return studies: 2005 update. The Art of Health Promotion. Juli/August:1–11

Chapman LS (2012) Meta-evaluation of worksite health promotion economic return studies: 2012 update. American Journal of Health Promotion 26(4):TAHP-1

Chau J (2009) Evidence module: Workplace physical activity and nutrition interventions. Physical Activity Nutrition and Obesity Research Group, University of Sydney

Cobb NK, Poirier J (2014) Effectiveness of a Multimodal Online Well-Being Intervention: A Randomized Controlled Trial. American journal of preventive medicine 46(1):41–48

Colkesen EB, Laan EK, Tijssen JG, Kraaijenhagen RA, van Kalken CK, Peters RJ (2013) Effect of a Web-based Health Risk Assessment with Tailored Feedback on Lifestyle among Voluntary Participating Employees: A Long-term Follow-up Study. J Community Med Health Educ 3 (204), DOI 10.4172/2161-0711.1000204

Conn VS, Hafdahl AR, Cooper PS, Brown LM, Lisk SL (2009) Meta-analysis of workplace physical activity interventions. American journal of preventive medicine 37(4), 330–339

Czabala C, Charzynska K, Mroziak B (2011) Psychosocial interventions in workplace mental health promotion: an overview. Health promotion international 26 (suppl 1): i70–i84

Dalton AR, Bottle A, Okoro C, Majeed A, Millett C (2011) Uptake of the NHS Health Checks programme in a deprived, culturally diverse setting: cross-sectional study. Journal of Public Health 33(3):422–429

Downey AM, Sharp DJ (2007) Why do managers allocate resources to workplace health promotion programmes in countries with national health coverage? Health Promotion International 22(2):102

Du Plessis K, Cronin D, Corney T, Green E (2012) Australian Blue-Collar Men's Health and Well-Being: Contextual Issues for Workplace Health Promotion Interventions. Health Promot Pract

Dugdill L, Brettle A, Hulme C, McCluskey S, Long AF (2008) Workplace physical activity interventions: a systematic review. International Journal of Workplace Health Management 1(1):20–40

Durham VA, King HA, Gierisch JM, Williams Jr JW, Maciejewski ML, Nagi A, Wing L (2012) Effects of Health Plan-Sponsored Fitness Center Benefits on Physical Activity, Health Outcomes, and Health Care Costs and Utilization: A Systematic Review

GKV-Spitzenverband und MDS (2013) Präventionsbericht 2012. Leistungen der gesetzlichen Krankenversicherung Primärprävention und Betriebliche Gesundheitsförderung Berichtsjahr 2012

Goetzel RZ, Ozminkowski RJ (2008) The health and cost benefits of work site health-promotion programs. Annu Rev Public Health 29:303–323

Goetzel RZ, Ozminkowski RJ, Pelletier KR, Metz RD, Chapman LS (2007) Emerging trends in health and productivity management. Research Support, Non-US Gov't Am J Health Promot 22(1):suppl 1–7iii

Gray J (2012) Workplace Physical Acitivity: A review of literature examining policy and environmental approaches. http://:www.hamilton.ca/NR/rdonlyres/79F8F671-B240-4B9F-99EB-3DE3901D58BD/0/Literatur_review_FINAL-pdf

Hall ME, Bergman RJ, Nivens S (2013) Worksite Health Promotion Program Participation. A Study to Examine the Determinants of Participation. Health promotion practice, pp 1524–8399

Hannon PA, Garson G, Harris JR, Hammerback K, Sopher CJ, Clegg-Thorp C (2012) Workplace health promotion implementation, readiness, and capacity among midsize employers in low-wage industries: a national survey. J Occup Environ Med 54(11):1337–1343

Hollederer A (2007) Work-site health promotion in Germany. Results of the IAB--establishment panel 2002 and 2004. Gesundheitswesen 69(2):63–76

Huber G (1999) Evaluation gesundheitsorientierter Bewegungsprogramme. SC Verlag, Waldenburg

Huber G (2013) Betriebliche Gesundheitsförderung: Ein Update zu Konzepten, Tendenzen und Forschungsstand. B & G 29(2):46–50

Huber G, Pfeifer K (2012) Evidenzbasierung der verhaltensorientierten Sport- und Bewegungstherapie. In: Schüle K, Huber G (Hrsg) Grundlagen der Sport- und Bewegungstherapie. Ärzteverlag, Köln, S 340–349

Inauen A, Jenny GJ, Bauer GF (2012) Design principles for data- and change-oriented organisational analysis in workplace health promotion. Health Promot Int 27(2):275–283

Kimbrough E, Lao L, Berman B, Pelletier KR, Talamonti WJ (2010) An integrative medicine intervention in a Ford Motor Company assembly plant. Randomized Controlled Trial]. J Occup Environ Med 52(3):256–257

Kolbe-Alexander TL, Lambert EV (2013) Non-Communicable Disease Prevention and Worksite Health Promotion Programs: A Brief Review. Occup Med Health Aff 1(141):2

Kramer I, Bödeker W (2008) Return on Investment im Kontext der Betrieblichen Gesundheitsförderung und Prävention Die Berechnung des prospektiven Return on Investment: eine Analyse von ökonomischen Modellen. IGA Report 16. BKK Bundesverband

Kreis J, Bödeker W (2003) Gesundheitlicher und ökonomischer Nutzen betrieblicher Gesundheitsförderung und Prävention. In: BKK BV und HVBG (Hrsg) Zusammenstellung der wissenschaftlichen Evidenz. IGA-Report

Krogsbøll LT, Jørgensen KJ, Gøtzsche PC (2013) General Health Checks in Adults for Reducing Morbidity and Mortality

From DiseaseGeneral Health Checks in Adults. JAMA 309(23):2489–2490

Kuehl KS, Elliot DL, Goldberg L, Moe EL, Perrier E, Smith J (2013) Economic benefit of the PHLAME wellness programme on firefighter injury. Occupational medicine 63(3):203–209

Laing SS, Hannon PA, Talburt A, Kimpe S, Williams B, Harris JR (2012) Increasing evidence-based workplace health promotion best practices in small and low-wage companies. Mason County, Washington 2009. Prev Chronic Dis 9:E83

Lerner D, Rodday AM, Cohen JT, Rogers WH (2013) A Systematic Review of the Evidence Concerning the Economic Impact of Employee-Focused Health Promotion and Wellness Programs. Journal of Occupational and Environmental Medicine 55(2):209–222

Lucini D, Solaro N, Lesma A, Gillet VB, Pagani M (2011) Health promotion in the workplace: assessing stress and lifestyle with an intranet tool. J Med Internet Res 13(4)

Maes L, Van Cauwenberghe E, Van Lippevelde W, Spittaels H, De Pauw E, Oppert JM, De Bourdeaudhuij I (2012) Effectiveness of workplace interventions in Europe promoting healthy eating: a systematic review. The European Journal of Public Health 22(5):677–683

Mahmood MH, Coon SJ, Guy MC, Pelletier KR (2010) Development and testing of the Workplace Stressors Assessment Questionnaire. Research Support, Non-US Gov't J Occup Environ Med 52(12):1192–1200

Malik SH, Blake H, Suggs LS (2013) A systematic review of workplace health promotion interventions for increasing physical activity. British journal of health psychology

Meichenbaum D (2003) Intervention bei Streß. Hrsg, übersetzt und mit einem ergänzenden Kapitel von Lothar Schattenburg. 2. Auflage, Huber, Bern

Nilsson P, Andersson HI, Ejlertsson G, Blomqvist K (2011) How to make a workplace health promotion questionnaire process applicable, meaningful and sustainable. Research Support, Non-US Gov't J Nurs Manag 19(7):906–914

Nilsson P, Andersson HI, Ejlertsson G (2013) The work experience measurement scale (WEMS): A useful tool in workplace health promotion

O'Donnell MP (2011) CDC will help employers evaluate their health promotion programs and will conduct periodic national surveys on workplace health promotion programs. Editorial. Am J Health Promot 25(3):iv–v

O'Donnell MP (2012) Financial incentives for workplace health promotion: what is equitable, what is sustainable, and what drives healthy behaviors? Editorial. Am J Health Promot 26(5):iv–vii

Panter J, Desousa C, Ogilvie D (2013) Incorporating walking or cycling into car journeys to and from work: the role of individual, workplace and environmental characteristics. Preventive medicine 56(3–4):211–217

Papas MA, Alberg AJ, Ewing R et al (2007)The Built Environment and Obesity. Epidemiologic Reviews Vol. 29, DOI 10.1093/epirev/mxm009, Advance Access publication May 28

Pelletier KR (2001) A Review and Analysis of the Clinical and Cost-effectiveness Studies of Comprehensive Health Promotion and Disease Management Programs at the Work-

site: 1998–2000 Update. American Journal of Health Promotion 16(2):107–116

Pelletier KR (2005) A Review and Analysis of the Clinical and Cost-Effectiveness Studies of Comprehensive Health Promotion and Disease Management Programs at the Worksite: Update VI 2000–2004. Journal of Occupational Environmental Medicine 47:1051–1058

Pelletier KR (2009) A review and analysis of the clinical and cost-effectiveness studies of comprehensive health promotion and disease management programs at the worksite: update VII 2004–2008. Review. J Occup Environ Med 51(7):822–837

Pelletier KR (2011) A review and analysis of the clinical and cost-effectiveness studies of comprehensive health promotion and disease management programs at the worksite: update VIII 2008 to 2010. Review. J Occup Environ Med 53(11):1310–1331

Persson R, Cleal B, Bihal T, Hansen SM, Jakobsen MO, Villadsen E, Andersen LL (2013) Why do people with suboptimal health avoid health promotion at work? American journal of health behavior 37(1):43–55

Pressler A, Knebel U, Esch S, Kolbl D, Esefeld K, Scherr J, Leimeister JM (2010) An internet-delivered exercise intervention for workplace health promotion in overweight sedentary employees: a randomized trial. Prev Med 51 (3–4):234–239

Richter G (2000) Psychische Belastung und Beanspruchung – Stress, psychische Ermüdung, Monotonie, psychische Sättigung. Schriftenreihe der Bundesanstalt für Arbeitsschutz und Arbeitsmedizin. Fa 36. Wirtschaftsverlag NW, Bremerhaven

Robroek SJ, van den Berg TI, Plat JF, Burdorf A (2011) The role of obesity and lifestyle behaviours in a productive workforce. Occupational and environmental medicine 68(2):134–139

Rongen A, Robroek SJ, van Lenthe FJ, Burdorf A (2013) Workplace Health Promotion: A Meta-Analysis of Effectiveness. American journal of preventive medicine 44(4):406–415

Sackett DL, Rosenberg WM, Gray JA, Haynes RB, Richardson WS (1996) Evidence based medicine: what it is and what it isn't. BMJ: British Medical Journal 312(7023):71

Saunders M (2011) Workplace health promotion and pedometers: response to Hess, Borg and Rissel. Comment Letter. Health Promot J Austr 22(2):156–157; author reply 157

Schwartz SM, Mason ST, Wang C, Pomana L, Hyde-Nolan ME, Carter EW (2013) Sustained Economic Value of a Wellness and Disease Prevention Program: An 8-Year Longitudinal Evaluation. Population health management

Sears LE, Shi Y, Coberley CR, Pope JE (2013) Overall Well-being as a Predictor of Health Care, Productivity, and Retention Outcomes in a Large Employer. Population health management 16(6):397–405

Shattell M, Apostolopoulos Y (2010) Strengthening mental health promotion: zeroing in on the workplace. Issues Ment Health Nurs 31(7):494–495

Sockoll I, Kramer I, Bödeker W (2008) Wirksamkeit und Nutzen betrieblicher Gesundheitsförderung und Prävention Zusammenstellung der wissenschaftlichen Evidenz 2000 bis 2006. IGA-Report 13. BKK Bundesverband

Steinke M, Badura B (2011) Präsentismus: Ein Review zum Stand der Forschung. 1. Aufl Bundesanstalt für Arbeitsschutz und Arbeitsmedizin, Dortmund

St George A, King L, Newson R, Wells V, Campbell M (2012). Implementing workplace health promotion initiatives: who should we target? Research Support, Non-US Gov't Health Promot J Austr 23(2):134–140

Torp S, Grimsmo A, Hagen S, Dura A, Gudbergsson SB (2012) Work engagement: a practical measure for workplace health promotion?

Verweij LM, Coffeng J, van Mechelen W, Proper KI (2011) Meta-analyses of workplace physical activity and dietary behavior interventions on weight outcomes. Obesity reviews 12(6):406–429

Weiß K, Bosch R (2013) Objektive Erfassung von physischer Belastung am Arbeitsplatz mittels Akzelerometrie. B&G Bewegungstherapie und Gesundheitssport 29.02 (2013): 67–70

Williams A, Stevens VJ, Albright CL, Nigg CR, Meenan RT, Vogt TM (2014) The Results of a 2-Year Randomized Trial of a Worksite Weight Management Intervention. American Journal of Health Promotion In-Press. DOI http://dx.doi.org/10.4278/ajhp.100127-ARB-29

WHO (2009) Interventions on diet and physical activity: what works: methodology. World Health Organisation, Geneva

30

321

Daten und Analysen

Krankheitsbedingte Fehlzeiten in der deutschen Wirtschaft im Jahr 2013

M. Meyer, J. Modde, I. Glushanok

B. Badura et al. (Hrsg.) *Fehlzeiten-Report 2014*,
DOI 10.1007/978-3-662-43531-1_31, © Springer-Verlag Berlin Heidelberg 2014

Zusammenfassung *Der folgende Beitrag liefert umfassende und differenzierte Daten zu den krankheitsbedingten Fehlzeiten in der deutschen Wirtschaft im Jahr 2013. Datenbasis sind die Arbeitsunfähigkeitsmeldungen der rund 11 Millionen erwerbstätigen AOK-Mitglieder in Deutschland. Ein einführendes Kapitel gibt zunächst einen Überblick über die allgemeine Krankenstandsentwicklung und wichtige Determinanten des Arbeitsunfähigkeitsgeschehens. Im Einzelnen werden u. a. die Verteilung der Arbeitsunfähigkeit, die Bedeutung von Kurz- und Langzeiterkrankungen und Arbeitsunfällen, regionale Unterschiede in den einzelnen Bundesländern sowie die Abhängigkeit des Krankenstandes von Faktoren wie der Betriebsgröße und der Beschäftigtenstruktur dargestellt. In elf separaten Kapiteln wird dann detailliert die Krankenstandsentwicklung in den unterschiedlichen Wirtschaftszweigen beleuchtet.*

31.1 Überblick über die krankheitsbedingten Fehlzeiten im Jahr 2013

- **Allgemeine Krankenstandsentwicklung**

Der Krankenstand im Jahr 2013 stieg im Vergleich zum Vorjahr um 0,2 Prozentpunkte und liegt bei 5,1 %. In Westdeutschland lag der Krankenstand mit 5,0 % um 0,2 Prozentpunkte niedriger als in Ostdeutschland (5,2 %). Bei den Bundesländern verzeichneten das Saarland mit 6,0 %, Nordrhein-Westfalen (Westfalen-Lippe) und Sachsen-Anhalt mit jeweils 5,7 % den höchsten Krankenstand. In Bayern (4,4 %) und Baden-Württemberg (4,8 %) lag der Krankenstand am niedrigsten. Im Schnitt waren die AOK-versicherten Arbeitnehmer 18,5 Kalendertage krankgeschrieben. Für etwas mehr als die Hälfte aller AOK-Mitglieder (54,8 %) wurde mindestens einmal im Jahr eine Arbeitsunfähigkeitsbescheinigung ausgestellt.

Das Fehlzeitengeschehen wird hauptsächlich von sechs Krankheitsarten dominiert. Im Jahr 2013 gingen über ein Fünftel der Fehlzeiten auf Muskel- und Skeletterkrankungen (21,8 %) zurück. Danach folgten Atemwegserkrankungen (13,4 %), Verletzungen (11,3 %), psychische Erkrankungen (9,8 %) sowie Erkrankungen des Herz- und Kreislaufsystems und der Verdauungsorgane (6,2 bzw. 5,3 %). Der Anteil der Muskel- und Skeletterkrankungen an den Fehlzeiten ist im Vergleich zum Vorjahr um 1,1 Prozentpunkte, der Verletzungen um 0,5 Prozentpunkte, der psychischen Erkrankungen um 0,3 Prozentpunkte, der Herz-Kreislauf-Erkrankungen um 0,4 Prozentpunkte und der Verdauungserkrankungen um 0,2 Prozentpunkte gesunken. Ein Anstieg um 2,0 Prozentpunkte war dagegen bei den Atemwegserkrankungen zu verzeichnen. Im Vergleich zu den anderen Krankheitsarten kommt den psychischen Erkrankungen eine besondere Bedeutung zu: Seit 2002 haben die Krankheitstage aufgrund psychischer Erkrankungen um nahezu 62,2 % zugenommen. In diesem Jahr wurden erneut mehr Fälle aufgrund von psychischen Erkrankungen (4,7 %) als aufgrund von Herz- und Kreislauferkrankungen (3,8 %) registriert. Die durchschnittliche Falldauer psychischer Erkrankungen ist mit 25,2 Tagen je Fall mehr als doppelt so lang wie der Durchschnitt im Jahr 2013 mit 11,5 Tagen je Fall.

Neben den psychischen Erkrankungen verursachen insbesondere Herz- und Kreislauferkrankungen (20,0 Tage je Fall), Verletzungen (17,4 Tage je Fall) und Muskel- und Skeletterkrankungen (16,5 Tage je Fall) lange Ausfallzeiten. Auf diese vier Erkrankungsarten gingen 2013 bereits 57 % der durch Langzeitfälle (> 6 Wochen) verursachten Fehlzeiten zurück.

Langzeiterkrankungen mit einer Dauer von mehr als sechs Wochen waren für weit mehr als ein Drittel der Ausfalltage (41 % der AU-Tage) verantwortlich. Ihr Anteil an den Arbeitsunfähigkeitsfällen betrug jedoch nur 4,1 %. Bei Kurzzeiterkrankungen mit einer Dauer von 1–3 Tagen verhielt es sich genau umgekehrt: Ihr Anteil an den Arbeitsunfähigkeitsfällen lag bei 35,7 %, doch nur 6,2 % der Arbeitsunfähigkeitstage gingen auf sie zurück.

Schätzungen der Bundesanstalt für Arbeitsschutz und Arbeitsmedizin zufolge verursachten im Jahr 2012 521,6 Mio. AU-Tage[1] volkswirtschaftliche Produktionsausfälle von 53 Mrd. bzw. 92 Mrd. Euro Ausfall an Produktion und Bruttowertschöpfung (Bundesministerium für Arbeit und Soziales/Bundesanstalt für Arbeitsschutz und Arbeitsmedizin 2014).

Die Ausgaben für Krankengeld sind im Jahr 2013 erneut gestiegen. Für das 1. bis 3. Quartal 2013 betrug das Ausgabenvolumen für Krankengeld (vorläufiges Rechnungsergebnis) rund 7,3 Milliarden Euro. Gegenüber dem Vorjahr bedeutet das einen Anstieg von 7,3 % (Bundesministerium für Gesundheit 2013).

- **Fehlzeitengeschehen nach Branchen**

Im Jahr 2013 wurde in den meisten Branchen ein Anstieg des Krankenstandes verzeichnet. In der Branche Energie, Wasser, Entsorgung und Bergbau lag der Krankenstand mit 6,2 % am höchsten. Ebenfalls hohe Krankenstände verzeichneten die Branchen öffentliche Verwaltung und Sozialversicherung (5,7 %), Verkehr und Transport (5,7 %) sowie das verarbeitende Gewerbe (5,6 %). Der niedrigste Krankenstand war mit 3,4 % in der Branche Banken und Versicherungen zu finden. Nur in der Branche Erziehung und Unterricht ging der Krankenstand im Vergleich zum Vorjahr um 0,5 Prozentpunkte zurück.

Bei den Branchen Land- und Forstwirtschaft, Baugewerbe sowie Verkehr und Transport handelt es sich um Bereiche mit hohen körperlichen Arbeitsbelastungen und überdurchschnittlich vielen Arbeitsunfällen. Im Baugewerbe gingen 6,7 % der Arbeitsunfähigkeitsfälle auf Arbeitsunfälle zurück. In der Land- und Forstwirtschaft waren es sogar 8,2 % und im Bereich Verkehr und Transport 4,7 %.

In den Branchen Baugewerbe, Energie, Wasser, Entsorgung und Bergbau sowie Verarbeitendes Gewerbe sind viele Arbeitsunfähigkeitsfälle durch Verletzungen zu verzeichnen. Dies hängt unter anderem mit dem hohen Anteil an Arbeitsunfällen in diesen Branchen zusammen. Der Bereich Land- und Forstwirtschaft verzeichnet mit 20,7 Tagen je Fall die höchste Falldauer vor der Branche Verkehr und Transport mit 20,5 Tagen je Fall.

Im Jahr 2013 ist der Anteil der Muskel- und Skeletterkrankungen mit 22 % an den Erkrankungen in allen Branchen wie im Vorjahr am höchsten. Einzig in den Branchen Banken und Versicherungen mit 20 % sowie Erziehung und Unterricht mit 19 % nehmen die Atemwegserkrankungen einen größeren Anteil als die Muskel- und Skeletterkrankungen ein. Die Branche Banken und Versicherungen weist zudem den insgesamt höchsten Wert für die Atemwegserkrankungen (20 %) auf.

Psychische Erkrankungen sind v. a. in der Branche Erziehung und Unterricht zu verzeichnen. Der Anteil der Arbeitsunfähigkeitsfälle ist mit 12,4 Arbeitsunfähigkeitsfällen je 100 AOK-Mitglieder zweieinhalbmal so hoch wie in der Land- und Forstwirtschaft (4,9 AU-Fälle je 100 AOK-Mitglieder).

- **Fehlzeitengeschehen nach Altersgruppen**

Zwar nimmt mit zunehmendem Alter die Zahl der Krankmeldungen ab, doch steigt die Dauer der Arbeitsunfähigkeitsfälle kontinuierlich. Ältere Mitarbeiter sind also seltener krank, fallen aber in der Regel länger aus als ihre jüngeren Kollegen. Dies liegt zum einen daran, dass Ältere häufiger von mehreren Erkrankungen gleichzeitig betroffen sind (Multimorbidität), aber auch daran, dass sich das Krankheitsspektrum verändert.

Bei den jüngeren Arbeitnehmern zwischen 15 und 19 Jahren dominieren v. a. Atemwegserkrankungen und Verletzungen. 23,7 % der Ausfalltage gingen in dieser Altersgruppe auf Atemwegserkrankungen zurück. Der Anteil der Verletzungen liegt bei 20,5 % (60- bis 64-Jährige: 8,7 % bzw. 8,2 %). Ältere Arbeitnehmer leiden dagegen zunehmend an Muskel- und Skelett- oder Herz- und Kreislauferkrankungen. Diese Krankheitsarten sind häufig mit langen Ausfallzeiten verbunden. Im Schnitt fehlt ein Arbeitnehmer aufgrund einer Atemwegserkrankung lediglich 6,6 Tage, bei einer Muskel- und Skeletterkrankung fehlt er hingegen 16,5 Tage. So gehen in der Gruppe der 60- bis 64-Jährigen etwa ein Viertel der Ausfalltage auf Muskel- und Skeletterkrankungen und 11,1 % auf Herz- und Kreislauferkrankungen zurück. Bei den 15- bis 19-Jährigen hingegen sind es lediglich 9,3 bzw. 1,5 %.

Die meisten Fehltage aufgrund psychischer Erkrankungen entfallen auf die 30- bis 34-Jährigen (12,0 %), die wenigsten auf die Altersgruppe der 15- bis 19-Jährigen (5,5 %).

---

1 Dieser Wert ergibt sich durch die Multiplikation von rund 37 Millionen Arbeitnehmern mit durchschnittlich 14,1 AU-Tagen. Die AU-Tage beziehen sich auf Werktage.

■ **Fehlzeitengeschehen nach Geschlecht**

Im Fehlzeitengeschehen zeigen sich geringe Unterschiede zwischen den Geschlechtern. Der Krankenstand liegt bei den Männern mit 5,1 % um 0,1 Prozentpunkte höher als bei den Frauen. Frauen sind mit einer AU-Quote von 56,1 % etwas häufiger krank als Männer mit 53,9 %, dafür aber kürzer (Frauen: 11,3 Tage je Fall; Männer: 11,6).

Unterschiede zeigen sich jedoch bei Betrachtung des Krankheitsspektrums. Betrachtet man die Fehltage, führen bei Männern insbesondere Muskel- und Skeletterkrankungen und Verletzungen häufiger zu Fehlzeiten als bei Frauen. Dies dürfte damit zusammenhängen, dass Männer nach wie vor in größerem Umfang körperlich beanspruchenden und unfallträchtigen Tätigkeiten nachgehen. Bei Frauen hingegen liegen neben Muskel- und Skeletterkrankungen vermehrt Atemwegserkrankungen und psychische Erkrankungen vor. Der Großteil der männlichen AOK-Versicherten arbeitet im Dienstleistungsbereich (29,6 %) und im verarbeitenden Gewerbe (27,5 %), beispielsweise in Berufen der Lagerwirtschaft, oder Maschinenbau- und Betriebstechnik und in der Gastronomie. Der überwiegende Teil der Frauen ist ebenfalls im Dienstleistungsbereich beschäftigt (52 %), gefolgt von der Branche Handel (16,7 %). Frauen sind verstärkt in Berufen in der Reinigung, in der Gesundheits-, Alten- und Krankenpflege sowie im Verkauf tätig.

Unterschiede zwischen den Geschlechtern finden sich bei genauerer Betrachtung der einzelnen Krankheitsarten: Im Bereich der Herz- und Kreislauferkrankungen leiden Männer vermehrt an ischämischen Herzkrankheiten wie beispielsweise dem Myokardinfarkt. Ein Fünftel aller Fehltage innerhalb dieser Krankheitsart entfallen bei den Männern auf diese Erkrankung, bei den Frauen sind es lediglich 8,3 %.

Auch bei den psychischen Erkrankungen gibt es Unterschiede: 6,1 % aller Arbeitsunfähigkeitstage gehen bei den Frauen auf affektive Störungen wie Depressionen zurück, bei den Männern sind es dagegen nur 3,1 % der Fehltage. Bei den Männern gehen dagegen knapp 1,1 % der Fehlzeiten auf psychische und Verhaltensstörungen durch psychotrope Substanzen wie Alkohol oder Tabak zurück, bei Frauen sind es lediglich 0,5 %.

31.1.1 Datenbasis und Methodik

Die folgenden Ausführungen zu den krankheitsbedingten Fehlzeiten in der deutschen Wirtschaft basieren auf einer Analyse der Arbeitsunfähigkeitsmeldungen aller erwerbstätigen AOK-Mitglieder. Die AOK ist nach wie vor die Krankenkasse mit dem größten Marktanteil in Deutschland. Sie verfügt daher über die umfangreichste Datenbasis zum Arbeitsunfähigkeitsgeschehen. Ausgewertet wurden die Daten des Jahres 2013 – in diesem Jahr waren insgesamt 11,1 Millionen Arbeitnehmer bei der AOK versichert. Dies ist im Vergleich zum Vorjahr ein Plus von 0,9 %.

Datenbasis der Auswertungen sind sämtliche Arbeitsunfähigkeitsfälle, die der AOK im Jahr 2013 gemeldet wurden. Es werden sowohl Pflichtmitglieder als auch freiwillig Versicherte berücksichtigt, Arbeitslosengeld-I-Empfänger dagegen nicht. Unberücksichtigt bleiben auch Schwangerschafts- und Kinderkrankenfälle. Arbeitsunfälle gehen mit in die Statistik ein, soweit sie der AOK gemeldet werden. Allerdings werden Kurzzeiterkrankungen bis zu drei Tagen von den Krankenkassen nur erfasst, soweit eine ärztliche Krankschreibung vorliegt. Der Anteil der Kurzzeiterkrankungen liegt daher höher, als dies in den Krankenkassendaten zum Ausdruck kommt. Hierdurch verringern sich die Fallzahlen und die rechnerische Falldauer erhöht sich entsprechend. Langzeitfälle mit einer Dauer von mehr als 42 Tagen wurden in die Auswertungen einbezogen, weil sie von entscheidender Bedeutung für das Arbeitsunfähigkeitsgeschehen in den Betrieben sind.

Die Arbeitsunfähigkeitszeiten werden von den Krankenkassen so erfasst, wie sie auf den Krankmeldungen angegeben sind. Auch Wochenenden und Feiertage gehen in die Berechnung mit ein, soweit sie in den Zeitraum der Krankschreibung fallen. Die Ergebnisse sind daher mit betriebsinternen Statistiken, bei denen lediglich die Arbeitstage berücksichtigt werden, nur begrenzt vergleichbar. Bei jahresübergreifenden Arbeitsunfähigkeitsfällen wurden ausschließlich Fehlzeiten in die Auswertungen einbezogen, die im Auswertungsjahr anfielen.

◘ Tab. 31.1.1 gibt einen Überblick über die wichtigsten Kennzahlen und Begriffe, die in diesem Beitrag zur Beschreibung des Arbeitsunfähigkeitsgeschehens verwendet werden. Die Kennzahlen werden auf der Basis der Versicherungszeiten berechnet, d.h. es wird berücksichtigt, ob ein Mitglied ganzjährig oder nur einen Teil des Jahres bei der AOK versichert war bzw. als in einer bestimmten Branche oder Berufsgruppe beschäftigt geführt wurde.

Aufgrund der speziellen Versichertenstruktur der AOK sind die Daten nur bedingt repräsentativ für die Gesamtbevölkerung in der Bundesrepublik Deutschland bzw. die Beschäftigten in den einzelnen Wirtschaftszweigen. Infolge ihrer historischen Funktion als Basiskasse weist die AOK einen überdurchschnittlich hohen Anteil an Versicherten aus dem gewerblichen

◘ Tab. 31.1.1 Kennzahlen und Begriffe zur Beschreibung des Arbeitsunfähigkeitsgeschehens

Kennzahl	Definition	Einheit, Ausprägung	Erläuterungen
AU-Fälle	Anzahl der Fälle von Arbeitsunfähigkeit	je AOK-Mitglied bzw. je 100 AOK-Mitglieder (ausgewiesen werden ganzjährig Versicherte)	Jede Arbeitsunfähigkeitsmeldung, die nicht nur die Verlängerung einer vorangegangenen Meldung ist, wird als ein Fall gezählt. Ein AOK-Mitglied kann im Auswertungszeitraum mehrere AU-Fälle aufweisen.
AU-Tage	Anzahl der AU-Tage, die im Auswertungsjahr anfielen	je AOK-Mitglied bzw. je 100 AOK-Mitglieder (ausgewiesen werden ganzjährig Versicherte)	Da arbeitsfreie Zeiten wie Wochenenden und Feiertage, die in den Krankschreibungszeitraum fallen, mit in die Berechnung eingehen, können sich Abweichungen zu betriebsinternen Fehlzeitenstatistiken ergeben, die bezogen auf die Arbeitszeiten berechnet wurden. Bei jahresübergreifenden Fällen werden nur die AU-Tage gezählt, die im Auswertungsjahr anfielen.
AU-Tage je Fall	mittlere Dauer eines AU-Falls	Kalendertage	Indikator für die Schwere einer Erkrankung.
Krankenstand	Anteil der im Auswertungszeitraum angefallenen Arbeitsunfähigkeitstage am Kalenderjahr	in %	War ein Versicherter nicht ganzjährig bei der AOK versichert, wird dies bei der Berechnung des Krankenstandes entsprechend berücksichtigt.
Krankenstand, standardisiert	nach Alter und Geschlecht standardisierter Krankenstand	in %	Um Effekte der Alters- und Geschlechtsstruktur bereinigter Wert.
AU-Quote	Anteil der AOK-Mitglieder mit einem oder mehreren Arbeitsunfähigkeitsfällen im Auswertungsjahr	in %	Diese Kennzahl gibt Auskunft darüber, wie groß der von Arbeitsunfähigkeit betroffene Personenkreis ist.
Kurzzeiterkrankungen	Arbeitsunfähigkeitsfälle mit einer Dauer von 1–3 Tagen	in % aller Fälle/Tage	Erfasst werden nur Kurzzeitfälle, bei denen eine Arbeitsunfähigkeitsbescheinigung bei der AOK eingereicht wurde.
Langzeiterkrankungen	Arbeitsunfähigkeitsfälle mit einer Dauer von mehr als 6 Wochen	in % aller Fälle/Tage	Mit Ablauf der 6. Woche endet in der Regel die Lohnfortzahlung durch den Arbeitgeber, ab der 7. Woche wird durch die Krankenkasse Krankengeld gezahlt.
Arbeitsunfälle	durch Arbeitsunfälle bedingte Arbeitsunfähigkeitsfälle	je 100 AOK-Mitglieder in % aller AU-Fälle/-Tage	Arbeitsunfähigkeitsfälle, bei denen auf der Krankmeldung als Krankheitsursache »Arbeitsunfall« angegeben wurde, enthalten sind auch Wegeunfälle.
AU-Fälle/-Tage nach Krankheitsarten	Arbeitsunfähigkeitsfälle/-tage mit einer bestimmten Diagnose	je 100 AOK-Mitglieder in % aller AU-Fälle bzw. -Tage	Ausgewertet werden alle auf den Arbeitsunfähigkeitsbescheinigungen angegebenen ärztlichen Diagnosen, verschlüsselt werden diese nach der Internationalen Klassifikation der Krankheitsarten (ICD-10).

Fehlzeiten-Report 2014

Bereich auf. Angestellte sind dagegen in der Versichertenklientel der AOK unterrepräsentiert.

Im Jahr 2008 fand eine Revision der Klassifikation der Wirtschaftszweige statt. Die Klassifikation der Wirtschaftszweige Ausgabe 2008 wird vom Statistischen Bundesamt veröffentlicht (▶ Anhang 2). Aufgrund der Revision kam es zu Verschiebungen zwischen den Branchen und eine Vergleichbarkeit mit den Daten vor 2008 ist nur bedingt möglich. Daher werden bei Jahresvergleichen Kennzahlen für das Jahr 2008 sowohl für die Klassifikationsversion 2003 als auch für die Version 2008 ausgewiesen.

Tab. 31.1.2 AOK-Mitglieder nach Wirtschaftsabschnitten im Jahr 2013 nach der Klassifikation der Wirtschaftszweigschlüssel, Ausgabe 2008

Wirtschaftsabschnitte	Pflichtmitglieder		Freiwillige Mitglieder
	Absolut	Anteil an der Branche in (%)	Absolut
Banken und Versicherungen	123.149	12,3	14.430
Baugewerbe	788.629	47,2	8.278
Dienstleistungen	4.269.518	39,7	80.792
Energie, Wasser, Entsorgung und Bergbau	156.721	28,6	11.507
Erziehung und Unterricht	296.160	26,3	11.716
Handel	1.567.295	37,6	27.236
Land- und Forstwirtschaft	179.200	75,8	496
Öffentliche Verwaltung/Sozialversicherung	486.549	28,6	12.984
Verarbeitendes Gewerbe	2.261.619	34,6	114.663
Verkehr und Transport	685.542	45,3	7.308
Sonstige	36.856	–	581
Insgesamt	**10.851.238**	**37,1**	**289.991**

Fehlzeiten-Report 2014

Die Klassifikation der Wirtschaftszweigschlüssel in der Ausgabe 2008 enthält insgesamt fünf Differenzierungsebenen, von denen allerdings bei den vorliegenden Analysen nur die ersten drei berücksichtigt wurden. Es wird zwischen Wirtschaftsabschnitten, -abteilungen und -gruppen unterschieden. Ein Abschnitt ist beispielsweise die Branche »Energie, Wasser, Entsorgung und Bergbau«. Diese untergliedert sich in die Wirtschaftsabteilungen »Bergbau und Gewinnung von Steinen und Erden«, »Energieversorgung« und »Wasserversorgung, Abwasser- und Abfallentsorgung und Beseitigung von Umweltverschmutzungen«. Die Wirtschaftsabteilung »Bergbau und Gewinnung von Steinen und Erden« umfasst wiederum die Wirtschaftsgruppen »Kohlenbergbau«, »Erzbergbau« etc. Im vorliegenden Unterkapitel werden die Daten zunächst ausschließlich auf der Ebene der Wirtschaftsabschnitte analysiert (▶ Anhang 2). In den folgenden Kapiteln wird dann auch nach Wirtschaftsabteilungen und teilweise auch nach Wirtschaftsgruppen differenziert. Die Metallindustrie, die nach der Systematik der Wirtschaftszweige der Bundesanstalt für Arbeit zum Verarbeitenden Gewerbe gehört, wird, da sie die größte Branche des Landes darstellt, in einem eigenen Kapitel behandelt (▶ Kap. 31.9). Auch dem Bereich »Erziehung und Unterricht« wird angesichts der zunehmenden Bedeutung des Bildungsbereichs für die Produktivität der Volkswirtschaft ein eigenes Kapitel gewidmet (▶ Kap. 31.6). Aus ■ Tab. 31.1.2 ist die Anzahl der AOK-Mitglieder in den einzelnen Wirtschaftsabschnitten sowie deren Anteil an den sozialversicherungspflichtig Beschäftigten insgesamt[2] ersichtlich.

Da sich die Morbiditätsstruktur in Ost- und Westdeutschland nach wie vor unterscheidet, werden neben den Gesamtergebnissen für die Bundesrepublik Deutschland die Ergebnisse für Ost und West separat ausgewiesen.

Die Verschlüsselung der Diagnosen erfolgt nach der 10. Revision des ICD (International Classification of Diseases).[3] Teilweise weisen die Arbeitsunfähigkeitsbescheinigungen mehrere Diagnosen auf. Um einen Informationsverlust zu vermeiden, werden bei den diagnosebezogenen Auswertungen im Unterschied zu anderen Statistiken[4], die nur eine (Haupt-)Diagnose berücksichtigen, auch Mehrfachdiagnosen[5] in die Auswertungen einbezogen.

---

2 Errechnet auf der Basis der Beschäftigtenstatistik der Bundesagentur für Arbeit, Stichtag: 30.06.2013 (Bundesagentur für Arbeit 2013).
3 International übliches Klassifikationssystem der Weltgesundheitsorganisation (WHO).
4 Beispielsweise die von den Krankenkassen im Bereich der gesetzlichen Krankenversicherung herausgegebene Krankheitsartenstatistik.
5 Leidet ein Arbeitnehmer an unterschiedlichen Krankheitsbildern (Multimorbidität), kann eine Arbeitsunfähigkeitsbescheinigung mehrere Diagnosen aufweisen. Insbesondere bei älteren Beschäftigten kommt dies häufiger vor.

◘ **Tab. 31.1.3** Krankenstandskennzahlen 2013 im Vergleich zum Vorjahr

	Kranken-stand in %	Arbeitsunfähigkeit je 100 AOK-Mitglieder				Tage je Fall	Veränd. z. Vorj. in %	AU-Quote in %
		AU-Fälle	Veränd. z. Vorj. in %	AU-Tage	Veränd. z. Vorj. in %			
West	5,0	163,2	4,9	1.838,8	2,3	11,3	-2,8	54,8
Ost	5,2	148,0	4,3	1.904,4	3,0	12,9	-1,5	54,8
Bund	**5,1**	**160,7**	**4,8**	**1.849,6**	**2,1**	**11,5**	**-2,6**	**54,8**

Fehlzeiten-Report 2014

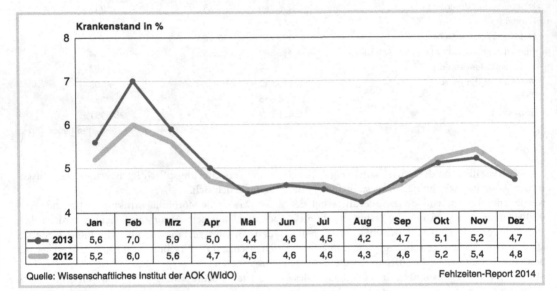

Krankenstand in %

	Jan	Feb	Mrz	Apr	Mai	Jun	Jul	Aug	Sep	Okt	Nov	Dez
●— 2013	5,6	7,0	5,9	5,0	4,4	4,6	4,5	4,2	4,7	5,1	5,2	4,7
▬ 2012	5,2	6,0	5,6	4,7	4,5	4,6	4,6	4,3	4,6	5,2	5,4	4,8

Quelle: Wissenschaftliches Institut der AOK (WIdO)   Fehlzeiten-Report 2014

◘ **Abb. 31.1.1** Krankenstand im Jahr 2013 im saisonalen Verlauf im Vergleich zum Vorjahr, AOK-Mitglieder

31.1.2 Allgemeine Krankenstands-entwicklung

Die krankheitsbedingten Fehlzeiten sind im Jahr 2013 im Vergleich zum Vorjahr leicht angestiegen. Bei den 11,1 Millionen erwerbstätigen AOK-Mitgliedern betrug der Krankenstand 5,1 % (◘ Tab. 31.1.3). 54,8 % der AOK-Mitglieder meldeten sich mindestens einmal krank. Die Versicherten waren im Jahresdurchschnitt 11,5 Kalendertage krankgeschrieben.[6] 6,4 % der Arbeitsunfähigkeitstage waren durch Arbeitsunfälle bedingt.

Die Zahl der krankheitsbedingten Ausfalltage nahm im Vergleich zum Vorjahr um 2,1 % zu. Im Osten betrug die Zunahme 3,0 %, im Westen 2,3 %. Die Zahl der Arbeitsunfähigkeitsfälle ist ebenso gestiegen. Im Osten betrug der Anstieg 4,3 % und im Westen 4,9 %. Diese Entwicklung schlägt sich mit einem Anstieg um jeweils 0,1 Prozentpunkte des Krankenstan-

des im Osten auf 5,2 % und im Westen auf 5,0 % deutlich nieder. Die durchschnittliche Dauer der Krankmeldungen sank in Ostdeutschland um 1,5 %, in Westdeutschland um 2,8 %. Die Zahl der von Arbeitsunfähigkeit betroffenen AOK-Mitglieder (AU-Quote: Anteil der AOK-Mitglieder mit mindestens einem AU-Fall) stieg im Jahr 2013 um 1,6 Prozentpunkte auf 54,8 %.

Im Jahresverlauf wurde der höchste Krankenstand mit 7,0 % im Februar erreicht, während der niedrigste Wert (4,2 %) im August zu verzeichnen war. Im Vergleich zum Vorjahr lag der Krankenstand in den Monaten Januar, Februar, März und April deutlich über den Vorjahreswerten (◘ Abb. 31.1.1).

◘ Abb. 31.1.2 zeigt die längerfristige Entwicklung des Krankenstandes in den Jahren 1994–2013. Seit Mitte der 1990er Jahre ist ein Rückgang der Krankenstände zu verzeichnen. 2006 sank der Krankenstand auf 4,2 % und erreichte damit den niedrigsten Stand seit der Wiedervereinigung.

---

6 Wochenenden und Feiertage eingeschlossen.

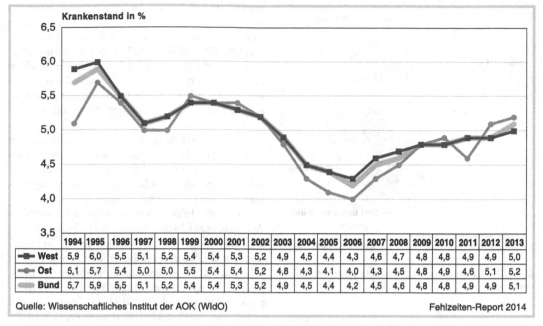

Krankenstand in %

	1994	1995	1996	1997	1998	1999	2000	2001	2002	2003	2004	2005	2006	2007	2008	2009	2010	2011	2012	2013
West	5,9	6,0	5,5	5,1	5,2	5,4	5,4	5,3	5,2	4,9	4,5	4,4	4,3	4,6	4,7	4,8	4,8	4,9	4,9	5,0
Ost	5,1	5,7	5,4	5,0	5,0	5,5	5,4	5,4	5,2	4,8	4,3	4,1	4,0	4,3	4,5	4,8	4,9	4,6	5,1	5,2
Bund	5,7	5,9	5,5	5,1	5,2	5,4	5,4	5,3	5,2	4,9	4,5	4,4	4,2	4,5	4,6	4,8	4,8	4,9	4,9	5,1

Quelle: Wissenschaftliches Institut der AOK (WIdO)   Fehlzeiten-Report 2014

◘ **Abb. 31.1.2** Entwicklung des Krankenstandes in den Jahren 1994–2013, AOK-Mitglieder

Der Krankenstand liegt im Vergleich zu den 1990er Jahren nach wie vor auf einem niedrigen Niveau, auch wenn er tendenziell wieder ansteigt. Hintergrund des Anstiegs in 2013 ist vor allem die Erkältungswelle Anfang des Jahres (► Abschn. 31.1.20). Die Gründe für niedrige Krankenstände sind vielfältig. Neben strukturellen Faktoren wie der Abnahme körperlich belastender Tätigkeiten sowie einer verbesserten Gesundheitsvorsorge in den Betrieben kann auch die wirtschaftliche Situation eine Rolle spielen. Umfragen zeigen, dass eine aus Sicht des Mitarbeiters angespannte Lage auf dem Arbeitsmarkt dazu führt, dass Arbeitnehmer auf Krankmeldungen verzichten. Damit will der Mitarbeiter vermeiden, seinen Arbeitsplatz zu gefährden.

Bis zum Jahr 1998 war der Krankenstand in Ostdeutschland stets niedriger als in Westdeutschland. In den Jahren 1999 bis 2002 waren dann jedoch in den neuen Ländern etwas höhere Werte als in den alten Ländern zu verzeichnen. Diese Entwicklung führt das Institut für Arbeitsmarkt- und Berufsforschung auf Verschiebungen in der Altersstruktur der erwerbstätigen Bevölkerung zurück (Kohler 2002). Diese war nach der Wende zunächst in den neuen Ländern günstiger, weil viele Arbeitnehmer vom Altersübergangsgeld Gebrauch machten. Dies habe sich aufgrund altersspezifischer Krankenstandsquoten in den durchschnittlichen Krankenständen niedergeschlagen. Inzwischen sind diese Effekte jedoch ausgelaufen. Im

Jahr 2013 lag der Krankenstand im Osten Deutschlands bei 5,2 %, im Westen Deutschlands bei 5,0 %.

31.1.3 Verteilung der Arbeitsunfähigkeit

Den Anteil der Arbeitnehmer, die in einem Jahr mindestens einmal krankgeschrieben wurden, wird als die Arbeitsunfähigkeitsquote bezeichnet. Diese lag 2013 bei 54,8 % (◘ Abb. 31.1.3). Der Anteil der AOK-Mitglieder, die das ganze Jahr überhaupt nicht krankgeschrieben waren, lag somit bei 45,2 %.

◘ Abb. 31.1.4 zeigt die Verteilung der kumulierten Arbeitsunfähigkeitstage auf die AOK-Mitglieder in Form einer Lorenzkurve. Daraus ist ersichtlich, dass sich die überwiegende Anzahl der Tage auf einen relativ kleinen Teil der AOK-Mitglieder konzentriert. Die folgenden Zahlen machen dies deutlich:

- Ein Viertel der Arbeitsunfähigkeitstage entfällt auf nur 1,5 % der Mitglieder
- Nahezu die Hälfte der Tage wird von lediglich 5,6 % der Mitglieder verursacht
- 80 % der Arbeitsunfähigkeitstage gehen auf nur 18,5 % der AOK-Mitglieder zurück

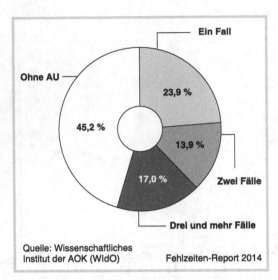

Quelle: Wissenschaftliches
Institut der AOK (WIdO)   Fehlzeiten-Report 2014

◘ **Abb. 31.1.3** Arbeitsunfähigkeitsquote der AOK-Mitglieder im Jahr 2013

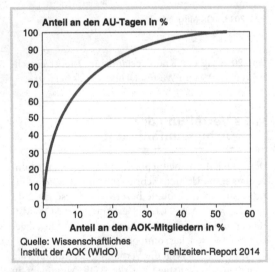

Quelle: Wissenschaftliches
Institut der AOK (WIdO)   Fehlzeiten-Report 2014

◘ **Abb. 31.1.4** Lorenzkurve zur Verteilung der Arbeitsunfähigkeitstage der AOK-Mitglieder im Jahr 2013

31.1.4 **Kurz- und Langzeiterkrankungen**

Die Höhe des Krankenstandes wird entscheidend durch länger dauernde Arbeitsunfähigkeitsfälle bestimmt. Die Zahl dieser Erkrankungsfälle ist zwar relativ gering, aber für eine große Zahl von Ausfalltagen verantwortlich (◘ Abb. 31.1.5). 2013 waren knapp die Hälfte aller Arbeitsunfähigkeitstage (49,6 %) auf lediglich 6,9 % der Arbeitsunfähigkeitsfälle zurückzufüh-

ren. Dabei handelt es sich um Fälle mit einer Dauer von mehr als vier Wochen. Besonders zu Buche schlagen Langzeitfälle, die sich über mehr als sechs Wochen erstrecken. Obwohl ihr Anteil an den Arbeitsunfähigkeitsfällen im Jahr 2013 nur 4,1 % betrug, verursachten sie 41,0 % des gesamten AU-Volumens. Langzeitfälle sind häufig auf chronische Erkrankungen zurückzuführen. Der Anteil der Langzeitfälle nimmt mit steigendem Alter deutlich zu.

Kurzzeiterkrankungen wirken sich zwar oft sehr störend auf den Betriebsablauf aus, spielen aber, anders als häufig angenommen, für den Krankenstand nur eine untergeordnete Rolle. Auf Arbeitsunfähigkeitsfälle mit einer Dauer von 1–3 Tagen gingen 2013 lediglich 6,2 % der Fehltage zurück, obwohl ihr Anteil an den Arbeitsunfähigkeitsfällen 35,7 % betrug. Insgesamt haben die Kurzzeiterkrankungen im Vergleich zum Vorjahr bezogen auf die Arbeitsunfähigkeitstage jedoch um 0,1 Prozentpunkte zugenommen und bezogen auf die Arbeitsunfähigkeitsfälle um 0,6 Prozentpunkte abgenommen. Da viele Arbeitgeber in den ersten drei Tagen einer Erkrankung keine ärztliche Arbeitsunfähigkeitsbescheinigung verlangen, liegt der Anteil der Kurzzeiterkrankungen allerdings in der Praxis höher, als dies in den Daten der Krankenkassen zum Ausdruck kommt. Nach einer Befragung des Instituts der deutschen Wirtschaft (Schnabel 1997) hat jedes zweite Unternehmen die Attestpflicht ab dem ersten Krankheitstag eingeführt. Der Anteil der Kurzzeitfälle von 1–3 Tagen an den krankheitsbedingten Fehltagen in der privaten Wirtschaft beträgt danach insgesamt durchschnittlich 11,3 %. Auch wenn man berücksichtigt, dass die Krankenkassen die Kurzzeit-Arbeitsunfähigkeit nicht vollständig erfassen, ist also der Anteil der Erkrankungen von 1–3 Tagen am Arbeitsunfähigkeitsvolumen insgesamt nur gering. Von Maßnahmen, die in erster Linie auf eine Reduzierung der Kurzzeitfälle abzielen, ist daher kein durchgreifender Effekt auf den Krankenstand zu erwarten. Maßnahmen, die auf eine Senkung des Krankenstandes abzielen, sollten vorrangig bei den Langzeitfällen ansetzen. Welche Krankheitsarten für die Langzeitfälle verantwortlich sind, wird in ▸ Abschn. 31.1.16 dargestellt.

2013 war der Anteil der Langzeiterkrankungen mit 48,3 % in der Land- und Forstwirtschaft sowie im Baugewerbe (48,1 %) am höchsten und in der Branche Banken und Versicherungen mit 32,9 % am niedrigsten. Der Anteil der Kurzzeiterkrankungen schwankte in den einzelnen Wirtschaftszweigen zwischen 10,8 % im Bereich Banken und Versicherungen und 4,2 % in den Bereichen Verkehr und Transport sowie Land- und Forstwirtschaft (◘ Abb. 31.1.6).

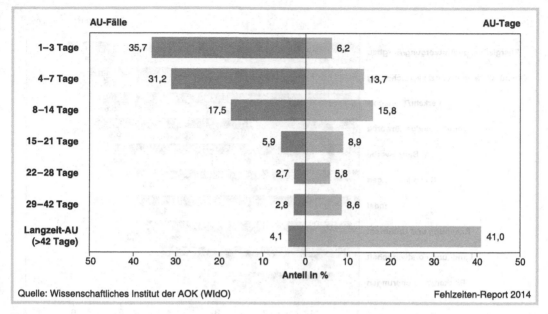

Quelle: Wissenschaftliches Institut der AOK (WIdO)   Fehlzeiten-Report 2014

◘ **Abb. 31.1.5** Arbeitsunfähigkeitstage und -fälle der AOK-Mitglieder im Jahr 2013 nach der Dauer

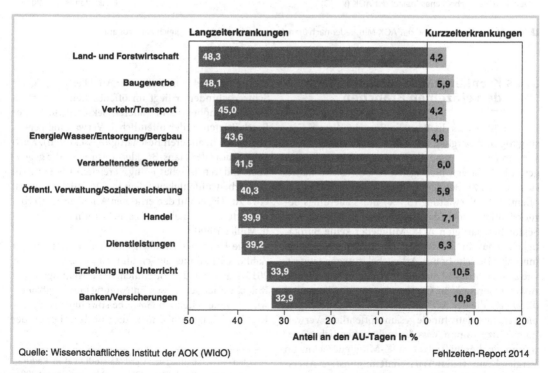

Quelle: Wissenschaftliches Institut der AOK (WIdO)   Fehlzeiten-Report 2014

◘ **Abb. 31.1.6** Anteil der Kurz- und Langzeiterkrankungen an den Arbeitsunfähigkeitstagen nach Branchen im Jahr 2013, AOK-Mitglieder

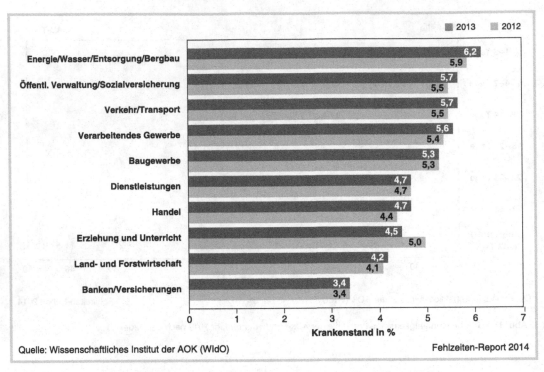

■ 2013　■ 2012

Krankenstand in %

Quelle: Wissenschaftliches Institut der AOK (WIdO)　　　Fehlzeiten-Report 2014

◻ Abb. 31.1.7 Krankenstand der AOK-Mitglieder nach Branchen im Jahr 2013 im Vergleich zum Vorjahr

31.1.5 Krankenstandsentwicklung in den einzelnen Branchen

Im Jahr 2013 wies die Branche Energie, Wasser, Entsorgung und Bergbau mit 6,2 % den höchsten Krankenstand auf, während die Banken und Versicherungen mit 3,4 % den niedrigsten Krankenstand hatten (◻ Abb. 31.1.7). Bei dem hohen Krankenstand in der öffentlichen Verwaltung (5,7 %) muss allerdings berücksichtigt werden, dass ein großer Teil der in diesem Sektor beschäftigten AOK-Mitglieder keine Bürotätigkeiten ausübt, sondern in gewerblichen Bereichen mit teilweise sehr hohen Arbeitsbelastungen tätig ist, wie z. B. im Straßenbau, in der Straßenreinigung und Abfallentsorgung, in Gärtnereien etc. Insofern sind die Daten, die der AOK für diesen Bereich vorliegen, nicht repräsentativ für die gesamte öffentliche Verwaltung. Hinzu kommt, dass die in den öffentlichen Verwaltungen beschäftigten AOK-Mitglieder eine im Vergleich zur freien Wirtschaft ungünstige Altersstruktur aufweisen, die zum Teil für die erhöhten Krankenstände mitverantwortlich ist. Schließlich spielt auch die Tatsache, dass die öffentlichen Verwaltungen ihrer Verpflichtung zur Beschäftigung Schwerbehinderter stärker nachkommen als andere Bran-

chen, eine erhebliche Rolle. Der Anteil erwerbstätiger Schwerbehinderter liegt im öffentlichen Dienst um etwa 50 % höher als in anderen Sektoren (6,6 % der Beschäftigten in der öffentlichen Verwaltung gegenüber 4,2 % in anderen Beschäftigungssektoren). Nach einer Studie der Hans-Böckler-Stiftung ist die gegenüber anderen Beschäftigungsbereichen höhere Zahl von Arbeitsunfähigkeitsfällen im öffentlichen Dienst etwa zur Hälfte auf den erhöhten Anteil an schwerbehinderten Arbeitnehmern zurückzuführen (Marstedt u. Müller 1998).[7]

Die Höhe des Krankenstandes resultiert aus der Zahl der Krankmeldungen und deren Dauer. Im Jahr 2013 lagen bei den öffentlichen Verwaltungen, der Branche Energie, Wasser, Entsorgung und Bergbau sowie im verarbeitenden Gewerbe sowohl die Zahl der Krankmeldungen als auch die mittlere Dauer der

---

7　Vgl. dazu den Beitrag von Gerd Marstedt et al. in: Badura B, Litsch M, Vetter C (Hrsg) (2001) Fehlzeiten-Report 2001. Springer, Berlin (u. a.). Weitere Ausführungen zu den Bestimmungsfaktoren des Krankenstandes in der öffentlichen Verwaltung finden sich im Beitrag von Alfred Oppolzer in: Badura B, Litsch M, Vetter C (Hrsg) (2000) Fehlzeiten-Report 1999. Springer, Berlin u. a.

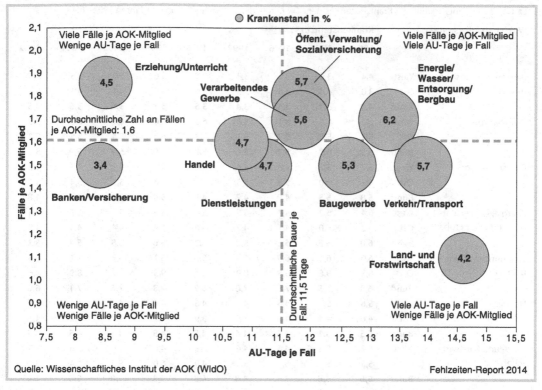

■ **Abb. 31.1.8** Krankenstand der AOK-Mitglieder nach Branchen im Jahr 2013 nach Bestimmungsfaktoren

Krankheitsfälle über dem Durchschnitt (■ Abb. 31.1.8). Der überdurchschnittlich hohe Krankenstand im Baugewerbe und im Bereich Verkehr und Transport war dagegen ausschließlich auf die lange Dauer (12,6 bzw. 13,9 Tage je Fall) der Arbeitsunfähigkeitsfälle zurückzuführen. Auf den hohen Anteil der Langzeitfälle in diesen Branchen wurde bereits in ► Abschn. 31.1.4 hingewiesen. Die Zahl der Krankmeldungen war dagegen im Bereich Verkehr und Transport geringer als im Branchendurchschnitt.

■ Tab. 31.1.4 zeigt die Krankenstandsentwicklung in den einzelnen Branchen in den Jahren 1994–2013, differenziert nach West- und Ostdeutschland. Im Vergleich zum Vorjahr stieg der Krankenstand im Jahr 2013 tendenziell in allen Branchen.

31.1.6 Einfluss der Alters- und Geschlechtsstruktur

Die Höhe des Krankenstandes hängt entscheidend vom Alter der Beschäftigten ab. Die krankheitsbedingten Fehlzeiten nehmen mit steigendem Alter

deutlich zu. Die Höhe des Krankenstandes variiert ebenfalls in Abhängigkeit vom Geschlecht (■ Abb. 31.1.9).

Zwar geht die Zahl der Krankmeldungen mit zunehmendem Alter zurück, die durchschnittliche Dauer der Arbeitsunfähigkeitsfälle steigt jedoch kontinuierlich an (■ Abb. 31.1.10). Ältere Mitarbeiter sind also seltener krank als ihre jüngeren Kollegen, fallen aber bei einer Erkrankung in der Regel wesentlich länger aus. Der starke Anstieg der Falldauer hat zur Folge, dass der Krankenstand mit zunehmendem Alter deutlich ansteigt, obwohl die Anzahl der Krankmeldungen abnimmt. Hinzu kommt, dass ältere Arbeitnehmer im Unterschied zu ihren jüngeren Kollegen häufiger von mehreren Erkrankungen gleichzeitig betroffen sind (Multimorbidität). Auch dies kann längere Ausfallzeiten mit sich bringen.

Da die Krankenstände in Abhängigkeit vom Alter und Geschlecht sehr stark variieren, ist es sinnvoll, beim Vergleich der Krankenstände unterschiedlicher Branchen oder Regionen die Alters- und Geschlechtsstruktur zu berücksichtigen. Mit Hilfe von Standardisierungsverfahren lässt sich berechnen, wie der Kran-

☐ Tab. 31.1.4 Entwicklung des Krankenstandes der AOK-Mitglieder nach Branchen in den Jahren 1994–2013

Wirtschaftsabschnitte		Krankenstand in %								
		1994	1995	1996	1997	1998	1999	2000	2001	2002
Banken und Versicherungen	West	4,4	3,9	3,5	3,4	3,5	3,6	3,6	3,5	3,5
	Ost	3,0	4,0	3,6	3,6	3,6	4,0	4,1	4,1	4,1
	Bund	4,0	3,9	3,5	3,4	3,5	3,7	3,6	3,6	3,5
Baugewerbe	West	7,0	6,5	6,1	5,8	6,0	6,0	6,1	6,0	5,8
	Ost	5,5	5,5	5,3	5,1	5,2	5,5	5,4	5,5	5,2
	Bund	6,5	6,2	5,9	5,6	5,8	5,9	5,9	5,9	5,7
Dienstleistungen	West	5,7	5,2	4,8	4,6	4,7	4,9	4,9	4,9	4,8
	Ost	6,1	6,0	5,6	5,3	5,2	5,6	5,5	5,4	5,2
	Bund	5,8	5,3	4,9	4,7	4,8	5,0	5,0	4,9	4,8
Energie, Wasser, Entsorgung und Bergbau	West	6,4	6,2	5,7	5,5	5,7	5,9	5,8	5,7	5,5
	Ost	5,2	5,0	4,1	4,2	4,0	4,4	4,4	4,4	4,5
	Bund	6,0	5,8	5,3	5,2	5,3	5,6	5,5	5,4	5,3
Erziehung und Unterricht	West	6,0	6,1	6,0	5,8	5,9	6,1	6,3	6,1	5,6
	Ost	8,3	9,8	9,5	8,9	8,4	9,3	9,2	8,9	8,6
	Bund	6,8	7,5	7,5	7,0	6,9	7,3	7,3	7,1	6,6
Handel	West	5,6	5,2	4,6	4,5	4,6	4,6	4,6	4,6	4,5
	Ost	4,6	4,4	4,0	3,8	3,9	4,2	4,2	4,2	4,1
	Bund	5,5	5,1	4,5	4,4	4,5	4,5	4,6	4,5	4,5
Land- und Forstwirtschaft	West	5,7	5,4	4,6	4,6	4,8	4,6	4,6	4,6	4,5
	Ost	5,5	5,7	5,5	5,0	4,9	6,0	5,5	5,4	5,2
	Bund	5,6	5,6	5,1	4,8	4,8	5,3	5,0	5,0	4,8
Öffentliche Verwaltung/ Sozialversicherung	West	7,3	6,9	6,4	6,2	6,3	6,6	6,4	6,1	6,0
	Ost	5,9	6,3	6,0	5,8	5,7	6,2	5,9	5,9	5,7
	Bund	6,9	6,8	6,3	6,1	6,2	6,5	6,3	6,1	5,9
Verarbeitendes Gewerbe	West	6,3	6,0	5,4	5,2	5,3	5,6	5,6	5,6	5,5
	Ost	5,4	5,3	4,8	4,5	4,6	5,2	5,1	5,2	5,1
	Bund	6,2	5,9	5,3	5,1	5,2	5,6	5,6	5,5	5,5
Verkehr und Transport	West	6,8	4,7	5,7	5,3	5,4	5,6	5,6	5,6	5,6
	Ost	4,8	4,7	4,6	4,4	4,5	4,8	4,8	4,9	4,9
	Bund	6,4	5,9	5,5	5,2	5,3	5,5	5,5	5,5	5,5

*aufgrund der Revision der Wirtschaftszweigklassifikation in 2008 ist eine Vergleichbarkeit mit den Vorjahren nur bedingt möglich

kenstand in den unterschiedlichen Bereichen ausfiele, wenn man eine durchschnittliche Alters- und Geschlechtsstruktur zugrunde legen würde. ☐ Abb. 31.1.11 zeigt die standardisierten Werte für die einzelnen Wirtschaftszweige im Vergleich zu den nichtstandardisierten Krankenständen.[8]

In den meisten Branchen fallen die standardisierten Werte niedriger aus als die nichtstandardisierten. Insbesondere in der Branche Energie, Wasser, Entsorgung und Bergbau (0,9 Prozentpunkte), im Baugewerbe (0,8 Prozentpunkte) und in der öffentlichen Verwaltung (0,5 Prozentpunkte) ist der überdurchschnittlich hohe Krankenstand zu einem erheblichen Teil auf die Altersstruktur in diesen Bereichen zurückzuführen. In den Branchen Handel sowie Dienstleistungen ist es hingegen genau umgekehrt. Dort wäre bei einer durchschnittlichen Altersstruktur ein etwas höherer Krankenstand zu erwarten (0,2 Prozentpunkte bzw. 0,1 Prozentpunkte).

8 Berechnet nach der Methode der direkten Standardisierung – zugrunde gelegt wurde die Alters- und Geschlechtsstruktur der erwerbstätigen Mitglieder der gesetzlichen Krankenversicherung insgesamt im Jahr 2012 (Mitglieder mit Krankengeldanspruch). Quelle: GKV-Spitzenverband, SA 111.

2003	2004	2005	2006	2007	2008 (WZ03)	2008 (WZ08)*	2009	2010	2011	2012	2013
3,3	3,1	3,1	2,7	3,1	3,1	3,1	3,2	3,2	3,3	3,2	3,2
3,5	3,2	3,3	3,2	3,4	3,6	3,6	3,9	4,0	3,9	4,1	4,1
3,3	3,1	3,1	2,8	3,1	3,2	3,2	3,3	3,3	3,3	3,4	3,4
5,4	5,0	4,8	4,6	4,9	5,1	5,0	5,1	5,1	5,2	5,3	5,4
4,6	4,1	4,0	3,8	4,2	4,5	4,4	4,7	4,7	4,4	5,1	5,2
5,3	4,8	4,7	4,4	4,8	4,9	4,9	5,1	5,1	5,1	5,3	5,3
4,6	4,2	4,1	4,0	4,3	4,4	4,4	4,5	4,5	4,6	4,6	4,7
4,7	4,2	4,0	3,8	4,1	4,3	4,3	4,6	4,7	4,5	4,8	4,9
4,6	4,2	4,1	4,0	4,3	4,4	4,4	4,5	4,5	4,6	4,7	4,7
5,2	4,9	4,8	4,4	4,8	4,9	5,6	5,8	6,0	6,1	6,0	6,4
4,1	3,7	3,7	3,6	3,7	3,9	4,9	5,3	5,5	4,9	5,4	5,7
5,0	4,6	4,6	4,3	4,6	4,7	5,4	5,7	5,9	5,8	5,9	6,2
5,3	5,1	4,6	4,4	4,7	5,0	5,0	5,2	5,1	4,6	4,8	4,4
7,7	7,0	6,6	6,1	6,1	6,2	6,2	6,5	5,7	5,1	5,8	4,9
6,1	5,9	5,4	5,1	5,3	5,4	5,4	5,6	5,3	4,7	5,0	4,5
4,2	3,9	3,8	3,7	3,9	4,1	4,1	4,2	4,3	4,4	4,4	4,7
3,7	3,4	3,3	3,3	3,6	3,8	3,7	4,1	4,1	3,9	4,4	4,6
4,2	3,8	3,7	3,6	3,9	4,0	4,0	4,2	4,3	4,3	4,4	4,7
4,2	3,8	3,5	3,3	3,6	3,7	3,1	3,0	3,3	3,4	3,2	3,3
4,9	4,3	4,3	4,1	4,4	4,6	4,6	5,0	5,1	4,9	5,4	5,5
4,5	4,0	3,9	3,7	3,9	4,1	3,9	4,0	4,2	4,0	4,1	4,2
5,7	5,3	5,3	5,1	5,3	5,3	5,3	5,5	5,5	5,6	5,5	5,6
5,3	5,0	4,5	4,7	4,8	4,9	4,9	5,3	5,7	5,5	5,5	5,9
5,6	5,2	5,1	5,0	5,2	5,2	5,2	5,4	5,5	5,6	5,5	5,7
5,2	4,8	4,8	4,6	4,9	5,0	5,0	5,0	5,2	5,4	5,5	5,7
4,7	4,3	4,2	4,1	4,9	4,6	4,6	4,9	5,1	5,0	5,6	5,8
5,1	4,7	4,7	4,5	4,8	5,0	5,0	5,0	5,2	5,3	5,5	5,6
5,3	4,9	4,8	4,7	4,9	5,1	5,1	5,3	5,5	5,5	5,6	5,7
4,5	4,2	4,2	4,1	4,3	4,5	4,5	5,0	5,2	4,8	5,4	5,8
5,2	4,8	4,7	4,6	4,8	4,9	5,0	5,3	5,5	5,4	5,5	5,7

Fehlzeiten-Report 2014

⬛ Abb. 31.1.12 zeigt die Abweichungen der standardisierten Krankenstände vom Bundesdurchschnitt. In den Bereichen Verkehr und Transport, verarbeitendes Gewerbe, Energie, Wasser, Entsorgung und Bergbau sowie öffentliche Verwaltung liegen die standardisierten Werte über dem Durchschnitt. Hingegen ist der standardisierte Krankenstand in der Branche Banken und Versicherungen um über 30 % geringer als im Bundesdurchschnitt. Dies ist in erster Linie auf den hohen Angestelltenanteil in dieser Branche zurückzuführen (► Abschn. 33.1.10).

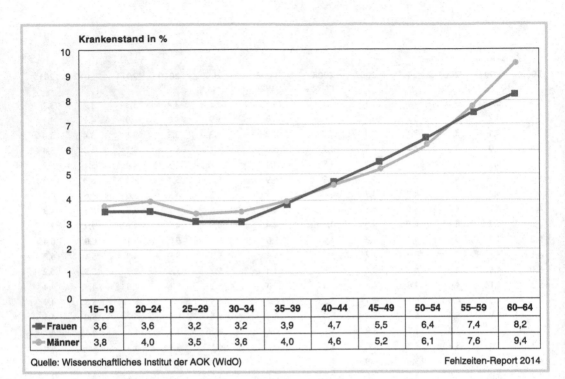

Krankenstand in %

	15–19	20–24	25–29	30–34	35–39	40–44	45–49	50–54	55–59	60–64
Frauen	3,6	3,6	3,2	3,2	3,9	4,7	5,5	6,4	7,4	8,2
Männer	3,8	4,0	3,5	3,6	4,0	4,6	5,2	6,1	7,6	9,4

Quelle: Wissenschaftliches Institut der AOK (WIdO)   Fehlzeiten-Report 2014

■ **Abb. 31.1.9** Krankenstand der AOK-Mitglieder im Jahr 2013 nach Alter und Geschlecht

31

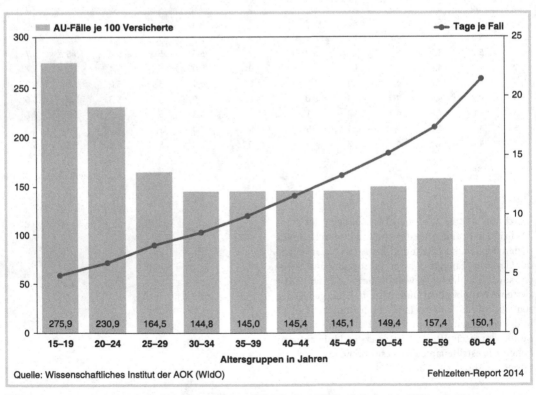

AU-Fälle je 100 Versicherte   **Tage je Fall**

	15–19	20–24	25–29	30–34	35–39	40–44	45–49	50–54	55–59	60–64
	275,9	230,9	164,5	144,8	145,0	145,4	145,1	149,4	157,4	150,1

Altersgruppen in Jahren

Quelle: Wissenschaftliches Institut der AOK (WIdO)   Fehlzeiten-Report 2014

■ **Abb. 31.1.10** Anzahl der Fälle und Dauer der Arbeitsunfähigkeit der AOK-Mitglieder im Jahr 2013 nach Alter

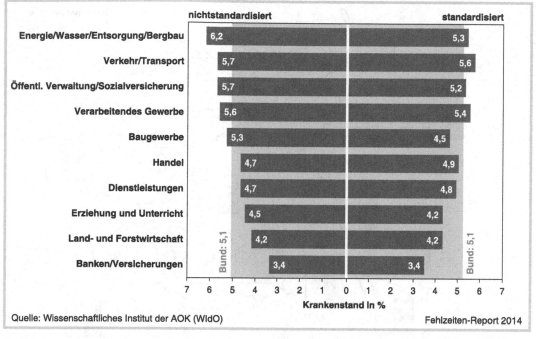

Abb. 31.1.11 Alters- und geschlechtsstandardisierter Krankenstand der AOK-Mitglieder im Jahr 2013 nach Branchen

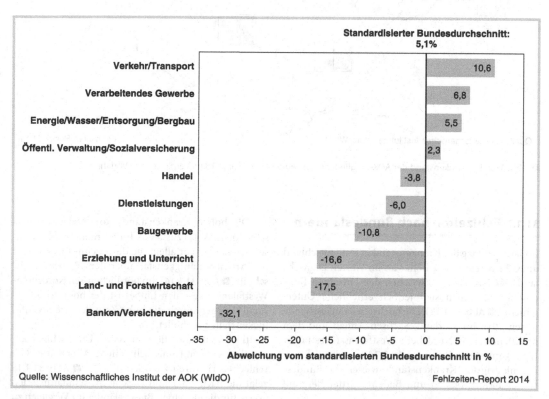

Abb. 31.1.12 Abweichungen der alters- und geschlechtsstandardisierten Krankenstände vom Bundesdurchschnitt im Jahr 2013 nach Branchen, AOK-Mitglieder

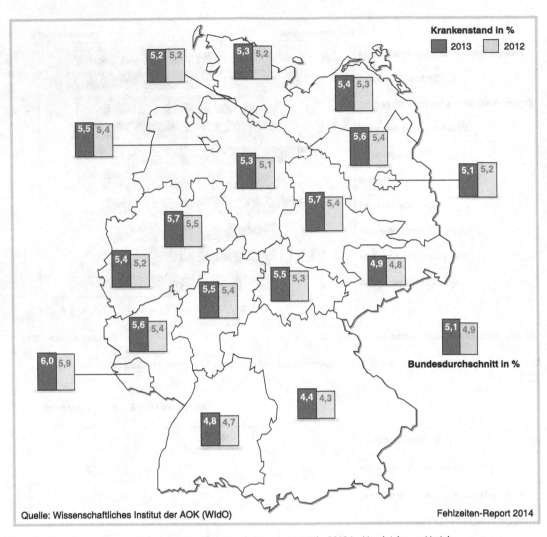

31

◘ Abb. 31.1.13 Krankenstand der AOK-Mitglieder nach Regionen im Jahr 2013 im Vergleich zum Vorjahr

31.1.7 Fehlzeiten nach Bundesländern

Im Jahr 2013 lag der Krankenstand in Ostdeutschland um 0,2 Prozentpunkte höher als im Westen Deutschlands (◘ Tab. 31.1.3). Zwischen den einzelnen Bundesländern zeigen sich jedoch erhebliche Unterschiede (◘ Abb. 31.1.13): Die höchsten Krankenstände waren 2013 im Saarland, Sachsen-Anhalt und dem nördlichen Teils Nordrhein-Westfalens (Westfalen-Lippe) mit 6,0 % bzw. jeweils 5,7 % zu verzeichnen. Die niedrigsten Krankenstände wiesen die Bundesländer Bayern (4,4 %) und Baden-Württemberg auf (4,8 %).

Die hohen Krankenstände kommen auf unterschiedliche Weise zustande. Im Saarland und in Sachsen-Anhalt lag vor allem die durchschnittliche Dauer pro Arbeitsunfähigkeitsfall über dem Bundesdurchschnitt (◘ Abb. 31.1.14). Im nördlichen Teil Nordrhein-Westfalens (Westfalen-Lippe) ist der hohe Krankenstand dagegen durch die hohe Zahl der Arbeitsunfähigkeitsfälle begründet.

Inwieweit sind die regionalen Unterschiede im Krankenstand auf unterschiedliche Alters- und Geschlechtsstrukturen zurückzuführen? ◘ Abb. 31.1.15 zeigt die nach Alter und Geschlecht standardisierten Werte für die einzelnen Bundesländer im Vergleich zu

31.1 · Überblick über die krankheitsbedingten Fehlzeiten im Jahr 2013

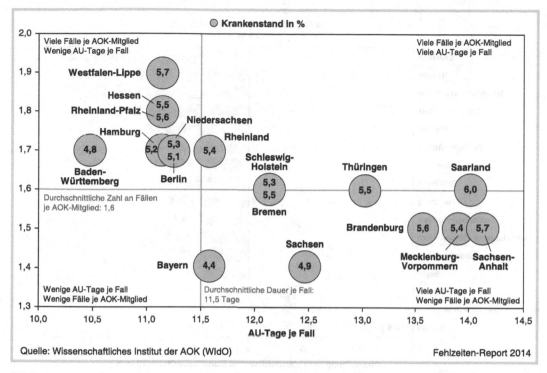

○ **Krankenstand in %**

2,0
Viele Fälle je AOK-Mitglied   Viele Fälle je AOK-Mitglied
Wenige AU-Tage je Fall   Viele AU-Tage je Fall

1,9   **Westfalen-Lippe** 5,7

1,8   **Hessen** 5,5
       Rheinland-Pfalz 5,6
                    Niedersachsen
1,7   **Hamburg**   **Rheinland**
       4,8   5,2 5,3   5,4
              5,1
       Baden-   **Schleswig-**
       Württemberg **Berlin** **Holstein**   **Thüringen**   **Saarland**
1,6   5,3   5,5   6,0
       Durchschnittliche Zahl an Fällen   5,5
       je AOK-Mitglied: 1,6   **Bremen**
1,5   **Brandenburg** 5,6 5,4 5,7
                                Sachsen
1,4   **Bayern** 4,4   4,9   **Mecklenburg-**   **Sachsen-**
                                          Vorpommern   **Anhalt**
       Wenige AU-Tage je Fall   Durchschnittliche Dauer je Fall: Viele AU-Tage je Fall
       Wenige Fälle je AOK-Mitglied   11,5 Tage   Wenige Fälle je AOK-Mitglied
1,3
    10,0   10,5   11,0   11,5   12,0   12,5   13,0   13,5   14,0   14,5
                          AU-Tage je Fall

Quelle: Wissenschaftliches Institut der AOK (WIdO)   Fehlzeiten-Report 2014

◘ **Abb. 31.1.14** Krankenstand der AOK-Mitglieder nach Landes-AOKs im Jahr 2013 nach Bestimmungsfaktoren

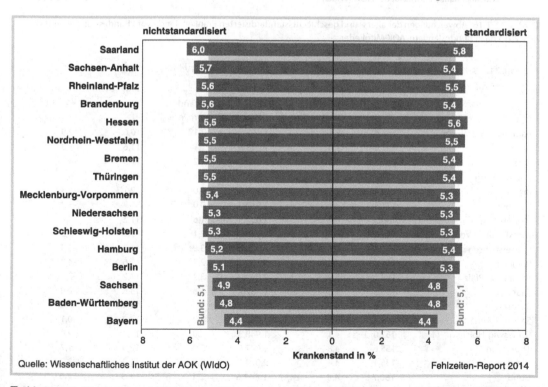

	nichtstandardisiert	standardisiert
Saarland	6,0	5,8
Sachsen-Anhalt	5,7	5,4
Rheinland-Pfalz	5,6	5,5
Brandenburg	5,6	5,4
Hessen	5,5	5,6
Nordrhein-Westfalen	5,5	5,5
Bremen	5,5	5,4
Thüringen	5,5	5,4
Mecklenburg-Vorpommern	5,4	5,3
Niedersachsen	5,3	5,3
Schleswig-Holstein	5,3	5,3
Hamburg	5,2	5,4
Berlin	5,1	5,3
Sachsen	4,9	4,8
Baden-Württemberg	4,8	4,8
Bayern	4,4	4,4

Bund: 5,1   Bund: 5,1

8   6   4   2   0   2   4   6   8
Krankenstand in %

Quelle: Wissenschaftliches Institut der AOK (WIdO)   Fehlzeiten-Report 2014

◘ **Abb. 31.1.15** Alters- und geschlechtsstandardisierter Krankenstand der AOK-Mitglieder im Jahr 2013 nach Bundesländern

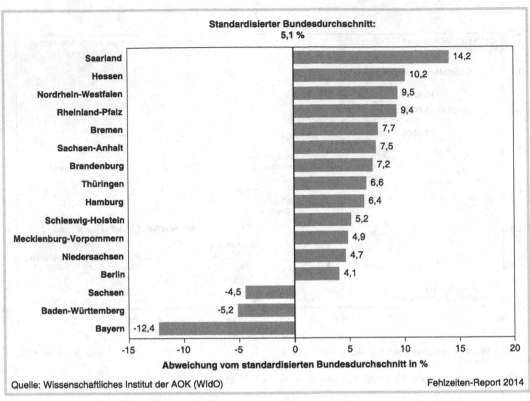

Quelle: Wissenschaftliches Institut der AOK (WIdO)   Fehlzeiten-Report 2014

31

◘ **Abb. 31.1.16** Abweichungen der alters- und geschlechtsstandardisierten Krankenstände vom Bundesdurchschnitt im Jahr 2013 nach Bundesländern, AOK-Mitglieder

◘ **Tab. 31.1.5** Krankenstandskennzahlen nach Regionen, 2013 im Vergleich zum Vorjahr

	Arbeitsunfähigkeiten je 100 AOK-Mitglieder				Tage je Fall	Veränd. z. Vorj. in %
	Fälle	Veränd. z. Vorj. in %	Tage	Veränd. z. Vorj. in %		
Baden-Württemberg	166,4	5,1	1.762,5	2,1	10,6	-2,9
Bayern	137,1	3,0	1.593,6	1,1	11,6	-1,8
Berlin	165,8	3,2	1.873,0	-1,7	11,3	-4,7
Brandenburg	152,7	3,5	2.045,7	2,7	13,4	-0,7
Bremen	164,4	4,5	1.993,6	0,0	12,1	-4,3
Hamburg	171,5	3,4	1.913,0	0,0	11,2	-3,3
Hessen	180,5	4,8	2.022,5	1,6	11,2	-3,0
Mecklenburg-Vorpommern	145,0	3,3	1.988,0	2,1	13,7	-1,2
Niedersachsen	170,7	6,6	1.928,0	3,0	11,3	-3,3
Rheinland	169,4	7,4	1.959,4	2,7	11,6	-4,3
Rheinland-Pfalz	182,1	5,9	2.042,9	3,2	11,2	-2,5
Saarland	158,5	4,6	2.187,2	1,6	13,8	-2,9
Sachsen	144,3	4,5	1.784,9	2,4	12,4	-2,0
Sachsen-Anhalt	148,7	4,3	2.063,1	4,2	13,9	-0,1
Schleswig-Holstein	161,0	4,1	1.948,3	2,0	12,1	-2,0
Thüringen	155,6	4,8	2.007,5	3,0	12,9	-1,7
Westfalen-Lippe	185,1	4,4	2.074,5	2,6	11,2	-1,7
Bund	**160,7**	**4,8**	**1.849,6**	**2,1**	**11,5**	**-2,6**

Fehlzeiten-Report 2014

den nichtstandardisierten Krankenständen.[9] Durch die Berücksichtigung der Alters- und Geschlechtsstruktur relativieren sich die beschriebenen regionalen Unterschiede im Krankenstand etwas. Das Bundesland Hessen hat nach der Standardisierung nun den zweithöchsten Krankenstand. In Hamburg und Berlin zeigt sich jeweils eine Zunahme um 0,2 Prozentpunkte, d. h. in diesen Städten liegt eine vergleichsweise günstige Alters- und Geschlechtsstruktur vor, die sich positiv auf den Krankenstand auswirkt. Bayern zeigt auch nach der Standardisierung noch immer den günstigsten Wert. Sachsen verbessert sich um 0,1 Prozentpunkte und liegt damit gleichauf mit Baden-Württemberg.

◗ Abb. 31.1.16 zeigt die Abweichungen der standardisierten Krankenstände vom Bundesdurchschnitt. Die höchsten Werte weisen das Saarland und Hessen auf. Dort liegen die standardisierten Werte mit 14,2 bzw. 10,2 % über dem Durchschnitt. In Bayern ist der standardisierte Krankenstand deutlich niedriger als im Bundesdurchschnitt.

Im Vergleich zum Vorjahr haben im Jahr 2013 die Arbeitsunfähigkeitsfälle in den Bundesländern insge-

samt um 4,8 % und die Arbeitsunfähigkeitstage um 2,1 % zugenommen (◗ Tab. 31.1.5). Die Falldauer ist mit 13,9 Tagen in Sachsen-Anhalt am höchsten und in Baden-Württemberg mit 10,6 Tagen am geringsten.

31.1.8 Fehlzeiten nach Betriebsgröße

Mit zunehmender Betriebsgröße steigt die Anzahl der krankheitsbedingten Fehltage. Während die Mitarbeiter von Betrieben mit 10–99 AOK-Mitgliedern im Jahr 2013 durchschnittlich 19,9 Tage fehlten, fielen in Betrieben mit 100–199 AOK-Mitgliedern pro Mitarbeiter 21,1 Fehltage an (◗ Abb. 31.1.17).[10] In größeren Betrieben mit 1.000 und mehr AOK-Mitgliedern nimmt dann allerdings die Zahl der Arbeitsunfähigkeitstage wieder leicht ab. Dort waren 2013 20,8 Fehltage je Mitarbeiter zu verzeichnen. Eine Untersuchung des Instituts der Deutschen Wirtschaft kam ebenfalls zu dem Ergebnis, dass die Betriebsgröße Einfluss auf die krankheitsbedingten Fehltage hat (Schnabel 1997). Mithilfe einer Regressionsanalyse konnte darüber hinaus nachgewiesen werden, dass der positive Zusammenhang zwischen Fehlzeiten und Betriebsgröße

---

9 Berechnet nach der Methode der direkten Standardisierung – zugrunde gelegt wurde die Alters- und Geschlechtsstruktur der erwerbstätigen Mitglieder der gesetzlichen Krankenversicherung insgesamt im Jahr 2011 (Mitglieder mit Krankengeldanspruch). Quelle: GKV-Spitzenverband, SA 111.

10 Als Maß für die Betriebsgröße wird hier die Anzahl der AOK-Mitglieder in den Betrieben zugrunde gelegt, die allerdings in der Regel nur einen Teil der gesamten Belegschaft ausmacht.

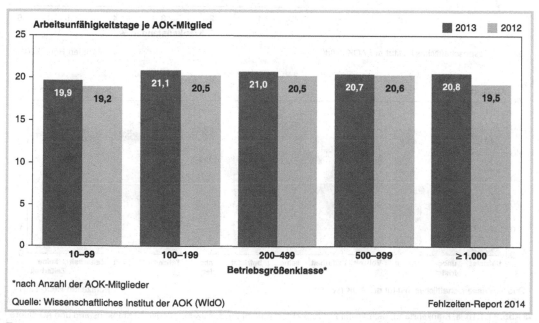

*nach Anzahl der AOK-Mitglieder

Quelle: Wissenschaftliches Institut der AOK (WIdO)   Fehlzeiten-Report 2014

◗ **Abb. 31.1.17** Tage der Arbeitsunfähigkeit je AOK-Mitglied nach Betriebsgröße im Jahr 2013 im Vergleich zum Vorjahr

nicht auf andere Einflussfaktoren wie zum Beispiel die Beschäftigtenstruktur oder Schichtarbeit zurückzuführen ist, sondern unabhängig davon gilt.

31.1.9 Fehlzeiten nach Ausbildungs-abschluss und Vertragsart

Die Bundesagentur für Arbeit definiert und liefert die für die Unternehmen relevanten Tätigkeitsschlüssel. Die Unternehmen sind verpflichtet, ihren Beschäftigten den jeweils für die Art der Beschäftigung gültigen Tätigkeitsschlüssel zuzuweisen und diese zu dokumentieren. Diese Schlüssel sind in den Meldungen zur Sozialversicherung enthalten und werden neben weiteren Angaben zur Person den Einzugsstellen, in der Regel den Krankenkassen der Arbeitnehmer, übermittelt. Auf Grundlage der Meldungen führt die Krankenkasse ihr Versichertenverzeichnis und übermittelt die

Daten dem Rentenversicherungsträger (vgl. Damm et al. 2012). Grundlage der Tätigkeitseinstufung war bisher die »Klassifikation der Berufe« aus dem Jahr 1988 (KldB 1988).

In den letzten Jahren haben sich jedoch sowohl die Berufs- und Beschäftigungslandschaft als auch die Ausbildungsstrukturen stark verändert. So sind nicht nur neue Ausbildungsabschlüsse entstanden, auch die Trennung zwischen Arbeitern und Angestellten ist bereits seit dem Jahr 2006 rentenrechtlich bedeutungslos. Aus diesem Grund wurde die veraltete Klassifikation der Berufe von der Bundesagentur für Arbeit durch eine überarbeitete Version (KldB 2010) ersetzt. Diese weist zugleich eine hohe Kompatibilität mit der internationalen Berufsklassifikation ISCO-08 (International Standard Classification of Occupations 2008) auf. Die neue Version gilt seit dem 01.12.2011. Infolge der Umstellung wird die Stellung im Beruf (wie die Trennung nach Arbeiter oder Angestellter) nicht mehr ausgewie-

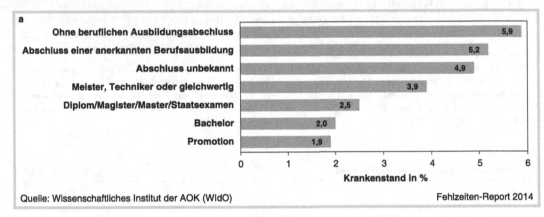

Quelle: Wissenschaftliches Institut der AOK (WIdO)   Fehlzeiten-Report 2014

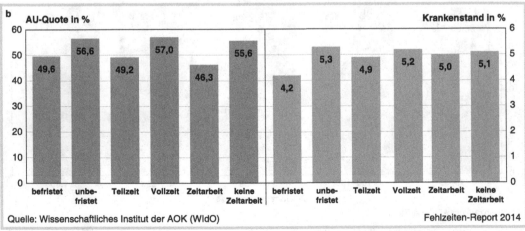

Quelle: Wissenschaftliches Institut der AOK (WIdO)   Fehlzeiten-Report 2014

◻ **Abb. 31.1.18 a)** Krankenstand nach Ausbildungsabschluss im Jahr 2013, AOK-Mitglieder; **b)** Krankenstand und AU-Quote nach Vertragsart im Jahr 2013, AOK-Mitglieder

sen. Mit Umstellung des Tätigkeitsschlüssels stehen jetzt jedoch andere, neue Informationen zur Verfügung, wie der Ausbildungsabschluss, die Information, ob der Beschäftigte bei einer Arbeitnehmerüberlassung arbeitet und die Vertragsart, die Auskunft über die Arbeitszeit (Voll- oder Teilzeit) und die Befristung (befristet, unbefristet) gibt. In diesem Kapitel werden diese zur Verfügung stehenden Informationen näher analysiert.

Die krankheitsbedingten Fehlzeiten variieren deutlich in Abhängigkeit vom Ausbildungsabschluss (◘ Abb. 31.1.18a). Dabei zeigt sich, dass der Krankenstand mit der Höhe des Ausbildungsniveaus sinkt. Den höchsten Krankenstand weisen mit 5,9 % Beschäftigte ohne beruflichen Abschluss auf. Beschäftigte mit einem Diplom, Magister, Master und Staatsexamen oder einem Bachelorabschluss liegen deutlich darunter (2,5 bzw. 2,0 %). Den geringsten Krankenstand weisen mit 1,9 % Beschäftigte mit Promotion auf.

Diese Ergebnisse können zu der Annahme führen, dass die Differenzen im Krankenstand u. a. auf den Faktor Bildung zurückzuführen sind. Diese Annahme wird auch in empirischen Studien bestätigt, bei denen Bildung als eine wesentliche Variable für die Erklärung von gesundheitlichen Differenzen erkannt wurde.

Die Gründe sind u. a. darin zu suchen, dass sich beispielsweise Akademiker gesundheitsgerechter verhalten, was Ernährung, Bewegung und das Rauchverhalten angeht. Ihnen steht ein besserer Zugang zu Gesundheitsleistungen offen. In der Regel werden ihnen auch bei ihrer beruflichen Tätigkeit größere Handlungsspielräume und Gestaltungsmöglichkeiten eingeräumt und für die erbrachten beruflichen Leistungen werden adäquate Gratifikationen gewährt, wie ein höheres Gehalt, Anerkennung und Wertschätzung sowie Aufstiegs- und Arbeitsplatzsicherheit (vgl. u. a. Mielck et al. 2012; Karasek u. Theorell 1990; Siegrist 1999; Marmot 2005). Dies führt dazu, dass Beschäftigte in höheren Positionen motivierter sind und sich stärker mit ihrer beruflichen Tätigkeit identifizieren. Aufgrund dieser Tatsache ist in der Regel der Anteil motivationsbedingter Fehlzeiten bei höherem beruflichem Status geringer.

Umgekehrt haben Studien gezeigt, dass bei einkommensschwachen Gruppen verhaltensbedingte gesundheitliche Risikofaktoren wie Rauchen, Bewegungsarmut und Übergewicht stärker ausgeprägt sind als bei Gruppen mit höheren Einkommen (Mielck 2000). Die theoretische Grundlage liefern hier kulturell determinierte Lebensstilunterschiede.

Hinzu kommt, dass sich die Tätigkeiten von gering qualifizierten Arbeitnehmern im Vergleich zu denen von höher qualifizierten Beschäftigten in der Regel durch ein größeres Maß an physiologisch-ergonomi-

schen Belastungen, eine höhere Unfallgefährdung und damit durch erhöhte Gesundheitsrisiken auszeichnen. Nicht zuletzt müssen Umweltfaktoren und Infra- und Versorgungsstrukturen berücksichtigt werden. Ein niedrigeres Einkommensniveau wirkt sich bei Geringqualifizierten auch ungünstig auf die außerberuflichen Lebensverhältnisse wie die Wohnsituation und die Erholungsmöglichkeiten aus.

Die AU-Quote weist den Anteil der AOK-Mitglieder mit mindestens einem Arbeitsunfähigkeitsfall im Auswertungsjahr aus. Betrachtet man die AU-Quoten nach der Vertragsart, zeigt sich, dass die unbefristet und Vollzeit-Beschäftigten mit 56,6 % bzw. 57,0 % öfter von einer Krankschreibung betroffen sind als befristet bzw. Teilzeit-Beschäftigte (49,6 % bzw. 49,2 %). Dies spiegelt sich zugleich im Krankenstand wider: Der Krankenstand bei den Unbefristeten liegt im Vergleich zu den befristet Beschäftigten um 1,1 Prozentpunkte und der der Vollzeit-Beschäftigten um 0,3 Prozentpunkte über dem der Teilzeit-Beschäftigten. Hier kann vermutet werden, dass befristet Beschäftigte eher bereit sind, auch mal krank zur Arbeit zu gehen, da die permanente Gefahr besteht, dass der Arbeitgeber den befristeten Arbeitsvertrag nicht verlängert. Der niedrigere Krankenstand bei den Teilzeitbeschäftigten gegenüber den Vollzeitbeschäftigten kann u. a. damit zusammenhängen, dass für Teilzeitbeschäftigte oft die Herausforderung besteht, ein anspruchsvolles Arbeitspensum in weniger Arbeitszeit schaffen zu müssen.

Welchen gesundheitlichen Belastungen sind Zeitarbeiter ausgesetzt? Es sind weniger Zeitarbeitsbeschäftigte krankgeschrieben als Beschäftigte ohne Zeitarbeitsverhältnis (46,3 % versus 55,6 %), auch die Anzahl der Fehltage pro Fall ist bei Zeitarbeitern kürzer (Zeitarbeiter: 8,8 Tage vs. Nicht-Zeitarbeiter 11,7 Tage). Eine mögliche Erklärung für dieses Phänomen könnte sein, dass Zeitarbeiter eher bereit sind, krank zur Arbeit zu gehen, um die Chancen einer Weiterbeschäftigung nicht zu gefährden.

31.1.10 Fehlzeiten nach Berufsgruppen

Auch bei den einzelnen Berufsgruppen[11] gibt es große Unterschiede hinsichtlich der krankheitsbedingten Fehlzeiten (◘ Abb. 31.1.19). Die Art der ausgeübten Tätigkeit hat erheblichen Einfluss auf das Ausmaß der Fehlzeiten. Die meisten Arbeitsunfähigkeitstage wei-

---

11 Die Klassifikation der Berufe wurde zum 01.12.2011 überarbeitet und aktualisiert (▶ Abschn. 31.1.9). Daher finden sich ab dem Jahr 2012 zum Teil andere Berufsbezeichnungen als in den Fehlzeiten-Reporten der Vorjahre.

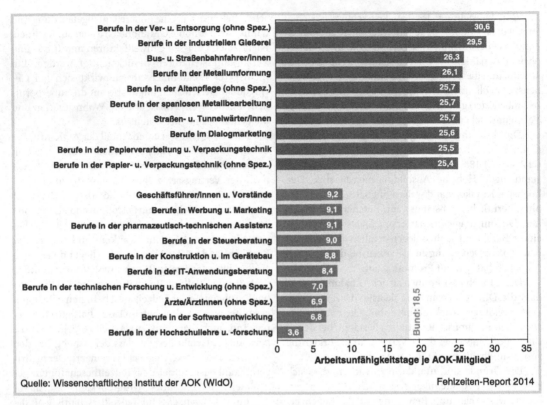

Quelle: Wissenschaftliches Institut der AOK (WIdO)   Fehlzeiten-Report 2014

31

◘ **Abb. 31.1.19** Zehn Berufsgruppen mit hohen und niedrigen Fehlzeiten je AOK-Mitglied im Jahr 2013

sen Berufsgruppen aus dem gewerblichen Bereich auf, wie beispielsweise Berufe in der Ver- und Entsorgung. Dabei handelt es sich häufig um Berufe mit hohen körperlichen Arbeitsbelastungen und überdurchschnittlich vielen Arbeitsunfällen (▶ Abschn. 31.1.12). Einige der Berufsgruppen mit hohen Krankenständen, wie Altenpfleger, sind auch in besonders hohem Maße psychischen Arbeitsbelastungen ausgesetzt. Die niedrigsten Krankenstände sind bei akademischen Berufsgruppen wie z. B. Berufen in der Hochschullehre und -forschung, der Softwareentwicklung oder bei Ärzten zu verzeichnen. Während Hochschullehrer im Jahr 2013 im Durchschnitt nur 3,6 Tage krankgeschrieben waren, waren es bei den Berufen in der Ver- und Entsorgung 30,6 Tage, also mehr als das Achtfache.

31.1.11   Fehlzeiten nach Wochentagen

Die meisten Krankschreibungen sind am Wochenanfang zu verzeichnen (◘ Abb. 31.1.20). Zum Wochenende hin nimmt die Zahl der Arbeitsunfähigkeitsmeldungen tendenziell ab. 2013 entfiel gut ein Drittel

(34,2 %) der wöchentlichen Krankmeldungen auf den Montag.

Bei der Bewertung der gehäuften Krankmeldungen am Montag muss allerdings berücksichtigt werden, dass der Arzt am Wochenende in der Regel nur in Notfällen aufgesucht wird, da die meisten Praxen geschlossen sind. Deshalb erfolgt die Krankschreibung für Erkrankungen, die bereits am Wochenende begonnen haben, in den meisten Fällen erst am Wochenanfang. Insofern sind in den Krankmeldungen vom Montag auch die Krankheitsfälle vom Wochenende enthalten. Die Verteilung der Krankmeldungen auf die Wochentage ist also in erster Linie durch die ärztlichen Sprechstundenzeiten bedingt. Dies wird häufig in der Diskussion um den »blauen Montag« nicht bedacht.

Geht man davon aus, dass die Wahrscheinlichkeit zu erkranken an allen Wochentagen gleich hoch ist und verteilt die Arbeitsunfähigkeitsmeldungen vom Samstag, Sonntag und Montag gleichmäßig auf diese drei Tage, beginnen am Montag – »wochenendbereinigt« – nur noch 12,4 % der Krankheitsfälle. Danach ist der Montag nach dem Freitag (10,4 %) der Wochentag mit

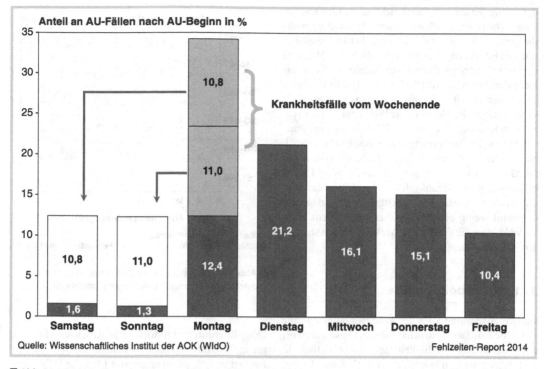

Abb. 31.1.20 Verteilung der Arbeitsunfähigkeitsfälle der AOK-Mitglieder nach AU-Beginn im Jahr 2013

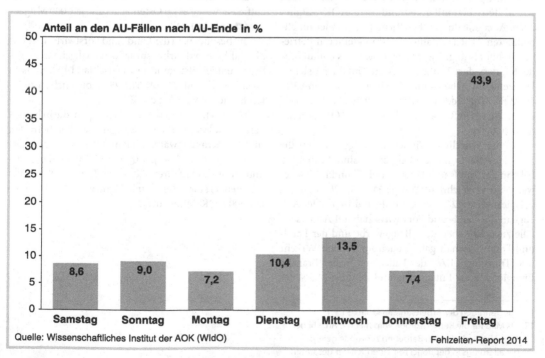

Abb. 31.1.21 Verteilung der Arbeitsunfähigkeitsfälle der AOK-Mitglieder nach AU-Ende im Jahr 2013

der geringsten Zahl an Krankmeldungen. Eine wissenschaftliche Studie zu diesem Thema bestätigt ebenfalls die geringe Bedeutung des Montags bei krankheitsbedingten Fehlzeiten (Vahtera et al. 2001). Die Mehrheit der Ärzte bevorzugt als Ende der Krankschreibung das Ende der Arbeitswoche (◘ Abb. 31.1.21). 2013 endeten 43,9 % der Arbeitsunfähigkeitsfälle am Freitag. Nach dem Freitag ist der Mittwoch der Wochentag, an dem die meisten Krankmeldungen (13,5 %) abgeschlossen sind.

Da meist bis Freitag krankgeschrieben wird, nimmt der Krankenstand gegen Ende der Woche hin zu (◘ Abb. 31.1.21). Daraus abzuleiten, dass am Freitag besonders gerne »krankgefeiert« wird, um das Wochenende auf Kosten des Arbeitgebers zu verlängern, erscheint wenig plausibel, insbesondere wenn man bedenkt, dass der Freitag der Werktag mit den wenigsten Krankmeldungen ist.

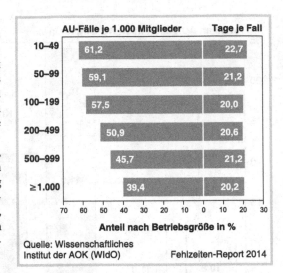

Quelle: Wissenschaftliches
Institut der AOK (WIdO)   Fehlzeiten-Report 2014

◘ **Abb. 31.1.22** Fehlzeiten der AOK-Mitglieder aufgrund von Arbeitsunfällen nach Betriebsgröße im Jahr 2013

31.1.12   Arbeitsunfälle

Im Jahr 2013 waren 3,4 % der Arbeitsunfähigkeitsfälle auf Arbeitsunfälle[12] zurückzuführen. Diese waren für 6,4 % der Arbeitsunfähigkeitstage verantwortlich. In kleineren Betrieben kommt es wesentlich häufiger zu Arbeitsunfällen als in größeren Unternehmen (◘ Abb. 31.1.22).[13] Die Unfallquote in Betrieben mit 10–49 AOK-Mitgliedern war im Jahr 2013 1,6-mal so hoch wie in Betrieben mit 1.000 und mehr AOK-Mitgliedern. Auch die durchschnittliche Dauer einer unfallbedingten Arbeitsunfähigkeit ist in kleineren Betrieben höher als in größeren Betrieben, was darauf hindeutet, dass dort häufiger schwere Unfälle passieren. Während ein Arbeitsunfall in einem Betrieb mit 10–49 AOK-Mitgliedern durchschnittlich 22,7 Tage dauerte, waren es in Betrieben mit 100–199 AOK-Mitgliedern 20,0 Tage.

In den einzelnen Wirtschaftszweigen variiert die Zahl der Arbeitsunfälle erheblich. So sind die meisten Fälle in der Land- und Forstwirtschaft und im Baugewerbe zu verzeichnen (◘ Abb. 31.1.23). 2013 gingen beispielsweise 8,2 % der AU-Fälle und 14,5 % der AU-Tage in der Land- und Forstwirtschaft auf Arbeitsunfälle zurück. Neben dem Baugewerbe und der Land- und Forstwirtschaft gab es auch im Bereich Verkehr und Transport (4,7 % der Fälle) und in der Branche Energie, Wasser, Entsorgung und Bergbau (4,5 % der

Fälle) überdurchschnittlich viele Arbeitsunfälle. Den geringsten Anteil an Arbeitsunfällen verzeichneten die Banken und Versicherungen mit 1,0 % der Fälle.

Die Zahl der Arbeitsunfälle lag in Westdeutschland höher als in Ostdeutschland: Während im Westen durchschnittlich 54,6 Fälle auf 1.000 AOK-Mitglieder entfielen, waren es im Osten 52,8 Fälle je 1.000 Mitglieder (◘ Abb. 31.1.24).

Insbesondere in der Land- und Forstwirtschaft war die Zahl der auf Arbeitsunfälle zurückgehenden Arbeitsunfähigkeitstage in Ostdeutschland höher als in Westdeutschland (◘ Abb. 31.1.25). Aber auch in anderen Branchen war dies der Fall.

◘ Tab. 31.1.6 zeigt die Berufsgruppen, die in besonderem Maße von arbeitsbedingten Unfällen betroffen sind. Spitzenreiter waren im Jahr 2013 die Berufskraftfahrer (4.150 AU-Tage je 1.000 AOK-Mitglieder), Bus- und Straßenbahnfahrer (4.041 AU-Tage je 1.000 AOK-Mitglieder) sowie Berufe im Hochbau (3.779 AU-Tage je 1.000 AOK-Mitglieder).

---

12 Zur Definition der Arbeitsunfälle ◘ Tab. 31.1.1
13 Als Maß für die Betriebsgröße wird hier die Anzahl der AOK-Mitglieder in den Betrieben zugrunde gelegt, die allerdings in der Regel nur einen Teil der gesamten Belegschaft ausmachen (▶ Abschn. 31.1.8).

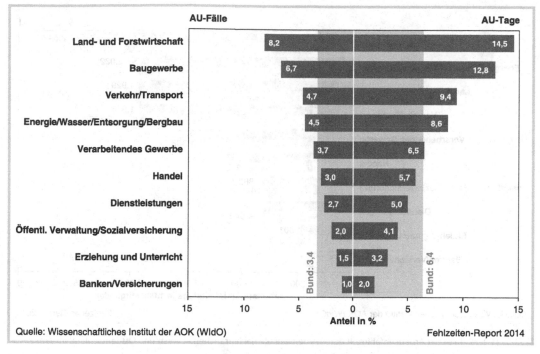

■ Abb. 31.1.23 Fehlzeiten der AOK-Mitglieder aufgrund von Arbeitsunfällen nach Branchen im Jahr 2013

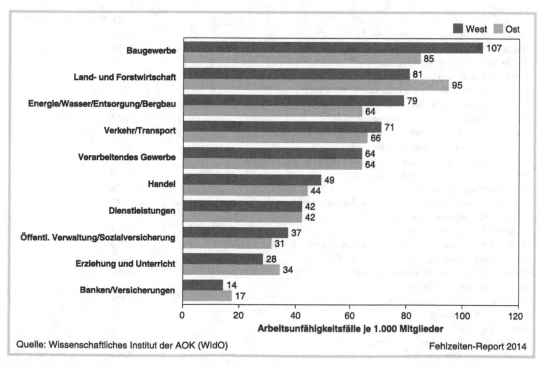

■ Abb. 31.1.24 Fälle der Arbeitsunfähigkeit der AOK-Mitglieder aufgrund von Arbeitsunfällen nach Branchen in West- und Ostdeutschland im Jahr 2013

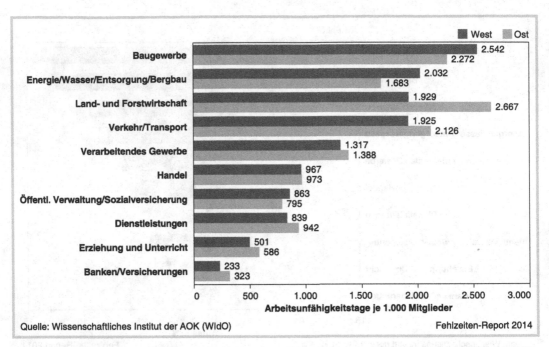

Quelle: Wissenschaftliches Institut der AOK (WIdO)   Fehlzeiten-Report 2014

▣ **Abb. 31.1.25** Tage der Arbeitsunfähigkeit durch Arbeitsunfälle nach Branchen in West- und Ostdeutschland im Jahr 2013

▣ **Tab. 31.1.6** Tage der Arbeitsunfähigkeit durch Arbeitsunfälle nach Berufsgruppen im Jahr 2013, AOK-Mitglieder

Berufsgruppe	AU-Tage je 1.000 AOK-Mitglieder
Berufskraftfahrer/innen (Güterverkehr/LKW)	4.150
Bus- und Straßenbahnfahrer/innen	4.041
Berufe im Hochbau (ohne Spez.)	3.779
Berufe im Beton- und Stahlbetonbau	3.655
Berufe in der Nutztierhaltung (außer Geflügelhaltung)	3.571
Berufe in der Forstwirtschaft	3.570
Berufe im Objekt-, Werte- und Personenschutz	3.517
Führer/innen von Erdbewegungs- und verwandten Maschinen	3.401
Berufe im Aus- und Trockenbau (ohne Spez.)	3.341
Fahrzeugführer/innen im Straßenverkehr (sonstige spezif. Tätigkeit)	3.338
Berufe in der Landwirtschaft (ohne Spez.)	3.273
Berufe im Maurerhandwerk	3.156
Kranführer/innen, Aufzugsmaschinisten, Bedienung verwandter Hebeeinrichtungen	3.141
Berufe in der Gebäudereinigung	3.112
Berufe im Tiefbau (ohne Spez.)	3.104
Berufe in der Holzbe- und -verarbeitung (ohne Spez.)	3.066
Berufe in der Reinigung (ohne Spez.)	3.050
Berufe in der Ver- und Entsorgung (ohne Spez.)	3.003
Berufe in der Baustoffherstellung	2.997
Berufe für Post- und Zustelldienste	2.992
Berufe in der Zimmerei	2.976
Berufe in der Dachdeckerei	2.920
Berufe in der Altenpflege (ohne Spez.)	2.879
Berufe in der Hauswirtschaft	2.869
Berufe in der Bautischlerei	2.830

Fehlzeiten-Report 2014

31.1.13   Krankheitsarten im Überblick

Das Krankheitsgeschehen wird im Wesentlichen von sechs großen Krankheitsgruppen (nach ICD-10) bestimmt: Muskel- und Skeletterkrankungen, Atemwegserkrankungen, Verletzungen, Psychische und Verhaltensstörungen, Herz- und Kreislauferkrankungen sowie Erkrankungen der Verdauungsorgane (◘ Abb. 31.1.26). 66,5 % der Arbeitsunfähigkeitsfälle und 67,9 % der Arbeitsunfähigkeitstage gingen 2013 auf das Konto dieser sechs Krankheitsarten. Der Rest verteilte sich auf sonstige Krankheitsgruppen.

Der häufigste Anlass für Krankschreibungen waren Atemwegserkrankungen. Im Jahr 2013 war diese Krankheitsart für knapp ein Viertel der Arbeitsunfähigkeitsfälle (24,6 %) verantwortlich. Aufgrund einer relativ geringen durchschnittlichen Erkrankungsdauer betrug der Anteil der Atemwegserkrankungen am Krankenstand allerdings nur 13,4 %. Die meisten Arbeitsunfähigkeitstage wurden durch Muskel- und Skeletterkrankungen verursacht, die häufig mit langen Ausfallzeiten verbunden sind. Allein auf diese Krankheitsart waren 2013 21,8 % der Arbeitsunfähigkeitstage zurückzuführen, obwohl sie nur für 16,0 % der Arbeitsunfähigkeitsfälle verantwortlich war.

◘ Abb. 31.1.27 zeigt die Anteile der Krankheitsarten an den krankheitsbedingten Fehlzeiten im Jahr 2013 im Vergleich zum Vorjahr. Während der Anteil der Atemwegserkrankungen um 2,0 Prozentpunkte gestiegen ist, nahmen die Ausfalltage aufgrund von Muskel- und Skeletterkrankungen um 1,1, von Verletzungen um 0,5 und von Herz-Kreislauf-Erkrankungen um 0,4 Prozentpunkte ab. Der Anteil der psychischen Erkrankungen sank ebenfalls um 0,3 Prozentpunkte.

Die ◘ Abb. 31.1.28 und ◘ Abb. 31.1.29 zeigen die Entwicklung der häufigsten Krankheitsarten in den Jahren 2003–2013 in Form einer Indexdarstellung. Ausgangsbasis ist dabei der Wert des Jahres 2002. Dieser wurde auf 100 normiert. Wie in den Abbildungen deutlich erkennbar ist, haben die psychischen Erkrankungen in den letzten Jahren deutlich zugenommen. Über die Gründe für diesen Anstieg wird gesellschaftlich kontrovers diskutiert. Neben der Zunahme belastender Arbeitsbedingungen in der modernen Arbeitswelt wird ein wichtiger Grund auch darin gesehen, dass die Ärzte zunehmend sensibilisiert sind und aufgrund der gestiegenen gesellschaftlichen Akzeptanz psychische Krankheiten eher dokumentieren, in Verbindung mit der Bereitschaft der Patienten, psychische Probleme offener anzusprechen als früher. Als weiterer Grund wird die Verlagerung in Richtung psychischer Störungen als Diagnose diskutiert, d. h. Beschäftigte,

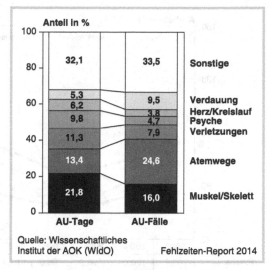

◘ **Abb. 31.1.26** Arbeitsunfähigkeit der AOK-Mitglieder nach Krankheitsarten im Jahr 2013

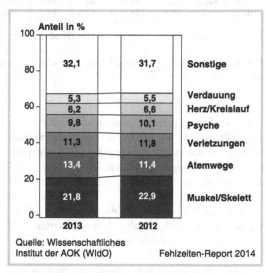

◘ **Abb. 31.1.27** Tage der Arbeitsunfähigkeit der AOK-Mitglieder nach Krankheitsarten im Jahr 2013 im Vergleich zum Vorjahr

die früher mit somatischen Diagnosen wie bspw. Muskel-Skelett-Erkrankungen krankgeschrieben waren, erhalten heute öfter die Diagnose einer psychischen Erkrankung. Die »reale Prävalenz« sei aber insgesamt unverändert geblieben (Jacobi 2009). Der Anteil psychischer und psychosomatischer Erkrankungen an der Frühinvalidität hat in den letzten Jahren ebenfalls erheblich zugenommen. Inzwischen geht fast ein Drittel der Frühberentungen auf eine psychisch bedingte Er-

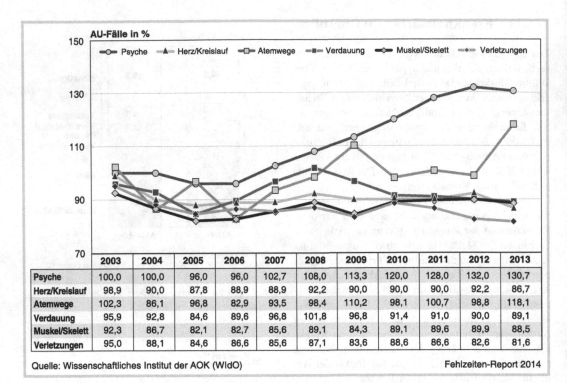

AU-Fälle in %

	2003	2004	2005	2006	2007	2008	2009	2010	2011	2012	2013
Psyche	100,0	100,0	96,0	96,0	102,7	108,0	113,3	120,0	128,0	132,0	130,7
Herz/Kreislauf	98,9	90,0	87,8	88,9	88,9	92,2	90,0	90,0	90,0	92,2	86,7
Atemwege	102,3	86,1	96,8	82,9	93,5	98,4	110,2	98,1	100,7	98,8	118,1
Verdauung	95,9	92,8	84,6	89,6	96,8	101,8	96,8	91,4	91,0	90,0	89,1
Muskel/Skelett	92,3	86,7	82,1	82,7	85,6	89,1	84,3	89,1	89,6	89,9	88,5
Verletzungen	95,0	88,1	84,6	86,6	85,6	87,1	83,6	88,6	86,6	82,6	81,6

Quelle: Wissenschaftliches Institut der AOK (WIdO)   Fehlzeiten-Report 2014

�‍ **Abb. 31.1.28** Fälle der Arbeitsunfähigkeit der AOK-Mitglieder nach Krankheitsarten in den Jahren 2003–2013, Indexdarstellung (2002 = 100 %)

31

werbsminderung zurück (Robert Koch-Institut 2006). Nach Prognosen der Weltgesundheitsorganisation (WHO) ist mit einem weiteren Anstieg der psychischen Erkrankungen zu rechnen. Der Prävention dieser Erkrankungen wird daher in Zukunft eine wachsende Bedeutung zukommen.

Die Anzahl der Arbeitsunfähigkeitsfälle ist im Vergleich zum Jahr 2002 bei allen Krankheitsarten – bis auf die psychischen Erkrankungen und Atemwegserkrankungen – rückläufig. Am stärksten reduzierten sich die Arbeitsunfähigkeitsfälle, die auf Verletzungen zurückgingen (–13,4 %). Die durch Atemwegserkrankungen bedingten Fehlzeiten unterliegen aufgrund der von Jahr zu Jahr unterschiedlich stark auftretenden Grippewellen teilweise erheblichen Schwankungen. Im Vergleich zum Vorjahr gab es hier einen Anstieg der Ausfalltage um 21,7 %.

Zwischen West- und Ostdeutschland sind nach wie vor Unterschiede in der Verteilung der Krankheitsarten festzustellen (◌ Abb. 31.1.30). In den westlichen Bundesländern verursachten Muskel- und Skeletterkrankungen (1,3 Prozentpunkte) und psychische Erkrankungen (0,6 Prozentpunkte) mehr Fehltage als in den neuen Bundesländern. In den östlichen Bundes-

ländern entstanden vor allem durch Herz- und Kreislauferkrankungen mehr Fehltage als im Westen (1,4 Prozentpunkte).

Auch in Abhängigkeit vom Geschlecht ergeben sich deutliche Unterschiede in der Morbiditätsstruktur (◌ Abb. 31.1.31). Insbesondere Verletzungen und muskuloskelettale Erkrankungen führen bei Männern häufiger zur Arbeitsunfähigkeit als bei Frauen. Dies dürfte damit zusammenhängen, dass Männer nach wie vor in größerem Umfang körperlich beanspruchende und unfallträchtige Tätigkeiten ausüben als Frauen. Auch der Anteil der Erkrankungen des Verdauungssystems und der Herz- und Kreislauferkrankungen an den Arbeitsunfähigkeitsfällen und -tagen ist bei Männern höher als bei Frauen. Bei den Herz- und Kreislauferkrankungen ist insbesondere der Anteil an den AU-Tagen bei Männern höher als bei Frauen, da sie in stärkerem Maße von schweren und langwierigen Erkrankungen wie Herzinfarkt betroffen sind.

Psychische Erkrankungen und Atemwegserkrankungen kommen dagegen bei Frauen häufiger vor als bei Männern. Bei den psychischen Erkrankungen sind die Unterschiede besonders groß. Während sie bei den Männern in der Rangfolge nach AU-Tagen erst an

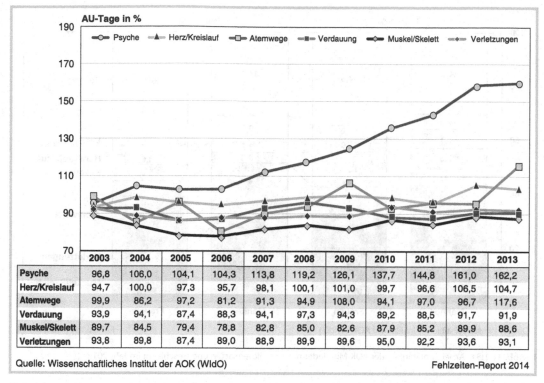

	2003	2004	2005	2006	2007	2008	2009	2010	2011	2012	2013
Psyche	96,8	106,0	104,1	104,3	113,8	119,2	126,1	137,7	144,8	161,0	162,2
Herz/Kreislauf	94,7	100,0	97,3	95,7	98,1	100,1	101,0	99,7	96,6	106,5	104,7
Atemwege	99,9	86,2	97,2	81,2	91,3	94,9	108,0	94,1	97,0	96,7	117,6
Verdauung	93,9	94,1	87,4	88,3	94,1	97,3	94,3	89,2	88,5	91,7	91,9
Muskel/Skelett	89,7	84,5	79,4	78,8	82,8	85,0	82,6	87,9	85,2	89,9	88,6
Verletzungen	93,8	89,8	87,4	89,0	88,9	89,9	89,6	95,0	92,2	93,6	93,1

Quelle: Wissenschaftliches Institut der AOK (WIdO)   Fehlzeiten-Report 2014

◻ **Abb. 31.1.29** Tage der Arbeitsunfähigkeit der AOK-Mitglieder nach Krankheitsarten in den Jahren 2003–2013, Indexdarstellung (2002 = 100 %)

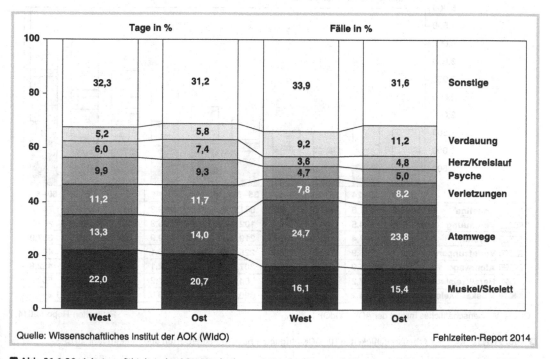

Quelle: Wissenschaftliches Institut der AOK (WIdO)   Fehlzeiten-Report 2014

◻ **Abb. 31.1.30** Arbeitsunfähigkeit der AOK-Mitglieder nach Krankheitsarten in West- und Ostdeutschland im Jahr 2013

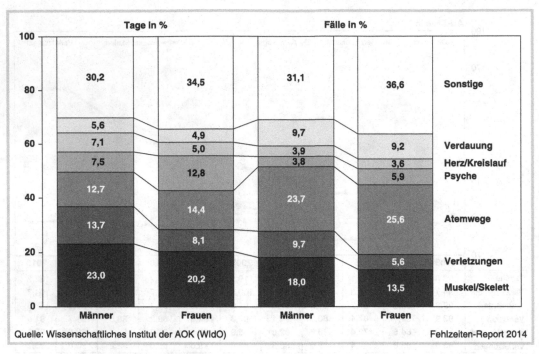

Quelle: Wissenschaftliches Institut der AOK (WIdO)   Fehlzeiten-Report 2014

◨ **Abb. 31.1.31** Arbeitsunfähigkeit der AOK-Mitglieder nach Krankheitsarten und Geschlecht im Jahr 2013

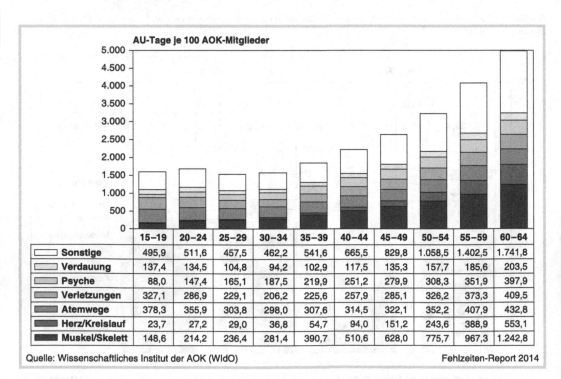

	15–19	20–24	25–29	30–34	35–39	40–44	45–49	50–54	55–59	60–64
Sonstige	495,9	511,6	457,5	462,2	541,6	665,5	829,8	1.058,5	1.402,5	1.741,8
Verdauung	137,4	134,5	104,8	94,2	102,9	117,5	135,3	157,7	185,6	203,5
Psyche	88,0	147,4	165,1	187,5	219,9	251,2	279,9	308,3	351,9	397,9
Verletzungen	327,1	286,9	229,1	206,2	225,6	257,9	285,1	326,2	373,3	409,5
Atemwege	378,3	355,9	303,8	298,0	307,6	314,5	322,1	352,2	407,9	432,8
Herz/Kreislauf	23,7	27,2	29,0	36,8	54,7	94,0	151,2	243,6	388,9	553,1
Muskel/Skelett	148,6	214,2	236,4	281,4	390,7	510,6	628,0	775,7	967,3	1.242,8

Quelle: Wissenschaftliches Institut der AOK (WIdO)   Fehlzeiten-Report 2014

◨ **Abb. 31.1.32** Tage der Arbeitsunfähigkeit je 100 AOK-Mitglieder nach Krankheitsarten und Alter im Jahr 2013

vierter Stelle stehen, nehmen sie bei den Frauen diesmal – nach der Erkältungswelle im Jahr 2013 – nach den Atemwegserkrankungen den dritten Rang ein.

■ Abb. 31.1.32 zeigt die Bedeutung der Krankheitsarten für die Fehlzeiten in den unterschiedlichen Altersgruppen. Aus der Abbildung ist deutlich zu ersehen, dass die Zunahme der krankheitsbedingten Ausfalltage mit dem Alter v. a. auf den starken Anstieg der Muskel- und Skeletterkrankungen und der Herz- und Kreislauferkrankungen zurückzuführen ist. Während diese beiden Krankheitsarten bei den jüngeren Altersgruppen noch eine untergeordnete Bedeutung haben, verursachen sie in den höheren Altersgruppen die meisten Arbeitsunfähigkeitstage. Bei den 60- bis 64-Jährigen gehen etwa ein Viertel (25 %) der Ausfalltage auf das Konto der muskuloskelettalen Erkrankungen. Muskel- und Skeletterkrankungen und Herz- und Kreislauferkrankungen zusammen sind bei dieser Altersgruppe für mehr als ein Drittel des Krankenstandes (36,1 %) verantwortlich. Neben diesen beiden Krankheitsarten nehmen auch die Fehlzeiten aufgrund von psychischen und Verhaltensstörungen in den höheren Altersgruppen vermehrt zu, allerdings in geringerem Ausmaß.

31.1.14 Die häufigsten Einzeldiagnosen

In ■ Tab. 31.1.7 sind die 40 häufigsten Einzeldiagnosen nach Anzahl der Arbeitsunfähigkeitsfälle aufgelistet. Im Jahr 2013 waren auf diese Diagnosen 57,8 % aller AU-Fälle und 42,6 % aller AU-Tage zurückzuführen.

Die häufigste Einzeldiagnose, die im Jahr 2013 zu Arbeitsunfähigkeit führte, waren akute Infektionen der oberen Atemwege mit 8,9 % der AU-Fälle und 4,0 % der AU-Tage.

Die zweithäufigste Diagnose, die zu Krankmeldungen führte, sind Rückenschmerzen mit 6,2 % der AU-Fälle und 5,8 % der AU-Tage. Unter den häufigsten Diagnosen sind auch weitere Krankheitsbilder aus dem Bereich der Muskel- und Skeletterkrankungen besonders zahlreich vertreten. Neben diesen Erkrankungen sind Erkrankungen aus dem Bereich des Verdauungssystems und psychische und Verhaltensstörungen unter den häufigsten Einzeldiagnosen anzutreffen.

■ Tab. 31.1.7 Anteile der 40 häufigsten Einzeldiagnosen an den AU-Fällen und AU-Tagen im Jahr 2013

ICD-10	Bezeichnung	AU-Fälle in %	AU-Tage in %
J06	Akute Infektionen an mehreren oder nicht näher bezeichneten Lokalisationen der oberen Atemwege	8,9	4,0
M54	Rückenschmerzen	6,2	5,8
A09	Sonstige und nicht näher bezeichnete Gastroenteritis und Kolitis infektiösen und nicht näher bezeichneten Ursprungs	3,7	1,2
J20	Akute Bronchitis	2,8	1,5
J40	Bronchitis, nicht als akut oder chronisch bezeichnet	2,2	1,2
K52	Sonstige nichtinfektiöse Gastroenteritis und Kolitis	2,0	0,7
K08	Sonstige Krankheiten der Zähne und des Zahnhalteapparates	2,0	0,4
B34	Viruskrankheit nicht näher bezeichneter Lokalisation	1,8	0,8
I10	Essentielle (primäre) Hypertonie	1,5	2,4
R10	Bauch- und Beckenschmerzen	1,5	0,7
K29	Gastritis und Duodenitis	1,4	0,7
T14	Verletzung an einer nicht näher bezeichneten Körperregion	1,3	1,2
F32	Depressive Episode	1,2	3,0
J01	Akute Sinusitis	1,2	0,6
J02	Akute Pharyngitis	1,2	0,5
J03	Akute Tonsillitis	1,2	0,5
F43	Reaktionen auf schwere Belastungen und Anpassungsstörungen	1,1	1,7
J32	Chronische Sinusitis	1,1	0,6
R51	Kopfschmerz	1,1	0,5
M25	Sonstige Gelenkkrankheiten, anderenorts nicht klassifiziert	0,9	1,0

◼ Tab. 31.1.7 (Fortsetzung)

ICD-10	Bezeichnung	AU-Fälle in %	AU-Tage in %
M99	Biomechanische Funktionsstörungen, anderenorts nicht klassifiziert	0,9	0,7
M51	Sonstige Bandscheibenschäden	0,8	1,9
M53	Sonstige Krankheiten der Wirbelsäule und des Rückens, anderenorts nicht klassifiziert	0,8	0,9
J11	Grippe, Viren nicht nachgewiesen	0,8	0,4
R11	Übelkeit und Erbrechen	0,8	0,4
M75	Schulterläsionen	0,7	1,6
M77	Sonstige Enthesopathien	0,7	0,9
M79	Sonstige Krankheiten des Weichteilgewebes, anderenorts nicht klassifiziert	0,7	0,6
J00	Akute Rhinopharyngitis [Erkältungsschnupfen]	0,7	0,3
M23	Binnenschädigung des Kniegelenkes [internal derangement]	0,6	1,2
F45	Somatoforme Störungen	0,6	1,0
F48	Andere neurotische Störungen	0,6	0,8
S93	Luxation, Verstauchung und Zerrung der Gelenke und Bänder in Höhe des oberen Sprunggelenkes und des Fußes	0,6	0,7
R53	Unwohlsein und Ermüdung	0,6	0,5
R42	Schwindel und Taumel	0,6	0,4
B99	Sonstige und nicht näher bezeichnete Infektionskrankheiten	0,6	0,3
J04	Akute Laryngitis und Tracheitis	0,6	0,3
J98	Sonstige Krankheiten der Atemwege	0,6	0,3
A08	Virusbedingte und sonstige näher bezeichnete Darminfektionen	0,6	0,2
G43	Migräne	0,6	0,2
	Summe hier	**57,8**	**42,6**
	Restliche	42,2	57,4
	Gesamtsumme	**100,00**	**100,00**

Fehlzeiten-Report 2014

31.1.15 Krankheitsarten nach Branchen

Bei der Verteilung der Krankheitsarten bestehen erhebliche Unterschiede zwischen den Branchen, die im Folgenden für die wichtigsten Krankheitsgruppen aufgezeigt werden.

▪ Muskel- und Skeletterkrankungen

Die Muskel- und Skeletterkrankungen verursachen in fast allen Branchen die meisten Fehltage (◼ Abb. 31.1.33). Ihr Anteil an den Arbeitsunfähigkeitstagen bewegte sich im Jahr 2013 in den einzelnen Branchen zwischen 14,0 % bei Banken und Versicherungen und 26,0 % im Baugewerbe. In Wirtschaftszweigen mit überdurchschnittlich hohen Krankenständen sind häufig die muskuloskelettalen Erkrankungen besonders ausgeprägt und tragen wesentlich zu den erhöhten Fehlzeiten bei.

◼ Abb. 31.1.34 zeigt die Anzahl und durchschnittliche Dauer der Krankmeldungen aufgrund von Mus-

kel- und Skeletterkrankungen in den einzelnen Branchen. Die meisten Arbeitsunfähigkeitsfälle waren im Bereich Energie, Wasser, Entsorgung und Bergbau zu verzeichnen, mehr als doppelt so viele wie bei den Banken und Versicherungen.

Die muskuloskelettalen Erkrankungen sind häufig mit langen Ausfallzeiten verbunden. Die mittlere Dauer der Krankmeldungen schwankte im Jahr 2013 in den einzelnen Branchen zwischen 12,7 Tagen bei Banken und Versicherungen und 19,3 Tagen in der Branche Land- und Forstwirtschaft. Im Branchendurchschnitt lag sie bei 16,5 Tagen.

◼ Abb. 31.1.35 zeigt die zehn Berufsgruppen mit den höchsten und niedrigsten Fehlzeiten aufgrund von Muskel- und Skeletterkrankungen. Die meisten Arbeitsunfähigkeitsfälle sind bei den Berufen in der Ver- und Entsorgung zu verzeichnen, während Berufe in der Hochschullehre und -forschung vergleichsweise geringe Fehlzeiten aufgrund von Muskel- und Skeletterkrankungen aufweisen.

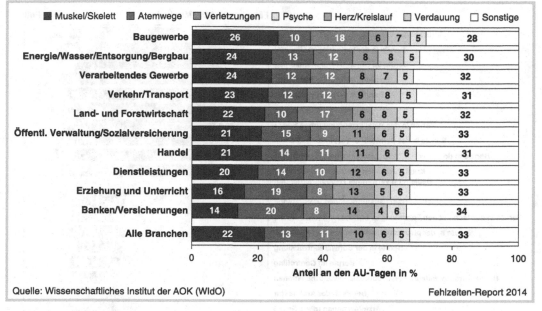

■ **Abb. 31.1.33** Tage Arbeitsunfähigkeit der AOK-Mitglieder nach Krankheitsarten und Branche im Jahr 2013

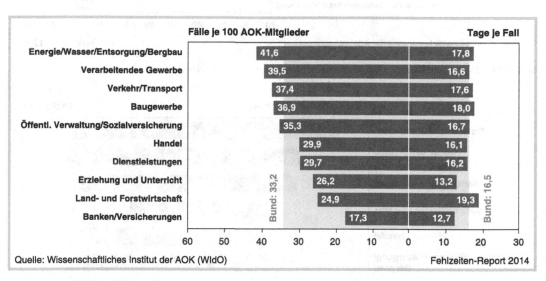

■ **Abb. 31.1.34** Krankheiten des Muskel- und Skelettsystems und des Bindegewebes nach Branchen im Jahr 2013, AOK-Mitglieder

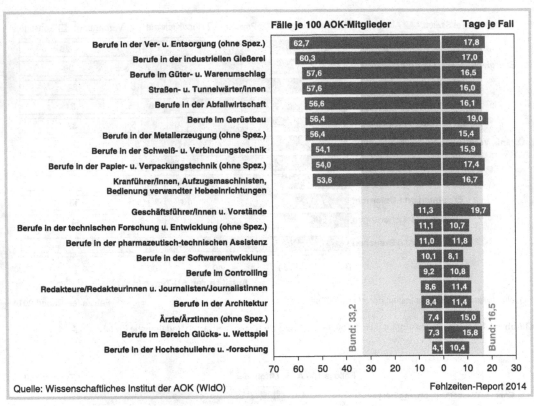

◘ Abb. 31.1.35 Muskel-Skelett-Erkrankungen nach Berufen im Jahr 2013, AOK-Mitglieder

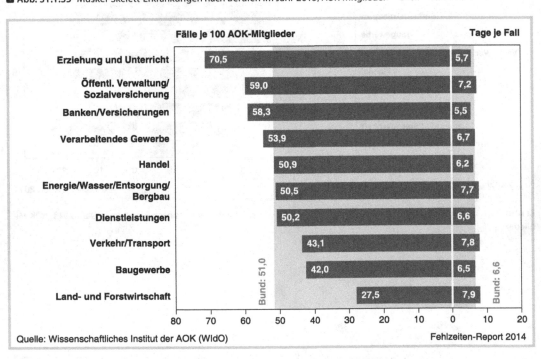

◘ Abb. 31.1.36 Krankheiten des Atmungssystems nach Branchen im Jahr 2013, AOK-Mitglieder

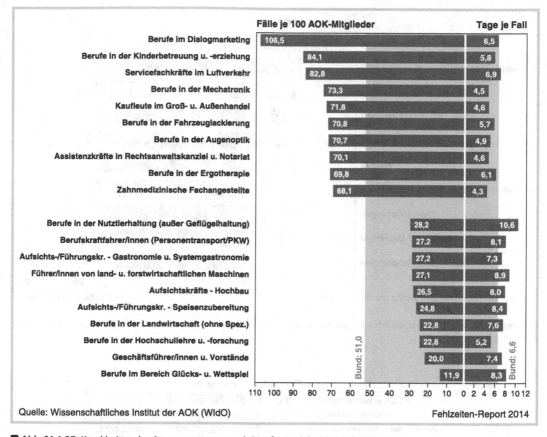

■ Abb. 31.1.37 Krankheiten des Atmungssystems nach Berufen im Jahr 2013, AOK-Mitglieder

■ **Atemwegserkrankungen**

Die meisten Erkrankungsfälle aufgrund von Atemwegserkrankungen waren im Jahr 2013 im Bereich Erziehung und Unterricht zu verzeichnen (■ Abb. 31.1.36). Überdurchschnittlich viele Fälle fielen unter anderem auch in der öffentlichen Verwaltung, bei den Banken und Versicherungen sowie im verarbeitenden Gewerbe an.

Aufgrund einer großen Anzahl an Bagatellfällen ist die durchschnittliche Erkrankungsdauer bei dieser Krankheitsart relativ gering. Im Branchendurchschnitt liegt sie bei 6,6 Tagen. In den einzelnen Branchen bewegte sie sich im Jahr 2013 zwischen 5,5 Tagen bei Banken und Versicherungen und 7,9 Tagen im Bereich Land- und Forstwirtschaft.

Der Anteil der Atemwegserkrankungen an den Arbeitsunfähigkeitstagen (■ Abb. 31.1.33) ist bei den Banken und Versicherungen (20 %) am höchsten, in der Land- und Forstwirtschaft sowie dem Baugewerbe (10 %) am niedrigsten.

In ■ Abb. 31.1.37 sind die hohen und niedrigen Fehlzeiten aufgrund von Atemwegserkrankungen von

zehn Berufsgruppen dargestellt. Spitzenreiter sind die Berufe im Dialogmarketing mit 106,5 Arbeitsunfähigkeitsfällen je 100 AOK-Mitglieder und einer vergleichsweise geringen Falldauer von 6,5 Tagen je Fall, während die Berufe in der Nutztierhaltung im Vergleich zwar seltener an Atemwegserkrankungen leiden, jedoch eine überdurchschnittliche Falldauer von 10,6 Tagen aufweisen.

■ **Verletzungen**

Der Anteil der Verletzungen an den Arbeitsunfähigkeitstagen variiert sehr stark zwischen den einzelnen Branchen (■ Abb. 31.1.33). Am höchsten ist er in Branchen mit vielen Arbeitsunfällen. Im Jahr 2013 bewegte er sich zwischen 8,0 % bei den Banken und Versicherungen sowie Erziehung und Unterricht und 18,0 % im Baugewerbe. Im Baugewerbe war die Zahl der Fälle mehr als doppelt so hoch wie bei Banken und Versicherungen (■ Abb. 31.1.38). Die Dauer der verletzungsbedingten Krankmeldungen schwankte in den einzelnen Branchen zwischen 13,2 Tagen bei Banken und Versi-

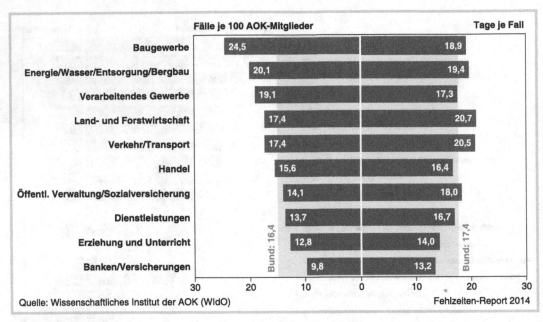

Abb. 31.1.38 Verletzungen, Vergiftungen und bestimmte andere Folgen äußerer Ursachen nach Branchen im Jahr 2013, AOK-Mitglieder

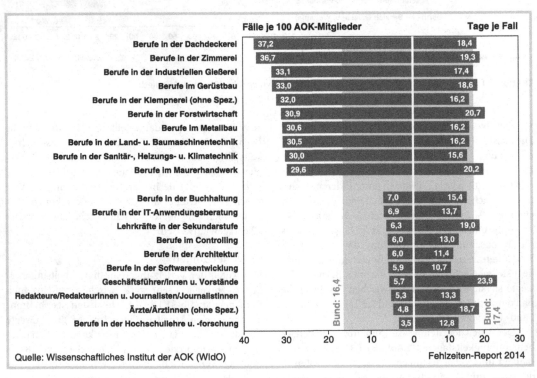

Abb. 31.1.39 Verletzungen, Vergiftungen und bestimmte andere Folgen äußerer Ursachen nach Berufen im Jahr 2013, AOK-Mitglieder

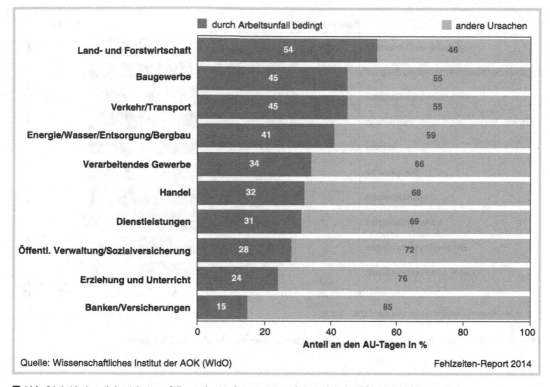

■ **Abb. 31.1.40** Anteil der Arbeitsunfälle an den Verletzungen nach Branchen im Jahr 2013, AOK-Mitglieder

cherungen und 20,7 Tagen im Bereich der Land- und Forstwirtschaft. Die Unterschiede zeigen sich auch bei den Berufsgruppen (■ Abb. 31.1.39).

Ein erheblicher Teil der Verletzungen ist auf Arbeitsunfälle zurückzuführen. In der Land- und Forstwirtschaft gehen über 50 % der Arbeitsunfähigkeitstage auf Arbeitsunfälle zurück. Im Baugewerbe und im Bereich Verkehr und Transport gehen bei den Verletzungen immerhin fast die Hälfte der Fehltage auf Arbeitsunfälle zurück (■ Abb. 31.1.40). Am niedrigsten ist der Anteil der Arbeitsunfälle bei den Banken und Versicherungen. Dort beträgt er lediglich 15,0 %.

■ **Erkrankungen der Verdauungsorgane**
Auf Erkrankungen der Verdauungsorgane gingen im Jahr 2013 in den einzelnen Branchen 5,0 % bis 6,0 % der Arbeitsunfähigkeitstage zurück (■ Abb. 31.1.33). Die Unterschiede zwischen den Wirtschaftszweigen hinsichtlich der Zahl der Arbeitsunfähigkeitsfälle sind relativ gering. Die Branche Erziehung und Unterricht verzeichnet mit 23,6 % eine vergleichsweise hohe Anzahl an Arbeitsunfähigkeitsfällen. Am niedrigsten war die Zahl der Arbeitsunfähigkeitsfälle im Bereich Land-

und Forstwirtschaft. Die Dauer der Fälle betrug im Branchendurchschnitt 6,8 Tage. In den einzelnen Branchen bewegte sie sich zwischen 5,2 und 8,2 Tagen (■ Abb. 31.1.41).

Die Berufe mit den meisten Arbeitsunfähigkeitsfällen aufgrund von Erkrankungen des Verdauungssystems waren im Jahr 2013 Berufe im Dialogmarketing, die Gruppen mit den wenigsten Fällen waren Berufe im Bereich Glücks- und Wettspiel (■ Abb. 31.1.42).

■ **Herz- und Kreislauferkrankungen**
Der Anteil der Herz- und Kreislauferkrankungen an den Arbeitsunfähigkeitstagen lag im Jahr 2013 in den einzelnen Branchen zwischen 4,0 % und 8,0 % (■ Abb. 31.1.33). Die meisten Erkrankungsfälle waren im Bereich Energie, Wasser, Entsorgung und Bergbau, Verkehr und Transport sowie öffentliche Verwaltung und Sozialversicherung zu verzeichnen. Die niedrigsten Werte waren unter anderem bei den Beschäftigten im Bereich Banken und Versicherungen zu finden. Herz- und Kreislauferkrankungen bringen oft lange Ausfallzeiten mit sich. Die Dauer eines Erkrankungsfalls bewegte sich in den einzelnen Wirtschaftsbereichen zwischen 13,2 Tagen bei den Banken und Versi-

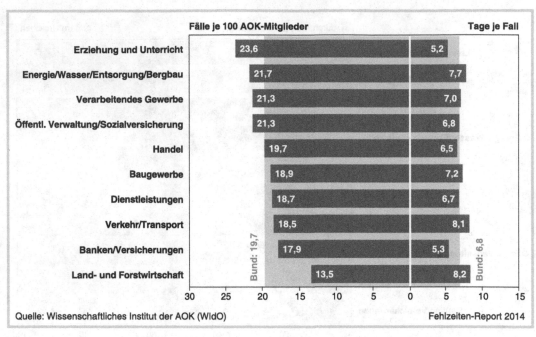

Abb. 31.1.41 Krankheiten des Verdauungssystems nach Branchen im Jahr 2013, AOK-Mitglieder

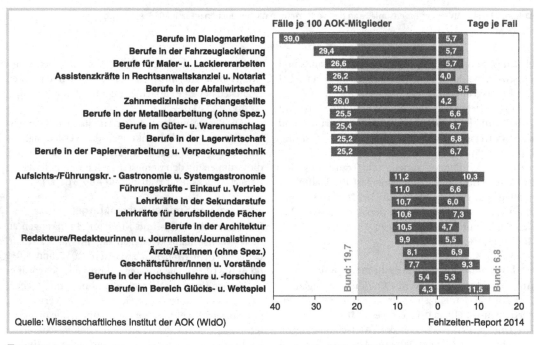

Abb. 31.1.42 Krankheiten des Verdauungssystems nach Berufen im Jahr 2013, AOK-Mitglieder

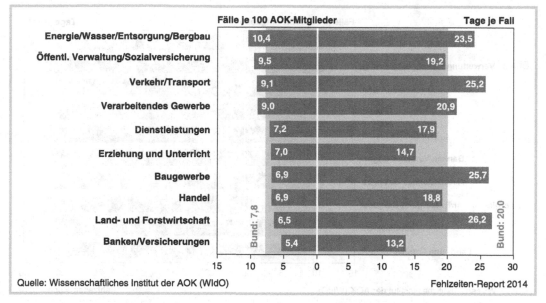

Abb. 31.1.43 Krankheiten des Kreislaufsystems nach Branchen im Jahr 2013, AOK-Mitglieder

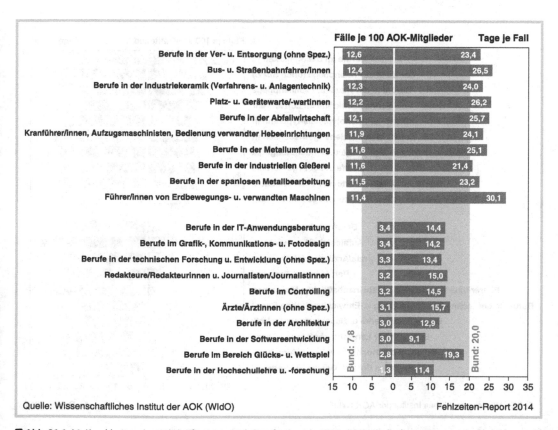

Abb. 31.1.44 Krankheiten des Kreislaufsystems nach Berufen im Jahr 2013, AOK-Mitglieder

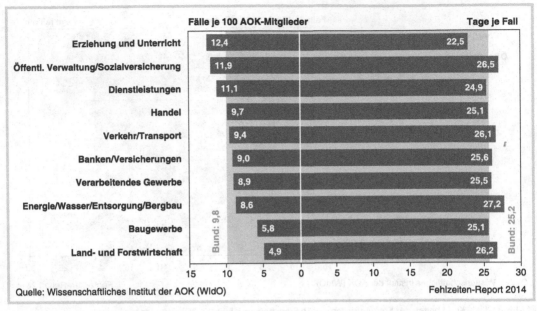

■ **Abb. 31.1.45** Psychische und Verhaltensstörungen nach Branchen im Jahr 2013, AOK-Mitglieder

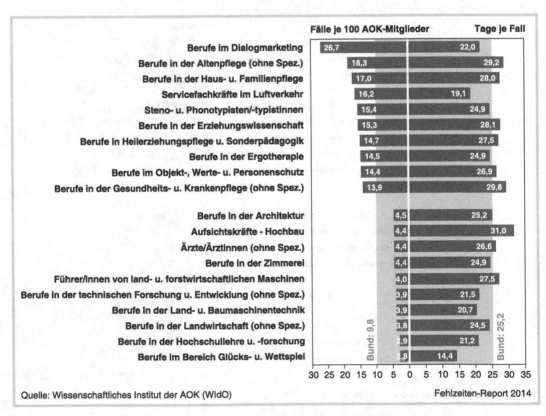

■ **Abb. 31.1.46** Psychische und Verhaltensstörungen nach Berufen im Jahr 2013, AOK-Mitglieder

cherungen und 26,2 Tagen in der Land- und Forstwirtschaft (■ Abb. 31.1.43).

■ Abb. 31.1.44 stellt die hohen und niedrigen Fehlzeiten aufgrund von Erkrankungen des Kreislaufsystems nach Berufen im Jahr 2013 dar. Die Gruppe mit den meisten Arbeitsunfähigkeitsfällen ist die der Berufe in der Ver- und Entsorgung. Die wenigsten AU-Fälle sind in der Berufsgruppe der Hochschullehre und -forschung zu verzeichnen. Mit 30,1 Tagen je Fall fallen Führer von Erdbewegungs- und verwandten Maschinen überdurchschnittlich lange aufgrund von Erkrankungen des Kreislaufsystems aus.

■ **Psychische und Verhaltensstörungen**

Der Anteil der psychischen und Verhaltensstörungen an den krankheitsbedingten Fehlzeiten schwankte in den einzelnen Branchen erheblich. Die meisten Erkrankungsfälle sind im tertiären Sektor zu verzeichnen. Während im Baugewerbe nur 6 % der Arbeitsunfähigkeitsfälle auf psychische und Verhaltensstörungen zurückgingen, waren es bei Banken und Versicherungen 14 % (■ Abb. 31.1.33). Die durchschnittliche Dauer der Arbeitsunfähigkeitsfälle bewegte sich in den einzelnen Branchen zwischen 22,5 und 27,2 Tagen (■ Abb. 31.1.45).

Gerade im Dienstleistungsbereich tätige Personen, wie Berufe im Dialogmarketing und in der Altenpflege, sind verstärkt von psychischen Erkrankungen betroffen. Psychische Erkrankungen sind oftmals mit langen Ausfallzeiten verbunden. Im Schnitt fehlt ein Arbeitnehmer 25,2 Tage (■ Abb. 31.1.46).

31.1.16 Langzeitfälle nach Krankheitsarten

Langzeitarbeitsunfähigkeit mit einer Dauer von mehr als sechs Wochen stellt sowohl für die Betroffenen als auch für die Unternehmen und Krankenkassen eine besondere Belastung dar. Daher kommt der Prävention derjenigen Erkrankungen, die zu langen Ausfallzeiten führen, eine spezielle Bedeutung zu (■ Abb. 31.1.47).

Ebenso wie im Arbeitsunfähigkeitsgeschehen insgesamt spielen auch bei den Langzeitfällen die Muskel- und Skeletterkrankungen und psychische und Verhaltensstörungen eine entscheidende Rolle. Auf diese beiden Krankheitsarten gingen 2013 bereits 36,0 % der durch Langzeitfälle verursachten Fehlzeiten zurück. An dritter und vierter Stelle stehen Verletzungen sowie Herz- und Kreislauferkrankungen mit einem Anteil von 12,0 bzw. 9,0 % an den durch Langzeitfälle bedingten Fehlzeiten.

Auch in den einzelnen Wirtschaftsabteilungen geht die Mehrzahl der durch Langzeitfälle bedingten Arbeitsunfähigkeitstage auf die o. g. Krankheitsarten zurück (■ Abb. 31.1.48). Der Anteil der muskuloskelettalen Erkrankungen ist am höchsten im Baugewerbe (26,0 %). Bei den Verletzungen werden die höchsten Werte ebenfalls im Baugewerbe (18,0 %) und in der Land- und Forstwirtschaft erreicht (17,0 %). Die psychischen und Verhaltensstörungen verursachen bezogen auf die Langzeiterkrankungen die meisten Ausfalltage bei Banken und Versicherungen (25,0 %). Der Anteil der Herz- und Kreislauferkrankungen ist am ausgeprägtesten in den Bereichen Energie, Wasser, Entsorgung und Bergbau, Land- und Forstwirtschaft sowie Verkehr und Transport (jeweils 11,0 %).

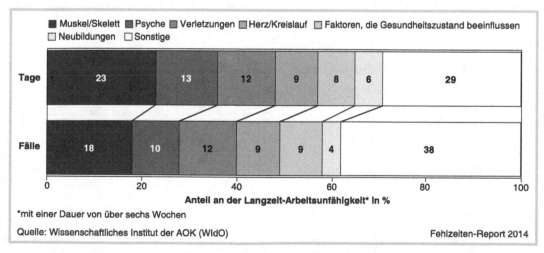

*mit einer Dauer von über sechs Wochen

Quelle: Wissenschaftliches Institut der AOK (WIdO)

Fehlzeiten-Report 2014

■ **Abb. 31.1.47** Langzeit-Arbeitsunfähigkeit (> 6 Wochen) der AOK-Mitglieder nach Krankheitsarten im Jahr 2013

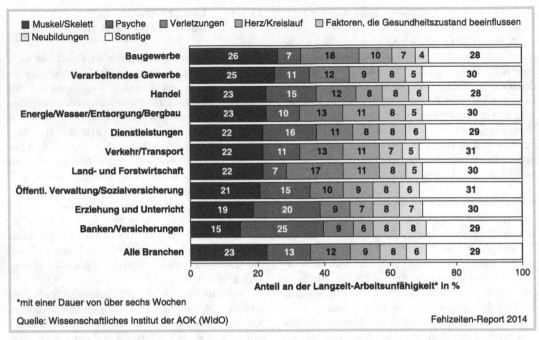

■ Muskel/Skelett   ■ Psyche   ■ Verletzungen   ■ Herz/Kreislauf   □ Faktoren, die Gesundheitszustand beeinflussen
□ Neubildungen   □ Sonstige

Baugewerbe	26	7	18	10	7	4	28
Verarbeitendes Gewerbe	25	11	12	9	8	5	30
Handel	23	15	12	8	8	6	28
Energie/Wasser/Entsorgung/Bergbau	23	10	13	11	8	5	30
Dienstleistungen	22	16	11	8	8	6	29
Verkehr/Transport	22	11	13	11	7	5	31
Land- und Forstwirtschaft	22	7	17	11	8	5	30
Öffentl. Verwaltung/Sozialversicherung	21	15	10	9	8	6	31
Erziehung und Unterricht	19	20	9	7	8	7	30
Banken/Versicherungen	15	25	9	6	8	8	29
Alle Branchen	23	13	12	9	8	6	29

0   20   40   60   80   100

Anteil an der Langzeit-Arbeitsunfähigkeit* in %

*mit einer Dauer von über sechs Wochen

Quelle: Wissenschaftliches Institut der AOK (WIdO)   Fehlzeiten-Report 2014

◨ **Abb. 31.1.48** Langzeit-Arbeitsunfähigkeit (> 6 Wochen) der AOK-Mitglieder nach Krankheitsarten und Branchen im Jahr 2013

31.1.17   Krankheitsarten nach Diagnoseuntergruppen

In ► Abschn. 31.1.15 wurde die Bedeutung der branchenspezifischen Tätigkeitsschwerpunkte und -belastungen für die Krankheitsarten aufgezeigt. Doch auch innerhalb der Krankheitsarten zeigen sich Differenzen aufgrund der unterschiedlichen arbeitsbedingten Belastungen. In den ◨ Abb. 31.1.49, ◨ Abb. 31.1.50, ◨ Abb. 31.1.51, ◨ Abb. 31.1.52, ◨ Abb. 31.1.53 und ◨ Abb. 31.1.54 wird die Verteilung der wichtigsten Krankheitsarten nach Diagnoseuntergruppen (nach ICD-10) und Branchen dargestellt.

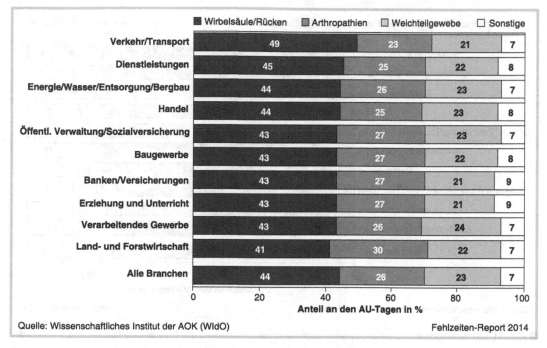

◘ Abb. 31.1.49 Krankheiten des Muskel- und Skelettsystems und Bindegewebserkrankungen nach Diagnoseuntergruppen und Branchen im Jahr 2013, AOK-Mitglieder

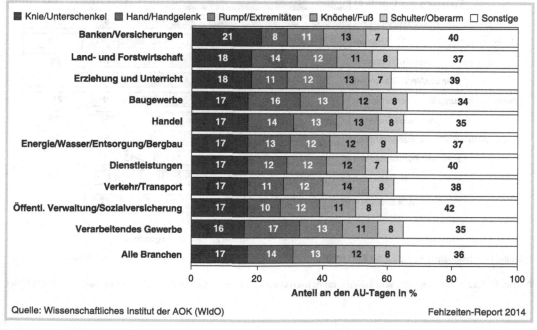

◘ Abb. 31.1.50 Verletzungen, Vergiftungen und bestimmte andere Folgen äußerer Ursachen nach Diagnoseuntergruppen und Branchen im Jahr 2013, AOK-Mitglieder

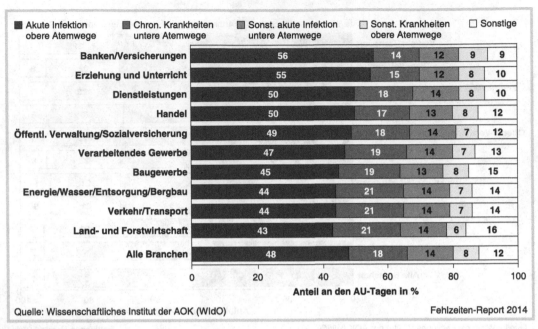

Abb. 31.1.51 Krankheiten des Atmungssystems nach Diagnoseuntergruppen und Branchen im Jahr 2013, AOK-Mitglieder

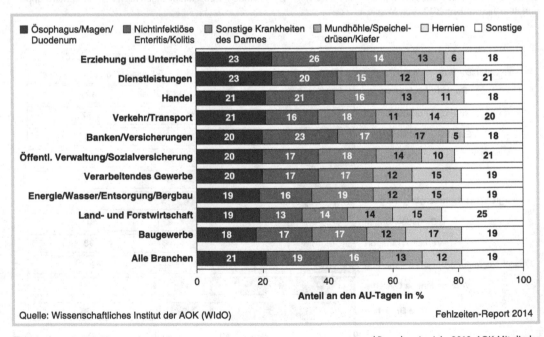

Abb. 31.1.52 Krankheiten des Verdauungssystems nach Diagnoseuntergruppen und Branchen im Jahr 2013, AOK-Mitglieder

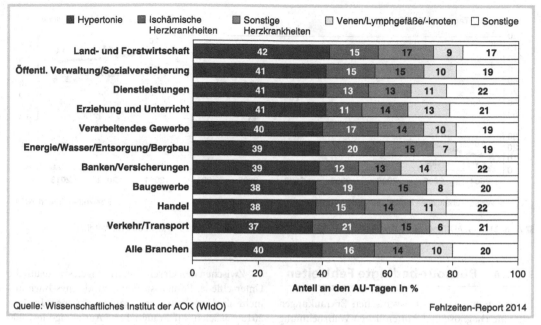

Abb. 31.1.53 Krankheiten des Kreislaufsystems nach Diagnoseuntergruppen und Branchen im Jahr 2013, AOK-Mitglieder

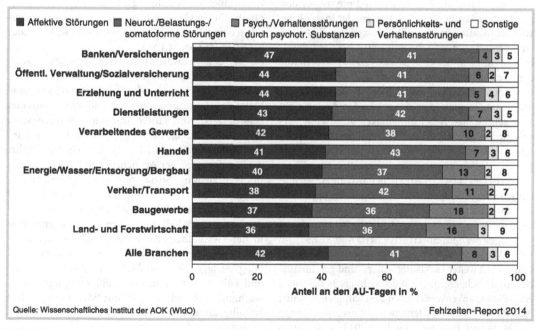

Abb. 31.1.54 Psychische und Verhaltensstörungen nach Diagnoseuntergruppen und Branchen im Jahr 2013, AOK-Mitglieder

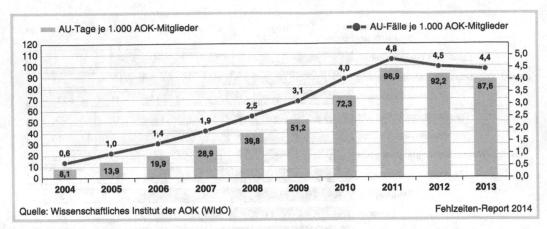

☐ Abb. 31.1.55 AU-Tage und -Fälle der Diagnosegruppe Z73 in den Jahren 2004–2013 je 1.000 AOK-Mitglieder

31.1.18   Burnout-bedingte Fehlzeiten

Im Zusammenhang mit psychischen Erkrankungen tritt eine Diagnose in der öffentlichen Wahrnehmung und Diskussion zunehmend in der Vordergrund: Burnout.

Unter Burnout wird ein Zustand physischer und psychischer Erschöpfung verstanden, der in der ICD-10-Klassifikation unter der Diagnosegruppe Z73 »Probleme mit Bezug auf Schwierigkeiten bei der Lebensbewältigung« in der Gruppe Z00–Z99 »Faktoren, die den Gesundheitszustand beeinflussen und zur Inanspruchnahme des Gesundheitswesens führen« eingeordnet ist. Burnout kann daher von den Ärzten nicht als eigenständige Arbeitsunfähigkeit auslösende psychische Erkrankung in der ICD-Gruppe der psychischen und Verhaltensstörungen kodiert werden. Es ist jedoch möglich, ihn als Zusatzinformation anzugeben.

Zwischen 2004 und 2013 haben sich die Arbeitsunfähigkeitstage aufgrund der Diagnosegruppe Z73 je 1.000 AOK-Mitglieder von 8,1 Tagen auf 87,6 Tage um nahezu das Elffache erhöht, im Jahr 2011 wurde mit 96,9 Tagen der Spitzenwert erreicht (☐ Abb. 31.1.55). Im Jahr 2013 waren die Arbeitsunfähigkeitstage wie auch schon 2012 weiter rückläufig. Alters- und geschlechtsbereinigt hochgerechnet auf die mehr als 34 Millionen gesetzlich krankenversicherten Beschäftigten bedeutet dies, dass ca. 125.000 Menschen mit insgesamt knapp 2,6 Millionen Fehltagen im Jahr 2013 wegen eines Burnouts krankgeschrieben wurden.

Zwischen den Geschlechtern zeigen sich deutliche Unterschiede: Frauen sind aufgrund eines Burnouts mehr als doppelt so lange krankgeschrieben. Im Jahr 2013 entfielen auf Frauen 116,7 Ausfalltage je 1.000 AOK-Mitglieder, auf Männer hingegen nur 64,9 Tage. Weiterhin zeigt sich, dass mit zunehmendem Alter das Risiko einer Krankmeldung infolge eines Burnouts zunimmt. Beide Geschlechter sind am häufigsten zwischen dem 60. und 64. Lebensjahr von einem Burnout betroffen (☐ Abb. 31.1.56).

Bei den Auswertungen nach Tätigkeiten zeigt sich, dass vor allem Angehörige therapeutischer und erzieherischer Berufe, bei denen ständig eine helfende Haltung gegenüber anderen Menschen gefordert ist, von einem Burnout betroffen sind. ☐ Abb. 31.1.57 zeigt diejenigen Berufe, in denen am häufigsten die Diagnose Z73 gestellt wurde. So führt die Berufsgruppe der Aufsichts- und Führungskräfte in der Erziehung, Sozialarbeit und Heilerziehungspflege mit 263,9 Arbeitsunfähigkeitstagen je 1.000 AOK-Mitglieder die Liste an. Dies entspricht 33,7 Ausfalltagen pro Fall. An zweiter Stelle stehen Berufe in der Gesundheits-/Krankenpflege, im Rettungsdienst und der Geburtshilfe mit 258,4 Arbeitsunfähigkeitstagen je 1.000 AOK-Mitglieder. Aufsichts- und Führungskräfte in der Bauplanung und -überwachung, Architektur sind mit 38,8 Tagen je Fall auffällig lange aufgrund der Z73-Diagnose krankgeschrieben.

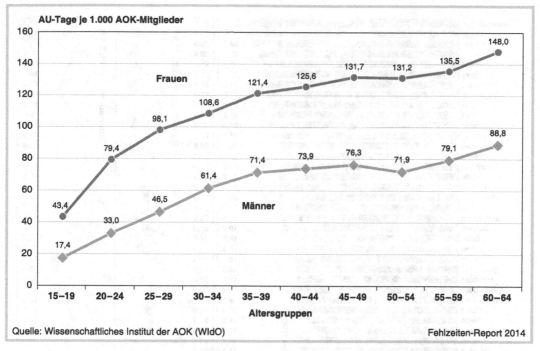

● **Abb. 31.1.56** Tage der Arbeitsunfähigkeit der Diagnosegruppe Z73 je 1.000 AOK-Mitglieder nach Alter und Geschlecht im Jahr 2013

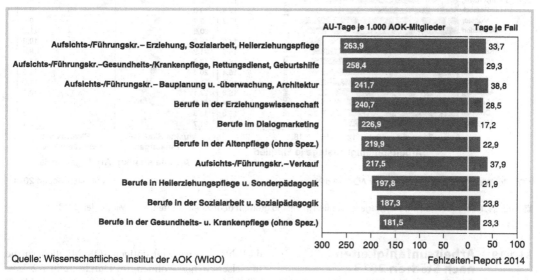

● **Abb. 31.1.57** AU-Tage und -Fälle der Diagnosegruppe Z73 nach Berufen im Jahr 2013 AOK-Mitglieder

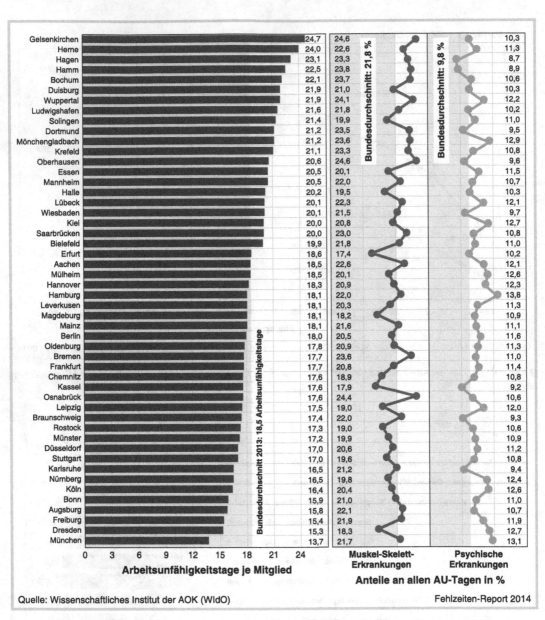

◯ Abb. 31.1.58 Arbeitsunfähigkeitstage je Mitglied in den 50 größten deutschen Städten, AOK-Mitglieder, 2013

31.1.19 Arbeitsunfähigkeiten nach Städten 2013

Analysiert man die 50 größten Städte in Deutschland nach Dauer der Arbeitsunfähigkeitstage, ergeben sich deutliche Unterschiede. Danach sind die Gelsenkirchener Arbeitnehmer durchschnittlich 24,7 Tage im Jahr krankgeschrieben und liegen damit an der Spitze aller deutschen Großstädte. Im Vergleich sind damit

die Fehltage von erwerbstätigen AOK-Mitgliedern, die in Gelsenkirchen wohnen, im Durchschnitt 6,2 Tage höher als im Bund (18,5 Tage). Die wenigsten Fehltage haben Münchener Beschäftigte: Diese sind 2013 im Durchschnitt knapp elf Tage weniger krankheitsbedingt am Arbeitsplatz ausgefallen und erreichen nur 13,7 Fehltage (◯ Abb. 31.1.58).

Die Höhe der Fehltage ist abhängig von einer Vielzahl von Faktoren. Nicht nur die Art der Krankheit, sondern das Alter, das Geschlecht, die Branchenzugehörigkeit und vor allem die ausgeübte Tätigkeit der Beschäftigten üben einen entsprechenden Einfluss auf die Krankheitshäufigkeit und -dauer aus. So haben beispielsweise Berufe mit hohen körperlichen Arbeitsbelastungen wie Berufe in der Ver- und Entsorgung, in der industriellen Gießerei, aber auch Bus- und Straßenbahnfahrer oder Altenpfleger deutlich höhere Ausfallzeiten. Setzt sich die Belegschaft aus mehr Akademikern zusammen, die dann noch insbesondere in den Branchen Banken und Versicherungen, Handel oder Dienstleistungen tätig sind, werden im Schnitt deutlich geringere Ausfallzeiten erreicht. In diesem Zusammenhang ist zu sehen, dass klassische Industriestädte wie Gelsenkirchen und Herne deutlich mehr Fehlzeiten aufweisen als Städte mit einem höheren Akademikeranteil. So liegen bspw. Bewohner der Stadt Freiburg mit durchschnittlich 15,4 Fehltagen im Jahr 2013 gut neun Tage unterhalb der durchschnittlichen Fehltage der Gelsenkirchener. Dies liegt u. a. daran, dass Freiburg als Wissenschaftsstandort eine günstigere Tätigkeitsstruktur aufweist, insbesondere was die körperlichen Belastungen betrifft. Von den 50 größten Städten in Deutschland arbeiten hier bspw. die meisten Hochschullehrer und Dozenten und dies ist die Berufsgruppe mit den geringsten Arbeitsunfähigkeitstagen überhaupt (◘ Abb. 31.1.19). Auch arbeiten in Freiburg vergleichsweise weniger Beschäftigte im verarbeitenden und Baugewerbe als bspw. in Gelsenkirchen. Dies sind Branchen, in denen Beschäftigte körperlich stärker beansprucht werden und damit auch eher krankheitsbedingt ausfallen. Ähnlich sieht es in München, der Stadt mit den geringsten Fehlzeiten, aus. Dort arbeiten fast dreimal so viele Beschäftigte in der Branche Banken und Versicherungen und deutlich weniger im verarbeitenden Gewerbe als in Gelsenkirchen. Auch ist der Akademikeranteil der Beschäftigten in München besonders hoch: Von den größten deutschen Städten hat München zusammen mit Bonn, Dresden und Aachen den höchsten Akademikeranteil unter den Beschäftigten. 22,9 % haben einen Fach-, Fachhoch- oder Hochschulabschluss, in Gelsenkirchen liegt der Anteil bei nur 5,9 % (vgl. HWWI/Berenberg-Städteranking 2010).

Unterschiede zwischen den Städten zeigen sich bei den Gründen einer Arbeitsunfähigkeit. In Gelsenkirchen, dem Spitzenreiter nach Fehlzeiten, entfallen vergleichsweise nur 10,3 % der Arbeitsunfähigkeitstage auf psychische Erkrankungen. Hier sind vor allem Muskel- und Skeletterkrankungen ein häufiger Grund für Fehltage. Auf diese Erkrankungsart entfallen in Gelsenkirchen ein Viertel aller Fehltage (24,6 %) und damit mehr als doppelt so viele wie auf psychische Erkrankungen. Insbesondere die Städte im Ruhrgebiet

weisen einen überdurchschnittlichen Anteil an Fehltagen aufgrund von Muskel- und Skeletterkrankungen aus, was als Hinweis betrachtet werden kann, dass hier mehr Berufe mit schwerer körperlicher Arbeit ausgeübt werden. Obwohl Hamburg einen mittleren Platz im Ranking der Fehlzeiten aufweist, wird hier jedoch der Spitzenplatz bei den psychischen Erkrankungen belegt: Jeder siebte Fehltag der Beschäftigten in Hamburg (13,8 %) wird durch eine psychische Krankheit begründet, der Bundesdurchschnitt liegt bei 9,8 %.

31.1.20 Erkältungswelle verantwortlich für steigenden Krankenstand

Als Treiber des Anstieges des Krankenstandes in 2013 zeigen sich vor allem Erkrankungen der Atemwege. Betrachtet man die Arbeitsunfähigkeitsfälle bei den wichtigsten Krankheitsarten, so stiegen diese im Vergleich zum Vorjahr nur bei den Atemwegserkrankungen um 19,4 %, während alle anderen Krankheitsarten nach Fallzahlen rückläufig waren. Auch die psychischen Erkrankungen nahmen im Vergleich zum Vorjahr um 0,5 % ab und sind somit erstmals seit 2006 rückläufig (◘ Abb. 31.1.59).

Bei den Atemwegserkrankungen gab es besonders viele akute Infektionen der oberen Atemwege (ICD J00–J06): Hierunter fällt vor allem die klassische Erkältung. Als Erkältung wird eine Erkrankung bezeichnet, die von Husten, Schnupfen, Fieber, Kopf- und Gliederschmerzen begleitet wird und in der Regel harmlos ist. Im Durchschnitt dauert sie bei den AOK-Mitgliedern 5,6 Tage. Erkältungen kamen im Jahr 2013 häufig vor: Sie belegen nach Fallhäufigkeit mit 14 % an allen Diagnoseuntergruppen den ersten Platz. War 2012 mehr als jeder Vierte der AOK-Mitglieder (26,8 Arbeitsunfähigkeitsfälle je 100 Versichertenjahre) mit einer Diagnose aus der Krankheitsgruppe der akuten Infektionen der oberen Atemwege erkrankt, so war 2013 nahezu jeder Dritte (32,6 Arbeitsunfähigkeitsfälle je 100 Versichertenjahre) betroffen. Dies entspricht einer Steigerung von 21,6 %. Die Fallzahlen sind höher als jemals in den vergangenen zehn Jahren und übersteigen selbst die der Erkältungswelle des Jahres 2009 (◘ Abb. 31.1.60).

Der saisonale Verlauf der Erkältung zeigt, dass in den Monaten Januar bis April des Jahres 2013 weit überdurchschnittlich viele akute erkältungsbedingte Krankheiten zu Arbeitsunfähigkeiten führten. Dies deutet auf die Auswirkungen des kalten und langen Winters hin, der in einzelnen Monaten und Regionen Deutschlands zu den kältesten seit 130 Jahren zählte. Die Anzahl der erkältungsbedingten Krankschreibun-

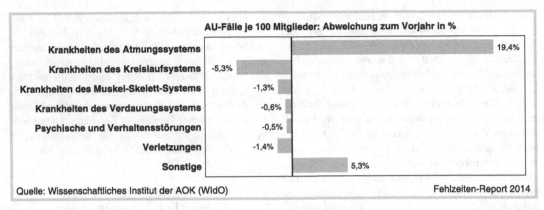

Abb. 31.1.59 Arbeitsunfähigkeitsfälle je 100 AOK-Mitglieder nach Krankheitsarten im Jahr 2013 im Vergleich zum Vorjahr: Abweichung in %

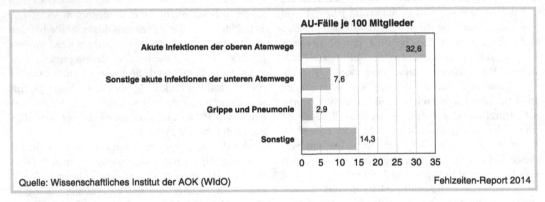

Abb. 31.1.60 Arbeitsunfähigkeitsfälle je 100 AOK-Mitglieder nach Diagnoseuntergruppen, Atemwegserkrankungen, AOK-Mitglieder 2013

gen war im Februar besonders hoch und lag in diesem Monat um 139 % über dem durchschnittlichen Wert der zehn Vorjahre (**Abb. 31.1.61**).

Arbeitnehmer mit Berufen, bei denen viel Kontakt mit Menschen besteht, weil man beispielsweise in einem Großraumbüro arbeitet oder viele Kundenkontakte pflegt, scheinen besonders gefährdet zu sein. So waren Berufe im Dialogmarketing mit durchschnittlich 0,8 Fehltagen pro Mitglied sowie in der Kinderbetreuung und -erziehung mit 0,6 Fehltagen pro Mitglied auffallend oft von akuten Erkältungskrankheiten betroffen (**Tab. 31.1.8**).

Bei den erkältungsbedingten Arbeitsunfähigkeiten zeigen sich große regionale Unterschiede. Beson-

ders betroffen sind Regionen im mittleren und Südwesten Deutschlands. Die niedrigsten Werte finden sich in bayerischen und norddeutschen Städten und Gemeinden.

Besonders viele Krankschreibungen aufgrund der Erkältungswelle waren im ersten Quartal im Rhein-Lahn-Kreis (25,9 Fälle je 100 Mitglieder), im Kreis Limburg-Weilburg (25,6 Fälle je 100 Mitglieder) und im Kreis Mainz-Bingen (24,8 Fälle je 100 Mitglieder) zu beobachten (**Abb. 31.1.62**). Hier hat die Erkältungswelle im Jahr 2013 besonders stark zugeschlagen – es gab mehr als doppelt so viele Fälle wie in Regen (10,5 Fälle je 100 Mitglieder) oder in Dingolfing-Landau (11,4 Fälle je 100 Mitglieder).

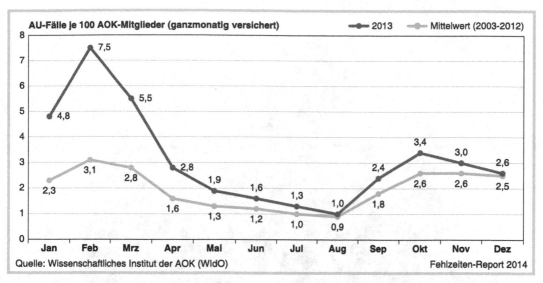

■ **Abb. 31.1.61** Arbeitsunfähigkeitsfälle je 100 Mitglieder im Jahresverlauf 2013 im Vergleich zum Durchschnitt der zehn Vorjahre (2003–2012), Akute Infektionen der oberen Atemwege (ICD J00–J06), AOK-Mitglieder

■ **Tab. 31.1.8** Akute Infektionen der oberen Atemwege (ICD J00–J06) bei den am stärksten betroffenen Berufen (Top 10), AOK-Mitglieder 2013

Beruf	Arbeitsunfähigkeitstage je 100 Mitglieder	Arbeitsunfähigkeitsfälle je 100 Mitglieder	Tage je Fall
Berufe im Dialogmarketing	449,2	74,9	6,0
Berufe in der Kinderbetreuung und -erziehung	303,2	57,5	5,3
Kaufleute im Groß- und Außenhandel	209,0	50,3	4,2
Assistenzkräfte in Rechtsanwaltskanzlei und Notariat	211,3	49,8	4,2
Zahnmedizinische Fachangestellte	190,0	47,6	4,0
Berufe in der Informations- und Telekommunikationstechnik	220,6	44,9	4,9
Berufe in der Sozialverwaltung und -versicherung	250,5	43,2	5,8
Bankkaufleute	206,4	42,5	4,9
Berufe in der elektrischen Betriebstechnik	201,1	41,6	4,8
Berufe in Heilerziehungspflege und Sonderpädagogik	238,2	41,6	5,7

Fehlzeiten-Report 2014

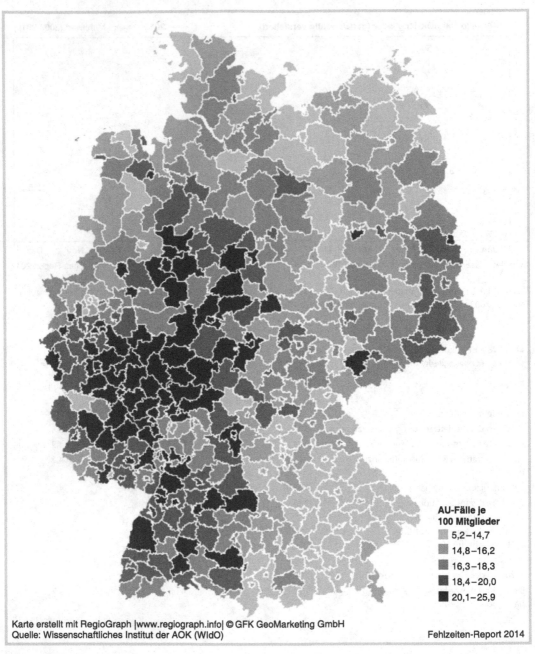

AU-Fälle je
100 Mitglieder

■ 5,2–14,7
■ 14,8–16,2
■ 16,3–18,3
■ 18,4–20,0
■ 20,1–25,9

Karte erstellt mit RegioGraph |www.regiograph.info| © GFK GeoMarketing GmbH
Quelle: Wissenschaftliches Institut der AOK (WIdO)

Fehlzeiten-Report 2014

31

■ **Abb. 31.1.62** Akute Infektionen der oberen Atemwege (ICD J00-J06) nach Landkreisen, Arbeitsunfähigkeitsfälle je 100 AOK-Mitglieder, erstes Quartal 2013

31.1.21 Literatur

Bundesagentur für Arbeit (2010) Arbeitsmarkt in Zahlen – Beschäftigungsstatistik. Sozialversicherungspflichtig Beschäftigte nach Wirtschaftszweigen (WZ 2008) in Deutschland. Stand: 30. Juni 2010. Nürnberg

Bundesministerium für Arbeit und Soziales/Bundesanstalt für Arbeitsschutz und Arbeitsmedizin (2014) Sicherheit und Gesundheit bei der Arbeit 2012. Unfallverhütungsbericht Arbeit. Dortmund Berlin Dresden

Bundesministerium für Gesundheit (2014) Gesetzliche Krankenversicherung. Vorläufige Rechnungsergebnisse 1.–3. Quartal 2013. Stand: 29. November 2013

Damm K, Lange A, Zeidler J, Braun S, Schulenburg JM Graf von der (2012) Einführung des neuen Tätigkeitsschlüssels und seine Anwendung in GKV-Routinedatenauswertungen. Bundesgesundheitsbl 55:238–244

Jacobi F (2009) Nehmen psychische Störungen zu? reportpsychologie, Jg 34, 1/2009:16–28

HWWI/Berenberg-Städteranking 2010. Die 30 größten Städte Deutschlands im Vergleich. Stand: 15. September 2010

Karasek R, Theorell T (1990) Healthy work: stress, productivity, and the reconstruction of working life. Basic Books, New York

Kohler H (2002) Krankenstand – Ein beachtlicher Kostenfaktor mit fallender Tendenz. IAB-Werkstattbericht, Diskussionsbeiträge des Instituts für Arbeitsmarkt- und Berufsforschung der Bundesanstalt für Arbeit. Ausgabe 1/30.01.2002

Marmot M (2005) Status Syndrome: How Your Social Standing Directly Affects Your Health. Bloomsbury Publishing, London

Marstedt G, Müller R (1998) Ein kranker Stand? Fehlzeiten und Integration älterer Arbeitnehmer im Vergleich Öffentlicher Dienst – Privatwirtschaft. Forschung aus der Hans-Böckler-Stiftung, Bd 9. Edition Sigma, Berlin

Marstedt G, Müller R, Jansen R (2001) Rationalisierung, Arbeitsbelastungen und Arbeitsunfähigkeit im Öffentlichen Dienst. In: Badura B, Litsch M, Vetter C (Hrsg) Fehlzeiten-Report 2001. Gesundheitsmanagement im öffentlichen Sektor. Zahlen, Daten, Fakten aus allen Branchen der Wirtschaft. Springer, Berlin Heidelberg New York

Mielck A (2000) Soziale Ungleichheit und Gesundheit. Huber, Bern

Mielck A, Lüngen M, Siegel M, Korber K (2012) Folgen unzureichender Bildung für die Gesundheit. Bertelsmann Stiftung, Gütersloh

Oppolzer A (1999) Ausgewählte Bestimmungsfaktoren des Krankenstandes in der öffentlichen Verwaltung – Zum Einfluß von Arbeitszufriedenheit und Arbeitsbedingungen auf krankheitsbedingte Fehlzeiten. In: Badura B, Litsch M, Vetter C (Hrsg) Fehlzeiten-Report 1999. Psychische Belastung am Arbeitsplatz. Zahlen, Daten, Fakten aus allen Branchen der Wirtschaft. Springer, Berlin Heidelberg New York

Robert Koch-Institut (2006) Gesundheitsbedingte Frühberentung. Schwerpunktbericht der Gesundheitsberichterstattung des Bundes. Berlin

Schnabel C (1997) Betriebliche Fehlzeiten, Ausmaß, Bestimmungsgründe und Reduzierungsmöglichkeiten. Institut der deutschen Wirtschaft, Köln

Siegrist J (1999) Psychosoziale Arbeitsbelastungen und Herz-Kreislauf-Risiken: internationale Erkenntnisse zu neuen Stressmodellen. In: Badura B, Litsch M, Vetter C (Hrsg) Fehlzeiten-Report 1999. Psychische Belastung am Arbeitsplatz. Zahlen, Daten, Fakten aus allen Branchen der Wirtschaft. Springer, Berlin Heidelberg New York

Vahtera J, Kivimäki M, Pentti J (2001) The role of extended weekends in sickness absenteeism. Occup Environ Med 58:818–822

Überblick über die krankheitsbedingten Fehlzeiten im Jahr 2013

31.2 Banken und Versicherungen

31

☐ Tab. 31.2.1 Entwicklung des Krankenstands der AOK-Mitglieder in der Branche Banken und Versicherungen in den Jahren 1994 bis 2013

Jahr	Krankenstand in %			AU-Fälle je 100 AOK-Mitglieder			Tage je Fall		
	West	Ost	Bund	West	Ost	Bund	West	Ost	Bund
1994	4,4	3,0	4,0	114,7	71,8	103,4	12,8	14,1	13,0
1995	3,9	4,0	3,9	119,3	111,2	117,9	11,9	13,8	12,2
1996	3,5	3,6	3,5	108,0	109,3	108,1	12,2	12,5	12,2
1997	3,4	3,6	3,4	108,4	110,0	108,5	11,5	11,9	11,5
1998	3,5	3,6	3,5	110,6	112,2	110,7	11,4	11,7	11,4
1999	3,6	4,0	3,7	119,6	113,3	119,1	10,8	11,6	10,9
2000	3,6	4,1	3,6	125,6	148,8	127,1	10,5	10,2	10,5
2001	3,5	4,1	3,6	122,2	137,5	123,1	10,6	10,8	10,6
2002	3,5	4,1	3,5	125,0	141,3	126,1	10,1	10,6	10,2
2003	3,3	3,5	3,3	126,0	137,1	127,0	9,5	9,4	9,5
2004	3,1	3,2	3,1	117,6	127,7	118,8	9,7	9,3	9,6
2005	3,1	3,3	3,1	122,6	132,0	123,8	9,2	9,0	9,1
2006	2,7	3,2	2,8	108,1	126,7	110,7	9,2	9,1	9,2
2007	3,1	3,4	3,1	121,0	133,6	122,8	9,2	9,3	9,2
2008 (WZ03)	3,1	3,6	3,2	127,0	136,6	128,4	9,0	9,6	9,1
2008 (WZ08)*	3,1	3,6	3,2	126,9	135,9	128,3	9,0	9,6	9,1
2009	3,2	3,9	3,3	136,8	150,9	138,8	8,6	9,5	8,8
2010	3,2	4,0	3,3	134,3	177,7	140,2	8,8	8,3	8,7
2011	3,3	3,9	3,3	139,7	181,2	145,3	8,5	7,9	8,4
2012	3,2	4,1	3,4	134,5	153,7	137,0	8,8	9,8	9,0
2013	3,2	4,1	3,4	143,8	158,6	145,7	8,2	9,4	8,4

*aufgrund der Revision der Wirtschaftszweigklassifikation in 2008 ist eine Vergleichbarkeit mit den Vorjahren nur bedingt möglich

Fehlzeiten-Report 2014

◘ **Tab. 31.2.2** Arbeitsunfähigkeit der AOK-Mitglieder in der Branche Banken und Versicherungen nach Bundesländern im Jahr 2013 im Vergleich zum Vorjahr

Bundesland	Kranken-stand in %	AU-Fälle	Veränd. z. Vorj. in %	AU-Tage	Veränd. z. Vorj. in %	Tage je Fall	Veränd. z. Vorj. in %	AU-Quote in %
Baden-Württemberg	3,1	141,6	6,4	1.133,7	-2,3	8,0	-8,1	56,4
Bayern	2,8	119,3	6,0	1.029,8	-1,6	8,6	-7,1	49,1
Berlin	4,3	176,9	10,2	1.581,4	1,3	8,9	-8,1	52,5
Brandenburg	4,5	178,8	6,3	1.635,4	-10,5	9,1	-15,8	60,9
Bremen	3,0	147,0	10,9	1.086,3	-5,7	7,4	-15,0	55,6
Hamburg	3,9	152,8	1,9	1.438,6	-3,5	9,4	-5,3	51,5
Hessen	3,7	168,9	6,3	1.362,4	0,7	8,1	-5,2	56,9
Mecklenburg-Vorpommern	4,5	168,4	11,9	1.660,3	-0,8	9,9	-11,3	56,8
Niedersachsen	3,4	154,0	9,8	1.238,3	5,9	8,0	-3,6	58,4
Nordrhein-Westfalen	3,8	167,3	7,1	1.380,7	1,2	8,3	-5,5	59,2
Rheinland-Pfalz	3,4	160,2	7,2	1.224,7	0,0	7,6	-6,7	59,2
Saarland	3,8	154,6	1,8	1.395,7	-8,5	9,0	-10,1	54,6
Sachsen	4,0	154,8	2,6	1.446,1	-2,2	9,3	-4,7	60,1
Sachsen-Anhalt	4,7	168,0	0,3	1.707,5	2,7	10,2	2,4	58,1
Schleswig-Holstein	3,4	149,3	6,8	1.233,0	1,7	8,3	-4,8	54,2
Thüringen	4,1	160,9	3,5	1.496,6	7,7	9,3	4,0	58,4
West	**3,2**	**143,8**	**6,9**	**1.183,9**	**-0,2**	**8,2**	**-6,6**	**54,9**
Ost	**4,1**	**158,6**	**3,1**	**1.492,7**	**-0,8**	**9,4**	**-3,9**	**59,6**
Bund	**3,4**	**145,7**	**6,3**	**1.224,4**	**-0,3**	**8,4**	**-6,3**	**55,5**

Fehlzeiten-Report 2014

31

◘ **Tab. 31.2.3** Arbeitsunfähigkeit der AOK-Mitglieder in der Branche Banken und Versicherungen nach Wirtschafts-abteilungen im Jahr 2013

Wirtschaftsabteilung	Krankenstand in %		Arbeitsunfähigkeiten je 100 AOK-Mitglieder		Tage je Fall	AU-Quote in %
	2013	2013 stand.*	Fälle	Tage		
Erbringung von Finanzdienstleistungen	3,3	3,3	146,7	1.203,4	8,2	57,5
Mit Finanz- und Versicherungsdienst-leistungen verbundene Tätigkeiten	3,3	3,4	132,7	1.186,3	8,9	47,2
Versicherungen, Rückversicherungen und Pensionskassen (ohne Sozial-versicherung)	3,9	4,2	157,7	1.412,9	9,0	56,2
Branche insgesamt	**3,4**	**3,4**	**145,7**	**1.224,4**	**8,4**	**55,5**
Alle Branchen	**5,1**	**5,1**	**160,7**	**1.849,6**	**11,5**	**54,8**

*Krankenstand alters- und geschlechtsstandardisiert

Fehlzeiten-Report 2014

■ **Tab. 31.2.4** Kennzahlen der Arbeitsunfähigkeit der AOK-Mitglieder nach ausgewählten Berufsgruppen in der Branche Banken und Versicherungen im Jahr 2013

Tätigkeit	Kranken-stand in %	Arbeitsunfähigkeiten je 100 AOK-Mitglieder		Tage je Fall	AU-Quote in %	Anteil der Berufs-gruppe an der Branche in %*
		Fälle	Tage			
Anlageberater/innen u. sonstige Finanzdienstleistungsberufe	2,9	119,2	1.043,8	8,8	49,5	1,4
Bankkaufleute	3,1	148,3	1.132,9	7,6	58,8	53,3
Berufe im Vertrieb (außer Informations- u. Kommunikationstechnologien)	3,4	134,4	1.250,5	9,3	50,1	1,7
Berufe in der Reinigung (ohne Spez.)	5,5	138,9	2.018,7	14,5	57,0	2,0
Büro- u. Sekretariatskräfte (ohne Spez.)	3,5	131,6	1.292,6	9,8	46,4	8,9
Kaufmännische u. technische Betriebs-wirtschaft (ohne Spez.)	3,5	146,2	1.276,9	8,7	52,8	3,1
Versicherungskaufleute	3,7	165,0	1.332,5	8,1	56,6	13,7
Branche insgesamt	**3,4**	**145,7**	**1.224,4**	**8,4**	**55,5**	**1,2****

* Anteil der AOK-Mitglieder in der Berufsgruppe an den in der Branche beschäftigten AOK-Mitgliedern insgesamt
**Anteil der AOK-Mitglieder in der Branche an allen AOK-Mitgliedern

Fehlzeiten-Report 2014

■ **Tab. 31.2.5** Dauer der Arbeitsunfähigkeit der AOK-Mitglieder in der Branche Banken und Versicherungen im Jahr 2013

Fallklasse	Branche hier		alle Branchen	
	Anteil Fälle in %	Anteil Tage in %	Anteil Fälle in %	Anteil Tage in %
1–3 Tage	44,7	10,8	35,7	6,2
4–7 Tage	30,7	17,9	31,2	13,7
8–14 Tage	14,5	17,5	17,5	15,8
15–21 Tage	4,1	8,5	5,9	8,9
22–28 Tage	1,8	5,2	2,7	5,8
29–42 Tage	1,8	7,2	2,8	8,6
Langzeit-AU (> 42 Tage)	2,4	32,9	4,1	41,0

Fehlzeiten-Report 2014

■ **Tab. 31.2.6** Tage der Arbeitsunfähigkeit je AOK-Mitglied nach Wirtschaftsabteilung und Betriebsgröße in der Branche Banken und Versicherungen im Jahr 2013

Wirtschaftsabteilungen	Betriebsgröße (Anzahl der AOK-Mitglieder)					
	10–49	50–99	100–199	200–499	500–999	≥ 1.000
Erbringung von Finanzdienstleistungen	11,7	12,3	12,7	13,1	14,6	11,8
Mit Finanz- und Versicherungsdienst-leistungen verbundene Tätigkeiten	14,6	12,9	14,4	9,3	–	–
Versicherungen, Rückversicherungen und Pensionskassen (ohne Sozialversicherung)	14,4	12,7	12,4	15,1	–	–
Branche insgesamt	**12,2**	**12,4**	**12,7**	**13,4**	**14,6**	**11,8**
Alle Branchen	**19,4**	**21,1**	**21,1**	**21,0**	**20,7**	**20,8**

Fehlzeiten-Report 2014

◘ **Tab. 31.2.7** Krankenstand in Prozent nach Ausbildungsabschluss in der Branche Banken und Versicherungen im Jahr 2013, AOK-Mitglieder

Wirtschaftsabteilung	Ausbildung						
	ohne Aus-bildungs-abschluss	mit Aus-bildungs-abschluss	Meister/ Techniker	Bachelor	Diplom/Magis-ter/Master/ Staatsexamen	Promo-tion	unbe-kannt
Erbringung von Finanz-dienstleistungen	3,3	3,6	2,7	1,7	2,3	1,1	4,2
Mit Finanz- und Ver-sicherungsdienst-leistungen verbundene Tätigkeiten	3,3	3,5	3,2	1,9	2,0	1,7	3,2
Versicherungen, Rück-versicherungen und Pensionskassen (ohne Sozialversicherung)	4,2	4,2	3,0	1,9	2,5	1,1	3,8
Branche insgesamt	**3,4**	**3,6**	**2,7**	**1,8**	**2,3**	**1,2**	**3,8**
Alle Branchen	**5,9**	**5,2**	**3,9**	**2,0**	**2,5**	**1,9**	**4,9**

Fehlzeiten-Report 2014

◘ **Tab. 31.2.8** Tage der Arbeitsunfähigkeit je AOK-Mitglied nach Ausbildung in der Branche Banken und Versicherungen im Jahr 2013

Wirtschaftsabteilung	Ausbildung						
	ohne Aus-bildungs-abschluss	mit Aus-bildungs-abschluss	Meister/ Techniker	Bachelor	Diplom/Magis-ter/Master/ Staatsexamen	Promo-tion	unbe-kannt
Erbringung von Finanz-dienstleistungen	12,2	13,0	9,8	6,3	8,5	4,1	15,4
Mit Finanz- und Ver-sicherungsdienst-leistungen verbundene Tätigkeiten	12,1	12,8	11,7	6,8	7,2	6,1	11,6
Versicherungen, Rück-versicherungen und Pensionskassen (ohne Sozialversicherung)	15,3	15,5	11,0	6,9	9,1	3,9	13,8
Branche insgesamt	**12,6**	**13,3**	**9,9**	**6,4**	**8,4**	**4,4**	**13,8**
Alle Branchen	**21,6**	**19,0**	**14,3**	**7,5**	**9,1**	**6,8**	**17,9**

Fehlzeiten-Report 2014

◘ **Tab. 31.2.9** Anteil der Arbeitsunfälle an den AU-Fällen und -Tagen in Prozent nach Wirtschaftsabteilungen in der Branche Banken und Versicherungen im Jahr 2013, AOK-Mitglieder

Wirtschaftsabteilung	AU-Fälle in %	AU-Tage in %
Erbringung von Finanzdienstleistungen	1,0	2,0
Mit Finanz- und Versicherungsdienstleistungen verbundene Tätigkeiten	1,0	2,2
Versicherungen, Rückversicherungen und Pensionskassen (ohne Sozialversicherung)	0,8	1,8
Branche insgesamt	**1,0**	**2,0**
Alle Branchen	**3,4**	**6,4**

Fehlzeiten-Report 2014

◻ **Tab. 31.2.10** Tage und Fälle der Arbeitsunfähigkeit durch Arbeitsunfälle nach Berufsgruppen in der Branche Banken und Versicherungen im Jahr 2013, AOK-Mitglieder

Tätigkeit	Arbeitsunfähigkeit je 1.000 AOK-Mitglieder	
	AU-Tage	AU-Fälle
Berufe in der Reinigung (ohne Spez.)	620,6	20,1
Versicherungskaufleute	254,1	13,9
Bankkaufleute	190,2	13,0
Berufe im Vertrieb (außer Informations- u. Kommunikationstechnologien)	179,2	12,8
Büro- u. Sekretariatskräfte (ohne Spez.)	168,6	10,1
Kaufmännische u. technische Betriebswirtschaft (ohne Spez.)	108,3	9,0
Anlageberater/innen u. sonstige Finanzdienstleistungsberufe	87,8	9,6
Branche insgesamt	**244,8**	**14,2**
Alle Branchen	**1.187,9**	**54,3**

Fehlzeiten-Report 2014

◻ **Tab. 31.2.11** Tage und Fälle der Arbeitsunfähigkeit je 100 AOK-Mitglieder nach Krankheitsarten in der Branche Banken und Versicherungen in den Jahren 1995 bis 2013

Jahr	Arbeitsunfähigkeiten je 100 AOK-Mitglieder											
	Psyche		Herz/Kreislauf		Atemwege		Verdauung		Muskel/Skelett		Verletzungen	
	Tage	Fälle	Tage	Fälle	Tage	Fälle	Tage	Fälle	Tage	Fälle	Tage	Fälle
1995	102,9	4,1	154,9	8,2	327,6	43,8	140,1	19,1	371,0	20,0	179,5	10,7
1996	107,8	3,8	129,5	6,6	286,2	39,8	119,4	17,9	339,3	17,2	166,9	9,9
1997	104,8	4,1	120,6	6,8	258,1	39,8	112,5	17,8	298,0	16,9	161,1	9,8
1998	109,3	4,5	112,8	6,9	252,3	40,4	109,3	18,1	313,9	18,0	152,2	9,7
1999	113,7	4,8	107,6	6,9	291,2	46,4	108,7	19,0	308,3	18,6	151,0	10,3
2000	138,4	5,8	92,5	6,3	281,4	45,3	99,1	16,6	331,4	19,9	145,3	10,0
2001	144,6	6,6	99,8	7,1	264,1	44,4	98,8	17,3	334,9	20,5	147,6	10,3
2002	144,6	6,8	96,7	7,1	254,7	44,0	105,1	19,0	322,6	20,6	147,3	10,5
2003	133,9	6,9	88,6	7,1	261,1	46,5	99,0	18,7	288,0	19,5	138,2	10,3
2004	150,2	7,1	92,8	6,5	228,5	40,6	103,7	19,0	273,1	18,4	136,5	9,8
2005	147,5	7,0	85,1	6,5	270,1	47,7	100,1	17,9	248,8	18,1	132,1	9,7
2006	147,2	7,0	79,8	6,2	224,6	40,8	98,8	18,3	243,0	17,4	134,0	9,6
2007	167,2	7,5	87,7	6,3	243,9	44,4	103,0	19,6	256,9	18,1	125,2	9,1
2008 (WZ03)	172,7	7,7	86,7	6,5	258,1	46,8	106,2	20,0	254,0	18,0	134,6	9,5
2008 (WZ08)*	182,3	7,8	85,3	6,5	256,9	46,7	107,1	20,0	254,0	18,0	134,6	9,5
2009	182,3	8,2	80,6	6,2	303,2	54,6	105,4	20,2	242,2	17,7	134,2	9,6
2010	205,3	8,8	80,0	6,1	260,2	49,2	97,4	18,7	248,6	18,6	142,6	10,4
2011	209,2	8,9	73,8	5,7	268,8	49,4	90,7	17,9	228,7	17,6	132,3	9,8
2012	233,0	9,1	80,1	5,7	266,3	49,1	97,5	18,1	243,8	18,1	135,9	9,7
2013	230,1	9,0	70,7	5,4	321,0	58,3	94,4	17,9	219,7	17,3	128,9	9,8

*aufgrund der Revision der Wirtschaftszweigklassifikation in 2008 ist eine Vergleichbarkeit mit den Vorjahren nur bedingt möglich

Fehlzeiten-Report 2014

◘ Tab. 31.2.12 Verteilung der Arbeitsunfähigkeitstage nach Krankheitsarten in Prozent in der Branche Banken und Versicherungen im Jahr 2013, AOK-Mitglieder

Wirtschaftsabteilung	AU-Tage in %						
	Psyche	Herz/ Kreislauf	Atem- wege	Ver- dauung	Muskel/ Skelett	Verlet- zungen	Sonstige
Erbringung von Finanzdienstleistungen	13,3	4,3	20,3	5,8	13,5	8,0	34,7
Mit Finanz- und Versicherungsdienst- leistungen verbundene Tätigkeiten	15,2	4,5	17,9	5,8	14,1	8,1	34,4
Versicherungen, Rückversicherungen und Pensionskassen (ohne Sozialver- sicherung)	17,5	4,6	18,8	5,9	12,8	7,2	33,1
Branche insgesamt	14,2	4,4	19,8	5,8	13,5	7,9	34,4
Alle Branchen	9,8	6,2	13,4	5,3	21,8	11,3	32,1

Fehlzeiten-Report 2014

◘ Tab. 31.2.13 Verteilung der Arbeitsunfähigkeitsfälle nach Krankheitsarten in Prozent in der Branche Banken und Versicherungen im Jahr 2013, AOK-Mitglieder

Wirtschaftsabteilung	AU-Fälle in %						
	Psyche	Herz/ Kreislauf	Atem- wege	Ver- dauung	Muskel/ Skelett	Verlet- zungen	Sonstige
Erbringung von Finanzdienstleistungen	4,7	2,9	32,3	9,8	9,4	5,4	35,5
Mit Finanz- und Versicherungsdienst- leistungen verbundene Tätigkeiten	5,6	3,1	29,6	10,0	9,3	5,3	37,2
Versicherungen, Rückversicherungen und Pensionskassen (ohne Sozialver- sicherung)	5,6	2,8	31,7	9,5	9,8	5,1	35,6
Branche insgesamt	4,9	2,9	31,8	9,8	9,5	5,3	35,8
Alle Branchen	4,7	3,8	24,6	9,5	16,0	7,9	33,5

Fehlzeiten-Report 2014

31

◘ **Tab. 31.2.14** Verteilung der Arbeitsunfähigkeitstage nach Krankheitsarten und ausgewählten Berufsgruppen in der Branche Banken und Versicherungen im Jahr 2013, AOK-Mitglieder

Tätigkeit	AU-Tage in %						
	Psyche	Herz/ Kreislauf	Atem- wege	Ver- dauung	Muskel/ Skelett	Verlet- zungen	Sonstige
Anlageberater/innen u. sonstige Finanzdienstleistungsberufe	18,8	3,7	19,2	5,6	12,1	6,7	34,1
Bankkaufleute	13,1	3,8	21,8	6,0	12,3	8,2	34,7
Berufe im Vertrieb (außer Informations- u. Kommunikationstechnologien)	21,7	4,4	18,2	6,1	10,2	8,6	30,8
Berufe in der Reinigung (ohne Spez.)	9,4	7,6	11,5	3,4	25,0	8,8	34,3
Büro- u. Sekretariatskräfte (ohne Spez.)	15,6	4,7	16,2	5,5	15,3	7,4	35,1
Kaufmännische u. technische Betriebs- wirtschaft (ohne Spez.)	16,3	4,4	20,5	5,1	13,5	6,9	33,4
Versicherungskaufleute	16,7	3,8	20,3	6,5	12,0	7,3	33,4
Branche gesamt	14,2	4,4	19,8	5,8	13,5	7,9	34,4
Alle Branchen	9,8	6,2	13,4	5,3	21,8	11,3	32,1

Fehlzeiten-Report 2014

◘ **Tab. 31.2.15** Verteilung der Arbeitsunfähigkeitsfälle nach Krankheitsarten und ausgewählten Berufsgruppen in der Branche Banken und Versicherungen im Jahr 2013, AOK-Mitglieder

Tätigkeit	AU-Fälle in %						
	Psyche	Herz/ Kreislauf	Atem- wege	Ver- dauung	Muskel/ Skelett	Verlet- zungen	Sonstige
Anlageberater/innen u. sonstige Finanzdienstleistungsberufe	5,2	2,4	33,4	9,1	9,0	5,2	35,7
Bankkaufleute	4,4	2,7	33,3	9,9	8,5	5,5	35,6
Berufe im Vertrieb (außer Informations- u. Kommunikationstechnologien)	6,3	2,7	30,1	10,3	9,0	6,3	35,3
Berufe in der Reinigung (ohne Spez.)	4,9	5,5	21,0	8,4	20,0	5,6	34, 5
Büro- u. Sekretariatskräfte (ohne Spez.)	6,0	3,5	28,6	9,4	10,2	4,7	37,7
Kaufmännische u. technische Betriebs- wirtschaft (ohne Spez.)	5,6	3,4	31,9	9,5	9,3	4,4	35,9
Versicherungskaufleute	5,3	2,5	31,7	10,3	8,8	5,2	36,3
Branche gesamt	4,9	2,9	31,8	9,8	9,5	5,3	35,8
Alle Branchen	4,7	3,8	24,6	9,5	16,0	7,9	33,5

Fehlzeiten-Report 2014

◻ Tab. 31.2.16 Anteile der 40 häufigsten Einzeldiagnosen an den AU-Fällen und AU-Tagen in der Branche Banken und Versicherungen im Jahr 2013, AOK-Mitglieder

ICD-10	Bezeichnung	AU-Fälle in %	AU-Tage in %
J06	Akute Infektionen an mehreren oder nicht näher bezeichneten Lokalisationen der oberen Atemwege	12,3	6,8
A09	Sonstige und nicht näher bezeichnete Gastroenteritis und Kolitis infektiösen und nicht näher bezeichneten Ursprungs	4,0	1,6
M54	Rückenschmerzen	3,5	3,4
J20	Akute Bronchitis	3,1	2,0
J40	Bronchitis, nicht als akut oder chronisch bezeichnet	2,5	1,6
B34	Viruskrankheit nicht näher bezeichneter Lokalisation	2,5	1,4
K08	Sonstige Krankheiten der Zähne und des Zahnhalteapparates	2,2	0,7
K52	Sonstige nichtinfektiöse Gastroenteritis und Kolitis	2,0	0,9
J01	Akute Sinusitis	1,9	1,0
J02	Akute Pharyngitis	1,8	0,9
J32	Chronische Sinusitis	1,7	1,0
R10	Bauch- und Beckenschmerzen	1,7	0,9
J03	Akute Tonsillitis	1,6	0,9
K29	Gastritis und Duodenitis	1,4	0,7
F32	Depressive Episode	1,3	4,8
R51	Kopfschmerz	1,3	0,6
F43	Reaktionen auf schwere Belastungen und Anpassungsstörungen	1,2	2,3
I10	Essentielle (primäre) Hypertonie	1,0	1,6
J04	Akute Laryngitis und Tracheitis	1,0	0,6
J11	Grippe, Viren nicht nachgewiesen	1,0	0,6
J00	Akute Rhinopharyngitis [Erkältungsschnupfen]	1,0	0,5
G43	Migräne	1,0	0,4
J98	Sonstige Krankheiten der Atemwege	0,9	0,5
R11	Übelkeit und Erbrechen	0,9	0,5
N39	Sonstige Krankheiten des Harnsystems	0,9	0,5
T14	Verletzung an einer nicht näher bezeichneten Körperregion	0,8	0,8
B99	Sonstige und nicht näher bezeichnete Infektionskrankheiten	0,8	0,5
F45	Somatoforme Störungen	0,7	1,5
M99	Biomechanische Funktionsstörungen, anderenorts nicht klassifiziert	0,7	0,5
A08	Virusbedingte und sonstige näher bezeichnete Darminfektionen	0,7	0,3
F48	Andere neurotische Störungen	0,6	1,2
R53	Unwohlsein und Ermüdung	0,6	0,6
R42	Schwindel und Taumel	0,6	0,5
R50	Fieber sonstiger und unbekannter Ursache	0,6	0,4
M51	Sonstige Bandscheibenschäden	0,5	1,2
M53	Sonstige Krankheiten der Wirbelsäule und des Rückens, anderenorts nicht klassifiziert	0,5	0,6
S93	Luxation, Verstauchung und Zerrung der Gelenke und Bänder in Höhe des oberen Sprunggelenkes und des Fußes	0,5	0,6
M25	Sonstige Gelenkkrankheiten, anderenorts nicht klassifiziert	0,5	0,6
M79	Sonstige Krankheiten des Weichteilgewebes, anderenorts nicht klassifiziert	0,5	0,5
R05	Husten	0,5	0,3
	Summe hier	**62,8**	**46,8**
	Restliche	37,2	53,2
	Gesamtsumme	**100,0**	**100,0**

31

◻ **Tab. 31.2.17** Anteile der 40 häufigsten Diagnoseuntergruppen an den AU-Fällen und AU-Tagen in der Branche Banken und Versicherungen im Jahr 2013, AOK-Mitglieder

ICD-10	Bezeichnung	AU-Fälle in %	AU-Tage in %
J00–J06	Akute Infektionen der oberen Atemwege	19,4	10,7
A00–A09	Infektiöse Darmkrankheiten	5,0	2,1
M50–M54	Sonstige Krankheiten der Wirbelsäule und des Rückens	4,3	4,9
J40–J47	Chronische Krankheiten der unteren Atemwege	3,6	2,6
J20–J22	Sonstige akute Infektionen der unteren Atemwege	3,6	2,3
R50–R69	Allgemeinsymptome	3,4	2,6
F40–F48	Neurotische, Belastungs- und somatoforme Störungen	2,9	6,2
R10–R19	Symptome, die das Verdauungssystem und das Abdomen betreffen	2,8	1,6
B25–B34	Sonstige Viruskrankheiten	2,8	1,5
K00–K14	Krankheiten der Mundhöhle, der Speicheldrüsen und der Kiefer	2,8	1,0
J30–J39	Sonstige Krankheiten der oberen Atemwege	2,5	1,7
K50–K52	Nichtinfektiöse Enteritis und Kolitis	2,4	1,2
K20–K31	Krankheiten des Ösophagus, des Magens und des Duodenums	2,0	1,1
G40–G47	Episodische und paroxysmale Krankheiten des Nervensystems	1,8	1,3
F30–F39	Affektive Störungen	1,6	7,1
M70–M79	Sonstige Krankheiten des Weichteilgewebes	1,4	1,9
N30–N39	Sonstige Krankheiten des Harnsystems	1,4	0,8
J09–J18	Grippe und Pneumonie	1,3	1,0
R00–R09	Symptome, die das Kreislaufsystem und das Atmungssystem betreffen	1,3	0,9
I10–I15	Hypertonie [Hochdruckkrankheit]	1,1	1,8
Z80–Z99	Personen mit potentiellen Gesundheitsrisiken aufgrund der Familien- oder Eigenanamnese und bestimmte Zustände, die den Gesundheitszustand beeinflussen	1,0	2,0
M20–M25	Sonstige Gelenkkrankheiten	1,0	1,9
K55–K64	Sonstige Krankheiten des Darmes	1,0	0,9
J95–J99	Sonstige Krankheiten des Atmungssystems	1,0	0,6
T08–T14	Verletzungen nicht näher bezeichneter Teile des Rumpfes, der Extremitäten oder anderer Körperregionen	0,9	0,9
S90–S99	Verletzungen der Knöchelregion und des Fußes	0,8	1,1
R40–R46	Symptome, die das Erkennungs- und Wahrnehmungsvermögen, die Stimmung und das Verhalten betreffen	0,8	0,7
N80–N98	Nichtentzündliche Krankheiten des weiblichen Genitaltraktes	0,8	0,7
B99–B99	Sonstige Infektionskrankheiten	0,8	0,5
S80–S89	Verletzungen des Knies und des Unterschenkels	0,7	1,7
M95–M99	Sonstige Krankheiten des Muskel-Skelett-Systems und des Bindegewebes	0,7	0,6
E70–E90	Stoffwechselstörungen	0,6	0,8
D10–D36	Gutartige Neubildungen	0,6	0,7
O20–O29	Sonstige Krankheiten der Mutter, die vorwiegend mit der Schwangerschaft verbunden sind	0,6	0,7
I95–I99	Sonstige und nicht näher bezeichnete Krankheiten des Kreislaufsystems	0,6	0,4
H65–H75	Krankheiten des Mittelohres und des Warzenfortsatzes	0,6	0,4
C00–C75	Bösartige Neubildungen an genau bezeichneten Lokalisationen, als primär festgestellt oder vermutet, ausgenommen lymphatisches, blutbildendes und verwandtes Gewebe	0,5	2,4
Z40–Z54	Personen, die das Gesundheitswesen zum Zwecke spezifischer Maßnahmen und zur medizinischen Betreuung in Anspruch nehmen	0,5	1,0
E00–E07	Krankheiten der Schilddrüse	0,5	0,8
I80–I89	Krankheiten der Venen, der Lymphgefäße und der Lymphknoten, anderenorts nicht klassifiziert	0,5	0,6
	Summe hier	**81,9**	**73,7**
	Restliche	18,1	26,3
	Gesamtsumme	**100,0**	**100,0**

Fehlzeiten-Report 2014

31.3 Baugewerbe

31

▣ **Tab. 31.3.1** Entwicklung des Krankenstands der AOK-Mitglieder in der Branche Baugewerbe in den Jahren 1994 bis 2013

Jahr	Krankenstand in %			AU-Fälle je 100 AOK-Mitglieder			Tage je Fall		
	West	Ost	Bund	West	Ost	Bund	West	Ost	Bund
1994	7,0	5,5	6,5	155,3	137,3	150,2	14,9	13,5	14,6
1995	6,5	5,5	6,2	161,7	146,9	157,6	14,7	13,7	14,5
1996	6,1	5,3	5,9	145,0	134,8	142,2	15,5	14,0	15,1
1997	5,8	5,1	5,6	140,1	128,3	137,1	14,6	14,0	14,5
1998	6,0	5,2	5,8	143,8	133,8	141,4	14,7	14,0	14,5
1999	6,0	5,5	5,9	153,0	146,3	151,5	14,2	13,9	14,1
2000	6,1	5,4	5,9	157,3	143,2	154,5	14,1	13,8	14,1
2001	6,0	5,5	5,9	156,3	141,5	153,6	14,0	14,1	14,0
2002	5,8	5,2	5,7	154,3	136,0	151,2	13,8	14,0	13,8
2003	5,4	4,6	5,3	148,8	123,0	144,3	13,3	13,7	13,3
2004	5,0	4,1	4,8	136,6	110,8	131,9	13,4	13,7	13,4
2005	4,8	4,0	4,7	136,0	107,1	130,8	13,0	13,7	13,1
2006	4,6	3,8	4,4	131,6	101,9	126,2	12,7	13,7	12,8
2007	4,9	4,2	4,8	141,4	110,3	135,7	12,7	14,0	12,9
2008 (WZ03)	5,1	4,5	4,9	147,8	114,9	141,8	12,5	14,2	12,8
2008 (WZ08)*	5,0	4,4	4,9	147,3	114,3	141,2	12,5	14,2	12,8
2009	5,1	4,7	5,1	151,8	120,8	146,2	12,4	14,2	12,6
2010	5,1	4,7	5,1	147,8	123,2	143,4	12,7	14,0	12,9
2011	5,2	4,4	5,1	154,0	128,0	149,3	12,4	12,7	12,5
2012	5,3	5,1	5,3	152,3	124,6	147,3	12,8	14,9	13,1
2013	5,4	5,2	5,3	158,9	130,1	153,8	12,3	14,5	12,6

*aufgrund der Revision der Wirtschaftszweigklassifikation in 2008 ist eine Vergleichbarkeit mit den Vorjahren nur bedingt möglich

Fehlzeiten-Report 2014

◨ **Tab. 31.3.2** Arbeitsunfähigkeit der AOK-Mitglieder in der Branche Baugewerbe nach Bundesländern im Jahr 2013 im Vergleich zum Vorjahr

Bundesland	Kranken-stand in %	Arbeitsunfähigkeit je 100 AOK-Mitglieder				Tage je Fall	Veränd. z. Vorj. in %	AU-Quote in %
		AU-Fälle	Veränd. z. Vorj. in %	AU-Tage	Veränd. z. Vorj. in %			
Baden-Württemberg	5,3	169,7	4,7	1.944,9	0,6	11,5	-3,9	56,8
Bayern	4,8	132,5	2,8	1.735,5	1,0	13,1	-1,8	51,0
Berlin	4,6	125,8	6,1	1.689,9	-2,6	13,4	-8,2	37,2
Brandenburg	5,4	136,3	4,6	1.972,8	8,2	14,5	3,4	51,4
Bremen	5,8	162,0	2,9	2.118,1	-5,8	13,1	-8,5	49,6
Hamburg	5,7	161,8	5,4	2.091,1	-2,7	12,9	-7,7	49,4
Hessen	5,8	163,5	2,7	2.112,1	-1,9	12,9	-4,5	51,6
Mecklenburg-Vorpommern	5,5	136,3	3,8	2.023,4	0,3	14,8	-3,3	51,8
Niedersachsen	5,6	167,6	6,8	2.046,4	0,3	12,2	-6,1	59,2
Nordrhein-Westfalen	5,6	175,8	4,1	2.055,6	1,4	11,7	-2,6	56,0
Rheinland-Pfalz	6,2	186,4	5,0	2.269,8	3,0	12,2	-2,0	59,6
Saarland	7,1	180,3	4,8	2.577,1	0,8	14,3	-3,8	59,6
Sachsen	4,9	124,8	5,0	1.787,1	1,5	14,3	-3,3	52,0
Sachsen-Anhalt	5,5	133,8	3,7	2.025,7	0,5	15,1	-3,0	49,8
Schleswig-Holstein	5,7	169,0	5,8	2.062,8	3,0	12,2	-2,6	57,8
Thüringen	5,4	134,6	4,0	1.960,7	1,7	14,6	-2,1	53,7
West	**5,4**	**158,9**	**4,3**	**1.955,2**	**0,6**	**12,3**	**-3,6**	**54,5**
Ost	**5,2**	**130,1**	**4,4**	**1.891,3**	**2,0**	**14,5**	**-2,3**	**52,0**
Bund	**5,3**	**153,8**	**4,4**	**1.943,9**	**0,9**	**12,6**	**-3,4**	**54,1**

Fehlzeiten-Report 2014

◨ **Tab. 31.3.3** Arbeitsunfähigkeit der AOK-Mitglieder in der Branche Baugewerbe nach Wirtschaftsabteilungen im Jahr 2013

Wirtschaftsabteilung	Krankenstand in %		Arbeitsunfähigkeiten je 100 AOK-Mitglieder		Tage je Fall	AU-Quote in %
	2013	2013 stand.*	Fälle	Tage		
Hochbau	5,7	4,3	139,9	2.071,2	14,8	52,4
Tiefbau	5,9	4,5	144,4	2.154,7	14,9	55,6
Vorbereitende Baustellenarbeiten, Bauinstallation und sonstiges Ausbaugewerbe	5,1	4,6	159,6	1.873,6	11,7	54,4
Branche insgesamt	**5,3**	**4,5**	**153,8**	**1.943,9**	**12,6**	**54,1**
Alle Branchen	**5,1**	**5,1**	**160,7**	**1.849,6**	**11,5**	**54,8**

*Krankenstand alters- und geschlechtsstandardisiert

Fehlzeiten-Report 2014

◘ Tab. 31.3.4 Kennzahlen der Arbeitsunfähigkeit der AOK-Mitglieder nach ausgewählten Berufsgruppen in der Branche Baugewerbe im Jahr 2013

Tätigkeit	Kranken-stand in %	Arbeitsunfähigkeiten je 100 AOK-Mitglieder		Tage je Fall	AU-Quote in %	Anteil der Berufsgruppe an der Branche in %*
		Fälle	Tage			
Berufe für Maler- u. Lackiererarbeiten	5,3	181,4	1.918,6	10,6	58,7	6,8
Berufe für Stuckateurarbeiten	6,2	173,4	2.250,0	13,0	57,5	1,3
Berufe im Aus- u. Trockenbau (ohne Spez.)	5,1	138,1	1.853,6	13,4	44,1	2,5
Berufe im Beton- u. Stahlbetonbau	6,3	156,8	2.296,6	14,6	45,4	2,2
Berufe im Hochbau (ohne Spez.)	5,5	139,7	2.024,5	14,5	43,4	13,8
Berufe im Holz-, Möbel- u. Innen-ausbau	4,9	163,7	1.793,6	11,0	59,9	2,0
Berufe im Maurerhandwerk	6,1	156,7	2.208,6	14,1	58,6	6,3
Berufe im Metallbau	6,2	163,8	2.246,9	13,7	56,9	1,3
Berufe im Straßen- u. Asphaltbau	6,0	169,3	2.186,6	12,9	61,7	1,9
Berufe im Tiefbau (ohne Spez.)	6,4	148,0	2.343,0	15,8	57,9	3,4
Berufe in der Bauelektrik	4,9	186,4	1.786,8	9,6	62,2	5,5
Berufe in der Dachdeckerei	6,3	185,8	2.288,7	12,3	63,5	2,7
Berufe in der Elektrotechnik (ohne Spez.)	5,1	168,0	1.866,0	11,1	52,5	1,3
Berufe in der Fliesen-, Platten- u. Mosaikverlegung	5,6	160,6	2.039,5	12,7	57,4	1,4
Berufe in der Sanitär-, Heizungs- u. Klimatechnik	5,4	193,3	1.965,6	10,2	65,5	7,1
Berufe in der Zimmerei	5,5	158,5	2.021,9	12,8	61,1	2,5
Berufskraftfahrer/innen (Güterverkehr/LKW)	6,0	113,6	2.177,9	19,2	50,6	1,4
Büro- u. Sekretariatskräfte (ohne Spez.)	2,8	99,7	1.035,4	10,4	41,8	5,3
Führer/innen von Erdbewegungs- u. verwandten Maschinen	6,1	123,3	2.244,1	18,2	55,1	2,4
Kaufmännische u. technische Betriebswirtschaft (ohne Spez.)	3,1	117,5	1.114,0	9,5	48,3	1,3
Branche insgesamt	**5,3**	**153,8**	**1.943,9**	**12,6**	**54,1**	**7,2****

* Anteil der AOK-Mitglieder in der Berufsgruppe an den in der Branche beschäftigten AOK-Mitgliedern insgesamt
**Anteil der AOK-Mitglieder in der Branche an allen AOK-Mitgliedern

Fehlzeiten-Report 2014

◘ Tab. 31.3.5 Dauer der Arbeitsunfähigkeit der AOK-Mitglieder in der Branche Baugewerbe im Jahr 2013

Fallklasse	Branche hier		alle Branchen	
	Anteil Fälle in %	Anteil Tage in %	Anteil Fälle in %	Anteil Tage in %
1–3 Tage	37,8	5,9	35,7	6,2
4–7 Tage	29,4	11,5	31,2	13,7
8–14 Tage	16,3	13,4	17,5	15,8
15–21 Tage	5,7	7,8	5,9	8,9
22–28 Tage	2,7	5,2	2,7	5,8
29–42 Tage	2,9	8,0	2,8	8,6
Langzeit-AU (> 42 Tage)	5,2	48,1	4,1	41,0

Fehlzeiten-Report 2014

◼ **Tab. 31.3.6** Tage der Arbeitsunfähigkeit je AOK-Mitglied nach Wirtschaftsabteilung und Betriebsgröße in der Branche Baugewerbe im Jahr 2013

Wirtschaftsabteilungen	Betriebsgröße (Anzahl der AOK-Mitglieder)					
	10–49	50–99	100–199	200–499	500–999	≥ 1.000
Hochbau	21,7	22,1	20,0	17,9	18,0	–
Tiefbau	22,0	21,5	20,7	24,0	19,4	–
Vorbereitende Baustellenarbeiten, Bauinstallation und sonstiges Ausbaugewerbe	19,9	19,5	18,8	18,6	16,5	–
Branche insgesamt	20,6	20,8	19,8	19,2	17,8	–
Alle Branchen	19,4	21,1	21,1	21,0	20,7	20,8

Fehlzeiten-Report 2014

◼ **Tab. 31.3.7** Krankenstand in Prozent nach Ausbildungsabschluss in der Branche Baugewerbe im Jahr 2013, AOK-Mitglieder

Wirtschaftsabteilung	Ausbildung						
	ohne Ausbildungsabschluss	mit Ausbildungsabschluss	Meister/Techniker	Bachelor	Diplom/Magister/Master/Staatsexamen	Promotion	unbekannt
Hochbau	6,3	5,9	4,4	1,8	2,1	3,9	5,2
Tiefbau	6,7	5,9	4,2	1,7	2,4	6,5	5,8
Vorbereitende Baustellenarbeiten, Bauinstallation und sonstiges Ausbaugewerbe	5,4	5,3	4,2	2,3	2,7	3,9	4,9
Branche insgesamt	5,7	5,5	4,2	2,1	2,4	4,2	5,0
Alle Branchen	5,9	5,2	3,9	2,0	2,5	1,9	4,9

Fehlzeiten-Report 2014

◼ **Tab. 31.3.8** Tage der Arbeitsunfähigkeit je AOK-Mitglied nach Ausbildung in der Branche Baugewerbe im Jahr 2013

Wirtschaftsabteilung	Ausbildung						
	ohne Ausbildungsabschluss	mit Ausbildungsabschluss	Meister/Techniker	Bachelor	Diplom/Magister/Master/Staatsexamen	Promotion	unbekannt
Hochbau	22,9	21,6	16,0	6,7	7,6	14,2	19,0
Tiefbau	24,5	21,7	15,3	6,3	8,6	23,9	21,0
Vorbereitende Baustellenarbeiten, Bauinstallation und sonstiges Ausbaugewerbe	19,7	19,3	15,2	8,4	9,9	14,2	17,8
Branche insgesamt	20,8	20,0	15,4	7,6	8,9	15,2	18,3
Alle Branchen	21,6	19,0	14,3	7,5	9,1	6,8	17,9

Fehlzeiten-Report 2014

31

■ **Tab. 31.3.9** Anteil der Arbeitsunfälle an den AU-Fällen und -Tagen in Prozent nach Wirtschaftsabteilungen in der Branche Baugewerbe im Jahr 2013, AOK-Mitglieder

Wirtschaftsabteilung	AU-Fälle in %	AU-Tage in %
Hochbau	8,2	15,2
Tiefbau	6,5	11,1
Vorbereitende Baustellenarbeiten, Bauinstallation und sonstiges Ausbaugewerbe	6,3	12,3
Branche insgesamt	6,7	12,8
Alle Branchen	3,4	6,4

Fehlzeiten-Report 2014

■ **Tab. 31.3.10** Tage und Fälle der Arbeitsunfähigkeit durch Arbeitsunfälle nach Berufsgruppen in der Branche Baugewerbe im Jahr 2013, AOK-Mitglieder

Tätigkeit	Arbeitsunfähigkeit je 1.000 AOK-Mitglieder	
	AU-Tage	AU-Fälle
Berufe in der Zimmerei	4.622,2	191,4
Berufe im Beton- u. Stahlbetonbau	4.083,5	141,7
Berufe in der Dachdeckerei	4.008,5	175,6
Berufe im Maurerhandwerk	3.578,7	140,6
Berufe im Hochbau (ohne Spez.)	3.543,0	124,5
Berufskraftfahrer/innen (Güterverkehr/LKW)	3.347,7	93,7
Berufe für Stuckateurarbeiten	3.199,9	108,9
Berufe im Aus- u. Trockenbau (ohne Spez.)	2.945,2	113,2
Berufe im Metallbau	2.901,0	123,5
Berufe im Tiefbau (ohne Spez.)	2.776,3	111,1
Berufe im Holz-, Möbel- u. Innenausbau	2.754,2	127,7
Berufe im Straßen- u. Asphaltbau	2.653,8	115,1
Führer/innen von Erdbewegungs- u. verwandten Maschinen	2.334,3	79,2
Berufe in der Sanitär-, Heizungs- u. Klimatechnik	2.146,5	124,8
Berufe in der Elektrotechnik (ohne Spez.)	2.023,1	93,8
Berufe für Maler- u. Lackiererarbeiten	1.956,4	90,9
Berufe in der Bauelektrik	1.809,6	95,3
Berufe in der Fliesen-, Platten- u. Mosaikverlegung	1.664,0	77,1
Kaufmännische u. technische Betriebswirtschaft (ohne Spez.)	291,1	14,6
Büro- u. Sekretariatskräfte (ohne Spez.)	278,5	10,3
Branche insgesamt	2.494,4	103,2
Alle Branchen	1.187,9	54,3

Fehlzeiten-Report 2014

◘ Tab. 31.3.11 Tage und Fälle der Arbeitsunfähigkeit je 100 AOK-Mitglieder nach Krankheitsarten in der Branche Baugewerbe in den Jahren 1995 bis 2013

Jahr	Arbeitsunfähigkeiten je 100 AOK-Mitglieder											
	Psyche		Herz/Kreislauf		Atemwege		Verdauung		Muskel/Skelett		Verletzungen	
	Tage	Fälle	Tage	Fälle	Tage	Fälle	Tage	Fälle	Tage	Fälle	Tage	Fälle
1995	69,1	2,6	208,2	8,0	355,9	43,5	205,2	23,6	780,6	38,5	602,6	34,4
1996	70,5	2,5	198,8	7,0	308,8	37,3	181,0	21,3	753,9	35,0	564,8	31,7
1997	65,3	2,7	180,0	7,0	270,4	35,5	162,5	20,5	677,9	34,4	553,6	31,9
1998	69,2	2,9	179,1	7,3	273,9	37,1	160,7	20,9	715,7	37,0	548,9	31,7
1999	72,2	3,1	180,3	7,5	302,6	41,7	160,6	22,4	756,0	39,5	547,9	32,2
2000	80,8	3,6	159,7	6,9	275,1	39,2	144,2	19,3	780,1	41,2	528,8	31,2
2001	89,0	4,2	163,6	7,3	262,0	39,0	145,0	19,7	799,9	42,3	508,4	30,3
2002	90,7	4,4	159,7	7,3	240,8	36,7	141,0	20,2	787,2	41,8	502,0	29,7
2003	84,7	4,3	150,0	7,1	233,3	36,7	130,8	19,1	699,3	38,2	469,0	28,6
2004	102,0	4,4	158,3	6,6	200,2	30,6	132,1	18,6	647,6	36,0	446,6	26,8
2005	101,1	4,2	155,2	6,5	227,0	34,7	122,8	17,0	610,4	34,2	435,3	25,7
2006	91,9	4,1	146,4	6,4	184,3	29,1	119,4	17,8	570,6	33,8	442,6	26,4
2007	105,1	4,4	148,5	6,6	211,9	33,5	128,7	19,3	619,3	35,6	453,9	26,0
2008 (WZ03)	108,2	4,6	157,3	6,9	218,5	34,9	132,8	20,4	646,1	37,0	459,8	26,5
2008 (WZ08)*	107,3	4,6	156,4	6,9	217,0	34,7	131,4	20,2	642,3	36,9	459,2	26,5
2009	112,3	4,9	163,5	7,1	254,8	40,1	132,5	19,8	629,8	35,7	458,7	26,0
2010	121,0	5,0	160,5	6,9	216,2	34,1	127,0	18,4	654,5	36,6	473,1	26,5
2011	124,5	5,5	154,9	7,1	224,1	35,9	124,9	18,8	631,6	37,4	464,5	26,4
2012	143,6	5,7	178,5	7,4	223,4	35,0	133,8	18,7	679,8	37,5	475,6	25,0
2013	146,2	5,8	177,4	6,9	271,3	42,0	136,2	18,9	666,4	36,9	462,7	24,5

*aufgrund der Revision der Wirtschaftszweigklassifikation in 2008 ist eine Vergleichbarkeit mit den Vorjahren nur bedingt möglich

Fehlzeiten-Report 2014

◘ Tab. 31.3.12 Verteilung der Arbeitsunfähigkeitstage nach Krankheitsarten in Prozent in der Branche Baugewerbe im Jahr 2013, AOK-Mitglieder

Wirtschaftsabteilung	AU-Tage in %						
	Psyche	Herz/ Kreislauf	Atem- wege	Ver- dauung	Muskel/ Skelett	Verlet- zungen	Sonstige
Hochbau	4,9	7,6	8,6	5,0	26,6	18,4	28,8
Tiefbau	5,9	8,4	9,4	5,5	27,0	14,7	29,2
Vorbereitende Baustellenarbeiten, Bauinstallation und sonstiges Ausbaugewerbe	5,8	6,3	11,2	5,3	25,0	18,0	28,5
Branche insgesamt	**5,6**	**6,8**	**10,4**	**5,2**	**25,6**	**17,8**	**28,6**
Alle Branchen	**9,8**	**6,2**	**13,4**	**5,3**	**21,8**	**11,3**	**32,1**

Fehlzeiten-Report 2014

◘ Tab. 31.3.13 Verteilung der Arbeitsunfähigkeitsfälle nach Krankheitsarten in Prozent in der Branche Baugewerbe im Jahr 2013, AOK-Mitglieder

Wirtschaftsabteilung	AU-Fälle in %						
	Psyche	Herz/ Kreislauf	Atem- wege	Ver- dauung	Muskel/ Skelett	Verlet- zungen	Sonstige
Hochbau	2,8	4,1	19,3	9,6	20,3	13,5	30,4
Tiefbau	3,2	4,9	19,1	9,9	20,9	11,5	30,5
Vorbereitende Baustellenarbeiten, Bau- installation, sonstiges Ausbaugewerbe	3,0	3,2	22,7	9,8	18,5	12,5	30,3
Branche insgesamt	**3,0**	**3,6**	**21,7**	**9,7**	**19,0**	**12,6**	**30,3**
Alle Branchen	**4,7**	**3,8**	**24,6**	**9,5**	**16,0**	**7,9**	**33,5**

◘ Tab. 31.3.14 Verteilung der Arbeitsunfähigkeitstage nach Krankheitsarten und ausgewählten Berufsgruppen nach ausgewählten Berufsgruppen in der Branche Baugewerbe im Jahr 2013, AOK-Mitglieder

Tätigkeit	AU-Tage in %						
	Psyche	Herz/ Kreislauf	Atem- wege	Ver- dauung	Muskel/ Skelett	Verlet- zungen	Sonstige
Berufe für Maler- u. Lackiererarbeiten	5,6	5,9	11,9	5,5	25,5	17,4	28,3
Berufe für Stuckateurarbeiten	4,0	5,7	9,7	5,5	31,1	18,9	25,1
Berufe im Aus- u. Trockenbau (ohne Spez.)	5,7	6,2	9,5	5,1	27,3	19,8	26,4
Berufe im Beton- u. Stahlbetonbau	4,3	6,6	9,1	4,8	28,6	20,8	25,8
Berufe im Hochbau (ohne Spez.)	5,0	6,6	8,6	5,1	27,5	20,8	26,4
Berufe im Holz-, Möbel- u. Innenausbau	5,5	5,8	11,2	5,4	24,4	20,7	27,0
Berufe im Maurerhandwerk	4,4	7,3	8,3	4,6	28,2	20,6	26,6
Berufe im Metallbau	5,6	8,0	10,2	5,0	24,2	16,2	30,8
Berufe im Straßen- u. Asphaltbau	5,5	7,1	9,2	5,4	28,3	17,8	26,6
Berufe im Tiefbau (ohne Spez.)	4,5	8,6	8,8	5,5	27,3	15,2	30,2
Berufe in der Bauelektrik	5,6	5,6	14,1	5,8	21,2	18,6	29,3
Berufe in der Dachdeckerei	4,7	5,6	9,8	4,8	26,3	23,6	25,3
Berufe in der Elektrotechnik (ohne Spez.)	6,1	6,2	12,6	5,4	25,2	16,5	28,1
Berufe in der Fliesen-, Platten- u. Mosaikverlegung	5,5	6,6	9,5	4,5	31,2	14,8	27,9
Berufe in der Sanitär-, Heizungs- u. Klimatechnik	5,1	6,0	12,4	5,6	24,8	18,5	27,7
Berufe in der Zimmerei	3,6	5,0	8,7	4,7	23,4	27,9	26,8
Berufskraftfahrer/innen (Güterverkehr/LKW)	5,6	10,3	7,9	4,6	22,8	16,3	32,6
Büro- u. Sekretariatskräfte (ohne Spez.)	11,8	4,9	14,0	5,5	16,3	9,3	38,2
Führer/innen von Erdbewegungs- u. verwandten Maschinen	5,2	10,3	8,0	5,2	25,9	12,3	33,1
Kaufmännische u. technische Betriebs- wirtschaft (ohne Spez.)	13,1	6,9	15,1	5,7	13,9	9,1	36,3
Branche gesamt	**5,6**	**6,8**	**10,4**	**5,2**	**25,6**	**17,8**	**28,6**
Alle Branchen	**9,8**	**6,2**	**13,4**	**5,3**	**21,8**	**11,3**	**32,1**

◻ Tab. 31.3.15 Verteilung der Arbeitsunfähigkeitsfälle nach Krankheitsarten und ausgewählten Berufsgruppen in der Branche Baugewerbe im Jahr 2013, AOK-Mitglieder

Tätigkeit	AU-Fälle in %						
	Psyche	Herz/ Kreislauf	Atem- wege	Ver- dauung	Muskel/ Skelett	Verlet- zungen	Sonstige
Berufe für Maler- u. Lackiererarbeiten	2,9	2,8	23,2	10,6	17,8	11,9	30,8
Berufe für Stuckateurarbeiten	2,5	3,0	20,9	9,6	22,9	12,3	28,8
Berufe im Aus- u. Trockenbau (ohne Spez.)	3,1	3,1	19,9	9,2	22,9	13,8	28,0
Berufe im Beton- u. Stahlbetonbau	2,6	3,8	19,2	9,1	22,3	14,1	28,8
Berufe im Hochbau (ohne Spez.)	3,0	3,7	18,4	9,2	22,8	14,4	28,5
Berufe im Holz-, Möbel- u. Innenausbau	2,8	2,9	23,2	9,6	18,0	14,4	29,2
Berufe im Maurerhandwerk	2,4	3,6	19,0	9,7	20,8	15,2	29,2
Berufe im Metallbau	2,9	4,3	21,4	9,2	19,5	12,7	30,0
Berufe im Straßen- u. Asphaltbau	2,7	3,8	19,8	10,2	19,9	13,5	30,1
Berufe im Tiefbau (ohne Spez.)	3,0	4,9	17,7	10,0	22,2	12,6	29,7
Berufe in der Bauelektrik	2,6	2,7	26,1	10,2	14,9	12,2	31,2
Berufe in der Dachdeckerei	2,6	2,8	20,8	9,6	19,0	16,6	28,7
Berufe in der Elektrotechnik (ohne Spez.)	3,5	3,2	24,0	9,9	18,2	11,5	29,8
Berufe in der Fliesen-, Platten- u. Mosaikverlegung	2,9	3,1	21,8	9,3	21,7	11,3	29,9
Berufe in der Sanitär-, Heizungs- u. Klimatechnik	2,4	2,7	24,1	10,0	17,2	13,4	30,2
Berufe in der Zimmerei	2,1	2,5	20,7	8,9	18,3	19,6	27,9
Berufskraftfahrer/innen (Güterverkehr/LKW)	3,2	6,2	16,7	9,5	19,6	11,8	33,0
Büro- u. Sekretariatskräfte (ohne Spez.)	5,2	3,6	25,8	9,8	11,0	5,9	38,6
Führer/innen von Erdbewegungs- u. verwandten Maschinen	3,2	6,5	15,8	9,9	21,7	10,4	32,5
Kaufmännische u. technische Betriebs- wirtschaft (ohne Spez.)	4,9	3,3	29,4	10,1	10,3	6,0	36,0
Branche gesamt	**3,0**	**3,6**	**21,7**	**9,7**	**19,0**	**12,6**	**30,3**
Alle Branchen	**4,7**	**3,8**	**24,6**	**9,5**	**16,0**	**7,9**	**33,5**

Fehlzeiten-Report 2014

□ Tab. 31.3.16 Anteile der 40 häufigsten Einzeldiagnosen an den AU-Fällen und AU-Tagen in der Branche Baugewerbe im Jahr 2013, AOK-Mitglieder

ICD-10	Bezeichnung	AU-Fälle in %	AU-Tage in %
J06	Akute Infektionen an mehreren oder nicht näher bezeichneten Lokalisationen der oberen Atemwege	7,7	2,9
M54	Rückenschmerzen	7,2	6,5
A09	Sonstige und nicht näher bezeichnete Gastroenteritis und Kolitis infektiösen und nicht näher bezeichneten Ursprungs	3,8	1,1
J20	Akute Bronchitis	2,5	1,1
T14	Verletzung an einer nicht näher bezeichneten Körperregion	2,2	1,9
K08	Sonstige Krankheiten der Zähne und des Zahnhalteapparates	2,2	0,4
K52	Sonstige nichtinfektiöse Gastroenteritis und Kolitis	2,1	0,6
J40	Bronchitis, nicht als akut oder chronisch bezeichnet	2,0	0,9
B34	Viruskrankheit nicht näher bezeichneter Lokalisation	1,6	0,6
I10	Essentielle (primäre) Hypertonie	1,5	2,5
K29	Gastritis und Duodenitis	1,3	0,6
M25	Sonstige Gelenkkrankheiten, anderenorts nicht klassifiziert	1,2	1,3
R10	Bauch- und Beckenschmerzen	1,2	0,5
J03	Akute Tonsillitis	1,1	0,4
M51	Sonstige Bandscheibenschäden	1,0	2,5
S93	Luxation, Verstauchung und Zerrung der Gelenke und Bänder in Höhe des oberen Sprunggelenkes und des Fußes	1,0	1,1
M99	Biomechanische Funktionsstörungen, anderenorts nicht klassifiziert	1,0	0,7
R51	Kopfschmerz	1,0	0,4
J01	Akute Sinusitis	1,0	0,4
J02	Akute Pharyngitis	1,0	0,4
M75	Schulterläsionen	0,9	2,0
M23	Binnenschädigung des Kniegelenkes [internal derangement]	0,9	1,8
J32	Chronische Sinusitis	0,9	0,4
M77	Sonstige Enthesopathien	0,8	0,9
R11	Übelkeit und Erbrechen	0,8	0,3
M53	Sonstige Krankheiten der Wirbelsäule und des Rückens, anderenorts nicht klassifiziert	0,7	0,8
S61	Offene Wunde des Handgelenkes und der Hand	0,7	0,6
M79	Sonstige Krankheiten des Weichteilgewebes, anderenorts nicht klassifiziert	0,7	0,5
J11	Grippe, Viren nicht nachgewiesen	0,7	0,3
A08	Virusbedingte und sonstige näher bezeichnete Darminfektionen	0,7	0,2
F32	Depressive Episode	0,6	1,5
S83	Luxation, Verstauchung und Zerrung des Kniegelenkes und von Bändern des Kniegelenkes	0,6	1,3
M47	Spondylose	0,6	0,9
F43	Reaktionen auf schwere Belastungen und Anpassungsstörungen	0,6	0,8
B99	Sonstige und nicht näher bezeichnete Infektionskrankheiten	0,6	0,2
J00	Akute Rhinopharyngitis [Erkältungsschnupfen]	0,6	0,2
R42	Schwindel und Taumel	0,5	0,4
S60	Oberflächliche Verletzung des Handgelenkes und der Hand	0,5	0,4
J98	Sonstige Krankheiten der Atemwege	0,5	0,2
R50	Fieber sonstiger und unbekannter Ursache	0,5	0,2
	Summe hier	**57,0**	**40,7**
	Restliche	43,0	59,3
	Gesamtsumme	**100,0**	**100,0**

◘ Tab. 31.3.17 Anteile der 40 häufigsten Diagnoseuntergruppen an den AU-Fällen und AU-Tagen in der Branche Baugewerbe im Jahr 2013, AOK-Mitglieder

ICD-10	Bezeichnung	AU-Fälle in %	AU-Tage in %
J00–J06	Akute Infektionen der oberen Atemwege	12,0	4,6
M50–M54	Sonstige Krankheiten der Wirbelsäule und des Rückens	8,5	9,1
A00–A09	Infektiöse Darmkrankheiten	4,9	1,4
M70–M79	Sonstige Krankheiten des Weichteilgewebes	3,2	4,4
J40–J47	Chronische Krankheiten der unteren Atemwege	3,2	1,9
J20–J22	Sonstige akute Infektionen der unteren Atemwege	3,0	1,4
R50–R69	Allgemeinsymptome	2,9	2,0
K00–K14	Krankheiten der Mundhöhle, der Speicheldrüsen und der Kiefer	2,7	0,6
T08–T14	Verletzungen nicht näher bezeichneter Teile des Rumpfes, der Extremitäten oder anderer Körperregionen	2,6	2,3
K50–K52	Nichtinfektiöse Enteritis und Kolitis	2,4	0,8
S60–S69	Verletzungen des Handgelenkes und der Hand	2,2	2,9
R10–R19	Symptome, die das Verdauungssystem und das Abdomen betreffen	2,2	1,1
M20–M25	Sonstige Gelenkkrankheiten	2,1	3,3
K20–K31	Krankheiten des Ösophagus, des Magens und des Duodenums	1,9	0,9
B25–B34	Sonstige Viruskrankheiten	1,8	0,7
I10–I15	Hypertonie [Hochdruckkrankheit]	1,7	2,9
S90–S99	Verletzungen der Knöchelregion und des Fußes	1,6	2,2
S80–S89	Verletzungen des Knies und des Unterschenkels	1,5	3,0
F40–F48	Neurotische, Belastungs- und somatoforme Störungen	1,4	2,1
J30–J39	Sonstige Krankheiten der oberen Atemwege	1,4	0,8
R00–R09	Symptome, die das Kreislaufsystem und das Atmungssystem betreffen	1,3	0,9
M95–M99	Sonstige Krankheiten des Muskel-Skelett-Systems und des Bindegewebes	1,2	0,9
J09–J18	Grippe und Pneumonie	1,2	0,8
Z80–Z99	Personen mit potentiellen Gesundheitsrisiken aufgrund der Familien- oder Eigenanamnese und bestimmte Zustände, die den Gesundheitszustand beeinflussen	1,1	2,5
M15–M19	Arthrose	1,0	2,8
G40–G47	Episodische und paroxysmale Krankheiten des Nervensystems	1,0	0,9
S00–S09	Verletzungen des Kopfes	0,9	0,9
K55–K64	Sonstige Krankheiten des Darmes	0,9	0,8
F30–F39	Affektive Störungen	0,8	2,2
E70–E90	Stoffwechselstörungen	0,8	1,3
S40–S49	Verletzungen der Schulter und des Oberarmes	0,7	1,5
G50–G59	Krankheiten von Nerven, Nervenwurzeln und Nervenplexus	0,7	1,1
S20–S29	Verletzungen des Thorax	0,7	1,0
F10–F19	Psychische und Verhaltensstörungen durch psychotrope Substanzen	0,7	1,0
M65–M68	Krankheiten der Synovialis und der Sehnen	0,7	0,9
M05–M14	Entzündliche Polyarthropathien	0,7	0,8
L00–L08	Infektionen der Haut und der Unterhaut	0,7	0,6
R40–R46	Symptome, die das Erkennungs- und Wahrnehmungsvermögen, die Stimmung und das Verhalten betreffen	0,7	0,5
J95–J99	Sonstige Krankheiten des Atmungssystems	0,7	0,5
B99–B99	Sonstige Infektionskrankheiten	0,6	0,3
	Summe hier	**80,3**	**70,6**
	Restliche	19,7	29,4
	Gesamtsumme	**100,0**	**100,0**

Fehlzeiten-Report 2014

31.4 Dienstleistungen

◾ **Tab. 31.4.1** Entwicklung des Krankenstands der AOK-Mitglieder in der Branche Dienstleistungen in den Jahren 1994 bis 2013

Jahr	Krankenstand in %			AU-Fälle je 100 AOK-Mitglieder			Tage je Fall		
	West	Ost	Bund	West	Ost	Bund	West	Ost	Bund
1994	5,7	6,1	5,8	136,9	134,9	136,6	14,0	14,6	14,1
1995	5,2	6,0	5,3	144,7	149,1	145,5	13,5	14,5	13,7
1996	4,8	5,6	4,9	133,7	142,5	135,3	13,7	14,3	13,8
1997	4,6	5,3	4,7	132,0	135,1	132,5	12,8	13,9	13,0
1998	4,7	5,2	4,8	136,6	136,4	136,6	12,6	13,5	12,8
1999	4,9	5,6	5,0	146,2	155,7	147,6	12,2	13,1	12,3
2000	4,9	5,5	5,0	152,7	165,0	154,3	11,8	12,3	11,9
2001	4,9	5,4	4,9	150,0	155,2	150,7	11,8	12,7	12,0
2002	4,8	5,2	4,8	149,6	152,6	150,0	11,7	12,4	11,8
2003	4,6	4,7	4,6	146,4	142,9	145,9	11,4	11,9	11,4
2004	4,2	4,2	4,2	132,8	127,3	131,9	11,6	12,0	11,7
2005	4,1	4,0	4,1	131,7	121,6	130,1	11,3	11,9	11,4
2006	4,0	3,8	4,0	130,3	118,3	128,3	11,2	11,8	11,3
2007	4,3	4,1	4,3	142,0	128,6	139,7	11,1	11,7	11,2
2008 (WZ03)	4,4	4,3	4,4	149,3	133,1	146,9	10,9	11,9	11,0
2008 (WZ08)*	4,4	4,3	4,4	148,3	133,9	145,9	10,8	11,7	10,9
2009	4,5	4,6	4,5	150,6	141,1	149,0	10,8	11,9	11,0
2010	4,5	4,7	4,5	150,6	149,5	150,4	10,9	11,5	11,0
2011	4,6	4,5	4,6	155,7	151,7	155,0	10,8	10,9	10,8
2012	4,6	4,8	4,7	151,5	137,8	149,2	11,2	12,9	11,4
2013	4,7	4,9	4,7	156,6	143,1	154,3	10,9	12,6	11,2

*aufgrund der Revision der Wirtschaftszweigklassifikation in 2008 ist eine Vergleichbarkeit mit den Vorjahren nur bedingt möglich

Fehlzeiten-Report 2014

31

◼ **Tab. 31.4.2.** Arbeitsunfähigkeit der AOK-Mitglieder in der Branche Dienstleistungen nach Bundesländern im Jahr 2013 im Vergleich zum Vorjahr

Bundesland	Kranken-stand in %	Arbeitsunfähigkeit je 100 AOK-Mitglieder				Tage je Fall	Veränd. z. Vorj. in %	AU-Quote in %
		AU-Fälle	Veränd. z. Vorj. in %	AU-Tage	Veränd. z. Vorj. in %			
Baden-Württemberg	4,4	156,9	3,0	1.606,8	0,4	10,2	-2,5	50,8
Bayern	4,0	128,1	0,9	1.453,0	0,0	11,3	-0,9	44,4
Berlin	5,1	161,4	4,1	1.847,7	-1,0	11,4	-4,9	45,9
Brandenburg	5,3	149,6	3,6	1.935,0	1,5	12,9	-2,0	50,7
Bremen	5,1	156,1	3,6	1.869,7	0,2	12,0	-3,3	48,3
Hamburg	5,0	164,4	2,8	1.822,3	-0,6	11,1	-3,3	47,9
Hessen	5,1	174,6	3,8	1.861,9	1,0	10,7	-2,7	51,5
Mecklenburg-Vorpommern	5,2	142,4	4,8	1.901,1	2,9	13,4	-1,8	48,5
Niedersachsen	5,1	168,0	5,4	1.863,8	3,7	11,1	-1,6	53,7
Nordrhein-Westfalen	5,0	170,1	4,9	1.837,3	1,6	10,8	-3,1	52,8
Rheinland-Pfalz	5,0	176,5	3,9	1.837,5	1,0	10,4	-2,8	53,0
Saarland	5,3	155,0	4,4	1.939,9	2,7	12,5	-1,7	48,7
Sachsen	4,6	139,4	4,0	1.682,9	1,6	12,1	-2,3	52,4
Sachsen-Anhalt	5,5	144,0	4,3	1.989,7	4,1	13,8	-0,1	49,7
Schleswig-Holstein	5,2	157,4	2,9	1.893,0	1,1	12,0	-1,7	51,1
Thüringen	5,2	149,4	3,3	1.900,4	2,4	12,7	-0,8	52,4
West	**4,7**	**156,6**	**3,4**	**1.706,2**	**1,0**	**10,9**	**-2,3**	**49,9**
Ost	**4,9**	**143,1**	**3,9**	**1.806,3**	**2,1**	**12,6**	**-1,7**	**51,5**
Bund	**4,7**	**154,3**	**3,5**	**1.723,2**	**1,2**	**11,2**	**-2,2**	**50,2**

Fehlzeiten-Report 2014

◻ **Tab. 31.4.3** Arbeitsunfähigkeit der AOK-Mitglieder in der Branche Dienstleistungen nach Wirtschaftsabteilungen im Jahr 2013

Wirtschaftsabteilung	Krankenstand in %		Arbeitsunfähigkeiten je 100 AOK-Mitglieder		Tage je Fall	AU-Quote in %
	2013	2013 stand.*	Fälle	Tage		
Erbringung von freiberuflichen, wissenschaftlichen und technischen Dienstleistungen	3,2	3,6	139,0	1.185,3	8,5	49,9
Erbringung von sonstigen Dienst-leistungen	4,5	4,5	156,7	1.639,8	10,5	53,9
Erbringung von sonstigen wirtschaft-lichen Dienstleistungen	5,2	5,3	180,7	1.911,5	10,6	48,0
Gastgewerbe	3,8	3,9	112,2	1.382,1	12,3	37,9
Gesundheits- und Sozialwesen	5,5	5,3	163,5	1.991,6	12,2	59,9
Grundstücks- und Wohnungswesen	4,5	4,3	131,1	1.638,5	12,5	49,4
Information und Kommunikation	3,5	3,9	137,8	1.282,8	9,3	47,3
Kunst, Unterhaltung und Erholung	4,4	4,4	125,7	1.588,7	12,6	43,0
Private Haushalte mit Hauspersonal, Herstellung von Waren und Erbringung von Dienstleistungen durch private Haushalte für den Eigenbedarf	2,6	2,5	69,6	933,7	13,4	29,4
Branche insgesamt	**4,7**	**4,8**	**154,3**	**1.723,2**	**11,2**	**50,2**
Alle Branchen	**5,1**	**5,1**	**160,7**	**1.849,6**	**11,5**	**54,8**

*Krankenstand alters- und geschlechtsstandardisiert

Fehlzeiten-Report 2014

31

◻ **Tab. 31.4.4** Kennzahlen der Arbeitsunfähigkeit der AOK-Mitglieder nach ausgewählten Berufsgruppen in der Branche Dienstleistungen im Jahr 2013

Tätigkeit	Kranken-stand in %	Arbeitsunfähigkeiten je 100 AOK-Mitglieder		Tage je Fall	AU-Quote in %	Anteil der Berufs-gruppe an der Branche in %*
		Fälle	Tage			
Berufe im Dialogmarketing	7,3	302,3	2.649,6	8,8	60,9	1,0
Berufe im Friseurgewerbe	3,6	175,6	1.296,0	7,4	56,1	1,6
Berufe im Gastronomieservice (ohne Spez.)	3,6	109,5	1.329,9	12,1	36,0	5,4
Berufe im Hotelservice	4,2	150,0	1.549,9	10,3	46,9	1,8
Berufe im Objekt-, Werte- u. Personenschutz	5,7	146,7	2.067,7	14,1	49,3	2,1
Berufe in der Altenpflege (ohne Spez.)	7,1	183,4	2.573,8	14,0	63,5	5,4
Berufe in der Gebäudereinigung	6,0	161,6	2.188,9	13,5	52,0	1,5
Berufe in der Gebäudetechnik (ohne Spez.)	5,0	118,8	1.828,6	15,4	48,0	1,5
Berufe in der Gesundheits- u. Krankenpflege (ohne Spez.)	5,8	160,5	2.131,4	13,3	61,2	5,7
Berufe in der Hauswirtschaft	6,1	152,5	2.226,4	14,6	56,4	2,1
Berufe in der Kinderbetreuung u. -erziehung	5,1	191,9	1.860,1	9,7	63,3	1,8
Berufe in der Lagerwirtschaft	5,4	216,9	1.979,9	9,1	46,2	6,7
Berufe in der Metallbearbeitung (ohne Spez.)	4,8	219,2	1.769,8	8,1	48,4	2,5
Berufe in der Reinigung (ohne Spez.)	6,0	155,1	2.208,2	14,2	52,4	7,9
Berufe in der Sozialarbeit u. Sozial-pädagogik	4,8	146,1	1.753,3	12,0	59,0	1,1
Büro- u. Sekretariatskräfte (ohne Spez.)	3,5	143,3	1.285,3	9,0	48,9	4,1
kaufmännische u. technische Betriebswirtschaft (ohne Spez.)	3,5	151,7	1.284,8	8,5	52,2	1,2
Köche/Köchinnen (ohne Spez.)	4,7	125,8	1.709,3	13,6	42,6	6,7
Medizinische Fachangestellte (ohne Spez.)	2,9	150,5	1.048,2	7,0	54,1	2,4
Zahnmedizinische Fachangestellte	3,0	188,8	1.077,1	5,7	60,3	1,3
Branche insgesamt	**4,7**	**154,3**	**1.723,2**	**11,2**	**50,2**	**39,2****

* Anteil der AOK-Mitglieder in der Berufsgruppe an den in der Branche beschäftigten AOK-Mitgliedern insgesamt
**Anteil der AOK-Mitglieder in der Branche an allen AOK-Mitgliedern

Fehlzeiten-Report 2014

◻ **Tab. 31.4.5** Dauer der Arbeitsunfähigkeit der AOK-Mitglieder in der Branche Dienstleistungen im Jahr 2013

Fallklasse	Branche hier		alle Branchen	
	Anteil Fälle in %	Anteil Tage in %	Anteil Fälle in %	Anteil Tage in %
1–3 Tage	35,0	6,3	35,7	6,2
4–7 Tage	32,4	14,9	31,2	13,7
8–14 Tage	17,7	16,4	17,5	15,8
15–21 Tage	5,8	9,1	5,9	8,9
22–28 Tage	2,6	5,8	2,7	5,8
29–42 Tage	2,7	8,3	2,8	8,6
Langzeit-AU (> 42 Tage)	3,8	39,2	4,1	41,0

Fehlzeiten-Report 2014

◘ **Tab. 31.4.6** Tage der Arbeitsunfähigkeit je AOK-Mitglied nach Wirtschaftsabteilung und Betriebsgröße in der Branche Dienstleistungen im Jahr 2013

Wirtschaftsabteilungen	Betriebsgröße (Anzahl der AOK-Mitglieder)					
	10–49	50–99	100–199	200–499	500–999	≥ 1.000
Erbringung von freiberuflichen, wissenschaftlichen und technischen Dienstleistungen	13,3	15,4	17,0	16,2	18,1	12,3
Erbringung von sonstigen Dienstleistungen	19,1	22,0	22,3	19,8	21,9	12,1
Erbringung von sonstigen wirtschaftlichen Dienstleistungen	19,8	20,3	20,0	19,6	19,2	16,3
Gastgewerbe	15,3	18,2	21,3	21,0	25,0	27,6
Gesundheits- und Sozialwesen	22,8	22,8	21,9	20,9	20,2	20,1
Grundstücks- und Wohnungswesen	19,3	22,7	22,8	23,3	4,5	–
Information und Kommunikation	13,4	16,2	18,2	18,6	15,2	–
Kunst, Unterhaltung und Erholung	17,8	21,0	20,4	15,5	15,1	13,9
Private Haushalte mit Hauspersonal, Herstellung von Waren und Erbringung von Dienstleistungen durch private Haushalte für den Eigenbedarf	2,6	–	–	–	–	–
Branche insgesamt	**19,1**	**20,9**	**20,7**	**20,0**	**19,6**	**19,0**
Alle Branchen	**19,4**	**21,1**	**21,1**	**21,0**	**20,7**	**20,8**

Fehlzeiten-Report 2014

31

◨ **Tab. 31.4.7** Krankenstand in Prozent nach Ausbildungsabschluss in der Branche Dienstleistungen im Jahr 2013, AOK-Mitglieder

Wirtschaftsabteilung	Ausbildung						
	ohne Aus-bildungs-abschluss	mit Aus-bildungs-abschluss	Meister/Techniker	Bachelor	Diplom/Magis-ter/Master/Staatsexamen	Pro-motion	unbe-kannt
Erbringung von frei-beruflichen, wissen-schaftlichen und technischen Dienst-leistungen	4,1	3,6	3,0	1,6	1,9	1,4	3,5
Erbringung von sonsti-gen Dienstleistungen	5,8	4,5	4,1	2,6	2,7	2,2	4,4
Erbringung von sonstigen wirtschaft-lichen Dienstleistungen	5,5	5,3	4,4	2,3	3,0	3,5	5,2
Gastgewerbe	4,4	4,1	3,6	2,2	2,8	2,5	3,3
Gesundheits- und Sozialwesen	6,4	5,5	5,1	2,8	3,1	1,6	5,6
Grundstücks- und Wohnungswesen	5,2	4,7	3,5	1,6	2,7	1,7	4,3
Information und Kommunikation	4,2	4,1	3,0	1,6	1,9	1,6	3,6
Kunst, Unterhaltung und Erholung	4,8	4,9	4,5	2,3	2,8	2,3	3,9
Private Haushalte mit Hauspersonal, Her-stellung von Waren und Erbringung von Dienstleistungen durch private Haushalte für den Eigenbedarf	2,5	2,9	3,0	1,9	1,3	4,5	2,4
Branche insgesamt	5,5	5,0	4,2	2,1	2,5	1,7	4,5
Alle Branchen	5,9	5,2	3,9	2,0	2,5	1,9	4,9

Fehlzeiten-Report 2014

◨ **Tab. 31.4.8** Tage der Arbeitsunfähigkeit je AOK-Mitglied nach Ausbildung in der Branche Dienstleistungen im Jahr 2013

Wirtschaftsabteilung	Ausbildung						
	ohne Aus-bildungs-abschluss	mit Aus-bildungs-abschluss	Meister/ Techniker	Bachelor	Diplom/Magis-ter/Master/ Staatsexamen	Pro-motion	unbe-kannt
Erbringung von frei-beruflichen, wissen-schaftlichen und technischen Dienst-leistungen	15,0	13,0	10,9	5,8	6,8	4,9	12,8
Erbringung von sonsti-gen Dienstleistungen	21,0	16,5	14,9	9,5	9,8	8,2	15,9
Erbringung von sonstigen wirtschaft-lichen Dienstleistungen	19,9	19,4	15,9	8,5	10,8	12,7	19,0
Gastgewerbe	16,1	15,1	13,3	8,0	10,1	9,2	12,1
Gesundheits- und Sozialwesen	23,5	20,1	18,7	10,2	11,4	5,8	20,3
Grundstücks- und Wohnungswesen	18,8	17,2	12,9	6,0	9,9	6,1	15,8
Information und Kommunikation	15,4	14,8	10,9	6,0	6,9	6,0	13,1
Kunst, Unterhaltung und Erholung	17,5	17,8	16,6	8,5	10,3	8,4	14,3
Private Haushalte mit Hauspersonal, Her-stellung von Waren und Erbringung von Dienstleistungen durch private Haushalte für den Eigenbedarf	9,2	10,5	10,9	7,1	4,9	16,3	8,7
Branche insgesamt	**19,9**	**18,1**	**15,3**	**7,5**	**9,2**	**6,2**	**16,4**
Alle Branchen	**21,6**	**19,0**	**14,3**	**7,5**	**9,1**	**6,8**	**17,9**

Fehlzeiten-Report 2014

◨ **Tab. 31.4.9** Anteil der Arbeitsunfälle an den AU-Fällen und -Tagen in Prozent nach Wirtschaftsabteilungen in der Branche Dienstleistungen im Jahr 2013, AOK-Mitglieder

Wirtschaftsabteilung	AU-Fälle in %	AU-Tage in %
Erbringung von freiberuflichen, wissenschaftlichen und technischen Dienstleistungen	1,8	4,3
Erbringung von sonstigen Dienstleistungen	2,0	4,0
Erbringung von sonstigen wirtschaftlichen Dienstleistungen	4,0	7,1
Gastgewerbe	3,7	5,6
Gesundheits- und Sozialwesen	1,9	3,4
Grundstücks- und Wohnungswesen	2,9	5,4
Information und Kommunikation	1,6	3,8
Kunst, Unterhaltung und Erholung	4,0	8,1
Private Haushalte mit Hauspersonal, Herstellung von Waren und Erbringung von Dienstleistungen durch private Haushalte für den Eigenbedarf	2,0	4,4
Branche insgesamt	**2,7**	**4,9**
Alle Branchen	**3,4**	**6,4**

Fehlzeiten-Report 2014

■ Tab. 31.4.10 Tage und Fälle der Arbeitsunfähigkeit durch Arbeitsunfälle nach Berufsgruppen in der Branche Dienstleistungen im Jahr 2013, AOK-Mitglieder

Tätigkeit	Arbeitsunfähigkeit je 1.000 AOK-Mitglieder	
	AU-Tage	AU-Fälle
Berufe in der Lagerwirtschaft	1.617,0	98,5
Berufe in der Metallbearbeitung (ohne Spez.)	1.561,2	107,8
Berufe in der Gebäudetechnik (ohne Spez.)	1.287,4	54,3
Berufe in der Gebäudereinigung	1.206,8	48,4
Berufe im Objekt-, Werte- u. Personenschutz	1.091,7	39,9
Berufe in der Reinigung (ohne Spez.)	977,4	40,2
Köche/Köchinnen (ohne Spez.)	923,0	51,3
Berufe in der Altenpflege (ohne Spez.)	896,1	37,7
Berufe in der Hauswirtschaft	873,3	34,3
Berufe in der Gesundheits- u. Krankenpflege (ohne Spez.)	759,1	31,9
Berufe im Hotelservice	708,2	38,8
Berufe im Gastronomieservice (ohne Spez.)	670,3	35,3
Berufe in der Kinderbetreuung u. –erziehung	572,4	28,9
Berufe in der Sozialarbeit u. Sozialpädagogik	536,6	24,7
Berufe im Dialogmarketing	433,5	24,0
kaufmännische u. technische Betriebswirtschaft (ohne Spez.)	287,6	14,3
Büro- u. Sekretariatskräfte (ohne Spez.)	275,4	13,3
Berufe im Friseurgewerbe	275,3	21,1
Zahnmedizinische Fachangestellte	229,1	18,6
Medizinische Fachangestellte (ohne Spez.)	210,8	14,3
Branche insgesamt	**856,6**	**42,2**
Alle Branchen	**1.187,9**	**54,3**

Fehlzeiten-Report 2014

■ **Tab. 31.4.11** Tage und Fälle der Arbeitsunfähigkeit je 100 AOK-Mitglieder nach Krankheitsarten in der Branche Dienstleistungen in den Jahren 1995 bis 2013

Jahr	Arbeitsunfähigkeiten je 100 AOK-Mitglieder											
	Psyche		Herz/Kreislauf		Atemwege		Verdauung		Muskel/Skelett		Verletzungen	
	Tage	Fälle	Tage	Fälle	Tage	Fälle	Tage	Fälle	Tage	Fälle	Tage	Fälle
1995	131,2	5,4	189,5	9,8	388,0	47,1	196,9	23,3	577,8	30,4	304,6	18,9
1996	126,7	5,1	166,6	8,6	350,8	43,5	173,5	22,0	529,5	27,9	285,6	17,7
1997	120,9	5,4	153,0	8,7	309,8	41,8	159,5	21,6	467,4	27,1	267,9	17,3
1998	129,5	5,8	150,0	8,9	307,2	43,3	155,3	22,0	480,0	28,7	260,5	17,4
1999	137,2	6,3	147,1	9,2	343,9	48,9	159,4	24,1	504,9	31,3	260,8	18,0
2000	163,5	7,7	131,5	8,3	321,8	45,8	142,8	20,4	543,2	33,4	249,3	17,2
2001	174,7	8,6	135,5	9,0	303,0	44,8	143,3	20,9	554,2	34,5	246,0	17,2
2002	180,1	8,9	131,4	9,0	289,1	43,5	143,9	21,9	542,4	34,1	239,2	16,7
2003	175,1	8,8	125,2	8,9	289,3	44,7	134,6	20,9	491,7	31,5	226,0	15,8
2004	187,1	8,8	130,4	7,9	247,0	37,4	133,3	20,0	463,9	29,2	216,7	14,6
2005	179,3	8,2	123,3	7,4	275,1	41,7	121,8	18,2	429,9	27,2	208,9	13,9
2006	181,7	8,4	122,7	7,6	234,5	36,5	125,9	19,6	435,3	28,0	217,8	14,7
2007	201,1	9,1	126,2	7,6	264,4	41,3	135,8	21,6	461,1	29,5	220,2	14,9
2008 (WZ03)	211,3	9,5	129,6	7,9	276,0	43,4	141,4	22,7	477,2	31,0	225,5	15,3
2008 (WZ08)*	208,8	9,5	126,2	7,8	273,2	43,3	139,4	22,5	466,7	30,6	222,4	15,2
2009	220,9	9,9	126,0	7,6	314,1	48,7	135,2	21,4	453,6	28,8	218,7	14,2
2010	240,2	10,5	123,8	7,6	272,9	43,4	125,2	19,9	479,9	30,4	235,8	15,5
2011	252,9	11,1	121,5	7,6	281,3	44,4	124,8	19,8	468,5	30,8	231,5	15,1
2012	277,5	11,3	133,0	7,7	276,8	42,9	127,2	19,2	490,5	30,4	232,0	14,1
2013	274,9	11,1	130,0	7,2	330,0	50,2	125,0	18,7	480,9	29,7	229,3	13,7

*aufgrund der Revision der Wirtschaftszweigklassifikation in 2008 ist eine Vergleichbarkeit mit den Vorjahren nur bedingt möglich

31

◩ **Tab. 31.4.12** Verteilung der Arbeitsunfähigkeitstage nach Krankheitsarten in Prozent in der Branche Dienstleistungen im Jahr 2013, AOK-Mitglieder

Wirtschaftsabteilung	AU-Tage in %						
	Psyche	Herz/ Kreislauf	Atem- wege	Ver- dauung	Muskel/ Skelett	Verlet- zungen	Sons- tige
Erbringung von freiberuflichen, wissenschaftlichen und technischen Dienstleistungen	11,5	4,9	17,8	6,0	16,1	9,6	34,1
Erbringung von sonstigen Dienstleistungen	11,8	5,5	14,7	5,5	19,3	9,2	34,1
Erbringung von sonstigen wirtschaftlichen Dienstleistungen	8,9	5,8	14,0	5,6	22,9	11,5	31,3
Gastgewerbe	10,9	5,7	12,1	5,6	20,8	10,8	34,0
Gesundheits- und Sozialwesen	14,0	5,4	13,7	4,9	20,1	8,3	33,7
Grundstücks- und Wohnungswesen	9,5	7,3	12,9	5,3	21,0	10,5	33,6
Information und Kommunikation	12,1	5,2	17,8	5,9	16,6	9,0	33,4
Kunst, Unterhaltung und Erholung	12,9	5,4	13,7	5,1	18,9	11,9	32,1
Private Haushalte mit Hauspersonal, Herstellung von Waren und Erbringung von Dienstleistungen durch private Haushalte für den Eigenbedarf	9,5	5,5	11,0	5,1	19,6	11,3	38,0
Branche insgesamt	11,7	5,5	14,1	5,3	20,5	9,8	33,1
Alle Branchen	9,8	6,2	13,4	5,3	21,8	11,3	32,1

Fehlzeiten-Report 2014

◩ **Tab. 31.4.13** Verteilung der Arbeitsunfähigkeitsfälle nach Krankheitsarten in Prozent in der Branche Dienstleistungen im Jahr 2013, AOK-Mitglieder

Wirtschaftsabteilung	AU-Fälle in %						
	Psyche	Herz/ Kreislauf	Atem- wege	Ver- dauung	Muskel/ Skelett	Verlet- zungen	Sons- tige
Erbringung von freiberuflichen, wissenschaftlichen und technischen Dienstleistungen	4,8	3,0	29,6	10,0	10,9	5,9	35,8
Erbringung von sonstigen Dienst- leistungen	5,4	3,6	25,6	9,7	13,5	6,2	36,0
Erbringung von sonstigen wirtschaftlichen Dienstleistungen	4,8	3,7	23,0	9,6	18,1	8,2	32,7
Gastgewerbe	5,6	3,8	21,9	9,3	15,4	8,1	35,9
Gesundheits- und Sozialwesen	6,3	3,7	25,8	8,9	13,4	5,8	36,1
Grundstücks- und Wohnungswesen	5,0	4,6	24,0	9,7	15,5	7,3	34,0
Information und Kommunikation	5,0	3,2	30,2	9,5	12,0	5,7	34,3
Kunst, Unterhaltung und Erholung	6,4	3,7	24,8	8,8	14,1	8,1	34,0
Private Haushalte mit Hauspersonal, Herstellung von Waren und Erbringung von Dienstleistungen durch private Haushalte für den Eigenbedarf	5,5	4,8	21,8	8,6	14,6	7,1	37,6
Branche insgesamt	5,5	3,6	25,0	9,3	14,8	6,8	34,9
Alle Branchen	4,7	3,8	24,6	9,5	16,0	7,9	33,5

Fehlzeiten-Report 2014

◨ **Tab. 31.4.14** Verteilung der Arbeitsunfähigkeitstage nach Krankheitsarten und ausgewählten Berufsgruppen in der Branche Dienstleistungen im Jahr 2013, AOK-Mitglieder

Tätigkeit	AU-Tage in %						
	Psyche	Herz/ Kreislauf	Atem- wege	Ver- dauung	Muskel/ Skelett	Verlet- zungen	Sons- tige
Berufe im Dialogmarketing	17,7	3,7	21,2	6,8	12,5	5,0	33,1
Berufe im Friseurgewerbe	11,6	3,5	17,2	6,9	14,9	8,8	37,2
Berufe im Gastronomieservice (ohne Spez.)	11,3	5,2	12,7	5,5	20,7	10,6	33,9
Berufe im Hotelservice	11,6	4,5	13,9	5,8	20,6	9,9	33,6
Berufe im Objekt-, Werte- u. Personenschutz	13,1	7,6	12,9	5,3	18,3	8,9	34,0
Berufe in der Altenpflege (ohne Spez.)	15,0	5,3	12,3	4,6	22,5	7,8	32,6
Berufe in der Gebäudereinigung	9,0	6,1	12,2	4,9	25,6	10,0	32,2
Berufe in der Gebäudetechnik (ohne Spez.)	8,0	8,9	10,2	5,3	23,1	11,9	32,7
Berufe in der Gesundheits- u. Krankenpflege (ohne Spez.)	14,3	5,2	13,4	4,7	20,6	8,7	33,1
Berufe in der Hauswirtschaft	11,6	6,2	11,6	4,5	23,5	8,3	34,2
Berufe in der Kinderbetreuung u. -erziehung	16,2	4,2	19,3	5,2	14,4	7,6	33,1
Berufe in der Lagerwirtschaft	7,3	5,1	14,6	6,2	23,9	13,2	29,7
Berufe in der Metallbearbeitung (ohne Spez.)	6,1	4,9	16,0	6,6	22,2	14,4	30,0
Berufe in der Reinigung (ohne Spez.)	10,0	6,2	11,8	4,6	25,6	8,6	33,3
Berufe in der Sozialarbeit u. Sozialpädagogik	16,4	5,0	15,6	4,7	16,5	7,8	33,9
Büro- u. Sekretariatskräfte (ohne Spez.)	14,6	4,6	17,3	5,7	14,0	7,4	36,5
kaufmännische u. technische Betriebswirtschaft (ohne Spez.)	14,2	4,6	19,2	5,9	14,0	7,1	34,9
Köche/Köchinnen (ohne Spez.)	10,6	6,2	11,2	5,3	22,4	10,3	33,9
Medizinische Fachangestellte (ohne Spez.)	13,6	3,7	17,3	6,7	11,5	7,4	39,8
Zahnmedizinische Fachangestellte	13,1	2,7	21,2	7,9	10,4	7,8	37,0
Branche gesamt	**11,7**	**5,5**	**14,1**	**5,3**	**20,5**	**9,8**	**33,1**
Alle Branchen	9,8	6,2	13,4	5,3	21,8	11,3	32,1

Fehlzeiten-Report 2014

31

◼ **Tab. 31.4.15** Verteilung der Arbeitsunfähigkeitsfälle nach Krankheitsarten und ausgewählten Berufsgruppen in der Branche Dienstleistungen im Jahr 2013, AOK-Mitglieder

Tätigkeit	AU-Fälle in %						
	Psyche	Herz/ Kreislauf	Atem- wege	Ver- dauung	Muskel/ Skelett	Verlet- zungen	Sons- tige
Berufe im Dialogmarketing	7,4	3,0	29,0	10,8	9,6	3,5	36,9
Berufe im Friseurgewerbe	5,1	2,7	26,3	10,6	9,9	5,5	39,9
Berufe im Gastronomieservice (ohne Spez.)	5,9	3,5	22,5	9,3	15,0	7,8	36,0
Berufe im Hotelservice	5,7	3,1	23,3	9,4	14,6	6,7	37,2
Berufe im Objekt-, Werte- u. Personenschutz	7,1	5,0	22,3	8,9	15,1	6,7	34,9
Berufe in der Altenpflege (ohne Spez.)	7,4	3,8	23,3	8,3	15,9	5,9	35,4
Berufe in der Gebäudereinigung	5,2	4,2	21,2	8,9	20,3	7,0	33,2
Berufe in der Gebäudetechnik (ohne Spez.)	4,7	5,8	20,2	9,4	18,9	9,0	32,0
Berufe in der Gesundheits- u. Krankenpflege (ohne Spez.)	6,6	3,7	25,7	8,3	14,2	6,1	35,4
Berufe in der Hauswirtschaft	6,0	4,6	22,4	8,6	16,4	6,2	35,9
Berufe in der Kinderbetreuung u. -erziehung	6,2	2,8	31,7	9,2	9,7	4,8	35,7
Berufe in der Lagerwirtschaft	4,1	3,2	22,6	10,1	19,7	9,1	31,3
Berufe in der Metallbearbeitung (ohne Spez.)	3,8	3,0	23,2	10,5	17,9	9,6	31,9
Berufe in der Reinigung (ohne Spez.)	5,5	4,8	20,9	8,4	20,0	6,3	34,1
Berufe in der Sozialarbeit u. Sozialpädagogik	6,9	3,3	29,6	8,2	11,6	5,4	35,0
Büro- u. Sekretariatskräfte (ohne Spez.)	5,8	3,2	28,8	10,0	9,8	4,7	37,6
kaufmännische u. technische Betriebswirtschaft (ohne Spez.)	5,5	3,0	30,5	10,0	9,8	4,7	36,5
Köche/Köchinnen (ohne Spez.)	5,5	4,3	20,9	9,2	16,5	8,2	35,4
Medizinische Fachangestellte (ohne Spez.)	5,2	2,6	28,2	11,1	6,9	4,4	41,5
Zahnmedizinische Fachangestellte	4,8	2,2	28,8	11,0	7,0	4,6	41,5
Branche gesamt	5,5	3,6	25,0	9,3	14,8	6,8	34,9
Alle Branchen	4,7	3,8	24,6	9,5	16,0	7,9	33,5

Fehlzeiten-Report 2014

◨ **Tab. 31.4.16** Anteile der 40 häufigsten Einzeldiagnosen an den AU-Fällen und AU-Tagen in der Branche Dienstleistungen im Jahr 2013, AOK-Mitglieder

ICD-10	Bezeichnung	AU-Fälle in %	AU-Tage in %
J06	Akute Infektionen an mehreren oder nicht näher bezeichneten Lokalisationen der oberen Atemwege	9,1	4,3
M54	Rückenschmerzen	5,9	5,6
A09	Sonstige und nicht näher bezeichnete Gastroenteritis und Kolitis infektiösen und nicht näher bezeichneten Ursprungs	3,9	1,4
J20	Akute Bronchitis	2,7	1,6
J40	Bronchitis, nicht als akut oder chronisch bezeichnet	2,2	1,3
K52	Sonstige nichtinfektiöse Gastroenteritis und Kolitis	2,1	0,8
B34	Viruskrankheit nicht näher bezeichneter Lokalisation	1,8	0,8
K08	Sonstige Krankheiten der Zähne und des Zahnhalteapparates	1,8	0,4
R10	Bauch- und Beckenschmerzen	1,7	0,9
K29	Gastritis und Duodenitis	1,5	0,8
F32	Depressive Episode	1,4	3,7
I10	Essentielle (primäre) Hypertonie	1,4	2,1
F43	Reaktionen auf schwere Belastungen und Anpassungsstörungen	1,3	2,1
J03	Akute Tonsillitis	1,2	0,6
J01	Akute Sinusitis	1,2	0,6
J02	Akute Pharyngitis	1,2	0,5
J32	Chronische Sinusitis	1,1	0,6
R51	Kopfschmerz	1,1	0,5
T14	Verletzung an einer nicht näher bezeichneten Körperregion	1,0	1,0
R11	Übelkeit und Erbrechen	0,9	0,5
M25	Sonstige Gelenkkrankheiten, anderenorts nicht klassifiziert	0,8	1,0
M53	Sonstige Krankheiten der Wirbelsäule und des Rückens, anderenorts nicht klassifiziert	0,8	0,9
M99	Biomechanische Funktionsstörungen, anderenorts nicht klassifiziert	0,8	0,7
J11	Grippe, Viren nicht nachgewiesen	0,8	0,4
J00	Akute Rhinopharyngitis [Erkältungsschnupfen]	0,8	0,3
M51	Sonstige Bandscheibenschäden	0,7	1,8
F45	Somatoforme Störungen	0,7	1,2
F48	Andere neurotische Störungen	0,7	1,0
M79	Sonstige Krankheiten des Weichteilgewebes, anderenorts nicht klassifiziert	0,7	0,7
J04	Akute Laryngitis und Tracheitis	0,7	0,4
J98	Sonstige Krankheiten der Atemwege	0,7	0,3
G43	Migräne	0,7	0,3
A08	Virusbedingte und sonstige näher bezeichnete Darminfektionen	0,7	0,2
M75	Schulterläsionen	0,6	1,3
M77	Sonstige Enthesopathien	0,6	0,8
R53	Unwohlsein und Ermüdung	0,6	0,6
R42	Schwindel und Taumel	0,6	0,5
N39	Sonstige Krankheiten des Harnsystems	0,6	0,4
B99	Sonstige und nicht näher bezeichnete Infektionskrankheiten	0,6	0,3
R50	Fieber sonstiger und unbekannter Ursache	0,5	0,3
	Summe hier	58,2	43,5
	Restliche	41,8	56,5
	Gesamtsumme	100,0	100,0

Fehlzeiten-Report 2014

◙ **Tab. 31.4.17** Anteile der 40 häufigsten Diagnoseuntergruppen an den AU-Fällen und AU-Tagen in der Branche Dienstleistungen im Jahr 2013, AOK-Mitglieder

ICD-10	Bezeichnung	AU-Fälle in %	AU-Tage in %
J00–J06	Akute Infektionen der oberen Atemwege	14,2	6,8
M50–M54	Sonstige Krankheiten der Wirbelsäule und des Rückens	7,0	7,8
A00–A09	Infektiöse Darmkrankheiten	5,0	1,8
J40–J47	Chronische Krankheiten der unteren Atemwege	3,5	2,4
R50–R69	Allgemeinsymptome	3,4	2,6
J20–J22	Sonstige akute Infektionen der unteren Atemwege	3,2	1,9
F40–F48	Neurotische, Belastungs- und somatoforme Störungen	3,0	5,2
R10–R19	Symptome, die das Verdauungssystem und das Abdomen betreffen	2,9	1,6
K50–K52	Nichtinfektiöse Enteritis und Kolitis	2,5	1,0
M70–M79	Sonstige Krankheiten des Weichteilgewebes	2,3	3,2
K00–K14	Krankheiten der Mundhöhle, der Speicheldrüsen und der Kiefer	2,2	0,6
K20–K31	Krankheiten des Ösophagus, des Magens und des Duodenums	2,1	1,1
B25–B34	Sonstige Viruskrankheiten	2,0	1,0
F30–F39	Affektive Störungen	1,8	5,3
J30–J39	Sonstige Krankheiten der oberen Atemwege	1,8	1,1
I10–I15	Hypertonie [Hochdruckkrankheit]	1,6	2,4
G40–G47	Episodische und paroxysmale Krankheiten des Nervensystems	1,5	1,2
M20–M25	Sonstige Gelenkkrankheiten	1,4	2,5
T08–T14	Verletzungen nicht näher bezeichneter Teile des Rumpfes, der Extremitäten oder anderer Körperregionen	1,3	1,2
R00–R09	Symptome, die das Kreislaufsystem und das Atmungssystem betreffen	1,3	0,9
J09–J18	Grippe und Pneumonie	1,2	0,8
Z80–Z99	Personen mit potentiellen Gesundheitsrisiken aufgrund der Familien- oder Eigenanamnese und bestimmte Zustände, die den Gesundheitszustand beeinflussen	1,1	2,3
N30–N39	Sonstige Krankheiten des Harnsystems	1,0	0,6
S90–S99	Verletzungen der Knöchelregion und des Fußes	0,9	1,2
S60–S69	Verletzungen des Handgelenkes und der Hand	0,9	1,2
M95–M99	Sonstige Krankheiten des Muskel-Skelett-Systems und des Bindegewebes	0,9	0,8
K55–K64	Sonstige Krankheiten des Darmes	0,9	0,8
S80–S89	Verletzungen des Knies und des Unterschenkels	0,8	1,7
R40–R46	Symptome, die das Erkennungs- und Wahrnehmungsvermögen, die Stimmung und das Verhalten betreffen	0,8	0,7
N80–N98	Nichtentzündliche Krankheiten des weiblichen Genitaltraktes	0,8	0,7
J95–J99	Sonstige Krankheiten des Atmungssystems	0,8	0,5
M15–M19	Arthrose	0,7	2,0
E70–E90	Stoffwechselstörungen	0,7	1,0
B99–B99	Sonstige Infektionskrankheiten	0,7	0,4
G50–G59	Krankheiten von Nerven, Nervenwurzeln und Nervenplexus	0,6	1,1
M65–M68	Krankheiten der Synovialis und der Sehnen	0,6	0,9
I95–I99	Sonstige und nicht näher bezeichnete Krankheiten des Kreislaufsystems	0,6	0,3
I80–I89	Krankheiten der Venen, der Lymphgefäße und der Lymphknoten, anderenorts nicht klassifiziert	0,5	0,7
D10–D36	Gutartige Neubildungen	0,5	0,6
L00–L08	Infektionen der Haut und der Unterhaut	0,5	0,5
	Summe hier	**79,5**	**70,4**
	Restliche	20,5	29,6
	Gesamtsumme	**100,0**	**100,0**

31.5   Energie, Wasser, Entsorgung und Bergbau

◻ **Tab. 31.5.1** Entwicklung des Krankenstands der AOK-Mitglieder in der Branche Energie, Wasser, Entsorgung und Bergbau in den Jahren 1994 bis 2013

Jahr	Krankenstand in %			AU-Fälle je 100 AOK-Mitglieder			Tage je Fall		
	West	Ost	Bund	West	Ost	Bund	West	Ost	Bund
1994	6,4	5,2	6,0	143,8	117,4	136,7	16,1	14,0	15,6
1995	6,2	5,0	5,8	149,0	126,4	143,3	15,6	13,9	15,2
1996	5,7	4,1	5,3	139,1	112,4	132,3	15,7	13,8	15,3
1997	5,5	4,2	5,2	135,8	107,1	129,1	14,8	13,8	14,6
1998	5,7	4,0	5,3	140,4	108,1	133,4	14,8	13,6	14,6
1999	5,9	4,4	5,6	149,7	118,8	143,4	14,4	13,5	14,2
2000	5,8	4,4	5,5	148,8	122,3	143,7	14,3	13,1	14,1
2001	5,7	4,4	5,4	145,0	120,3	140,4	14,3	13,5	14,2
2002	5,5	4,5	5,3	144,9	122,0	140,7	13,9	13,4	13,8
2003	5,2	4,1	5,0	144,2	121,6	139,9	13,2	12,4	13,0
2004	4,9	3,7	4,6	135,2	114,8	131,1	13,1	11,9	12,9
2005	4,8	3,7	4,6	139,1	115,5	134,3	12,7	11,7	12,5
2006	4,4	3,6	4,3	127,1	112,8	124,2	12,7	11,7	12,5
2007	4,8	3,7	4,6	138,7	117,0	134,3	12,7	11,6	12,5
2008 (WZ03)	4,9	3,9	4,7	142,6	121,6	138,2	12,6	11,8	12,4
2008 (WZ08)*	5,6	4,9	5,4	157,8	132,3	152,1	13,0	13,5	13,1
2009	5,8	5,3	5,7	162,4	142,8	158,1	13,0	13,5	13,1
2010	6,0	5,5	5,9	165,7	148,9	162,0	13,3	13,4	13,3
2011	6,0	4,9	5,8	166,2	148,3	162,3	13,3	12,2	13,0
2012	6,0	5,4	5,9	163,5	145,8	159,6	13,4	13,7	13,4
2013	6,4	5,7	6,2	175,2	154,5	170,8	13,2	13,4	13,3

*aufgrund der Revision der Wirtschaftszweigklassifikation in 2008 ist eine Vergleichbarkeit mit den Vorjahren nur bedingt möglich

Fehlzeiten-Report 2014

■ **Tab. 31.5.2** Arbeitsunfähigkeit der AOK-Mitglieder in der Branche Energie, Wasser, Entsorgung und Bergbau nach Bundesländern im Jahr 2013 im Vergleich zum Vorjahr

Bundesland	Kranken-stand in %	Arbeitsunfähigkeit je 100 AOK-Mitglieder				Tage je Fall	Veränd. z. Vorj. in %	AU-Quote in %
		AU-Fälle	Veränd. z. Vorj. in %	AU-Tage	Veränd. z. Vorj. in %			
Baden-Württemberg	5,8	169,4	5,1	2.121,4	5,2	12,5	0,1	62,0
Bayern	5,5	148,0	9,7	2.025,3	10,5	13,7	0,8	58,0
Berlin	6,4	174,1	3,8	2.323,8	-7,0	13,3	-10,3	45,9
Brandenburg	6,2	157,6	5,9	2.245,7	4,0	14,2	-1,8	60,0
Bremen	7,9	204,7	7,7	2.891,9	9,2	14,1	1,4	64,7
Hamburg	6,5	194,9	1,8	2.357,5	-3,5	12,1	-5,2	62,4
Hessen	7,1	195,6	9,5	2.605,2	7,2	13,3	-2,1	66,8
Mecklenburg-Vorpommern	5,7	157,7	2,0	2.088,5	-0,4	13,2	-2,3	61,1
Niedersachsen	6,2	182,0	8,8	2.267,9	6,9	12,5	-1,7	64,4
Nordrhein-Westfalen	7,1	191,0	7,9	2.578,6	4,4	13,5	-3,3	67,0
Rheinland-Pfalz	7,3	196,6	2,9	2.669,8	4,1	13,6	1,1	66,2
Saarland	7,2	164,0	0,2	2.635,2	9,9	16,1	9,7	63,6
Sachsen	5,4	152,2	6,5	1.967,7	4,1	12,9	-2,3	61,3
Sachsen-Anhalt	6,2	156,0	9,8	2.271,3	6,0	14,6	-3,5	59,5
Schleswig-Holstein	6,4	171,1	5,4	2.344,6	5,6	13,7	0,1	62,5
Thüringen	5,7	155,9	3,4	2.066,5	4,8	13,3	1,3	60,1
West	**6,4**	**175,2**	**7,2**	**2.320,3**	**6,0**	**13,2**	**-1,1**	**62,9**
Ost	**5,7**	**154,5**	**5,9**	**2.069,9**	**4,0**	**13,4**	**-1,8**	**60,7**
Bund	**6,2**	**170,8**	**7,0**	**2.267,4**	**5,7**	**13,3**	**-1,3**	**62,4**

Fehlzeiten-Report 2014

31

■ **Tab. 31.5.3** Arbeitsunfähigkeit der AOK-Mitglieder in der Branche Energie, Wasser, Entsorgung und Bergbau nach Wirtschaftsabteilungen im Jahr 2013

Wirtschaftsabteilung	Krankenstand in %		Arbeitsunfähigkeiten je 100 AOK-Mitglieder		Tage je Fall	AU-Quote in %
	2013	2013 stand.*	Fälle	Tage		
Abwasserentsorgung	5,9	5,1	171,6	2.135,5	12,4	63,6
Bergbau und Gewinnung von Steinen und Erden	5,6	4,5	142,8	2.027,8	14,2	58,4
Beseitigung von Umweltverschmutzungen und sonstige Entsorgung	6,5	5,1	158,5	2.378,0	15,0	57,7
Energieversorgung	4,7	4,5	154,5	1.710,8	11,1	59,4
Sammlung, Behandlung und Beseitigung von Abfällen, Rückgewinnung	7,5	6,1	190,3	2.736,9	14,4	65,1
Wasserversorgung	5,8	5,2	166,3	2.110,4	12,7	65,2
Branche insgesamt	**6,2**	**5,3**	**170,8**	**2.267,4**	**13,3**	**62,4**
Alle Branchen	**5,1**	**5,1**	**160,7**	**1.849,6**	**11,5**	**54,8**

*Krankenstand alters- und geschlechtsstandardisiert

Fehlzeiten-Report 2014

◘ **Tab. 31.5.4** Kennzahlen der Arbeitsunfähigkeit der AOK-Mitglieder nach ausgewählten Berufsgruppen in der Branche Energie, Wasser, Entsorgung und Bergbau im Jahr 2013

Tätigkeit	Kranken-stand in %	Arbeitsunfähigkeiten je 100 AOK-Mitglieder		Tage je Fall	AU-Quote in %	Anteil der Be-rufsgruppe an der Branche in %*
		Fälle	Tage			
Berufe im Gartenbau (ohne Spez.)	8,1	236,4	2.947,2	12,5	69,0	1,1
Berufe im Metallbau	7,2	189,1	2.641,6	14,0	67,6	1,1
Berufe im Rohrleitungsbau	7,1	175,2	2.602,6	14,9	69,8	1,1
Berufe in der Abfallwirtschaft	7,5	200,9	2.739,7	13,6	65,5	1,6
Berufe in der Bauelektrik	5,3	157,0	1.939,3	12,4	63,7	3,0
Berufe in der elektrischen Betriebstechnik	4,1	177,4	1.509,0	8,5	60,8	2,0
Berufe in der Energie- u. Kraftwerkstechnik	4,6	135,9	1.669,3	12,3	58,9	2,3
Berufe in der Kraftfahrzeugtechnik	6,3	188,3	2.306,4	12,2	68,2	1,3
Berufe in der Lagerwirtschaft	6,7	178,2	2.457,1	13,8	61,7	4,7
Berufe in der Maschinenbau- u. Betriebstechnik (ohne Spez.)	5,8	183,5	2.132,2	11,6	65,6	2,5
Berufe in der Naturstein- u. Mineralaufbereitung	6,4	161,3	2.343,3	14,5	64,9	1,4
Berufe in der Reinigung (ohne Spez.)	7,2	171,1	2.613,6	15,3	60,7	1,6
Berufe in der Sanitär-, Heizungs- u. Klimatechnik	6,4	178,4	2.341,1	13,1	67,3	1,1
Berufe in der Ver- u. Entsorgung (ohne Spez.)	9,2	228,5	3.353,7	14,7	69,8	10,2
Berufe in der Wasserversorgungs- u. Abwassertechnik	6,2	175,8	2.249,8	12,8	65,2	4,0
Berufskraftfahrer/innen (Güterverkehr/LKW)	7,7	175,3	2.809,6	16,0	65,4	15,3
Büro- u. Sekretariatskräfte (ohne Spez.)	3,6	155,5	1.311,3	8,4	56,8	4,8
Führer/innen von Erdbewegungs- u. verwandten Maschinen	6,3	144,9	2.303,7	15,9	60,0	2,3
Kaufmännische u. technische Betriebswirt-schaft (ohne Spez.)	3,7	153,3	1.366,6	8,9	58,6	4,9
Maschinen- u. Anlagenführer/innen	6,8	164,0	2.487,6	15,2	62,5	2,2
Branche insgesamt	**6,2**	**170,8**	**2.267,4**	**13,3**	**62,4**	**1,5****

* Anteil der AOK-Mitglieder in der Berufsgruppe an den in der Branche beschäftigten AOK-Mitgliedern insgesamt
**Anteil der AOK-Mitglieder in der Branche an allen AOK-Mitgliedern

Fehlzeiten-Report 2014

◘ **Tab. 31.5.5** Dauer der Arbeitsunfähigkeit der AOK-Mitglieder in der Branche Energie, Wasser, Entsorgung und Bergbau im Jahr 2013

Fallklasse	Branche hier		alle Branchen	
	Anteil Fälle in %	Anteil Tage in %	Anteil Fälle in %	Anteil Tage in %
1–3 Tage	32,5	4,8	35,7	6,2
4–7 Tage	28,6	10,8	31,2	13,7
8–14 Tage	19,5	15,4	17,5	15,8
15–21 Tage	7,1	9,4	5,9	8,9
22–28 Tage	3,4	6,4	2,7	5,8
29–42 Tage	3,7	9,6	2,8	8,6
Langzeit-AU (> 42 Tage)	5,1	43,6	4,1	41,0

Fehlzeiten-Report 2014

◻ Tab. 31.5.6 Tage der Arbeitsunfähigkeit je AOK-Mitglied nach Wirtschaftsabteilung und Betriebsgröße in der Branche Energie, Wasser, Entsorgung und Bergbau im Jahr 2013

Wirtschaftsabteilungen	Betriebsgröße (Anzahl der AOK-Mitglieder)					
	10–49	50–99	100–199	200–499	500–999	≥ 1.000
Abwasserentsorgung	22,3	28,6	20,8	24,8	–	–
Bergbau und Gewinnung von Steinen und Erden	21,5	19,3	14,3	18,4	–	–
Beseitigung von Umweltverschmutzungen und sonstige Entsorgung	21,8	30,3	–	–	–	–
Energieversorgung	16,8	18,4	18,3	19,2	19,5	–
Sammlung, Behandlung und Beseitigung von Abfällen, Rückgewinnung	25,5	29,6	31,4	34,2	36,0	36,3
Wasserversorgung	20,9	22,0	25,6	15,1	–	–
Branche insgesamt	**22,1**	**24,9**	**24,1**	**25,6**	**29,3**	**36,3**
Alle Branchen	**19,4**	**21,1**	**21,1**	**21,0**	**20,7**	**20,8**

Fehlzeiten-Report 2014

◻ Tab. 31.5.7 Krankenstand in Prozent nach Ausbildungsabschluss in der Branche Energie, Wasser, Entsorgung und Bergbau im Jahr 2013, AOK-Mitglieder

Wirtschaftsabteilung	Ausbildung						
	ohne Aus-bildungs-abschluss	mit Aus-bildungs-abschluss	Meister/ Techniker	Bachelor	Diplom/ Magister/ Master/ Staatsexamen	Promo-tion	unbe-kannt
Abwasserentsorgung	7,8	5,9	3,1	1,3	3,0	–	6,3
Bergbau und Gewinnung von Steinen und Erden	6,5	5,5	3,5	2,9	1,7	0,7	5,9
Beseitigung von Umwelt-verschmutzungen und sonstige Entsorgung	9,0	6,6	7,1	5,4	1,3	–	5,9
Energieversorgung	4,9	5,1	3,3	1,8	2,1	1,5	4,6
Sammlung, Behandlung und Beseitigung von Abfällen, Rückgewinnung	9,2	7,3	5,0	1,9	3,5	1,3	6,7
Wasserversorgung	7,1	6,0	3,9	3,8	3,3	–	5,8
Branche insgesamt	**7,9**	**6,2**	**3,7**	**2,1**	**2,4**	**1,4**	**6,2**
Alle Branchen	**5,9**	**5,2**	**3,9**	**2,0**	**2,5**	**1,9**	**4,9**

Fehlzeiten-Report 2014

31

◘ **Tab. 31.5.8** Tage der Arbeitsunfähigkeit je AOK-Mitglied nach Ausbildung in der Branche Energie, Wasser, Entsorgung und Bergbau im Jahr 2013

Wirtschaftsabteilung	Ausbildung						
	ohne Aus-bildungs-abschluss	mit Aus-bildungs-abschluss	Meister/ Techniker	Bachelor	Diplom/ Magister/ Master/ Staatsexamen	Promo-tion	unbe-kannt
Abwasserentsorgung	28,4	21,4	11,3	4,8	11,1	–	22,8
Bergbau und Gewinnung von Steinen und Erden	23,9	20,1	12,9	10,6	6,0	2,7	21,5
Beseitigung von Umwelt-verschmutzungen und sonstige Entsorgung	32,9	24,1	25,8	19,6	4,9	–	21,4
Energieversorgung	17,8	18,8	12,1	6,6	7,8	5,6	16,9
Sammlung, Behandlung und Beseitigung von Abfällen, Rückgewinnung	33,6	26,7	18,3	6,9	12,7	4,6	24,4
Wasserversorgung	26,1	21,8	14,2	13,8	12,1	–	21,3
Branche insgesamt	**29,0**	**22,6**	**13,6**	**7,6**	**8,9**	**5,1**	**22,7**
Alle Branchen	**21,6**	**19,0**	**14,3**	**7,5**	**9,1**	**6,8**	**17,9**

Fehlzeiten-Report 2014

◘ **Tab. 31.5.9** Anteil der Arbeitsunfälle an den AU-Fällen und -Tagen in Prozent nach Wirtschaftsabteilungen in der Branche Energie, Wasser, Entsorgung und Bergbau im Jahr 2013, AOK-Mitglieder

Wirtschaftsabteilung	AU-Fälle in %	AU-Tage in %
Abwasserentsorgung	4,1	7,8
Bergbau und Gewinnung von Steinen und Erden	5,3	10,4
Beseitigung von Umweltverschmutzungen und sonstige Entsorgung	5,0	8,0
Energieversorgung	2,6	5,2
Sammlung, Behandlung und Beseitigung von Abfällen, Rückgewinnung	5,5	10,1
Wasserversorgung	3,0	5,3
Branche insgesamt	**4,4**	**8,6**
Alle Branchen	**3,4**	**6,4**

Fehlzeiten-Report 2014

◨ **Tab. 31.5.10** Tage und Fälle der Arbeitsunfähigkeit durch Arbeitsunfälle nach Berufsgruppen in der Branche Energie, Wasser, Entsorgung und Bergbau im Jahr 2013, AOK-Mitglieder

Tätigkeit	Arbeitsunfähigkeit je 1.000 AOK-Mitglieder	
	AU-Tage	AU-Fälle
Maschinen- u. Anlagenführer/innen	3.434,2	101,3
Berufe in der Naturstein- u. Mineralaufbereitung	3.332,4	107,4
Berufe im Metallbau	3.144,3	141,4
Berufskraftfahrer/innen (Güterverkehr/LKW)	3.107,8	111,4
Berufe in der Ver- u. Entsorgung (ohne Spez.)	3.106,1	121,3
Berufe in der Abfallwirtschaft	2.980,6	113,9
Berufe in der Lagerwirtschaft	2.940,1	106,2
Führer/innen von Erdbewegungs- u. verwandten Maschinen	2.254,7	90,9
Berufe in der Kraftfahrzeugtechnik	2.231,6	125,0
Berufe im Gartenbau (ohne Spez.)	1.829,4	89,0
Berufe in der Wasserversorgungs- u. Abwassertechnik	1.767,9	78,1
Berufe in der Maschinenbau- u. Betriebstechnik (ohne Spez.)	1.602,4	83,1
Berufe in der Sanitär-, Heizungs- u. Klimatechnik	1.530,8	66,8
Berufe in der Bauelektrik	1.381,8	60,9
Berufe im Rohrleitungsbau	1.275,5	60,6
Berufe in der elektrischen Betriebstechnik	1.122,2	47,7
Berufe in der Reinigung (ohne Spez.)	1.021,1	35,7
Berufe in der Energie- u. Kraftwerkstechnik	538,3	29,2
Kaufmännische u. technische Betriebswirtschaft (ohne Spez.)	393,3	14,6
Büro- u. Sekretariatskräfte (ohne Spez.)	302,9	15,7
Branche insgesamt	**1.958,5**	**76,2**
Alle Branchen	**1.187,9**	**54,3**

Fehlzeiten-Report 2014

31

■ **Tab. 31.5.11** Tage und Fälle der Arbeitsunfähigkeit je 100 AOK-Mitglieder nach Krankheitsarten in der Branche Energie, Wasser, Entsorgung und Bergbau in den Jahren 1995 bis 2013

Jahr	Arbeitsunfähigkeiten je 100 AOK-Mitglieder											
	Psyche		Herz/Kreislauf		Atemwege		Verdauung		Muskel/Skelett		Verletzungen	
	Tage	Fälle	Tage	Fälle	Tage	Fälle	Tage	Fälle	Tage	Fälle	Tage	Fälle
1995	97,5	3,5	225,6	9,4	388,0	45,0	190,5	22,7	713,0	35,2	381,6	22,1
1996	95,0	3,4	208,2	8,5	345,8	40,8	168,6	21,0	664,2	32,2	339,2	19,3
1997	96,1	3,6	202,5	8,6	312,8	39,5	159,4	20,8	591,7	31,8	326,9	19,4
1998	100,6	3,9	199,5	8,9	314,8	40,6	156,4	20,8	637,4	34,3	315,3	19,4
1999	109,0	4,2	191,8	9,1	358,0	46,6	159,4	22,2	639,7	35,5	333,0	19,9
2000	117,1	4,7	185,3	8,4	305,5	40,2	140,8	18,6	681,8	37,5	354,0	20,5
2001	128,8	5,1	179,0	9,1	275,2	37,6	145,3	19,2	693,3	38,0	354,0	20,4
2002	123,5	5,5	176,2	9,2	262,8	36,7	144,0	20,2	678,0	38,3	343,6	19,6
2003	125,3	5,8	167,0	9,5	276,9	39,4	134,4	20,1	606,6	35,5	320,6	19,0
2004	136,6	5,7	179,8	8,9	241,9	33,9	143,2	20,2	583,5	34,5	301,5	17,7
2005	134,4	5,5	177,8	8,9	289,5	40,4	134,6	18,7	547,0	33,2	299,8	17,5
2006	131,5	5,6	180,1	8,9	232,2	33,7	131,8	19,3	540,1	32,9	294,5	17,7
2007	142,8	6,1	187,1	9,2	255,4	36,4	141,0	20,7	556,8	33,5	293,1	16,9
2008 (WZ03)	152,0	6,1	186,1	9,4	264,6	38,1	140,7	21,1	563,9	34,0	295,0	16,9
2008 (WZ08)*	161,5	6,7	212,6	10,5	293,0	39,4	167,2	23,3	674,7	40,3	361,8	20,4
2009	179,1	7,2	223,8	10,3	340,2	45,1	166,5	23,0	677,2	39,4	362,9	19,9
2010	186,4	7,7	216,5	10,5	303,4	40,9	156,5	21,5	735,2	42,5	406,8	21,8
2011	195,3	8,2	210,1	10,5	306,0	41,1	153,3	21,2	701,6	41,4	369,4	20,4
2012	218,5	8,4	230,6	10,5	300,0	40,6	162,7	21,4	723,8	40,9	378,3	19,6
2013	235,4	8,6	245,2	10,4	390,8	50,5	167,8	21,7	741,5	41,6	389,0	20,1

*aufgrund der Revision der Wirtschaftszweigklassifikation in 2008 ist eine Vergleichbarkeit mit den Vorjahren nur bedingt möglich

Fehlzeiten-Report 2014

■ **Tab. 31.5.12** Verteilung der Arbeitsunfähigkeitstage nach Krankheitsarten in Prozent in der Branche Energie, Wasser, Entsorgung und Bergbau im Jahr 2013, AOK-Mitglieder

Wirtschaftsabteilung	AU-Tage in %						
	Psyche	Herz/ Kreislauf	Atem- wege	Ver- dauung	Muskel/ Skelett	Verlet- zungen	Sons- tige
Abwasserentsorgung	7,4	7,5	12,4	5,3	24,7	12,1	30,6
Bergbau und Gewinnung von Steinen und Erden	5,5	9,4	10,4	5,3	24,0	14,0	31,4
Beseitigung von Umweltverschmut- zungen und sonstige Entsorgung	6,8	7,9	13,9	5,1	26,4	11,9	28,1
Energieversorgung	8,5	7,3	15,0	5,9	20,5	10,7	32,1
Sammlung, Behandlung und Beseiti- gung von Abfällen, Rückgewinnung	7,4	7,8	11,9	5,1	25,1	13,1	29,6
Wasserversorgung	9,2	7,8	13,2	6,1	22,2	10,4	31,0
Branche insgesamt	**7,5**	**7,9**	**12,5**	**5,4**	**23,8**	**12,5**	**30,5**
Alle Branchen	**9,8**	**6,2**	**13,4**	**5,3**	**21,8**	**11,3**	**32,1**

Fehlzeiten-Report 2014

■ **Tab. 31.5.13** Verteilung der Arbeitsunfähigkeitsfälle nach Krankheitsarten in Prozent in der Branche Energie, Wasser, Entsorgung und Bergbau im Jahr 2013, AOK-Mitglieder

Wirtschaftsabteilung	AU-Fälle in %						
	Psyche	Herz/ Kreislauf	Atem- wege	Ver- dauung	Muskel/ Skelett	Verlet- zungen	Sons- tige
Abwasserentsorgung	3,6	4,9	22,5	9,8	18,6	9,0	31,6
Bergbau und Gewinnung von Steinen und Erden	2,9	5,3	20,6	9,9	19,0	9,9	32,3
Beseitigung von Umweltverschmut- zungen und sonstige Entsorgung	3,7	6,2	21,2	10,1	19,3	9,1	30,5
Energieversorgung	3,9	4,0	26,7	10,1	15,1	7,7	32,5
Sammlung, Behandlung und Beseiti- gung von Abfällen, Rückgewinnung	4,1	4,8	21,0	9,4	20,5	9,6	30,7
Wasserversorgung	3,9	4,9	23,6	10,1	17,4	8,0	32,0
Branche insgesamt	**3,9**	**4,7**	**22,6**	**9,7**	**18,6**	**9,0**	**31,5**
Alle Branchen	**4,7**	**3,8**	**24,6**	**9,5**	**16,0**	**7,9**	**33,5**

Fehlzeiten-Report 2014

◘ **Tab. 31.5.14** Verteilung der Arbeitsunfähigkeitstage nach Krankheitsarten und ausgewählten Berufsgruppen in der Branche Energie, Wasser, Entsorgung und Bergbau im Jahr 2013, AOK-Mitglieder

Tätigkeit	AU-Tage in %						
	Psyche	Herz/ Kreislauf	Atem- wege	Ver- dauung	Muskel/ Skelett	Verlet- zungen	Sons- tige
Berufe im Gartenbau (ohne Spez.)	7,4	6,3	14,4	6,1	25,0	11,9	28,9
Berufe im Metallbau	4,1	7,9	11,3	6,1	27,2	14,0	29,3
Berufe im Rohrleitungsbau	7,7	9,4	11,0	6,2	24,5	12,0	29,2
Berufe in der Abfallwirtschaft	5,8	7,9	11,4	5,4	23,6	12,9	32,9
Berufe in der Bauelektrik	6,7	9,4	12,8	5,4	22,4	11,7	31,5
Berufe in der elektrischen Betriebs- technik	7,9	5,5	17,5	6,1	19,3	15,8	27,9
Berufe in der Energie- u. Kraftwerks- technik	6,5	7,2	14,4	7,1	19,2	10,1	35,5
Berufe in der Kraftfahrzeugtechnik	7,7	6,9	13,3	4,3	24,6	13,8	29,3
Berufe in der Lagerwirtschaft	7,0	7,0	11,3	5,8	24,4	15,5	29,0
Berufe in der Maschinenbau- u. Betriebstechnik (ohne Spez.)	6,9	7,8	12,7	5,7	22,7	13,2	31,0
Berufe in der Naturstein- u. Mineralaufbereitung	4,1	9,4	9,9	4,7	24,3	14,7	32,9
Berufe in der Reinigung (ohne Spez.)	9,1	7,1	12,1	4,2	25,3	9,4	32,9
Berufe in der Sanitär-, Heizungs- u. Klimatechnik	10,6	6,1	13,4	6,1	26,3	11,6	25,9
Berufe in der Ver- u. Entsorgung (ohne Spez.)	7,5	7,0	12,4	5,1	27,3	12,4	28,3
Berufe in der Wasserversorgungs- u. Abwassertechnik	7,8	8,2	12,1	5,5	24,2	13,2	29,1
Berufskraftfahrer/innen (Güterverkehr/LKW)	6,9	9,3	10,7	5,0	24,7	12,9	30,3
Büro- u. Sekretariatskräfte (ohne Spez.)	12,5	4,9	19,2	6,4	14,6	8,2	34,1
Führer/innen von Erdbewegungs- u. verwandten Maschinen	6,0	10,5	10,3	5,5	25,2	13,4	29,1
Kaufmännische u. technische Betriebswirtschaft (ohne Spez.)	12,2	5,9	17,9	6,2	14,0	7,8	36,0
Maschinen- u. Anlagenführer/innen	5,3	9,3	10,9	4,6	23,2	15,4	31,3
Branche gesamt	7,5	7,9	12,5	5,4	23,8	12,5	30,5
Alle Branchen	9,8	6,2	13,4	5,3	21,8	11,3	32,1

Fehlzeiten-Report 2014

Tab. 31.5.15 Verteilung der Arbeitsunfähigkeitsfälle nach Krankheitsarten und ausgewählten Berufsgruppen in der Branche Energie, Wasser, Entsorgung und Bergbau im Jahr 2013, AOK-Mitglieder

Tätigkeit	AU-Fälle in %						
	Psyche	Herz/ Kreislauf	Atem- wege	Ver- dauung	Muskel/ Skelett	Verlet- zungen	Sons- tige
Berufe im Gartenbau (ohne Spez.)	4,2	4,8	21,7	8,8	22,0	9,1	29,3
Berufe im Metallbau	2,4	5,0	20,9	9,4	21,2	11,2	29,8
Berufe im Rohrleitungsbau	3,6	5,8	21,8	9,7	19,5	8,5	31,1
Berufe in der Abfallwirtschaft	3,5	4,6	20,8	9,2	20,1	9,8	31,9
Berufe in der Bauelektrik	3,1	4,6	23,8	9,9	17,0	9,7	32,0
Berufe in der elektrischen Betriebstechnik	3,1	3,1	29,7	10,8	13,1	9,8	30,5
Berufe in der Energie- u. Kraftwerkstechnik	3,9	5,2	23,7	11,2	17,2	8,0	30,8
Berufe in der Kraftfahrzeugtechnik	3,2	3,8	24,1	9,9	18,4	10,9	29,7
Berufe in der Lagerwirtschaft	3,7	4,8	20,1	10,4	19,8	10,4	30,8
Berufe in der Maschinenbau- u. Betriebstechnik (ohne Spez.)	3,0	4,3	24,2	9,6	17,0	10,3	31,7
Berufe in der Naturstein- u. Mineralaufbereitung	2,4	5,3	19,6	9,6	21,2	10,9	30,8
Berufe in der Reinigung (ohne Spez.)	5,4	5,5	21,5	8,3	19,8	5,8	33,8
Berufe in der Sanitär-, Heizungs- u. Klimatechnik	4,4	4,3	22,8	10,1	20,6	8,6	29,1
Berufe in der Ver- u. Entsorgung (ohne Spez.)	4,1	4,4	20,6	8,7	22,9	9,7	29,5
Berufe in der Wasserversorgungs- u. Abwassertechnik	3,3	4,9	21,7	10,1	19,4	10,1	30,6
Berufskraftfahrer/innen (Güterverkehr/LKW)	3,8	5,6	19,3	9,6	21,1	9,8	30,8
Büro- u. Sekretariatskräfte (ohne Spez.)	4,8	3,2	29,5	10,5	9,9	5,3	36,8
Führer/innen von Erdbewegungs- u. verwandten Maschinen	3,4	5,9	19,0	10,1	20,7	9,8	31,2
Kaufmännische u. technische Betriebswirtschaft (ohne Spez.)	4,6	3,2	30,8	10,6	9,8	5,1	35,9
Maschinen- u. Anlagenführer/innen	3,5	5,6	20,3	9,3	20,0	10,4	30,9
Branche gesamt	3,9	4,7	22,6	9,7	18,6	9,0	31,5
Alle Branchen	4,7	3,8	24,6	9,5	16,0	7,9	33,5

Fehlzeiten-Report 2014

◻ **Tab. 31.5.16** Anteile der 40 häufigsten Einzeldiagnosen an den AU-Fällen und AU-Tagen in der Branche Energie, Wasser, Entsorgung und Bergbau im Jahr 2013, AOK-Mitglieder

ICD-10	Bezeichnung	AU-Fälle in %	AU-Tage in %
J06	Akute Infektionen an mehreren oder nicht näher bezeichneten Lokalisationen der oberen Atemwege	8,0	3,5
M54	Rückenschmerzen	6,9	6,2
A09	Sonstige und nicht näher bezeichnete Gastroenteritis und Kolitis infektiösen und nicht näher bezeichneten Ursprungs	3,0	1,0
J20	Akute Bronchitis	2,7	1,5
K08	Sonstige Krankheiten der Zähne und des Zahnhalteapparates	2,4	0,4
J40	Bronchitis, nicht als akut oder chronisch bezeichnet	2,2	1,2
I10	Essentielle (primäre) Hypertonie	2,1	3,0
K52	Sonstige nichtinfektiöse Gastroenteritis und Kolitis	1,7	0,6
B34	Viruskrankheit nicht näher bezeichneter Lokalisation	1,6	0,7
T14	Verletzung an einer nicht näher bezeichneten Körperregion	1,4	1,2
K29	Gastritis und Duodenitis	1,2	0,6
M25	Sonstige Gelenkkrankheiten, anderenorts nicht klassifiziert	1,1	1,1
R10	Bauch- und Beckenschmerzen	1,1	0,5
M51	Sonstige Bandscheibenschäden	1,0	2,0
M75	Schulterläsionen	1,0	1,9
J01	Akute Sinusitis	1,0	0,4
F32	Depressive Episode	0,9	2,2
M77	Sonstige Enthesopathien	0,9	0,9
M99	Biomechanische Funktionsstörungen, anderenorts nicht klassifiziert	0,9	0,6
J32	Chronische Sinusitis	0,9	0,4
J03	Akute Tonsillitis	0,9	0,4
J02	Akute Pharyngitis	0,9	0,4
M23	Binnenschädigung des Kniegelenkes [internal derangement]	0,8	1,4
F43	Reaktionen auf schwere Belastungen und Anpassungsstörungen	0,8	1,1
M53	Sonstige Krankheiten der Wirbelsäule und des Rückens, anderenorts nicht klassifiziert	0,8	0,8
J11	Grippe, Viren nicht nachgewiesen	0,8	0,4
R51	Kopfschmerz	0,8	0,3
S93	Luxation, Verstauchung und Zerrung der Gelenke und Bänder in Höhe des oberen Sprunggelenkes und des Fußes	0,7	0,7
M79	Sonstige Krankheiten des Weichteilgewebes, anderenorts nicht klassifiziert	0,7	0,6
J00	Akute Rhinopharyngitis [Erkältungsschnupfen]	0,7	0,3
I25	Chronische ischämische Herzkrankheit	0,6	1,3
E11	Nicht primär insulinabhängiger Diabetes mellitus [Typ-2-Diabetes]	0,6	1,0
M47	Spondylose	0,6	0,8
R42	Schwindel und Taumel	0,6	0,4
J98	Sonstige Krankheiten der Atemwege	0,6	0,3
B99	Sonstige und nicht näher bezeichnete Infektionskrankheiten	0,6	0,3
M17	Gonarthrose [Arthrose des Kniegelenkes]	0,5	1,2
R11	Übelkeit und Erbrechen	0,5	0,3
A08	Virusbedingte und sonstige näher bezeichnete Darminfektionen	0,5	0,2
J04	Akute Laryngitis und Tracheitis	0,5	0,2
	Summe hier	**55,5**	**42,3**
	Restliche	44,5	57,7
	Gesamtsumme	**100,0**	**100,0**

Fehlzeiten-Report 2014

◻ **Tab. 31.5.17** Anteile der 40 häufigsten Diagnoseuntergruppen an den AU-Fällen und AU-Tagen in der Branche Energie, Wasser, Entsorgung und Bergbau im Jahr 2013, AOK-Mitglieder

ICD-10	Bezeichnung	AU-Fälle in %	AU-Tage in %
J00–J06	Akute Infektionen der oberen Atemwege	12,2	5,4
M50–M54	Sonstige Krankheiten der Wirbelsäule und des Rückens	8,4	8,7
A00–A09	Infektiöse Darmkrankheiten	3,9	1,3
J40–J47	Chronische Krankheiten der unteren Atemwege	3,6	2,5
J20–J22	Sonstige akute Infektionen der unteren Atemwege	3,2	1,7
M70–M79	Sonstige Krankheiten des Weichteilgewebes	3,1	4,1
K00–K14	Krankheiten der Mundhöhle, der Speicheldrüsen und der Kiefer	3,0	0,6
R50–R69	Allgemeinsymptome	2,7	2,0
I10–I15	Hypertonie [Hochdruckkrankheit]	2,4	3,4
K50–K52	Nichtinfektiöse Enteritis und Kolitis	2,0	0,8
F40–F48	Neurotische, Belastungs- und somatoforme Störungen	1,9	3,0
R10–R19	Symptome, die das Verdauungssystem und das Abdomen betreffen	1,9	1,1
M20–M25	Sonstige Gelenkkrankheiten	1,8	2,6
K20–K31	Krankheiten des Ösophagus, des Magens und des Duodenums	1,8	1,0
B25–B34	Sonstige Viruskrankheiten	1,8	0,8
T08–T14	Verletzungen nicht näher bezeichneter Teile des Rumpfes, der Extremitäten oder anderer Körperregionen	1,7	1,5
Z80–Z99	Personen mit potentiellen Gesundheitsrisiken aufgrund der Familien- oder Eigenanamnese und bestimmte Zustände, die den Gesundheitszustand beeinflussen	1,4	2,8
J30–J39	Sonstige Krankheiten der oberen Atemwege	1,4	0,8
R00–R09	Symptome, die das Kreislaufsystem und das Atmungssystem betreffen	1,3	0,9
J09–J18	Grippe und Pneumonie	1,3	0,9
F30–F39	Affektive Störungen	1,2	3,1
M15–M19	Arthrose	1,2	2,7
S60–S69	Verletzungen des Handgelenkes und der Hand	1,2	1,6
S90–S99	Verletzungen der Knöchelregion und des Fußes	1,2	1,4
G40–G47	Episodische und paroxysmale Krankheiten des Nervensystems	1,2	1,1
S80–S89	Verletzungen des Knies und des Unterschenkels	1,1	2,2
K55–K64	Sonstige Krankheiten des Darmes	1,1	1,0
E70–E90	Stoffwechselstörungen	1,0	1,5
M95–M99	Sonstige Krankheiten des Muskel-Skelett-Systems und des Bindegewebes	1,0	0,8
I20–I25	Ischämische Herzkrankheiten	0,8	1,8
E10–E14	Diabetes mellitus	0,8	1,3
M05–M14	Entzündliche Polyarthropathien	0,8	0,7
J95–J99	Sonstige Krankheiten des Atmungssystems	0,8	0,6
I30–I52	Sonstige Formen der Herzkrankheit	0,7	1,3
G50–G59	Krankheiten von Nerven, Nervenwurzeln und Nervenplexus	0,7	1,1
R40–R46	Symptome, die das Erkennungs- und Wahrnehmungsvermögen, die Stimmung und das Verhalten betreffen	0,7	0,6
M45–M49	Spondylopathien	0,6	1,0
S00–S09	Verletzungen des Kopfes	0,6	0,6
N30–N39	Sonstige Krankheiten des Harnsystems	0,6	0,4
B99–B99	Sonstige Infektionskrankheiten	0,6	0,3
	Summe hier	78,7	71,0
	Restliche	21,3	29,0
	Gesamtsumme	100,0	100,0

Fehlzeiten-Report 2014

31.6 Erziehung und Unterricht

◘ **Tab. 31.6.1** Entwicklung des Krankenstands der AOK-Mitglieder in der Branche Erziehung und Unterricht in den Jahren 1994 bis 2013

Jahr	Krankenstand in %			AU-Fälle je 100 AOK-Mitglieder			Tage je Fall		
	West	Ost	Bund	West	Ost	Bund	West	Ost	Bund
1994	6,0	8,3	6,8	180,5	302,8	226,3	12,0	10,1	11,0
1995	6,1	9,8	7,5	193,8	352,2	253,3	11,5	10,2	10,8
1996	6,0	9,5	7,5	220,6	364,8	280,3	10,0	9,5	9,7
1997	5,8	8,9	7,0	226,2	373,6	280,6	9,4	8,7	9,0
1998	5,9	8,4	6,9	237,2	376,1	289,1	9,1	8,2	8,7
1999	6,1	9,3	7,3	265,2	434,8	326,8	8,4	7,8	8,1
2000	6,3	9,2	7,3	288,2	497,8	358,3	8,0	6,8	7,5
2001	6,1	8,9	7,1	281,6	495,1	352,8	7,9	6,6	7,3
2002	5,6	8,6	6,6	267,2	507,0	345,5	7,7	6,2	7,0
2003	5,3	7,7	6,1	259,4	477,4	332,4	7,4	5,9	6,7
2004	5,1	7,0	5,9	247,5	393,6	304,7	7,6	6,5	7,0
2005	4,6	6,6	5,4	227,8	387,2	292,1	7,4	6,2	6,8
2006	4,4	6,1	5,1	223,0	357,5	277,6	7,2	6,2	6,7
2007	4,7	6,1	5,3	251,4	357,2	291,0	6,9	6,2	6,6
2008 (WZ03)	5,0	6,2	5,4	278,0	349,8	303,4	6,6	6,4	6,6
2008 (WZ08)*	5,0	6,2	5,4	272,1	348,5	297,4	6,7	6,5	6,6
2009	5,2	6,5	5,6	278,2	345,3	297,9	6,8	6,9	6,9
2010	5,1	5,7	5,3	262,4	278,0	267,6	7,1	7,5	7,3
2011	4,6	5,1	4,7	212,9	247,4	220,9	7,8	7,5	7,8
2012	4,8	5,8	5,0	238,6	256,0	242,4	7,4	8,3	7,6
2013	4,4	4,9	4,5	192,8	184,5	191,2	8,3	9,7	8,5

*aufgrund der Revision der Wirtschaftszweigklassifikation in 2008 ist eine Vergleichbarkeit mit den Vorjahren nur bedingt möglich

Fehlzeiten-Report 2014

◼ **Tab. 31.6.2** Arbeitsunfähigkeit der AOK-Mitglieder in der Branche Erziehung und Unterricht nach Bundesländern im Jahr 2013 im Vergleich zum Vorjahr

Bundesland	Kranken-stand in %	Arbeitsunfähigkeit je 100 AOK-Mitglieder				Tage je Fall	Veränd. z. Vorj. in %	AU-Quote in %
		AU-Fälle	Veränd. z. Vorj. in %	AU-Tage	Veränd. z. Vorj. in %			
Baden-Württemberg	3,7	163,8	-12,7	1.350,2	-6,8	8,2	6,8	53,6
Bayern	3,5	139,2	-4,7	1.277,5	0,1	9,2	5,0	49,5
Berlin	6,5	369,7	-9,3	2.387,8	-12,5	6,5	-3,6	61,9
Brandenburg	6,1	234,1	-16,9	2.214,9	-6,3	9,5	12,8	58,7
Bremen	5,5	197,0	-20,4	2.016,9	18,8	10,2	49,3	54,6
Hamburg	5,9	286,5	-13,9	2.142,5	-5,8	7,5	9,4	62,9
Hessen	5,3	238,9	-28,9	1.923,8	-10,9	8,1	25,4	59,6
Mecklenburg-Vorpommern	5,2	213,5	-13,6	1.894,1	-1,5	8,9	14,0	53,9
Niedersachsen	4,9	215,6	-14,7	1.802,7	-2,4	8,4	14,4	59,5
Nordrhein-Westfalen	4,6	219,9	-23,3	1.693,9	-14,7	7,7	11,3	56,9
Rheinland-Pfalz	5,1	216,6	-30,2	1.854,7	-14,6	8,6	22,4	60,3
Saarland	6,3	240,4	-6,8	2.310,9	6,9	9,6	14,6	59,0
Sachsen	4,5	169,2	-34,1	1.631,1	-21,9	9,6	18,5	55,3
Sachsen-Anhalt	5,5	202,0	-19,2	2.018,0	-7,2	10,0	14,8	55,6
Schleswig-Holstein	4,9	198,3	-4,3	1.784,7	4,8	9,0	9,5	55,8
Thüringen	5,3	195,2	-20,8	1.947,7	-9,0	10,0	14,9	56,7
West	**4,4**	**192,8**	**-19,2**	**1.590,8**	**-9,3**	**8,3**	**12,2**	**55,2**
Ost	**4,9**	**184,5**	**-28,0**	**1.782,8**	**-16,0**	**9,7**	**16,6**	**55,8**
Bund	**4,5**	**191,2**	**-21,1**	**1.627,5**	**-11,3**	**8,5**	**12,4**	**55,3**

Fehlzeiten-Report 2014

◼ **Tab. 31.6.3** Arbeitsunfähigkeit der AOK-Mitglieder in der Branche Erziehung und Unterricht nach Wirtschafts-abteilungen im Jahr 2013

Wirtschaftsabteilung	Krankenstand in %		Arbeitsunfähigkeiten je 100 AOK-Mitglieder		Tage je Fall	AU-Quote in %
	2013	2013 stand.*	Fälle	Tage		
Erbringung von Dienstleistungen für den Unterricht	3,5	2,4	158,8	1.287,0	8,1	50,0
Grundschulen	4,2	3,5	129,6	1.525,1	11,8	51,2
Kindergärten und Vorschulen	4,8	5,0	198,2	1.762,6	8,9	65,7
Sonstiger Unterricht	5,4	4,9	281,4	1.961,8	7,0	58,2
Tertiärer und post-sekundärer, nicht tertiärer Unterricht	2,9	3,5	116,8	1.061,3	9,1	39,9
Weiterführende Schulen	4,5	4,0	172,3	1.634,8	9,5	51,9
Branche insgesamt	**4,5**	**4,2**	**191,2**	**1.627,5**	**8,5**	**55,3**
Alle Branchen	**5,1**	**5,1**	**160,7**	**1.849,6**	**11,5**	**54,8**

*Krankenstand alters- und geschlechtsstandardisiert

Fehlzeiten-Report 2014

◘ Tab. 31.6.4 Kennzahlen der Arbeitsunfähigkeit der AOK-Mitglieder nach ausgewählten Berufsgruppen in der Branche Erziehung und Unterricht im Jahr 2013

Tätigkeit	Kranken-stand in %	Arbeitsunfähigkeiten je 100 AOK-Mitglieder		Tage je Fall	AU-Quote in %	Anteil der Berufsgruppe an der Branche in %*
		Fälle	Tage			
Aufsichts-/Führungskräfte Erziehung, Sozialarbeit, Heilerziehungspflege	4,1	137,7	1.498,0	10,9	59,2	1,0
Berufe im Verkauf (ohne Produktspezialisierung)	8,0	586,5	2.913,0	5,0	71,5	2,8
Berufe in der betrieblichen Ausbildung u. Betriebspädagogik	5,1	150,0	1.866,1	12,4	58,2	1,0
Berufe in der Gebäudetechnik (ohne Spez.)	5,4	122,5	1.957,6	16,0	53,8	1,7
Berufe in der Gesundheits- u. Krankenpflege (ohne Spez.)	4,2	214,0	1.520,5	7,1	62,3	1,2
Berufe in der Hauswirtschaft	6,8	241,0	2.488,5	10,3	66,1	1,8
Berufe in der Hochschullehre u. -forschung	0,9	45,8	335,9	7,3	21,0	8,0
Berufe in der Informations- u. Telekommunikationstechnik	4,5	350,5	1.635,4	4,7	64,5	1,0
Berufe in der Kinderbetreuung u. -erziehung	4,6	206,2	1.683,5	8,2	66,7	25,9
Berufe in der Lagerwirtschaft	7,8	521,9	2.842,9	5,4	69,4	1,2
Berufe in der öffentlichen Verwaltung (ohne Spez.)	3,5	137,3	1.292,9	9,4	51,5	1,7
Berufe in der Reinigung (ohne Spez.)	6,7	164,6	2.461,9	15,0	63,3	6,1
Berufe in der Sozialarbeit u. Sozialpädagogik	4,0	159,4	1.457,4	9,1	57,2	1,7
Berufe in Heilerziehungspflege u. Sonderpädagogik	4,6	183,1	1.686,6	9,2	61,9	1,0
Büro- u. Sekretariatskräfte (ohne Spez.)	4,3	205,2	1.563,8	7,6	54,3	6,0
Fahrlehrer/innen	3,0	78,9	1.101,6	14,0	37,4	1,1
Köche/Köchinnen (ohne Spez.)	7,0	233,0	2.543,9	10,9	64,5	2,3
Lehrkräfte für berufsbildende Fächer	2,9	99,2	1.074,5	10,8	42,2	2,1
Lehrkräfte in der Primarstufe	2,8	106,5	1.014,9	9,5	39,4	1,3
Lehrkräfte in der Sekundarstufe	2,9	100,4	1.066,6	10,6	40,9	7,1
Branche insgesamt	**4,5**	**191,2**	**1.627,5**	**8,5**	**55,3**	**2,8****

* Anteil der AOK-Mitglieder in der Berufsgruppe an den in der Branche beschäftigten AOK-Mitgliedern insgesamt

**Anteil der AOK-Mitglieder in der Branche an allen AOK-Mitgliedern

Fehlzeiten-Report 2014

31

◻ **Tab. 31.6.5** Dauer der Arbeitsunfähigkeit der AOK-Mitglieder in der Branche Erziehung und Unterricht im Jahr 2013

Fallklasse	Branche hier		alle Branchen	
	Anteil Fälle in %	Anteil Tage in %	Anteil Fälle in %	Anteil Tage in %
1–3 Tage	44,9	10,5	35,7	6,2
4–7 Tage	30,3	17,5	31,2	13,7
8–14 Tage	14,5	17,3	17,5	15,8
15–21 Tage	4,0	8,2	5,9	8,9
22–28 Tage	1,8	5,2	2,7	5,8
29–42 Tage	1,8	7,3	2,8	8,6
Langzeit-AU (> 42 Tage)	2,5	33,9	4,1	41,0

Fehlzeiten-Report 2014

◻ **Tab. 31.6.6** Tage der Arbeitsunfähigkeit je AOK-Mitglied nach Wirtschaftsabteilung und Betriebsgröße in der Branche Erziehung und Unterricht im Jahr 2013

Wirtschaftsabteilungen	Betriebsgröße (Anzahl der AOK-Mitglieder)					
	10–49	50–99	100–199	200–499	500–999	≥ 1.000
Erbringung von Dienstleistungen für den Unterricht	23,2	–	–	–	–	–
Grundschulen	17,4	15,2	14,1	18,2	–	–
Kindergärten und Vorschulen	17,4	18,2	22,0	24,2	28,4	20,5
Sonstiger Unterricht	21,2	23,6	24,1	29,9	–	–
Tertiärer und post-sekundärer, nicht tertiärer Unterricht	11,2	12,4	11,6	10,9	10,1	10,3
Weiterführende Schulen	16,3	21,0	21,8	21,1	25,4	–
Branche insgesamt	17,3	19,8	20,0	17,5	14,4	12,5
Alle Branchen	19,4	21,1	21,1	21,0	20,7	20,8

Fehlzeiten-Report 2014

◻ **Tab. 31.6.7** Krankenstand in Prozent nach Ausbildungsabschluss in der Branche Erziehung und Unterricht im Jahr 2013, AOK-Mitglieder

Wirtschaftsabteilung	Ausbildung						
	ohne Ausbildungsabschluss	mit Ausbildungsabschluss	Meister/ Techniker	Bachelor	Diplom/Magister/Master/ Staatsexamen	Promotion	unbekannt
Erbringung von Dienstleistungen für den Unterricht	–	1,4	–	–	–	–	4,4
Grundschulen	5,5	4,7	5,6	5,0	3,0	3,7	4,6
Kindergärten und Vorschulen	5,9	4,7	4,9	3,3	4,1	4,1	5,4
Sonstiger Unterricht	7,2	4,6	4,7	2,4	3,0	2,3	5,2
Tertiärer und post-sekundärer, nicht tertiärer Unterricht	5,2	4,8	3,9	1,0	1,2	1,1	3,4
Weiterführende Schulen	7,2	4,8	4,2	2,7	2,9	2,5	5,3
Branche insgesamt	6,6	4,7	4,7	2,2	2,2	1,4	5,2
Alle Branchen	5,9	5,2	3,9	2,0	2,5	1,9	4,9

Fehlzeiten-Report 2014

◩ **Tab. 31.6.8** Tage der Arbeitsunfähigkeit je AOK-Mitglied nach Ausbildung in der Branche Erziehung und Unterricht im Jahr 2013

Wirtschaftsabteilung	Ausbildung						
	ohne Ausbildungsabschluss	mit Ausbildungsabschluss	Meister/ Techniker	Bachelor	Diplom/Magister/Master/ Staatsexamen	Promotion	unbekannt
Erbringung von Dienstleistungen für den Unterricht	–	5,1	–	–	–	–	15,9
Grundschulen	20,0	17,0	20,3	18,4	10,8	13,4	16,9
Kindergärten und Vorschulen	21,5	17,2	17,9	12,2	14,9	14,9	19,8
Sonstiger Unterricht	26,4	16,8	17,1	8,7	10,8	8,5	19,1
Tertiärer und post-sekundärer, nicht tertiärer Unterricht	19,1	17,5	14,1	3,7	4,3	4,1	12,3
Weiterführende Schulen	26,3	17,4	15,3	9,8	10,5	9,1	19,3
Branche insgesamt	**24,2**	**17,2**	**17,1**	**7,9**	**8,2**	**5,0**	**18,8**
Alle Branchen	**21,6**	**19,0**	**14,3**	**7,5**	**9,1**	**6,8**	**17,9**

Fehlzeiten-Report 2014

◩ **Tab. 31.6.9** Anteil der Arbeitsunfälle an den AU-Fällen und -Tagen in Prozent nach Wirtschaftsabteilungen in der Branche Erziehung und Unterricht im Jahr 2013, AOK-Mitglieder

Wirtschaftsabteilung	AU-Fälle in %	AU-Tage in %
Erbringung von Dienstleistungen für den Unterricht	0,0	0,0
Grundschulen	1,8	3,3
Kindergärten und Vorschulen	1,2	2,7
Sonstiger Unterricht	1,8	3,8
Tertiärer und post-sekundärer, nicht tertiärer Unterricht	1,5	3,0
Weiterführende Schulen	1,7	3,4
Branche insgesamt	**1,5**	**3,2**
Alle Branchen	**3,4**	**6,4**

Fehlzeiten-Report 2014

31

■ Tab. 31.6.10 Tage und Fälle der Arbeitsunfähigkeit durch Arbeitsunfälle nach Berufsgruppen in der Branche Erziehung und Unterricht im Jahr 2013, AOK-Mitglieder

Tätigkeit	Arbeitsunfähigkeit je 1.000 AOK-Mitglieder	
	AU-Tage	AU-Fälle
Berufe in der Lagerwirtschaft	1.151,1	100,9
Berufe in der Gebäudetechnik (ohne Spez.)	1.008,3	43,1
Berufe in der Hauswirtschaft	938,5	44,2
Fahrlehrer/innen	885,2	37,7
Köche/Köchinnen (ohne Spez.)	860,0	54,4
Berufe im Verkauf (ohne Produktspezialisierung)	837,1	72,5
Berufe in der Reinigung (ohne Spez.)	783,9	27,0
Berufe in der Gesundheits- u. Krankenpflege (ohne Spez.)	608,0	41,3
Aufsichts-/Führungskräfte- Erziehung, Sozialarbeit, Heilerziehungspflege	599,8	25,7
Berufe in der betrieblichen Ausbildung u. Betriebspädagogik	548,2	29,6
Berufe in Heilerziehungspflege u. Sonderpädagogik	524,5	29,2
Berufe in der Kinderbetreuung u. -erziehung	414,7	23,9
Berufe in der Sozialarbeit u. Sozialpädagogik	373,7	19,1
Lehrkräfte für berufsbildende Fächer	351,2	16,6
Lehrkräfte in der Sekundarstufe	325,6	14,0
Büro- u. Sekretariatskräfte (ohne Spez.)	296,4	18,2
Berufe in der Informations- u. Telekommunikationstechnik	284,1	32,1
Berufe in der öffentlichen Verwaltung (ohne Spez.)	256,4	12,3
Lehrkräfte in der Primarstufe	204,0	11,9
Berufe in der Hochschullehre u. -forschung	98,2	6,2
Branche insgesamt	**516,9**	**29,3**
Alle Branchen	**1.187,9**	**54,3**

Fehlzeiten-Report 2014

◘ **Tab. 31.6.11** Tage und Fälle der Arbeitsunfähigkeit je 100 AOK-Mitglieder nach Krankheitsarten in der Branche Erziehung und Unterricht in den Jahren 2000 bis 2013

Jahr	Arbeitsunfähigkeiten je 100 AOK-Mitglieder											
	Psyche		Herz/Kreislauf		Atemwege		Verdauung		Muskel/Skelett		Verletzungen	
	Tage	Fälle	Tage	Fälle	Tage	Fälle	Tage	Fälle	Tage	Fälle	Tage	Fälle
2000	200,3	13,3	145,3	16,1	691,6	122,5	268,8	55,4	596,0	56,0	357,1	33,8
2001	199,2	13,9	140,8	16,1	681,8	125,5	265,8	55,8	591,4	56,8	342,0	32,9
2002	199,6	14,2	128,7	15,3	623,5	118,9	257,3	57,3	538,7	54,4	327,0	32,0
2003	185,4	13,5	120,7	14,8	596,5	116,7	239,2	55,5	470,6	48,9	296,4	30,0
2004	192,8	14,0	121,5	12,7	544,1	101,0	245,2	53,0	463,3	46,9	302,8	29,1
2005	179,7	12,5	102,4	11,0	557,4	104,0	216,9	49,3	388,1	40,2	281,7	27,7
2006	174,6	12,0	99,8	11,2	481,8	92,8	215,6	50,0	365,9	38,0	282,7	27,7
2007	191,0	12,9	97,1	10,5	503,6	97,6	229,8	52,9	366,9	38,5	278,0	27,1
2008 (WZ03)	201,0	13,5	96,2	10,5	506,8	99,1	237,3	55,8	387,0	40,8	282,0	27,9
2008 (WZ08)*	199,5	13,3	97,6	10,4	498,4	97,3	232,6	54,5	387,1	40,3	279,3	27,2
2009	226,5	14,7	102,7	9,9	557,5	103,5	223,7	50,2	382,8	39,2	265,2	24,7
2010	261,4	14,9	98,1	9,3	460,6	86,6	176,9	39,0	387,7	36,3	253,5	21,9
2011	263,0	13,7	99,1	8,0	394,8	72,3	146,3	30,0	351,0	30,0	205,5	16,1
2012	297,8	15,6	104,0	8,6	408,6	76,8	161,1	33,7	373,9	33,2	233,8	18,4
2013	278,6	12,4	102,4	7,0	403,4	70,5	123,3	23,6	346,7	26,2	178,9	12,8

*aufgrund der Revision der Wirtschaftszweigklassifikation in 2008 ist eine Vergleichbarkeit mit den Vorjahren nur bedingt möglich

Fehlzeiten-Report 2014

31

◨ **Tab. 31.6.12** Verteilung der Arbeitsunfähigkeitstage nach Krankheitsarten in Prozent in der Branche Erziehung und Unterricht im Jahr 2013, AOK-Mitglieder

Wirtschaftsabteilung	AU-Tage in %						
	Psyche	Herz/ Kreislauf	Atem- wege	Ver- dauung	Muskel/ Skelett	Verlet- zungen	Sonstige
Erbringung von Dienstleistungen für den Unterricht	3,7	2,5	22,4	15,2	37,6	0,2	18,4
Grundschulen	13,9	6,3	15,7	4,5	17,1	8,0	34,6
Kindergärten und Vorschulen	13,6	4,1	20,1	5,2	15,7	7,0	34,4
Sonstiger Unterricht	11,6	4,2	18,6	7,0	15,4	9,7	33,5
Tertiärer und post- sekundärer, nicht tertiärer Unterricht	12,4	5,1	18,5	5,6	16,2	8,8	33,5
Weiterführende Schulen	12,9	5,9	16,5	5,3	16,6	8,4	34,6
Branche insgesamt	**12,8**	**4,7**	**18,5**	**5,7**	**15,9**	**8,2**	**34,1**
Alle Branchen	**9,8**	**6,2**	**13,4**	**5,3**	**21,8**	**11,3**	**32,1**

Fehlzeiten-Report 2014

◨ **Tab. 31.6.13** Verteilung der Arbeitsunfähigkeitsfälle nach Krankheitsarten in Prozent in der Branche Erziehung und Unterricht im Jahr 2013, AOK-Mitglieder

Wirtschaftsabteilung	AU-Fälle in %						
	Psyche	Herz/ Kreislauf	Atem- wege	Ver- dauung	Muskel/ Skelett	Verlet- zungen	Sonstige
Erbringung von Dienstleistungen für den Unterricht	2,5	2,5	25,2	20,2	10,9	0,8	37,8
Grundschulen	6,2	4,0	30,3	8,3	12,3	5,5	33,5
Kindergärten und Vorschulen	5,1	2,6	32,8	9,1	9,9	4,4	36,1
Sonstiger Unterricht	4,9	2,6	26,5	11,1	11,2	6,1	37,6
Tertiärer und post- sekundärer, nicht tertiärer Unterricht	5,2	3,3	29,6	9,7	11,8	5,8	34,6
Weiterführende Schulen	5,7	3,4	28,0	9,6	11,8	5,6	35,9
Branche insgesamt	**5,2**	**2,9**	**29,5**	**9,9**	**11,0**	**5,3**	**36,3**
Alle Branchen	**4,7**	**3,8**	**24,6**	**9,5**	**16,0**	**7,9**	**33,5**

Fehlzeiten-Report 2014

◘ Tab. 31.6.14 Verteilung der Arbeitsunfähigkeitstage nach Krankheitsarten und ausgewählten Berufsgruppen in der Branche Erziehung und Unterricht im Jahr 2013, AOK-Mitglieder

Tätigkeit	AU-Tage in %						
	Psyche	Herz/ Kreislauf	Atem- wege	Ver- dauung	Muskel/ Skelett	Verlet- zungen	Sonstige
Aufsichts-/Führungskräfte Erziehung, Sozialarbeit, Heilerziehungspflege	13,0	4,1	16,4	5,3	13,2	10,2	37,8
Berufe im Verkauf (ohne Produktspezialisierung)	11,1	1,7	22,9	9,5	11,6	8,1	35,1
Berufe in der betrieblichen Aus- bildung u. Betriebspädagogik	13,0	7,7	13,7	5,2	16,0	8,9	35,5
Berufe in der Gebäudetechnik (ohne Spez.)	9,3	9,2	10,4	4,8	22,7	8,9	34,7
Berufe in der Gesundheits- u. Krankenpflege (ohne Spez.)	15,0	2,9	19,3	6,1	15,5	9,0	32,1
Berufe in der Hauswirtschaft	12,6	5,1	15,2	5,3	22,3	7,6	31,8
Berufe in der Hochschullehre u. -forschung	14,0	2,8	25,7	5,9	9,2	9,9	32,5
Berufe in der Informations- u. Telekommunikationstechnik	10,1	2,1	27,9	9,3	9,6	9,5	31,5
Berufe in der Kinderbetreuung u. -erziehung	14,8	3,5	22,0	5,4	13,0	6,7	34,5
Berufe in der Lagerwirtschaft	7,9	2,4	22,6	8,4	15,8	12,5	30,4
Berufe in der öffentlichen Verwaltung (ohne Spez.)	14,2	6,4	19,2	4,8	13,2	7,1	35,1
Berufe in der Reinigung (ohne Spez.)	9,0	6,5	12,1	4,1	26,4	7,5	34,4
Berufe in der Sozialarbeit u. Sozialpädagogik	16,5	5,1	20,3	4,7	10,7	6,4	36,2
Berufe in Heilerziehungspflege u. Sonderpädagogik	18,1	3,5	21,1	5,3	14,9	7,3	29,8
Büro- u. Sekretariatskräfte (ohne Spez.)	14,8	4,0	17,9	6,0	13,1	6,8	37,3
Fahrlehrer/innen	10,1	6,3	10,5	5,9	18,6	11,9	36,7
Köche/Köchinnen (ohne Spez.)	12,1	5,3	14,6	5,5	20,4	8,2	33,9
Lehrkräfte für berufsbildende Fächer	15,7	6,2	16,2	4,8	12,0	8,1	37,1
Lehrkräfte in der Primarstufe	17,0	7,4	19,3	4,4	9,8	6,7	35,5
Lehrkräfte in der Sekundarstufe	16,8	6,6	17,6	4,3	11,0	8,4	35,3
Branche gesamt	**12,8**	**4,7**	**18,5**	**5,7**	**15,9**	**8,2**	**34,1**
Alle Branchen	**9,8**	**6,2**	**13,4**	**5,3**	**21,8**	**11,3**	**32,1**

Fehlzeiten-Report 2014

◘ Tab. 31.6.15 Verteilung der Arbeitsunfähigkeitsfälle nach Krankheitsarten und ausgewählten Berufsgruppen in der Branche Erziehung und Unterricht im Jahr 2013, AOK-Mitglieder

Tätigkeit	AU-Fälle in %						
	Psyche	Herz/ Kreislauf	Atem- wege	Ver- dauung	Muskel/ Skelett	Verlet- zungen	Sonstige
Aufsichts-/Führungskräfte Erziehung, Sozialarbeit, Heilerziehungspflege	6,3	3,4	30,1	8,8	9,3	6,1	36,0
Berufe im Verkauf (ohne Produktspezialisierung)	4,5	1,9	25,6	12,3	9,1	5,0	41,4
Berufe in der betrieblichen Aus- bildung u. Betriebspädagogik	6,4	4,9	26,1	10,0	13,9	5,4	33,3
Berufe in der Gebäudetechnik (ohne Spez.)	5,2	6,1	20,9	8,9	19,0	7,7	32,3
Berufe in der Gesundheits- u. Krankenpflege (ohne Spez.)	5,5	2,3	27,4	9,7	10,1	5,8	39,1
Berufe in der Hauswirtschaft	6,0	3,3	25,5	10,0	14,0	5,2	36,0
Berufe in der Hochschullehre u. -forschung	4,7	2,0	37,6	8,8	6,8	5,9	34,2
Berufe in der Informations- u. Telekommunikationstechnik	3,9	2,1	30,6	11,3	7,3	5,0	39,8
Berufe in der Kinderbetreuung u. -erziehung	5,1	2,3	34,3	9,1	8,5	4,2	36,4
Berufe in der Lagerwirtschaft	4,0	1,9	27,1	12,1	11,7	7,2	35,9
Berufe in der öffentlichen Verwaltung (ohne Spez.)	6,2	3,5	31,8	9,2	9,7	4,7	34,9
Berufe in der Reinigung (ohne Spez.)	5,4	4,9	22,3	8,7	19,4	5,6	33,8
Berufe in der Sozialarbeit u. Sozialpädagogik	6,6	3,0	33,0	8,9	8,7	4,4	35,4
Berufe in Heilerziehungspflege u. Sonderpädagogik	6,6	2,6	34,0	8,4	9,9	5,3	33,2
Büro- u. Sekretariatskräfte (ohne Spez.)	5,8	2,8	27,6	10,4	9,7	4,3	39,3
Fahrlehrer/innen	5,7	4,9	21,9	9,8	12,8	9,7	35,3
Köche/Köchinnen (ohne Spez.)	5,6	3,7	24,4	10,5	14,2	6,1	35,5
Lehrkräfte für berufsbildende Fächer	7,5	4,4	29,9	7,8	10,1	5,2	35,2
Lehrkräfte in der Primarstufe	5,8	3,4	37,5	6,9	8,3	4,1	34,1
Lehrkräfte in der Sekundarstufe	6,7	4,1	33,1	8,3	9,1	4,9	33,9
Branche gesamt	5,2	2,9	29,5	9,9	11,0	5,3	36,3
Alle Branchen	4,7	3,8	24,6	9,5	16,0	7,9	33,5

Fehlzeiten-Report 2014

◩ **Tab. 31.6.16** Anteile der 40 häufigsten Einzeldiagnosen an den AU-Fällen und AU-Tagen in der Branche Erziehung und Unterricht im Jahr 2013, AOK-Mitglieder

ICD-10	Bezeichnung	AU-Fälle in %	AU-Tage in %
J06	Akute Infektionen an mehreren oder nicht näher bezeichneten Lokalisationen der oberen Atemwege	11,0	5,9
A09	Sonstige und nicht näher bezeichnete Gastroenteritis und Kolitis infektiösen und nicht näher bezeichneten Ursprungs	4,9	1,9
M54	Rückenschmerzen	4,4	4,2
J20	Akute Bronchitis	2,9	1,9
K52	Sonstige nichtinfektiöse Gastroenteritis und Kolitis	2,7	1,1
J40	Bronchitis, nicht als akut oder chronisch bezeichnet	2,4	1,5
B34	Viruskrankheit nicht näher bezeichneter Lokalisation	2,2	1,1
R10	Bauch- und Beckenschmerzen	1,9	1,0
K29	Gastritis und Duodenitis	1,8	0,8
J03	Akute Tonsillitis	1,7	1,0
J01	Akute Sinusitis	1,7	0,9
J02	Akute Pharyngitis	1,7	0,8
R51	Kopfschmerz	1,7	0,7
K08	Sonstige Krankheiten der Zähne und des Zahnhalteapparates	1,7	0,5
J32	Chronische Sinusitis	1,5	0,9
F32	Depressive Episode	1,3	4,1
F43	Reaktionen auf schwere Belastungen und Anpassungsstörungen	1,3	2,3
R11	Übelkeit und Erbrechen	1,2	0,6
J04	Akute Laryngitis und Tracheitis	1,1	0,6
I10	Essentielle (primäre) Hypertonie	1,0	1,8
J00	Akute Rhinopharyngitis [Erkältungsschnupfen]	1,0	0,5
G43	Migräne	1,0	0,4
T14	Verletzung an einer nicht näher bezeichneten Körperregion	0,8	0,8
J11	Grippe, Viren nicht nachgewiesen	0,8	0,5
J98	Sonstige Krankheiten der Atemwege	0,8	0,4
A08	Virusbedingte und sonstige näher bezeichnete Darminfektionen	0,8	0,3
F45	Somatoforme Störungen	0,7	1,3
F48	Andere neurotische Störungen	0,7	1,0
M99	Biomechanische Funktionsstörungen, anderenorts nicht klassifiziert	0,7	0,5
N39	Sonstige Krankheiten des Harnsystems	0,7	0,5
B99	Sonstige und nicht näher bezeichnete Infektionskrankheiten	0,7	0,4
M25	Sonstige Gelenkkrankheiten, anderenorts nicht klassifiziert	0,6	0,7
M53	Sonstige Krankheiten der Wirbelsäule und des Rückens, anderenorts nicht klassifiziert	0,6	0,6
M79	Sonstige Krankheiten des Weichteilgewebes, anderenorts nicht klassifiziert	0,6	0,6
R53	Unwohlsein und Ermüdung	0,6	0,6
R42	Schwindel und Taumel	0,6	0,5
S93	Luxation, Verstauchung und Zerrung der Gelenke und Bänder in Höhe des oberen Sprunggelenkes und des Fußes	0,5	0,6
R50	Fieber sonstiger und unbekannter Ursache	0,5	0,3
R05	Husten	0,5	0,3
H10	Konjunktivitis	0,5	0,2
	Summe hier	**63,8**	**44,6**
	Restliche	36,2	55,4
	Gesamtsumme	**100,0**	**100,0**

◨ **Tab. 31.6.17** Anteile der 40 häufigsten Diagnoseuntergruppen an den AU-Fällen und AU-Tagen in der Branche Erziehung und Unterricht im Jahr 2013, AOK-Mitglieder

ICD-10	Bezeichnung	AU-Fälle in %	AU-Tage in %
J00–J06	Akute Infektionen der oberen Atemwege	18,0	9,8
A00–A09	Infektiöse Darmkrankheiten	6,1	2,5
M50–M54	Sonstige Krankheiten der Wirbelsäule und des Rückens	5,2	5,8
R50–R69	Allgemeinsymptome	3,8	2,7
J40–J47	Chronische Krankheiten der unteren Atemwege	3,6	2,7
J20–J22	Sonstige akute Infektionen der unteren Atemwege	3,3	2,2
R10–R19	Symptome, die das Verdauungssystem und das Abdomen betreffen	3,3	1,9
F40–F48	Neurotische, Belastungs- und somatoforme Störungen	3,0	5,7
K50–K52	Nichtinfektiöse Enteritis und Kolitis	3,0	1,4
B25–B34	Sonstige Viruskrankheiten	2,5	1,3
K20–K31	Krankheiten des Ösophagus, des Magens und des Duodenums	2,4	1,2
J30–J39	Sonstige Krankheiten der oberen Atemwege	2,3	1,5
K00–K14	Krankheiten der Mundhöhle, der Speicheldrüsen und der Kiefer	2,1	0,7
G40–G47	Episodische und paroxysmale Krankheiten des Nervensystems	1,9	1,3
F30–F39	Affektive Störungen	1,7	6,0
M70–M79	Sonstige Krankheiten des Weichteilgewebes	1,6	2,4
J09–J18	Grippe und Pneumonie	1,2	1,0
R00–R09	Symptome, die das Kreislaufsystem und das Atmungssystem betreffen	1,2	0,9
M20–M25	Sonstige Gelenkkrankheiten	1,1	2,1
I10–I15	Hypertonie [Hochdruckkrankheit]	1,1	2,0
N30–N39	Sonstige Krankheiten des Harnsystems	1,1	0,7
T08–T14	Verletzungen nicht näher bezeichneter Teile des Rumpfes, der Extremitäten oder anderer Körperregionen	1,0	1,0
Z80–Z99	Personen mit potentiellen Gesundheitsrisiken aufgrund der Familien- oder Eigenanamnese und bestimmte Zustände, die den Gesundheitszustand beeinflussen	0,9	2,2
J95–J99	Sonstige Krankheiten des Atmungssystems	0,9	0,6
S90–S99	Verletzungen der Knöchelregion und des Fußes	0,8	1,1
K55–K64	Sonstige Krankheiten des Darmes	0,8	0,8
N80–N98	Nichtentzündliche Krankheiten des weiblichen Genitaltraktes	0,8	0,7
R40–R46	Symptome, die das Erkennungs- und Wahrnehmungsvermögen, die Stimmung und das Verhalten betreffen	0,8	0,7
M95–M99	Sonstige Krankheiten des Muskel-Skelett-Systems und des Bindegewebes	0,8	0,6
B99–B99	Sonstige Infektionskrankheiten	0,8	0,5
S80–S89	Verletzungen des Knies und des Unterschenkels	0,7	1,5
I95–I99	Sonstige und nicht näher bezeichnete Krankheiten des Kreislaufsystems	0,7	0,4
S60–S69	Verletzungen des Handgelenkes und der Hand	0,6	0,9
H65–H75	Krankheiten des Mittelohres und des Warzenfortsatzes	0,6	0,4
M15–M19	Arthrose	0,5	1,6
E70–E90	Stoffwechselstörungen	0,5	0,9
D10–D36	Gutartige Neubildungen	0,5	0,6
O20–O29	Sonstige Krankheiten der Mutter, die vorwiegend mit der Schwangerschaft verbunden sind	0,5	0,5
H10–H13	Affektionen der Konjunktiva	0,5	0,2
E00–E07	Krankheiten der Schilddrüse	0,4	0,8
	Summe hier	**82,6**	**71,8**
	Restliche	17,4	28,2
	Gesamtsumme	**100,0**	**100,0**

31.7   Handel

◘ Tab. 31.7.1 Entwicklung des Krankenstands der AOK-Mitglieder in der Branche Handel in den Jahren 1994 bis 2013

Jahr	Krankenstand in %			AU-Fälle je 100 AOK-Mitglieder			Tage je Fall		
	West	Ost	Bund	West	Ost	Bund	West	Ost	Bund
1994	5,6	4,6	5,5	144,1	105,9	138,3	13,1	14,1	13,3
1995	5,2	4,4	5,1	149,7	116,2	144,7	12,8	14,1	13,0
1996	4,6	4,0	4,5	134,3	106,2	129,9	12,9	14,4	13,1
1997	4,5	3,8	4,4	131,3	100,7	126,9	12,3	13,9	12,5
1998	4,6	3,9	4,5	134,1	102,0	129,6	12,3	13,8	12,5
1999	4,6	4,2	4,5	142,7	113,4	138,9	11,9	13,6	12,1
2000	4,6	4,2	4,6	146,5	117,9	143,1	11,6	13,0	11,7
2001	4,6	4,2	4,5	145,4	113,2	141,8	11,5	13,5	11,7
2002	4,5	4,1	4,5	145,5	114,4	142,0	11,4	13,0	11,5
2003	4,2	3,7	4,2	140,5	110,7	136,8	11,0	12,4	11,2
2004	3,9	3,4	3,8	127,0	100,9	123,4	11,2	12,2	11,3
2005	3,8	3,3	3,7	127,9	100,7	123,9	10,9	12,1	11,0
2006	3,7	3,3	3,6	122,7	97,0	118,9	11,0	12,3	11,2
2007	3,9	3,6	3,9	132,4	106,6	128,6	10,9	12,2	11,0
2008 (WZ03)	4,1	3,8	4,0	140,4	112,0	136,2	10,6	12,3	10,8
2008 (WZ08)*	4,1	3,7	4,0	139,9	111,7	135,7	10,6	12,2	10,8
2009	4,2	4,1	4,2	146,4	122,1	142,8	10,5	12,2	10,7
2010	4,3	4,1	4,3	143,7	126,8	141,2	10,9	11,9	11,0
2011	4,4	3,9	4,3	149,1	131,0	146,5	10,8	11,0	10,8
2012	4,4	4,4	4,4	149,7	125,8	146,2	10,8	12,9	11,1
2013	4,7	4,6	4,7	161,2	136,3	157,7	10,6	12,4	10,8

*aufgrund der Revision der Wirtschaftszweigklassifikation in 2008 ist eine Vergleichbarkeit mit den Vorjahren nur bedingt möglich

Fehlzeiten-Report 2014

◘ **Tab. 31.7.2** Arbeitsunfähigkeit der AOK-Mitglieder in der Branche Handel nach Bundesländern im Jahr 2013 im Vergleich zum Vorjahr

Bundesland	Kranken-stand in %	Arbeitsunfähigkeit je 100 AOK-Mitglieder				Tage je Fall	Veränd. z. Vorj. in %	AU-Quote in %
		AU-Fälle	Veränd. z. Vorj. in %	AU-Tage	Veränd. z. Vorj. in %			
Baden-Württemberg	4,6	168,1	8,8	1.683,8	6,7	10,0	-1,9	57,8
Bayern	4,1	137,4	5,1	1.486,8	3,1	10,8	-1,9	51,3
Berlin	4,3	148,1	6,6	1.561,5	2,5	10,5	-3,8	46,1
Brandenburg	5,0	140,0	6,0	1.814,7	3,6	13,0	-2,3	52,7
Bremen	4,7	154,1	4,5	1.721,3	-0,8	11,2	-5,1	53,7
Hamburg	4,8	174,5	5,8	1.748,1	0,7	10,0	-4,8	54,2
Hessen	5,1	181,6	8,6	1.879,2	5,7	10,3	-2,7	57,7
Mecklenburg-Vorpommern	4,8	130,6	6,2	1.745,4	7,7	13,4	1,4	51,0
Niedersachsen	4,8	164,5	8,8	1.766,1	5,7	10,7	-2,8	58,0
Nordrhein-Westfalen	5,0	169,6	7,5	1.827,9	5,5	10,8	-1,9	57,9
Rheinland-Pfalz	5,3	187,2	11,1	1.925,1	8,6	10,3	-2,2	60,2
Saarland	5,8	161,7	4,7	2.112,6	5,3	13,1	0,5	58,5
Sachsen	4,3	131,8	8,8	1.585,8	3,5	12,0	-4,8	53,5
Sachsen-Anhalt	5,1	137,2	4,9	1.868,9	6,1	13,6	1,2	51,6
Schleswig-Holstein	4,9	158,8	7,0	1.782,6	6,2	11,2	-0,8	55,6
Thüringen	4,9	148,6	11,1	1.796,1	5,1	12,1	-5,4	54,9
West	**4,7**	**161,2**	**7,7**	**1.705,1**	**5,3**	**10,6**	**-2,2**	**55,9**
Ost	**4,6**	**136,3**	**8,3**	**1.693,2**	**4,5**	**12,4**	**-3,5**	**53,3**
Bund	**4,7**	**157,7**	**7,9**	**1.703,4**	**5,2**	**10,8**	**-2,5**	**55,5**

Fehlzeiten-Report 2014

31

◘ **Tab. 31.7.3** Arbeitsunfähigkeit der AOK-Mitglieder in der Branche Handel nach Wirtschaftsabteilungen im Jahr 2013

Wirtschaftsabteilung	Krankenstand in %		Arbeitsunfähigkeiten je 100 AOK-Mitglieder		Tage je Fall	AU-Quote in %
	2013	2013 stand.*	Fälle	Tage		
Einzelhandel (ohne Handel mit Kraftfahrzeugen)	4,6	4,8	153,1	1.671,9	10,9	53,4
Großhandel (ohne Handel mit Kraftfahrzeugen)	4,9	4,8	159,6	1.802,9	11,3	58,2
Handel mit Kraftfahrzeugen, Instandhaltung und Reparatur von Kraftfahrzeugen	4,4	4,4	170,8	1.619,3	9,5	58,6
Branche insgesamt	**4,7**	**4,9**	**157,7**	**1.703,4**	**10,8**	**55,5**
Alle Branchen	**5,1**	**5,1**	**160,7**	**1.849,6**	**11,5**	**54,8**

*Krankenstand alters- und geschlechtsstandardisiert

Fehlzeiten-Report 2014

□ Tab. 31.7.4 Kennzahlen der Arbeitsunfähigkeit der AOK-Mitglieder nach ausgewählten Berufsgruppen in der Branche Handel im Jahr 2013

Tätigkeit	Kranken-stand in %	Arbeitsunfähigkeiten je 100 AOK-Mitglieder		Tage je Fall	AU-Quote in %	Anteil der Berufsgruppe an der Branche in %*
		Fälle	Tage			
Aufsichts-/Führungskräfte Verkauf	3,8	102,4	1.377,2	13,4	46,5	1,1
Berufe im Verkauf (ohne Produkt-spezialisierung)	4,7	151,0	1.717,8	11,4	53,9	22,2
Berufe im Verkauf von Back-u. Konditoreiwaren	5,1	156,9	1.873,8	11,9	54,3	1,9
Berufe im Verkauf von Bekleidung, Sportartikeln, Lederwaren u. Schuhen	4,1	175,7	1.512,9	8,6	54,2	3,7
Berufe im Verkauf von drogerie-u. apothekenüblichen Waren	3,7	159,2	1.362,6	8,6	57,5	1,8
Berufe im Verkauf von Garten-, Heimwerker-, Haustier- u. Zoobedarf	4,9	165,4	1.782,9	10,8	61,7	1,2
Berufe im Verkauf von Kraftfahrzeugen, Zweirädern u. Zubehör	3,2	156,3	1.185,5	7,6	54,0	1,3
Berufe im Verkauf von Lebensmitteln (ohne Spez.)	4,5	143,1	1.650,6	11,5	53,1	1,6
Berufe im Vertrieb (außer Informations-u. Kommunikationstechnologien)	3,3	126,8	1.205,6	9,5	51,7	2,0
Berufe in der Kraftfahrzeugtechnik	4,8	198,6	1.751,7	8,8	65,0	5,6
Berufe in der Lagerwirtschaft	6,5	205,8	2.361,3	11,5	62,2	12,4
Berufe in der pharmazeutisch-technischen Assistenz	2,4	122,6	866,9	7,1	49,4	1,0
Berufskraftfahrer/innen (Güterverkehr/LKW)	6,7	139,9	2.435,6	17,4	58,2	3,0
Büro- u. Sekretariatskräfte (ohne Spez.)	3,2	129,2	1.151,0	8,9	49,6	5,0
Kassierer/innen u. Kartenverkäufer/innen	5,5	153,1	1.992,5	13,0	55,6	2,1
Kaufleute im Groß- u. Außenhandel	3,2	192,6	1.162,6	6,0	62,9	1,9
Kaufmännische u. technische Betriebs-wirtschaft (ohne Spez.)	3,4	139,6	1.230,5	8,8	55,2	2,4
Branche insgesamt	**4,7**	**157,7**	**1.703,4**	**10,8**	**55,5**	**14,4****

* Anteil der AOK-Mitglieder in der Berufsgruppe an den in der Branche beschäftigten AOK-Mitgliedern insgesamt
**Anteil der AOK-Mitglieder in der Branche an allen AOK-Mitgliedern

Fehlzeiten-Report 2014

□ Tab. 31.7.5 Dauer der Arbeitsunfähigkeit der AOK-Mitglieder in der Branche Handel im Jahr 2013

Fallklasse	Branche hier		alle Branchen	
	Anteil Fälle in %	Anteil Tage in %	Anteil Fälle in %	Anteil Tage in %
1–3 Tage	38,0	7,1	35,7	6,2
4–7 Tage	31,6	14,8	31,2	13,7
8–14 Tage	16,3	15,7	17,5	15,8
15–21 Tage	5,3	8,6	5,9	8,9
22–28 Tage	2,5	5,6	2,7	5,8
29–42 Tage	2,6	8,4	2,8	8,6
Langzeit-AU (> 42 Tage)	3,8	39,9	4,1	41,0

Fehlzeiten-Report 2014

◘ **Tab. 31.7.6** Tage der Arbeitsunfähigkeit je AOK-Mitglied nach Wirtschaftsabteilung und Betriebsgröße in der Branche Handel im Jahr 2013

Wirtschaftsabteilungen	Betriebsgröße (Anzahl der AOK-Mitglieder)					
	10–49	50–99	100–199	200–499	500–999	≥ 1.000
Einzelhandel (ohne Handel mit Kraftfahrzeugen)	17,7	19,8	19,5	22,8	24,9	31,8
Großhandel (ohne Handel mit Kraftfahrzeugen)	19,0	21,4	21,7	21,5	17,0	–
Handel mit Kraftfahrzeugen, Instandhaltung und Reparatur von Kraftfahrzeugen	16,6	18,0	21,0	20,9	–	–
Branche insgesamt	18,0	20,2	20,5	22,1	22,8	31,8
Alle Branchen	19,4	21,1	21,1	21,0	20,7	20,8

Fehlzeiten-Report 2014

◘ **Tab. 31.7.7** Krankenstand in Prozent nach Ausbildungsabschluss in der Branche Handel im Jahr 2013, AOK-Mitglieder

Wirtschaftsabteilung	Ausbildung						
	ohne Ausbildungsabschluss	mit Ausbildungsabschluss	Meister/Techniker	Bachelor	Diplom/Magister/Master/Staatsexamen	Promotion	unbekannt
Einzelhandel (ohne Handel mit Kraftfahrzeugen)	5,1	4,6	3,8	2,3	2,5	3,0	4,4
Großhandel (ohne Handel mit Kraftfahrzeugen)	5,9	5,0	3,6	1,8	2,3	2,2	4,9
Handel mit Kraftfahrzeugen, Instandhaltung und Reparatur von Kraftfahrzeugen	4,7	4,5	4,0	2,1	2,3	5,7	4,2
Branche insgesamt	5,3	4,7	3,8	2,1	2,4	2,7	4,6
Alle Branchen	5,9	5,2	3,9	2,0	2,5	1,9	4,9

Fehlzeiten-Report 2014

◘ **Tab. 31.7.8** Tage der Arbeitsunfähigkeit je AOK-Mitglied nach Ausbildung in der Branche Handel im Jahr 2013

Wirtschaftsabteilung	Ausbildung						
	ohne Ausbildungsabschluss	mit Ausbildungsabschluss	Meister/Techniker	Bachelor	Diplom/Magister/Master/Staatsexamen	Promotion	unbekannt
Einzelhandel (ohne Handel mit Kraftfahrzeugen)	18,6	16,8	14,0	8,5	9,1	11,0	16,2
Großhandel (ohne Handel mit Kraftfahrzeugen)	21,6	18,1	13,2	6,7	8,5	8,0	17,8
Handel mit Kraftfahrzeugen, Instandhaltung und Reparatur von Kraftfahrzeugen	17,3	16,4	14,5	7,6	8,6	20,7	15,5
Branche insgesamt	19,2	17,1	13,9	7,5	8,8	9,9	16,6
Alle Branchen	21,6	19,0	14,3	7,5	9,1	6,8	17,9

Fehlzeiten-Report 2014

31

◻ Tab. 31.7.9 Anteil der Arbeitsunfälle an den AU-Fällen und -Tagen in Prozent nach Wirtschaftsabteilungen in der Branche Handel im Jahr 2013, AOK-Mitglieder

Wirtschaftsabteilung	AU-Fälle in %	AU-Tage in %
Einzelhandel (ohne Handel mit Kraftfahrzeugen)	2,6	4,6
Großhandel (ohne Handel mit Kraftfahrzeugen)	3,4	7,2
Handel mit Kraftfahrzeugen, Instandhaltung und Reparatur von Kraftfahrzeugen	3,8	6,4
Branche insgesamt	3,0	5,7
Alle Branchen	3,4	6,4

Fehlzeiten-Report 2014

◻ Tab. 31.7.10 Tage und Fälle der Arbeitsunfähigkeit durch Arbeitsunfälle nach Berufsgruppen in der Branche Handel im Jahr 2013, AOK-Mitglieder

Tätigkeit	Arbeitsunfähigkeit je 1.000 AOK-Mitglieder	
	AU-Tage	AU-Fälle
Berufskraftfahrer/innen (Güterverkehr/LKW)	3.286,0	101,5
Berufe in der Lagerwirtschaft	1.450,0	66,3
Berufe in der Kraftfahrzeugtechnik	1.447,9	103,7
Berufe im Verkauf von Garten-, Heimwerker-, Haustier- u. Zoobedarf	954,5	53,3
Berufe im Verkauf von Back- u. Konditoreiwaren	809,4	45,9
Berufe im Verkauf von Lebensmitteln (ohne Spez.)	798,3	46,4
Berufe im Verkauf (ohne Produktspezialisierung)	707,9	38,5
Aufsichts-/Führungskräfte Verkauf	655,8	28,1
Kassierer/innen u. Kartenverkäufer/innen	583,3	26,2
Berufe im Verkauf von Bekleidung, Sportartikeln, Lederwaren u. Schuhen	379,5	22,5
Kaufleute im Groß- u. Außenhandel	364,5	27,0
Berufe im Verkauf von drogerie- u. apothekenüblichen Waren	358,5	20,8
Berufe im Vertrieb (außer Informations- u. Kommunikationstechnologien)	351,9	17,8
Kaufmännische u. technische Betriebswirtschaft (ohne Spez.)	287,2	15,1
Berufe im Verkauf von Kraftfahrzeugen, Zweirädern u. Zubehör	282,1	20,8
Büro- u. Sekretariatskräfte (ohne Spez.)	275,2	13,2
Berufe in der pharmazeutisch-technischen Assistenz	181,3	12,0
Branche insgesamt	968,2	48,0
Alle Branchen	1.187,9	54,3

Fehlzeiten-Report 2014

◘ Tab. 31.7.11 Tage und Fälle der Arbeitsunfähigkeit je 100 AOK-Mitglieder nach Krankheitsarten in der Branche Handel in den Jahren 1995 bis 2013

Jahr	Arbeitsunfähigkeiten je 100 AOK-Mitglieder											
	Psyche		Herz/Kreislauf		Atemwege		Verdauung		Muskel/Skelett		Verletzungen	
	Tage	Fälle	Tage	Fälle	Tage	Fälle	Tage	Fälle	Tage	Fälle	Tage	Fälle
1995	101,3	4,1	175,6	8,5	347,2	43,8	183,5	22,6	592,8	31,9	345,0	21,1
1996	92,4	3,8	152,5	7,1	300,8	38,8	153,0	20,3	524,4	27,6	308,0	18,8
1997	89,6	4,0	142,2	7,4	268,9	37,5	143,7	20,2	463,5	26,9	293,2	18,4
1998	95,7	4,3	142,2	7,6	266,0	38,5	140,9	20,4	480,4	28,3	284,6	18,3
1999	100,4	4,7	139,6	7,8	301,5	44,0	142,3	21,7	499,5	30,0	280,8	18,5
2000	113,7	5,5	119,8	7,0	281,4	42,5	128,1	19,1	510,3	31,3	278,0	18,8
2001	126,1	6,3	124,0	7,6	266,0	41,9	128,9	19,8	523,9	32,5	270,3	18,7
2002	131,0	6,7	122,5	7,7	254,9	41,0	129,6	20,8	512,6	32,0	265,8	18,4
2003	127,0	6,6	114,6	7,6	252,1	41,5	121,3	19,8	459,2	29,4	250,8	17,4
2004	136,9	6,4	120,4	6,8	215,6	34,6	120,4	19,0	424,2	27,1	237,7	16,0
2005	135,8	6,2	118,1	6,6	245,8	39,4	113,5	17,6	399,1	25,9	230,5	15,5
2006	137,2	6,3	117,7	6,7	202,9	33,5	115,7	18,4	400,5	26,0	234,8	15,7
2007	151,2	6,8	120,3	6,8	231,0	37,9	122,6	20,0	426,0	27,1	234,3	15,4
2008 (WZ03)	159,5	7,1	124,1	7,0	244,6	40,6	127,6	21,3	439,2	28,2	238,9	15,8
2008 (WZ08)*	158,2	7,1	123,2	7,0	243,2	40,4	127,3	21,2	435,9	28,0	238,8	15,8
2009	168,3	7,6	122,3	6,9	284,1	46,6	126,0	20,8	428,8	27,4	241,8	15,7
2010	190,3	8,1	124,2	6,9	240,7	40,4	118,2	19,2	463,3	28,5	256,3	16,4
2011	209,1	9,0	119,3	6,9	253,8	42,0	119,2	19,3	451,2	28,8	248,1	16,0
2012	231,9	9,3	130,4	7,1	254,5	41,9	124,0	19,5	478,2	29,5	252,0	15,5
2013	243,8	9,7	129,6	6,9	317,6	50,9	127,4	19,7	482,5	29,9	254,6	15,6

*aufgrund der Revision der Wirtschaftszweigklassifikation in 2008 ist eine Vergleichbarkeit mit den Vorjahren nur bedingt möglich

Fehlzeiten-Report 2014

◘ Tab. 31.7.12 Verteilung der Arbeitsunfähigkeitstage nach Krankheitsarten in Prozent in der Branche Handel im Jahr 2013, AOK-Mitglieder

Wirtschaftsabteilung	AU-Tage in %						
	Psyche	Herz/Kreislauf	Atemwege	Verdauung	Muskel/Skelett	Verletzungen	Sonstige
Einzelhandel (ohne Handel mit Kraftfahrzeugen)	12,2	5,0	13,8	5,5	20,1	9,8	33,7
Großhandel (ohne Handel mit Kraftfahrzeugen)	8,9	6,7	13,2	5,5	22,1	11,7	31,9
Handel mit Kraftfahrzeugen, Instandhaltung und Reparatur von Kraftfahrzeugen	8,0	5,6	14,7	5,8	21,0	14,1	30,9
Branche insgesamt	**10,5**	**5,6**	**13,7**	**5,5**	**20,9**	**11,0**	**32,7**
Alle Branchen	**9,8**	**6,2**	**13,4**	**5,3**	**21,8**	**11,3**	**32,1**

Fehlzeiten-Report 2014

◼ **Tab. 31.7.13** Verteilung der Arbeitsunfähigkeitsfälle nach Krankheitsarten in Prozent in der Branche Handel im Jahr 2013, AOK-Mitglieder

Wirtschaftsabteilung	AU-Fälle in %						
	Psyche	Herz/ Kreislauf	Atem- wege	Ver- dauung	Muskel/ Skelett	Verlet- zungen	Sons- tige
Einzelhandel (ohne Handel mit Kraftfahr- zeugen)	5,5	3,3	25,0	9,7	13,7	6,9	35,9
Großhandel (ohne Handel mit Kraftfahr- zeugen)	4,2	3,8	24,8	9,8	16,4	7,9	33,1
Handel mit Kraftfahrzeugen, Instandhal- tung und Reparatur von Kraftfahrzeugen	3,5	2,9	26,3	10,0	15,1	10,0	32,3
Branche insgesamt	4,8	3,4	25,1	9,7	14,8	7,7	34,5
Alle Branchen	4,7	3,8	24,6	9,5	16,0	7,9	33,5

Fehlzeiten-Report 2014

◼ **Tab. 31.7.14** Verteilung der Arbeitsunfähigkeitstage nach Krankheitsarten und ausgewählten Berufsgruppen in der Branche Handel im Jahr 2013, AOK-Mitglieder

Tätigkeit	AU-Tage in %						
	Psyche	Herz/ Kreislauf	Atem- wege	Ver- dauung	Muskel/ Skelett	Verlet- zungen	Sons- tige
Aufsichts-/Führungskräfte Verkauf	18,4	4,4	11,9	4,7	18,3	9,3	33,0
Berufe im Verkauf (ohne Produkt- spezialisierung)	13,1	4,6	13,4	5,4	20,2	9,5	33,8
Berufe im Verkauf von Back- u. Konditoreiwaren	14,6	4,2	12,9	5,6	19,3	8,7	34,8
Berufe im Verkauf von Bekleidung, Sportartikeln, Lederwaren u. Schuhen	13,2	3,8	16,6	6,1	16,3	8,5	35,6
Berufe im Verkauf von drogerie- u. apothekenüblichen Waren	13,5	3,9	16,8	5,7	16,5	7,6	36,2
Berufe im Verkauf von Garten-, Heimwerker-, Haustier- u. Zoobedarf	11,5	5,1	14,6	5,6	21,2	10,6	31,4
Berufe im Verkauf von Kraftfahrzeugen, Zweirädern u. Zubehör	11,3	4,6	18,9	6,9	15,2	9,5	33,6
Berufe im Verkauf von Lebensmitteln (ohne Spez.)	11,7	5,9	12,6	5,6	20,2	9,8	34,1
Berufe im Vertrieb (außer Informations- u. Kommunikationstechnologien)	12,3	6,4	16,3	5,7	15,9	9,2	34,3
Berufe in der Kraftfahrzeugtechnik	6,2	5,0	15,1	5,9	22,1	17,3	28,3
Berufe in der Lagerwirtschaft	8,5	6,2	13,0	5,4	25,1	11,1	30,7
Berufe in der pharmazeutisch- technischen Assistenz	12,1	3,3	21,3	6,4	10,1	7,3	39,5
Berufskraftfahrer/innen (Güterverkehr/ LKW)	6,5	9,0	8,8	5,0	25,1	14,4	31,2
Büro- u. Sekretariatskräfte (ohne Spez.)	13,2	4,9	16,2	5,5	13,5	8,3	38,3
Kassierer/innen u. Kartenverkäufer/innen	13,7	5,6	12,9	4,8	20,1	8,0	34,9
Kaufleute im Groß- u. Außenhandel	10,1	3,1	22,3	7,4	12,0	11,2	34,0
Kaufmännische u. technische Betriebs- wirtschaft (ohne Spez.)	13,5	4,9	17,8	5,9	14,5	7,7	35,7
Branche gesamt	10,5	5,6	13,7	5,5	20,9	11,0	32,7
Alle Branchen	9,8	6,2	13,4	5,3	21,8	11,3	32,1

Fehlzeiten-Report 2014

◘ **Tab. 31.7.15** Verteilung der Arbeitsunfähigkeitsfälle nach Krankheitsarten und ausgewählten Berufsgruppen in der Branche Handel im Jahr 2013, AOK-Mitglieder

Tätigkeit	AU-Fälle in %						
	Psyche	Herz/ Kreislauf	Atem- wege	Ver- dauung	Muskel/ Skelett	Verlet- zungen	Sons- tige
Aufsichts-/Führungskräfte Verkauf	6,9	3,7	24,3	9,0	13,7	6,8	35,6
Berufe im Verkauf (ohne Produkt- spezialisierung)	5,8	3,2	24,7	9,7	13,3	6,9	36,4
Berufe im Verkauf von Back- u. Konditoreiwaren	6,6	3,4	23,2	9,6	12,7	6,9	37,6
Berufe im Verkauf von Bekleidung, Sportartikeln, Lederwaren u. Schuhen	5,7	2,8	26,7	9,9	11,0	5,3	38,6
Berufe im Verkauf von drogerie- u. apothekenüblichen Waren	5,4	2,7	28,1	10,0	9,8	5,0	39,0
Berufe im Verkauf von Garten-, Heimwerker-, Haustier- u. Zoobedarf	4,8	3,3	26,1	10,1	14,3	8,0	33,4
Berufe im Verkauf von Kraftfahr- zeugen, Zweirädern u. Zubehör	4,2	2,6	30,0	10,8	9,7	6,5	36,3
Berufe im Verkauf von Lebensmitteln (ohne Spez.)	5,3	3,5	23,8	10,0	13,3	7,6	36,6
Berufe im Vertrieb (außer Informations- u. Kommunikations- technologien)	5,2	3,6	28,8	10,1	11,1	6,0	35,1
Berufe in der Kraftfahrzeugtechnik	2,6	2,4	26,7	9,9	15,5	12,3	30,7
Berufe in der Lagerwirtschaft	4,4	3,8	23,0	9,5	19,9	7,8	31,6
Berufe in der pharmazeutisch- technischen Assistenz	4,5	2,2	31,8	10,0	6,6	4,4	40,4
Berufskraftfahrer/innen (Güterverkehr/LKW)	3,6	5,6	18,4	9,3	21,1	10,7	31,3
Büro- u. Sekretariatskräfte (ohne Spez.)	5,3	3,1	28,4	10,0	9,9	5,2	38,1
Kassierer/innen u. Kartenverkäufer/ innen	6,7	3,8	23,9	9,1	13,7	5,8	37,0
Kaufleute im Groß- u. Außenhandel	3,4	2,0	31,4	11,0	8,4	6,9	36,9
Kaufmännische u. technische Betriebswirtschaft (ohne Spez.)	5,1	3,0	30,0	10,3	9,9	5,1	36,6
Branche gesamt	**4,8**	**3,4**	**25,1**	**9,7**	**14,8**	**7,7**	**34,5**
Alle Branchen	**4,7**	**3,8**	**24,6**	**9,5**	**16,0**	**7,9**	**33,5**

Fehlzeiten-Report 2014

31

◻ Tab. 31.7.16 Anteile der 40 häufigsten Einzeldiagnosen an den AU-Fällen und AU-Tagen in der Branche Handel im Jahr 2013, AOK-Mitglieder

ICD-10	Bezeichnung	AU-Fälle in %	AU-Tage in %
J06	Akute Infektionen an mehreren oder nicht näher bezeichneten Lokalisationen der oberen Atemwege	9,2	4,2
M54	Rückenschmerzen	5,7	5,5
A09	Sonstige und nicht näher bezeichnete Gastroenteritis und Kolitis infektiösen und nicht näher bezeichneten Ursprungs	4,1	1,4
J20	Akute Bronchitis	2,7	1,5
J40	Bronchitis, nicht als akut oder chronisch bezeichnet	2,2	1,2
K52	Sonstige nichtinfektiöse Gastroenteritis und Kolitis	2,2	0,8
K08	Sonstige Krankheiten der Zähne und des Zahnhalteapparates	2,0	0,5
B34	Viruskrankheit nicht näher bezeichneter Lokalisation	1,9	0,8
R10	Bauch- und Beckenschmerzen	1,7	0,9
K29	Gastritis und Duodenitis	1,5	0,7
T14	Verletzung an einer nicht näher bezeichneten Körperregion	1,3	1,1
J03	Akute Tonsillitis	1,3	0,6
J02	Akute Pharyngitis	1,3	0,6
F32	Depressive Episode	1,2	3,3
I10	Essentielle (primäre) Hypertonie	1,2	2,0
F43	Reaktionen auf schwere Belastungen und Anpassungsstörungen	1,2	2,0
J32	Chronische Sinusitis	1,2	0,6
J01	Akute Sinusitis	1,2	0,6
R51	Kopfschmerz	1,1	0,5
R11	Übelkeit und Erbrechen	1,0	0,5
M99	Biomechanische Funktionsstörungen, anderenorts nicht klassifiziert	0,9	0,7
M25	Sonstige Gelenkkrankheiten, anderenorts nicht klassifiziert	0,8	1,0
J11	Grippe, Viren nicht nachgewiesen	0,8	0,4
J00	Akute Rhinopharyngitis [Erkältungsschnupfen]	0,8	0,3
M51	Sonstige Bandscheibenschäden	0,7	1,9
F45	Somatoforme Störungen	0,7	1,1
M53	Sonstige Krankheiten der Wirbelsäule und des Rückens, anderenorts nicht klassifiziert	0,7	0,8
M79	Sonstige Krankheiten des Weichteilgewebes, anderenorts nicht klassifiziert	0,7	0,6
A08	Virusbedingte und sonstige näher bezeichnete Darminfektionen	0,7	0,3
J04	Akute Laryngitis und Tracheitis	0,7	0,3
J98	Sonstige Krankheiten der Atemwege	0,7	0,3
B99	Sonstige und nicht näher bezeichnete Infektionskrankheiten	0,7	0,3
G43	Migräne	0,7	0,2
M75	Schulterläsionen	0,6	1,5
F48	Andere neurotische Störungen	0,6	0,9
M77	Sonstige Enthesopathien	0,6	0,8
S93	Luxation, Verstauchung und Zerrung der Gelenke und Bänder in Höhe des oberen Sprunggelenkes und des Fußes	0,6	0,7
R42	Schwindel und Taumel	0,6	0,5
N39	Sonstige Krankheiten des Harnsystems	0,6	0,4
R50	Fieber sonstiger und unbekannter Ursache	0,6	0,3
	Summe hier	**59,0**	**42,6**
	Restliche	41,0	57,4
	Gesamtsumme	**100,0**	**100,0**

Fehlzeiten-Report 2014

◻ **Tab. 31.7.17** Anteile der 40 häufigsten Diagnoseuntergruppen an den AU-Fällen und AU-Tagen in der Branche Handel im Jahr 2013, AOK-Mitglieder

ICD-10	Bezeichnung	AU-Fälle in %	AU-Tage in %
J00–J06	Akute Infektionen der oberen Atemwege	14,5	6,7
M50–M54	Sonstige Krankheiten der Wirbelsäule und des Rückens	6,8	7,7
A00–A09	Infektiöse Darmkrankheiten	5,3	1,9
J40–J47	Chronische Krankheiten der unteren Atemwege	3,4	2,3
R50–R69	Allgemeinsymptome	3,3	2,4
J20–J22	Sonstige akute Infektionen der unteren Atemwege	3,2	1,8
R10–R19	Symptome, die das Verdauungssystem und das Abdomen betreffen	2,9	1,6
F40–F48	Neurotische, Belastungs- und somatoforme Störungen	2,7	4,8
K50–K52	Nichtinfektiöse Enteritis und Kolitis	2,6	1,1
K00–K14	Krankheiten der Mundhöhle, der Speicheldrüsen und der Kiefer	2,5	0,7
M70–M79	Sonstige Krankheiten des Weichteilgewebes	2,3	3,5
K20–K31	Krankheiten des Ösophagus, des Magens und des Duodenums	2,1	1,1
B25–B34	Sonstige Viruskrankheiten	2,1	1,0
J30–J39	Sonstige Krankheiten der oberen Atemwege	1,8	1,1
F30–F39	Affektive Störungen	1,5	4,6
M20–M25	Sonstige Gelenkkrankheiten	1,5	2,7
T08–T14	Verletzungen nicht näher bezeichneter Teile des Rumpfes, der Extremitäten oder anderer Körperregionen	1,5	1,4
G40–G47	Episodische und paroxysmale Krankheiten des Nervensystems	1,5	1,2
I10–I15	Hypertonie [Hochdruckkrankheit]	1,4	2,3
R00–R09	Symptome, die das Kreislaufsystem und das Atmungssystem betreffen	1,3	0,9
J09–J18	Grippe und Pneumonie	1,2	0,8
Z80–Z99	Personen mit potentiellen Gesundheitsrisiken aufgrund der Familien- oder Eigenanamnese und bestimmte Zustände, die den Gesundheitszustand beeinflussen	1,1	2,4
S60–S69	Verletzungen des Handgelenkes und der Hand	1,1	1,5
S90–S99	Verletzungen der Knöchelregion und des Fußes	1,1	1,4
M95–M99	Sonstige Krankheiten des Muskel-Skelett-Systems und des Bindegewebes	1,0	0,8
S80–S89	Verletzungen des Knies und des Unterschenkels	0,9	1,8
K55–K64	Sonstige Krankheiten des Darmes	0,9	0,8
N30–N39	Sonstige Krankheiten des Harnsystems	0,9	0,6
R40–R46	Symptome, die das Erkennungs- und Wahrnehmungsvermögen, die Stimmung und das Verhalten betreffen	0,8	0,7
J95–J99	Sonstige Krankheiten des Atmungssystems	0,8	0,5
M15–M19	Arthrose	0,7	2,0
E70–E90	Stoffwechselstörungen	0,7	1,1
B99–B99	Sonstige Infektionskrankheiten	0,7	0,4
G50–G59	Krankheiten von Nerven, Nervenwurzeln und Nervenplexus	0,6	1,1
M65–M68	Krankheiten der Synovialis und der Sehnen	0,6	1,0
N80–N98	Nichtentzündliche Krankheiten des weiblichen Genitaltraktes	0,6	0,5
S00–S09	Verletzungen des Kopfes	0,6	0,5
I95–I99	Sonstige und nicht näher bezeichnete Krankheiten des Kreislaufsystems	0,6	0,4
L00–L08	Infektionen der Haut und der Unterhaut	0,5	0,6
H65–H75	Krankheiten des Mittelohres und des Warzenfortsatzes	0,5	0,3
	Summe hier	**80,1**	**70,0**
	Restliche	19,9	30,0
	Gesamtsumme	**100,0**	**100,0**

31.8 Land- und Forstwirtschaft

■ **Tab. 31.8.1** Entwicklung des Krankenstands der AOK-Mitglieder in der Branche Land- und Forstwirtschaft in den Jahren 1994 bis 2013

Jahr	Krankenstand in %			AU-Fälle je 100 AOK-Mitglieder			Tage je Fall		
	West	Ost	Bund	West	Ost	Bund	West	Ost	Bund
1994	5,7	5,5	5,6	132,0	114,0	122,7	15,7	15,4	15,5
1995	5,4	5,7	5,6	140,6	137,3	139,2	14,7	15,1	14,9
1996	4,6	5,5	5,1	137,3	125,0	132,3	12,9	16,3	14,2
1997	4,6	5,0	4,8	137,4	117,7	129,7	12,3	15,4	13,4
1998	4,8	4,9	4,8	143,1	121,4	135,1	12,1	14,9	13,0
1999	4,6	6,0	5,3	149,6	142,6	147,6	11,6	14,2	12,3
2000	4,6	5,5	5,0	145,7	139,7	142,7	11,6	14,3	12,9
2001	4,6	5,4	5,0	144,3	130,2	137,6	11,7	15,1	13,2
2002	4,5	5,2	4,8	142,4	126,5	135,0	11,4	15,1	13,0
2003	4,2	4,9	4,5	135,5	120,5	128,5	11,2	14,8	12,8
2004	3,8	4,3	4,0	121,5	109,1	115,6	11,4	14,6	12,8
2005	3,5	4,3	3,9	113,7	102,1	108,4	11,3	15,3	13,0
2006	3,3	4,1	3,7	110,2	96,5	104,3	11,0	15,4	12,8
2007	3,6	4,4	3,9	117,1	102,2	110,8	11,1	15,7	12,9
2008 (WZ03)	3,7	4,6	4,1	121,1	107,6	115,4	11,1	15,7	12,9
2008 (WZ08)*	3,1	4,6	3,9	101,5	101,6	101,6	11,3	16,5	13,9
2009	3,0	5,0	4,0	101,0	108,9	104,8	11,0	16,8	13,9
2010	3,3	5,1	4,2	99,6	112,5	105,6	12,2	16,7	14,4
2011	3,4	4,9	4,0	99,7	114,0	105,8	12,4	15,7	13,9
2012	3,2	5,4	4,1	91,0	110,2	99,2	12,9	17,8	15,2
2013	3,3	5,5	4,2	98,3	116,4	105,7	12,4	17,3	14,6

*aufgrund der Revision der Wirtschaftszweigklassifikation in 2008 ist eine Vergleichbarkeit mit den Vorjahren nur bedingt möglich

31

◘ Tab. 31.8.2 Arbeitsunfähigkeit der AOK-Mitglieder in der Branche Land- und Forstwirtschaft nach Bundesländern im Jahr 2013 im Vergleich zum Vorjahr

Bundesland	Kranken-stand in %	Arbeitsunfähigkeit je 100 AOK-Mitglieder				Tage je Fall	Veränd. z. Vorj. in %	AU-Quote in %
		AU-Fälle	Veränd. z. Vorj. in %	AU-Tage	Veränd. z. Vorj. in %			
Baden-Württemberg	2,9	85,3	3,9	1.059,4	-4,1	12,4	-7,7	25,9
Bayern	3,1	88,2	11,3	1.149,5	11,1	13,0	-0,2	29,2
Berlin	5,1	158,9	5,4	1.862,3	4,1	11,7	-1,3	45,5
Brandenburg	5,5	113,7	6,9	2.013,5	1,8	17,7	-4,8	45,9
Bremen	4,5	115,3	-7,8	1.659,0	1,7	14,4	10,3	42,9
Hamburg	2,7	77,4	-12,5	995,1	-21,2	12,9	-10,0	21,8
Hessen	4,0	113,0	16,5	1.457,8	10,6	12,9	-5,1	33,3
Mecklenburg-Vorpommern	5,5	109,1	6,9	1.994,3	-0,7	18,3	-7,1	46,7
Niedersachsen	3,7	110,5	7,2	1.368,7	1,7	12,4	-5,1	35,0
Nordrhein-Westfalen	3,2	101,2	8,7	1.153,3	1,4	11,4	-6,7	27,8
Rheinland-Pfalz	3,1	89,7	11,9	1.145,7	9,8	12,8	-1,8	18,5
Saarland	3,7	126,1	21,7	1.348,6	3,9	10,7	-14,6	41,7
Sachsen	5,4	120,4	7,4	1.978,7	4,8	16,4	-2,5	52,6
Sachsen-Anhalt	5,6	112,8	4,3	2.033,9	2,5	18,0	-1,7	46,3
Schleswig-Holstein	3,4	100,4	3,6	1.252,0	3,3	12,5	-0,3	31,7
Thüringen	5,7	121,3	2,2	2.086,5	3,6	17,2	1,4	49,2
West	**3,3**	**98,3**	**8,0**	**1.214,7**	**3,5**	**12,4**	**-4,2**	**29,2**
Ost	**5,5**	**116,4**	**5,7**	**2.015,9**	**2,8**	**17,3**	**-2,8**	**48,8**
Bund	**4,2**	**105,7**	**6,6**	**1.541,0**	**2,2**	**14,6**	**-4,2**	**35,7**

Fehlzeiten-Report 2014

◘ Tab. 31.8.3 Arbeitsunfähigkeit der AOK-Mitglieder in der Branche Land- und Forstwirtschaft nach Wirtschafts-abteilungen im Jahr 2013

Wirtschaftsabteilung	Krankenstand in %		Arbeitsunfähigkeiten je 100 AOK-Mitglieder		Tage je Fall	AU-Quote in %
	2013	2013 stand.*	Fälle	Tage		
Fischerei und Aquakultur	4,4	4,3	102,1	1.600,5	15,7	42,1
Forstwirtschaft und Holzeinschlag	5,7	4,8	145,4	2.082,7	14,3	48,1
Landwirtschaft, Jagd und damit verbundene Tätigkeiten	4,1	4,1	102,0	1.490,9	14,6	34,7
Branche insgesamt	**4,2**	**4,2**	**105,7**	**1.541,0**	**14,6**	**35,7**
Alle Branchen	**5,1**	**5,1**	**160,7**	**1.849,6**	**11,5**	**54,8**

*Krankenstand alters- und geschlechtsstandardisiert

Fehlzeiten-Report 2014

Tab. 31.8.4 Kennzahlen der Arbeitsunfähigkeit der AOK-Mitglieder nach ausgewählten Berufsgruppen in der Branche Land- und Forstwirtschaft im Jahr 2013

Tätigkeit	Kranken-stand in %	Arbeitsunfähigkeiten je 100 AOK-Mitglieder		Tage je Fall	AU-Quote in %	Anteil der Berufsgruppe an der Branche in %*
		Fälle	Tage			
Berufe im Garten-, Landschafts- u. Sportplatzbau	4,8	155,3	1.734,5	11,2	54,9	1,1
Berufe im Gartenbau (ohne Spez.)	3,5	113,6	1.279,1	11,3	33,1	9,8
Berufe in Baumschule, Staudengärtnerei u. Zierpflanzenbau	3,8	160,8	1.404,2	8,7	53,3	2,2
Berufe in der Floristik	3,0	107,8	1.109,7	10,3	49,6	1,4
Berufe in der Forstwirtschaft	6,3	156,4	2.303,2	14,7	48,7	5,1
Berufe in der Lagerwirtschaft	5,8	146,4	2.116,3	14,5	48,2	1,4
Berufe in der Land- u. Baumaschinentechnik	4,7	124,0	1.727,3	13,9	56,5	1,0
Berufe in der Landwirtschaft (ohne Spez.)	3,1	79,6	1.134,1	14,2	23,9	46,6
Berufe in der Nutztierhaltung (außer Geflügelhaltung)	6,8	122,4	2.486,6	20,3	55,6	6,4
Berufe in der Pferdewirtschaft (ohne Spez.)	3,8	105,2	1.388,5	13,2	36,4	1,7
Berufe in der Tierpflege (ohne Spez.)	6,6	110,5	2.409,3	21,8	50,2	2,2
Berufskraftfahrer/innen (Güterverkehr/LKW)	5,6	124,7	2.046,9	16,4	51,9	1,3
Büro- u. Sekretariatskräfte (ohne Spez.)	2,9	90,7	1.072,2	11,8	40,9	1,5
Führer/innen von land- u. forstwirtschaft-lichen Maschinen	4,6	103,1	1.692,8	16,4	47,6	3,0
Branche insgesamt	**4,2**	**105,7**	**1.541,0**	**14,6**	**35,7**	**1,6****

* Anteil der AOK-Mitglieder in der Berufsgruppe an den in der Branche beschäftigten AOK-Mitgliedern insgesamt
**Anteil der AOK-Mitglieder in der Branche an allen AOK-Mitgliedern

Fehlzeiten-Report 2014

Tab. 31.8.5 Dauer der Arbeitsunfähigkeit der AOK-Mitglieder in der Branche Land- und Forstwirtschaft im Jahr 2013

Fallklasse	Branche hier		alle Branchen	
	Anteil Fälle in %	Anteil Tage in %	Anteil Fälle in %	Anteil Tage in %
1–3 Tage	31,0	4,2	35,7	6,2
4–7 Tage	28,8	10,2	31,2	13,7
8–14 Tage	19,4	14,0	17,5	15,8
15–21 Tage	7,3	8,7	5,9	8,9
22–28 Tage	3,4	5,8	2,7	5,8
29–42 Tage	3,7	8,9	2,8	8,6
Langzeit-AU (> 42 Tage)	6,3	48,3	4,1	41,0

Fehlzeiten-Report 2014

◘ **Tab. 31.8.6** Tage der Arbeitsunfähigkeit je AOK-Mitglied nach Wirtschaftsabteilung und Betriebsgröße in der Branche Land- und Forstwirtschaft im Jahr 2013

Wirtschaftsabteilungen	Betriebsgröße (Anzahl der AOK-Mitglieder)					
	10–49	50–99	100–199	200–499	500–999	≥ 1.000
Fischerei und Aquakultur	18,7	–	–	–	–	–
Forstwirtschaft und Holzeinschlag	21,7	25,9	17,5	–	–	–
Landwirtschaft, Jagd und damit verbundene Tätigkeiten	17,3	18,5	13,3	9,4	–	1,0
Branche insgesamt	**17,7**	**19,1**	**13,6**	**9,4**	**–**	**1,0**
Alle Branchen	**19,4**	**21,1**	**21,1**	**21,0**	**20,7**	**20,8**

Fehlzeiten-Report 2014

◘ **Tab. 31.8.7** Krankenstand in Prozent nach Ausbildungsabschluss in der Branche Land- und Forstwirtschaft im Jahr 2013, AOK-Mitglieder

Wirtschaftsabteilung	Ausbildung						
	ohne Aus-bildungs-abschluss	mit Aus-bildungs-abschluss	Meister/ Techniker	Bachelor	Diplom/Magis-ter/Master/ Staatsexamen	Promo-tion	unbe-kannt
Fischerei und Aquakultur	4,4	5,1	2,0	–	3,5	–	3,5
Forstwirtschaft und Holzeinschlag	5,9	6,5	3,8	5,7	1,9	–	4,1
Landwirtschaft, Jagd und damit verbundene Tätigkeiten	4,1	5,0	4,6	2,9	3,0	1,3	2,8
Branche insgesamt	**4,2**	**5,1**	**4,5**	**3,1**	**2,9**	**1,4**	**2,8**
Alle Branchen	**5,9**	**5,2**	**3,9**	**2,0**	**2,5**	**1,9**	**4,9**

Fehlzeiten-Report 2014

◘ **Tab. 31.8.8** Tage der Arbeitsunfähigkeit je AOK-Mitglied nach Ausbildung in der Branche Land- und Forstwirtschaft im Jahr 2013

Wirtschaftsabteilung	Ausbildung						
	ohne Aus-bildungs-abschluss	mit Aus-bildungs-abschluss	Meister/ Techniker	Bachelor	Diplom/Magis-ter/Master/ Staatsexamen	Promo-tion	unbe-kannt
Fischerei und Aquakultur	16,1	18,7	7,4	–	12,9	–	12,6
Forstwirtschaft und Holzeinschlag	21,4	23,6	13,9	21,0	6,9	–	14,8
Landwirtschaft, Jagd und damit verbundene Tätigkeiten	15,1	18,1	16,7	10,6	10,8	4,7	10,1
Branche insgesamt	**15,5**	**18,7**	**16,4**	**11,5**	**10,5**	**5,2**	**10,4**
Alle Branchen	**21,6**	**19,0**	**14,3**	**7,5**	**9,1**	**6,8**	**17,9**

Fehlzeiten-Report 2014

◨ **Tab. 31.8.9** Anteil der Arbeitsunfälle an den AU-Fällen und -Tagen in Prozent nach Wirtschaftsabteilungen in der Branche Land- und Forstwirtschaft im Jahr 2013, AOK-Mitglieder

Wirtschaftsabteilung	AU-Fälle in %	AU-Tage in %
Fischerei und Aquakultur	5,4	6,0
Forstwirtschaft und Holzeinschlag	8,7	17,5
Landwirtschaft, Jagd und damit verbundene Tätigkeiten	8,2	14,1
Branche insgesamt	8,1	14,3
Alle Branchen	3,4	6,4

Fehlzeiten-Report 2014

◨ **Tab. 31.8.10** Tage und Fälle der Arbeitsunfähigkeit durch Arbeitsunfälle nach Berufsgruppen in der Branche Land- und Forstwirtschaft im Jahr 2013, AOK-Mitglieder

Tätigkeit	Arbeitsunfähigkeit je 1.000 AOK-Mitglieder	
	AU-Tage	AU-Fälle
Berufe in der Forstwirtschaft	4.678,6	150,9
Berufe in der Pferdewirtschaft (ohne Spez.)	3.888,0	162,7
Berufe in der Nutztierhaltung (außer Geflügelhaltung)	3.779,5	124,9
Berufe in der Tierpflege (ohne Spez.)	3.548,6	116,1
Berufskraftfahrer/innen (Güterverkehr/LKW)	2.598,2	96,4
Führer/innen von land- u. forstwirtschaftlichen Maschinen	2.098,0	78,5
Berufe in der Land- u. Baumaschinentechnik	2.037,0	116,9
Berufe in der Landwirtschaft (ohne Spez.)	1.931,2	80,4
Berufe im Garten-, Landschafts- u. Sportplatzbau	1.916,2	118,7
Berufe in der Lagerwirtschaft	1.738,3	75,8
Berufe im Gartenbau (ohne Spez.)	1.254,1	59,9
Berufe in Baumschule, Staudengärtnerei u. Zierpflanzenbau	1.076,2	60,3
Büro- u. Sekretariatskräfte (ohne Spez.)	610,8	18,6
Berufe in der Floristik	371,8	32,8
Branche insgesamt	2.229,3	86,8
Alle Branchen	1.187,9	54,3

Fehlzeiten-Report 2014

31

◨ **Tab. 31.8.11** Tage und Fälle der Arbeitsunfähigkeit je 100 AOK-Mitglieder nach Krankheitsarten in der Branche Land- und Forstwirtschaft in den Jahren 1995 bis 2013

Jahr	Arbeitsunfähigkeiten je 100 AOK-Mitglieder											
	Psyche		Herz/Kreislauf		Atemwege		Verdauung		Muskel/Skelett		Verletzungen	
	Tage	Fälle	Tage	Fälle	Tage	Fälle	Tage	Fälle	Tage	Fälle	Tage	Fälle
1995	126,9	4,2	219,6	9,1	368,7	39,5	205,3	20,5	627,2	30,8	415,2	22,9
1996	80,7	3,3	172,3	7,4	306,7	35,5	163,8	19,4	561,5	29,8	409,5	23,9
1997	75,0	3,4	150,6	7,4	270,0	34,3	150,6	19,3	511,1	29,7	390,3	23,9
1998	79,5	3,9	155,0	7,8	279,3	36,9	147,4	19,8	510,9	31,5	376,8	23,7
1999	89,4	4,5	150,6	8,2	309,1	42,0	152,1	21,7	537,3	34,0	366,8	23,7
2000	80,9	4,2	140,7	7,6	278,6	35,9	136,3	18,4	574,4	35,5	397,9	24,0
2001	85,2	4,7	149,4	8,2	262,5	35,1	136,2	18,7	587,8	36,4	390,1	23,6
2002	85,0	4,6	155,5	8,3	237,6	33,0	134,4	19,0	575,3	35,7	376,6	23,5
2003	82,8	4,6	143,9	8,0	233,8	33,1	123,7	17,8	512,0	32,5	368,5	22,5
2004	92,8	4,5	145,0	7,2	195,8	27,0	123,5	17,3	469,8	29,9	344,0	20,9
2005	90,1	4,1	142,3	6,7	208,7	28,6	111,3	14,7	429,7	26,8	336,2	19,7
2006	84,3	4,0	130,5	6,5	164,4	23,4	105,6	15,0	415,1	26,9	341,5	20,3
2007	90,2	4,1	143,8	6,6	187,2	26,9	112,5	16,2	451,4	28,1	347,5	20,0
2008 (WZ03)	94,9	4,5	153,2	7,0	195,6	27,8	119,6	17,3	472,0	29,2	350,9	19,9
2008 (WZ08)*	88,2	4,0	160,5	6,8	176,9	23,8	112,4	15,5	436,4	24,8	336,1	18,3
2009	95,9	4,2	155,5	6,9	207,5	27,5	107,1	15,0	427,5	24,1	337,9	18,2
2010	105,3	4,4	153,8	6,7	181,5	23,5	106,4	14,0	481,0	25,7	368,9	19,1
2011	112,7	4,7	154,0	6,7	174,8	23,5	106,5	13,9	461,2	25,5	353,2	18,9
2012	123,7	4,8	168,7	6,9	169,5	21,8	108,8	13,2	482,2	24,7	357,5	17,1
2013	127,7	4,9	170,9	6,5	216,6	27,5	111,1	13,5	481,5	24,9	361,8	17,4

*aufgrund der Revision der Wirtschaftszweigklassifikation in 2008 ist eine Vergleichbarkeit mit den Vorjahren nur bedingt möglich

Fehlzeiten-Report 2014

◨ **Tab. 31.8.12** Verteilung der Arbeitsunfähigkeitstage nach Krankheitsarten in Prozent in der Branche Land- und Forstwirtschaft im Jahr 2013, AOK-Mitglieder

Wirtschaftsabteilung	AU-Tage in %						
	Psyche	Herz/Kreislauf	Atemwege	Verdauung	Muskel/Skelett	Verletzungen	Sonstige
Fischerei und Aquakultur	9,4	9,0	7,9	5,2	20,8	14,9	32,7
Forstwirtschaft und Holzeinschlag	4,3	7,3	9,9	4,9	23,8	20,5	29,3
Landwirtschaft, Jagd und damit verbundene Tätigkeiten	6,1	8,0	10,1	5,2	22,1	16,3	32,2
Branche insgesamt	5,9	7,9	10,0	5,1	22,3	16,8	31,9
Alle Branchen	9,8	6,2	13,4	5,3	21,8	11,3	32,1

Fehlzeiten-Report 2014

◩ Tab. 31.8.13 Verteilung der Arbeitsunfähigkeitsfälle nach Krankheitsarten in Prozent in der Branche Land- und Forstwirtschaft im Jahr 2013, AOK-Mitglieder

Wirtschaftsabteilung	AU-Fälle in %						
	Psyche	Herz/ Kreislauf	Atem- wege	Ver- dauung	Muskel/ Skelett	Verlet- zungen	Sons- tige
Fischerei und Aquakultur	6,0	4,3	17,1	10,1	16,8	11,0	34,6
Forstwirtschaft und Holzeinschlag	3,0	4,4	19,5	9,0	20,8	14,0	29,3
Landwirtschaft, Jagd und damit verbundene Tätigkeiten	3,5	4,7	19,8	9,8	17,5	12,4	32,2
Branche insgesamt	3,5	4,7	19,8	9,7	17,9	12,5	31,9
Alle Branchen	4,7	3,8	24,6	9,5	16,0	7,9	33,5

Fehlzeiten-Report 2014

◩ Tab. 31.8.14 Verteilung der Arbeitsunfähigkeitstage nach Krankheitsarten und ausgewählten Berufsgruppen in der Branche Land- und Forstwirtschaft im Jahr 2013, AOK-Mitglieder

Tätigkeit	AU-Tage in %						
	Psyche	Herz/ Kreislauf	Atem- wege	Ver- dauung	Muskel/ Skelett	Verlet- zungen	Sons- tige
Berufe im Garten-, Landschafts- u. Sportplatzbau	5,8	9,1	9,5	5,0	26,9	16,3	27,4
Berufe im Gartenbau (ohne Spez.)	6,5	5,9	11,8	5,8	23,7	14,4	31,9
Berufe in Baumschule, Stauden- gärtnerei u. Zierpflanzenbau	10,6	4,2	13,9	4,5	17,3	14,5	34,9
Berufe in der Floristik	8,6	4,9	16,8	5,2	17,7	10,4	36,4
Berufe in der Forstwirtschaft	4,2	6,9	9,7	4,9	24,5	22,1	27,7
Berufe in der Lagerwirtschaft	6,9	7,3	11,6	6,5	27,3	11,8	28,7
Berufe in der Land- u. Baumaschinentechnik	2,8	11,8	8,9	6,6	19,0	13,7	37,2
Berufe in der Landwirtschaft (ohne Spez.)	4,9	7,8	10,0	5,5	20,6	18,8	32,4
Berufe in der Nutztierhaltung (außer Geflügelhaltung)	6,8	8,5	8,8	4,6	25,3	16,7	29,4
Berufe in der Pferdewirtschaft (ohne Spez.)	6,9	3,3	10,0	5,3	19,0	31,4	24,2
Berufe in der Tierpflege (ohne Spez.)	6,9	10,1	7,9	4,3	23,3	15,2	32,4
Berufskraftfahrer/innen (Güterverkehr/LKW)	5,4	9,9	8,4	4,6	19,7	12,3	39,7
Büro- u. Sekretariatskräfte (ohne Spez.)	11,9	4,6	14,6	3,6	17,4	11,0	36,9
Führer/innen von land- u. forst- wirtschaftlichen Maschinen	3,8	11,6	9,0	5,1	22,2	14,0	34,1
Branche gesamt	5,9	7,9	10,0	5,1	22,3	16,8	31,9
Alle Branchen	9,8	6,2	13,4	5,3	21,8	11,3	32,1

Fehlzeiten-Report 2014

31

Tab. 31.8.15 Verteilung der Arbeitsunfähigkeitsfälle nach Krankheitsarten und ausgewählten Berufsgruppen in der Branche Land- und Forstwirtschaft im Jahr 2013, AOK-Mitglieder

Tätigkeit	AU-Fälle in %						
	Psyche	Herz/ Kreislauf	Atem- wege	Ver- dauung	Muskel/ Skelett	Verlet- zungen	Sons- tige
Berufe im Garten-, Landschafts- u. Sportplatzbau	3,3	3,4	20,7	9,7	19,1	13,4	30,3
Berufe im Gartenbau (ohne Spez.)	3,4	3,2	21,4	9,9	19,0	10,4	32,7
Berufe in Baumschule, Stauden- gärtnerei u. Zierpflanzenbau	4,2	2,7	24,1	8,6	16,5	9,1	34,7
Berufe in der Floristik	4,3	3,8	27,2	10,1	11,7	7,7	35,2
Berufe in der Forstwirtschaft	2,9	4,3	19,2	8,7	22,2	15,0	27,7
Berufe in der Lagerwirtschaft	4,0	4,7	20,8	8,8	21,8	9,2	30,7
Berufe in der Land- u. Baumaschinentechnik	1,9	5,7	17,5	10,7	17,8	13,7	32,8
Berufe in der Landwirtschaft (ohne Spez.)	3,0	4,6	19,7	10,0	16,7	14,2	31,9
Berufe in der Nutztierhaltung (außer Geflügelhaltung)	4,0	5,7	16,6	9,4	19,3	13,8	31,2
Berufe in der Pferdewirtschaft (ohne Spez.)	4,4	2,1	17,9	9,4	16,3	20,8	29,1
Berufe in der Tierpflege (ohne Spez.)	4,2	5,7	16,6	9,1	19,0	13,7	31,8
Berufskraftfahrer/innen (Güterverkehr/LKW)	3,8	6,5	16,6	9,8	18,1	11,0	34,3
Büro- u. Sekretariatskräfte (ohne Spez.)	4,9	4,1	25,0	8,8	12,7	6,5	38,0
Führer/innen von land- u. forst- wirtschaftlichen Maschinen	2,7	7,1	18,2	10,7	18,7	11,4	31,2
Branche gesamt	3,5	4,7	19,8	9,7	17,9	12,5	31,9
Alle Branchen	4,7	3,8	24,6	9,5	16,0	7,9	33,5

Fehlzeiten-Report 2014

◘ Tab. 31.8.16 Anteile der 40 häufigsten Einzeldiagnosen an den AU-Fällen und AU-Tagen in der Branche Land- und Forstwirtschaft im Jahr 2013, AOK-Mitglieder

ICD-10	Bezeichnung	AU-Fälle in %	AU-Tage in %
J06	Akute Infektionen an mehreren oder nicht näher bezeichneten Lokalisationen der oberen Atemwege	6,5	2,6
M54	Rückenschmerzen	6,4	5,3
A09	Sonstige und nicht näher bezeichnete Gastroenteritis und Kolitis infektiösen und nicht näher bezeichneten Ursprungs	2,7	0,7
K08	Sonstige Krankheiten der Zähne und des Zahnhalteapparates	2,7	0,5
J20	Akute Bronchitis	2,4	1,2
I10	Essentielle (primäre) Hypertonie	2,2	3,2
T14	Verletzung an einer nicht näher bezeichneten Körperregion	2,1	1,7
J40	Bronchitis, nicht als akut oder chronisch bezeichnet	1,9	0,9
K52	Sonstige nichtinfektiöse Gastroenteritis und Kolitis	1,6	0,5
B34	Viruskrankheit nicht näher bezeichneter Lokalisation	1,4	0,6
R10	Bauch- und Beckenschmerzen	1,3	0,6
K29	Gastritis und Duodenitis	1,2	0,5
J03	Akute Tonsillitis	1,1	0,4
M25	Sonstige Gelenkkrankheiten, anderenorts nicht klassifiziert	1,0	1,1
M99	Biomechanische Funktionsstörungen, anderenorts nicht klassifiziert	0,9	0,6
J02	Akute Pharyngitis	0,9	0,3
M51	Sonstige Bandscheibenschäden	0,8	1,7
M75	Schulterläsionen	0,8	1,7
S93	Luxation, Verstauchung und Zerrung der Gelenke und Bänder in Höhe des oberen Sprunggelenkes und des Fußes	0,8	0,9
M53	Sonstige Krankheiten der Wirbelsäule und des Rückens, anderenorts nicht klassifiziert	0,8	0,8
M77	Sonstige Enthesopathien	0,8	0,8
F32	Depressive Episode	0,7	1,5
M23	Binnenschädigung des Kniegelenkes [internal derangement]	0,7	1,3
F43	Reaktionen auf schwere Belastungen und Anpassungsstörungen	0,7	0,9
M79	Sonstige Krankheiten des Weichteilgewebes, anderenorts nicht klassifiziert	0,7	0,5
J01	Akute Sinusitis	0,7	0,3
R51	Kopfschmerz	0,7	0,3
J11	Grippe, Viren nicht nachgewiesen	0,7	0,3
J32	Chronische Sinusitis	0,7	0,3
S61	Offene Wunde des Handgelenkes und der Hand	0,6	0,6
R11	Übelkeit und Erbrechen	0,6	0,3
M17	Gonarthrose [Arthrose des Kniegelenkes]	0,5	1,3
S83	Luxation, Verstauchung und Zerrung des Kniegelenkes und von Bändern des Kniegelenkes	0,5	0,9
E11	Nicht primär insulinabhängiger Diabetes mellitus [Typ-2-Diabetes]	0,5	0,9
E66	Adipositas	0,5	0,9
E78	Störungen des Lipoproteinstoffwechsels und sonstige Lipidämien	0,5	0,8
M65	Synovitis und Tenosynovitis	0,5	0,6
S60	Oberflächliche Verletzung des Handgelenkes und der Hand	0,5	0,4
B99	Sonstige und nicht näher bezeichnete Infektionskrankheiten	0,5	0,2
J00	Akute Rhinopharyngitis [Erkältungsschnupfen]	0,5	0,2
	Summe hier	**51,6**	**39,1**
	Restliche	48,4	60,9
	Gesamtsumme	**100,0**	**100,0**

◘ Tab. 31.8.17 Anteile der 40 häufigsten Diagnoseuntergruppen an den AU-Fällen und AU-Tagen in der Branche Land- und Forstwirtschaft im Jahr 2013, AOK-Mitglieder

ICD-10	Bezeichnung	AU-Fälle in %	AU-Tage in %
J00–J06	Akute Infektionen der oberen Atemwege	10,4	4,1
M50–M54	Sonstige Krankheiten der Wirbelsäule und des Rückens	7,8	7,4
A00–A09	Infektiöse Darmkrankheiten	3,4	1,0
K00–K14	Krankheiten der Mundhöhle, der Speicheldrüsen und der Kiefer	3,3	0,7
J40–J47	Chronische Krankheiten der unteren Atemwege	3,0	2,0
M70–M79	Sonstige Krankheiten des Weichteilgewebes	2,9	3,7
J20–J22	Sonstige akute Infektionen der unteren Atemwege	2,8	1,4
I10–I15	Hypertonie [Hochdruckkrankheit]	2,5	3,7
T08–T14	Verletzungen nicht näher bezeichneter Teile des Rumpfes, der Extremitäten oder anderer Körperregionen	2,5	2,1
R50–R69	Allgemeinsymptome	2,5	2,0
R10–R19	Symptome, die das Verdauungssystem und das Abdomen betreffen	2,1	1,2
S60–S69	Verletzungen des Handgelenkes und der Hand	1,9	2,3
K50–K52	Nichtinfektiöse Enteritis und Kolitis	1,8	0,7
M20–M25	Sonstige Gelenkkrankheiten	1,7	2,7
K20–K31	Krankheiten des Ösophagus, des Magens und des Duodenums	1,7	1,0
F40–F48	Neurotische, Belastungs- und somatoforme Störungen	1,6	2,2
B25–B34	Sonstige Viruskrankheiten	1,6	0,7
S80–S89	Verletzungen des Knies und des Unterschenkels	1,5	3,0
Z80–Z99	Personen mit potentiellen Gesundheitsrisiken aufgrund der Familien- oder Eigenanamnese und bestimmte Zustände, die den Gesundheitszustand beeinflussen	1,5	2,9
S90–S99	Verletzungen der Knöchelregion und des Fußes	1,5	1,9
R00–R09	Symptome, die das Kreislaufsystem und das Atmungssystem betreffen	1,3	0,8
J30–J39	Sonstige Krankheiten der oberen Atemwege	1,2	0,6
M15–M19	Arthrose	1,1	2,9
E70–E90	Stoffwechselstörungen	1,1	1,6
J09–J18	Grippe und Pneumonie	1,1	0,8
G40–G47	Episodische und paroxysmale Krankheiten des Nervensystems	1,0	0,9
S00–S09	Verletzungen des Kopfes	1,0	0,9
M95–M99	Sonstige Krankheiten des Muskel-Skelett-Systems und des Bindegewebes	1,0	0,8
F30–F39	Affektive Störungen	0,9	2,2
G50–G59	Krankheiten von Nerven, Nervenwurzeln und Nervenplexus	0,8	1,2
S20–S29	Verletzungen des Thorax	0,8	1,0
M05–M14	Entzündliche Polyarthropathien	0,8	0,8
K55–K64	Sonstige Krankheiten des Darmes	0,8	0,7
I30–I52	Sonstige Formen der Herzkrankheit	0,7	1,5
Z40–Z54	Personen, die das Gesundheitswesen zum Zwecke spezifischer Maßnahmen und zur medizinischen Betreuung in Anspruch nehmen	0,7	1,3
E10–E14	Diabetes mellitus	0,7	1,2
F10–F19	Psychische und Verhaltensstörungen durch psychotrope Substanzen	0,7	1,0
M65–M68	Krankheiten der Synovialis und der Sehnen	0,7	0,9
L00–L08	Infektionen der Haut und der Unterhaut	0,7	0,7
N30–N39	Sonstige Krankheiten des Harnsystems	0,7	0,6
	Summe hier	75,8	69,1
	Restliche	24,2	30,9
	Gesamtsumme	100,0	100,0

Fehlzeiten-Report 2014

31.9 Metallindustrie

◙ **Tab. 31.9.1** Entwicklung des Krankenstands der AOK-Mitglieder in der Branche Metallindustrie in den Jahren 1994 bis 2013

Jahr	Krankenstand in %			AU-Fälle je 100 AOK-Mitglieder			Tage je Fall		
	West	Ost	Bund	West	Ost	Bund	West	Ost	Bund
1994	6,4	5,3	6,3	156,5	131,1	153,7	14,2	13,7	14,1
1995	6,0	5,1	5,9	165,7	141,1	163,1	13,6	13,7	13,6
1996	5,5	4,8	5,4	150,0	130,2	147,8	13,9	13,9	13,9
1997	5,3	4,5	5,2	146,7	123,7	144,4	13,1	13,4	13,2
1998	5,3	4,6	5,2	150,0	124,6	147,4	13,0	13,4	13,0
1999	5,6	5,0	5,6	160,5	137,8	158,3	12,8	13,4	12,8
2000	5,6	5,0	5,5	163,1	141,2	161,1	12,6	12,9	12,6
2001	5,5	5,1	5,5	162,6	140,1	160,6	12,4	13,2	12,5
2002	5,5	5,0	5,5	162,2	143,1	160,5	12,5	12,7	12,5
2003	5,2	4,6	5,1	157,1	138,6	155,2	12,0	12,2	12,0
2004	4,8	4,2	4,8	144,6	127,1	142,7	12,2	12,1	12,2
2005	4,8	4,1	4,7	148,0	127,8	145,6	11,9	11,8	11,9
2006	4,5	4,0	4,5	138,8	123,3	136,9	11,9	11,9	11,9
2007	4,8	4,3	4,8	151,2	134,0	149,0	11,7	11,7	11,7
2008 (WZ03)	5,0	4,5	4,9	159,9	142,2	157,5	11,4	11,5	11,4
2008 (WZ08)*	5,0	4,5	5,0	160,8	143,0	158,5	11,5	11,5	11,5
2009	4,9	4,7	4,9	151,1	142,1	149,9	11,9	12,2	11,9
2010	5,1	4,9	5,1	158,9	154,9	158,4	11,7	11,6	11,7
2011	5,2	4,8	5,2	167,8	164,9	167,4	11,4	10,6	11,3
2012	5,3	5,3	5,3	169,7	160,5	168,5	11,4	12,2	11,5
2013	5,5	5,6	5,5	179,7	170,5	178,5	11,2	12,0	11,3

*aufgrund der Revision der Wirtschaftszweigklassifikation in 2008 ist eine Vergleichbarkeit mit den Vorjahren nur bedingt möglich

Fehlzeiten-Report 2014

◘ **Tab. 31.9.2** Arbeitsunfähigkeit der AOK-Mitglieder in der Branche Metallindustrie nach Bundesländern im Jahr 2013 im Vergleich zum Vorjahr

Bundesland	Kranken-stand in %	Arbeitsunfähigkeit je 100 AOK-Mitglieder				Tage je Fall	Veränd. z. Vorj. in %	AU-Quote in %
		AU-Fälle	Veränd. z. Vorj. in %	AU-Tage	Veränd. z. Vorj. in %			
Baden-Württemberg	5,3	181,1	6,1	1.917,1	3,7	10,6	-2,2	64,6
Bayern	4,8	158,6	4,1	1.744,9	3,4	11,0	-0,6	60,0
Berlin	6,2	164,8	5,7	2.249,2	1,7	13,6	-3,7	58,3
Brandenburg	6,0	172,6	3,6	2.183,8	4,1	12,7	0,5	64,0
Bremen	5,3	179,3	6,7	1.938,6	0,2	10,8	-6,1	60,2
Hamburg	5,5	171,2	-1,5	1.991,6	-9,4	11,6	-8,0	58,7
Hessen	6,3	197,4	6,0	2.290,4	3,2	11,6	-2,6	68,1
Mecklenburg-Vorpommern	6,0	174,3	2,3	2.199,8	2,1	12,6	-0,2	60,0
Niedersachsen	5,5	189,4	8,4	2.005,3	4,5	10,6	-3,6	66,0
Nordrhein-Westfalen	6,3	192,8	6,6	2.295,4	4,0	11,9	-2,4	68,6
Rheinland-Pfalz	6,2	195,3	7,1	2.264,0	3,8	11,6	-3,1	67,9
Saarland	6,0	143,7	4,8	2.205,1	-1,8	15,3	-6,3	59,9
Sachsen	5,3	165,2	7,2	1.947,7	5,1	11,8	-2,0	63,8
Sachsen-Anhalt	6,0	170,9	4,8	2.184,5	4,5	12,8	-0,3	61,0
Schleswig-Holstein	5,6	171,9	3,5	2.036,3	3,9	11,8	0,4	63,2
Thüringen	5,9	182,0	6,1	2.144,6	3,2	11,8	-2,7	65,5
West	**5,5**	**179,7**	**5,9**	**2.009,0**	**3,6**	**11,2**	**-2,2**	**64,7**
Ost	**5,6**	**170,5**	**6,2**	**2.040,7**	**4,3**	**12,0**	**-1,8**	**63,8**
Bund	**5,5**	**178,5**	**5,9**	**2.013,3**	**3,7**	**11,3**	**-2,2**	**64,6**

Fehlzeiten-Report 2014

31

◘ **Tab. 31.9.3** Arbeitsunfähigkeit der AOK-Mitglieder in der Branche Metallindustrie nach Wirtschaftsabteilungen im Jahr 2013

Wirtschaftsabteilung	Krankenstand in %		Arbeitsunfähigkeiten je 100 AOK-Mitglieder		Tage je Fall	AU-Quote in %
	2013	2013 stand.*	Fälle	Tage		
Herstellung von Datenverarbeitungs-geräten, elektronischen und optischen Erzeugnissen	4,7	4,7	167,8	1.697,9	10,1	61,4
Herstellung von elektrischen Ausrüstungen	5,5	5,4	178,4	2.000,2	11,2	65,0
Herstellung von Kraftwagen und Kraft-wagenteilen	5,8	5,9	177,1	2.124,8	12,0	64,0
Herstellung von Metallerzeugnissen	5,8	5,5	183,8	2.125,8	11,6	65,0
Maschinenbau	5,0	4,8	174,0	1.819,7	10,5	64,4
Metallerzeugung und -bearbeitung	6,5	6,0	188,8	2.385,2	12,6	68,2
Sonstiger Fahrzeugbau	5,3	5,3	172,7	1.920,5	11,1	61,7
Branche insgesamt	**5,5**	**5,4**	**178,5**	**2.013,3**	**11,3**	**64,6**
Alle Branchen	**5,1**	**5,1**	**160,7**	**1.849,6**	**11,5**	**54,8**

*Krankenstand alters- und geschlechtsstandardisiert

Fehlzeiten-Report 2014

◼ **Tab. 31.9.4** Kennzahlen der Arbeitsunfähigkeit der AOK-Mitglieder nach ausgewählten Berufsgruppen in der Branche Metallindustrie im Jahr 2013

Tätigkeit	Kranken-stand in %	Arbeitsunfähigkeiten je 100 AOK-Mitglieder		Tage je Fall	AU-Quote in %	Anteil der Berufsgruppe an der Branche in %*
		Fälle	Tage			
Berufe im Metallbau	6,2	200,6	2.264,4	11,3	67,9	7,0
Berufe im Vertrieb (außer Infor-mations- u. Kommunikations-technologien)	2,7	117,5	972,7	8,3	52,0	1,1
Berufe in der Elektrotechnik (ohne Spez.)	6,3	194,4	2.308,1	11,9	66,7	3,2
Berufe in der industriellen Gießerei	8,2	223,0	2.979,6	13,4	73,1	1,3
Berufe in der Kunststoff- u. Kaut-schukherstellung (ohne Spez.)	6,8	213,6	2.472,1	11,6	71,2	1,5
Berufe in der Lagerwirtschaft	6,5	186,3	2.385,9	12,8	67,9	5,6
Berufe in der Maschinenbau- u. Betriebstechnik (ohne Spez.)	5,8	186,8	2.104,5	11,3	66,8	10,0
Berufe in der Metallbearbeitung (ohne Spez.)	6,7	201,6	2.462,4	12,2	69,1	10,1
Berufe in der Metalloberflächen-behandlung (ohne Spez.)	6,9	195,7	2.523,6	12,9	68,5	1,6
Berufe in der schleifenden Metallbearbeitung	6,2	198,8	2.271,1	11,4	69,8	1,1
Berufe in der Schweiß- u. Verbindungstechnik	7,1	207,5	2.577,5	12,4	70,2	2,3
Berufe in der spanenden Metallbearbeitung	5,3	193,3	1.931,4	10,0	68,7	6,1
Berufe in der technischen Produktionsplanung u. -steuerung	3,7	130,2	1.367,5	10,5	56,4	1,9
Berufe in der technischen Qualitätssicherung	5,5	169,7	1.994,9	11,8	66,1	2,3
Berufe in der Werkzeugtechnik	4,6	182,7	1.666,7	9,1	66,7	2,1
Büro- u. Sekretariatskräfte (ohne Spez.)	3,1	129,4	1.135,4	8,8	50,5	2,9
Kaufmännische u. technische Betriebswirtschaft (ohne Spez.)	2,8	145,9	1.019,8	7,0	55,2	2,8
Maschinen- u. Anlagenführer/innen	6,6	200,7	2.391,7	11,9	69,8	3,5
Maschinen- u. Gerätezusammen-setzer/innen	6,8	198,9	2.497,1	12,6	69,1	3,8
Technische Servicekräfte in Wartung u. Instandhaltung	4,8	151,7	1.759,0	11,6	61,9	1,6
Branche insgesamt	5,5	178,5	2.013,3	11,3	64,6	11,3**

* Anteil der AOK-Mitglieder in der Berufsgruppe an den in der Branche beschäftigten AOK-Mitgliedern insgesamt
**Anteil der AOK-Mitglieder in der Branche an allen AOK-Mitgliedern

◨ **Tab. 31.9.5** Dauer der Arbeitsunfähigkeit der AOK-Mitglieder in der Branche Metallindustrie im Jahr 2013

Fallklasse	Branche hier		alle Branchen	
	Anteil Fälle in %	Anteil Tage in %	Anteil Fälle in %	Anteil Tage in %
1–3 Tage	36,1	6,4	35,7	6,2
4–7 Tage	30,8	13,5	31,2	13,7
8–14 Tage	17,6	16,2	17,5	15,8
15–21 Tage	5,8	9,0	5,9	8,9
22–28 Tage	2,8	6,0	2,7	5,8
29–42 Tage	2,9	8,9	2,8	8,6
Langzeit-AU (> 42 Tage)	4,0	40,0	4,1	41,0

Fehlzeiten-Report 2014

◨ **Tab. 31.9.6** Tage der Arbeitsunfähigkeit je AOK-Mitglied nach Wirtschaftsabteilung und Betriebsgröße in der Branche Metallindustrie im Jahr 2013

Wirtschaftsabteilungen	Betriebsgröße (Anzahl der AOK-Mitglieder)					
	10–49	50–99	100–199	200–499	500–999	≥ 1.000
Herstellung von Datenverarbeitungsgeräten, elektronischen und optischen Erzeugnissen	17,0	17,8	19,1	18,1	17,2	14,3
Herstellung von elektrischen Ausrüstungen	19,6	20,7	20,1	21,2	19,9	22,1
Herstellung von Kraftwagen und Kraft-wagenteilen	19,9	21,1	22,2	22,0	21,8	21,2
Herstellung von Metallerzeugnissen	21,6	22,2	22,2	22,4	21,0	15,7
Maschinenbau	18,4	18,6	18,4	18,3	18,8	17,7
Metallerzeugung und -bearbeitung	23,4	24,1	24,6	24,3	22,6	25,5
Sonstiger Fahrzeugbau	20,4	18,5	19,2	20,7	19,4	17,4
Branche insgesamt	**20,1**	**20,7**	**21,0**	**20,8**	**20,3**	**20,6**
Alle Branchen	**19,4**	**21,1**	**21,1**	**21,0**	**20,7**	**20,8**

Fehlzeiten-Report 2014

31

◘ **Tab. 31.9.7** Krankenstand in Prozent nach Ausbildungsabschluss in der Branche Metallindustrie im Jahr 2013, AOK-Mitglieder

Wirtschaftsabteilung	Ausbildung						
	ohne Ausbildungsabschluss	mit Ausbildungsabschluss	Meister/ Techniker	Bachelor	Diplom/Magister/Master/ Staatsexamen	Promotion	unbekannt
Herstellung von Datenverarbeitungsgeräten, elektronischen und optischen Erzeugnissen	5,9	4,8	2,8	1,6	1,9	1,8	5,0
Herstellung von elektrischen Ausrüstungen	6,9	5,4	3,4	1,5	1,9	2,7	6,1
Herstellung von Kraftwagen und Kraftwagenteilen	6,9	5,9	3,8	1,4	1,7	1,2	6,3
Herstellung von Metallerzeugnissen	6,8	5,7	3,8	2,0	2,7	3,0	6,1
Maschinenbau	5,7	5,2	3,1	1,6	2,0	2,4	5,5
Metallerzeugung und -bearbeitung	7,6	6,2	4,3	2,3	2,7	3,9	7,6
Sonstiger Fahrzeugbau	5,9	5,6	4,1	1,1	2,3	1,3	4,9
Branche insgesamt	**6,6**	**5,5**	**3,5**	**1,6**	**2,0**	**2,2**	**6,0**
Alle Branchen	**5,9**	**5,2**	**3,9**	**2,0**	**2,5**	**1,9**	**4,9**

Fehlzeiten-Report 2014

◘ **Tab. 31.9.8** Tage der Arbeitsunfähigkeit je AOK-Mitglied nach Ausbildung in der Branche Metallindustrie im Jahr 2013

Wirtschaftsabteilung	Ausbildung						
	ohne Ausbildungsabschluss	mit Ausbildungsabschluss	Meister/ Techniker	Bachelor	Diplom/Magister/Master/ Staatsexamen	Promotion	unbekannt
Herstellung von Datenverarbeitungsgeräten, elektronischen und optischen Erzeugnissen	21,6	17,6	10,1	5,7	7,0	6,6	18,3
Herstellung von elektrischen Ausrüstungen	25,1	19,7	12,2	5,6	7,0	9,8	22,3
Herstellung von Kraftwagen und Kraftwagenteilen	25,0	21,4	13,9	5,1	6,1	4,5	23,2
Herstellung von Metallerzeugnissen	25,0	20,6	13,8	7,2	9,7	10,9	22,1
Maschinenbau	20,8	18,8	11,5	5,7	7,3	8,8	20,0
Metallerzeugung und -bearbeitung	27,6	22,5	15,6	8,3	9,7	14,2	27,8
Sonstiger Fahrzeugbau	21,4	20,5	14,9	4,1	8,5	4,9	18,0
Branche insgesamt	**24,1**	**20,1**	**12,6**	**5,8**	**7,5**	**7,9**	**22,0**
Alle Branchen	**21,6**	**19,0**	**14,3**	**7,5**	**9,1**	**6,8**	**17,9**

Fehlzeiten-Report 2014

◻ **Tab. 31.9.9** Anteil der Arbeitsunfälle an den AU-Fällen und -Tagen in Prozent nach Wirtschaftsabteilungen in der Branche Metallindustrie im Jahr 2013, AOK-Mitglieder

Wirtschaftsabteilung	AU-Fälle in %	AU-Tage in %
Herstellung von Datenverarbeitungsgeräten, elektronischen und optischen Erzeugnissen	1,7	3,2
Herstellung von elektrischen Ausrüstungen	2,4	4,4
Herstellung von Kraftwagen und Kraftwagenteilen	2,7	4,6
Herstellung von Metallerzeugnissen	4,8	8,0
Maschinenbau	3,6	6,3
Metallerzeugung und -bearbeitung	4,9	7,8
Sonstiger Fahrzeugbau	3,4	6,4
Branche insgesamt	**3,6**	**6,3**
Alle Branchen	**3,4**	**6,4**

Fehlzeiten-Report 2014

◻ **Tab. 31.9.10** Tage und Fälle der Arbeitsunfähigkeit durch Arbeitsunfälle nach Berufsgruppen in der Branche Metallindustrie im Jahr 2013, AOK-Mitglieder

Tätigkeit	Arbeitsunfähigkeit je 1.000 AOK-Mitglieder	
	AU-Tage	AU-Fälle
Berufe in der industriellen Gießerei	3.237,0	162,6
Berufe im Metallbau	2.567,8	140,5
Berufe in der Schweiß- u. Verbindungstechnik	2.090,2	120,4
Berufe in der Metalloberflächenbehandlung (ohne Spez.)	1.841,7	87,3
Technische Servicekräfte in Wartung u. Instandhaltung	1.464,2	61,0
Berufe in der Metallbearbeitung (ohne Spez.)	1.458,7	76,5
Berufe in der schleifenden Metallbearbeitung	1.436,1	79,8
Maschinen- u. Anlagenführer/innen	1.355,5	69,4
Berufe in der Maschinenbau- u. Betriebstechnik (ohne Spez.)	1.333,4	71,3
Berufe in der Kunststoff- u. Kautschukherstellung (ohne Spez.)	1.324,5	64,3
Berufe in der Lagerwirtschaft	1.296,0	55,6
Berufe in der spanenden Metallbearbeitung	1.269,1	77,7
Berufe in der Werkzeugtechnik	1.233,9	77,2
Maschinen- u. Gerätezusammensetzer/innen	1.061,1	52,3
Berufe in der Elektrotechnik (ohne Spez.)	768,8	33,6
Berufe in der technischen Qualitätssicherung	742,5	33,4
Berufe in der technischen Produktionsplanung u. -steuerung	549,2	27,4
Kaufmännische u. technische Betriebswirtschaft (ohne Spez.)	268,1	15,4
Berufe im Vertrieb (außer Informations- u. Kommunikationstechnologien)	235,5	13,0
Büro- u. Sekretariatskräfte (ohne Spez.)	221,4	11,7
Branche insgesamt	**1.272,1**	**65,5**
Alle Branchen	**1.187,9**	**54,3**

Fehlzeiten-Report 2014

31

◘ Tab. 31.9.11 Tage und Fälle der Arbeitsunfähigkeit je 100 AOK-Mitglieder nach Krankheitsarten in der Branche Metallindustrie in den Jahren 2000 bis 2013

Jahr	Arbeitsunfähigkeiten je 100 AOK-Mitglieder											
	Psyche		Herz/Kreislauf		Atemwege		Verdauung		Muskel/Skelett		Verletzungen	
	Tage	Fälle	Tage	Fälle	Tage	Fälle	Tage	Fälle	Tage	Fälle	Tage	Fälle
2000	125,2	5,6	163,1	8,5	332,7	46,5	148,6	20,8	655,7	39,1	343,6	23,5
2001	134,9	6,4	165,4	9,1	310,6	45,6	149,9	21,6	672,0	40,8	338,9	23,4
2002	141,7	6,8	164,9	9,4	297,9	44,1	151,1	22,5	671,3	41,1	338,9	23,1
2003	134,5	6,7	156,5	9,3	296,8	45,1	142,2	21,5	601,3	37,9	314,5	21,7
2004	151,3	6,8	168,4	8,7	258,0	38,0	143,5	21,0	574,9	36,1	305,3	20,4
2005	150,7	6,6	166,7	8,7	300,6	44,4	136,0	19,6	553,4	35,3	301,1	19,9
2006	147,1	6,5	163,0	8,8	243,0	36,7	135,7	20,3	541,1	35,1	304,5	20,2
2007	154,4	6,9	164,0	8,8	275,3	42,1	142,2	21,8	560,3	36,0	303,9	20,2
2008 (WZ03)	162,9	7,1	168,5	9,2	287,2	44,6	148,4	23,3	580,4	37,9	308,6	20,7
2008 (WZ08)*	165,0	7,2	171,3	9,3	289,2	44,7	149,3	23,3	590,7	38,5	311,8	20,9
2009	170,6	7,2	173,4	8,7	303,3	46,3	137,9	19,0	558,2	34,1	307,9	19,0
2010	181,8	7,8	174,6	9,2	277,7	43,2	136,6	20,7	606,6	38,2	322,3	20,4
2011	187,5	8,2	168,1	9,2	291,4	45,4	136,8	21,1	595,5	38,9	317,8	20,5
2012	210,7	8,7	185,5	9,4	300,8	46,7	146,1	21,8	633,9	40,0	329,5	20,0
2013	217,5	8,7	184,2	9,0	374,9	56,7	149,7	21,8	630,9	39,8	329,6	19,9

*aufgrund der Revision der Wirtschaftszweigklassifikation in 2008 ist eine Vergleichbarkeit mit den Vorjahren nur bedingt möglich

Fehlzeiten-Report 2014

◘ Tab. 31.9.12 Verteilung der Arbeitsunfähigkeitstage nach Krankheitsarten in Prozent in der Branche Metallindustrie im Jahr 2013, AOK-Mitglieder

Wirtschaftsabteilung	AU-Tage in %						
	Psyche	Herz/Kreislauf	Atem-wege	Ver-dauung	Muskel/Skelett	Verlet-zungen	Sons-tige
Herstellung von Datenverarbeitungsgeräten, elektronischen und optischen Erzeugnissen	10,2	5,7	15,6	5,6	20,7	9,5	32,6
Herstellung von elektrischen Ausrüstungen	9,0	6,5	14,1	5,5	23,4	10,0	31,5
Herstellung von Kraftwagen und Kraftwagenteilen	8,3	6,5	14,0	5,4	24,7	10,5	30,5
Herstellung von Metallerzeugnissen	7,6	7,0	12,9	5,5	23,3	13,1	30,6
Maschinenbau	7,3	6,8	14,2	5,6	22,0	13,1	31,0
Metallerzeugung und -bearbeitung	7,5	7,3	13,1	5,4	24,1	12,5	30,2
Sonstiger Fahrzeugbau	8,4	5,9	14,2	5,4	23,3	12,9	29,9
Branche insgesamt	**8,0**	**6,7**	**13,7**	**5,5**	**23,1**	**12,1**	**30,9**
Alle Branchen	**9,8**	**6,2**	**13,4**	**5,3**	**21,8**	**11,3**	**32,1**

Fehlzeiten-Report 2014

◻ **Tab. 31.9.13** Verteilung der Arbeitsunfähigkeitsfälle nach Krankheitsarten in Prozent in der Branche Metallindustrie im Jahr 2013, AOK-Mitglieder

Wirtschaftsabteilung	AU-Fälle in %						
	Psyche	Herz/ Kreislauf	Atem- wege	Ver- dauung	Muskel/ Skelett	Verlet- zungen	Sons- tige
Herstellung von Datenverarbeitungs- geräten, elektronischen und optischen Erzeugnissen	4,7	3,6	27,3	9,8	14,7	6,6	33,3
Herstellung von elektrischen Ausrüstungen	4,4	4,0	25,2	9,7	17,1	7,1	32,5
Herstellung von Kraftwagen und Kraftwagenteilen	4,1	4,0	24,8	9,3	19,1	7,7	30,9
Herstellung von Metallerzeugnissen	3,6	4,0	23,8	9,6	17,9	9,7	31,3
Maschinenbau	3,5	3,8	25,7	9,7	16,5	9,1	31,7
Metallerzeugung und -bearbeitung	3,7	4,3	23,6	9,3	19,0	9,5	30,5
Sonstiger Fahrzeugbau	3,7	3,7	26,1	9,5	17,1	8,9	31,0
Branche insgesamt	**3,8**	**4,0**	**24,9**	**9,6**	**17,5**	**8,7**	**31,6**
Alle Branchen	**4,7**	**3,8**	**24,6**	**9,5**	**16,0**	**7,9**	**33,5**

Fehlzeiten-Report 2014

31

◻ **Tab. 31.9.14** Verteilung der Arbeitsunfähigkeitstage nach Krankheitsarten und ausgewählten Berufsgruppen in der Branche Metallindustrie im Jahr 2013, AOK-Mitglieder

Tätigkeit	AU-Tage in %						
	Psyche	Herz/ Kreislauf	Atem- wege	Ver- dauung	Muskel/ Skelett	Verlet- zungen	Sons- tige
Berufe im Metallbau	5,6	6,8	12,4	5,4	24,0	16,7	29,0
Berufe im Vertrieb (außer Informations- u. Kommunikations- technologien)	12,4	5,1	19,8	5,7	15,2	8,6	33,2
Berufe in der Elektrotechnik (ohne Spez.)	10,8	6,1	13,5	5,1	24,1	8,5	31,9
Berufe in der industriellen Gießerei	6,6	6,4	12,7	4,9	27,3	15,3	26,8
Berufe in der Kunststoff- u. Kautschuk- herstellung (ohne Spez.)	8,6	6,2	13,4	5,1	26,3	10,2	30,2
Berufe in der Lagerwirtschaft	8,7	7,1	12,6	5,5	24,3	10,9	30,9
Berufe in der Maschinenbau- u. Betriebstechnik (ohne Spez.)	7,8	6,6	13,3	5,4	23,0	12,8	31,1
Berufe in der Metallbearbeitung (ohne Spez.)	8,1	7,0	12,7	5,3	25,3	10,9	30,7
Berufe in der Metalloberflächen- behandlung (ohne Spez.)	7,3	7,5	12,3	5,5	25,9	11,7	29,8
Berufe in der schleifenden Metall- bearbeitung	7,4	7,3	13,3	5,3	25,0	11,2	30,5
Berufe in der Schweiß- u. Verbindungs- technik	6,1	7,5	13,3	5,4	25,7	13,2	28,9
Berufe in der spanenden Metall- bearbeitung	6,6	6,6	14,7	6,0	21,1	14,5	30,5
Berufe in der technischen Produktions- planung u. -steuerung	8,4	7,1	15,9	5,5	20,4	10,5	32,2
Berufe in der technischen Qualitäts- sicherung	9,0	7,6	13,9	5,2	21,8	9,2	33,3
Berufe in der Werkzeugtechnik	6,4	6,7	15,2	6,2	19,6	16,2	29,6
Büro- u. Sekretariatskräfte (ohne Spez.)	12,4	5,5	17,5	5,9	14,2	8,1	36,3
Kaufmännische u. technische Betriebs- wirtschaft (ohne Spez.)	11,6	4,3	21,0	6,3	12,4	9,3	35,2
Maschinen- u. Anlagenführer/innen	8,2	6,5	13,7	5,6	24,3	11,3	30,4
Maschinen- u. Gerätezusammen- setzer/innen	8,7	6,2	13,1	5,2	26,1	9,9	30,7
Technische Servicekräfte in Wartung u. Instandhaltung	6,4	7,4	14,0	5,9	21,8	14,0	30,6
Branche gesamt	**8,0**	**6,7**	**13,7**	**5,5**	**23,1**	**12,1**	**30,9**
Alle Branchen	**9,8**	**6,2**	**13,4**	**5,3**	**21,8**	**11,3**	**32,1**

Fehlzeiten-Report 2014

◻ **Tab. 31.9.15** Verteilung der Arbeitsunfähigkeitsfälle nach Krankheitsarten und ausgewählten Berufsgruppen in der Branche Metallindustrie im Jahr 2013, AOK-Mitglieder

Tätigkeit	AU-Fälle in %						
	Psyche	Herz/ Kreislauf	Atem- wege	Ver- dauung	Muskel/ Skelett	Verlet- zungen	Sons- tige
Berufe im Metallbau	2,8	3,6	23,3	9,6	18,2	12,7	29,8
Berufe im Vertrieb (außer Informations- u. Kommunikations-technologien)	4,2	3,4	31,8	10,0	10,1	5,4	35,0
Berufe in der Elektrotechnik (ohne Spez.)	5,3	4,2	24,1	9,4	17,7	5,8	33,5
Berufe in der industriellen Gießerei	3,4	4,1	21,9	8,7	21,7	11,8	28,4
Berufe in der Kunststoff- u. Kautschuk-herstellung (ohne Spez.)	4,2	3,8	23,8	9,5	20,2	7,6	30,8
Berufe in der Lagerwirtschaft	4,4	4,5	23,2	9,4	19,4	7,7	31,5
Berufe in der Maschinenbau-u. Betriebstechnik (ohne Spez.)	3,6	3,8	24,6	9,5	17,4	9,4	31,6
Berufe in der Metallbearbeitung (ohne Spez.)	4,1	4,2	23,1	9,2	20,1	8,3	31,0
Berufe in der Metalloberflächen-behandlung (ohne Spez.)	3,8	4,4	22,0	9,6	20,8	8,8	30,6
Berufe in der schleifenden Metall-bearbeitung	3,6	4,3	24,0	9,6	19,8	8,6	30,2
Berufe in der Schweiß- u. Verbindungs-technik	3,2	4,4	23,2	9,0	20,8	10,3	29,2
Berufe in der spanenden Metall-bearbeitung	3,3	3,7	25,9	10,0	16,1	10,2	30,8
Berufe in der technischen Produktions-planung u. -steuerung	4,0	4,3	27,8	9,8	14,8	7,0	32,3
Berufe in der technischen Qualitäts-sicherung	4,6	4,4	25,3	9,7	16,8	6,4	32,9
Berufe in der Werkzeugtechnik	3,0	3,3	27,1	10,3	13,9	11,3	31,1
Büro- u. Sekretariatskräfte (ohne Spez.)	4,9	3,3	29,1	10,0	10,0	5,2	37,6
Kaufmännische u. technische Betriebs-wirtschaft (ohne Spez.)	4,1	2,8	31,7	10,5	8,5	5,6	36,9
Maschinen- u. Anlagenführer/innen	4,1	4,0	23,9	9,5	19,4	8,4	30,7
Maschinen- u. Gerätezusammen-setzer/innen	4,6	4,1	23,2	9,4	20,0	7,3	31,3
Technische Servicekräfte in Wartung u. Instandhaltung	3,3	4,3	25,2	9,9	17,5	9,3	30,6
Branche gesamt	**3,8**	**4,0**	**24,9**	**9,6**	**17,5**	**8,7**	**31,6**
Alle Branchen	**4,7**	**3,8**	**24,6**	**9,5**	**16,0**	**7,9**	**33,5**

Fehlzeiten-Report 2014

31

□ Tab. 31.9.16 Anteile der 40 häufigsten Einzeldiagnosen an den AU-Fällen und AU-Tagen in der Branche Metallindustrie im Jahr 2013, AOK-Mitglieder

ICD-10	Bezeichnung	AU-Fälle in %	AU-Tage in %
J06	Akute Infektionen an mehreren oder nicht näher bezeichneten Lokalisationen der oberen Atemwege	9,1	4,1
M54	Rückenschmerzen	6,6	6,1
A09	Sonstige und nicht näher bezeichnete Gastroenteritis und Kolitis infektiösen und nicht näher bezeichneten Ursprungs	3,4	1,1
J20	Akute Bronchitis	2,9	1,6
J40	Bronchitis, nicht als akut oder chronisch bezeichnet	2,3	1,2
K08	Sonstige Krankheiten der Zähne und des Zahnhalteapparates	2,3	0,5
B34	Viruskrankheit nicht näher bezeichneter Lokalisation	1,8	0,8
K52	Sonstige nichtinfektiöse Gastroenteritis und Kolitis	1,8	0,6
I10	Essentielle (primäre) Hypertonie	1,7	2,6
T14	Verletzung an einer nicht näher bezeichneten Körperregion	1,5	1,3
K29	Gastritis und Duodenitis	1,3	0,6
R10	Bauch- und Beckenschmerzen	1,2	0,6
J02	Akute Pharyngitis	1,2	0,5
J01	Akute Sinusitis	1,1	0,5
J03	Akute Tonsillitis	1,1	0,5
F32	Depressive Episode	1,0	2,5
M25	Sonstige Gelenkkrankheiten, anderenorts nicht klassifiziert	1,0	1,1
J32	Chronische Sinusitis	1,0	0,5
R51	Kopfschmerz	1,0	0,4
M75	Schulterläsionen	0,9	1,8
M77	Sonstige Enthesopathien	0,9	1,0
M99	Biomechanische Funktionsstörungen, anderenorts nicht klassifiziert	0,9	0,7
J11	Grippe, Viren nicht nachgewiesen	0,9	0,5
M51	Sonstige Bandscheibenschäden	0,8	1,9
F43	Reaktionen auf schwere Belastungen und Anpassungsstörungen	0,8	1,2
M53	Sonstige Krankheiten der Wirbelsäule und des Rückens, anderenorts nicht klassifiziert	0,8	0,9
M79	Sonstige Krankheiten des Weichteilgewebes, anderenorts nicht klassifiziert	0,8	0,6
M23	Binnenschädigung des Kniegelenkes [internal derangement]	0,7	1,3
R11	Übelkeit und Erbrechen	0,7	0,3
J00	Akute Rhinopharyngitis [Erkältungsschnupfen]	0,7	0,3
J98	Sonstige Krankheiten der Atemwege	0,7	0,3
S93	Luxation, Verstauchung und Zerrung der Gelenke und Bänder in Höhe des oberen Sprunggelenkes und des Fußes	0,6	0,6
R42	Schwindel und Taumel	0,6	0,4
B99	Sonstige und nicht näher bezeichnete Infektionskrankheiten	0,6	0,3
J04	Akute Laryngitis und Tracheitis	0,6	0,3
R50	Fieber sonstiger und unbekannter Ursache	0,6	0,3
A08	Virusbedingte und sonstige näher bezeichnete Darminfektionen	0,6	0,2
F45	Somatoforme Störungen	0,5	0,8
M47	Spondylose	0,5	0,8
R53	Unwohlsein und Ermüdung	0,5	0,4
	Summe hier	**58,0**	**42,0**
	Restliche	42,0	58,0
	Gesamtsumme	**100,0**	**100,0**

◻ **Tab. 31.9.17** Anteile der 40 häufigsten Diagnoseuntergruppen an den AU-Fällen und AU-Tagen in der Branche Metall-industrie im Jahr 2013, AOK-Mitglieder

ICD-10	Bezeichnung	AU-Fälle in %	AU-Tage in %
J00–J06	Akute Infektionen der oberen Atemwege	13,9	6,3
M50–M54	Sonstige Krankheiten der Wirbelsäule und des Rückens	8,0	8,4
A00–A09	Infektiöse Darmkrankheiten	4,3	1,5
J40–J47	Chronische Krankheiten der unteren Atemwege	3,7	2,5
J20–J22	Sonstige akute Infektionen der unteren Atemwege	3,4	1,9
R50–R69	Allgemeinsymptome	3,0	2,3
M70–M79	Sonstige Krankheiten des Weichteilgewebes	2,9	4,1
K00–K14	Krankheiten der Mundhöhle, der Speicheldrüsen und der Kiefer	2,8	0,7
R10–R19	Symptome, die das Verdauungssystem und das Abdomen betreffen	2,2	1,2
K50–K52	Nichtinfektiöse Enteritis und Kolitis	2,1	0,9
B25–B34	Sonstige Viruskrankheiten	2,1	0,9
F40–F48	Neurotische, Belastungs- und somatoforme Störungen	1,9	3,1
I10–I15	Hypertonie [Hochdruckkrankheit]	1,9	3,0
K20–K31	Krankheiten des Ösophagus, des Magens und des Duodenums	1,9	1,0
T08–T14	Verletzungen nicht näher bezeichneter Teile des Rumpfes, der Extremitäten oder anderer Körperregionen	1,8	1,6
M20–M25	Sonstige Gelenkkrankheiten	1,7	2,7
J30–J39	Sonstige Krankheiten der oberen Atemwege	1,6	1,0
S60–S69	Verletzungen des Handgelenkes und der Hand	1,5	2,1
J09–J18	Grippe und Pneumonie	1,4	0,9
F30–F39	Affektive Störungen	1,3	3,6
G40–G47	Episodische und paroxysmale Krankheiten des Nervensystems	1,3	1,1
R00–R09	Symptome, die das Kreislaufsystem und das Atmungssystem betreffen	1,3	0,9
Z80–Z99	Personen mit potentiellen Gesundheitsrisiken aufgrund der Familien- oder Eigenanamnese und bestimmte Zustände, die den Gesundheitszustand beeinflussen	1,2	2,5
S90–S99	Verletzungen der Knöchelregion und des Fußes	1,0	1,4
K55–K64	Sonstige Krankheiten des Darmes	1,0	0,9
M95–M99	Sonstige Krankheiten des Muskel-Skelett-Systems und des Bindegewebes	1,0	0,8
M15–M19	Arthrose	0,9	2,3
S80–S89	Verletzungen des Knies und des Unterschenkels	0,9	1,9
E70–E90	Stoffwechselstörungen	0,8	1,4
J95–J99	Sonstige Krankheiten des Atmungssystems	0,8	0,6
R40–R46	Symptome, die das Erkennungs- und Wahrnehmungsvermögen, die Stimmung und das Verhalten betreffen	0,8	0,6
G50–G59	Krankheiten von Nerven, Nervenwurzeln und Nervenplexus	0,7	1,1
M65–M68	Krankheiten der Synovialis und der Sehnen	0,7	1,0
M05–M14	Entzündliche Polyarthropathien	0,7	0,7
B99–B99	Sonstige Infektionskrankheiten	0,7	0,3
I20–I25	Ischämische Herzkrankheiten	0,6	1,4
I30–I52	Sonstige Formen der Herzkrankheit	0,6	1,1
L00–L08	Infektionen der Haut und der Unterhaut	0,6	0,6
S00–S09	Verletzungen des Kopfes	0,6	0,5
N30–N39	Sonstige Krankheiten des Harnsystems	0,6	0,4
	Summe hier	**80,2**	**71,2**
	Restliche	19,8	28,8
	Gesamtsumme	**100,0**	**100,0**

31

31.10 Öffentliche Verwaltung

◘ Tab. 31.10.1 Entwicklung des Krankenstands der AOK-Mitglieder in der Branche Öffentliche Verwaltung in den Jahren 1994 bis 2013

Jahr	Krankenstand in %			AU-Fälle je 100 AOK-Mitglieder			Tage je Fall		
	West	Ost	Bund	West	Ost	Bund	West	Ost	Bund
1994	7,3	5,9	6,9	161,2	129,1	152,0	16,2	14,9	15,9
1995	6,9	6,3	6,8	166,7	156,3	164,1	15,6	14,9	15,4
1996	6,4	6,0	6,3	156,9	155,6	156,6	15,4	14,7	15,2
1997	6,2	5,8	6,1	158,4	148,8	156,3	14,4	14,1	14,3
1998	6,3	5,7	6,2	162,6	150,3	160,0	14,2	13,8	14,1
1999	6,6	6,2	6,5	170,7	163,7	169,3	13,8	13,6	13,8
2000	6,4	5,9	6,3	172,0	174,1	172,5	13,6	12,3	13,3
2001	6,1	5,9	6,1	165,8	161,1	164,9	13,5	13,3	13,5
2002	6,0	5,7	5,9	167,0	161,9	166,0	13,0	12,9	13,0
2003	5,7	5,3	5,6	167,3	158,8	165,7	12,4	12,2	12,3
2004	5,3	5,0	5,2	154,8	152,2	154,3	12,5	12,0	12,4
2005**	5,3	4,5	5,1	154,1	134,3	150,0	12,6	12,2	12,5
2006	5,1	4,7	5,0	148,7	144,7	147,9	12,5	11,8	12,3
2007	5,3	4,8	5,2	155,5	151,1	154,6	12,4	11,7	12,3
2008 (WZ03)	5,3	4,9	5,2	159,8	152,1	158,3	12,2	11,8	12,1
2008 (WZ08)*	5,3	4,9	5,2	159,9	152,2	158,4	12,1	11,8	12,1
2009	5,5	5,3	5,4	167,9	164,9	167,3	11,9	11,7	11,8
2010	5,5	5,7	5,5	164,8	184,6	168,2	12,2	11,3	12,0
2011	5,6	5,5	5,6	172,5	189,1	175,6	11,9	10,6	11,7
2012	5,5	5,5	5,5	163,9	164,4	164,0	12,2	12,2	12,2
2013	5,6	5,9	5,7	174,8	176,3	175,1	11,7	12,2	11,8

*aufgrund der Revision der Wirtschaftszweigklassifikation in 2008 ist eine Vergleichbarkeit mit den Vorjahren nur bedingt möglich

**ohne Sozialversicherung/Arbeitsförderung

Fehlzeiten-Report 2014

31

◘ **Tab. 31.10.2** Arbeitsunfähigkeit der AOK-Mitglieder in der Branche Öffentliche Verwaltung nach Bundesländern im Jahr 2013 im Vergleich zum Vorjahr

Bundesland	Kranken-stand in %	Arbeitsunfähigkeit je 100 AOK-Mitglieder				Tage je Fall	Veränd. z. Vorj. in %	AU-Quote in %
		AU-Fälle	Veränd. z. Vorj. in %	AU-Tage	Veränd. z. Vorj. in %			
Baden-Württemberg	5,0	166,2	6,3	1.829,6	2,0	11,0	-4,0	61,5
Bayern	4,8	145,2	3,7	1.752,8	-1,8	12,1	-5,4	57,2
Berlin	5,9	188,9	-5,5	2.160,7	-6,4	11,4	-1,0	59,8
Brandenburg	6,9	187,7	4,9	2.508,0	7,0	13,4	2,0	66,2
Bremen	5,9	183,9	10,1	2.165,2	-0,4	11,8	-9,5	62,7
Hamburg	6,3	186,4	12,2	2.309,8	9,6	12,4	-2,3	59,6
Hessen	6,6	206,0	9,3	2.403,2	5,0	11,7	-3,9	67,8
Mecklenburg-Vorpommern	6,1	174,8	-0,6	2.224,6	-5,9	12,7	-5,3	61,5
Niedersachsen	5,8	184,1	5,8	2.114,4	-0,4	11,5	-5,8	65,2
Nordrhein-Westfalen	6,6	199,3	9,4	2.393,9	6,3	12,0	-2,8	67,0
Rheinland-Pfalz	6,6	194,6	6,2	2.399,9	8,4	12,3	2,0	66,6
Saarland	6,9	174,2	0,1	2.517,5	0,7	14,5	0,6	62,9
Sachsen	5,4	172,4	9,2	1.985,8	7,4	11,5	-1,6	64,2
Sachsen-Anhalt	6,3	179,5	7,3	2.308,3	8,2	12,9	0,8	63,3
Schleswig-Holstein	6,2	182,6	5,3	2.269,9	0,3	12,4	-4,7	62,9
Thüringen	5,9	177,1	5,1	2.165,1	8,1	12,2	2,8	63,6
West	**5,6**	**174,8**	**6,6**	**2.051,9**	**2,4**	**11,7**	**-4,0**	**62,6**
Ost	**5,9**	**176,3**	**7,3**	**2.146,7**	**7,3**	**12,2**	**0,0**	**64,0**
Bund	**5,7**	**175,1**	**6,8**	**2.069,9**	**3,3**	**11,8**	**-3,2**	**62,9**

Fehlzeiten-Report 2014

◘ **Tab. 31.10.3** Arbeitsunfähigkeit der AOK-Mitglieder in der Branche Öffentliche Verwaltung nach Wirtschaftsabteilungen im Jahr 2013

Wirtschaftsabteilung	Krankenstand in %		Arbeitsunfähigkeiten je 100 AOK-Mitglieder		Tage je Fall	AU-Quote in %
	2013	2013 stand.*	Fälle	Tage		
Auswärtige Angelegenheiten, Verteidigung, Rechtspflege, öffentliche Sicherheit und Ordnung	5,9	5,2	180,2	2.137,1	11,9	60,2
Exterritoriale Organisationen und Körperschaften	7,9	6,8	216,5	2.894,5	13,4	67,2
Öffentliche Verwaltung	5,8	5,2	174,7	2.117,1	12,1	63,3
Sozialversicherung	4,9	4,5	169,7	1.773,4	10,5	62,7
Branche insgesamt	**5,7**	**5,2**	**175,1**	**2.069,9**	**11,8**	**62,9**
Alle Branchen	**5,1**	**5,1**	**160,7**	**1.849,6**	**11,5**	**54,8**

*Krankenstand alters- und geschlechtsstandardisiert

Fehlzeiten-Report 2014

◼ **Tab. 31.10.4** Kennzahlen der Arbeitsunfähigkeit der AOK-Mitglieder nach ausgewählten Berufsgruppen in der Branche Öffentliche Verwaltung im Jahr 2013

Tätigkeit	Kranken-stand in %	Arbeitsunfähigkeiten je 100 AOK-Mitglieder		Tage je Fall	AU-Quote in %	Anteil der Berufsgruppe an der Branche in %*
		Fälle	Tage			
Berufe im Gartenbau (ohne Spez.)	8,8	246,8	3.195,4	12,9	73,0	2,3
Berufe im Objekt-, Werte- u. Personenschutz	7,4	174,6	2.700,6	15,5	60,6	1,3
Berufe in der Forstwirtschaft	7,7	219,1	2.818,3	12,9	71,7	1,3
Berufe in der Gebäudetechnik (ohne Spez.)	5,8	129,2	2.133,4	16,5	56,1	2,9
Berufe in der Kinderbetreuung u. -erziehung	5,0	210,7	1.831,2	8,7	68,1	7,9
Berufe in der Lagerwirtschaft	8,0	214,2	2.920,2	13,6	65,4	1,1
Berufe in der öffentlichen Verwaltung (ohne Spez.)	4,4	160,2	1.593,0	9,9	60,6	13,2
Berufe in der Personaldienstleistung	4,7	165,5	1.700,9	10,3	62,7	1,3
Berufe in der Reinigung (ohne Spez.)	7,5	168,4	2.739,8	16,3	64,4	7,3
Berufe in der Sozialarbeit u. Sozialpädagogik	3,7	136,2	1.368,5	10,0	56,6	1,8
Berufe in der Sozialverwaltung u. -versicherung	4,7	170,7	1.710,5	10,0	64,0	10,8
Berufskraftfahrer/innen (Güterverkehr/LKW)	7,1	184,3	2.593,8	14,1	64,1	1,2
Büro- u. Sekretariatskräfte (ohne Spez.)	5,4	180,8	1.981,0	11,0	64,0	9,1
Kaufmännische u. technische Betriebswirtschaft (ohne Spez.)	5,3	174,6	1.919,0	11,0	62,6	1,4
Köche/Köchinnen (ohne Spez.)	8,1	207,0	2.953,5	14,3	66,4	1,5
Platz- u. Gerätewarte/-wartinnen	7,1	173,9	2.607,0	15,0	65,9	4,5
Steno- u. Phonotypisten/-typistinnen	5,7	175,8	2.072,4	11,8	65,5	1,1
Straßen- u. Tunnelwärter/innen	7,0	203,5	2.572,2	12,6	71,5	2,4
Branche insgesamt	**5,7**	**175,1**	**2.069,9**	**11,8**	**62,9**	**4,5****

* Anteil der AOK-Mitglieder in der Berufsgruppe an den in der Branche beschäftigten AOK-Mitgliedern insgesamt
**Anteil der AOK-Mitglieder in der Branche an allen AOK-Mitgliedern

Fehlzeiten-Report 2014

◼ **Tab. 31.10.5** Dauer der Arbeitsunfähigkeit der AOK-Mitglieder in der Branche Öffentliche Verwaltung im Jahr 2013

Fallklasse	Branche hier		alle Branchen	
	Anteil Fälle in %	Anteil Tage in %	Anteil Fälle in %	Anteil Tage in %
1–3 Tage	35,2	5,9	35,7	6,2
4–7 Tage	29,1	12,2	31,2	13,7
8–14 Tage	18,9	16,6	17,5	15,8
15–21 Tage	6,4	9,4	5,9	8,9
22–28 Tage	3,0	6,2	2,7	5,8
29–42 Tage	3,2	9,3	2,8	8,6
Langzeit-AU (> 42 Tage)	4,2	40,3	4,1	41,0

Fehlzeiten-Report 2014

◻ **Tab. 31.10.6** Tage der Arbeitsunfähigkeit je AOK-Mitglied nach Wirtschaftsabteilung und Betriebsgröße in der Branche Öffentliche Verwaltung im Jahr 2013

Wirtschaftsabteilungen	Betriebsgröße (Anzahl der AOK-Mitglieder)					
	10–49	50–99	100–199	200–499	500–999	≥ 1.000
Auswärtige Angelegenheiten, Verteidigung, Rechtspflege, öffentliche Sicherheit und Ordnung	23,4	22,2	20,2	18,4	24,3	–
Exterritoriale Organisationen und Körperschaften	26,3	25,8	30,8	32,4	34,9	–
Öffentliche Verwaltung	20,2	21,0	21,1	23,3	25,1	23,7
Sozialversicherung	17,2	18,2	16,6	18,8	15,8	19,4
Branche insgesamt	20,3	20,5	20,3	22,0	23,5	22,2
Alle Branchen	19,4	21,1	21,1	21,0	20,7	20,8

Fehlzeiten-Report 2014

◻ **Tab. 31.10.7** Krankenstand in Prozent nach Ausbildungsabschluss in der Branche Öffentliche Verwaltung im Jahr 2013, AOK-Mitglieder

Wirtschaftsabteilung	Ausbildung						
	ohne Ausbildungsabschluss	mit Ausbildungsabschluss	Meister/Techniker	Bachelor	Diplom/Magister/Master/Staatsexamen	Promotion	unbekannt
Auswärtige Angelegenheiten, Verteidigung, Rechtspflege, öffentliche Sicherheit und Ordnung	6,8	6,0	4,7	3,3	2,0	1,4	5,1
Exterritoriale Organisationen und Körperschaften	4,4	4,4	4,3	1,4	2,7	–	8,2
Öffentliche Verwaltung	7,4	5,7	4,8	2,7	3,2	1,8	6,9
Sozialversicherung	4,8	5,0	4,1	2,1	3,5	4,3	6,4
Branche insgesamt	7,0	5,6	4,7	2,7	3,2	2,2	7,1
Alle Branchen	5,9	5,2	3,9	2,0	2,5	1,9	4,9

Fehlzeiten-Report 2014

◻ **Tab. 31.10.8** Tage der Arbeitsunfähigkeit je AOK-Mitglied nach Ausbildung in der Branche Öffentliche Verwaltung im Jahr 2013

Wirtschaftsabteilung	Ausbildung						
	ohne Ausbildungsabschluss	mit Ausbildungsabschluss	Meister/Techniker	Bachelor	Diplom/Magister/Master/Staatsexamen	Promotion	unbekannt
Auswärtige Angelegenheiten, Verteidigung, Rechtspflege, öffentliche Sicherheit und Ordnung	24,8	22,1	17,0	11,9	7,4	5,3	18,6
Exterritoriale Organisationen und Körperschaften	16,1	16,0	15,6	5,1	9,8	–	29,8
Öffentliche Verwaltung	27,0	21,0	17,4	10,0	11,8	6,4	25,3
Sozialversicherung	17,5	18,3	14,9	7,8	12,6	15,6	23,5
Branche insgesamt	25,5	20,5	17,1	9,7	11,6	8,0	26,1
Alle Branchen	21,6	19,0	14,3	7,5	9,1	6,8	17,9

Fehlzeiten-Report 2014

◻ **Tab. 31.10.9** Anteil der Arbeitsunfälle an den AU-Fällen und -Tagen in Prozent nach Wirtschaftsabteilungen in der Branche Öffentliche Verwaltung im Jahr 2013, AOK-Mitglieder

Wirtschaftsabteilung	AU-Fälle in %	AU-Tage in %
Auswärtige Angelegenheiten, Verteidigung, Rechtspflege, öffentliche Sicherheit und Ordnung	1,8	3,6
Exterritoriale Organisationen und Körperschaften	1,8	3,5
Öffentliche Verwaltung	2,4	4,7
Sozialversicherung	0,8	1,9
Branche insgesamt	**2,1**	**4,1**
Alle Branchen	**3,4**	**6,4**

Fehlzeiten-Report 2014

◻ **Tab. 31.10.10** Tage und Fälle der Arbeitsunfähigkeit durch Arbeitsunfälle nach Berufsgruppen in der Branche Öffentliche Verwaltung im Jahr 2013, AOK-Mitglieder

Tätigkeit	Arbeitsunfähigkeit je 1.000 AOK-Mitglieder	
	AU-Tage	AU-Fälle
Berufe in der Forstwirtschaft	4.044,5	144,1
Platz- u. Gerätewarte/-wartinnen	2.321,7	93,6
Straßen- u. Tunnelwärter/innen	2.311,1	103,1
Berufe im Gartenbau (ohne Spez.)	2.059,3	100,1
Berufe im Objekt-, Werte- u. Personenschutz	1.484,5	46,6
Berufe in der Lagerwirtschaft	1.330,9	49,2
Berufskraftfahrer/innen (Güterverkehr/LKW)	1.289,8	48,7
Berufe in der Gebäudetechnik (ohne Spez.)	1.120,9	46,3
Köche/Köchinnen (ohne Spez.)	948,6	48,1
Berufe in der Reinigung (ohne Spez.)	845,0	27,8
Berufe in der Kinderbetreuung u. -erziehung	454,9	23,8
Kaufmännische u. technische Betriebswirtschaft (ohne Spez.)	441,5	18,8
Steno- u. Phonotypisten/-typistinnen	433,5	14,8
Büro- u. Sekretariatskräfte (ohne Spez.)	420,8	16,0
Berufe in der Personaldienstleistung	350,2	13,8
Berufe in der öffentlichen Verwaltung (ohne Spez.)	319,0	15,0
Berufe in der Sozialverwaltung u. -versicherung	282,1	12,5
Berufe in der Sozialarbeit u. Sozialpädagogik	202,6	14,3
Branche insgesamt	**850,4**	**35,8**
Alle Branchen	**1.187,9**	**54,3**

Fehlzeiten-Report 2014

31

□ Tab. 31.10.11 Tage und Fälle der Arbeitsunfähigkeit je 100 AOK-Mitglieder nach Krankheitsarten in der Branche Öffentliche Verwaltung in den Jahren 1995 bis 2013

Jahr	Arbeitsunfähigkeiten je 100 AOK-Mitglieder											
	Psyche		Herz/Kreislauf		Atemwege		Verdauung		Muskel/Skelett		Verletzungen	
	Tage	Fälle	Tage	Fälle	Tage	Fälle	Tage	Fälle	Tage	Fälle	Tage	Fälle
1995	168,1	4,2	272,1	9,1	472,7	39,5	226,4	20,5	847,3	30,8	327,6	22,9
1996	165,0	3,3	241,9	7,4	434,5	35,5	199,8	19,4	779,1	29,8	312,4	23,9
1997	156,7	3,4	225,2	7,4	395,1	34,3	184,0	19,3	711,5	29,7	299,8	23,9
1998	165,0	3,9	214,1	7,8	390,7	36,9	178,4	19,8	720,0	31,5	288,1	23,7
1999	176,0	4,5	207,0	8,2	427,8	42,0	179,1	21,7	733,3	34,0	290,5	23,7
2000	198,5	8,1	187,3	10,1	392,0	50,5	160,6	21,3	749,6	41,4	278,9	17,4
2001	208,7	8,9	188,4	10,8	362,4	48,7	157,4	21,7	745,4	41,8	272,9	17,1
2002	210,1	9,4	182,7	10,9	344,1	47,7	157,9	23,0	712,8	41,6	267,9	17,1
2003	203,2	9,4	170,5	11,1	355,1	50,5	151,5	22,8	644,3	39,3	257,9	16,5
2004	213,8	9,6	179,9	10,2	313,1	43,6	153,1	22,5	619,0	37,9	251,5	15,5
2005**	211,4	9,4	179,4	10,1	346,2	47,2	142,3	19,7	594,5	36,4	252,5	15,1
2006	217,8	9,4	175,5	10,2	297,4	42,0	142,8	21,3	585,5	35,9	248,5	15,0
2007	234,4	9,9	178,3	10,1	326,0	46,2	148,6	22,3	600,6	36,1	239,2	14,1
2008 (WZ03)	245,1	10,2	176,0	10,2	331,8	47,6	150,3	22,9	591,9	36,1	238,2	14,2
2008 (WZ08)*	245,2	10,3	175,9	10,2	332,0	47,7	150,4	22,9	591,5	36,2	238,0	14,2
2009	255,2	10,8	177,1	10,2	387,0	54,8	148,5	22,8	577,6	35,8	245,5	14,5
2010	278,4	11,3	177,0	10,1	337,6	49,3	142,8	21,4	618,1	37,5	261,2	15,3
2011	295,9	12,1	176,3	10,3	353,4	50,9	142,9	21,9	606,2	37,7	254,2	15,0
2012	315,8	11,9	177,2	9,6	337,8	48,5	139,1	20,5	587,4	35,0	243,6	13,6
2013	315,4	11,9	183,2	9,5	425,4	59,0	144,3	21,3	588,5	35,3	254,6	14,1

*aufgrund der Revision der Wirtschaftszweigklassifikation in 2008 ist eine Vergleichbarkeit mit den Vorjahren nur bedingt möglich

**ohne Sozialversicherung/Arbeitsförderung

Fehlzeiten-Report 2014

□ Tab. 31.10.12 Verteilung der Arbeitsunfähigkeitstage nach Krankheitsarten in Prozent in der Branche Öffentliche Verwaltung im Jahr 2013, AOK-Mitglieder

Wirtschaftsabteilung	AU-Tage in %						
	Psyche	Herz/ Kreislauf	Atem- wege	Ver- dauung	Muskel/ Skelett	Verlet- zungen	Sons- tige
Auswärtige Angelegenheiten, Verteidigung, Rechtspflege, öffentliche Sicherheit und Ordnung	10,6	6,7	14,5	5,2	22,3	8,7	32,1
Exterritoriale Organisationen und Körperschaften	8,9	7,2	12,7	4,5	24,5	8,4	33,7
Öffentliche Verwaltung	10,3	6,7	14,5	5,0	21,3	9,4	32,8
Sozialversicherung	15,5	4,9	17,6	5,2	15,6	7,1	34,1
Branche insgesamt	11,1	6,4	14,9	5,1	20,6	8,9	33,0
Alle Branchen	9,8	6,2	13,4	5,3	21,8	11,3	32,1

Fehlzeiten-Report 2014

◻ **Tab. 31.10.13** Verteilung der Arbeitsunfähigkeitsfälle nach Krankheitsarten in Prozent in der Branche Öffentliche Verwaltung im Jahr 2013, AOK-Mitglieder

Wirtschaftsabteilung	AU-Fälle in %						
	Psyche	Herz/ Kreislauf	Atem- wege	Ver- dauung	Muskel/ Skelett	Verlet- zungen	Sons- tige
Auswärtige Angelegenheiten, Verteidigung, Rechtspflege, öffentliche Sicherheit und Ordnung	5,6	4,5	23,7	9,5	17,5	6,1	33,2
Exterritoriale Organisationen und Körperschaften	5,4	4,9	20,6	8,0	21,3	6,1	33,7
Öffentliche Verwaltung	4,9	4,3	25,6	9,2	16,0	6,6	33,4
Sozialversicherung	6,1	3,5	29,0	9,8	11,4	4,7	35,6
Branche insgesamt	5,2	4,2	25,8	9,3	15,5	6,2	33,8
Alle Branchen	4,7	3,8	24,6	9,5	16,0	7,9	33,5

Fehlzeiten-Report 2014

◻ **Tab. 31.10.14** Verteilung der Arbeitsunfähigkeitstage nach Krankheitsarten und ausgewählten Berufsgruppen in der Branche Öffentliche Verwaltung im Jahr 2013, AOK-Mitglieder

Tätigkeit	AU-Tage in %						
	Psyche	Herz/ Kreislauf	Atem- wege	Ver- dauung	Muskel/ Skelett	Verlet- zungen	Sons- tige
Berufe im Gartenbau (ohne Spez.)	8,1	7,5	13,8	4,9	25,6	10,5	29,6
Berufe im Objekt-, Werte- u. Personenschutz	10,4	8,5	12,0	4,8	21,0	9,6	33,8
Berufe in der Forstwirtschaft	4,8	6,1	12,7	4,5	28,4	17,5	26,1
Berufe in der Gebäudetechnik (ohne Spez.)	8,5	10,7	10,2	4,8	23,0	9,4	33,3
Berufe in der Kinderbetreuung u. -erziehung	14,5	3,7	21,9	5,4	13,3	6,8	34,4
Berufe in der Lagerwirtschaft	9,0	7,7	11,9	5,2	25,7	9,0	31,7
Berufe in der öffentlichen Verwaltung (ohne Spez.)	13,6	5,4	17,4	5,5	15,0	7,3	35,7
Berufe in der Personaldienstleistung	17,5	4,8	19,2	5,3	11,6	7,0	34,7
Berufe in der Reinigung (ohne Spez.)	9,6	7,0	11,2	4,2	26,6	7,9	33,6
Berufe in der Sozialarbeit u. Sozial- pädagogik	19,0	4,5	18,8	5,1	10,9	6,6	35,1
Berufe in der Sozialverwaltung u. -versicherung	15,5	4,4	18,3	5,1	15,1	7,0	34,5
Berufskraftfahrer/innen (Güterverkehr/LKW)	5,7	8,4	12,6	5,2	26,7	9,6	31,9
Büro- u. Sekretariatskräfte (ohne Spez.)	13,9	5,8	16,4	5,3	16,5	7,1	35,0
Kaufmännische u. technische Betriebswirtschaft (ohne Spez.)	15,7	5,6	17,4	5,2	16,0	8,1	32,0
Köche/Köchinnen (ohne Spez.)	10,3	6,5	12,0	4,4	25,2	8,3	33,3
Platz- u. Gerätewarte/-wartinnen	5,4	9,0	10,7	4,9	26,3	12,1	31,6
Steno- u. Phonotypisten/-typistinnen	13,8	5,8	16,1	5,0	16,6	6,2	36,4
Straßen- u. Tunnelwärter/innen	6,8	7,1	12,4	5,1	26,5	13,8	28,3
Branche gesamt	11,1	6,4	14,9	5,1	20,6	8,9	33,0
Alle Branchen	9,8	6,2	13,4	5,3	21,8	11,3	32,1

Fehlzeiten-Report 2014

◨ **Tab. 31.10.15** Verteilung der Arbeitsunfähigkeitsfälle nach Krankheitsarten und ausgewählten Berufsgruppen in der Branche Öffentliche Verwaltung im Jahr 2013, AOK-Mitglieder

Tätigkeit	AU-Fälle in %						
	Psyche	Herz/ Kreislauf	Atem- wege	Ver- dauung	Muskel/ Skelett	Verlet- zungen	Sons- tige
Berufe im Gartenbau (ohne Spez.)	4,2	4,7	21,4	9,0	22,0	8,6	30,1
Berufe im Objekt-, Werte- u. Personenschutz	6,1	5,7	20,9	8,6	18,2	7,1	33,3
Berufe in der Forstwirtschaft	2,5	4,2	21,4	8,4	24,0	12,4	27,1
Berufe in der Gebäudetechnik (ohne Spez.)	4,7	7,1	19,6	9,0	19,1	7,6	32,9
Berufe in der Kinderbetreuung u. -erziehung	5,2	2,5	34,1	9,2	8,8	4,2	35,9
Berufe in der Lagerwirtschaft	4,7	4,9	20,4	9,0	21,7	6,7	32,6
Berufe in der öffentlichen Verwaltung (ohne Spez.)	5,7	3,7	28,4	9,9	11,5	5,1	35,7
Berufe in der Personaldienst- leistung	7,1	3,2	31,1	9,1	9,7	4,6	35,2
Berufe in der Reinigung (ohne Spez.)	5,8	5,2	20,7	8,5	20,2	5,8	33,7
Berufe in der Sozialarbeit u. Sozialpädagogik	6,6	3,1	33,1	8,6	9,1	5,0	34,5
Berufe in der Sozialverwaltung u. -versicherung	5,8	3,2	29,5	9,9	10,9	4,7	36,0
Berufskraftfahrer/innen (Güterverkehr/LKW)	4,2	5,5	20,2	9,7	23,0	6,7	30,7
Büro- u. Sekretariatskräfte (ohne Spez.)	6,2	4,1	27,2	9,5	12,8	4,7	35,4
Kaufmännische u. technische Betriebswirtschaft (ohne Spez.)	6,5	4,5	27,2	10,0	12,8	5,1	33,8
Köche/Köchinnen (ohne Spez.)	6,0	4,7	20,7	8,6	19,7	6,0	34,2
Platz- u. Gerätewarte/-wartinnen	3,1	5,4	19,6	9,3	22,4	9,9	30,3
Steno- u. Phonotypisten/-typistinnen	7,4	4,3	25,9	9,2	14,0	4,5	34,7
Straßen- u. Tunnelwärter/innen	3,2	4,3	21,6	9,3	22,1	10,1	29,4
Branche gesamt	**5,2**	**4,2**	**25,8**	**9,3**	**15,5**	**6,2**	**33,8**
Alle Branchen	4,7	3,8	24,6	9,5	16,0	7,9	33,5

Fehlzeiten-Report 2014

◘ **Tab. 31.10.16** Anteile der 40 häufigsten Einzeldiagnosen an den AU-Fällen und AU-Tagen in der Branche Öffentliche Verwaltung im Jahr 2013, AOK-Mitglieder

ICD-10	Bezeichnung	AU-Fälle in %	AU-Tage in %
J06	Akute Infektionen an mehreren oder nicht näher bezeichneten Lokalisationen der oberen Atemwege	9,3	4,5
M54	Rückenschmerzen	5,5	5,1
J20	Akute Bronchitis	2,9	1,7
A09	Sonstige und nicht näher bezeichnete Gastroenteritis und Kolitis infektiösen und nicht näher bezeichneten Ursprungs	2,9	1,0
K08	Sonstige Krankheiten der Zähne und des Zahnhalteapparates	2,4	0,5
J40	Bronchitis, nicht als akut oder chronisch bezeichnet	2,3	1,3
B34	Viruskrankheit nicht näher bezeichneter Lokalisation	1,9	0,9
I10	Essentielle (primäre) Hypertonie	1,8	2,5
K52	Sonstige nichtinfektiöse Gastroenteritis und Kolitis	1,6	0,6
J01	Akute Sinusitis	1,4	0,7
R10	Bauch- und Beckenschmerzen	1,4	0,7
F32	Depressive Episode	1,3	3,4
F43	Reaktionen auf schwere Belastungen und Anpassungsstörungen	1,2	1,9
J32	Chronische Sinusitis	1,2	0,6
K29	Gastritis und Duodenitis	1,2	0,6
J02	Akute Pharyngitis	1,2	0,5
J03	Akute Tonsillitis	1,1	0,5
T14	Verletzung an einer nicht näher bezeichneten Körperregion	1,0	0,9
R51	Kopfschmerz	0,9	0,4
M51	Sonstige Bandscheibenschäden	0,8	1,7
M75	Schulterläsionen	0,8	1,5
M25	Sonstige Gelenkkrankheiten, anderenorts nicht klassifiziert	0,8	1,0
M53	Sonstige Krankheiten der Wirbelsäule und des Rückens, anderenorts nicht klassifiziert	0,8	0,8
M99	Biomechanische Funktionsstörungen, anderenorts nicht klassifiziert	0,8	0,6
J11	Grippe, Viren nicht nachgewiesen	0,8	0,5
J04	Akute Laryngitis und Tracheitis	0,8	0,4
F45	Somatoforme Störungen	0,7	1,1
M77	Sonstige Enthesopathien	0,7	0,8
M79	Sonstige Krankheiten des Weichteilgewebes, anderenorts nicht klassifiziert	0,7	0,7
J98	Sonstige Krankheiten der Atemwege	0,7	0,4
N39	Sonstige Krankheiten des Harnsystems	0,7	0,4
G43	Migräne	0,7	0,3
J00	Akute Rhinopharyngitis [Erkältungsschnupfen]	0,7	0,3
M23	Binnenschädigung des Kniegelenkes [internal derangement]	0,6	1,1
F48	Andere neurotische Störungen	0,6	0,8
R53	Unwohlsein und Ermüdung	0,6	0,5
R42	Schwindel und Taumel	0,6	0,4
R11	Übelkeit und Erbrechen	0,6	0,4
B99	Sonstige und nicht näher bezeichnete Infektionskrankheiten	0,6	0,3
M47	Spondylose	0,5	0,7
	Summe hier	**57,1**	**43,0**
	Restliche	42,9	57,0
	Gesamtsumme	**100,0**	**100,0**

Fehlzeiten-Report 2014

■ **Tab. 31.10.17** Anteile der 40 häufigsten Diagnoseuntergruppen an den AU-Fällen und AU-Tagen der Branche Öffentliche Verwaltung im Jahr 2013, AOK-Mitglieder

ICD-10	Bezeichnung	AU-Fälle in %	AU-Tage in %
J00–J06	Akute Infektionen der oberen Atemwege	14,6	7,1
M50–M54	Sonstige Krankheiten der Wirbelsäule und des Rückens	6,8	7,3
J40–J47	Chronische Krankheiten der unteren Atemwege	3,7	2,7
A00–A09	Infektiöse Darmkrankheiten	3,7	1,4
J20–J22	Sonstige akute Infektionen der unteren Atemwege	3,4	2,0
R50–R69	Allgemeinsymptome	3,0	2,3
K00–K14	Krankheiten der Mundhöhle, der Speicheldrüsen und der Kiefer	3,0	0,7
F40–F48	Neurotische, Belastungs- und somatoforme Störungen	2,9	4,8
M70–M79	Sonstige Krankheiten des Weichteilgewebes	2,6	3,6
R10–R19	Symptome, die das Verdauungssystem und das Abdomen betreffen	2,2	1,3
B25–B34	Sonstige Viruskrankheiten	2,1	1,0
I10–I15	Hypertonie [Hochdruckkrankheit]	2,0	2,9
K50–K52	Nichtinfektiöse Enteritis und Kolitis	1,9	0,8
F30–F39	Affektive Störungen	1,8	5,1
J30–J39	Sonstige Krankheiten der oberen Atemwege	1,8	1,1
K20–K31	Krankheiten des Ösophagus, des Magens und des Duodenums	1,8	1,0
G40–G47	Episodische und paroxysmale Krankheiten des Nervensystems	1,6	1,2
Z80–Z99	Personen mit potentiellen Gesundheitsrisiken aufgrund der Familien- oder Eigenanamnese und bestimmte Zustände, die den Gesundheitszustand beeinflussen	1,4	2,7
M20–M25	Sonstige Gelenkkrankheiten	1,4	2,3
R00–R09	Symptome, die das Kreislaufsystem und das Atmungssystem betreffen	1,3	0,8
T08–T14	Verletzungen nicht näher bezeichneter Teile des Rumpfes, der Extremitäten oder anderer Körperregionen	1,2	1,1
J09–J18	Grippe und Pneumonie	1,2	0,9
N30–N39	Sonstige Krankheiten des Harnsystems	1,1	0,6
M15–M19	Arthrose	1,0	2,4
K55–K64	Sonstige Krankheiten des Darmes	1,0	0,8
E70–E90	Stoffwechselstörungen	0,9	1,3
M95–M99	Sonstige Krankheiten des Muskel-Skelett-Systems und des Bindegewebes	0,9	0,7
S80–S89	Verletzungen des Knies und des Unterschenkels	0,8	1,5
S90–S99	Verletzungen der Knöchelregion und des Fußes	0,8	1,0
J95–J99	Sonstige Krankheiten des Atmungssystems	0,8	0,6
R40–R46	Symptome, die das Erkennungs- und Wahrnehmungsvermögen, die Stimmung und das Verhalten betreffen	0,8	0,6
S60–S69	Verletzungen des Handgelenkes und der Hand	0,7	0,9
B99–B99	Sonstige Infektionskrankheiten	0,7	0,3
C00–C75	Bösartige Neubildungen an genau bezeichneten Lokalisationen, als primär festgestellt oder vermutet, ausgenommen lymphatisches, blu	0,6	2,2
G50–G59	Krankheiten von Nerven, Nervenwurzeln und Nervenplexus	0,6	1,1
I30–I52	Sonstige Formen der Herzkrankheit	0,6	1,0
E10–E14	Diabetes mellitus	0,6	0,9
M05–M14	Entzündliche Polyarthropathien	0,6	0,7
N80–N98	Nichtentzündliche Krankheiten des weiblichen Genitaltraktes	0,6	0,5
D10–D36	Gutartige Neubildungen	0,6	0,5
	Summe hier	**79,1**	**71,7**
	Restliche	20,9	28,3
	Gesamtsumme	**100,0**	**100,0**

31.11 Verarbeitendes Gewerbe

◘ Tab. 31.11.1 Entwicklung des Krankenstands der AOK-Mitglieder in der Branche Verarbeitendes Gewerbe in den Jahren 1994 bis 2013

Jahr	Krankenstand in %			AU-Fälle je 100 AOK-Mitglieder			Tage je Fall		
	West	Ost	Bund	West	Ost	Bund	West	Ost	Bund
1994	6,3	5,5	6,2	151,4	123,7	148,0	14,9	15,3	14,9
1995	6,0	5,3	5,9	157,5	133,0	154,6	14,6	15,2	14,7
1996	5,4	5,9	5,3	141,8	122,4	139,5	14,7	15,2	14,8
1997	5,1	4,5	5,1	139,0	114,1	136,1	13,8	14,5	13,8
1998	5,3	4,6	5,2	142,9	118,8	140,1	13,7	14,5	13,8
1999	5,6	5,2	5,6	152,7	133,3	150,5	13,5	14,4	13,6
2000	5,7	5,2	5,6	157,6	140,6	155,7	13,2	13,6	13,3
2001	5,6	5,3	5,6	155,6	135,9	153,5	13,2	14,2	13,3
2002	5,5	5,2	5,5	154,7	136,9	152,7	13,0	13,8	13,1
2003	5,1	4,8	5,1	149,4	132,8	147,4	12,5	13,2	12,6
2004	4,8	4,4	4,7	136,5	120,2	134,4	12,8	13,3	12,8
2005	4,8	4,3	4,7	138,6	119,4	136,0	12,5	13,2	12,6
2006	4,6	4,2	4,5	132,9	115,4	130,5	12,6	13,1	12,7
2007	4,9	4,5	4,8	143,1	124,7	140,5	12,5	13,1	12,6
2008 (WZ03)	5,1	4,8	5,0	150,9	132,8	148,3	12,3	13,3	12,4
2008 (WZ08)*	5,0	4,8	5,0	151,7	132,9	148,9	12,2	13,1	12,3
2009	5,1	5,0	5,0	153,0	138,6	150,8	12,2	13,2	12,4
2010	5,3	5,2	5,2	153,7	149,0	153,0	12,5	12,7	12,6
2011	5,4	5,0	5,3	159,6	154,4	158,8	12,4	11,8	12,3
2012	5,5	5,6	5,5	159,4	149,6	157,9	12,5	13,8	12,7
2013	5,7	5,8	5,7	168,7	159,4	167,3	12,2	13,4	12,4

*aufgrund der Revision der Wirtschaftszweigklassifikation in 2008 ist eine Vergleichbarkeit mit den Vorjahren nur bedingt möglich

Fehlzeiten-Report 2014

◻ **Tab. 31.11.2** Arbeitsunfähigkeit der AOK-Mitglieder in der Branche Verarbeitendes Gewerbe nach Bundesländern im Jahr 2013 im Vergleich zum Vorjahr

Bundesland	Kranken-stand in %	Arbeitsunfähigkeit je 100 AOK-Mitglieder				Tage je Fall	Veränd. z. Vorj. in %	AU-Quote in %
		AU-Fälle	Veränd. z. Vorj. in %	AU-Tage	Veränd. z. Vorj. in %			
Baden-Württemberg	5,5	176,4	5,7	2.005,3	3,0	11,4	-2,5	63,1
Bayern	5,0	146,2	4,2	1.815,6	2,7	12,4	-1,4	57,3
Berlin	5,9	157,7	7,7	2.159,1	1,4	13,7	-5,9	55,0
Brandenburg	6,2	164,8	6,5	2.262,3	3,6	13,7	-2,7	62,0
Bremen	6,6	170,1	6,7	2.420,7	-1,3	14,2	-7,6	61,9
Hamburg	6,1	183,3	4,2	2.243,1	3,4	12,2	-0,8	61,1
Hessen	6,3	179,0	5,2	2.310,5	2,6	12,9	-2,5	64,0
Mecklenburg-Vorpommern	6,7	169,1	5,8	2.438,5	6,7	14,4	0,8	60,9
Niedersachsen	5,9	176,4	6,8	2.146,6	2,3	12,2	-4,2	64,1
Nordrhein-Westfalen	6,3	182,3	6,8	2.284,3	4,7	12,5	-1,9	65,5
Rheinland-Pfalz	6,1	183,2	7,8	2.228,3	4,2	12,2	-3,4	65,4
Saarland	6,8	160,1	8,7	2.472,5	1,9	15,4	-6,3	61,0
Sachsen	5,4	152,8	7,0	1.971,0	3,8	12,9	-3,0	61,2
Sachsen-Anhalt	6,2	160,5	6,4	2.260,7	6,5	14,1	0,1	60,1
Schleswig-Holstein	6,2	174,9	5,2	2.253,0	3,8	12,9	-1,3	61,9
Thüringen	6,2	167,9	6,1	2.273,6	1,7	13,5	-4,1	63,1
West	**5,7**	**168,7**	**5,8**	**2.064,1**	**3,2**	**12,2**	**-2,4**	**62,0**
Ost	**5,8**	**159,4**	**6,6**	**2.132,9**	**3,8**	**13,4**	**-2,6**	**61,6**
Bund	**5,7**	**167,3**	**5,9**	**2.074,5**	**3,3**	**12,4**	**-2,5**	**61,9**

Fehlzeiten-Report 2014

31

◫ **Tab. 31.11.3** Arbeitsunfähigkeit der AOK-Mitglieder in der Branche Verarbeitendes Gewerbe nach Wirtschaftsabteilungen im Jahr 2013

Wirtschaftsabteilung	Krankenstand in %		Arbeitsunfähigkeiten je 100 AOK-Mitglieder		Tage je Fall	AU-Quote in %
	2013	2013 stand.*	Fälle	Tage		
Getränkeherstellung	6,3	5,3	158,6	2.294,5	14,5	62,6
Herstellung von Bekleidung	4,9	4,3	152,1	1.791,6	11,8	58,3
Herstellung von chemischen Erzeugnissen	5,6	5,3	178,7	2.036,9	11,4	65,3
Herstellung von Druckerzeugnissen, Vervielfältigung von bespielten Ton-, Bild- und Datenträgern	5,4	5,0	161,4	1.968,2	12,2	60,4
Herstellung von Glas und Glaswaren, Keramik, Verarbeitung von Steinen und Erden	6,1	5,4	165,6	2.213,9	13,4	63,5
Herstellung von Gummi- und Kunststoffwaren	6,1	5,8	182,1	2.209,4	12,1	66,4
Herstellung von Holz-, Flecht-, Korb- und Korkwaren (ohne Möbel)	5,6	5,2	163,1	2.055,0	12,6	61,8
Herstellung von Leder, Lederwaren und Schuhen	6,0	5,6	161,2	2.198,3	13,6	62,5
Herstellung von Möbeln	5,7	5,4	168,8	2.090,6	12,4	64,0
Herstellung von Nahrungs- und Futtermitteln	5,6	5,5	154,7	2.048,6	13,2	57,3
Herstellung von Papier, Pappe und Waren daraus	6,2	5,7	177,2	2.251,5	12,7	66,9
Herstellung von pharmazeutischen Erzeugnissen	5,3	5,3	188,5	1.917,3	10,2	63,4
Herstellung von sonstigen Waren	4,9	4,8	172,1	1.797,7	10,4	62,3
Herstellung von Textilien	5,9	5,3	165,1	2.156,9	13,1	63,1
Kokerei und Mineralölverarbeitung	4,5	4,2	155,5	1.650,3	10,6	61,5
Reparatur und Installation von Maschinen und Ausrüstungen	4,9	4,8	164,3	1.788,3	10,9	58,3
Tabakverarbeitung	6,1	5,8	171,9	2.227,3	13,0	65,0
Branche insgesamt	**5,7**	**5,4**	**167,3**	**2.074,5**	**12,4**	**61,9**
Alle Branchen	**5,1**	**5,1**	**160,7**	**1.849,6**	**11,5**	**54,8**

*Krankenstand alters- und geschlechtsstandardisiert

Fehlzeiten-Report 2014

◘ Tab. 31.11.4 Kennzahlen der Arbeitsunfähigkeit der AOK-Mitglieder nach ausgewählten Berufsgruppen in der Branche Verarbeitendes Gewerbe im Jahr 2013

Tätigkeit	Kranken-stand in %	Arbeitsunfähigkeiten je 100 AOK-Mitglieder		Tage je Fall	AU-Quote in %	Anteil der Berufsgruppe an der Branche in %*
		Fälle	Tage			
Berufe im Holz-, Möbel- u. Innen-ausbau	5,0	169,3	1.835,7	10,8	64,6	2,6
Berufe im Verkauf (ohne Produktspezialisierung)	4,5	128,7	1.638,0	12,7	51,3	1,2
Berufe im Verkauf von Back- u. Konditoreiwaren	4,8	148,1	1.746,3	11,8	55,3	4,3
Berufe im Verkauf von Fleischwaren	4,3	117,3	1.552,3	13,2	51,6	1,6
Berufe im Vertrieb (außer Informations- u. Kommunikations-technologien)	2,9	114,6	1.061,7	9,3	50,9	1,1
Berufe in der Back- u. Konditorei-warenherstellung	4,6	144,2	1.674,3	11,6	54,5	2,3
Berufe in der Chemie- u. Pharma-technik	6,4	203,1	2.351,0	11,6	69,5	3,8
Berufe in der Drucktechnik	6,3	178,4	2.282,3	12,8	65,0	2,8
Berufe in der Fleischverarbeitung	6,3	152,3	2.283,2	15,0	56,2	2,1
Berufe in der Holzbe- u. -verarbeitung (ohne Spez.)	6,7	175,7	2.428,7	13,8	65,3	2,1
Berufe in der Kunststoff- u. Kaut-schukherstellung (ohne Spez.)	6,9	201,8	2.512,0	12,4	70,0	7,7
Berufe in der Lagerwirtschaft	6,7	186,7	2.453,9	13,1	65,7	8,3
Berufe in der Lebensmittel-herstellung (ohne Spez.)	7,0	185,0	2.546,8	13,8	62,7	4,9
Berufe in der Maschinenbau- u. Betriebstechnik (ohne Spez.)	5,9	184,7	2.165,3	11,7	66,5	3,0
Berufe in der Metallbearbeitung (ohne Spez.)	6,4	196,4	2.323,0	11,8	68,8	1,2
Berufe in der Papierverarbeitung u. Verpackungstechnik	7,0	196,6	2.563,8	13,0	72,2	1,4
Berufskraftfahrer/innen (Güterverkehr/LKW)	6,6	132,5	2.415,7	18,2	57,8	1,6
Büro- u. Sekretariatskräfte (ohne Spez.)	3,1	122,5	1.121,0	9,2	49,8	2,7
kaufmännische u. technische Betriebswirtschaft (ohne Spez.)	2,8	141,2	1.014,4	7,2	55,0	2,7
Maschinen- u. Anlagenführer/innen	7,1	197,6	2.584,2	13,1	69,8	2,7
Branche insgesamt	**5,7**	**167,3**	**2.074,5**	**12,4**	**61,9**	**10,1****

* Anteil der AOK-Mitglieder in der Berufsgruppe an den in der Branche beschäftigten AOK-Mitgliedern insgesamt

**Anteil der AOK-Mitglieder in der Branche an allen AOK-Mitgliedern

Fehlzeiten-Report 2014

◻ Tab. 31.11.5 Dauer der Arbeitsunfähigkeit der AOK-Mitglieder in der Branche Verarbeitendes Gewerbe im Jahr 2013

Fallklasse	Branche hier		alle Branchen	
	Anteil Fälle in %	Anteil Tage in %	Anteil Fälle in %	Anteil Tage in %
1–3 Tage	33,9	5,5	35,7	6,2
4–7 Tage	30,8	12,5	31,2	13,7
8–14 Tage	18,2	15,3	17,5	15,8
15–21 Tage	6,3	8,8	5,9	8,9
22–28 Tage	3,0	5,9	2,7	5,8
29–42 Tage	3,1	8,8	2,8	8,6
Langzeit-AU (> 42 Tage)	4,6	43,1	4,1	41,0

Fehlzeiten-Report 2014

◻ Tab. 31.11.6 Tage der Arbeitsunfähigkeit je AOK-Mitglied nach Wirtschaftsabteilung und Betriebsgröße in der Branche Verarbeitendes Gewerbe im Jahr 2013

Wirtschaftsabteilungen	Betriebsgröße (Anzahl der AOK-Mitglieder)					
	10–49	50–99	100–199	200–499	500–999	≥ 1.000
Getränkeherstellung	22,2	24,4	27,3	23,6	–	–
Herstellung von Bekleidung	18,3	17,0	20,1	28,1	–	12,7
Herstellung von chemischen Erzeugnissen	21,3	22,1	21,4	19,4	22,9	17,2
Herstellung von Druckerzeugnissen, Vervielfältigung von bespielten Ton-, Bild- und Datenträgern	20,1	22,0	22,4	22,8	–	–
Herstellung von Glas und Glaswaren, Keramik, Verarbeitung von Steinen und Erden	23,0	23,1	23,0	22,3	16,4	–
Herstellung von Gummi- und Kunststoffwaren	22,3	23,0	22,6	22,2	21,0	24,2
Herstellung von Holz-, Flecht-, Korb- und Korkwaren (ohne Möbel)	21,1	22,8	22,5	21,7	23,0	–
Herstellung von Leder, Lederwaren und Schuhen	21,2	22,3	22,3	27,0	–	–
Herstellung von Möbeln	19,9	23,3	24,7	24,7	20,2	–
Herstellung von Nahrungs- und Futtermitteln	19,1	23,2	24,1	23,6	20,8	18,1
Herstellung von Papier, Pappe und Waren daraus	23,5	23,2	23,4	21,1	20,0	–
Herstellung von pharmazeutischen Erzeugnissen	18,6	21,3	20,5	20,7	16,8	18,3
Herstellung von sonstigen Waren	18,7	20,4	20,9	20,6	22,3	17,8
Herstellung von Textilien	21,4	23,2	23,0	23,5	24,0	–
Kokerei und Mineralölverarbeitung	17,8	15,4	16,2	13,2	–	–
Reparatur und Installation von Maschinen und Ausrüstungen	18,7	19,5	17,7	20,9	24,7	–
Tabakverarbeitung	20,3	26,4	27,3	18,8	21,4	–
Branche insgesamt	20,7	22,7	22,9	22,3	21,1	18,7
Alle Branchen	19,4	21,1	21,1	21,0	20,7	20,8

Fehlzeiten-Report 2014

◼ **Tab. 31.11.7** Krankenstand in Prozent nach Ausbildungsabschluss in der Branche Verarbeitendes Gewerbe im Jahr 2013, AOK-Mitglieder

Wirtschaftsabteilung	Ausbildung						
	ohne Ausbildungsabschluss	mit Ausbildungsabschluss	Meister/Techniker	Bachelor	Diplom/Magister/Master/Staatsexamen	Promotion	unbekannt
Getränkeherstellung	7,7	6,1	3,5	1,9	3,0	–	6,9
Herstellung von Bekleidung	6,2	4,5	4,2	2,4	2,4	5,1	5,8
Herstellung von chemischen Erzeugnissen	6,7	5,5	3,5	1,9	2,1	1,2	6,4
Herstellung von Druckerzeugnissen, Vervielfältigung von bespielten Ton-, Bild- und Datenträgern	6,8	5,2	3,3	2,6	2,6	0,8	5,4
Herstellung von Glas und Glaswaren, Keramik, Verarbeitung von Steinen und Erden	7,2	5,9	4,1	1,9	2,4	2,9	6,4
Herstellung von Gummi- und Kunststoffwaren	7,0	5,8	3,6	2,4	2,9	1,7	6,7
Herstellung von Holz-, Flecht-, Korb- und Korkwaren (ohne Möbel)	6,5	5,5	3,7	2,1	3,0	5,9	5,8
Herstellung von Leder, Lederwaren und Schuhen	6,7	5,5	5,1	3,2	3,4	–	7,0
Herstellung von Möbeln	6,8	5,6	4,1	1,7	2,8	4,8	6,2
Herstellung von Nahrungs- und Futtermitteln	6,4	5,5	4,4	2,3	3,1	3,1	5,7
Herstellung von Papier, Pappe und Waren daraus	7,4	5,8	3,8	1,4	2,6	5,0	6,8
Herstellung von pharmazeutischen Erzeugnissen	6,4	5,5	3,3	1,8	2,3	1,6	5,5
Herstellung von sonstigen Waren	6,0	4,9	3,4	1,3	2,5	2,1	4,7
Herstellung von Textilien	7,2	5,6	4,1	2,3	2,9	2,2	6,3
Kokerei und Mineralölverarbeitung	5,0	4,9	3,3	1,3	1,5	–	4,3
Reparatur und Installation von Maschinen und Ausrüstungen	5,3	5,2	3,1	2,1	2,3	1,7	4,7
Tabakverarbeitung	8,4	5,6	3,2	1,9	1,4	–	8,9
Branche insgesamt	**6,7**	**5,5**	**3,8**	**2,0**	**2,6**	**1,9**	**6,0**
Alle Branchen	**5,9**	**5,2**	**3,9**	**2,0**	**2,5**	**1,9**	**4,9**

Fehlzeiten-Report 2014

31

◘ **Tab. 31.11.8** Tage der Arbeitsunfähigkeit je AOK-Mitglied nach Ausbildung in der Branche Verarbeitendes Gewerbe im Jahr 2013

Wirtschaftsabteilung	Ausbildung						
	ohne Aus-bildungs-abschluss	mit Aus-bildungs-abschluss	Meister/ Techniker	Bachelor	Diplom/Magis-ter/Master/ Staatsexamen	Promo-tion	unbe-kannt
Getränkeherstellung	28,1	22,2	12,9	7,0	11,1	–	25,0
Herstellung von Bekleidung	22,5	16,3	15,5	8,8	8,7	18,6	21,1
Herstellung von chemi-schen Erzeugnissen	24,3	20,0	12,9	6,9	7,5	4,3	23,5
Herstellung von Druck-erzeugnissen, Vervielfäl-tigung von bespielten Ton-, Bild- und Daten-trägern	24,9	19,1	12,1	9,5	9,6	3,0	19,8
Herstellung von Glas und Glaswaren, Keramik, Verarbeitung von Steinen und Erden	26,2	21,5	15,1	7,1	8,8	10,6	23,5
Herstellung von Gummi- und Kunststoffwaren	25,5	21,0	13,2	8,9	10,5	6,2	24,4
Herstellung von Holz-, Flecht-, Korb- und Kork-waren (ohne Möbel)	23,6	20,2	13,6	7,6	11,0	21,5	21,3
Herstellung von Leder, Lederwaren und Schuhen	24,5	20,3	18,5	11,8	12,3	–	25,4
Herstellung von Möbeln	24,7	20,4	14,9	6,3	10,2	17,6	22,7
Herstellung von Nah-rungs- und Futtermitteln	23,3	20,0	15,9	8,3	11,5	11,4	20,7
Herstellung von Papier, Pappe und Waren daraus	27,2	21,2	13,9	5,0	9,7	18,3	24,7
Herstellung von pharma-zeutischen Erzeugnissen	23,3	20,1	12,1	6,5	8,3	5,9	20,0
Herstellung von sonstigen Waren	22,0	17,8	12,4	4,8	9,2	7,6	17,3
Herstellung von Textilien	26,4	20,4	14,9	8,3	10,7	7,9	22,9
Kokerei und Mineralöl-verarbeitung	18,3	18,0	11,9	4,6	5,3	–	15,7
Reparatur und Installa-tion von Maschinen und Ausrüstungen	19,3	18,9	11,2	7,7	8,4	6,2	17,2
Tabakverarbeitung	30,5	20,5	11,7	6,8	5,1	–	32,4
Branche insgesamt	**24,5**	**20,2**	**13,9**	**7,4**	**9,5**	**6,8**	**21,7**
Alle Branchen	**21,6**	**19,0**	**14,3**	**7,5**	**9,1**	**6,8**	**17,9**

Fehlzeiten-Report 2014

◨ **Tab. 31.11.9** Anteil der Arbeitsunfälle an den AU-Fällen und -Tagen in Prozent nach Wirtschaftsabteilungen in der Branche Verarbeitendes Gewerbe im Jahr 2013, AOK-Mitglieder

Wirtschaftsabteilung	AU-Fälle in %	AU-Tage in %
Getränkeherstellung	4,7	8,7
Herstellung von Bekleidung	1,5	3,3
Herstellung von chemischen Erzeugnissen	2,2	4,4
Herstellung von Druckerzeugnissen, Vervielfältigung von bespielten Ton-, Bild- und Datenträgern	2,5	4,7
Herstellung von Glas und Glaswaren, Keramik, Verarbeitung von Steinen und Erden	4,8	9,0
Herstellung von Gummi- und Kunststoffwaren	3,3	5,8
Herstellung von Holz-, Flecht-, Korb- und Korkwaren (ohne Möbel)	6,2	11,5
Herstellung von Leder, Lederwaren und Schuhen	2,4	4,5
Herstellung von Möbeln	4,4	7,7
Herstellung von Nahrungs- und Futtermitteln	4,3	7,0
Herstellung von Papier, Pappe und Waren daraus	3,3	6,5
Herstellung von pharmazeutischen Erzeugnissen	1,7	3,4
Herstellung von sonstigen Waren	2,2	4,0
Herstellung von Textilien	3,3	6,4
Kokerei und Mineralölverarbeitung	1,7	3,7
Reparatur und Installation von Maschinen und Ausrüstungen	5,4	9,6
Tabakverarbeitung	1,8	4,3
Branche insgesamt	**3,7**	**6,7**
Alle Branchen	**3,4**	**6,4**

Fehlzeiten-Report 2014

31

◘ **Tab. 31.11.10** Tage und Fälle der Arbeitsunfähigkeit durch Arbeitsunfälle nach Berufsgruppen in der Branche Verarbeitendes Gewerbe im Jahr 2013, AOK-Mitglieder

Tätigkeit	Arbeitsunfähigkeit je 1.000 AOK-Mitglieder	
	AU-Tage	AU-Fälle
Berufskraftfahrer/innen (Güterverkehr/LKW)	3.014,2	91,1
Berufe in der Holzbe- u. -verarbeitung (ohne Spez.)	2.799,5	105,5
Berufe in der Fleischverarbeitung	2.298,8	107,9
Berufe im Holz-, Möbel- u. Innenausbau	2.143,9	107,7
Berufe in der Lebensmittelherstellung (ohne Spez.)	1.798,5	78,6
Berufe in der Papierverarbeitung u. Verpackungstechnik	1.706,1	68,2
Berufe in der Maschinenbau- u. Betriebstechnik (ohne Spez.)	1.701,6	79,2
Maschinen- u. Anlagenführer/innen	1.697,3	73,6
Berufe in der Lagerwirtschaft	1.466,4	62,5
Berufe in der Metallbearbeitung (ohne Spez.)	1.403,3	70,0
Berufe in der Kunststoff- u. Kautschukherstellung (ohne Spez.)	1.316,7	64,7
Berufe in der Back- u. Konditoreiwarenherstellung	1.315,8	65,6
Berufe in der Drucktechnik	1.178,6	51,7
Berufe im Verkauf von Fleischwaren	1.049,8	62,0
Berufe in der Chemie- u. Pharmatechnik	981,3	42,0
Berufe im Verkauf (ohne Produktspezialisierung)	744,8	36,4
Berufe im Verkauf von Back- u. Konditoreiwaren	679,1	40,2
Berufe im Vertrieb (außer Informations- u. Kommunikationstechnologien)	335,6	15,5
Büro- u. Sekretariatskräfte (ohne Spez.)	314,7	13,2
Kaufmännische u. technische Betriebswirtschaft (ohne Spez.)	291,4	14,4
Branche insgesamt	**1.391,6**	**61,6**
Alle Branchen	**1.187,9**	**54,3**
		Fehlzeiten-Report 2014

◼ Tab. 31.11.11 Tage und Fälle der Arbeitsunfähigkeit je 100 AOK-Mitglieder nach Krankheitsarten in der Branche Verarbeitendes Gewerbe in den Jahren 1995 bis 2013

Jahr	Arbeitsunfähigkeiten je 100 AOK-Mitglieder											
	Psyche		Herz/Kreislauf		Atemwege		Verdauung		Muskel/Skelett		Verletzungen	
	Tage	Fälle	Tage	Fälle	Tage	Fälle	Tage	Fälle	Tage	Fälle	Tage	Fälle
1995	109,4	4,1	211,3	9,5	385,7	47,1	206,4	24,9	740,0	38,1	411,3	25,9
1996	102,2	3,8	189,6	8,1	342,8	42,4	177,6	22,5	658,4	33,2	375,3	23,3
1997	97,3	3,9	174,3	8,2	303,1	40,9	161,3	21,9	579,3	32,4	362,7	23,2
1998	101,2	4,3	171,4	8,5	300,9	42,0	158,4	22,2	593,0	34,3	353,8	23,2
1999	108,4	4,7	175,3	8,8	345,4	48,2	160,7	23,5	633,3	36,9	355,8	23,5
2000	130,6	5,8	161,8	8,4	314,5	43,1	148,5	20,0	695,1	39,6	340,4	21,3
2001	141,4	6,6	165,9	9,1	293,7	41,7	147,8	20,6	710,6	41,2	334,6	21,2
2002	144,0	7,0	162,7	9,2	278,0	40,2	147,5	21,4	696,1	40,8	329,1	20,8
2003	137,8	6,9	152,8	9,1	275,8	41,1	138,0	20,4	621,1	37,6	307,2	19,6
2004	154,2	6,9	164,5	8,4	236,7	34,1	138,9	19,8	587,9	35,5	297,7	18,3
2005	153,7	6,7	164,1	8,3	274,8	39,6	132,3	18,4	562,2	34,5	291,1	17,8
2006	153,0	6,7	162,3	8,5	226,0	33,1	133,6	19,3	561,3	34,7	298,5	18,2
2007	165,8	7,0	170,5	8,6	257,2	37,7	143,5	20,9	598,6	36,1	298,2	17,9
2008 (WZ03)	172,3	7,4	175,7	9,0	270,3	40,0	147,1	22,0	623,6	37,8	301,7	18,3
2008 (WZ08)*	170,6	7,3	173,9	9,0	270,0	40,3	146,9	22,2	619,5	37,7	300,4	18,4
2009	178,8	7,7	176,5	8,9	304,0	45,0	141,7	21,1	601,5	35,7	302,9	17,9
2010	198,5	8,1	179,8	9,0	265,0	39,7	139,0	20,4	655,5	38,3	324,5	19,0
2011	209,8	8,7	174,3	9,1	278,3	41,3	139,1	20,4	644,7	38,8	318,2	18,7
2012	235,1	9,1	194,6	9,4	281,1	41,3	145,5	20,6	687,0	39,3	327,4	18,2
2013	241,0	9,2	190,4	8,9	350,4	50,5	147,2	20,7	683,4	39,2	330,7	18,1

*aufgrund der Revision der Wirtschaftszweigklassifikation in 2008 ist eine Vergleichbarkeit mit den Vorjahren nur bedingt möglich

Fehlzeiten-Report 2014

◻ **Tab. 31.11.12** Verteilung der Arbeitsunfähigkeitstage nach Krankheitsarten in Prozent in der Branche Verarbeitendes Gewerbe im Jahr 2013, AOK-Mitglieder

Wirtschaftsabteilung	AU-Tage in %						
	Psyche	Herz/ Kreislauf	Atem- wege	Ver- dauung	Muskel/ Skelett	Verlet- zungen	Sons- tige
Getränkeherstellung	7,0	7,4	10,6	5,3	24,9	12,4	32,5
Herstellung von Bekleidung	10,5	6,6	12,7	4,6	21,9	8,7	35,0
Herstellung von chemischen Erzeugnissen	8,3	6,7	14,1	5,4	23,9	10,5	31,2
Herstellung von Druckerzeugnissen, Vervielfältigung von bespielten Ton-, Bild- und Datenträgern	10,7	6,5	12,4	5,3	23,1	10,1	31,8
Herstellung von Glas und Glaswaren, Keramik, Verarbeitung von Steinen und Erden	6,8	7,8	11,2	5,2	25,3	13,3	30,5
Herstellung von Gummi- und Kunststoffwaren	8,3	6,7	12,7	5,2	24,8	11,0	31,4
Herstellung von Holz-, Flecht-, Korb- und Korkwaren (ohne Möbel)	6,7	6,8	11,1	5,0	24,0	15,8	30,7
Herstellung von Leder, Lederwaren und Schuhen	9,7	7,2	11,1	4,8	22,8	9,3	35,1
Herstellung von Möbeln	7,3	6,9	11,5	5,2	25,9	13,1	30,2
Herstellung von Nahrungs- und Futtermitteln	9,2	6,5	11,7	5,1	23,8	11,3	32,5
Herstellung von Papier, Pappe und Waren daraus	7,7	6,8	12,3	5,0	25,4	11,4	31,3
Herstellung von pharmazeutischen Erzeugnissen	11,3	4,8	16,2	5,4	21,8	9,2	31,2
Herstellung von sonstigen Waren	10,0	5,9	14,6	5,3	21,3	9,9	33,1
Herstellung von Textilien	8,9	6,7	11,9	4,9	23,2	11,0	33,3
Kokerei und Mineralölverarbeitung	8,8	7,8	14,8	6,5	17,4	10,2	34,5
Reparatur und Installation von Maschinen und Ausrüstungen	7,0	6,6	13,3	5,2	22,4	15,5	30,0
Tabakverarbeitung	9,1	6,1	13,5	5,0	26,3	8,9	31,1
Branche insgesamt	**8,5**	**6,7**	**12,3**	**5,2**	**24,0**	**11,6**	**31,7**
Alle Branchen	**9,8**	**6,2**	**13,4**	**5,3**	**21,8**	**11,3**	**32,1**

Fehlzeiten-Report 2014

◨ Tab. 31.11.13 Verteilung der Arbeitsunfähigkeitsfälle nach Krankheitsarten in Prozent in der Branche Verarbeitendes Gewerbe im Jahr 2013, AOK-Mitglieder

Wirtschaftsabteilung	AU-Fälle in %						
	Psyche	Herz/ Kreislauf	Atem- wege	Ver- dauung	Muskel/ Skelett	Verlet- zungen	Sons- tige
Getränkeherstellung	3,9	4,7	21,2	9,3	19,9	9,4	31,7
Herstellung von Bekleidung	5,3	4,2	24,7	9,7	15,5	5,6	35,1
Herstellung von chemischen Erzeugnissen	4,1	4,0	25,3	9,4	18,3	7,1	31,8
Herstellung von Druckerzeugnissen, Vervielfältigung von bespielten Ton-, Bild- und Datenträgern	5,0	3,9	23,9	9,8	17,3	7,3	32,7
Herstellung von Glas und Glaswaren, Keramik, Verarbeitung von Steinen und Erden	3,6	4,6	21,7	9,6	19,7	9,6	31,2
Herstellung von Gummi- und Kunst-stoffwaren	4,1	4,1	23,6	9,4	18,9	8,0	31,9
Herstellung von Holz-, Flecht-, Korb- und Korkwaren (ohne Möbel)	3,3	3,9	22,5	9,3	19,1	11,3	30,6
Herstellung von Leder, Lederwaren und Schuhen	4,5	4,5	22,3	9,8	17,5	6,8	34,6
Herstellung von Möbeln	3,7	4,0	22,7	9,6	19,5	9,4	31,1
Herstellung von Nahrungs- und Futtermitteln	4,6	4,1	21,9	9,4	17,3	8,5	34,0
Herstellung von Papier, Pappe und Waren daraus	4,1	4,2	23,1	9,6	19,4	7,9	31,6
Herstellung von pharmazeutischen Erzeugnissen	5,0	3,4	27,2	9,5	15,4	6,0	33,6
Herstellung von sonstigen Waren	4,6	3,8	25,8	9,7	15,0	6,7	34,4
Herstellung von Textilien	4,5	4,4	22,4	9,7	17,9	7,6	33,4
Kokerei und Mineralölverarbeitung	3,9	4,0	27,6	10,0	14,6	7,4	32,4
Reparatur und Installation von Maschinen und Ausrüstungen	3,4	3,8	24,4	9,5	16,8	10,8	31,4
Tabakverarbeitung	5,0	4,6	24,5	9,6	18,8	6,7	30,8
Branche insgesamt	**4,2**	**4,1**	**23,2**	**9,5**	**18,0**	**8,3**	**32,6**
Alle Branchen	**4,7**	**3,8**	**24,6**	**9,5**	**16,0**	**7,9**	**33,5**

Fehlzeiten-Report 2014

31

◘ **Tab. 31.11.14** Verteilung der Arbeitsunfähigkeitstage nach Krankheitsarten und ausgewählten Berufsgruppen in der Branche Verarbeitendes Gewerbe im Jahr 2013, AOK-Mitglieder

Tätigkeit	AU-Tage in %						
	Psyche	Herz/ Kreislauf	Atem- wege	Ver- dauung	Muskel/ Skelett	Verlet- zungen	Sons- tige
Berufe im Holz-, Möbel- u. Innen- ausbau	6,1	6,0	12,1	5,5	24,6	18,1	27,7
Berufe im Verkauf (ohne Produkt- spezialisierung)	10,6	5,7	12,4	5,3	21,2	10,1	34,6
Berufe im Verkauf von Back- u. Konditoreiwaren	13,2	4,6	13,4	5,6	17,7	9,3	36,2
Berufe im Verkauf von Fleischwaren	11,7	6,1	10,9	4,9	19,4	11,9	35,1
Berufe im Vertrieb (außer Informations- u. Kommunikations- technologien)	12,9	5,7	16,7	5,2	14,6	10,0	34,8
Berufe in der Back- u. Konditorei- warenherstellung	8,7	5,9	13,1	6,2	20,1	14,3	31,7
Berufe in der Chemie- u. Pharma- technik	8,6	6,3	13,9	5,3	24,9	10,2	30,8
Berufe in der Drucktechnik	9,7	6,8	12,0	5,4	25,5	10,7	29,9
Berufe in der Fleischverarbeitung	7,2	7,5	9,1	4,8	27,5	14,5	29,4
Berufe in der Holzbe- u. -verarbeitung (ohne Spez.)	6,7	6,9	10,2	4,9	25,2	15,2	30,9
Berufe in der Kunststoff- u. Kaut- schukherstellung (ohne Spez.)	8,4	6,6	12,5	5,2	26,1	10,4	30,8
Berufe in der Lagerwirtschaft	8,2	7,1	11,9	5,0	25,4	10,3	32,1
Berufe in der Lebensmittel- herstellung (ohne Spez.)	8,2	6,3	11,6	5,0	26,9	10,6	31,3
Berufe in der Maschinenbau- u. Betriebstechnik (ohne Spez.)	7,4	6,6	12,3	5,6	24,0	13,2	30,9
Berufe in der Metallbearbeitung (ohne Spez.)	7,5	6,2	13,3	5,2	25,8	11,9	30,1
Berufe in der Papierverarbeitung u. Verpackungstechnik	7,8	6,9	12,5	4,9	25,8	11,6	30,4
Berufskraftfahrer/innen (Güterverkehr/LKW)	5,9	9,8	8,3	4,7	26,3	13,8	31,2
Büro- u. Sekretariatskräfte (ohne Spez.)	13,3	4,9	16,2	5,4	14,0	8,8	37,3
Kaufmännische u. technische Betriebswirtschaft (ohne Spez.)	11,8	3,8	19,5	6,6	12,6	9,3	36,3
Maschinen- u. Anlagenführer/innen	8,1	7,1	12,1	5,5	25,8	11,2	30,2
Branche gesamt	8,5	6,7	12,3	5,2	24,0	11,6	31,7
Alle Branchen	9,8	6,2	13,4	5,3	21,8	11,3	32,1

Fehlzeiten-Report 2014

◻ Tab. 31.11.15 Verteilung der Arbeitsunfähigkeitsfälle nach Krankheitsarten und ausgewählten Berufsgruppen in der Branche Verarbeitendes Gewerbe im Jahr 2013, AOK-Mitglieder

Tätigkeit	AU-Fälle in %						
	Psyche	Herz/ Kreislauf	Atem- wege	Ver- dauung	Muskel/ Skelett	Verlet- zungen	Sons- tige
Berufe im Holz-, Möbel- u. Innen- ausbau	2,8	3,0	23,8	9,6	18,3	12,4	30,0
Berufe im Verkauf (ohne Produkt- spezialisierung)	5,6	3,9	23,4	9,6	13,7	7,2	36,6
Berufe im Verkauf von Back- u. Konditoreiwaren	6,1	3,5	23,7	10,0	11,5	7,2	38,2
Berufe im Verkauf von Fleischwaren	5,6	4,2	21,6	9,1	12,5	9,4	37,7
Berufe im Vertrieb (außer Informations- u. Kommunikations- technologien)	5,4	3,4	29,3	9,7	10,7	5,8	35,7
Berufe in der Back- u. Konditorei- warenherstellung	4,4	3,3	22,6	10,6	13,9	10,3	35,1
Berufe in der Chemie- u. Pharma- technik	4,3	3,9	24,6	9,3	19,5	7,0	31,6
Berufe in der Drucktechnik	4,8	3,9	23,0	9,8	19,3	7,8	31,2
Berufe in der Fleischverarbeitung	3,7	4,3	19,3	9,0	20,8	11,9	31,0
Berufe in der Holzbe- u. -verarbeitung (ohne Spez.)	3,5	4,4	20,8	9,1	21,2	10,7	30,3
Berufe in der Kunststoff- u. Kaut- schukherstellung (ohne Spez.)	4,2	4,2	22,8	9,2	20,2	7,8	31,6
Berufe in der Lagerwirtschaft	4,5	4,5	21,9	9,4	20,0	7,6	32,0
Berufe in der Lebensmittel- herstellung (ohne Spez.)	4,2	4,2	21,3	9,0	20,8	8,2	32,3
Berufe in der Maschinenbau- u. Betriebstechnik (ohne Spez.)	3,7	4,0	23,3	9,7	18,4	9,4	31,6
Berufe in der Metallbearbeitung (ohne Spez.)	3,9	4,1	23,9	9,4	18,9	8,3	31,6
Berufe in der Papierverarbeitung u. Verpackungstechnik	4,0	4,0	23,0	9,9	20,0	8,3	30,7
Berufskraftfahrer/innen (Güterverkehr/LKW)	3,5	6,3	17,5	9,7	20,7	10,4	31,9
Büro- u. Sekretariatskräfte (ohne Spez.)	5,0	3,4	28,5	10,2	9,8	5,4	37,9
kaufmännische u. technische Betriebswirtschaft (ohne Spez.)	4,2	2,6	31,3	10,7	8,3	5,6	37,4
Maschinen- u. Anlagenführer/innen	4,4	4,3	22,4	9,4	20,3	8,0	31,2
Branche gesamt	4,2	4,1	23,2	9,5	18,0	8,3	32,6
Alle Branchen	4,7	3,8	24,6	9,5	16,0	7,9	33,5

Fehlzeiten-Report 2014

31

◘ Tab. 31.11.16 Anteile der 40 häufigsten Einzeldiagnosen an den AU-Fällen und AU-Tagen in der Branche Verarbeitendes Gewerbe im Jahr 2013, AOK-Mitglieder

ICD-10	Bezeichnung	AU-Fälle in %	AU-Tage in %
J06	Akute Infektionen an mehreren oder nicht näher bezeichneten Lokalisationen der oberen Atemwege	8,3	3,6
M54	Rückenschmerzen	6,8	6,1
A09	Sonstige und nicht näher bezeichnete Gastroenteritis und Kolitis infektiösen und nicht näher bezeichneten Ursprungs	3,3	1,1
J20	Akute Bronchitis	2,8	1,5
J40	Bronchitis, nicht als akut oder chronisch bezeichnet	2,2	1,1
K08	Sonstige Krankheiten der Zähne und des Zahnhalteapparates	2,2	0,4
K52	Sonstige nichtinfektiöse Gastroenteritis und Kolitis	1,9	0,6
I10	Essentielle (primäre) Hypertonie	1,7	2,6
B34	Viruskrankheit nicht näher bezeichneter Lokalisation	1,7	0,7
T14	Verletzung an einer nicht näher bezeichneten Körperregion	1,4	1,2
R10	Bauch- und Beckenschmerzen	1,4	0,6
K29	Gastritis und Duodenitis	1,3	0,6
F32	Depressive Episode	1,1	2,7
J01	Akute Sinusitis	1,1	0,5
J02	Akute Pharyngitis	1,1	0,4
M25	Sonstige Gelenkkrankheiten, anderenorts nicht klassifiziert	1,0	1,1
J32	Chronische Sinusitis	1,0	0,5
J03	Akute Tonsillitis	1,0	0,4
M51	Sonstige Bandscheibenschäden	0,9	2,1
M75	Schulterläsionen	0,9	2,0
F43	Reaktionen auf schwere Belastungen und Anpassungsstörungen	0,9	1,4
M77	Sonstige Enthesopathien	0,9	1,0
M53	Sonstige Krankheiten der Wirbelsäule und des Rückens, anderenorts nicht klassifiziert	0,9	0,9
M99	Biomechanische Funktionsstörungen, anderenorts nicht klassifiziert	0,9	0,7
R51	Kopfschmerz	0,9	0,4
M79	Sonstige Krankheiten des Weichteilgewebes, anderenorts nicht klassifiziert	0,8	0,6
J11	Grippe, Viren nicht nachgewiesen	0,8	0,4
M23	Binnenschädigung des Kniegelenkes [internal derangement]	0,7	1,3
R11	Übelkeit und Erbrechen	0,7	0,4
F45	Somatoforme Störungen	0,6	0,9
M47	Spondylose	0,6	0,8
S93	Luxation, Verstauchung und Zerrung der Gelenke und Bänder in Höhe des oberen Sprunggelenkes und des Fußes	0,6	0,6
R42	Schwindel und Taumel	0,6	0,4
J98	Sonstige Krankheiten der Atemwege	0,6	0,3
B99	Sonstige und nicht näher bezeichnete Infektionskrankheiten	0,6	0,3
J00	Akute Rhinopharyngitis [Erkältungsschnupfen]	0,6	0,3
A08	Virusbedingte und sonstige näher bezeichnete Darminfektionen	0,6	0,2
M65	Synovitis und Tenosynovitis	0,5	0,7
J04	Akute Laryngitis und Tracheitis	0,5	0,3
R50	Fieber sonstiger und unbekannter Ursache	0,5	0,3
	Summe hier	**56,9**	**42,0**
	Restliche	43,1	58,0
	Gesamtsumme	**100,0**	**100,0**

◻ Tab. 31.11.17 Anteile der 40 häufigsten Diagnoseuntergruppen an den AU-Fällen und AU-Tagen in der Branche Verarbeitendes Gewerbe im Jahr 2013, AOK-Mitglieder

ICD-10	Bezeichnung	AU-Fälle in %	AU-Tage in %
J00–J06	Akute Infektionen der oberen Atemwege	12,8	5,6
M50–M54	Sonstige Krankheiten der Wirbelsäule und des Rückens	8,1	8,6
A00–A09	Infektiöse Darmkrankheiten	4,3	1,4
J40–J47	Chronische Krankheiten der unteren Atemwege	3,5	2,3
J20–J22	Sonstige akute Infektionen der unteren Atemwege	3,2	1,7
R50–R69	Allgemeinsymptome	3,1	2,3
M70–M79	Sonstige Krankheiten des Weichteilgewebes	3,0	4,2
K00–K14	Krankheiten der Mundhöhle, der Speicheldrüsen und der Kiefer	2,7	0,6
R10–R19	Symptome, die das Verdauungssystem und das Abdomen betreffen	2,3	1,3
F40–F48	Neurotische, Belastungs- und somatoforme Störungen	2,2	3,5
K50–K52	Nichtinfektiöse Enteritis und Kolitis	2,2	0,8
I10–I15	Hypertonie [Hochdruckkrankheit]	1,9	2,9
K20–K31	Krankheiten des Ösophagus, des Magens und des Duodenums	1,9	1,0
B25–B34	Sonstige Viruskrankheiten	1,9	0,8
M20–M25	Sonstige Gelenkkrankheiten	1,8	2,8
T08–T14	Verletzungen nicht näher bezeichneter Teile des Rumpfes, der Extremitäten oder anderer Körperregionen	1,7	1,5
J30–J39	Sonstige Krankheiten der oberen Atemwege	1,5	0,9
F30–F39	Affektive Störungen	1,4	3,8
S60–S69	Verletzungen des Handgelenkes und der Hand	1,4	1,9
Z80–Z99	Personen mit potentiellen Gesundheitsrisiken aufgrund der Familien- oder Eigenanamnese und bestimmte Zustände, die den Gesundheitszustand beeinflussen	1,3	2,7
G40–G47	Episodische und paroxysmale Krankheiten des Nervensystems	1,3	1,1
J09–J18	Grippe und Pneumonie	1,3	0,9
R00–R09	Symptome, die das Kreislaufsystem und das Atmungssystem betreffen	1,3	0,9
M95–M99	Sonstige Krankheiten des Muskel-Skelett-Systems und des Bindegewebes	1,1	0,9
M15–M19	Arthrose	1,0	2,6
S90–S99	Verletzungen der Knöchelregion und des Fußes	1,0	1,3
K55–K64	Sonstige Krankheiten des Darmes	1,0	0,8
S80–S89	Verletzungen des Knies und des Unterschenkels	0,9	1,9
E70–E90	Stoffwechselstörungen	0,8	1,3
R40–R46	Symptome, die das Erkennungs- und Wahrnehmungsvermögen, die Stimmung und das Verhalten betreffen	0,8	0,7
G50–G59	Krankheiten von Nerven, Nervenwurzeln und Nervenplexus	0,7	1,2
M65–M68	Krankheiten der Synovialis und der Sehnen	0,7	1,1
M05–M14	Entzündliche Polyarthropathien	0,7	0,7
J95–J99	Sonstige Krankheiten des Atmungssystems	0,7	0,5
N30–N39	Sonstige Krankheiten des Harnsystems	0,7	0,5
M45–M49	Spondylopathien	0,6	1,0
I80–I89	Krankheiten der Venen, der Lymphgefäße und der Lymphknoten, anderenorts nicht klassifiziert	0,6	0,7
L00–L08	Infektionen der Haut und der Unterhaut	0,6	0,6
S00–S09	Verletzungen des Kopfes	0,6	0,5
B99–B99	Sonstige Infektionskrankheiten	0,6	0,3
	Summe hier	**79,2**	**70,1**
	Restliche	20,8	29,9
	Gesamtsumme	**100,0**	**100,0**

Fehlzeiten-Report 2014

31.12 Verkehr und Transport

◻ Tab. 31.12.1 Entwicklung des Krankenstands der AOK-Mitglieder in der Branche Verkehr und Transport in den Jahren 1994 bis 2013

Jahr	Krankenstand in %			AU-Fälle je 100 AOK-Mitglieder			Tage je Fall		
	West	Ost	Bund	West	Ost	Bund	West	Ost	Bund
1994	6,8	4,8	6,4	139,9	101,5	132,6	16,6	16,1	16,5
1995	4,7	4,7	5,9	144,2	109,3	137,6	16,1	16,1	16,1
1996	5,7	4,6	5,5	132,4	101,5	126,5	16,2	16,8	16,3
1997	5,3	4,4	5,2	128,3	96,4	122,5	15,1	16,6	15,3
1998	5,4	4,5	5,3	131,5	98,6	125,7	15,0	16,6	15,3
1999	5,6	4,8	5,5	139,4	107,4	134,1	14,6	16,4	14,8
2000	5,6	4,8	5,5	143,2	109,8	138,3	14,3	16,0	14,5
2001	5,6	4,9	5,5	144,1	108,7	139,3	14,2	16,5	14,4
2002	5,6	4,9	5,5	143,3	110,6	138,8	14,2	16,2	14,4
2003	5,3	4,5	5,2	138,7	105,8	133,8	14,0	15,4	14,1
2004	4,9	4,2	4,8	125,0	97,6	120,6	14,3	15,6	14,4
2005	4,8	4,2	4,7	126,3	99,0	121,8	14,0	15,4	14,2
2006	4,7	4,1	4,6	121,8	94,7	117,2	14,2	15,8	14,4
2007	4,9	4,3	4,8	128,8	101,5	124,1	14,0	15,5	14,2
2008 (WZ03)	5,1	4,5	4,9	135,4	106,7	130,5	13,6	15,3	13,9
2008 (WZ08)*	5,1	4,5	5,0	135,7	105,1	130,5	13,8	15,7	14,1
2009	5,3	5,0	5,3	139,7	114,2	135,4	13,9	16,0	14,2
2010	5,5	5,2	5,5	141,8	120,5	138,1	14,2	15,7	14,4
2011	5,5	4,8	5,4	145,0	121,9	141,1	13,9	14,4	13,9
2012	5,6	5,4	5,5	143,8	121,7	140,1	14,1	16,4	14,5
2013	5,7	5,8	5,7	154,1	130,1	150,1	13,5	16,2	13,9

*aufgrund der Revision der Wirtschaftszweigklassifikation in 2008 ist eine Vergleichbarkeit mit den Vorjahren nur bedingt möglich

31

◼ Tab. 31.12.2 Arbeitsunfähigkeit der AOK-Mitglieder in der Branche Verkehr und Transport nach Bundesländern im Jahr 2013 im Vergleich zum Vorjahr

Bundesland	Kranken-stand in %	Arbeitsunfähigkeit je 100 AOK-Mitglieder				Tage je Fall	Veränd. z. Vorj. in %	AU-Quote in %
		AU-Fälle	Veränd. z. Vorj. in %	AU-Tage	Veränd. z. Vorj. in %			
Baden-Württemberg	5,5	160,0	6,8	2.025,2	3,4	12,7	-3,3	52,8
Bayern	4,9	126,9	5,0	1.784,4	2,0	14,1	-2,8	46,2
Berlin	5,6	146,3	4,3	2.028,8	-1,1	13,9	-5,2	45,7
Brandenburg	6,0	142,7	4,2	2.175,9	0,9	15,2	-3,2	50,1
Bremen	6,8	184,3	4,6	2.496,0	0,4	13,5	-4,0	55,5
Hamburg	5,9	162,0	3,0	2.156,0	3,5	13,3	0,4	50,8
Hessen	6,0	176,4	6,1	2.206,9	0,9	12,5	-4,8	54,2
Mecklenburg-Vorpommern	5,7	123,2	4,3	2.075,4	3,4	16,8	-0,9	47,0
Niedersachsen	5,8	157,2	8,7	2.128,2	4,2	13,5	-4,2	53,5
Nordrhein-Westfalen	6,2	163,6	11,1	2.275,0	3,8	13,9	-6,6	54,4
Rheinland-Pfalz	6,1	162,7	5,9	2.235,0	4,4	13,7	-1,4	54,5
Saarland	6,8	134,7	0,0	2.466,0	1,3	18,3	1,3	50,5
Sachsen	5,6	128,7	6,9	2.059,8	7,1	16,0	0,1	52,3
Sachsen-Anhalt	6,0	128,3	8,7	2.178,2	4,6	17,0	-3,8	49,0
Schleswig-Holstein	5,6	135,6	4,2	2.061,0	-1,1	15,2	-5,0	49,5
Thüringen	5,8	129,8	8,6	2.134,4	8,3	16,4	-0,2	51,6
West	**5,7**	**154,1**	**7,2**	**2.087,5**	**2,7**	**13,5**	**-4,2**	**51,7**
Ost	**5,8**	**130,1**	**6,9**	**2.104,8**	**5,8**	**16,2**	**-1,0**	**51,0**
Bund	**5,7**	**150,1**	**7,1**	**2.090,4**	**3,2**	**13,9**	**-3,7**	**51,6**

Fehlzeiten-Report 2014

◼ Tab. 31.12.3 Arbeitsunfähigkeit der AOK-Mitglieder in der Branche Verkehr und Transport nach Wirtschaftsabteilungen im Jahr 2013

Wirtschaftsabteilung	Krankenstand in %		Arbeitsunfähigkeiten je 100 AOK-Mitglieder		Tage je Fall	AU-Quote in %
	2013	2013 stand.*	Fälle	Tage		
Lagerei sowie Erbringung von sonstigen Dienstleistungen für den Verkehr	6,0	5,8	167,1	2.189,1	13,1	56,0
Landverkehr und Transport in Rohrfernleitungen	5,5	5,2	129,1	2.015,1	15,6	47,5
Luftfahrt	5,0	5,5	184,6	1.843,1	10,0	60,0
Post-, Kurier- und Expressdienste	5,5	5,7	152,1	2.018,7	13,3	48,8
Schifffahrt	4,2	4,1	111,7	1.521,0	13,6	41,1
Branche insgesamt	**5,7**	**5,6**	**150,1**	**2.090,4**	**13,9**	**51,6**
Alle Branchen	**5,1**	**5,1**	**160,7**	**1.849,6**	**11,5**	**54,8**

*Krankenstand alters- und geschlechtsstandardisiert

Fehlzeiten-Report 2014

◘ **Tab. 31.12.4** Kennzahlen der Arbeitsunfähigkeit der AOK-Mitglieder nach ausgewählten Berufsgruppen in der Branche Verkehr und Transport im Jahr 2013

Tätigkeit	Kranken-stand in %	Arbeitsunfähigkeiten je 100 AOK-Mitglieder		Tage je Fall	AU-Quote in %	Anteil der Berufsgruppe an der Branche in %*
		Fälle	Tage			
Berufe für Post- u. Zustelldienste	5,9	152,1	2.151,4	14,1	51,2	8,4
Berufe in der Kraftfahrzeugtechnik	5,8	172,7	2.108,4	12,2	63,0	1,0
Berufe in der Lagerwirtschaft	6,6	211,2	2.409,2	11,4	59,7	18,4
Berufskraftfahrer/innen (Güterverkehr/LKW)	6,0	116,8	2.177,8	18,6	47,1	31,7
Berufskraftfahrer/innen (Personentransport/PKW)	3,3	81,9	1.217,1	14,9	32,3	5,4
Büro- u. Sekretariatskräfte (ohne Spez.)	3,6	124,9	1.316,2	10,5	47,3	3,1
Bus- u. Straßenbahnfahrer/innen	7,4	159,5	2.686,0	16,8	59,0	7,2
Fahrzeugführer/innen im Straßen-verkehr (sonstige spezif. Tätigkeit)	4,4	116,8	1.623,2	13,9	38,2	4,1
kaufmännische u. technische Betriebswirtschaft (ohne Spez.)	3,8	148,6	1.400,4	9,4	55,0	1,5
Kranführer/innen, Aufzugs-maschinisten, Bedienung verwandter Hebeeinrichtungen	7,3	203,1	2.657,1	13,1	66,7	1,1
Speditions- u. Logistikkaufleute	3,5	169,4	1.272,9	7,5	57,1	3,3
Branche insgesamt	**5,7**	**150,1**	**2.090,4**	**13,9**	**51,6**	**6,2****

* Anteil der AOK-Mitglieder in der Berufsgruppe an den in der Branche beschäftigten AOK-Mitgliedern insgesamt
**Anteil der AOK-Mitglieder in der Branche an allen AOK-Mitgliedern

Fehlzeiten-Report 2014

◘ **Tab. 31.12.5** Dauer der Arbeitsunfähigkeit der AOK-Mitglieder in der Branche Verkehr und Transport im Jahr 2013

Fallklasse	Branche hier		alle Branchen	
	Anteil Fälle in %	Anteil Tage in %	Anteil Fälle in %	Anteil Tage in %
1–3 Tage	29,3	4,2	35,7	6,2
4–7 Tage	30,9	11,4	31,2	13,7
8–14 Tage	20,0	15,1	17,5	15,8
15–21 Tage	7,3	9,2	5,9	8,9
22–28 Tage	3,4	6,1	2,7	5,8
29–42 Tage	3,6	9,1	2,8	8,6
Langzeit-AU (> 42 Tage)	5,4	45,0	4,1	41,0

Fehlzeiten-Report 2014

31

◻ Tab. 31.12.6 Tage der Arbeitsunfähigkeit je AOK-Mitglied nach Wirtschaftsabteilung und Betriebsgröße in der Branche Verkehr und Transport im Jahr 2013

Wirtschaftsabteilungen	Betriebsgröße (Anzahl der AOK-Mitglieder)					
	10–49	50–99	100–199	200–499	500–999	≥ 1.000
Lagerei sowie Erbringung von sonstigen Dienstleistungen für den Verkehr	21,9	22,3	22,8	23,1	27,3	30,5
Landverkehr und Transport in Rohrfernleitungen	20,4	23,8	24,1	29,0	30,3	28,4
Luftfahrt	15,2	17,8	21,7	24,0	22,6	–
Post-, Kurier- und Expressdienste	20,7	22,6	20,3	20,8	20,9	–
Schifffahrt	16,8	29,0	12,8	–	–	–
Branche insgesamt	21,1	22,7	22,7	24,3	25,3	29,8
Alle Branchen	19,4	21,1	21,1	21,0	20,7	20,8

Fehlzeiten-Report 2014

◻ Tab. 31.12.7 Krankenstand in Prozent nach Ausbildungsabschluss in der Branche Verkehr und Transport im Jahr 2013, AOK-Mitglieder

Wirtschaftsabteilung	Ausbildung						
	ohne Ausbildungsabschluss	mit Ausbildungsabschluss	Meister/ Techniker	Bachelor	Diplom/Magister/Master/ Staatsexamen	Promotion	unbekannt
Lagerei sowie Erbringung von sonstigen Dienstleistungen für den Verkehr	6,7	5,9	4,5	2,5	2,9	4,6	6,0
Landverkehr und Transport in Rohrfernleitungen	6,0	6,1	4,9	2,8	3,0	5,5	4,7
Luftfahrt	6,0	5,4	4,0	1,0	2,6	–	4,9
Post-, Kurier- und Expressdienste	5,2	5,4	4,9	2,7	2,8	3,7	5,7
Schifffahrt	4,3	5,1	2,1	0,6	1,7	–	2,7
Branche insgesamt	6,3	5,9	4,7	2,4	2,9	4,9	5,4
Alle Branchen	5,9	5,2	3,9	2,0	2,5	1,9	4,9

Fehlzeiten-Report 2014

◘ **Tab. 31.12.8** Tage der Arbeitsunfähigkeit je AOK-Mitglied nach Ausbildung in der Branche Verkehr und Transport im Jahr 2013

Wirtschaftsabteilung	Ausbildung						
	ohne Aus-bildungs-abschluss	mit Aus-bildungs-abschluss	Meister/ Techniker	Bachelor	Diplom/Magis-ter/Master/ Staatsexamen	Promo-tion	unbe-kannt
Lagerei sowie Erbringung von sonstigen Dienstleis-tungen für den Verkehr	24,3	21,6	16,5	9,1	10,5	16,7	21,9
Landverkehr und Trans-port in Rohrfernleitungen	22,0	22,1	18,0	10,4	11,1	20,2	17,0
Luftfahrt	21,8	19,6	14,6	3,8	9,3	–	17,7
Post-, Kurier- und Expressdienste	18,9	19,7	17,9	9,8	10,3	13,7	20,7
Schifffahrt	15,7	18,6	7,7	2,1	6,1	–	10,0
Branche insgesamt	**23,0**	**21,7**	**17,2**	**8,8**	**10,5**	**18,0**	**19,7**
Alle Branchen	**21,6**	**19,0**	**14,3**	**7,5**	**9,1**	**6,8**	**17,9**

Fehlzeiten-Report 2014

◘ **Tab. 31.12.9** Anteil der Arbeitsunfälle an den AU-Fällen und -Tagen in Prozent nach Wirtschaftsabteilungen in der Branche Verkehr und Transport im Jahr 2013, AOK-Mitglieder

Wirtschaftsabteilung	AU-Fälle in %	AU-Tage in %
Lagerei sowie Erbringung von sonstigen Dienstleistungen für den Verkehr	4,6	9,7
Landverkehr und Transport in Rohrfernleitungen	4,8	9,3
Luftfahrt	1,4	3,2
Post-, Kurier- und Expressdienste	5,3	8,8
Schifffahrt	4,6	10,3
Branche insgesamt	**4,6**	**9,3**
Alle Branchen	**3,4**	**6,4**

Fehlzeiten-Report 2014

◘ **Tab. 31.12.10** Tage und Fälle der Arbeitsunfähigkeit durch Arbeitsunfälle nach Berufsgruppen in der Branche Transport und Verkehr im Jahr 2013, AOK-Mitglieder

Tätigkeit	Arbeitsunfähigkeit je 1.000 AOK-Mitglieder	
	AU-Tage	AU-Fälle
Berufskraftfahrer/innen (Güterverkehr/LKW)	2.996,7	86,6
Berufe in der Kraftfahrzeugtechnik	2.179,7	119,5
Berufe für Post- u. Zustelldienste	2.080,4	91,7
Kranführer/innen, Aufzugsmaschinisten, Bedienung verwandter Hebeeinrichtungen	1.949,4	81,3
Berufe in der Lagerwirtschaft	1.882,5	86,6
Fahrzeugführer/innen im Straßenverkehr (sonstige spezif. Tätigkeit)	1.700,4	75,2
Bus- u. Straßenbahnfahrer/innen	1.429,8	40,5
Berufskraftfahrer/innen (Personentransport/PKW)	699,3	28,9
Kaufmännische u. technische Betriebswirtschaft (ohne Spez.)	441,4	15,9
Speditions- u. Logistikkaufleute	400,5	21,3
Büro- u. Sekretariatskräfte (ohne Spez.)	383,6	14,5
Branche insgesamt	**1.958,2**	**70,3**
Alle Branchen	**1.187,9**	**54,3**

Fehlzeiten-Report 2014

31

◻ Tab. 31.12.11 Tage und Fälle der Arbeitsunfähigkeit je 100 AOK-Mitglieder nach Krankheitsarten in der Branche Verkehr und Transport in den Jahren 1995 bis 2013

Jahr	Arbeitsunfähigkeiten je 100 AOK-Mitglieder											
	Psyche		Herz/Kreislauf		Atemwege		Verdauung		Muskel/Skelett		Verletzungen	
	Tage	Fälle	Tage	Fälle	Tage	Fälle	Tage	Fälle	Tage	Fälle	Tage	Fälle
1995	94,1	3,5	233,0	9,0	359,1	33,4	205,9	21,0	741,6	35,7	452,7	24,0
1996	88,2	3,7	213,7	8,8	321,5	38,5	181,2	21,0	666,8	36,0	425,0	23,9
1997	83,9	3,4	195,5	7,7	281,8	34,8	163,6	19,4	574,0	32,1	411,4	22,0
1998	89,1	3,6	195,2	7,9	283,4	33,1	161,9	19,0	591,5	30,7	397,9	21,9
1999	95,3	3,8	192,9	8,1	311,9	34,5	160,8	19,2	621,2	32,5	396,8	21,7
2000	114,7	5,2	181,9	8,0	295,1	37,1	149,4	18,0	654,9	36,6	383,3	21,3
2001	124,3	6,1	183,1	8,6	282,2	36,8	152,3	18,9	680,6	38,6	372,8	21,0
2002	135,9	6,6	184,2	8,9	273,1	36,1	152,1	19,5	675,7	38,3	362,4	20,4
2003	136,0	6,7	182,0	9,1	271,5	36,4	144,2	18,7	615,9	35,6	345,2	19,3
2004	154,3	6,8	195,6	8,4	234,4	30,1	143,5	17,7	572,5	32,8	329,6	17,6
2005	159,5	6,7	193,5	8,4	268,8	34,7	136,2	16,6	546,3	31,8	327,1	17,3
2006	156,8	6,7	192,9	8,5	225,9	29,0	135,7	17,1	551,7	31,9	334,7	17,6
2007	166,1	7,0	204,2	8,7	249,9	32,6	143,6	18,4	575,2	32,8	331,1	17,0
2008 (WZ03)	172,5	7,3	205,5	9,1	260,0	34,6	149,0	19,2	584,3	34,3	332,0	17,1
2008 (WZ08)*	171,8	7,2	210,2	9,2	259,5	34,0	150,6	18,7	597,5	34,3	339,8	17,2
2009	190,8	7,8	223,2	9,3	297,4	38,1	149,0	18,7	607,7	34,3	341,0	17,2
2010	205,3	8,4	218,6	9,5	268,0	34,3	143,7	17,8	659,8	36,9	373,2	19,0
2011	215,5	8,9	209,0	9,4	272,0	35,7	141,8	17,9	625,3	36,6	350,1	18,1
2012	243,2	9,3	234,0	9,6	275,0	35,2	149,8	18,0	654,4	36,7	354,6	17,3
2013	246,7	9,4	228,9	9,1	334,0	43,1	150,4	18,5	656,9	37,4	356,3	17,4

*aufgrund der Revision der Wirtschaftszweigklassifikation in 2008 ist eine Vergleichbarkeit mit den Vorjahren nur bedingt möglich

Fehlzeiten-Report 2014

◻ Tab. 31.12.12 Verteilung der Arbeitsunfähigkeitstage nach Krankheitsarten in Prozent in der Branche Verkehr und Transport im Jahr 2013, AOK-Mitglieder

Wirtschaftsabteilung	AU-Tage in %						
	Psyche	Herz/ Kreislauf	Atem- wege	Ver- dauung	Muskel/ Skelett	Verlet- zungen	Sons- tige
Lagerei sowie Erbringung von sonstigen Dienstleistungen für den Verkehr	8,1	7,7	11,8	5,2	23,3	12,7	31,1
Landverkehr und Transport in Rohrfernleitungen	8,8	9,0	10,8	5,3	21,7	11,7	32,8
Luftfahrt	11,4	4,4	22,8	4,9	15,6	8,8	32,0
Post-, Kurier- und Expressdienste	9,6	5,3	12,5	5,0	25,0	13,7	29,1
Schifffahrt	9,2	9,6	10,9	5,1	19,5	14,2	31,6
Branche insgesamt	8,6	7,9	11,6	5,2	22,8	12,4	31,6
Alle Branchen	9,8	6,2	13,4	5,3	21,8	11,3	32,1

Fehlzeiten-Report 2014

◘ **Tab. 31.12.13** Verteilung der Arbeitsunfähigkeitsfälle nach Krankheitsarten in Prozent in der Branche Verkehr und Transport im Jahr 2013, AOK-Mitglieder

Wirtschaftsabteilung	AU-Fälle in %						
	Psyche	Herz/ Kreislauf	Atem- wege	Ver- dauung	Muskel/ Skelett	Verlet- zungen	Sons- tige
Lagerei sowie Erbringung von sonstigen Dienstleistungen für den Verkehr	4,4	4,3	22,1	9,4	19,2	8,6	32,0
Landverkehr und Transport in Rohrfernleitungen	5,1	5,4	20,3	9,5	18,2	8,6	32,9
Luftfahrt	6,0	2,5	32,8	7,2	12,2	5,3	34,1
Post-, Kurier- und Expressdienste	5,0	3,5	22,1	8,7	19,7	10,0	31,0
Schifffahrt	4,8	4,4	23,2	9,1	14,9	9,5	34,1
Branche insgesamt	**4,7**	**4,6**	**21,7**	**9,3**	**18,8**	**8,7**	**32,2**
Alle Branchen	**4,7**	**3,8**	**24,6**	**9,5**	**16,0**	**7,9**	**33,5**

Fehlzeiten-Report 2014

◘ **Tab. 31.12.14** Verteilung der Arbeitsunfähigkeitstage nach Krankheitsarten und ausgewählten Berufsgruppen in der Branche Verkehr und Transport im Jahr 2013, AOK-Mitglieder

Tätigkeit	AU-Tage in %						
	Psyche	Herz/ Kreislauf	Atem- wege	Ver- dauung	Muskel/ Skelett	Verlet- zungen	Sons- tige
Berufe für Post- u. Zustelldienste	9,6	5,1	12,1	4,8	25,6	14,4	28,5
Berufe in der Kraftfahrzeugtechnik	5,3	7,4	12,2	5,1	23,1	16,5	30,2
Berufe in der Lagerwirtschaft	8,3	5,9	13,1	5,5	26,4	12,3	28,4
Berufskraftfahrer/innen (Güterverkehr/LKW)	6,7	10,3	8,7	5,0	22,5	14,1	32,6
Berufskraftfahrer/innen (Personentransport/PKW)	8,9	11,1	11,3	5,1	17,4	9,2	37,0
Büro- u. Sekretariatskräfte (ohne Spez.)	13,1	6,3	14,3	5,5	15,7	8,0	37,2
Bus- u. Straßenbahnfahrer/innen	11,1	8,7	11,3	5,1	21,6	8,2	33,9
Fahrzeugführer/innen im Straßen- verkehr (sonstige spezif. Tätigkeit)	8,0	6,8	10,6	5,5	24,4	15,1	29,5
Kaufmännische u. technische Betriebswirtschaft (ohne Spez.)	13,2	4,4	16,7	5,8	14,8	8,4	36,6
Kranführer/innen, Aufzugs- maschinisten, Bedienung verwandter Hebeeinrichtungen	6,5	6,9	12,3	5,2	26,3	11,7	31,1
Speditions- u. Logistikkaufleute	11,8	4,5	18,9	6,9	14,2	9,2	34,6
Branche gesamt	**8,6**	**7,9**	**11,6**	**5,2**	**22,8**	**12,4**	**31,6**
Alle Branchen	**9,8**	**6,2**	**13,4**	**5,3**	**21,8**	**11,3**	**32,1**

Fehlzeiten-Report 2014

◻ Tab. 31.12.15 Verteilung der Arbeitsunfähigkeitsfälle nach Krankheitsarten und ausgewählten Berufsgruppen in der Branche Verkehr und Transport im Jahr 2013, AOK-Mitglieder

Tätigkeit	AU-Fälle in %						
	Psyche	Herz/ Kreislauf	Atem- wege	Ver- dauung	Muskel/ Skelett	Verlet- zungen	Sons- tige
Berufe für Post- u. Zustelldienste	5,1	3,3	22,0	8,2	19,6	10,9	30,8
Berufe in der Kraftfahrzeugtechnik	3,4	3,8	22,9	10,2	17,5	12,5	29,6
Berufe in der Lagerwirtschaft	4,2	3,5	22,6	9,4	21,6	8,6	30,0
Berufskraftfahrer/innen (Güterverkehr/LKW)	4,4	6,2	17,0	9,2	20,0	10,5	32,7
Berufskraftfahrer/innen (Personentransport/PKW)	4,9	6,6	21,5	8,8	14,9	7,1	36,3
Büro- u. Sekretariatskräfte (ohne Spez.)	5,8	3,8	26,1	10,0	11,1	5,3	37,9
Bus- u. Straßenbahnfahrer/innen	6,2	5,7	20,4	9,7	18,4	6,1	33,6
Fahrzeugführer/innen im Straßen- verkehr (sonstige spezif. Tätigkeit)	4,8	4,0	18,9	9,0	21,4	11,2	30,7
kaufmännische u. technische Betriebswirtschaft (ohne Spez.)	5,7	3,3	28,3	10,2	10,5	5,1	36,9
Kranführer/innen, Aufzugs- maschinisten, Bedienung verwandter Hebeeinrichtungen	3,9	4,5	21,0	9,5	22,2	8,2	30,7
Speditions- u. Logistikkaufleute	4,4	2,7	29,8	10,8	10,4	5,7	36,3
Branche gesamt	**4,7**	**4,6**	**21,7**	**9,3**	**18,8**	**8,7**	**32,2**
Alle Branchen	**4,7**	**3,8**	**24,6**	**9,5**	**16,0**	**7,9**	**33,5**

Fehlzeiten-Report 2014

31

◘ **Tab. 31.12.16** Anteile der 40 häufigsten Einzeldiagnosen an den AU-Fällen und AU-Tagen in der Branche Verkehr und Transport im Jahr 2013, AOK-Mitglieder

ICD-10	Bezeichnung	AU-Fälle in %	AU-Tage in %
M54	Rückenschmerzen	7,7	6,7
J06	Akute Infektionen an mehreren oder nicht näher bezeichneten Lokalisationen der oberen Atemwege	7,5	3,2
A09	Sonstige und nicht näher bezeichnete Gastroenteritis und Kolitis infektiösen und nicht näher bezeichneten Ursprungs	3,1	1,0
J20	Akute Bronchitis	2,5	1,3
I10	Essentielle (primäre) Hypertonie	2,0	2,9
J40	Bronchitis, nicht als akut oder chronisch bezeichnet	2,0	1,0
K08	Sonstige Krankheiten der Zähne und des Zahnhalteapparates	1,9	0,3
K52	Sonstige nichtinfektiöse Gastroenteritis und Kolitis	1,8	0,6
B34	Viruskrankheit nicht näher bezeichneter Lokalisation	1,5	0,6
T14	Verletzung an einer nicht näher bezeichneten Körperregion	1,3	1,2
K29	Gastritis und Duodenitis	1,3	0,7
R10	Bauch- und Beckenschmerzen	1,3	0,6
F32	Depressive Episode	1,1	2,4
M51	Sonstige Bandscheibenschäden	1,0	2,2
F43	Reaktionen auf schwere Belastungen und Anpassungsstörungen	1,0	1,5
M25	Sonstige Gelenkkrankheiten, anderenorts nicht klassifiziert	1,0	1,1
M75	Schulterläsionen	0,9	1,6
M53	Sonstige Krankheiten der Wirbelsäule und des Rückens, anderenorts nicht klassifiziert	0,9	0,9
M99	Biomechanische Funktionsstörungen, anderenorts nicht klassifiziert	0,9	0,7
J32	Chronische Sinusitis	0,9	0,4
J01	Akute Sinusitis	0,9	0,4
J02	Akute Pharyngitis	0,9	0,4
R51	Kopfschmerz	0,9	0,4
J03	Akute Tonsillitis	0,9	0,4
M77	Sonstige Enthesopathien	0,8	0,8
S93	Luxation, Verstauchung und Zerrung der Gelenke und Bänder in Höhe des oberen Sprunggelenkes und des Fußes	0,7	0,8
M79	Sonstige Krankheiten des Weichteilgewebes, anderenorts nicht klassifiziert	0,7	0,6
J11	Grippe, Viren nicht nachgewiesen	0,7	0,3
J00	Akute Rhinopharyngitis [Erkältungsschnupfen]	0,7	0,3
I25	Chronische ischämische Herzkrankheit	0,6	1,4
M23	Binnenschädigung des Kniegelenkes [internal derangement]	0,6	1,1
E11	Nicht primär insulinabhängiger Diabetes mellitus [Typ-2-Diabetes]	0,6	1,0
F45	Somatoforme Störungen	0,6	0,8
M47	Spondylose	0,6	0,8
F48	Andere neurotische Störungen	0,6	0,7
R53	Unwohlsein und Ermüdung	0,6	0,5
R42	Schwindel und Taumel	0,6	0,5
R11	Übelkeit und Erbrechen	0,6	0,3
J98	Sonstige Krankheiten der Atemwege	0,6	0,3
B99	Sonstige und nicht näher bezeichnete Infektionskrankheiten	0,6	0,3
	Summe hier	**55,4**	**43,0**
	Restliche	44,6	57,0
	Gesamtsumme	**100,0**	**100,0**

Fehlzeiten-Report 2014

◻ **Tab. 31.12.17** Anteile der 40 häufigsten Diagnoseuntergruppen an den AU-Fällen und AU-Tagen in der Branche Verkehr und Transport im Jahr 2013, AOK-Mitglieder

ICD-10	Bezeichnung	AU-Fälle in %	AU-Tage in %
J00–J06	Akute Infektionen der oberen Atemwege	11,6	5,0
M50–M54	Sonstige Krankheiten der Wirbelsäule und des Rückens	9,2	9,3
A00–A09	Infektiöse Darmkrankheiten	4,0	1,3
J40–J47	Chronische Krankheiten der unteren Atemwege	3,4	2,4
R50–R69	Allgemeinsymptome	3,2	2,4
J20–J22	Sonstige akute Infektionen der unteren Atemwege	3,0	1,6
M70–M79	Sonstige Krankheiten des Weichteilgewebes	2,8	3,6
F40–F48	Neurotische, Belastungs- und somatoforme Störungen	2,5	3,7
K00–K14	Krankheiten der Mundhöhle, der Speicheldrüsen und der Kiefer	2,4	0,5
I10–I15	Hypertonie [Hochdruckkrankheit]	2,3	3,4
R10–R19	Symptome, die das Verdauungssystem und das Abdomen betreffen	2,2	1,2
K50–K52	Nichtinfektiöse Enteritis und Kolitis	2,1	0,8
K20–K31	Krankheiten des Ösophagus, des Magens und des Duodenums	2,0	1,1
M20–M25	Sonstige Gelenkkrankheiten	1,7	2,4
B25–B34	Sonstige Viruskrankheiten	1,7	0,7
T08–T14	Verletzungen nicht näher bezeichneter Teile des Rumpfes, der Extremitäten oder anderer Körperregionen	1,6	1,5
J30–J39	Sonstige Krankheiten der oberen Atemwege	1,5	0,8
F30–F39	Affektive Störungen	1,4	3,4
R00–R09	Symptome, die das Kreislaufsystem und das Atmungssystem betreffen	1,4	0,9
Z80–Z99	Personen mit potentiellen Gesundheitsrisiken aufgrund der Familien- oder Eigenanamnese und bestimmte Zustände, die den Gesundheitszustand beeinflussen	1,3	2,5
S90–S99	Verletzungen der Knöchelregion und des Fußes	1,3	1,7
G40–G47	Episodische und paroxysmale Krankheiten des Nervensystems	1,3	1,4
J09–J18	Grippe und Pneumonie	1,2	0,8
S80–S89	Verletzungen des Knies und des Unterschenkels	1,1	2,2
S60–S69	Verletzungen des Handgelenkes und der Hand	1,1	1,4
M95–M99	Sonstige Krankheiten des Muskel-Skelett-Systems und des Bindegewebes	1,1	0,8
E70–E90	Stoffwechselstörungen	1,0	1,5
K55–K64	Sonstige Krankheiten des Darmes	1,0	0,9
M15–M19	Arthrose	0,9	2,0
I20–I25	Ischämische Herzkrankheiten	0,8	1,9
E10–E14	Diabetes mellitus	0,8	1,4
R40–R46	Symptome, die das Erkennungs- und Wahrnehmungsvermögen, die Stimmung und das Verhalten betreffen	0,8	0,7
I30–I52	Sonstige Formen der Herzkrankheit	0,7	1,3
G50–G59	Krankheiten von Nerven, Nervenwurzeln und Nervenplexus	0,7	1,0
F10–F19	Psychische und Verhaltensstörungen durch psychotrope Substanzen	0,7	1,0
J95–J99	Sonstige Krankheiten des Atmungssystems	0,7	0,5
S00–S09	Verletzungen des Kopfes	0,6	0,6
M05–M14	Entzündliche Polyarthropathien	0,6	0,6
N30–N39	Sonstige Krankheiten des Harnsystems	0,6	0,4
B99–B99	Sonstige Infektionskrankheiten	0,6	0,3
	Summe hier	**78,9**	**70,9**
	Restliche	21,1	29,1
	Gesamtsumme	**100,0**	**100,0**

Fehlzeiten-Report 2014

Die Arbeitsunfähigkeit in der Statistik der GKV

K. Busch

B. Badura et al. (Hrsg.) *Fehlzeiten-Report 2014*,
DOI 10.1007/978-3-662-43531-1_32, © Springer-Verlag Berlin Heidelberg 2014

Zusammenfassung *Der vorliegende Beitrag gibt anhand der Statistiken des Bundesministeriums für Gesundheit (BMG) einen Überblick über die Arbeitsunfähigkeitsdaten der gesetzlichen Krankenkassen (GKV). Zunächst werden die Arbeitsunfähigkeitsstatistiken der Krankenkassen und die Erfassung der Arbeitsunfähigkeit erläutert. Anschließend wird die Entwicklung der Fehlzeiten auf GKV-Ebene geschildert und Bezug auf die Unterschiede bei den Fehlzeiten zwischen den verschiedenen Kassen genommen. Zum Schluss sind Daten der Krankheitsartenstatistik 2012 enthalten.*

32.1 Arbeitsunfähigkeitsstatistiken der Krankenkassen

Die Krankenkassen sind nach § 79 SGB IV verpflichtet, Übersichten über ihre Rechnungs- und Geschäftsergebnisse sowie sonstige Statistiken zu erstellen und über den GKV-Spitzenverband an das Bundesministerium für Gesundheit zu liefern. Bis zur Gründung des GKV-Spitzenverbandes war dies Aufgabe der Bundesverbände der einzelnen Kassenarten. Näheres hierzu wird in der Allgemeinen Verwaltungsvorschrift über die Statistik in der gesetzlichen Krankenversicherung (KSVwV) geregelt. Bezüglich der Arbeitsunfähigkeitsfälle finden sich Regelungen zu drei Statistiken:

- Krankenstand: Bestandteil der monatlichen Mitgliederstatistik KM1
- Arbeitsunfähigkeitsfälle und -tage: Bestandteil der Jahresstatistik KG2
- Arbeitsunfähigkeitsfälle und -tage nach Krankheitsarten: Jahresstatistik KG8

Am häufigsten wird in der allgemeinen Diskussion mit dem Krankenstand argumentiert, wobei dieser Begriff unterschiedlich definiert wird. Der Krankenstand in der amtlichen Statistik wird über eine Stichtagserhebung gewonnen, die zu jedem Ersten eines Monats durchgeführt wird. Die Krankenkasse ermittelt im Rahmen ihrer Mitgliederstatistik die zu diesem Zeitpunkt arbeitsunfähig kranken Pflicht- und freiwilligen Mitglieder mit einem Krankengeldanspruch. Vor dem Jahr 2007 bezog sich der Krankenstand auf die Pflichtmitglieder. Rentner, Studenten, Jugendliche und Be-

hinderte, Künstler, Wehr-, Zivil- sowie Dienstleistende bei der Bundespolizei, landwirtschaftliche Unternehmer und Vorruhestandsgeldempfänger blieben jedoch unberücksichtigt, da für diese Gruppen in der Regel keine Arbeitsunfähigkeitsbescheinigungen von einem Arzt ausgestellt wurden. Seit dem Jahr 2005 bleiben auch die Arbeitslosengeld-II-Empfänger unberücksichtigt, da sie im Gegensatz zu den früheren Arbeitslosenhilfeempfängern keinen Anspruch auf Krankengeld haben und somit für diesen Mitgliederkreis nicht unbedingt AU-Bescheinigungen ausgestellt und den Krankenkassen übermittelt werden.

Die AU-Bescheinigungen werden vom behandelnden Arzt ausgestellt und unmittelbar an die Krankenkasse gesandt, die sie zur Ermittlung des Krankenstandes auszählt. Die Erhebung des Krankenstandes erfolgt monatlich im Rahmen der Mitgliederstatistik KM1, die auch unterjährig vom BMG im Internet veröffentlicht wird[1]. Aus den zwölf Stichtagswerten eines Jahres wird als arithmetisches Mittel ein jahresdurchschnittlicher Krankenstand errechnet. Dabei werden auch Korrekturen berücksichtigt, die z. B. wegen verspäteter Meldungen notwendig werden.

Eine Totalauszählung der Arbeitsunfähigkeitsfälle und -tage erfolgt in der Jahresstatistik KG2. Da in dieser Statistik nicht nur das AU-Geschehen an einem Stichtag erfasst, sondern jeder einzelne AU-Fall mit seinen dazugehörigen Tagen im Zeitraum eines Kalenderjahres berücksichtigt wird, ist die Aussagekraft höher.

---

1 http://www.bmg.bund.de/krankenversicherung/zahlen-und-fakten-zur-krankenversicherung.html

Allerdings können die Auswertungen der einzelnen Krankenkassen auch erst nach Abschluss des Berichtsjahres beginnen und die Ergebnisse daher nur mit einer zeitlichen Verzögerung von mehr als einem halben Jahr vorgelegt werden. Auch die Ergebnisse dieser Statistik werden vom BMG im Internet veröffentlicht[2].

32.2 Erfassung von Arbeitsunfähigkeit

Informationsquelle für eine bestehende Arbeitsunfähigkeit der pflichtversicherten Arbeitnehmer bildet die Arbeitsunfähigkeitsbescheinigung des behandelnden Arztes. Nach § 5 EFZG bzw. § 3 LFZG ist der Arzt verpflichtet, dem Träger der gesetzlichen Krankenversicherung unverzüglich eine Bescheinigung über die Arbeitsunfähigkeit mit Angaben über den Befund und die voraussichtliche Dauer zuzuleiten; nach Ablauf der vermuteten Erkrankungsdauer stellt der Arzt bei Weiterbestehen der Arbeitsunfähigkeit eine Fortsetzungsbescheinigung aus. Das Vorliegen einer Krankheit allein ist für die statistische Erhebung nicht hinreichend – entscheidend ist die Feststellung des Arztes, dass der Arbeitnehmer aufgrund des konkret vorliegenden Krankheitsbildes daran gehindert ist, seine Arbeitsleistung zu erbringen (§ 3 EFZG). Der arbeitsunfähig schreibende Arzt einerseits und der ausgeübte Beruf andererseits spielen daher für Menge und Art der AU-Fälle eine nicht unbedeutende Rolle.

Voraussetzung für die statistische Erfassung eines AU-Falles ist somit im Normalfall, dass eine AU-Bescheinigung vorliegt. Zu berücksichtigen sind jedoch auch Fälle von Arbeitsunfähigkeit, die der Krankenkasse auf andere Weise als über die AU-Bescheinigung bekannt werden – beispielsweise Meldungen von Krankenhäusern über eine stationäre Behandlung oder die Auszahlung von Krankengeld nach Ablauf der Entgeltfortzahlungszeit. Nicht berücksichtigt werden solche AU-Fälle, für die die Krankenkasse nicht Kostenträger ist, aber auch Fälle mit einem Arbeitsunfall oder einer Berufskrankheit, für die der Träger der Unfallversicherung das Heilverfahren nicht übernommen hat. Ebenfalls nicht erfasst werden Fälle, bei denen eine andere Stelle wie z. B. die Rentenversicherung ein Heilverfahren ohne Kostenbeteiligung der Krankenkasse durchführt. Die Entgeltfortzahlung durch den Arbeitgeber wird allerdings nicht als Fall mit anderem Kostenträger gewertet, sodass AU-Fälle sowohl den Zeitraum der Entgeltfortzahlung als auch den Zeitraum umfassen, in dem der betroffene Arbeitnehmer Krankengeld bezogen hat.

Ein Fehlen am Arbeitsplatz während der Mutterschutzfristen ist kein Arbeitsunfähigkeitsfall im Sinne der Statistik, da Mutterschaft keine Krankheit ist. AU-Zeiten, die aus Komplikationen während einer Schwangerschaft oder bei der Geburt entstehen, werden jedoch berücksichtigt, soweit sich dadurch die Freistellungsphase um den Geburtstermin herum verlängert.

Der als »arbeitsunfähig« erfassbare Personenkreis ist begrenzt: In der Statistik werden nur die AU-Fälle von Pflicht- und freiwilligen Mitgliedern mit einem Krankengeldanspruch berücksichtigt. Mitversicherte Familienangehörige und Rentner sind definitionsgemäß nicht versicherungspflichtig beschäftigt, sie können somit im Sinne des Krankenversicherungsrechts nicht arbeitsunfähig krank sein.

Da die statistische Erfassung der Arbeitsunfähigkeit primär auf die AU-Bescheinigung des behandelnden Arztes abgestellt ist, können insbesondere bei den Kurzzeitarbeitsunfähigkeiten Untererfassungen auftreten. Falls während der ersten drei Tage eines Fernbleibens von der Arbeitsstelle wegen Krankheit dem Arbeitgeber (aufgrund gesetzlicher oder tarifvertraglicher Regelungen) keine AU-Bescheinigung vorgelegt werden muss, erhält die Krankenkasse nur in Ausnahmefällen Kenntnis von der Arbeitsunfähigkeit. Andererseits bescheinigt der Arzt nur die voraussichtliche Dauer der Arbeitsunfähigkeit; tritt jedoch vorher Arbeitsfähigkeit ein, erhält die Krankenkasse auch in diesen Fällen nur selten eine Meldung, dass das Mitglied die Arbeit wieder aufgenommen hat. Gehen AU-Bescheinigungen bei den Krankenkassen nicht zeitgerecht ein, kann die statistische Auswertung und Meldung schon erfolgt sein; der betreffende Fall wird dann zwar bei der Berechnung des monatlichen Krankenstandes nicht berücksichtigt, fließt aber in die Ermittlung des Jahresdurchschnitts mit ein und wird in der Statistik KG2 – also der Totalauszählung der AU-Fälle und -Tage – berücksichtigt. Der Krankenstand wird in der Regel eine Woche nach dem Stichtag ermittelt.

Der AU-Fall wird zeitlich in gleicher Weise abgegrenzt wie der Versicherungsfall im rechtlichen Sinn. Demnach sind mehrere mit Arbeitsunfähigkeit verbundene Erkrankungen, die als ein Versicherungsfall gelten, auch als ein AU-Fall zu zählen. Der Fall wird abgeschlossen, wenn ein anderer Kostenträger (z. B. die Rentenversicherung) ein Heilverfahren durchführt; besteht anschließend weiter Arbeitsunfähigkeit, wird ein neuer Leistungsfall gezählt. Der AU-Fall wird statistisch in dem Jahr berücksichtigt, in dem er abge-

2 http://www.bmg.bund.de/fileadmin/dateien/Downloads/ Statistiken/GKV/Geschaeftsergebnisse/12_09_19_KG2_ 2011.pdf

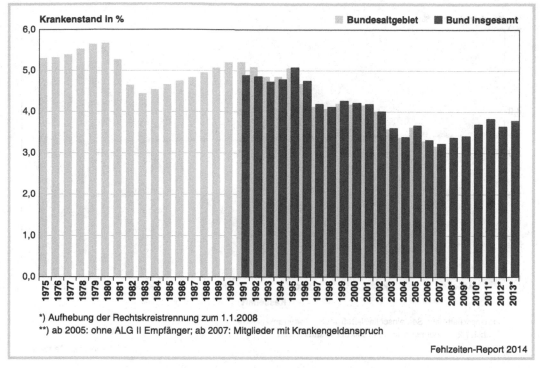

☐ Abb. 32.1 Entwicklung des Krankenstandes** (Jahresdurchschnitte)

schlossen wird, sodass diesem Jahr alle Tage des Falles zugeordnet werden, auch wenn sie kalendermäßig teilweise im Vorjahr lagen.

32.3 Entwicklung des Krankenstandes

Der Krankenstand hat sich gegenüber den 1970er und 1980er Jahren deutlich reduziert. Er befindet sich derzeit auf einem Niveau, das seit Einführung der Lohnfortzahlung für Arbeiter im Jahr 1970 noch nie unterschritten wurde. Zeiten vor 1970 sind nur bedingt vergleichbar, da durch eine andere Rechtsgrundlage bezüglich der Lohnfortzahlung (z. B. Karenztage) und des Bezugs von Krankengeld auch andere Meldewege und Erfassungsmethoden angewandt wurden. Da der Krankenstand in Form der Stichtagsbetrachtung erhoben wird, kann er nur bedingt ein zutreffendes Ergebnis zur absoluten Höhe der Ausfallzeiten wegen Krankheit liefern. Die zwölf Monatsstichtage betrachten nur jeden 30. Kalendertag, sodass z. B. eine Grippewelle möglicherweise nur deswegen nicht erfasst wird, weil ihr Höhepunkt zufällig in den Zeitraum zwischen zwei Stichtage fällt. Saisonale Schwankungen ergeben sich nicht nur aus den Jahreszeiten heraus. Es ist auch

zu berücksichtigen, dass Stichtage auf Sonn- und Feiertage fallen können, sodass eine beginnende Arbeitsunfähigkeit erst später, also zu Beginn des nächsten Arbeitstages festgestellt werden würde (☐ Abb. 32.1).

Die Krankenstände der einzelnen Kassenarten unterscheiden sich zum Teil erheblich. Die Ursachen dafür dürften in den unterschiedlichen Mitgliederkreisen bzw. deren Berufs- und Alters- sowie Geschlechtsstrukturen liegen. Ein anderes Berufsspektrum bei den Mitgliedern einer anderen Kassenart führt somit auch automatisch zu einem abweichenden Krankenstandsniveau bei gleichem individuellen, berufsbedingten Krankheitsgeschehen der Mitglieder (☐ Abb. 32.2). (Zu den unterschiedlichen Fehlzeitenniveaus der einzelnen Berufsgruppen und Branchen für die Mitglieder der AOKs vgl. Meyer et al. in diesem Band.)

Durch Fusionen bei den Krankenkassen reduziert sich auch die Zahl der Verbände. So haben sich zuletzt die Verbände der Arbeiterersatzkassen und der Angestellten-Krankenkassen zum Verband der Ersatzkassen e. V. (vdek) zusammengeschlossen. Fusionen finden auch über Kassenartengrenzen hinweg statt, wodurch sich das Berufsspektrum der Mitglieder verschiebt und sich hieraus auch der Krankenstand einer Kassenart verändert.

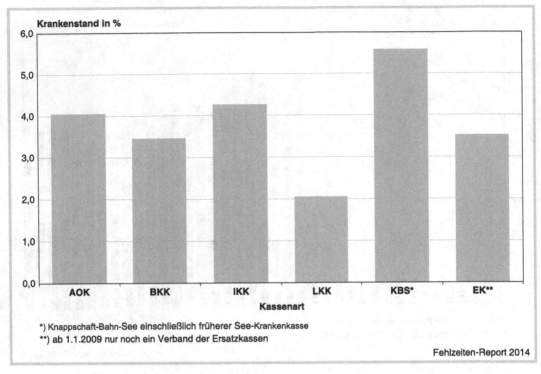

Krankenstand in %

*) Knappschaft-Bahn-See einschließlich früherer See-Krankenkasse
**) ab 1.1.2009 nur noch ein Verband der Ersatzkassen

Fehlzeiten-Report 2014

◨ **Abb. 32.2** Krankenstand nach Kassenarten 2013 (Jahresdurchschnitt)

32.4 Entwicklung der Arbeitsunfähigkeitsfälle

Durch die Totalauszählungen der Arbeitsunfähigkeitsfälle im Rahmen der GKV-Statistik KG2 werden die o. a. Mängel einer Stichtagserhebung vermieden. Allerdings kann eine Totalauszählung erst nach Abschluss des Beobachtungszeitraums, d. h. nach dem Jahresende vorgenommen werden. Die Meldewege und die Nachrangigkeit der statistischen Erhebung gegenüber dem Jahresrechnungsabschluss bringen es mit sich, dass der GKV-Spitzenverband die Ergebnisse der GKV-Statistik KG2 erst im August zu einem Bundesergebnis zusammenführen und dem Bundesministerium für Gesundheit übermitteln kann.

Ein Vergleich der Entwicklung von Krankenstand und Arbeitsunfähigkeitstagen je 100 Pflichtmitglieder zeigt, dass sich das Krankenstandsniveau und das Niveau der AU-Tage je 100 Pflichtmitglieder gleichgerichtet entwickeln, es jedoch eine leichte Unterzeichnung beim Krankenstand gegenüber den AU-Tagen gibt (◨ Abb. 32.3). Hieraus lässt sich schließen, dass der Krankenstand als Frühindikator für die Entwicklung des AU-Geschehens genutzt werden kann. Zeitreihen für das gesamte Bundesgebiet liegen erst für

den Zeitraum ab dem Jahr 1991 vor, da zu diesem Zeitpunkt auch in den neuen Bundesländern das Krankenversicherungsrecht aus den alten Bundesländern eingeführt wurde. Seit 1995 wird Berlin insgesamt den alten Bundesländern zugeordnet, zuvor gehörte der Ostteil Berlins zum Rechtskreis der neuen Bundesländer.

Der Vergleich der Entwicklung der Arbeitsunfähigkeitstage je 100 Pflichtmitglieder nach Kassenarten zeigt, dass es recht unterschiedliche Entwicklungen bei den einzelnen Kassenarten gegeben hat. Am deutlichsten wird der Rückgang des Krankenstandes bei den Betriebskrankenkassen, die durch die Wahlfreiheit zwischen den Kassen und die Öffnung der meisten Betriebskrankenkassen auch für betriebsfremde Personen einen Zugang an Mitgliedern mit einer günstigeren Risikostruktur zu verzeichnen hatten. Die günstigere Risikostruktur dürfte insbesondere damit zusammenhängen, dass mobile, wechselbereite und gut verdienende jüngere Personen Mitglieder wurden, aber auch daran, dass andere, weniger gesundheitlich gefährdete Berufsgruppen jetzt die Möglichkeit haben, sich bei Betriebskrankenkassen mit einem günstigen Beitragssatz zu versichern. Durch die Einführung des Gesundheitsfonds mit einem einheitlichen Beitrags-

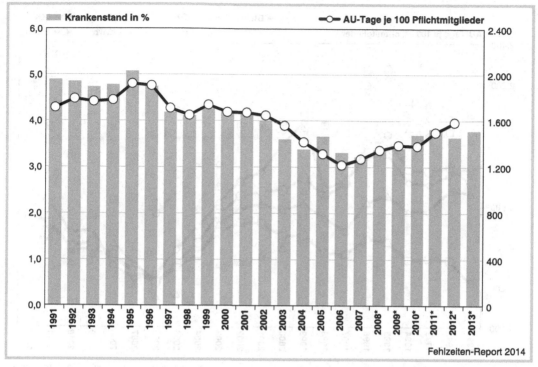

◘ Abb. 32.3 Entwicklung von Krankenstand und AU-Tagen je 100 Pflichtmitglieder, 1991 bis 2013

satz für die GKV ist der Anreiz zum Kassenwechsel reduziert worden. Kassen, die aufgrund ihrer wirtschaftlichen Situation gezwungen waren, einen Zusatzbeitrag zu erheben, hatten jedoch einen enormen Mitgliederschwund zu verzeichnen. Dies führte bei mehreren Kassen sogar zu einer Schließung.

Auch bei der IKK ging der Krankenstand zurück: Eine Innungskrankenkasse hatte aufgrund ihres günstigen Beitragssatzes in den Jahren von 2003 bis Ende 2008 einen Zuwachs von über 600.000 Mitgliedern zu verzeichnen, davon allein fast 511.000 Pflichtmitglieder mit einem Entgeltfortzahlungsanspruch von sechs Wochen. Diese Kasse wies im Zeitraum von 2004 bis 2008 stets einen jahresdurchschnittlichen Krankenstand von unter 2 Prozent aus. Da sie Ende 2008 in ihrer Kassenart über 17 Prozent der Pflichtmitglieder mit einem Entgeltfortzahlungsanspruch von sechs Wochen versicherte, reduzierte sich in diesem Zeitraum der Krankenstand der Innungskrankenkassen insgesamt deutlich. 2009 fusionierte diese Kasse in den Ersatzkassenbereich und der Krankenstand der Innungskrankenkasse nahm in der Folge wieder überproportional zu.

Am ungünstigsten verlief die Entwicklung bei den Angestellten-Ersatzkassen (EKAng), die jetzt nach der Fusion mit den Arbeiterersatzkassen den vdek bilden. Nach einer Zwischenphase mit höheren AU-Tagen je 100 Pflichtmitglieder in den Jahren 2001 und 2002 folgte bis 2006 eine Reduzierung der Zahl der AU-Tage bis 2006, dann aber wieder Anstieg bis 2012 auf über das Niveau von 2001 (◘ Abb. 32.4).

Insgesamt hat sich die Bandbreite der gemeldeten AU-Tage je 100 Pflichtmitglieder zwischen den verschiedenen Kassenarten deutlich reduziert. Im Jahr 1991 wiesen die Betriebskrankenkassen noch 2.381 AU-Tage je 100 Pflichtmitglieder aus, während die Angestelltenersatzkassen nur 1.283 AU-Tage je 100 Pflichtmitglieder meldeten – dies ist eine Differenz von fast 1.100 AU-Tage je 100 Pflichtmitglieder. Im Jahr 2012 hat sich diese Differenz zwischen der ungünstigsten und der günstigsten Kassenart auf rund 465 AU-Tage je 100 Pflichtmitglieder reduziert. Lässt man das Sondersysteme KBS (Knappschaft-Bahn-See) unberücksichtigt, so reduziert sich die Differenz im Jahr 2012 zwischen den Ersatzkassen mit 1.547,2 AU-Tagen je 100 Pflichtmitglieder und den Innungskrankenkassen mit 1.669,2 AU-Tagen je 100 Pflichtmitglieder auf gerade 122 AU-Tage je 100 Pflichtmitglieder und damit auf rund 11 Prozent des Wertes von 1991.

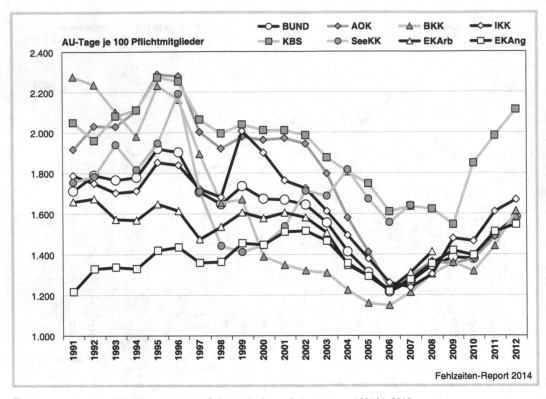

○ **Abb. 32.4** Arbeitsunfähigkeitstage je 100 Pflichtmitglieder nach Kassenarten, 1991 bis 2012

32.5   Dauer der Arbeitsunfähigkeit

In der Statistik KG8 wird auch die Dauer der einzelnen Arbeitsunfähigkeitsfälle erfasst. Damit lässt sich aufzeigen, wie viele Arbeitsunfähigkeitsfälle und -tage im Lohnfortzahlungszeitraum von den ersten sechs Wochen abgeschlossen werden. Das Ergebnis vom Jahr 2012 wird in ○ Tab. 32.1 dargestellt. 96,36 Prozent aller Arbeitsunfähigkeitsfälle werden innerhalb von sechs Wochen abgeschlossen, kommen also nicht in den Zeitraum, für den die Krankenkassen Krankengeld zahlen. Wie schwer das Gewicht der Langzeitfälle jedoch ist, wird jedoch dadurch deutlich, dass die Arbeitsunfähigkeitsfälle mit einer Dauer von sechs Wochen und weniger nur 58,89 Prozent der Arbeitsunfähigkeitstage insgesamt bilden.

32.6   Altersabhängigkeit der Arbeitsunfähigkeit

Die Dauer der einzelnen Arbeitsunfähigkeitsfälle nach Altersgruppen wird ebenfalls erfasst. Damit lässt sich aufzeigen, wie viele Arbeitsunfähigkeitstage jede Altersgruppe jahresdurchschnittlich in Anspruch nimmt. Das Ergebnis wird in ○ Tab. 32.2 dargestellt. Die wenigsten Arbeitsunfähigkeitstage je 10 Tsd. Pflichtmitglieder hat die Altersgruppe der 25- bis unter 30-Jährigen, nämlich rund 81 Tsd. AU-Tage im Jahr 2012. Die höchsten Werte sind bei der Altersgruppe 55 bis unter 65 Jahre zu beobachten, nämlich knapp über 200 Tsd. AU-Tage im Jahr 2012.

◨ **Tab. 32.1** Arbeitsunfähigkeitsfälle und -tage der Pflichtmitglieder (ohne Rentner) nach Falldauer, 2012

Dauer der Arbeits-unfähigkeit in Tagen	Fälle		Tage		
	absolut	in v.H.	absolut	in v.H.	
1 bis 7	23.251.373	67,63 %	78.821.224	19,88 %	
8 bis 14	5.880.148	17,10 %	60.768.650	15,32 %	
15 bis 21	2.030.122	5,90 %	35.324.923	8,91 %	
22 bis 28	977.323	2,84 %	23.992.587	6,05 %	
29 bis 35	575.499	1,67 %	18.190.351	4,59 %	
36 bis 42	420.284	1,22 %	16.416.064	4,14 %	
1 bis 42	33.134.749	96,36 %	233.513.799	58,89 %	Ende Lohnfortzahlung
43 bis 49	205.040	0,60 %	9.335.849	2,35 %	
50 bis 56	126.949	0,37 %	6.722.114	1,70 %	
57 bis 63	103.590	0,30 %	6.206.092	1,57 %	
64 bis 70	78.622	0,23 %	5.268.551	1,33 %	
71 bis 77	66.494	0,19 %	4.918.471	1,24 %	
78 bis 84	55.106	0,16 %	4.465.544	1,13 %	
1 bis 84	33.770.550	98,21 %	270.430.420	68,21 %	12 Wochen
85 bis 91	49.943	0,15 %	4.398.162	1,11 %	
92 bis 98	41.889	0,12 %	3.978.899	1,00 %	
99 bis 105	36.909	0,11 %	3.766.630	0,95 %	
106 bis 112	32.292	0,09 %	3.520.747	0,89 %	
113 bis 119	28.991	0,08 %	3.364.352	0,85 %	
120 bis 126	27.047	0,08 %	3.325.995	0,84 %	
1 bis 126	33.987.621	98,84 %	292.785.205	73,85 %	18 Wochen
127 bis 133	23.601	0,07 %	3.069.159	0,77 %	
134 bis 140	21.532	0,06 %	2.949.861	0,74 %	
141 bis 147	19.311	0,06 %	2.781.320	0,70 %	
148 bis 154	18.320	0,05 %	2.767.820	0,70 %	
155 bis 161	15.987	0,05 %	2.526.209	0,64 %	
162 bis 168	15.190	0,04 %	2.506.919	0,63 %	
1 bis 168	34.101.562	99,17 %	309.386.493	78,03 %	24 Wochen
1 bis 210	34.173.683	99,38 %	322.960.807	81,46 %	30 Wochen
1 bis 252	34.221.886	99,51 %	334.055.971	84,24 %	36 Wochen
1 bis 294	34.256.405	99,62 %	343.463.891	86,61 %	42 Wochen
1 bis 336	34.283.288	99,68 %	351.924.078	88,75 %	48 Wochen
1 bis 364	34.297.798	99,72 %	357.006.491	90,04 %	52 Wochen (1 Jahr)
Insgesamt	**34.380.329**	**100,00 %**	**396.552.638**	**100,00 %**	78 Wochen

Fehlzeiten-Report 2014

◻ Tab. 32.2 Arbeitsunfähigkeitsfälle und -tage nach Altersgruppen je 10.000 Pflichtmitglieder (ohne Rentner), 2012

Kassen-art	Altersgruppe	Frauen			Männer			Zusammen		
		Fälle	Tage	Tage je Fall	Fälle	Tage	Tage je Fall	Fälle	Tage	Tage je Fall
		je 10.000 Pflichtmitgl. o. R. der Altersgruppe			je 10.000 Pflichtmitgl. o. R. der Altersgruppe			je 10.000 Pflichtmitgl. o. R. der Altersgruppe		
AOK	bis unter 15	567,38	3.049,65	5,38	189,75	759,01	4,00	346,11	1.990,11	5,75
	15 bis unter 20	37.929,06	180.596,03	4,76	33.742,70	165.505,96	4,90	35.499,14	171.837,21	4,84
	20 bis unter 25	19.393,40	122.018,92	6,29	19.102,34	121.719,04	6,37	19.238,98	121.859,82	6,33
	25 bis unter 30	12.010,05	96.426,61	8,03	12.466,68	95.959,47	7,70	12.254,59	96.176,44	7,85
	30 bis unter 35	11.390,67	106.221,53	9,33	12.140,92	106.214,04	8,75	11.808,10	106.217,36	9,00
	35 bis unter 40	11.863,67	126.239,41	10,64	12.256,50	124.612,38	10,17	12.087,24	125.313,42	10,37
	40 bis unter 45	12.504,49	154.109,84	12,32	11.959,18	141.091,73	11,80	12.197,35	146.777,39	12,03
	45 bis unter 50	12.621,47	173.614,97	13,76	11.632,88	155.961,49	13,41	12.067,40	163.720,77	13,57
	50 bis unter 55	12.824,49	197.155,58	15,37	11.644,71	178.162,42	15,30	12.169,20	186.606,22	15,33
	55 bis unter 60	12.907,48	222.806,92	17,26	12.342,35	218.821,44	17,73	12.593,23	220.590,75	17,52
	60 bis unter 65	9.295,12	196.339,72	21,12	10.237,40	234.885,72	22,94	9.856,42	219.301,13	22,25
	65 bis unter 70	1.549,48	58.820,91	37,96	1.674,90	64.032,72	38,23	1.629,99	62.166,30	38,14
	70 bis unter 75	500,53	5.181,53	10,35	597,57	6.884,20	11,52	569,57	6.392,90	11,22
	75 bis unter 80	783,86	9.274,35	11,83	741,75	8.569,20	11,55	755,84	8.805,19	11,65
	80 und älter	992,37	10.159,03	10,24	1.044,36	11.504,77	11,02	1.019,98	10.873,84	10,66
	Zusammen	**13.359,63**	**153.322,08**	**11,48**	**12.969,17**	**149.515,83**	**11,53**	**13.141,95**	**151.200,07**	**11,51**
BKK	bis unter 15				135,14	1.711,71	12,67	68,34	865,60	12,67
	15 bis unter 20	25.485,00	111.181,05	4,36	21.403,05	95.830,22	4,48	22.966,38	101.709,35	4,43
	20 bis unter 25	14.283,68	78.660,62	5,51	12.741,97	73.492,08	5,77	13.448,31	75.860,05	5,64
	25 bis unter 30	9.578,15	63.668,10	6,65	8.175,62	55.630,44	6,80	8.853,76	59.516,76	6,72
	30 bis unter 35	9.732,77	71.838,05	7,38	9.032,36	66.585,75	7,37	9.386,39	69.240,55	7,38
	35 bis unter 40	9.771,32	76.588,89	7,84	10.023,37	81.825,79	8,16	9.897,65	79.213,53	8,00
	40 bis unter 45	10.190,53	87.031,04	8,54	10.411,92	93.271,78	8,96	10.303,56	90.217,19	8,76
	45 bis unter 50	10.631,04	98.535,56	9,27	10.568,33	103.818,23	9,82	10.598,86	101.246,17	9,55
	50 bis unter 55	11.352,09	114.574,09	10,09	11.226,53	119.065,65	10,61	11.287,29	116.892,05	10,36
	55 bis unter 60	11.986,36	130.544,34	10,89	11.986,96	137.503,34	11,47	11.986,68	134.286,51	11,20
	60 bis unter 65	9.145,68	110.637,54	12,10	8.453,75	109.700,04	12,98	8.729,99	110.074,32	12,61
	65 bis unter 70	4.421,88	61.516,12	13,91	4.240,38	60.704,33	14,32	4.309,89	61.015,21	14,16
	70 bis unter 75	1.284,21	13.736,84	10,70	826,12	9.260,38	11,21	959,53	10.564,07	11,01
	75 bis unter 80	644,17	8.803,68	13,67	677,47	10.382,92	15,33	666,67	9.870,65	14,81
	80 und älter	88,89	711,11	8,00	119,76	1.017,96	8,50	102,04	841,84	8,25
	Zusammen	**10.874,47**	**90.308,23**	**8,30**	**10.521,29**	**92.075,95**	**8,75**	**10.690,46**	**91.229,25**	**8,53**
IKK	bis unter 15									
	15 bis unter 20	27.706,32	128.232,91	4,63	23.743,14	112.579,85	4,74	25.169,13	118.211,95	4,70
	20 bis unter 25	16.050,21	94.672,84	5,90	15.275,75	93.695,15	6,13	15.614,76	94.123,12	6,03
	25 bis unter 30	10.784,94	76.789,89	7,12	10.428,83	74.366,54	7,13	10.592,37	75.479,42	7,13
	30 bis unter 35	10.293,34	80.866,73	7,86	10.338,92	80.401,21	7,78	10.320,17	80.592,66	7,81
	35 bis unter 40	10.407,73	87.226,99	8,38	10.303,73	86.552,89	8,40	10.343,89	86.813,20	8,39
	40 bis unter 45	10.328,14	94.401,20	9,14	9.924,85	92.036,88	9,27	10.086,61	92.985,24	9,22
	45 bis unter 50	10.555,96	105.800,13	10,02	9.579,29	96.470,45	10,07	9.991,68	100.409,80	10,05
	50 bis unter 55	10.989,81	117.090,60	10,65	9.702,80	106.047,34	10,93	10.255,35	110.788,51	10,80
	55 bis unter 60	11.000,90	125.135,98	11,38	10.044,24	119.031,20	11,85	10.457,60	121.668,99	11,63
	60 bis unter 65	8.746,95	114.649,21	13,11	9.382,84	129.431,78	13,79	9.135,69	123.686,15	13,54
	65 bis unter 70	4.228,56	58.313,28	13,79	4.400,06	69.608,08	15,82	4.337,35	65.478,10	15,10
	70 bis unter 75	1.835,65	23.735,33	12,93	1.444,30	18.546,90	12,84	1.558,60	20.062,34	12,87
	75 bis unter 80	1.002,64	17.546,17	17,50	837,87	13.177,37	15,73	885,98	14.453,00	16,31
	80 und älter	310,56	4.658,39	15,00	505,05	6.262,63	12,40	436,68	5.698,69	13,05
	Zusammen	**11.245,36**	**97.707,64**	**8,69**	**10.667,67**	**94.365,21**	**8,85**	**10.909,38**	**95.763,68**	**8,78**

□ Tab. 32.2 (Fortsetzung)

Kassen-art	Altersgruppe	Frauen			Männer			Zusammen		
		Fälle	Tage	Tage je Fall	Fälle	Tage	Tage je Fall	Fälle	Tage	Tage je Fall
		je 10.000 Pflichtmitgl. o. R. der Altersgruppe			je 10.000 Pflichtmitgl. o. R. der Altersgruppe			je 10.000 Pflichtmitgl. o. R. der Altersgruppe		
LKK	bis unter 15									
	15 bis unter 20	5.760,87	67.934,78	11,79	2.238,01	17.726,47	7,92	2.732,82	24.778,63	9,07
	20 bis unter 25	1.537,47	19.948,32	12,97	1.110,86	19.865,97	17,88	1.174,65	19.878,28	16,92
	25 bis unter 30	1.090,01	15.317,92	14,05	793,88	12.102,23	15,24	860,06	12.809,20	14,89
	30 bis unter 35	1.766,22	27.707,13	15,69	778,64	9.152,56	11,75	923,09	11.850,85	12,84
	35 bis unter 40	1.534,19	20.233,46	13,19	751,35	8.194,32	10,91	857,36	9.824,61	11,46
	40 bis unter 45	1.121,50	19.636,18	17,51	713,65	6.766,35	9,48	768,88	8.509,24	11,07
	45 bis unter 50	1.325,57	24.578,79	18,54	925,75	8.963,56	9,68	976,40	10.941,56	11,21
	50 bis unter 55	1.698,11	25.369,50	14,94	1.194,48	10.582,26	8,86	1.252,97	12.299,59	9,82
	55 bis unter 60	1.555,21	32.618,97	20,97	1.588,92	14.706,04	9,26	1.585,21	16.675,67	10,52
	60 bis unter 65	1.939,76	37.952,67	19,57	2.009,88	19.219,56	9,56	2.002,71	21.134,20	10,55
	65 bis unter 70	2.095,24	34.349,21	16,39	2.430,88	24.866,01	10,23	2.402,48	26.035,26	10,84
	70 bis unter 75	2.672,81	29.400,92	11,00	3.525,64	36.725,43	10,42	3.369,47	35.455,33	10,52
	75 bis unter 80	3.629,03	37.137,10	10,23	4.448,44	43.609,11	9,80	4.260,63	42.125,69	9,89
	80 und älter	4.455,96	43.523,32	9,77	5.781,64	53.250,62	9,21	5.385,91	50.939,60	9,46
	Zusammen	**1.595,68**	**26.292,74**	**16,48**	**1.289,94**	**12.832,78**	**9,95**	**1.329,36**	**14.567,97**	**10,96**
KBS	bis unter 15									
	15 bis unter 20	29.622,39	158.401,89	5,35	26.136,03	136.688,92	5,23	27.468,75	144.989,04	5,28
	20 bis unter 25	18.201,15	127.003,40	6,98	17.240,39	127.378,35	7,39	17.689,60	127.203,04	7,19
	25 bis unter 30	11.461,95	108.900,82	9,50	10.241,28	102.763,18	10,03	10.800,18	105.573,39	9,78
	30 bis unter 35	11.647,87	132.517,21	11,38	10.444,71	116.454,86	11,15	10.970,36	123.472,32	11,26
	35 bis unter 40	11.869,44	154.833,77	13,04	11.193,40	158.601,22	14,17	11.480,43	157.001,66	13,68
	40 bis unter 45	11.858,34	194.327,68	16,39	10.838,55	181.684,70	16,76	11.248,79	186.770,72	16,60
	45 bis unter 50	11.979,97	208.376,86	17,39	10.459,64	206.783,18	19,77	11.040,86	207.392,44	18,78
	50 bis unter 55	12.703,91	253.520,88	19,96	11.313,45	247.812,92	21,90	11.881,36	250.144,26	21,05
	55 bis unter 60	13.360,64	292.311,22	21,88	12.094,31	292.514,09	24,19	12.617,53	292.430,27	23,18
	60 bis unter 65	10.601,81	316.737,10	29,88	10.710,91	359.254,68	33,54	10.670,24	343.403,44	32,18
	65 bis unter 70	5.676,25	245.953,14	43,33	5.762,28	232.801,34	40,40	5.737,95	236.521,08	41,22
	70 bis unter 75	2.780,27	42.914,80	15,44	2.411,63	37.580,52	15,58	2.466,58	38.375,67	15,56
	75 bis unter 80	761,90	21.142,86	27,75	2.020,55	33.458,90	16,56	1.687,66	30.201,51	17,90
	80 und älter	,00	,00	,00	1.000,00	6.571,43	6,57	775,86	11.034,48	14,22
	Zusammen	**12.948,65**	**199.972,88**	**15,44**	**11.662,29**	**204.394,52**	**17,53**	**12.194,81**	**202.564,08**	**16,61**
vdek	bis unter 15				98,04	1.274,51	13,00	51,37	667,81	13,00
	15 bis unter 20	29.917,56	152.099,77	5,08	24.824,39	134.975,23	5,44	26.883,71	141.899,19	5,28
	20 bis unter 25	14.506,53	101.726,02	7,01	12.536,79	94.718,74	7,56	13.512,26	98.188,92	7,27
	25 bis unter 30	9.565,72	86.024,30	8,99	7.307,70	69.413,77	9,50	8.470,91	77.970,60	9,20
	30 bis unter 35	10.107,16	104.479,48	10,34	8.190,11	84.655,39	10,34	9.198,25	95.080,52	10,34
	35 bis unter 40	10.423,22	124.149,73	11,91	9.180,71	106.716,83	11,62	9.886,20	116.615,07	11,80
	40 bis unter 45	10.793,81	144.508,11	13,39	9.694,64	129.158,47	13,32	10.354,92	138.379,08	13,36
	45 bis unter 50	11.013,44	165.242,71	15,00	9.797,99	147.211,45	15,02	10.554,72	158.437,70	15,01
	50 bis unter 55	11.690,46	196.298,32	16,79	10.326,25	176.887,49	17,13	11.180,79	189.046,51	16,91
	55 bis unter 60	12.235,27	228.474,24	18,67	10.977,11	218.410,96	19,90	11.757,56	224.653,34	19,11
	60 bis unter 65	9.293,13	214.172,59	23,05	8.725,50	219.309,27	25,13	9.040,83	216.455,74	23,94
	65 bis unter 70	3.850,26	108.721,65	28,24	3.461,04	102.381,65	29,58	3.649,76	105.454,89	28,89
	70 bis unter 75	1.662,48	23.225,85	13,97	1.344,99	20.489,94	15,23	1.465,08	21.524,73	14,69
	75 bis unter 80	1.041,58	17.807,64	17,10	1.176,77	22.916,77	19,47	1.126,14	21.003,46	18,65
	80 und älter	452,11	5.969,35	13,20	868,66	16.851,98	19,40	670,55	11.676,38	17,41
	Zusammen	**11.172,50**	**152.025,06**	**13,61**	**9.734,13**	**130.121,80**	**13,37**	**10.554,41**	**142.612,94**	**13,51**

◻ **Tab. 32.2** (Fortsetzung)

Kassen-art	Altersgruppe	Frauen			Männer			Zusammen		
		Fälle	Tage	Tage je Fall	Fälle	Tage	Tage je Fall	Fälle	Tage	Tage je Fall
		je 10.000 Pflichtmitgl. o. R. der Altersgruppe			je 10.000 Pflichtmitgl. o. R. der Altersgruppe			je 10.000 Pflichtmitgl. o. R. der Altersgruppe		
GKV insg.	bis unter 15	172,79	928,73	5,38	138,32	968,27	7,00	162,41	1.113,69	6,86
	15 bis unter 20	32.483,04	155.717,99	4,79	27.710,15	137.836,34	4,97	29.630,17	145.029,68	4,89
	20 bis unter 25	16.551,85	105.612,63	6,38	15.464,57	101.888,40	6,59	15.978,22	103.647,80	6,49
	25 bis unter 30	10.497,43	85.069,45	8,10	9.628,60	77.315,16	8,03	10.050,24	81.078,26	8,07
	30 bis unter 35	10.432,01	96.699,81	9,27	9.926,91	88.236,49	8,89	10.170,13	92.311,80	9,08
	35 bis unter 40	10.699,00	112.050,00	10,47	10.539,93	105.471,57	10,01	10.617,38	108.674,66	10,24
	40 bis unter 45	11.135,69	132.636,00	11,91	10.635,22	121.645,50	11,44	10.884,72	127.124,68	11,68
	45 bis unter 50	11.374,05	151.805,02	13,35	10.521,89	136.227,43	12,95	10.955,97	144.162,52	13,16
	50 bis unter 55	11.929,90	178.301,46	14,95	10.832,92	158.883,83	14,67	11.394,63	168.826,65	14,82
	55 bis unter 60	12.322,87	206.386,77	16,75	11.477,75	193.814,46	16,89	11.906,88	200.198,37	16,81
	60 bis unter 65	9.239,59	191.011,80	20,67	9.234,66	200.374,68	21,70	9.236,90	196.111,95	21,23
	65 bis unter 70	3.146,89	85.759,72	27,25	2.871,61	79.722,50	27,76	2.982,37	82.151,02	27,55
	70 bis unter 75	1.266,42	16.490,70	13,02	1.166,14	15.457,23	13,25	1.197,70	15.782,47	13,18
	75 bis unter 80	1.008,98	14.502,99	14,37	1.184,88	16.943,50	14,30	1.125,56	16.120,52	14,32
	80 und älter	890,92	9.820,10	11,02	1.366,37	16.523,94	12,09	1.148,98	13.458,68	11,71
	Zusammen	**11.818,82**	**137.984,72**	**11,67**	**11.142,59**	**126.921,85**	**11,39**	**11.474,18**	**132.346,51**	**11,53**

Fehlzeiten-Report 2014

Auch wird in der Tabelle dargestellt, dass die Falldauer sukzessiv mit dem Alter zunimmt. Den geringsten Wert weist hier die Altersgruppe 15 bis unter 20 aus (4,89 Tage je Fall). Die Altersgruppe 60 bis unter 65 Jahre kommt hier auf 21,23 Tage je Fall, also mehr als den vierfachen Wert. Die beiden jüngsten Altersgruppen verursachen trotz der geringen Dauer der AU-Fälle mehr AU-Tage je Pflichtmitglied als die Altersgruppe der 25- bis unter 30-Jährigen. Dies hängt damit zusammen, dass die unter 25-Jährigen zwar nicht so lange krank sind, dafür aber wesentlich häufiger.

Mit den Daten zur Altersabhängigkeit der Arbeitsunfähigkeit lässt sich modellhaft überprüfen, ob der kontinuierliche Anstieg des Krankenstandes seit dem Jahr 2007 seine Ursache in der demografischen Entwicklung hat. Durch die demografische Entwicklung einerseits und die Anhebung des Renteneintrittsalters andererseits wird die Altersgruppe 60 bis unter 65 in Zukunft vermehrt erwerbstätig sein, sodass zu befürchten ist, dass allein schon wegen der altersspezifischen Häufigkeit der Arbeitsunfähigkeitstage in dieser Gruppe der Krankenstand steigen wird.

32.7 Arbeitsunfähigkeit nach Krankheitsarten

Abschließend soll noch ein Blick auf die Verteilung der Arbeitsunfähigkeitsfälle nach Krankheitsarten geworfen werden. Die Rasterung erfolgt zwar nur grob nach Krankheitsartengruppen, aber auch hier wird deutlich, dass die Psychischen und Verhaltensstörungen durch ihre lange Dauer von mehr als 32 Tagen je Fall ein Arbeitsunfähigkeitsvolumen von mehr als 20 Tsd. Arbeitsunfähigkeitstagen bilden. Sie liegen damit zwar noch deutlich hinter den Krankheiten des Muskel-Skelett-Systems und des Bindegewebes mit fast 35 Tsd. Tagen, aber schon vor den Krankheiten des Atmungssystems mit knapp unter 20 Tsd. Tagen. Die Zahlen sind der ◻ Tab. 32.3 zu entnehmen.

◘ Tab. 32.3 Arbeitsunfähigkeitsfälle und -tage der Pflichtmitglieder (ohne Rentner) nach Krankheitsartengruppen, 2012

Krankheitsartengruppe	Frauen			Männer			Zusammen		
	Fälle je 10.000 Pflichtmitgl. o. R. der Altersgruppe	Tage je 10.000 Pflichtmitgl. o. R. der Altersgruppe	Tage je Fall	Fälle je 10.000 Pflichtmitgl. o. R. der Altersgruppe	Tage je 10.000 Pflichtmitgl. o. R. der Altersgruppe	Tage je Fall	Fälle je 10.000 Pflichtmitgl. o. R. der Altersgruppe	Tage je 10.000 Pflichtmitgl. o. R. der Altersgruppe	Tage je Fall
I. Bestimmte infektiöse und parasitäre Krankheiten	1.122,54	6.115,86	5,45	1.137,31	6.049,64	5,32	1.130,07	6.082,11	5,38
II. Neubildungen	215,05	6.696,48	31,14	157,09	3.916,67	24,93	185,51	5.279,75	28,46
III. Krankheiten des Blutes und der blutbildenden Organe sowie bestimmte Störungen mit Beteiligung des Immunsystems	18,80	294,84	15,69	10,93	197,40	18,05	14,79	245,18	16,58
IV. Endokrine, Ernährungs- und Stoffwechselkrankheiten	73,99	1.191,40	16,10	65,70	1.100,03	16,74	69,76	1.144,83	16,41
V. Psychische und Verhaltensstörungen	797,42	26.606,10	33,37	485,44	14.704,52	30,29	638,42	20.540,44	32,17
VI. Krankheiten des Nervensystems	341,84	4.188,41	12,25	228,73	3.179,86	13,90	284,19	3.674,40	12,93
VII. Krankheiten des Auges und der Augenanhangsgebilde	130,92	943,07	7,20	133,62	1.013,78	7,59	132,30	979,11	7,40
VIII. Krankheiten des Ohres und des Warzenfortsatzes	151,88	1.340,49	8,83	128,77	1.100,30	8,54	140,10	1.218,08	8,69
IX. Krankheiten des Kreislaufsystems	343,78	4.957,74	14,42	395,06	7.573,76	19,17	369,92	6.291,00	17,01
X. Krankheiten des Atmungssystems	3.307,66	21.179,41	6,40	2.831,86	17.998,30	6,36	3.065,17	19.558,15	6,38
XI. Krankheiten des Verdauungssystems	1.310,55	7.413,71	5,66	1.351,60	8.441,31	6,25	1.331,47	7.937,43	5,96
XII. Krankheiten der Haut und der Unterhaut	152,29	1.620,91	10,64	197,99	2.425,46	12,25	175,58	2.030,95	11,57
XIII. Krankheiten des Muskel-Skelett-Systems und des Bindegewebes	1.751,17	32.112,06	18,34	2.315,20	37.538,34	16,21	2.038,63	34.877,58	17,11
XIV. Krankheiten des Urogenitalsystems	461,21	3.864,80	8,38	154,72	1.625,34	10,51	305,01	2.723,46	8,93
XV. Schwangerschaft, Geburt und Wochenbett	218,43	2.430,19	11,13	–	–	–	–	–	–
XVI. Bestimmte Zustände, die ihren Ursprung in der Perinatalperiode haben	1,07	12,14	11,34	0,32	3,04	9,51	0,69	7,50	10,91
XVII. Angeborene Fehlbildungen, Deformitäten und Chromosomenanomalien	16,92	322,43	19,06	14,04	234,50	16,70	15,45	277,62	17,97
XVIII. Symptome und abnorme klinische und Laborbefunde, die anderenorts nicht klassifiziert sind	827,54	6.917,94	8,36	634,97	5.249,63	8,27	729,40	6.067,68	8,32
XIX. Verletzungen, Vergiftungen und bestimmte andere Folgen äußerer Ursachen	575,76	9.776,74	16,98	899,24	14.569,98	16,20	740,62	12.219,63	16,50
Insgesamt (I. bis XIX. zus.) absolut	17.364.702	202.732.801	11,67	17.015.627	193.819.837	11,39	34.380.329	396.552.638	11,53

Fehlzeiten-Report 2014

Betriebliches Gesundheitsmanagement und krankheitsbedingte Fehlzeiten in der Bundesverwaltung

S. Hoffmeister

B. Badura et al. (Hrsg.) *Fehlzeiten-Report 2014*,
DOI 10.1007/978-3-662-43531-1_33, © Springer-Verlag Berlin Heidelberg 2014

Zusammenfassung *Auf der Grundlage eines Kabinettsbeschlusses erhebt das Bundesministerium des Innern seit 1997 die krankheitsbedingten Abwesenheitszeiten in der Bundesverwaltung. Der nachfolgende Beitrag fasst den im November 2013 veröffentlichten Gesundheitsförderungsbericht 2012 zusammen. Im Schwerpunkt befasst sich der Bericht mit dem Betrieblichen Eingliederungsmanagement (BEM) und gibt darüber hinaus einen Überblick der wesentlichen Entwicklungen im Betrieblichen Gesundheitsmanagement (BGM) der Bundesverwaltung. Darüber hinaus werden die krankheitsbedingten Abwesenheitszeiten in der Bundesverwaltung dargestellt und analysiert.*

33.1 Ausgangssituation – warum Betriebliches Gesundheitsmanagement?

Die demografischen Veränderungen in unserer Gesellschaft machen auch vor dem öffentlichen Dienst nicht halt. Einer stetigen Reduktion des Personalumfangs stehen Aufgabenzuwächse einerseits und eine Steigerung des Durchschnittsalters der Beschäftigten andererseits gegenüber. Vor diesem Hintergrund war in den vergangenen Jahren eine stetige Steigerung des Umfangs krankheitsbedingter Abwesenheitszeiten in der unmittelbaren Bundesverwaltung[1] zu beobachten. Auch im Jahr 2012 konnte eine Trendumkehr noch nicht erreicht werden. Der Umfang der krankheitsbedingten Abwesenheitszeiten stieg weiter – wenn auch vergleichsweise geringfügig – um 0,22 Tage auf durchschnittlich 19,22 Tage im Jahr an. Diese Entwicklung lässt sich, wie bereits im vergangenen Jahr, ausschließlich auf eine Zunahme bei Langzeiterkrankungen (Abwesenheitsdauer > 30 Tage) zurückführen. Hingegen nahm die Zahl der Krankheitstage, soweit sie durch eine kürzere Erkrankungsdauer bedingt waren, ab.

Diese Entwicklung zeigt zweierlei auf: Gerade Langzeiterkrankungen tragen in steigendem Umfang zu den Abwesenheitszeiten bei. Gleichzeitig sind nach medizinischer Erfahrung von Langzeiterkrankungen vor allem ältere Mitarbeiter betroffen. Der Anteil dieser an der Gesamtzahl der Beschäftigten nimmt weiter zu. Sie sind deshalb im Rahmen des BGM besonders in den Fokus zu nehmen. Es sind Maßnahmen erforderlich, die eine bessere und nachhaltige Integration gerade dieser erfahrenen und damit besonders wertvollen Mitarbeiter in das Erwerbsleben ermöglichen.

Hier setzt das BEM an: Nach einer längeren Erkrankung wird gemeinsam mit den betroffenen Mitarbeitern nach Ursachen der Arbeitsunfähigkeit gesucht und ihnen in einem strukturierten Verfahren geholfen, wieder am Arbeitsplatz Fuß zu fassen. Damit wird nicht nur den gesetzlichen Vorgaben (§ 81 SGB IX) genügt und ein Beitrag zur Erfüllung der Fürsorgepflicht des Dienstherrn geleistet, sondern es werden auch für die Aufgabenerfüllung wichtige Leistungsträger in den Behörden gehalten.

---

1 »Unmittelbare Bundesverwaltung« sind die obersten Bundesbehörden und deren Geschäftsbereiche, ohne Soldaten und ohne die mittelbare Bundesverwaltung (z. B. Bundesagentur für Arbeit und andere Körperschaften, Anstalten und Stiftungen des öffentlichen Rechts).

33.2 Betriebliches Eingliederungs-
management im Rahmen des
Betrieblichen Gesundheitsmanagements in der Bundesverwaltung

33.2.1 Grundlagen

Zur Erhaltung der Arbeits- und Leistungsfähigkeit der Verwaltung unter den Bedingungen des demografischen Wandels ist ein nachhaltiges und systematisches Gesundheitsmanagement erforderlich. Ausgangspunkt des BGM-Prozesses ist die Analyse der Ist-Situation, von der die dringendsten Handlungsfelder abgeleitet werden müssen.

Im Rahmen einer Analyse der krankheitsbedingten Abwesenheitszeiten konnte für die Jahre 2011 und 2012 festgestellt werden, dass die zu beobachtende Zunahme der krankheitsbedingten Abwesenheitszeiten ausschließlich auf einen weiteren Anstieg im Bereich von Langzeiterkrankungen zurückzuführen war. Hier stieg die Zahl der Abwesenheitstage um 0,3 Tage auf insgesamt 7,07 Tage. Der Umfang an Krankheitstagen aufgrund von Erkrankungen mittlerer Dauer (4 bis 30 Tage) ging hingegen zurück (-0,11 Tage; insgesamt 8,77 Tage). Krankheiten kurzer Dauer (bis zu 3 Tagen) führten – unverändert gegenüber 2011 – im Jahresdurchschnitt zu insgesamt 3,06 Tagen Abwesenheit. Gleichzeitig wurde festgestellt, dass mit zunehmendem Lebensalter der Beschäftigten zwar die Anzahl einzelner Krankheitsfälle zurückgeht, die Dauer der einzelnen Abwesenheitsphasen im Durchschnitt jedoch zunimmt. Folglich sind es gerade ältere Beschäftigte, die stärker von längeren Krankheitsphasen betroffen sind und daher auch besonderer Unterstützung bei der Wiedereingliederung in das Arbeitsleben bedürfen. Der Gesetzgeber hat den Arbeitgeber und Dienstherrn nach § 84 SGB IX zu dieser Unterstützungsleistung verpflichtet. Gleichzeitig stellt es aber auch ein Gebot der Fürsorge dar, Mitarbeiter bei dem Weg zurück ins Arbeitsleben und zur Sicherung ihrer Beschäftigungsfähigkeit nachhaltig zu unterstützen.

Das Erfordernis solcher Maßnahmen ist überdeutlich: Häufig sind es gerade ältere Mitarbeiter, denen als Wissens- und Leistungsträger eine zentrale Rolle für die Aufgabenerfüllung der Behörde zukommt. Überdies können aus einzelnen BEM-Verfahren gewonnene Erkenntnisse insgesamt zu einem gesünderen Arbeitsklima in der Behörde beitragen.

Die Teilnahme am BEM-Verfahren wird dem Beschäftigten dann angeboten, wenn er innerhalb eines Zeitraumes von einem Jahr mehr als sechs Wochen krankheitsbedingt abwesend war. Hierbei ist es unerheblich, ob diese Abwesenheitszeiten durch einen oder mehrere einzelne Krankheitsfälle hervorgerufen wurden.

33.2.2 Umsetzungsstand BEM in der Bundesverwaltung

Zur Umsetzung des BEM gibt es weder in der Bundesverwaltung noch in der privaten Wirtschaft ein verbindliches Konzept. Aus den gemachten Erfahrungen, der wissenschaftlichen Debatte sowie der Rechtsprechung des Bundesarbeitsgerichts haben sich jedoch tragende Strukturprinzipen herausgebildet, die das BEM in der Bundesverwaltung prägen. Diese sind Freiwilligkeit, Transparenz, Vertrauen und Offenheit. Nur unter Berücksichtigung dieser vier Faktoren kann ein BEM seine Wirkung entfalten. Im Mittelpunkt stehen dabei die gemeinsame Suche nach krankmachenden und gesundheitsförderlichen Faktoren im Arbeitsumfeld des Betroffenen und die Arbeit an der Gesamtsituation.

Das BEM greift Elemente auf, die bereits in tradierten Führungsinstrumenten – wie etwa dem Krankenrückkehrgespräch – enthalten sind. Im Unterschied jedoch zu diesen Instrumentarien, denen jedenfalls aus Sicht der Beschäftigten teilweise der Geruch von Kontrolle und Maßregelung anhaften kann, ist das BEM neutral verortet und dient ausschließlich der Sicherung und Erhaltung der Gesundheit und Beschäftigungsfähigkeit.

Im Rahmen der Erstellung des Gesundheitsförderungsberichts 2012 hat das Bundesministerium des Innern eine Umfrage unter den obersten Bundesbehörden zum Stand der Umsetzung des BEM durchgeführt. Dabei wurden nicht nur interessante Erkenntnisse zur Organisation des BEM-Verfahrens in den einzelnen Behörden gewonnen, sondern es konnten auch Beispiele guter Praxis herausgearbeitet werden, die den Behörden zur eigenständigen Umsetzung empfohlen wurden.

33.2.3 Wesentliche Anforderungen an ein erfolgreiches BEM

Jedes Ressort in der Bundesverwaltung gestaltet die Durchführung des BEM eigenverantwortlich. Entscheidend für die Effizienz der Umsetzung sind dabei nicht zuletzt klare Strukturen und Aufgabenzuordnungen.

Die Federführung ist in den Häusern unterschiedlich ausgestaltet. In etwa zwei Dritteln der obersten Bundesbehörden liegt die Federführung beim Personalreferat. In weiteren Behörden ist die Zuständigkeit dagegen in anderen Organisationseinheiten verortet, etwa dem Referat für Gesundheitsfragen und Fürsorge. In den zuständigen Organisationseinheiten wird regelmäßig ein BEM-Beauftragter ernannt, der die Fäden des Verfahrens in der Hand hält und als zentrale Ansprechstelle für alle Beteiligten dient. Durch die Einrichtung der Funktion eines BEM-Beauftragten wird die Federführung klar verortet, der Zuständige ist für die Beschäftigten sofort sichtbar und ansprechbar.

Wesentlicher Faktor ist das Vertrauen der Mitarbeiter in das BEM-Verfahren. Bei der Verortung von Zuständigkeiten ist daher zu beachten, dass BEM idealerweise personell und organisatorisch getrennt von der sonstigen Personalverwaltung durchgeführt wird. Dies erleichtert es den Mitarbeitern, im Rahmen des BEM-Verfahrens Vertrauen zu den Beteiligten zu fassen sowie konstruktiv und offen an der Lösungsfindung mitzuarbeiten. Es muss eindeutig erkennbar sein, dass BEM ausschließlich der Prävention und Unterstützung dient und nicht der Vorbereitung etwaiger arbeits- oder dienstrechtlicher Maßnahmen. Dies zu verdeutlichen ist Führungsaufgabe und muss klar kommuniziert werden. Hierfür bieten sich sämtliche Formen der innerbehördlichen Kommunikation an (z. B. Rundschreiben, Intranet, Mitarbeitergespräche u. ä.).

Sind erst die organisatorischen Grundvoraussetzungen geschaffen, ist durch das Personalreferat der für das BEM-Verfahren in Betracht kommende Personenkreis zu ermitteln. Hier bietet sich eine monatliche Auswertung des elektronischen Personalerfassungssystems an, wie es auch im Großteil der Behörden gelebte Praxis ist. Größere Zeitabstände bei der Auswertung sind insoweit nachteilig, als betroffene Mitarbeiter erst mit einiger Verzögerung von dem Unterstützungsangebot erreicht werden können.

Der so ermittelte Personenkreis ist dann über die Möglichkeit der Teilnahme am BEM-Verfahren zu informieren. Diese Information erfolgt in der Praxis des Großteils der Behörden durch ein Anschreiben, das aus Gründen der Vertraulichkeit regelmäßig an die Privatadresse des Betroffenen gesandt werden sollte. Einige Behörden setzen flankierend auf weitere Kommunikationsformen, so ein persönliches oder telefonisches Gespräch, in dem weitere Erläuterungen gegeben werden können. In der Praxis hat es sich gezeigt, dass die bloß schriftliche Ansprache zum Teil zu nur sehr geringen Rücklaufquoten führt. Die vorstehend erläuterten Grundpfeiler – insbesondere der Aspekt der Freiwilligkeit und der Ausrichtung des BEM als Unterstützungsangebot – können in einem Anschreiben nicht immer vollständig deutlich gemacht werden. Daher hat es sich bewährt, im Sinne der geforderten Transparenz auch persönlich oder telefonisch parallel zum Anschreiben auf den Betroffenen zuzugehen, offene Dialogbereitschaft zu kommunizieren und Vor-

behalte abzubauen. In der anzustrebenden Kombination wird dies bisher erst von etwa einem Drittel der Behörden umgesetzt. Ziel des Erstkontaktes muss die Möglichkeit für den Betroffenen sein, sich über den Zweck des BEM, den Umfang und den Prozess des Verfahrens – einschließlich wichtiger Aspekte des Datenschutzes und der Freiwilligkeit – umfassend zu informieren.

Sind dem Betroffenen die nötigen Informationen an die Hand gegeben worden, ist es an ihm, sich für die Einleitung des Verfahrens zu entscheiden und Kontakt zur BEM-Stelle aufzunehmen. Ohne die aktive Entscheidung des Betroffenen für die Teilnahme endet das BEM-Verfahren an dieser Stelle. Es wird lediglich in der Personalakte dokumentiert, dass ein Einleitungsschreiben erfolgt ist, da dieses aus sozialrechtlichen Gründen erforderlich ist. Ab dem Einleitungsschreiben beruht die weitere Fortführung des Verfahrens jedoch auf Freiwilligkeit.

Nun beginnt die eigentliche Wiedereingliederung des Betroffenen. Neben den vier bereits erwähnten Strukturprinzipen Freiwilligkeit, Transparenz, Vertrauen und Offenheit muss ein erfolgreiches BEM nicht nur das Gespräch mit dem betroffenen Mitarbeiter suchen, sondern auch alle zu beteiligenden Stellen, Ämter und Personen einbeziehen. Als Mittel zur Wiedereingliederung sind verschiedene Maßnahmen in der Arbeitsaufgabe oder flankierend hierzu denkbar. Infrage kommen z. B. Anpassung der Arbeitszeit in Umfang und Ausgestaltung, Umbau des Arbeitsplatzes mit technischen Arbeitshilfen, Versetzung in einen anderen Arbeitsbereich oder die Zuweisung einer anderen Arbeitsaufgabe. Darüber hinaus können weitere Unterstützungsangebote etwa im sozialen Bereich oder durch einen Familienservice gemacht werden. Im Rahmen der Suche nach einer nachhaltigen Lösung für den Erhalt der Arbeits- und Beschäftigungsfähigkeit des Betroffenen dürfen keine vernünftigerweise in Betracht zu ziehenden Anpassungs- und Änderungsmöglichkeiten außer Betracht bleiben. Diese Anpassungsmöglichkeiten können sich auf Arbeitsbedingungen, Arbeits- und Führungsumfeld wie auf Regelungen zur Arbeitszeit beziehen. Ziel aller eingebundenen Fachleute ist es, Reha- und Arbeitsplatzmaßnahmen zu erörtern, die eine Weiterbeschäftigung – auf dem bestehenden oder einem anderen Arbeitsplatz – möglich machen. Überdies ist es gleichfalls erforderlich, dass alle von den Teilnehmern eingebrachten Vorschläge sachlich erörtert und auf ihren Beitrag zur Zielerreichung geprüft werden. Hierzu können auch externe Partner wie Betriebsärzte, Unfallkassen und Rentenversicherungsträger herangezogen werden.

33.2.4 Fazit

Die Umsetzung des BEM in der Praxis der Bundesverwaltung zeigt, wie vielfältig die Herangehensweisen sind. Alle eint das Ziel, den Erhalt der Gesundheit und Arbeitsfähigkeit vor allem älterer Beschäftigter weiter in den Vordergrund zu rücken. Es ist an den Ressorts und Behörden, eine effiziente und zielführende Umsetzung des BEM zügig voranzutreiben und die bestehenden Prozesse zu evaluieren und zu verbessern.

Die Implementierung des BEM im Behördenalltag kann nur gelingen, wenn sowohl der Arbeitgeber/Dienstherr als auch die Interessenvertretungen nicht nur formal, sondern auch inhaltlich hinter Gesundheitsmanagement und BEM stehen. Die Beschäftigten müssen in einer gemeinsamen Anstrengung für das Mitmachen gewonnen werden. Die Transparenz des gewählten Vorgehens ist in jedem Fall eine wichtige vertrauensschaffende Maßnahme. Der gewählte Weg der Einführung und die Kommunikation des BEM entscheiden wesentlich mit über den Erfolg. Sie sind darüber hinaus ein wichtiges Mittel, um Widerstand und Vorbehalte zu überwinden.

BEM ist nicht in jedem Einzelfall ein Allheilmittel zur Überwindung oder Verringerung von Arbeitsunfähigkeits- und Krankheitszeiten. Unrealistischen Erwartungshaltungen und Hoffnungen sind daher vorzubeugen. Vieles ist möglich, aber nicht jede Erkrankung lässt sich auskurieren, nicht jede Belastung verringern, nicht jeder Arbeitsplatz behinderungsgerecht gestalten. Das BEM-Verfahren ist daher immer ergebnisoffen. Die Potenziale eines BEM in der Bundesverwaltung sind aber noch nicht voll ausgeschöpft. BEM als Instrument der betrieblichen Gesundheitspolitik muss noch mehr Akzeptanz auf beiden Seiten, beim Arbeitgeber bzw. Dienstherrn wie auch bei den Beschäftigten finden. Für beide Seiten stehen dabei zahlreiche Assistenzangebote zur Verfügung.

33.3 Überblick über die krankheitsbedingten Abwesenheitszeiten im Jahr 2012

33.3.1 Methodik der Datenerfassung

Die krankheitsbedingten Abwesenheitszeiten der Beschäftigten in der unmittelbaren Bundesverwaltung werden seit 1997 auf der Grundlage eines Kabinettbeschlusses vom Bundesministerium des Innern erhoben und im Gesundheitsförderungsbericht veröffentlicht. In der Abwesenheitszeitenstatistik der unmittelbaren Bundesverwaltung wird die Anzahl der Tage erfasst, an

denen Beschäftigte des Bundes (Beamte einschließlich Richter, Anwärter sowie Tarifbeschäftigte einschließlich Auszubildende mit Dienstsitz in Deutschland) im Laufe eines Jahres infolge von Krankheit, Unfall oder einer Rehabilitationsmaßnahme arbeitsunfähig waren. Soweit Krankheitstage auf Wochenenden oder Feiertage fallen, werden sie nicht berücksichtigt. Dasselbe gilt für Abwesenheiten durch Elternzeit, Fortbildungen oder Urlaub. Die Anzahl der einzelnen Krankheitsfälle wird nicht erhoben. Aussagen über Krankheitsursachen können nicht getroffen werden, weil die Diagnose auf der Arbeitsunfähigkeitsbescheinigung nur der Krankenkasse, nicht aber dem Arbeitgeber bzw. Dienstherrn zugänglich ist. Die Statistik des Gesundheitsförderungsberichts unterscheidet nach den Merkmalen Dauer der Erkrankung (Kurzzeiterkrankungen bis zu drei Arbeitstagen, längere Erkrankungen von vier bis zu 30 Tagen, Langzeiterkrankungen über 30 Tage und Rehabilitationsmaßnahmen), Laufbahn-, Status- und Behördengruppen sowie Geschlecht und Alter.

33.3.2 Allgemeine Abwesenheitszeitenentwicklung

Im Jahr 2012 wurden die krankheitsbedingten Abwesenheitszeiten von insgesamt 242.845 Beschäftigten der unmittelbaren Bundesverwaltung erfasst. Davon arbeiteten ca. 9,6 Prozent in den 22 obersten Bundesbehörden und 90,4 Prozent in den Geschäftsbereichsbehörden. Durchschnittlich fehlten die Beschäftigten an 19,25 Arbeitstagen. Dies bedeutet gegenüber 2011 einen Anstieg der krankheitsbedingten Abwesenheitstage um 0,22 Arbeitstage. ❏ Abb. 33.1 zeigt die Entwicklung der Abwesenheitstage je Beschäftigten in der unmittelbaren Bundesverwaltung von 1999 bis 2012. Die Zahl der krankheitsbedingten Abwesenheitstage betrug in diesem Zeitraum zwischen 16,93 und 19,25 Tage. Hingegen ging zwischen 1999 bis 2004 die Anzahl der krankheitsbedingten Abwesenheitstage kontinuierlich zurück. Nach einem leichten Anstieg im Jahr 2005 erreichte der Krankenstand 2006 seinen bisherigen Tiefstand. Seitdem steigt die Anzahl Abwesenheitstage je Beschäftigten jedoch wieder stetig an, so auch im Berichtszeitraum.

33.3.3 Dauer der Erkrankung

Ebenso wie im Vorjahreszeitraum lässt sich der Anstieg der Abwesenheitszeiten in der unmittelbaren Bundesverwaltung vor allem auf die Zunahme von Abwesen-

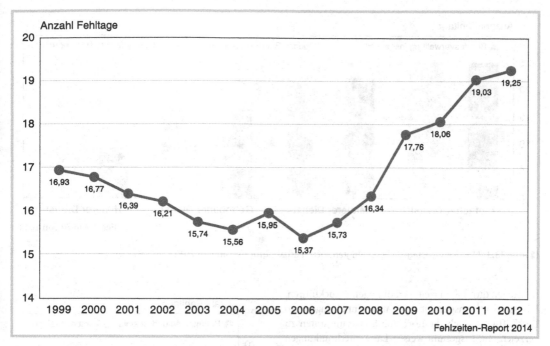

◘ Abb. 33.1 Entwicklung der krankheitsbedingten Abwesenheitstage je Beschäftigten in der unmittelbaren Bundesverwaltung von 1999 bis 2012

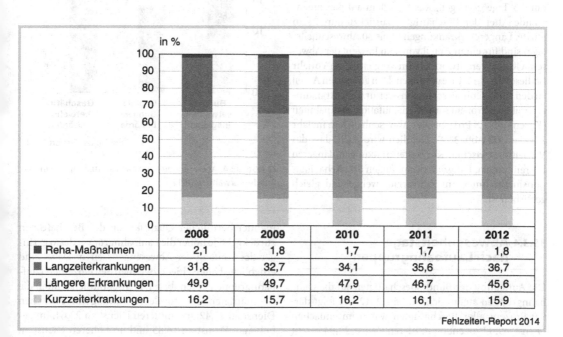

	2008	2009	2010	2011	2012
■ Reha-Maßnahmen	2,1	1,8	1,7	1,7	1,8
■ Langzeiterkrankungen	31,8	32,7	34,1	35,6	36,7
■ Längere Erkrankungen	49,9	49,7	47,9	46,7	45,6
■ Kurzzeiterkrankungen	16,2	15,7	16,2	16,1	15,9

Fehlzeiten-Report 2014

◘ Abb. 33.2 Entwicklung der Krankheitsdauer von 2008 bis 2012 in Prozent

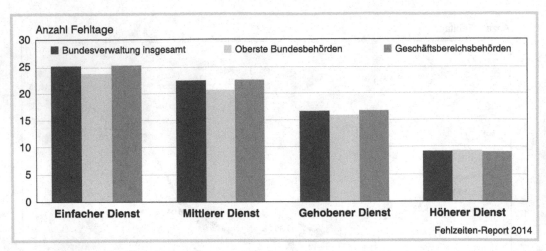

Abb. 33.3 Abwesenheitstage je Beschäftigten nach Laufbahngruppen im Jahr 2012

heitstagen durch Langzeiterkrankungen zurückführen. Hier sind mit insgesamt 7,07 Abwesenheitstagen pro Beschäftigten auch die höchsten Steigerungsraten zu verzeichnen. Insgesamt weisen Langzeiterkrankungen einen Anteil von 36,7 Prozent an den krankheitsbedingten Abwesenheitszeiten auf. Ihr Gesamtumfang ist um 0,3 Tage gestiegen, was vor allem auf das zunehmende Alter der Beschäftigten zurückzuführen sein dürfte. Längere Erkrankungen (4 bis 30 Abwesenheitstage) sind für einen Anteil von 45,6 Prozent der Abwesenheitstage verantwortlich. Im Vergleich zum Vorjahr ist dieser um 0,11 Tage gesunken. Den geringsten Anteil an den Abwesenheitszeiten weisen Kurzzeiterkrankungen mit 15,9 Prozent sowie Rehabilitationsmaßnahmen (Kuren) mit 1,8 Prozent aller Abwesenheitstage im Jahr 2012 auf (■ Abb. 33.2). Deutlich wird auch, dass das Verhältnis zwischen Kurzzeiterkrankungen, längeren Erkrankungen, Langzeiterkrankungen und Rehabilitationsmaßnahmen im Zeitverlauf weitgehend gleich geblieben ist.

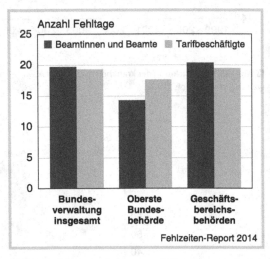

Abb. 33.4 Abwesenheitstage nach Statusgruppen in der Bundesverwaltung 2012

33.3.4 Abwesenheitstage nach Laufbahngruppen

Die Aufteilung der Bundesbeschäftigten auf die Laufbahngruppen stellte sich im Jahr 2012 wie folgt dar: 9,0 Prozent aller Beschäftigten waren im einfachen Dienst, 49,0 Prozent im mittleren Dienst, 25,9 Prozent im gehobenen Dienst und 10,8 Prozent im höheren Dienst tätig. Die Tarifbeschäftigten wurden hierzu den ihren Entgeltgruppen entsprechenden Laufbahngruppen zugeordnet. Dabei fällt auf, dass die Anzahl der krankheitsbedingten Abwesenheitstage mit zuneh-

mender beruflicher Qualifikation der Beschäftigten zurückgeht. Je höher die Laufbahngruppe, desto geringer der Umfang der Abwesenheitszeiten. Dabei sind erhebliche Unterschiede zwischen den einzelnen Laufbahngruppen erkennbar: Durchschnittlich fehlten die Beschäftigten der Bundesverwaltung im einfachen Dienst an 25,42, im mittleren Dienst an 22,64, im gehobenen Dienst an 16,83 und im höheren Dienst an 9,31 Arbeitstagen. Im einfachen Dienst des Bundes ist der Krankenstand damit 2,73-mal so hoch wie im höheren Dienst. Diese Entwicklung kann sowohl in den obersten Bundesbehörden als auch im nachgeordneten Bereich beobachtet werden (■ Abb. 33.3).

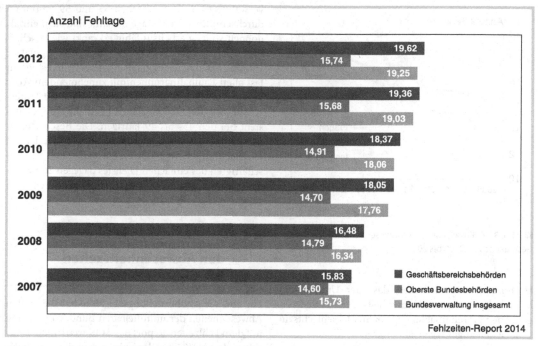

■ **Abb. 33.5** Abwesenheitstage je Beschäftigten nach Behördengruppen

33.3.5 Abwesenheitstage nach Statusgruppen

In der unmittelbaren Bundesverwaltung arbeiteten zum Stichtag 30.06.2012 insgesamt 120.784 Beamte, 109.266 Tarifbeschäftigte sowie 12.795 Auszubildende und Anwärter. Unter den Beamten der Bundesverwaltung macht der mittlere Dienst mit 47,2 Prozent den größten Anteil aus. Im einfachen Dienst sind 1,7 Prozent, im gehobenen Dienst 36,7 Prozent und im höheren Dienst 14,5 Prozent der Beamten tätig. Die Tarifbeschäftigten der Bundesverwaltung arbeiten ebenfalls zum größten Teil (56,8 Prozent) im mittleren Dienst. Im einfachen Dienst waren 18,1 Prozent, im gehobenen Dienst 17,0 Prozent und im höheren Dienst 8,1 Prozent der Tarifbeschäftigten tätig. Bezogen auf die Statusgruppen ergibt sich folgendes Bild: Die Abwesenheitstage der Beamten liegen mit 19,97 Tagen etwas höher als die der Tarifbeschäftigten mit 19,59 Tagen. Beamte und Tarifbeschäftigte in obersten Bundesbehörden weisen durchschnittlich etwas weniger Abwesenheitstage auf als in den Geschäftsbereichsbehörden. Anders als in Geschäftsbereichsbehörden, wo sich die Abwesenheitszeiten beider Statusgruppen ähnlich gestalten, sind in den obersten Bundesbehörden Tarifbeschäftigte im Durchschnitt 3,42 Tage länger krank als Beamte (■ Abb. 33.4).

33.3.6 Abwesenheitstage nach Behördengruppen

Die Zahl der durchschnittlichen Abwesenheitstage der Beschäftigten liegt in den Geschäftsbereichsbehörden regelmäßig höher als in obersten Bundesbehörden. Im Jahr 2012 hat die Differenz weiterzugenommen. Die Beschäftigten in den obersten Bundesbehörden sind durchschnittlich an 15,74 Tagen und in den Geschäftsbereichsbehörden an 19,62 Tagen arbeitsunfähig erkrankt (■ Abb. 33.5). Im Jahr 2012 waren die Beschäftigten in den Geschäftsbereichsbehörden damit 3,88 Tage länger krankgeschrieben als die Beschäftigten der obersten Bundesbehörden.

33.3.7 Abwesenheitstage nach Geschlecht

In der Bundesverwaltung waren im Berichtszeitraum 63 Prozent aller Beschäftigten Männer und 37 Prozent Frauen. Der Umfang der krankheitsbedingten Abwesenheitszeiten lag im Jahr 2012 bei den Frauen mit durchschnittlich 20,55 Abwesenheitstagen um 2,07 Tage höher als bei den Männern mit 18,48 Abwesenheitstagen. Im Schwerpunkt lag die Dauer der Abwesenheit überwiegend zwischen 4 und 30 Tagen.

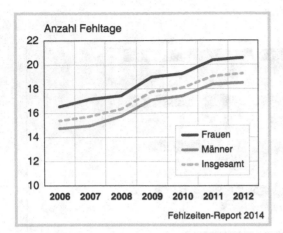

Anzahl Fehltage

— Frauen
— Männer
---- Insgesamt

2006 2007 2008 2009 2010 2011 2012

Fehlzeiten-Report 2014

◘ **Abb. 33.6** Entwicklung der Abwesenheitszeiten nach
Geschlecht von 2006 bis 2012

◘ Abb. 33.6 zeigt überdies, dass der Umfang der
krankheitsbedingten Abwesenheitszeiten in den vergangenen Jahren unabhängig von der Geschlechtszu-
gehörigkeit angestiegen ist.

33.3.8 Abwesenheitstage nach Alter

Der Altersdurchschnitt der Beschäftigten der Bundesverwaltung lag im Jahr 2012 bei 45,6 Jahren; bei den
Beamten bei 44,7 Jahren und bei den Tarifbeschäftigten bei 46,4 Jahren. Das Durchschnittsalter der Beschäftigten im Bundesdienst ist seit 1993 damit insgesamt um 3,48 Jahre angestiegen (◘ Abb. 33.7).
   Die Anzahl krankheitsbedingter Abwesenheitstage steigt auch bei den Beschäftigten der unmittelbaren Bundesverwaltung mit zunehmendem Alter an
(◘ Abb. 33.7). Der Anstieg verläuft bei Frauen und
Männern in etwa parallel. Ursächlich für diese Entwicklung ist, dass ältere Beschäftigte bei einer Erkrankung in der Regel länger ausfallen als ihre jüngeren
Kollegen. Dies hat zur Folge, dass der Krankenstand
auch bei Abnahme der Krankheitsfälle insgesamt mit
zunehmendem Alter der Beschäftigten ansteigt. Hinzu
kommt, dass ältere Beschäftigte häufiger von mehreren
Erkrankungen gleichzeitig betroffen sind. Erst in der
Altersgruppe der über 60-Jährigen kehrt sich dieser
Trend um (Healthy-Worker-Effekt): Gesundheitlich
stark beeinträchtigte ältere Beschäftigte scheiden über
Frühverrentung oder Ruhestand oftmals vorzeitig aus
dem Erwerbsleben aus. Zusätzlich sind teilweise besondere Altersgrenzen beim Eintritt in den Ruhestand,
z. B. bei der Bundespolizei, zu berücksichtigen. Im Jahr
2012 fehlten Beschäftigte der unmittelbaren Bundes-

verwaltung im Alter zwischen 55 und 59 Jahren an
durchschnittlich 24,85 Tagen. Damit sind sie mehr als
doppelt so lang arbeitsunfähig erkrankt wie Beschäftigte der Altersgruppe 25 bis 29 Jahre (11,72 Tage). Der
Umfang krankheitsbedingter Abwesenheiten steigt in
fast allen Laufbahngruppen mit zunehmendem Alter
kontinuierlich an (◘ Abb. 33.8). Der größte Unterschied zwischen den einzelnen Laufbahngruppen besteht bei den 45- bis 49-Jährigen. Die Beschäftigten
weisen in dieser Altersgruppe im höheren Dienst
durchschnittlich 9,81 Abwesenheitstage und die Beschäftigten des einfachen Dienstes dagegen 26,89 Abwesenheitstage auf. Dies bedeutet eine Differenz von
17,09 Tagen.

33.3.9 Gegenüberstellung mit
den Abwesenheitszeiten
der AOK-Statistik

Für eine Gegenüberstellung der krankheitsbedingten
Abwesenheiten der unmittelbaren Bundesverwaltung
mit dem Fehlzeiten-Report der AOK werden die Fehlzeiten der AOK im Allgemeinen und die des AOK-
Bereichs »Öffentliche Verwaltung« im Besonderen
herangezogen. Damit stehen die Abwesenheitszeiten
von über 11 Millionen erwerbstätigen AOK-Versicherten als Vergleichswerte zur Verfügung (Badura et al.
2013, S. 267 ff.). Die krankheitsbedingten Abwesenheitszeiten der unmittelbaren Bundesverwaltung wurden ansatzweise bereinigt und standardisiert. Die
unterschiedlichen Altersstrukturen der Bundesverwaltung und der Erwerbsbevölkerung insgesamt werden
dabei soweit möglich rechnerisch ausgeblendet (sog.
Altersstandardisierung). Die Parameter der Abwesen-
heitszeitenerhebung werden darüber hinaus teilweise
angeglichen (statistische Bereinigung). Außerdem
wurde berücksichtigt, dass die AOK die Abwesenheitszeiten aufgrund von Rehabilitationsmaßnahmen
(Kuren) nicht erfasst. Auch ein Teil der Kurzzeiterkrankungen ist im AOK-Fehlzeiten-Report nicht berücksichtigt. Von den 2012 durchschnittlich angefal-
lenen 19,25 Abwesenheitstagen der Beschäftigten der
unmittelbaren Bundesverwaltung werden im Rahmen
der statistischen Angleichung die Abwesenheitszeiten
aufgrund von Rehabilitationsmaßnahmen (0,35 Abwesenheitstage für 2012) und pauschal 50 Prozent
der Kurzzeiterkrankungen (1,53 Abwesenheitstage für
2012) abgezogen. Die so bereinigte Abwesenheitszeitenquote des Bundes beträgt 6,92 Prozent (17,37
Arbeitstage pro Beschäftigten). Nach Altersstandardisierung ergibt sich eine Abwesenheitszeitenquote für
den Bund in Höhe von 6,44 Prozent (16,17 Arbeits-

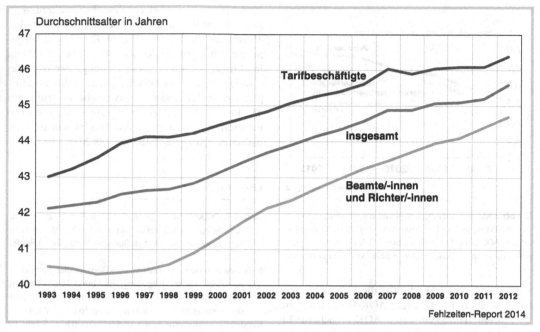

Fehlzeiten-Report 2014

☐ **Abb. 33.7** Durchschnittsalter der Beschäftigten des Bundes

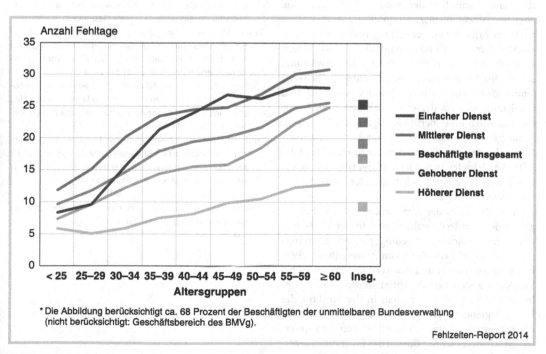

* Die Abbildung berücksichtigt ca. 68 Prozent der Beschäftigten der unmittelbaren Bundesverwaltung
(nicht berücksichtigt: Geschäftsbereich des BMVg).

Fehlzeiten-Report 2014

☐ **Abb. 33.8** Krankenstand in der Bundesverwaltung nach Laufbahngruppen im Altersverlauf 2012*
Die Abbildung berücksichtigt ca. 68 % der Beschäftigten der unmittelbaren Bundesverwaltung (nicht berücksichtigt:
Geschäftsbereich BMVg).

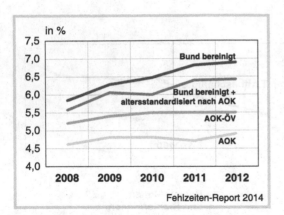

Abb. 33.9 Entwicklung der Abwesenheitszeitenquote der Beschäftigten der Bundesverwaltung und der erwerbstätigen AOK-Versicherten (inkl. Bereich der öffentlichen Verwaltung/Sozialversicherung) von 2008 bis 2012 in Prozent

tage). Demgegenüber lag in 2012 die Abwesenheitszeitenquote aller erwerbstätigen AOK-Versicherten bei 4,9 Prozent. Hingegen waren AOK-versicherte Erwerbstätige in der öffentlichen Verwaltung und Sozialversicherung mit 5,5 Prozent wiederum etwas häufiger abwesend. Damit liegt der Bund 0,94 Prozentpunkte über der Abwesenheitszeitenquote der AOK im Bereich der öffentlichen Verwaltung und 1,54 Prozentpunkte über dem Krankenstand aller erwerbstätigen AOK-Versicherten. ◘ Abb. 33.9 zeigt die Entwicklung der bereinigten und standardisierten Abwesenheitszeitenquote der unmittelbaren Bundesverwaltung und des Krankenstands der erwerbstätigen AOK-Versicherten. Auch unter Berücksichtigung der Unzulänglichkeit des Bereinigungs- und Standardisierungsverfahrens lässt sich feststellen, dass der Krankenstand der AOK-Versicherten in den letzten drei Jahren stagnierte, während er bei den Beschäftigten der unmittelbaren Bundesverwaltung anstieg.

Die Standards der Abwesenheitszeitenerhebungen in der Bundesverwaltung und in der Wirtschaft unterscheiden sich systembedingt ganz erheblich voneinander, so bei Ermittlung von Abwesenheitszeiten, Erfassungsmethodik und Auswertung. Dies muss bei Vergleichen stets berücksichtigt werden. Ein erheblicher Unterschied liegt zudem in der Struktur der Beschäftigtengruppen: Bekannte Einflussgrößen wie Alter, Geschlecht und Tätigkeit wirken sich unterschiedlich aus und beeinflussen das Ergebnis in unterschiedlicher Weise. Der Anteil älterer Beschäftigter in der unmittelbaren Bundesverwaltung ist beispielsweise deutlich höher als in der gesamten Erwerbsbevölkerung: Im Jahr 2012 waren 59,7 Prozent der Beschäftigten der unmittelbaren Bundesverwaltung älter als

45 Jahre. In der übrigen Erwerbsbevölkerung in Deutschland liegt demgegenüber der Anteil der über 45-Jährigen nur bei 44,6 Prozent. Die beispielhaft genannte Altersgruppe der über 45-Jährigen ist damit im Bundesdienst um ca. ein Viertel größer als in der sonstigen Erwerbsbevölkerung. Die 25- bis 44-Jährigen, die in der gesamten Erwerbsbevölkerung mit 43,1 Prozent die stärkste Altersgruppe bilden, machen im Bundesdienst hingegen nur 33,6 Prozent aus (Statistisches Bundesamt; Mikrozensus 2012).

Literatur

Badura B, Ducki A, Schröder H, Klose J, Meyer M (2013) Fehlzeiten-Report 2013: Verdammt zum Erfolg – die süchtige Arbeitsgesellschaft? 1. Aufl. Springer-Verlag Berlin Heidelberg

Bundesministerium des Innern (Hrsg) Demografiebericht 2011. Abrufbar unter http://www.bmi.bund.de/DE/Themen/Gesellschaft-Verfassung/Demografie/Demografiebericht/demografiebericht_node.html. Gesehen 01 Jan 2014

Bundesministerium für Arbeit und Soziales (Hrsg) Schritt für Schritt zurück in den Job: Betriebliche Eingliederung nach längerer Krankheit – was Sie wissen müssen; abrufbar unter http://www.bmas.de/DE/Service/Publikationen/a748-betriebliche-eingliederung.html. Gesehen 01 Jan 2014

Giesert M, Wendt-Danigel C Handlungsleitfaden für ein Betriebliches Eingliederungsmanagement, Arbeitspapier 139 der Hans-Böckler-Stiftung; abrufbar unter http://www.boeckler.de. Gesehen 01 Jan 2014

Initiative Gesundheit und Arbeit (Hrsg) iga.Report 24: Betriebliches Eingliederungsmanagement in Deutschland – eine Bestandsaufnahme, abrufbar unter www.iga-info.de. Gesehen 01 Jan 2014

Landschaftsverband Rheinland (Hrsg) Handlungsempfehlungen zum Betrieblichen Eingliederungsmanagement, S 11 f; abrufbar unter http://www.lvr.de/de/nav_main/soziales_1/nav_meta_1/service_4/publikationen_6/publikationen_cp_1_309.jsp. Gesehen 01 Jan 2014

Statistisches Bundesamt: Demographische Angaben zur Gesamtbevölkerung und zu den Beschäftigten des Bundes: Mikrozensus 2012

Anhang

B. Badura et al. (Hrsg.) *Fehlzeiten-Report 2014*,
DOI 10.1007/978-3-662-43531-1, © Springer-Verlag Berlin Heidelberg 2014

Anhang 1

Internationale Statistische Klassifikation der Krankheiten und verwandter Gesundheitsprobleme (10. Revision, Version 2013, German Modification)

I.	Bestimmte infektiöse und parasitäre Krankheiten (A00-B99)
A00-A09	Infektiöse Darmkrankheiten
A15-A19	Tuberkulose
A20-A28	Bestimmte bakterielle Zoonosen
A30-A49	Sonstige bakterielle Krankheiten
A50-A64	Infektionen, die vorwiegend durch Geschlechtsverkehr übertragen werden
A65-A69	Sonstige Spirochätenkrankheiten
A70-A74	Sonstige Krankheiten durch Chlamydien
A75-A79	Rickettsiosen
A80-A89	Virusinfektionen des Zentralnervensystems
A90-A99	Durch Arthropoden übertragene Viruskrankheiten und virale hämorrhagische Fieber
B00-B09	Virusinfektionen, die durch Haut- und Schleimhautläsionen gekennzeichnet sind
B15-B19	Virushepatitis
B20-B24	HIV-Krankheit [Humane Immundefizienz-Viruskrankheit]
B25-B34	Sonstige Viruskrankheiten
B35-B49	Mykosen
B50-B64	Protozoenkrankheiten
B65-B83	Helminthosen
B85-B89	Pedikulose [Läusebefall], Akarinose [Milbenbefall] und sonstiger Parasitenbefall der Haut
B90-B94	Folgezustände von infektiösen und parasitären Krankheiten
B95-B98	Bakterien, Viren und sonstige Infektionserreger als Ursache von Krankheiten, die in anderen Kapiteln klassifiziert sind
B99	Sonstige Infektionskrankheiten

II.	Neubildungen (C00-D48)
C00-C75	Bösartige Neubildungen an genau bezeichneten Lokalisationen, als primär festgestellt oder vermutet, ausgenommen lymphatisches, blutbildendes und verwandtes Gewebe
C76-C80	Bösartige Neubildungen ungenau bezeichneter, sekundärer und nicht näher bezeichneter Lokalisationen
C81-C96	Bösartige Neubildungen des lymphatischen, blutbildenden und verwandten Gewebes, als primär festgestellt und vermutet
C97	Bösartige Neubildungen als Primärtumoren an mehreren Lokalisationen
D00-D09	In-situ-Neubildungen
D10-D36	Gutartige Neubildungen
D37-D48	Neubildungen unsicheren oder unbekannten Verhaltens

III.   Krankheiten des Blutes und der blutbildenden Organe sowie bestimmte Störungen mit Beteiligung des Immunsystems (D50-D90)

D50-D53	Alimentäre Anämien
D55-D59	Hämolytische Anämien
D60-D64	Aplastische und sonstige Anämien
D65-D69	Koagulopathien, Purpura und sonstige hämorrhagische Diathesen
D70-D77	Sonstige Krankheiten des Blutes und der blutbildenden Organe
D80-D90	Bestimmte Störungen mit Beteiligung des Immunsystems

IV.   Endokrine, Ernährungs- und Stoffwechselkrankheiten (E00-E90)

E00-E07	Krankheiten der Schilddrüse
E10-E14	Diabetes mellitus
E15-E16	Sonstige Störungen der Blutglukose-Regulation und der inneren Sekretion des Pankreas
E20-E35	Krankheiten sonstiger endokriner Drüsen
E40-E46	Mangelernährung
E50-E64	Sonstige alimentäre Mangelzustände
E65-E68	Adipositas und sonstige Überernährung
E70-E90	Stoffwechselstörungen

V.   Psychische und Verhaltensstörungen (F00-F99)

F00-F09	Organische, einschließlich symptomatischer psychischer Störungen
F10-F19	Psychische und Verhaltensstörungen durch psychotrope Substanzen
F20-F29	Schizophrenie, schizotype und wahnhafte Störungen
F30-F39	Affektive Störungen
F40-F48	Neurotische, Belastungs- und somatoforme Störungen
F50-F59	Verhaltensauffälligkeiten mit körperlichen Störungen und Faktoren
F60-F69	Persönlichkeits- und Verhaltensstörungen
F70-F79	Intelligenzstörung
F80-F89	Entwicklungsstörungen
F90-F98	Verhaltens- und emotionale Störungen mit Beginn in der Kindheit und Jugend
F99	Nicht näher bezeichnete psychische Störungen

VI.   Krankheiten des Nervensystems (G00-G99)

G00-G09	Entzündliche Krankheiten des Zentralnervensystems
G10-G14	Systematrophien, die vorwiegend das Zentralnervensystem betreffen
G20-G26	Extrapyramidale Krankheiten und Bewegungsstörungen
G30-G32	Sonstige degenerative Krankheiten des Nervensystems
G35-G37	Demyelinisierende Krankheiten des Zentralnervensystems
G40-G47	Episodische und paroxysmale Krankheiten des Nervensystems
G50-G59	Krankheiten von Nerven, Nervenwurzeln und Nervenplexus
G60-G64	Polyneuroapathien und sonstige Krankheiten des peripheren Nervensystems
G70-G73	Krankheiten im Bereich der neuromuskulären Synapse und des Muskels
G80-G83	Zerebrale Lähmung und sonstige Lähmungssyndrome
G90-G99	Sonstige Krankheiten des Nervensystems

VII.   Krankheiten des Auges und der Augenanhangsgebilde (H00-H59)

H00-H06	Affektionen des Augenlides, des Tränenapparates und der Orbita
H10-H13	Affektionen der Konjunktiva
H15-H22	Affektionen der Sklera, der Hornhaut, der Iris und des Ziliarkörpers
H25-H28	Affektionen der Linse
H30-H36	Affektionen der Aderhaut und der Netzhaut
H40-H42	Glaukom
H43-H45	Affektionen des Glaskörpers und des Augapfels
H46-H48	Affektionen des N. opticus und der Sehbahn
H49-H52	Affektionen der Augenmuskeln, Störungen der Blickbewegungen sowie Akkommodationsstörungen und Refraktionsfehler
H53-H54	Sehstörungen und Blindheit
H55-H59	Sonstige Affektionen des Auges und Augenanhangsgebilde

VIII.   Krankheiten des Ohres und des Warzenfortsatzes (H60-H95)

H60-H62	Krankheiten des äußeren Ohres
H65-H75	Krankheiten des Mittelohres und des Warzenfortsatzes
H80-H83	Krankheiten des Innenohres
H90-H95	Sonstige Krankheiten des Ohres

IX.   Krankheiten des Kreislaufsystems (I00-I99)

I00-I02	Akutes rheumatisches Fieber
I05-I09	Chronische rheumatische Herzkrankheiten
I10-I15	Hypertonie [Hochdruckkrankheit]
I20-I25	Ischämische Herzkrankheiten
I26-I28	Pulmonale Herzkrankheit und Krankheiten des Lungenkreislaufs
I30-I52	Sonstige Formen der Herzkrankheit
I60-I69	Zerebrovaskuläre Krankheiten
I70-I79	Krankheiten der Arterien, Arteriolen, und Kapillaren
I80-I89	Krankheiten der Venen, der Lymphgefäße und de Lymphknoten, anderenorts nicht klassifiziert
I95-I99	Sonstige und nicht näher bezeichnete Krankheiten des Kreislaufsystems

X.   Krankheiten des Atmungssystems (J00-J99)

J00-J06	Akute Infektionen der oberen Atemwege
J09-J18	Grippe und Pneumonie
J20-J22	Sonstige akute Infektionen der unteren Atemwege
J30-J39	Sonstige Krankheiten der oberen Atemwege
J40-J47	Chronische Krankheiten oder unteren Atemwege
J60-J70	Lungenkrankheiten durch exogene Substanzen
J80-J84	Sonstige Krankheiten der Atmungsorgane, die hauptsächlich das Interstitium betreffen
J85-J86	Purulente und nekrotisierende Krankheitszustände der unteren Atemwege
J90-J94	Sonstige Krankheiten der Pleura
J95-J99	Sonstige Krankheiten des Atmungssystems

XI.	Krankheiten des Verdauungssystems (K00-K93)
K00-K14	Krankheiten der Mundhöhle, der Speicheldrüsen und der Kiefer
K20-K31	Krankheiten des Ösophagus, des Magens und des Duodenums
K35-K38	Krankheiten des Appendix
K40-K46	Hernien
K50-K52	Nichtinfektiöse Enteritis und Kolitis
K55-K63	Sonstige Krankheiten des Darms
K65-K67	Krankheiten des Peritoneums
K70-K77	Krankheiten der Leber
K80-K87	Krankheiten der Gallenblase, der Gallenwege und des Pankreas
K90-K93	Sonstige Krankheiten des Verdauungssystems

XII.	Krankheiten der Haut und der Unterhaut (L00-L99)
L00-L08	Infektionen der Haut und der Unterhaut
L10-L14	Bullöse Dermatosen
L20-L30	Dermatitis und Ekzem
L40-L45	Papulosquamöse Hautkrankheiten
L50-L54	Urtikaria und Erythem
L55-L59	Krankheiten der Haut und der Unterhaut durch Strahleneinwirkung
L60-L75	Krankheiten der Hautanhangsgebilde
L80-L99	Sonstige Krankheiten der Haut und der Unterhaut

XIII.	Krankheiten des Muskel-Skelett-Systems und des Bindegewebes (M00-M99)
M00-M25	Arthropathien
M30-M36	Systemkrankheiten des Bindegewebes
M40-M54	Krankheiten der Wirbelsäule und des Rückens
M60-M79	Krankheiten der Weichteilgewebe
M80-M94	Osteopathien und Chondropathien
M95-M99	Sonstige Krankheiten des Muskel-Skelett-Systems und des Bindegewebes

XIV.	Krankheiten des Urogenitalsystems (N00-N99)
N00-N08	Glomeruläre Krankheiten
N10-N16	Tubulointerstitielle Nierenkrankheiten
N17-N19	Niereninsuffizienz
N20-N23	Urolithiasis
N25-N29	Sonstige Krankheiten der Niere und des Ureters
N30-N39	Sonstige Krankheiten des Harnsystems
N40-N51	Krankheiten der männlichen Genitalorgane
N60-N64	Krankheiten der Mamma [Brustdrüse]
N70-N77	Entzündliche Krankheiten der weiblichen Beckenorgane
N80-N98	Nichtentzündliche Krankheiten des weiblichen Genitaltraktes
N99	Sonstige Krankheiten des Urogenitalsystems

XV.	Schwangerschaft, Geburt und Wochenbett (O00-O99)
O00-O08	Schwangerschaft mit abortivem Ausgang
O09	Schwangerschaftsdauer
O10-O16	Ödeme, Proteinurie und Hypertonie während der Schwangerschaft, der Geburt und des Wochenbettes
O20-O29	Sonstige Krankheiten der Mutter, die vorwiegend mit der Schwangerschaft verbunden sind
O30-O48	Betreuung der Mutter im Hinblick auf den Feten und die Amnionhöhle sowie mögliche Entbindungskomplikationen
O60-O75	Komplikation bei Wehentätigkeit und Entbindung
O80-O82	Entbindung
O85-O92	Komplikationen, die vorwiegend im Wochenbett auftreten
O95-O99	Sonstige Krankheitszustände während der Gestationsperiode, die anderenorts nicht klassifiziert sind.

XVI.	Bestimmte Zustände, die ihren Ursprung in der Perinatalperiode haben (P00-P96)
P00-P04	Schädigung des Feten und Neugeborenen durch mütterliche Faktoren und durch Komplikationen bei Schwangerschaft, Wehentätigkeit und Entbindung
P05-P08	Störungen im Zusammenhang mit der Schwangerschaftsdauer und dem fetalen Wachstum
P10-P15	Geburtstrauma
P20-P29	Krankheiten des Atmungs- und Herz-Kreislaufsystems, die für die Perinatalperiode spezifisch sind
P35-P39	Infektionen, die für die Perinatalperiode spezifisch sind
P50-P61	Hämorrhagische und hämatologische Krankheiten beim Feten und Neugeborenen
P70-P74	Transitorische endokrine und Stoffwechselstörungen, die für Feten und das Neugeborene spezifisch sind
P75-P78	Krankheiten des Verdauungssystems beim Feten und Neugeborenen
P80-P83	Krankheitszustände mit Beteiligung der Haut und der Temperaturregulation beim Feten und Neugeborenen
P90-P96	Sonstige Störungen, die ihren Ursprung in der Perinatalperiode haben

XVII.	Angeborene Fehlbildungen, Deformitäten und Chromosomenanomalien (Q00-Q99)
Q00-Q07	Angeborene Fehlbildungen des Nervensystems
Q10-Q18	Angeborene Fehlbildungen des Auges, des Ohres, des Gesichts und des Halses
Q20-Q28	Angeborene Fehlbildungen des Kreislaufsystems
Q30-Q34	Angeborene Fehlbildungen des Atmungssystems
Q35-Q37	Lippen-, Kiefer- und Gaumenspalte
Q38-Q45	Sonstige angeborene Fehlbildungen des Verdauungssystems
Q50-Q56	Angeborene Fehlbildungen der Genitalorgane
Q60-Q64	Angeboren Fehlbildungen des Harnsystems
Q65-Q79	Angeborene Fehlbildungen und Deformitäten des Muskel-Skelett-Systems
Q80-Q89	Sonstige angeborene Fehlbildungen
Q90-Q99	Chromosomenanomalien, anderenorts nicht klassifiziert

XVIII.	Symptome und abnorme klinische und Laborbefunde, die anderenorts nicht klassifiziert sind (R00-R99)
R00-R09	Symptome, die das Kreislaufsystem und Atmungssystem betreffen
R10-R19	Symptome, die das Verdauungssystem und das Abdomen betreffen
R20-R23	Symptome, die die Haut und das Unterhautgewebe betreffen
R25-R29	Symptome, die das Nervensystem und Muskel-Skelett-System betreffen
R30-R39	Symptome, die das Harnsystem betreffen
R40-R46	Symptome, die das Erkennungs- und Wahrnehmungsvermögen, die Stimmung und das Verhalten betreffen
R47-R49	Symptome, die die Sprache und die Stimme betreffen
R50-R69	Allgemeinsymptome
R70-R79	Abnorme Blutuntersuchungsbefunde ohne Vorliegen einer Diagnose
R80-R82	Abnorme Urinuntersuchungsbefunde ohne Vorliegen einer Diagnose
R83-R89	Abnorme Befunde ohne Vorliegen einer Diagnose bei der Untersuchung anderer Körperflüssigkeiten, Substanzen und Gewebe
R90-R94	Abnorme Befunde ohne Vorliegen einer Diagnose bei bildgebender Diagnostik und Funktionsprüfungen
R95-R99	Ungenau bezeichnete und unbekannte Todesursachen

XIX.	Verletzungen, Vergiftungen und bestimmte andere Folgen äußerer Ursachen (S00-T98)
S00-S09	Verletzungen des Kopfes
S10-S19	Verletzungen des Halses
S20-S29	Verletzungen des Thorax
S30-S39	Verletzungen des Abdomens, der Lumbosakralgegend, der Lendenwirbelsäule und des Beckens
S40-S49	Verletzungen der Schulter und des Oberarms
S50-S59	Verletzungen des Ellenbogens und des Unterarms
S60-S69	Verletzungen des Handgelenks und der Hand
S70-S79	Verletzungen der Hüfte und des Oberschenkels
S80-S89	Verletzungen des Knies und des Unterschenkels
S90-S99	Verletzungen der Knöchelregion und des Fußes
T00-T07	Verletzung mit Beteiligung mehrerer Körperregionen
T08-T14	Verletzungen nicht näher bezeichneter Teile des Rumpfes, der Extremitäten oder anderer Körperregionen
T15-T19	Folgen des Eindringens eines Fremdkörpers durch eine natürliche Körperöffnung
T20-T25	Verbrennungen oder Verätzungen der äußeren Körperoberfläche, Lokalisation bezeichnet
T26-T28	Verbrennungen oder Verätzungen, die auf das Auge und auf innere Organe begrenzt sind
T33-T35	Erfrierungen
T36-T50	Vergiftungen durch Arzneimittel, Drogen und biologisch aktive Substanzen
T51-T65	Toxische Wirkungen von vorwiegend nicht medizinisch verwendeten Substanzen
T66-T78	Sonstige nicht näher bezeichnete Schäden durch äußere Ursachen
T79	Bestimmte Frühkomplikationen eines Traumas
T80-T88	Komplikationen bei chirurgischen Eingriffen und medizinischer Behandlung, anderenorts nicht klassifiziert
T89	Sonstige Komplikationen eines Traumas, anderenorts nicht klassifiziert
T90-T98	Folgen von Verletzung, Vergiftungen und sonstigen Auswirkungen äußerer Ursachen

XX.	Äußere Ursachen von Morbidität und Mortalität (V01-Y84)
V01-X59	Unfälle
X60-X84	Vorsätzliche Selbstbeschädigung
X85-Y09	Tätlicher Angriff
Y10-Y34	Ereignis, dessen nähere Umstände unbestimmt sind
Y35-Y36	Gesetzliche Maßnahmen und Kriegshandlungen
Y40-Y84	Komplikationen bei der medizinischen und chirurgischen Behandlung

XXI.	Faktoren, die den Gesundheitszustand beeinflussen und zur Inanspruchnahme des Gesundheitswesen führen (Z00-Z99)
Z00-Z13	Personen, die das Gesundheitswesen zur Untersuchung und Abklärung in Anspruch nehmen
Z20-Z29	Personen mit potentiellen Gesundheitsrisiken hinsichtlich übertragbarer Krankheiten
Z30-Z39	Personen, die das Gesundheitswesen im Zusammenhang mit Problemen der Reproduktion in Anspruch nehmen
Z40-Z54	Personen, die das Gesundheitswesen zum Zwecke spezifischer Maßnahmen und zur medizinischen Betreuung in Anspruch nehmen
Z55-Z65	Personen mit potenziellen Gesundheitsrisiken aufgrund sozioökonomischer oder psychosozialer Umstände
Z70-Z76	Personen, die das Gesundheitswesen aus sonstigen Gründen in Anspruch nehmen
Z80-Z99	Personen mit potentiellen Gesundheitsrisiken aufgrund der Familien- oder Eigenanamnese und bestimmte Zustände, die den Gesundheitszustand beeinflussen

XXII.	Schlüssel für besondere Zwecke (U00-U99)
U00-U49	Vorläufige Zuordnungen für Krankheiten mit unklarer Ätiologie
U50-U52	Funktionseinschränkung
U55	Erfolgte Registrierung zur Organtransplantation
U60-U61	Stadieneinteilung der HIV-Infektion
U69-U69	Sonstige sekundäre Schlüsselnummern für besondere Zwecke
U80-U85	Infektionserreger mit Resistenzen gegen bestimmte Antibiotika oder Chemotherapeutika
U99-U99	Nicht belegte Schlüsselnummern

Anhang 2

Branchen in der deutschen Wirtschaft basierend auf der Klassifikation der Wirtschaftszweige (Ausgabe 2008/NACE)

Banken und Versicherungen		
K	Erbringung von Finanz- und Versicherungsdienstleistungen	
	64	Erbringung von Finanzdienstleistungen
	65	Versicherungen, Rückversicherungen und Pensionskassen (ohne Sozialversicherung)
	66	Mit Finanz- und Versicherungsdienstleistungen verbundene Tätigkeiten
Baugewerbe		
F	**Baugewerbe**	
	41	Hochbau
	42	Tiefbau
	43	Vorbereitende Baustellenarbeiten, Bauinstallation und sonstiges Ausbaugewerbe
Dienstleistungen		
I	Gastgewerbe	
	55	Beherbergung
	56	Gastronomie
J	Information und Kommunikation	
	58	Verlagswesen
	59	Herstellung, Verleih und Vertrieb von Filmen und Fernsehprogrammen; Kinos; Tonstudios und Verlegen von Musik
	60	Rundfunkveranstalter
	61	Telekommunikation
	62	Erbringung von Dienstleistungen der Informationstechnologie
	63	Informationsdienstleistungen
L	Grundstücks- und Wohnungswesen	
	68	Grundstücks- und Wohnungswesen
M	Erbringung von freiberuflichen, wissenschaftlichen und technischen Dienstleistungen	
	69	Rechts- und Steuerberatung, Wirtschaftsprüfung
	70	Verwaltung und Führung von Unternehmen und Betrieben; Unternehmensberatung
	71	Architektur- und Ingenieurbüros; technische, physikalische und chemische Untersuchung
	72	Forschung und Entwicklung
	73	Werbung und Marktforschung
	74	Sonstige freiberufliche, wissenschaftliche und technische Tätigkeiten
	75	Veterinärwesen
N	Erbringung von sonstigen wirtschaftlichen Dienstleistungen	
	77	Vermietung von beweglichen Sachen
	78	Vermittlung und Überlassung von Arbeitskräften
	79	Reisebüros, Reiseveranstalter und Erbringung sonstiger Reservierungsdienstleistungen
	80	Wach- und Sicherheitsdienste sowie Detekteien
	81	Gebäudebetreuung; Garten- und Landschaftsbau
	82	Erbringung von wirtschaftlichen Dienstleistungen für Unternehmen und Privatpersonen a. n. g.

Q	Gesundheits- und Sozialwesen	
	86	Gesundheitswesen
	87	Heime (ohne Erholungs- und Ferienheime)
	88	Sozialwesen (ohne Heime)
R	Kunst, Unterhaltung und Erholung	
	90	Kreative, künstlerische und unterhaltende Tätigkeiten
	91	Bibliotheken, Archive, Museen, botanische und zoologische Gärten
	92	Spiel-, Wett- und Lotteriewesen
	93	Erbringung von Dienstleistungen des Sports, der Unterhaltung und der Erholung
S	Erbringung von sonstigen Dienstleistungen	
	94	Interessenvertretungen sowie kirchliche und sonstige religiöse Vereinigungen (ohne Sozialwesen und Sport)
	95	Reparatur von Datenverarbeitungsgeräten und Gebrauchsgütern
	96	Erbringung von sonstigen überwiegend persönlichen Dienstleistungen
T	Private Haushalte mit Hauspersonal; Herstellung von Waren und Erbringung von Dienstleistungen durch private Haushalte für den Eigenbedarf	
	97	Private Haushalte mit Hauspersonal
	98	Herstellung von Waren und Erbringung von Dienstleistungen durch private Haushalte für den Eigenbedarf ohne ausgeprägten Schwerpunkt

Energie, Wasser, Entsorgung und Bergbau		
B	Bergbau und Gewinnung von Steinen und Erden	
	5	Kohlenbergbau
	6	Gewinnung von Erdöl und Erdgas
	7	Erzbergbau
	8	Gewinnung von Steinen und Erden, sonstiger Bergbau
	9	Erbringung von Dienstleistungen für den Bergbau und für die Gewinnung von Steinen und Erden
D	Energieversorgung	
	35	Energieversorgung
E	Wasserversorgung; Abwasser- und Abfallentsorgung und Beseitigung von Umweltverschmutzungen	
	36	Wasserversorgung
	37	Abwasserentsorgung
	38	Sammlung, Behandlung und Beseitigung von Abfällen; Rückgewinnung
	39	Beseitigung von Umweltverschmutzungen und sonstige Entsorgung

Erziehung und Unterricht		
P	Erziehung und Unterricht	
	85	Erziehung und Unterricht

Handel		
G	Handel; Instandhaltung und Reparatur von Kraftfahrzeugen	
	45	Handel mit Kraftfahrzeugen; Instandhaltung und Reparatur von Kraftfahrzeugen
	46	Großhandel (ohne Handel mit Kraftfahrzeugen)
	47	Einzelhandel (ohne Handel mit Kraftfahrzeugen)

Land- und Forstwirtschaft		
A	Land- und Forstwirtschaft, Fischerei	
	1	Landwirtschaft, Jagd und damit verbundene Tätigkeiten
	2	Forstwirtschaft und Holzeinschlag
	3	Fischerei und Aquakultur

Metallindustrie

C	Verarbeitendes Gewerbe	
	24	Metallerzeugung und -bearbeitung
	25	Herstellung von Metallerzeugnissen
	26	Herstellung von Datenverarbeitungsgeräten, elektronischen und optischen Erzeugnissen
	27	Herstellung von elektrischen Ausrüstungen
	28	Maschinenbau
	29	Herstellung von Kraftwagen und Kraftwagenteilen
	30	Sonstiger Fahrzeugbau

Öffentliche Verwaltung

O	Öffentliche Verwaltung, Verteidigung; Sozialversicherung	
	84	Öffentliche Verwaltung, Verteidigung; Sozialversicherung
U	Exterritoriale Organisationen und Körperschaften	
	99	Exterritoriale Organisationen und Körperschaften

Verarbeitendes Gewerbe

C	Verarbeitendes Gewerbe	
	10	Herstellung von Nahrungs- und Futtermitteln
	11	Getränkeherstellung
	12	Tabakverarbeitung
	13	Herstellung von Textilien
	14	Herstellung von Bekleidung
	15	Herstellung von Leder, Lederwaren und Schuhen
	16	Herstellung von Holz-, Flecht-, Korb- und Korkwaren (ohne Möbel)
	17	Herstellung von Papier, Pappe und Waren daraus
	18	Herstellung von Druckerzeugnissen; Vervielfältigung von bespielten Ton-, Bild- und Datenträgern
	19	Kokerei und Mineralölverarbeitung
	20	Herstellung von chemischen Erzeugnissen
	21	Herstellung von pharmazeutischen Erzeugnissen
	22	Herstellung von Gummi- und Kunststoffwaren
	23	Herstellung von Glas und Glaswaren, Keramik, Verarbeitung von Steinen und Erden
	31	Herstellung von Möbeln
	32	Herstellung von sonstigen Waren
	33	Reparatur und Installation von Maschinen und Ausrüstungen

Verkehr und Transport

H	Verkehr und Lagerei	
	49	Landverkehr und Transport in Rohrfernleitungen
	50	Schifffahrt
	51	Luftfahrt
	52	Lagerei sowie Erbringung von sonstigen Dienstleistungen für den Verkehr
	53	Post-, Kurier- und Expressdienste

Die Autorinnen und Autoren

Elke Ahlers

Wirtschafts- und Sozialwissenschaftliches Institut
(WSI) in der Hans-Böckler-Stiftung
Hans-Böckler-Straße 39
40476 Düsseldorf

Diplom-Sozialwissenschaftlerin, Promotion an der Universität Duisburg-Essen zum Thema »Ergebnisorientierte Leistungspolitik in den Unternehmen und ihre Auswirkungen auf die Arbeitsbedingungen von Beschäftigten«. Leiterin des Referats »Qualität der Arbeit« am Wirtschafts- und Sozialwissenschaften Institut der Hans-Böckler-Stiftung in Düsseldorf. Arbeitsschwerpunkte sind Arbeits- und Gesundheitsschutz, Veränderung der Arbeitswelt, Arbeitszeit- und Leistungspolitik, Entgrenzung und Subjektivierung von Arbeit, Work-Life-Balance – dies alles besonders im Kontext von Mitbestimmung und betrieblicher Interessenvertretung.

Thomas Altgeld

Landesvereinigung für Gesundheit und Akademie
für Sozialmedizin Niedersachsen e. V.
Fenskeweg 2
30165 Hannover

Geb. 1963. Diplom Psychologe, Geschäftsführer der Landesvereinigung für Gesundheit und Akademie für Sozialmedizin Niedersachsen e. V. Arbeitsschwerpunkte: Systemische Organisationsentwicklung und -beratung, gesundheitliche Chancengleichheit, Qualitätsmanagement in der Gesundheitsförderung, Männergesundheit. Herausgeber des Newsletters zur Gesundheitsförderung »impu!se«, Vorstandmitglied der Bundesvereinigung für Prävention und Gesundheitsförderung e. V., Bonn und der BAG Mehr Sicherheit für Kinder e. V. Bonn, Leiter der Arbeitsgruppe 7 »Gesundheit aufwachsen« von gesundheitsziele.de.

Prof. Dr. Bernhard Badura

Universität Bielefeld
Fakultät für Gesundheitswissenschaften
Postfach 10 01 31
33501 Bielefeld

Geboren 1943. Studium der Soziologie, Philosophie und Politikwissenschaften in Tübingen, Freiburg, Konstanz, Harvard/Mass. Seit dem 7. März 2008 Emeritus der Fakultät für Gesundheitswissenschaften der Universität Bielefeld.

Prof. Dr. Wilhelm Bauer

Fraunhofer-Institut für Arbeitswirtschaft
und Organisation IAO
Geschäftsfeld Unternehmensentwicklung
und Arbeitsgestaltung
Nobelstraße 12
70569 Stuttgart

Institutsleiter am Fraunhofer-Institut für Arbeitswirtschaft und Organisation IAO, Stuttgart, und am Institut für Arbeitswirtschaft und Technologiemanagement IAT der Universität Stuttgart. Geschäftsführender Verwaltungsrat der Fraunhofer Italia Research s.c.a.r.l. Als Institutsleiter führt Herr Bauer eine Forschungsorganisation mit etwa 500 Mitarbeitern. Er verantwortet dabei Forschungs- und Umsetzungsprojekte in den Bereichen Innovationsforschung, Technologiemanagement, Leben und Arbeiten in der Zukunft, Smarter Cities. Als Mitglied in verschiedenen Gremien berät er Politik und Wirtschaft. Er ist Autor von mehr als 250 wissenschaftlichen und technischen Veröffentlichungen. An den Universitäten Stuttgart und Hannover ist er Lehrbeauftragter. Im Jahr 2012 erhielt er die Ehrung des Landes Baden-Württemberg als »Übermorgenmacher«. Herr Bauer leitet die Fraunhofer-Initiative »Morgenstadt« und ist Mitglied in der »Nationalen Plattform Zukunftsstadt« der Bundesregierung.

PD Dr. Guido Becke

Universität Bremen
artec | Forschungszentrum Nachhaltigkeit
Seminar- und Forschungsverfügungsgebäude (SFG)
Enrique-Schmidt-Straße 7
28359 Bremen

Diplom-Sozialwissenschaftler (Ruhr-Universität Bochum), Promotion in Soziologie (Universität Dortmund), Habilitation in Arbeitswissenschaft (Universität Bremen); Privatdozent und Senior Researcher am artec | Forschungszentrum Nachhaltigkeit (Universität Bremen), wo er das Forschungsfeld »Arbeit und Gesundheit« koordiniert. Lehre im Bachelor-Studiengang Public Health (Themenbereich »Flexible Arbeit und Gesundheit«) und im Master-Studiengang Kulturmanagement (Schwerpunkt: Organisationsentwicklung), Hochschule Bremen. Arbeitsschwerpunkte: Flexible Arbeit und Gesundheit, Arbeits- und Organisationsforschung, Organisationale Achtsamkeit und Resilienz.

Dr. Beate Beermann

Bundesanstalt für Arbeitsschutz
und Arbeitsmedizin (BAuA)
Friedrich-Henkel-Weg 1–25
44149 Dortmund

Nach dem Studium der Psychologie mit dem Schwerpunkt Sozialpsychologie und Arbeits- und Organisationspsychologie war Frau Beermann von 1985 bis 1992 wissenschaftliche Mitarbeiterin im Institut für Arbeitsphysiologie an der Universität Dortmund (IfADo), dem heutigen Leibniz-Institut für Arbeitsforschung. 1992 wechselte sie in die Bundesanstalt für Arbeitsschutz und Arbeitsmedizin (BAuA). Dort leitet sie den Fachbereich »Grundsatzfragen und Programme«. Zentrale Aufgabenfelder sind ein systematisches Monitoring der Arbeitswelt sowie Forschung zu Themen des Wandels. Darüber hinaus ist sie verantwortlich für die Geschäftsstelle der Initiative Neue Qualität der Arbeit (INQA) und die Gemeinsame deutsche Arbeitsschutzstrategie (GDA).

Prof. Dr. Lutz Bellmann

Friedrich-Alexander-Universität Erlangen-Nürnberg
Institut für Arbeitsmarkt- und Berufsforschung
Regensburger Straße 104
90478 Nürnberg

Geboren 1956. Studium, 1985 Promotion und 2003 Habilitation im Fachbereich Wirtschaftswissenschaften an der Leibniz-Universität Hannover. 2009 Ernennung zum Universitätsprofessor für Volkswirtschaftslehre, insbes. Arbeitsökonomie, an der Friedrich-Alexander-Universität Erlangen-Nürnberg bei gleichzeitiger Leitung des IAB-Forschungsbereichs »Betriebe und Beschäftigung« und des IAB-Betriebspanels. Ausgewählte Arbeitsschwerpunkte: Themen der atypischen Beschäftigung, der betrieblichen Aus- und Weiterbildung sowie weitere personal- und arbeitsökonomische Fragestellungen.

Dr. Andreas Blume

HR&C (Institut für Human Resources
& Changemanagement – Dr. Blume und Partner)
Wasserstraße 221
44799 Bochum

Nach dem Studium der Psychologie und Sozialwissenschaften in Bochum und der Promotion in Wirtschaft und Sozialwissenschaften waren IT-Organisation, Fachkraft für Arbeitssicherheit und Business-Coach weitere Ausbildungs- und Praxisfelder. Nach über 20 Jahren geschäftsführender Vorstandstätigkeit für das Forschungs- und Beratungsinstitut BIT e. V. berät er seit 2006 Organisationen bei Veränderungsprozessen, zum Gesundheitsmanagement und zu Gefährdungsbeurteilungen. In diesen Kontexten ist er Initiator und Leiter diverser Forschungsprojekte u. a. zu altersgerechter Arbeitsgestaltung, IT-Organisation und betrieblicher Gesundheitspolitik; zudem Wissenschaftlicher Leiter des weiterbildenden Studiengangs »Betriebliches Gesundheitsmanagement« an der Universität Bielefeld; Lehrbeauftragter für betriebliche Gesundheitspolitik, Fakultät für Sozialwissenschaft, an der Ruhr-Universität Bochum.

Dr. Nicole Bornheim

Freie Universität Berlin
Fachbereich Wirtschaftswissenschaft
Management-Department
Boltzmannstraße 20
14195 Berlin

Seit 2008 wissenschaftliche Mitarbeiterin am Institut für Management der Freien Universität Berlin. Seit 2010 zugleich dezentrale Frauenbeauftragte des Fachbereichs Wirtschaftswissenschaft. Zuvor wissenschaftliche Mitarbeiterin im Studiengang Arbeitswissenschaft sowie am Forschungszentrum Nachhaltigkeit (artec) der Universität Bremen. Promotion 2013 mit einer Dissertation zum Thema Positive Emotionen in der Arbeitswelt. Schwerpunkte in Forschung und Lehre: Gender und Diversity in Organisationen und Arbeitswelt, Subjektivität und Emotionen in Organisationen, Gute Arbeit.

Sandra Böhm

AOK Bayern – Die Gesundheitskasse
Bereich Gesundheitsförderung
Carl-Wery-Straße 28
81739 München

Diplom-Sportökonomin, Universität Bayreuth. Seit 1998 als Mitarbeiterin der AOK Bayern in der Betrieblichen Gesundheitsförderung tätig, zunächst mit Schwerpunkt Bewegung und Ergonomie. Seit 2003 Beraterin für Betriebliches Gesundheitsmanagement. Demografieberaterin nach INQA. Arbeitsschwerpunkte: Konzeption und Durchführung von Projekten zum Betrieblichen Gesundheitsmanagement, Führung und Gesundheit, Betriebliches Stressmanagement, Burnout-Prävention, Ressourcen, Mentale Fitness.

Dr. Martina Brandt

Beuth Hochschule für Technik Berlin
Fachbereich I, Projekt HanD/I
Luxemburger Straße 10
13353 Berlin

Diplomwirtschaftlerin mit langjährigen Erfahrungen in der Innovationsforschung, Promotion 1984 zur algorithmischen Modellierung von Produktionsabläufen. Seit 1992 in verschiedenen Forschungsprojekten am Institut für Regionale Innovationsforschung e. V. Berlin, an der Technischen Universität Berlin, der Technischen Hochschule Wildau sowie der Beuth Hochschule für Technik Berlin tätig. Arbeitsschwerpunkte: Zusammenhang von Innovation und Regionalentwicklung, Innovationsmanagement für KMU, Trends in Forschung und Technologie, Innovations-und Fachkräftebedarfsanalysen, Nachhaltigkeit und Netzwerke. Erfahrungen aus der wissenschaftlichen Evaluation zahlreicher Programme und Projekte sowie Lehrtätigkeit an verschiedenen Berliner und Brandenburger Hochschulen.

Dr. Martin Braun

Fraunhofer-Institut für Arbeitswirtschaft
und Organisation IAO
Human Factors Engineering
Nobelstraße 12
70569 Stuttgart

Martin Braun ist als Projektleiter am Fraunhofer-Institut für Arbeitswirtschaft und Organisation in der Anwendungsforschung zur menschengerechten Arbeitsgestaltung tätig. Seine aktuellen Arbeitsgebiete umfassen die Wissensarbeit, die Zukunft der Arbeit und die organisationale Gesundheit. In Projekten unterstützt und berät er privatwirtschaftliche und öffentliche Auftraggeber in unterschiedlichen Branchen. Seine fundierten Einblicke in die Arbeitswelt werden durch praktische Erfahrungen als Sicherheitsingenieur ergänzt. Braun ist Mitglied der »Gesellschaft für Arbeitswissenschaft«. Er hat Lehraufträge an der Universität Stuttgart und der Hamburger Fernhochschule inne. Zudem hat er mehr als 120 Zeitschriften- und Buchbeiträge verfasst.

PD Dr. Martin Brussig

Universität Duisburg-Essen
Forschungsabteilung
»Arbeitsmarkt – Integration – Mobilität« (AIM)
Institut Arbeit und Qualifikation (IAQ)
47048 Duisburg

Studium der Soziologie und Geschichte an der Humboldt-Universität zu Berlin und der New School of Social Research in New York. Abschluss als Dipl.-Soziologe, Promotion an der Friedrich-Schiller-Universität Jena, Habilitation in Soziologie an der Universität Duisburg. 1998–2003 wissenschaftlicher Mitarbeiter am Zentrum für Sozialforschung Halle, seit 2003 am Institut Arbeit und Qualifikation (IAQ), seit 2011 dort Leiter der Forschungsabteilung »Arbeitsmarkt – Integration – Mobilität«. Seit 2014 Vorstandsmitglied des SAMF (Sozialwissenschaftliche Arbeitsmarktforschung). Arbeitsschwerpunkte: Arbeitsmarktsoziologie, Arbeitsmarktpolitik, Sozialpolitik, Altersübergänge.

Dr. Christine Busch

Universität Hamburg
Fakultät für Psychologie und Bewegungswissenschaft
Arbeits- und Organisationspsychologie
Von-Melle-Park 11
20146 Hamburg

2006–2013 Leitung zweier BMBF-Verbundprojekte im Förderschwerpunkt Präventionsforschung zur Zielgruppe der Un- und Angelernten und Migranten; 2004 Promotion; seit 1995 wissenschaftlich tätige Arbeits- und Organisationspsychologin an den Universitäten Potsdam, Innsbruck und Hamburg; Bankkauffrau. Forschungsschwerpunkte: Arbeit und Gesundheit; Betriebliches Gesundheits- und Diversity Management; Stress- und Ressourcenmanagement; Team- und Führungskräfteentwicklung; betriebliche Interventionen, Entscheidungs- und Implementierungsprozesse.

Klaus Busch

Bundesministerium für Gesundheit
Rochusstraße 1
53123 Bonn

Studium der Elektrotechnik/Nachrichtentechnik an der FH Lippe, Abschluss: Diplom-Ingenieur. Studium der Volkswirtschaftslehre mit dem Schwerpunkt Sozialpolitik an der Universität Hamburg, Abschluss: Diplom-Volkswirt. Referent in der Grundsatz- und Planungsabteilung des Bundesministeriums für Arbeit und Sozialordnung (BMA) für das Rechnungswesen und die Statistik in der Sozialversicherung. Referent in der Abteilung »Krankenversicherung« des Bundesministeriums für Gesundheit (BMG) für ökonomische Fragen der zahnmedizinischen Versorgung und für Heil- und Hilfsmittel. Derzeit Referent in der Abteilung »Grundsatzfragen der Gesundheitspolitik, Pflegesicherung, Prävention« des BMG im Referat »Grundsatzfragen der Gesundheitspolitik, Gesamtwirtschaftliche und steuerliche Fragen, Statistik des Gesundheitswesens«. Vertreter des BMG im Statistischen Beirat des Statistischen Bundesamtes. Seit Mai 2014 im Ruhestand.

Prof. Dr. Julia Clasen

Europäische Fernhochschule Hamburg
Doberaner Weg 20
22143 Hamburg

Jahrgang 1974. Studium der Psychologie in Hamburg, Chambéry und Sydney. Anschließend Tätigkeit als Personalentwicklerin. 2004–2013 wissenschaftliche Mitarbeiterin in der Arbeits- und Organisationspsychologie der Universität Hamburg. Promotion 2008. Seit 2013 Professorin für Wirtschaftspsychologie an der Europäischen Fernhochschule Hamburg. Arbeitsschwerpunkte: Arbeit und Gesundheit: Psychische Gefährdungsanalyse, Betriebliches Gesundheitsmanagement, Arbeitsflexibilisierung, Diversity. Beratung und Begleitung von Unternehmen.

Prof. Dr. Antje Ducki

Beuth Hochschule für Technik Berlin
Fachbereich I: Wirtschafts-
und Gesellschaftswissenschaften
Luxemburger Straße 10
13353 Berlin

Geboren 1960. Nach Abschluss des Studiums der Psychologie an der Freien Universität Berlin als wissenschaftliche Mitarbeiterin an der TU Berlin tätig. Betriebliche Gesundheitsförderung für die AOK Berlin über die Gesellschaft für Betriebliche Gesundheitsförderung, Mitarbeiterin am Bremer Institut für Präventionsforschung und Sozialmedizin, Hochschulassistentin an der Universität Hamburg. 1998 Promotion in Leipzig. Seit 2002 Professorin für Arbeits- und Organisationspsychologie an der Beuth Hochschule für Technik Berlin. Arbeitsschwerpunkte: Arbeit und Gesundheit, Gender und Gesundheit, Mobilität und Gesundheit, Stressmanagement, Betriebliche Gesundheitsförderung.

Prof. Dr. Heiner Dunckel

Universität Flensburg
Internationales Institut für Management
und ökonomische Bildung
Munketoft 3B
24937 Flensburg

Geb. 1954 in Hamburg. Studium der Psychologie und Soziologie an den Universitäten Mannheim und Berlin (FU), Promotion 1985, Habilitation 1994. Seit 1994 Professuren an verschiedenen Universitäten, seit 1996 Professor für Arbeits- und Organisationspsychologie an der Universität Flensburg.

2001–2009 hauptamtlicher Rektor der Universität Flensburg. Arbeits- und Forschungsschwerpunkte: Arbeit und Gesundheit, Gefährdungsbeurteilung, Demografischer Wandel, Organisationsdiagnose und Organisationsgestaltung (insbesondere im Gesundheitswesen) sowie Gruppenarbeit.

Melanie Ebener

Bergische Universität Wuppertal FB D
Institut für Sicherheitstechnik
Bereich Empirische Arbeitsforschung
Fachgruppe Arbeit, Alter und Gesundheit
Gaußstraße 20
42119 Wuppertal

Diplom-Psychologin. Seit 2010 wissenschaftliche Mitarbeiterin am Institut für Sicherheitstechnik (IST) der Universität Wuppertal, arbeitet in Lehre und Forschung zum Themenfeld »Arbeit, Alter und Gesundheit«. Zuvor Tätigkeiten in Personalentwicklung und Erwachsenenbildung. Aktuelle Tätigkeitsschwerpunkte: Koordination der Studie lidA – leben in der Arbeit, Förderung und Erhalt der Arbeitsfähigkeit mit dem Work Ability Index (WAI), Projekte zum Betrieblichen Gesundheitsmanagement (vor allem Beschäftigtenbefragungen).

Cona Ehresmann

Universität Bielefeld
Fakultät für Gesundheitswissenschaften
Büro Prof. Dr. Bernhard Badura
Postfach 10 01 31
33501 Bielefeld

Studium der Gesundheitswissenschaften (M. Sc.) an der Universität Bielefeld. Seit 2012 Mitarbeiterin bei Prof. Dr. Bernhard Badura an der Fakultät für Gesundheitswissenschaften der Universität Bielefeld. Forschungsschwerpunkt: Betriebliche Gesundheitspolitik. Außerdem Praxiserfahrung im Bereich des Betrieblichen Gesundheitsmanagements. Seit 2013 Promotion zum Thema Burnout.

Silke Eilers

Institut für Beschäftigung und Employability IBE
Ernst-Boehe-Straße 4
67059 Ludwigshafen

Silke Eilers ist wissenschaftliche Mitarbeiterin am Institut für Beschäftigung und Employability IBE. Ihre Arbeitsschwerpunkte liegen in der demografischen Entwicklung, der Generationendiversität, dem Trendscanning sowie Employability und lebensphasenorientierter Personalpolitik.

Prof. Dr. Jörg Felfe

Helmut-Schmidt-Universität Hamburg
Fakultät für Geistes- und Sozialwissenschaften
Arbeits-, Organisations- und Wirtschaftspsychologie
Holstenhofweg 85
22043 Hamburg

Dr. phil., Diplom-Psychologe. Seit 2010 Professor für Organisationspsychologie an der Helmut-Schmidt-Universität Hamburg, 2006–2010 Professor für Sozial- und Organisationspsychologie und Leiter des Student Service Center an der Universität Siegen, Habilitation 2003, Promotion 1991, Studium der Psychologie in Bochum und Berlin, seit 1993 Praxistätigkeit als Trainer Coach und Berater. Visiting Professor in Portsmouth und Shanghai. Arbeitsschwerpunkte: Führung, Commitment, Personalentwicklung, Diagnostik und Evaluation.

Nicolai Feyh

HR&C (Institut für Human Resources
& Changemanagement – Dr. Blume und Partner)
Wasserstraße 221
44799 Bochum

Studium der Sozialwissenschaften an Heinrich-Heine-Universität Düsseldorf und Ruhr-Universität Bochum. Während des Studiums Tätigkeiten als studentische Hilfskraft beim Westdeutschen Rundfunk und anschließend beim Forschungs- und Beratungsinstitut BIT e. V. in Bochum, dort Mitarbeit am Projekt »Alternsrobuste Betriebsstrukturen im KMU-Verbund«. Nach dem Studium wissenschaftlicher Mitarbeiter bei INNCAS (Intercultural Consultancy and Studies) und HR&C (Human Resources & Changemanagement). In diesen Kontexten

u. a. Beteiligung an einem Forschungsprojekt zur Mitbestimmungskultur bei Volkswagen sowie an zahlreichen Mitarbeiterbefragungen zum Thema psychische Belastungen am Arbeitsplatz. Zurzeit promovierend zum Thema »Funktions- und Rollenerwartungen an Betriebsräte«.

Friederike Finger

Technische Universität Braunschweig
Institut für Psychologie
Abteilung für Klinische Psychologie, Psychotherapie und Diagnostik, Psychotherapieambulanz
Humboldtstraße 33
38106 Braunschweig

Psychologische Psychotherapeutin (Verhaltenstherapie), wissenschaftliche Mitarbeiterin an der TU Braunschweig. Forschungsschwerpunkt: Effektivität und Effizienz von psychosozialen Interventionen in der Arbeitswelt.

Dr. Franziska Franke

Bundesanstalt für Arbeitsschutz und Arbeitsmedizin
Gruppe 1.2 Monitoring und Politikberatung
Friedrich-Henkel-Weg 1
44149 Dortmund

Dr. phil, Diplom-Psychologin. Seit 2013 wissenschaftliche Mitarbeiterin bei der Bundesanstalt für Arbeitsschutz und Arbeitsmedizin in Dortmund. 2012 Promotion an der Helmut-Schmidt-Universität Hamburg zum Thema gesundheitsförderliche Führung, zuvor wissenschaftliche Mitarbeiterin an der Universität Siegen, der Technischen Universität Dresden, der Martin-Luther-Universität Halle-Wittenberg. Arbeitsschwerpunkte: Betriebliche Gesundheit, Führung, Wandel der Arbeit.

Irina Glushanok

Wissenschaftliches Institut der AOK (WIdO)
Forschungsbereich Ärztliche Versorgung,
Betriebliche Gesundheitsförderung und Heilmittel
Rosenthaler Straße 31
10178 Berlin

Geboren 1973. Ausbildung zur IT-System-Kauffrau. Studentin der Informatik an der Humboldt-Universität zu Berlin. Oktober 2012 bis April 2013 Studentische Hilfskraft bei der AOK Consult GmbH. Seit Mai 2013 Studentische Hilfskraft beim AOK Bundesverband im Forschungsbereich Betriebliche Gesundheitsförderung des Wissenschaftlichen Instituts der AOK.

Ludwig Gunkel

AOK Bayern – Die Gesundheitskasse
Bereich Gesundheitsförderung
Carl-Wery-Straße 28
81739 München

Diplom-Psychologe. Seit 1996 Berater für Betriebliches Gesundheitsmanagement der AOK Bayern. Konzeption und Durchführung von Projekten zum Betrieblichen Gesundheitsmanagement, Schwerpunkte: Führung und Gesundheit, psychische Gesundheit und Resilienz, Stressmanagement, Ressourcen. Initiator der Mobbing Beratung München – Konsens e. V., betriebliche Intervention, Prävention und Fortbildungen zu Konflikt- und Mobbingbewältigung. Trainer Kommunikation, Konfliktmanagement und Teamentwicklung.

Dr. Stefan Hardege

DIHK – Deutscher Industrie-
und Handelskammertag e. V.
Referat Arbeitsmarkt, Zuwanderung
Breite Straße 29
10178 Berlin

Dr. Stefan Hardege studierte Volkswirtschaftslehre an der Universität Hamburg und promovierte an der Universität der Bundeswehr Hamburg im Bereich Wirtschaftspolitik. Anschließend war er im Institut der deutschen Wirtschaft Köln (IW Köln) als Referent im Wissenschaftsbereich Bildungspolitik und Arbeitsmarktpolitik tätig. Seit 2008 leitet er beim Deutschen Industrie- und Handelskammertag e. V. in Berlin das Referat Arbeitsmarkt, Zuwanderung.

apl. Prof. Dr. Hans Martin Hasselhorn

Bundesanstalt für Arbeitsschutz und Arbeitsmedizin
Fachbereich 3 »Arbeit und Gesundheit«
Nöldnerstraße 40–42
10317 Berlin

Dr. Hasselhorn hat in Freiburg und Göteborg Humanmedizin studiert, von 1992 bis 1997 am Universitätsklinikum Freiburg gearbeitet und ist von 1997 bis 1999 als Marie-Curie-EU-Stipendiat am Karolinska Institute in Stockholm in der Arbeitsstressforschung tätig gewesen. Von 1999 bis 2009 war er an der Bergischen Universität Wuppertal im Bereich Arbeitswissenschaft tätig und leitete zuletzt den Bereich »Empirische Arbeitsforschung«. Sein wissenschaftlicher Schwerpunkt ist heute der Themenkomplex »Arbeit, Alter, Gesundheit und Erwerbsteilhabe«. Dr. Hasselhorn war wissenschaftlicher Leiter u. a. der Europäischen NEXT-Studie (www.next-study.net), der 3Q-Studie (www.3q.uni-wuppertal.de) sowie der neuen deutschen Alterskohortenstudie lidA (»leben in der Arbeit«, www.lidA-studie.de). Seit 2009 leitet Herr Hasselhorn den Forschungsfachbereich »Arbeit und Gesundheit« der Bundesanstalt für Arbeitsschutz und Arbeitsmedizin in Berlin.

Dr. Sylvelyn Hähner-Rombach

Institut für Geschichte der Medizin
der Robert Bosch Stiftung
Straußweg 17
70184 Stuttgart

Dr. phil. Sylvelyn Hähner-Rombach ist wissenschaftliche Mitarbeiterin am Institut für Geschichte der Medizin der Robert Bosch Stiftung in Stuttgart, dort zuständig für die Geschichte der Prävention. Ihr aktuelles Forschungsprojekt befasst sich mit präventiven Angeboten in westdeutschen Unternehmen nach 1945. Ihre weiteren Forschungsschwerpunkte liegen bei der Patientengeschichte und Geschichte der Krankenpflege.

Sebastian Hoffmeister

Bundesministerium des Innern
Referat Z II 2
Alt-Moabit 101 D
10559 Berlin

Jahrgang 1983, Jurist, Studium in Hamburg und Lexington (USA), Referendariat in Braunschweig und Berlin. Referent im Bundesministerium des Innern im Referat Z II 2 (Ärztlicher und Sozialer Dienst der obersten Bundesbehörden, Gesundheitsmanagement). Zuständig u. a. für die Koordination der Umsetzung des Betrieblichen Gesundheitsmanagements in der unmittelbaren Bundesverwaltung sowie die Erstellung des Gesundheitsförderungsberichts.

Miriam-Maleika Höltgen

Wissenschaftliches Institut der AOK (WIdO)
Forschungsbereich Ärztliche Versorgung,
Betriebliche Gesundheitsförderung und Heilmittel
Rosenthaler Straße 31
10178 Berlin

Geboren 1972. Studium der Germanistik, Geschichte und Politikwissenschaften an der Friedrich-Schiller-Universität Jena; hier bis 2001 wissenschaftliche Mitarbeiterin am Institut für Literaturwissenschaft. 2001–2005 freiberuflich und angestellt tätig in den Bereichen Redaktion, Lektorat, Layout und Herstellung. Seit 2005 im AOK-Bundesverband; Mitarbeiterin des Wissenschaftlichen Instituts der AOK (WIdO) u. a. im Forschungsbereich Betriebliche Gesundheitsförderung.

Prof. Dr. Gerhard Huber

Universität Heidelberg
Fakultät für Verhaltens- und Empirische
Kulturwissenschaften
Institut für Sport und Sportwissenschaft
der Universität Heidelberg
Im Neuenheimer Feld 700
69120 Heidelberg

Verantwortlich für den Bereich Prävention und Rehabilitation am Institut für Sport und Sportwissenschaft der Universität Heidelberg, im Vorstand des Deutschen Verbandes für Gesundheitssport und Sporttherapie e. V. und der Plattform Ernährung und Bewegung e. V. Lehrbeauftragter an verschiedenen europäischen Universitäten. Herausgeber der Zeitschrift »Bewegungstherapie und Gesundheitssport« (Thieme Verlagsgruppe). Forschungsschwerpunkte: Evaluationsforschung zur Rolle der Bewegung in Prävention und Rehabilitation, Qualitätsmanagement, Betriebliche Gesundheitsförderung, Bewegungstherapie und Krebs. Zahlreiche nationale und internationale Vorträge und mehr als 200 Veröffentlichungen zum Thema.

Daniela Hützen

USB Bochum GmbH
Hanielstraße 1
44801 Bochum

Geboren 1971. Diplom-Gesundheitswirtin, Abschluss an der Hochschule für Angewandte Wissenschaften, Hamburg. Weiterbildung zur psychologischen Beraterin (2007/2008) und CDMP (Certified Disability Management Professional, 2009). Seit 2006 Betriebliches Gesundheitsmanagement bei der USB Bochum GmbH.

Joachim Klose

Wissenschaftliches Institut der AOK (WIdO)
Forschungsbereich Ärztliche Versorgung,
Betriebliche Gesundheitsförderung und Heilmittel
Rosenthaler Straße 31
10178 Berlin

Geboren 1958. Diplom-Soziologe. Nach Abschluss des Studiums der Soziologie an der Universität Bamberg (Schwerpunkt Sozialpolitik und Sozialplanung) wissenschaftlicher Mitarbeiter im Rahmen der Berufsbildungsforschung an der Universität Duisburg. Seit 1993 wissenschaftlicher Mitarbeiter im Wissenschaftlichen Institut der AOK (WIdO) im AOK-Bundesverband; Leiter des Forschungsbereichs Ärztliche Versorgung, Betriebliche Gesundheitsförderung und Heilmittel.

PD Dr. Christoph Kröger

Technische Universität Braunschweig
Institut für Psychologie/Psychotherapieambulanz
Humboldtstraße 33
38106 Braunschweig

Geschäftsführender Leiter der Psychotherapieambulanz der Technischen Universität Braunschweig, Psychologischer Psychotherapeut, Supervisor mit Schwerpunkt Verhaltenstherapie. Forschungsschwerpunkte: Borderline-Persönlichkeitsstörung, Diagnostik und Interventionen in der Partnerschaft und Familie, Effektivität und Effizienz von psychosozialen Interventionen in der Arbeitswelt.

Daniela Kunze

Beuth Hochschule für Technik Berlin
Fachbereich I, Projekt HanD/I
Luxemburger Straße 10
13353 Berlin

Diplom-Psychologin mit dem Schwerpunkt Arbeits-und Organisationspsychologie. Seit 2002 in unterschiedlichen Forschungsprojekten der Universität Potsdam, bei komega e. V. sowie der Beuth Hochschule für Technik in Berlin tätig. Arbeitsschwerpunkte: Arbeitsbelastung, Arbeitsbeanspruchung, Beanspruchungsfolgen, Betriebliches Gesundheitsmanagement, Training und Interventionen sowie Personalentwicklung. Begleitend zur Forschungstätigkeit Arbeit als Beraterin und Verhaltenstrainerin im Bereich Kommunikation, Konfliktmanagement, Führungskräftecoaching sowie Gastlehraufträge an der Humboldt-Universität zu Berlin.

PD Dr. Thomas Lampert

Robert Koch-Institut
Abt. für Epidemiologie und Gesundheitsmonitoring
General-Pape-Straße 62–64
12101 Berlin

Geboren 1970. Studium der Soziologie, Psychologie und Statistik. Promotion an der Technischen Universität Berlin. Tätigkeit als wissenschaftlicher Mitarbeiter am Max-Planck-Institut für Bildungsforschung und an der Technischen Universität Berlin. Seit 2002 wissenschaftlicher Mitarbeiter am Robert Koch-Institut, seit 2006 stv. Leiter des Fachgebiets Gesundheitsberichterstattung. Arbeitsschwerpunkte: Soziale und gesundheitliche Ungleichheit, Lebensstil und Gesundheit, Kinder-und Jugendgesundheit.

Markus Meyer

Wissenschaftliches Institut der AOK (WIdO)
Forschungsbereich Ärztliche Versorgung,
Betriebliche Gesundheitsförderung und Heilmittel
Rosenthaler Straße 31
10178 Berlin

Geboren 1970. Diplom-Sozialwissenschaftler. Nach dem Studium an der Universität Duisburg-Essen Mitarbeiter im Bereich Betriebliche Gesundheitsförderung beim Team Gesundheit der Gesellschaft für Gesundheitsmanagement mbH in Essen. 2001–2010 Tätigkeiten beim BKK Bundesverband und der spectrumK GmbH in den Bereichen Datenanalyse, Datenmanagement und -organisation. Seit 2010 wissenschaftlicher Mitarbeiter im Wissenschaftlichen Institut der AOK (WIdO) im AOK-Bundesverband, Forschungsbereich Betriebliche Gesundheitsförderung. Arbeitsschwerpunkte: Fehlzeitenanalysen, betriebliche und branchenbezogene Gesundheitsberichterstattung.

Ulla Mielke

Wissenschaftliches Institut der AOK (WIdO)
Rosenthaler Straße 31
10178 Berlin

Geboren 1965. 1981 Ausbildung zur Apothekenhelferin. Anschließend zwei Jahre als Apothekenhelferin tätig. 1985 Ausbildung zur Bürokauffrau im AOK-Bundesverband. Ab 1987 Mitarbeiterin im damaligen Selbstverwaltungsbüro des AOK-Bundesverbandes. Seit 1991 Mitarbeiterin des Wissenschaftlichen Instituts der AOK (WIdO) im AOK-Bundesverband im Bereich Mediengestaltung.

Johanna Modde

Wissenschaftliches Institut der AOK (WIdO)
Forschungsbereich Ärztliche Versorgung,
Betriebliche Gesundheitsförderung und Heilmittel
Rosenthaler Straße 31
10178 Berlin

Bachelor of Arts. 2008–2011 Studentin im Studiengang Management im Gesundheitswesen an der Ostfalia Hochschule für angewandte Wissenschaften. Praktikum mit anschließender Anfertigung der Bachelorarbeit im Unternehmensbereich Betriebliches Gesundheitsmanagement bei Fresenius Medical Care AG & Co KGaA. Ab 2012 Studentin im Masterstudiengang Medizinmanagement für Wirtschaftswissenschaftler an der Universität Duisburg-Essen. Seit 2014 Praktikantin im Wissenschaftlichen Institut der AOK (WIdO) im AOK-Bundesverband im Forschungsbereich Betriebliche Gesundheitsförderung.

Prof. Dr. Johannes Möller

HFH – Hamburger Fern-Hochschule
Dekan des Fachbereichs Gesundheit und Pflege
Alter Teichweg 19–23
22081 Hamburg

Als Stipendiat der Studienstiftung des Deutschen Volkes Promotion in Volkswirtschaftslehre an der Universität Heidelberg und Habilitation »Zur Evaluation von Gesundheitsorganisationen« in Public Health an der Universität Bielefeld. Forschungstätigkeiten (z. B. »Expertenstandards@work«) und Drittmittelprojekte (z. B. »Pflege-TÜV«) im Auftrag verschiedener Bundesministerien. Projektmanagement in Deutschland, der DDR, Japan und den USA. Vorstandsmitglied und Chairman für den öffentlichen Sektor der European Foundation for Quality Management (Brüssel) sowie Berater der WHO Weltgesundheitsorganisation (Barcelona). Seit 2005 Dekan des Fachbereichs Gesundheit und Pflege an der HFH Hamburger Fern-Hochschule (www.hamburger-fh.de).

Dr. Anders Parment

Stockholm Business School
Stockholm University
SE-106 91 Stockholm

Dr. Anders Parment studierte Volkswirtschaftslehre an der Universitat Lund und Betriebswirtschaftslehre an der Universitat Linkoping, wo er auch promoviert hat. Heute ist er wissenschaftlicher Mitarbeiter an der School of Business der Universitat Stockholm mit dem Forschungsschwerpunkt Generationenstudien und Arbeitsmarkt der Zukunft. Zudem ist er selbstständiger Unternehmensberater und betreibt eine Firma mit dem Namen Anders Parment Consulting mit dem Schwerpunkt Strategieberatung für Unternehmen und öffentliche Organisationen in den Bereichen Marktkommunikation, Generationswechsel und Employer Branding und wie sie zukunftsfähig gemacht werden können. Zu diesen Themen hat er etwa 20 Bücher und Zeitschriftenartikel veröffentlicht, u. a. »Generation Y – Mitarbeiter der Zukunft motivieren, integrieren, führen«.

Dr. Katja Patzwaldt

Jacobs University Bremen
Campusring 1
28759 Bremen

Dr. Katja Patzwaldt ist wissenschaftliche Mitarbeiterin an der Jacobs University Bremen und wissenschaftliche Referentin der Vizepräsidentin der Nationalen Akademie der Wissenschaften Leopoldina, Prof. Staudinger, für die Bereiche Internationales, Forschungspolitik und Demografischer Wandel. Sie hat Geschichte, Politikwissenschaften und Germanistik in Berlin und Moskau studiert. Sie promovierte 2007 zum Dr. phil. in Soziologie mit Schwerpunkt Wissenschaftsforschung an der Universität Bielefeld.

Tina Petsch

Handwerkskammer Osnabrück-Emsland-Grafschaft Bentheim
Bramscher Straße 134–136
49088 Osnabrück

Geboren 1985. Studium Public Health (M. Sc.) und Management im Gesundheitswesen (B. A.) an der Universität Bielefeld und der Ostfalia Hochschule für angewandte Wissenschaften. Seit 2012 Beraterin für Betriebliche Gesundheitsförderung bei der Handwerkskammer Osnabrück-Emsland-Grafschaft Bentheim. Arbeitsschwerpunkte: Betriebliches Gesundheitsmanagement, Demografie, gesundheitsgerechte Mitarbeiterführung und Arbeitsgestaltung/-organisation.

Mareen Pigorsch

Wissenschaftliches Institut der AOK
Forschungsbereich
Gesundheitspolitik/Systemanalysen
Rosenthaler Straße 31
10178 Berlin

Geboren 1991 in Berlin. Studentin der Wirtschaftsmathematik an der Hochschule für Technik und Wirtschaft Berlin. Seit 2013 Studentische Hilfskraft im Wissenschaftlichen Institut der AOK (WIdO) im AOK-Bundesverband, Forschungsbereich Gesundheitspolitik und Systemanalysen. Arbeitsschwerpunkte: Fragebogenkonstruktion und Datenanalysen zu gesundheitsrelevanten Themen.

Anna Plachta

Universität Hamburg
Institut für Psychologie
Arbeits- und Organisationspsychologie
Von-Melle-Park 11
20146 Hamburg

Psychologin (M. Sc.) mit dem Schwerpunkt Arbeits- und Organisationspsychologie. Studium an der Universität Hamburg. Seit 2013 Referentin im Personalbereich eines führenden europäischen Logistikkonzerns. Wissenschaftliche Abschlussarbeiten im Themengebiet der flexiblen Beschäftigungsverhältnisse und ihrer Auswirkungen auf die Gesundheit.

Dr. Franziska Prütz

Robert Koch-Institut
Abt. für Epidemiologie und Gesundheitsmonitoring
General-Pape-Straße 62–64
12101 Berlin

Geboren 1967. Studium der Medizin in Kiel, Marburg und Berlin, Public-Health-Studium an der Berlin School of Public Health. Tätigkeit als Ärztin an der Universitäts-Frauenklinik Göttingen und am Vivantes-Klinikum Berlin-Neukölln sowie als Lehrbeauftragte am Institut für Geschichte der Medizin der Charité. Seit 2011 wissenschaftliche Mitarbeiterin in der Gesundheitsberichterstattung des Bundes am Robert Koch-Institut. Arbeitsschwerpunkte: chronische Erkrankungen, reproduktive Gesundheit, Versorgungsforschung.

Isabel Rothe

Bundesanstalt für Arbeitsschutz
und Arbeitsmedizin (BAuA)
Friedrich-Henkel-Weg 1–25
44149 Dortmund

Isabel Rothe steht seit 1. November 2007 an der Spitze der Bundesanstalt für Arbeitsschutz und Arbeitsmedizin (BAuA). Sie studierte Arbeits- und Organisationspsychologie an der Technischen Universität Berlin. Nach ihrem Abschluss 1989 war Isabel Rothe in der Beratung für Arbeits- und Technikgestaltung tätig. 1992 erfolgte ein Wechsel zur Schering AG, bei der sie zuletzt als kaufmännische Leiterin des Berliner Produktionsstandortes wirkte. Anfang 2004 übernahm Isabel Rothe die Geschäftsführung der Jenapharm. Ende 2007 wurde sie zur Präsidentin der BAuA ernannt.

Prof. Dr. Jutta Rump

Institut für Beschäftigung und Employability IBE
Ernst-Boehe-Straße 4
67059 Ludwigshafen

Dr. Jutta Rump ist Professorin für Allgemeine Betriebswirtschaftslehre, insbesondere Internationales Personalmanagement und Organisationsentwicklung an der Hochschule Ludwigshafen. Daneben leitet sie das Institut für Beschäftigung und Employability (www.ibe-ludwigshafen.de), das den Schwerpunkt seiner Forschungsarbeit auf personalwirtschaftliche, arbeitsmarktpolitische und beschäftigungsrelevante Fragestellungen legt. Sie hat darüber hinaus zahlreiche Mandate auf regionaler und nationaler Ebene inne.

Dr. Livia Ryl

Robert Koch-Institut
Abt. für Epidemiologie und Gesundheitsmonitoring
General-Pape-Straße 62–64
12101 Berlin

Geboren 1978, Studium der Erziehungswissenschaft, Psychologie und Soziologie an der Friedrich-Schiller-Universität Jena und der Freien Universität Berlin. 2008 Promotion an der Fakultät für Gesundheitswissenschaften an der Universität Bielefeld. Seit 2007 wissenschaftliche Mitarbeiterin in der Gesundheitsberichterstattung des Bundes am Robert Koch-Institut. Arbeitsschwerpunkte: Gesundheitliche Ungleichheit, Psychische Gesundheit, Gesundheitsindikatoren.

Dr. Christa E. Scheidt-Nave

Robert Koch-Institut
Abt. für Epidemiologie und Gesundheitsmonitoring
General-Pape-Straße 62–64
12101 Berlin

1976–1983 Studium der Medizin in Homburg/ Saar und Bonn. 1984 Promotion (Dr. med.) an der Medizinischen Fakultät der Universität Heidelberg. 1987–1989 Masterstudiengang Public Health (Schwerpunkt Epidemiologie) an der San Diego State University, School of Public Health. 1990–2004 Tätigkeit als wissenschaftliche Mitarbeiterin und Assistenzärztin an der University of California San Diego (UCDS), Department of Family and Preventive Medicine, der Abteilung Innere Medizin I und der Abteilung Klinische Sozialmedizin, Universitätsklinikum Heidelberg und am Institut für Allgemeinmedizin, Universitätsklinikum Göttingen. Seit 2004 Leiterin des Fachgebiets Epidemiologie nicht übertragbarer Krankheiten am Robert Koch-Institut.

Prof. Dr. Christian Schmidt

Universitätsmedizin Rostock
Ernst-Heydemann-Straße 8
18057 Rostock

Ärztlicher Vorstand und Vorstandsvorsitzender der Universitätsmedizin Rostock. Bis Ende 2013 Geschäftsführer der Kliniken der Stadt Köln und Mitglied im Fakultätsvorstand der Universität Witten/Herdecke. Davor Vorstand Medizin an den Mühlenkreiskliniken in Minden und Leiter der Stabsstelle für Unternehmensentwicklung am Universitätsklinikum Schleswig-Holstein (UKSH). Am Campus Kiel des UKSH Facharztausbildung zum Chirurgen. Studium der Medizin in Münster und Durban, Südafrika, Studium der Gesundheitswissenschaften in Bielefeld und Boston.

Helmut Schröder

Wissenschaftliches Institut der AOK (WIdO)
Rosenthaler Straße 31
10178 Berlin

Geboren 1965. Nach dem Abschluss als Diplom-Soziologe an der Universität Mannheim als wissenschaftlicher Mitarbeiter im Wissenschaftszentrum Berlin für Sozialforschung (WZB), dem Zentrum für Umfragen, Methoden und Analysen e. V. (ZUMA) in Mannheim sowie dem Institut für Sozialforschung der Universität Stuttgart tätig. Seit 1996 wissenschaftlicher Mitarbeiter im Wissenschaftlichen Institut der AOK (WIdO) im AOK-Bundesverband und dort insbesondere in den Bereichen Arzneimittel, Heilmittel, Betriebliche Gesundheitsförderung sowie Evaluation tätig; stellvertretender Geschäftsführer des WIdO.

Stefanie Seeling

Robert Koch-Institut
Abt. für Epidemiologie und Gesundheitsmonitoring
General-Pape-Straße 62–64
12101 Berlin

Geboren 1964. Studium der Medizin an der Freien Universität Berlin, Fachärztin für Allgemeinmedizin. Public-Health-Studium an der Berlin School of Public Health. Tätigkeiten im Bundesinstitut für Arzneimittel und Medizinprodukte, in der pharmazeutischen Industrie und in der Entwicklungszusammenarbeit. Seit 2013 wissenschaftliche Mitarbeiterin am Robert Koch-Institut im Fachgebiet Gesundheitsberichterstattung. Arbeitsschwerpunkt: Chronische Erkrankungen.

Prof. Dr. Barbara Sieben

Helmut-Schmidt-Universität –
Universität der Bundeswehr Hamburg
Fakultät für Geistes- und Sozialwissenschaften
Holstenhofweg 85
22043 Hamburg

Seit 2013 Universitätsprofessorin für Personalmanagement an der Fakultät für Geistes- und Sozialwissenschaften der Helmut-Schmidt-Universität Hamburg. Im Sommersemester 2013 Teaching-Equality-Gastprofessorin an der Wirtschafts- und Sozialwissenschaftlichen Fakultät der Universität Tübingen. Von 2007 bis 2013 Juniorprofessorin für Human Resource Management mit Schwerpunkt Diversity am Management-Department der Freien Universität Berlin. Zuvor als wissenschaftliche Mitarbeiterin tätig, Promotion 2006 mit einer Dissertation zum Thema Management und Emotionen. Publikation von Forschungsbeiträgen in Zeitschriften wie Equality, Diversity and Inclusion, Human Relations, Group & Organization Management, Managementforschung, Review of Managerial Science. Schwerpunkte in Forschung und Lehre: Personalstrategien; Chancengleichheit durch Personalpolitik, Gender und Diversity in Organisationen; Emotionen in Organisationen; Management von Dienstleistungsarbeit.

Susanne Sollmann

Wissenschaftliches Institut der AOK (WIdO)
Rosenthaler Straße 31
10178 Berlin

Studium der Anglistik und Kunsterziehung an der Rheinischen Friedrich-Wilhelms-Universität Bonn und am Goldsmiths College, University of London. 1986–1988 wissenschaftliche Hilfskraft am Institut für Informatik der Universität Bonn. Seit 1989 Mitarbeiterin des Wissenschaftlichen Instituts der AOK (WIdO) im AOK-Bundesverband, u. a. im Projekt Krankenhausbetriebsvergleich und im Forschungsbereich Krankenhaus. Verantwortlich für das Lektorat des Fehlzeiten-Reports.

Prof. Dr. Ursula M. Staudinger

Robert N. Butler Columbia Aging Center
Columbia University, Mailman School of Public Health
722 West 168th Street
New York, NY 10032

Psychologin und Alternsforscherin. Ihr Forschungsinteresse gilt der Veränderbarkeit des Alternsprozesses und dessen Folgen für den demografischen Wandel, vor allem den Potenzialen des Alterns, dem Zusammenspiel von Produktivität und Altern sowie der Entwicklung von Lebenseinsicht, Lebensgestaltung und Weisheit. Seit Juli 2013 ist sie Gründungsdirektorin des Robert N. Butler Columbia Aging Centers und leitet das dazugehörige International Longevity Center (ILC) an der Columbia University, New York. Sie wurde auf die neu eingerichtete Robert N. Butler Stiftungsprofessur und als Professorin für Psychologie berufen. Davor war sie Vizepräsidentin der Jacobs University Bremen und Gründungsdekanin des Jacobs Center on Lifelong Learning and Institutional Development (JCLL). Weitere berufliche Stationen umfassten u. a. das Max-Planck-Institut für Bildungsforschung und die TU Dresden. Nach dem Studium der Psychologie an der Universität Erlangen und an der Clark University, Massachusetts (USA), promovierte sie 1988 zum Dr. phil. und habilitierte 1997 an der Freien Universität Berlin. Sie berät die Bundesregierung in Altersfragen und ist u a. Vizepräsidentin der Nationalen Akademie der Wissenschaften Leopoldina und deren Foreign Secretary, Kuratoriumsvorsitzende des Bundesinstituts für Bevölkerungsforschung (BiB), stv. Kuratoriumsvorsitzende der VolkswagenStiftung und Mitglied der Academy of Europe.

Nicole Tannheimer

AOK Bayern – Die Gesundheitskasse
Bereich Gesundheitsförderung
Waitzinger Wiese 1
86899 Landsberg am Lech

Dipl. Gesundheitswirtin (FH), Dipl. Verwaltungswirtin (FH). Seit 2007 Beraterin für Betriebliches Gesundheitsmanagement der AOK Bayern mit folgenden Tätigkeitsschwerpunkten: Konzeption und Durchführung von Projekten zum Betrieblichen Gesundheitsmanagement, Burnout Prävention, Resilienz, Ressourcen, Stressmanagement, Führung und Gesundheit.

Dr. Tim Vahle-Hinz

Universität Hamburg
Institut für Psychologie
Arbeits- und Organisationspsychologie
Von-Melle-Park 11
20146 Hamburg

Diplom-Psychologe. Studium und Promotion an der Universität Hamburg. Seit 2009 wissenschaftlicher Mitarbeiter am Arbeitsbereich Arbeits- und Organisationspsychologie. Lehrtätigkeit zu Flexibilität in der Arbeitswelt, Systemtheorie und physiologischen Befindensparametern. Forschungsschwerpunkte: Arbeit und Gesundheit; Stress; Flexibilität; physiologische Zusammenhänge mit Arbeitsstress.

Dr. Ute Walter

Zentrum für wissenschaftliche Weiterbildung
an der Universität Bielefeld e. V. (ZWW)
Postfach 10 01 31
33501 Bielefeld

Jahrgang 1962. Doctor of Public Health. Studium der Biologie in Bielefeld. 1990–1999 Tätigkeit im Bereich Umweltanalytik und Begutachtung. 1997–1999 berufsbegleitendes Studium der Gesundheitswissenschaften. 1999–2003 wissenschaftliche Angestellte an der Fakultät für Gesundheitswissenschaften der Universität Bielefeld, Arbeitsgruppe Prof. Dr. Bernhard Badura. Seit 2004 Geschäftsführerin der Weiterbildungsmaßnahmen »Betriebliches Gesundheitsmanagement« an der Universität Bielefeld. Seit 2009 zusätzlich Geschäftsführerin der Salubris Badura & Münch GbR. Arbeitsschwerpunkte: Betriebliches Gesundheitsmanagement, Gesunde Organisation, Qualitätsentwicklung durch Standardsetzung.

Ilka Warnke

AOK-Institut für Gesundheitsconsulting
Johann-Justus-Weg 141
26127 Oldenburg

Geboren 1980. Gesundheitswissenschaftlerin (B. A. Public Health). Ausbildung als Zahntechnikerin mit anschließender praktischer Tätigkeit. 2008–2011 Bachelorstudium der Gesundheitswissenschaften/Public Health an der Universität Bremen. Seit 2012 wissenschaftliche Mitarbeiterin im AOK-Institut für Gesundheitsconsulting der AOK Niedersachsen. Arbeitsschwerpunkt: Betriebliches Gesundheitsmanagement.

Frank Waßauer

USB Bochum GmbH
Hanielstraße 1
44801 Bochum

Geboren 1962. Verwaltungsfachwirt (VWA), 1985–1994 Personaler bei der Stadt Bochum, danach Wechsel zur USB Bochum GmbH. Seit 2003 Personalleiter.

Henriette Weirauch

Wissenschaftliches Institut der AOK (WIdO)
Forschungsbereich Arzneimittelinformationssysteme und Analsysen
Rosenthaler Straße 31
10178 Berlin

Geboren 1985. Master of Science in Arbeits- und Organisationspsychologie mit dem Schwerpunkt Psychologie für Arbeit und Gesundheit. 2006–2010 Studium der Psychologie an der Universiteit van Amsterdam. 2010 Praktikantin und anschließend Mitarbeiterin in der Bundesanstalt für Arbeitsschutz und Arbeitsmedizin. 2011 und 2012 Praktikantin im Wissenschaftlichen Institut der AOK (WIdO) im AOK-Bundesverband im Forschungsbereich Betriebliche Gesundheitsförderung. Von Oktober 2012–Mai 2013 im Backoffice des WIdO, seitdem im Forschungsbereich Arzneimittelinformationssysteme und Analysen tätig.

Eva-Maria Wunsch

Technische Universität Braunschweig
Abteilung für Klinische Psychologie, Psychotherapie und Diagnostik, Psychotherapieambulanz
Humboldtstraße 33
38106 Braunschweig

Psychologische Psychotherapeutin in Ausbildung, wissenschaftliche Mitarbeiterin an der TU Braunschweig. Forschungsschwerpunkt: Effektivität und Effizienz von psychosozialen Interventionen in der Arbeitswelt.

Dr. Thomas Ziese

Robert Koch-Institut
Abt. für Epidemiologie und Gesundheitsmonitoring
General-Pape-Straße 62–64
12101 Berlin

Studium der Medizin in Berlin. Wissenschaftlicher Mitarbeiter im Institut für Sozialmedizin und Epidemiologie. Teilnehmer des European Programme for Intervention Epidemiology Training, Swedish Center of Infections Disease Control, Stockholm. 1998 Leiter des Fachgebiets Gesundheitsberichterstattung am Robert Koch-Institut. Seit 2013 kommissarischer Leiter der Abteilung Epidemiologie und Gesundheitsmonitoring.

Dr. Anne Zimmermann

DIHK – Deutscher Industrie-
und Handelskammertag e. V.
Referat Soziale Sicherung, Gesundheitswirtschaft
Breite Straße 29
10178 Berlin

Dr. Anne Zimmermann hat Volkswirtschaftslehre an der Rheinischen Friedrich-Wilhelms-Universität in Bonn studiert und anschließend am wirtschaftspolitischen Seminar der Universität zu Köln zu Verteilungsfragen in der gesetzlichen Krankenversicherung promoviert. Seit 2007 arbeitet sie beim Deutschen Industrie- und Handelskammertag e. V. und leitet dort das Referat Soziale Sicherung, Gesundheitswirtschaft.

Eberhard Zimmermann

AOK NordWest – Die Gesundheitskasse
Regionaldirektion
Marketing/Produkte
Betriebliche Gesundheitsförderung
Schaeferstraße 11
44623 Herne

Geboren 1959. Diplom-Sozialwissenschaftler, Abschluss an der Ruhr-Universität Bochum. 1990–1996 sowie 1998–2001 wissenschaftlicher Mitarbeiter beim Forschungs- und Beratungsinstitut AIQ Arbeit Innovation Qualifikation. 1996–1998 wissenschaftlicher Mitarbeiter beim Institut für Gerontologie an der Universität Dortmund. Arbeitsschwerpunkte in dieser Zeit: Durchführung von Modell- und Beratungsprojekten in den Bereichen Arbeitsforschung, Personal- und Organisationsentwicklung zu den Themen Laborarbeit, innovative Arbeitszeitgestaltung, Demografie, Lernkultur-Kompetenzentwicklung. Seit 2001 Projektkoordinator im Bereich der Betrieblichen Gesundheitsförderung bei der AOK mit Projekten in unterschiedlichen Branchen.

Dr. Thorsten Zisowski

USB Bochum GmbH
Hanielstraße 1
44801 Bochum

Geboren 1967. Diplom-Ingenieur, Abschluss an der Bergischen Universität Wuppertal; Diplom-Kaufmann, Abschluss an der Universität Dortmund; Dr. rer. pol., Dissertation an der Universität Dortmund; 1990–2000 Unternehmensberater in der Druckindustrie und in Medienunternehmen; 2001–2009 Kaufmänni-

scher Leiter, Leiter Controlling, Prokurist, Geschäfts-
bereichsleiter Entsorgung und Kreislaufwirtschaft bei
der AGR Abfallentsorgungs-Gesellschaft Ruhrgebiet
mbH, Essen/Herten; 2009–2010 Geschäftsführer OR-
CATECH Havariedienstleistungen GmbH, Hemer;
2010–2011 Unternehmensberater; 2011–2012 Leiter
Finanzen und Controlling Alloheim Seniorenresiden-
zen GmbH, Düsseldorf. Seit 2012 Geschäftsführer der
USB Bochum GmbH.

Klaus Zok

Wissenschaftliches Institut der AOK
Forschungsbereich
Gesundheitspolitik/Systemanalysen
Rosenthaler Straße 31
10178 Berlin

Geboren 1962 in Moers.
Diplom-Sozialwissen-
schaftler, seit 1992 wis-
senschaftlicher Mitarbei-
ter im Wissenschaftli-
chen Institut der AOK im
AOK-Bundesverband.
Arbeitsschwerpunkt So-
zialforschung: Erstellung
von Transparenz-Studien
in einzelnen Teilmärkten
des Gesundheitssystems
(z. B. Zahnersatz, Hörge-
räte, IGeL); Arbeit an strategischen und unternehmens-
bezogenen Erhebungen und Analysen im GKV-Markt
anhand von Versicherten- und Patientenbefragungen.

Stichwortverzeichnis